Fjodor M. Dostojewski
Der Doppelgänger

Zu diesem Buch

In diesem Band sind zwölf kurze Romane und Erzählungen vereint, Frühwerke aus den Jahren 1844–1849, in denen bereits die Themen der großen Romane anklingen. Den Auftakt bildet »Arme Leute«, 1846 erschienen, das Werk, mit dem Dostojewski über Nacht berühmt wurde. Im »Doppelgänger« gestaltet Dostojewski ein Motiv der deutschen Romantik und beschwört die kafkaeske Vision einer perfekten Bürokratie, in der der Mensch zu einer »austauschbaren Sache« wird. Der »Roman in neun Briefen« erzählt von betrogenen Betrügern, »Herr Prochartschin« von der Wandlung eines Geizhalses zum guten Menschen. In der Erzählung »Ein junges Weib«, die die Liebesgeschichte eines ungleichen Paars schildert, erweist sich die Leidenschaft als welt- und schicksalsbildende Kraft. »Ein schwaches Herz« beginnt als Idylle und endet als Tragödie: Der empfindsame Träumer Wassja ist den Gefühlen nicht gewachsen, denen er ausgesetzt ist. Ein romatischer Held ist auch der Ich-Erzähler der »Hellen-Nächte«, hinter dem sich Dostojewski verbirgt. Daß der große russische Dichter nicht zuletzt auch ein großer Humorist ist, zeigt exemplarisch die Geschichte »Die fremde Frau und der Mann unter dem Bett«.

Fjodor M. Dostojewski

Der Doppelgänger

Frühe Romane
und Erzählungen

Piper
München Zürich

Aus dem Russischen übertragen von E. K. Rahsin

Originaltitel:
»Bednye ljudi« – »Dvojnik« – »Roman v dvjati pis' mach«
»Gospodin Procharčin« – »Chozjajka« – »Polzunkov«
»Slaboe serdce« – »Cuzjaja zena i muz pod krovat' ju«
»Cestnyi vor« – Elka i svad' ba« – »Belye noči«
»Malen' kij geroj«
Mit einem Nachwort von Aage A. Hansen-Löve,
Anmerkungen, Auswahlbibliographie und biographischen Daten

Die Werke Dostojewskis erschienen in der Übertragung von E. K. Rahsin
im R. Piper & Co. Verlag erstmals in den Jahren 1906–1919.
Der Text dieser Ausgabe folgt – mit Ausnahme des Anhangs –
seitengleich der 1961 von
E. K. Rahsin neu durchgesehenen Ausgabe.
ISBN 3-492-04007-1
8. Auflage 1996
© R. Piper & Co. Verlag, München 1913
Copyright des Nachworts
© R. Piper GmbH & Co. KG, München 1990

Umschlaggestaltung: Büro Hamburg, Susanne Schmitt
Abbildung: »Fausts Spaltung«
(Ausschnitt) von Edvard Munch
© The Munch Museum/The Munch Ellingsen Group/
VG Bild-Kunst, Bonn 1996

Alle Rechte vorbehalten, insbesondere das Recht der mechanischen,
elektronischen oder fotografischen Vervielfältigung,
der Einspeicherung und Verarbeitung in elektronischen Systemen,
des Nachdrucks in Zeitschriften oder Zeitungen,
des öffentlichen Vortrags, der Verfilmung oder Dramatisierung,
der Übertragung durch Rundfunk, Fernsehen oder Video,
auch einzelner Text- und Bildteile.

Gesamtherstellung Ebner Ulm

Printed in Germany

INHALT

Arme Leute

Der Doppelgänger

Roman in neun Briefen

Herr Prochartschin

Ein junges Weib (Die Wirtin)

Polsunkoff

Ein schwaches Herz

Die fremde Frau

Ein ehrlicher Dieb

Weihnacht und Hochzeit

Helle Nächte

Ein kleiner Held

ARME LEUTE

Ein Roman

„Nein, ich danke für diese neuen Märchenerzähler! Statt etwas Nützliches, Angenehmes und Erquickliches zu schreiben, schnüffeln sie nur noch in den geheimsten Geheimnissen der Welt herum und zerren alles ans Tageslicht! ... Am liebsten täte ich ihnen das Schreiben einfach verbieten! Jawohl! Oder gehört sich denn das: da liest man nun ... und unwillkürlich gerät man doch ins Nachdenken, — aber da kommen einem jetzt nur allerhand dumme Fragen in den Kopf! Tatsächlich, schlankweg verbieten sollte man ihnen das Schreiben, und am besten gleich ein für allemal!"

Fürst W. F. Odójewskij[1]

8. April

Meine unschätzbare Warwára Alexéjewna!

Gestern war ich glücklich, über alle Maßen glücklich, wie man glücklicher gar nicht sein kann! So haben Sie Eigensinnige doch wenigstens einmal im Leben auf mich gehört! Als ich am Abend, so gegen acht Uhr, aufwachte (Sie wissen doch, Mütterchen², daß ich nach dem Dienst ein Stündchen oder anderthalb ein wenig zu schlummern liebe), da holte ich mir meine Kerze, legte die Akten und das Papier zurecht, spitzte noch meinen Gänsekiel, und wie ich ganz unversehens aufschaue – wahrhaftig: mein Herz begann zu hüpfen vor Freude! So haben Sie also doch erraten, was ich meinte, was sich das Herzerl in mir wünschte! Ein Zipfelchen Ihres Fenstervorhangs ist am Balsaminenstock befestigt, haargenau so, wie ich es Ihnen damals anzudeuten versuchte. Dazu schien es mir noch, daß auch Ihr liebes Gesichtchen flüchtig am Fenster auftauchte, daß auch Sie aus Ihrem Zimmerchen nach mir ausschauten, daß auch Sie an mich dachten. Und wie es mich verdroß, mein Täubchen, daß ich Ihr reizendes Gesichtchen nicht deutlicher sehen konnte! Es hat einmal eine Zeit gegeben, wo auch wir mit klaren Augen sahen, Mütterchen. Das Alter ist nun einmal kein Vergnügen, meine Liebe! Auch jetzt ist es wieder so, als flimmere mir alles vor den Augen. Arbeitet man abends noch ein wenig, schreibt man noch bei Kerzenlicht, so sind die Augen am nächsten Morgen gleich rot und tränen so, daß man sich vor fremden Leuten fast schämen muß. Aber im Geiste sah ich doch gleich Ihr Lächeln, mein Engelchen, Ihr gutmütiges, willkommen heißendes Lächeln, und in meinem Herzen hatte ich ganz dieselbe Empfindung, wie damals, als ich Sie einmal küßte, Wárinka,

— erinnern Sie sich noch, Engelchen? Wissen Sie, mein Täubchen, es schien mir sogar, daß Sie mir mit Ihrem Fingerlein drohten. War es nicht so, Sie unartiges Mädel? Das alles müssen Sie mir in Ihrem nächsten Brief unbedingt ganz ausführlich beschreiben.

Nun, und wie finden Sie denn diesen unseren kleinen Einfall mit Ihrem Fenstervorhang, Wárinka? Doch gar zu nett, nicht wahr? Ob ich nun bei der Arbeit sitze, oder zu Bett gehe, oder aufwache — immer weiß ich dann gleich, daß auch Sie dort drüben an mich denken, mich nicht vergessen haben, und auch selbst gesund und guter Dinge sind. Lassen Sie den Vorhang herab, so heißt das: »Gute Nacht, Makár Alexéjewitsch; es ist Zeit, schlafen zu gehen!« Ziehen Sie ihn hoch, so heißt das: »Guten Morgen, Makár Alexéjewitsch, wie haben Sie geschlafen?« oder »Wie fühlen Sie sich gesundheitlich, Makár Alexéjewitsch? — Was aber mich betrifft, so fühle ich mich, gottlob, gesund und wohlauf!«

Sehen Sie nun, mein Seelchen, wie fein das erdacht ist. Dazu bedarf es gar keiner Briefe! Schlau, nicht wahr? Und diese ganze Erfindung ist — mein Werk! Nun also, bin ich in solchen Dingen nicht einfallreich, Warwara Alexejewna?

Ich muß Ihnen doch berichten, mein Mütterchen, daß ich diese Nacht recht gut geschlafen habe, eigentlich gegen alle Erwartung gut, womit ich denn auch sehr zufrieden bin; zumal man in einer neubezogenen Wohnung doch nie richtig schlafen kann; es ist eben nicht das Gewohnte; wenn auch sonst alles da ist, aber es ist halt anders da. Als ich heute aufstand, war mir zumut wie einem lichten Falken — froh und heiter! Aber was ist das auch für ein herrlicher Morgen heute, Mütterchen! Bei uns wurde das Fenster geöffnet: die Sonne scheint herein, die Spatzen schilpen, die Luft ist voller Frühlingsdüfte, und die ganze Natur lebt auf, — nun, und auch alles andere war dementsprechend; alles in Ordnung, eben frühlingsmäßig. Ich versank sogar ein Weilchen in Träumerei, und dabei dachte ich nur an Sie, Warinka. Ich verglich Sie in Gedanken mit einem Himmelsvögelchen, das so recht zur Freude der Menschen und zur Verschönerung der Natur erschaffen worden ist. Dabei dachte ich auch, daß wir, Warinka, wir Menschen, die wir in Sorgen und Ängsten leben, die kleinen Himmelsvöglein um ihr sorgloses und unschuldiges Glück beneiden müßten, — nun, und ähnliches mehr von dieser Art dachte ich; das heißt: ich stellte lauter solche Vergleiche an. Ich habe hier ein Buch, Warinka, in dem sind ähnliche Gedanken ganz ausführlich beschrieben. Ich schreibe das nur deshalb, weil es doch sonst so verschiedene Träumereien gibt, Mütterchen. Jetzt aber ist es Frühling, und da kommen einem gleich so angenehme Gedanken, aber auch tolle Einfälle und heftige Wünsche zugleich und zärtliche Träumereien; alles erscheint in rosigem Licht. Deshalb habe ich auch dies alles geschrieben; übrigens habe ich dies alles jenem Buch entnommen. Dort äußert der Verfasser dieselben Wünsche, bloß in Versen, und schreibt:

„Ein Vogel, ein Raubvogel möchte ich sein!
Warum bin ich es nicht?"

und so weiter. Dort sind auch noch verschiedene andere Gedanken ausgesprochen, aber — ach, lassen wir das! Sagen Sie mir lieber: Wohin sind Sie denn heute früh gegangen, Warwara Alexejewna? Ich schickte mich noch nicht einmal an, zum Dienst aufzubrechen, da hatten Sie ihr Zimmer schon verlassen und gingen über den Hof, so munter wie Frühlingsvöglein. Und wie mein Herz sich freute, als ich Sie sah! Ach, Warinka, Warinka! Grämen Sie sich doch nicht so! Mit Tränen ist keinem Kummer geholfen, glauben Sie mir, ich weiß es, weiß es aus eigener Erfahrung. Jetzt leben Sie doch so ruhig und sorgenlos, und auch mit Ihrer Gesundheit geht es schon ein wenig besser. Und was macht denn Ihre Fjodóra? Ach, was ist das doch für ein guter Mensch! Sie müssen mir alles ganz genau beschreiben, Warinka, wie Sie jetzt mit ihr dort hausen und ob Sie mit allem zufrieden sind? Fjodóra ist ja mitunter etwas brummig; aber das müssen Sie nicht weiter beachten, Warinka. Gott mit ihr! Sie ist doch eine gute Seele.

Ich habe Ihnen schon von unserer Theresa geschrieben, — auch sie ist eine gute und treue Person. Was habe ich mir doch um unsere Briefe für Sorgen gemacht! Wie sie zustellen? Da schickte uns Gott dann zu unserem Glück diese Theresa. Sie ist eine gute, bescheidene, stille Frau. Aber unsere Hausfrau ist einfach erbarmungslos, so versteht sie es, sie auszunutzen. Die Arme wird sich hier noch totarbeiten.

Wenn Sie wüßten, was für eine Räuberhöhle das ist, in die ich hier geraten bin, Warwara Alexejewna! Das ist mir mal ein Haushalt, das muß ich schon sagen! Früher habe ich doch, wie Sie wissen, in vollkommener Stille gelebt: friedlich, lautlos, ruhig; jede Fliege, die mal flog, war zu hören. Hier aber gibt es ewig Lärm, Geschrei, Gezeter! Aber Sie wissen ja noch gar nicht, wie es hier aussieht. Also stellen Sie sich vor: einen langen Korridor, der vollkommen dunkel und unsauber ist. Rechts eine Wand ohne Fenster und Türen, die Brandmauer; links aber ist Tür an Tür, ganz wie in einem Hotel, so eine lange Reihe Türen. Und hinter jeder Tür ist nur ein Zimmer, und in jedem dieser Zimmer wohnen die Untermieter, auch zu zweit, zu dritt. Ordnung dürfen Sie nicht erwarten — das ist hier wie in Noahs Arche! Übrigens scheinen es doch gute Leute zu sein, alle so gebildet, sogar gelehrt. Da gibt es zum Beispiel einen Beamten (er betätigt sich irgendwo auf literarischem Gebiet), der ist ein belesener Mensch: er spricht über Homer, über Brambäus[3], und noch über verschiedene andere Dichter, die es gibt, spricht über alles; — ein kluger Mann! Dann wohnen hier zwei Offiziere, die andauernd Karten spielen. Ferner ist da ein Seekadett; ein Engländer, der Unterricht erteilt. — Warten Sie mal, ich werde Sie noch zum Lachen bringen, Mütterchen: ich werde sie alle in meinem nächsten Brief satirisch beschreiben, das heißt: wie sie nun eigentlich sind und wie sie hier hausen, mit aller Ausführlichkeit.

Unsere Wirtin ist eine sehr kleine und unsaubere alte Frau, schlurft den ganzen Tag in Pantoffeln und im Schlafrock umher, und den ganzen Tag schreit sie Theresa an.

Ich wohne in der Küche, oder richtiger gesagt: hier neben der Küche gibt es noch ein Zimmer (unsere Küche ist, das muß ich Ihnen sagen, sauber, hell und sehr anständig), ein ganz kleines Zimmerchen, so ein bescheidenes Winkelchen ... oder noch richtiger wäre es so: die Küche ist groß und hat drei Fenster, und bei mir ist jetzt parallel zur Querwand eine Scheidewand gezogen, so daß es sozusagen noch ein Zimmerchen gibt, eine Nummer »über den Etat«, wie man zu sagen pflegt; alles ist geräumig und bequem, und auch ein Fenster habe ich und überhaupt alles, — mit einem Wort, es ist alles durchaus bequem. So also sieht mein Winkelchen aus. Aber nun denken Sie bloß nicht, Mütterchen, daß mich noch etwas anderes bestimmt habe, hierher umzusiedeln, daß irgend ein geheimer Sinn dahinterstecken könnte, denn schließlich wäre es doch immerhin nur eine Küche! Das heißt: genau genommen lebe ich ja in demselben Raum, wenn auch hinter einer Scheidewand, aber das macht doch nichts. Ich lebe hier ganz separat von allen anderen, ganz mäuschenstill und leise nur für mich. Habe hier mein Bett aufgestellt, Tisch, Kommode, zwei Stühle — genau ein Pärchen —, dazu das Heiligenbild an der Wand. Freilich gibt es auch bessere Wohnungen, vielleicht sogar viel bessere, aber die Hauptsache ist doch die Bequemlichkeit; ich wohne ja hier nur deshalb, weil ich es so am bequemsten habe, also denken Sie nur ja nicht, ich täte es aus irgendwelchen anderen Gründen. Ihr Fenster liegt mir gerade gegenüber, nur über den Hof; der Hof ist doch ganz schmal, da ist's schon möglich, Sie ab und zu vorüberhuschen zu sehen, das aber ist doch für mich Armseligen immer etwas Freudvolles, und außerdem ist es hier billiger. Denn bei uns kostet selbst das kleinste Zimmer mit Beköstigung fünfunddreißig Bankorubel monatlich. Das ist nichts für meinen Beutel! Mein Unterkommen aber kostet nur sieben Bankorubel, und die Beköstigung fünf Silberrubel, das macht im ganzen vierundzwanzigeinhalb Bankorubel. Früher zahlte ich rund dreißig, aber dafür mußte ich auf vieles verzichten, konnte mir auch nicht immer

Tee leisten; jetzt dagegen reicht es sowohl für Tee als auch noch für Zucker. Wissen Sie, meine Liebe, es ist doch immer irgendwie peinlich, wenn man keinen Tee trinken kann, man schämt sich geradezu; hier wohnen durchweg Leute, die ihr Auskommen haben, und so schämt man sich denn, sich Tee nicht leisten zu können. Also trinkt man ihn der anderen wegen, Warinka, nur des Ansehens wegen, weil es zum guten Ton gehört. Mir wäre es ja sonst ganz gleich, ich bin nicht so einer, der auf Leckereien aus ist. Rechnen Sie nun noch hinzu, was man so als Taschengeld braucht — denn man braucht doch immer etwas, bald dies, bald das, mal Stiefel, mal ein Kleidungsstück —: wieviel bleibt denn da übrig? So geht denn mein ganzes Gehalt drauf. Ich klage ja nicht und bin zufrieden. Für mich genügt es. Es hat ja schon viele Jahre genügt; mitunter gibt es auch Gratifikationen.

Nun leben Sie wohl, mein Engelchen. Ich habe da zwei Blumenstöcke gekauft, einen Topf mit Balsaminen und einen mit Geranium — nicht teuer. Aber vielleicht lieben Sie auch Reseda? Auch Reseda ist dort zu haben, schreiben Sie nur! Aber schreiben Sie alles nur ja recht ausführlich. Übrigens müssen Sie sich meinetwegen weiter keine Gedanken machen, Mütterchen, und nicht gleich argwöhnisch werden, weil ich jetzt so ein Zimmerchen gemietet habe. Nein, das habe ich wirklich nur der Bequemlichkeit wegen getan, nur weil es in jeder Hinsicht so günstig war, nur das hat mich dazu bewogen. Ich habe doch Geld gespart, Mütterchen, ich pflege doch immer etwas beiseite zu legen. Achten Sie nicht darauf, daß ich so zaghaft bin, als könnte mich schon eine Fliege mit einem Flügel umstoßen. Nein, Mütterchen, ich bin um mich nicht bange und habe akkurat den Charakter, der einer festen und ruhigen Menschenseele zusteht. Leben Sie wohl, mein Engelchen! Da habe ich nun zwei ganze Bogen vollgeschrieben, und es ist doch schon höchste Zeit, zum Dienst. Ich küsse Ihre Fingerchen, Mütterchen, und verbleibe

Ihr ergebenster Diener und aufrichtigster Freund
Makár Djéwuschkin

P. S. Um eines bitte ich Sie noch: antworten Sie mir, mein Engelchen, so ausführlich wie nur möglich. Anbei sende ich Ihnen ein Pfundchen Konfekt, Warinka; lassen Sie es sich wohlschmecken und machen Sie sich um Gottes willen keine Sorgen um mich und nehmen Sie mir nur ja nichts übel. Und nun leben Sie wohl, Mütterchen.

8. April

Sehr geehrter Makár Alexéjewitsch!

Wissen Sie auch, daß man Ihnen zu guter Letzt die Freundschaft noch wird kündigen müssen? Ich schwöre Ihnen, guter Makar Alexejewitsch, es fällt mir furchtbar schwer, Ihre Geschenke anzunehmen. Ich weiß doch, was diese Geschenke Sie kosten, wieviel Entbehrungen und Einschränkungen Sie deshalb auf sich nehmen, wie Sie sich selbst auch noch das Notwendigste versagen. Wie oft habe ich Ihnen schon gesagt, daß ich nichts brauche, ganz und gar nichts, daß es nicht in meinen Kräften steht, die Wohltaten, mit denen Sie mich überschütten, zu erwidern. Und wozu diese Blumen? Die Balsaminen, nun, das ginge noch an, aber wozu noch Geranien? Es braucht einem nur ein unbedachtes Wort zu entschlüpfen, wie zum Beispiel die Bemerkung über Geranien, da müssen Sie auch schon sofort Geranien kaufen. So etwas ist doch bestimmt teuer? Wie wundervoll die Blüten sind! So leuchtend rot, und Stern steht an Stern. Wo haben Sie nur ein so schönes Exemplar aufgetrieben? Ich habe den Blumentopf mitten auf das Fensterbrett gestellt, an die sichtbarste Stelle. Und vor das Fenster kommt ein Bänkchen, auf das ich noch andere Blumen stellen werde, lassen Sie mich nur erst reich werden! Fjodóra kann sich nicht genug freuen; unser Zimmer ist jetzt ein richtiges Paradies, sauber, hell und freundlich! Aber wozu war nun noch das Konfekt nötig? Übrigens: ich erriet es sogleich aus Ihrem Brief, daß da irgend etwas nicht stimmt: Frühling und Wohlgerüche und Vogelgezwitscher: — ‚Nein', dachte ich, ‚sollte nicht gar noch ein Gedicht folgen?' Denn wirklich, es fehlen nur noch Verse in Ihrem Brief, Makar Alexejewitsch! Und die Gefühle sind zärtlich und die Träumereien rosig, — alles, wie es sich gehört! An den Vorhang habe ich überhaupt nicht gedacht. Der Zipfel muß an einem Zweig hängen geblieben sein, als ich die Blumentöpfe umstellte. Da haben Sie es!

Ach, Makar Alexejewitsch, was reden Sie da und rechnen mir Ihre Einnahmen und Ausgaben vor, um mich zu beruhigen und glauben zu machen, daß Sie alles nur für sich allein ausgeben! Mich können Sie damit doch nicht betrügen. Ich weiß doch, daß Sie sich des Notwendigsten um meinetwillen berauben. Was ist Ihnen denn eingefallen, daß Sie sich ein solches Zimmer gemietet haben, sagen Sie doch, bitte! Man beunruhigt Sie doch, man belästigt Sie dort, das Zimmer wird gewiß eng und unbequem und ungemütlich sein. Sie lieben Stille und Einsamkeit, hier aber — was wird denn das für ein Leben sein? Und bei Ihrem Gehalt könnten Sie doch viel besser wohnen. Fjodora sagt, daß Sie früher unvergleichlich besser gelebt hätten als jetzt. Haben Sie wirklich Ihr ganzes Leben so verbracht, immer einsam, immer mit Entbehrungen, ohne Freunde, ohne ein gutes liebes Wort zu hören, immer in einem bei fremden Menschen gemieteten Winkel? Ach Sie, mein guter Freund, wie Sie mir leid tun! So schonen Sie doch wenigstens Ihre Gesundheit, Makar Alexejewitsch! Sie erwähnen, daß Ihre Augen angegriffen seien, — so schreiben Sie doch nicht bei Kerzenlicht! Was und wozu schreiben Sie denn noch nachts? Ihr Diensteifer wird Ihren Vorgesetzten doch ohnehin schon bekannt sein.

Ich bitte Sie nochmals inständig: verschwenden Sie nicht soviel Geld für mich! Ich weiß, daß Sie mich lieben, aber Sie sind doch selbst nicht reich ... Heute war ich ebenso froh wie Sie, als ich erwachte. Es war mir so leicht zumut. Fjodora war schon lange an der Arbeit und hatte auch für mich Arbeit verschafft. Darüber freute ich mich sehr. Ich ging nur noch aus, um Nähseide zu kaufen, und dann setzte ich mich gleichfalls an die Arbeit. Und den ganzen Morgen und Vormittag war ich so heiter! Jetzt aber — wieder trübe Gedanken, alles so traurig, das Herz tut mir weh.

Mein Gott, was wird aus mir werden, was wird mein Schicksal sein! Das Schwerste ist, daß man so nichts, nichts davon weiß, was einem bevorsteht, daß man so gar keine Zukunft hat, und daß man nicht einmal erraten kann, was aus einem werden wird. Und zurückzuschauen, davor graut mir einfach! Dort liegt soviel Leid und Qual, daß das Herz mir schon bei der bloßen Erinnerung brechen will. Mein Leben lang werde ich unter Tränen die Menschen anklagen, die mich zugrunde gerichtet haben. Diese schrecklichen Menschen!

Es dunkelt schon. Es ist Zeit, daß ich mich wieder an die Arbeit mache. Ich würde Ihnen gern noch vieles schreiben, aber diesmal geht es nicht: die Arbeit muß zu einem bestimmten Tag fertig werden. Da muß ich mich beeilen. Briefe zu erhalten, ist natürlich immer angenehm: es ist dann doch nicht so langweilig. Aber weshalb kommen Sie nicht selbst zu uns? Ja, warum nicht, Makar Alexejewitsch? Wir wohnen doch jetzt so nahe, und soviel freie Zeit werden Sie doch wohl haben. Also bitte, besuchen Sie uns! Ich sah heute Ihre Theresa. Sie sieht ganz krank aus. Sie hat mir so leid getan, daß ich ihr zwanzig Kopeken gab.

Ja, fast hätte ich es vergessen: schreiben Sie mir unbedingt alles möglichst ausführlich: wie Sie leben, was um Sie herum vorgeht — alles! Was es für Leute sind, die dort wohnen, und ob Sie auch in Frieden mit ihnen auskommen? Ich möchte das alles sehr gern wissen. Also vergessen Sie es nicht, schreiben Sie es unbedingt! Heute werde ich unabsichtlich ganz gewiß keinen Zipfel des Vorhangs anstecken. Gehen Sie früher schlafen. Gestern sah ich noch um Mitternacht Licht bei Ihnen. Und nun leben Sie wohl. Heute ist wieder alles da: Trauer und Trübsal und Langeweile! Es ist nun einmal so ein Tag! Leben Sie wohl.

Ihre Warwára Dobrossjólowa

8. April

Sehr geehrte Warwára Alexéjewna!

Ja, Mütterchen, ja, meine Liebe, es mußte wohl wieder einmal so ein Tag sein, wie er einem vom Schicksal öfter beschieden wird! Da haben Sie sich nun über mich Alten lustig gemacht, Warwara Alexejewna! Übrigens bin ich selbst daran schuld, ich ganz allein! Wer hieß mich auch, in meinem Alter, mit meinem spärlichen Haarrest auf dem Schädel, auf Abenteuer ausgehen ... Und noch eins muß ich sagen, meine Liebe: der Mensch ist bisweilen doch sonderbar, sehr sonderbar. Oh, du lieber Gott! auf was er mitunter nicht zu sprechen kommt. Was aber folgt daraus, was kommt dabei schließlich heraus? Ja, folgen tut daraus nichts, aber heraus kommt dabei ein solcher Unsinn, daß Gott uns behüte und bewahre! Ich, Mütterchen, ich ärgere mich ja nicht, aber es ist mir sehr unangenehm, jetzt daran zurückzudenken, was ich Ihnen da alles so glücklich und dumm geschrieben habe. Und auch zum Dienst ging ich heute so stolz und stutzerhaft: es war solch ein Leuchten in meinem Herzen, war so wie ein Feiertag in der Seele, und doch ganz ohne allen Grund, — so frohgemut war ich! Mit förmlicher Schaffensgier machte ich mich an die Arbeit, an die Papiere — und was wurde schließlich daraus? Als ich mich dann umsah, war wieder alles so wie früher — grau und nüchtern. Überall dieselben Tintenflecke, wie immer dieselben Tische und Papiere, und auch ich ganz derselbe: wie ich war, genau so bin ich auch geblieben, — was war da für ein Grund vorhanden, den Pegasus zu reiten? Und woher war denn alles gekommen? Daher, daß die Sonne einmal durch die Wolken geschaut und der Himmel sich heller gefärbt hatte. Nur deshalb — dies alles? Und was können das für Frühlingsdüfte sein, wenn man auf einen Hof hinaussieht, auf dem aller Unrat der Welt zu finden ist? Da muß ich mir also nur so aus Albernheit alles eingebildet haben. Aber es kommt doch bisweilen vor, daß ein Mensch sich in seinen eigenen Gefühlen verwirrt und in die Weite schweift und Unsinn redet. Das kommt von nichts anderem als von alberner Hitzigkeit, in der das Herz eine Rolle spielt. Nach Hause kam ich nicht mehr wie andere Menschen, sondern schleppte mich heim: der Kopf schmerzte. Das kommt dann schon so: eins zum anderen. (Ich muß wohl meinen Rücken erkältet haben.) Ich hatte mich, recht wie ein alter Esel, über den Frühling gefreut und war im leichten Mantel ausgegangen. Auch das noch! In meinen Gefühlen aber haben Sie sich getäuscht, meine Liebe! Sie haben meine Äußerungen in einem ganz anderen Sinn aufgefaßt. Nur um väterliche Zuneigung handelt es sich, Warinka, denn ich nehme bei Ihnen, in Ihrer bitteren Verwaistheit, die Stelle Ihres Vaters ein, das sage ich aus reiner Seele und aus lauterem Herzen. Wie es auch sei: ich bin doch immerhin Ihr Verwandter, wenn auch nur ein ganz entfernter Verwandter, vielleicht, wie das Sprichwort sagt, „das siebente Wasser in der Suppe". Aber immerhin: Ihr Verwandter bleibe ich dennoch, und jetzt bin ich sogar Ihr bester Verwandter und einziger Beschützer. Denn dort, wo es am nächsten lag, daß Sie Schutz und Beistand suchten, dort fanden Sie nur Verrat und Schmach. Was aber die Gedichte betrifft, so muß ich Ihnen sagen, mein Kind, daß es sich für mich nicht schickt, mich auf meine alten Tage noch im Dichten zu üben. Gedichte sind Unsinn! Heute werden in den Schulen die Kinder geprügelt, wenn sie dichten ... da sehen Sie, was Dichten ist, meine Liebe.

Was schreiben Sie mir da, Warwara Alexejewna, von Bequemlichkeit, Ruhe und was nicht noch alles? Mütterchen, ich bin nicht anspruchsvoll, ich habe niemals besser gelebt als jetzt; weshalb sollte ich jetzt anfangen zu mäkeln? Ich habe zu essen, habe Kleider und Schuh — was will man mehr? Nicht uns steht es zu, Gott weiß was für Sprünge zu machen! — bin nicht von vornehmer Herkunft! Mein Vater war kein Adliger und bezog mit seiner ganzen Familie ein geringeres Gehalt als ich. Ich bin nicht verwöhnt. Übrigens, wenn man ganz aufrichtig die Wahrheit sagen soll, so war ja wirklich in meiner früheren Wohnung alles unvergleichlich besser. Man war freier, unabhängiger, gewiß, Warinka. Natürlich ist auch meine jetzige Wohnung gut, ja, sie hat in gewisser Hinsicht sogar ihre Vorzüge: es ist hier lustiger, wenn Sie wollen, es gibt mehr Abwechslung und Zerstreuung. Dagegen will ich nichts sagen, aber es tut mir doch leid um die alte. So sind wir nun einmal, wir alten Leute, das heißt: wenn wir Menschen schon anfangen, älter zu werden. Die alten Sachen, an die wir uns gewöhnt haben, sind uns schließlich so vertraut. Die Wohnung war, wissen Sie, ganz klein und gemütlich. Ich hatte ein Zimmerchen für mich. Die Wände waren ... ach nun, was soll man da reden! — Die Wände waren wie alle Wände sind, nicht um die Wände handelt es sich, aber die Erinnerungen an all das Frühere, die machen mich etwas wehmütig ... Sonderbar — sie bedrücken, und dennoch ist es, als wären sie angenehm, als dächte man selbst doch gern an all das Alte zurück. Sogar das Unangenehme, worüber ich mich bisweilen geärgert habe, sogar das erscheint jetzt in der Erinnerung wie von allem Schlechten gesäubert, und ich sehe es im Geiste nur noch als etwas Trautes, Gutes. Wir lebten ganz still und friedlich, Warinka, ich und meine Wirtin, die selige Alte. Ja, auch an die Gute denke ich jetzt mit traurigen Gefühlen zurück. Sie war eine brave Frau und nahm nicht viel für das Zimmerchen. Sie strickte immer aus alten Zeugstücken, die sie in schmale Streifen zerschnitt, mit ellenlangen Stricknadeln Bettdecken, nur damit beschäftigte sie sich. Das Licht benutzten wir gemeinschaftlich, deshalb arbeiteten wir abends an demselben Tisch. Ein Enkelkindchen lebte bei ihr, Mascha. Ich erinnere mich ihrer noch, wie sie ganz klein war. Jetzt wird sie dreizehn sein, schon ein großes Mädchen. Und so unartig war sie, so ausgelassen, immer brachte sie uns zum Lachen. So lebten wir denn zu dritt, saßen an langen Winterabenden am runden Tisch, tranken unseren Tee, und dann machten wir uns wieder an die Arbeit. Die Alte begann oft Märchen zu erzählen, damit Mascha sich nicht langweile oder auch, damit sie nicht unartig sei. Und was das für Märchen waren! Da konnte nicht nur ein Kind, nein, auch ein erwachsener, vernünftiger Mensch konnte da zuhören. Und wie! Ich selbst habe oft, wenn ich mein Pfeifchen angeraucht hatte, aufgehorcht, habe mit Spannung zugehört und die ganze Arbeit darüber vergessen. Das Kindchen aber, unser Wildfang, wurde ganz nachdenklich, stützte das rosige Bäckchen in die Hand, öffnete seinen kleinen Kindermund und horchte mit großen Augen; und wenn es ein Märchen zum Fürchten war, dann schmiegte es sich immer näher, immer angstvoller an die Alte an. Uns aber war es eine Lust, das Kindchen zu betrachten. Und so saß man oft und merkte gar nicht, wie die Zeit verging, und vergaß ganz, daß draußen der Schneesturm wütete.

Ja, das war ein gutes Leben, Warinka, und so haben wir fast ganze zwanzig Jahre gemeinsam verlebt. — Doch wovon rede ich da wieder! Ihnen werden solche Geschichten vielleicht gar nicht gefallen, und mir sind diese Erinnerungen auch nicht so leicht, — namentlich jetzt in der Dämmerung. Theresa klappert dort mit dem Geschirr. Ich habe Kopfschmerzen, auch mein Rücken schmerzt ein wenig, und die Gedanken sind alle so seltsam, als schmerzten sie gleichfalls; ich bin heute traurig gestimmt, Warinka!

Was schreiben Sie da von besuchen, meine Gute? Wie soll ich denn zu Ihnen kommen? Mein Täubchen, was werden die Leute dazu sagen? Da müßte ich doch über den Hof gehen, das würde man bemerken und dann fragen, — da gäbe es denn ein Gerede, und daraus entstünden Klatschgeschichten und man würde die Sache anders deuten. Nein, mein Engelchen, es ist schon besser, wenn ich Sie morgen bei der Abendmesse sehe; das wird vernünftiger sein und für uns beide unschädlicher. Seien Sie mir nicht böse, mein Kind, weil ich Ihnen einen solchen Brief geschrieben habe. Beim Durchlesen sehe ich jetzt, daß alles ganz zusammenhanglos ist. Ich bin ein alter, ungelehrter Mensch, Warinka; in der Jugend habe ich nichts zu Ende gelernt, jetzt aber würde nichts mehr in den Kopf gehen, wenn man von neuem mit dem Lernen anfangen wollte. Ich muß schon gestehen, Mütterchen, ich bin kein Meister der Feder und weiß, auch ohne fremde Hinweise und spöttische Bemerkungen, daß ich, wenn ich einmal etwas Spaßigeres schreiben will, nur Unsinn zusammenschwatze. — Ich sah Sie heute am Fenster, ich sah, wie Sie den Vorhang herabließen. Leben Sie wohl, Warwara Alexejewna.

Ihr Freund, der ganz uneigennützig Ihr Freund sein will,
Makar Djewuschkin

P. S. Ich werde, Warinka, über niemanden mehr Satiren schreiben. Ich bin zu alt geworden, Kind, um müßigerweise noch Scherze zu machen. Man würde dann auch über mich lachen, denn es ist schon so, wie unser Sprichwort sagt: „Wer andern eine Grube gräbt, fällt selbst hinein."

9. April

Makár Alexéjewitsch!

Schämen Sie sich denn nicht, mein Freund und Wohltäter, sich so etwas in den Kopf zu setzen! Haben Sie sich denn wirklich beleidigt gefühlt? Ach, ich bin oft so unvorsichtig in meinen Äußerungen, aber diesmal hätte ich doch nicht gedacht, daß Sie meinen harmlos scherzhaften Ton für Spott halten könnten. Seien Sie überzeugt, daß ich es niemals wagen werde, mich über Ihre Jahre oder Ihren Charakter lustig zu machen. Ich habe es nur — wie soll ich sagen —: aus Leichtsinn geschrieben, aus Gedankenlosigkeit, oder vielleicht auch nur deshalb, weil es gerade furchtbar langweilig war ... was tut man mitunter nicht alles nur aus Langeweile? Außerdem glaubte ich, daß Sie selbst in Ihrem Brief ein wenig hätten scherzen wollen. Nun macht es mich sehr traurig, daß Sie unzufrieden mit mir sind. Nein, mein treuer Freund und Beschützer, Sie täuschen sich, wenn Sie mich der Gefühllosigkeit und Undankbarkeit verdächtigen. In meinem Herzen weiß ich alles, was Sie für mich taten, als Sie mich gegen den Haß und die Verfolgungen schändlicher Menschen verteidigten, nach seinem wahren Wert zu schätzen. Ewig werde ich für Sie beten, und wenn mein Gebet bis zu Gott vordringt und er mich erhört, dann werden Sie glücklich sein.

Ich fühle mich heute ganz krank. Schüttelfrost und Fieber wechseln ununterbrochen. Fjodóra ist meinetwegen schon wieder besorgt. Das ist übrigens ganz sinnlos, was Sie da schreiben — weswegen Sie sich fürchten, uns zu besuchen. Was geht das die Leute an? Sie sind mit uns bekannt und damit basta!

Leben Sie wohl, Makar Alexejewitsch. Zu schreiben weiß ich nichts mehr, und ich kann auch nicht: fühle mich wirklich ganz krank. Ich bitte Sie nochmals, mir nicht zu zürnen und von meiner unveränderlichen Verehrung und Anhänglichkeit überzeugt zu sein, womit ich die Ehre habe zu verbleiben

Ihre Ihnen treu ergebene und so viel Dank schuldige
Warwara Dobrossjólowa

12. April

Sehr geehrte Warwára Alexéjewna!

Ach, Mütterchen, was ist das nun wieder mit Ihnen! Jedesmal erschrecken Sie mich! Ich schreibe Ihnen in jedem Brief, daß Sie sich schonen sollen, sich warm ankleiden, nicht bei schlechtem Wetter ausgehen, daß Sie in allem vorsichtig sein sollen — Sie aber, mein Engelchen, hören gar nicht darauf, was ich sage! Ach, mein Täubchen, Sie sind doch wirklich noch ganz wie ein kleines Kindchen! Sie sind so zart, wie so ein Strohhälmchen, das weiß ich doch. Es braucht nur ein Windchen zu wehen, und gleich sind Sie krank. Deshalb müssen Sie sich auch in acht nehmen, müssen Sie selbst darauf bedacht sein, sich nicht der Gefahr auszusetzen, um Ihren Freunden nicht Kummer, Sorge und Trübsal zu bereiten.

Sie äußerten im vorletzten Brief den Wunsch, mein Kind, über meine Lebensweise und alles, was mich umgibt und angeht, Genaueres zu erfahren. Gern will ich Ihren Wunsch erfüllen. Ich beginne also, beginne mit dem Anfang, mein Kind, dann ist gleich mehr Ordnung in der Sache.

Also erstens: die Treppen in unserem Hause sind ziemlich mittelmäßig; nur die Paradetreppe ist gut, sogar sehr gut, wenn Sie wollen: sauber, hell, breit, alles Gußeisen und wie Mahagoni poliertes Holzgeländer. Dafür ist aber die Hintertreppe so, daß ich lieber gar nicht von ihr reden möchte: feucht, schmutzig, mit zerbrochenen Stufen, und die Wände sind so fettig, daß die Hand kleben bleibt, wenn man sich an sie stützen will. Auf jedem Treppenabsatz stehen Kisten, alte Stühle und Schränke, alles schief und wackelig, Lappen sind zum Trocknen aufgehängt, die Fensterscheiben eingeschlagen; Waschkübel stehen da mit allem möglichen Schmutz, mit Unrat und Kehricht, mit Eierschalen und Tischresten; der Geruch ist schlecht ... mit einem Wort, es ist nicht schön.

Die Lage der Zimmer habe ich Ihnen schon beschrieben; sie ist — dagegen läßt sich nichts sagen — wirklich bequem, das ist wahr, aber es ist auch in ihnen eine etwas dumpfe Luft, das heißt: ich will nicht geradezu sagen, daß es in den Zimmern schlecht rieche, aber so — es ist nur ein etwas fauliger Geruch, wenn man sich so ausdrücken darf, in den Zimmern, irgend so ein süßlich scharfer Modergeruch, oder so ungefähr. Der erste Eindruck ist zum mindesten nicht vorteilhaft, aber das hat nichts zu sagen, man braucht nur ein paar Minuten bei uns zu sein, so vergeht das, und man merkt nicht einmal, wie es vergeht, denn man fängt selbst an, so zu riechen, die Kleider und die Hände und alles riecht bald ebenso, — nun, und da gewöhnt man sich eben daran. Aber alle Zeisige krepieren bei uns. Der Seemann hat schon den fünften gekauft, aber sie können nun einmal nicht leben in unserer Luft, dagegen ist nichts zu machen. Unsere Küche ist groß, geräumig und hell. Morgens ist es allerdings etwas dunstig in ihr, wenn man Fisch oder Fleisch brät, und es riecht dann nach Rauch und Fett, da immer etwas verschüttet wird, und auch der Fußboden ist morgens meist naß, aber abends ist man dafür wie im Paradies. In der Küche hängt bei uns gewöhnlich Wäsche zum Trocknen auf Schnüren, und da mein Zimmer nicht weit ist, das heißt: fast unmittelbar an die Küche stößt, so stört mich dieser Wäschegeruch zuweilen ein wenig. Aber das hat nichts zu sagen: hat man erst etwas länger hier gelebt, wird man sich auch daran gewöhnen..

Vom frühesten Morgen an, Warinka, beginnt bei uns das Leben, da steht man auf, geht, lärmt, poltert, – dann stehen nämlich *alle* auf, die einen, um in den Dienst zu gehen oder sonst wohin, manche nur so aus eigenem Antrieb. Und dann beginnt das Teetrinken. Die Ssamoware gehören fast alle der Wirtin, es sind ihrer aber nur wenige, deshalb muß ein jeder aufpassen, wann die Reihe an ihn kommt; wer aus der Reihe fällt und mit seinem Teekännchen früher hingeht, als er darf, dem wird sogleich, und zwar tüchtig, der Kopf zurechtgerückt. Das geschah mit mir auch einmal, gleich am ersten Tage ... doch was soll man davon reden! Bei der Gelegenheit wurde ich dann auch mit allen bekannt. Näher bekannt wurde ich zunächst mit dem Seemann. Der ist so ein Offenherziger, hat mir alles gleich erzählt: von seinem Vater und seiner Mutter, von der Schwester, die an einen Assessor in Tula verheiratet ist, und von Kronstadt, wo er längere Zeit gelebt hat. Er versprach mir auch seinen Beistand, wenn ich seiner bedürfen sollte, und lud mich gleich zu sich zum Abendtee ein. Ich suchte ihn dann auch auf – er war in demselben Zimmer, in dem man bei uns gewöhnlich Karten spielt. Dort wurde ich mit Tee bewirtet und dann verlangte man von mir, daß ich an ihrem Hazardspiel teilnehmen solle. Wollten sie sich nun über mich lustig machen oder was sonst, das weiß ich nicht, jedenfalls spielten sie selbst die ganze Nacht; auch als ich eintrat, spielten sie. Überall Kreide, Karten, und ein Rauch war im Zimmer, daß es einen förmlich in die Augen biß. Nun, spielen wollte ich natürlich nicht, und da sagten sie mir, ich sei wohl ein Philosoph. Darauf beachtete mich weiter niemand und man sprach auch die ganze Zeit kein Wort mehr mit mir. Doch darüber war ich, wenn ich aufrichtig sein soll, nur sehr froh. Jetzt gehe ich nicht mehr zu ihnen: bei denen ist nichts als Hazard, der reine Hazard! Aber bei dem Beamten, der sich nebenbei mit Literatur befaßt, kommt man abends gleichfalls zusammen. Aber bei dem geht es anders her, dort ist alles bescheiden, harmlos und anständig. Wohlerzogene Leute.

Nun, Warinka, will ich Ihnen noch beiläufig anvertrauen, daß unsere Wirtin eine sehr schlechte Person ist, eine richtige Hexe. Sie haben doch Theresa gesehen, — also sagen Sie selbst: was ist denn an ihr noch dran? Mager ist sie wie ein schwindsüchtiges, gerupftes Hühnchen. Und dabei hält die Wirtin nur zwei Dienstboten: diese Theresa und den Faldoni. Ich weiß nicht, wie er eigentlich heißt, vielleicht hat er auch noch einen anderen Namen, jedenfalls kommt er, wenn man ihn so ruft, und deshalb rufen ihn denn alle so. Er ist rothaarig, irgendein Finnländer, ein schielender Grobian mit einer aufgestülpten Nase. Auf die Theresa schimpft er ununterbrochen, und viel fehlt nicht, so würde er sie einfach prügeln. Überhaupt muß ich sagen, daß das Leben hier nicht ganz so ist, daß man es gerade gut nennen könnte ... Daß sich zum Beispiel abends alle zu gleicher Zeit hinlegen und einschlafen — das kommt hier überhaupt nicht vor. Ewig wird irgendwo noch gesessen und gespielt, manchmal aber wird sogar etwas getrieben, daß man sich schämt, es auch nur anzudeuten. Jetzt habe ich mich schon eingelebt und an vieles gewöhnt, aber ich wundere mich doch, wie sogar verheiratete Leute in einem solchen Sodom leben können. Da ist zum Beispiel eine ganze Familie, arme Leute, die hier in einem Zimmer wohnen, aber nicht in einer Reihe mit den anderen Nummern, sondern auf der anderen Seite in einem Eckzimmer, also etwas weiter ab. Stille Leutchen! Niemand hört von ihnen etwas. Und sie leben alle in dem einen Zimmerchen, in dem sie nur eine kleine Scheidewand haben. Er soll ein stellenloser Beamter sein — vor etwa sieben Jahren aus dem Dienst entlassen, man weiß nicht, weshalb. Sein Familienname ist Gorschkóff. Er ist ein kleines, graues Männchen, geht in alten, abgetragenen Kleidern, daß es ordentlich weh tut, ihn anzusehen — viel schlechter als ich! So ein armseliges, kränkliches Kerlchen — ich begegne ihm bisweilen auf dem Korridor. Die Knie zittern ihm immer, auch die Hände zittern und der Kopf zittert, von einer Krankheit vielleicht, oder Gott mag wissen, wovon. Schüchtern ist er, alle fürchtet er, geht jedem scheu aus dem Wege und drückt sich ganz still und leise längs der Wand an den Menschen vorüber. Auch ich bin ja mitunter etwas schüchtern, aber mit dem ist das gar kein Vergleich! Seine Familie besteht aus seiner Frau und drei Kindern. Der älteste Knabe ist ganz nach dem Vater geraten, auch so ein kränkliches Kerlchen. Seine Frau muß einmal gut ausgesehen haben, das sieht man jetzt noch ... sie geht aber in so alten, armseligen Kleidern — oh, so alten! Wie ich hörte, schulden sie der Wirtin bereits die Miete; wenigstens behandelt sie sie nicht gar zu freundlich. Auch hörte ich, daß Gorschkóff selbst irgendwelche Unannehmlichkeiten gehabt haben soll, weshalb er verabschiedet worden sei, — war es nun ein Prozeß oder etwas anderes, vielleicht eine Anklage, oder ist eine Untersuchung eingeleitet worden, das weiß ich Ihnen nicht zu sagen. Arm sind sie, furchtbar arm, Gott im Himmel! Immer ist es still in ihrem Zimmer, so still, als wohnte dort keine Seele. Nicht einmal die Kinder hört man. Und daß sie mal unartig wären oder ein Spielchen spielten — das kommt gar nicht vor, und ein schlimmeres Anzeichen gibt es doch nicht. Einmal kam ich abends an ihrer Tür vorüber — es war gerade ganz ungewöhnlich still bei uns — da hörte ich ganz leises Schluchzen, dann ein Flüstern, dann wieder Schluchzen, ganz als weine dort jemand, aber so still, so hoffnungslos verzweifelt, so traurig, daß es mir das Herz zerreißen wollte. Und dann wurde ich die halbe Nacht die Gedanken an diese armen Menschen nicht los, so daß ich lange nicht einschlafen konnte.

Nun leben Sie wohl, Warinka, mein kleiner Freund! Da habe ich Ihnen jetzt alles beschrieben, so, wie ich es verstand. Heute habe ich den ganzen Tag nur an Sie gedacht. Mein Herz hat sich um Sie ganz müde gegrämt. Denn sehen Sie, mein Seelchen, ich weiß doch, daß Sie kein warmes Mäntelchen haben. Und ich kenne doch dieses Petersburger Frühlingswetter, diese Frühjahrswinde und den Regen, der dazwischen noch Schnee bringt, — da holt man sich doch den Tod, Warinka! Da gibt es doch solche Wetterumschläge, daß Gott uns behüte und bewahre! Nehmen Sie mir, Herzchen, mein Geschreibsel nicht übel; ich habe keinen Stil, Warinka, ganz und gar keinen Stil. Wenn ich doch nur irgendeinen hätte! Ich schreibe, was mir gerade einfällt, damit Sie eine kleine Zeustreuung haben, also nur so, um Sie etwas zu erheitern. Ja, wenn ich was gelernt hätte, dann wäre es etwas anderes; aber so — was habe ich denn gelernt? Meine Erziehung hat überhaupt kein Geld gekostet!

Ihr ewiger und treuer Freund   Makar Djewuschkin

25. April

Sehr geehrter Makár Alexéjewitsch!

Heute bin ich meiner Kusine Ssáscha begegnet! Entsetzlich! Auch sie wird zugrunde gehen, die Ärmste! Auch habe ich zufällig auf Umwegen erfahren, daß Anna Fjódorowna sich überall nach mir erkundigt und natürlich alles ausforschen will. Sie wird wohl niemals aufhören, mich zu verfolgen. Sie soll gesagt haben, daß sie mir alles *verzeihen* wolle! Sie wolle alles Vorgefallene vergessen und werde mich unbedingt besuchen. Von Ihnen hat sie gesagt, Sie seien gar nicht mein Verwandter, nur sie selbst sei meine nächste und einzige Verwandte, und Sie hätten kein Recht, sich in unsere Angelegenheiten einzumischen. Es sei eine Schande für mich und ich müsse mich schämen, mich von Ihnen ernähren zu lassen und auf Ihre Kosten zu leben ... Sie sagt, ich hätte das Gnadenbrot, das sie uns gegeben, vergessen — hätte vergessen, daß sie meine Mutter und mich vor dem Hungertode bewahrt, daß sie uns ernährt und gepflegt und fast zweieinhalb Jahre lang nur Unkosten durch uns gehabt und daß sie uns außerdem eine alte Schuld erlassen habe. Nicht einmal Mama will sie in ihrem Grabe in Ruhe lassen! Wenn meine Mutter wüßte, was sie mir angetan haben! Gott sieht es! ...

Anna Fjodorowna hat auch noch gesagt, daß ich nur aus Dummheit nicht verstanden hätte, mein Glück festzuhalten, daß sie selbst mir das Glück zugeführt und sonst an nichts schuld sei, ich aber hätte es nur nicht verstanden — oder vielleicht auch nicht gewollt —, für meine Ehre einzutreten. Aber wessen Schuld war es denn, großer Gott! Sie sagt, Herr Býkoff sei durchaus im Recht, man könne doch wirklich nicht eine jede heiraten, die ... doch wozu das alles schreiben!

Es ist zu grausam, solche Unwahrheiten hören zu müssen, Makar Alexejewitsch!

Ich weiß nicht, was das heute mit mir ist. Ich zittere, ich weine, ich schluchze. An diesem Brief schreibe ich schon seit zwei Stunden. Und ich war schon in dem Glauben, sie werde doch wenigstens ihre Schuld eingesehen haben, das Unrecht, das sie mir zugefügt hat, — und da redet sie nun so!

Bitte, regen Sie sich meinetwegen nicht auf, mein Freund, um Gottes willen nicht, mein einziger guter Freund! Fjodora übertreibt ja doch immer: ich bin gar nicht krank. Ich habe mich nur gestern auf dem Wólkowo-Friedhof ein wenig erkältet, als ich die Seelenmesse für mein totes Mütterchen hörte. Warum kamen Sie nicht mit mir? — ich hatte Sie doch so darum gebeten. Ach, meine arme, arme Mama, wenn du aus dem Grabe stiegest, wenn du wüßtest, wenn du wüßtest, was sie mit mir getan haben! ... W. D.

20. Mai

Mein Täubchen Warinka!

Ich sende Ihnen ein paar Weintrauben, mein Herzchen, die sind gut für Genesende, sagt man, und auch der Arzt hat sie empfohlen, gegen den Durst, — also dann essen Sie mal die Träubchen, Warinka, wenn Sie durstig sind. Sie wollten auch gern ein Rosenstöckchen besitzen, also schicke ich Ihnen denn jetzt ein solches. Haben Sie aber auch Appetit, Herzchen? — Das ist doch die Hauptsache. Gott sei Dank, daß nun alles vorüber und überstanden ist, und daß auch unser Unglück bald ein Ende nehmen wird. Danken wir dafür dem Himmel! Was aber nun die Bücher betrifft, so kann ich vorläufig nirgendwo welche auftreiben. Es soll hier jemand ein sehr gutes Buch haben, hörte ich, eines, das in sehr hohem Stil geschrieben sei; man sagt, es sei wirklich ein gutes Buch, ich habe es selbst nicht gelesen, aber es wird hier sehr gelobt. Ich habe gebeten, man möge es mir geben, und man wollte es mir auch verschaffen. Nur — werden Sie es wirklich lesen? Sie sind ja so wählerisch in solchen Sachen, daß es schwer hält, für Ihren Geschmack gerade das Richtige zu finden, ich kenne Sie doch, mein Täubchen, ich weiß schon, wie Sie sind! Sie wollen wohl nur Poesie haben, die von Liebe und Sehnsucht handelt, — deshalb werde ich Ihnen auch Gedichte verschaffen, alles, alles, was Sie nur haben wollen. Hier gibt es ein ganzes Heft mit abgeschriebenen Gedichten.

Ich lebe sehr gut. Sie müssen sich über mich beruhigen, Mütterchen. Was Ihnen die Fjodora wieder erzählt hat, ist alles gar nicht wahr, sie soll nicht immer lügen, sagen Sie ihr das. Ja, sagen Sie es ihr wirklich, der Klatschbase! ... Ich habe meinen neuen Uniformrock gar nicht verkauft, ist mir nicht eingefallen! Und weshalb sollte ich ihn verkaufen, sagen Sie doch selbst? Ich habe noch vor kurzem gehört, wie man davon sprach, daß man mir eine Gratifikation von vierzig Rubeln zusprechen werde, weshalb sollte ich ihn da verkaufen? Nein, Kind, Sie sollen sich wirklich nicht beunruhigen. Sie ist argwöhnisch, die Fjodora, und mißtrauisch, das ist gar nicht gut von ihr. Warten Sie nur, auch wir werden nochmal gut leben, mein Täubchen! Nur müssen Sie erst gesund werden, mein Engelchen, das müssen Sie um Christi willen: das ist doch mein größter Kummer, damit betrüben Sie mich Alten doch am meisten. Wer hat Ihnen gesagt, daß ich abgemagert sei? Das ist auch so eine Verleumdung! Ich bin ganz gesund und munter und habe sogar so zugenommen, daß ich mich schon selbst zu schämen anfange. Bin satt und zufrieden und mir fehlt nichts, — wenn nur Sie wieder gesund wären! Nun, jetzt leben Sie wohl, mein Engelchen; ich küsse alle Ihre Fingerchen und verbleibe

Ihr ewig treuer, unwandelbarer Freund
Makar Djewuschkin

P. S. Ach, Herzchen, was haben Sie da nur wieder geschrieben! Daß Sie sich doch immer etwas ins Köpfchen setzen müssen! Wie soll ich denn so oft zu Ihnen kommen, Kind? das frage ich Sie, — wie? Etwa im Schutze der nächtlichen Dunkelheit? Aber wo die Nächte hernehmen, jetzt gibt es ja gar keine, in dieser Jahreszeit. Ich habe Sie aber auch so, Engelchen, während Ihrer Krankheit fast gar nicht verlassen, als Sie bewußtlos im Fieber lagen. Doch eigentlich weiß ich es selbst nicht mehr, wie ich meine Zeit einteilte und mit allem doch noch fertig wurde. Aber dann stellte ich meine Besuche ein, denn die Leute wurden neugierig und begannen zu fragen. Und es sind ohnehin schon Klatschgeschichten entstanden. Ich verlasse mich aber ganz auf Theresa; die ist zum Glück nicht schwatzhaft. Aber immerhin müssen Sie es sich doch selbst sagen, Kind, wie wird denn das sein, wenn alle über uns schwatzen? Was werden sie denn von uns denken und was sagen? Deshalb beißen Sie mal die Zähnchen zusammen, Herzchen, und warten Sie, bis Sie ganz gesund geworden sind: dann werden wir uns schon irgendwo außerhalb des Hauses treffen können.

1. Juni

Bester Makar Alexejewitsch!

Ich möchte Ihnen so gern etwas zu Liebe tun, um Ihnen meinen Dank für Ihre Mühe und die Opfer, die Sie mir gebracht, zu bezeigen, darum habe ich mich entschlossen, aus meiner Kommode mein altes Heft hervorzusuchen, das ich Ihnen hiermit zusende. Ich begann diese Aufzeichnungen noch in der glücklichen Zeit meines Lebens. Sie haben mich so oft mit Anteil nach meinem früheren Leben gefragt und mich gebeten, Ihnen von meiner Mutter, von Pokrówskij, von meinem Aufenthalt bei Anna Fjódorowna und schließlich von meinen letzten Erlebnissen zu erzählen, und Sie äußerten so lebhaft den Wunsch, dieses Heft einmal zu lesen, in dem ich – Gott weiß wozu – einiges aus meinem Leben erzählt habe, daß ich glaube, Ihnen mit der Zusendung dieses Heftes eine Freude zu bereiten. Mich aber hat es traurig gemacht, als ich es jetzt durchlas. Es scheint mir, daß ich seit dem Augenblick, als ich die letzte Zeile dieser Aufzeichnungen schrieb, noch einmal so alt geworden bin, als ich war, zweimal so alt! Ich habe das Ganze zu verschiedenen Zeiten niedergeschrieben. Leben Sie wohl, Makar Alexejewitsch! Ich habe jetzt oft schreckliche Langeweile und nachts quält mich meine Schlaflosigkeit. Ein höchst langweiliges Genesen! W. D.

I

Ich war erst vierzehn Jahre alt, als mein Vater starb. Meine Kindheit war die glücklichste Zeit meines Lebens. Ich verbrachte sie nicht hier, sondern fern in der Provinz, auf dem Lande. Mein Vater war der Verwalter eines großen Gutes, das dem Fürsten P. gehörte. Und dort lebten wir – still, einsam und glücklich ... Ich war ein richtiger Wildfang: oft tat ich da den ganzen Tag nichts anderes als in Feld und Wald umherstreifen, überall wo ich nur wollte, denn niemand kümmerte sich um mich. Mein Vater war immer beschäftigt, und meine Mutter hatte in der Wirtschaft zu tun. Ich wurde nicht unterrichtet — und darüber war ich sehr froh. So lief ich schon frühmorgens zum großen Teich oder in den Wald, oder auf die Wiese zu den Schnittern — je nachdem —: was machte es mir aus, daß die Sonne brannte, daß ich selbst nicht mehr wußte, wo ich war und wie ich mich zurechtfinden sollte, daß das Gestrüpp mich kratzte und mein Kleid zerriß: zu Hause würde man schelten, aber was machte ich mir draus!

Und ich glaube, ich wäre ewig so glücklich geblieben, wenn wir auch das ganze Leben dort auf dem Lande verbracht hätten. Doch leider mußte ich schon als Kind von diesem freien Landleben Abschied nehmen und mich von all den trauten Stellen trennen. Ich war erst zwölf Jahre alt, als wir nach Petersburg übersiedelten. Ach, wie traurig war unser Aufbruch! Wie weinte ich, als ich alles, was ich so lieb hatte, verlassen mußte! Ich weiß noch, wie krampfhaft ich meinen Vater umarmte und ihn unter Tränen bat, er möge doch wenigstens noch ein Weilchen auf dem Gute bleiben, und wie mein Vater böse wurde, und wie meine Mutter auch weinte. Sie sagte, es sei notwendig, es seien geschäftliche Angelegenheiten, die es verlangten. Der alte Fürst P. war nämlich gestorben, und seine Erben hatten meinen Vater entlassen. So fuhren wir nach Petersburg, wo einige Privatleute lebten, denen mein Vater Geld geliehen hatte, und so wollte er denn persönlich seine Geldangelegenheiten regeln. Das erfuhr ich alles von meiner Mutter. Hier mieteten wir auf der Petersburger Seite[4] eine Wohnung, in der wir dann bis zum Tode des Vaters blieben.

Wie schwer es mir war, mich an das neue Leben zu gewöhnen! Wir kamen im Herbst nach Petersburg. Als wir das Gut verließen, war es ein sonnig heller, klarer, warmer Tag. Auf den Feldern wurden die letzten Arbeiten beendet. Auf den Tennen lag schon das Getreide in hohen Haufen, um die ganze Scharen lebhaft zwitschernder Vögel flatterten. Alles war so hell und fröhlich!

Hier aber, als wir in der Stadt anlangten, war statt dessen nichts als Regen, Herbstkälte, Unwetter, Schmutz, und viele fremde Menschen, die alle unfreundlich, unzufrieden und böse aussahen! Wir richteten uns ein, so gut es eben ging. Wieviel Schererei das gab, bis man den Haushalt endlich eingerichtet hatte! Mein Vater war fast den ganzen Tag nicht zu Hause, und meine Mutter war immer beschäftigt, — mich vergaß man ganz. Es war ein trauriges Aufstehen am nächsten Morgen — nach der ersten Nacht in der neuen Wohnung. Vor unseren Fenstern war ein gelber Zaun. Auf der Straße sah man nichts als Schmutz! Nur wenige Menschen gingen vorüber, und alle waren so vermummt in Mäntel und Tücher, und alle schienen sie zu frieren.

Bei uns zu Hause herrschten ganze Tage lang nur Kummer und entsetzliche Langeweile. Verwandte oder nahe Bekannte hatten wir hier nicht. Mit Anna Fjodorowna hatte sich der Vater entzweit. (Er schuldete ihr etwas.) Es kamen aber ziemlich oft Leute zu uns, die mit dem Vater Geschäftliches zu besprechen hatten. Gewöhnlich wurde dann gestritten, gelärmt und geschrien. Und wenn sie wieder fortgegangen waren, war Papa immer so unzufrieden und böse. Stundenlang ging er dann im Zimmer auf und ab, mit gerunzelter Stirn, ohne ein Wort zu sprechen. Auch Mama wagte dann nichts zu sagen und schwieg. Und ich zog mich mit einem Buch still in einen Winkel zurück und wagte nicht, mich zu rühren.

Im dritten Monat nach unserer Ankunft in Petersburg wurde ich in ein Mädchenpensionat gegeben. War das eine traurige Zeit, namentlich anfangs, unter den vielen fremden Menschen! Alles war so trocken, so kurz angebunden, so unfreundlich und so gar nicht anziehend: die Lehrerinnen schalten, und die Mädchen spotteten, und ich war so verschüchtert! Wie ein Wildling kam ich mir vor. Diese pedantische Strenge! Alles mußte pünktlich zur bestimmten Stunde geschehen. Die Mahlzeiten an der gemeinsamen Tafel, die langweiligen Lehrer — das machte mich anfangs ganz haltlos! Ich konnte dort nicht einmal schlafen. So manche langweilige, kalte Nacht habe ich bis zum Morgen geweint. Abends, wenn die anderen alle ihre Lektionen lernten oder wiederholten, saß ich über meinem Buch oder dem Vokabelheft und wagte nicht, mich zu rühren, aber mit meinen Gedanken war ich wieder zu Hause, dachte an den Vater und die Mutter und an meine alte gute Kinderfrau und an deren Märchen ... ach, was für ein Heimweh mich da erfaßte! Jedes kleinsten Gegenstandes im Hause erinnert man sich, und selbst an den noch denkt man mit einem so eigentümlichen, wehmütigen Vergnügen. Und so denkt man und denkt man denn: wie gut, wie schön es doch jetzt zu Hause wäre! Da würde ich in unserem kleinen Eßzimmer am Tisch sitzen, auf dem der Ssamowar summt, und mit am Tisch säßen die Eltern: wie warm wäre es, wie traut, wie behaglich. Wie würde ich, denkt man, jetzt Mütterchen umarmen, fest, ganz fest, oh, so mit aller Inbrunst umarmen! — Und so denkt man weiter, bis man vor Heimweh leise zu weinen anfängt, und immer wieder die Tränen schluckt — die Vokabeln aber gehen einem nicht in den Kopf. Wieder kann man die Aufgabe für den nächsten Tag nicht: die ganze Nacht sieht man nichts anderes im Traum als den Lehrer, die Madame und die Mitschülerinnen; die ganze Nacht träumt man, daß man die Aufgaben lerne, am nächsten Tage aber weiß man natürlich nichts. Da muß man wieder im Winkel knien und erhält nur eine Speise. Ich war so unlustig, so wortkarg. Die Mädchen lachten über mich, neckten mich und lenkten meine Aufmerksamkeit ab, wenn ich die Aufgabe hersagte, oder sie kniffen mich, wenn wir in langer Reihe paarweis zu Tisch gingen, oder sie beklagten sich bei der Lehrerin über mich. Doch welche Seligkeit, wenn dann am Sonnabendnachmittag meine gute alte Wärterin kam, um mich abzuholen! Wie ich sie umarmte — ich wußte mich kaum zu fassen vor Freude —, mein gutes Altchen! Und dann kleidete sie mich an, immer schön warm, wie sie sagte, wenn sie mich mollig einhüllte. Unterwegs aber konnte sie mir nie schnell genug folgen, und ich konnte doch nicht so langsam gehen wie sie! Und die ganze Zeit erzählte ich und schwatzte ich ohne Unterlaß. Ganz ausgelassen vor Freude, lief ich ins Haus und umarmte die Eltern so stürmisch, als hätten wir uns seit zehn Jahren nicht gesehen. Und dann begann das Erzählen und Fragen, und ich lachte und lief umher und feierte mit allem und allen Wiedersehen. Papa begann alsbald ernstere Gespräche: über die Wissenschaften, über die Lehrer, über die französische Sprache und die Grammatik von L'Homond, — und alle waren wir so guter Dinge und zufrieden und gesprächig. Auch jetzt noch ist mir die bloße Erinnerung an jene Stunden ein Vergnügen.

Ich gab mir die größte Mühe, gut zu lernen, um meinen Vater damit zu erfreuen. Ich sah doch, daß er das Letzte für mich ausgab, während ihm selbst die Sorgen über den Kopf wuchsen. Mit jedem Tage wurde er finsterer, unzufriedener, jähzorniger; sein Charakter veränderte sich sehr zu seinem Nachteil. Nichts gelang ihm, alles schlug fehl, und die Schulden wuchsen ins Ungeheuerliche.

Die Mutter fürchtete sich, zu weinen oder auch nur ein Wort der Klage zu sagen, da der Vater sich dann nur noch mehr ärgerte. Sie kränkelte, magerte ab, und ein böser Husten stellte sich ein. Kam ich aus dem Pensionat, so sah ich nur noch traurige Gesichter: die Mutter wischte sich heimlich die Tränen aus den Augen, und der Vater ärgerte sich. Und dann gab es wieder Vorwürfe und Klagen: er erlebe an mir keine Freude, ich brächte ihm auch keinen Trost, und doch gebe er für mich das Letzte hin. Ich aber verstände noch immer nicht, Französisch zu sprechen. Mit einem Wort, ich war an allem schuld; alles Unglück, alle Mißerfolge, alles hatten wir zu verantworten, ich und die arme Mama. Wie war es aber nur möglich, die arme Mama noch mehr zu quälen! Wenn man sie ansah, konnte es einem das Herz zerreißen. Ihre Wangen waren eingefallen, die Augen lagen tief in den Höhlen; nur die Röte der Schwindsüchtigen fiel mir auf.

Die größten Vorwürfe wurden mir gemacht. Gewöhnlich begann es mit irgendeiner kleinen Nebensächlichkeit, und dann kam oft Gott weiß was alles zur Sprache. Oft begriff ich nicht einmal, wovon Papa sprach. Was er da nicht alles vorbrachte! ... Zuerst die französische Sprache, daß ich ein Dummkopf und die Vorsteherin unseres Pensionats eine fahrlässige, dumme Person sei, sie kümmere sich nicht im geringsten um unsere geistige Entwicklung; dann: daß er noch immer keine Anstellung habe finden können und daß die Grammatik von L'Homond nichts tauge, die von Sapolskij sei bedeutend besser; daß man für mich viel Geld verschwendet habe, ohne Sinn und Nutzen, daß ich ein gefühlloses hartherziges Mädchen sei, — kurz, ich Arme, die ich mir die größte Mühe gab, französische Vokabeln und Gespräche auswendig zu lernen, war an allem schuld und mußte alle Vorwürfe hinnehmen. Aber er tat das ja nicht etwa deshalb, weil er uns nicht geliebt hätte! Im Gegenteil, er liebte uns über alle Maßen! Aber so war nun einmal sein Charakter.

Oder nein, es waren die Sorgen, die Enttäuschungen und Mißerfolge, die seinen ursprünglich guten Charakter so verändert hatten: er wurde mißtrauisch, war oft ganz verbittert und der Verzweiflung nahe, begann seine Gesundheit zu vernachlässigen, erkältete sich, erkrankte und — starb dann nach kurzem Krankenlager so plötzlich, so unerwartet, daß wir es noch tagelang gar nicht fassen konnten. Wir waren wie betäubt von diesem Schlag. Mama war wie erstarrt, ich fürchtete anfänglich für ihren Verstand. Kaum aber war er gestorben, da kamen schon die Gläubiger in Scharen zu uns. Alles, was wir hatten, gaben wir ihnen hin. Unser Häuschen auf der Petersburger Seite, das Papa ein halbes Jahr nach unserer Ankunft in Petersburg gekauft hatte, mußte gleichfalls verkauft werden. Ich weiß nicht, wie es mit dem Übrigen wurde, wir blieben jedenfalls ohne Obdach, ohne Geld, schutzlos, mittellos ... Mama war krank — es war ein schleichendes Fieber, das nicht weichen wollte — verdienen konnten wir nichts, so waren wir dem Verderben preisgegeben. Ich war erst vierzehn Jahre alt.

Da besuchte uns zum erstenmal Anna Fjodorowna. Sie gibt sich immer für eine Gutsbesitzerin aus und versichert, sie sei mit uns nahe verwandt. Mama aber sagte, sie sei allerdings verwandt mit uns, nur sei diese Verwandtschaft sehr weitläufig. Als Papa noch lebte, war sie nie zu uns gekommen. Sie erschien mit Tränen in den Augen und beteuerte, daß sie an unserem Unglück großen Anteil nehme. Sie bemitleidete uns lebhaft, äußerte sich dann aber dahin, daß Papa an unserem ganzen Mißgeschick schuld sei: er habe gar zu hoch hinaus gewollt und gar zu sehr auf seine eigene Kraft gebaut. Ferner äußerte sie als »einzige Verwandte« den Wunsch, uns näherzutreten, und machte den Vorschlag, Gewesenes zu vergessen. Als Mama darauf erwiderte, daß sie nie irgendwelchen Groll gegen sie gehegt habe, weinte sie sogar vor lauter Rührung, führte Mama in die Kirche und bestellte eine Seelenmesse für den »toten Liebling«, wie sie den Entschlafenen plötzlich nannte. Darauf versöhnte sie sich in aller Feierlichkeit mit Mama.

Dann, nach langen Vorreden und Randbemerkungen und nachdem sie uns in grellen Farben unsere ganze hoffnungslose Lage klargemacht, von unserer Mittel-, Schutz- und Hilflosigkeit gesprochen hatte, forderte sie uns auf, ihr Obdach, wie sie sich ausdrückte, mit ihr zu teilen. Mama dankte für ihre Freundlichkeit, konnte sich aber lange nicht entschließen, der Aufforderung Folge zu leisten. Doch da uns nichts anderes übrigblieb, sah sie sich schließlich gezwungen, mitzuteilen, daß sie ihr Anerbieten dankbar annehmen wolle.

Wie deutlich erinnere ich mich noch jenes Morgens, an dem wir von der Petersburger Seite nach dem anderen Stadtteil, auf der Wassiljeff-Insel übersiedelten! Es war ein klarer, trockener, kalter Herbstmorgen. Mama weinte. Und ich war so traurig: es war mir, als schnüre mir eine unerklärliche Angst die Brust zusammen ... Es war eine schwere Zeit –

II

Anfangs, so lange wir uns noch nicht eingelebt hatten, empfanden wir beide, Mama und ich, eine gewisse Bangigkeit in der Wohnung Anna Fjodorownas, wie man sie zu empfinden pflegt, wenn einem etwas nicht ganz geheuer erscheint. Anna Fjodorowna lebte in ihrem eigenen Hause an der Sechsten Linie.⁵ Im ganzen Hause waren nur fünf Wohnzimmer. In dreien von ihnen wohnte Anna Fjodorowna mit meiner Kusine Ssascha, die als armes Waisenkind von ihr angenommen war und erzogen wurde. Im vierten Zimmer wohnten wir, und im letzten Zimmer, das neben dem unsrigen lag, wohnte ein armer Student, Pokrówskij, der einzige Mieter im Hause.

Anna Fjodorowna lebte sehr gut, viel besser als man es für möglich gehalten hätte; doch ihre Geldquelle war ebenso rätselhaft wie ihre Beschäftigung. Und dabei hatte sie immer irgend etwas zu tun und lief besorgt umher, und jeden Tag fuhr und ging sie mehrmals aus. Doch wohin sie ging, womit sie sich draußen beschäftigte und was sie zu tun hatte, das vermochte ich nicht zu erraten. Sie war mit sehr vielen und sehr verschiedenen Leuten bekannt. Ewig kamen welche zu ihr gefahren, und immer in Geschäften, und immer nur auf ein paar Minuten. Mama führte mich jedesmal in unser Zimmer, sobald es klingelte. Darüber ärgerte sich Anna Fjodorowna sehr und machte meiner Mutter beständig den Vorwurf, daß wir gar zu stolz seien: sie wollte ja nichts sagen, wenn wir irgendeinen Grund, wenn wir wirklich Ursache hätten, stolz zu sein, aber so!... und stundenlang fuhr sie dann in diesem Ton fort. Damals begriff ich diese Vorwürfe nicht, und ebenso habe ich jetzt erst erfahren, oder richtiger, erraten, weshalb Mama sich anfangs nicht entschließen konnte, Anna Fjodorownas Gastfreundschaft anzunehmen.

Sie ist ein schlechter Mensch, diese Anna Fjodorowna. Ewig quälte sie uns. Aber eins ist mir auch jetzt noch ein

Rätsel: wozu hatte sie uns überhaupt zu sich eingeladen? Anfangs war sie noch ganz freundlich zu uns, dann aber kam bald ihr wahrer Charakter zum Vorschein, als sie sah, daß wir vollständig hilflos und nur auf ihre Gnade angewiesen waren. Später wurde sie zu mir wieder freundlicher, vielleicht zu freundlich: sie sagte mir dann sogar plumpe Schmeicheleien, doch vorher hatte ich ebensoviel auszustehen wie Mama. Ewig machte sie uns Vorwürfe und sprach zu uns von nichts anderem als von den Wohltaten, die sie uns erwies. Und allen fremden Leuten stellte sie uns als ihre armen Verwandten vor, als mittellose, schutzlose Witwe und Waise, die sie nur aus Mitleid und christlicher Nächstenliebe bei sich aufgenommen habe und nun ernähre. Bei Tisch verfolgte sie jeden Bissen, den wir zu nehmen wagten, mit den Augen, wenn wir aber nichts aßen, oder gar zu wenig, so war ihr das auch wieder nicht recht: dann hieß es, ihr Essen sei uns wohl nicht gut genug, wir mäkelten, sie gebe eben, was sie habe, und begnüge sich selbst damit – vielleicht könnten wir uns selbst etwas Besseres leisten, das könne sie ja nicht wissen, usw., usw. Über Papa mußte sie jeden Augenblick etwas Schlechtes sagen, anders ging es nicht. Sie behauptete, er habe immer nobler sein wollen als alle anderen, und das habe man nun davon: Frau und Tochten könnten nun zusehen, wo sie blieben, und wenn sich nicht unter ihren Verwandten eine christlich liebevolle Seele – das war sie selbst – gefunden hätte, so hätten wir gar noch auf der Straße Hungers sterben können. Und was sie da nicht noch alles vorbrachte! Es war nicht einmal so bitter, wie es widerlich war, sie anzuhören.

Mama weinte jeden Augenblick. Ihr Gesundheitszustand verschlimmerte sich mit jedem Tag, sie welkte sichtbar hin, aber trotzdem arbeiteten wir vom Morgen bis zum Abend. Wir nähten auf Bestellung, was Anna Fjodorowna sehr mißfiel. Sie sagte, ihr Haus sei kein Putzgeschäft. Wir aber mußten uns doch Kleider anfertigen und mußten doch etwas verdienen, um auf alle Fälle wenigstens etwas eigenes Geld zu haben. Und so arbeiteten und sparten wir denn immer in der Hoffnung, uns bald irgendwo ein Zimmerchen mieten zu können. Die anstrengende Arbeit verschlimmerte den Zustand der Mutter sehr: mit jedem Tage wurde sie schwächer. Die Krankheit untergrub ihr Leben und brachte sie unaufhaltsam dem Grabe näher. Ich sah es, ich fühlte es und konnte doch nicht helfen!

Die Tage vergingen, und jeder neue Tag glich dem vorhergegangenen. Wir lebten still für uns, als wären wir gar nicht in der Stadt. Anna Fjodorowna beruhigte sich mit der Zeit — beruhigte sich, je mehr sie ihre unbegrenzte Übermacht einsah und nichts mehr für sich zu befürchten brauchte. Übrigens hatten wir ihr noch nie in irgend etwas widersprochen. Unser Zimmer war von den drei anderen, die sie bewohnte, durch einen Korridor getrennt, und neben unserem lag nur noch das Zimmer Pokrowskijs, wie ich schon erwähnte. Er unterrichtete Ssascha, lehrte sie Französisch und Deutsch, Geschichte und Geographie — das heißt »alle Wissenschaften«, wie Anna Fjodorowna zu sagen pflegte, und dafür brauchte er für Kost und Logis nichts zu zahlen.

Ssascha war ein sehr begabtes Mädchen, aber entsetzlich unartig und lebhaft. Sie war damals erst dreizehn Jahre alt. Schließlich sagte Anna Fjodorowna zu Mama, daß es vielleicht ganz gut wäre, wenn ich mit ihr zusammen lernen würde, da ich ja im Pensionat den Kursus sowieso nicht beendet hatte. Mama war natürlich sehr froh über diesen Vorschlag, und so wurden wir beide gemeinsam ein ganzes Jahr lang von Pokrowskij unterrichtet.

Pokrowskij war ein armer, sehr armer junger Mann. Seine Gesundheit erlaubte ihm nicht, regelmäßig die Universität zu besuchen, und so war er eigentlich gar kein richtiger »Student«, wie er gewohnheitsmäßig noch genannt wurde. Er lebte so still und ruhig in seinem Zimmer, daß wir im Nebenzimmer nichts von ihm hörten. Er sah auch recht eigentümlich aus, bewegte und verbeugte sich so linkisch und sprach so seltsam, daß ich ihn anfangs nicht einmal ansehen konnte, ohne über ihn lachen zu müssen. Ssascha machte immer ihre unartigen Streiche, und das besonders während des Unterrichts. Er aber war zum Überfluß auch noch sehr reizbar, ärgerte sich beständig, jede Kleinigkeit brachte ihn aus der Haut: er schalt uns, schrie uns an, und sehr oft stand er wütend auf und ging fort, noch bevor die Stunde zu Ende war, und schloß sich wieder in seinem Zimmer ein. Dort aber, in seinem Zimmer, saß er tagelang über den Büchern. Er hatte viele Bücher, auch viele schöne, seltene Exemplare. Er gab noch an ein paar anderen Stellen Stunden und erhielt dafür Geld, doch kaum hatte er welches erhalten, so ging er sogleich hin und kaufte sich wieder Bücher.

Mit der Zeit lernte ich ihn näher kennen. Er war der beste und ehrenwerteste Mensch, der beste von allen, die mir bis dahin im Leben begegnet waren. Mamachen achtete ihn ebenfalls sehr. Und dann wurde er auch mein treuer Freund und stand mir am nächsten von allen, – natürlich nach Mama.

In der ersten Zeit beteiligte ich mich – obwohl ich doch schon ein großes Mädchen war – an allen Streichen, die Ssascha gegen ihn aushedkte, und bisweilen überlegten wir stundenlang, wie wir ihn wieder necken und seine Geduld auf eine Probe stellen könnten. Er war furchtbar komisch, wenn er sich ärgerte – und wir wollten unser Vergnügen haben. (Noch jetzt schäme ich mich, wenn ich daran nur zurückdenke.) Einmal hatten wir ihn so gereizt, daß ihm Tränen in die Augen traten, und da hörte ich deutlich, wie er zwischen den Zähnen halblaut hervorstieß: »Nichts bösartiger als Kinder!« Das verwirrte mich: zum erstenmal regte sich in mir so etwas wie Scham und Reue und Mitleid mit ihm. Ich errötete bis über die Ohren und bat ihn fast unter Tränen, sich zu beruhigen und sich durch unsere dummen Streiche nicht kränken zu lassen, aber er klappte das Buch zu und ging in sein Zimmer, ohne den Unterricht fortzusetzen.

Den ganzen Tag quälte mich die Reue. Der Gedanke, daß

wir, wir Kinder, ihn durch unsere boshaften Dummheiten bis zu Tränen geärgert hatten, war mir unerträglich. So hatten wir es nur auf seine Tränen abgesehen! So verlangte es uns wohl, uns an seiner sicher krankhaften Reizbarkeit auch noch zu weiden! So war es uns nun also doch gelungen, ihn um den Rest seiner Geduld zu bringen! So hatten wir ihn, diesen unglücklichen, armen Menschen, gezwungen, unter seinem grausamen Los noch mehr zu leiden!

Die ganze Nacht konnte ich nicht schlafen vor Ärger über mich, vor Schmerz, vor Reue. Man sagt, Reue erleichtere das Herz. Im Gegenteil. Ich weiß nicht, wie es kam, daß sich in meinen Kummer auch Ehrgeiz mischte. Ich wollte nicht, daß er mich für ein Kind halte. Ich war damals schon fünfzehn Jahre alt.

Von diesem Tag an lebte ich beständig in Plänen, wie ich Pokrowskij veranlassen könnte, seine Meinung über mich zu ändern. Doch an der Ausführung dieser meiner tausend Pläne hinderte mich meine Schüchternheit: ich konnte mich zu nichts entschließen, und so blieb es denn bei den Plänen und Träumereien (und was man nicht alles so zusammenträumt, mein Gott!). Nur beteiligte ich mich hinfort nicht mehr an Ssaschas unartigen Späßen, und auch sie wurde langsam artiger. Das hatte zur Folge, daß er sich nicht mehr über uns ärgerte. Aber das war zu wenig für meinen Ehrgeiz.

Jetzt ein paar Worte über den seltsamsten und bemitleidenswertesten Menschen, den ich jemals im Leben kennengelernt habe. Ich will sie deshalb an dieser Stelle einfügen, weil ich mich erst von jenem Tage an mit ihm, den ich bis dahin so gut wie gar nicht beachtet hatte, aufs lebhafteste in meinen Gedanken zu beschäftigen begann.

Von Zeit zu Zeit erschien hier bei uns ein schlecht und unsauber gekleideter, kleiner, grauhaariger Mann, der in seinen Bewegungen unsagbar plump und linkisch war und überhaupt sehr eigentümlich aussah. Auf den ersten Blick konnte man glauben, daß er sich gewissermaßen seiner selbst schäme, daß er für seine Existenz selbst um Entschuldigung bitten wolle. Wenigstens duckte er sich immer irgendwie, oder er versuchte wenigstens sich immer irgendwie zu drücken, sich gleichsam in nichts zu verwandeln. Diese ängstlichen, verschämten, unsicheren Bewegungen und Gebärden aber erweckten in jedem den Verdacht, daß er nicht ganz bei vollem Verstand sei. Wenn er zu uns kam, blieb er gewöhnlich im Flur hinter der Glastür stehen und wagte nicht, einzutreten. Ging zufällig jemand von uns — ich oder Ssascha, oder jemand von den Dienstboten, die ihm freundlicher gesinnt waren — durch den Korridor und erblickte man ihn dort hinter der Tür, so begann er zu winken und mit Gesten zu sich zu rufen und verschiedene Zeichen zu machen: nickte man ihm dann zu — damit erteilte man ihm die Erlaubnis, man gab ihm zu verstehen, daß keine fremden Leute im Hause waren — oder rief man ihn, dann erst wagte er endlich, leise die Tür zu öffnen und lächelnd einzutreten, worauf er sich froh die Hände rieb und sogleich auf den Fußspitzen zum Zimmer Pokrowskijs schlich. Dieser Alte war sein Vater.

Später erfuhr ich die Lebensgeschichte dieses Armen. Er war einmal irgendwo Beamter gewesen, hatte aus Mangel an Fähigkeiten eine ganz untergeordnete Stellung bekleidet. Als seine erste Frau (die Mutter des Studenten Pokrowskij) gestorben war, hatte er zum zweitenmal geheiratet, und zwar eine halbe Bäuerin. Von diesem Augenblick an war im Hause kein Friede mehr gewesen: die zweite Frau hatte das erste Wort geführt und war mit jedem womöglich handgemein geworden. Ihr Stiefsohn — der Student Pokrowskij, damals noch ein etwa zehnjähriger Knabe — hatte unter ihrem Haß viel zu leiden gehabt, doch zum Glück war es anders gekommen. Der Gutsbesitzer Býkoff, der den Vater, den Beamten Pokrowskij, früher gekannt und ihm einmal so etwas wie eine Wohltat erwiesen hatte, nahm sich des Jungen an und steckte ihn in irgendeine Schule. Er interessierte sich für den Knaben nur aus dem Grunde, weil er seine verstorbene Mutter gekannt hatte, als diese noch als

Mädchen von Anna Fjodorowna »Wohltaten« erfahren und von ihr an den Beamten Pokrowskij verheiratet worden war. Damals hatte Herr Bykoff, als guter Bekannter und Freund Anna Fjodorownas, der Braut aus Großmut eine Mitgift von fünftausend Rubeln gegeben. Wo aber dieses Geld geblieben war — ist unbekannt. So erzählte es mir Anna Fjodorowna. Der Student Pokrowskij sprach selbst nie von seinen Familienverhältnissen und liebte es nicht, wenn man ihn nach seinen Eltern fragte. Man sagt, seine Mutter sei sehr schön gewesen, deshalb wundert es mich, daß sie so unvorteilhaft und noch dazu einen so unansehnlichen Menschen geheiratet hatte. Sie ist schon früh gestorben, etwa im vierten Jahr nach der Heirat.

Von der Schule kam der junge Pokrowskij auf ein Gymnasium und von dort auf die Universität. Herr Bykoff, der sehr oft nach Petersburg zu kommen pflegte, ließ ihn auch dort nicht im Stich und unterstützte ihn. Leider konnte Pokrowskij wegen seiner angegriffenen Gesundheit sein Studium nicht fortsetzen, und da machte ihn Herr Bykoff mit Anna Fjodorowna bekannt, stellte ihn ihr persönlich vor, und so zog denn Pokrowskij zu ihr, um für Kost und Logis Ssascha in »allen Wissenschaften« zu unterrichten.

Der alte Pokrowskij ergab sich aber aus Kummer über die rohe Behandlung, die ihm seine zweite Frau zuteil werden ließ, dem schlimmsten aller Laster: er begann zu trinken und war fast nie ganz nüchtern. Seine Frau prügelte ihn, ließ ihn in der Küche schlafen und brachte es mit der Zeit so weit, daß er sich alles widerspruchslos gefallen ließ und sich auch an die Schläge gewöhnte. Er war noch gar nicht so alt, aber infolge seiner schlechten Lebensweise war er, wie ich bereits erwähnte, tatsächlich nicht mehr ganz bei vollem Verstand.

Der einzige Rest edlerer Gefühle in diesem Menschen war seine grenzenlose Liebe zu seinem Sohn. Man sagte mir, der junge Pokrowskij sei seiner Mutter so ähnlich wie ein Tropfen Wasser dem anderen. War es dann vielleicht die

Erinnerung an die erste, gute Frau, die im Herzen dieses heruntergekommenen Alten eine so grenzenlose Liebe zu seinem Sohn erweckt hatte? Der Alte sprach überhaupt von nichts anderem als von diesem Sohn. In jeder Woche besuchte er ihn zweimal. Öfter zu kommen, wagte er nicht, denn der Sohn konnte diese väterlichen Besuche nicht ausstehen. Diese Nichtachtung des Vaters war gewiß sein größter Fehler. Übrigens konnte der Alte mitunter auch mehr als unerträglich sein. Erstens war er furchtbar neugierig, zweitens störte er den Sohn durch seine müßigen Gespräche und nichtigen, sinnlosen Fragen beim Arbeiten, und drittens erschien er nicht immer ganz nüchtern. Der Sohn gewöhnte dem Alten mit der Zeit seine schlechten Angewohnheiten, seine Neugier und seine Schwatzhaftigkeit ab, und zu guter Letzt gehorchte ihm der Vater wie einem Gott und wagte ohne seine Erlaubnis nicht einmal mehr, den Mund aufzutun.

Der arme Alte konnte sich über seinen Pétinka[6] (so pflegte er den Sohn zu nennen) nicht genug wundern und freuen. Wenn er zu ihm kam, sah er immer bedrückt, besorgt, sogar ängstlich aus, wahrscheinlich deshalb, weil er noch nicht wußte, wie der Sohn ihn empfangen werde. Gewöhnlich konnte er sich lange nicht entschließen einzutreten, und wenn er mich dann erblickte, winkte er mich schnell zu sich heran, um mich oft eine ganze halbe Stunde lang auszufragen, wie es dem Pétinka gehe, was er mache, ob er gesund sei und in welcher Stimmung, und ob er sich nicht mit etwas Wichtigem beschäftige? Vielleicht schreibe er? oder studiere wieder ein philosophisches Werk? Und wenn ich ihn dann genügend beruhigt und ermutigt hatte, entschloß er sich endlich, ganz, ganz leise und vorsichtig die Tür zu öffnen und den Kopf ins Zimmer zu stecken: sah er, daß der Sohn nicht böse war, daß er ihm vielleicht gar zum Gruß zunickte, dann trat er ganz behutsam ein, nahm Mantel und Hut ab – letzterer war ewig verbeult und durchlöchert, wenn nicht gar mit abgerissener Krempe – und hängte beides an einen Haken. Alles tat er so vorsichtig und lautlos wie nur möglich. Dann setzte er sich vorsichtig auf einen Stuhl und wandte keinen Blick mehr von seinem Sohn, verfolgte jede seiner Bewegungen, jeden Blick, um nur ja die Stimmung seines Pétinka zu erraten. Sah er, daß der Sohn verstimmt und schlechter Laune war, so erhob er sich sogleich wieder von seinem Platz und sagte, daß er eben »nur so, Petinka, nur auf ein Weilchen« zu ihm gekommen sei. »Ich bin, sieh mal, ja, ich bin weit gegangen, kam zufällig hier vorüber, und da trat ich eben auf ein Weilchen ein, um mich etwas auszuruhen. Jetzt will ich wieder gehen.« Und dann nahm er still und ergeben seinen alten dünnen Mantel und den alten, abgetragenen Hut, klinkte vorsichtig wieder die Tür auf und ging — indem er sich noch zu einem Lächeln zwang, um das aufwallende Leid im Herzen zu unterdrücken und den Sohn nichts merken zu lassen.

Wenn aber der Sohn ihn freundlich empfing, dann wußte er sich vor Freude kaum zu fassen. Sein Gesicht, seine Bewegungen, seine Hände — alles sprach dann von seinem Glück. Und wenn der Sohn mit ihm gar zu sprechen begann, erhob sich der Alte stets ein wenig vom Stuhl, antwortete leise und gleichsam untertänig, fast sogar ehrfürchtig, und immer bestrebt, sich der gewähltesten Ausdrücke zu bedienen, die in diesem Fall natürlich nur komisch wirkten. Hinzu kam, daß er entschieden nicht zu sprechen verstand: nach jeden paar Worten verwickelte er sich im Satz, wurde verlegen, wußte nicht, wo er die Hände, wo er sich selbst lassen sollte; nachher flüsterte er dann noch mehrmals die Antwort vor sich hin, wie um das Gesagte zu verbessern. War es ihm aber gelungen, gut zu antworten, so war er ganz stolz, zog die Weste glatt, rückte an der Krawatte, zupfte den Rock zurecht, und seine Miene nahm sogar den Ausdruck eines gewissen Selbstbewußtseins an. Bisweilen aber fühlte er sich dermaßen ermutigt, daß er geradezu kühn wurde: er stand vom Stuhl auf, ging zum Bücherregal, nahm irgendein Buch und begann darin zu lesen, gleichviel was für ein Buch es war. Und alles das tat er mit einer Miene, die größten Gleichmut oder Kaltblütigkeit vortäuschen sollte, als habe er von jeder das Recht, mit den Büchern des Sohnes nach Belieben umzugehen, und als sei ihm dessen Freundlichkeit nichts Ungewohntes. Einmal aber sah ich zufällig, wie der Alte erschrak, als der Sohn ihn bat, die Bücher nicht anzurühren: er verlor vollständig den Kopf, beeilte sich, sein Vergehen wieder gutzumachen, wollte das Buch zwischen die anderen wieder hineinzwängen, verdrehte es aber, schob es mit dem Kopf nach unten hinein, zog es dann schnell wieder hervor, drehte es um und dann nochmals um und schob es von neuem falsch hinein, diesmal mit dem Rücken voran und dem Schnitt nach außen, lächelte dabei hilflos, wurde rot und wußte entschieden nicht, wie er sein Verbrechen sühnen sollte.

Nach und nach gelang es dem Sohn, den Vater durch Vorhaltungen und gutes Zureden von seinen schlechten Gewohnheiten abzubringen, und wenn der Alte etwa dreimal nach der Reihe nüchtern erschienen war, gab er ihm das nächstemal fünfundzwanzig oder fünfzig Kopeken, oder noch mehr. Bisweilen kaufte er ihm Stiefel, oder eine Weste, oder eine Krawatte, und wenn der Alte dann mit seinem neuen Kleidungsstück erschien, war er stolz wie ein Hahn. Mitunter kam er auch zu uns und brachte Ssascha und mir Lebkuchen oder Äpfel und sprach dann natürlich nur von seinem Petinka. Er bat uns, während des Unterrichts aufmerksam und fleißig zu sein und unserem Lehrer zu gehorchen, denn Petinka sei ein guter Sohn, sei der beste Sohn, den es überhaupt geben könne, und obendrein »ein so gelehrter Sohn«. Wenn er das sagte, zwinkerte er uns ganz komisch mit dem linken Auge zu, und sah uns so wichtig und bedeutsam an, daß wir uns gewöhnlich nicht bezwingen konnten und herzlich über ihn lachten. Mama hatte den Alten sehr gern. Anna Fjodorowna wurde von ihm gehaßt, obschon er vor ihr »niedriger als Gras und stiller als Wasser« war.

Bald hörte ich auf, mich an dem Unterricht zu beteiligen. Pokrowskij hielt mich nach wie vor nur für ein Kind, für ein unartiges kleines Mädchen, wie Ssascha. Das kränkte mich sehr, denn ich hatte mich doch nach Kräften bemüht, mein früheres Benehmen wieder gutzumachen. Aber vergeblich: ich wurde überhaupt nicht beachtet. Das reizte und kränkte mich noch mehr. Ich sprach ja fast gar nicht mit ihm, außer während des Unterrichts. Ich konnte einfach nicht sprechen. Ich wurde rot und nachher weinte ich irgendwo in einem Winkel, vor Ärger über mich selbst.

Ich weiß nicht, zu was das noch geführt hätte, wenn wir nicht durch einen Zufall einander näher gebracht worden wären. Das geschah folgendermaßen:

Eines Abends, als Mama bei Anna Fjodorowna saß, schlich ich mich heimlich in Pokrowskijs Zimmer. Ich wußte, daß er nicht zu Hause war, doch vermag ich wirklich nicht zu sagen, wie ich auf diesen Gedanken kam, in das Zimmer eines fremden Menschen zu gehen. Ich tat es zum erstenmal, obschon wir über ein Jahr Tür an Tür gewohnt hatten. Mein Herz klopfte so stark, als wollte es zerspringen. Ich sah mich mit einer eigentümlichen Neugier im Zimmer um: es war sehr einfach, sogar ärmlich eingerichtet, und von Ordnung war nicht viel zu sehen. Auf dem Tisch und auf den Stühlen lagen Papiere, beschriebene Blätter. Überall nichts als Bücher und Papiere! Ein seltsamer Gedanke überkam mich plötzlich: es schien mir, daß meine Freundschaft, selbst meine Liebe wenig für ihn bedeuten könnten. Er war so gelehrt und ich so dumm, ich wußte nichts, las nichts, besaß kein einziges Buch ... Mit einem gewissen Neid blickte ich nach den langen Bücherregalen, die fast zu brechen drohten unter der schweren Last. Ärger erfaßte mich, und Groll und Sehnsucht und Wut! — Ich wollte gleichfalls Bücher lesen, seine Bücher, und alle ausnahmslos, und das so schnell wie nur möglich! Ich weiß nicht, vielleicht dachte ich, daß ich, wenn ich alles wüßte, was er wußte, eher seine Freundschaft erwerben könnte als so, da ich nichts wußte. Ich ging entschlossen zum ersten Bücherregal und nahm, ohne zu zögern, ohne auch nur nachzudenken, den ersten besten Band heraus

— zufällig ein ganz altes, bestaubtes Buch — und brachte es, zitternd vor Aufregung und Angst, in unser Zimmer, um es in der Nacht, wenn Mama schlief, beim Schein des Nachtlämpchens zu lesen.

Wie groß aber war mein Verdruß, als ich, in unserem Zimmer glücklich angelangt, das geraubte Buch aufschlug und sah, daß es ein uraltes, vergilbtes und von Würmern halb zerfressenes lateinisches Werk war. Ich besann mich nicht lange und kehrte schnell in sein Zimmer zurück. Doch gerade als ich im Begriff war, das Buch wieder auf seinen alten Platz zurückzulegen, hörte ich plötzlich die Glastür zum Korridor öffnen und schließen und dann Schritte: jemand kam! Ich wollte mich beeilen, doch das abscheuliche Buch war so eng in der Reihe eingepreßt gewesen, daß die anderen Bücher, als ich dieses herausgenommen, unter dem verringerten Druck sogleich wieder dicker geworden waren, weshalb der frühere Schicksalsgenosse nicht mehr hineinpaßte. Mir fehlte die Kraft, das Buch hineinzuzwängen. Die Schritte kamen näher, ich stieß mit aller Kraft die Bücher zur Seite, und — der verrostete Nagel, der das eine Ende des Bücherregals hielt und wohl nur auf diesen Augenblick gewartet hatte, um zu brechen, — brach. Das Brett stürzte krachend mit dem einen Ende zu Boden und die Bücher fielen polternd herab. Da ging die Tür auf, und Pokrowskij trat ins Zimmer.

Ich muß vorausschicken, daß er es nicht ausstehen konnte, wenn sich jemand in seinem Zimmer zu tun machte. Wehe dem, der gar seine Bücher anzurühren wagte! Wie groß war daher sein Entsetzen, als alle die großen und kleinen Bücher, die dicken und dünnen, eingebundenen und uneingebundenen herabstürzten, übereinander kollerten und unter dem Tisch und unter Stühlen und an der Wand in einem ganzen Haufen lagen. Ich wollte fortlaufen, doch dazu war es zu spät. ‚Jetzt ist es aus', dachte ich, ‚für immer aus! Ich bin verloren! Ich bin unartig wie eine Zehnjährige, wie ein kleines dummes Mädchen! Ich bin kindisch und albern!'

Pokrowskij ärgerte sich entsetzlich.

»Das hat gerade noch gefehlt!« rief er zornig. »Schämen Sie sich denn nicht! Werden Sie denn niemals Vernunft annehmen und die Kindereien lassen?« Und er machte sich daran, die Bücher aufzuheben.

Ich bückte mich gleichfalls, um ihm zu helfen, aber er verbot es mir barsch:

»Nicht nötig, nicht nötig, lassen Sie das jetzt! Sie täten besser, sich nicht dort einzufinden, wohin man Sie nicht gerufen hat!«

Meine stille Hilfsbereitschaft, die vielleicht mein Schuldbewußtsein verriet, mochten ihn etwas besänftigen, wenigstens fuhr er in milderem, ermahnendem Tone fort, so wie er noch vor kurzer Zeit als Lehrer zu mir gesprochen hatte:

»Wann werden Sie endlich Ihre Unbesonnenheiten aufgeben, wann endlich etwas vernünftiger werden? So sehen Sie sich doch selbst an, Sie sind doch kein Kind, kein kleines Mädchen mehr, – Sie sind doch schon fünfzehn Jahre alt.«

Und da – wahrscheinlich um sich zu überzeugen, ob ich auch wirklich nicht mehr ein kleines Mädchen sei – sah er mich an, und plötzlich errötete er bis über die Ohren. Ich begriff nicht, weshalb er errötete: ich stand vor ihm und sah ihn verwundert an. Er wußte nicht, was tun, trat verlegen ein paar Schritte auf mich zu, geriet in noch größere Verwirrung, murmelte irgend etwas, als wolle er sich entschuldigen – vielleicht deswegen, weil er es erst jetzt bemerkt hatte, daß ich schon ein so großes Mädchen sei! Endlich begriff ich. Ich weiß nicht, was dann in mir vorging: ich sah gleichfalls verwirrt zu Boden, errötete noch mehr als Pokrowskij, bedeckte das Gesicht mit den Händen und lief aus dem Zimmer.

Ich wußte nicht, was ich mit mir anfangen, wo ich mich vor Scham verstecken sollte. Schon das allein, daß er mich in seinem Zimmer vorgefunden hatte! Volle drei Tage konnte ich ihn nicht ansehen. Ich errötete bis zu Tränen. Die schrecklichsten und lächerlichsten Gedanken jagten mir durch den Kopf. Einer der verrücktesten war wohl der, daß ich zu ihm gehen, ihm alles erklären, alles gestehen und offen alles erzählen wollte, um ihm dann zu versichern, daß ich nicht wie ein dummes Mädchen gehandelt hätte, sondern in guter Absicht. Ich hatte mich sogar schon fest dazu entschlossen, doch zum Glück sank mein Mut, und ich wagte es nicht, meinen Vorsatz auszuführen. Ich kann mir denken, was ich damit angerichtet hätte! Wirklich, ich schäme mich auch jetzt noch, überhaupt nur daran zu denken.

Einige Tage darauf erkrankte Mama ganz plötzlich und sogar sehr gefährlich. In der dritten Nacht stieg das Fieber, und sie phantasierte heftig. Ich hatte schon eine Nacht nicht geschlafen und saß wieder an ihrem Bett, gab ihr zu trinken und zu bestimmten Stunden die vom Arzt verschriebene Arznei. In der folgenden Nacht aber versagte meine Widerstandskraft, ich war vollständig erschöpft. Von Zeit zu Zeit fielen mir die Augen zu, ich sah grüne Punkte tanzen, im Kopf drehte sich alles, und jeden Augenblick wollte mich die Bewußtlosigkeit überwältigen; aber dann weckte mich wieder ein leises Stöhnen der Kranken: ich fuhr auf und erwachte für einen Augenblick, um von neuem, übermannt von der Müdigkeit, einzuschlummern. Ich quälte mich. Ich kann mich des Traumes, den ich damals hatte, nicht mehr genau entsinnen, es war aber irgendein schrecklicher Spuk, der mich während meines Kampfes gegen die mich immer wieder überwältigende Müdigkeit mit wirren Traumbildern ängstigte. Entsetzt wachte ich auf. Das Zimmer war dunkel, das Nachtlicht am Erlöschen: bald schlug die Flamme flackernd auf, und heller Lichtschein erfüllte das Zimmer, bald zuckte nur ein kleines blaues Flämmchen, und an den Wänden zitterten Schatten, um für Augenblicke fast vollständiger Dunkelheit zu weichen. Ich begann mich zu fürchten, ein seltsames Entsetzen erfaßte mich: meine Empfindungen und meine Phantasie standen noch unter dem Eindruck des grauenvollen Traumes, und die Angst schnürte mir das Herz zusammen ... Ich sprang taumelnd vom Stuhl und schrie leise auf, unter dem quälenden Druck des unbestimmten Angstgefühls. In demselben Augenblick ging die Tür auf und Pokrowskij trat zu uns ins Zimmer.

Ich weiß nur noch, daß ich in seinen Armen aus der Bewußtlosigkeit erwachte. Behutsam setzte er mich auf einen Stuhl, gab mir zu trinken und fragte mich besorgt irgend etwas, was ich nicht verstand. Ich erinnere mich nicht, was ich ihm antwortete.

»Sie sind krank, Sie sind selbst sehr krank«, sagte er, indem er meine Hand erfaßte. »Sie fiebern, Sie setzen Ihre eigene Gesundheit aufs Spiel, wenn Sie sich so wenig schonen. Beruhigen Sie sich, legen Sie sich hin, schlafen Sie. Ich werde Sie in zwei Stunden wecken, beruhigen Sie sich nur ... Legen Sie sich hin, schlafen Sie ganz ruhig!« redete er mir zu, ohne mich ein Wort des Widerspruches sagen zu lassen. Die Erschöpfung hatte meine letzten Kräfte besiegt. Die Augen fielen mir zu vor Schwäche. Ich legte mich hin, um, wie ich mir fest vornahm, nur eine halbe Stunde zu schlafen, schlief aber bis zum Morgen: Pokrowskij weckte mich, als es Zeit war, Mama die Arznei einzugeben.

Als ich mich am nächsten Tage nach einer kurzen Erholung wieder zur Nachtwache anschickte, entschlossen, diesmal nicht wieder einzuschlafen, wurde etwa gegen elf Uhr an unsere Tür geklopft: ich öffnete — es war Pokrowskij.

»Es wird Sie langweilen, denke ich, so allein zu sitzen«, sagte er, »hier, nehmen Sie dieses Buch, es wird Sie immerhin etwas zerstreuen.«

Ich nahm das Buch — ich habe vergessen, was für eines es war —, doch obschon ich die ganze Nacht nicht schlief, sah ich kaum einmal hinein. Es war eine eigentümliche innere Aufregung, die mir keine Ruhe ließ: ich konnte nicht schlafen, ich konnte nicht einmal längere Zeit ruhig im Lehnstuhl sitzen, — mehrmals stand ich auf, um eine Weile im Zimmer umherzugehen. Eine gewisse innere Zufriedenheit durchströmte mein ganzes Wesen. Ich war so froh über die Aufmerksamkeit Pokrowskijs. Ich war stolz auf seine Fürsorge, auf seine Bemühungen um mich. Die ganze Nacht dachte ich nur daran und träumte mit offenen Augen. Er kam nicht wieder, und ich wußte, daß er in dieser Nacht nicht wiederkommen würde, aber ich malte mir dafür die nächste Begegnung aus.

Am folgenden Abend, als die anderen alle schon zu Bett gegangen waren, öffnete Pokrowskij seine Tür und begann mit mir eine Unterhaltung, indem er auf der Schwelle seines Zimmers stehen blieb. Ich entsinne mich keines Wortes mehr von dem, was wir damals sprachen; ich weiß nur noch, daß ich schüchtern und verwirrt war, weshalb ich mich entsetzlich über mich ärgerte, und daß ich mit Ungeduld das Ende der Unterhaltung erwartete, obschon ich mit allen Fibern an ihr hing und den ganzen Tag an nichts anderes gedacht und mir sogar schon Fragen und Antworten zurechtgelegt hatte.

Seit diesem Gespräch begann sich dann langsam unsere Freundschaft zu entwickeln. Während der ganzen Dauer von Mamas Krankheit verbrachten wir nun jeden Abend einige Stunden zusammen. Allmählich überwand ich meine Schüchternheit, wenn ich auch nach jedem Gespräch immer noch Ursache hatte, über mich selbst ungehalten zu sein. Übrigens erfüllte es mich mit geheimer Freude und stolzer Genugtunug, als ich sah, daß er um meinetwillen seine unausstehlichen Bücher vergaß. Einmal kamen wir zufällig darauf zu sprechen, wie sie damals vom Bücherbrett gefallen waren — natürlich im Scherz. Es war ein seltsamer Augenblick: ich glaube, ich war *gar* zu aufrichtig und naiv. Eine seltsame Begeisterung riß mich mit sich fort, und ich gestand ihm alles ... gestand ihm, daß ich lernen wollte, um etwas zu wissen, wie es mich ärgerte, daß man mich für ein kleines Mädchen hielt, für ein Kind ... Wie gesagt, ich befand mich in einer sehr sonderbaren Stimmung: mein Herz war weich, und in meinen Augen standen Tränen, — ich verheimlichte ihm nichts, ich sagte ihm alles, alles, erzählte ihm von meiner Freundschaft zu ihm, von meinem Wunsch, ihn zu lieben, seinem Herzen nahe zu sein, ihn zu trösten, zu beruhigen ...

Er sah mich eigentümlich an, schien verwirrt und erstaunt zugleich zu sein und sagte kein Wort. Das tat mir plötzlich sehr weh und machte mich traurig. Ich glaubte, er verstehe mich nicht und mache sich in Gedanken vielleicht sogar lustig über mich. Und plötzlich brach ich in Tränen aus und weinte wie ein Kind: es war mir unmöglich, mich zu beherrschen, wie ein Krampf hatte es mich erfaßt. Er ergriff meine Hände, küßte sie, drückte sie an seine Brust, redete mir zu, tröstete mich. Es mußte ihm sehr nahe gegangen sein, denn er war tief gerührt. Ich erinnere mich nicht mehr, was er zu mir sprach, ich weinte und lachte und errötete und weinte wieder vor lauter Seligkeit, und konnte selbst kein Wort hervorbringen. Dennoch entging mir nicht, daß in Pokrowskij eine gewisse Verwirrung und Gezwungenheit zurückblieb. Offenbar konnte er sich über meinen Gefühlsausbruch, über eine so plötzliche, glühende Freundschaft nicht genug wundern. Vielleicht war zu Anfang nur sein Interesse geweckt, doch späterhin verlor sich seine Zurückhaltung; er erwiderte meine Anhänglichkeit, meine freundlichen Worte, meine Aufmerksamkeit mit ebenso aufrichtigen, ehrlichen Gefühlen, wie ich sie ihm entgegenbrachte, und war so aufmerksam und freundlich zu mir, wie ein aufrichtiger Freund, wie ein liebender Bruder. Mir wurde so warm ums Herz, so wohl ... Ich verheimlichte nichts und versteckte mich nicht: was ich fühlte, das sah er, und mit jedem Tage trat er mir näher, fühlte er sich mehr und mehr zu mir hingezogen.

Ich vermag wirklich nicht mehr zu sagen, wovon wir in jenen qualvollen und doch süßen Stunden unseres nächtlichen Beisammenseins beim zitternden Licht des Lämpchens vor dem Heiligenbilde und fast dicht am Bett meiner armen kranken Mutter sprachen ... Wir sprachen über alles, was uns einfiel, wovon das Herz voll war, und wir waren fast glücklich ... Ach, es war eine traurige und doch frohe Zeit, beides zugleich. Auch jetzt noch bin ich traurig und froh, wenn ich an sie zurückdenke. Erinnerungen sind immer quälend, gleichviel ob es traurige oder frohe sind. Wenigstens ist es bei mir so. Freilich liegt in dieser Qual zugleich auch eine gewisse Süße. Aber wenn es einem schwer wird ums Herz und weh, und wenn man sich quält und traurig ist, dann sind Erinnerungen erfrischend und belebend wie nach einem heißen Tage kühler Tau, der am feuchten Abend die arme, in der Sonnenglut des Tages welk gewordene Blume erfrischt und wieder belebt.

Mama war bereits auf dem Wege der Besserung — trotzdem fuhr ich fort, die Nächte an ihrem Bett zu verbringen. Pokrowskij gab mir Bücher: anfangs las ich sie nur, um nicht einzuschlafen, dann aufmerksamer und zuletzt mit wahrer Gier. Es war mir, als täte sich eine ganze Welt neuer, mir bis dahin unbekannter, ungeahnter Dinge auf. Neue Gedanken, neue Eindrücke stürmten in Überfülle auf mich ein. Und je mehr Aufregung, je mehr Verwirrung und Mühe mich die Aufnahme dieser neuen Eindrücke kostete, um so lieber wurden sie mir, um so süßer erschütterten sie meine ganze Seele. Mit einem Schlag, ganz plötzlich drängten sie sich in mein Herz und gönnten ihm keine Ruhepause mehr. Es war eine eigentümliche Wirrnis, die mein ganzes Wesen aufzuregen begann. Nur konnte mich diese geistige Vergewaltigung doch nicht vernichten. Ich war gar zu verschwärmt und träumerisch, und das rettete mich.

Als meine Mutter die Krankheit glücklich überstanden hatte, hörten unsere abendlichen Zusammenkünfte und langen Gespräche auf. Nur hin und wieder fanden wir Gelegenheit, ein paar bedeutungslose, ganz gleichgültige Worte miteinander zu wechseln, doch tröstete ich mich damit, daß ich jedem nichtssagenden Wort eine besondere Bedeutung verlieh und ihm einen geheimen Sinn unterschob. Mein Leben war voll Inhalt, ich war glücklich, war still und ruhig glücklich. Und so vergingen mehrere Wochen ...

Da trat einmal, wie zufällig, der alte Pokrowskij zu uns ins Zimmer. Er schwatzte wieder alles mögliche, war bei auffallend guter Laune, scherzte und war sogar witzig, so in seiner Art witzig, — bis er endlich mit der großen Neuigkeit, die zugleich die Lösung des Rätsels seiner guten Laune war, herauskam und uns mitteilte, daß genau in einer Woche Petinkas Geburtstag sei und daß er an jenem Tag unbedingt zu seinem Sohne kommen werde. Er wolle dann die neue Weste anlegen, und seine Frau, sagte er, habe versprochen, ihm neue Stiefel zu kaufen. Kurz, der Alte war mehr als glücklich und schwatzte unermüdlich.

Sein Geburtstag! Dieser Geburtstag ließ mir Tag und Nacht keine Ruhe. Ich beschloß sogleich, ihm zum Beweis meiner Freundschaft unbedingt etwas zu schenken. Aber was? Endlich kam mir ein guter Gedanke: ich wollte ihm Bücher schenken. Ich wußte, daß er gern die neueste Gesamtausgabe der Werke Puschkins besessen hätte, und so beschloß ich, ihm diese zu schenken. Ich besaß an eigenem Gelde etwa dreißig Rubel, die ich mir mit Handarbeiten verdient hatte. Dieses Geld war eigentlich für ein neues Kleid bestimmt, das ich mir anschaffen sollte. Doch ich schickte sogleich unsere Küchenmagd, die alte Matrjóna, zum nächsten Buchhändler, damit sie sich erkundige, wieviel die neueste Ausgabe der Werke Puschkins koste. Oh, das Unglück! Der Preis aller elf Bände war, wenn man sie in gebundenen Exemplaren wollte, etwa sechzig Rubel. Woher das Geld nehmen? Ich sann und grübelte und wußte nicht, was tun. Mama um Geld bitten, das wollte ich nicht. Sie würde es mir natürlich sofort gegeben haben, aber dann hätten alle erfahren, daß wir ihm ein Geschenk machten. Und außerdem wäre es dann kein Geschenk mehr gewesen, sondern gewissermaßen eine Entschädigung für seine Mühe, die er das ganze Jahr mit mir gehabt. Ich aber wollte ihm die Bücher ganz allein, ganz heimlich schenken. Für die Mühe aber, die er beim Unterricht mit mir gehabt, wollte ich ihm ewig zu Dank verpflichtet sein, ohne ein anderes Entgelt dafür als meine Freundschaft. Endlich verfiel ich auf einen Ausweg.

Ich wußte, daß man bei den Antiquaren im Kaufhof am Newskij Prospekt die neuesten Bücher für den halben Preis erstehen konnte, wenn man nur zu handeln verstand. Oft waren es nur wenig mitgenommene, oft sogar fast ganz neue Bücher. Dabei blieb es: ich nahm mir vor, bei nächster Gelegenheit nach dem Kaufhof zu gehen. Diese Gelegenheit fand sich schon am folgenden Tage: Mama hatte irgend etwas nötig, das aus einer Handlung besorgt werden sollte, und Anna Fjodorowna gleichfalls, doch Mama fühlte sich nicht ganz wohl, und Anna Fjodorowna hatte zum Glück gerade keine Lust zum Ausgehen. So kam es, daß ich mit Matrjóna alles besorgen mußte.

Ich fand sehr bald die betreffende Ausgabe, und zwar in einem hübschen und gut erhaltenen Einband. Ich fragte nach dem Preis. Zuerst verlangte der Mann mehr als die Ausgabe in der Buchhandlung kostete, doch nach und nach brachte ich ihn so weit — was übrigens gar nicht so leicht war —, daß er, nachdem ich mehrmals weggegangen war und so getan hatte, als wolle ich mich an einen anderen wenden, nach und nach vom Preis abließ und seine Forderung schließlich auf fünfunddreißig Rubel festsetzte. Welch ein Vergnügen es für mich war, zu handeln! Die arme Matrjona konnte gar nicht begreifen, was in mich gefahren war und wozu in aller Welt ich soviel Bücher kaufen wollte. Doch wer beschreibt schließlich meinen Ärger: ich besaß im ganzen nur meine dreißig Rubel, und der Kaufmann wollte mir die Bücher unter keinen Umständen billiger abtreten. Ich bat aber und flehte und beredete ihn so lange, bis er sich zu guter Letzt doch erweichen ließ: er ließ noch etwas ab, aber nur zweieinhalb Rubel, mehr, sagte er, könne er bei allen Heiligen nicht ablassen, und er schwor und beteuerte immer wieder, daß er es nur für mich tue, weil ich ein so nettes Fräulein sei, und daß er einem anderen Käufer nie und nimmer so viel abgelassen hätte. Zweieinhalb Rubel fehlten mir! Ich war nahe daran, vor Verdruß in Tränen auszubrechen. Da rettete mich etwas ganz Unvorhergesehenes.

Nicht weit von mir erblickte ich plötzlich den alten Pokrowskij, der an einem der anderen Büchertische stand. Vier oder fünf der Antiquare umringten ihn und schienen ihn durch ihre lebhaften Anpreisungen bereits ganz eingeschüchtert zu haben. Ein jeder bot ihm einige seiner Bücher an, die verschiedensten, die man sich nur denken kann: mein Gott, was er nicht alles kaufen wollte! Der arme Alte war ganz hilf- und ratlos und wußte nicht, für welches der vielen Bücher, die ihm von allen Seiten empfohlen wurden, er sich nun eigentlich entscheiden sollte. Ich trat auf ihn zu und fragte, was er denn hier suche. Der Alte war sehr froh über mein Erscheinen; er liebte mich sehr, vielleicht gar nicht so viel weniger als seinen Petinka.

»Ja, eben, sehen Sie, ich kaufe da eben Büchlein, Warwara Alexejewna«, antwortete er, »für Petinka kauf ich ein paar Büchlein. Sein Geburtstag ist bald, und er liebt doch am meisten Bücher, und da kaufe ich sie denn eben für ihn ...«

Der Alte drückte sich immer sehr sonderbar aus, diesmal aber war er noch dazu völlig verwirrt. Was er auch kaufen wollte, immer kostete es über einen Rubel, oder zwei oder gar drei Rubel. An die großen Bände wagte er sich schon gar nicht heran, blickte nur so von der Seite mit verlangendem Lächeln nach ihnen hin, blätterte etwas in ihnen – ganz zaghaft und ehrfurchtsvoll langsam – besah wohl auch das eine oder andere Buch von allen Seiten, drehte es in der Hand und stellte es wieder an seinen Platz zurück.

»Nein, nein, das ist zu teuer«, sagte er dann halblaut, »aber von hier vielleicht etwas ...« Und er begann, unter den dünnen Broschüren und Heftchen, unter Liederbüchern und alten Kalendern zu suchen; die waren natürlich billig.

»Aber weshalb wollen Sie denn so etwas kaufen«, fragte ich ihn, »diese Heftchen sind doch nichts wert!«

»Ach nein«, versetzte er, »nein, sehen Sie nur, was für hübsche Büchlein es hier unter diesen gibt, sehen Sie, wie hübsch!« – Die letzten Worte sprach er so wehmütig und gleichsam zögernd in stockendem Ton, daß ich schon befürchtete, er werde sogleich zu weinen anfangen – vor lauter

Kummer darüber, daß die hübschen Bücher so teuer waren — und daß sogleich ein Tränlein über seine bleiche Wange an der roten Nase vorüberrollen werde.
Ich fragte ihn schnell, wieviel Geld er habe.
»Da, hier«, — damit zog der Arme sein ganzes Vermögen hervor, das in ein verknülltes Stückchen Zeitungspapier eingewickelt war — »hier, sehen Sie, ein halbes Rubelchen, ein Zwanzigkopekenstück, hier in Kupfer, auch so zwanzig Kopeken ...«
Ich zog ihn sogleich zu meinem Antiquar.
»Hier, sehen Sie, sind ganze elf Bände, die alle zusammen zweiunddreißig Rubel und fünfzig Kopeken kosten. Ich habe dreißig, legen Sie jetzt zweieinhalb hinzu, und wir kaufen alle diese elf Bücher und schenken sie ihm gemeinsam!«
Der Alte verlor fast den Kopf vor Freude, schüttelte mit zitternden Händen all sein Geld aus der Tasche, worauf ihm dann der Antiquar unsere ganze neuerstandene Bibliothek auflud. Mein Alterchen steckte die Bücher in alle Taschen, belud mit dem Rest Arme und Hände und trug sie dann alle zu sich nach Haus, nachdem er mir sein Wort gegeben, daß er sie am nächsten Tage ganz heimlich zu uns bringen werde.
Richtig, am nächsten Tag kam er dann zum Sohn, saß wie gewöhnlich ein Stündchen bei ihm, kam dann zu uns und setzte sich mit einer unsagbar komischen und geheimnisvollen Miene zu mir. Lächelnd und die Hände reibend, stolz im Bewußtsein, daß er ein Geheimnis besaß, teilte er mir heimlich mit, daß er die Bücher alle ganz unbemerkt zu uns gebracht und in der Küche versteckt habe, woselbst sie unter Matrjonas Schutz bis zum Geburtstag unbemerkt verbleiben konnten.
Dann kam das Gespräch natürlich auf das bevorstehende große »Fest«. Der Alte begann sehr weitschweifig darüber zu reden, wie die Überreichung des Geschenkes vor sich gehen sollte, und je mehr er sich in dieses Thema vertiefte, je mehr und je unklarer er darüber sprach, um so deutlicher merkte

ich, daß er etwas auf dem Herzen hatte, was er nicht sagen wollte oder nicht zu sagen verstand, vielleicht aber auch nicht recht zu sagen wagte. Ich schwieg und wartete. Seine geheime Freude und seine groteske Vergnügtheit, die sich anfangs in seinen Gebärden, in seinem ganzen Mienenspiel, in seinem Schmunzeln und einem gewissen Zwinkern mit dem linken Auge verraten hatten, waren allmählich verschwunden. Er war sichtlich von innerer Unruhe geplagt und schaute immer bekümmerter drein. Endlich hielt er es nicht länger aus und begann zaghaft:

»Hören Sie, wie wäre es, sehen Sie mal, Warwara Alexejewna ... wissen Sie was, Warwara Alexejewna? ...« Der Alte war ganz konfus. »Ja, sehen Sie: wenn nun jetzt sein Geburtstag kommt, dann nehmen Sie zehn Bücher und schenken ihm diese selbst, das heißt also von sich aus, von Ihrer Seite sozusagen ... ich aber werde dann den letzten Band nehmen und ihn ganz allein von mir aus überreichen, also sozusagen ausschließlich von meiner Seite. Sehen Sie, dann haben Sie etwas zu schenken, und auch ich habe etwas zu schenken, wir werden dann eben sozusagen beide etwas zu schenken haben ...«

Hier geriet der Alte ins Stocken und wußte nicht, wie er fortfahren sollte. Ich sah von meiner Arbeit auf: er saß ganz still da und erwartete schüchtern, was ich wohl dazu sagen werde.

»Aber weshalb wollen Sie denn nicht gemeinsam mit mir schenken, Sachár Petrówitsch?« fragte ich.

»Ja, so, Warwara Alexejewna, das ist schon so, wie gesagt ... — ich meine ja nur eben sozusagen ...«

Kurz, der Alte verstand sich nicht auszudrücken, blieb wieder stecken und kam nicht weiter.

»Sehen Sie«, fing er dann nach kurzem Schweigen von neuem an, »ich habe nämlich, müssen Sie wissen, den Fehler, daß ich mitunter nicht ganz so bin, wie man sein muß ... das heißt: ich will Ihnen gestehen, Warwara Alexejewna, daß ich eigentlich immer dumme Streiche mache ... das ist nun schon einmal so mit mir ... und ist gewiß sehr schlecht von mir ... Das kommt, sehen Sie, ganz verschiedentlich ... es ist draußen mitunter so eine Kälte, auch gibt es da Unannehmlichkeiten, oder man ist eben einmal wehmütig gestimmt, oder es geschieht sonst irgend etwas nicht Gutes, und da halte ich es denn mitunter nicht aus und schlage eben über die Schnur und trinke ein überflüssiges Gläschen. Dem Petrúscha aber ist das sehr unangenehm. Denn er, sehen Sie, er ärgert sich darüber und schilt mich und erklärt mir, was Moral ist. Also deshalb, sehen Sie, würde ich ihm jetzt gern mit meinem Geschenk beweisen, daß ich anfange, mich gut aufzuführen, seine Lehren zu beherzigen und überhaupt mich zu bessern. Daß ich also, mit anderen Worten, gespart habe, um das Buch kaufen zu können, lange gespart, denn ich habe doch selbst gar kein Geld, sehen Sie, es sei denn, daß Petinka mir hin und wieder welches gibt. Das weiß er. Also wird er dann sehen, wozu ich sein Geld benutzt habe: daß ich also alles nur für ihn tue.«

Er tat mir so leid, der Alte! Ich dachte nicht lange nach. Der Alte sah mich in erwartungsvoller Unruhe an.

»Hören Sie, Sachár Petrówitsch«, sagte ich, »schenken Sie sie ihm alle.«

»Wie, alle? Alle Bände?«

»Nun ja, alle Bände.«

»Und das von mir, von meiner Seite?«

»Ja, von Ihrer Seite.«

»Ganz allein von mir? Das heißt: in meinem Namen?«

»Nun ja doch, versteht sich, in Ihrem Namen.«

Ich glaube, daß ich mich deutlich genug ausdrückte, aber es dauerte doch eine Zeitlang, bis der Alte mich begriff.

»Na ja«, sagte er schließlich nachdenklich, »ja! — das würde sehr gut sein, wirklich sehr gut, aber wie bleibt es dann mit Ihnen, Warwara Alexejewna?«

»Ich werde dann einfach nichts schenken.«

»Wie!« rief der Alte fast erschrocken, »Sie werden Petinka nichts schenken? Sie wollen ihm kein Geschenk machen?«

Ich bin überzeugt, daß der Alte in diesem Augenblick im Begriff war, das Angebot zurückzuweisen, nur damit auch ich seinem Sohn etwas schenken könne. Er war doch ein herzensguter Mensch, dieser Alte!

Ich versicherte ihm sogleich, daß ich ja sehr gern auch etwas schenken würde, nur wolle ich ihm die Freude nicht schmälern.

»Und wenn Ihr Sohn mit dem Geschenk zufrieden sein wird«, fuhr ich fort, »und Sie sich freuen werden, dann werde auch ich mich freuen.«

Damit gelang es mir, den Alten zu beruhigen. Er blieb noch volle zwei Stunden bei uns, vermochte aber in dieser Zeit keine Minute lang ruhig zu sitzen: er erhob sich, ging umher, sprach lauter als je, tollte mit Ssascha umher, küßte heimlich meine Hand und schnitt Gesichter hinter Anna Fjodorownas Stuhl, bis diese ihn endlich nach Hause schickte. Kurz, der Alte war rein aus Rand und Band vor lauter Freude, wie er es bis dahin vielleicht in seinem ganzen Leben noch nicht gewesen war.

Am Morgen des feierlichen Tages erschien er pünktlich um elf Uhr, gleich von der Frühmesse aus, erschien in anständigem, ausgebessertem Rock und tatsächlich in neuen Stiefeln und mit neuer Weste. In jeder Hand trug er ein Bündel Bücher – Matrjona hatte ihm dazu zwei Servietten geliehen. Wir saßen gerade alle bei Anna Fjodorowna und tranken Kaffee (es war ein Sonntag). Der Alte begann, glaube ich, damit, daß Puschkin ein sehr guter Dichter gewesen sei; davon ging er, übrigens nicht ohne gewisse Unsicherheit und Verlegenheit und mehr als einmal stockend, aber doch ziemlich plötzlich, auf ein anderes Thema über, nämlich darauf, daß man sich gut aufführen müsse: wenn der Mensch das nicht tue, so sei das ein Zeichen, daß er »dumme Streiche mache«. Schlechte Neigungen hätten eben von jeher den Menschen herabgezogen und verdorben. Ja, er zählte sogar mehrere abschreckende Beispiele von Unenthaltsamkeit auf, und schloß damit, daß er selbst sich seit einiger

Zeit vollkommen gebessert habe und sich jetzt musterhaft aufführe. Er habe auch früher schon die Richtigkeit der Lehren seines Sohnes erkannt und sie schon lange innerlich beherzigt, jetzt aber habe er begonnen, sich auch in der Tat aller schlechten Dinge zu enthalten und so zu leben, wie er es seiner Einsicht gemäß für richtig halte. Zum Beweis aber schenke er hiermit die Bücher, für die er sich im Laufe einer langen Zeit das nötige Geld zusammengespart habe.

Ich hatte Mühe, mir die Tränen und das Lachen zu verbeißen, während der arme Alte redete. So hatte er es doch verstanden zu lügen, sobald es nötig war!

Die Bücher wurden sogleich feierlich in Pokrowskijs Zimmer gebracht und auf dem Bücherbrett aufgestellt. Pokrowskij selbst hatte natürlich sofort die Wahrheit erraten.

Der Alte wurde aufgefordert, zum Mittagessen zu bleiben. Wir waren an diesem Tage alle recht lustig. Nach dem Essen spielten wir ein Pfänderspiel und dann Karten. Ssascha tollte und war so ausgelassen wie nur je, und ich stand ihr in nichts nach. Pokrowskij war sehr aufmerksam gegen mich und suchte immer nach einer Gelegenheit, mich unter vier Augen zu sprechen, doch ließ ich mich nicht einfangen. Das war der schönste Tag in diesen vier Jahren meines Lebens!

Jetzt, von ihm ab, kommen nur noch traurige, schwere Erinnerungen, jetzt beginnt die Geschichte meiner dunklen Tage. Wohl deshalb will es mir scheinen, als ob meine Feder langsamer schreibe, als beginne sie, müde zu werden und als wolle es nicht gut weiter gehen mit dem Erzählen. Deshalb habe ich wohl auch so ausführlich und mit so viel Liebe alle Einzelheiten meiner Erlebnisse in jenen glücklichen Tagen meines Lebens beschrieben. Sie waren ja so kurz, diese Tage. Wie bald wurden sie von Kummer, von schwerem Kummer verdrängt, und nur Gott allein mag wissen, wann der einmal ein Ende nehmen wird.

Mein Unglück begann mit der Krankheit und dem Tode Pokrowskijs.

Es waren etwa zwei Monate seit seinem Geburtstag ver-

gangen, als er erkrankte. In diesen zwei Monaten hatte er sich unermüdlich um eine Anstellung, die ihm eine Existenzmöglichkeit gewährt hätte, bemüht, denn bis dahin hatte er ja noch nichts. Wie alle Schwindsüchtigen, gab auch er die Hoffnung, noch lange zu leben, bis zum letzten Augenblick nicht auf. Einmal sollte er irgendwo als Lehrer angestellt werden, dabei hatte er einen unüberwindlichen Widerwillen gerade gegen diesen Beruf. In den Staatsdienst zu treten, verbot ihm seine angegriffene Gesundheit. Außerdem hätte er dort lange auf das erste etatsmäßige Gehalt warten müssen. Kurz, Pokrowskij sah überall nichts als Mißerfolge. Das war natürlich von schlechtem Einfluß auf ihn. Er rieb sich auf. Er opferte seine Gesundheit. Freilich beachtete er das nicht. Der Herbst kam. Jeden Tag ging er in seinem leichten Mantel aus, um wieder irgendwo um eine Anstellung zu bitten, — was für ihn immer eine Qual war. Und so kam er dann immer müde, hungrig, vom Regen durchnäßt und mit nassen Füßen nach Haus, bis er endlich so weit war, daß er sich zu Bett legen mußte — um nicht wieder aufzustehen ...
Er starb im Spätherbst, Ende Oktober.

Ich pflegte ihn. Während der ganzen Dauer seiner Krankheit verließ ich nur selten sein Zimmer. Oft schlief ich ganze Nächte nicht. Meistens lag er bewußtlos im Fieber und phantasierte; dann sprach er Gott weiß wovon, zuweilen auch von der Anstellung, die er in Aussicht hatte, von seinen Büchern, von mir, vom Vater ... und da erst hörte ich vieles von seinen Verhältnissen, was ich noch gar nicht gewußt und nicht einmal geahnt hatte.

In der ersten Zeit seiner Krankheit und meiner Pflege sahen mich alle im Hause etwas sonderbar an, und Anna Fjodorowna schüttelte den Kopf. Ich aber blickte allen offen in die Augen, und da hörte man denn auf, meine Teilnahme für den Kranken zu verurteilen — wenigstens Mama tat es nicht mehr.

Hin und wieder erkannte mich Pokrowskij, doch geschah das verhältnismäßig selten. Er war fast die ganze Zeit nicht bei Besinnung. Bisweilen sprach er lange, lange, oft ganze Nächte lang in unklaren, dunklen Worten zu irgend jemand, und seine heisere Stimme klang in dem engen Zimmer so dumpf wie in einem Sarg. Dann fürchtete ich mich. Namentlich in der letzten Nacht war er wie rasend: er litt entsetzlich und quälte sich, und sein Stöhnen zerriß mir das Herz. Alle im Hause waren erschüttert. Anna Fjodorowna betete die ganze Zeit, Gott möge ihn schneller erlösen. Der Arzt wurde gerufen. Er sagte, daß der Kranke wohl nur noch bis zum nächsten Morgen leben werde.

Der alte Pokrowskij verbrachte die ganze Nacht im Korridor, dicht an der Tür zum Zimmer seines Sohnes: dort hatte man ihm ein Lager zurechtgemacht, irgendeine Matte als Unterlage auf den Fußboden gelegt. Jeden Augenblick kam er ins Zimmer, — es war schrecklich, ihn anzusehen. Der Schmerz hatte ihn so gebrochen, daß er fast vollkommen teilnahmslos, ganz gefühllos und gedankenlos erschien. Sein Kopf zitterte. Sein ganzer Körper zitterte, und sein Mund flüsterte mechanisch irgend etwas vor sich hin. Es schien mir, daß er vor Schmerz den Verstand verlieren werde.

Vor Tagesanbruch sank der Alte auf seiner Matte im Korridor endlich in Schlaf. Gegen acht Uhr begann der Sohn zu sterben. Ich weckte den Vater. Pokrowskij war bei vollem Bewußtsein und nahm von uns allen Abschied. Seltsam! Ich konnte nicht weinen, aber ich glaubte es körperlich zu fühlen, wie mein Herz in Stücke zerriß.

Doch das Qualvollste waren für mich seine letzten Augenblicke. Er bat lange, lange um irgend etwas, doch konnte ich seine Worte nicht mehr verstehen, da seine Zunge bereits steif war. Mein Herz krampfte sich zusammen. Eine ganze Stunde war er unruhig, und immer wieder bat er um irgend etwas, bemühte er sich, mit seiner bereits steif gewordenen Hand ein Zeichen zu machen, um dann wieder mit trauriger, dumpf-heiserer Stimme um etwas zu bitten — doch die Worte waren nur zusammenhanglose Laute, und wieder konnte ich nichts verstehen. Ich führte alle einzeln an sein

Bett, reichte ihm zu trinken, er aber schüttelte immer nur langsam den Kopf und sah mich traurig an. Endlich erriet ich, was er wollte: er bat, den Fenstervorhang aufzuziehen und die Läden zu öffnen. Er wollte wohl noch einmal den Tag sehen, das Gotteslicht, die Sonne.

Ich zog den Vorhand empor und stieß die Läden auf, aber der anbrechende Tag war trübe und traurig, wie das erlöschende arme Leben des Sterbenden. Von der Sonne war nichts zu sehen. Wolken verhüllten den Himmel mit einer dicken Nebelschicht, so regnerisch, düster und schwermütig war es. Ein feiner Regen schlug leise an die Fensterscheiben und rann in klaren kalten Wasserstreifen an ihnen herab. Es war trüb und dunkel. Das bleiche Tageslicht drang nur spärlich ins Zimmer, wo es das zitternde Licht des Lämpchens von dem Heiligenbild kaum merklich verdrängte. Der Sterbende sah mich traurig, so traurig an und bewegte dann leise, wie zu einem müden Schütteln, den Kopf. Nach einer Minute starb er.

Für die Beerdigung sorgte Anna Fjodorowna. Es wurde ein ganz, ganz einfacher Sarg gekauft und ein Lastwagen gemietet. Zur Deckung der Unkosten aber wurden alle Bücher und Sachen des Verstorbenen von Anna Fjodorowna beschlagnahmt. Der Alte wollte ihr die Hinterlassenschaft seines Sohnes nicht abtreten, stritt mit ihr, lärmte, nahm ihr die Bücher fort, stopfte sie in alle Taschen, in den Hut, wo immer er sie nur unterbringen konnte, schleppte sie drei Tage mit sich herum und trennte sich auch dann nicht von ihnen, als wir zur Kirche gehen mußten. Alle diese Tage war er ganz wie ein Geistesgestörter. Mit einer seltsamen Geschäftigkeit machte er sich ewig etwas am Sarg zu schaffen: bald zupfte er ein wenig die grünen Blätter zurecht, bald zündete er die Kerzen an, um sie wieder auszulöschen und dann wieder anzuzünden. Man sah es, daß seine Gedanken nicht länger als einen Augenblick bei etwas Bestimmtem verweilen konnten.

Der Totenmesse in der Kirche wohnten weder Mama noch

Anna Fjodorowna bei. Mama war krank, Anna Fjorodowna aber, die sich bereits angekleidet hatte, geriet wieder mit dem alten Pokrowskij in Streit, ärgerte sich und blieb zu Haus. So waren nur ich und der Alte in der Kirche. Während des Gottesdienstes ergriff mich plötzlich eine unsagbare Angst, wie eine dunkle Ahnung dessen, was mir bevorstand. Ich konnte mich kaum auf den Füßen halten.

Endlich wurde der Sarg geschlossen, auf den Lastwagen gehoben und fortgeführt. Ich begleitete ihn nur bis zum Ende der Straße. Dann fuhr der Fuhrmann im Trab weiter. Der Alte lief hinter ihm her und weinte laut, und sein Weinen zitterte und brach oft ab, da das Laufen ihn erschütterte. Der Arme verlor seinen Hut, blieb aber nicht stehen, um ihn aufzuheben, sondern lief weiter. Sein Kopf wurde naß vom Regen. Ein scharfer, kalter Wind erhob sich und schnitt ins Gesicht. Doch der Alte schien nichts davon zu spüren und lief weinend weiter, bald an der einen, bald an der anderen Seite des Wagens. Die langen Schöße seines fadenscheinigen alten Überrocks flatterten wie Flügel im Winde. Aus allen Taschen sahen Bücher hervor, und im Arm trug er irgendein großes, schweres Buch, das er krampfhaft umklammerte und an die Brust drückte. Die Vorübergehenden nahmen die Mützen ab und bekreuzten sich. Einige blieben stehen und schauten verwundert dem armen Alten nach. Alle Augenblicke fiel ihm aus einer Tasche ein Buch in den Straßenschmutz. Dann rief man ihn an, hielt ihn zurück und machte ihn auf seinen Verlust aufmerksam. Und er hob das Buch auf und lief wieder weiter, dem Sarg nach. Kurz vor der Straßenecke schloß sich ihm eine alte Bettlerin an und folgte gleichfalls dem Sarg. Endlich bog der Wagen um die Straßenecke und verschwand.

Ich ging nach Hause. Zitternd vor Weh warf ich mich meiner Mutter an die Brust. Ich umschlang sie fest mit meinen Armen und küßte sie, und plötzlich brach ich in Tränen aus. Und ich schmiegte mich angstvoll an die einzige, die mir als mein letzter Freund noch geblieben war, als

hätte ich sie für immer festhalten wollen, damit der Tod mir nicht auch sie noch entreiße ...
Der Tod schwebte damals schon über meiner armen Mutter ...

11. Juni
Wie dankbar bin ich Ihnen, Makar Alexejewitsch, für den gestrigen Spaziergang nach den Inseln! Wie schön es dort war, wie wundervoll grün, und die Luft wie köstlich! — Ich hatte so lange keinen Rasen und keine Bäume gesehen, — als ich krank war, dachte ich doch, daß ich sterben müsse, daß ich bestimmt sterben würde — nun können Sie sich denken, was ich gestern fühlen mußte, und was empfinden!
Seien Sie mir nicht böse, daß ich so traurig war. Ich fühlte mich sehr wohl und leicht, aber gerade in meinen besten Stunden werde ich aus irgendeinem Grunde traurig; so geht es mir immer. Und daß ich weinte, das hatte auch nichts auf sich, ich weiß selbst nicht, weshalb ich immer weinen muß. Ich bin, das fühle ich, krankhaft überreizt; alle Eindrücke, die ich empfange, sind krankhaft, ja, krankhaft heftig. Der wolkenlose blasse Himmel, der Sonnenuntergang, die Abendstille — alles das — ich weiß wirklich nicht, — ich war gestern jedenfalls in der Stimmung, alle Eindrücke schwer und quälend zu nehmen, so daß das Herz bald übervoll war und die Seele nach Tränen verlangte. Doch wozu schreibe ich Ihnen das alles? Das Herz wird sich nur so schwer über dies alles klar, um wieviel schwerer ist es da noch, alles wiederzugeben! Aber vielleicht verstehen Sie mich doch.
Leid und Freude! Wie gut Sie doch sind, Makar Alexejewitsch! Gestern blickten Sie mir so in die Augen, als wollten Sie in ihnen lesen, was ich empfand, und Sie waren glücklich über meine Freude. War es ein Strauch, eine Allee oder ein Wasserstreifen — immer standen Sie da vor mir und fühlten sich ganz stolz und schauten mir immer wieder in die Augen, als wäre alles, was Sie mir da zeigten, Ihr

Eigentum gewesen. Das beweist, daß Sie ein gutes Herz haben, Makar Alexejewitsch. Deshalb liebe ich Sie ja auch.

Nun leben Sie wohl. Ich bin heute wieder krank: gestern bekam ich nasse Füße und habe mich infolgedessen erkältet. Fjodora ist auch nicht ganz gesund; ich weiß nicht, was ihr fehlt. So sind wir jetzt beide krank. Vergessen Sie mich nicht; kommen Sie öfter zu uns.
Ihre W. D.

12. Juni

Mein Täubchen Warwara Alexejewna!

Ich dachte, Mütterchen, Sie würden mir den gestrigen Ausflug in lauter Gedichten beschreiben, und da erhalte ich nun von Ihnen so ein einziges kleines Blättchen! Doch will ich Sie damit nicht tadeln, daß Sie mir nur wenig geschrieben haben: dafür haben Sie alles ungewöhnlich gut und schön beschrieben. Die Natur, die verschiedenen Landschaftsstimmungen, was Sie selber empfanden — das haben Sie mit wenigen Worten kurz, aber ganz wunderbar geschildert. Ich habe dagegen ganz und gar kein Talent, irgend etwas zu beschreiben: wenn ich auch zehn Seiten vollkritzele, es kommt dabei doch nichts heraus und nichts ist wirklich beschrieben. Das weiß ich selbst nur zu gut.

Sie schreiben mir, meine Liebe, daß ich ein guter Mensch sei, sanftmütig, voll Wohlwollen für alle, unfähig, dem Nächsten etwas Böses anzutun, und daß ich die Güte des himmlischen Schöpfers, wie sie in der Natur zum Ausdruck kommt, wohl verstehe, und Sie beehren mich noch mit verschiedenen anderen Lobsprüchen. — Das ist gewiß alles wahr, mein Kind, nichts als die reine Wahrheit, denn ich bin wirklich so, wie Sie sagen, ich weiß das selbst; es freut einen auch, wenn man von anderen so etwas geschrieben sieht; es wird einem unwillkürlich froh und leicht zumut; aber schließlich kommen einem doch wieder allerlei schwere Gedanken. Nun hören Sie mich mal an, mein Kind, ich will Ihnen jetzt etwas erzählen.

Ich beginne damit, daß ich auf die Zeit zurückgreife, als ich erst siebzehn Lenze zählte und in den Staatsdienst trat: nun werden es bald runde dreißig Jahre sein, daß ich als Beamter tätig bin! Ich habe in der Zeit, was soll ich sagen, genug Uniformröcke abgetragen, bin darüber Mann geworden, auch vernünftiger und klüger, habe Menschen gesehen und kennengelernt, habe auch gelebt, ja, warum nicht — ich kann schon sagen, daß ich gelebt habe —, und einmal wollte man mich sogar zur Auszeichnung vorschlagen: man wollte mir nämlich für meine Dienste ein Kreuz verleihen. Sie werden mir das letztere vielleicht nicht glauben, aber es war wirklich so, ich lüge Ihnen nichts vor. Nun, was kam dabei heraus, Mütterchen? Ja, sehen Sie, es finden sich immer und überall schlechte Menschen. Aber wissen Sie, was ich Ihnen sagen werde, meine Liebe: ich bin zwar ein ungebildeter Mensch, meinetwegen sogar ein dummer Mensch, aber das Herz, das in mir schlägt, ist genauso wie das Herz anderer Menschen. Also wissen Sie, Warinka, was ein böser Mensch mir antat? Man schämt sich ordentlich, es zu sagen. Sie fragen, warum er es tat? Einfach darum, weil ich so ein Stiller bin, weil ich bescheiden bin, weil ich ein guter Kerl bin. Ich war für sie nicht nach ihrem Geschmack, und so wurde denn alles mir, und immer wieder mir, in die Schuhe geschoben. Anfangs hieß es, wenn jemand etwas schlecht gemacht hatte:

»Eh, Sie da, Makar Alexejewitsch, dies und das!« — Daraus wurde mit der Zeit:

»Ach, natürlich Makar Alexejewitsch, wer denn sonst!«

Jetzt aber heißt es ganz einfach:

»Na, selbstverständlich doch Makar Alexejewitsch, was fragen Sie noch!«

Sehen Sie, Kind, so kam die ganze Geschichte. An allem war Makar Alexejewitsch schuld. Sie verstanden weiter nichts, als »Makar Alexejewitsch« sozusagen zum Schlagwort im ganzen Departement zu machen. Und noch nicht genug damit, daß sie in dieser Weise aus mir ein geflügeltes Wort, fast sogar einen geflügelten Tadel, wenn nicht gar ein Schmähwort machten — nein, sie hatten auch noch an meinen Stiefeln, meinem Rock, meinen Haaren und Ohren, kurz, an allem, was an mir war, etwas auszusetzen: alles war ihnen nicht recht, alles hätte anders gemacht werden sollen! Und das wiederholt sich nun schon seit undenklichen Zeiten jeden Tag! Ich habe mich daran gewöhnt, weil ich mich an alles gewöhne, weil ich ein stiller Mensch bin, weil ich ein kleiner Mensch bin. Aber, fragt man sich schließlich, womit habe ich denn das alles verdient? Wem habe ich je etwas Schlechtes getan? Habe ich etwa jemandem den Rang abgelaufen? Oder jemanden bei den Vorgesetzten angeschwärzt, um dafür belohnt zu werden? Oder habe ich sonst eine Kabale gegen jemanden angestiftet? Sie würden sündigen, Mütterchen, wenn Sie so etwas auch nur denken wollten! Bin ich denn einer, der so etwas überhaupt fertig brächte? So betrachten Sie mich doch nur genauer, meine Liebe, und dann sagen Sie selbst, ob ich auch nur die Fähigkeit zu Intrigen und zum Strebertum habe? Also wofür treffen mich dann diese Heimsuchungen? Doch vergib, Herr! Sie, Warinka, halten mich für einen ehrenwerten Menschen, Sie aber sind auch unvergleichlich wertvoller als alle die anderen, jawohl, Warinka!

Was ist die größte bürgerliche Tugend? Über diese Frage äußerte sich noch vor ein paar Tagen Jewstáfij Jwánowitsch in einem Privatgespräch. Er sagte: Die größte bürgerliche Tugend sei — Geld zu verdienen. Er sagte es natürlich im Scherz (ich weiß, daß er es nur im Scherz sagte), was aber in dem Wort für eine Moral lag (die er eigentlich im Sinn hatte), das war, daß man mit seiner Person niemandem zur Last fallen solle. Ich aber falle niemandem zur Last! Ich habe mein eigenes Stück Brot. Es ist ja wohl nur ein einfaches Stück Brot, mitunter sogar altes, trockenes Brot, aber *ich* habe es doch, es ist *mein* Brot, durch *meine* Arbeit rechtlich und redlich erworben!

Nun ja, was ist da zu machen! Ich weiß es ja selbst,

daß ich nichts sonderlich Großes vollbringe, wenn ich in meiner Kanzlei sitze und Schriftstücke abschreibe. Trotzdem bin ich stolz darauf: ich arbeite doch, leiste doch etwas, tue es durch meiner Hände Arbeit. Nun, und was ist denn dabei, daß ich nur abschreibe? Ist denn das etwa eine Sünde? »Na ja, aber eben doch nur ein Schreiber!« — Aber was ist denn dabei Unehrenhaftes? Meine Handschrift ist so eingeschrieben, so leserlich, jeder Buchstabe wie gestochen, daß es eine Freude ist, so einen ganzen Bogen zu sehen, und — Exzellenz sind zufrieden mit mir. Ich muß die wichtigsten Papiere für Exzellenz abschreiben. Ja, aber ich habe keinen Stil! Das weiß ich ja selbst, daß ich ihn nicht habe, den verwünschten! Mir fehlen die Redewendungen! Ich weiß es, und deshalb habe ich es auch im Dienst zu nichts gebracht... Auch an Sie, meine Liebe, schreibe ich jetzt, wie es gerade so kommt, ohne alle Kunst und Feinheit, wie es mir aus dem Herzen in den Sinn strömt... Das weiß ich selbst ganz genau; aber schließlich: wenn alle nur Selbstverfaßtes schreiben wollten, wer würde dann abschreiben?

Das ist die Frage. Sehen Sie, und nun, bitte, beantworten Sie sie mir, meine Liebe.

So sehe ich denn jetzt selbst ein, daß man mich braucht, daß ich notwendig, daß ich unentbehrlich bin, und daß kein Grund vorliegt, sich durch müßiges Geschwätz irre machen zu lassen. Nun schön, meinetwegen bin ich eine Ratte, wenn man glaubt, eine Ähnlichkeit mit ihr herausfinden zu können. Aber diese Ratte ist nützlich, ohne diese Ratte käme man nicht aus; diese Ratte ist sogar ein Faktor, mit dem man rechnet, und dieser Ratte wird man bald sogar eine Gratifikation zusprechen, — da sehen Sie, was das für eine Ratte ist!

Jetzt habe ich aber genug davon geredet. Ich wollte ja eigentlich gar nicht davon sprechen, aber nun — es kam mal so zur Sprache, und da hat's mich denn mitgerissen. Es ist doch immer ganz gut, von Zeit zu Zeit sich selbst etwas Gerechtigkeit widerfahren zu lassen.

Leben Sie wohl, mein Täubchen, meine gute kleine Trösterin! Ich werde schon kommen, gewiß werde ich kommen und Sie besuchen, mein Sternchen, um zu sehen, wie es Ihnen geht und was Sie machen. Grämen Sie sich bis dahin nicht gar zu sehr. Ich werde Ihnen ein Buch mitbringen. Also leben Sie wohl bis dahin, Warinka.

Wünsche Ihnen von Herzen alles Gute!

Ihr Makar Djewuschkin

20. Juni

Sehr geehrter Makar Alexejewitsch!

Schreibe Ihnen in aller Eile, denn ich habe sehr wenig Zeit, — muß eine Arbeit zu einem bestimmten Termin beenden.

Hören Sie, um was es sich handelt: es bietet sich ein guter Gelegenheitskauf. Fjodora sagt, ein Bekannter von ihr habe einen fast neuen Uniformrock, sowie Beinkleider, Weste und Mütze zu verkaufen, und alles, wie sie sagt, sehr billig. Wenn Sie sich das nun kaufen wollten! Sie haben doch jetzt Geld und sind nicht mehr in Verlegenheit, — Sie sagten mir ja selbst, daß Sie Geld haben. Also seien Sie vernünftig und schaffen Sie sich die Sachen an. Sie haben sie doch so nötig. Sehen Sie sich doch nur selbst an, in was für alten Kleidern Sie umhergehen. Eine wahre Schande! Alles ist geflickt. Und neue Kleider haben Sie nicht, das weiß ich, obschon Sie versichern, Sie hätten sie. Gott weiß, was Sie mit Ihrem neuen Anzug angefangen haben. So hören Sie doch diesmal auf mich und kaufen Sie die Kleider, bitte, tun Sie's! Tun Sie es für mich, wenn Sie mich lieb haben!

Sie haben mir Wäsche geschenkt. Hören Sie, Makar Alexejewitsch, das geht wirklich nicht so weiter! Sie richten sich zugrunde, denn das ist doch kein Spaß, was Sie schon für mich ausgegeben haben! Entsetzlich, wieviel Geld! Wie Sie verschwenden können! Ich habe ja nichts nötig, das war ja alles ganz, ganz überflüssig! Ich weiß, glauben Sie mir, ich weiß, daß Sie mich lieben; deshalb ist es ganz überflüssig von

Ihnen, mich noch durch Geschenke immer wieder dieser Liebe vergewissern zu wollen. Wenn Sie wüßten, wie schwer es mir fällt, sie anzunehmen! Ich weiß doch, was sie Sie kosten. Deshalb ein für allemal: Lassen Sie es gut sein, schicken Sie mir nichts mehr! Hören Sie? Ich bitte Sie, ich flehe Sie an!

Sie bitten mich, Ihnen die Fortsetzung meiner Aufzeichnungen zuzusenden. Sie wollen, daß ich sie beende. Gott, ich weiß selbst nicht, wie ich das fertig gebracht habe, soviel zu schreiben, wie dort geschrieben ist! Nein, ich habe nicht die Kraft, jetzt von meiner Vergangenheit zu sprechen. Ich will an sie nicht einmal zurückdenken. Ich fürchte mich vor diesen Erinnerungen. Und gar von meiner armen Mutter zu sprechen, deren einziges Kind nach ihrem Tode diesen Ungeheuern preisgegeben war: das wäre mir ganz unmöglich! Mein Herz blutet, wenn meine Gedanken auch nur von ferne diese Erinnerungen streifen. Die Wunden sind noch zu frisch! Ich habe noch keine Ruhe, um zu denken, habe mich selbst noch lange nicht beruhigen können, obschon bereits ein ganzes Jahr seitdem vergangen ist. Aber Sie wissen das ja alles!

Ich habe Ihnen auch Anna Fjodorownas jetzige Ansichten mitgeteilt. Sie wirft mir Undankbarkeit vor und leugnet es, mit Herrn Bykoff im Einverständnis gewesen zu sein! Sie fordert mich auf, zu ihr zurückzukehren. Sie sagt, ich lebe von Almosen und sei auf einen schlechten Weg geraten. Wenn ich zu ihr zurückkehren würde, so wolle sie es übernehmen, die ganze Geschichte mit Herrn Bykoff beizulegen und ihn zu veranlassen, seine Schuld mir gegenüber wieder gutzumachen. Sie hat sogar gesagt, daß Herr Bykoff mir eine Aussteuer geben wolle. Gott mit Ihnen! Ich habe es auch hier gut, unter Ihrem Schutz und bei meiner guten Fjodora, die mich mit ihrer Anhänglichkeit an meine alte selige Kinderfrau erinnert. Sie aber sind zwar nur ein entfernter Verwandter von mir, trotzdem beschützen Sie mich und treten mit Ihrem Namen und Ruf für mich ein. Ich kenne jene anderen nicht, ich werde sie vergessen! — wenn ich es nur vermag?! Was wollen sie denn noch von mir! Fjodora sagt, das sei alles nur Klatsch, und sie würden mich zu guter Letzt doch in Ruhe lassen. Gott gebe es! W. D.

21. Juni

Mein Täubchen, mein Mütterchen!

Ich will Ihnen schreiben, weiß aber nicht, womit beginnen?

Ist das nicht sonderbar, wie wir beide jetzt hier so miteinander leben! Ich sage das nur deshalb, müssen Sie wissen, weil ich meine Tage noch nie so froh verbracht habe. Ganz als hätte mich Gott der Herr mit einem Häuschen und einer Familie gesegnet! Mein Kindchen sind Sie jetzt für mich, ein ganz reizendes!

Was reden Sie da von den vier Hemdchen, die ich Ihnen geschickt habe! Sie hatten Sie doch nötig — Fjodora sagte es mir. Und mich, Mütterchen, mich macht es doch glücklich, für Sie sorgen zu können: das ist nun einmal mein größtes Vergnügen — also lassen Sie mich nur gewähren, Mütterchen, widersprechen Sie mir nicht! Noch niemals habe ich so etwas erlebt, Herzchen. Jetzt lebe ich doch ein ganz anderes Leben. Erstens gewissermaßen zu zweit, wenn man so sagen darf, denn Sie leben doch jetzt in meiner nächsten Nähe, was mir ein großer Trost und eine wahre Freude ist. Und zweitens hat mich heute mein Zimmernachbar, Ratasäjeff — jener Beamte, wissen Sie, bei dem Literarische Abende stattfinden —, also der hat mich heute zum Tee eingeladen. Heute findet bei ihm nämlich wieder so eine Versammlung statt: es soll etwas Literarisches vorgelesen werden. Da sehen Sie, wie wir jetzt leben, mein Seelchen — was?!

Nun leben Sie wohl. Ich habe das alles ja nur so geschrieben, ohne besonderen Zweck, nur um Sie von meinem Wohlbefinden zu unterrichten. Sie haben mir durch Theresa sagen lassen, daß Sie farbige Nähseide zur Stickerei benötigen; gleich morgen werde ich sie Ihnen besorgen. Ich weiß auch schon, wo ich sie am besten kaufen kann. Inzwischen verbleibe ich

Ihr aufrichtiger Freund   Makar Djewuschkin

22. Juni

Liebe Warwara Alexejewna!

Ich will Ihnen nur mitteilen, meine Gute, daß bei uns im Hause etwas sehr Trauriges geschehen ist, etwas, das jedes Menschen Mitleid erwecken muß. Heute um fünf Uhr morgens starb Gorschkoffs kleiner Sohn. Ich weiß nicht recht, woran, — an den Masern oder, Gott weiß, vielleicht war es auch Scharlach. Da besuchte ich sie denn heute, diese Gorschkoffs. Ach, Mütterchen, was das für eine Armut bei ihnen ist! Und was für eine Unordnung! Aber das ist ja schließlich kein Wunder: die ganze Familie lebt doch nur in diesem einen Zimmer, das sie nur anstandshalber durch einen Bettschirm so ein wenig abgeteilt haben.

Jetzt steht bei ihnen schon der kleine Sarg, — ein ganz einfacher, billiger, aber er sieht doch ganz nett aus, sie haben ihn gleich fertig gekauft. Der Knabe war neun Jahre alt und soll, wie man hört, zu schönen Hoffnungen berechtigt haben. Es tut weh, weh vor Mitleid, sie anzusehen, Warinka. Die Mutter weint nicht, aber sie ist so traurig, die Arme. Es ist für sie ja vielleicht eine Erleichterung, daß ihnen ein Kindchen abgenommen ist: es bleiben ihnen noch zwei, die sie zu ernähren haben: ein Brustkind und ein kleines Töchterchen so von etwa sechs Jahren; viel älter kann das zarte Ding noch nicht sein.

Wie muß einem doch zumute sein, wenn man sieht, wie ein Kindchen leidet, und noch dazu das eigene, leibliche Kindchen, und man hat nichts, womit man ihm helfen könnte! Der Vater sitzt dort in einem alten schmutzigen und fadenscheinigen Rock auf einem halb zerbrochenen Stuhl. Die Tränen laufen ihm über die Wangen, aber vielleicht gar nicht vor Leid, sondern nur so, aus Gewohnheit — die Augen tränen eben. Er ist so ein Sonderling! Immer wird er rot, wenn man ihn anspricht, und niemals weiß er, was er antworten soll. Das kleine Mädchen stand dort an den Sarg gelehnt, stand ganz still und ernst und ganz nachdenklich. Ich liebe es nicht, Warinka, wenn ein Kindchen nachdenklich ist: es beunruhigt einen. Eine Puppe aus alten Zeugstücken lag auf dem Fußboden. Sie spielte aber nicht mit ihr. Das Fingerchen im Mund: so stand sie, — stand und rührte sich nicht. Die Wirtin gab ihr ein Bonbonchen: sie nahm es, aß es aber nicht. Traurig das alles — nicht wahr, Warinka?

Ihr Makar Djewuschkin

25. Juni

Bester Makar Alexejewitsch!

Ich sende Ihnen Ihr Buch zurück. Das ist ja ein ganz elendes Ding! — man kann es überhaupt nicht in die Hand nehmen. Wo haben Sie denn diese Kostbarkeit aufgetrieben? Scherz beiseite: gefallen Ihnen denn wirklich solche Bücher, Makar Alexejewitsch? Sie versprachen mir doch vor ein paar Tagen, mir etwas zum Lesen zu verschaffen. Ich kann ja auch mit Ihnen teilen, wenn Sie wollen. Doch jetzt Schluß und auf Wiedersehen! Ich habe wirklich keine Zeit, weiterzuschreiben.

W. D.

26. Juni

Liebe Warinka!

Die Sache ist nämlich die, Mütterchen, daß ich das Büchlein selbst gar nicht gelesen habe. Es ist wahr, ich las ein wenig, sah, daß es irgendein Unsinn war, nur so zum Lachen geschrieben, und um die Leute zu unterhalten. Da dachte ich, nun, dann wird es was Lustiges sein und vielleicht auch Warinka gefallen. Und so nahm ich es und schickte es Ihnen.

Aber nun hat mir Ratasäjeff versprochen, mir etwas wirklich Literarisches zum Lesen zu verschaffen. Da werden Sie also wieder gute Bücher erhalten, Mütterchen. Ratasäjeff — der versteht sich darauf! Er schreibt doch selbst, und wie er schreibt! Gewandt schreibt er, und einen Stil hat er, ich sage Ihnen: einfach großartig! In jedem Wort ist ein Etwas — sogar im allergewöhnlichsten, alltäglichsten Wort, in jedem einfachen Satz, in der Art, wie ich zum Beispiel manchmal Faldoni oder Theresa etwas sage, — selbst da versteht er noch, sich stilvoll auszudrücken. Ich wohne jetzt seinen Literarischen Abenden regelmäßig bei. Wir rauchen Tabak und er liest uns vor, liest bis zu fünf Stunden in einem durch, wir aber hören zu, die ganze Zeit. Das sind nun einfach Perlen, nicht Literatur! Einfach Blumen, duftende Blüten — auf jeder Seite so viel Blüten, daß man einen Strauß draus winden könnte! Und im Umgang ist er so freundlich, so liebenswürdig. Was bin ich im Vergleich mit ihm, nun, was? — Nichts! Er ist ein angesehener Mann, ein Mann von Ruf — was aber bin ich? — Nichts! So gut wie nichts, bin neben ihm überhaupt nichts! Er aber beehrt auch mich mit seinem Wohlwollen. Ich habe für ihn mal das eine oder andere abgeschrieben. Nur denken Sie deshalb nicht, Warinka, daß das irgend etwas auf sich habe; ich meine, daß er mir deshalb wohlgesinnt sei, weil ich für ihn abschreibe! Hören Sie nicht auf solche Klatschgeschichten, Kind, glauben Sie ihnen nicht, beachten Sie sie gar nicht weiter! Nein, ich tue es ganz aus freien Stücken, um ihm damit etwas Angenehmes zu erweisen. Und daß er mir sein Wohlwollen schenkt, das tut er auch aus freien Stücken, tut's, um mir eine Freude zu bereiten. Ich bin gar nicht so dumm, um das nicht zu verstehen: man muß nur wissen, welch ein Zartgefühl sich dahinter birgt. Er ist ein guter, ein sehr guter Mensch und außerdem ein ganz unvergleichlicher Schriftsteller.

Es ist eine schöne Sache um die Literatur, Warinka, eine sehr schöne, das habe ich vorgestern bei ihnen erfahren. Und zugleich eine tiefe Sache! Sie stärkt und festigt und belehrt die Menschen — und noch verschiedenes andere tut sie, was alles in ihrem Buch aufgezeichnet steht. Es ist wirklich gut geschrieben! Die Literatur — das ist ein Bild, das heißt in gewissem Sinne, versteht sich; ein Bild und ein Spiegel; ein Spiegel der Leidenschaften und aller inneren Dinge; sie ist Belehrung und Erbauung zugleich, ist Kritik und ein großes menschliches Dokument. Das habe ich mir alles von ihnen sagen lassen und aus ihren Reden gemerkt. Ich will aufrichtig gestehen, mein Liebling, wenn man so unter ihnen sitzt und zuhört — und man raucht dabei sein Pfeifchen, ganz wie sie — und wenn sie dann anfangen, sich gegenseitig zu messen und über die verschiedensten Dinge zu disputieren, da muß ich denn einfach wie im Kartenspiel sagen: Ich passe! kann nicht mehr mitspielen. Denn wenn die erst einmal loslegen, Kind, dann bleibt unsereinem nichts anderes übrig, dann müssen wir beide passen, Warinka. Ich sitze dann wie ein alter Erzschafskopf da und schäme mich vor mir selber. Und wenn man sich auch den ganzen Abend die größte Mühe gibt, irgendwo ein halbes Wörtchen in das allgemeine Gespräch mit einzuflechten, so ist man doch nicht einmal dazu fähig. Man kann und kann dieses halbe Wörtchen nicht finden! Man verfällt aber auch auf rein gar nichts — man mag's anstellen, wie man will! Das ist wie verhext, Warinka, und man tut sich schließlich selber leid, daß man so ist, wie man nun einmal ist, und daß man das Sprichwort auf sich anwenden kann: „Dumm geboren und im Leben nichts dazugelernt."

Was tue ich denn jetzt in meiner freien Zeit? — Schlafe, schlafe wie ein alter Esel. An Stelle dieses unnützen Schlafens aber könnte man sich doch auch mit etwas Angenehmem oder Nützlichem beschäftigen, so zum Beispiel sich hinsetzen und dies und jenes schreiben, so ganz frei von sich aus, — was? Sich selbst zu Nutz und Frommen und anderen zum Vergnügen. Und hören Sie nur, Kind, wieviel sie für ihre Sachen bekommen, Gott verzeihe ihnen! Zum Beispiel gleich dieser Ratasäjeff, was der Mann einnimmt! Was ist es für ihn, einen Bogen vollzuschreiben? An manchen Tagen hat er sogar volle fünf geschrieben, und dabei erhält er, wie er sagt, volle dreihundert Rubel für den Bogen! Da hat er irgend so eine kleine Geschichte oder Humoreske, oder auch nur irgendein Anekdotchen oder sonst etwas für die Leute — fünfhundert, gib oder gib nicht, aber darunter kriegst du es um keinen Preis. Häng dich auf, wenn du willst. Willst du nicht — nun gut, dann gibt ein anderer tausend! Was sagen Sie dazu, Warwara Alexejewna?

Aber was, das ist noch gar nichts! Da hat er zum Beispiel ein Heftchen Gedichte, lauter so kleine Dingerchen — paar Zeilen nur, ganz kurz, — siebentausend, Mütterchen, siebentausend will er dafür haben, denken Sie sich! Das ist doch ein Vermögen, groß wie ein ganzes Besitztum, das sind ja die Prozente eines Hauses von fünf Stockwerken! Fünftausend, sagt er, biete man ihm; er geht aber darauf nicht ein. Ich habe ihm zugeredet und vernünftig auf ihn eingesprochen, — nehmen Sie doch, Bester, die Fünftausend, nehmen Sie sie nur, und dann können Sie ihnen ja den Rücken kehren und ausspeien, wenn Sie wollen, denn fünftausend — das ist doch ein Geld! Aber nein, er sagt, sie werden auch sieben geben, die Schufte. Solch ein Schlauberger ist er, wirklich!

Ich werde Ihnen, Mütterchen, da nun einmal davon die Rede ist, eine Stelle aus den „Italienischen Leidenschaften" abschreiben. So heißt nämlich eines seiner Werke. Nun lesen Sie, Warinka, und dann urteilen Sie selbst:

„... Wladimir fuhr zusammen: die Leidenschaften brausten wild in ihm auf und sein Blut geriet in Wallung ...

»Gräfin«, rief er, »Gräfin! Wissen Sie denn, wie schrecklich diese Leidenschaft, wie grenzenlos dieser Wahnsinn ist? Nein, meine Sinne täuschen mich nicht! Ich liebe, ich liebe mit aller Begeisterung, liebe rasend, wahnsinnig! Das ganze Blut deines Mannes würde nicht ausreichen, die wallende Leidenschaft meiner Seele zu ersticken! Diese kleinen Hindernisse sind unfähig, das allesvernichtende, höllische Feuer, das in meiner erschöpften Brust loht, in seinem Flammenstrom aufzuhalten. O Sinaïda, Sinaïda! ...«

»Wladimir!« ... flüsterte die Gräfin fassungslos und schmiegte ihr Haupt an seine Schulter.

»Sinaïda!« rief Ssmelskij berauscht. Seiner Brust entrang sich ein Seufzer. Auf dem Altar der Liebe schlug die Lohe hellflammend auf und umfing mit ihrer Glut die Liebenden.

»Wladimir!« flüsterte die Gräfin trunken. Ihr Busen wogte, ihre Wangen röteten sich, ihre Augen glühten ...
Der neue, schreckliche Bund war geschlossen!

- - - - - -

Nach einer halben Stunde trat der alte Graf in das Boudoir seiner Frau.
»Wie wäre es, mein Herzchen, soll man nicht für unseren teuren Gast den Ssamowar aufstellen lassen?« fragte er, seiner Frau die Wange tätschelnd."

- - - - - -

Nun sehen Sie, Kind, wie finden Sie das? Es ist ja wahr, — es ist ein wenig frei, das läßt sich nicht leugnen, aber dafür doch schwungvoll und gut geschrieben. Was gut ist, ist gut! Aber nein, ich muß Ihnen doch noch ein Stückchen aus der Novelle „Jermak und Suleika" abschreiben.

Stellen Sie sich vor, Kind, daß der Kosak Jermák, der tollkühne Eroberer Sibiriens, in Suleika, die Tochter des sibirischen Herrschers Kutschúm, die er gefangen genommen, verliebt ist. Die Sache spielt also gerade in der Zeit, als Iwan der Schreckliche herrschte, wie Sie sehen. Hier schreibe ich Ihnen nun ein Gespräch zwischen Jermak und Suleika ab:

- - - - - -

„— »Du liebst mich, Suleika? Oh, wiederhole es! ...«
»Ich liebe dich, Jermak!« flüsterte Suleika.
»Himmel und Erde, habt Dank! Ich bin glücklich! Ihr habt mir alles gegeben, alles, wonach mein wilder Geist seit meinen Jünglingsjahren strebte! Also hierher hast du mich geführt, mein Leitstern, über den steinernen Gürtel des Ural! Der ganzen Welt werde ich meine Suleika zeigen, und die Menschen, diese wilden Ungeheuer, werden es nicht wagen, mich zu beschuldigen! Oh, wenn sie doch diese geheimen Leiden ihrer zärtlichen Seele verstünden, wenn sie, wie ich, in einer Träne meiner Suleika eine ganze Welt von Poesie zu erblicken wüßten! Oh, laß mich mit Küssen diese Träne trinken, diesen himmlischen Tautropfen ... du himmlisches Wesen!«

»Jermak«, sagte Suleika, »die Welt ist böse, die Menschen sind ungerecht! Sie werden uns verfolgen und verurteilen, mein Liebster! Was soll das arme Mädchen, das auf den heimatlichen Schneefeldern Sibiriens in der Jurte des Vaters aufgewachsen ist, dort in eurer kalten, eisigen, seelenlosen, selbstsüchtigen Welt anfangen? Die Menschen werden mich nicht verstehen, mein Geliebter, mein Ersehnter!«

»Dann sollen sie Kosakensäbel kennenlernen!« rief Jermak, wild die Augen rollend." —

Und nun, Warinka, denken Sie sich diesen Jermak, wie er erfährt, daß seine Suleika ermordet ist. Der verblendete Greis Kutschum hat sich im Schutz der nächtlichen Dunkelheit während der Abwesenheit Jermaks in dessen Zelt geschlichen und seine Tochter ermordet, um sich an Jermak, der ihn um Zepter und Krone gebracht hat, zu rächen.

„»Welch eine Lust, die Klinge zu schleifen!« rief Jermak in wilder Rachgier, und wetzte den Stahl am Schamanenstein. »Ich muß Blut sehen, Blut! Rächen, rächen, rächen muß ich sie!«..."

Aber nach alledem kann Jermak seine Suleika doch nicht überleben, er wirft sich in den Irtysch und ertrinkt, und damit ist dann alles zu Ende.

Jetzt noch ein kleiner Auszug, eine Probe: es ist humoristisch, was nun kommt, und nur so zum Lachen geschrieben:

„— »Kennen Sie denn nicht Iwán Prokófjewitsch Sholtopús? Na, das ist doch derselbe, der den Prokófij Iwánowitsch ins Bein gebissen hat! Iwán Prokófjewitsch ist ein schroffer Charakter, dafür aber ein selten tugendhafter Mensch. Prokófij Iwánowitsch dagegen liebt über alles Rettich mit Honig. Als er aber noch mit Pelageja Antonowna bekannt war... Sie kennen doch Pelageja Antonowna? Na, das ist doch dieselbe, die ihren Rock immer mit dem Futter nach außen anzieht, um das Oberzeug zu schonen.« —"

Ist das nicht Humor, Warinka, einfach Humor! Wir wälzten uns vor Lachen, als er uns dies vorlas. Solch ein Mensch, wahrhaftig, Gott verzeihe ihm! Übrigens, Mütterchen, ist das zwar recht originell und komisch, aber im Grunde doch ganz unschuldig, ganz ohne die geringste Freidenkerei und ohne alle liberalen Verirrungen. Ich muß Ihnen auch noch sagen, daß Ratasäjeff vortreffliche Umgangsformen besitzt, und vielleicht liegt hierin mit ein Grund, warum er ein so ausgezeichneter Schriftsteller ist, und mehr als das was die anderen sind.

Aber wie wär's — in der Tat, es kommt einem mitunter der Gedanke in den Kopf —, wie wär's denn, wenn auch ich einmal etwas schriebe: was würde dann wohl geschehen? Nun, sagen wir zum Beispiel, und nehmen wir an, daß plözlich mir nichts dir nichts ein Buch in der Welt erschiene und auf dem Deckel stände: „*Gedichte von Makar Djewuschkin.*" Was?! Ja, was würden Sie dann wohl sagen, mein Engelchen? Wie würde Ihnen das vorkommen, was würden Sie dabei denken? Von mir aus kann ich Ihnen freilich sagen, Mütterchen, daß ich mich, sobald mein Buch erschienen wäre, entschieden nicht mehr auf dem Newskij zu zeigen wagte. Wie wäre denn das, wenn ein jeder sagen könnte: »Sieh, dort geht der Dichter Djewuschkin!« und ich selbst dieser Djewuschkin wäre!?

Was würde ich dann zum Beispiel bloß mit meinen Stiefeln machen? Die sind ja doch bei mir, nebenbei bemerkt, fast immer schon geflickt, und auch die Sohlen sind, wenn man die Wahrheit sagen soll, oft recht weit vom wünschenswerten Zustand entfernt. Nun, wie wäre denn das, wenn alle wüßten, daß der Schriftsteller Djewuschkin geflickte Stiefel hat! Wenn das nun gar irgendeine Komtesse oder Duchesse erführe, was würde sie dazu sagen, mein Seelchen? Selbst würde sie es ja vielleicht nicht bemerken, denn Komtessen und Duchessen beschäftigen sich nicht mit Stiefeln, und nun gar mit Beamtenstiefeln (aber schließlich bleiben ja Stiefel immer Stiefel), — nur würde man ihr alles erzählen, meine eigenen Freunde würden es womöglich tun! Ratasäjeff zum Beispiel wäre der erste, der es fertig brächte! Er ist oft bei der Gräfin B., besucht sie, wie er sagt, sogar ohne besondere Einladung, wann es ihm gerade paßt. Eine gute Seele, sagt er, soll sie sein, so eine literarisch gebildete Dame. Ja, dieser Ratasäjeff ist ein Schlauberger!

Doch übrigens — genug davon! Ich schreibe das ja alles nur so, mein Engelchen, um Sie zu zerstreuen, also nur zum Scherz. Leben Sie wohl, mein Täubchen. Viel habe ich Ihnen hier zusammengeschrieben, aber das eigentlich nur deshalb, weil ich heute ganz besonders froh gestimmt bin. Wir speisten nämlich heute alle bei Ratasäjeff, und da (es sind ja doch Schlingel, mein Kind!) holten sie schließlich solch einen besonderen Likör hervor ... na — was soll man Ihnen noch viel davon schreiben! Nur sehen Sie zu, daß Sie jetzt nicht gleich etwas Schlechtes von mir denken, Warinka. Es war nicht so schlimm! Bücher werde ich Ihnen schicken. Hier geht ein Roman von Paul de Kock von Hand zu Hand, nur werden Sie diesen Paul de Kock nicht in die Fingerchen bekommen, mein Kind ... Nein, nein, Gott behüte! Solch ein Paul de Kock ist nichts für Sie, Warinka. Man sagt von ihm, daß er bei allen anständigen Petersburger Kritikern ehrliche Entrüstung hervorgerufen habe.

Ich sende Ihnen noch ein Pfündchen Konfekt — habe es speziell für Sie gekauft. Und hören Sie, mein Herzchen, bei jedem Konfektchen denken Sie an mich. Nur dürfen Sie die Bonbons nicht gleich zerbeißen! Lutschen Sie sie nur so, sonst könnten Ihnen noch die Zähnchen nachher wehtun. Aber vielleicht lieben Sie auch Schokolade? Dann schreiben Sie nur!

Nun leben Sie wohl, leben Sie wohl. Christus sei mit Ihnen, mein Täubchen. Ich aber verbleibe nach wie vor

Ihr treuester Freund   Makar Djewuschkin

27. Juni

Lieber Makar Alexejewitsch!

Fjodora sagt, sie kenne Leute, die mir in meiner Lage herzlich gern helfen und, wenn ich nur wollte, eine sehr gute Stelle als Gouvernante in einem Hause verschaffen würden. Was meinen Sie, mein Freund, soll ich darauf eingehen? Ich würde Ihnen dann nicht mehr zur Last fallen — und die Stelle scheint gut zu sein. Aber anderseits — der Gedanke ist doch etwas beängstigend, in einem fremden Hause dienen zu müssen. Es soll eine Gutsbesitzersfamilie sein. Da werden sie über mich Erkundigungen einziehen, werden mich ausfragen; was soll ich ihnen dann sagen? Und überdies bin ich so menschenscheu und liebe die Einsamkeit. Am liebsten lebe ich dort, wo ich mich einmal eingelebt habe. Es ist nun einmal gemütlicher und trauter in dem Winkel, an den man sich schon gewöhnt hat, — und wenn man vielleicht auch in Sorgen dort lebt, es ist dennoch besser. Außerdem müßte ich da noch reisen, und Gott weiß, was sie alles von mir verlangen werden: vielleicht lassen sie mich einfach die Kinder warten! Und was mögen das für Leute sein, wenn sie jetzt binnen zwei Jahren schon zum dritten Male die Gouvernante wechseln? Raten Sie mir, Makar Alexejewitsch, um Gottes willen, soll ich darauf eingehen oder soll ich nicht?

Weshalb kommen Sie jetzt gar nicht mehr zu uns? Sie zeigen sich so selten! Außer sonntags in der Kirche sehen wir uns ja fast überhaupt nicht mehr. Wie menschenscheu Sie doch sind! Sie sind ganz wie ich! Aber wir sind ja auch so gut wie verwandt. Oder lieben Sie mich nicht mehr, Makar Alexejewitsch? Ich bin, wenn ich mich allein weiß, oft sehr traurig. Zuweilen, namentlich in der Dämmerung, sitzt man ganz mutterseelenallein: Fjodora ist fortgegangen, um irgend etwas zu besorgen, und da sitzt man denn und denkt und denkt — man erinnert sich an alles, was einst gewesen ist, an Frohes und Trauriges, alles zieht wie ein Nebel an einem vorüber. Bekannte Gesichter tauchen wieder vor meinen Augen auf (ich glaube, sie fast schon im Wachen zu sehen, wie man sonst nur im Traum etwas sieht), doch am häufigsten sehe ich Mama ... Und was für Träume ich habe! Ich fühle es, daß meine Gesundheit untergraben ist. Ich bin so schwach. Als ich heute morgen aufstand, wurde mir übel, und zum Überfluß habe ich auch noch diesen schlimmen Husten! Ich fühle, ich weiß, daß ich bald sterben werde. Wer wird mich wohl beerdigen? Wer wird wohl meinem Sarge folgen? Wer wird um mich trauern? ... Und da müßte ich vielleicht an einem fremden Ort, in einem fremden Hause, bei fremden Menschen sterben! ... Mein Gott, wie traurig ist es, zu leben, Makar Alexejewitsch!

Lieber Freund, warum schicken Sie mir immer Konfekt? Ich begreife wirklich nicht, woher Sie soviel Geld nehmen. Ach, mein guter Freund, sparen Sie doch das Geld, um Gottes willen, sparen Sie es! Fjodora hat einen Käufer gefunden für den Teppich, den ich gestickt habe. Man will dafür fünfzehn Rubel geben. Das wäre sehr gut bezahlt: ich dachte, man würde weniger geben. Fjodora wird drei Rubel bekommen und für mich werde ich einen Stoff zu einem einfachen Kleid kaufen, irgendeinen billigeren und wärmeren Kleiderstoff. Für Sie aber werde ich eine Weste machen, eine schöne Weste: ich werde guten Stoff dazu aussuchen und sie selbst nähen.

Fjodora hat mir ein Buch verschafft — „Bjelkins Erzählungen" —, das ich Ihnen hiermit zusende, damit auch Sie es lesen. Nur, bitte, schonen Sie es und behalten Sie es nicht zu lange: es gehört nicht mir. Es ist ein Werk von Puschkin. Vor zwei Jahren las ich es mit Mama — da hat es denn in mir traurige Erinnerungen wachgerufen, als ich es jetzt zum zweitenmal las. Sollten Sie irgendein Buch haben, so schikken Sie es mir, — aber nur in dem Fall, wenn Sie es nicht von Ratasäjeff erhalten haben. Er wird gewiß eines seiner eigenen Werke geben, wenn überhaupt schon etwas von ihm gedruckt sein sollte. Wie können Ihnen nur seine Romane gefallen, Makar Alexejewitsch? Solche Dummheiten!

Nun, leben Sie wohl! Wieviel ich diesmal geschwätzt habe! Wenn ich mich bedrückt fühle, dann bin ich immer froh, sprechen zu können. Das ist die beste Arznei: ich fühle mich sogleich erleichtert, namentlich wenn ich alles sagen kann, was ich auf dem Herzen habe.

Leben Sie wohl, mein Freund, leben Sie wohl!

Ihre W. D.

28. Juni

Warwara Alexejewna, Mütterchen!

Nun ist's genug mit dem Grämen! Schämen Sie sich denn nicht? So machen Sie doch ein Ende, mein Kind! Wie können Sie sich nur mit solchen Gedanken abgeben? Sie sind ja gar nicht mehr krank, Herzchen, ganz und gar nicht! Sie blühen einfach, wirklich, glauben Sie mir: nur ein wenig blaß sind Sie noch, aber trotzdem blühen Sie. Und was sind denn das für Träume und Gespenster, die Sie da sehen! Pfui, schämen Sie sich, mein Liebling, lassen Sie es sein, wie es ist! Kümmern Sie sich nicht weiter um diese dummen Träume — so etwas schüttelt man ab. Ganz einfach! Wie kommt es denn, daß ich gut schlafe? Warum fehlt mir denn nichts? Sehen Sie mich einmal an, mein Kind. Lebe froh und zufrieden, schlafe ruhig, bin gesund — mit einem Wort, ein Teufelskerl! Und man hat seine wahre Freude daran, es zu sein! Also hören Sie auf, mein Seelchen, schämen Sie sich und bessern Sie sich. Ich kenne doch Ihr Köpfchen, Kind: kaum hat es etwas gefunden, da fängt es gleich wieder an mit dem Grübeln und Grämen, und Sie machen sich von neuem allerlei Gedanken. Schon allein mir zuliebe sollten Sie doch wirklich einmal damit aufhören, Warinka!

Bei fremden Menschen dienen? — Niemals! Nein und nein und nochmals nein! Was ist Ihnen eingefallen, daß Sie überhaupt auf solche Gedanken kommen? Und noch dazu wegreisen! Nein, Kind, da kennen Sie mich schlecht: das lasse ich nie und nimmer zu, einen solchen Plan bekämpfe ich mit allen Kräften. Und wenn ich auch meinen letzten alten Rock vom Leibe verkaufen, wenn mir nur noch das Hemd bleiben würde, aber Not leiden, das sollen und werden Sie bei uns niemals! Nein, Warinka, nein, ich kenne Sie ja! Das sind Torheiten, nichts als Torheiten! Was aber wahr ist, das ist: daß an allem Fjodora ganz allein die Schuld trägt — nur sie, dieses dumme Frauenzimmer, hat Ihnen diese Gedanken in den Kopf gesetzt. Sie aber, Kind, müssen gar nicht darauf hören, was sie sagt. Sie wissen wahrscheinlich noch nicht alles, mein Seelchen? ... Wissen nicht, daß sie eine dumme, schwatzhafte, unzurechnungsfähige Person ist, die auch ihrem verstorbenen Mann schon das Leben weidlich sauer gemacht hat. Überlegen Sie sich: hat sie Sie nicht geärgert, irgendwie gekränkt?

Nein, nein, Mütterchen, aus all dem, was Sie da schrieben, wird nichts! Und was sollte denn aus mir werden, wo bliebe ich dann? Nein, Warinka, mein Herzchen, das müssen Sie sich aus dem Köpfchen schlagen. Was fehlt Ihnen denn bei uns? Wir können uns nicht genug über Sie freuen, und auch Sie haben uns gern, also bleiben Sie und leben Sie hier friedlich weiter. Nähen Sie oder lesen Sie, oder nähen Sie auch nicht — ganz wie Sie wollen, nur bleiben Sie bei uns! Denn sonst, sagen Sie doch selbst: wie würde das denn aussehen? Ich werde Ihnen Bücher verschaffen, und dann können wir ja auch wieder einmal einen Spaziergang unternehmen. Nur müssen Sie, Mütterchen, mit diesen Gedanken jetzt wirklich ein Ende machen und vernünftig werden und sich nicht grundlos um alles Alltägliche sorgen und grämen! Ich werde zu Ihnen kommen, und zwar sehr bald, inzwischen aber nehmen Sie es als mein gerades und offenes Bekenntnis: das war nicht schön von Ihnen, Herzchen, gar nicht schön!

Ich bin natürlich kein gelehrter Mensch und ich weiß es selbst, daß ich nichts gelernt habe, daß ich kaum unterrichtet worden bin, aber darum handelt es sich jetzt nicht und das war es auch nicht, was ich sagen wollte ... Aber für den Ratasäjeff stehe ich ein, da machen Sie, was Sie wollen! Er ist mein Freund, deshalb muß ich ihn verteidigen. Er schreibt gut, schreibt sehr, sehr und nochmals sehr gut. Ich kann Ihnen unter keinen Umständen beistimmen. Er schreibt farbenreich und gewählt, es sind auch Gedanken darin, kurz, es ist sehr schön! Sie haben es vielleicht ohne Anteilnahme gelesen, Warinka, vielleicht waren Sie gerade nicht bei Laune, als Sie lasen, vielleicht hatten Sie sich gerade über Fjodora wegen irgend etwas geärgert, oder es ist vielleicht sonst irgendwie ein Unglückstag für Sie gewesen.

Nein, Sie müssen das einmal mit Gefühl lesen und aufmerksam, wenn Sie froh und zufrieden und bei guter Laune sind, zum Beispiel wenn Sie gerade ein Konfektchen im Munde haben — dann lesen Sie es noch einmal. Ich will ja nicht sagen (wer hat denn das behauptet?), daß es nicht noch bessere Schriftsteller gibt als Ratasäjeff, ganz gewiß, es gibt bessere, aber deshalb braucht doch Ratasäjeff noch lange nicht schlecht zu sein: sie sind eben alle gut; er schreibt gut und die anderen schreiben meinetwegen auch gut. Außerdem schreibt er, vergessen wir das nicht, nur für sich — tut es, sagen wir, bloß so in seinen Mußestunden —, und das merkt man ihm dann an, daß er es nur so tut, und zwar zu seinem Vorteil!

Nun leben Sie wohl, Mütterchen, schreiben werde ich heute nicht mehr: ich habe da noch etwas abzuschreiben und muß mich beeilen. Also sehen Sie zu, mein Liebling, mein Herzchen, daß Sie sich beruhigen. Möge Gott der Herr Sie behüten; ich aber bin und bleibe

Ihr treuer Freund   Makar Djewuschkin

P. S. Danke für das Buch, meine Gute, also lesen wir Puschkin. Heute aber komme ich gegen Abend ganz bestimmt zu Ihnen.

Mein teurer Makar Alexejewitsch!

Nein, mein Freund, nein, es geht nicht, daß ich noch länger hier lebe. Ich habe nachgedacht und eingesehen, daß es sehr falsch von mir ist, eine so vorteilhafte Stelle von der Hand zu weisen. Dort werde ich mir doch wenigstens mein sicheres Stück Brot verdienen. Ich werde mir Mühe geben, ich werde versuchen, mir die Neigung der fremden Menschen zu erwerben, und wenn es nötig sein sollte, auch meinen Charakter zu ändern. Es ist natürlich schwer und bitter, bei fremden Menschen zu leben, sich ihnen in allem anzupassen, sich selbst zu verleugnen und von ihnen abhängig zu sein; aber Gott wird mir sicher helfen. Man kann doch nicht sein Leben lang menschenfern bleiben! Und ich habe ja auch früher schon ähnliches erlebt. Zum Beispiel als ich noch im Pensionat war. Den ganzen Sonntag spielte ich da zu Hause und sprang munter wie ein echter Wildfang umher, und wenn Mama bisweilen auch schalt — was tat das, ich war doch froh, und im Herzen war es so hell und warm. Kam aber dann der Abend, da fühlte ich mich wieder über alle Maßen unglücklich: um neun Uhr hieß es, dorthin zurückkehren! Dort aber war alles fremd, kalt, streng; die Lehrerinnen waren montags immer so mürrisch, und ich fühlte mich so bedrückt, so elend, daß die Tränen sich nicht mehr zurückdrängen ließen. Da schlich ich dann leise in einen Winkel und weinte vor lauter Einsamkeit und Verlassenheit. Natürlich hieß es dann, ich sei faul und wolle nicht lernen. Und doch war das gar nicht der Grund, weshalb ich weinte.

Dann aber — womit endete es? Ich gewöhnte mich schließlich an alles, und als ich das Pensionat verlassen mußte, weinte ich gar beim Abschied von den Freundinnen.

Nein, es ist nicht gut, daß ich Ihnen und Fjodora hier zur Last bin. Der Gedanke ist mir eine Qual. Ich sage Ihnen alles ganz offen, weil ich gewohnt bin, Ihnen nichts zu verhehlen. Sehe ich denn nicht, wie Fjodora jeden Morgen schon in aller Frühe aufsteht und sich ans Waschen macht, und dann bis in die späte Nacht hinein arbeitet? — Alte Knochen aber bedürfen der Ruhe. Und sehe ich denn nicht, wie Sie alles für mich opfern, wie Sie sich selbst das Notwendigste versagen, um ihr ganzes Geld nur für mich auszugeben? Ich weiß doch, daß das über Ihre Verhältnisse geht, mein Freund. Sie schreiben mir, daß Sie eher das Letzte verkaufen würden, als daß Sie mich Not leiden ließen. Ich glaube es Ihnen, mein Freund, ich weiß, daß Sie ein gutes Herz haben, aber das sagen Sie jetzt nur so. Jetzt haben Sie zufällig überflüssiges Geld, haben ganz unerwartet eine Gratifikation erhalten. Aber dann? Sie wissen doch — ich bin immer krank. Ich kann nicht so arbeiten wie Sie, obschon ich froh wäre, wenn ich's könnte, und überdies habe ich auch nicht immer Arbeit. Was soll ich tun? Mich grämen und quälen, indem ich Sie und Fjodora für mich sorgen lasse und dabei selbst müßig zusehen muß? Wie könnte ich Ihnen jemals auch nur das Geringste entgelten, wie Ihnen auch nur im geringsten nützlich sein? Inwiefern bin ich Ihnen denn so unentbehrlich, mein Freund? Was habe ich Ihnen Gutes getan? Ich bin Ihnen nur von ganzem Herzen zugetan, ich liebe Sie aufrichtig und von ganzem Herzen, aber das ist auch alles, was ich tun kann. So ist nun mal mein bitteres Geschick! Zu lieben verstehe ich, aber Gutes tun, Ihre Wohltaten durch gleiche Taten erwidern, das kann ich nicht. Also halten Sie mich nicht mehr zurück, überlegen Sie sich meinen Plan nochmals gründlich und sagen Sie mir dann Ihre aufrichtige Meinung.

In Erwartung derselben verbleibe ich Ihre W. D.

1. Juli

Was für ein Unsinn, Warinka, das ist ja alles nichts als Unsinn, reiner Unsinn! Wollte man Sie so sich selbst überlassen, was würden Sie sich da nicht alles ins Köpfchen setzen! Bald bilden Sie sich dieses ein, bald jenes! Ich sehe doch, daß das nichts als Unsinn ist. Was fehlt Ihnen denn bei uns, so sagen Sie es uns doch bloß? Wir lieben Sie, und Sie lieben uns, wir sind alle zufrieden und glücklich, — was will man denn noch mehr? Was aber wollen Sie denn unter fremden Menschen anfangen? Sie wissen noch nicht, was das heißt: fremde Menschen!... Nein, da müssen Sie mich fragen, denn ich — ich kenne den fremden Menschen und kann Ihnen sagen, wie er ist. Ich kenne ihn, Kind, kenne ihn nur zu gut. Ich habe sein Brot gegessen. Böse ist er, Warinka, sehr böse, so boshaft, daß das kleine Herz, das man hat, nicht mehr standhalten kann, so versteht er es, einen mit Vorwürfen und Zurechtweisungen und unzufriedenen Blicken zu martern. — Bei uns haben Sie es wenigstens warm und gut, wie in einem Nestchen haben Sie sich hier eingelebt. Wie können Sie uns nur mit einem Mal so etwas antun wollen? Was werde ich denn ohne Sie anfangen? Sie sollten mir nicht unentbehrlich sein? Nicht nützlich? Wieso denn nicht nützlich? Nein, Kind, denken Sie mal selbst etwas nach und dann urteilen Sie, inwiefern Sie mir nicht nützlich sein sollten! Sie sind mir sehr, sogar sehr nützlich, Warinka. Sie haben, wissen Sie, solch einen wohltuenden Einfluß auf mich ... Da denke ich jetzt zum Beispiel an Sie und bin ohne weiteres froh gestimmt ... Ich schreibe Ihnen hin und wieder einen Brief, in dem ich alle meine Gefühle ausdrücke und erhalte darauf eine ausführliche Antwort von Ihnen. Kleiderchen und ein Hütchen habe ich für Sie gekauft, manchmal haben Sie auch einen kleinen Auftrag für mich, na, und dann besorge ich Ihnen eben das Nötige ... Nein, wie sollten Sie denn nicht nützlich sein? Und was soll ich wohl ohne Sie anfangen in meinen Jahren, wozu würde ich allein denn noch taugen? Sie haben vielleicht noch nicht darüber nachgedacht, Warinka, aber denken Sie mal wirklich darüber nach und fragen Sie sich, zu was ich denn noch taugen könnte ohne Sie. Ich habe mich so an Sie gewöhnt, Warinka. Und was käme denn dabei heraus, was wäre das Ende vom Liede? — Ich würde in die Newa gehen, und damit wäre die Geschichte erledigt. Nein, wirklich, Warinka, was bliebe mir denn ohne Sie noch zu tun übrig?!

Ach, Herzchen, Warinka! Da sieht man's, Sie wollen wohl, daß mich ein Lastwagen nach dem Wólkowo-Friedhof führt, daß irgendeine alte Herumtreiberin meinem Sarg folgt und daß man mich dort in der Gruft mit Erde zuschüttet und dann fortgeht und mich allein zurückläßt. Das ist sündhaft von Ihnen, sündhaft, mein Kind! Wirklich sündhaft, bei Gott, sündhaft!

Ich sende Ihnen Ihr Büchlein zurück, mein kleiner Freund und wenn sie, liebe Warinka, meine Meinung über dasselbe wissen wollen, so kann ich Ihnen nur sagen, daß ich mein Lebtag noch kein einziges so gutes Buch zu lesen bekommen habe. Ich frage mich jetzt selbst, mein Kind, wie ich denn bisher so habe leben können, ein wahrer Tölpel. Gott verzeihe mir! Was habe ich denn getan mein Leben lang? Aus welchem Walde komme ich eigentlich? Ich weiß ja doch nichts, mein Kind, rein gar nichts! Ich gestehe es Ihnen ganz offen, Warinka: ich bin kein gelehrter Mensch. Ich habe bisher nur wenig gelesen, sehr wenig, fast nichts. „Das Bild des Menschen" — ein sehr kluges Buch, das habe ich gelesen, dann noch ein anderes: „Vom Knaben, der mit Glöckchen verschiedene Stücke spielt", und dann „Die Kraniche des Ibykus". Das ist alles, weiter habe ich nichts gelesen. Jetzt aber habe ich hier, in Ihrem Büchlein, den „Postmeister"[7] gelesen, und da kann ich Ihnen nur sagen, mein Kind, es kommt doch vor, daß man so lebt und nicht weiß, daß da neben einem ein Buch liegt, in dem ein ganzes Leben dargestellt ist, wie an den Fingern hergezählt, und noch mancherlei, worauf man früher und von selbst gar nicht verfallen ist. Das findet man nun hier, wenn man solch ein Büchlein zu lesen anfängt, und da fällt einem denn nach und nach vieles ein, und allmählich begreift man so manches und wird sich über die Dinge klar. Und dann, sehen Sie, warum ich Ihr Büchlein noch lieb gewonnen habe: manches Werk, was für eines es auch immer sein mag, das liest man und liest — aber lies meinetwegen, bis dein Schädel platzt, bloß das Verstehen, daran fehlt's leider! Es ist eben so vertrackt geschrieben und mit so viel Klugheit, daß man es nicht recht begreifen kann. Ich zum Beispiel, — ich bin dumm, ich bin von Natur stumpf, bin schon so geboren, also kann ich auch keine allzu hohen Werke lesen. Dies aber — ja, dies liest man und es ist einem fast, als hätte man es selber geschrieben, ganz als stamme es aus dem eigenen Herzen... Ja, und so mag es auch sein: das Herz, das ist einfach in die Hand genommen und vor allen Menschen umgedreht, das Inwendige nach außen, und dann ausführlich beschrieben — sehen Sie, so ist es! Und dabei ist es doch so einfach, mein Gott! Ja, was! Ich könnte das ja gleichfalls schreiben, wirklich, warum denn auch nicht? Fühle ich doch ganz dasselbe und genau so, wie es in diesem Büchelchen steht! Habe ich mich doch auch mitunter in ganz derselben Lage befunden, wie beispielsweise dieser Ssamssón Wýrin, dieser Arme! Und wie viele solcher Ssamsson Wyrins gibt es nicht unter uns, ganz genau so arme, herzensgute Menschen! Und wie richtig alles beschrieben ist! Mir kamen fast die Tränen, Mütterchen, während ich das las: wie er sich bis zur Bewußtlosigkeit betrank, als das Unglück ihn heimgesucht hatte, und wie er dann den ganzen Tag unter seinem Schafspelz schlief und das Leid mit einem Pünschchen vertreiben wollte und doch herzbrechend weinen mußte, wobei er sich mit dem schmierigen Pelzaufschlag die Tränen von den Wangen wischte, wenn er an sein verirrtes Lämmlein dachte, an sein liebes Töchterchen Dunjáscha!

Nein, das ist naturgetreu! Lesen Sie es mal, dann werden Sie sehen: das ist so wahr wie das Leben selbst. Das lebt! Ich habe es selbst erfahren, — das lebt alles, lebt überall rings um mich herum! Da finden wir gleich die Theresa — wozu so weit suchen! — da ist auch unser armer Beamter, — denn der ist doch vielleicht ganz genau so ein Ssamsson Wyrin, nur daß er einen anderen Namen hat und eben zufällig Gorschkóff heißt. Das ist etwas, was ein jeder von uns erleben kann, ich ebensogut wie Sie, mein Kind. Und selbst der Graf, der am Newskij oder am Newakai wohnt, selbst der kann dasselbe erleben, nur daß er sich äußerlich anders verhalten wird — denn dort bei ihm ist nun einmal äußerlich alles anders, aber auch ihm kann es ebensogut widerfahren wie mir.

Da sehen Sie nun, mein Kind, was das heißt: Leben. Sie aber wollen sogar wegreisen und uns im Stich lassen! Sie wissen ja gar nicht, was Sie mir damit antun würden, Warinka! Sie würden doch nur sich und mich damit zugrunde richten. Ach, mein Sternchen, so treiben Sie doch um Gottes willen diese wilden Gedanken aus Ihrem Köpfchen und ängstigen Sie mich nicht unnütz! Und wie überhaupt — sagen Sie es sich doch selbst, Sie mein kleines, schwaches Vögelchen, das noch nicht einmal flügge geworden ist —: wie könnten Sie sich denn selbst ernähren, sich vor dem Verderben bewahren und gegen jeden ersten besten Bösewicht verteidigen! Nein, lassen Sie es jetzt gut und genug sein, Warinka, und bessern Sie sich! Hören Sie nicht auf die dummen Ratschläge der anderen und lesen Sie Ihr Büchlein noch einmal durch: das wird Ihnen Nutzen bringen.

Ich habe auch mit Ratasäjeff über den „Postmeister" gesprochen. Der sagte, das sei alles altes Zeug, und jetzt erschienen nur Bücher mit Bildern und solche mit Beschreibungen — oder was er da sagte, ich habe es wohl nicht ganz begriffen, wie er es eigentlich meinte. Er schloß aber doch damit, daß Puschkin gut sei und daß er das heilige Rußland besungen habe, und noch verschiedenes andere sagte er mir über ihn. Ja, es ist gut, Warinka, sehr gut: lesen Sie es noch einmal aufmerksam, folgen Sie meinem Rat und machen Sie mich alten Knaben durch Ihren Gehorsam glücklich. Gott der Herr wird Sie dafür belohnen, meine Gute, wird Sie bestimmt belohnen!

Ihr treuer Freund   Makar Djewuschkin

Mein lieber Makar Alexejewitsch!

Fjodora hat mir heute die fünfzehn Rubel für den Teppich gebracht. Wie froh sie war, die Arme, als ich ihr davon drei Rubel gab! Ich schreibe Ihnen in größter Eile. Ich habe soeben die Weste für Sie zugeschnitten, — der Stoff ist entzückend — gelb, mit Blümchen.

Ich sende Ihnen ein Buch: es sind darin verschiedene Geschichten, von denen ich einige schon gelesen habe. Lesen Sie unbedingt die mit dem Titel „Der Mantel".

Sie reden mir zu, mit Ihnen ins Theater zu gehen. Wird es aber nicht zu teuer sein? Vielleicht auf die Galerie, das ginge noch. Ich bin schon lange nicht mehr im Theater gewesen, wann zuletzt? Ich fürchte immer nur eines: wird uns der Spaß nicht zu viel kosten? Fjodora schüttelt den Kopf und meint, daß Sie anfangen, über Ihre Verhältnisse zu leben. Das sehe auch ich ein. Wieviel haben Sie nicht schon für mich ausgegeben! Nehmen Sie sich in acht, mein Freund, daß es kein Unglück gibt. Fjodora hat mir da etwas gesagt: daß Sie, wenn ich nicht irre, mit Ihrer Wirtin in Streit geraten seien, weil Sie irgend etwas nicht bezahlt hätten. Ich sorge mich sehr um Sie.

Nun, leben Sie wohl. Ich habe eine kleine Arbeit: ich garniere nämlich meinen Hut mit Band.

P. S. Wissen Sie, wenn wir ins Theater gehen, werde ich meinen neuen Hut aufsetzen und die schwarze Mantille umnehmen. Werde ich Ihnen so gefallen?

7. Juli

Meine liebe Warwara Alexejewna!

Ich komme wieder auf unser gestriges Gespräch zurück. Ja, mein Kind, auch wir haben seinerzeit dumme Streiche gemacht! So hatte ich mich einstmals wirklich und wahrhaftig in eine Schauspielerin verliebt, sterblich verliebt, jawohl! Und das wäre noch nichts gewesen, das Wunderliche aber war dabei, daß ich sie im Leben überhaupt nicht gesehen hatte und auch nur ein einziges Mal im Theater gewesen war. Und dennoch verliebte ich mich in sie.

Damals wohnten wir, fünf junge, übermütige Leute, alle Wand an Wand und Tür an Tür. Ich geriet in ihren Kreis, geriet ganz von selbst hinein, obschon ich mich zunächst zurückhaltend zu ihnen gestellt hatte. Dann aber, verstehen Sie, um ihnen nicht nachzustehen, ging ich auf alles ein. Und was sie mir nicht von dieser Schauspielerin erzählten! Jeden Abend, so oft Theater gespielt wurde, schob die ganze Kumpanei – für Notwendiges hatten sie nie einen Heller – schob die ganze Kumpanei ins Theater auf die Galerie und klatschte und klatschte und rief immer nur diese eine Schauspielerin hervor – einfach wie die Besessenen gebärdeten sie sich! Und dann ließen sie einen natürlich nicht einschlafen: die ganze Nacht wurde nur von ihr gesprochen, ein jeder nannte sie seine verehrte Glásdha; alle waren sie in sie verliebt, alle hatten sie nur den einen Kanarienvogel im Herzen: Sie! Da regten sie denn schließlich auch mich auf. Ich war ja damals noch ganz jung!

Ich weiß selbst nicht mehr, wie es kam, daß ich mit ihnen im Theater saß, oben auf der Galerie. Sehen konnte ich nur ein Eckchen vom Vorhang, dafür aber hörte ich alles. Sie hatte solch ein hübsches Stimmchen – hell, süß, wie eine Nachtigall. Wir klatschten uns die Hände rot und blau, schrien, schrien – mit einem Wort, man hätte uns beinahe am Kragen genommen, ja, einer wurde dann wirklich hinausgeführt.

Ich kam nach Hause, – wie im Nebel ging ich! In der Tasche hatte ich nur noch einen Rubel, bis zum Ersten aber waren es noch gute zehn Tage. Ja, und was glauben Sie, Mütterchen? Am nächsten Tage, auf dem Wege zum Dienst, trat ich in einen Parfümerieladen ein und kaufte für mein ganzes Kapital Parfüm und wohlriechende Seifen – ich vermag selbst nicht mehr zu sagen, wozu ich dies alles damals kaufte. Und dann speiste ich nicht einmal zu Mittag, sondern ging vor ihren Fenstern auf und ab. Sie wohnte am Newskij, im Vierten Stock. Ich kam nach Haus, saß ein Weilchen, erholte mich, und dann ging ich wieder auf den Newskij, um ihr von neuem Fensterpromenaden zu machen.

So trieb ich's anderthalb Monate; jeden Augenblick nahm ich Droschken, immer die besten und teuersten, und fuhr hin und her vor ihren Fenstern; kurz: ich brachte all mein Geld durch, geriet obendrein in Schulden, bis ich dann schließlich und von selbst aufhörte, sie zu lieben, und das Ganze mir langweilig wurde.

Da sehen Sie, was eine Schauspielerin aus einem ordentlichen Menschen zu machen imstande war! Allerdings war ich damals wirklich noch jung, Warinka, noch ganz, ganz jung!...
M. D.

8. Juli

Meine liebe Warwara Alexejewna!

Ihr Büchlein, das ich am 6. dieses Monats erhalten habe, beeile ich mich, Ihnen zurückzugeben. Gleichzeitig will ich versuchen, mich mit Ihnen in diesem Brief zu verständigen. Es ist nicht gut, mein Kind, wirklich nicht gut, daß Sie mich in solch eine Zwangslage gebracht haben.

Erlauben Sie, mein Kind: jedem Menschen ist sein Stand vom Höchsten selbst zugeteilt. Dem einen ist es bestimmt, Generalsepauletten zu tragen, dem anderen, als Schreiber sein Leben zuzubringen — jenem, zu befehlen, diesem, widerspruchslos und in Furcht zu gehorchen. Das ist nun einmal so, ist genau nach den menschlichen Fähigkeiten so eingerichtet: der eine hat die Fähigkeit zu diesem, der andere zu jenem, die Fähigkeiten selbst aber, die stammen von Gott.

Ich bin schon an die dreißig Jahre im Dienst. Ich erfülle meine Pflicht mit Peinlichkeit, pflege stets nüchtern zu sein, und habe mir noch nie etwas zuschulden kommen lassen. Als Bürger und Mensch halte ich mich nach eigener Erkenntnis für einen Mann, der sowohl seine Fehler wie auch seine Tugenden besitzt. Die Vorgesetzten achten mich, und selbst Exzellenz sind mit mir zufrieden — wenn sie mir bisher auch noch keinen Beweis ihrer Zufriedenheit gegeben haben, so weiß ich doch auch so, daß sie mit mir zufrieden sind. Meine Handschrift ist gefällig, nicht allzu groß, aber auch nicht allzu klein, läßt sich am besten mit Kursivschrift bezeichnen, jedenfalls aber befriedigt sie. Bei uns kann allerhöchstens Iwán Prokóffjewitsch so gut schreiben wie ich, das heißt: auch der nur annähernd so gut. Mein Haar ist im Dienst allgemach grau geworden. Eine große Sünde wüßte ich nicht begangen zu haben. Natürlich, wer sündigt denn nicht im kleinen? Ein jeder sündigt, und sogar Sie sündigen, mein Kind! Doch ein großes Vergehen oder auch nur eine bewußte Unbotmäßigkeit habe ich nicht auf dem Gewissen — etwa daß ich die öffentliche Ruhe gestört hätte oder so etwas — nein, so etwas habe ich mir nicht vorzuwerfen, nie hat man mich bei so etwas betroffen. Sogar ein Kreuzchen habe ich erhalten ... aber wozu davon reden! Das müßten Sie ja alles wissen, und auch er hätte es wissen müssen, denn wenn er sich schon einmal an das Beschreiben machte, dann hätte er sich eben vorher nach allem erkundigen sollen! Nein, das hätte ich nicht von Ihnen erwartet, Mütterchen! Nein, gerade von Ihnen nicht, Warinka!

Wie! so kann man denn nicht mehr ruhig in seinem Winkelchen leben — gleichviel wie und wo es auch sein möge — ganz still für sich, ohne ein Wässerchen zu trüben, ohne jemanden anzurühren, gottesfürchtig und zurückgezogen, damit auch die anderen einen nicht anrühren, ihre Nasen nicht in deine Hütte stecken und alles durchschnüffeln: Wie sieht es denn bei dir aus, hast du zum Beispiel auch eine gute Weste, hast du auch alles Nötige an Leibwäsche, hast du auch Stiefel und wie sind sie besohlt, was ißt du, was trinkst du, was schreibst du ab? Was ist denn dabei, mein Kind, daß ich, wo das Pflaster schlecht ist, mitunter auf den Fußspitzen gehe, um die Stiefel zu schonen? Warum muß man gleich von einem anderen geschwätzig schreiben, daß er mitunter in Geldverlegenheitt sei und dann keinen Tee trinke? Ganz als ob alle Menschen unbedingt Tee trinken müßten! Schaue ich denn einem jeden in den Mund, um nachzusehen, was der Betreffende gerade kaut? Wen habe ich denn schon beleidigt? Nein, mein Kind, weshalb andere beleidigen, die einem nichts Böses getan haben?

Nun, und da haben Sie jetzt ein Beispiel, Warwara Alexejewna, da sehen Sie, was das heißt: dienen, dienen, gewissenhaft und mit Eifer seine Pflicht erfüllen — ja, und sogar die Vorgesetzten achten dich (was man da auch immer reden mag, aber sie achten dich doch), — und da setzt sich nun plötzlich jemand dicht vor deine Nase hin und macht sich ohne alle Veranlassung mir nichts dir nichts daran, eine Schmähschrift über dich zu verfassen, ein Pasquill, so eines, wie es dort in dem Buch steht![8]

Es ist ja wahr, hat man sich einmal etwas Neues angeschafft, so freut man sich darüber, schläft womöglich vor lauter Freude nicht wie sonst: hat man zum Beispiel neue Stiefel — mit welch einer Wonne zieht man sie an. Das ist wahr, das habe auch ich schon empfunden, denn es ist angenehm, seinen Fuß in einem feinen Stiefel zu sehen: das ist ganz richtig beschrieben! Aber trotzdem wundert es mich aufrichtig, daß Fjódor Fjódorowitsch das Buch so hat durchgehen lassen und nicht für sich selbst eingetreten ist.

Freilich, er ist noch ein junger Vorgesetzter und schreit manchmal ganz gern seine Untergebenen an. Aber weshalb soll er denn das nicht dürfen? Warum soll er ihnen nicht die Leviten lesen, da man mit unsereinem anders doch nicht auskommt? Nun ja, sagen wir, er tut es nur um des einmal eingeführten Tones willen, — nun, aber auch das ist nötig. Man muß die Zügel straff halten, muß Strenge zeigen, denn sonst — unter uns gesagt, Warinka — ohne Strenge, ohne Zwang tut unsereiner nichts, ein jeder will doch nur seine Stelle haben, um sagen zu können: „Ich diene dort und dort", doch um die Arbeit sucht sich ein jeder, so gut es eben geht, herumzudrücken. Da es aber verschiedene Ränge gibt und jeder Rang den verdienten Rüffel in einer seiner Höhe entsprechend abgestuften Tonart verlangt, so ergibt das naturgemäß verschiedene Tonarten, wenn der Vorgesetzte mal alle durchnimmt, — das liegt nun schon in der Ordnung der Dinge! Darauf beruht doch die Welt, Mütterchen, daß immer einer den anderen beherrscht und im Zaum hält, — ohne diese Vorsichtsmaßregel könnte ja die Welt gar nicht bestehen, wo bliebe denn sonst die Ordnung? Nein, ich wundere mich wirklich, wie Fjodor Fjodorowitsch eine solche Beleidigung unbeachtet hat durchlassen können!

Und wozu so etwas schreiben? Zu was ist das nötig? Wird denn jemand von den Lesern auch nur einen Mantel dafür kaufen können? Oder ein neues Paar Stiefel? — Nein, Warinka, der Leser liest es und verlangt noch obendrein eine Fortsetzung!

Man versteckt sich ja schon sowieso, versteckt sich und verkriecht sich, man fürchtet sich, auch nur seine Nase zu zeigen, weil man davor zittert, bespöttelt zu werden, weil man weiß, daß alles, was es in der Welt gibt, zu einem Pasquill verarbeitet wird. Jetzt, siehst du, zieht dein ganzes bürgerliches wie häusliches Leben durch die Literatur, alles ist gedruckt, gelesen, belacht, verspottet! Man kann sich ja nicht einmal mehr auf der Straße zeigen! Hier ist doch nun alles so genau beschrieben, daß man allein schon am Gang erkannt werden muß! Wenn er sich doch wenigstens zum Schluß geändert und, sagen wir, dort irgend etwas wieder gemildert hätte, wenn er zum Beispiel nach jener Stelle, an der man seinem Helden die Papierschnitzel auf den Kopf streut, gesagt hätte, daß er bei alledem ein tugendhafter und ehrenhafter Bürger gewesen und eine solche Behandlung von seinen Kollegen nicht verdient hätte, daß er den Vorgesetzten gehorchte und gewissenhaft seine Pflicht erfüllte (hier hätte er dann noch ein Beispielchen hineinflechten können), daß er niemandem Böses gewünscht, daß er an Gott geglaubt und, als er gestorben (wenn er ihn nun einmal unbedingt sterben lassen wollte) war, von allen beweint worden sei.

Am besten aber wäre es gewesen, wenn er ihn, den Armen, gar nicht hätte sterben lassen, sondern wenn er es so gemacht hätte, daß sein Mantel wiedergefunden worden wäre, und daß Fjódor Fjódorowitsch — nein, was sage ich! — daß jener hohe Vorgesetzte Näheres über seine Tugenden erfahren und ihn in seine Kanzlei aufgenommen, ihn auf einen höheren Posten gestellt und ihm noch eine gute Zulage zu seinem bisherigen Gehalt gegeben hätte, so daß es dann, sehen Sie, so gekommen wäre, daß das Böse bestraft wird und die Tugend triumphiert! Die anderen dagegen, seine Kollegen, hätten dann alle das Nachsehen gehabt!

Ja, ich zum Beispiel hätte es so gemacht; denn so wie er es geschrieben hat — was ist denn dabei Besonderes, was ist dabei Schönes? Das ist ja doch einfach nur irgend so ein Beispiel aus dem alltäglichen, niedrigen Leben! Und wie haben *Sie* sich nur entschließen können, mir ein solches Buch zu senden, meine Gute? Das ist doch ein böswilliges, ein vorsätzlich schädliches Buch, Warinka. Das ist ja einfach gar nicht wahrheitsgetreu, denn es ist doch ganz ausgeschlossen, daß es einen solchen Beamten irgendwo geben könnte! Nein, ich werde mich beklagen, Warinka, ich werde mich einfach formell beklagen!

Ihr ergebenster Diener   Makar Djewuschkin

27. Juli

Sehr geehrter Makar Alexejewitsch!

Ihre Briefe und die letzten Ereignisse haben mich recht erschreckt, und zwar um so mehr, als ich mir anfangs nichts zu erklären wußte — bis Fjodora mir dann alles erzählte. Aber weshalb mußten Sie denn gleich so verzweifeln und sich in einen solchen Abgrund stürzen, Makar Alexejewitsch? Ihre Erklärungen haben mich keineswegs befriedigt. Sehen Sie jetzt, daß ich recht hatte, als ich darauf bestand, jene vorteilhafte Stelle anzunehmen? Überdies ängstigt mich mein letztes Abenteuer sehr.

Sie sagen, Ihre Liebe zu mir habe Sie veranlaßt, mir manches zu verheimlichen. Ich habe es ja schon damals gewußt, wie sehr ich Ihnen zu Dank verpflichtet war, als Sie mir noch versicherten, daß Sie für mich nur Ihr erspartes Geld ausgäben, welches Sie, wie Sie sagten, auf der Sparkasse liegen hätten. Jetzt aber, nachdem ich erfahren habe, daß Sie überhaupt kein erspartes Geld besaßen, daß Sie, als Sie zufällig von meiner traurigen Lage erfuhren, nur aus Mitleid beschlossen, Ihr Gehalt, das Sie sich noch dazu vorauszahlen ließen, für mich auszugeben, und daß Sie während meiner Krankheit sogar Ihre Kleider verkauft haben – jetzt sehe ich mich in eine so peinvolle Lage versetzt, daß ich gar nicht weiß, wie ich mich dazu verhalten und was ich überhaupt denken soll!

Ach, Makar Alexejewitsch! Sie hätten es bei der notwendigsten Hilfe, die Sie mir aus Mitleid und verwandtschaftlicher Liebe leisteten, bewenden lassen und nicht unausgesetzt soviel Geld für ganz Unnötiges verschwenden sollen! Sie haben mich hintergangen, Makar Alexejewitsch, Sie haben mein Vertrauen mißbraucht, und jetzt, wo ich hören muß, daß Sie Ihr letztes Geld für meine Kleider, für Konfekt, Ausflüge, Theaterbesuche und Bücher hingegeben haben – jetzt bezahle ich das teuer mit Selbstvorwürfen und der bitteren Reue ob meines unverzeihlichen Leichtsinns (denn ich habe doch alles von Ihnen angenommen, ohne nach Ihrem Auskommen zu fragen). Auf diese Weise verwandelt sich jetzt alles, womit Sie mir einst Freude machen wollten, in eine drückende Last, und alles Gute wird nun in der Erinnerung von vergeblicher Reue verdrängt.

Es ist mir in der letzten Zeit natürlich nicht entgangen, daß Sie bedrückt waren, aber obschon ich selbst ahnungsvoll irgendein Unheil erwartete, konnte ich doch das, was jetzt geschehen ist, einfach nicht fassen. Wie! So haben Sie schon in einem solchen Maße den Mut verlieren können, Makar Alexejewitsch! Was werden jetzt diejenigen, die Sie kennen, von Ihnen sagen? Sie, den ich wie alle anderen wegen seiner Herzensgüte, Anspruchslosigkeit und Anständigkeit geachtet habe, Sie haben sich plötzlich einem so widerlichen Laster ergeben können, dem Sie doch, soviel mir scheint, früher noch nie gefrönt haben.

Ich weiß nicht mehr, was mit mir geschah, als Fjodora mir erzählte, daß man Sie in berauschtem Zustand auf der Straße gefunden und die Polizei Sie nach Haus geschafft habe! Ich erstarrte, — obschon ich mich auf etwas Außergewöhnliches gefaßt gemacht hatte, da Sie ja doch schon seit vollen vier Tagen verschwunden waren. Haben Sie denn nicht daran gedacht, Makar Alexejewitsch, was Ihre Vorgesetzten dazu sagen werden, wenn sie die wirkliche Ursache Ihres Ausbleibens erfahren? Sie sagen, daß alle über Sie lachen und von unseren Beziehungen gehört haben, und daß Ihre Nachbarn in ihren Spottreden auch meiner Erwähnung tun. Beachten Sie das nicht weiter, Makar Alexejewitsch, und beruhigen Sie sich um Gottes willen!

Ferner beunruhigt mich auch noch Ihre Geschichte mit jenen Offizieren. Ich habe nichts Genaueres erfahren können, nur so ein Gerücht. Erklären Sie mir, bitte, was für eine Bewandtnis es damit hat.

Sie schreiben, Sie hätten sich gefürchtet, mir die Wahrheit mitzuteilen, weil Sie dann vielleicht meine Freundschaft verloren hätten, daß Sie während meiner Krankheit in der Verzweiflung nur deshalb alles verkauft hätten, um die Kosten bestreiten und somit verhindern zu können, daß man mich ins Hospital schaffte; daß Sie soviel Schulden gemacht, wie es Ihnen gerade noch möglich war, und Ihre Wirtin Ihnen jetzt täglich unangenehme Szenen bereite ... Aber indem Sie mir dies alles verheimlichten, wählten Sie das Schlechtere. Jetzt habe ich ja doch alles erfahren! Sie wollten mir die Erkenntnis ersparen, daß ich die Ursache Ihrer unglücklichen Lage war, haben mir aber nun durch Ihre Aufführung doppelten Kummer bereitet. Alles das hat mich fast zerbrochen, Makar Alexejewitsch. Ach, mein lieber Freund! Unglück ist eine ansteckende Krankheit. Arme und

Unglückliche müßten sich fernhalten voneinander, um sich gegenseitig nicht noch mehr ins Elend zu bringen. Ich habe Ihnen solches Unglück gebracht, wie Sie es früher in Ihrem bescheidenen, stillen Leben gewiß noch nie erfahren haben. Das quält mich entsetzlich und nimmt mir jede Kraft.

Schreiben Sie mir jetzt alles aufrichtig, was dort mit Ihnen geschehen ist und wie Sie sich so weit haben vergessen können. Beruhigen Sie mich, wenn es Ihnen möglich ist. Ich sage das nicht aus Egoismus, sondern nur aus Freundschaft und Liebe zu Ihnen, die von nichts aus meinem Herzen jemals verdrängt werden könnten.

Leben Sie wohl. Ich erwarte Ihre Antwort mit Ungeduld. Sie haben schlecht von mir gedacht, Makar Alexejewitsch.

Ihre Sie von Herzen liebende

Warwara Dobrossjolowa

28. Juli

Meine unschätzbare Warwara Alexejewna!

Nun ja, jetzt, wo alles schon vorüber und überstanden ist und alles allmählich wieder ins alte Geleise kommt, kann ich ja ganz aufrichtig zu Ihnen sein, Mütterchen. Also: es beunruhigt Sie, was man von mir denken und was man von mir sagen wird. Darauf beeile ich mich, Ihnen mitzuteilen, daß mein Ansehen mir teurer ist als alles andere. Und da kann ich Ihnen denn, nachdem ich Ihnen von diesen meinen Unglücksfällen und Mißgeschicken berichtet habe, nunmehr berichten, daß von meinen Vorgesetzten noch niemand etwas erfahren hat, so daß sie mich alle nach wie vor achten werden. Nur eines fürchte ich: nämlich Klatschgeschichten. Hier im Haus zeterte die Wirtin, aber nachdem ich ihr jetzt mittels zehn Rubel einen Teil meiner Schuld bezahlt habe, brummt sie nur noch. Und was die anderen betrifft, so ist es nicht so schlimm; man muß sie nur nicht anpumpen wollen, dann sind sie ganz nett. Zum Schluß aber dieser meiner Erklärungen sage ich Ihnen noch, Mütterchen, daß Ihre Achtung mir über alles geht, über alles und jedes in der Welt, und damit, daß ich diese nicht eingebüßt habe, tröstete ich mich nun in der Zeit meiner Bedrängnis. Gott sei Dank, daß der erste Schlag und die ersten Unannehmlichkeiten vorüber sind, und daß Sie es so milde auffassen, daß Sie mich deshalb nicht für einen treulosen Freund und selbstsüchtigen Menschen halten, weil ich Sie hier bei uns zurückhielt und Sie betrog, Sie liebte und doch nicht die Kraft hatte, mich von Ihnen, mein Engelchen, zu trennen. Ich habe mich mit Eifer von neuem an meine Arbeit gemacht und bin bemüht, durch treue Pflichterfüllung im Dienst mein Vergehen wieder gutzumachen. Jewstáfij Iwánowitsch sagte kein Wort, als ich gestern an ihm vorüberging.

Ich will Ihnen auch nicht verheimlichen, Mütterchen, daß meine Schulden und der schlechte Zustand meiner Kleidung schwer auf mir lasten, aber darauf kommt es ja wieder gar nicht an, und ich bitte Sie nur inständig, sich wegen dieser Nebensachen keine Sorgen zu machen. Sie senden mir noch ein halbes Rubelchen. Warinka, dieses halbe Rubelchen hat mir mein Herz durchbohrt. Also so steht es jetzt, so hat sich das Blatt gewandt! Nicht ich, der alte Dummkopf, helfe Ihnen, mein Engelchen, sondern Sie, mein armes Waisenkindchen, helfen noch mir! Das war sehr gut von Fjodora, daß sie Geld verschafft hat. Ich habe vorläufig gar keine Aussichten, irgendwo welches auftreiben zu können, Mütterchen, doch sobald sich irgendeine Aussicht auf eine Möglichkeit einstellen sollte, werde ich Ihnen darüber ausführlich schreiben. Nur der Klatsch beunruhigt mich!

Leben Sie wohl, mein Engelchen. Ich küsse Ihr Händchen und bitte Sie flehentlich, nur ja wieder gesund zu werden. Ich schreibe deshalb so kurz, weil ich ins Amt eilen muß, um das Versäumte schnell nachzuholen. Die ausführlichere Wiedergabe meiner Erlebnisse sowie jene Geschichte mit den Offizieren verschiebe ich auf den Abend. Dann habe ich mehr Zeit.

Ihr Sie hoch verehrender und herzlich liebender
Makar Djewuschkin

28. Juli

Mütterchen Warinka!

Ach, Warinka, Warinka! Jetzt ist aber die Schuld auf Ihrer Seite und wird auf Ihrem Gewissen lasten bleiben. Mit Ihrem Brief hatten Sie mich um den Rest von Überlegungskraft gebracht, den ich noch besaß, und mich ganz und gar vor den Kopf gestoßen. Erst jetzt, nachdem ich in Muße nachgedacht und mir bis ins innerste Herz hineingeblickt habe, sehe ich und weiß ich wieder, daß ich doch im Recht war, vollkommen im Recht. Ich rede jetzt nicht von meinen drei wüsten Tagen (Lassen wir das gut sein, Mütterchen, reden wir nicht mehr davon!), sondern sage nur immer wieder, daß ich Sie liebe und daß es keineswegs unvernünftig von mir war, Sie zu lieben, nein, durchaus nicht unvernünftig! Sie, Mütterchen, wissen ja doch noch nichts; aber wenn Sie wüßten, wie das alles gekommen ist und warum ich Sie lieben muß, so würden Sie ganz anders reden. Sie sagen ja dies alles nur so, verstandesmäßig, ich bin aber davon überzeugt, daß Sie in Ihrem Herzen ganz anders denken.

Mein Mütterchen, ich weiß es ja selbst nicht mehr ganz genau, was für eine Geschichte ich mit jenen Offizieren eigentlich hatte. Ich muß Ihnen nämlich gestehen, mein Engelchen, daß ich mich zuvor in der schrecklichsten Verwirrung befand. Stellen Sie sich vor, daß ich mich schon einen ganzen Monat sozusagen nur noch an einem Fädchen hielt. Meine Bedrängnis war so groß, daß ich gar nicht mehr wußte, wo ich mich lassen sollte. Vor Ihnen versteckte ich mich, und hier zu Haus versteckte ich mich gleichfalls, aber meine Wirtin schrie trotzdem allen Menschen die Ohren voll. Ich hätte mir nicht viel daraus gemacht, ich hätte sie ja schreien lassen, die schändliche Person, so viel sie wollte. Aber erstens war es doch eine Schande, und zweitens kam hinzu, daß sie Gott weiß woher von unserer Freundschaft erfahren hatte, und da schrie sie denn im ganzen Hause solche Sachen über uns aus, daß mir Hören und Sehen verging und ich mir die Ohren zuhielt. Die anderen aber hielten sich die Ohren nicht zu, sondern rissen sie ganz im Gegenteil sperrangelweit auf. Auch jetzt noch weiß ich nicht, Mütterchen, wo ich mich vor ihnen verbergen soll...

Und nun, sehen Sie, mein Engelchen, diesem Ansturm von Unglück in allen seinen Arten war ich eben nicht gewachsen. Und da hörte ich nun plötzlich von Fjodora, daß ein Nichtswürdiger zu Ihnen gekommen sei und Sie mit unverschämten Anträgen beleidigt habe. Daß er Sie tief und grausam beleidigt haben mußte, das konnte ich schon nach mir selbst beurteilen, Mütterchen, denn auch ich fühlte mich dadurch tief beleidigt. Ja, und da, mein Engelchen, da verlor ich eben den Verstand, verlor den Kopf und verlor auch noch mich selbst vollständig dazu. Ich lief in einer solch unerhörten Wut fort, Warinka, wie ich sie mein Lebtag noch nicht empfunden habe; ich wollte sogleich zu ihm, zu diesem Verführer, dem nichts mehr heilig ist! Ich weiß selbst nicht, was ich wollte, aber jedenfalls wollte ich nicht, daß man Sie, mein Engelchen, beleidige! Nun, traurig war es! Regen und Schmutz draußen und Weh und Kummer im Herzen!... Ich gedachte schon zurückzukehren... Aber da kam das Verhängnis, Mütterchen. Ich begegnete dem Jemelján, dem Jemelján Iljitsch, — er ist ein Beamter, das heißt: er war Beamter, jetzt aber ist er es nicht mehr, denn er wurde entlassen. Ich weiß eigentlich nicht, womit er sich jetzt beschäftigt, aber irgendwie wird er sich wohl schon durchschlagen, und so gingen wir denn zusammen. Gingen also. Und dann, — ja, was soll man da sagen, Warinka, es ist für Sie doch keine Freude, von den Verirrungen und Prüfungen Ihres Freundes zu lesen, und den Bericht von all dem Unglück mit anzuhören, das er gehabt hat. Am dritten Tage, gegen Abend — der Jemelján, Gott verzeih ihm, hatte mich aufgehetzt — ging ich schließlich hin zu dem Leutnant. Seine Adresse hatte ich bei unserem Hausmeister erfragt. Ich hatte ja doch — da nun einmal die Rede davon ist — schon lange diesen jungen Luftikus ins Auge gefaßt, hatte ihn schon lange beobachtet, als er noch in unserem Hause wohnte.

Jetzt sehe ich ja ein, daß ich mich nicht anständig benommen habe, denn ich war nicht in einem klaren Zustand, als ich mich bei ihm melden ließ. Und dann, Warinka, ja, dann, offengestanden, davon weiß ich nichts mehr, was dann noch geschah. Ich erinnere mich nur noch, daß sehr viele Offiziere bei ihm waren, oder vielleicht auch, Gott weiß es, sahen meine Augen alles doppelt. Auch weiß ich nicht mehr, was ich dort eigentlich sagte, ich weiß nur, daß ich viel sprach, in meiner ehrlichen Entrüstung. Nun, und da wurde ich denn schließlich hinausbefördert und die Treppe hinabgeworfen, das heißt: nicht gerade, daß sie mich wortwörtlich hinabgeworfen hätten, aber immerhin: ich wurde hinausbefördert. Wie ich wieder nach Hause kam, das wissen Sie ja schon. Nun, und das ist alles, Warinka. Ich habe mir natürlich viel vergeben und meine Ehre hat darunter gelitten, aber von dem ganzen weiß ja doch niemand, von fremden Menschen niemand, außer Ihnen kein Mensch, nun, und das ist doch ebenso gut, als wäre überhaupt nichts geschehen. Ja, vielleicht ist es auch wirklich so, Warinka, was meinen Sie? Was ich nämlich ganz genau weiß, das ist, daß im vorigen Jahr Akßséntij Óssipowitsch sich bei uns ganz ebenso an Pjotr Petrówitsch vergriff, aber er tat es nicht öffentlich, tat es unter vier Augen. Er ließ ihn in die Wachtstube bitten – ich aber war zufällig nebenan hinter einer undichten Tür – und dort verfuhr er dann mit ihm, wie er es für richtig befand, jedoch unter voller Wahrung von Ehre und Haltung: denn wie gesagt, es sah niemand etwas davon, außer mir. Ich aber habe doch nichts davon verlauten lassen, also ist es ganz so, als hätte auch ich nichts gewußt. Nun, und nachher haben Pjotr Petrowitsch und Akßséntij Ossipowitsch immer so zueinander gestanden, als wäre nie etwas zwischen ihnen vorgefallen. Pjotr Petrowitsch ist, wissen Sie, solch ein Streber, daher hat er denn auch niemand etwas davon gesagt, und jetzt grüßen sie sich, als ob nichts vorgefallen wäre, und reichen sich sogar die Hand.

Ich widerspreche ja nicht, Warinka, ich wage ja gar nicht,

mich mit Ihnen zu streiten; ich sehe ja selbst ein, daß ich tief gesunken bin und ich habe sogar, was am schrecklichsten ist, an Selbstachtung sehr viel verloren. Aber das wird mir wahrscheinlich schon von Geburt an so bestimmt gewesen sein, das war eben mein Schicksal, — dem Schicksal aber entgeht man nicht, wie Sie wissen.

Also, das wäre nun so die ausführliche Erzählung alles dessen, was mich in meiner Not und meinem Elend noch heimgesucht hat, Warinka. Wie Sie sehen, ist es von der Art, daß es besser wäre, es gar nicht erst zu lesen. Ich bin ein wenig krank, mein Mütterchen, und da ist mir all meine Beweglichkeit abhanden gekommen. Deshalb schließe ich jetzt, indem ich Sie, verehrte Warwara Alexejewna, meiner Anhänglichkeit, Liebe und Hochachtung versichere, und verbleibe

Ihr ergebenster Diener   Makar Djewuschkin

29. Juli

Sehr geehrter Makar Alexejewitsch!

Ich habe Ihre beiden Briefe gelesen und die Hände zusammengeschlagen! Mein Gott, mein Gott! Hören Sie, mein Freund, entweder verheimlichen Sie mir etwas oder Sie haben mir überhaupt nur einen Teil aller Ihrer Unannehmlichkeiten geschrieben, oder ... wirklich, Makar Alexejewitsch, aus Ihren Briefen lese ich noch immer eine gewisse Verstörtheit heraus ... Kommen Sie heute zu mir, um Gottes willen kommen Sie! Und hören Sie: kommen Sie einfach zum Mittagessen zu uns. Ich weiß nicht, wie Sie dort leben und wie Sie jetzt mit Ihrer Wirtin stehen. Sie schreiben davon nichts, und zwar scheinbar absichtlich, als wollten Sie wieder etwas verschweigen.

Also, auf Wiedersehen, mein Freund, kommen Sie unbedingt heute zu uns. Überhaupt wäre es besser, wenn Sie immer bei uns essen würden. Fjodora kocht sehr gut. Leben Sie wohl.   Ihre Warwara Dobrossjolowa

1. August

Mütterchen Warwara Alexejewna!

Sie freuen sich, Mütterchen, daß Gott der Herr Ihnen jetzt Gelegenheit gegeben hat, Gutes mit Gutem zu vergelten und mir Ihre Dankbarkeit zu beweisen. Ich glaube daran, Warinka, und glaube an die Güte Ihres Engelsherzchens, und will Ihnen keinen Vorwurf machen, nur müssen auch Sie mir nicht wie damals vorwerfen, daß ich auf meine alten Tage ein Verschwender geworden sei. Nun, ich habe eben mal gesündigt, was ist da zu machen! — wenn Sie schon durchaus wollen, daß es eine Sünde gewesen sei. Nur sehen Sie, gerade von Ihnen, mein kleiner Freund, das zu hören, das tut weh!

Aber seien Sie mir deshalb nicht böse, daß ich Ihnen das sage. In meiner Brust, Mütterchen, ist alles wund. Arme Menschen sind eigensinnig: das ist wohl von der Natur schon so eingerichtet. Ich habe das auch früher schon empfunden. Er, der arme Mensch, er ist anspruchsvoll; er schaut auch Gottes ganze Welt anders an, und auf jeden Vorübergehenden blickt er schräg, und rings um sich herum läßt er seinen unruhigen Blick bestürzt umherirren und horcht auf jedes Wort in seiner Nähe — ob da nicht etwa von ihm gesprochen wird? Ob man sich nicht gerade zuflüstert, wie unansehnlich er ausschaue? Ob man sich nicht fragt, was er gerade in diesem Augenblick wohl empfinde? Vielleicht auch, wie er denn eigentlich von dieser und wie er wohl von jener Seite sich ausnähme? Das weiß doch ein jeder, Warinka, daß ein armer Mensch geringer als ein alter Lappen ist und keinerlei Achtung von anderen Menschen verlangen kann, was man da auch schreiben mag! Denn was immer diese Schmierfinken da schreiben, es wird im armen Menschen doch ewig alles so bleiben, wie es war. Und weshalb bleibt es so, wie es war? Nun, weil bei einem armen Menschen, ihrer Meinung nach, alles sozusagen mit der linken Seite nach außen sein muß, er darf da nichts tiefinnerlich Verborgenes besitzen, keinen Ehrgeiz beispielsweise oder sonst sowas, das duldet man einfach nicht! Keinesfalls! Noch neulich sagte mir der Jemeljan, daß man einmal irgendwo eine Kollekte für ihn gemacht habe, und daß er dabei für jeden Heller gewissermaßen einer Besichtigung unterzogen worden sei. Die Menschen waren der Meinung, daß sie ihm ihr Almosen nicht umsonst geben müßten — oh, nein: sie zahlten dafür, daß man ihnen einen armen Menschen zur Schau stellte. Heutzutage, Mütterchen, werden auch die Wohltaten ganz eigenartig erwiesen ... vielleicht ist es auch so, daß sie immer so erwiesen worden sind, wer kann das wissen! Entweder verstehen die Leute das nicht oder sie sind schon gar zu große Meister darin — eins von beiden. Sie haben das vielleicht noch nicht gewußt, nun, denken Sie darüber nach! Wenn wir auch über manches nicht mitreden können, hierüber wissen wir Bescheid! Woher aber weiß ein armer Mensch dies alles, und warum denkt er überhaupt über so etwas nach? Ja, woher weiß er es? — Nun, eben — aus Erfahrung! Ebensogut wie er weiß, daß dort der feine Herr, der neben ihm geht und sogleich in ein Restaurant treten wird, bei sich selbst denkt: ‚Was wird wohl dieser arme Beamte neben mir heute zu Mittag speisen? Ich werde mir jedenfalls sauté aux papillottes bestellen, er aber wird vielleicht einen in Wasser gekochten Brei ohne Butter essen!' — Aber was geht es denn ihn an, daß ich Brei ohne Butter essen werde? Ja, es gibt nun einmal solche Menschen, Warinka, es gibt wirklich solche Menschen, die nur an so etwas denken. Und die gehen dann noch umher, diese nichtsnutzigen Pasquillanten, und schnüffeln überall und sehen nach, ob einer mit dem ganzen Fuß auftritt, oder nur mit der Fußspitze, und notieren es sich noch, daß der und der Beamte in dem und dem Ressort Stiefel trägt, aus denen die nackten Zehen hervorgucken, daß die Ärmel seiner Uniform an den Ellenbogen durchgescheuert sind und Löcher aufweisen — und das beschreiben sie dann alles ganz genau, und obendrein wird's dann noch gedruckt ... Was geht das dich an, daß meine Ellenbogen zerrissen sind? Ja, wenn Sie mir das grobe Wort verzeihen, Warinka, so sage ich Ihnen, daß ein armer Mensch in dieser Beziehung ganz dasselbe Schamgefühl hat, wie Sie beispielsweise als Mädchen Ihr Schamgefühl haben. Sie werden sich doch auch nicht vor allen Leuten — verzeihen Sie mir das grobe Beispiel — nackt auskleiden. Nun, und sehen Sie, genauso ungern sieht es der arme Mensch, daß man in seine Hundehütte hineinblickt, etwa um zu sehen, wie denn da seine Familienverhältnisse sind. Was lag aber für ein Grund vor, mich, Warinka, zusammen mit meinen Feinden, die es auf die Ehre und den Ruf eines Menschen abgesehen haben, so zu beleidigen?

Nun, und heute saß ich in meinem Amt ganz mäuschenstill und geduckt und kam mir selbst wie ein gerupfter Sperling vor, so daß ich vor Scham fast vergehen wollte. Ich schämte mich, Warinka! Man verliert ja unwillkürlich den Mut, wenn man weiß, daß durch das durchgescheuerte Ärmelzeug die Ellenbogen schimmern und die Knöpfe nur noch an einem Fädchen baumeln. Und bei mir war doch alles wie behext, alles buchstäblich wie behext und in der größten Verwahrlosung! Da verliert man denn ganz unwillkürlich seinen Mut. Ja, wie auch nicht! Selbst Stepán Kárlowitsch sagte, als er heute über Dienstliches mit mir zu sprechen begann; er sprach nämlich und sprach, und dann plötzlich entfuhr es ihm ganz unversehens: »Ach ja, Makar Alexejewitsch!« Er sprach aber das andere nicht aus, nicht das, was er dachte, nur erriet ich es durch alle seine Gedanken hindurch und errötete so, daß sogar meine Glatze rot wurde. Es hat ja im Grunde nichts zu bedeuten, aber es ist doch immer irgendwie beunruhigend und bringt einen auf ganz schwermütige Gedanken. ‚Sollten sie vielleicht schon etwas erfahren haben? Gott behüte, wenn sie nun doch etwas erfahren haben sollten‘, dachte ich bei mir. Ja, wirklich, aufrichtig gesagt, ich habe einen gewissen Menschen stark im Verdacht. Diesen Räubern macht es doch nichts aus! Die verraten einen ohne weiteres! Sie sind ja fähig, dein ganzes Privatleben für nichts und wieder nichts zu verkaufen! Denen ist ja gar nichts mehr heilig!

Ich weiß jetzt, wessen Streich das ist: Ratasäjeff hat's getan! Er muß mit jemandem aus unserem Ressort bekannt sein, und da hat er dem Betreffenden vielleicht so gesprächsweise etwas gesagt, vielleicht auch noch seine Erzählung ganz besonders ausgeschmückt. Oder er hat's vielleicht in seinem Ressort erzählt, und von dort ist es dann hinausgetragen worden und auch zu uns gekommen. Bei uns zu Hause sind alle ganz genau unterrichtet: sie weisen gar mit dem Finger nach Ihrem Fenster. Ich weiß schon, daß sie's tun. Und als ich gestern zum Essen zu Ihnen ging, steckten sie aus allen Fenstern die Köpfe hinaus, und die Wirtin sagte, da habe nun der Teufel mit einem Säugling einen Bund geschlossen, und dann drückte sie sich außerdem noch unanständig über Sie aus.

Aber alles dies ist noch nichts gegen die schändliche Absicht Ratasäjeffs, uns beide in seine Literatur hineinzubringen und uns in einer pikanten Satire zu schildern. Das soll er selbst gesagt haben, und mir deuteten es gute Freunde im Amt an. Ich kann jetzt an nichts mehr denken, Mütterchen, und weiß nicht einmal, wozu ich mich entschließen soll. Ja, – soll man da noch länger eine Sünde in Abrede stellen, wir haben doch wohl beide Gott den Herrn erzürnt, mein Engelchen! Sie, Mütterchen, wollten Sie mir ein Buch schicken, damit ich mich nicht langweile. Lassen Sie es gut sein, Mütterchen, was mach ich damit! Und was ist denn solch ein Buch? Das ist doch alles nichts Wirkliches! Und auch Satiren und Romane sind Unsinn, nur so um des Unsinns willen geschrieben, nur so, damit müßige Leute etwas zu lesen haben. Glauben Sie mir, Mütterchen, was ich Ihnen sage, glauben Sie meiner langjährigen Erfahrung. Und wenn sie Ihnen da von Shakespeare anfangen – sozusagen: in der Literatur, siehst du, gibt es einen Shakespeare! –, so ist ja doch auch ihr ganzer Shakespeare Unsinn, nichts als barer Unsinn, und nur um der bösen Witzelei willen verfaßt!

Ihr Makar Djewuschkin

2. August

Sehr geehrter Makar Alexejewitsch!

Ich bitte Sie, beunruhigen Sie sich jetzt nicht mehr! Gott wird uns schon helfen, und alles wird wieder gut werden. Fjodora hat für sich und mich eine Menge Arbeit verschafft und wir haben uns sehr vergnügt sogleich daran gemacht. Vielleicht werden wir dadurch alles wieder gutmachen können. Fjodora sagte mir, sie glaube, daß Anna Fjodorowna über alle meine Unannehmlichkeiten in der letzten Zeit genau unterrichtet sei, mir aber ist jetzt alles gleichgültig. Ich bin heute ganz besonders froh gestimmt.

Sie wollen Geld borgen — Gott bewahre Sie davor! Damit würden Sie sich noch mehr Unglück auf den Hals laden, denn Sie müssen es ja zurückzahlen, und Sie wissen doch wohl, wie schwer das ist. Leben Sie jetzt lieber noch etwas sparsamer, kommen Sie öfters zu uns und achten Sie nicht darauf, was Ihre Wirtin da schreit. Was aber Ihre übrigen Feinde und alle Ihnen mißgünstig Gesinnten betrifft, so bin ich überzeugt, daß Sie sich mit ganz grundlosen Befürchtungen quälen, Makar Alexejewitsch!

Sie könnten auch etwas mehr auf Ihren Stil achten, ich habe Ihnen schon das vorige Mal gesagt, daß Sie sehr unausgeglichen schreiben. Nun, also leben Sie wohl bis zum Wiedersehen. Ich erwarte Sie unter allen Umständen.

Ihre W. D.

3. August

Mein Engelchen Warwara Alexejewna!

Ich beeile mich, Ihnen mitzuteilen, mein Lebenslichtlein, daß ich jetzt doch wieder eine kleine Aussicht habe und damit auch wieder Hoffnung. Aber zunächst erlauben Sie mir eines zu sagen, mein Töchterchen: Sie schreiben, ich solle keine Anleihe machen? Mein Täubchen, es geht nicht ohne sie. Mir geht es schon schlecht, aber wie wird das erst mit Ihnen sein, es kann Ihnen doch plötzlich etwas zustoßen!

Sie sind doch solch ein schwaches Dingelchen, also sehen Sie, deshalb sage ich denn auch, daß man sich unbedingt Geld verschaffen muß. Und nun hören Sie weiter.

Also zunächst muß ich vorausschicken, daß ich im Büro neben Jemelján Iwánowitsch sitze. Das ist nicht jener Jemeljan, von dem ich Ihnen schon erzählt habe. Er ist vielmehr, ganz wie ich, ein Staatsschreiber. Wir beide sind so ziemlich die Ältesten im ganzen Departement, die Alteingesessenen, wie man uns zu nennen pflegt. Er ist ein guter Mensch, ein uneigennütziger Mensch, aber nicht gerade sehr gesprächig, wissen Sie, und eigentlich sieht er immer wie so ein richtiger Brummbär aus. Dafür arbeitet er gut, hat eine sogenannte englische Handschrift, und wenn man die Wahrheit sagen soll, schreibt er nicht schlechter als ich. Er ist dabei ein wirklich ehrenwerter Mensch! Sehr intim sind wir beide nie gewesen, nur so auf „Guten Tag!" und „Leben Sie wohl!" haben wir gestanden; nur wenn ich sein Federmesser nötig hatte, was mitunter vorkam, nun, dann sagte ich eben: »Bitte, Jemeljan Iwanowitsch, Ihr Messerchen, auf einen Augenblick!« Also, eine richtige Unterhaltung gab's zwischen uns nicht, aber es wurde doch das gesprochen, was man sich so gelegentlich zu sagen hat, wenn man nebeneinander sitzt. Nun aber, sehen Sie, da sagte dieser Mensch heute ganz plötzlich zu mir: »Makar Alexejewitsch, warum sind Sie denn jetzt so nachdenklich?«

Ich sah, der Mensch meinte es gut mit mir, und da vertraute ich mich ihm denn an. So und so, sagte ich, Jemeljan Iwanowitsch, das heißt: alles erzählte ich ihm nicht – und natürlich, Gott behüte, werde ich das auch nie tun, denn dazu fehlt mir der Mut, Warinka. Aber so dies und jenes habe ich ihm doch anvertraut, mit anderen Worten: ich gestand ihm, daß ich »etwas in Geldverlegenheit« sei, nun, und so weiter.

»Aber Sie könnten doch, Väterchen«, sagte darauf Jemeljan Iwanowitsch, »könnten sich doch von jemandem Geld leihen, sagen wir zum Beispiel: von Pjotr Petrówitsch, der leiht gegen Prozente. Ich habe auch schon von ihm geborgt.

Und er nimmt nicht einmal gar so hohe Prozente, wirklich, nicht gar so belastende.«

Nun, Warinka, mein Herz schlug gleich ganz anders vor lauter Freude — es hüpfte nur so! Ich dachte hin und dachte her und setzte dabei mein Vertrauen auf Gott, der, was kann man wissen, dem Pjotr Petrówitsch vielleicht doch eingibt, daß er mir Geld leihen soll. Und ich begann schon, alles auszurechnen: wie ich dann meine Wirtin bezahlen und Ihnen helfen und auch mir selbst ein einigermaßen menschliches Aussehen verleihen würde, denn so ist es doch eine wahre Schande; man schämt sich ordentlich, auf seinem Platz zu sitzen, ganz abgesehen davon, daß die Jungen ewig über einen lachen — nun, Gott verzeih's ihnen! Aber auch Exzellenz gehen doch mitunter an unserem Tisch vorüber: nun, sagen wir, wenn sie einmal — wovor Gott uns behüte und bewahre! — wenn sie einmal im Vorübergehen einen Blick auf mich zu werfen geruhen und bemerken sollten, daß ich, sagen wir, ungehörig gekleidet bin! Bei Exzellenz aber sind Sauberkeit und Ordnung die Hauptsache. Sie würden ja wahrscheinlich nichts sagen, aber ich, Warinka, ich würde auf der Stelle sterben vor Scham, — sehen Sie, so würde es sein. Daher nahm ich denn all meinen Mut zusammen, steckte meine Scheu in meine löcherige Tasche und begab mich zu Pjotr Petrówitsch, einerseits voll Hoffnung und andererseits weder tot noch lebendig vor Erwartung — beides zugleich.

Nun, was soll ich Ihnen denn sagen, Warinka, es endete mit — nichts. Er war sehr beschäftigt und sprach gerade mit Fedosséi Iwánowitsch. Ich trat von der Seite an ihn heran und berührte ihn leise am Ärmel: bedeutete ihm, daß ich mit ihm sprechen wolle, mit Pjotr Petrówitsch. Er sah sich nach mir um — und da begann ich denn und sagte ungefähr: So und so, Pjotr Petrowitsch, wenn es Ihnen möglich wäre ... sagen wir etwa dreißig Rubel ... usw. Er schien mich zuerst nicht ganz zu verstehen, als ich ihm aber dann nochmals alles erklärt hatte, da begann er zu lachen, sagte aber nichts und schwieg wieder. Ich begann von neuem, er aber fragte plötzlich: »Haben Sie ein Pfand?« — dann jedoch vertiefte er sich wieder ganz in seine Papiere und schrieb weiter, ohne sich nach mir umzusehen. Das machte mich ein wenig befangen. »Nein«, sagte ich, »ein Pfand habe ich nicht, Pjotr Petrowitsch« — und ich erklärte ihm, so und so ... »Ich werde Ihnen das Geld zurückzahlen, sobald ich meine Monatsgage erhalte, werde es Ihnen unbedingt zurückzahlen, werde es für meine erste Pflicht erachten.« In diesem Augenblick rief ihn jemand und er ging fort, ich blieb aber und erwartete ihn. Er kam denn auch bald wieder zurück, setzte sich, spitzte seinen Gänsekiel — mich aber bemerkte er gleichsam überhaupt nicht. Ich kam jedoch wieder darauf zu sprechen: »Also, so und so, Pjotr Petrowitsch, ginge es denn nicht irgendwie?«

Er schwieg und schien mich wieder gar nicht zu hören, ich aber stand, stand. — Nun, dachte ich, ich will es doch noch einmal, zum letztenmal, versuchen, und berührte ihn wieder ein wenig am Ärmel. Er sagte aber keinen Ton, Warinka, er entfernte nur ein Härchen von seiner Federspitze und schrieb weiter. Da ging ich denn.

Sehen Sie, Mütterchen, es sind das ja vielleicht sehr ehrenwerte Menschen, nur stolz sind sie, sehr stolz, — nichts für unsereinen! An die reichen wir nicht hinan, Warinka! Deshalb, damit Sie es wissen, habe ich Ihnen auch alles das geschrieben.

Jemeljan Iwanowitsch begann zu lachen und schüttelte den Kopf, aber er machte mir doch wieder Hoffnung, der Gute. Jemeljan Iwanowitsch ist wirklich ein edler Mensch. Er versprach mir, mich einem gewissen Mann zu empfehlen, und dieser Mann, Warinka, der auf der Wyborger Seite[9] wohnt, leiht gleichfalls Geld auf Prozente. Jemeljan Iwanowitsch sagt, der werde zweifellos geben, dieser ganz bestimmt. Ich werde morgen, mein Engelchen, gleich morgen werde ich zu ihm gehen. Was meinen Sie dazu? Es geht doch nicht ohne Geld! Meine Wirtin droht schon, mich hinauszujagen, und will mir nichts mehr zu essen geben. Und meine Stiefel sind schrecklich schlecht, Mütterchen, und Knöpfe fehlen mir überall, und was mir nicht sonst noch alles fehlt! Wenn nun einer der Vorgesetzten eine Bemerkung darüber macht? Es ist ein Jammer, Warinka, wirklich ein Jammer!

Makar Djewuschkin

4. August

Lieber Makar Alexejewitsch!

Um Gottes willen, Makar Alexejewitsch, beschaffen Sie so bald als möglich Geld! Ich würde Sie unter den jetzigen Umständen natürlich nicht um alles in der Welt um Hilfe bitten, aber wenn Sie wüßten, in welcher Lage ich mich befinde! Ich kann nicht mehr in dieser Wohnung bleiben, ich muß fort! Ich habe die schrecklichsten Unannehmlichkeiten gehabt. Sie können sich nicht vorstellen, wie aufgeregt und verzweifelt ich bin!

Stellen Sie sich vor, mein Freund: heute morgen erscheint bei uns plötzlich ein fremder Herr, ein schon bejahrter Mann, nahezu ein Greis, mit Orden auf der Brust. Ich wunderte mich und begriff nicht, was er von uns wollte. Fjodora war gerade ausgegangen, um noch etwas einzukaufen. Er begann mich auszufragen: wie ich lebe, womit ich mich beschäftige, und darauf erklärte er mir — ohne meine Antwort abzuwarten, — er sei der Onkel jenes Offiziers und habe sich über das flegelhafte Betragen seines Neffen sehr geärgert: er sei sehr aufgebracht darüber, daß jener mich in einen schlechten Ruf gebracht habe — sein Neffe sei ein leichtsinniger Bengel, der zu nichts tauge, er aber fühle sich als Onkel verpflichtet, die Schuld seines Neffen zu sühnen und mich unter seinen Schutz zu nehmen. Ferner riet er mir noch, nicht auf die jungen Leute zu hören, er dagegen habe wie ein Vater Mitleid mit mir, empfinde überhaupt väterliche Liebe für mich und sei bereit, mir in jeder Beziehung zu helfen.

Ich errötete, wußte aber noch immer nicht, was ich denken sollte, weshalb ich ihm natürlich auch nicht dankte. Er nahm meine Hand und hielt sie fest, obschon ich sie ihm zu entziehen suchte, tätschelte meine Wange, sagte mir, ich sei gar zu reizend, und ganz besonders gefalle es ihm, daß ich in den Wangen Grübchen habe. — Gott weiß, was er da noch sprach! — Und zu guter Letzt wollte er mich auch noch küssen: er sei ja schon ein Greis, sagte er. Er war so ekelhaft! — Da trat Fjodora ins Zimmer. Er wurde ein wenig verlegen und begann wieder damit, daß er mich wegen meiner Bescheidenheit und Wohlerzogenheit überaus achte: er würde es sehr gern sehen, daß ich meine Scheu vor ihm verlöre. Dann rief er Fjodora beiseite und wollte ihr unter einem seltsamen Vorwand Geld in die Hand drücken. Fjodora nahm es natürlich nicht an. Da brach er denn endlich auf, wiederholte nochmals alle seine Beteuerungen, versprach, mich nächstens wieder zu besuchen und mir dann Ohrringe mitzubringen (ich glaube, er war zum Schluß selbst etwas verlegen). Er riet mir außerdem, in eine andere Wohnung überzusiedeln, und empfahl mir sogar eine, die sehr schön sei und mich nichts kosten würde. Er sagte, er habe mich namentlich deshalb sehr liebgewonnen, weil ich ein ehrenwertes und vernünftiges Mädchen sei. Darauf riet er mir nochmals, mich vor der verderbten Jugend in acht zu nehmen, und zum Schluß erklärte er, daß er mit Anna Fjodorowna bekannt sei und sie ihn beauftragt habe, mir zu sagen, daß sie mich besuchen werde. Da begriff ich denn alles! Ich weiß nicht mehr, was mit mir geschah — ich habe das zum erstenmal gefühlt und mich zum erstenmal in einer solchen Lage befunden: ich war außer mir! Ich beschämte ihn tüchtig — und Fjodora stand mir bei und jagte ihn förmlich aus dem Zimmer. Das ist natürlich Anna Fjodorownas Machwerk — woher hätte er sonst etwas von uns wissen können?

Ich aber wende mich an Sie, Makar Alexejewitsch, und flehe Sie an, mir beizustehen. Helfen Sie mir, um Gottes willen, lassen Sie mich jetzt nicht im Stich! Bitte, bitte, verschaffen Sie uns Geld, wenn auch nur ein wenig, wir haben nichts, womit wir die Kosten eines Umzuges bestreiten könnten, hierbleiben aber können wir unter keinen Umständen, das ist ganz ausgeschlossen. Auch Fjodora ist der Meinung. Wir brauchen wenigstens fünfundzwanzig Rubel. Ich werde Ihnen dieses Geld zurückgeben; ich werde es mir schon verdienen! Fjodora wird mir in den nächsten Tagen noch Arbeit verschaffen, lassen Sie sich daher nicht durch hohe Prozente abschrecken; sehen Sie nicht darauf, gehen Sie auf jede Bedingung ein! Ich werde Ihnen alles zurückzahlen, nur verlassen Sie mich jetzt nicht, um Gottes willen! Es kostet mich viel, Ihnen unter den jetzigen Umständen mit einer solchen Bitte zu kommen, aber Sie sind doch meine einzige Stütze, meine einzige Hoffnung!

Leben Sie wohl, Makar Alexejewitsch, denken Sie an mich, und Gott gebe Ihnen Erfolg! W. D.

4. August

Mein Täubchen Warwara Alexejewna!

Sehen Sie, gerade alle diese unerwarteten Schläge sind es, die mich am meisten erschüttern! Gerade diese schrecklichen Heimsuchungen drücken mich völlig zu Boden! Dieses Lumpenpack von Schmarotzern und nichtswürdigen Greisen will nicht nur Sie, mein Engelchen, auf das Krankenlager bringen, durch all die Aufregungen, die sie Ihnen bereiten, sondern auch mir wollen Sie, diese Schurken, den Garaus machen. Und das werden sie, ich fühle es, das werden sie! Ich wäre doch jetzt eher zu sterben bereit als Ihnen nicht zu helfen! Und wenn ich Ihnen nicht helfen könnte, so wäre das mein Tod, Warinka, wirklich mein Tod. Helfe ich Ihnen aber, so fliegen Sie mir schließlich wie ein Vöglein davon, und dann werden Sie von diesen Nachteulen, diesen Raubvögeln, die Sie jetzt aus dem Nestchen locken wollen, einfach umgebracht. Das jedoch ist es, was mich am meisten quält, Mütterchen. Aber auch Ihnen, Warinka, trage ich eines nach: warum müssen Sie denn gleich so grausam sein? Wie können Sie nur! Sie werden gequält, Sie werden beleidigt, Sie, mein Vögelchen, mein kleines, armes Herzchen, haben nur zu leiden, und da — da machen Sie sich noch deshalb Sorgen, daß Sie mich beunruhigen müssen, und versprechen, das Geld zurückzuzahlen und es zu erarbeiten: das aber heißt doch in Wirklichkeit, daß Sie sich bei Ihrer schwachen Gesundheit zuschanden arbeiten wollen, um für mich zum richtigen Termin das Geld zu beschaffen! So bedenken Sie doch bloß, Warinka, was Sie da sprechen! Wozu sollen Sie denn nähen und arbeiten und Ihr armes Köpfchen mit Sorgen quälen, Ihre hübschen Äuglein verderben und Ihre Gesundheit untergraben? Ach, Warinka, Warinka!

Sehen Sie, mein Täubchen, ich tauge zu nichts, zu gar nichts, und ich weiß es selbst, daß ich zu nichts tauge, aber ich werde dafür sorgen, daß ich doch noch zu etwas tauge! Ich werde alles überwinden, ich werde mir noch Privatarbeit verschaffen, ich werde für unsere Schriftsteller Abschriften machen, ich werde selbst zu ihnen gehen und mir Arbeit von ihnen ausbitten, denn sie suchen doch gute Abschreiber, ich weiß, daß sie sie suchen! Sie aber sollen sich nicht krank arbeiten! Das werde ich nie und nimmer zulassen!

Ich werde, mein Engelchen, ich werde unbedingt Geld auftreiben, ich sterbe eher, als daß ich es nicht tue. Sie schreiben, mein Täubchen, ich solle vor hohen Prozenten nicht zurückschrecken. Das werde ich gewiß nicht, Mütterchen, ich werde bestimmt nicht zurückschrecken, jetzt vor nichts mehr! Ich werde vierzig Bankorubel erbitten, mein Kind. Das ist doch nicht zu viel, Warinka, was meinen Sie? Kann man mir vierzig Rubel auf mein Wort ohne weiteres anvertrauen? Das heißt: ich will nur wissen, ob Sie mich für fähig halten, jemandem auf den ersten Blick hin Zutrauen einzuflößen? So nach dem Gesichtsausdruck, meine ich, und überhaupt — kann man mich da auf den ersten Blick hin günstig beurteilen? Denken Sie zurück, mein Engelchen, denken Sie nach, kann ich wohl einen guten Eindruck auf jemanden machen, der mich zum erstenmal sieht? Bin ich wohl der Mann dazu? Was meinen Sie? Wissen Sie, man fühlt doch solch eine Angst — krankhaft geradezu, wirklich krankhaft!

Von den vierzig Rubeln gebe ich fünfundzwanzig Ihnen, Warinka, zwei der Wirtin und den Rest behalte ich für mich, für meine Ausgaben.

Zwar — sehen Sie: der Wirtin müßte ich eigentlich mehr geben, sogar unbedingt mehr, aber überlegen Sie es sich reiflich, mein Kind, rechnen Sie mal zusammen, was ich nur fürs Allernotwendigste brauche, und Sie werden einsehen, daß ich ihr unter keinen Umständen mehr geben kann — folglich lohnt es sich gar nicht, noch weiter darüber zu reden, und man kann die Frage einfach ausschalten. Für fünf Rubel kaufe ich mir ein Paar Stiefel. Ich weiß wirklich nicht, ob ich morgen noch mit den alten in den Dienst gehen kann. Eine Halsbinde wäre wohl auch sehr nötig, da die jetzige schon bald ein Jahr alt ist, aber da Sie mir aus einem alten Schürzchen nicht nur ein Vorhemdchen, sondern auch eine Halsbinde anzufertigen versprachen, so will ich daran nicht weiter denken. Somit hätten wir Stiefel und Halsbinde. Jetzt noch Knöpfe, mein kleiner Freund! Sie werden doch zugeben, Mütterchen, daß ich ohne Knöpfe nicht auskommen kann, von meinem Uniformrock ist aber die Hälfte der Garnitur schon abgefallen. Ich zittere, wenn ich daran denke, daß Exzellenz eine solche Nachlässigkeit bemerken und sagen könnten — aber was! Das würde ich doch gar nicht mehr hören, denn ich würde doch auf der Stelle sterben, tot hinfallen, einfach vor Schande bei dem bloßen Gedanken den Geist aufgeben! Ach, Mütterchen! — Ja, und dann blieben mir noch nach allen Anschaffungen drei Rubel, die blieben mir dann zum Leben und für ein halbes Pfündchen Tabak; denn sehen Sie, mein Engelchen, ich kann ohne Tabak doch nicht leben, heute aber ist es schon der neunte Tag, daß ich mein Pfeifchen nicht mehr angerührt habe. Ich hätte ja, offen gestanden, auch so Tabak gekauft, ohne es Ihnen vorher zu sagen, aber man schämt sich vor seinem Gewissen. Sie dort sind unglücklich, Sie entbehren alles, ich aber sollte mir hier gar Vergnügungen leisten? Also deshalb sage ich es Ihnen, damit ich mich nicht mit Gewissensbissen zu quälen brauche. Ich gestehe es Ihnen ganz offen, Warinka, daß ich mich jetzt in einer äußerst verzweifelten Lage befinde, das heißt: bisher habe ich in meinem Leben noch nichts ähnliches durchgemacht. Die Wirtin verachtet mich, auch sonst kann von Achtung hier keine Rede sein. Überall Mangel, überall Schulden, im Dienst aber, wo mich die Kollegen auch früher schon nicht auf Rosen gebettet haben, im Dienst — ach, Mütterchen, schweigen wir lieber davon. Ich verberge alles, ich suche es vor allen sorgfältig zu verbergen, und auch mich selbst verberge ich: wenn ich in den Dienst gehe, drücke ich mich nach Möglichkeit unbemerkt und seitlich an allen vorüber. Ich habe gerade noch soviel Mut, daß ich Ihnen dies offen eingestehen kann ...

Aber wie, wenn er nichts gibt?

Nein, es ist besser, Warinka, man denkt gar nicht daran und quält sich nicht unnütz mit solchen Vorstellungen, die einem schon im voraus die Seele umbringen. Ich schreibe das nur deshalb, um Sie zu warnen und davor zu bewahren, daß Sie nicht im voraus daran denken und sich mit bösen Gedanken quälen. Tun Sie es nur nicht! Aber, mein Gott, was würde aus Ihnen werden! Freilich würden Sie dann die Wohnung nicht wechseln, vielmehr hier in meiner Nähe bleiben — aber nein, ich käme dann überhaupt nicht mehr zurück, ich würde einfach umkommen, untergehen, verschwinden irgendwo.

Da habe ich Ihnen nun wieder eine lange Epistel geschrieben, und hätte mich doch statt dessen rasieren können, denn rasiert sieht man immer etwas sauberer und anständiger aus, das aber hat viel zu bedeuten und hilft einem immer, wenn man etwas sucht. Nun, Gott gebe es! Ich werde beten und dann — mich auf den Weg machen!

M. Djewuschkin

5. August

Liebster Makar Alexejewitsch!

Wenn doch wenigstens Sie nicht verzweifeln würden! Es gibt ohnehin schon Sorgen genug! — Ich sende Ihnen dreißig Kopeken, mehr kann ich nicht. Kaufen Sie sich dafür was Sie gerade am notwendigsten brauchen, um sich wenigstens noch bis morgen irgendwie durchzuschlagen. Wir haben selbst fast nichts mehr, was morgen aus uns werden wird — ich weiß es nicht. Es ist traurig, Makar Alexejewitsch! Übrigens sollen Sie deshalb den Kopf nicht hängen lassen; nun, er hat Ihnen nichts gegeben, was ist denn schließlich dabei! Fjodora sagt, noch sei es nicht so schlimm, wir könnten noch ganz gut eine Weile hierbleiben — und selbst wenn wir in eine andere Wohnung übergesiedelt wären, hätten wir damit doch nur wenig gewonnen, denn wer es wolle, der könne uns überall finden. Freilich ist es deshalb noch immer nicht schön, jetzt hierzubleiben. Wenn nicht alles so traurig wäre, würde ich Ihnen noch mancherlei schreiben.

Was Sie doch für einen sonderbaren Charakter haben, Makar Alexejewitsch! Sie nehmen sich alles viel zu sehr zu Herzen: deshalb werden Sie auch immer der unglücklichste Mensch sein. Ich lese Ihre Briefe sehr aufmerksam und sehe, daß Sie sich in jedem dermaßen um mich sorgen und quälen, wie Sie sich um sich selbst noch nie gesorgt und gequält haben. Man wird natürlich sagen, Sie hätten ein gutes Herz. Ich aber sage: Ihr Herz ist gar zu gut. Ich möchte Ihnen einen freundschaftlichen Rat geben, Makar Alexejewitsch. Ich bin Ihnen dankbar, sehr dankbar für alles, was Sie für mich getan haben, ich empfinde es tief, glauben Sie mir. Also urteilen Sie jetzt selbst, wie mir zumut ist, wenn ich sehen muß, daß Sie nach all Ihrem Unglück und Ihren Sorgen, deren unfreiwillige Ursache ich gewesen bin, — daß Sie auch jetzt noch nur für mich leben, gewissermaßen sogar nur leben: meine Freuden sind Ihre Freuden, mein Leid ist Ihr Leid, und meine Gefühle sind Ihnen wichtiger als Ihre eigenen! Wenn man sich aber den Kummer anderer Menschen so zu

Herzen nimmt und mit allen so viel Mitleid empfindet, dann hat man allerdings Ursache, der unglücklichste Mensch zu sein. Als Sie heute nach dem Dienst bei uns eintraten, erschrak ich förmlich bei Ihrem Anblick. Sie sahen so bleich, so abgehärmt und mitgenommen, so verstört und verzweifelt aus: Sie waren kaum wiederzuerkennen, und das alles nur deshalb, weil Sie sich fürchteten, mir Ihren Mißerfolg mitzuteilen, mich zu betrüben und zu erschrecken. Als Sie aber sahen, daß ich ob dieses kleinen Unglücks beinahe zu lachen begann, da atmeten Sie geradezu erlöst auf. Makar Alexejewitsch! So grämen Sie sich doch nicht so, verzweifeln Sie doch nicht, seien Sie doch vernünftig! Ich bitte Sie darum, ich beschwöre Sie. Sie werden sehen, es wird alles gut werden, alles wird sich zum Besseren wenden. Sie machen sich das Leben ganz unnötigerweise schwer, indem Sie sich ewig anderer Leute Kummer so zu Herzen nehmen.

Leben Sie wohl, mein Freund! Ich beschwöre Sie nochmals, sorgen Sie sich doch nicht gar zu sehr um mich!

W. D.

5. August

Mein Täubchen Warinka!

Nun gut, mein Engelchen, also gut! Sie sind zu der Überzeugung gelangt, daß es noch kein solches Unglück ist, daß ich das Geld nicht erhalten habe. Nun gut, ich bin also beruhigt, ich bin glücklich auf Ihre Kosten. Ich bin sogar froh, weil Sie mich Alten nicht verlassen und jetzt in dieser Wohnung bleiben. Ja, und wenn man schon alles sagen soll, so muß ich gestehen, daß mein Herz voll Freude war, als ich las, wie Sie in Ihrem Briefchen so schön über mich schrieben und sich über meine Gefühle so lobend äußerten. Ich sage das nicht aus Stolz, sondern weil ich sehe, daß Sie mich gern haben müssen, wenn Sie sich gerade um mein Herz so beunruhigen. Nun gut; aber was soll man jetzt noch viel von meinem Herzen reden! Das Herz ist eine Sache für sich,

— aber Sie sagen da, Mütterchen, daß ich nicht kleinmütig sein soll. Ja, mein Engelchen, Sie haben recht, daß es überflüssig ist, daß man ihn wirklich nicht braucht — den Kleinmut, meine ich. Aber, bei alledem: sagen Sie mir jetzt bloß, mein Mütterchen, in welchen Stiefeln ich mich morgen in den Dienst begeben soll? — Da sehen Sie, Mütterchen, wo der Haken sitzt. Dieser Gedanke kann doch einen Menschen einfach zugrunde richten, kann ihn doch geradezu vernichten. Die Hauptursache aber ist doch, daß ich mich nicht um meinetwillen so sorge, daß ich nicht um meinetwillen darunter leide. Mir persönlich ist das ja ganz gleich, und müßte ich auch in der größten Kälte ohne Mantel und ohne Stiefel gehen, ich würde alles aushalten, mir macht es nichts aus, ich bin doch ein einfacher, ein geringer Mensch. Aber was werden die Leute sagen? — was werden meine Feinde sagen, und alle diese boshaften Zungen, wenn man ohne Mantel kommt? Man trägt ihn ja doch nur um der Leute willen, und auch die Stiefel trägt man ja meinethalben auch nur der Leute wegen. Die Stiefel sind doch in diesem Fall, Mütterchen, Sie mein Seelchen, nur zur Aufrechterhaltung der Ehre und des guten Rufes vonnöten. In zerrissenen Stiefeln aber geht das eine wie das andere flöten — glauben Sie mir, was ich Ihnen sage, Mütterchen, verlassen Sie sich auf meine langjährige Erfahrung; hören Sie auf mich Alten, der die Welt und die Menschen kennt, und nicht auf irgend solche Sudler und Schmierfinken.

Aber ich habe Ihnen ja noch gar nicht ausführlich erzählt, wie das heute alles in Wirklichkeit war. Ich habe an diesem einen Morgen so viel ausgestanden, so viele Seelenqualen durchgemacht, wie manch einer vielleicht in einem ganzen Jahr nicht. Also nun hören Sie, wie es war:

Ich ging also schon in aller Frühe von Hause fort, um ihn sicher anzutreffen und dann selbst noch rechtzeitig in den Dienst zu kommen. Es war solch ein Regenwetter heute, solch ein Schmutz! Nun, ich wickelte mich in meinen Mantel ein, mein Vögelchen, und ging und ging, und dabei dachte ich die ganze Zeit: ‚Lieber Gott! Vergib mir alle meine Übertretungen deiner Gebote und laß meinen Wunsch in Erfüllung gehen!' Wie ich an der —schen Kirche vorüberging, bekreuzte ich mich, bereute alle meine Sünden, besann mich aber darauf, daß es mir nicht zusteht, mit Gott dem Herrn so zu unterhandeln. Da versenkte ich mich denn in meine eigenen Gedanken und wollte nichts mehr ansehen. Und so ging ich denn, ohne auf den Weg zu achten, und ging immer weiter. Die Straßen waren leer, und die Menschen, denen man von Zeit zu Zeit begegnete, sahen besorgt und gehetzt aus. Freilich war das auch kein Wunder: wer wird denn um diese Zeit und bei diesem Wetter spazieren gehen? Ein Trupp schmutziger Arbeiter kam mir entgegen: die stießen mich roh zur Seite, die Kerle. Da überfiel mich wieder Zaghaftigkeit, mir wurde bange, und an das Geld wollte ich, um die Wahrheit zu sagen, überhaupt nicht mehr denken — geht man auf gut Glück, nun, dann eben auf gut Glück!

Gerade bei der Wosnessénskij-Brücke blieb eine meiner Stiefelsohlen liegen, so daß ich selbst nicht mehr weiß, auf was ich eigentlich weiterging. Und gerade dort kam mir unser Schreiber Jermolájeff entgegen, stand still und folgte mir mit den Blicken, fast so, als wolle er mich um ein Trinkgeld bitten. ‚Ach, Gott, ja, Bruderherz', dachte ich, ‚ein Trinkgeld, was ist ein Trinkgeld!'

Ich war furchtbar müde, blieb stehen, erholte mich ein bißchen, und dann schleppte ich mich weiter. Jetzt sah ich absichtlich überall hin, um irgendwo etwas zu entdecken, an das ich die Gedanken hätte heften können, so um mich etwas zu zerstreuen, mich etwas aufzumuntern, aber ich fand nichts: kein einziger Gedanke wollte haften bleiben; zum Überfluß war ich auch noch so schmutzig geworden, daß ich mich vor mir selber schämte. Endlich erblickte ich in der Ferne ein gelbes hölzernes Haus mit einem Giebelausbau, eine Art Villa: ‚Nun, da ist es', dachte ich gleich, ‚so hat es mir auch Jemeljan Iwánowitsch beschrieben — das Haus Márkoffs.' (Márkoff heißt er nämlich, der Mann, der Geld auf

Prozente leiht.) Nun, und da gingen mir denn die Gedanken alle ganz durcheinander: ich wußte, daß es Markoffs Haus war, fragte aber trotzdem den Schutzmann im Wächterhäuschen, wessen Haus denn dies dort eigentlich sei, das heißt also, wer darin wohne. Der Schutzmann aber, solch ein Grobian, antwortete mißmutig, ganz als ärgere er sich über mich, und brummte nur so vor sich hin: jenes Haus gehöre einem gewissen Markoff. Diese Polizeibeamten sind alle so gefühllose Menschen ... aber was gehen sie mich schließlich an? Immerhin war es ein schlechter und unangenehmer Eindruck. Mit einem Wort: eins kam zum andern. In allem findet man etwas, was gerade der eigenen Lage entspricht oder was man als gewissermaßen zu ihr in Beziehung stehend empfindet: das ist immer so. — An dem Hause ging ich dreimal vorüber, aber je mehr ich ging, um so schlimmer wurde es. ‚Nein‘, denke ich, ‚er wird mir nichts geben, wird mir bestimmt kein Geld geben, ganz gewiß nicht! Ich bin doch ein fremder, ihm völlig unbekannter Mensch, es ist eine heikle Sache, und auch mein Äußeres ist nicht gerade einnehmend. Nun‘, denke ich, ‚wie das Schicksal will, dann bereue ich nachher wenigstens nicht, daß ich überhaupt nicht versucht habe, der Versuch wird mich ja auch nicht gleich den Kopf kosten!‘ — Und so öffnete ich denn leise das Hofpförtchen. Aber nun kam schon das andere Unglück: kaum war ich eingetreten, da stürzte solch ein dummer kleiner Hofhund, so ein richtiger Hackenbeißer, auf mich los und kläffte und kläffte, daß einem die Ohren klangen. Und sehen Sie, immer sind es gerade derartige nichtswürdige kleine Zwischenfälle, Mütterchen, die einen aus dem Gleichgewicht bringen und von neuem schüchtern machen, und die ganze Entschlossenheit, zu der man sich schon zusammengerafft hat, wieder vernichten. Ich gelangte mehr tot als lebendig ins Haus — dort aber stieß ich gleich auf ein neues Unglück: ich sah nicht, wohin ich trat und was im halbdunklen Flur neben der Schwelle stand — plötzlich stolperte ich über irgendein hockendes Weib, das gerade Milch aus dem Melkgefäß in Kannen goß, und da verschüttete sie denn die ganze Milch. Das dumme Weib schrie natürlich und keifte sogleich und zeterte: »Siehst du denn nicht, wohin du rennst, mach doch die Augen auf, was suchst du hier?« und so ging es weiter ohne Unterlaß. Ich schreibe Ihnen das alles, Mütterchen, schreibe es nur deshalb, weil mir in solchen Fällen regelmäßig etwas zustößt; das muß mir wohl vom Schicksal schon so bestimmt sein. Ewig kommt mir etwas anderes, ganz Nebensächliches in die Quere.

Auf das Geschrei hin kam eine alte Hexe zum Vorschein, eine Finnländerin. Ich wandte mich sogleich an sie: ob hier Herr Markoff wohne? »Nein«, sagte sie zunächst barsch, blieb aber dann stehen und musterte mich eingehend.

»Was wollen Sie denn von ihm?« fragte sie.

Nun, ich erklärte ihr alles: »So und so, Jemelján Iwanowitsch ...« — erzählte auch alles übrige — kurz: ich käme in Geschäften! Darauf rief die Alte ihre Tochter herbei — die kam: ein erwachsenes Mädchen, und barfuß.

»Ruf den Vater. Er ist oben bei den Mietern. Bitte treten Sie näher.«

Ich trat ein. Das Zimmer war — nun, eben so wie diese Zimmer gewöhnlich sind: an den Wänden Bilder, größtenteils Porträts von Generalen, ein Sofa, ein runder Tisch, Reseda und Balsaminen in Blumentöpfen — ich denke und denke: ‚Soll ich mich nicht lieber drücken, solange es noch Zeit ist?' Und bei Gott, Mütterchen, ich war wirklich schon im Begriff, mich wegzustehlen. Ich dachte so bei mir: ‚Ich werde doch lieber morgen kommen, dann wird auch das Wetter besser sein, ich werde lieber noch bis dahin warten! Heute aber ist sowieso die Milch verschüttet, die Generale sehen mich alle so böse an ...' Und ich wandte mich, ich gesteh's, wirklich schon zur Tür, Warinka, aber da kam er schon. So, nichts Besonderes, ein kleines grauhaariges Kerlchen, mit solchen, wissen Sie, durchtriebenen Äuglein, dabei in einem schmierigen Schlafrock, mit einer Schnur um den Leib.

Er erkundigte sich, was mein Wunsch sei und womit er mir dienen könne, worauf ich ihm sagte: »So und so, Jemeljan Iwanowitsch hat Sie mir empfohlen ... etwa vierzig Rubel«, sagte ich, »die habe ich nötig ...« Aber ich sprach nicht zu Ende. An seinen Augen schon sah ich, daß ich verspielt hatte.

»Nein«, sagte er, »tut mir leid, ich habe kein Geld. Oder haben Sie ein Pfand?«

Ich begann, ihm zu erklären, daß ich ein Pfand zwar nicht hätte, Jemelján Iwánowitsch aber — und so weiter ..., mit einem Wort, ich erklärte ihm alles, was da zu erklären war. Er hörte mich ruhig an.

»Ja, was«, sagte er, »Jemeljan Iwanowitsch kann mir nichts helfen, so habe ich kein Geld.«

‚Nun', dachte ich, ‚das sah ich ja schon kommen, das wußte ich doch schon, das habe ich vorausgeahnt.' Wirklich, Warinka, es wäre besser gewesen, die Erde hätte sich unter mir aufgetan, meine Füße wurden kalt, Frösteln lief mir über den Rücken. Ich sah ihn an und er sah mich an, fast als wolle er sagen: ‚Na, geh mal jetzt, mein Bester, du hast hier nichts mehr zu suchen', — so daß ich mich unter anderen Umständen zu Tode geschämt hätte.

»Wozu brauchen Sie denn das Geld?« — (das hat er mich wirklich so gefragt, Mütterchen!)

Ich tat schon den Mund auf, nur um nicht so müßig dazustehen, aber er wollte mich gar nicht mehr anhören.

»Nein«, sagte er, »ich habe kein Geld, sonst«, sagte er, »sonst würde ich mit dem größten Vergnügen ...«

Ich machte ihm wieder und immer wieder Vorstellungen, sagte ihm, daß ich ja nicht viel brauche, daß ich ihm alles wieder zurückgeben würde, genau zu dem Termin, ja, sogar noch vor dem Termin; daß er so hohe Prozente nehmen könne, wie er nur wolle, und daß ich ihm, bei Gott, alles zurückzahlen werde. Ich dachte in dem Augenblick an Sie, Mütterchen, an ihr Unglück und an Ihre Not, und dachte auch an Ihr Fünfzigkopekenstückchen.

»Nein«, sagte er, »wer redet hier von Prozenten, aber wenn Sie ein Pfand hätten ... Ich habe im Augenblick kein Geld, bei Gott, ich habe keines, sonst natürlich mit dem größten Vergnügen ...«

Ja, er schwor sogar bei Gott, der Räuber!

Nun, und da, meine Liebe, — ich weiß selbst nicht mehr, wie ich das Haus verließ, die Wyborgerstraße hinunterging und wieder auf die Wosnessénskij-Brücke kam. Ich war nur furchtbar müde, kalt war es auch, und ich war ganz steifgefroren und kam erst gegen zehn Uhr zum Dienst. Ich wollte meine Kleider etwas abbürsten, vom Schmutz reinigen, aber der Amtsdiener Ssnegirjoff sagte, das gehe nicht an, ich würde die Bürste verderben, die Bürste aber sei Staatseigentum. Da sehen Sie, wie ich jetzt von diesen Leuten angesehen werde: als wäre ich noch nicht einmal eine alte Matte wert, an der man die Füße abwischen kann. Was ist es denn, Warinka, was mich so niederdrückt? — Doch nicht das Geld, sondern alle diese Aufregungen des Lebens, all dieses Geflüster, dieses Lächeln, diese Sticheleien! Und Exzellenz kann sich doch auch einmal zufällig an mich wenden oder über mein Äußeres eine Bemerkung machen! Ach, Mütterchen, meine goldenen Zeiten sind jetzt vorüber! Heute habe ich alle Ihre Briefchen nochmals durchgelesen; wie traurig sie sind, Mütterchen! Leben Sie wohl, mein Liebling, Gott schütze Sie!
M. Djewuschkin

P. S. Ich wollte Ihnen, Warinka, mein Unglück halb scherzhaft beschreiben, aber wie man sieht, will es mir nicht mehr gelingen, das Scherzen nämlich. Ich wollte Sie etwas zerstreuen. Ich werde zu Ihnen kommen, Mütterchen, ich werde bestimmt zu Ihnen kommen.

11. August

Warwara Alexejewna! Mein Täubchen, Mütterchen!

Verloren bin ich, jetzt sind wir beide verloren, zusammen unrettbar verloren! Mein Ruf, meine Ehre — alles ist verloren! Und ich bin es, der Sie ins Verderben gebracht hat! Ich werde geschmäht, Mütterchen, verachtet, verspottet, und die Wirtin beschimpft mich schon laut und vor allen Menschen. Heute hat sie wieder geschrien, geschrien und mich mit Vorwürfen überhäuft, als wäre ich ein Nichts und ein Dreck! Und am Abend begann dann einer von ihnen bei Ratasäjeff einen meiner Briefe an Sie laut vorzulesen: einen Brief, den ich nicht beendet und in die Tasche gesteckt hatte, und den ich dann irgendwie aus der Tasche verloren haben muß. Mein Mütterchen, wie haben sie da gelacht! Wie sie uns betitelt haben und wie sie spotteten, wie sie höhnten, die Verräter! Ich hielt es nicht aus und ging zu ihnen und beschuldigte Ratasäjeff des Treubruchs und sagte ihm, er sei ein falscher Mensch! Ratasäjeff aber erwiderte mir darauf, ich sei selbst falsch und beschäftigte mich nur mit Eroberungen. Ich hätte sie alle getäuscht, sagte er, im Grunde aber sei ich ja sozusagen ein Lovelace![10] Und jetzt werde ich von allen hier nur noch Lovelace genannt, einen anderen Namen habe ich überhaupt nicht mehr. Haben Sie's gehört, mein Engelchen, haben Sie's schon gehört, die wissen doch jetzt alles von uns, sind von allem unterrichtet, und auch von Ihnen, meine Gute, wissen sie alles; alles ist ihnen bekannt, alles, was Sie, mein Engelchen, betrifft! Und auch der Faldoni ist jetzt mit ihnen im Bunde. Ich wollte ihn heute hier in den kleinen Laden schicken, damit er mir ein Stückchen Wurst kaufe, aber nein, er geht nicht; er habe zu tun, sagt er. — »Aber du mußt doch, es ist doch deine Pflicht«, sage ich.

»Auch was Gutes — meine Pflicht!« höhnte er, »Sie zahlen doch meiner Herrin kein Geld, folglich gibt's da nichts von Pflicht.«

Das ertrug ich nicht, Kind, von diesem ungebildeten, frechen Menschen eine solche Beleidigung, und so schalt ich ihn denn einen »Dummkopf!«, er aber sagte mir darauf bloß kurz: »Das sagt mir nun so einer!« — Ich dachte erst, er sei betrunken, hielt es ihm denn auch vor: »Hör mal«, sagte ich, »du bist wohl betrunken?« — Er aber grobte mich an:

»Haben Sie mir denn was zu trinken gegeben? Sie haben doch nicht mal so viel, daß Sie sich selber betrinken könnten!« und dann brummte er noch: »Das soll nun ein Herr sein!«

Da sehen Sie jetzt, wie weit es mit uns gekommen ist, Mütterchen! Man schämt sich, zu leben, Warinka! Ganz wie ein Verrufener kommt man sich vor, schlimmer noch als irgendein Landstreicher. Schwer ist es, Warinka! Verloren bin ich, einfach verloren! Unrettbar verloren! M. D.

13. August

Lieber Makar Alexejewitsch!

Uns sucht jetzt ein Unglück nach dem anderen heim; auch ich weiß nicht mehr, was man noch tun soll! Was wird nun aus Ihnen werden; auf meine Arbeit können wir uns auch nicht mehr verlassen. Ich habe mir heute mit dem Bügeleisen die linke Hand verbrannt: ich ließ es versehentlich fallen und verletzte und verbrannte mich, gleich beides zusammen. Arbeiten kann ich nun nicht, und Fjodora ist auch schon den dritten Tag krank. Oh, diese Sorge und Angst!

Hier sende ich Ihnen dreißig Kopeken: das ist fast das Letzte, was wir haben; Gott weiß, wie gern ich Ihnen jetzt in Ihrer Not helfen würde. Es ist zum Weinen!

Leben Sie wohl, mein Freund! Sie würden mich sehr beruhigen, wenn Sie heute zu uns kämen. W. D.

14. August

Makar Alexejewitsch!

Was ist nun mit Ihnen los? Sie fürchten wohl Gott nicht mehr? Und mich bringen Sie um meinen Verstand. Schämen Sie sich denn nicht!? Sie richten sich zugrunde. So denken Sie doch an ihren Ruf! Sie sind ein ehrlicher, ehrenwerter, strebsamer Mensch — was werden die Menschen sagen, wenn sie das erfahren? Und Sie selbst, Sie werden doch noch vergehen vor Scham! Oder tut es Ihnen nicht mehr leid um Ihre grauen Haare? So fürchten Sie doch wenigstens Gott!

Fjodora sagt, daß sie Ihnen jetzt nicht mehr helfen werde, und auch ich kann unter diesen Umständen kein Geld mehr schicken. Was haben Sie aus mir gemacht, Makar Alexejewitsch! Sie denken wohl, es sei mir ganz gleichgültig, daß Sie sich so schlecht aufführen. Sie wissen noch nicht, was ich Ihretwegen auszustehen habe! Ich kann mich gar nicht mehr auf unserer Treppe zeigen: alle sehen mir nach, alle weisen mit dem Finger auf mich und sagen solche Schändlichkeiten, — ja, sie sagen geradezu, daß ich mit einem Trunkenbold ein Verhältnis hätte. Wie, glauben Sie, daß mir zumute ist, wenn ich so etwas hören muß! Und wenn man Sie nach Hause bringt, sagt alles mit Verachtung von Ihnen: »Da wird der Beamte wieder gebracht.« Ich aber — ich schäme mich zu Tode für Sie. Ich schwöre Ihnen, daß ich diese Wohnung hier verlassen werde. Und sollte ich auch Stubenmagd oder Wäscherin werden, hier bleibe ich auf keinen Fall!

Ich schrieb Ihnen, daß ich Sie erwarte; Sie sind aber nicht gekommen. Meine Tränen und Bitten sind Ihnen also schon gleichgültig, Makar Alexejewitsch? Aber sagen Sie doch, wo haben Sie denn nur das Geld dazu aufgetrieben? Um Gottes willen, nehmen Sie sich in acht! Sie werden doch sonst verkommen, ganz sicher verkommen! Und diese Schande, diese Schmach! Gestern hat die Wirtin Sie nicht mehr hereingelassen, da haben Sie auf der Treppe die Nacht verbracht — ich weiß alles. Wenn Sie wüßten, wie weh es mir tat, als ich das von Ihnen hören mußte!

Kommen Sie zu uns, hier wird es Ihnen leichter werden: wir können zusammen lesen, können von früheren Zeiten reden. Fjodora kann uns von ihren Erlebnissen erzählen. Makar Alexejewitsch, tun Sie es mir nicht an, daß Sie sich zugrunde richten; Sie richten damit auch mich zugrunde, glauben Sie es mir! Ich lebe doch nur noch für Sie allein, nur Ihretwegen bleibe ich hier. Und Sie sind jetzt so! Seien Sie doch ein anständiger Mensch, seien Sie doch charakterfest und standhaft, auch im Unglück. Sie wissen doch: Armut ist keine Schande. Und weshalb denn verzweifeln? Das ist doch alles nur vorübergehend. Gott wird uns schon helfen, und alles wird wieder gut werden, wenn Sie sich jetzt nur etwas zusammennehmen!

Ich sende Ihnen zwanzig Kopeken, kaufen Sie sich dafür Tabak, oder was Sie wollen, nur geben Sie sie um Gottes willen nicht für Schlechtes aus. Kommen Sie zu uns, kommen Sie unbedingt zu uns! Sie werden sich vielleicht wieder schämen, wie neulich — aber lassen Sie das doch, das wäre ja bloß falsche Scham. Wenn Sie nur aufrichtig bereuen wollten! Vertrauen Sie auf Gott. Er wird noch alles zum Besten wenden. W. D.

19. August

Warwara Alexejewna, Mütterchen!

Ich schäme mich, mein Sternchen, ich schäme mich. Doch übrigens, was ist denn dabei so Absonderliches? Warum soll man nicht sein Herz etwas erleichtern? Dann denke ich nicht mehr an meine Stiefelsohlen — eine Sohle ist doch nichts und wird ewig nur eine einfache gemeine, schmutzige Stiefelsohle bleiben. Und auch Stiefel sind nichts! Sind doch die griechischen Weisen ohne Stiefel gegangen, wozu also soll sich unsereiner mit einem so nichtswürdigen Gegenstand abgeben? Warum mich deshalb gleich beleidigen und verachten? Ach, Mütterchen, Mütterchen, da haben Sie nun etwas gefunden, das Sie mir schreiben können! — Der Fjodora aber sagen Sie, daß sie ein närrisches, unzurechnungsfähiges Weib ist, mit allerlei Schrullen im Kopf, und zum Überfluß auch noch dumm, unsagbar dumm! Was aber meine grauen Haare betrifft, so täuschen Sie sich auch darin, meine Liebe, denn ich bin noch lange nicht so alt, wie Sie denken.

Jemelján läßt Sie grüßen. Sie schreiben, Sie hätten sich gegrämt und hätten geweint, und ich schreibe Ihnen, daß auch ich mich gegrämt habe und weine. Zum Schluß aber wünsche ich Ihnen Gesundheit und Wohlergehen; was nun mich betrifft, so bin ich gleichfalls gesund und wohl und verbleibe mit besten Grüßen, mein Engelchen, Ihr Freund

Makar Djewuschkin

21. August

Sehr geehrtes Fräulein
und mein lieber Freund Warwara Alexejewna!

Ich fühle es, daß ich schuldig bin, ich fühle es, daß Sie mir viel zu verzeihen haben; aber meiner Meinung nach ist damit nichts gewonnen, Mütterchen, daß ich dies alles fühle. Ich habe das alles auch schon vor meinem Vergehen gefühlt, bin aber dann doch gefallen, im vollen Bewußtsein meiner Schuld.

Mein Mütterchen, ich bin weder hartherzig noch böse. Um aber Ihr Herzchen, mein Täubchen, zerfleischen zu können, müßte man gar ein blutdürstiger Tiger sein. Nun, ich habe ein Lämmerherz und, wie Ihnen bekannt sein dürfte, keine Veranlagung zu blutdürstiger Raubtierwildheit. Folglich bin ich, mein Engelchen, nicht eigentlich schuld an meinem Vergehen, ganz wie mein Herz und meine Gedanken nicht schuldig sind. Das ist nun einmal so, und ich weiß es selbst nicht, was oder wer eigentlich die Schuld trägt. Das ist nun schon so eine dunkle Sache mit uns, Mütterchen!

Dreißig Kopeken haben Sie mir geschickt und dann noch zwanzig Kopeken: mein Herz weinte, als ich Ihr Waisengeldchen in Händen hielt. Sie haben sich das Händchen verbrannt und verletzt und bald werden Sie hungern müssen. Trotzdem schreiben Sie, ich soll mir noch Tabak kaufen. Nun sagen Sie selbst: was sollte ich denn tun? Einfach und ohne alle Gewissensbisse, recht wie ein Räuber, Sie armes Waisenkindchen zu berauben anfangen?! Es sank mir eben der Mut, Mütterchen, das heißt: zuerst fühlte ich nur unwillkürlich, daß ich zu nichts tauge und daß ich selbst höchstens nur um ein Geringes besser sei als meine Stiefelsohle. Ja, ich hielt es sogar für unanständig, mich auch nur für irgend etwas von Bedeutung zu halten, und wär's auch etwas noch so Geringes, sondern fing an, in mir etwas Unwürdiges und bis zu einem gewissen Grade geradezu Unanständiges und Verbotenes zu sehen. Nun, und als ich so die Selbstachtung verloren hatte und mich der Verneinung der eigenen guten Eigenschaften und der Verleugnung meiner Menschenwürde überließ, da war denn ohnehin so gut wie alles schon verloren, und so konnte er denn kommen, der Sturz, der unvermeidliche! Das war mir offenbar so vom Schicksal bestimmt, und daran bin ich nicht schuld.

Ich war eigentlich nur hinausgegangen, um etwas frische Luft zu atmen. Aber da kam gleich eins zum anderen: auch die Natur war so regnerisch, verweint und kalt. Und dann kam mir plötzlich noch der Jemelján entgegen. Er hatte bereits alles versetzt, Warinka, alles, was er besaß, und schon seit zwei Tagen hatte er kein Mohnkörnchen mehr im Mund gesehen, so daß er bereits solche Sachen versetzen wollte, die man überhaupt nicht versetzen kann, weil doch niemand so etwas als Pfand annimmt.

Nun ja, Warinka, da gab ich ihm denn nach, und zwar mehr aus Mitleid mit der Menschheit als aus eigenem Verlangen. Und so ist es denn zu jener Sünde gekommen, Mütterchen; wir haben beide geweint, Warinka! Gedachten auch Ihrer! Er ist ein sehr guter, ein herzensguter Mensch, und ein sehr gefühlvoller Mensch. Ich fühle das alles auch selbst, Mütterchen, und deshalb ist denn auch alles so gekommen, eben weil ich das alles fühle.

Ich weiß, wieviel Dank ich Ihnen, mein Täubchen, schuldig bin! Als ich Sie kennenlernte, begann ich vor allem, auch mich selbst besser kennenzulernen, und begann, Sie zu lieben. Bis dahin aber, mein Engelchen, war ich immer einsam gewesen und hatte mein Leben gleichsam im Schlaf gelebt und gar nicht wirklich auf der Erde. Die bösen Menschen aber, die sagten, daß meine Erscheinung einfach ruppig sei, und die sich schämten, mit mir zu gehen, brachten mich so weit, daß auch ich mich schließlich ruppig fand und mich meiner selbst zu schämen begann. Sie sagten, ich sei stumpfsinnig, und ich dachte auch wirklich, daß ich stumpfsinnig sei. Seitdem Sie aber in mein Leben getreten sind, haben Sie es mir hell gemacht, so daß es in meinem Herzen wie in meiner Seele licht geworden ist, und ich seelischen Frieden fand und erfuhr, daß auch ich nicht schlechter war als die anderen. Daß ich dabei zwar bin, wie ich bin, daß ich durch nichts glänze, keinen Schliff besitze, keine Umgangsformen, aber trotzdem ein Mensch bin, ja, mit dem Herzen und den Gedanken ein Mensch! Dann aber, als ich fühlte, daß das Schicksal mich verfolgte, als ich, durch das Schicksal erniedrigt, meine Menschenwürde selber zu verneinen begann, als ich unter der Last meiner Anfechtungen zusammenbrach, da habe ich eben dann den Mut verloren. Und da Sie jetzt alles wissen, Mütterchen, bitte ich Sie unter Tränen, mich nie mehr über diesen Gegenstand auszufragen oder auch nur davon zu reden, denn mein Herz ist ohnehin schon zerrissen und mir ist schwer und bitter zumut.

Ich bezeuge Ihnen, Mütterchen, meine Ehrerbietung und verbleibe Ihr treuer   Makar Djewuschkin

3. September

Ich habe meinen letzten Brief nicht beendet, Makar Alexejewitsch, das Schreiben fiel mir schwer. Mitunter habe ich Augenblicke, wo es mich freut, allein zu sein, allein meinem Kummer nachhängen zu können, allein, ganz allein die

Qual auszukosten, und solche Stimmungen überfallen mich jetzt immer häufiger. In meinen Erinnerungen liegt etwas mir Unerklärliches, das mich unwiderstehlich gefangennimmt, und zwar in einem solchen Maße, daß ich oft stundenlang für alles mich Umgebende vollständig unempfindlich bin und die Gegenwart, alles Gegenwärtige, vergesse. Ja, es gibt in meinem jetzigen Leben keinen Eindruck, gleichviel welcher Art, mag er angenehm, schwer oder traurig sein, der mich nicht an etwas ähnliches aus meinem früheren Leben erinnerte, am häufigsten an meine Kindheit, meine goldene Kindheit! Aber nach solchen Augenblicken wird mir immer unsäglich schwer ums Herz. Ich fühle, wie ich von Kräften komme; meine Träumereien erschöpfen mich, und meine Gesundheit wird sowieso schon schwächer und schwächer.

Aber dieser frische, helle, glänzende Herbstmorgen heute, wie wir ihn jetzt selten haben, hat mich völlig neu belebt und mit Freude erfüllt. So ist es denn schon Herbst! Oh, wie habe ich den Herbst auf dem Lande geliebt! Ich war ja damals noch ein Kind, aber trotzdem fühlte und empfand ich alles schon in gesteigertem Maße. Den Abend liebte ich im Herbst eigentlich noch mehr als den Morgen. Ich erinnere mich noch, nur ein paar Schritte weit von unserem Hause am Berge lag der See. Dieser See — es ist mir, als sähe ich ihn jetzt wirklich vor mir —, dieser See war breit, war eine einzige ebene Fläche, war so hell und rein wie ein Kristall. Ist der Abend still, so spiegelt sich alles im See. Kein Blatt rührt sich in den Bäumen am Ufer, der See liegt da, blank und reglos wie ein großer Spiegel. Frisch! Kühl! Wenn im Grase der Tau zu blinken beginnt, werden die Herdfeuer in den Hütten am fernen Ufer angezündet, werden die Herden heimgetrieben — und dann schleiche ich mich heimlich aus dem Hause, um nach meinem See zu schauen, und wie oft kam es vor, daß ich über dem Schauen alles andere vergaß. Bei den Fischern brennt dicht am Ufer ein Reisigfeuer und weit, weit über den Wasserspiegel fließt der Feuerschein zu mir her. Der Himmel ist so kühl, ist blau; nur am Rande ist er ganz durchzogen von feurigroten Streifen, und diese Streifen werden blasser und blasser; der Mond kommt zum Vorschein; die Luft ist in ihrer Stille so klangtragend, jeder Laut ist zu hören, ob nun ein erschreckter Vogel auffliegt, ob das Schilf unter einem Windhauch leise raschelt oder ein Fischlein einmal aufplätschert aus dem Wasser — alles ist zu hören in der Stille. Über dem stillen See beginnt sich weißer Dampf zu erheben, schleierdünn, durchsichtig. In der Ferne dunkelt es schon; alles beginnt gleichsam zu versinken im Nebel, nur in der Nähe ist alles noch scharf umrissen — das Boot, das Ufer, die Inselchen davor; eine alte Regentonne, die am Ufer weggeworfen und vergessen ist, schaukelt kaum wahrnehmbar auf dem Wasser; ein Weidenast mit vergilbten Blättern hat sich im Schilf verfangen, eine verspätete Möwe schwingt sich bald auf, bald taucht sie wieder ins kühle Wasser, um von neuem aufzufliegen und im Nebel zu verschwinden. Und ich schaue und horche — wunderbar wohl ist mir! Und doch war ich damals noch ein Kind! . . .

Ich liebte auch so sehr den Herbst, namentlich den Spätherbst, wenn das Korn schon eingebracht ist, die letzten Feldarbeiten schon beendet werden, in den Hütten abends schon die Mädel sich versammeln und alle bereits auf den Winter warten. Dann wird alles dunkler, der Himmel verhängt sich mit Wolken, gelbes Laub bedeckt die Fußpfade am Rande des nackten Waldes, und die fernen Wälder werden blau, werden schwarz, — namentlich gegen Abend, wenn sich feuchter Nebel niedersenkt und die Bäume aus dem Nebel wie Riesen auftauchen, wie schreckliche, unförmige Gespenster. Bleibt man mitunter auf dem Spaziergang hinter den anderen zurück, eilt man allein ihnen nach, — wird es unheimlich! Man zittert wie ein Espenblatt . . . Da, schau nur, verbirgt sich dort hinter jenem Baumstumpf nicht etwas Furchtbares? Und da fährt schon der Wind durch den Wald, und er summt durch die Stämme und rauscht durch die Wipfel und heult gar so klagend, reißt noch die letzten Herbstblätter von den

Zweigen, wirbelt sie durch die Luft, und ihnen folgt plötzlich rauschend ein breiter und langer Schwarm Vögel mit gellendem Geschrei und zieht über einen hinweg, den Himmel verdunkelnd und alles verdeckend. Angst erfaßt einen, und da ist es noch, als hörte man jemand, eine Stimme, als raune eine Stimme einem zu: »Laufe, laufe, Kind, verspäte dich nicht, hier wird alles gleich voll Grauen sein, laufe, Kind!« — Entsetzen erfaßt das Herz, und man läuft und läuft, und das Atmen kommt nicht mehr mit. Bis man endlich das Haus erreicht, keuchend! Im Hause aber ist alles voll Munterkeit und Frohsinn: uns Kindern wird eine Arbeit zugewiesen, sei es, Erbsen zu enthülsen, sei es, Mohnsamen aus den Kapseln zu schütteln. Im Ofen prasselt das Feuer, knallt ein feuchteres Scheit: Mama beaufsichtigt lächelnd unsere fröhliche Arbeit, und die alte Kinderfrau Uljána berichtet von alten Zeiten oder erzählt uns gruselige Märchen von Zauberern und Toten. Wir Kinder rücken ängstlich einander näher, aber das Lächeln will doch nicht von den Lippen weichen. Und plötzlich ist alles still ... pocht jemand an die Tür? Hu! Ein Surren und Klopfen ... Ach nein, es ist nur das Spinnrad der alten Frólowna! Und wie wir lachen! Dann aber in der Nacht kann man vor Angst nicht schlafen, unheimliche Träume schrecken einen auf, und ist man aufgewacht, so wagt man sich nicht zu rühren und zittert bis zum Morgengrauen unter der Decke. Wenn aber dann morgens die Sonne ins Zimmer scheint, steht man frisch und munter auf und schaut neugierig durch das Fenster: es hat gefroren in der Nacht, dünner Herbstreif überzieht alle Bäume und Büsche, wie eine dünne Glasscheibe hat sich Eis auf dem See gebildet, wie ein Hauch zieht weißer Dampf über den See. Vögel zwitschern lustig. Die Sonne scheint ringsum so hell, und ihre Strahlen zerbrechen bald die dünne Eisschicht auf dem Wasser wie Glas. Hell, klar und froh ist es ringsum!

Im Ofen prasselt wieder das Feuer; wir setzen uns alle an den Tisch, auf dem der Ssamowar schon summt, und durch das Fenster schaut unser schwarzer Hofhund Polkán und wedelt schmeichelnd mit dem Schwanz. Ein Bäuerlein fährt am Hause vorüber, in den Wald, um Holz zu holen. Alle sind so zufrieden, so frohgestimmt!... In den Scheunen sind ganze Berge von Korn aufgehäuft; in der Sonne glänzt goldgelb die Strohdeckung der großen, großen Heuschober — es ist eine wahre Lust, das alles anzusehen! Und alle sind ruhig, alle sind froh: alle fühlen den Segen Gottes, der ihnen in der Ernte zuteil geworden ist; alle wissen, daß sie im Winter nicht darben werden, und der Bauer weiß, daß er seinen Kindern Brot zu geben hat und daß sie alle satt sein werden. Deshalb hört man abends die Lieder der Mädchen, sieht man sie ihren Reigen tanzen, deshalb sieht man sie alle am Feiertag ihr Dankgebet im Gottesnaus sprechen... Ach, wie golden, wie golden war doch meine Kindheit!...

Da habe ich nun wie ein Kind geweint, und daran sind natürlich nur diese Erinnerungen schuld. Ich habe so lebhaft, so deutlich alles vor mir gesehen, die ganze Vergangenheit lebte auf, und die Gegenwart erscheint mir jetzt doppelt trüb und dunkel!... Wie wird das enden, was wird aus uns werden? Wissen Sie, ich habe das seltsame Vorgefühl oder sogar die Überzeugung, daß ich in diesem Herbst sterben werde. Ich fühle mich sehr, sehr krank. Ich denke oft an meinen Tod, aber eigentlich möchte ich doch nicht so sterben — würde nicht in dieser Erde hier ruhen wollen... Vielleicht werde ich wieder bettlägerig, wie im Frühling, denn ich habe mich von jener Krankheit noch nie erholen können.

Fjodora ist heute für den ganzen Tag ausgegangen, und ich bin allein. Seit einiger Zeit fürchte ich mich, allein zu bleiben: es scheint mir dann immer, daß noch jemand mit mir im Zimmer ist, daß jemand zu mir spricht, besonders dann, wenn ich aus meinen Träumereien, die mich mit ihren Erinnerungen ganz gefangennehmen und die Wirklichkeit vergessen lassen, plötzlich erwache und mich umschaue. Es ist mir dann, als habe sich etwas Unheimliches im Zimmer versteckt. Sehen Sie, deshalb hab ich Ihnen auch einen so langen Brief geschrieben: wenn ich schreibe, vergeht es wieder. — Leben Sie wohl. Ich schließe meinen Brief, ich habe weder Papier noch Zeit, um weiterzuschreiben. Von dem Gelde für meine verkauften Kleider und den Hut habe ich nur noch einen Rubel. Sie haben Ihrer Wirtin zwei Rubel gegeben, das ist gut: jetzt wird sie hoffentlich eine Weile schweigen. Versuchen Sie doch, Ihre Kleider ein wenig in Ordnung zu bringen. Leben Sie wohl, ich bin so müde. Ich begreife nicht, wovon ich so schwach geworden bin. Die geringste Beschäftigung ermüdet mich. Wenn Fjodora mir eine Arbeit verschafft — wie soll ich dann arbeiten? Das ist es, was mich so niederschlägt.   W. D.

5. September
Mein Täubchen Warinka!

Heute, mein Engelchen, habe ich viele Eindrücke empfangen. Mein Kopf tat mir den ganzen Tag über weh. Um die Kopfschmerzen zu vertreiben, ging ich schließlich hinaus: ich wollte längs der Fontánka wenigstens etwas frische Luft schöpfen. Der Abend war düster und feucht. Jetzt dunkelt es doch schon um sechs! Es regnete nicht, aber es war neblig, was noch unangenehmer zu sein pflegt als ein richtiger Regen. Am Himmel zogen die Wolken in langen, breiten Streifen dahin. Viel Volk ging auf dem Kai. Es waren lauter schreckliche Gesichter, die ich sah, Gesichter, die einen geradezu schwermütig machen können: betrunkene Kerle, stumpfnäsige finnländische Weiber in Männerstiefeln und mit strähnigem Haar, Handwerker und Kutscher, Herumtreiber jeden Alters, Bengel; ein Schlosserlehrling in einem gestreiften Arbeitskittel, so ein ausgemergelter, blutarmer Junge mit schwarzem, rußglänzendem Gesicht, ein Schloß in der Hand; irgendein ausgedienter Soldat von Riesengröße, der Federmesserchen und billige unechte Ringe feilbietet — das war das Publikum. Es war gerade die Stunde, wo sich ein anderes Publikum dort gar nicht zeigt.

Die Fontanka ist ein breiter und tiefer Kanal, sogar Schiffe können ihn passieren. Frachtkähne lagen da in einer solchen Menge, daß man gar nicht begriff, wie ihrer nur so viele Platz hatten — denn die Fontanka ist doch immerhin nur ein Kanal und kein Fluß. Auf den Brücken saßen Hökerweiber mit nassen Lebkuchen und verfaulten Äpfeln, so schmutzige, garstige Weiber! Es ist nichts, an der Fontanka spazieren zu gehen! Der feuchte Granit, die hohen dunklen Häuser: unten die Füße im Nebel, über dem Kopf gleichfalls Nebel... So ein trauriger, so ein dunkler, lichtloser Abend war es heute.

Als ich in die nächste Straße, in die Goróchowaja, einbog, war es schon ganz dunkel geworden. Man zündete gerade das Gas an. Ich war lange nicht mehr auf der Goróchowaja gewesen — es hatte sich nicht so gefügt. Eine belebte, großartige Straße! Was für Läden, was für Schaufenster! — alles glänzt nur so und leuchtet... Stoffe und Seidenzeuge und Blumen unter Glasstürzen... und was für Hüte mit Bändern und Schleifen! Man denkt, das sei alles nur so zur Verschönerung der Straße ausgestellt, aber nein: es gibt doch Menschen, die diese Sachen kaufen und ihren Frauen schenken! Ja, eine reiche Straße! Viele deutsche Bäcker haben dort ihre Läden — das müssen auch wohlhabende Leute sein. Und wieviel Equipagen fahren alle Augenblicke vorüber; wie das Pflaster das nur aushält! Und lauter so feine Kutschen, die Fenster wie Spiegel, inwendig alles nur Samt und Seide, und die Kutscher und Diener so stolz, mit Tressen und Schnüren und Degen an der Seite! Ich blickte in alle Wagen hinein und sah dort immer Damen sitzen, alle so geputzt und großartig. Vielleicht waren es lauter Fürstinnen und Gräfinnen? Es war wohl gerade um die Zeit, wo sie auf Bälle fahren oder zu Diners und Soupers. Es muß doch sehr eigen sein, eine Fürstin oder überhaupt eine vornehme Dame einmal in der Nähe zu sehen. Ja, das muß sehr schön sein. Ich habe noch niemals eine in der Nähe gesehen; höchstens so in einer Kutsche und im Vorüberfahren. Da muß ich denn

heute immer an Sie denken. — Ach, mein Täubchen, meine
Gute! Während ich jetzt wieder an Sie denke, will mir das
Herz brechen! Warum müssen denn gerade Sie so unglücklich sein, Warinka? Mein Engelchen! Sind Sie denn schlechter
als jene? Sie sind gut, sind schön, sind gebildet, weshalb ist
Ihnen da ein solches Los beschieden? Warum ist es so eingerichtet, daß ein guter Mensch in Armut und Elend leben
muß, während einem anderen sich das Glück von selbst aufdrängt? Ich weiß, ich weiß, mein Kind, es ist nicht gut, so
zu denken: das ist Freidenkerei! Aber offen und aufrichtig,
wenn man so über die Gerechtigkeit der Dinge nachdenkt —
weshalb, ja, weshalb wird dem einen Menschen schon im
Mutterschoß das Glück fürs ganze Leben bereitet, während
der andere aus dem Findelhaus in die Welt Gottes hinaustritt? Und es ist doch wirklich so, daß das Glück öfter einem
Dummkopf Iwánuschka zufällt.

»Du, Dummkopf Iwanuschka, Du wühle nach Herzenslust
in den Goldsäcken deiner Väter, iß, trink, freue dich! Du
aber, der und der, leck dir bloß die Lippen, mehr hast du
nicht verdient, da siehst du, was du für einer bist!«

Ich weiß, ich weiß, es ist sündhaft, Mütterchen, sündhaft,
so zu denken, aber wenn man einmal so ins Nachdenken
gerät, dann schleicht sich einem ganz unwillkürlich die
Sünde in die Seele. Ja, dann könnten auch wir in so einer
Kutsche fahren, mein Engelchen, mein Sternchen! Hohe
Generale und Staatsbeamte würden nach einem Blick des
Wohlwollens von Ihnen haschen, und nicht unsereiner. Sie
würden dann nicht in einem alten Kattunkleidchen umhergehen, sondern in Seide und mit funkelnden Edelsteinen
geschmückt. Sie würden auch nicht so mager und kränklich
sein, wie jetzt, sondern wie ein Zuckerpüppchen rosig und
frisch und gesund aussehen. Ich aber würde schon glücklich
sein, wenn ich wenigstens von der Straße aus zu Ihren hellerleuchteten Fenstern hinaufschauen und vielleicht einmal
Ihren Schatten erblicken könnte. Allein schon der Gedanke,
daß Sie dort glücklich und fröhlich sind, mein Vögelchen,

Sie, mein reizendes Vögelchen, würde mich gleichfalls froh und glücklich machen. Jetzt dagegen! Nicht genug, daß böse Menschen Sie ins Unglück gebracht haben, nun muß auch noch ein Wüstling Sie beleidigen! Doch bloß weil sein Rock elegant auf ihm sitzt und er Sie durch eine goldgefaßte Lorgnette betrachten kann, der Schamlose, bloß deshalb ist ihm alles erlaubt, bloß deshalb muß man seine schamlosen Reden auch noch untertänigst anhören! Ist das wirklich richtig so, meine Lieben? Und weshalb darf er denn das? — Doch nur, weil Sie eine Waise sind, Warinka, weil Sie schutzlos sind, weil Sie keinen starken Freund haben, der für Sie eintreten und Ihnen entsprechenden Schutz und Schirm gewähren könnte.

Aber was ist denn das für ein Mensch, was sind das für Menschen, denen es nichts ausmacht, eine Waise zu beleidigen? — Das sind eben nicht Menschen, sondern nur irgend so ein Schund, ein Unrat, der nur als Menge zählt, in Wirklichkeit aber und als Einzelwesen überhaupt keine Rolle spielt — davon bin ich überzeugt. Sehen Sie, *das* sind sie wert, diese Leute! Und meiner Ansicht nach, meine Liebe, verdient jener Leiermann, dem ich heute auf der Goróchowaja begegnet bin, viel eher Achtung als diese Leute. Er wandert zwar den ganzen Tag nur herum und sammelt die wenigen Kopeken, um seinen Unterhalt zu bestreiten, dafür aber ist er sein eigener Herr und ernährt sich selbst. Er will nicht umsonst um Almosen betteln, er dreht zur Freude der Menschen seine Orgel, dreht sie wie eine aufgezogene Maschine — also mit anderen Worten: womit er eben kann, bereitet er Vergnügen, auch er! Er ist arm, ist bettelarm, das ist richtig, und er bleibt arm; aber dafür ist er ein ehrenwerter Armer: er ist müde und hinfällig, und es ist kalt draußen, aber er müht sich doch, und wenn seine Mühe auch nicht von der Art ist wie die der anderen, er müht sich trotzdem. Und von der Art gibt es viele ehrliche Menschen, Mütterchen, solche, die entsprechend ihrer Arbeitsleistung und Nützlichkeit nur wenig verdienen, sich aber dafür vor niemandem zu beugen brauchen, die keinen untertänig grüßen müssen und niemand um Gradenbrot bitten. Und so einer, wie dieser Leiermann, bin auch ich, das heißt: ich bin natürlich etwas ganz Anderes; aber im übertragenen Sinne, und zwar in einem ehrenwerten Sinn, bin ich ganz so wie er, denn auch ich leiste das, was in meinen Kräften steht. Viel ist es ja nicht, aber doch immer mehr als gar nichts.

Ich bin nur deshalb auf diesen Leiermann zu sprechen gekommen, Mütterchen, weil ich durch die Begegnung mit ihm heute meine Armut doppelt empfand. Ich war nämlich stehen geblieben, um dem Leiermann zuzusehen. Es waren mir gerade so besondere Gedanken durch den Kopf gegangen — da blieb ich denn stehen und sah ihm zu, um mich von diesen Gedanken abzulenken. Und so stand ich denn da, auch einige Droschkenkutscher standen da, auch ein erwachsenes Mädchen blieb stehen, und noch ein anderes, ein kleines Mädchen, das schmutzig war. Der Leiermann hatte sich dort vor jemandes Fenster aufgestellt. Da bemerkte ich einen kleinen Knaben, so von etwa zehn Jahren; es wäre ein netter Junge gewesen, wenn er nicht so kränklich, so mager und verhungert ausgesehen hätte. Er hatte nur so etwas wie ein Hemdchen an, und etwas darüber, und so stand er, barfuß wie er war, und hörte mit offenem Mäulchen der Musik zu. Kinder sind eben Kinder! Augenscheinlich vergaß er sich ganz in kindlichem Entzücken über die Puppen, die auf dem deutschen Leierkasten tanzten, seine Händchen und Füßchen aber waren schon ganz blau vor Kälte, und dabei zitterte er am ganzen Körper und kaute an einem Ärmelzipfelchen, das er zwischen den Zähnen hielt. In der anderen Hand hatte er irgend ein Papier. Ein Herr ging vorüber und warf dem Leiermann eine kleine Münze zu, die gerade auf das Brett fiel, auf dem die Puppen tanzten, ein Kavalier mit zwei Damen. Kaum hörte mein Jungchen die Münze klappern, da fuhr er plötzlich aus seiner Versonnenheit auf, sah sich zaghaft um und glaubte wohl, daß ich das Geld geworfen hätte. Und er kam zu mir gelaufen — das ganze Kerlchen zitterte, auch das Stimmchen zitterte — und er streckte mir das Papier entgegen und sagte: »Bitte, Herr!«

Ich nahm das Papier, entfaltete es und las — nun, man kennt das ja schon: an »Wohltäter« ... und so weiter, drei Kinder hungern, die Mutter liegt im Sterben, habt Erbarmen und helft uns! ... »Wenn ich vor dem Throne Gottes stehen werde, will ich in meiner Fürbitte diejenigen nicht vergessen, die hienieden meinen armen Kindern geholfen haben!«

Was soll man da viel reden! Die Sache ist doch klar und oft genug erlebt. Was aber — ja, was sollte ich ihm wohl geben? Nun, so gab ich ihm denn nichts. Dabei tat er mir so leid! So ein armer kleiner Knabe, ganz blau war er vor Kälte, und so verhungert sah er aus, und er log doch bestimmt nicht, log doch bei Gott nicht! — ich kenne mich da aus! ... Schlimm ist nur, daß schlechte Mütter die Kinder nicht schonen und sie halbnackt und bei solcher Kälte hinausschicken. Mit so einem Zettel. Vielleicht war diese Mutter nur ein dummes Weib, ohne Charakter; aber vielleicht war auch niemand da, der sich um sie kümmert, und so sitzt sie denn müßig mit untergeschlagenen Füßen, oder vielleicht ist sie auch wirklich krank? Nun ja, aber sie könnte sich doch an eine zuständige Stelle wenden ... aber vielleicht ist sie auch eine gewöhnliche Betrügerin, die ein hungriges, sieches Kindchen zum Betrügen der Menschen hinausschickt und sich den Tod holen läßt. Und was lernt so ein armer Knabe mit solchen Zettelchen beim Betteln? Sein Herz kann doch nur verstocken. Er läuft vom Morgen bis zum Abend umher und bettelt. Viele Menschen gehen an ihm vorüber, aber niemand hat Zeit für ihn. Ihre Herzen sind steinern, ihre Worte grausam.

»Fort! Pack dich! Straßenjunge!« — das ist alles, was er an Worten zu hören bekommt, und das Herz des Kindes krampft sich zusammen, und vergeblich zittert in der Kälte der arme verschüchterte Knabe, wie ein aus zerzaustem Nest herausgefallenes Vögelchen. Seine Hände und Füße erstarren. Wie lange noch, und da — er hustet ja schon — kriecht ihm die Krankheit wie ein schmutziger, scheußlicher Wurm in die Brust, und ehe man sich dessen versieht, beugt sich schon der Tod über ihn, und der Knabe liegt sterbenskrank in irgendeinem feuchten, schmutzigen, stinkenden Winkel, ohne Pflege, ohne Hilfe — das aber ist dann sein ganzes Leben gewesen! Ja, so ist es oft — ein Menschenleben! Ach, Warinka, es ist qualvoll, ein »um Christi willen« zu hören und vorübergehen zu müssen, ohne etwas geben zu können, und dem Hungrigen sagen zu müssen: »Gott wird dir geben.«

Gewiß, manch ein »um Christi willen« braucht einen nicht sonderlich zu berühren. (Es gibt ja doch verschiedene »um Christi willen«, Mütterchen.) Manch eins ist gewohnheitsmäßig bettlerhaft, so in einem gewissen Ton, langgezogen, eingeleiert, gleichgültig. An einem solchen Bettler ohne Gabe vorüberzugehen, ist noch nicht so schlimm, man denkt: der ist Bettler von Beruf, der wird es verwinden, der weiß schon, wie man es verwindet. Aber manch ein »um Christi willen«, das von einer ungeübten, gequälten, heiseren Stimme hervorgestoßen wird, das geht einem wie etwas Unheimliches durch Mark und Bein, — so wie heute, gerade als ich von dem kleinen Jungen das Papier genommen hatte, da sagte einer, der dort am Zaun stand — er wandte sich nicht an jeden —: »Gib mir ein Almosen, Herr, um Christi willen!« — sagte es mit einer so stockenden, hohlen Stimme, daß ich unwillkürlich zusammenfuhr ... unter dem Eindruck einer schrecklichen Empfindung. Ich gab ihm aber kein Almosen: denn ich hatte nichts. Und dabei gibt es reiche Leute, die es nicht lieben, daß die Armen über ihr schweres Los klagen — sie seien »ein öffentliches Ärgernis«, sagen sie, sie seien »lästig«! nichts als »lästig«! ... Das Gestöhn der Hungrigen stört diese Satten wohl in ihrem Schlaf?

Ich will Ihnen gestehen, meine Liebe, ich habe alles dies zum Teil deshalb zu schreiben angefangen, um mein Herz zu erleichtern, zum Teil aber auch deshalb, und zwar zum größeren Teil, um Ihnen eine Probe meines Stils zu geben. Denn Sie werden doch sicher schon bemerkt haben, Mütterchen, daß sich mein Stil in letzter Zeit sehr gebessert hat? Aber jetzt habe ich mich, anstatt mein Herz zu erleichtern, nur in einen solchen Kummer hineingeredet, daß ich ordentlich anfange, selbst von Herzensgrund mit meinen Gedanken Mitgefühl zu empfinden, obschon ich sehr wohl weiß, Mütterchen, daß mit diesem Mitgefühl noch nichts getan ist; aber man läßt sich damit wenigstens in einer gewissen Weise Gerechtigkeit widerfahren.

Ja, in der Tat, meine Liebe, oft erniedrigt man sich selbst ganz grundlos, hält sich nicht einmal für eine Kopeke wert, schätzt sich für weniger als ein Holzspänchen ein. Das aber kommt, bildlich gesprochen, vielleicht nur daher, daß man selbst verschüchtert und verängstigt ist, ganz so wie jener arme Knabe, der mich heute um ein Almosen bat.

Jetzt werde ich aber einmal bildlich zu Ihnen reden, Mütterchen, in einem Gleichnis, sozusagen. Also hören Sie mal zu: Es kommt vor, meine Liebe, daß ich mich, wenn ich frühmorgens ins Amt eile, auf einmal ganz vergesse beim Anblick der Stadt, wie sie da erwacht und mählich aufsteht, langsam zu rauchen, zu wogen, zu brodeln, zu rasseln und zu lärmen beginnt, — so daß man sich vor diesem Schauspiel schließlich ganz klein und gering vorkommt, als hätte man von irgend jemandem unversehens einen Nasenstüber auf seine neugierige Nase bekommen, und da schleppt man sich denn ganz klein und still weiter, und wagt überhaupt nicht mehr, noch etwas zu denken!

Aber nun betrachten Sie mal, was in diesen schwarzen, rauchgeschwärzten großen Häusern vorgeht, versuchen Sie, sich das einmal vorzustellen, und dann urteilen Sie selbst, ob es richtig war, sich so ohne Sinn und Verstand so gering einzuschätzen und sich so unwürdigerweise einschüchtern zu lassen. — Vergessen Sie nicht, Warinka, daß ich bloß bildlich spreche, nur so im Gleichnis. — Nun also, lassen Sie uns jetzt mal nachsehen, was denn dort in diesen Häusern vorgeht?

Dort, in dem muffigen Winkel eines feuchten Kellerraumes, den nur die Not zu einer Menschenwohnung machen konnte, ist gerade irgendein Handwerker aufgewacht. Im Schlaf hat ihm, sagen wir, die ganze Zeit über nur von einem Paar Stiefel geträumt, das er gestern versehentlich falsch zugeschnitten hat, — ganz als müsse einem Menschen gerade nur von solchen Nichtigkeiten träumen! Nun, er ist ja Handwerker, ist ein Schuster: bei ihm ist es also noch erklärlich. Er hat kleine Kinder und eine hungrige Frau. Aber nicht Schuster allein wachen mitunter so auf, meine Liebe. Das wäre ja noch nichts und es verlohnte sich auch nicht, sich darüber zu verbreiten; doch nun sehen Sie, Mütterchen, was hierbei bemerkenswert ist. In demselben Hause, nur in einem anderen, höher gelegenen Stockwerk, und in einem allerprunkvollsten Schlafgemach hat in derselben Nacht einem vornehmen Herrn vielleicht von ganz denselben Stiefeln geträumt, das heißt, versteht sich, von Stiefeln etwas anderer Art, von einer, sagen wir, anderen Fasson, aber doch immerhin von Stiefeln... denn in dem Sinne meines Gleichnisses, Mütterchen, sind wir schließlich doch alle so etwas wie Schuster, meine Liebe. Aber auch das hätte wohl noch nichts auf sich, das Schlimme jedoch ist, daß es keinen Menschen neben jenem Reichen gibt, keinen einzigen, der ihm ins Ohr flüstern könnte: »Laß das doch, denk doch nicht nur an so etwas, nur an dich, leb doch nicht nur für dich allein. Du bist doch kein armer Schuster, deine Kinder sind gesund, deine Frau klagt nicht über Hunger. So sieh dich doch um, ob du denn nicht etwas anderes, etwas Edleres und Höheres für deine Sorgen findest als deine Stiefel!«

Sehen Sie, das ist es, was ich Ihnen sozusagen bildlich, eben durch ein Gleichnis, klarmachen wollte, Warinka. Es ist das vielleicht ein zu freier Gedanke, aber er kommt einem mitunter, und dann drängt er sich unwillkürlich in einem heißen Wort aus dem Herzen heraus. Und deshalb sage ich denn auch, daß man sich ganz grundlos so gering eingeschätzt, da einen doch nur der Lärm und das Gerassel erschreckt hat!

Ich schließe damit, daß Sie, mein Kind, nicht denken sollen, es sei eine böswillige Verdrehung, was ich Ihnen hier erzähle, oder ich finge Grillen, oder ich hätte es aus einem Buch abgeschrieben. Nein, mein Kind, das ist es nicht, beruhigen Sie sich: ich verstehe gar nicht, etwas zu verdrehen und schlecht zu machen, auch Grillen fange ich nicht, und abgeschrieben habe ich das erst recht nicht – damit Sie's wissen!

Ich kam recht traurig gestimmt nach Haus, setzte mich an meinen Tisch, machte mir etwas heißes Wasser und schickte mich dann an, ein Gläschen Tee zu trinken, oder auch zwei. Plötzlich, was sehe ich: Gorschkóff tritt zu mir ins Zimmer, unser armer Wohngenosse. Es war mir eigentlich schon am Morgen aufgefallen, daß er im Korridor immer an den anderen Zimmertüren vorüberstrich und einmal sich anscheinend an mich wenden wollte. Nebenbei bemerkt, mein Kind, ist seine Lage noch viel, viel schlimmer als meine. Gar kein Vergleich! Er hat doch eine Frau und Kinder zu ernähren ... so daß ich, wenn ich Gorschkoff wäre, – ja, ich weiß nicht, was ich an seiner Stelle täte! Also, mein Gorschkoff kommt zu mir herein, grüßt – hat wie gewöhnlich ein Tränchen im Auge –, macht so etwas wie einen Kratzfuß, kann aber kein Wort hervorbringen. Ich bot ihm einen Stuhl an, allerdings einen zerbrochenen, denn einen anderen habe ich nicht. Ich bot ihm ferner Tee an. Er entschuldigte sich, entschuldigte sich sehr lange, endlich nahm er doch das Glas. Dann wollte er aber den Tee unbedingt ohne Zucker trinken, er entschuldigte sich wieder und wieder, als ich ihm versicherte, daß er im Gegenteil unbedingt Zucker dazu nehmen müsse, und lange weigerte er sich so, dankte, entschuldigte sich von neuem. Schließlich nahm er das kleinste Stückchen, tat es in sein Glas und versicherte, der Tee sei ungewöhnlich süß. Ja, Warinka, da sehen Sie, wohin die Armut den Menschen zu bringen vermag!

»Nun, was gibt es Gutes, Väterchen?« fragte ich ihn.

Ja, so und so ... und so weiter, – »seien Sie mein Wohltäter, Makar Alexejewitsch, stehen Sie mir bei, helfen Sie einer armen Familie! Meine Kinder und meine Frau — wir haben nichts zu essen ... ich aber, als Vater — was stellen Sie sich vor, was ich dabei empfinde ...«

Ich wollte ihm etwas entgegnen, er aber unterbrach mich: »Ich fürchte hier alle, Makar Alexejewitsch, das heißt: nicht gerade, daß ich sie fürchtete, aber so, wissen Sie, man schämt sich. Sie sind alle so stolz und hochmütig. Ich würde Sie, Väterchen, gewiß nicht belästigen«, sagt er, »ich weiß, Sie haben selbst Unannehmlichkeiten gehabt, ich weiß auch, daß Sie mir nicht viel geben können, aber vielleicht werden Sie mir doch wenigstens etwas — leihen? Ich wage es nur deshalb, Sie darum zu bitten, weil ich Ihr gutes Herz kenne, weil ich weiß, daß Sie selbst Not gelitten haben, daß Sie selbst arm sind — da wird Ihr Herz eher mitfühlen.« Und zum Schluß bat er mich noch ausdrücklich, ihm seine »Dreistigkeit und Unverschämtheit« zu verzeihen.

Ich antwortete ihm, daß ich ihm von Herzen gern helfen würde, daß ich aber selbst nichts hätte, oder doch so gut wie nichts.

»Väterchen, Makar Alexejewitsch«, sagte er, »ich will Sie ja nicht um viel bitten«, — dabei errötete er bis über die Stirn — »aber meine Frau ... meine Kinder hungern ... vielleicht nur zehn Kopeken, Makar Alexejewitsch!«

Was soll ich sagen, Warinka? Mein Herz blutete, als ich seine Bitte um »nur zehn Kopeken« hörte. Da war ich doch noch reich im Vergleich zu ihm! In Wirklichkeit besaß ich allerdings nur zwanzig Kopeken, mit denen ich für die nächsten Tage rechnete, um mich noch irgendwie bis zum Zahltag durchzuschlagen. Und so sagte ich ihm denn auch, ich könne wirklich nicht ... und ich erklärte ihm die Sache.

»Nur ... nur zehn Kopeken, Väterchen, wir hungern doch, Makar Alexejewitsch ...«

Da nahm ich denn mein Geld aus dem Kästchen und gab ihm meine letzten zwanzig Kopeken, mein Kind, — es war immerhin ein gutes Werk. Ja, die Armut, wer die kennt! Es kam noch zu einer kleinen Unterhaltung zwischen uns, und da fragte ich ihn denn so bei Gelegenheit, wie er eigentlich in solche Armut geraten sei und wie es komme, daß er dabei doch noch in einem Zimmer wohne, für das er im Monat volle fünf Silberrubel zahlen müsse.

Darauf erklärte er mir denn die Sachlage. Er habe das Zimmer vor einem halben Jahr gemietet und die Miete für drei Monate im voraus bezahlt. Dann aber hätten sich seine Verhältnisse so verschlimmert, daß er die weitere Miete schuldig bleiben mußte und auch nicht die Mittel zu einem Umzug hatte. Inzwischen erwartete er vergeblich das Ende seines Rechtsstreites. Dieser aber ist eine so verzwickte Sache, Warinka. Er ist nämlich, müssen Sie wissen, in einer gewissen Angelegenheit mit angeklagt, und zwar handelt es sich da um die Schurkereien eines gewissen Kaufmanns, der bei Lieferungen an den Staat diesen betrogen hat. Der Betrug wurde aufgedeckt und der Kaufmann in Haft genommen, worauf dieser nun aber auch ihn, den Gorschkoff, in diese Angelegenheit hineinzog. Zwar kann man den Gorschkoff nur einer gewissen Fahrlässigkeit beschuldigen und ihm höchstens den Vorwurf machen, daß er nicht umsichtig genug gewesen sei und den Vorteil des Staates außer acht gelassen habe. Trotzdem zieht sich die Sache schon ein paar Jahre so hin: es herrscht immer noch nicht volle Klarheit in der Angelegenheit, so daß auch Gorschkoff nicht freigesprochen werden kann, — »der Ehrlosigkeit aber, die man mir vorwirft«, sagt Gorschkoff, »des Betruges und der Hehlerei bin ich *nicht* schuldig, nicht im geringsten!« Das ändert jedoch nichts daran, daß er wegen dieser Sache aus dem Dienst entlassen worden ist, obschon man ihm, wie gesagt, ein eigentliches Verschulden nicht hat nachweisen können. Auch hat er eine nicht unbedeutende Geldsumme, die ihm gehört, und die ihm der Kaufmann nun vor Gericht streitig macht, noch immer nicht durch den Prozeß herausbekommen können, was um so trauriger ist, als damit gleichzeitig, wie er sagt, auch seine Rechtfertigung zusammenhängt.

Ich glaube ihm aufs Wort, Warinka, das Gericht aber

denkt anders. Es ist, wie gesagt, eine so verzwickte Sache, daß man sie selbst in hundert Jahren nicht entwirren könnte. Kaum aber hat man sie ein wenig aufgeklärt, da bringt der Kaufmann wieder eine neue Unklarheit hinein und ändert die Lage der Sache abermals. Ich nehme herzlich Anteil an Gorschkoffs Mißgeschick, meine Liebe, ich kann ihm alles so nachfühlen. Ein Mensch ohne Stellung, niemand will ihn anstellen, da er nun einmal im Ruf der Unzuverlässigkeit steht. Was sie erspart hatten, haben sie aufgezehrt. Die Sache kann sich noch lange hinziehen ... Sie aber müssen doch leben. Und da kam dann noch plötzlich zu so ungelegener Zeit ein Kindchen zur Welt – das verursachte natürlich erst recht Ausgaben. Dann erkrankte der Sohn – wieder Ausgaben. Und der Sohn starb – und auch das hat neue Ausgaben verlangt. Auch die Frau ist krank, und auch er leidet an irgendeiner schleichenden Krankheit. Mit einem Wort: so ein Los ist schwer, sehr schwer! Übrigens, sagte er, die Sache werde sich in einigen Tagen nun doch entscheiden, und zwar sicher günstig für ihn, daran könne man jetzt nicht mehr zweifeln. Ja, er tut mir leid, sehr leid, Mütterchen! Ich habe ihn denn auch freundlich behandelt. Er ist ja doch ein ganz eingeschüchterter, ängstlich gewordener Mensch, er sehnt sich nach einem aufmunternden Wort, nach etwas Güte und Wohlwollen. Da habe ich ihn denn, wie gesagt, recht freundlich behandelt.

Nun, leben Sie wohl, Mütterchen, Christus sei mit Ihnen, bleiben Sie gesund. Mein Täubchen! Wenn ich an Sie denke, ist es mir, als lege sich Balsam auf meine kranke Seele, und wenn ich mich auch um Sie sorge, so sind mir doch auch diese Sorgen eine Lust.

Ihr aufrichtiger Freund Makar Djewuschkin

9. September

Warwara Alexejewna, Mütterchen!

Ich schreibe Ihnen noch ganz außer mir. Ich bin so aufgeregt, so bis zur Fassungslosigkeit aufgeregt von diesem schrecklichen Geschehnis! In meinem Kopf dreht sich noch alles im Kreise. Und ich fühle es förmlich, wie sich um mich herum auch alles dreht. Ach, meine Liebe, meine Gute, wie soll ich Ihnen jetzt das alles erzählen! Ja, das haben wir nun wirklich nicht voraussehen können. Oder nein, das glaube ich nicht, daß ich es nicht doch vorausgefühlt hätte; ja, ich habe das alles kommen fühlen. Mein Herz hat das schon vorher gespürt. Und kürzlich habe ich sogar nachts im Traum etwas ähnliches gesehen.

Nun hören Sie, was geschehen ist! — Ich werde Ihnen alles erzählen, diesmal ohne auf den Stil zu achten, also ganz einfach, wie Gott es mir eingibt.

Ich ging heute, wie gewöhnlich, frühmorgens ins Amt. Komme hin, setze mich auf meinen Platz, schreibe. Sie müssen wissen, Mütterchen, daß ich auch gestern genauso geschrieben habe. Nun war aber gestern Timoféi Iwánowitsch persönlich zu mir gekommen, um mir ein wichtiges Dokument einzuhändigen, das schleunigst abgeschrieben werden mußte. »Also, Makar Alexejewitsch, schreiben Sie das sofort ab«, geruhten sie mir noch einzuschärfen, »sauber, genau und sorgfältig: es muß heute noch zur Unterzeichnung vorgelegt werden.« Ich muß vorausschicken, mein Engelchen, daß ich gestern gar nicht so war, wie man eigentlich sein muß — will sagen, daß ich eigentlich überhaupt nichts ansehen wollte; Kummer und Sorge bedrückten mich so! Im Herzen war es kalt, in der Seele dunkel; meine Gedanken aber waren alle bei Ihnen, mein armes Sternchen. Und so machte ich mich denn an die Arbeit; schrieb sauber ab, sorgfältig, bloß — ich weiß wirklich nicht, wie ich Ihnen das genauer erklären soll, ob mich der leibhaftige Gottseibeiuns selber dazu verleitet hat oder ob da sonst welche geheimen Kräfte mit im Spiel waren, oder ob es einfach so und nicht anders hat kommen müssen: — jedenfalls habe ich beim Abschreiben eine ganze Zeile ausgelassen! So daß denn Gott weiß was für ein Sinn herauskam, oder richtiger: es kam überhaupt kein Sinn heraus! Die Abschrift wurde aber gestern zu spät fertig und daher erst heute zur Unterschrift vorgelegt.

Nun, und heute morgen — ich komme wie immer zur gewohnten Stunde ins Amt und nehme meinen Platz neben Jemeljān Iwānowitsch ein. Ich muß Ihnen bemerken, meine Liebe, daß ich mich seit einiger Zeit noch viel mehr schämte und noch mehr zu verstecken suchte als früher. Ja, in der letzten Zeit hatte ich überhaupt niemanden mehr anzusehen gewagt. Kaum höre ich irgendwo einen Stuhl rücken, da bin ich schon mehr tot als lebendig. Nun, und heute war alles ebenso: ich duckte mich und saß ganz still, wie ein Igel, so daß Jefím Akímowitsch (der spottlustigste Mensch, den es auf Gottes Erdboden je gegeben hat) plötzlich zu mir sagte, so daß alle es hörten:

»Na, Makar Alexejewitsch, was sitzen Sie denn da wie'n alter Uhu« — und dabei schnitt er eine Grimasse, daß alle, die dort ringsum saßen, sich die Seiten hielten vor Lachen, und natürlich über mich allein lachten. Nun, und da ging es denn los! — Ich klappte meine Ohren zu und kniff auch die Augen zu und rührte mich nicht. So tue ich immer, wenn sie anfangen: dann lassen sie einen eher wieder in Ruhe. Plötzlich höre ich erregte Stimmen, hastige Schritte, ein Laufen, Rufen. Ich höre — täuschen mich nicht meine Ohren? — man ruft mich, ruft meinen Namen, ruft Djewuschkin! Das Herz erzitterte in meiner Brust, ich weiß selbst nicht, wie es kam, daß mir der Schreck so in die Glieder fuhr, wie noch nie zuvor in meinem Leben. Ich saß wie angewachsen auf meinem Stuhl, — ich rührte mich nicht, als ginge es mich gar nichts an, ich war gleichsam gar nicht da. Aber da rief man schon wieder, immer näher kam es, schon in nächster Nähe: »Djewuschkin! Djewuschkin! Wo ist Djewuschkin!« — Ich schlage die Augen auf: vor mir steht Jewstáfij Iwánowitsch — und ich höre noch, wie er sagt:

»Makar Alexejewitsch, zu Seiner Exzellenz, schnell! Sie haben mit Ihrer Abschrift etwas Schönes angerichtet!« Das war alles, was er sagte, aber es war auch schon genug gesagt, nicht wahr, Mütterchen, es war schon genug? Ich erstarrte, ich starb einfach, ich empfand überhaupt nichts mehr, ich ging – das heißt: meine Füße gingen, ich selbst war mehr tot als lebendig. Ich wurde durch ein Zimmer geführt, durch noch eines und noch ein drittes – ins Kabinett. Jedenfalls sah ich dann, daß ich dort stand. Rechenschaft darüber, was ich dabei dachte, vermag ich Ihnen nicht zu geben. Ich sah nur, dort standen Exzellenz und um Exzellenz herum alle die anderen. Ich glaube, ich habe nicht einmal eine Verbeugung gemacht; ich vergaß sie. Ich war ja so bestürzt, daß meine Lippen und meine Knie zitterten. Aber es war auch Grund dazu vorhanden, Mütterchen. Erstens schämte ich mich, und dann, als ich noch zufällig nach rechts in einen Spiegel sah, hätte ich wohl alle Ursache gehabt, in die Erde zu versinken. Hinzu kam: ich hatte mich doch immer so zu verhalten gesucht, als wäre ich überhaupt nicht vorhanden, so daß es kaum anzunehmen war, daß Exzellenz überhaupt etwas von mir wußten. Vielleicht hatten Exzellenz einmal flüchtig gehört, daß dort im vierten Zimmer ein Beamter Djewuschkin sitzt, aber in nähere Beziehungen waren Exzellenz nie zu ihm getreten.

Zuerst sagten Exzellenz ganz aufgebracht:

»Was haben Sie hier für einen Unsinn zusammengeschrieben, Herr! Wo haben Sie Ihre Augen gehabt! Ein so wichtiges Dokument, das dringend abgesandt werden muß! Und da schreiben Sie etwas so Sinnloses zusammen! Was haben Sie sich dabei eigentlich gedacht?« und darauf wandten sich Exzellenz an Jewstáfij Iwánowitsch. Ich hörte nur einzelne Worte wie aus dem Jenseits: »Unachtsamkeit! Nachlässigkeit ... nur Unannehmlichkeiten zu bereiten! ...«

Ich tat wohl den Mund auf, weiß aber nicht, wozu. Ich wollte mich entschuldigen, wollte um Verzeihung bitten, brachte aber keinen Ton hervor. Fortlaufen – daran war nicht zu denken, nun aber ... nun geschah plötzlich noch etwas — geschah so etwas, Mütterchen, daß ich auch jetzt noch kaum die Feder halten kann vor Scham! — Mein Knopf nämlich — ach, hol' ihn der Teufel! — mein Knopf, der nur noch an einem Fädchen gebaumelt hatte, fiel plötzlich ab (ich muß ihn irgendwie berührt haben) fiel ab, fiel klingend zu Boden und rollte, rollte — und rollte ausgerechnet zu den Füßen von Exzellenz, fiel und rollte mitten in diese Grabesstille, die herrschte! Das war also meine ganze Rechtfertigung, meine ganze Entschuldigung, alles was ich Exzellenz zu sagen hatte! Die Folgen waren auch danach! Exzellenz wurden sogleich auf mein Aussehen und meine Kleider aufmerksam. Ich dachte daran, was ich im Spiegel erblickt hatte — und plötzlich lief ich meinem Knopf nach und bückte mich, um den Ausreißer wieder einzufangen! Ich hatte eben ganz und gar den Verstand verloren! Ich hockte und haschte nach dem Knopf, der aber rollte und rollte wie ein Kreisel immer in die Runde, ich jedoch tapse umher und kriege und kriege ihn nicht — so daß ich mich also auch noch in bezug auf meine Gewandtheit recht auszeichnete! Da fühlte ich denn, wie mich die letzten Kräfte verließen, und daß schon alles, alles verloren war. Das ganze Ansehen war hin, der Mensch in mir vernichtet! Obendrein begann es auch noch in meinen beiden Ohren zu sausen und dazwischen war es mir, als hörte ich irgendwo hinter der Wand Theresa und Faldoni schimpfen, wie ich sie immer in der Küche schimpfen höre. Endlich erwischte ich den Knopf, erhob mich, richtete mich auf — doch anstatt nun die Dummheit einigermaßen gutzumachen und stramm zu stehen, — statt dessen drückte ich den Knopf immer wieder an die Stelle, wo er früher angenäht war und wo jetzt nur ein paar Fädchen hingen, ganz als müsse der Knopf davon dort kleben bleiben; dazu aber lächelte ich noch, ja, bei Gott, ich lächelte noch!

Exzellenz wandten sich zunächst ab, dann sahen sie mich wieder an — ich hörte sie nur noch zu Jewstafij Iwanowitsch halblaut murmeln:

»Ich bitte Sie . . . sehen Sie doch, wie er ausschaut! . . . In welchem Zustand! . . . Was ist denn mit ihm los?«

Ach, meine Liebe, was war da noch zu wollen! Hatte mich ausgezeichnet, wie man's besser nicht kann! Ich höre, Jewstafij Iwanowitsch antwortet ihm ebenso halblaut:

». . . nichts zuschulden kommen lassen, nichts, Exzellenz, hat sich bisher musterhaft aufgeführt . . . gut angeschrieben . . . etatsmäßiges Gehalt . . .«

»Nun, dann helfen Sie ihm irgendwie«, sagten Exzellenz, »lassen Sie ihm einen Vorschuß geben . . .«

». . . hat schon soviel Vorschuß genommen . . . schon für mehrere Monate«, höre ich wieder murmeln. »Offenbar sind seine Verhältnisse im Augenblick derart . . . seine Aufführung ist sonst, wie gesagt, musterhaft, einwandfrei . . .«

Ich war, mein Engelchen, ich war von einem höllischen Feuer umgeben, das mich bei lebendigem Leibe briet! Ich – ich verging, ich starb!

»Nun«, sagten Exzellenz plötzlich laut, »das muß also nochmals abgeschrieben werden. Djewuschkin, kommen Sie mal her: also schreiben Sie mir das nochmals fehlerlos ab, und Sie, meine Herren . . .« Hier wandten sich Exzellenz an die übrigen und erteilten verschiedene Aufträge, so daß sie alle einer nach dem anderen fortgingen. Kaum aber war der letzte gegangen, da zogen Exzellenz schnell die Brieftasche hervor und entnahmen ihr einen Hundertrubelschein. –

»Hier . . . soviel ich kann . . . nehmen Sie nur . . . lassen Sie's gut sein . . .« Damit drückten sie mir den Schein in die Hand.

Ich, mein Engelchen, ich zuckte zusammen, meine ganze Seele erbebte: ich weiß nicht mehr, wie mir geschah! Ich wollte seine Hand ergreifen, um sie zu küssen, er aber errötete, mein Täubchen, und – ich weiche hier nicht um Haaresbreite von der Wahrheit ab, meine Liebe – und er nahm diese meine unwürdige Hand und schüttelte sie, nahm sie ganz einfach und schüttelte sie, ganz als wäre das die Hand eines ihm völlig Gleichstehenden, etwa eines ebensolchen hochgestellten Mannes, wie er selbst einer ist.

»Nun, gehen Sie nur«, sagte er, »womit ich helfen kann ... Schreiben Sie das also nochmals ab, aber machen Sie diesmal keine Fehler! Und damit lassen Sie's erledigt sein.«

Jetzt, Mütterchen, hören Sie an, was ich beschlossen habe: Sie und Fjodora bitte ich, und wenn ich Kinder hätte, würde ich ihnen befehlen, zu Gott zu beten, und zwar so: daß sie für den eigenen leiblichen Vater nicht beten, für Exzellenz aber tagtäglich und bis an ihr Lebensende beten sollen! Und ich will Ihnen noch etwas sagen, und das sage ich feierlichst — also passen Sie auf, Mütterchen: ich schwöre es, daß ich — so groß auch meine Not war und wie sehr ich auch unter unserem Geldmangel gelitten habe, zumal, wenn ich an Ihre Not und Ihr Ungemach dachte und desgleichen an meine Erniedrigung und Unfähigkeit — also ungeachtet alles dessen schwöre ich Ihnen, daß diese hundert Rubel mir nicht soviel wert sind wie diese eine Tatsache, daß Exzellenz selbst und leibhaftig mir, dem Trunkenbold, dem Geringsten unter den Geringen, die Hand, diese meine unwürdige Hand zu drücken geruhten! Damit haben sie mich mir selbst zurückgegeben. Damit haben Sie meinen Geist von den Toten auferweckt, mir das Leben für ewig versüßt, und ich bin fest überzeugt, daß — so sündig ich auch vor dem Allerhöchsten sein mag — mein Gebet für das Glück und Wohlergehen von Exzellenz doch bis zum Throne Gottes dringen und von Ihm erhört werden wird! ...

Mütterchen! Ich bin jetzt in einer Gemütserregung, wie ich sie noch nie erlebt habe! Mein Herz klopft zum Zerspringen, und ich fühle mich so erschöpft, als wäre mir alle Kraft abhanden gekommen.

Ich sende Ihnen hiermit 45 Bankorubel. 20 Rubel gebe ich der Wirtin und den Rest von 35 behalte ich für mich: davon will ich mir für 20 Kleidungsstücke anschaffen, und 15 bleiben dann noch zum Leben. Nur haben mich alle diese Eindrücke heute morgen so erschüttert, daß ich mich ganz schwach fühle. Ich werde mich etwas hinlegen. Ich bin jetzt übrigens ganz ruhig, vollständig ruhig. Es ist nur noch so wie ein Druck auf dem Herzen, und irgendwo dort in der Tiefe spüre ich, wie meine Seele bebt und zittert und sich regt.

Ich werde zu Ihnen kommen. Noch bin ich wie betäubt von all diesen Empfindungen ... Gott sieht alles, Sie mein Mütterchen, mein unschätzbares Kleinod!

Ihr Ihrer würdiger Freund   Makar Djewuschkin

10. September

Mein lieber Makar Alexejewitsch!

Ich freue mich unendlich über Ihr Glück und weiß die Hilfe Ihres Vorgesetzten in ihrer ganzen Güte zu würdigen. So können Sie jetzt endlich aufatmen und sich von Ihren Sorgen erholen! Aber nur um eines bitte ich Sie: geben Sie das Geld um Gottes willen nicht wieder für unnütze Sachen aus. Leben Sie ruhig und still, leben Sie möglichst sparsam, und bitte, fangen Sie jetzt an, jeden Tag etwas Geld beiseite zu legen, damit Sie nicht wieder so in Not geraten! Um uns brauchen Sie sich wirklich nicht mehr zu sorgen. Werden nun schon durchkommen. Wozu haben Sie uns soviel Geld geschickt, Makar Alexejewitsch? Wir brauchen es doch gar nicht ... Wir sind zufrieden mit dem, was wir uns verdienen. Es ist wahr, wir werden bald zum Umzug Geld nötig haben, aber Fjodora hofft, daß man ihr jetzt endlich eine alte Schuld abtragen wird. Ich behalte also für alle Fälle zwanzig Rubel, den Rest sende ich Ihnen zurück. Geben Sie das Geld, ich bitte Sie, nur nicht für Unnötiges aus, Makar Alexejewitsch!

Leben Sie wohl! Leben Sie jetzt ganz ruhig, werden Sie gesund und fröhlich. Ich würde Ihnen mehr schreiben, fühle mich aber schrecklich müde. Gestern lag ich den ganzen Tag zu Bett. Das ist gut, daß Sie mich besuchen wollen. Tun Sie es doch, bitte, recht bald, Makar Alexejewitsch. Ich erwarte Sie.

Ihre W. D.

11. September

Meine liebe Warwara Alexejewna!

Ich flehe Sie an, meine Liebe, verlassen Sie mich jetzt nicht, jetzt, wo ich vollkommen glücklich und mit allem zufrieden bin! Mein Täubchen! Hören Sie nicht auf Fjodora! Ich verspreche Ihnen, alles zu tun, was Sie nur wollen. Ich werde mich gut aufführen, allein schon aus Hochachtung für Exzellenz werde ich mich ehrenhaft und anständig aufführen. Wir werden einander wieder selige Briefe schreiben, werden uns gegenseitig unsere Gedanken mitteilen, und unsere Freuden und Sorgen — wenn es wieder einmal Sorgen geben sollte — miteinander teilen: und so werden wir denn wieder einträchtig und glücklich miteinander leben. Werden uns mit der Literatur beschäftigen ... Mein Engelchen! In meinem Leben hat sich doch jetzt alles geändert, alles hat sich zum Besseren gewendet. Meine Wirtin läßt wieder mit sich reden. Theresa ist bedeutend klüger geworden, und sogar Faldoni wird dienstfertig. Mit Ratasäjeff habe ich mich ausgesöhnt. Ich ging in meiner Freude selbst zu ihm. Er ist wirklich ein guter Kerl, Mütterchen, und was man von ihm Schlechtes gesagt hat, ist alles Unsinn. Jetzt habe ich erfahren, daß alles nur eine häßliche Verleumdung gewesen ist. Er hat gar nicht daran gedacht, uns satirisch zu beschreiben. Das hat er mir selbst gesagt. Er las mir auch sein neuestes Werk vor. Und was das betrifft, daß er mich damals Lovelace benannt hat: nun — so ist das ja gar nichts Schlechtes oder gar eine unanständige Bezeichnung. Er hat mir nämlich jetzt die Bedeutung erklärt. Lovelace ist ein Fremdwort und bedeutet ungefähr „ein gewandter Bursche", oder wenn man es hübscher, sozusagen literarischer ausdrücken will: „ein schneidiger Kavalier". Sehen Sie, das bedeutet es, nicht aber irgend so etwas Verfängliches. Es war also ein ganz unschuldiger Scherz von ihm, mein Engelchen! Ich ungebildeter Dummkopf habe es nur gleich für eine Beleidigung gehalten. Nun, und da habe ich mich denn jetzt deswegen bei ihm gleich entschuldigt ...

Das Wetter ist heute so schön, Warinka. Am Morgen hatten wir zwar leichten Frost, aber das tut nichts: dafür ist die Luft jetzt etwas frischer. Ich ging und kaufte mir ein Paar Stiefel — es sind wirklich tadellos schöne Stiefel, die ich gekauft habe. Dann ging ich noch etwas auf dem Newskji spazieren. Habe eine Zeitung gelesen. Ja, richtig! und das Wichtigste vergesse ich, Ihnen zu erzählen!

Also hören Sie jetzt, wie es war:

Heute morgen kam ich mit Jemeljan Iwanowitsch und mit Akssentij Michailowitsch ins Gespräch und wir sprachen von Exzellenz. Ja, Warinka, Exzellenz sind nicht nur gegen mich so gütig gewesen. Sie haben schon vielen Gutes erwiesen, und die Herzensgüte von Exzellenz ist aller Welt bekannt. Viele, viele Menschen rühmen diese Güte und vergießen Tränen der Dankbarkeit, wenn sie der ihnen erwiesenen Hilfe gedenken. Exzellenz haben unter anderem eine arme Waise bei sich zu Hause erzogen, und die ist dann verheiratet worden an einen angesehenen Beamten, der zu den nächsten Untergebenen von Exzellenz gehört, und Exzellenz haben ihr dann auch noch eine Aussteuer mitgegeben. Ferner haben Exzellenz auch noch den Sohn einer armen Witwe in einer Kanzlei untergebracht, und noch viel, viel Gutes haben Exzellenz den Menschen erwiesen. Ich hielt es für meine Pflicht, Mütterchen, auch mein Scherflein beizusteuern und erzählte allen laut, was Exzellenz an mir getan haben: ich erzählte ihnen alles, ich verheimlichte nichts. Meine Verlegenheit steckte ich dabei in die Tasche. Was Verlegenheit, was Ansehen, wenn es sich um so etwas handelt! Ganz laut erzählte ich es, so daß alle es hören konnten, ja, ganz laut, um die edelmütigen Taten von Exzellenz allen kundzutun! Ich sprach mit Eifer und Begeisterung und errötete nicht; im Gegenteil, ich war stolz, daß ich so etwas erzählen konnte. Und ich erzählte alles (nur von Ihnen, Mütterchen, erzählte ich zum Glück nichts; über Sie ging ich vernünftigerweise mit Stillschweigen hinweg), aber von meiner Wirtin und Faldoni, und von Ratasäjeff und Markoff und von meinen

Stiefeln — alles das erzählte ich. Manche grinsten wohl ein bißchen, oder eigentlich taten das sogar alle — alle lächelten wenigstens. Wahrscheinlich haben Sie an meiner Erscheinung etwas Lächerliches gefunden. Vielleicht haben sie auch nur über meine Stiefel gelacht — ja, ganz sicher nur über meine Stiefel. Aber in irgendeiner schlechten Absicht haben sie gewiß nicht gelacht, das hätten sie nie und nimmer tun können. Sie sind eben noch jung ... oder wohlhabende Leute. In einer schlechten, einer häßlichen Absicht jedenfalls — da hätten sie mich und meine Worte bestimmt nicht verspottet. Das heißt, ich meine: etwa über Exzellenz zu lachen — das hätten sie unter keinen Umständen getan! Hab' ich nicht recht, Warinka?

Ich kann eigentlich noch immer nicht ganz zur Besinnung kommen, Mütterchen. Alle diese Geschehnisse haben mich so verwirrt! Haben Sie auch Holz zum Heizen? Sehen Sie nur zu, daß Sie sich nicht erkälten, Warinka, wie leicht ist das geschehen! Ich bete zu Gott, mein Mütterchen, er möge Sie behüten und beschützen! Haben Sie zum Beispiel auch wollene Strümpfchen oder was da sonst von wärmeren Kleidungsstücken für den Winter nötig ist? Seien Sie nur vorsichtig, mein Täubchen. Wenn Ihnen von solchen Sachen etwas fehlen sollte, dann kränken Sie mich Alten nicht, um Himmels willen, dann wenden Sie sich sofort und ohne weiteres an mich. Machen Sie sich bloß keine Sorgen meinetwegen. Jetzt sind ja die schlechten Zeiten vorüber, und vor uns liegt alles so hell, so schön!

Aber es war doch eine traurige Zeit, Warinka! Nun ja, was soll man davon noch reden, jetzt, wo sie überstanden ist! Wenn erst Jahre darüber vergangen sein werden, dann werden wir auch an diese Zeit lächelnd zurückdenken. Nicht wahr, wie wenn man heute so an seine Jugendjahre zurückdenkt! Was man da nicht alles durchgemacht hat! Wie oft hatte man nicht eine einzige Kopeke in der Tasche. Frieren tat man, hungrig war man, aber dabei doch immer lustig. Morgens ging man über den Newskij, begegnete einem netten

Gesichtchen — und da war man denn für den ganzen Tag glücklich. Eine schöne, eine wunderschöne Zeit war es doch, Mütterchen! Überhaupt ist es schön, auf Erden zu leben, Warinka! Namentlich in Petersburg. Ich habe gestern mit Tränen in den Augen vor Gott dem Herrn meine Sünden bereut, damit er mir alle meine Sünden, die ich in dieser traurigen Zeit begangen habe, verzeihen möge, als da sind: Murren, Freidenkerei, Leichtsinn und Heftigkeit. Und Ihrer, mein Kind, habe ich in meinem Gebet mit Rührung gedacht. Sie allein, mein Engelchen, haben mich getröstet und gestärkt, haben mir guten Rat erteilt und mir mit Ihrem Beistand über alles Schwere hinweggeholfen. Das werde ich, Mütterchen, Ihnen niemals vergessen. Ihre Briefchen habe ich heute alle einzeln abgeküßt, mein Täubchen! mein Engelchen! Nun, und jetzt — leben Sie wohl!

Ich habe gehört, daß hier in der Nähe jemand eine Beamtenuniform zu verkaufen habe. Nun werde ich mich auch äußerlich wieder etwas instand setzen. Leben Sie wohl, mein Engelchen, leben Sie wohl, auf Wiedersehen!

Ihr Ihnen innig zugetaner   Makar Djewuschkin

15. September

Sehr geehrter Makar Alexejewitsch!

Ich schreibe Ihnen in schrecklichster Aufregung. Hören Sie, was hier geschehen ist. Ich ahne etwas Schicksalhaftes. Urteilen Sie selbst, mein bester Freund: Herr Bykoff ist in Petersburg.

Fjodora ist ihm begegnet. Er ist in einem Wagen an ihr vorübergefahren, hat sie erkannt, er hat sogleich anhalten lassen, ist dann selbst auf sie zugegangen und hat sie gefragt, wo sie wohne. Sie hat es natürlich nicht gesagt. Darauf hat er lachend die Bemerkung hingeworfen — na, er wisse ja schon, wer bei ihr lebe. (Offenbar hat ihm Anna Fjodorowna alles erzählt.) Da ist Fjodora zornig geworden und hat ihm gleich dort auf der Straße Vorwürfe gemacht, ihm gesagt, daß er ein sittenloser Mensch sei und ganz allein die Schuld an meinem Unglück trage. Darauf hat er erwidert, wenn man keine Kopeke habe, müsse man allerdings unglücklich sein.

Fjodora sagt, sie habe ihm darauf erklärt, daß ich mich sehr wohl mit meiner Hände Arbeit ernähren, daß ich heiraten oder schlimmstenfalls eine Stelle hätte annehmen können, jetzt aber sei mein Glück für immer vernichtet, und außerdem sei ich krank und würde wohl bald sterben.

Darauf hat er erwidert, ich sei noch gar zu jung, in meinem Kopf gäre es noch, und er hat hinzugefügt, *unsere Tugend sei wohl ein bißchen trüb geworden* (das sind genau seine Worte).

Wir dachten schon, Fjodora und ich, daß er nicht wisse, wo wir wohnen, doch plötzlich, gestern — kaum war ich ausgegangen, um in der Kaufhalle einige Zutaten zu kaufen — da taucht er ganz unerwartet hier auf. Wahrscheinlich hat er mich nicht zu Hause antreffen wollen. Zunächst hat er Fjodora lange über unser Leben ausgefragt und alles bei uns genau betrachtet, auch meine Handarbeit. Und dann hat er plötzlich gefragt:

»Was ist denn das für ein Beamter, der mit euch bekannt ist?«

In diesem Augenblick sind Sie gerade über den Hof gegangen und da hat Fjodora auf Sie hingewiesen: er hat zum Fenster hinausgesehen und dann gelächelt. Auf Fjodoras Bitte, fortzugehen, da ich von all dem Kummer ohnehin schon krank sei und es mir sehr unangenehm wäre, ihn hier zu sehen, hat er nichts geantwortet und eine Weile geschwiegen: dann hat er gesagt, daß er »nur so« gekommen sei, er habe gerade nichts zu tun gehabt, und schließlich hat er Fjodora fünfundzwanzig Rubel geben wollen, die sie natürlich nicht angenommen hat.

Was mag das alles zu bedeuten haben? Weshalb, wozu ist er zu uns gekommen? Ich begreife nicht, woher er alles über uns erfahren haben kann? Ich verliere mich in allen möglichen Mutmaßungen. Fjodora sagt, Axinja, ihre Schwägerin, die bisweilen zu uns kommt, sei gut bekannt mit der Wäscherin Nastassja; ein Vetter von dieser Nastassja aber sei Amtsdiener in dem Büro, in dem einer der besten Freunde des Neffen von Anna Fjodorowna angestellt ist. Sollte der Klatsch nicht auf diesem Umweg zu ihm gedrungen sein? Wir wissen selbst nicht, was wir denken sollen. Könnte er wirklich noch einmal zu uns kommen? Der bloße Gedanke daran entsetzt mich! Als Fjodora mir gestern das alles erzählte, erschrak ich so, daß ich fast ohnmächtig wurde vor Angst. Was wollen diese Menschen noch von mir? Ich will nichts mehr von ihnen wissen! Was gehe ich sie an? Ach, wenn Sie wüßten, in welcher Angst ich jetzt lebe: jeden Augenblick fürchte ich, Bykoff werde sogleich ins Zimmer treten. Was wird aus mir werden! Was erwartet mich? Um Christi willen, kommen Sie sogleich zu mir, Makar Alexejewitsch! Ich flehe Sie an, kommen Sie!

18. September

Mütterchen Warwara Alexejewna!

Heute ist in unserem Hause etwas unendlich Trauriges, Unerklärliches und ganz Unerwartetes geschehen. Doch ich will Ihnen alles der Reihenfolge nach erzählen.

Also das Erste war, daß unser armer Gorschkoff freigesprochen wurde. Das Urteil war wohl schon lange eine beschlossene Sache, aber erst für heute hatte man die Verkündung des Endspruches festgesetzt. Die Sache endete für ihn sehr günstig. All der Dinge, deren man ihn beschuldigt hatte – der Unachtsamkeit, Nachlässigkeit usw. – wurde er freigesprochen. Das Gericht stellte in vollem Umfang seine Ehre wieder her und verurteilte den Kaufmann zur Auszahlung jener bedeutenden Geldsumme an Gorschkoff, so daß sich jetzt auch seine äußere Lage mit einem Schlag gebessert hat, da das Geld ganz sicher ist und vom Kaufmann auf gerichtlichem Weg eingezogen werden wird. Das Wichtigste war natürlich, daß der Schandfleck entfernt wurde, der mit dieser Anklage auf seiner Ehre lag. Mit einem Wort, alle seine Wünsche gingen in Erfüllung.

Gegen drei Uhr kam er nach Hause. Er war kaum wiederzuerkennen. Sein Gesicht war kreideweiß, die Lippen zitterten, und dabei lächelte er in einem fort — so umarmte er seine Frau und die Kinder. Wir gingen alle, eine ganze Schar, zu ihm, um ihn zu beglückwünschen. Ich glaube, unsere Handlungsweise rührte ihn sehr; er dankte nach allen Seiten und drückte einem jeden mehrmals die Hand. Ja, es schien sogar, als ob er ordentlich gewachsen sei, wenigstens hielt er sich weit strammer als sonst, und auch die Augen tränten nicht mehr. Er war so erregt, der Arme. Keine zwei Minuten hielt er es auf ein und derselben Stelle aus: alles nahm er in die Hand, um es sogleich wieder zurückzulegen, bald faßte er die Stuhllehnen an, lächelte, dankte, dann setzte er sich, stand jedoch gleich wieder auf, setzte sich von neuem und sprach Gott weiß was alles durcheinander. Einmal sagte er: »Meine Ehre, ja, meine Ehre ... ein guter Name, der bleibt jetzt meinen Kindern ...« Sie hätten hören müssen, wie er das sagte! Die Augen standen ihm voll Tränen, und auch wir waren größtenteils den Tränen nahe. Ratasäjeff wollte ihn wohl aufmuntern und sagte deshalb: »I was, Väterchen, was macht man mit der Ehre, wenn man nichts zu essen hat! Geld, Väterchen, Geld ist die Hauptsache. Für das Geld, ja, dafür können Sie Gott danken!« — und dabei klopfte er ihm auf die Schulter.

Es schien mir, als fühlte Gorschkoff sich dadurch irgendwie gekränkt. Nicht gerade, daß er den Beleidigten gespielt hätte, aber er sah doch den Ratasäjeff so eigentümlich an und nahm zur Antwort dessen Hand von seiner Schulter. Früher aber wäre das nicht geschehen, Mütterchen. Übrigens sind die Charaktere verschieden. Ich zum Beispiel hätte in der großen Freude ganz sicher nicht gleich den Stolzen gespielt. Macht man doch, meine Liebe, macht man doch oft genug einen ganz unnötigen Bückling, macht ihn aus keinem anderen Grunde als einzig aus überflüssiger Weichheit oder in einer Anwandlung gar zu großer Gutherzigkeit ... übrigens handelt es sich hier nicht um mich!

»Ja«, sagte Gorschkoff nach einer Weile, »auch das Geld ist gut. Gott sei Dank ... Gott sei Dank ...«

Und dann wiederholte er noch mehrmals vor sich hin: »Gott sei Dank ... Gott sei Dank ...«

Seine Frau bestellte ein etwas feineres und reichlicheres Mittagessen. Unsere Wirtin kochte es selbst. Unsere Wirtin ist nämlich eine zum Teil gute Frau.

Bis zum Essen konnte Gorschkoff keinen Augenblick stillsitzen. Er ging zu allen in die Zimmer, gleichviel, ob man ihn dazu aufgefordert hatte oder nicht. Er trat ganz einfach ein, lächelte in seiner Weise, setzte sich auf einen Stuhl, sagte irgend etwas, oder sagte auch nichts – und dann ging er wieder. Bei unserem Seemann, bei dem man gerade spielte, nahm er sogar Karten in die Hand, und man ließ ihn auch als vierten mitspielen. Er spielte, spielte, brachte aber nur Verwirrung ins Spiel und warf die Karten nach drei oder vier Runden wieder hin.

»Nein, ich habe ja nur so ...«, soll er gesagt haben, »ich habe ja nur so ...« Und damit sei er wieder gegangen.

Mir begegnete er im Korridor, ergriff meine beiden Hände und sah mir lange in die Augen, aber mit einem ganz eigentümlichen Blick. Dann drückte er meine Hände und ging fort, immer mit einem Lächeln auf den Lippen, einem gleichfalls ganz eigentümlichen Lächeln, das so unbeweglich, so bedrückend war wie das Lächeln eines Toten. Seine Frau weinte vor Freude. Es war bei ihnen heute wie ein rechter Feiertag. Das Mittagessen war bald beendet. Dann, nach dem Essen, hat er plötzlich zu seiner Frau gesagt:

»Ich will mich jetzt ein wenig hinlegen«, und damit hatte er sich auch schon auf dem Bett ausgestreckt.

Gleich darauf rief er sein Töchterchen zu sich, legte die Hand auf das Kinderköpfchen und streichelte es immer wieder. Dann wandte er sich von neuem an seine Frau:

»Wo ist denn Pétinka? Unser Pétja«, fragte er, »unser Pétinka? ...«

Die Frau bekreuzte sich und sagte, Petinka sei doch tot.

»Ja, ja, ich weiß, ich weiß schon, Pétinka ist jetzt im Himmelreich.«

Die Frau merkte, daß er gar nicht so wie sonst war, daß die Erlebnisse an diesem Tage ihn ganz durcheinander gebracht hatten, und sagte deshalb, er solle doch versuchen, einzuschlafen und auszuruhen.

»Ja, gut ... ich werde gleich ... ich will nur ein wenig ...«

Und damit drehte er sich auf die Seite, lag ein Weilchen, dann wandte er sich wieder zurück und wollte wohl noch etwas sagen. Die Frau hat ihn noch gefragt: »Was ist, mein Freund?« — aber er antwortete schon nicht mehr. ‚Nun, er wird wohl eingeschlafen sein', sagte sie sich und ging aus dem Zimmer, um mit der Wirtin Notwendiges zu besprechen. Nach etwa einer Stunde kam sie zurück — der Mann, das sah sie, war noch nicht aufgewacht, er schlief noch ganz ruhig, ohne sich zu rühren. Sie dachte: mag er nur schlafen, und setzte sich wieder an ihre Arbeit.

Sie erzählt, daß sie wohl über eine halbe Stunde so gesessen habe, doch könne sie nicht mehr sagen, an was sie eigentlich gedacht, obschon sie in Nachdenken versunken gewesen sei, nur habe sie den Mann ganz vergessen. Plötzlich aber sei sie wieder zu sich gekommen, und zwar habe ein gewisses beunruhigendes Gefühl sie aus ihrer Traumverlorenheit aufgeschreckt, und da sei ihr zunächst nur die Grabesstille im Zimmer aufgefallen.

Sie blickte auf das Bett und sah, daß ihr Mann immer noch so lag, wie vor anderthalb Stunden. Da trat sie denn zu ihm und berührte ihn — er aber war schon kalt: ja, er war tot, Mütterchen, Gorschkoff war tot, war ganz plötzlich gestorben, wie vom Blitz getroffen. Woran er aber gestorben ist, das mag Gott wissen!

Das ist's, was mich so erschüttert hat, Warinka, daß ich noch immer nicht recht zur Besinnung kommen kann. Ich

kann es gleichsam nicht glauben, daß ein Mensch so einfach sterben kann! Dieser arme, unglückliche Mensch! Warum mußte er denn gerade jetzt an seinem ersten Freudentag sterben! Ja, das Schicksal, das Schicksal! Die Frau ist ganz aufgelöst in Tränen, noch ganz verstört von dem furchtbaren Schreck. Das kleine Mädchen hat sich in einen Winkel verkrochen. Bei ihnen ist jetzt nur ein einziges Kommen und Gehen. Es soll noch eine ärztliche Untersuchung stattfinden ... so heißt es, genau weiß ich das nicht. Leid tut er mir, ach, so leid! Es ist doch traurig, wenn man bedenkt, daß man ja tatsächlich weder Tag noch Stunde weiß ... Man stirbt so einfach mir nichts dir nichts weg ...
Ihr Makar Djewuschkin

19. September
Mein liebes Fräulein Warwara Alexejewna!
Ich beeile mich, Ihnen mitzuteilen, mein Freund, daß Ratasäjeff mir Arbeit verschafft hat, Arbeit für einen Schriftsteller. — Heute kam einer zu ihm und brachte so ein dickes Manuskript — Gott sei Dank, viel Arbeit. Nur ist es alles so unleserlich geschrieben, daß ich gar nicht weiß, wie ich das entziffern soll, dabei wird die Arbeit so schnell verlangt. Außerdem handelt es von so schweren Dingen, daß man es gar nicht mal recht verstehen kann. Über den Preis sind wir auch schon einig geworden: 40 Kopeken pro Bogen. Ich schreibe Ihnen das alles nur deshalb, meine Liebe, um Sie schneller wissen zu lassen, daß ich jetzt noch obendrein einen Nebenverdienst haben werde. Und nun leben Sie wohl, Mütterchen. Ich will mich gleich an die Arbeit machen.
Ihr treuer Freund Makar Djewuschkin

23. September

Mein teurer Freund, Makar Alexejewitsch!

Ich habe Ihnen schon drei Tage lang nicht geschrieben, mein Freund, und doch war es eine Zeit großer Sorgen und Aufregungen für mich.

Vor drei Tagen war Bykoff bei mir. Ich war allein, Fjodora war ausgegangen. Ich öffnete die Tür und erschrak dermaßen, als ich ihn erblickte, daß ich mich nicht von der Stelle rühren konnte. Ich fühlte, wie ich erbleichte. Er trat, wie das so seine Art ist, mit lautem Lachen ins Zimmer, nahm ganz ungeniert einen Stuhl und setzte sich. Es dauerte eine Weile, bis ich meine Fassung wiedergewann. Endlich setzte ich mich wieder auf meinen Platz an meine Arbeit. Er hörte übrigens bald auf zu lachen. Augenscheinlich hat ihn mein Aussehen doch überrascht. Ich habe ja in der letzten Zeit so abgenommen, meine Wangen und Augen sind eingefallen, und ich war so bleich wie ein Handtuch... Ja, es muß allerdings peinlich sein für die, die mich vor einem Jahr gekannt haben, mich jetzt wiederzusehen.

Er betrachtete mich lange und aufmerksam, endlich heiterte sich seine Miene wieder auf. Er machte irgendeine Bemerkung — ich weiß nicht mehr, was ich antwortete — und lachte wieder. Eine ganze Stunde saß er so bei mir, fragte mich nach diesem und jenem und unterhielt sich mit mir ganz ungezwungen. Schließlich, bevor er aufbrach, erfaßte er meine Hand und sagte (ich schreibe es Ihnen wortwörtlich):

»Warwára Alexéjewna! Unter uns gesagt: Anna Fjodorowna, Ihre Verwandte und meine alte Bekannte und Freundin, ist ein höchst gemeines Weib.« (Er benannte sie außerdem noch mit einem ganz unanständigen Wort.) »Sie hat jetzt auch Ihre Kusine vom rechten Wege abgelenkt, und auch Sie hat sie dem Verderben zugeführt. Na, aber auch ich habe mich in diesem Fall recht als Schuft gezeigt! Aber schließlich, was soll man darüber viel Worte verlieren, das ist eine so alltägliche Geschichte, wie das Leben sie eben mit sich bringt.« Wieder lachte er laut. Darauf bemerkte er, daß er kein glänzender Redner sei, daß er das Wichtigste, was er zu sagen hatte, ja, was zu verschweigen ihm seine Anständigkeit einfach verboten hätte, bereits gesagt habe, und daß er daher das übrige in kurzen Worten zu erklären gedenke. Und so tat er es auch: er erklärte mir, daß er um meine Hand anhalte, daß er es für seine Pflicht erachte, mir meine Ehre wiederzugeben, daß er reich sei und mich nach der Hochzeit auf sein Gut im Steppengebiet bringen werde. Dort gedenke er Hasen zu jagen, nach Petersburg aber wolle er nie mehr zurückkehren, denn das Großstadtleben sei ihm widerwärtig. Außerdem habe er hier einen Neffen, einen hoffnungslosen Taugenichts, wie er ihn nannte, und er habe sich geschworen, diesen um die erwartete Erbschaft zu bringen. Hauptsächlich deshalb habe er sich entschlossen, zu heiraten, das heißt: er wolle rechtmäßige Erben hinterlassen. Darauf äußerte er sich noch über unsere Wohnung, meinte, es wäre schließlich kein Wunder, daß ich krank geworden sei, wenn ich in einer so jämmerlichen Hintertreppenstube wohnte, und prophezeite mir meinen nahen Tod, wenn ich noch lange hier bliebe. In Petersburg seien die Wohnungen überhaupt elend, sagte er, und dann fragte er, ob ich nicht irgendeinen Wunsch hätte.

Ich war so erschreckt durch seinen Antrag, daß ich plötzlich – ich weiß selbst nicht, weshalb – in Tränen ausbrach. Er hielt sie natürlich für Tränen der Dankbarkeit und sagte, er sei von jeher überzeugt gewesen, daß ich ein gutes, gefühlvolles und gebildetes Mädchen sei, doch habe er sich nicht früher zu seinem Antrag entschlossen, als nachdem er alles Nähere über mich und meine Lebensführung erfahren. Hierauf erkundigte er sich nach Ihnen, sagte, er wisse bereits alles. Sie seien ein anständiger Mensch, und er wolle nicht in Ihrer Schuld stehen – ob Ihnen 500 Rubel genug wären für alles, was Sie für mich getan haben? Als ich ihm darauf antwortete, daß Sie für mich das getan, was man mit Geld nicht zu bezahlen vermöge, sagte er, das sei Unsinn; so etwas käme wohl in Romanen vor, ich sei noch jung und beurteilte das Leben bloß nach Büchern; Romane aber setzten jungen Mädchen verschrobene Ideen in den Kopf, und überhaupt möchte er von Büchern ohne weiteres behaupten, daß sie nur die Sitten verdürben, weshalb er Bücher nicht leiden könne. Er riet mir, erst sein Alter zu erreichen, dann könne ich von Menschen reden; »dann erst«, sagte er, »werden Sie die Menschen kennen gelernt haben.«

Darauf riet er mir, über seinen Antrag nachzudenken und mir alles reiflich zu überlegen, denn es wäre ihm sehr unangenehm, wenn ich einen so wichtigen Schritt unüberlegt täte, und er fügte noch hinzu, daß Unbedachtsamkeit und stürmische Entschlüsse die unerfahrene Jugend stets ins Verderben zu führen pflegten, doch sei es sein größter Wunsch, eine zusagende Antwort von mir zu erhalten. Andernfalls werde er sich gezwungen sehen, in Moskau eine Kaufmannstochter zu heiraten, da, wie er, wie gesagt, nun einmal geschworen habe, seinen nichtsnutzigen Neffen um die Erbschaft zu bringen. Darauf erhob er sich und legte fünfhundert Rubel auf meinen Stickrahmen, für Naschwerk, wie er sagte; er zwang mich fast mit Gewalt, sie dort liegen zu lassen. Zum Schluß sagte er noch, daß ich auf dem Gute wie ein Pfannkuchen aufgehen, dick, rosig und gesund werden würde, ich könne dort essen soviel ich nur wolle. Augenblicklich habe er hier entsetzlich viel zu tun, die Geschäfte hätten ihn schon den ganzen Tag in Anspruch genommen, und er sei auch nur auf kurze Zeit zu mir gekommen. Damit ging er ...

Ich habe lange nachgedacht, viel hin und her gegrübelt und mich recht gequält, mein Freund, und endlich habe ich mich entschlossen. Ja: ich werde ihn heiraten, ich muß seinen Antrag annehmen. Wenn mich jemand von meiner Schande erlösen, mir meine Ehre wiedergeben und mich in Zukunft vor Armut und Entbehrungen und Unglück bewahren kann, so ist er ganz allein derjenige, der das vermag. Was soll ich denn sonst von der Zukunft erwarten, was noch vom Schicksal verlangen? Fjodora sagt, man dürfe sein Glück nicht verscherzen, nur fragte sie gleich darauf seufzend, was man denn in diesem Fall Glück nennen solle. Ich jedenfalls finde keinen anderen Ausweg für mich, mein guter Freund. Was soll ich tun? Mit der Arbeit habe ich ohnehin schon meine ganze Gesundheit untergraben. Ununterbrochen sticken und sticken — das kann ich nicht. Bei fremden Menschen dienen? — Ich käme um vor Leid, und überdies würde ich niemanden zufriedenstellen. Ich bin ja von Natur kränklich, deshalb würde ich Fremden immer nur zur Last fallen. Natürlich gehe ich ja auch jetzt nicht in ein Paradies, aber was soll ich denn tun, mein Freund, was soll ich denn tun? Was soll ich denn vorziehen?

Ich habe Sie nicht um Ihren Rat gebeten. Ich wollte ganz allein alles überlegen. Mein Entschluß, den ich Ihnen jetzt mitgeteilt habe, steht fest; ich werde ihn sogleich auch Bykoff mitteilen, da er schon sowieso und mit Ungeduld auf meine endgültige Entscheidung wartet. Er sagte mir, seine Geschäfte duldeten keinen Aufschub, er müsse abreisen, und »wegen dieser Nichtigkeiten« könne er die Abreise doch nicht aufschieben. Nur Gott in seiner heiligen und unerforschlichen Macht über mein Schicksal weiß, ob ich glücklich sein werde; aber mein Entschluß ist gefaßt. Man sagt, Bykoff sei ein guter Mensch: er wird mich achten, und vielleicht werde ich ihn gleichfalls achten. Was aber sollte man wohl noch mehr von unserer Ehe erwarten?

Ich teile Ihnen alles mit, Makar Alexejewitsch, denn ich weiß, daß Sie meinen ganzen Jammer verstehen werden. Versuchen Sie nicht, mich von meinem Vorhaben abzubringen. Ihre Bemühungen wären zwecklos. Erwägen Sie lieber in Ihrem eigenen Herzen alle Gründe, die mich zu diesem Schritt veranlaßt haben. Anfangs regte es mich sehr auf, doch jetzt bin ich ruhiger. Was mich erwartet — ich weiß es nicht. Was geschehen wird, das wird geschehen, wie Gott es schickt! . . .

Bykoff kommt; ich kann den Brief nicht beenden. Ich wollte Ihnen noch vieles sagen. Bykoff ist schon hier!

23. September

Mütterchen Warwara Alexejewna!

Ich beeile mich, Mütterchen, Ihnen zu antworten. Ich beeile mich, Ihnen, Mütterchen, zu erklären, daß ich erstaunt bin. Alles das ist doch so, als stimme da etwas nicht ... Gestern haben wir Gorschkoff beerdigt. Ja, das ist so, Warinka, das ist so; Bykoff hat ehrenhaft gehandelt; nur eines, sehen Sie, meine Liebe, Sie haben ihm also wirklich zugesagt? Natürlich wirkt in allem Gottes Wille. Das ist so, das muß unbedingt so sein, das hier, hier — auch hier muß unbedingt Gottes Wille wirken. Die Vorsehung des himmlischen Schöpfers hat natürlich, obschon uns unerforschlich, immer nur das Wohl der Menschen im Sinn, und das Schicksal ganz ebenso, ganz ebenso wie Gott.

Fjodora nimmt auch Anteil an Ihnen. Natürlich, Sie werden jetzt glücklich sein, Kind; Sie werden in Reichtum und Überfluß leben, mein Täubchen, mein Sternchen, ich kann mich ja nicht sattsehen an Ihnen, mein Engelchen, — nur eins, sehen Sie, Warinka, wie denn das, warum so schnell? ... Ja, die Geschäfte — Herr Bykoff hat Geschäfte vor ... natürlich — wer hat denn nicht Geschäfte, auch er kann sie haben. Ich habe ihn gesehen, als er von Ihnen fortging. Ein stattlicher Mann, sogar ein sehr stattlicher Mann, das heißt: eine stattliche Erscheinung, eine sogar sehr stattliche Erscheinung. Nur ist das alles ... nein, es ist ja gar nicht das, worum es sich eigentlich handelt. Ich, sehen Sie, ich bin jetzt irgendwie ganz außer mir. Wie werden wir denn künftig einander Briefe schreiben? Und ich, ja, und ich — wie bleibe ich denn hier so allein zurück? Ich, sehen Sie, mein Engelchen, ich erwäge, seit Sie mir das da geschrieben haben, in meinem Herzen erwäge ich alles, alle diese Gründe, meine ich, und so weiter. Ich hatte schon fast den zwanzigsten Bogen abgeschrieben, da kam denn plötzlich dieses Ereignis! Mütterchen, wenn Sie jetzt wegreisen wollen, so müssen Sie doch noch verschiedene Einkäufe machen, verschiedene Stiefelchen und Kleidchen, und da, meine ich, kommt es denn sehr gelegen, daß ich gerade ein gutes Magazin kenne, an der Goróchowaja – erinnern Sie sich noch, wie ich es Ihnen einmal beschrieb? – Aber nein! Was rede ich, was fällt Ihnen ein, Mütterchen, was denken Sie! Sie dürfen doch nicht, es ist ja ganz unmöglich: Sie können doch jetzt nicht einfach so ohne weiteres fortfahren! Sie müssen doch große Einkäufe machen, Sie müssen einen Wagen mieten. Überdies ist auch das Wetter jetzt so schlecht, sehen Sie doch nur, es regnet wie aus Eimern, unaufhörlich regnet es, und überdies ... es wird doch noch kalt werden, mein Engelchen, Ihr Herzchen wird frieren, Sie werden überhaupt erfrieren! Und Sie fürchten doch jeden fremden Menschen; nun aber wollen Sie mit diesem da fortfahren! Wie soll ich denn hier so allein zurückbleiben? Ja! Die Fjodora sagt, daß ein großes Glück Sie erwarte ... aber die Fjodora ist doch eine harte Person und will mir mein Letztes nehmen. Werden Sie heute zur Abendmesse in die Kirche gehen, Mütterchen? Ich würde dann auch hingehen, um Sie ein Weilchen zu sehen.

Es ist wahr, Mütterchen, es ist richtig, daß Sie ein gebildetes, gutes, gefühlvolles Mädchen sind, nur wissen Sie, – mag er doch lieber eine Kaufmannstochter heiraten! Was meinen Sie, Kind? Mag er doch lieber eine Kaufmannstochter heiraten! – Ich werde zu Ihnen kommen, Warinka; sobald es dunkelt, werde ich auf ein Stündchen hinüberkommen. Jetzt wird es doch schon früh dunkel, also dann komme ich. Ich komme ganz bestimmt auf ein Stündchen! Jetzt erwarten Sie Herrn Bykoff, das weiß ich, aber wenn er fortgegangen ist, dann ... Also warten Sie, Mütterchen, ich komme unbedingt ...

Makar Djewuschkin

27. September

Mein Freund Makar Alexejewitsch!

Herr Bykoff sagt, ich müsse mindestens drei Dutzend Hemden von holländischer Leinwand haben. Daher müssen wir so schnell wie möglich Weißnäherinnen für zwei

Dutzend suchen, denn wir haben entsetzlich wenig Zeit. Herr Bykoff ärgert sich, weil er nicht geahnt hat, wie er sagt, daß diese Lappen so viel Schererei verursachen können.

Unsere Trauung wird in fünf Tagen stattfinden, und am Tage darauf reisen wir ab. Herr Bykoff hat Eile und sagt, für diese Dummheiten brauche man nicht soviel Zeit zu vergeuden. Ich bin von all den Scherereien schon so müde, daß ich mich kaum noch auf den Füßen halten kann. Es gibt noch ganze Berge Arbeit, und doch, weiß Gott, wäre es besser, wenn nichts von all diesen Sachen nötig wäre. Ja, und noch etwas: wir kommen mit den Spitzen nicht aus, wir müssen noch welche hinzukaufen, denn Herr Bykoff sagt, er wünsche nicht, daß seine Frau wie eine Küchenmagd gekleidet gehe, ich müsse »alle Gutsbesitzersfrauen ringsum ausstechen« – das sind seine Worte.

Also bitte, lieber Makar Alexejewitsch, gehen Sie zu Madame Chiffon (Gorochowaja, Sie wissen schon) und bitten Sie sie, uns schnell einige Näherinnen zu schicken, dies erstens, und zweitens, daß sie sich selbst herbemühen möge: sie soll eine Droschke nehmen. Ich bin heute krank. Hier in unserer neuen Wohnung ist es so kalt, und alles ist in schrecklicher Unordnung. Herrn Bykoffs Tante kann kaum noch atmen vor Altersschwäche. Ich fürchte, daß sie vielleicht noch vor unserer Abreise sterben könnte. Herr Bykoff sagt, das habe nichts auf sich, sie würde sich schon wieder erholen.

Hier im Hause steht so ziemlich alles auf dem Kopf. Da Herr Bykoff nicht hier wohnt, laufen die Leute nach allen Seiten fort und tun, was sie gerade wollen. Oft ist Fjodora die einzige, die wir zu unserer Bedienung haben. Herrn Bykoffs Kammerdiener, der hier nach dem Rechten sehen soll, ist schon seit drei Tagen verschwunden. Herr Bykoff kommt jeden Morgen angefahren und ärgert sich, gestern aber hat er den Hausknecht geprügelt, weshalb er dann mit der Polizei Unannehmlichkeiten bekam... Ich habe hier im Augenblick keinen Menschen, mit dem ich Ihnen den Brief zusenden könnte. Ich schreibe Ihnen durch die Stadtpost.

Ach, natürlich, das Wichtigste hätte ich fast vergessen! Sagen Sie Madame Chiffon, daß sie die Spitzen umtauschen und neue, zu dem gestern gewählten Muster passende, aussuchen, und daß sie dann selbst zu mir kommen soll, um mir die neue Auswahl zu zeigen. Und dann sagen Sie ihr noch, daß ich mich in bezug auf die Garnitur anders bedacht habe: sie muß gleichfalls gestickt werden. Ja, und noch etwas: Die Monogramme in den Taschentüchern soll sie in Tamburinstickerei nähen, verstehen Sie? — in Tamburinstickerei und nicht blank. Also vergessen Sie es nicht: Tamburinstickerei! So, und da hätte ich doch noch etwas vergessen! Sagen Sie ihr, um Gottes willen, daß die Blättchen auf der Pelerine erhaben ausgenäht werden müssen, die Ranken in Kordonstich, oben aber, an den Kragen, muß sie dann noch eine Spitze nähen, oder eine breite Falbel. Bitte, sagen Sie ihr das, Makar Alexejewitsch. Ihre W. D.

P. S. Ich schäme mich so, daß ich Sie wieder mit meinen Aufträgen belästige. Vorgestern sind Sie ja schon den ganzen Nachmittag herumgelaufen. Aber was soll ich tun! Hier im Hause gibt es überhaupt keine Ordnung, und ich selbst bin krank. Also ärgern Sie sich nicht gar zu sehr über mich, Makar Alexejewitsch. Es ist ja solch ein Jammer! Ach, was wird das noch werden, mein Freund, mein lieber, mein guter Makar Alexejewitsch! Ich fürchte mich, an die Zukunft auch nur zu denken. Es ist mir, als hätte ich tausend schlimme Vorahnungen, und mein Kopf ist wie benommen.

P. S. Um Gottes willen, mein Freund, vergessen Sie nur nichts von dem, was Sie Madame Chiffon zu sagen haben. Ich fürchte, Sie verwechseln mir alles. Also merken Sie es sich nochmals: *Tamburin*stickerei und *nicht* blank.

W. D.

27. September

Sehr geehrtes Fräulein Warwara Alexejewna!

Ihre Aufträge habe ich alle gewissenhaft ausgeführt. Madame Chiffon sagte, daß sie auch schon an Tamburinstickerei gedacht habe: das sei vornehmer, sagte sie, oder was sie da sagte — ich habe es nicht ganz begriffen, aber es war so etwas. Ja, und dann, Sie hatten doch etwas von einer Falbel geschrieben, da sprach sie denn auch von dieser Falbel. Nur habe ich, Mütterchen, leider vergessen, was sie mir von der Falbel sagte. Ich weiß nur noch, daß sie sehr viel über diese Falbel zu sagen hatte. Solch ein schändliches Weib! Was war es doch? Nun, sie wird es Ihnen heute noch alles selbst sagen. Ich bin nämlich, Mütterchen, ich bin nämlich ganz wirr im Kopf. Heute bin ich auch nicht in den Dienst gegangen. Nur ängstigen Sie sich, meine Liebe, ganz unnötigerweise. Für Ihre Ruhe und Zufriedenheit bin ich bereit, in alle Läden Petersburgs zu laufen. Sie schreiben, daß Sie sich fürchten, in die Zukunft zu blicken oder an diese zu denken. Aber heute um sieben werden Sie doch alles erfahren. Madame Chiffon wird selbst zu Ihnen kommen. — Also verzweifeln Sie deshalb nicht. Hoffen Sie, Mütterchen, vielleicht wird sich doch noch alles zum Besten wenden. Nun ja, aber da ist nun wieder diese verwünschte Falbel, die kommt mir nicht aus dem Sinn, das geht nur so — Falbel-Falbel-Falbel!...

Ich würde auf ein Augenblickchen zu Ihnen kommen, mein Engelchen, würde unbedingt auf ein Weilchen vorsprechen, ich habe mich auch schon zweimal Ihrer Tür genähert; aber Bykoff, das heißt, ich wollte sagen: Herr Bykoff ist immer so böse, und da ist es wohl nicht gerade angebracht... Nicht wahr?... Nun ja!

Ihr Makar Djewuschkin

28. September

Mein lieber Makar Alexejewitsch!

Um Gottes willen, eilen Sie sogleich zum Juwelier! Sagen Sie ihm, daß er die Ohrgehänge mit Perlen und Smaragden nicht anfertigen soll. Herr Bykoff sagt, die seien zu teuer, das risse ein Loch in seinen Beutel. Er ärgerte sich. Er sagt, das koste alles ohnehin schon ein Heidengeld, und wir plünderten ihn aus. Und gestern sagte er, wenn er diese Ausgaben vorausgesehen hätte, würde er sich die Sache noch sehr überlegt haben. Er sagt, daß wir sogleich nach der Trauung abreisen werden, ich solle mir also keine Illusionen machen: es kämen weder Gäste, noch werde nachher getanzt werden, die Feste seien noch weit im Felde; ich solle mir nur nicht einbilden, gleich tanzen zu können. So spricht er jetzt! Und Gott weiß doch, ob ich das alles nötig habe oder nicht! Herr Bykoff hat doch selbst alles bestellt. Ich wage nicht, ihm zu widersprechen: er ist so hitzig. Was wird aus mir werden?

W. D.

28. September

Mein Täubchen, meine liebe Warwara Alexejewna!

Ich, das heißt: der Juwelier sagt — gut. Von mir aber wollte ich nur sagen, daß ich erkrankt bin und nicht aufstehen kann. Gerade jetzt, wo soviel zu besorgen ist, wo Sie meiner Hilfe bedürfen, jetzt müssen die Erkältungen kommen, ist das nicht ganz verkehrt! Auch habe ich Ihnen noch mitzuteilen, daß zur Vollendung meines Unglücks Exzellenz heute geruht haben, sehr böse zu sein: sie haben sich über Jemeljan Iwanowitsch geärgert, haben sehr gescholten und sahen zu guter Letzt ganz erschöpft aus, so daß sie mir über alle Maßen leid getan haben. Sie sehen, ich teile Ihnen alles mit.

Ich wollte Ihnen eigentlich noch einiges schreiben, aber ich fürchte, Ihnen damit nur unnütz Zeit zu rauben. Ich bin ja doch, Mütterchen, ein dummer Mensch, bin ungebildet und unwissend, schreibe, wie es gerade kommt und was mir einfällt, so daß Sie vielleicht dort irgendwie so etwas ... ich kann ja nicht wissen was denken ... Ach, nun, wozu davon reden! Ihr Makar Djewuschkin

29. September

Warwara Alexejewna, mein Herzchen!

Heute habe ich Fjodora gesehen und gesprochen, mein Täubchen. Sie sagt, Sie werden schon morgen getraut und übermorgen reisen Sie ab! Herr Bykoff habe schon die Pferde bestellt.

Über Exzellenz habe ich Ihnen bereits geschrieben, Mütterchen. Ja, und dann: die Rechnungen der Madame Chiffon habe ich durchgesehen: es stimmt alles, nur daß es sehr teuer ist. Aber warum ärgert sich denn Herr Bykoff über Sie? Nun, so seien Sie glücklich, Mütterchen! Ich freue mich. Ja, ich werde mich immer freuen, wenn Sie glücklich sind. Ich würde morgen in die Kirche kommen, Kind, aber ich kann nicht, habe Kreuzschmerzen.

Aber wie wird es denn nun mit den Briefen — ich komme wieder darauf zurück —, wie werden wir uns denn jetzt schreiben, wer wird sie uns zustellen, Mütterchen?

Ja, was ich sagen wollte: Sie haben Fjodora so reich beschenkt, meine Gute! Damit haben Sie ein gutes Werk getan, mein Freund; das war schön von Ihnen. Ein gutes Werk! Und für jedes gute Werk wird der Herr Sie segnen. Gute Werke bleiben nie unbelohnt, und die Tugend wird immer, früher oder später, von der göttlichen Gerechtigkeit gekrönt.

Mütterchen! Ich würde Ihnen ja noch vieles schreiben wollen, immerzu; jede Stunde, jede Minute würde ich Ihnen schreiben, immer nur schreiben! Ich habe hier noch ein Büchlein von Ihnen: „Bjelkins Erzählungen", das ist noch bei mir geblieben. Aber wissen Sie, Mütterchen, lassen Sie das bei mir, nehmen Sie es mir nicht weg, schenken Sie es mir ganz, mein Täubchen! Nicht deshalb, weil ich diese Geschichten etwa gar so gern nochmals lesen möchte. Aber Sie wissen doch selbst, der Winter kommt, die Abende werden lang: da wird man denn traurig — und da ist es dann gut, wenn man etwas zum Lesen hat. Ich, Mütterchen, ich werde aus meiner Wohnung in Ihre Wohnung umziehen und werde als Mieter bei Fjodora leben. Von dieser ehrenwerten Frau werde ich mich jetzt um keinen Preis mehr trennen. Zudem ist sie auch so arbeitsfreudig. Gestern habe ich mir in Ihrer verlassenen Wohnung alles genau angesehen. Dort ist noch Ihr kleiner Stickrahmen mit der angefangenen Arbeit: es ist ja alles so geblieben, unangerührt, wie es war. Ich habe auch Ihre Stickerei betrachtet. Dann sind da noch verschiedene kleine Flickchen. Auf ein Stückchen von einem meiner Briefe haben Sie angefangen, Garn aufzuwickeln. In Ihrem Tischchen fand ich noch einen Bogen Postpapier, auf dem Sie geschrieben haben: »Mein lieber Makar Alexejewitsch! Ich beeile mich« — und nichts weiter. Offenbar hat Sie da jemand gleich zu Anfang unterbrochen. In der Ecke hinter dem Schirm steht Ihr Bettchen ... Mein Täubchen, Sie!

Nun, schon gut, schon gut, leben Sie wohl. Antworten Sie mir um Gottes willen irgend etwas auf diesen Brief, und recht bald!

Makar Djewuschkin

30. September

Mein unschätzbarer Freund,
mein lieber Makar Alexejewitsch!

Nun ist es geschehen! Mein Los hat sich entschieden. Ich weiß nicht, was es enthält, was die Zukunft mir bringen wird, aber ich füge mich dem Willen des Herrn. Morgen reisen wir.

Zum letztenmal nehme ich jetzt Abschied von Ihnen, mein einziger, mein treuer, lieber, guter Freund! Sind Sie doch mein einziger Verwandter, der in der Not treu zu mir gehalten hat!

Grämen Sie sich nicht um mich, leben Sie glücklich, denken Sie zuweilen an mich, und möge Gott Sie segnen. Ich werde immer an Sie denken und Sie in meinem Gebet nie vergessen. So ist denn jetzt auch diese Zeit vorüber! Es sind wenig frohe Erinnerungen, die ich aus dieser letzten Vergangenheit ins neue Leben mitnehme; um so wertvoller und lieber wird mir daher Ihr Andenken, um so teurer werden Sie selbst meinem Herzen sein. Sie sind mein einziger Freund, nur Sie allein haben mich hier geliebt. Ich bin doch nicht blind gewesen, ich habe es doch gesehen und gewußt, wie Sie mich liebten! Mein Lächeln genügte, um Sie glücklich zu machen, eine Zeile von mir söhnte Sie mit allem aus. Jetzt müssen Sie sich daran gewöhnen, ohne mich auszukommen. Wie werden Sie nur so allein weiterleben? Wer wird hier bei Ihnen sein, mein guter, unschätzbarer Freund!

Ich überlasse Ihnen das Buch, den Stickrahmen, den angefangenen Brief. Wenn Sie diese angefangenen Zeilen sehen, so lesen Sie in Gedanken weiter: lesen Sie alles, was Sie von mir gern gehört hätten, alles, was ich Ihnen hätte schreiben können — was aber würde ich Ihnen jetzt nicht alles schreiben! Vergessen Sie nicht Ihre arme Warinka, die Sie so stark von ganzem Herzen geliebt hat. Ihre Briefe sind alle bei Fjodora in der Kommode geblieben, in der obersten Schublade.

Sie schreiben, Sie seien krank. Ich würde Sie besuchen, aber Herr Bykoff läßt mich nicht fort. Ich werde Ihnen schreiben, mein Freund, das verspreche ich Ihnen, aber nur Gott allein weiß, was alles geschehen kann. Deshalb lassen Sie uns jetzt für immer Abschied voneinander nehmen, mein Freund, mein »Täubchen«, wie Sie mich nennen, mein Liebster! Auf immer!... Ach, wie ich Sie jetzt umarmen würde, Sie! Leben Sie wohl, mein Freund, leben Sie wohl, leben Sie wohl! Seien Sie glücklich! Bleiben Sie gesund. Nie werde ich vergessen, für Sie zu beten. Oh, wenn Sie wüßten, wie schwer mir zumut ist, wie qualvoll bedrückt meine Seele ist!

Herr Bykoff ruft mich.

Ihre Sie ewig liebende W.

P. S. Meine Seele ist so voll, so voll von Tränen ... sie drohen, mich zu ersticken, zu zerreißen! Leben Sie wohl, Makar Alexejewitsch! Gott! wie ist das traurig!

Vergessen Sie mich nicht, vergessen Sie nicht Ihre arme Warinka W.

Mütterchen, Warinka, mein Täubchen, mein Kleinod! Man bringt Sie fort, Sie fahren. Ja, jetzt wäre es doch besser, man risse mir das Herz aus der Brust, als daß man Sie so von mir fortbringt! Wie ist denn das nur möglich! Wie kann man nur? Sie weinen, und doch fahren Sie! Da habe ich soeben Ihren Brief erhalten, der stellenweise noch feucht ist von Tränen. So wollen Sie im Herzen vielleicht gar nicht fortfahren? Vielleicht will man Sie mit Gewalt fortbringen? Es tut Ihnen leid um mich? Ja, aber — dann lieben Sie mich doch! Wie geht das zu? Was soll jetzt geschehen? Ihr Herzchen wird es dort doch nicht aushalten; es ist dort öde, häßlich und kalt. Die Sehnsucht wird Ihr kleines Herz krank machen; die Trauer wird es zerreißen. Sie werden dort sterben, man wird Sie dort in die feuchte Erde betten, und es wird dort niemand sein, der Sie beweint! Herr Bykoff wird immer Hasen jagen ... Ach, Mütterchen, Mütterchen, zu was haben Sie sich da entschlossen? Wie konnten Sie denn nur so etwas tun? Was haben Sie getan, was haben Sie getan, was haben Sie sich selbst angetan! Man wird Sie doch dort ins Grab bringen, man wird Sie dort einfach umbringen, mein Engelchen! Sie sind doch wie ein Federchen, so zart und schwach! Und wo war ich den eigentlich? Habe ich Dummkopf denn hier mit offenen Augen geschlafen! Sah ich denn nicht, daß ein Kindskopf sich etwas Unmögliches vornahm, wußte ich denn nicht, daß dem Kindchen einfach nur das Köpfchen versagte! Da hätte ich doch ganz einfach — aber nein! Ich stehe da wie ein richtiger Tölpel, denke weder, noch sehe ich etwas, als sei das gerade das Richtige, als ginge die ganze Sache mich gar nichts an, und laufe sogar noch nach Falbeln!... Nein, Warinka, ich werde aufstehen, bis morgen werde ich vielleicht schon soweit sein, dann stehe ich einfach auf! Und dann, dann werde ich mich einfach vor die Räder werfen. Ich lasse Sie nicht fortfahren! Ja, was, was ist denn das eigentlich, wie geht denn das zu? Mit welchem Recht geschieht denn das alles? Ich werde mit Ihnen fahren! Ich werde Ihrem Wagen nachlaufen, wenn Sie mich nicht in den Wagen aufnehmen, und ich werde laufen, solange ich noch kann, bis mir der Atem ausgeht, bis ich meinen Geist aufgebe!

Wissen Sie denn überhaupt, was dort ist, was Sie erwartet, dort, wohin Sie fahren, Mütterchen? Wenn Sie das noch nicht wissen, dann fragen Sie mich, ich weiß es! Dort ist nichts als die Steppe, meine Liebe, nichts als flache, kahle, endlose Steppe: hier, wie meine Hand so nackt! Dort leben nur stumpfe, gefühllose Bauernweiber und rohe, betrunkene Kerle. Jetzt ist dort auch schon das Laub von den Bäumen gefallen, dort regnet es, dort ist es kalt — und dorthin fahren Sie!

Nun, Herr Bykoff hat eine Beschäftigung: er wird seine Hasen jagen. Aber was werden Sie dort anfangen? Sie wollen Gutsherrin sein, mein Kind? Aber, mein Engelchen! — so sehen Sie sich doch nur an, sehen Sie denn nach einer Gutsherrin aus?...

Wie ist das nur alles möglich, Warinka? An wen werde ich denn jetzt noch Briefe schreiben, Mütterchen? Ja! so bedenken Sie und fragen Sie sich bloß dies eine: an wen wird er denn jetzt noch Briefe schreiben können? Und wen kann ich denn jetzt noch Mütterchen nennen, wem gebe ich diesen zärtlichen Namen, zu wem sage ich dies liebe Wort? Wo soll ich Sie denn nachher noch finden, mein Engelchen? Ich werde sterben, Warinka, ich werde bestimmt sterben. Nein, solchem Unglück ist mein Herz nicht gewachsen!

Ich habe Sie wie das Sonnenlicht geliebt, wie mein leibliches Töchterchen liebte ich Sie, ich liebte alles an Ihnen,

mein Liebling! Nur für Sie allein lebte ich! Ich habe ja auch gearbeitet und geschrieben, bin spazieren gegangen und habe meine Beobachtungen in meinen Briefen wiedergegeben, nur weil Sie, Mütterchen, hier in der Nähe lebten. Sie haben das vielleicht gar nicht gewußt, aber es war wirklich so!
Aber hören Sie, Mütterchen, so bedenken Sie und überlegen Sie doch, mein liebes Täubchen Sie, wie ist denn das nur möglich, daß Sie uns verlassen? — Nein, meine Liebe, das geht doch nicht, geht doch ganz und gar nicht, ist doch völlig ausgeschlossen! Er regnet doch, Sie aber sind so zart, Sie werden sich dann bestimmt erkälten. Ihre Reisekutsche wird durchnäßt werden, sie wird bestimmt durchnäßt werden! Und kaum werden Sie aus der Stadt hinausgefahren sein, da wird ein Rad brechen, oder der ganze Wagen bricht zusammen. Hier in Petersburg werden doch die Wagen schrecklich schlecht gebaut! Ich kenne doch alle diese Wagenbauer: denen ist es nur um die Fasson zu tun, irgend so ein Spielzeug herzustellen, aber das ist doch nichts Dauerhaftes! Ich schwöre es Ihnen, glauben Sie mir, diese Wagen taugen alle nichts!
Ich werde mich, Mütterchen, vor Herrn Bykoff auf die Knie niederwerfen und ihm alles erklären, alles! Und auch Sie werden ihn zu überzeugen suchen! Sie werden ihm alles vernünftig auseinandersetzen und ihn so überzeugen! Sagen Sie ihm einfach, daß Sie hierbleiben, daß Sie nicht mit ihm fahren können! ... Ach, warum hat er nicht in Moskau eine Kaufmannstochter gefreit. Hätte er sich doch dort eine Kaufmannstochter ausgesucht! Das wäre für alle besser gewesen, die würde viel besser zu ihm passen, ich weiß schon, warum! Ich aber würde Sie dann hier behalten. Was ist er Ihnen denn, Kind, dieser Bykoff? Wodurch ist er Ihnen denn plötzlich so lieb und wert geworden? Vielleicht deshalb, weil er Ihnen Falbeln kauft und all dieses — deshalb etwa? Wozu sind denn diese Falbeln nötig? Wozu denn? Das ist doch nur ein Stück Zeug, solch eine Falbel! Hier aber handelt es sich doch um ein Menschenleben, Falbeln aber sind doch, Müt-

terchen, einfach nur Lappen, wirklich — nichts anderes als nichtsnutzige Lappen! Ich aber, ich kann Ihnen doch gleichfalls solche Falbeln kaufen, lassen Sie mich nur mein nächstes Gehalt abwarten, dann kaufe auch ich Ihnen diese Falbeln, Mütterchen, und ich weiß schon, wo; ich kenne dort einen kleinen Laden, nur müssen Sie noch etwas Geduld haben, wie gesagt, bis ich mein Gehalt bekomme, mein Engelchen, mein kleiner Cherub Warinka!

Ach, Gott, mein Gott! So fahren Sie denn wirklich mit Herrn Bykoff fort in die Steppe, auf immer fort! Ach, Mütterchen!... Nein, Sie müssen mir noch schreiben, noch ein Briefchen schreiben Sie mir über alles, und wenn Sie schon fort sind, dann schreiben Sie mir auch von dort einen Brief. Denn sonst, mein Engelchen, wäre dies der letzte Brief, das aber kann doch nicht sein, daß dies der letzte Brief sein soll! Denn wie, wie sollte das, so plötzlich — der letzte, wirklich der letzte Brief sein? Aber nein, ich werde doch schreiben, und auch Sie müssen mir schreiben... Fängt doch gerade jetzt mein Stil an, besser zu werden... Ach, mein Liebling, aber was heißt Stil! Schreibe ich Ihnen doch jetzt so, ohne selbst zu wissen, was ich schreibe, ich weiß nichts, gar nichts weiß ich und will auch nichts durchlesen, nichts verbessern, nichts, nichts. Ich schreibe nur, um zu schreiben, immer noch mehr zu schreiben... Mein Täubchen, mein Liebling, mein Mütterchen Sie!

Der Doppelgänger

Eine Petersburger Dichtung

ERSTES KAPITEL

Es war kurz vor acht Uhr morgens, als Titularrat Jákoff Petrówitsch Goljädkin nach langem Schlaf erwachte. Er blinzelte zunächst nur ein wenig, gähnte verschlafen, streckte langsam die Glieder, und erst nach und nach öffnete er die Augen vollständig. Er blieb jedoch noch eine gute Weile regungslos in seinem Bett liegen, wie eben ein Mensch, der noch nicht bewußt weiß, ob er schon wach ist oder noch weiterschläft, ob das, was er von seiner Umgebung halbwegs wahrnimmt, Wirklichkeit ist oder eine Fortsetzung kunterbunter Traumbilder. Bald jedoch klärten sich seine Sinne so weit, daß er die gewohnten Eindrücke klarer und bewußter in sich aufnehmen und als tatsächlich bereits längst bekannte und ganz alltägliche Wirklichkeit erkennen konnte. Wohlvertraut blickten ihn die grünlichen, verräucherten und staubigen Wände seines kleinen Zimmers an, wohlvertraut seine rotbraune Kommode und die Stühle von derselben Farbe, wohlvertraut der rotbraune Tisch und der türkische Diwan mit dem in der Grundfarbe rötlichen, doch grüngeblümten Wachsleinwandbezug, und wohlvertraut schließlich auch die gestern abend in der Eile abgeworfenen Kleider, die in einem Haufen auf eben diesem Diwan lagen. Bei alledem sah auch noch der unfreundliche Herbsttag mit seinem trüben, fast schmutzig trüben Licht so griesgrämig und mißvergnügt durch die grauen Fensterscheiben ins Zimmer, daß Herr Goljädkin unmöglich daran zweifeln konnte, daß er sich in keinem Wolkenkuckucksheim befand, sondern in Petersburg, in der Hauptstadt des russischen Reiches, und zwar in einem großen, vier Stockwerke hohen Hause, das an der Straße lag, die man die Schestiláwotschnaja nennt, und hierselbst in seiner eigenen Wohnung. Nachdem er zu dieser wichtigen Erkenntnis gelangt war, schloß Herr Goljädkin, plötzlich vor Schreck zusammenzuckend, zunächst blitzschnell wieder die Augen, um, wenn möglich, weiterzuschlafen, ganz als wäre das noch möglich. Allein, diesen Zustand hielt er nicht lange aus, denn plötzlich — es war noch keine Minute vergangen — fuhr er von neuem auf und sprang diesmal sofort aus dem Bett, ganz als wären seine zerstreuten Gedanken endlich auf denjenigen Punkt gestoßen, um den sie bis dahin aus Mangel an gebührender Ordnung in blinder Reihenfolge ergebnislos gekreist hatten.

Kaum aus dem Bett gesprungen, war das erste, was er tat, daß er zu dem runden Spiegelchen stürzte, das auf der Kommode stand. Und obwohl das verschlafene Gesicht mit den kurzsichtigen Augen und dem ziemlich gelichteten Haupthaar, das ihm aus dem Spiegel entgegenschaute, von so unbedeutender Art war, daß es ganz entschieden sonst keines einzigen Menschen Aufmerksamkeit hätte fesseln können, schien der Besitzer desselben mit dem Erblickten doch sehr zufrieden zu sein.

»Das wär' ja 'ne schöne Bescherung«, murmelte Herr Goljädkin halblaut vor sich hin, »wär' 'ne schöne Bescherung, wenn mir gerade heute irgend etwas fehlen würde, wenn zum Beispiel ein Pustelchen aufgekeimt wäre, oder eine ähnliche Unannehmlichkeit ... Aber bis jetzt ist noch alles gut gegangen, ja, vorläufig ist alles in Ordnung!«

Und damit setzte Herr Goljädkin, sehr erfreut über diese Feststellung, den Spiegel wieder auf die Kommode, worauf er selbst, obschon er noch barfuß und nur mit einem Hemd bekleidet war, zum Fenster eilte, um mit großer Neugier in den Hof hinabzuspähen. Offenbar wurde er durch das, was er dort unten erblickte, vollkommen zufriedengestellt, denn ein selbstgefälliges Lächeln erhellte sein Antlitz.

Dann — nachdem er zuvor noch einen Blick hinter die Tapetentür in die Kammer Petrúschkas, seines »Kammerdieners«, geworfen und sich überzeugt hatte, daß Petruschka nicht anwesend war — schlich er leise zum Tisch, schloß das Schubfach auf, suchte im verborgensten Winkel dieses Schubfaches zwischen alten vergilbten Papieren und anderem Kram, bis er schließlich eine abgenutzte grüne Brieftasche zutage förderte, die er vorsichtig aufklappte, um ebenso vorsichtig und mit wonnevollem Entzücken und offenbarem Genuß in das geheimste Täschchen hineinzuschauen. Wahrscheinlich blickten auch die grünen und grauen und blauen und roten Scheinchen, die sich darin befanden, ebenso freundlich und zustimmend Herrn Goljädkin an wie er sie; wenigstens legte er die offene Tasche mit geradezu strahlender Miene vor sich auf den Tisch, worauf er sich zum Ausdruck seines größten Vergnügtseins kräftig die Hände rieb.

Schließlich beugte er sich wieder über die Brieftasche und entnahm dem letzten und verborgensten Täschchen das ganze, ihn so ungemein erfreuende bunte Päckchen Geldscheine, um sie zum hundertsten Male — bloß vom letzten Abend gerechnet — nachzuzählen, wobei er jeden Schein gewissenhaft mit Daumen und Zeigefinger rieb, damit ihm nicht etwa zwei für einen durchgingen.

»Siebenhundertundfünfzig Bankorubel!« flüsterte er zu guter Letzt vor sich hin. »Siebenhunderfünfzig Bankorubel ... eine große Summe! Eine sehr annehmbare Summe«, fuhr er mit bebender, vor Wonne ganz weich klingender Stimme in seinem Selbstgespräch fort, indem er das Paket mit den Geldscheinen in der geschlossenen Hand wog und bedeutsam dazu lächelte: »Sogar eine überaus annehmbare Summe! Sogar für einen jeden eine überaus annehmbare Summe! Ich wollte den Menschen sehen, für den diese Summe eine geringe Summe wäre! Eine solche Summe kann einen Menschen weit bringen ...«

»Aber was ist denn das?« fuhr Herr Goljädkin aus seinem fröhlichen Gedankengang plötzlich auf, »wo ist denn Petrúschka?« Und er begab sich, immer noch ohne weitere Bekleidung, zum zweiten Mal zur Tapetentür: Petruschka jedoch war auch diesmal in seiner Kammer nicht zu erblicken. Statt seiner stand dort nur der Ssamowar auf dem Fußboden und brummte und ärgerte sich und kochte vor Wut, unter der unausgesetzten Drohung, jeden Augenblick überzulaufen, indem er mit heißestem Eifer in den Gutturallauten seiner sich überstürzenden und unverständlichen Sprache brodelnd und zischend Herrn Goljädkin sagen zu wollen schien: So nimm mich doch endlich, guter Mann; ich bin ja schon längst und vollkommen fertig und mehr wie bereit!

‚Das ist doch des Teufels!' dachte Herr Goljädkin, ‚diese faule Bestie kann einen ja um die letzte Geduld bringen! Wo er sich nur wieder herumtreibt?'

Und in gerechtem Unwillen öffnete er die Tür zum Vorzimmer — einem kleinen Korridor, aus dem eine Tür auf den Treppenflur führte — und erblickte dort seinen Diener, den eine stattliche Anzahl anderer dienstbarer Geister, aus dem Hause und aus der Nachbarschaft, eifrig umringte. Petruschka erzählte und die anderen hörten zu. Augenscheinlich mißfiel jedoch sowohl das Thema der Unterhaltung wie die Unterhaltung selbst Herrn Goljädkin nicht wenig. Er rief sogleich seinen Petruschka und kehrte nicht nur unzufrieden, sondern ordentlich aufgebracht in sein Zimmer zurück.

‚Diese Bestie ist wahrhaftig bereit, für weniger als eine Kopeke einen Menschen zu verkaufen, um wieviel mehr noch seinen Brotherrn', dachte er bei sich, ‚und das hat er, oh, das hat er auch schon getan, ich wette, daß er's getan hat!' —
»Nun was?« wandte er sich an den eintretenden Petruschka.
»Die Livree ist gebracht worden, Herr.«
»Dann zieh sie an und komm her.«

Petruschka tat, wie ihm befohlen, und erschien darauf mit einem dummen Grinsen wieder im Zimmer seines Herrn, diesmal in einem unbeschreiblich seltsamen Aufzug.

Er trug einen grünen, bereits stark mitgenommenen Dienerfrack mit mehr als schadhaften goldenen Tressen, eine Livree, die für einen Menschen gemacht worden war, der mindestens um eine Elle länger sein mußte als Petruschka.

In der Hand hielt er einen gleichfalls mit Goldtressen und mit grünen Federn besetzten Hut, und an der Seite hing ihm ein Dienerschwert in einer ledernen Scheide.

Zur Vervollständigung des Bildes sei noch erwähnt, daß Petruschka, der seiner ausgesprochenen Vorliebe für alles Bequeme zufolge fast nur im Negligee zu gehen pflegte, auch jetzt, trotz Hut und Schwert und Frack, barfuß erschienen war. Herr Goljädkin betrachtete seinen Petruschka von allen Seiten, schien aber zufriedengestellt zu sein. Die Livree war offenbar zu irgendeinem feierlichen Vorhaben gemietet worden. Auffallend war an Petruschka noch, daß er während der Musterung, der ihn sein Herr unterzog, seltsam erwartungsvoll und mit größter Neugier jede Bewegung dieses seines Herrn verfolgte, was Herrn Goljädkin, der es merkte, geradezu befangen machte.

»Nun, und die Equipage?«
»Auch die Equipage ist gekommen.«
»Für den ganzen Tag?«
»Für den ganzen Tag. Fünfundzwanzig Rubel.«
»Und auch die Stiefel sind gebracht worden?«
»Auch die Stiefel sind gebracht worden.«
»Esel! Kannst du nicht einfach „jawohl" sagen? Gib sie her!«

Nachdem Herr Goljädkin seine Zufriedenheit mit der Leistung des Schusters ausgedrückt hatte, wollte er Tee trinken, sich waschen und rasieren. Letzteres tat er sehr gewissenhaft, auch beim Waschen legte er viel Sorgfalt an den Tag, doch vom Tee trank er nur eilig im Vorübergehen, und dann machte er sich sofort an die weitere Bekleidung seiner Person. Zunächst zog er ein Paar fast nagelneuer Beinkleider an, dann ein Plätthemd mit Knöpfen, die ganz so aussahen, als wären sie von Gold, und eine Weste mit sehr grellen, aber netten Blümchen. Um den Hals band er sich eine bunte seidene Halsbinde, und zu guter Letzt zog er noch seinen Uniformrock an, der gleichfalls fast ganz neu und sorgfältig gebürstet war. Während des Ankleidens schaute er mehrmals mit liebevollen Blicken auf seine neuen Stiefel hinab, hob bald diesen, bald jenen Fuß, betrachtete mit Wohlgefallen die Form und murmelte etwas Unverständliches vor sich hin, wobei sein beredtes Mienenspiel, das ab und zu wie ein Gesichterschneiden wirkte, seinen Gedanken beifällig zustimmte. Übrigens war Herr Goljädkin an diesem Morgen sehr zerstreut, weshalb ihm denn auch das sonderbare Spiel der Mundwinkel und Augenbrauen Petruschkas, während ihm dieser beim Ankleiden behilflich war, völlig entging.

Als endlich alles Nötige getan war, und Herr Goljädkin vollständig angekleidet dastand, steckte er als Letztes noch seine Brieftasche in die Brusttasche, weidete sich nochmals am Anblick Petruschkas, der inzwischen Stiefel angezogen hatte und folglich gleichfalls vollständig angekleidet war —, und als er sich danach sagen mußte, daß »somit alles fertig« sei und demnach kein Grund vorhanden, noch länger zu warten, wandte er sich eilig und geschäftig und mit einer leisen Herzensunruhe dem Ausgang zu und eilte die Treppe hinab. Eine hellblaue Mietsequipage, die mit eigentümlichen Wappen verziert war, fuhr donnernd vom Hof unter den Torbogen und hielt vor der Treppe. Petruschka, der noch mit dem Kutscher und ein paar anderen Maulaffen schnell ein Augenzwinkern austauschte, klappte den Wagenschlag zu, rief mit einer ganz ungewohnten Stimme und kaum zurückgehaltenem Lachen »Fahr zu!« zum Kutscher hinauf, sprang selbst auf den Dienersitz hinten am Wagen — und dann rollte das Ganze donnernd und knatternd, wackelnd und klirrend über das holperige Steinpflaster unter dem Torgewölbe auf die Straße hinaus und weiter zum Newskij Prospekt.

Kaum hatte die hellblaue Equipage die Durchfahrt verlassen, als Herr Goljädkin sich auch schon geschwind die Hände rieb und sichtbar, doch unhörbar vor sich hinlachte, wie eben ein Mensch von heiterer Gemütsart, dem ein köstlicher Streich gelungen ist und der sich darüber selbst königlich freut, zu lachen pflegt. Übrigens schlug dieser Anfall von Lustigkeit sogleich in eine andere Stimmung um: das Lachen im Gesicht Herrn Goljädkins wich plötzlich einem eigentümlich besorgten Ausdruck.

Obgleich das Wetter feucht und trübe war, ließ er beide Fenster herab und begann vorsichtig nach den Vorübergehenden auszuschauen, um dann blitzschnell wieder eine sozusagen vornehme Miene aufzusetzen, sobald er bemerkte, daß jemand ihn ansah. An einer Straßenkreuzung – der Wagen bog gerade von der Litéinaja auf den Newskij Prospekt – zuckte er mit einem Mal wie von einer höchst unangenehmen Empfindung zusammen, als wäre ihm jemand versehentlich auf ein Hühnerauge getreten, und zog sich schleunigst in den dunkelsten Winkel seiner Equipage zurück, in den er sich fast mit einem Angstgefühl hineindrückte. Die Ursache seines Schrecks war nichts anderes, als daß er plötzlich zwei junge Beamte erblickt hatte, die seine Kollegen waren. Zum Unglück hatten diese auch ihn erblickt und, wie es Herrn Goljädkin schien, in höchster Verwunderung angestarrt: als trauten sie ihren Augen nicht, ihren Kollegen in einem solchen Aufzug zu sehen. Der eine von ihnen hatte sogar mit dem Finger nach ihm gewiesen. Ja, es schien Herrn Goljädkin, daß der andere ihn laut beim Namen angerufen habe, was doch auf der Straße entschieden unzulässig war. Doch unser Held versteckte sich und tat, als hätte er nichts gehört.

‚Diese dummen Jungen!' dachte er statt dessen bei sich, ‚was ist denn da für eine Veranlassung, sich zu wundern? Ein Mensch in einer Equipage! Der Betreffende muß eben einmal in einer Equipage fahren, und da hat er sich eine gemietet! Weshalb sich da aufregen? Aber ich kenne sie ja! – grüne Jungen, die noch versohlt werden müßten! Die haben nichts als Tingeltangel im Kopf, und wie sie sich amüsieren und sich herumtreiben können! Ich würde ihnen mal etwas sagen, etwas...'

Herr Goljädkin stockte und erstarrte vor Schreck: rechts

neben seiner Equipage war ein ihm merkwürdig bekanntes Paar feuriger Kasaner Pferde aufgetaucht, in blitzendem Geschirr vor einem eleganten offenen Wagen, der seine Equipage alsbald überholte. Der Herr aber, der im Wagen saß und zufällig den gerade recht unvorsichtig zum Fenster hinausschauenden Kopf Herrn Goljädkins erblickte, war allem Anschein nach gleichfalls höchst erstaunt über diese Begegnung, und indem er sich so weit als möglich vorbeugte, blickte er mit dem größten Interesse gerade nach jenem Winkel der Equipage, in den sich unser Held wieder schleunigst zurückgezogen hatte.

Der Herr im offenen Wagen war Staatsrat Andréi Filíppowitsch, der Chef derselben Abteilung, der Herr Goljädkin angehörte. Herr Goljädkin sah und begriff sehr wohl, daß sein hoher Vorgesetzter ihn erkannt hatte, daß er ihm starr in die Augen sah, daß ein Entrinnen oder Verstecken vollkommen ausgeschlossen war, und er fühlte, wie er unter seinem Blick bis über die Ohren errötete, doch –

‚Soll ich grüßen, oder soll ich nicht?' fragte sich unser Held trotzdem unentschlossen und in unbeschreiblich qualvoller Beklemmung, ‚soll ich ihn erkennen oder soll ich tun, als wäre ich gar nicht ich, sondern irgendein anderer, der mir nur zum Verwechseln ähnlich sieht? – und soll ich ihn ansehen, genau so, als läge gar nichts vor? – Jawohl, ich bin einfach nicht ich – und damit basta!' beschloß Herr Goljädkin mit stockendem Herzschlag, ohne den Hut vor Andrei Filíppowitsch zu ziehen und ohne seinen Blick von ihm wegzuwenden. ‚Ich ... ich, ich bin eben einfach gar nicht ich', dachte er unter Gefühlen, als müsse er auf der Stelle vergehen, ‚gar nicht ich, ganz einfach, bin ein ganz Anderer – und nichts weiter!'

Bald jedoch hatte der Wagen die Equipage überholt, und damit war der Magnetismus, der in den Blicken des Gestrengen gelegen hatte, gebrochen. Freilich, Herr Goljädkin war immer noch feuerrot und lächelte und murmelte Unverständliches vor sich hin ..

‚... Es war doch eine Dummheit von mir, nicht zu grüßen', sagte er sich schließlich in besserer Erkenntnis, ‚ich hätte ganz ruhig und dreist handeln sollen, offen und anständig, — einfach: so und so, Andrei Filippowitsch, bin eben gleichfalls zu einem Diner geladen, wie Sie sehen!'

Und da leuchtete es ihm erst so recht ein, wie groß der Fehler war, den er begangen hatte: er wurde nochmals feuerrot, runzelte die Stirn und warf einen fürchterlichen und zugleich herausfordernden Blick nach dem Wagenwinkel ihm gegenüber, als wolle er mit diesem einen Blick auf der Stelle seine sämtlichen Feinde niederschmettern. Plötzlich aber kam ihm ein Gedanke — wie eine höhere Eingebung war es: er zog an der Schnur, die an den linken Arm des Kutschers gebunden war, ließ anhalten und befahl, nach der Liteínaja zurückzufahren. Herr Goljädkin empfand nämlich das dringende Bedürfnis, zu seiner eigenen Beruhigung etwas sehr Wichtiges seinem Arzt Krestján Iwánowitsch mitzuteilen. Er war freilich erst seit kurzer Zeit mit ihm bekannt — er hatte ihn erst in der vergangenen Woche zum erstenmal besucht, um in irgendeiner Angelegenheit seinen Rat einzuholen, aber ... der Arzt soll doch, wie man sagt, so etwas wie ein Beichtiger des Menschen sein, dessen Pflicht es ist, seinen Patienten zu kennen.

‚Wird das nun auch das Richtige sein?' fragte sich unser Held, von gelinden Zweifeln erfaßt, indem er vor dem Portal eines fünf Stockwerke hohen Hauses an der Liteinaja, vor dem er hatte halten lassen, ausstieg, ‚wird das nun auch das Richtige sein? — und gut und klug? und zur rechten Zeit?' fuhr er auf der Treppe beim Hinaufsteigen fort, und er holte tief Atem, um das Herz, das die Angewohnheit hatte, auf fremden Treppen regelmäßig stärker zu pochen, ein wenig ausruhen zu lassen. ‚Aber was! — was ist denn dabei? Ich komme doch nur in meiner eigenen Angelegenheit. Dabei ist nichts Anstößiges, nichts, das zu tadeln wäre ... Es würde dumm sein, sich zu verstecken. Gerade auf diese Weise tue ich, als hätte ich nichts Besonderes ... als käme ich eben nur so im Vorüberfahren ... Da wird er sich doch sagen müssen, daß es nun einmal so ist und daß etwas anderes überhaupt nicht möglich war.'

Mit diesen Gedanken beschäftigt, stieg Herr Goljädkin zum zweiten Stockwerk empor und blieb vor einer Tür stehen, an der ein kleines Messingschild befestigt war, das die Aufschrift trug:

Krestján Iwánowitsch Rutenspitz
Doktor der Medizin und Chirurgie

Als unser Held stehen geblieben war, bemühte er sich zunächst, seiner Physiognomie einen anständigen, harmlos freundlichen und teilweise sogar liebenswürdigen Ausdruck zu verleihen, worauf er sich anschickte, den Klingelzug zu ziehen. Kaum aber war er im Begriff, dies zu tun, da fiel ihm plötzlich noch rechtzeitig ein, daß es vielleicht doch besser wäre, erst am nächsten Tag vorzusprechen, und daß es ja heute gar nicht so notwendig sei. Aber in diesem Augenblick vernahm er Schritte auf der Treppe, und das bewirkte wiederum, daß er sogleich seinen neuen Entschluß aufgab und so, wie es kam und kommen sollte, doch mit der entschlossensten Miene, an der Tür Krestjan Iwanowitschs die Klingel zog.

ZWEITES KAPITEL

Der Doktor der Medizin und Chirurgie, Krestjan Iwanowitsch Rutenspitz, ein überaus gesunder, obschon bejahrter Mann mit dichten, bereits ergrauenden Augenbrauen und ebensolchem Backenbart, einem ausdrucksvollen, funkelnden Blick, mit dem allein er dem Anschein nach schon Krankheiten zu vertreiben vermochte und, nicht zu vergessen, mit einem bedeutenden Orden, den er auch vormittags schon auf der Brust trug, saß an diesem Morgen wie gewöhnlich in seinem Kabinett, bequem im Stuhl zurückgelehnt, trank den Kaffee, welchen ihm seine Frau stets persönlich zu bringen pflegte, rauchte eine Zigarre und schrieb von Zeit zu Zeit Rezepte für seine Patienten. Nachdem er soeben ein solches für einen leidenden alten Herrn aufgeschrieben und diesen zur Tür geleitet hatte, setzte sich Krestjan Iwanowitsch wieder in seinen Sessel und erwartete den nächsten Leidenden. Herr Goljädkin trat ein.

Offenbar hatte Krestjan Iwanowitsch gerade diesen Herrn nicht im geringsten erwartet, und wie es schien, wünschte er auch gar nicht, ihn vor sich zu sehen. Denn in seinem Gesicht machte sich im ersten Augenblick eine gewisse Unruhe bemerkbar, die aber schon im nächsten Augenblick einem seltsamen, man kann wohl sagen, recht unzufriedenen Ausdruck wich. Da nun Herr Goljädkin seinerseits fast immer den Mut und gewissermaßen auch sich selbst verlor, sobald er jemanden in seinen eigenen kleinen Angelegenheiten anreden mußte, so geriet er auch diesmal beim ersten Satz, der bei ihm stets im wahren Sinn des Wortes der Stein des Anstoßes war, in nicht geringe Verwirrung, murmelte irgend etwas, das wohl so etwas wie eine Entschuldigung sein sollte, und da er nun entschieden nicht mehr wußte, was weiter tun, nahm er einen Stuhl und — setzte sich. Doch kaum war das geschehen, da fiel es ihm auch schon ein, daß er unaufgefordert Platz genommen hatte, errötete ob seiner Unhöflichkeit und beeilte sich, um seinen Verstoß gegen den guten Ton möglichst ungeschehen zu machen, sogleich wieder aufzustehen. Leider kam er erst nach dieser Tat zur Besinnung und begriff trotz seiner etwas wirren Verfassung, daß er der ersten Dummheit nur eine zweite hatte folgen lassen, weshalb er sich schnell zur dritten entschloß, indem er irgend etwas wie zu seiner Rechtfertigung murmelte, dazu lächelte, verwirrt errötete, vielsagend verstummte und sich schließlich wieder hinsetzte, diesmal jedoch endgültig, worauf er sich auf alle Fälle mit einem gewissen herausfordernden Blick gleichsam sicherstellte, der die ungeheure Macht besaß, sämtliche Feinde

Herrn Goljädkins im Geiste niederzuschmettern und zu vernichten. Überdies drückte besagter Blick die vollkommene Unabhängigkeit Herrn Goljädkins aus, das heißt: er gab deutlich zu verstehen, daß Herr Goljädkin niemanden etwas anzugehen wünsche und daß er wie alle Menschen ein Mensch für sich sei.

Krestjan Iwanowitsch räusperte sich, hustete — beides offenbar zum Zeichen seines Einverständnisses und des Beifalls, den er dem gewählten Standpunkt zollte — und richtete seinen Inspektorenblick fragend auf Herrn Goljädkin.

»Ich bin, wie Sie sehen, Krestjan Iwanowitsch«, begann Herr Goljädkin mit einem Lächeln, »bin gekommen, um Sie nochmals mit meinem Besuch zu belästigen ... wage es, Sie nochmals um Ihre Nachsicht zu bitten ...«

Herrn Göljädkin fiel es offenbar schwer, sich kurz und bündig auszudrücken.

»Hm ... ja!« äußerte sich dazu Krestjan Iwanowitsch, indem er langsam den Rauch ausstieß und die Zigarre auf den Tisch legte, »aber Sie müssen die Vorschriften befolgen, anders geht es nicht! Ich habe Ihnen doch erklärt, daß Ihre Behandlung in einer Veränderung der Lebensweise bestehen muß ... Also etwa Zerstreuungen, sagen wir: etwa Besuche bei Freunden ... Außerdem dürfen Sie auch der Flasche nicht feind sein ... fröhliche Gesellschaft sollten Sie nicht meiden ...«

Hier machte Herr Goljädkin, der immer noch lächelte, schnell die Bemerkung, daß er, wie er annehme, ganz ebenso lebe wie alle: daß er seine eigene Wohnung habe und dieselben Zerstreuungen wie die anderen ... daß er natürlich auch noch das Theater besuchen könne, zumal er ja gleichfalls, ganz wie alle anderen, die Mittel dazu habe, daß er tagsüber im Amt sei, abends aber bei sich zu Hause ... ja, er deutete flüchtig an, daß es ihm, wie ihm scheine, nicht schlechter ginge als anderen, daß er, wie gesagt, seine eigene Wohnung habe, und auch noch den Petruschka. Hier stockte Herr Goljädkin plötzlich.

»Hm! nein, diese Lebensweise ist es nicht, aber ich wollte Sie etwas anderes fragen. Ich möchte ganz im allgemeinen nur wissen, ob Sie gern in munterer Gesellschaft sind, ob Sie die Zeit lustig verbringen ... Nun, etwa, ob Sie jetzt ein melancholisches oder ein heiteres Leben führen?«

»Ich ... Herr Doktor ...«

»Hm! ... ich sage Ihnen«, unterbrach ihn der Doktor, »daß sie ein von Grund auf verändertes Leben führen und in gewissem Sinne auch Ihren Charakter von Grund auf ändern müssen.« — Krestjan Iwanowitsch betonte das »von Grund auf« ganz besonders, worauf er, um der größeren Wirkung willen, eine kleine Pause folgen ließ, nach der er eindringlich fortfuhr: »Sie dürfen der Geselligkeit nicht aus dem Wege gehen, Sie müssen das Theater und den Klub besuchen, und vor allem geistigen Getränken nicht abhold sein. Zu Hause zu sitzen, ist nicht ratsam ... oder vielmehr: Sie dürfen überhaupt nicht zu Hause sitzen.«

»Aber, Krestjan Iwanowitsch, ich liebe doch die Stille«, wandte Herr Goljädkin ein, indem er den Doktor bedeutsam ansah und offenbar nach Worten suchte, die seine Gedanken am besten hätten ausdrücken können, »in meiner Wohnung sind nur ich und Petruschka ... das heißt: mein Diener, Herr Doktor. Ich will damit sagen, Krestjan Iwanowitsch, daß ich meinen eigenen Weg gehe, und ganz für mich lebe, Herr Doktor. Wirklich: ich lebe ganz für mich, und wie mir scheint, bin ich von niemandem abhängig. Gewiß: ich gehe zuweilen spazieren ...«

»Was? ... Ja, so! Nun, jetzt bereitet einem das Spazierengehen gerade kein Vergnügen: das Wetter ist nicht danach.«

»Ja, das allerdings nicht, Herr Doktor. Aber sehen Sie, Krestjan Iwanowitsch, ich bin ein stiller Mensch, wie ich Ihnen bereits mitzuteilen, glaube ich, die Ehre hatte, und mein Weg führt mich nicht mit anderen zusammen. Der allgemeine Lebensweg ist breit, Krestjan Iwanowitsch ... Ich will ... ich will damit nur sagen ... Entschuldigen Sie, ich bin kein Meister in der Redekunst, Krestjan Iwanowitsch ..«

»Hm! ... Sie sagen ...«

»Ich sage oder bitte vielmehr, mich zu entschuldigen, Krestjan Iwanowitsch, da ich kein Meister in der Redekunst bin«, versetzte Herr Goljädkin in halbwegs gekränktem Ton, doch merklich verwirrt und unsicher. »In dieser Beziehung bin ich ... bin ich, wie gesagt, nicht so wie andere«, fuhr er mit einem eigentümlichen Lächeln fort, »ich verstehe nicht, logisch zu reden ... ebensowenig wie der Rede Schönheit zu verleihen ... das habe ich nicht gelernt. Dafür aber, Krestjan Iwanowitsch, handle ich; ja, dafür handle ich, Krestjan Iwanowitsch.«

»Hm! ... Wie denn ... wie handeln Sie denn?« forschte Krestjan Iwanowitsch. Darauf folgte beiderseitiges Schweigen. Der Arzt blickte etwas seltsam und mißtrauisch Herrn Goljädkin an, der auch seinerseits heimlich einen recht mißtrauischen Blick auf ihn warf.

»Ich ... sehen Sie, Krestjan Iwanowitsch«, fuhr Herr Goljädkin schließlich im selben Ton fort, ein wenig gereizt und zugleich verwundert über das Verhalten Krestjan Iwanowitschs, »ich liebe, wie gesagt, die Ruhe und nicht die gesellschaftliche Unruhe und den Lärm und alles das. Dort bei ihnen, sage ich, in der großen Gesellschaft, dort muß man verstehen, das Parkett mit den Stiefeln zu polieren ...« — hierbei scharrte auch Herr Goljädkin leicht mit dem Fuß auf dem Fußboden — »dort wird das verlangt, und auch Geist und Witz wird dort verlangt ... duftende Komplimente muß man dort zu sagen verstehen ... sehen Sie, so etwas wird dort verlangt! Ich aber habe das alles nicht gelernt, sehen Sie, alle diese Kniffe sind mir fremd, ich habe keine Zeit gehabt, so etwas zu lernen. Ich bin ein einfacher Mensch, bin nicht erfinderisch, es ist auch nichts äußerlich Bestechendes an mir. Damit strecke ich die Waffen, Krestjan Iwanowitsch; ich strecke sie einfach, das heißt: ich lege sie hin ... indem ich in diesem Sinn rede.«

Alles dies brachte unser Held mit einer Miene vor, die deutlich zu erkennen gab, daß er es nicht im geringsten bedauere, daß er »in diesem Sinne« die Waffen streckte und »jene Kniffe« nicht gelernt hatte, — vielmehr ganz im Gegenteil!

Krestjan Iwanowitsch sah, während er zuhörte, mit einem sehr unangenehmen Gesichtsausdruck zu Boden und schien schon einiges vorauszusehen oder vielleicht auch nur zu ahnen.

Der langen Rede Herrn Goljädkins folgte ein ziemlich langes und bedeutsames Schweigen.

»Sie sind, glaube ich, ein wenig vom Thema abgekommen«, sagte schließlich Krestjan Iwanowitsch halblaut, »ich habe Sie, offen gesagt, nicht ganz verstanden.«

»Ich bin, wie gesagt, kein Meister in der Redekunst, Krestjan Iwanowitsch ... ich hatte bereits die Ehre, Ihnen mitzuteilen, daß ich im Schönreden kein Meister bin«, versetzte Herr Goljädkin diesmal in scharfem und energischem Ton.

»Hm! ...«

»Krestjan Iwanowitsch!« fuhr darauf unser Held etwas stiller fort, doch mit einer vielsagenden Klangfarbe in seiner Stimme, die etwas feierlich anmutete, welchen Eindruck er dadurch noch verstärkte, daß er nach jedem Satz eine kleine Kunstpause machte. »Krestjan Iwanowitsch! Als ich hier eintrat, begann ich mit Entschuldigungen. Jetzt wiederhole ich diese und bitte Sie nochmals um Nachsicht für eine kurze Zeit. Ich habe vor Ihnen, Krestjan Iwanowitsch, nichts zu verbergen. Ich bin ein kleiner Mensch, wie Sie wissen. Doch zu meinem Glück tut es mir nicht leid, daß ich ein kleiner Mensch bin. Sogar im Gegenteil, Krestjan Iwanowitsch: ich bin sogar stolz darauf, daß ich kein großer, sondern nur ein kleiner Mensch bin. Ich bin kein Ränkeschmied, — und auch darauf bin ich stolz. Ich tue nichts heimlich und hinterrücks, sondern offen und ohne alle Berechnung. Nein, obschon auch ich meinerseits jemandem schaden könnte, und das sogar sehr, und obschon ich sogar weiß, wem und wie, das heißt: wem ich schaden könnte und wie das anzustellen wäre, so will ich mich mit solchen Sachen doch nicht befassen und wasche lieber in dieser Beziehung meine Hände in Unschuld. Ja, in dieser Beziehung wasche ich sie, Krestjan Iwanowitsch, in diesem Sinn!«

Herr Goljädkin verstummte für einen Augenblick sehr ausdrucksvoll. Er hatte mit bescheidenem Stolz gesprochen.

»Ich pflege, wie ich Ihnen, Krestjan Iwanowitsch, bereits sagte«, fuhr er fort, »ich pflege offen, ohne Umschweife und Umwege vorzugehen: ich verachte Umwege und überlasse sie anderen. Ich bemühe mich nicht, jene zu erniedrigen, die vielleicht reiner sind als wir beide ... das heißt, ich wollte sagen: als unsereiner, Krestjan Iwanowitsch, als unsereiner, und nicht: als wir beide. Ich liebe keine halben Worte, elende Heuchelei und Falschheit mag ich nicht, Verleumdung und Klatsch verachte ich. Eine Maske trage ich nur, wenn ich mich maskiere, gehe aber nicht tagtäglich mit einer solchen unter die Menschen. Jetzt frage ich Sie nur, Krestjan Iwanowitsch, wie Sie sich an Ihrem Feinde rächen würden, an Ihrem ärgsten Feind – an dem, den Sie für einen solchen hielten?« schloß Goljädkin plötzlich mit einem herausfordernden Blick auf Krestjan Iwanowitsch.

Herr Goljädkin hatte zwar jedes Wort so deutlich ausgesprochen, wie man es deutlicher nicht hätte aussprechen können: ruhig, klar, verständlich und mit Überzeugung, indem er von vornherein des größten Eindrucks gewiß war – nur blickte er jetzt nichtsdestoweniger mit Unruhe, mit großer Unruhe, sogar mit äußerst großer Unruhe Krestjan Iwanowitsch an. Der ganze Mensch war nur noch Blick und erwartete fast schüchtern in peinigender Ungeduld die Antwort Krestjan Iwanowitschs. Doch wer beschreibt die Verwunderung und Überraschung Herrn Goljädkins, als er sehen mußte, daß Krestjan Iwanowitsch statt dessen nur etwas in den Bart murmelte, dann seinen Stuhl näher an den Tisch rückte und schließlich ziemlich trocken, wenn auch noch ganz höflich erklärte, daß seine Zeit sehr knapp bemessen sei und er ihn nicht ganz verstehe; übrigens sei er ja gern bereit, zu tun, was in seinen Kräften stünde, doch alles übrige, was nicht zur Sache gehöre, gehe ihn nichts an. Damit griff er zur Feder, nahm ein Blatt Papier, schnitt einen Zettel für das Rezept zurecht und sagte, daß er sogleich aufschreiben werde was nottue.

»Nein, es tut nichts not, Krestjan Iwanowitsch! Nein, wirklich, glauben Sie mir, es tut hier gar nichts not!« versicherte Herr Goljädkin, der plötzlich vom Stuhl aufstand und Krestjan Iwanowitschs rechte Hand ergriff. »Nein, Krestjan Iwanowitsch, hier tut gar nichts not...«

Doch während er das noch sprach, ging bereits eine seltsame Veränderung in ihm vor. Seine grauen Augen blitzten eigentümlich, seine Lippen bebten, und alle Muskeln seines Gesichts begannen zu zucken und sich zu bewegen. Er erzitterte am ganzen Körper. Nachdem er im ersten Augenblick Krestjan Iwanowitschs Hand erfaßt und festgehalten hatte, stand er jetzt unbeweglich, als traue er sich selbst nicht und erwarte eine Eingebung, die ihm sagte, was er nun weiter tun solle.

Da geschah etwas ganz Unerwartetes.

Krestjan Iwanowitsch saß zunächst etwas verdutzt auf seinem Platz und sah Herrn Goljädkin sprachlos mit aufgerissenen Augen an, ganz wie jener auch ihn ansah. Dann stand er langsam auf und faßte Herrn Goljädkin am Rockaufschlag. So standen sie eine ganze Weile regungslos, ohne einen Blick voneinander abzuwenden. Goljädkins Lippen und Kinn begannen zu zittern, und plötzlich brach unser Held in Tränen aus. Schluchzend, schluckend nickte er mit dem Kopf, schlug sich mit der Hand vor die Brust und erfaßte mit der linken Hand gleichfalls den Rockaufschlag Krestjan Iwanowitschs: er wollte irgend etwas sagen, erklären, vermochte aber kein Wort hervorzubringen. Da besann sich Krestjan Iwanowitsch, schüttelte seine Verwunderung ab und nahm sich zusammen.

»Beruhigen Sie sich, regen Sie sich nicht auf, setzen Sie sich!« sagte er und versuchte, ihn auf den Stuhl zu drücken.

»Ich habe Feinde, Krestjan Iwanowitsch, ich habe Feinde

»... ich habe gehässige Feinde, die sich verschworen haben, mich zugrunde zu richten ...«, beteuerte Herr Goljädkin, ängstlich flüsternd.

»Oh, das wird nicht so schlimm sein mit Ihren Feinden! Denken Sie nicht an so etwas! Das ist ganz überflüssig. Setzen Sie sich, setzen Sie sich nur ruhig hin«, fuhr Krestjan Iwanowitsch fort, und es gelang ihm auch, Herrn Goljädkin zum Sitzen zu bringen: er setzte sich endlich, verwandte aber keinen Blick von Krestjan Iwanowitsch. Diesem schien das jedoch nicht zu behagen; er wandte sich bald von ihm ab und begann in seinem Kabinett hin und her zu schreiten. Sie schwiegen beide eine lange Zeit.

»Ich danke Ihnen, Krestjan Iwanowitsch«, brach endlich Herr Goljädkin das Schweigen, indem er sich mit gekränkter Miene vom Stuhl erhob, »ich bin Ihnen sehr dankbar und weiß es zu schätzen, was Sie für mich getan haben. Ich werde Ihre Freundlichkeit bis zum Tode nicht vergessen.«

»Schon gut! Bleiben Sie nur sitzen!« antwortete Krestjan Iwanowitsch in ziemlich strengem Ton auf den Ausfall Herrn Goljädkins, den er hierdurch zum zweitenmal zum Sitzen brachte.

»Nun, was haben Sie denn? Erzählen Sie mir doch, was Sie dort Unangenehmes befürchten«, fuhr Krestjan Iwanowitsch fort, »und was sind denn das für Feinde, von denen Sie sprachen? Um was handelt es sich also, erzählen Sie mir doch!«

»Nein, Krestjan Iwanowitsch, davon wollen wir jetzt lieber nicht reden«, lenkte Goljädkin gesenkten Blickes ab, »das wollen wir doch vorläufig bleiben lassen ... bis zu einer gelegeneren Zeit ... bis zu einer besseren Zeit, Krestjan Iwanowitsch, bis zu einer bequemeren Zeit, wenn alles bereits zutage getreten, die Maske von gewissen Gesichtern abgerissen, und dann, wie gesagt, gar manches aufgedeckt sein wird. Jetzt aber – das heißt: vorläufig ... und nach dem, was hier vorgefallen ist ... werden Sie doch selbst zugeben,

Krestjan Iwanowitsch ... Gestatten Sie, Ihnen einen Guten Morgen zu wünschen.« — Und damit griff Herr Goljädkin plötzlich entschlossen nach seinem Hut.

»Tja, nun ... wie Sie wollen ... hm ...«

Es folgte ein kurzes Schweigen.

»Ich würde ja meinerseits gern alles tun, was in meinen Kräften steht ... das wissen Sie doch, und ich wünsche Ihnen von Herzen alles Gute ...«

»Ich verstehe Sie, Krestjan Iwanowtisch, ich verstehe Sie jetzt vollkommen. Jedenfalls bitte ich um Entschuldigung, daß ich Sie belästigt habe.«

»Hm ... nein, ich wollte Ihnen nicht das sagen. Übrigens — wie Sie wollen. Was die Medikamente betrifft, so können Sie fortfahren, dieselben zu nehmen ...«

»Das werde ich, Krestjan Iwanowitsch, ganz wie Sie sagen, das werde ich, — dieselben Medikamente und aus derselben Apotheke ... Heutzutage ist Apotheker sein schon eine große Sache, Krestjan Iwanowitsch ...«

»Was? In welch einem Sinne wollen Sie das gesagt haben?«

»In einem ganz gewöhnlichen Sinn, Krestjan Iwanowitsch. Ich will nur sagen, daß die Welt heutzutage so ist.. Und daß jetzt jeder Bengel, nicht nur ein Apothekerbengel, vor einem anständigen Menschen die Nase hochträgt.«

»Hm! Wie meinen Sie denn das?«

»Ich rede von einem bestimmten Menschen, Krestjan Iwanowitsch ... von unserem gemeinsamen Bekannten ... sagen wir zum Beispiel — nun, meinetwegen von Wladímir Ssemjónowitsch ...«

»Ah! ...«

»Ja, Krestjan Iwanowitsch: auch ich kenne einige Menschen, denen an der öffentlichen Meinung nicht gar so viel gelegen ist, um nicht mitunter die Wahrheit zu sagen.«

»Ah! ... Und wie denn das?«

»Ja, so. Aber das ist nebensächlich! Ich meine nur: sie verstehen zuweilen, so ein Bonbon mit Füllung zu verabreichen.«

»Was? ... Was zu verabreichen?«

»Ein Bonbon mit Füllung, Krestjan Iwanowitsch: das ist so eine russische Redensart. Sie verstehen zum Beispiel, zur rechten Zeit jemandem zu gratulieren, — es gibt solche Leute, Krestjan Iwanowitsch.«

»Zu gratulieren, sagen Sie?«

»Jawohl, zu gratulieren, Krestjan Iwanowitsch, wie es vor einigen Tagen einer meiner näheren Bekannten getan hat!...«

»Einer Ihrer näheren Bekannten ... hm! ja, aber wie denn das?« forschte Krestjan Iwanowitsch, der Herrn Goljädkin jetzt aufmerksam betrachtete.

»Ja, einer meiner näheren Bekannten gratulierte einem anderen gleichfalls sehr nahen Bekannten und sogar Freund zum Assessor, zu dem er neuerdings ernannt worden war. Und da sagte er denn wörtlich: ‚Freue mich aufrichtig, Wladímir Ssemjónowitsch, Ihnen zum Assessor gratulieren zu können; empfangen Sie meinen *aufrichtigen* Glückwunsch. Ich freue mich um so mehr über diesen Fall, als es heutzutage bekanntlich keine alten Weiber mehr gibt, die wahrsagen können.'« — Und Herr Goljädkin nickte hierbei listig mit dem Kopf und blickte zwinkernd zu Krestjan Iwanowitsch hinüber ...

»Hm. Gesagt hat das also ...«

»Gesagt, gewiß gesagt, Krestjan Iwanowitsch, und indem er es sagte, blickte er noch zu Andrei Filíppowitsch hinüber, der nämlich der Onkel unseres Nesthäkchens Wladimir Ssemjónowitsch ist. Aber was geht das mich an, daß er zum Assessor aufrückte? Was schert das mich? Nur — sehen Sie, er will doch heiraten, er, dem die Lippen von der Kindermilch noch nicht trocken geworden sind. Das sagte ich ihm denn auch. Ganz einfach sagte ich es ihm. Jetzt aber habe ich Ihnen wirklich alles erzählt. Gestatten Sie daher, daß ich aufbreche und mich entferne.«

»Hm ...«

»Ja, Krestjan Iwanowitsch, erlauben Sie mir jetzt, wiederhole ich, mich zu entfernen. Doch hier — um gleich zwei

Sperlinge mit einem Stein zu treffen — nachdem ich den Jüngling mit den Wahrsagerinnen so hatte durchfallen lassen, wandte ich mich an Klara Olssúfjewna — die ganze Sache spielte sich vorgestern bei Olssúfij Iwánowitsch ab —, da sagte ich ihr ungefähr: ‚Ja, eine gefühlvolle Romanze haben Sie gesungen, nur hört man Ihnen nicht reinen Herzens zu.' Und damit spielte ich, verstehen Sie, spielte ich deutlich darauf an, daß man eigentlich nicht — sie im Auge hat, sondern etwas weiter blickt...«

»Ah! Nun, und was tat er?«

»Er biß in die Zitrone, Krestjan Iwanowitsch, wie man zu sagen pflegt, und sogar ohne die Miene zu verziehen.«

»Hm...«

»Ja, Krestjan Iwanowitsch. Auch dem Alten sagte ich ungefähr: ‚Olssufij Iwanowitsch, ich weiß, was ich Ihnen schuldig bin', sagte ich, ‚ich weiß die Wohltaten, die Sie mir fast von Kindesbeinen an erwiesen haben, zu schätzen. Aber öffnen Sie jetzt die Augen, Olssufij Iwanowitsch', sagte ich. ‚Schauen Sie mit offenen Augen um sich. Ich selbst gehe offen und ehrlich vor, Olssufij Iwanowitsch.'«

»Aha, so also ist es!«

»Ja, Krestjan Iwanowitsch, so ist es...«

»Nun, und er?«

»Ja, was sollte er, Krestjan Iwanowitsch? Brummte da etwas: dies und jenes, ich kenne dich, und Seine Exzellenz sei ein guter Mensch — und so weiter, und so weiter — verbreitete sich ausführlich darüber... Aber was soll denn das! Er ist eben schon etwas, wie man sagt, altersschwach geworden.«

»Hm! Also so steht es jetzt!«

»Ja, Krestjan Iwanowitsch. Und alle sind wir doch so — was rede ich vom Alten! — Der ist wohl schon mit einem Bein im Grabe, wie man zu sagen pflegt. Es braucht da nur irgendeine Weiberklatschgeschichte in Umlauf gebracht zu werden, so ist auch er gleich mit beiden Ohren dabei. Aber ohne ihn geht es nicht...«

»Klatschgeschichten, sagen Sie?«

»Ja, Krestjan Iwanowitsch, sie haben eine Klatschgeschichte in Umlauf gebracht. Beteiligt haben sich daran außer anderen auch unser Bär und dessen Neffe, unser Nesthäkchen. Zuerst haben sie sich mit alten Weibern zusammengetan und dann die Sache ausgeheckt. Was glauben Sie wohl, was sie ersonnen haben, um einen Menschen umzubringen?«

»Umzubringen?«

»Jawohl, Krestjan Iwanowitsch, um einen Menschen umzubringen, um ihn moralisch umzubringen. Sie haben das Gerücht verbreitet ... ich rede immer von einem nahen Bekannten ...«

Krestjan Iwanowitsch nickte mit dem Kopf.

»Sie haben über ihn das Gerücht verbreitet ... Offen gestanden, Krestjan Iwanowitsch, ich schäme mich fast, so etwas nur auszusprechen!«

»Hm...«

»Das Gerücht verbreitet, sage ich, daß er sich bereits schriftlich verpflichtet habe, zu heiraten: daß er bereits der Bräutigam einer anderen sei ... Und was glauben Sie wohl, Krestjan Iwanowitsch, der Bräutigam wessen?«

»Nun?«

»Der Bräutigam einer Köchin, einer nicht standesgemäßen Deutschen, die ihn beköstigt. Statt seine Schuld für die Beköstigung zu bezahlen, habe er um ihre Hand angehalten!«

»Das haben sie also verbreitet?«

»Können Sie das glauben, Krestjan Iwanowitsch? Eine Deutsche, eine gemeine, schamlose, unverschämte Person, die Karolina Iwánowna heißt, wenn Sie sie kennen sollten ...«

»Ich gestehe, daß ich meinerseits ...«

»Ich verstehe, Krestjan Iwanowitsch, ich verstehe Sie, und fühle auch meinerseits ...«

»Sagen Sie, bitte, wo wohnen Sie jetzt?«

»Wo ich jetzt wohne, fragen Sie?«

»Ja... ich will... Sie lebten doch früher, glaube ich ...«

»Gewiß, Krestjan Iwanowitsch, gewiß lebte ich, gewiß

lebte ich auch früher, wie sollte ich nicht!« unterbrach ihn schnell Herr Goljädkin mit einem kleinen Lachen, nachdem er mit seiner Antwort Krestjan Iwanowitsch ein wenig stutzig gemacht hatte.

»Nein, Sie haben mich falsch verstanden; ich wollte meinerseits...«

»Ich wollte gleichfalls, Krestjan Iwanowitsch, ich wollte gleichfalls meinerseits!« fuhr Herr Goljädkin lachend fort. »Aber ich, verzeihen Sie, Krestjan Iwanowitsch, ich halte Sie ja schon unverantwortlich lange auf. Sie werden mir, hoffe ich, jetzt gestatten ... Ihnen einen Guten Morgen zu wünschen...«

»Hm...«

»Jawohl, Krestjan Iwanowitsch, ich verstehe Sie, ich verstehe Sie jetzt vollkommen«, versetzte unser Held ein wenig affektiert. »Also, wie gesagt, gestatten Sie, Ihnen einen Guten Morgen zu wünschen...«

Damit machte unser Held so etwas wie einen Kratzfuß und verließ das Zimmer, begleitet von den Blicken Krestjan Iwanowitschs, der ihm in höchster Verwunderung nachsah.

Während Herr Goljädkin die Treppe hinabstieg, schmunzelte er und rieb sich froh die Hände. Draußen angelangt, atmete er tief die frische Luft ein, und da er sich jetzt wieder frei fühlte, war er fast bereit, sich für den glücklichsten Sterblichen zu halten, mit welchen Gefühlen er schon den Weg zu seinem Departement einschlagen wollte, – als plötzlich eine Equipage ratternd vorfuhr und vor dem Portal hielt. Er starrte sie zunächst verständnislos an, doch plötzlich fiel ihm alles wieder ein. Petruschka riß bereits den Wagenschlag auf.

Ein seltsames und höchst unangenehmes Gefühl erfaßte den ganzen Herrn Goljädkin. Einen Augenblick glaubte er, wieder zu erröten. Wie ein Stich traf es ihn.

Im Begriff, den Fuß auf den Wagentritt zu setzen, wandte er sich plötzlich um und sah hinauf zu den Fenstern Krestjan Iwanowitschs. Richtig! Dort stand Krestjan Iwanowitsch am Fenster, strich sich mit der Rechten den Backenbart und blickte reichlich interessiert unserem Helden nach.

‚Dieser Doktor ist dumm', dachte Herr Goljädkin, indem er einstieg, ‚überaus dumm. Es ist ja möglich, daß er seine Kranken ganz gut kuriert, aber immerhin ... dumm ist er dennoch wie ein Klotz.'

Herr Goljädkin setzte sich, Petruschka rief: »Fahr zu!« und die Equipage rollte davon, wieder geradeaus zum Newskij Prospekt.

DRITTES KAPITEL

Diesen ganzen Vormittag verbrachte Herr Goljädkin mit lauter wichtigen Besorgungen. Als er dann wieder auf dem Newskij Prospekt angelangt war, ließ er vor der großen Kaufhalle halten, stieg aus, trat in Begleitung Petruschkas schnell unter die Arkaden und begab sich unverzüglich zum Juwelierladen. Schon an der Miene Herrn Goljädkins konnte man erkennen, daß er an diesem Morgen unendlich viele Gänge vorhatte. Nachdem er bei dem Juwelier ein ganzes Teebesteck zum Preise von über tausendfünfhundert Bankorubeln, ein Zigarettenetui von sehr origineller Form und ein vollständiges Rasierzeug in Silber, ferner noch dies und jenes, kleine, nette und auch nützliche Sächelchen ausgesucht und von allen diesen Dingen im Preis mehr oder weniger abgehandelt hatte, schloß er seinen Kauf damit, daß er sich an den Juwelier wandte und versprach, am nächsten Tag wiederzukommen oder vielleicht auch noch an diesem selben Tage die Sachen abholen zu lassen. Er ließ sich die Nummer des Juwelierladens geben, hörte höflich den Juwelier an, dem es sehr um eine »kleine Anzahlung« zu tun war, versprach auch eine solche, verabschiedete sich von dem etwas betreten dreinschauenden Mann, als wäre nichts geschehen, worauf er unter den Arkaden weiterging, begleitet von einem ganzen Schwarm von Händlern, die alle etwas feilboten, und begab sich, immer gefolgt von Petruschka, nach dem er sich übrigens fortwährend umsah, in einen anderen Laden. Unterwegs trat er auch noch in eine Wechselbude und wechselte seine sämtlichen größeren Geldscheine gegen kleinere ein, obgleich er dabei verlor — doch wurde seine Brieftasche dadurch bedeutend dicker, was Herrn Goljädkin augenscheinlich sehr angenehm war. Dann suchte er einen anderen Laden auf, in dem er, wieder für eine ansehnliche Summe, Damenstoffe auswählte. Auch hier versprach er dem Kaufmann, am nächsten Tag wiederzukommen, ließ sich die Nummer des Geschäfts geben, und auf die Frage nach der Anzahlung versprach er, sie schon rechtzeitig zu leisten. Darauf trat er noch in verschiedene andere Läden ein, wählte aus, handelte, stritt oft lange mit den Verkäufern, ging sogar zwei- bis dreimal fort, um dann doch zurückzukehren, — kurz, er entfaltete eine ungeheure Geschäftigkeit. Von der Kaufhalle begab sich unser Held nach einem bekannten Möbelmagazin, wo er Möbel für sechs Zimmer bestellte. Er begutachtete auch noch verschiedene Modeartikel, versicherte dem betreffenden Kaufmann, daß er unbedingt noch an diesem Tag nach den Sachen schicken werde, und verließ das Geschäft wieder mit dem Versprechen, einen Teil anzuzahlen. Und so besuchte er noch ein paar andere Handlungen, in denen sich dasselbe wiederholte. Mit einem Wort, das Ende seiner Besorgungen war gar nicht abzusehen. Endlich aber schien diese Art von Beschäftigung Herrn Goljädkin selbst langweilig zu werden. Ja, plötzlich stellten sich bei ihm, Gott weiß weshalb, Gewissensbisse ein. Um keinen Preis würde er eingewilligt haben, wenn ihm jemand den Vorschlag gemacht hätte, ihm jetzt zum Beispiel Andrei Filippowitsch in den Weg zu führen, oder auch nur Krestjan Iwanowitsch. Endlich schlug die Uhr vom Rathausturm drei, und nun setzte sich Herr Goljädkin endgültig in seine Equipage, das heißt: er gab alle weiteren Einkäufe auf. Aus denen, die er bereits gemacht, befanden sich wirklich in seinem Besitz nur ein Paar Handschuhe und ein Fläschchen Parfüm, das er für einen Rubel fünfundfünfzig Kopeken erstanden hatte. Da drei Uhr nachmittags immerhin noch ziemlich früh für ihn war, so ließ er sich zu einem bekannten Restaurant am Newksij fahren, das er selbst freilich nur vom Hörensagen kannte, stieg aus und trat ein, um einen kleinen Imbiß zu nehmen, sich etwas zu erholen und so die Zeit bis zur bestimmten Stunde zu verbringen.

Er aß nur ein belegtes Brötchen, also wie einer, dem ein reiches Diner bevorsteht, das heißt: er aß nur, um sich, wie man zu sagen pflegt, gegen Magenknurren zu sichern. Er kippte auch nur ein einziges Gläschen dazu, setzte sich dann in einen der bequemen Sessel und nahm, nach einem etwas unsicheren Blick auf seine Umgebung, eine Zeitung in die Hand. Er las zwei Zeilen, stand dann wieder auf, blickte in den Spiegel, rückte an seinen Kleidern, strich sich über das Haar; trat darauf zum Fenster und sah, daß seine Equipage noch dort stand ... kehrte dann wieder zu seinem Sessel zurück, griff wieder nach der Zeitung ... Kurz, man sah es ihm an, daß er aufgeregt und ungeduldig zugleich war. Er sah nach der Uhr, sah, daß es erst ein Viertel nach drei war und daß er folglich noch ziemlich lange zu warten hatte, sagte sich gleichzeitig, daß es nicht angehe, so lange hier zu sitzen, ohne etwas zu genießen, und bestellte eine Tasse Schokolade, nach der er im Augenblick gar kein Verlangen verspürte. Als er dann die Schokolade ausgetrunken und zugleich festgestellt hatte, daß die Zeit ein wenig vorgerückt war, brach er auf, ging zur Kasse und wollte bezahlen. Plötzlich schlug ihn jemand auf die Schulter.

Er sah sich um und erblickte zwei seiner Kollegen — dieselben, denen er am Morgen an der Straßenecke begegnet war —, zwei junge Leute, die ihm sowohl an Jahren wie an Rang bedeutend nachstanden, und mit denen unser Held weder besonders befreundet noch offen verfeindet war. Selbstverständlich wurde von beiden Seiten ein gewisser Anstand mit Haltung gewahrt, doch an ein Sichnähertreten hatte noch niemals jemand von ihnen gedacht. Jedenfalls war diese überraschende Begegnung hier im Restaurant Herrn Goljädkin äußerst unangenehm.

»Jákoff Petrówitsch, Jakoff Petrowitsch!« riefen beide wie aus einem Munde, »Sie hier? Was in aller Welt . . .«

»Ah, Sie sind es, meine Herren!« unterbrach sie Herr Goljädkin, etwas verwirrt und verletzt durch die Verwunderung der jungen, dem Range nach unter ihm stehenden Beamten. Innerlich war er fast empört über ihren ungenierten Ton, spielte aber äußerlich — übrigens notgedrungen — den Harmlosen und bemühte sich tapfer, seinen Mann zu stellen. »Also desertiert, meine Herren, hehehe! . . .« — Und um seine Überlegenheit dieser Kanzleijugend gegenüber zu bewahren, mit der er sich sonst nie eingelassen hatte, wollte er einem von ihnen gönnerhaft auf die Schulter klopfen; zum Unglück aber mißriet seine Herablassung gänzlich, und aus der jovial herablassend gedachten Geste wurde etwas ganz Anderes.

»Nun, und was macht denn unser Bär, — der sitzt wohl noch? . . .«

»Wer das? Wen meinen Sie?«

»Mit dem Bären? Als ob Sie nicht wüßten, wen wir den Bären nennen? . . .« Herr Goljädkin wandte sich lachend wieder zur Kasse, um das zurückgegebene Geld in Empfang zu nehmen. »Ich rede von Andrei Filippowitsch, meine Herren«, fuhr er fort, sich wieder ihnen zuwendend, doch jetzt mit sehr ernstem Gesicht. Die beiden jungen Beamten tauschten untereinander einen Blick aus.

»Der sitzt natürlich noch, hat sich aber nach Ihnen erkundigt, Jakoff Petrowitsch«, antwortete einer von ihnen.

»Also er sitzt noch, ah! In dem Fall — lassen wir ihn sitzen, meine Herren. Und er hat sich nach mir erkundigt, sagen Sie?«

»Ja, ausdrücklich, Jakoff Petrowitsch. Aber was ist denn heute mit Ihnen los?! Parfümiert, geschniegelt und gestriegelt, — Sie sind ja ein ganzer Stutzer geworden? . . .«

»Ja, meine Herren, wie Sie sehen.« — Herr Goljädkin blickte zur Seite und lächelte gezwungen. Als die anderen sein Lächeln bemerkten, brachen sie in lautes Lachen aus. Herr Goljädkin fühlte sich gekränkt und setzte eine hochnäsige Miene auf.

»Ich will Ihnen etwas sagen, meine Herren, ganz freundschaftlich«, begann unser Held nach kurzem Schweigen, als habe er sich entschlossen (‚mochte es denn so sein!'), sie über etwas Wichtiges aufzuklären. »Sie, meine Herren, haben mich bisher nur von der einen Seite gekannt. Einen Vorwurf kann man deshalb niemandem machen; zum Teil, das gebe ich selbst zu, war es meine eigene Schuld.«

Herr Goljädkin preßte die Lippen zusammen und sah die beiden bedeutsam an. Jene tauschten wieder einen Blick aus.

»Bisher, meine Herren, haben Sie mich nicht gekannt. Es ist hier weder der richtige Ort, noch die richtige Zeit zu ausführlichen Erklärungen. Deshalb will ich Ihnen nur ein paar kurze Worte sagen. Es gibt Menschen, meine Herren, die Umwege und Schliche nicht lieben und die sich wirklich nur zum Maskenball maskieren. Es gibt Menschen, die in der Geschicklichkeit, das Parkett mit den Stiefeln zu polieren, nicht den einzigen Lebenszweck und die Bestimmung der Menschheit sehen. Es gibt auch solche Menschen, meine Herren, die sich nicht für restlos glücklich und ihr Leben schon für ausgefüllt halten, wenn zum Beispiel das Beinkleid ihnen gut sitzt. Und es gibt schließlich auch Menschen, die sich nicht gern ohne jeden Grund ducken und müßigerweise scharwenzeln, nicht sich einschmeicheln und den Leuten um den Mund reden, und die, was die Hauptsache ist, meine Herren, ihre Nase nicht dorthin stecken, wohin man sie die Nase zu stecken nicht gebeten hat ... So, meine Herren, jetzt habe ich Ihnen fast alles gesagt; erlauben Sie mir daher, mich Ihnen zu empfehlen ...«

Herr Goljädkin stockte. Da die beiden jungen Beamten in ihrer Wißbegier jetzt vollkommen befriedigt waren, brachen sie überaus unhöflich in schallendes Gelächter aus.

Herr Goljädkin wurde feuerrot vor Empörung.

»Lachen Sie nur, meine Herren, lachen Sie nur — vorläufig! Leben Sie erst etwas länger in der Welt, dann werden Sie schon sehen!« sagte er mit gekränkter Würde, nahm seinen Hut und ging bereits zur Tür.

»Doch eins will ich Ihnen noch sagen, meine Herren«, fuhr er fort, sich zum letztenmal zu den beiden Registratoren zurückwendend, »wir sind jetzt auch hier gewissermaßen unter vier Augen. Also vernehmen Sie meine Grundsätze, meine Herren: mißlingt es, so werde ich mich trotzdem zusammennehmen — gelingt es aber, werde ich den Sieg zu behaupten wissen, aber in keinem Fall werde ich die Stellung eines anderen untergraben. Ich bin kein Ränkeschmied, und bin stolz darauf, daß ich es nicht bin. Zum Diplomaten würde ich nicht taugen. Man sagt, meine Herren, daß der Vogel von selbst auf den Jäger fliege. Das ist wahr, ich gebe es zu; doch wer ist hier der Jäger, und wer der Vogel? Das ist die Frage, meine Herren!«

Herr Goljädkin verstummte beredt und mit dem vielsagendsten Gesichtsausdruck, das heißt: indem er die Brauen hochzog und die Lippen zusammenpreßte, beides bis zur äußersten Möglichkeit — verbeugte sich und trat hinaus, die anderen in höchster Verwunderung zurücklassend.

»Wohin jetzt?« fragte Petruschka ziemlich unwirsch, da es ihn offenbar schon langweilte, in der Kälte zu warten und sich von Ort zu Ort schleppen zu lassen. »Wohin befehlen?« fragte er kleinlauter, als er den fürchterlichen, alles vernichtenden Blick auffing, mit dem unser Held sich an diesem Morgen schon zweimal versehen hatte und mit dem er sich jetzt beim Verlassen des Restaurants zum drittenmal wappnete.

»Zur Ismáiloffbrücke.«

»Zur Ismailoffbrücke!« rief Petruschka dem Kutscher zu.

‚Das Diner ist bei ihnen erst nach vier angesagt, oder sogar erst um fünf', dachte Herr Goljädkin, ‚wird es jetzt nicht noch zu früh sein? Übrigens kann ich ja ganz gut auch etwas früher erscheinen. Außerdem ist es nur ein Familiendiner. Da kann man also ganz sans façon ... wie feine Leute zu sagen pflegen. — Weshalb sollte ich denn nicht sans façon erscheinen können? Unser Bär sagte ja auch, daß alles ganz sans façon sein werde, da kann doch auch ich ...'

So dachte Herr Goljädkin, doch dessen ungeachtet wuchs seine Aufregung und wurde mit jedem Augenblick größer. Man merkte es ihm an, daß er sich zu etwas äußerst Mühevollem — um nicht mehr zu sagen — vorbereitete: er flüsterte leise vor sich hin, gestikulierte mit der rechten Hand, blickte in einem fort zu den Fenstern hinaus, kurz, man hätte wahrlich alles eher vermuten können, als daß er sich zu einer guten Mahlzeit begab, die noch dazu »im Familienkreise« eingenommen werden sollte, ganz sans façon, wie feine Leute zu sagen pflegen. Kurz vor der Ismailoffbrücke wies Herr Goljädkin dem Kutscher das Haus, zu dem er ihn fahren sollte. Die Equipage rollte wieder mit ohrenbetäubendem Getöse unter den Torbogen und weiter auf den Hof, wo sie vor dem Portal des rechten Flügels hielt. Im selben Augenblick bemerkte Herr Goljädkin an einem Fenster des zweiten Stockwerkes eine junge Dame, der er, kaum daß er sie erblickte, eine Kußhand zuwarf. Übrigens wußte er selbst nicht, was er tat, zumal er in diesem Augenblick entschieden mehr tot als lebendig war. Beim Aussteigen war er bleich und unsicher. Er trat ein, nahm den Hut ab, rückte mechanisch an seinen Kleidern und begann — mit einem sonderbaren Schwächegefühl in den Knien: es war, als zitterten sie — die Treppe hinaufzusteigen.

»Olssufij Iwanowitsch?« fragte er den Bedienten, der ihm die Tür öffnete.

»Zu Haus ... das heißt: nein, der Herr sind nicht zu Haus.«

»Wie? Was sagst du, mein Lieber? Ich — ich bin eingeladen, mein Bester. Du kennst mich doch?«

»Wie denn nicht! Aber ich habe Befehl, den Herrn nicht zu empfangen.«

»Wie ... mein Bester ... du irrst dich gewiß. Ich bin es. Und ich bin doch eingeladen, ich ... ich komme zum Diner, mein Bester«, sagte Herr Goljädkin und warf schnell seinen Paletot ab, in der deutlichen Absicht, sogleich die Zimmer zu betreten.

»Verzeihen der Herr, das geht nicht. Ich habe Befehl, den Herrn nicht eintreten zu lassen, man will den Herrn nicht empfangen. Ich habe Befehl!«

Herr Goljädkin erbleichte. Da ging eine Tür auf und Gerassímowitsch, der alte Diener Olssufij Iwanowitschs, erschien.

»Da sehen Sie, Jemelján Gerassímowitsch, der Herr will eintreten, ich aber ...«

»Sie aber sind ein Dummkopf, Alexéjewitsch. Gehen Sie und schicken Sie den Schuft Ssemjónytsch her. — Entschuldigen Sie«, wandte er sich darauf höflich, doch in sehr bestimmtem Ton an Herrn Goljädkin, »es geht nicht. Es ist ganz unmöglich. Man läßt sich entschuldigen, man kann nicht empfangen.«

»Ist Ihnen das gesagt worden, daß man nicht empfangen kann?« fragte Herr Goljädkin unentschlossen. »Verzeihen Sie, Gerassimowitsch, aber weshalb kann man denn nicht?«

»Es geht nicht. Ich habe angemeldet; darauf wurde mir gesagt: bitte, zu entschuldigen. Es ist unmöglich.«

»Aber weshalb denn? Wie ist denn das? Wie ...«

»Erlauben Sie, erlauben Sie ...«

»Aber weshalb, warum denn nicht? Das geht doch nicht so! Melden Sie ... Was soll denn das heißen! Ich bin zum Diner ...«

»Erlauben Sie, erlauben Sie! ...«

»Nun ja, freilich, es ist eine andere Sache, wenn man zu entschuldigen bittet. Aber wie ist denn das, Gerassimowitsch, das ... so erklären Sie mir doch! ...«

»Erlauben Sie, erlauben Sie!« unterbrach ihn wieder Gerassimowitsch, indem er ihn recht nachdrücklich mit dem

Arm zur Seite schob, um zwei Herren eintreten zu lassen. Die Eintretenden waren: Andrei Filíppowitsch und sein Neffe Wladímir Ssemjónowitsch. Beide blickten sehr verwundert Herrn Goljädkin an.

Andrei Filippowitsch machte bereits Miene, ihn anzureden, doch Herr Goljädkin hatte seinen Entschluß schon gefaßt: er trat schnell aus dem Vorzimmer und sagte gesenkten Blicks, rot und mit einem Lächeln in dem verwirrten Gesicht:

»Ich komme später, Gerassimowitsch, ich werde ... ich hoffe, daß alles sich bald aufklären wird«, sagte er vom Treppenflur aus ...

»Jakoff Petrowitsch, Jakoff Petrowitsch ...«, ertönte die Stimme Andrei Filippowitschs.

Herr Goljädkin hatte schon den ersten Treppenabsatz erreicht. Er wandte sich schnell zurück und sah hinauf zu Andrei Filippowitsch.

»Was wünschen Sie, Andrei Filippowitsch?« fragte er ziemlich scharf.

»Was ist das mit Ihnen, Jakoff Petrowitsch? Was ist hier ...«

»Nichts, Andrei Filippowitsch. Ich gehe hier niemanden etwas an. Das ist meine Privatangelegenheit, Andrei Filippowitsch.«

»Wa—as?«

»Ich sage Ihnen, Andrei Filippowitsch, daß das mein Privatleben ist, und daß man, wie mir scheint, hinsichtlich meiner offiziellen Beziehungen hier nichts Tadelnswertes finden kann.«

»Was! Was reden Sie da ... hinsichtlich Ihrer offiziellen ... Was ist mit Ihnen geschehen, mein Herr?«

»Nichts, Andrei Filippowitsch, ganz und gar nichts ... ein verzogenes Mädchen, nichts weiter ...«

»Was ... Was?« Andrei Filippowitsch wußte nicht, was er vor lauter Verwunderung denken sollte.

Herr Goljädkin, der, während er mit Andrei Filippowitsch sprach, auf dem Treppenabsatz von unten nach oben blickte und so aussah, als wolle er seinem Abteilungschef jeden Augenblick ins Gesicht springen, trat, als er dessen Verwirrung gewahrte, eine Stufe höher. Andrei Filippowitsch wich etwas zurück. Herr Goljädkin stieg wieder eine und dann noch eine Stufe höher — Andrei Filippowitsch blickte sich unruhig um. Da sprang Herr Goljädkin plötzlich schnell noch über die anderen Stufen hinauf — doch noch schneller sprang Andrei Filippowitsch zurück ins Vorzimmer und schlug die Tür hinter sich zu. Herr Goljädkin sah sich allein im Treppenhaus. Es wurde ihm dunkel vor den Augen. Ohne einen Gedanken im Kopf stand er, scheinbar in Nachdenken versunken, regungslos auf einem Fleck. Oder vielleicht dachte er noch an eine ähnliche Situation vor kurzer Zeit ...

Er flüsterte dann etwas vor sich hin, das halbwegs wie ein Seufzer klang, und zwang sich zu einem schmerzlichen Lächeln. Da vernahm er plötzlich Stimmen und Schritte, unten auf der Treppe — Gäste, die Olssufij Iwanowitsch eingeladen hatte. Herr Goljädkin kam wieder zu sich, klappte schnell den Waschbärkragen an seinem Herbstpaletot auf, um nicht erkannt zu werden, und begann, stolpernd, unsicher, zitternd und bebend die Treppe hinabzusteigen. Er fühlte eine große Schwäche in sich, eine gewisse Abgetaubtheit in allen Gliedern. Er wäre nicht imstande gewesen, ein lautes Wort zu sprechen. Als er hinaustrat, war er noch so verwirrt, daß er nicht wartete, bis seine Equipage vorfuhr, sondern selbst über den regennassen Hof zu ihr hinging. Im Begriff, einzusteigen, empfand Herr Goljädkin plötzlich den größten Wunsch, in die Erde zu versinken oder mitsamt der Equipage in ein Mauseloch zu verschwinden, denn es schien ihm, oder richtiger, er fühlte und wußte plötzlich mit tödlicher Sicherheit, daß jetzt alles, was es an Lebewesen in der Wohnung Olssufij Iwanowitschs gab, an den Fenstern stand und ihn mit den Blicken verfolgte. Und er wußte auch, daß er auf der Stelle tot hinfallen würde, wenn er sich jetzt nach diesen Fenstern umsehen wollte.

»Was lachst du, Tölpel?« fuhr er Petruschka an, der ihm beim Einsteigen helfen wollte.

»Worüber soll ich denn lachen? Wohin jetzt?«

»Nach Hause, sofort...«

»Zurück nach Hause!« rief Petruschka dem Kutscher zu und kletterte auf seinen Dienersitz.

‚Wie der Kerl krähen kann!' dachte Herr Goljädkin wütend.

Die Equipage hatte inzwischen schon die Ismailoffbrücke erreicht. Plötzlich griff unser Held nach der Schnur, riß an ihr wie ein Verzweifelter und schrie dem Kutscher zu, daß er wieder umkehren solle. Der Kutscher wendete die Pferde, und nach kaum zwei Minuten fuhr die Equipage wieder auf den Hof zu Olssufij Iwanowitsch.

»Nicht, nicht, zurück, Esel, zurück!« schrie plötzlich Herr Goljädkin. Der Kutscher aber schien diesen Gegenbefehl schon vorausgesehen zu haben: denn ohne ein Wort des Widerspruchs und ohne vor dem Portal anzuhalten, fuhr er rund um den Hof und wieder hinaus auf die Straße.

Herr Goljädkin aber fuhr nicht nach Hause, sondern befahl, nicht weit von der Ssemjonoffbrücke in eine kleine Querstraße einzubiegen und vor einem Restaurant von recht unansehnlichem Aussehen zu halten. Dort stieg er aus, bezahlte den Kutscher und wurde auf diese Weise seine Equipage los. Petruschka schickte er nach Hause, wo er ihn erwarten sollte. Dann trat er ins Restaurant, wünschte ein Zimmer für sich und bestellte ein Mittagessen. Er fühlte sich sehr schlecht. In seinem Kopf war ein einziges Chaos. Lange ging er im Zimmer erregt auf und ab. Endlich setzte er sich auf einen Stuhl, stützte die Stirn in die Hände und nahm sich mit aller Gewalt zusammen, um über etwas ganz Bestimmtes an seiner gegenwärtigen Situation nachzudenken und einen Entschluß zu fassen.

VIERTES KAPITEL

Das Fest, das feierliche Fest, das zu Ehren des Geburtstages Klara Olssufjewnas, der einzigen Tochter des Staatsrats Berendéjeff, der seinerzeit Herrn Goljädkins Gönner gewesen war, stattfand und durch ein glänzendes Diner eröffnet wurde, — ein Diner, wie es die Wände der Beamtenwohnungen an der Ismáiloffbrücke und im näheren Umkreise daselbst noch nicht gesehen hatten, das eher an ein Krönungsmahl Belsazars als an ein Diner zu Ehren eines einzelnen Geburtstagskindes erinnerte — zumal ihm hinsichtlich des Glanzes, der Pracht und der Delikatessen, unter denen sich Champagner, Austern und Früchte von Jelisséjeff und Miljútin befanden, entschieden etwas Babylonisches anhaftete, — dieses feierliche Fest, das durch ein so feierliches Diner eröffnet wurde, sollte seinen Abschluß finden in einem glänzenden Ball, der nach Zahl und Rang der Tanzenden zwar nur ein kleiner Familienball war, zu dem man noch die nächsten Bekannten hinzugezogen hatte, der aber nach dem Geschmack, der bei ihm entwickelt wurde, immerhin als glänzend bezeichnet werden mußte.

Ich gebe natürlich ohne weiteres zu, daß solche Bälle auch anderweitig gegeben werden, jedoch selten. Solche Bälle, die eher einem Familienfreudenfest gleichen als dem, was man sonst so Bälle nennt, können nur in solchen Häusern gegeben werden, wie es das Haus des Staatsrats Berendejeff ist. Ja, ich bezweifle sogar sehr, daß alle Staatsräte sich solche Bälle leisten können.

Oh, wäre ich doch ein Dichter! — aber, versteht sich, mindestens einer wie Homer oder Puschkin, denn mit einer geringeren Begabung dürfte man sich an diese Aufgabe gar nicht heranwagen — also: wäre ich ein Dichter, dann, meine verehrten Leser! dann würde ich Ihnen in leuchtenden Farben mit kühnem Pinsel diesen ganzen hochfeierlichen Tag zu schildern versuchen. Oder nein, ich würde meine Schilderung mit dem Diner beginnen, und zwar gerade mit jenem weihevollen Augenblick, in dem das erste Glas auf das Wohl der Königin des Festes geleert wurde. Ich würde Ihnen diese Gäste schildern, die in andächtigem Schweigen erwartungsvoll verharrten, in einem Schweigen, das mehr der Beredsamkeit eines Demosthenes glich als — nun, als einem Schweigen. Ich würde Ihnen diesen Andrei Filippowitsch schildern, der als ältester unter den Gästen ein gewisses Recht auf den Vorrang hatte, wie er sich im Schmuck seines Silberhaares und der entsprechenden Orden auf seiner Brust von seinem Platz erhob und zum Kelch mit dem funkelnden Wein griff — mit dem Wein, der aus einem fernen Königreich herbeigeschafft war, um so erhabenen Augenblicken erst die rechte Weihe zu verleihen, — mit dem Wein, der eher dem Nektar der Götter gleicht als irdischem Rebensaft. Ich würde Ihnen die glücklichen Eltern der Königin des Festes und die Schar ihrer Gäste schildern, die, dem Beispiel Andrei Filippowitschs folgend, gleichfalls zu ihren Gläsern griffen und die erwartungsvollen Blicke auf den Redner hefteten. Ich würde Ihnen schildern, wie dieser oft genannte Andrei Filippowitsch mit geradezu tränenfeuchten Augen toastete und auf das Wohl des Geburtstagskindes trank ... Doch, wäre ich auch der größte Dichter, nie würde meine Kunst ausreichen, um die ganze Weihe dieses Augenblicks wiederzugeben, als die Königin des Festes, Klara Olssufjewna selbst, mit dem Rosenhauch der Seligkeit und jungfräulichen Verschämtheit auf dem lieblichen Antlitz, im Überschwang der Gefühle der Mutter in die Arme sank, wie die zärtliche Mutter vor Rührung leise zu weinen begann und wie bei der Gelegenheit dem Vater und Herrn des Hauses, dem ehrwürdigen Greise und Staatsrat Olssúfij Iwanowitsch, den der langjährige Dienst der Gehfähigkeit beraubt und den dafür das Schicksal mit einem Vermögen, einem großen Haus, mehreren Gütern und einer so schönen Tochter belohnt hatte — wie diesem ehrwürdigen Greis, sage ich, vor lauter Ergriffenheit die Tränen über die Wangen rollten, und wie er mit zitternder Stimme stammelte, Seine Exzellenz sei ein guter Mensch. Ich brächte es nicht fertig, Ihnen die diesem Anblick unverzüglich folgende allgemeine Herzenserhebung wahrheitsgetreu zu schildern, — diese eigenartige Stimmung, die sich sogar in dem Benehmen eines jungen Registrators äußerte, der — obschon er in diesem Augenblick mehr wie ein Staatsrat als wie ein Registrator aussah — gleichfalls seine Rührung nicht zu unterdrücken vermochte und seine Augen feucht werden fühlte. Andrei Filippowitsch dagegen sah in seiner Ergriffenheit keineswegs nach einem Staatsrat und Abteilungschef aus, sondern nach ganz etwas Anderem ... nur vermag ich nicht zu sagen, wonach eigentlich — aber jedenfalls nicht nach einem Staatsrat. Er war etwas Höheres! Und dann ... Oh! Mir fehlen all die großen, feierlichen Worte, deren man in erster Linie bedarf, um jene wundervollen, erhebenden Augenblicke wiederzugeben, die gleichsam zum Beweis dessen geschaffen sind, daß und wie mitunter die Tugend über jede Art von Schlechtigkeit, Freidenkerei, Laster und Neid den Sieg davonträgt! Ich will nichts weiter darüber sagen, und nur schweigend — das sagt mehr als Worte es vermöchten — auf jenen glücklichen Jüngling hinweisen, der sechsundzwanzig Lenze zählt, auf jenen Neffen Andrei Filippowitschs, den jungen Wladimir Ssemjonowitsch, der sich nun gleichfalls erhob und gleichfalls toastete, während auf ihm die tränenfeuchten Blicke der Eltern des Geburtstagskindes ruhten, die stolzen Blicke Andrei Filippowitschs, die verschämten der Königin des Festes, die begeisterten der Gäste und die noch in bescheidenen Grenzen zurückgehaltenen neidischen Blicke einiger jungen Kollegen dieses ausgezeichneten Jünglings. Ich will nichts weiter sagen, obwohl ich nicht umhin kann, zu bemerken, daß in besagtem Jüngling, — der übrigens eher an einen Greis erinnerte als an einen Jüngling, wenn auch in einem für ihn vorteilhaften Sinn des Wortes — in dieser feierlichen Minute alles, von seinen blühenden Wangen bis zu seinem jüngst erworbenen Assessortitel, förmlich vernehmbar sprach: Seht, bis zu welch einer Höhe einen Menschen Tüchtigkeit, Ordentlichkeit, Sittsamkeit emporheben können! Ich will nicht weiter beschreiben, wie zu guter Letzt Anton Antonowitsch Ssétotschkin, ein Kollege Andrei Filippowitschs und einst auch Olssufij Iwanowitschs, der außerdem ein alter Hausfreund und Taufvater Klara Olssufjewnas war, — ein Greis mit weichem Silberhaar — nun auch seinerseits eine Rede halten wollte und mit einer Stimme wie ein krähender Hahn fröhliche Knüttelverse vorbrachte; wie er dadurch, daß er, wenn man sich so ausdrücken darf, anständigerweise jeden Anstand vergaß, die ganze Gesellschaft bis zu Tränen erheiterte, und wie Klara Olssufjewna ihm zum Dank für diesen liebenswürdigen Beitrag auf Wunsch der Eltern einen Kuß gab. Ich begnüge mich damit, nur anzudeuten, daß die Gäste, die sich nach einem solchen Mahl naturgemäß einander nahestehend und verbrüdert fühlen mußten, zum Schluß doch vom Tisch aufstanden, daß die älteren Jahrgänge und solideren Leute sich nach kurzem Herumstehen in plaudernden Gruppen in ein anderes Zimmer zurückzogen, wo sie, um die kostbare Zeit nicht zu verlieren, sogleich an den Spieltischen Platz nahmen und würdevoll die Karten zu mischen begannen; daß die Damen, die sich im Saal versammelt hatten, alle ungeheuer liebenswürdig waren und sich alsbald lebhaft über die verschiedensten Dinge unterhielten; daß endlich der hochverehrte Gastgeber, unter Zuhilfenahme von Krücken und auf Wladimir Ssemjonowitsch und Klara Olssufjewna gestützt, im Saal unter den Damen erschien, und, da Liebenswürdigkeit ansteckend ist, gleichfalls sehr liebenswürdig wurde und sich entschloß, einen bescheidenen, kleinen Ball zu improvisieren, trotz der Unkosten, die ein solcher verursacht; daß zu diesem Zweck ein gewandter Jüngling, nämlich derselbe Wladimir Ssemjonowitsch, persönlich nach Musikanten geschickt wurde, und wie dann, als diese — ganze elf an der Zahl — erschienen waren, um halb neun Uhr abends die erste Aufforderung zum Tanz in den lockenden Tönen einer französischen Quadrille erklang, der die weiteren Tänze folgten ... Es versteht sich wohl von selbst, daß meine Feder zu schwach und zu stumpf ist, um, wie es sich gehört, diesen durch die Liebenswürdigkeit des greisen Gastgebers veranstalteten Ball zu schildern. Ja, und wie könnte ich, frage ich, wie könnte ich, der bescheidene Erzähler der in ihrer Art gewiß sehr beachtenswerten Erlebnisse Herrn Goljädkins, — wie könnte ich diese außergewöhnliche Mischung von Schönheit, Vornehmheit und Heiterkeit, von liebenswürdiger Solidität und solider Liebenswürdigkeit, von Schelmerei und Freude, alle die Reize dieser Beamtendamen, die eher Feen als Damen glichen — mit ihren rosa angehauchten Lilienschultern und Gesichtchen, mit ihren himmlischen Gestalten und reizend hervorlugenden Füßchen —: ja, wie könnte ich alles das schildern? Wie könnte ich diese glänzenden Kavaliere schildern, wie sie heiter und wohlerzogen, gesetzt, gutmütig, aufgeräumt und anstandsvoll, ein wenig benebelt dastanden, in den Tanzpausen rauchten, oder auch nicht rauchten, und sich in ein fernes grünes Zimmerchen zurückzogen, — wie diese Herren Beamten, die alle, ausnahmslos, einen Rang und zumeist auch eine Familie besaßen, — wie diese jungen Offiziere, die von den Begriffen der Eleganz und den Gefühlen des Selbstbewußtseins tief durchdrungen waren, die mit ihren Damen größtenteils nur Französisch sprachen, oder, falls es Russisch war, dann doch nur in den höchsten Ausdrücken, so wie sich das bei Komplimenten und tiefsinnigen gesellschaftlichen Phrasen von selbst versteht, — wie diese Dandies, die sich nur im Rauchzimmer einige liebenswürdige Abweichungen von besagtem hohen Tone erlaubten und sich in freundschaftlicher Kürze ausdrückten, in Redewendungen, wie z. B.: »Eh, du, Petjka, hast ja den Walzer wie geschmiert getanzt!« oder: »Na, du, Wassja, scheinst ja bei deiner Dame großartig abgeschnitten zu haben!« Alles das zu schildern, meine verehrten Leser, dazu reicht, wie gesagt, meine Begabung nicht aus, und deshalb schweige ich lieber.

Wenden wir uns daher wieder Herrn Goljädkin zu, dem

wirklichen und einzigen Helden unserer durchaus wahrheitsgetreuen Erzählung.

Herr Goljädkin befand sich währenddessen in einer, sagen wir kurz, sehr seltsamen Lage. Er hielt sich nämlich gleichfalls dort auf, das heißt: er war nicht gerade auf dem Ball, aber genau genommen doch so gut wie auf dem Ball. Er war wie immer ein freier Mensch, ein Mensch für sich, und ging niemanden etwas an. Nur stand er, während man dort oben tanzte, nicht — wie soll ich sagen — nicht ganz gerade. Er stand nämlich — es ist etwas peinlich, das zu sagen — er stand nämlich währenddessen im Flur der Küchentreppe des Hauses. Es hatte das nichts weiter auf sich, daß er dort stand: er war auch dort ein freier Mensch, ein Mensch für sich, wie immer. Er stand, meine verehrten Leser, er stand in einem Winkel, in dem es zwar nicht gerade wärmer, doch dafür etwas dunkler war, stand halbwegs verborgen hinter einem großen Schrank und einem alten Wandschirm, stand zwischen verschiedenem Gerümpel, Hausgerät und anderem Kram, und wartete vorläufig nur die Zeit ab, gewissermaßen wie ein müßiger Zuschauer, dem das Schauspiel selbst nicht sichtbar ist. Er wartete und beobachtete — ja, meine verehrten Leser —, er wartete und beobachtete vorläufig nur. Übrigens konnte er jeden Augenblick gleichfalls eintreten ... warum auch nicht? Er brauchte nur aus seinem Versteck hervorzukommen und weiterzugehen; er wäre dann wie jeder andere mit der größten Leichtigkeit in den Saal gekommen. Indessen aber — während er dort schon die dritte Stunde in der Kälte stand, eingekeilt zwischen der Wand, dem Schrank und dem Schirm und neben verschiedenem Gerümpel, Hausgerät und anderen Sachen — zitierte er in einem fort, wenn auch bloß in Gedanken, sich zum Trost und zur Rechtfertigung seiner Handlungsweise, einen Ausspruch des französischen Ministers Villèle[1] seligen Angedenkens, daß nämlich „alles zu seiner Zeit an die Reihe kommt, wenn man nur die Geduld zum Abwarten hat". Diesen Ausspruch hatte Herr Goljädkin einst in einem übrigens ganz belanglosen Buch gelesen und sich gemerkt, weshalb er ihn sich denn jetzt, und zwar sehr zur rechten Zeit, wieder ins Gedächtnis rufen konnte. Erstens paßte dieser Ausspruch ganz vortrefflich zu seiner augenblicklichen Lage; zweitens, was kommt einem Menschen schließlich nicht in den Sinn, wenn er in einem Treppenflur, in Dunkelheit und Kälte, drei Stunden lang auf den glücklichen Ausgang seines Vorhabens wartet?

Während Herr Goljädkin, wie gesagt, sehr zur rechten Zeit den passenden Ausspruch zitierte, fiel ihm gleichzeitig aus einem unbekannten Grund die Lebensgeschichte des einstigen türkischen Wesirs Marzimiris ein, und gleich darauf diejenige der schönen Markgräfin Louise, deren Biographie er gleichfalls einmal gelesen hatte. Dann fiel ihm auch noch ein, daß die Jesuiten nach dem Grundsatz zu handeln pflegten, daß jedes Mittel durch den Zweck geheiligt werde, daß man also jedes Mittel anwenden könne, wenn man damit nur das Ziel erreiche. Diese historische Tatsache flößte Herrn Goljädkin eine gewisse Hoffnung ein, doch schon im nächsten Augenblick meinte er: ‚Ach was, Jesuiten!‘ – die Jesuiten, die könne er allesamt ins Bockshorn jagen, die seien dümmer als dumm. Wenn sich nur das Büfettzimmer auf einen Augenblick leeren wollte (das Zimmer, von dem aus eine kleine Tür unmittelbar nach dem Flur führte, in dem Herr Goljädkin sich aufhielt), dann würde er ganz ohne alle Jesuiten, nämlich ohne weiteres dort eintreten und schnurstracks durch das Büfettzimmer ins Teezimmer gehen und von dort durch das Zimmer, in dem man Karten spielte, und von dort weiter in den Saal, in dem getanzt wurde. Und er würde hindurch gehen, würde tatsächlich und ohne jede Rücksicht oder irgendwelche Bedenken, dann ungeachtet aller Hindernisse, hindurchgehen ... würde einfach so durchschlüpfen, im Handumdrehen, und, noch eh' ihn jemand bemerkte, mitten im Saal stehen! Dort aber – oh! was er dann dort zu machen hatte, das wußte er schon ...

Also in einem solchen Zustand befand sich unser Held, obschon es übrigens schwer zu erklären wäre, was alles während des Wartens in ihm vorging. Die Sache war nämlich die, daß er bis zum Haus und bis in den Treppenflur den Weg glücklich gefunden hatte: weshalb, fragte er sich, hätte er ihn auch nicht finden sollen? Und weshalb sollte er nicht eintreten, wenn doch alle anderen eintraten? So kam er bis in den Flur, doch weiter wagte er nicht vorzudringen, wagte es mindestens nicht offen und allen sichtbar ... Aber das nicht etwa deshalb, weil er etwas *nicht* wagte, sondern so, weil er es eben selbst nicht wollte, weil er lieber kein Aufsehen erregte, nur das war der Grund. Und da wartete er eben, wartete ganz mäuschenstill geschlagene drei Stunden. Weshalb sollte er auch nicht abwarten? Hat doch auch Villèle abgewartet!

‚Ach was, Villèle!' dachte Herr Goljädkin, ‚was hat Villèle damit zu schaffen! Aber wie könnte ich jetzt ... einfach dort eintreten? ... Ach, du Figurant, du vermaledeiter!' verwünschte er sich selbst, samt seinem Kleinmut, und kniff sich vor Wut mit der steifgefrorenen Hand in die steifgefrorene Wange, ‚du Narr, der du bist, du elender Goljädka[2], da hat dich das Schicksal grad' richtig benannt, indem es dir einen solchen Namen gab! ...'

Übrigens waren diese Schmeicheleien, mit denen er sich plötzlich selbst bedachte, nur so eine zeitweilige kleine Gedankenverwirrung, ohne jeden sichtbaren Zweck oder besonderen Grund.

Dann wagte er sich ein wenig aus seinem Versteck hervor und schlich zur Tür: der Augenblick war günstig — im Büfettzimmer war kein Mensch. Herr Goljädkin sah das alles durch das kleine Fenster der Tür. Schon legte er die Hand auf die Klinke, um zu öffnen und schnell hineinzuschlüpfen — doch plötzlich fragte er sich:

‚Soll ich? ... Soll ich eintreten oder lieber nicht? ... Ach was, ich trete ein! ... weshalb sollte ich denn nicht? Dem Mutigen gehört die Welt!'

Doch als er sich damit schon angefeuert und ermuntert

hatte — flüchtete er plötzlich, für ihn selbst ganz unerwartet, wieder hinter den Schirm zurück.

‚Nein', dachte er, ‚wenn nun jemand in das Zimmer kommt? Da haben wir's! — da sind richtig welche eingetreten. Worauf wartete ich denn, als niemand dort war? Warum trat ich nicht ein? Wenn man doch so ... ganz einfach sich ein Herz fassen und ohne weiteres und geradezu eindringen könnte! ... Ja, schön gesagt, wenn der Mensch nun einmal solch einen Charakter hat! Daß es doch solch eine Veranlagung geben muß! Da ist dir das Herz wieder gleich in die Hühnerbeine gefallen! Ja, den Mut verlieren, das ist eben alles, was unsereiner kann. Nichts ausrichten oder alles verpfuschen — das einzig Mögliche! Das können wir! Jetzt steh' hier wie ein Tölpel und sieh zu, was aus dir wird! Zu Haus könnte man jetzt ein Täßchen Tee trinken ... Das wäre eigentlich ganz angenehm. So aber — spät zurückkehren? ... Petruschka würde brummen ... Soll ich nicht einfach jetzt gleich nach Hause gehen? Der Teufel hole die ganze Geschichte! Ich gehe nach Haus und damit basta!'

Doch kaum hatte Herr Goljädkin diesen Entschluß gefaßt, als er plötzlich schon an der Tür stand, mit zwei Schritten in das Büfettzimmer schlüpfte, Paletot und Hut abwarf und beides schnell irgendwohin in einen Winkel stopfte, schnell seine Kleider zurechtzog und sich umsah: dann ... dann schlich er leise in das Teezimmer, von dort schlüpfte er fast unbemerkt durch das Spielzimmer, in dem die Herren schon vom Spielteufel besessen waren; und dann ... dann ... ja, dann vergaß Herr Goljädkin alles, was ringsum war oder geschah, und befand sich auf einmal im Saal.

Zum Unglück wurde in dem Augenblick gerade nicht getanzt. Die Damen saßen oder gingen umher in malerischen Gruppen. Die Herren standen hier und dort in leiser Unterhaltung beisammen oder forderten Damen zum nächsten Tanz auf. Herr Goljädkin bemerkte jedoch nichts davon. Er sah nur Klara Olssufjewna, neben ihr Andrei Filippowitsch und Wladimir Ssemjonowitsch, dann noch zwei oder drei

Offiziere — und vielleicht ein paar junge Beamte, die alle, wie man auf den ersten Blick erkennen konnte, hinsichtlich ihrer Laufbahn zu den verschiedensten Hoffnungen berechtigten... Vielleicht sah er auch noch ein paar andere Gestalten. Oder nein: er sah eigentlich nichts, oder doch so gut wie nichts, wenigstens sah er niemanden an; er bewegte sich nicht aus eigener Kraft, sondern gleichsam einer fremden folgend, die ihn, ohne nach seinem Willen zu fragen, obschon er ganz entschieden keinen eigenen mehr besaß, immer weiter schob, immer weiter, und durch die er, indem er ihr folgte, auf diese Weise unaufgefordert in einem fremden Ballsaal erschien. Da ihm aber alle Sinne zu vergehen drohten, oder vielleicht auch schon mehr oder weniger vergangen waren, trat er versehentlich einem Geheimrat auf den Fuß, trat auf die Schleppe einer ehrwürdigen Matrone, verwickelte sich mit den Füßen in einer Spitzengarnitur, der er etliche Risse beibrachte, stieß stolpernd an einen Diener, der mit einem Präsentierteller an ihm vorüberging, stieß vielleicht noch jemanden, ohne es selbst zu gewahren, oder richtiger: ohne alle die einzelnen Unglücksfälle noch auseinanderhalten zu können, — bis er plötzlich nur eines begriff: daß er vor Klara Olssufjewna stand. Zweifellos wäre er in diesem Augenblick mit der größten Bereitwilligkeit in den Boden versunken. Doch was nicht geht, das geht nun einmal nicht, ebensowenig wie Geschehenes sich ungeschehen machen läßt. Was sollte er tun? Mißlingt es, dann... — Wo waren seine Grundsätze? Wie waren sie? Jedenfalls war Herr Goljädkin kein Intrigant und kein Meister in der Kunst, das Parkett mit den Stiefelsohlen zu polieren... Möglich, daß er daran dachte. Vielleicht kamen ihm auch die Jesuiten in den Sinn... Aber was gingen *die* jetzt Herrn Goljädkin an!

Alles, was dort ringsum ging und stand und plauderte und lachte — verstummte plötzlich wie durch einen Zauberschlag. Man sah sich um, man fragte sich mit den Blicken, aller Augen richteten sich auf ihn, allmählich drängte man sich näher. Herr Goljädkin sah und hörte selbst nichts davon

— er stand und sah zu Boden und gab sich sein Ehrenwort, daß er sich noch in dieser Nacht erschießen werde. Und nachdem er sich dieses Ehrenwort gegeben, dachte er: ‚Nun komme, was da wolle!' Doch plötzlich vernahm er zu seiner eigenen größten Verwunderung, daß er zu sprechen begann.

Er begann mit der üblichen Gratulation und dann folgten einige sogar sehr geschickte und vernünftige Worte, mit denen er Glück und alles Gute wünschte. Die Gratulation ging tadellos vonstatten, doch bei den Wünschen wurde er unsicher — wurde unsicher und fühlte, daß er, sobald er nur einmal stockte, dann überhaupt nicht weiter können würde, und ... und so stockte er denn auch und konnte — konnte in der Tat nicht mehr weiter ... und alles ging zum Teufel. Er stand ... und errötete! Hochrot stand er da und wußte sich nicht zu helfen ... und in seiner Hilflosigkeit sah er plötzlich auf, sah und — erstarrte... Alles stand, alles schwieg, alles wartete: unter den Fernerstehenden erhob sich ein Geflüster, unter den Näherstehenden leises Gelächter. Herr Goljädkin warf einen verlorenen Blick auf Andrei Filippowitsch, doch der Blick, der ihn aus dessen Augen traf, war so, daß er unseren Helden, wenn er nicht ohnehin schon tot, vollkommen tot gewesen wäre, auf der Stelle zum zweiten Mal getötet hätte. Alles schwieg. Das Schweigen dauerte an.

»Das ... das gehört zu meinen persönlichen Angelegenheiten und fällt in mein Privatleben, Andrei Filippowitsch«, brachte Herr Goljädkin kaum hörbar hervor, »das ist kein dienstliches Erlebnis, Andrei Filippowitsch ...«

»Schämen Sie sich, mein Herr, schämen Sie sich!« sagte Andrei Filippowitsch halblaut mit einem unbeschreiblichen Ausdruck des Unwillens, — sagte es, reichte Klara Olssufjewna den Arm und führte sie fort von Herrn Goljädkin.

»Ich brauche mich nicht zu schämen, Andrei Filippowitsch«, erwiderte Herr Goljädkin leise, sah auf und ließ seinen unglücklichen Blick über die Umgebung irren, als wolle er sich zunächst über seine eigentliche Stellung inmitten dieser verwunderten Gesellschaft klar werden.

»Das ... das hat doch nichts zu sagen, meine Herren! Was ist denn dabei? Nun was, das kann doch einem jeden zustoßen«, murmelte Herr Goljädkin kaum verständlich, schüchtern ein wenig zur Seite tretend, um sich der ihn umringenden Schar zu entziehen.

Man trat vor ihm zurück und gab ihm den Weg frei. So schob sich unser Held denn zwischen zwei Reihen neugieriger und verwunderter Beobachter weiter. Das Verhängnis zog ihn mit sich fort. Herr Goljädkin fühlte es selbst, daß er dem Verhängnis preisgegeben war. Natürlich hätte er viel darum gegeben, wenn er jetzt wieder im Flur hinter dem Schrank hätte stehen, wenn er sich »ohne Verletzung des gesellschaftlichen Anstandes« alsbald unbemerkt wieder dorthin hätte zurückziehen können! Da das aber leider nicht möglich war, so sah er sich nach einer Möglichkeit um, sich wenigstens im Saal irgendwo zu verstecken oder in einem möglichst unbeachteten Winkel zu verbergen, um dann dort meinetwegen bis zum Morgen auszuharren, bescheiden, anständig, ganz für sich, ohne die geringste Aufmerksamkeit auf sich zu lenken, ohne jemanden anzurühren, um auf diese Weise gleichzeitig das Wohlwollen der Gäste wie die Verzeihung des Hausherrn zu erlangen.

Er hatte übrigens die Empfindung, als unterspüle irgend etwas den Boden, auf dem er stand, als wanke dieser Boden bereits, als müsse er selbst sogleich fallen. Endlich erreichte er einen stillen Winkel, in den er sich zurückzog, worauf er sich bemühte, wie ein fremder Zuschauer auszusehen, der niemanden etwas anging und der selbst mit ziemlichem Gleichmut dem Treiben zusah, indem er sich auf die Lehnen zweier Stühle stützte, die er gewissermaßen wie eine schützende Barrikade festhielt, während er sich ehrlich bemühte, mit möglichst heiterem Blick die ihn immer noch anschauenden Gäste Olssufij Iwanowitschs zu betrachten. Von allen am nächsten stand ihm ein junger, schlanker Offizier, vor dem Herr Goljädkin sich wie ein richtiger Käfer vorkam.

»Diese beiden Stühle, Herr Leutnant, diese beiden Stühle

sind für zwei Damen bestimmt: der eine für Klara Olssufjewna, der andere für die hier tanzende Prinzessin Tschewtschechánowa, — ich stehe hier nur, damit sie nicht von anderen fortgenommen werden«, stammelte Herr Goljädkin unter Herzklopfen, indem er seinen flehenden Blick auf den jungen Leutnant richtete. Statt einer Antwort wandte sich dieser mit einem wahrhaft vernichtenden Lächeln von ihm ab.

Nach dieser verletzenden Zurückweisung auf der einen Seite wollte Herr Goljädkin auf der anderen Seite sein Glück versuchen und wandte sich mit irgendeiner Bemerkung an einen überaus würdevollen Rat, auf dessen Brust einer unserer höchsten Orden prangte. Allein, der Herr Rat maß ihn mit einem Blick, daß Herr Goljädkin glaubte, ihm sei eiskaltes Wasser über den Rücken gegossen worden. Er verstummte und beschloß, lieber zu schweigen, und mit seinem Schweigen zu verstehen zu geben, daß er ein Mensch für sich sei, ein Mensch wie alle anderen, und daß er sich seiner Meinung nach nichts zuschulden kommen lasse. Zu diesem Zweck heftete er seinen Blick auf den Aufschlag seines Uniformrockes, aber nach einiger Zeit sah er doch wieder auf, und sein Blick fiel auf einen Herrn von überaus ehrwürdigem Äußeren.

‚Dieser Herr trägt eine Perücke‘, dachte Herr Goljädkin, ‚und wenn man ihm diese Perücke abnähme, würde man einen vollständig kahlen Schädel sehen, genau so kahl, wie meine Handfläche.‘

Bei dieser Betrachtung erinnerte sich Herr Goljädkin alles dessen, was er über die arabischen Emire gelesen hatte: daß sie zum Zeichen ihrer Verwandtschaft mit Mohammed einen grünen Turban trügen, unter dem auch nur ein nackter, vollkommen haarloser Schädel sichtbar wurde, wenn man den Turban abnahm. Von den Köpfen der Emire sprangen seine Gedanken auf türkische Pantoffeln über, und bei der Gelegenheit erinnerte er sich noch, daß Andrei Filippowitsch gewöhnlich Stiefel trug, die mehr bequemen Pantoffeln glichen als Stiefeln. Doch allmählich wurde er mit seiner Umgebung vertrauter und begann, weniger ängstlich, hierhin und dorthin zu schauen.

‚Wenn zum Beispiel dieser Lüster plötzlich herabfiele, gerade auf die versammelte Gesellschaft', schoß es ihm durch den Kopf, ‚so würde ich sogleich zu Klara Olssufjewna stürzen und sie retten. Und wenn sie dann in Sicherheit wäre, würde ich zu ihr sagen: „Beunruhigen Sie sich nicht, gnädiges Fräulein, das hatte nichts auf sich. Ihr Retter aber bin ich." Und dann ...'

Hier blickte Herr Goljädkin nach jener Richtung, in der er Klara Olssufjewna zuletzt gesehen hatte, und da erblickte er plötzlich Gerassimowitsch, den alten Diener Olssufij Iwanowitschs. Gerassimowitsch kam mit einer besorgten und gewissermaßen offiziell-feierlichen Miene gerade auf ihn zu. Herr Goljädkin zuckte zusammen und runzelte die Stirn unter dem jähen Eindruck einer unbestimmten und gleichzeitig sehr unangenehmen Empfindung. Ganz mechanisch blickte er sich nach beiden Seiten um: ihm kam nämlich plötzlich der Gedanke, daß es vielleicht sehr gut und ratsam wäre, sich jetzt schnell und geschickt irgendwie so ... zu drücken, daß niemand es bemerkte, einfach zu verschwinden, als hätte er nie hier gestanden. Doch noch bevor unser Held sich zu etwas entschließen konnte, stand dieser Gerassimowitsch schon vor ihm.

»Sehen Sie dort, Gerassimowitsch«, wandte sich unser Held mit einem Lächeln an den alten Diener, »sagen Sie es einem von den Dienstboten — sehen Sie dort die Kerze im Lüster? Sie wird sogleich fallen, sie steht schon ganz schief. Sagen Sie nur schnell, daß man sie wieder gerade einsetzt — sie wird wirklich sogleich fallen, Gerassimowitsch ...«

»Die Kerze? Nein, die Kerze steht ganz gerade, aber es ist dort jemand, der Sie zu sprechen wünscht.«

»Wer ist denn das, Gerassimowitsch?«

»Ja, das weiß ich nicht zu sagen, wer er ist. Ein Mensch, den irgend jemand geschickt hat. Er fragte, ob Jakoff Petrowitsch Goljädkin hier sei. ‚So rufen Sie ihn‘, bat er mich, er müsse Sie in einer sehr wichtigen und unaufschiebbaren Angelegenheit sprechen... so sagte er...«

»Nein, Gerassimowitsch, Sie täuschen sich. Sie werden sich verhört haben, Gerassimowitsch.«

»Schwerlich...«

»Nein, Gerassimowitsch, nicht schwerlich, in diesem Falle kann es nicht schwerlich der Fall sein, Gerassimowitsch. Niemand kann hier nach mir fragen, Gerassimowitsch, niemand kann mich hier sprechen wollen; ich bin hier ganz allein für mich, das heißt: ich gehe hier keinen Menschen etwas an, Gerassimowitsch.«

Herr Goljädkin holte Atem und sah sich um. Natürlich! Alles, was im Saal war, alles hatte sich mit Augen und Ohren ihm zugewandt und schwieg in nahezu feierlicher Erwartung. Die Herren standen etwas näher und horchten gespannt, die Damen im Hintergrund schienen erregt zu tuscheln. Sogar der Hausherr erschien in Herrn Goljädkins nächster Nähe, und obschon er äußerlich durch nichts verriet, daß er an dem Verhalten Herrn Goljädkins lebhaften und unmittelbaren Anteil nahm, zumal in dieser Angelegenheit jede Peinlichkeit vermieden werden mußte, so fühlte und sagte sich unser Held doch unverzüglich, daß der entscheidende Augenblick für ihn gekommen war. Herr Goljädkin sah es deutlich, daß sich ihm jetzt oder nie die Gelegenheit zu einem kühnen Handstreich bot, die Gelegenheit zur Beschämung und Vernichtung seiner Feinde. Herr Goljädkin war erregt. Herr Goljädkin empfand plötzlich eine gewisse Begeisterung und wandte sich wieder an den wartenden Gerassimowitsch und begann mit zitternder, doch feierlicher Stimme:

»Nein, mein Freund, mich will niemand sprechen. Du irrst dich. Ja, ich sage noch mehr: du hast dich auch heute vormittag geirrt, als du mir zu versichern suchtest... als du es wagtest, mir zu versichern, sage ich« (Herr Goljädkin erhob die Stimme) »daß Olssufij Iwanowitsch, mein Wohltäter seit undenklichen Zeiten, der mir in gewissem Sinn den Vater ersetzt hat, mir in der Stunde der feierlichsten Freude seines Vaterherzens die Tür habe weisen lassen.« (Herr Goljädkin sah sich selbstzufrieden, doch mit tiefem Gefühl im Kreise um. In seinen Augen erglänzten Tränen.) »Ich wiederhole es, mein Freund, du hast dich geirrt, hast dich grausam und unverzeihlich geirrt . . .«

Der Augenblick war in der Tat feierlich. Herr Goljädkin fühlte es, daß seine Rede einen Eindruck, einen großen Eindruck gemacht hatte. Herr Goljädkin stand, bescheiden den Blick zu Boden gesenkt, und erwartete die Umarmung Olssufij Iwanowitschs. Unter den Gästen machte sich eine gewisse Aufregung und Verwunderung bemerkbar; selbst der unerschütterliche Gerassimowitsch, der im Begriff war, wieder »schwerlich« zu sagen, stockte und verstummte, noch bevor er es aussprach . . . Da setzte plötzlich ganz unverhofft das Orchester ein mit einer schmetternden Polka. Alles zerstob! Herr Goljädkin zuckte zusammen, Gerassimowitsch zog sich schleunigst zurück, und alles, was im Saal war, geriet wie ein Meer ins Wogen: da schwebte bereits das erste Paar, Wladimir Ssemjonowitsch mit Klara Olssufjewna im Arm, und als zweites der hübsche Leutnant mit Prinzeß Tschewtschechánowa. Die Zuschauer drängten sich entzückt und begeistert herbei und lächelten vor Lust beim Anblick des neuen Tanzes — der rauschenden und alle Köpfe verdrehenden Polka.

Herr Goljädkin war im Augenblick vollständig vergessen. Doch nur zu bald geriet wieder alles durcheinander, der Rhythmus der allgemeinen Bewegung setzte aus, die Musik verstummte . . . Aber was war denn geschehen?

Klara Olssufjewna war atemlos, mit geröteten Wangen und ganz erschöpft vom Tanz auf einen Stuhl gesunken . . . Alle Herzen flogen der bezaubernden Königin des Festes zu, alle eilten zu ihr, um ihr Komplimente zu sagen und für das Vergnügen, das man beim Anblick ihres Tanzes empfunden, zu danken, und — da stand auch schon Herr Goljädkin vor ihr. Er war bleich und sah aus, als wisse er selbst nicht, was er tat. Er lächelte aus irgendeinem Grund und schob bittend den Arm vor, sie zum Tanz auffordernd. Klara Olssufjewna sah zwar sehr verwundert zu ihm auf, erhob sich aber ganz mechanisch und legte ebenso mechanisch die Hand auf seinen Arm. Herr Goljädkin beugte sich nach vorn, zuerst einmal, dann zum zweiten Mal, erhob gleichzeitig einen Fuß, mit dem er irgendwie nach hinten ausschlug, dann stampfte er plötzlich auf, und dann ... ja, dann stolperte er über seine eigenen Beine ... Er hatte gleichfalls mit ihr tanzen wollen! Klara Olssufjewna kam plötzlich zu sich und schrie leise auf: im Nu stürzten alle herbei, um sie von Herrn Goljädkin zu befreien, und im Augenblick sah sich unser Held mindestens schon zehn Schritte weit von ihr fortgedrängt, sah sich von einem empörten Kreis umgeben, vernahm das Gekreisch und die Klagen von zwei alten Damen, die er während seines Rückzuges gestoßen und getreten hatte — er wußte es selbst nicht. Die Aufregung war unbeschreiblich: alles rief, schrie, sprach durcheinander. Das Orchester aber verstummte. Unser Held drehte sich im Kreis und lächelte und murmelte halb bewußtlos allerlei vor sich hin: daß er sich gleichfalls ... weshalb denn nicht ... die Polka sei ein neuer Tanz und er könne nichts dafür ... ein Tanz, erfunden zur Unterhaltung und zur Zerstreuung der Damen ... doch wenn es mit dem Tanzen nun einmal nicht ginge, so sei er ja bereit zurückzutreten ... Leider schien sich aber niemand um diese seine Bereitwilligkeit zu kümmern. Unser Held fühlte nur, daß eine Hand sich um seinen Oberarm legte und eine andere kräftig gegen seinen Rücken drückte und daß man ihn in irgendeiner Richtung weiterschob. Und diese Richtung war — das sah er plötzlich — die Tür. Herr Goljädkin wollte irgend etwas sagen, irgend etwas tun ... oder nein, er wollte gar nichts mehr. Er lächelte nur, lächelte unbewußt. Seine nächste Empfindung war dann, daß man ihm den Mantel anzog und den Hut auf den Kopf drückte, irgendwie schief auf die Stirn und auf die Augen. Dann befand er sich, wie ihm schien, einen Moment im Treppenflur, in der Dunkelheit und Kälte, dann auf der Treppe. Plötzlich stolperte er und glaubte in einen Abgrund zu fallen: er wollte gerade aufschreien — aber da stand er schon auf dem Hof. Die frische Nachtluft wehte ihn an, er stand und fühlte nur einen Schwindel im Kopf. Da vernahm er mit einem Mal die gedämpften Klänge der Musik, die wieder einsetzte. Er zuckte zusammen und plötzlich erinnerte er sich an alles! Seine Kräfte, die ihn völlig verlassen hatten, waren mit einem Schlag wieder da. Er fuhr auf, griff sich an den Kopf und stürzte fort, gleichviel wohin, in die Luft, in die Freiheit, geradeaus — egal wohin ihn die Füße trugen.

FÜNFTES KAPITEL

Von den Türmen der Stadt schlug es gerade Mitternacht, als Herr Goljädkin auf den Kai des Fontánkakanals in der Nähe der Ismáiloffbrücke hinauslief, um sich vor seinen Feinden zu retten, vor seinen Feinden und Verfolgern, vor ihren Püffen von allen Seiten, vor dem Gekreisch der empörten alten und dem Ach und Weh der jungen Damen, und vor den vernichtenden Blicken Andrei Filippowitschs.

Herr Goljädkin fühlte sich aber nicht bloß vernichtet, wie man das so zu sagen pflegt, sondern vollständig und buchstäblich erschlagen — erschlagen und tot, und wenn er im Augenblick doch noch die Fähigkeit des Laufens behielt, so war das entschieden nur mit einem Wunder zu erklären, einem Wunder, an das zu glauben er sich schließlich selber weigerte. Das Wetter war grauenvoll — eine Petersburger Novembernacht: naß, neblig, dunkel, mit jenem Regen und Schnee, die alle Gaben des Petersburger Novemberwetters, wie Rheumatismus, Schnupfen, Influenza und alle möglichen sonstigen Erkältungen und Fieberarten mit sich brachten oder in sich trugen. Der Wind heulte durch die menschenleeren Straßen und über den Kanal, daß das schwarze Wasser in der Fontanka bis über die Ringe an der Quaimauer stieg, an denen die Boote und Schleppkähne festmachten, rüttelte eilig an den spärlichen Laternen, die auf sein Pfeifen mit leisem Kreischen und Knarren antworteten, was dann alles zusammen wie eine weinerlich schrille, fernher schwirrende Musik klang, die jedem Petersburger so gut bekannt ist. Die vom Winde zerrissenen Regenströme samt dem nassen Schnee trafen — als kämen sie aus einer Feuerspritze — den armen Herrn Goljädkin fast horizontal und schnitten und stachen ihn ins Gesicht wie mit tausend Nadeln. Durch das nächtliche Schweigen, das nur fernes Wagenrollen, das Heulen des Windes und das Knarren der Laternen unterbrach, hörte man das trostlose Tropfen des Wassers von den Dächern und Fenstersimsen auf die Steine des Trottoirs, und das leise gurgelnde und murmelnde Rauschen in den Regenröhren und Rinnsteinen. Keine Menschenseele war nah und fern zu sehen, und es konnte ja auch um diese Zeit und bei diesem Wetter niemand zu sehen sein. So eilte denn auf dem Trottoir an der Fontanka nur Herr Goljädkin ganz allein mit seiner Verzweiflung durch die Dunkelheit und den Regen, eilte in seiner eigentümlichen Gangart mit schnellen, kleinen, trippelnden Schritten, wie im Trab halb laufend, immer weiter, um so schnell wie möglich die Schestiláwotschnaja zu erreichen, unter den Torbogen zu schlüpfen und dann die Treppe hinaufzueilen, bis er in seiner Wohnung in Sicherheit war.

Doch obschon der Schnee und Regen und alles das, was sich kaum nennen und schildern läßt, wenn die Novemberstürme Petersburg heimsuchen, von allen Seiten zugleich auf Herrn Goljädkin niederging und ihn somit schonungs- und erbarmungslos mitnahm, ihm bis auf die Knochen ging, die Augen blendete und ihn fast vom Wege blies, als habe das Wetter sich mit seinen Feinden verbündet und sich mit allen gegen ihn verschworen: so konnte doch diese letzte Heimsuchung Herrn Goljädkin, der an diesem Tag schon genugsam vom Unglück verfolgt war, merkwürdigerweise nicht den Rest geben, ja, sie kam ihm, kann man sagen, kaum ernsthaft und wirklich zu Bewußtsein — so erschüttert war er durch das, was er vor wenigen Minuten im Hause des Staatsrats Berendéjeff hatte erleben müssen! Selbst wenn ihn ein ganz Ahnungsloser in diesem Augenblick von der Seite hätte beobachten können, wie er so, gleichsam blind und taub, durch das Unwetter dahintrabte, — er hätte doch sogleich diese ganze fürchterliche und unerträgliche Qual erraten und wohl gesagt, Herr Goljädkin sehe aus, als wolle er am liebsten vor sich selbst davonlaufen. Und so war es auch wirklich. Ja, wir können sogar sagen, daß Herr Goljädkin sich am liebsten auf der Stelle vernichtet, in Staub und Nichts verwandelt hätte. Er hörte jetzt weder, noch sah oder begriff er etwas von dem, was ihn umgab: er sah aus, als spüre er nichts von Regen und Schnee, nichts vom Wind und vom Unwetter. Die eine Galosche, die für den rechten Stiefel etwas zu groß war, fiel ab, doch Herr Goljädkin eilte weiter, ohne es überhaupt zu bemerken. Er war so verwirrt, daß er mehrmals jäh stehenblieb, von nichts anderem erfüllt als von dem Gedanken an eine unfaßbare Schmach, und daß er dann unbeweglich, wie zu einer Bildsäule erstarrt, mitten auf dem Bürgersteig stand: in diesen Augenblicken starb er fast, verging er — bis er dann plötzlich zusammenfuhr und wie ein Irrsinniger weiterlief, lief und lief, ohne sich umzusehen, als wolle er sich vor Verfolgern retten oder als gelte es, irgendeinem noch schrecklicheren Unglück zu entrinnen... Seine Lage war in der Tat schauderhaft!... Schließlich blieb er vor Erschöpfung stehen, stützte sich auf das Geländer am Kanal, wie einer, der plötzlich von einem Nasenbluten überrascht wird, und begann aufmerksam das schwarze Wasser der Fontanka zu betrachten. So stand er eine lange Zeit, wer weiß wie lange. Was er dachte, läßt sich nicht genau sagen, aber jedenfalls war seine Verzweiflung so groß, die Qual so ungeheuerlich und sein Mut so erschöpft, daß er alles vergaß, alles, das

Haus an der Ismailoffbrücke und seine Wohnung an der Schestiláwotschnaja, selbst vergaß, wo er sich im Augenblick befand... Und warum sollte er auch nicht? Es war doch nichts mehr daran zu ändern, was ging es ihn im Grunde noch an?...

Plötzlich aber... plötzlich zuckte er am ganzen Körper zusammen und sprang unwillkürlich ein paar Schritte zur Seite. Mit einer unerklärlichen Unruhe begann er sich umzuschauen; es war aber niemand zu sehen, es konnte nichts Besonderes geschehen sein, und doch... und doch schien es ihm, daß im Augenblick jemand neben ihm, dicht neben ihm gestanden hatte, gleichfalls auf das Geländer gestützt, und — seltsam! — es war, als habe der Betreffende ihm sogar etwas gesagt, schnell und kurz und nicht ganz deutlich, aber irgend etwas, ihn sehr nahe Berührendes, etwas, das ihn persönlich anging.

»Wie, oder sollte mir das... nur so vorgekommen sein?« fragte sich Herr Goljädkin, indem er sich nochmals suchend umsah. »Aber wo bin ich denn?... Oh!« schloß er kopfschüttelnd, fuhr aber doch fort, unruhig, mit einem beklemmenden Gefühl, ja, sogar mit einer gewissen Angst, alle Kräfte zusammenzunehmen, um mit seinen kurzsichtigen Augen in die trübe, feuchte Dunkelheit zu spähen. Es war aber nichts Verdächtiges zu sehen. Nichts Besonderes fiel ihm auf. Es schien alles ruhig zu sein, alles wie es sein mußte, es schneite nur stärker als vorher und in größeren Flocken: keine zwanzig Schritte weit konnte man sehen, so stockfinster war es. Und der Wind heulte noch eintöniger, noch klagender sein banges Lied, ganz wie ein Bettler, der nicht von einem läßt und traurig um ein Almosen bittet, um sein Leben fristen zu können.

»E—eh! was ist denn das nun mit mir?« fragte sich Herr Goljädkin, und er setzte seinen Weg fort, blickte sich aber immer noch etwas unsicher um. Inzwischen bemächtigte sich seiner eine neue Empfindung: es war wie eine Beklemmung, und doch wieder nicht, es war wie Angst... und doch anders als Angst ... Ein fieberhaftes Zittern lief ihm durch alle seine Adern. Der Augenblick war unerträglich unangenehm! »Nun, was ist denn dabei«, murmelte er endlich, um sich etwas zu ermuntern, »was tut denn das? Vielleicht hat so etwas gar nichts auf sich und geht niemandem an die Ehre. Vielleicht war das gerade nötig«, fuhr er fort, ohne selbst zu verstehen, was er sprach, »vielleicht wird das gerade zum Guten führen, mir zu seiner Zeit noch ein Glück eintragen, weshalb also ungehalten sein, wenn doch alle einmal gerechtfertigt sein werden?«

Mit diesen beruhigenden und tröstenden Erwägungen beschäftigt, schüttelte Herr Goljädkin den Schnee von sich ab, der schon mit einer dicken Schicht seinen Hut und Kragen, die Schultern und Stiefel bedeckte, — doch jene seltsame Empfindung, jene dunkle Beklemmung konnte er noch immer nicht von sich wegstoßen, nicht von sich abschütteln.

Irgendwo fern fiel ein Kanonenschuß.[3]

‚Das ist aber ein Wetter', dachte unser Held, ‚hu! wenn es nicht noch eine Überschwemmung gibt? Das Wasser muß doch schon bedeutend gestiegen sein ...'

Kaum hatte Herr Goljädkin das gedacht, als er nicht weit vor sich einen Menschen erblickte, der ihm entgegenkam, — wohl ebenso wie er selbst ein verspäteter Fußgänger. Es war offenbar eine ganz zufällige Begegnung, die nichts weiter zu bedeuten hatte; aber aus einem unbekannten Grund wurde Herr Goljädkin ängstlich und verlor sogar ein wenig den Kopf. Nicht, daß er einen Mörder oder Dieb gefürchtet hätte, — nein, das nicht, aber ... ‚Was kann man wissen, wer es ist', fuhr es ihm durch den Sinn, ‚vielleicht ist auch er hier im Spiel, ja, vielleicht ist er sogar die Hauptperson und kommt mir jetzt nicht zufällig entgegen, sondern in einer besonderen Absicht, um meinen Weg zu kreuzen und mich anzurempeln ...'

Möglicherweise dachte Herr Goljädkin dies auch nicht, sondern empfand nur eine Sekunde lang etwas Ähnliches und äußerst Unangenehmes. Er hätte auch gar nicht Zeit zum Denken gehabt: der Fremde war keine zwei Schritte mehr von ihm entfernt. Herr Goljädkin beeilte sich seiner Gewohnheit gemäß, eine Miene aufzusetzen, die deutlich zu erkennen gab, daß er, Goljädkin, ein Mensch für sich sei und niemanden etwas angehe, daß der Weg für alle breit genug, und er, Goljädkin selbst, niemanden anrühre und ruhig vorübergehe. Plötzlich aber stand er wie vom Blitz getroffen da, und dann wandte er sich schnell zurück und sah dem anderen nach, der kaum an ihm vorübergegangen war, — wandte sich zurück, als habe ihn jemand an einer Schnur herumgerissen. Der Unbekannte entfernte sich schnell im Schneetreiben. Er ging gleichfalls sehr eilig, war gleichfalls ganz vermummt, hatte den Hut in die Stirn gezogen und den Kragen aufgeschlagen, und ging ganz wie er, Herr Goljädkin, mit kleinen, schnellen, trippelnden Schritten, ein wenig wie im Trab.

»Was... was ist denn das?« murmelte Herr Goljädkin mit einem ungläubigen Lächeln, — schauderte aber doch am ganzen Körper zusammen. Es lief ihm kalt über den Rücken. Inzwischen war aber der Unbekannte vollends verschwunden in der Dunkelheit, auch seine Schritte waren nicht mehr zu hören. Herr Goljädkin aber stand immer noch und sah ihm nach. Erst allmählich kam er wieder zu sich.

‚Was ist das mit mir?' dachte er ärgerlich, ‚bin ich denn etwa rein von Sinnen oder ... oder schon ganz verrückt?' Und er ging wieder seines Weges, beschleunigte aber immer mehr den Schritt und bemühte sich, an gar nichts zu denken. Ja, er schloß sogar die Augen, um nicht zu denken. Plötzlich, durch das Heulen des Windes und das Geräusch des Unwetters, vernahm er wieder schnelle Schritte in der Nähe. Er fuhr zusammen und öffnete die Augen. Vor ihm, etwa zwanzig Schritte weit, tauchte von neuem irgendein dunkles Menschlein auf, das ihm eilig entgegenkam. Die Entfernung verringerte sich schnell. Herr Goljädkin konnte schon deutlicher seinen neuen Schicksalsgenossen erkennen, — und plötzlich schrie er auf vor Überraschung und Entsetzen. Seine

Füße wurden schwach. Es war das derselbe, ihm schon bekannte Passant, der vor etwa zehn Minuten an ihm vorübergegangen war, und der ihm jetzt plötzlich wieder entgegenkam. Das Erlebnis aber war seltsam und unheimlich. Herr Goljädkin war so überrascht, daß er stehen blieb, erzitterte, irgend etwas sagen wollte, und — plötzlich dem Unbekannten nachlief; ja, er rief ihn sogar an, wahrscheinlich, um ihn schneller zu erreichen. Der Unbekannte blieb auch wirklich stehen, etwa zehn Schritte weit von Herrn Goljädkin, und zwar gerade im Schein der nächsten Laterne, so daß man ihn deutlich erkennen konnte, — blieb stehen, wandte sich nach Herrn Goljädkin um und wartete mit ungeduldiger Miene darauf, was jener nun sagen werde.

»Verzeihen Sie, ich habe mich vielleicht nur getäuscht«, stammelte unser Held mit zitternder Stimme.

Der Unbekannte wandte sich schweigend und sichtlich ungehalten wieder von ihm ab und ging schnell weiter, als wolle er sich beeilen, die verlorenen zwei Sekunden einzuholen. Herr Goljädkin aber zitterte am ganzen Körper und vermochte sich kaum auf den Füßen zu halten. Mit einem Stöhnen sank er auf einen der Prellsteine am Bürgersteig. Er hatte wirklich allen Grund, so die Fassung zu verlieren.

Dieser Unbekannte war ihm jetzt tatsächlich bekannt erschienen. Doch das allein hätte noch nicht viel besagt. Aber er hatte ihn jetzt vollkommen erkannt, diesen Menschen! Er hatte ihn schon gesehen, ja, hatte ihn irgend einmal gesehen, sogar vor ganz kurzer Zeit. Aber wo? — und wann? War es nicht erst vor einem Tag gewesen? Übrigens war nicht das die Hauptsache, daß Herr Goljädkin ihn schon gesehen hatte. Es war ja auch fast gar nichts Besonderes an diesem Menschen — auf den ersten Blick hätte dieser Mensch entschieden keines anderen Menschen Aufmerksamkeit erregt. Es war eben ein Mensch, wie alle anderen, war natürlich auch anständig, wie alle anständigen Menschen, und vielleicht besaß er sogar irgendwelche Vorzüge — mit einem Wort: er war auch ein Mensch für sich.

Herr Goljädkin empfand weder Haß noch Feindschaft noch selbst eine Abneigung gegen diesen Menschen, sogar im Gegenteil! Nur (und gerade in diesem Umstand lag die Hauptbedeutung), nur hätte er für nichts in der Welt eine zweite Begegnung mit ihm gewünscht, und nun noch gar eine wie jetzt in der Nacht. Wir können sogar noch mehr verraten! Herr Goljädkin kannte diesen Menschen ganz genau, er wußte sogar, wie er hieß, mit dem Familiennamen und mit dem Ruf- und Vatersnamen. Und doch hätte er ihn selbst für alle Schätze der Welt nicht mit Namen genannt, – er wollte ihn nicht nennen, wollte es nicht einmal zugeben, daß jener so und so hieß.

Wie lange Herr Goljädkin auf dem Prellstein saß, was er dachte oder empfand, das vermag ich nicht zu sagen; als er aber endlich wieder zu sich kam, raffte er sich plötzlich auf und begann zu laufen – und er lief, was er nur laufen konnte, ohne sich umzusehen. Der Atem ging ihm aus, er stolperte zweimal, fiel fast hin – und bei der Gelegenheit verlor er dann auch die andere Galosche. Endlich gab er das Laufen auf, verlangsamte den Schritt, um Atem zu schöpfen, sah sich schnell um und stellte fest, daß er, ohne es zu merken, schon eine ganze Wegstrecke längs der Fontanka zurückgelegt hatte, ging dann über die Anítschkoffbrücke, ging über den Newskij und stand schließlich an der Straßenkreuzung des Newskij Prospekts und der Liteinaja. Dann bog er in die Liteinaja ein. Er glich in diesem Augenblick einem Menschen, der am Rand eines Abgrundes steht, der den Boden schon unter sich wanken fühlt und im nächsten Augenblick in die Tiefe stürzen wird: einem, der all dies weiß und selbst sieht, und der doch nicht die Kraft hat und auch nicht die Geistesgegenwart, auf den noch feststehenden Boden zurückzuspringen, und nicht die Willensstärke, den Blick von der gähnenden Tiefe abzuwenden; die Tiefe zieht ihn vielmehr an, zieht ihn und läßt ihn nicht los, und so springt er denn schließlich nahezu freiwillig hinab, nur um den unvermeidlichen Untergang zu beschleunigen.

Herr Goljädkin wußte und fühlte es, ja, er war vollkommen überzeugt, daß ihm sogleich, noch unterwegs, etwas Verhängnisvolles zustoßen, daß er wieder jenem Unbekannten begegnen würde: doch — so seltsam es auch erscheinen mag — er wünschte diese Begegnung jetzt beinahe selbst herbei, wünschte sie schneller herbei, so schnell wie möglich! Da er sie doch für unvermeidlich hielt, wollte er, daß diesem Zustand je eher je lieber ein Ende bereitet werde, gleichviel wie, aber nur rasch, rasch! Währenddessen lief er immer noch, lief, als bewege ihn eine fremde Macht, denn von seinem eigenen Wesen fühlte er nichts als eine unendliche Erschöpfung und ein Abtauben. Er konnte auch nichts mehr denken, obwohl seine Gedanken sich wie Dornen im Vorübergehen an alles und jedes anhakten. Ein verirrtes Hündchen, das vor Nässe und Kälte nur so zitterte, schloß sich ihm an und lief neben ihm her, lief mit flinken dünnen Beinchen, eingekniffener Rute und zurückgelegten Ohren, und von Zeit zu Zeit sah es schüchtern und verständnisvoll zu ihm auf.

Ein ferner, längst schon vergessen gewesener Gedanke oder vielmehr die Erinnerung an etwas vor langer Zeit einmal Geschehenes kam ihm jetzt in den Sinn und begann in seinem Kopf wie mit einem Hämmerchen zu klopfen; es hörte nicht auf, ärgerte ihn und war nicht loszuwerden.

»Ach, dieses abscheuliche Hündchen!« flüsterte Herr Goljädkin vor sich hin, ohne sich selbst zu verstehen. Schließlich erblickte er den Unbekannten wieder, gerade an der Ecke der Italienischen Straße. Nur kam er ihm jetzt nicht wieder entgegen, sondern ging vor ihm her in derselben Richtung, ging wenige Schritte vor ihm und eilte ebenso wie er in leichtem Trab. Bald hatten sie die Schestiláwotschnaja erreicht. Herrn Goljädkins Herzschlag setzte aus: der Unbekannte blieb gerade vor dem Hause stehen, in dem Herr Goljädkin wohnte. Man hörte die Klingel unter dem Torbogen und fast in demselben Augenblick auch schon das Kreischen des eisernen Riegels. Das Pförtchen wurde geöffnet, der Unbekannte duckte sich und verschwand. Fast im selben Augenblick hatte auch Herr Goljädkin das Pförtchen erreicht und schoß wie ein Pfeil hindurch, am Hausmeister vorüber, der irgend etwas brummte; er lief auf den Hof und erblickte wieder den Unbekannten, den er einen Moment aus dem Auge verloren hatte. Er erblickte ihn gerade noch beim Eingang zu der Treppe, die zu Herrn Goljädkins Wohnung hinaufführte. Herr Goljädkin eilte ihm nach. Die Treppe war dunkel, feucht und schmutzig. Neben allen Türen stand Hausgerät und alles mögliche andere, so daß ein Fremder, der zum erstenmal und noch dazu im Dunkeln diese Treppe hinaufstieg, mindestens eine halbe Stunde zum Erklimmen derselben gebraucht hätte, dabei immer in Gefahr, sich die Beine zu brechen, und immer wieder nicht nur die Treppe, sondern mit dieser auch seine Bekannten verwünschend, die sich in einer Wohnung niedergelassen, zu der der Zugang soviel Mühe kostete. Doch jener Unbekannte, den Herr Goljädkin verfolgte, schien mit den Eigenheiten der Treppe ganz vertraut zu sein, als wohne er in demselben Hause: er eilte mit der größten Leichtigkeit hinauf, ohne auch nur einmal zu zögern, als wäre ihm jede Stufe bekannt. Herr Goljädkin hatte ihn fast eingeholt; ja, zwei- oder dreimal schlug sogar der Mantelsaum des Unbekannten an seine Nase. Sein Herzschlag setzte aus: der geheimnisvolle Fremde blieb gerade vor der Tür der Wohnung des Herrn Goljädkin stehen. Und Petruschka (was übrigens zu einer anderen Zeit Herrn Goljädkin sehr in Verwunderung gesetzt hätte), — Petruschka öffnete, ganz als hätte er gewartet und sich noch nicht schlafen gelegt, sofort die Tür und folgte dem eintretenden Menschen mit dem Licht in der Hand.

Ganz außer sich rannte der Held unserer Erzählung in seine Wohnung. Ohne Hut und Mantel abzulegen, lief er durch den Korridor und blieb, wie vom Donner gerührt, auf der Schwelle seines Zimmers stehen.

Alle Vorahnungen Herrn Goljädkins, alles, was er befürchtet hatte, war jetzt in Erscheinung getreten. Der Atem ging ihm aus, der Kopf schwindelte ihm: Der Unbekannte saß vor ihm auf seinem Bett, gleichfalls in Hut und Mantel, lächelte ein wenig, blinzelte ihm zu und nickte freundschaftlich mit dem Kopf. Herr Goljädkin wollte schreien, konnte aber nicht – wollte irgendwie protestieren, doch die Kraft reichte dazu nicht aus. Die Haare standen ihm zu Berge, und er setzte sich, starr vor Schreck. Dazu hatte er freilich Ursache. Herr Goljädkin erkannte sofort seinen nächtlichen Freund. – Sein nächtlicher Freund aber war niemand anders als er selbst – ja: Herr Goljädkin selbst, ein anderer Herr Goljädkin und doch Herr Goljädkin selbst – mit einem Wort und in jeder Beziehung war er sein eigener Doppelgänger!...

SECHSTES KAPITEL

Am anderen Morgen, genau um acht Uhr, erwachte Herr Goljädkin in seinem Bett. Sofort erschienen mit erschreckender Deutlichkeit vor seinen erregten Sinnen und in seinem Gedächtnis alle die außergewöhnlichen Erlebnisse, die er gestern gehabt, erschien die ganze tolle und unwahrscheinliche Nacht mit ihren fast mysteriösen Ereignissen. Eine so grausame, eine so höllische Bosheit von seiten seiner Feinde und besonders dieser letzte Beweis ihrer Bosheit ließ Herrn Goljädkins Herz zu Eis erstarren. Dazu erschien ihm alles das so sonderbar unverständlich und wüst, erschien ihm so sinnlos und ganz und gar unglaubhaft, daß es ihm wirklich schwerfiel, daran zu glauben. Herr Goljädkin wäre sogar sehr geneigt gewesen, das alles einfach für einen Traum, für eine augenblickliche Verwirrung seiner Phantasie, für eine vorübergehende Umnachtung seines Geistes anzusehen, wenn er nicht zu seinem Glück und aus seiner bitteren Lebenserfahrung heraus gewußt hätte, bis wohin die Bosheit bereits manchen Menschen gebracht hat, wie weit die Grausamkeit eines Feindes gehen kann, der sich für seine verletzte Ehre rächen möchte. Obendrein legten die zerschlagenen Glieder Herrn Goljädkins, sein benommener Kopf, sein schmerzendes Kreuz, sein bösartiger Schnupfen um so fühlbarer Zeugnis ab und bestanden unabweislich auf der Wirklichkeit des nächtlichen Spazierganges samt all den Abenteuern, die mit ihm verbunden gewesen waren. Und schließlich wußte ja Herr Goljädkin schon längst, daß sie dort etwas gegen ihn vorbereiteten, daß noch etwas anderes dahintersteckte!

Aber was denn eigentlich? Nach reiflicher Überlegung beschloß Herr Goljädkin, zu schweigen, sich zu fügen und in der Sache fürs erste nichts zu tun.

‚Vielleicht haben sie mich nur erschrecken wollen, und wenn sie sehen, daß ich nichts tue, nicht protestiere und mich in alles füge, dann werden sie vielleicht von mir ablassen, von selbst ablassen, als erste ablassen.'

Das waren die Gedanken, die im Kopf Herrn Goljädkins umgingen, als er sich im Bett ausstreckte, um seine zerschlagenen Glieder zu fühlen, und auf das gewohnte Erscheinen Petruschkas im Zimmer wartete. Er wartete bereits eine ganze Viertelstunde und hörte, wie der Faulpelz Petruschka in seiner Kammer den Ssamowar anfachte, aber er konnte sich nicht entschließen, ihn zu rufen. Sagen wir offen: Herr Goljädkin fürchtete sich ein wenig davor, Petruschka Aug' in Aug' gegenüberzustehen.

‚Denn, weiß Gott—', dachte er, ‚weiß Gott, wie der Schuft diese ganze Sache ansieht. Er schweigt und schweigt und macht sich dabei seine eigenen Gedanken.'

Endlich knarrte die Tür, und Petruschka erschien mit dem Teebrett in beiden Händen. Herr Goljädkin schielte schüchtern nach ihm hin und wartete ungeduldig, was nun geschehen werde, wartete, ob er nicht endlich über den Vorfall wenigstens etwas sagen würde. Doch Petruschka sagte nichts, im Gegenteil, er war noch schweigsamer, verstockter und noch schlechterer Laune als gewöhnlich und warf unter seinen zusammengezogenen Brauen hervor nur finstere Blicke ins Zimmer; daraus war zu entnehmen, daß er überaus unzufrieden war. Nicht ein einziges Mal sah er seinen Herrn an, was, nebenbei gesagt, Herrn Goljädkin nun doch ein wenig kränkte. Er stellte alles, was er gebracht hatte, auf den Tisch, kehrte um und ging schweigend zurück in seine Kammer.

»Er weiß, weiß alles, der Faulpelz!« murmelte Herr Goljädkin, während er sich seinem Tee zuwandte. Unser Held jedoch richtete auch weiterhin keine Frage an seinen Diener, obgleich dieser noch einige Male, aus verschiedenen Anlässen, ins Zimmer kam.

Herr Goljädkin war in einer sehr unruhigen Gemütsverfassung. Peinlich war es ihm vor allem, in die Kanzlei zu gehen. Er hatte ein starkes Vorgefühl, daß dort irgend etwas nicht ganz richtig sein würde.

‚Wenn du jetzt hingehst‘, dachte er, ‚wirst du über irgend etwas stolpern! Ist es da nicht besser, hier noch etwas abzuwarten? Mögen sie da tun, was sie wollen: ich werde heute hierbleiben und Kräfte sammeln, werde meine Gedanken über die Sache in Ordnung bringen, um dann den günstigen Augenblick zu erhaschen, und, wie so ein Guß kalten Wassers über den Kopf, ohne selbst mit der Wimper zu zucken, vor ihnen auftauchen.‘

Während Herr Goljädkin so über die Sache nachdachte, rauchte er eine Pfeife nach der anderen. Die Zeit verging indessen schnell – es war bereits fast halb zehn geworden.

‚Sieh da, es ist ja schon halb zehn‘, dachte Herr Goljädkin, ‚es ist jetzt wirklich zu spät geworden. Dazu bin ich krank, selbstverständlich krank, durchaus krank – wer sagt denn, daß es nicht so sei? Was geht das mich an! Und wenn man jemand schickt, der hier nachsehen soll – ja, was geht das mich an? Mir tut der Rücken weh, ich habe Husten, Schnupfen, und schließlich darf ich bei solchem Wetter doch gar nicht ausgehen, ich könnte mich ernstlich erkälten und sogar sterben – die Sterblichkeit ist ja zur Zeit so groß . . .‘

Mit solchen Vernunftschlüssen beruhigte Herr Goljädkin sein Gewissen schließlich vollkommen und rechtfertigte sich so im voraus vor dem Verweis, der ihm von Andrei Filippowitsch bevorstand — »wegen Vernachlässigung des Dienstes«. Überhaupt liebte es unser Held bei allen ähnlichen Gelegenheiten, sich vor sich selbst durch die verschiedensten Vernunftgründe zu verteidigen und auf diese Weise sein Gewissen vollkommen zu beruhigen. So hatte er denn auch jetzt sein Gewissen vollkommen beruhigt, griff nach der Pfeife, klopfte sie aus: doch kaum hatte er ordentlich zu rauchen begonnen — als er plötzlich vom Diwan sprang, seine Pfeife fortwarf, sich lebhaft wusch, rasierte und frisierte, seine Uniform und alles übrige anzog, einige Papiere ergriff und zur Kanzlei davoneilte.

Herr Goljädkin trat schüchtern in seine Büroabteilung ein, in zitternder Erwartung von etwas sehr Unangenehmem, in einer Erwartung, die unklar und dunkel und daher um so unangenehmer war. Schüchtern setzte er sich auf seinen Platz neben seinem Bürovorsteher Antón Antónowitsch Ssétotschkin. Ohne sich umzublicken oder sich durch etwas ablenken zu lassen, vertiefte er sich in den Inhalt der vor ihm liegenden Papiere. Er hatte beschlossen und sich das Wort gegeben, sich so wenig wie möglich einer Herausforderung auszusetzen und sich von allem, was ihn kompromittieren könnte, von unbescheidenen Fragen, von allerlei Scherzen und Anspielungen auf den gestrigen Abend möglichst weit weg zu halten. Er beschloß sogar, von den gewöhnlichen Höflichkeiten im Verkehr mit seinen Kollegen abzusehen, so zum Beispiel Fragen nach dem Befinden usw. zu unterlassen.

Doch andererseits war es ganz unmöglich, daß es dabei bleiben konnte. Unruhe und Ungewißheit über etwas ihm nahe Bevorstehendes waren für ihn viel quälender als das Bevorstehende selbst. Und daher, trotz des Versprechens, das er sich gegeben hatte, auf nichts einzugehen, was es auch sei, und sich von allem fernzuhalten, erhob Herr Goljädkin doch zuweilen den Kopf und sah heimlich und verstohlen zur Seite nach rechts und links, und beobachtete die Gesichter seiner Mitarbeiter, um aus ihren Mienen zu schließen, ob etwas Neues und Besonderes bevorstehe und aus irgendwelchen Absichten vor ihm verborgen werde. Er setzte ohne weiteres voraus, daß zwischen den gestrigen Vorfällen und allem, was um ihn her vorging, eine Verbindung bestand. Aus diesen Nöten heraus wünschte er schließlich, Gott weiß wie sehr er es wünschte, daß sich alles nur so schnell wie möglich entscheiden möge, selbst wenn es dabei ein Unglück geben sollte!

Und wie schnell das Schicksal Herrn Goljädkins Wunsch erfüllte! Kaum hatte er dies zu wünschen gewagt, als seine Zweifel gelöst wurden, aber dafür auf die allersonderbarste und unerwartetste Weise.

Die Tür aus dem anderen Zimmer knarrte plötzlich leise und zaghaft, als wollte sie damit vorausschicken, daß die eintretende Person herzlich unbedeutend sei, und eine Gestalt, die Herrn Goljädkin sehr bekannt vorkam, tauchte auf und näherte sich schüchtern dem Tisch, an dem unser Held saß. Unser Held wagte seinen Kopf nicht zu erheben, er streifte die Gestalt nur flüchtig mit einem kurzen Blick — erkannte aber alles, begriff alles bis in die kleinsten Einzelheiten. Er entbrannte vor Scham und steckte seinen armen Kopf in die Papiere mit der gleichen Absicht, wie der Vogel Strauß seinen Kopf in den heißen Sand steckt, wenn er vom Jäger verfolgt wird.

Der Neuangekommene verneigte sich vor Andrei Filippowitsch, und man hörte darauf dessen förmliche, höfliche Stimme, mit der die Vorgesetzten in allen Kanzleien die neueingetretenen Untergebenen empfangen.

»Setzen Sie sich hierher«, wandte sich Andrei Filippowitsch an ihn und wies den Neuling an den Tisch Anton Antonowitschs, »setzen Sie sich Herrn Goljädkin gegenüber, Sie werden gleich beschäftigt werden.«

Andrei Filippowitsch schloß damit, daß er den Neuangekommenen mit einer höflich einladenden Gebärde sich selbst überließ und sich sofort wieder in seine Papiere vertiefte, die in ganzen Stößen vor ihm lagen.

Herr Goljädkin erhob endlich die Augen, und wenn er

nicht in Ohnmacht fiel, so geschah es nur deshalb nicht, weil er schon vorher alles das vorausgefühlt hatte, weil er schon im voraus von allem unterrichtet war und die Ankunft des Neulings bereits in seiner Seele geahnt hatte. Die erste Regung Herrn Goljädkins war, sich rasch umzublicken, ob sich nicht ein Flüstern ringsum erhob, ob nicht irgendein Kanzleiwitz vernehmbar wurde, oder ob sich ein Gesicht vor Erstaunen in die Länge zog und schließlich ob nicht irgend jemand vor Schreck vom Stuhl fiel? Doch zur größten Verwunderung Herrn Goljädkins ereignete sich nichts ähnliches. Das Benehmen der Herren Mitarbeiter und Kollegen setzte ihn in Erstaunen und erschien ihm vollständig unerklärlich. Herr Goljädkin erschrak fast vor diesem ungewöhnlichen Schweigen. Die Tatsache sprach für sich selbst. Die Sache war sonderbar, unbegreiflich, ohnegleichen. Es mußte einen verwundern.

Alles das ging Herrn Goljädkin selbstverständlich durch den Kopf. Er fühlte sich wie auf einem kleinen Feuer bratend. Und wahrlich: das hatte seinen Grund. Derjenige, welcher Herrn Goljädkin jetzt gegenüber saß, war — der Schrecken Herrn Goljädkins, war — die Schande Herrn Goljädkins, war — der gestrige Alpdruck Herrn Goljädkins, kurz, war — Herr Goljädkin selbst. Doch nicht dieser Herr Goljädkin, der mit aufgerissenem Mund und mit dem Gänsekiel in der Hand auf dem Stuhl dasaß, nicht dieser, der als Gehilfe seines Bürovorstehers seinen Dienst ausübte, nicht dieser, der sich in der Menge zu vergraben und zu verstecken liebte, nicht der schließlich, dessen Verhalten deutlich aussprach: ‚Rühre mich nicht an und auch ich werde dich nicht anrühren', oder: ‚Rührt mich nicht an, denn auch ich rühre euch nicht an...' Nein, das war ein anderer Herr Goljädkin, ein vollkommen anderer, und zugleich doch einer, der vollkommen ähnlich dem ersteren war. Von gleichem Wuchs, derselben Gestalt und Haltung, ebenso gekleidet, ebenso kahlköpfig — kurz, es war nichts, aber auch gar nichts zur Vollendung der vollkommensten Ähnlichkeit vergessen worden, so daß, wenn man die beiden nebeneinander aufgestellt hätte, niemand, aber auch wirklich niemand hätte sagen können, wer der wirkliche Herr Goljädkin und wer der nachgemachte sei, wer der alte und wer der neue, wer das Original und wer die Nachbildung.

Unser Held war jetzt in der Lage eines Menschen, über den, wenn der Vergleich möglich ist, jemand zum Spaß ein Brennglas hält.

‚Ist es ein Traum oder ist es keiner‘, dachte er, ‚ist es die Gegenwart oder die Fortsetzung von gestern? Wie kommt das, mit welchem Recht geht das alles hier vor? Wer hat diesen Beamten hier hingesetzt, und wer gab ihm das Recht, sich zu setzen? Schlafe ich? Träumt es mir?‘

Herr Goljädkin betastete sich selbst, betastete auch noch einen anderen ... Nein, es war nicht nur ein Traum. Herr Goljädkin fühlte, wie an ihm der Schweiß in Strömen herunterrann, fühlte, daß sich mit ihm etwas noch nie Dagewesenes und nie Gesehenes ereignete. Ja, zur Vollendung des Unglücks begriff und empfand Herr Goljädkin selbst das beschämend Fatale, das darin lag, in einer solchen Pasquinade das erste Beispiel zu sein.

Er begann schließlich sogar an seiner eigenen Existenz zu zweifeln, und obgleich er vorher auf alles vorbereitet gewesen war und selbst gewünscht hatte, daß sich seine Zweifel irgendwie schneller lösen möchten, so war für ihn diese Wirklichkeit doch ganz unerwartet eingetreten.

Die Angst drückte ihn nieder und quälte ihn. Vorübergehend war er seiner Gedanken und seines Gedächtnisses vollständig beraubt. Wenn er nach solchen Augenblicken wieder zu sich kam, so bemerkte er, daß er ganz mechanisch und unbewußt seine Feder über das Papier führte. Da er sich selbst nicht mehr trauen konnte, fing er an, alles Geschriebene nachzuprüfen, und siehe da: er begriff nichts davon. Endlich stand der andere Herr Goljädkin auf, der bis dahin ruhig und ehrbar dagesessen hatte, und verschwand mit seiner Arbeit durch die Tür, in die andere Abteilung. Herr Goljädkin blickte sich um, — nichts, alles war still: zu hören war nur das Kratzen der Federn, das Geräusch beim Umwenden der Blätter und das Geflüster in denjenigen Ecken, die am weitesten von dem Platz Andrei Filippowitschs ablagen.

Herr Goljädkin sah Anton Antonowitsch, den Bürovorsteher, an. Weil nun der Gesichtsausdruck unseres Helden durchaus mit seinen gegenwärtigen Gedanken übereinstimmte, folglich in mancher Beziehung sehr auffallend war, so legte der gute Anton Antonowitsch die Feder beiseite und erkundigte sich mit außergewöhnlicher Teilnahme nach der Gesundheit Herrn Goljädkins.

»Ich bin, Anton Antonowitsch ... ich bin ... Gott sei Dank«, antwortete Herr Goljädkin stotternd, »ich, Anton Antonowitsch ... bin vollkommen gesund. Mir fehlt ... Anton Antonowitsch — gar nichts«, fügte er entschlossen hinzu, da er offenbar Anton Antonowitsch nicht ganz zu überzeugen vermochte.

»Ach so! Aber mir scheint, daß Sie doch nicht so ganz gesund sind. Übrigens, es wäre kein Wunder! Besonders jetzt bei diesem Wetter! Wissen Sie ...«

»Ja, Anton Antonowitsch, ich weiß, daß das Wetter schlecht ist ... Ich, Anton Antonowitsch, ich ... spreche nicht davon«, fuhr Herr Goljädkin fort, indem er Anton Antonowitsch durchdringend ansah. »Ich ... sehen Sie, Anton Antonowitsch, ich weiß eigentlich nicht ... das heißt: ich möchte sagen ... wie man diese Sache auffassen soll ...«

»Was? Ich habe Sie ... wissen Sie ... ich muß gestehen, nicht ganz verstanden; Sie ... wissen Sie ... erklären Sie sich deutlicher, woran Sie sich hierbei stoßen«, sagte Anton Antonowitsch, der sich nicht wenig betroffen fühlte, da er sah, daß Herrn Goljädkin die Tränen in die Augen traten.

»Ich weiß wirklich nicht ... hier, Anton Antonowitsch ...
»hier ist — ein Beamter, Anton Antonowitsch ...«
»Nun! Ich verstehe noch immer nicht ...«
»Ich möchte sagen, Anton Antonowitsch, daß hier ein neueingetretener Beamter ist.«

»Ja, stimmt; er heißt auch wie Sie.«
»Was?" rief Herr Goljädkin aus.
»Ich sage: Er trägt denselben Namen. Er heißt auch Goljädkin. Ist es nicht Ihr Bruder?«
»Nein, Anton Antonowitsch, ich ...«
»Hm! sagen Sie bitte, — ich dachte sogar, daß es ein sehr naher Verwandter von Ihnen sein müßte. Wissen Sie, es ist da so eine Familienähnlichkeit vorhanden.«

Herr Goljädkin erstarrte vor Verwunderung, und die Zunge versagte ihm zeitweise ihren Dienst. So einfach über eine so unerhörte, noch nie dagewesene Sache zu sprechen, eine Sache, die jeden interessierten Beobachter in Erstaunen versetzt hätte, und von einer Familienähnlichkeit zu reden, wo es sich um ein Spiegelbild handelte!

»Wissen Sie, was ich Ihnen raten möchte, Jakoff Petrowitsch«, fuhr Anton Antonowitsch fort. »Gehen Sie doch zu einem Arzt und sprechen Sie mit ihm. Wissen Sie, Sie sehen durchaus krank aus. Ihre Augen sind so sonderbar ... wissen Sie, sie haben so einen sonderbaren Ausdruck ...«

»Nein, Anton Antonowitsch, ich fühle freilich, das heißt: ich möchte fragen, wie dieser Beamte ...«

»Nun?«

»Das heißt: haben Sie nicht bemerkt, Anton Antonowitsch, haben Sie nicht an ihm etwas Besonderes bemerkt ... etwas — Unverkennbares?«

»Das heißt?«

»Das heißt: ich möchte sagen, Anton Antonowitsch, eine erstaunliche Ähnlichkeit mit irgend jemandem, das heißt zum Beispiel mit mir? Sie sprachen soeben, Anton Antonowitsch, von einer Familienähnlichkeit, Sie machten so eine beiläufige Bemerkung ... Wissen Sie, daß es Zwillinge gibt, die sich wie zwei Tropfen Wasser gleichen, so daß man sie nicht voneinander unterscheiden kann? Nun, sehen Sie, das meinte ich —«

»Ja«, sagte Anton Antonowitsch, ein wenig nachdenklich — als ob er jetzt zum erstenmal über die Sache wirklich er-

staunt wäre. »Ja, Sie haben recht, die Ähnlichkeit ist tatsächlich erstaunlich, und man könnte wirklich den einen für den andern nehmen«, fügte er hinzu und riß die Augen immer weiter auf. »Und wissen Sie, Jakoff Petrowitsch, es ist sogar eine ganz sonderbare, eine phantastische Ähnlichkeit, wie man zu sagen pflegt, das heißt: genau so wie Sie ... Haben Sie das bemerkt, Jakoff Petrowitsch? Ich wollte Sie sogar selbst danach fragen. Ja, ich gestehe, anfangs habe ich zu wenig darauf geachtet. Ein Wunder, ein wirkliches Wunder, das! Und wissen Sie, Jakoff Petrowitsch, Sie sind doch kein Hiesiger? Ich meine nur ...«
»Nein.«
»Er ist auch kein Hiesiger. Vielleicht ist er aus demselben Ort, wo Sie her sind. Ich wage nur zu fragen, wo hat sich Ihre Mutter zuletzt dauernd aufgehalten?«
»Sie sagten ... Sie sagten, Anton Antonowitsch, daß er kein Hiesiger ist?«
»Ja, er ist auch nicht von hier. Wirklich, ... wie sonderbar das ist«, fuhr der gesprächige Anton Antonowitsch fort, für den es ein rechter Feiertag war, wenn er einmal so tüchtig schwatzen konnte, »es kann wirklich Anteil erregen! Wie oft geht man an so etwas vorüber, ohne es zu bemerken! Übrigens regen Sie sich nicht darüber auf. Das pflegt vorzukommen. Wissen Sie — ich werde Ihnen was erzählen, dasselbe ist einmal auch meiner Tante passiert, meiner Tante mütterlicherseits; sie hat sich auch einmal, es war kurz vor ihrem Tod, doppelt gesehen ...«
»Nein, ich ... entschuldigen Sie, daß ich Sie unterbreche, Anton Antonowitsch, — ich wollte nur wissen, wie es mit diesem Beamten steht, das heißt: welche Stellung er hier einnimmt?«
»Er kam an die Stelle des kürzlich verstorbenen Ssemjón Iwánowitsch. Dessen Posten war frei geworden, und so wurde er angestellt. Nein, wirklich, dieser gute Ssemjon Iwanowitsch, drei Kinder hat er hinterlassen, sagt man, eines kleiner als das andere. Die Witwe ist Seiner Exzellenz

zu Füßen gefallen. Man sagt übrigens, sie habe Geld, sie verheimliche es nur.«

»Nein, Anton Antonowitsch, ich meine den Umstand ...«

»Das heißt ... nun ja! Warum beschäftigt Sie das denn so sehr? Ich sage Ihnen doch: regen Sie sich nicht auf. Das ist schon so der Wille Gottes, und es ist Sünde, gegen ihn zu murren. Darin sieht man Gottes Weisheit. Und Sie, Jakoff Petrowitsch, sind doch nicht schuld daran. Als ob es keine Wunder auf der Welt gäbe! Die Mutter Erde ist freigebig, und Sie werden doch nicht dafür zur Verantwortung gezogen. Um Ihnen ein Beispiel zu geben: ich denke, Sie haben doch gehört, wie die siamesischen Zwillinge mit dem Rücken aneinander gewachsen sind, sie leben, essen und schlafen zusammen und verdienen viel Geld, sagt man.«

»Erlauben Sie, Anton Antonowitsch ...«

»Ich verstehe Sie, ich verstehe! Ja, nun; ja, was? Tut nichts! Ich sage Ihnen doch, nach meiner persönlichen Überzeugung brauchen Sie sich keineswegs aufzuregen. Was ist denn darüber zu sagen? Er ist doch ein Beamter wie sie alle, und als Beamter offenbar ein tüchtiger Mensch. Er sagt, er heiße Goljädkin, sei nicht von hier und führe den Titel Titularrat. Er hat selbst mit Seiner Exzellenz gesprochen.«

»Und was hat er gesagt?«

»Nichts Besonderes, sagt man, er habe genügende Erklärungen gegeben und die Gründe dargelegt, sagt man, so und so: Euer Exzellenz, ich habe kein Vermögen, ich wünsche zu dienen, und besonders unter Ihrer schmeichelhaften Leitung ... nun, und wie sich das so gehört ... er hat sich, wissen Sie, sehr geschickt ausgedrückt. Ein kluger Mensch muß er sein. Nun, versteht sich, er kam ja auch mit einer Empfehlung, ohne die geht's doch nicht ...«

»So? von wem denn? ... Das heißt: ich wollte sagen, wer hat denn in diese schmutzige Angelegenheit seine Hand gesteckt?«

»Ja! Es muß eine gute Empfehlung gewesen sein. Exzellenz, sagt man, und Andrei Filippowitsch hätten gelacht.«

»Gelacht? — Exzellenz und Andrei Filippowitsch?«

»Ja, sie hätten gelacht und gesagt: ,Nun gut!' und sie hätten nichts dagegen, wenn er nur seine Pflicht tue!«

»Nun, und weiter? Das belebt mich wieder, Anton Antonowitsch, ich flehe Sie an ... und weiter?«

»Erlauben Sie, nun ja ... nun, es hat doch nichts zu bedeuten, ich sage Ihnen, regen Sie sich nicht auf, die Sache hat nichts Bedenkliches.«

»Nein? Ich, das heißt — ich wollte Sie fragen, Anton Antonowitsch, ob Seine Exzellenz nichts mehr hinzugefügt hat ... über mich, zum Beispiel?«

»Das heißt, wie denn? Ach so! Nein, nichts, nichts; Sie können ganz ruhig sein. Wissen Sie, natürlich ist der Umstand sehr sonderbar ... aber ich selbst — ich habe mir anfangs überhaupt nichts dabei gedacht. Ich weiß wirklich nicht, warum ich mir nichts dabei dachte, bis Sie, Sie selbst, mich darauf aufmerksam gemacht haben. Seine Exzellenz hat nichts gesagt«, fügte der gute Anton Antonowitsch hinzu und erhob sich vom Stuhl.

»Sehen Sie, ich ... Anton Antonowitsch ...«

»Ach, Sie entschuldigen mich, bitte, ich schwatze hier von Nichtigkeiten und da ist eine wichtige Sache zu erledigen. Ich muß mich beeilen!«

»Anton Antonowitsch«, hörte man soeben die klangvolle Stimme Andrei Filippowitschs, »Seine Exzellenz fragt nach Ihnen.«

»Sofort, sofort, Andrei Filippowitsch, sofort, ich komme schon!« Und Anton Antonowitsch griff nach einem Stoß Blätter, lief zuerst zu Andrei Filippowitsch und darauf ins Kabinett Seiner Exzellenz.

,Wie ist denn das nun?' dachte Herr Goljädkin bei sich. ,So also steht das Spiel jetzt bei uns? Von daher weht also der Wind ... Das ist nicht übel, die Dinge haben so die beste Wendung genommen', sagte sich unser Held, rieb sich die Hände und fühlte vor Freude kaum den Stuhl unter sich. ,Unsere Sache ist also eine ganz gewöhnliche Sache und erweist sich als etwas ganz Nichtiges. In der Tat, es kümmert sich niemand darum; sie sitzen alle, diese Räuber, wie immer da und arbeiten bloß; das ist nett, wirklich nett! Einen guten Menschen liebe ich, habe ich immer geliebt und bin jederzeit bereit, ihn zu achten. Aber wenn man so überlegt ... diesem Anton Antonowitsch ist eigentlich schwer zu trauen! Er ist bereits sehr alt und vergißt den Zusammenhang. Eine vorzügliche, eine großartige Sache ist es, daß Seine Exzellenz nichts gesagt und ihn so zugelassen hat. Das ist gut, das gefällt mir! Was hat nur dieser Andrei Filippowitsch sich mit seinem Lachen da einzumischen? Was geht es ihn an? Dieser alte Pfuscher! Immer läuft er mir über den Weg wie eine schwarze Katze! Immer kommt er den Menschen in die Quere, immer den Menschen in die Quere...'

Herr Goljädkin blickte sich wieder um, und wieder belebte sich seine Hoffnung. Übrigens fühlte er, daß ihn ein gewisser sich fernhaltender Gedanke, kein guter Gedanke, immerhin beunruhigte. Es kam ihm sogar in den Sinn, selbst mit den Beamten davon anzufangen, wie der Hase vorauszulaufen, womöglich (vielleicht beim Verlassen der Kanzlei oder mit einer Frage in Dienstangelegenheiten an sie herantretend) gesprächsweise anzudeuten, daß da, meine Herren, doch eine erstaunliche Ähnlichkeit vorliege, ein außergewöhnlicher Fall, sozusagen — finden Sie nicht auch, meine Herren? — ganz wie in einer Komödie! Also sozusagen sich selbst als erster darüber lustig zu machen, um auf diese Weise die Tiefe der Gefahr zu sondieren? Denn gerade dieses Schweigen der anderen, diese tiefe Stille ... wie ja schon das Sprichwort warnt vor den stillen Wassern, in deren Tiefe die Teufel hausen, schloß unser Held etwas sprunghaft seinen Gedankengang. Übrigens war das doch nur so ein Gedanke von Herrn Goljädkin; dafür besann er sich noch rechtzeitig! Er begriff, daß ein solches Unternehmen nichts für ihn war.

»Dazu bist du gerade der Richtige!« sagte er zu sich selbst und schlug sich mit der Hand leicht vor die Stirn. »Gleich fängst du wieder an, zu phantasieren und dich zu freuen, du arglose Seele! Nein, es ist schon besser, wir warten noch ein wenig, Jakoff Petrowitsch, wir halten aus und warten lieber ab!«

Nichtsdestoweniger, und wie wir bereits erwähnten, war Herr Goljädkin voll Hoffnung und wie von den Toten auferstanden.

»Tut nichts«, sagte er sich, »mir ist gerade zumut, als ob mir fünfhundert Pud vom Herzen gefallen wären! Was ist das für eine Sache! Er aber, – er! ... Nun, mag er nur dienen, mag er nur ruhig und zu seiner Gesundheit dienen! Wenn er nur niemandem hinderlich wird, wenn er nur niemanden stört, dann mag er dienen, – ich habe nichts dagegen!«

Währenddessen vergingen die Stunden, sie vergingen im Fluge, und es schlug bereits vier Uhr. Die Kanzlei wurde geschlossen. Andrei Filippowitsch griff nach seinem Hut, und wie gewöhnlich folgten alle seinem Beispiel. Herr Goljädkin verzögerte seinen Aufbruch und ging absichtlich später als die anderen, er war der Letzte und trat hinaus, als die anderen sich bereits in die verschiedenen Richtungen zerstreuten. Auf der Straße fühlte er sich wie im Paradies, so daß in ihm der Wunsch aufstieg, einen Umweg zu machen und über den Newskij zu gehen.

»Das nenne ich Schicksal!« sagte unser Held, »diese unerwartete Wendung der ganzen Sache. Und was für ein Wetterchen, mit Frost und Schlittenbahn! Das ist was für den Russen, und wie herrlich verträgt er sich mit dem Frost! Ich liebe den russischen Menschen, und auch den Schnee liebe ich, den ersten Spurschnee, wie der Jäger sagen würde, jetzt fehlte nur noch der Hase auf dem ersten Schnee! Ach ja! Nun was!«

So äußerte sich bei Herrn Goljädkin das Entzücken, und doch fühlte er immer noch irgend so etwas in seinem Kopfe kitzeln, etwas wie Schwermut und auch wieder nicht, so daß er nicht wußte, womit er sich beschwichtigen sollte. »Nun ja, warten wir noch einen Tag, und dann erst wollen wir uns freuen. Was mag das nur eigentlich sein, was mich da so beunruhigt? Nun, denken wir doch nach, sehen wir zu! Denke nach, junger Freund, denke nach. Also erstens: ein Mensch, der genau so ist wie du. Nun, was ist weiter dabei? Wenn es solch einen Menschen gibt, muß ich denn gleich darüber weinen? Was geht's mich an? Ich halte mich fern von ihm; ich pfeife vor mich hin, und das ist alles! Mag er doch dienen! Nun, und was sie da von den siamesischen Zwillingen reden ... wozu siamesisch? Nehmen wir an, es sind Zwillinge — aber auch große Menschen haben ihre Wunderlichkeiten gehabt. Aus der Geschichte ist bekannt, daß der berühmte Ssuwóroff wie ein Hahn krähen konnte ... Nun, das tat er wohl alles nur aus Politik; und die großen Feldherren ... übrigens, was gehen mich die Feldherren an? Ich lebe so für mich und will niemanden kennen, und im Gefühl meiner Unschuld verachte ich jeden Feind. Ich bin kein Intrigant und bin stolz darauf. Bin sauber, offenherzig, angenehm, ordentlich, gutmütig ...«

Plötzlich verstummte Herr Goljädkin, blieb stehen, zitterte wie ein Blatt am Baum und schloß für einen Augenblick die Augen. In der Hoffnung jedoch, daß der Gegenstand seines Schreckens nur eine Illusion sei, öffnete er sie wieder und schielte schüchtern nach rechts. Nein, es war keine Illusion! ... Neben ihm trippelte sein Bekannter von heute morgen, lächelte ihm zu, sah ihm ins Gesicht und schien auf die Gelegenheit zu warten, mit ihm ein Gespräch anzufangen. Es kam aber nicht dazu. So gingen sie beide etwa fünfzig Schritte weiter. Das ganze Bestreben Herrn Goljädkins ging nun dahin, sich immer mehr in seinen Mantel einzuhüllen und seinen Hut so tief wie möglich auf die Augen zu ziehen. Es erhöhte noch die »Beleidigung«, daß Mantel und Hut seines Freundes genau den seinen glichen.

»Mein Herr«, sagte endlich unser Held, indem er sich mühte, fast flüsternd zu sprechen, ohne dabei seinen Freund anzusehen, »mir scheint, wir haben verschiedene Wege ... Ich bin sogar fest davon überzeugt«, sagte er nach einigem

Schweigen. »Und schließlich bin ich auch fest davon überzeugt, daß Sie mich verstanden haben«, fügte er abschließend ziemlich streng hinzu.

»Ich wünschte«, sagte endlich der Freund, »ich wünschte, und Sie werden mir wohl großmütig verzeihen ... ich weiß nicht, an wen ich mich hier wenden soll ... meine Verhältnisse — ich hoffe, Sie verzeihen mir meine Aufdringlichkeit — ... aber es schien mir sogar, Sie hätten heute morgen Anteil an mir genommen. Meinerseits fühlte ich schon auf den ersten Blick Zuneigung zu Ihnen, ich ...« Hier wünschte Herr Goljädkin in Gedanken seinem neuen Kollegen, er möge in die Erde versinken.

»Wenn ich es wagen dürfte, zu hoffen, daß Sie, Jakoff Petrowitsch, geneigt wären, mich anzuhören ...«

»Wir ... wir ... wollen lieber zu mir gehen«, antwortete ihm Herr Goljädkin. »Wir wollen hinüber auf die andere Seite des Newskij gehen, dort wird es bequemer für uns sein, und leichter, in die Nebengasse einzubiegen ... Wir gehen lieber durch die Nebengasse.«

»Schön, gehen wir durch die Nebengasse«, sagte schüchtern und bescheiden Herrn Goljädkins Begleiter, als wolle er schon durch den Tonfall seiner Antwort ausdrücken, daß er in seiner Lage auch mit einer Nebengasse zufrieden sei. Was nun Herrn Goljädkin anbelangt, so begriff er überhaupt nicht mehr, was mit ihm geschah. Er traute sich selber nicht. Er konnte vor Verwunderung noch gar nicht recht zur Besinnung kommen.

SIEBENTES KAPITEL

Er kam erst wieder zu sich, als er sich bereits auf der Treppe zu seiner Wohnung befand. ‚Ach, ich Schafskopf!‘ schimpfte er sich in Gedanken, ‚wohin führe ich ihn jetzt? Ich lege ja selbst meinen Kopf in die Schlinge. Was wird

Petruschka denken, wenn er uns beide zusammen sieht? Was wird dieser Schuft zu denken wagen, und er ist sowieso schon so mißtrauisch ...'

Doch zur Reue war es bereits zu spät. Herr Goljädkin klopfte, die Tür wurde geöffnet und Petruschka nahm seinem Herrn sowie dem Gast die Mäntel ab. Herr Goljädkin schielte mit einem Blick nach Petruschka hin, um in seine Physiognomie einzudringen und womöglich hinter seine Gedanken zu kommen. Doch zu seiner großen Verwunderung sah er, daß sein Diener auch nicht daran dachte, sich zu wundern, sogar im Gegenteil, etwas Derartiges, wie diesen seltsamen Besuch, erwartet zu haben schien. Freilich wich er auch jetzt seinem Blick aus und sah drein, als wär' er bereit, jemanden zu fressen. ‚Sind Sie heute nicht alle irgendwie verhext', dachte unser Held, ‚ist es nicht, als wären sie alle von einem Teufel besessen? Es muß etwas Besonderes vorgehen oder in der Luft liegen. Zum Teufel, was ist das für eine Qual!'

Mit solchen Gedanken beschäftigt, führte Herr Goljädkin seinen Gast ins Zimmer und forderte ihn höflich auf, sich zu setzen.

Der Gast befand sich offenbar in höchster Verlegenheit, war sehr schüchtern und folgte gehorsam allen Bewegungen seines Wirtes, fing dessen Blicke auf und bemühte sich anscheinend, jeden seiner Gedanken zu erraten. Etwas Gedrücktes, Erniedrigtes und Erschrockenes lag in allen seinen Bewegungen, so daß er, wenn ein solcher Vergleich gestattet ist, in diesem Augenblick einem Menschen ähnlich sah, der sich aus Mangel an eigenen Kleidern fremder bedient: die Ärmel sind zu kurz, die Taille sitzt fast unter den Achseln, und jeden Augenblick zieht er sich seine kurze Weste zurecht; bald dreht er sich zur Seite und scheint sich verstecken zu wollen, bald sieht er wieder allen in die Augen und horcht, ob die Leute nicht über ihn sprechen, lachen, sich seiner schämen; der Arme errötet, windet sich in fürchterlichster Verlegenheit, und Ehrgeiz und Selbstgefühl leiden maßlos...

Herr Goljädkin legte seinen Hut aufs Fensterbrett — durch eine unvorsichtige Bewegung fiel er auf den Boden. Der Gast stürzte sofort herbei, um ihn aufzuheben, den Staub abzuwischen und ihn behutsam auf den früheren Platz zu legen. Seinen eigenen Hut legte er aber neben sich auf den Fußboden und selbst nahm er bescheiden nur auf dem Rand des Stuhles Platz. Dieser kleine Umstand öffnete Herrn Goljädkin sofort die Augen über ihn, wenigstens zum Teil. Er begriff, daß der andere sich in großer Not befand, und nun wußte er mit einemmal, wie er sich zu seinem Gast zu verhalten hatte, das heißt: er überließ die Wahl der Form diesem. Der Gast aber tat seinerseits auch nichts, sei es nun aus Schüchternheit oder weil er sich ein wenig schämte, und wartete wohl darauf, daß der Wirt den Anfang mache — übrigens mit Bestimmtheit ließ sich das nicht sagen, das war schwer zu unterscheiden.

In diesem Augenblick trat Petruschka ein; er blieb an der Tür stehen, sah aber weder seinen Herrn noch den Gast an, sondern blickte nach der entgegengesetzten Seite.

»Soll ich nun zwei Portionen Mittag bringen?« fragte er nachlässig, mit barscher Stimme.

»Ich ... ich weiß nicht ... Sie — ja, mein Lieber, bringe zwei Portionen.«

Petruschka ging. Herr Goljädkin blickte seinen Gast an. Dieser errötete bis über die Ohren. Herr Goljädkin war ein gutmütiger Mensch, und deshalb stellte er in seiner Gutherzigkeit folgende Theorie auf:

‚Ein armer Mensch', dachte er, ‚in seiner Stellung ist er erst einen Tag. Wahrscheinlich hat er in seinem Leben viel gelitten, vielleicht ist das bißchen saubere Kleidung alles, was er besitzt, und zum Essen reicht es nicht mehr. Wie verschüchtert er aussieht! Nun, macht nichts: das ist einesteils sogar besser so ...'

»Entschuldigen Sie, daß ich ...«, begann Herr Goljädkin, »übrigens, erlauben Sie, zu fragen, wie ich Sie nennen soll?«

»Mich? ... ich heiße ... Jakoff Petrowitsch«, sagte fast

flüsternd der Gast, als hätte er ein schlechtes Gewissen, als schäme er sich, als bäte er um Entschuldigung, daß auch *er* Jakoff Petrowitsch heiße.

»Jakoff Petrowitsch?« wiederholte unser Held, außerstande, seine Erregung zu verbergen.

»Jawohl, genau so ... Ich bin ein Namensvetter von Ihnen«, antwortete der bescheidene Gast und er wagte es, schüchtern zu lächeln. Er wollte wohl noch etwas Scherzhaftes sagen, unterbrach sich aber sofort, nahm eine ernste und unterwürfige Miene an, als er bemerkte, daß sein Wirt jetzt nicht zu Scherzen aufgelegt war.

»Sie ... erlauben Sie zu fragen: was verschafft mir die Ehre? ...«

»Da ich Ihre Großmut und Ihre Hilfsbereitschaft kenne«, unterbrach ihn eilig, doch mit schüchterner Stimme sein Gast und erhob sich ein wenig vom Stuhl, »wagte ich mich an Sie zu wenden und ... Sie um Ihre Bekanntschaft und Gönnerschaft zu bitten ...« Er suchte seine Worte stockend zusammen und bemühte sich, nicht allzu schmeichelhafte Ausdrücke zu wählen, wohl um sich vor seinem eigenen Ehrgefühl nicht herabzusetzen — aber auch, um allzu kühne Worte, die eine Gleichstellung beansprucht hätten, zu vermeiden. Überhaupt konnte man sagen, daß sich der Gast des Herrn Goljädkin wie ein wohlanständiger Bettler in geflicktem Frack, aber mit einem guten Paß in der Tasche benahm — gleich einem, der noch nicht geübt war, die Hand so auszustrecken, wie es sich vielleicht empfahl.

»Sie setzen mich in Verwirrung«, sagte Herr Goljädkin, an sich herabschauend, betrachtete dann die Wände und schließlich wieder den Gast. »Worin könnte ich Ihnen ... das heißt, ich wollte nur sagen: in welcher Beziehung und womit könnte ich Ihnen dienlich sein?«

»Ich fühlte mich schon auf den ersten Blick zu Ihnen, Jakoff Petrowitsch, hingezogen und, verzeihen Sie mir großmütig, ich hoffte auf Sie — ich wagte zu hoffen, Jakoff Petrowitsch. Ich ... ich bin ein hier ganz hilflos dastehender

Mensch, Jakoff Petrowitsch, ich habe viel durchgemacht, Jakoff Petrowitsch, und will nun wieder von neuem ... Da ich aber erfahren habe, daß Sie — nicht nur diese schönen Seeleneigenschaften besitzen, sondern außerdem noch ein Namensvetter von mir sind ...«

Herr Goljädkin runzelte die Stirn.

»... Mein Namensvetter und aus derselben Gegend wie ich gebürtig sind, so beschloß ich, mich an Sie zu wenden und Ihnen meine schwierige Lage darzulegen.«

»Schön, schön! Ich weiß nur wirklich nicht, was ich Ihnen sagen soll«, antwortete etwas betroffen Herr Goljädkin. »Nach dem Essen wollen wir sehen ...«

Der Gast verbeugte sich. Man brachte das Mittagessen. Petruschka deckte den Tisch und trug auf. Gast und Wirt begannen es zu verzehren. Das Essen dauerte nicht lange, denn beide beeilten sich. Der Wirt beeilte sich, weil er sich unbehaglich fühlte und obendrein fand, daß das Essen schlecht sei — fand es zum Teil deshalb, weil er seinen Gast gut bewirten wollte, und zum Teil auch deshalb, weil er ihm zu zeigen gedachte, daß er nicht wie ein Bettler lebe. Und der Gast wiederum befand sich in großer Verlegenheit und Verwirrung. Nachdem er einmal eine Brotschnitte genommen und aufgegessen hatte, fürchtete er sich, die Hand nach einer zweiten Schnitte auszustrecken und vom Fleisch ein besseres Stück zu nehmen. Er versicherte darum unaufhörlich, daß er durchaus nicht hungrig und daß das Essen sehr gut sei, und daß er sich bis zu seinem Tode daran erinnern werde. Nach dem Essen zündete sich Herr Goljädkin seine Pfeife an und reichte seinem Freund und Gast eine andere. Beide setzten sich einander gegenüber, und der Gast begann mit der Erzählung seiner Erlebnisse.

Die Erzählung des zweiten Herrn Goljädkin dauerte drei bis vier Stunden. Es war die Geschichte seines Lebens, die sich, nebenbei bemerkt, aus den unbedeutendsten und kläglichsten Umständen zusammensetzte. Es handelte sich um den Dienst bei irgendeiner Behörde in der Provinz, um

Staatsanwälte und Präsidenten, es handelte sich um Kanzleiintrigen, handelte von der Verworfenheit eines der Beamten, von einem Revisor und dem plötzlichen Wechsel des Vorgesetzten und davon, wie Herr Goljädkin der Jüngere unter alledem ganz unschuldig zu leiden gehabt hatte. Ferner von seiner uralten Tante Pelagéja Ssemjónowna, und wie er durch die Intrigen seiner Feinde seine Stellung verlor und zu Fuß nach Petersburg kam, wie er hier in Petersburg in Not geriet, lange Zeit hindurch vergeblich eine Stellung suchte, immer mehr und mehr verarmte und zuletzt auf der Straße lebte, trockenes Brot aß, das er mit seinen Tränen netzte, und nachts auf dem nackten Fußboden schlief. Wie dann endlich ein guter Mensch sich seiner annahm, ihm eine Empfehlung gab und in großmütiger Weise zu der neuen Stellung verhalf. Der Gast weinte bei dieser Erzählung und wischte sich mit einem karierten Taschentuch, das wie ein Wachstuch aussah, in einem fort die Tränen aus den Augen. Er schloß damit, daß er Herrn Goljädkin alles offen mitgeteilt und sich ihm ganz anvertraut habe, weil er nichts zum Leben besitze, weder um sich anständig einzurichten noch um sich eine Uniform anschaffen zu können. Auf seine Stiefel dürfe er sich auch nicht mehr verlassen. Die Uniform, die er trage, sei ihm nur auf kurze Zeit geliehen.

Herr Goljädkin war wirklich aufrichtig gerührt. Und obwohl die Geschichte seines Gastes eine ganz gewöhnliche Geschichte war, legten sich dessen Worte doch wie himmlisches Manna auf seine Seele. Die Sache war nämlich die: Herr Goljädkin verlor durch die Erzählung seine letzten Zweifel, er gab seinem Herzen die Freiheit und Lebensfreude wieder und nannte sich in Gedanken schließlich selbst einen Dummkopf.

Alles war ja so natürlich! Wozu hatte er sich so beunruhigt, sich so aufgeregt! Zwar gab es da noch einen peinlichen Umstand, aber auch der war nicht gar so schlimm: es konnte doch für einen Menschen nicht ehrenrührig sein, nicht seine Karriere zerstören, wenn der Mensch nichts dafür konnte, und die Natur selbst sich hier eingemischt hatte! Außerdem bat ihn der Gast um seinen Schutz, er weinte und klagte sein Schicksal an; er erschien so unbedeutend, so ohne Bosheit und Hinterlist, so armselig und nichtig vor ihm und schämte sich vielleicht im geheimen selbst wegen der Ähnlichkeit seines Gesichtes mit dem seines Wirtes. Er führte sich so vertrauenerweckend auf und suchte seinem Wirt nur ja zu gefallen; er sah ganz so drein wie ein Mensch, der sich Gewissensbisse macht und sich vor dem anderen schuldig fühlt. Kam die Rede zum Beispiel auf einen strittigen Punkt, so stimmte der Gast sofort der Meinung Herrn Goljädkins bei. Wenn irgendwie aus Versehen seine Meinung von der Meinung Herrn Goljädkins abwich und er es bemerkte, so verbesserte er sich sofort und erklärte alsbald, daß er ganz derselben Meinung sei wie sein Wirt, daß er ganz so denke wie dieser und alles mit denselben Augen ansähe. Kurz, der Gast gab sich die größte Mühe, Herrn Goljädkin zu gefallen, sozusagen in ihm aufzugehen; Herr Goljädkin wiederum überzeugte sich davon, daß sein Gast in jeder Beziehung ein liebenswürdiger Mensch sein müsse. Es wurde inzwischen Tee gereicht. Es war neun Uhr. Herr Goljädkin war in sehr angenehmer Stimmung, heiter und angeregt, und ließ sich nun in ein sehr lebhaftes und bemerkenswertes Gespräch mit seinem Gast ein. Herr Goljädkin liebte es manchmal, bei heiterer Stimmung etwas Interessantes zu erzählen. So auch jetzt: er erzählte seinem Gast nun viel aus dem Petersburger Leben, von dessen Schönheit und seinen Vergnügungen, vom Theater, von den Klubs und dem neuen Bilde Brüloffs, auch davon, wie zwei Engländer aus England nach Petersburg gekommen seien, nur um sich das schmiedeeiserne Gitter des Sommergartens anzusehen und dann gleich wieder heimzufahren. Auch vom Dienst erzählte er, von Olssufij Iwanowitsch und Andrei Filippowitsch, und davon, daß Rußland von Stunde zu Stunde seiner Größe entgegengehe, daß »die Künste in ihm blühten«; von einer Anekdote, die er neulich in der „Nordischen Biene" gelesen, und von den Schlangen

Indiens, die außergewöhnliche Kräfte hätten, schließlich vom Baron Brambäus[4] und noch von vielem anderen. Kurz, Herr Goljädkin war vollkommen zufrieden. Erstens, weil er jetzt vollkommen beruhigt sein konnte; zweitens, weil er seine Feinde nun nicht mehr fürchtete, sondern sie am liebsten gleich zum entscheidenden Zweikampf herausgefordert hätte; drittens, weil er selbst als Gönner auftrat, und endlich, weil er ein gutes Werk tat.

Im Innersten gestand er sich übrigens ein, daß er in diesem Augenblick doch noch nicht ganz glücklich sein konnte, daß in ihm immer noch ein Würmchen steckte, wenn es auch nur ein ganz kleines war, das aber nichtsdestoweniger doch noch an seinem Herzen nagte.

Es quälte ihn auch die Erinnerung an den gestrigen Abend bei Olssufij Iwanowitsch. Er hätte jetzt viel darum gegeben, wenn manches in diesem Gestern nicht gewesen wäre.

»Übrigens hat das nichts auf sich!« schloß endlich unser Held und gab sich das feste Versprechen, sich in Zukunft immer gut aufzuführen und sich nicht mehr selbst in solche Verlegenheiten zu bringen.

Da Herr Goljädkin jetzt ganz aus sich herauszugehen begann und sich auf einmal fast glücklich fühlte, so stieg in ihm sogar der Wunsch auf, das Leben zu genießen. Petruschka mußte also Rum bringen und Punsch bereiten.

Der Gast und der Wirt leerten darauf ein, zwei Gläschen. Der Gast wurde jetzt noch liebenswürdiger als zuvor und und zeigte seinerseits nicht nur einen gefälligen und offenen Charakter, sondern ging ganz auf die Stimmung des Herrn Goljädkin ein, freute sich über seine Freude und sah auf ihn wie auf seinen einzigen und aufrichtigen Wohltäter.

Er ergriff die Feder und ein Stück Papier und bat Herrn Goljädkin, nicht zu sehen, was er schreiben werde; als er darauf geendet hatte, überreichte er dem Gastgeber feierlich das Geschriebene. Es war ein sehr gefühlvoller Vierzeiler, mit schöner Handschrift geschrieben und, wie es schien, vom Gast selbst verfaßt. Er lautete folgendermaßen:

> Wenn auch du mich je vergißt,
> Ich vergeß dich nicht;
> Wechselvoll ist alles Leben,
> Drum vergiß mich nicht!

Mit Tränen in den Augen umarmte Herr Goljädkin seinen Gast und voll von Mitgefühl und Überschwang weihte er ihn in seine verschiedenen großen und kleinen Geheimnisse ein, in denen besonders von Andrei Filippowitsch und Klara Olssufjewna die Rede war.

»Nun, wir beide, Jakoff Petrowitsch, werden uns schon gegenseitig verstehen«, beteuerte unser Held seinem Gast. »Wir werden miteinander, Jakoff Petrowitsch, wie zwei leibliche Brüder leben, wie zwei Fische im Wasser! Wir, Freundchen, wollen schon schlau sein und ihnen eine Intrige drehen ... und sie ordentlich an der Nase herumführen. Sage aber niemandem etwas davon. Ich kenne doch deinen Charakter, Jakoff Petrowitsch: du wirst natürlich sofort alles erzählen müssen, du aufrichtige Seele! Nein, Brüderchen, halte dich lieber fern von ihnen allen!«

Der Gast stimmte ihm in allem bei, dankte Herrn Goljädkin und weinte schließlich auch.

»Weißt du, Jascha«, fuhr Herr Goljädkin mit schwacher, gerührter Stimme fort, »du, Jascha, lasse dich jetzt bei mir nieder, zeitweilig oder wenn du willst — für immer. Wir werden uns zusammen einleben. Was meinst du, Bruder? Du brauchst dich nicht zu beunruhigen, klage auch nicht, daß zwischen uns ein so sonderbares Verhältnis besteht: zu murren, Freund, ist Sünde; die Natur hat's so gewollt! Die Mutter Natur ist weise, siehst du, so ist es, Jascha! Ich sage das aus Liebe zu dir, aus brüderlicher Liebe zu dir. Zusammen, Jascha, da wollen wir ihnen dann einen Streich spielen.«

So waren sie beim dritten und vierten Glas Punsch und bei der Brüderschaft angelangt, als Herr Goljädkin sich von zwei Empfindungen beherrscht fühlte: die eine war, daß er außergewöhnlich glücklich sei, und die andere — daß er schon nicht mehr fest auf den Beinen stehen konnte.

Der Gast wurde natürlich aufgefordert, bei ihm zu übernachten. Das Bett wurde irgendwie aus zwei Reihen Stühlen hergestellt. Herr Goljädkin der Jüngere erklärte, unter so freundschaftlichem Schutz, sei es auch auf dem härtesten Lager, weich zu schlafen; er befinde sich jetzt wie im Paradies, zumal er in seinem Leben schon viel Ungemach und Kummer ertragen habe und man auch nicht wissen könne, was ihm noch in Zukunft alles bevorstehe! ...
Herr Goljädkin der Ältere protestierte dagegen und fing an, ihm darzulegen, wie man in Zukunft seine Hoffnung auf Gott setzen müsse. Der Gast war natürlich vollkommen mit allem einverstanden: auch damit, daß es nichts Höheres und Größeres gebe als Gott. Darauf bemerkte Goljädkin der Ältere, daß die Türken in mancher Beziehung durchaus recht hätten, sogar mitten im Schlaf den Namen Gottes anzurufen. Im übrigen verteidigte er den türkischen Propheten Mohammed gegen die Verleumdungen mancher Gelehrten und erkannte in ihm einen großen Politiker, bei welcher Gelegenheit er auf einen algerischen Barbier zu sprechen kam, eine Figur aus einem Witzblatt. Wirt und Gast lachten anhaltend über die Gutmütigkeit dieses Türken und konnten sich andererseits nicht genug über den vom Opium erzeugten Fanatismus der Türken wundern.
Endlich begann der Gast sich zu entkleiden; Herr Goljädkin aber begab sich in Petruschkas Kammer, zum Teil aus Gutmütigkeit, um seinen Gast, diesen vom Unglück verfolgten Menschen, nicht in Verlegenheit zu setzen, im Fall er nicht im Besitz eines ordentlichen Hemdes sein sollte – zum Teil auch, um mit Petruschka zu sprechen, ihn aufzumuntern und auch ihm etwas Beglückendes mitzuteilen.
Es muß gesagt werden, daß Petruschka ihn immer noch beunruhigte.
»Du, Pjotr, lege dich schlafen!« sagte Herr Goljädkin milde, als er in die Kammer seines Dieners eintrat, »du lege dich jetzt schlafen, morgen aber um acht Uhr mußt du mich wecken. Hast du verstanden, Petruschka?«

Herr Goljädkin sprach ungemein zärtlich und milde zu ihm, aber Petruschka schwieg. Er machte sich an seinem Bett zu schaffen und wandte sich nicht einmal nach seinem Herrn um, wie es sich doch schon aus Achtung vor ihm, seinem Herrn, gehört hätte.

»Hast du gehört, Pjotr?« fuhr Herr Goljädkin fort. »Du legst dich jetzt zu Bett und morgen, Petruschka, wirst du mich um acht Uhr wecken; hast du mich verstanden?«

»Schon gut, schon gut!« knurrte Petruschka vor sich hin.

»Nun, nun, Petruschka, ich sage das ja nur so, damit du ruhig und zufrieden bist. Denn, sieh, wir sind jetzt alle miteinander glücklich, und ich wünsche, daß du es auch sein mögest. Ich wünsche dir jetzt eine gute Nacht, schlafe wohl, Petruschka, schlafe wohl. Wir alle müssen arbeiten. Du, Freund, denke nicht etwa, daß ich ...«

Herr Goljädkin brach plötzlich ab. ‚Bin ich nicht zu weit gegangen?' dachte er. ‚So ist es immer, ich gehe immer zu weit ...'

Unser Held verließ Petruschka, sehr unzufrieden mit sich selbst. Die Grobheit und Ungezogenheit Petruschkas hatten ihn einigermaßen verletzt. ‚Dieser Schuft, sein Herr erweist ihm eine solche Ehre und er empfindet das nicht einmal', dachte Herr Goljädkin. ‚Übrigens ist das bei dieser Sorte immer so!'

Er wankte ein wenig, als er ins Zimmer zurückkehrte, und da er sah, daß der Gast sich bereits hingelegt hatte, setzte er sich auf einen Augenblick zu ihm aufs Bett.

»Gestehe es doch ein, Jascha«, begann er flüsternd mit wackelndem Kopf: »Du bist doch ein Taugenichts! Du bist ein Namensdieb, weißt du das auch? ... Das bist du mir schuldig!« fuhr er in familiärem Ton fort, sich mit seinem Gast zu unterhalten.

Schließlich verabschiedete er sich freundlich von ihm, um selbst auch schlafen zu gehen. Der Gast hatte mittlerweile bereits zu schnarchen begonnen. Herr Goljädkin legte sich lächelnd ins Bett und murmelte vor sich hin: »Nun, heute bist du betrunken, mein Täubchen, Jakoff Petrowitsch, ein Taugenichts bist du, ein Hungerleider – dein Name sagt es schon!! Worüber hast du dich denn so zu freuen? Morgen wirst du dafür weinen, du Jammerlappen; was soll ich mit dir nur anfangen?«

Nun aber überkam ihn ein ganz sonderbares Gefühl, ähnlich wie Zweifel und Bedauern. ‚Bist zu weit gegangen‘, dachte er, ‚jetzt brummt mir der Kopf und ich bin betrunken... und konntest nicht an dich halten, du Dummkopf, und hast drei Körbe voll Blech geredet, und dabei willst du noch feine Intrigen spinnen, du Esel! Freilich, Großmut und Vergeben ist eine Tugend, doch immerhin: es steht schlimm mit dir! Da liegt er nun!‘

Und Herr Goljädkin stand auf, nahm das Licht in die Hand und ging auf den Fußspitzen noch einmal an das Bett, um seinen schlafenden Gast zu betrachten. Lange stand er da, in tiefes Nachdenken versunken: ‚Ein unangenehmes Bild! Geradezu ein Pasquill! Ein leibhaftiges Pasquill! Das steht nun mal fest!‘

Schließlich legte sich auch Herr Goljädkin schlafen. In seinem Kopf rumorte es, dröhnte und klang. Seine Sinne begannen zu schwinden, er mühte sich aber, noch an etwas Interessantes zu denken, etwas sehr Wichtiges zu entscheiden, über eine sehr kitzlige Sache zu einem Urteil zu gelangen – aber er konnte nicht mehr. Der Schlaf umfing sein Haupt, und so schlief er denn fest ein, wie gewöhnlich Leute schlafen, die zu trinken nicht gewohnt sind und plötzlich fünf Gläser Punsch in freundschaftlicher Gesellschaft getrunken haben.

ACHTES KAPITEL

Am anderen Tage erwachte Herr Goljädkin wie gewöhnlich um acht Uhr. Sofort erinnerte er sich aller Begebenheiten des vergangenen Abends – erinnerte sich, und sein Gesicht wurde finster. ‚Habe ich mich aber gestern wie ein Dummkopf benommen!' dachte er, erhob sich ein wenig und sah zu dem Bett seines Gastes hinüber. Doch wie groß war sein Erstaunen, als er weder den Gast noch das Bett im Zimmer erblickte! ‚Was hat denn das zu bedeuten?' hätte Herr Goljädkin beinahe laut aufgeschrien. ‚Was soll denn das heißen? Was ist denn das wieder für ein neuer Umstand?'

Während Herr Goljädkin, ohne etwas zu begreifen, mit offenem Mund auf die leere Stelle starrte, öffnete sich die Tür, und Petruschka trat mit dem Teebrett ins Zimmer.

»Wo ist er, wo ist er?« brachte unser Held mit kaum hörbarer Stimme hervor und wies mit dem Finger auf die leere Stelle.

Zuerst antwortete ihm Petruschka gar nicht, er sah nicht einmal seinen Herrn an, sondern wandte seine Augen nur stumm in die rechte Ecke des Zimmers, so daß Herr Goljädkin auch gezwungen wurde, nach rechts in die Ecke zu sehen. Erst nach einigem Schweigen erwiderte Petruschka mit rauher und grober Stimme: »Der Herr ist nicht zu Haus.«

»Du Dummkopf, ich bin doch dein Herr, Petruschka!« sagte Herr Goljädkin und starrte ratlos seinen Diener an.

Petruschka schwieg, blickte aber Herrn Goljädkin in einer Weise an, daß dieser bis über die Ohren errötete. In seinem Blick lag ein so beleidigender Vorwurf, daß Schimpfworte nicht deutlicher hätten sein können. Herr Goljädkin ließ die Hände sinken und sagte kein Wort.

Endlich bemerkte Petruschka, der *andere* sei vor anderthalb Stunden bereits ausgegangen und habe nicht mehr warten wollen. Diese Auskunft klang sehr wahrscheinlich und glaubwürdig; offenbar belog ihn Petruschka nicht, denn was seinen beleidigenden Blick und die Bezeichnung *der andere* anbetraf, so waren diese wohl durch einen unangenehmen Umstand veranlaßt worden. Herr Goljädkin begriff denn auch, wenn auch nur dunkel, daß hier etwas nicht in Ordnung war, und daß das Schicksal ihm etwas vorzubehalten schien, das nicht angenehm war.

‚Gut, wir werden ja sehen', dachte er bei sich, ‚wir werden sehen und werden schon dahinterkommen ... Ach, du grundgütiger Himmel!' stöhnte er plötzlich mit ganz veränderter Stimme, ‚und warum habe ich ihn aufgefordert, weshalb, zu welchem Zweck, habe ich das alles getan? Ich habe wahrhaftig selbst den Kopf in die Schlinge gelegt, und habe mir dazu noch die Schlinge mit eigenen Händen gedreht. Ach, du Dummkopf, du Dummkopf! Und du konntest auch nichts anderes tun als dich verplappern wie ein kleiner Junge, wie irgend so ein Kanzlist, wie ein rangloser Lump, wie ein Waschlappen, wie ein verfaulter Lumpen, du Schwätzer, du! ... Ach, ihr meine Heiligen! Gedichte hat der Schuft gemacht, von seiner Liebe zu mir gesprochen! Wie war das nur alles möglich ... Wie kann ich diesem Schuft nun auf anständige Weise die Tür weisen, wenn er zurückkommen sollte? Natürlich, es gibt ja verschiedene Möglichkeiten: So und so, bei meinem beschränkten Gehalt ... oder, man kann ihm auch Furcht einjagen, kann sagen, aus Rücksicht auf dieses und jenes sei ich genötigt, ihm zu erklären ... kurz: er solle die Hälfte für Wohnung und Kost bezahlen und das Geld im voraus geben! Zum Teufel, nein, das würde mich beschmutzen. Das wäre nicht gerade zartfühlend! Oder wäre es nicht vielleicht besser, Petruschka auf ihn loszulassen, so daß der es ihm versalzte, ihn vernachlässigte und angrobte? um ihn auf diese Art wieder los zu werden? Man müßte sie beide aufeinander hetzen ... Nein, zum Teufel auch, nein! Das wäre gefährlich, und dann auch, von dem Standpunkt aus betrachtet ... nun ja, durchaus nicht schön! Wirklich durchaus nicht schön! Aber wenn er nun gar nicht wiederkommt? Auch das wäre nicht angenehm! Hab' mich doch gestern abend so verplappert! ... Das ist schlimm, wirklich schlimm! Ach, das ist eine schöne Geschichte, oh, ich Dummkopf! Kannst du nicht endlich lernen, wie du dich zu benehmen hast; kannst du dich nicht endlich beherrschen! Nun, wenn er jetzt kommt und absagt? Gebe Gott, daß er kommt! Ich wäre ja selig, wenn er nur käme ...'

So philosophierte Herr Goljädkin, schluckte dabei seinen Tee und sah immer wieder nach der Wanduhr.

‚Es ist bereits drei Viertel auf neun, ... es ist Zeit, zu gehen. Aber was wird nun werden? Was wird geschehen? Ich wüßte doch gar zu gern, was eigentlich dahintersteckt ... — wozu all diese Ränke und Intrigen dienen sollen? Es wäre gut, zu wissen, was alle diese Völkerschaften eigentlich bezwecken und welcher Art ihr erster Schritt sein wird ...‘

Herr Goljädkin konnte sich vor Ungeduld nicht mehr beherrschen, warf die nicht zu Ende gerauchte Pfeife fort, zog sich an und begab sich in den Dienst — mit dem Wunsch, wenn möglich, die Gefahr selbst aufzusuchen und sich persönlich zu vergewissern. Denn eine Gefahr gab es: das wußte er genau, daß es eine Gefahr gab.

‚Aber wir wollen sie sehen ... und aufdecken‘, beschloß Herr Goljädkin, während er dort im Vorraum Galoschen und Mantel ablegte. ‚Wir werden diesen Dingen sofort auf den Grund kommen, sofort!‘

Entschlossen, irgendwie zu handeln, nahm unser Held eine würdige Miene an und war eben im Begriff, in das nächstliegende Zimmer einzutreten, als er plötzlich noch an der Tür auf seinen Gast von gestern und Busenfreund stieß.

Herr Goljädkin der Jüngere schien jedoch Herrn Goljädkin den Älteren gar nicht zu bemerken, obgleich sie fast mit den Nasen aufeinander rannten. Herr Goljädkin der Jüngere schien offenbar sehr beschäftigt zu sein, er hatte es eilig, war fast außer Atem und trug eine sehr geschäftige und offizielle Miene zur Schau, so daß ihm jeder am Gesicht ablesen konnte: „Scht, ich bin abkommandiert zu ganz besonderen Aufträgen ...“

»Ah, Sie sind's, Jakoff Petrowitsch!« sagte unser Held und griff nach der Hand seines gestrigen Gastes.

»Nachher, nachher, entschuldigen Sie mich, nachher«, rief Herr Goljädkin der Jüngere und wollte davoneilen.

»Aber, erlauben Sie, Sie wollten doch, Jakoff Petrowitsch ...«

»Was wollte ich? Erklären Sie sich schneller.« Dabei blieb der gestrige Gast des Herrn Goljädkin nur widerstrebend vor diesem stehen und neigte sein Ohr zur Nase des anderen.

»Ich kann Ihnen nur sagen, Jakoff Petrowitsch, daß ich sehr erstaunt bin über die Art der Begrüßung ... eine Begrüßung, die ich durchaus nicht erwartet hätte.«

»Alles hat seine vorgeschriebenen Formalitäten. Gehen Sie zum Sekretär Seiner Exzellenz, und darauf begeben Sie sich, wie es sich gehört, zum Chef der Kanzlei. Sie kommen wohl mit einer Bittschrift? ...«

»Ich verstehe Sie nicht, Jakoff Petrowitsch! Sie setzen mich einfach in Erstaunen, Jakoff Petrowitsch! Wahrscheinlich haben Sie mich nicht wiedererkannt oder Sie belieben zu scherzen ... — bei der angeborenen Heiterkeit Ihres Charakters.«

»Ach, das sind Sie!« sagte Herr Goljädkin der Jüngere, als hätte er erst jetzt Herrn Goljädkin den Älteren erkannt, — ja, so, Sie sind's? Nun was, wie haben Sie geruht?«

Hierbei lächelte Herr Goljädkin der Jüngere ein wenig, lächelte ein wenig offiziell, und zwar durchaus nicht, wie es sich gehörte (denn auf jeden Fall hätte er Herrn Goljädkin dem Älteren zunächst seine Dankbarkeit äußern müssen); er aber lächelte nur sehr formell und offiziell und fügte dabei hinzu, daß er seinerseits sehr froh darüber sei, daß Herr Goljädkin so gut geruht habe. Dann verneigte er sich ein wenig, bewegte sich hin und her, sah nach rechts, nach links, senkte die Augen zu Boden, wandte sich nach der Seitentür, flüsterte ihm eilig zu, daß er einen »ganz besonderen Auftrag« habe, und schlüpfte ins nächste Zimmer. Kaum gesehen — war er schon verschwunden.

»Da haben wir's, das ist ja nett...«, flüsterte unser Held, einen Augenblick starr vor Verwunderung, »da haben wir's! Also, so stehen die Sachen! ...« Herr Goljädkin fühlte, wie ihm ein Kribbeln über den Körper lief. »Übrigens«, fuhr er in seinem Selbstgespräch fort, »übrigens habe ich das längst gewußt, ich habe es ja längst vorausgefühlt, daß er in einem besonderen Auftrag ... nämlich, gestern sagte ich's noch, daß dieser Mensch unbedingt in jemandes besonderem Auftrag ...«

»Haben Sie Ihre gestrigen Papiere fertiggestellt, Jakoff Petrowitsch?« fragte ihn Anton Antonowitsch Ssetotschkin, als Herr Goljädkin sich neben ihn setzte, »haben Sie sie hier?«

»Hier«, flüsterte Herr Goljädkin, der den Bürovorsteher ganz verloren anschaute.

»So, so! Ich frage nur darum, weil Andrei Filippowitsch bereits zweimal nach ihnen verlangt hat, und weil es möglich ist, daß Seine Exzellenz sie jeden Augenblick einfordern werden ...«

»Sie sind fertig ...«

»Dann ist's ja gut.«

»Ich habe doch immer meine Schuldigkeit getan, Anton Antonowitsch, so wie es sich gehört, und erfreut über die mir anvertrauten Arbeiten, wie ich zu sein pflege, beschäftige ich mich mit ihnen gewissenhaft.«

»Ja ... nun ... was wollen Sie damit sagen?«

»Ich? Nichts, Anton Antonowitsch. Ich wollte nur erklären, Anton Antonowitsch, daß ich ... das heißt, ich wollte sagen, daß mitunter Neid und Bosheit niemanden verschonen und sich ihre tägliche, abscheuliche Beute suchen ...«

»Entschuldigen Sie, ich verstehe Sie nicht ganz. Das heißt: auf wen wollen Sie anspielen?«

»Das heißt, ich wollte nur sagen, Anton Antonowitsch, daß ich meinen Weg gerade gehe und einen krummen Weg verabscheue, daß ich kein Intrigant bin, und darauf — wenn es erlaubt ist, sich so auszudrücken — gerechterweise stolz sein kann ...«

»Ja—a. Das stimmt, wenigstens kann ich, so wie ich darüber denke, Ihrer Meinung vollständig zustimmen. Aber erlauben Sie mir, Jakoff Petrowitsch, zu bemerken, daß es in guter Gesellschaft einem Menschen nicht erlaubt ist, einem anderen alles ins Gesicht zu sagen – hinter dem Rücken, das ist was anderes, auf wen wird da nicht geschimpft; und wenn Sie das zu tun wünschen, nun, so ist es Ihr freier Wille. Ich aber, mein Herr, lasse mir keine Unverschämtheiten ins Gesicht sagen. Ich, mein Herr, bin im kaiserlichen Dienst grau geworden und erlaube nicht, mir auf meine alten Tage Frechheiten... –«

»Ne–i–n, ich, Anton Antonowitsch, sehen Sie, Anton Antonowitsch, Sie scheinen mich nicht ganz verstanden zu haben. Erbarmen Sie sich, Anton Antonowitsch, ich kann meinerseits nur auf Ehre versichern, daß...«

»Ich muß aber nun meinerseits mich zu entschuldigen bitten. Ich bin nach alter Art erzogen, und es ist für mich zu spät, nach Ihrer Art umzulernen. Um dem Vaterland zu dienen, dazu war mein Verständnis, wie es scheint, bis jetzt ausreichend. Wie Sie selbst wissen, mein Herr, besitze ich das Ehrenzeichen – für fünfundzwanzigjährige untadelhafte Dienstzeit...«

»Ich verstehe, Anton Antonowitsch, ich verstehe das meinerseits vollkommen! Aber nicht das habe ich gemeint, ich habe nur von der Maske gesprochen, Anton Antonowitsch...«

»Von der Maske?«

»Das heißt: Sie scheinen wieder... ich fürchte, Anton Antonowitsch, daß Sie auch hier meine Gedanken anders auffassen, den Sinn meiner Rede, wie Sie selbst sagen, anders auffassen. Ich entwickele ja nur meine Anschauung, habe die Idee, Anton Antonowitsch, daß es jetzt selten Leute ohne Maske gibt, und daß es schwer ist, unter der Maske einen Menschen zu erkennen...«

»Na, wissen Sie, das ist nicht immer gar so schwer. Manchmal ist es sogar sehr leicht, und man braucht nicht einmal weit zu suchen.«

»Nein, wissen Sie, Anton Antonowitsch, ich behaupte ja nur für meine Person, daß ich mich nie einer Maske bedienen würde, oder doch nur, wenn es die Gelegenheit verlangte, zum Karneval oder sonst in heiterer Gesellschaft, daß ich mich aber vor Leuten im täglichen Leben, im übertragenen Sinne gesprochen, niemals maskieren würde. Das ist es, was ich sagen wollte, Anton Antonowitsch.«

»Nun, lassen wir das jetzt, ich habe, offen gestanden, jetzt keine Zeit dazu«, sagte Anton Antonowitsch, der von seinem Stuhl aufstand und einige Papiere zur Meldung bei Seiner Exzellenz zusammenlegte. »Ihre Sache wird sich, wie ich voraussetze, ohne Verzögerung von selbst aufklären. Sie werden selbst sehen, wen Sie anzuklagen und wen Sie zu beschuldigen haben, mich aber bitte ich, mit weiteren privaten und den Dienst beeinträchtigenden Unterhaltungen zu verschonen ...«

»Nein, ich ... Anton Antonowitsch«, rief Herr Goljädkin, ein wenig erblassend, dem sich entfernenden Anton Antonowitsch noch nach, »ich, Anton Antonowitsch, habe an dergleichen überhaupt nicht gedacht ...«

‚Was hat denn das wieder zu bedeuten?' dachte Herr Goljädkin bei sich selbst, als er allein geblieben war. ‚Woher weht denn dieser Wind, und was soll dieser neue Schachzug wieder bringen?'

In demselben Augenblick, als unser verdutzter und halbtoter Held sich vorbereitete, diese neue Frage zu beantworten, hörte man im Nebenzimmer ein Geräusch und kurze Zeit darauf geschäftige Bewegung. Die Tür wurde aufgerissen, und Andrei Filippowitsch, der soeben in Dienstangelegenheiten im Kabinett Seiner Exzellenz gewesen war, erschien aufgeregt in der Tür und rief nach Herrn Goljädkin. Herr Goljädkin, der wohl wußte, um was es sich handelte und der Andrei Filippowitsch nicht warten lassen wollte, sprang von seinem Platz auf und bereitete sich vor, so wie es sich gehörte, das verlangte Papier noch einmal schnell zu überfliegen, um es dann selbst zu Andrei Filippowitsch und ins Kabinett Seiner Exzellenz zu tragen. Plötzlich aber schlüpfte, an Andrei Filippowitsch vorüber, Herr Goljädkin der Jüngere durch die Tür und stürzte sich, kaum daß er im Zimmer war, mit wichtiger und sehr geschäftiger Miene geradeaus auf Herrn Goljädkin den Älteren, der alles eher erwartete als einen solchen Überfall ...

»Die Papiere, Jakoff Petrowitsch, die Papiere ... Seine Exzellenz geruht zu fragen, ob sie fertig sind?« flüsterte eilig und kaum hörbar der Freund Herrn Goljädkins des Älteren. »Andrei Filippowitsch erwartet Sie ...«

»Ich weiß schon, daß er mich erwartet«, entgegnete ihm Herr Goljädkin der Ältere gleichfalls eilig und flüsternd.

»Nein, Jakoff Petrowitsch, ich bin nicht so, Jakoff Petrowitsch, ich bin ganz anders, Jakoff Petrowitsch, und nehme herzlich Anteil ...«

»Womit ich Sie ergebenst bitte, mich zu verschonen. Erlauben Sie, erlauben Sie, bitte ...«

»Sie müssen auf jeden Fall einen Umschlag herumlegen, Jakoff Petrowitsch, und in die dritte Seite legen Sie ein Zeichen, Jakoff Petrowitsch ...«

»Aber so erlauben Sie mir doch endlich ...«

»Hier ist noch ein Tintenfleck, Jakoff Petrowitsch! Haben Sie den Tintenfleck denn nicht bemerkt? ...«

Jetzt rief Andrei Filippowitsch schon zum zweitenmal nach Herrn Goljädkin.

»Sofort, Andrei Filippowitsch, nur noch einen Augenblick, hier, gleich ... werter Herr, verstehen Sie kein Russisch?«

»Am besten wäre es, ihn mit dem Federmesser auszuradieren, Jakoff Petrowitsch, überlassen Sie es lieber mir: rühren Sie selbst lieber gar nicht daran, Jakoff Petrowitsch, verlassen Sie sich ganz auf mich, ich werde mit dem Federmesserchen ...«

Andrei Filippowitsch rief zum dritten Mal nach Herrn Goljädkin.

»Aber hören Sie, wo ist denn da ein Tintenfleck? Ich sehe hier überhaupt nichts ...«

»Und sogar ein sehr großer Tintenfleck, hier, sehen Sie, hier! Erlauben Sie, ich habe ihn soeben gesehen, hier, erlauben Sie ... Wenn Sie mir nur erlauben wollten, Jakoff Petrowitsch, ich würde hier schon aus Mitgefühl mit dem

Federmesser, Jakoff Petrowitsch, mit dem Messerchen und aus aufrichtigem Herzen ... sehen Sie, so, so muß man's machen ...«

Plötzlich und ganz unerwartet vergewaltigte Herr Goljädkin der Jüngere Herrn Goljädkin den Älteren in einem sekundenlangen Kampf, der sich zwischen ihnen entspann: entschieden ganz gegen den Willen des letzteren nahm er das vom Vorgesetzten verlangte Papier, und statt aus aufrichtigem Herzen den Tintenfleck mit dem Messerchen zu entfernen, wie er treulos Herrn Goljädkin dem Älteren versicherte — riß er plötzlich die verlangten Papiere an sich, steckte sie unter den Arm, war in zwei Sätzen neben Andrei Filippowitsch, der von alledem nichts bemerkt hatte, und flog mit ihm ins Kabinett seines Chefs. Herr Goljädkin der Ältere stand versteinert da an seinem Platz, in den Händen das Federmesser, als ob er soeben etwas ausradieren wollte ...

Unser Held begriff diese neue Tatsache nicht sofort. Er konnte noch nicht zu sich kommen. Er fühlte wohl den Schlag, konnte sich aber über seine Folgen nicht klar werden. In schrecklicher und ganz unbeschreiblicher Verzweiflung riß er sich endlich von der Stelle los und stürzte gleichfalls geradeaus ins Kabinett seines Chefs, indem er unterwegs den Himmel anflehte, es möge sich alles dort zum Besten wenden ... Im letzten Zimmer vor dem Kabinett des Chefs stieß er aber mit Andrei Filippowitsch und seinem Namensvetter fast zusammen. Beide kehrten schon zurück. Herr Goljädkin trat zur Seite. Andrei Filippowitsch sprach heiter und vergnügt. Der Namensvetter Herrn Goljädkins des Älteren lächelte gleichfalls, lief in ehrfurchtsvollem Abstand neben ihm her und flüsterte mit seliger Miene Andrei Filippowitsch etwas ins Ohr, worauf Andrei Filippowitsch wohlwollend seinen Kopf hin und her wiegte.

Sofort begriff unser Held die Situation. Tatsache war, daß seine Arbeit, wie er nachher erfuhr, die Erwartungen Seiner Exzellenz noch übertroffen hatte und gerade zur rechten Zeit vorgelegt worden war. Seine Exzellenz waren äußerst zufrieden damit, und man sagte sogar, er habe sich bei Herrn Goljädkin dem Jüngeren dafür bedankt: man sagte, er würde bei Gelegenheit nicht vergessen ... —

Natürlich, das erste, was Herr Goljädkin tun mußte, war: protestieren, aus allen Kräften protestieren, bis zum Äußersten protestieren! Ohne sich zu besinnen, bleich wie der Tod, stürzte er sich auf Andrei Filippowitsch. Doch nachdem Andrei Filippowitsch vernommen hatte, daß die Angelegenheit eine Privatsache des Herrn Goljädkin sei, weigerte er sich, ihm Gehör zu schenken, mit der entschiedenen Bemerkung, er habe kaum für seine eigenen Angelegenheiten einen Augenblick Zeit übrig.

Die Trockenheit des Tones und die Entschiedenheit der Abweisung wirkten auf Herrn Goljädkin niederschmetternd. ‚Es ist besser, ich versuche es von einer anderen Seite ... besser, ich gehe zu Anton Antonowitsch.' Zum Unglück für Herrn Goljädkin war jedoch auch Anton Antonowitsch nicht zu sprechen: auch er war irgendwie beschäftigt! ‚Nicht ohne Absicht hat er mich gebeten, ihn mit Erklärungen und Gesprächen zu verschonen', dachte unser Held. ‚In diesem Fall bleibt mir nichts anderes übrig als Seine Exzellenz selbst anzurufen.'

Immer noch ganz bleich und verwirrt, wobei ihm der Kopf rund ging, wußte Herr Goljädkin nicht, wozu er sich entschließen sollte, und setzte sich an seinen Tisch.

‚Es wäre viel besser, wenn das alles nicht wäre', dachte er ununterbrochen bei sich selbst. ‚In Wirklichkeit dürfte eine so verwickelte, dunkle Geschichte gar nicht möglich sein. Erstens ist das alles Unsinn, und zweitens ist so etwas überhaupt nicht möglich. Wahrscheinlich hat mir alles nur so geschienen, oder es geschah in Wirklichkeit etwas ganz Anderes. Wahrscheinlich war ich es selbst, der hinging ... und ich habe mich für den anderen gehalten ... kurz und gut — es ist eine ganz unmögliche Geschichte.'

Kaum war Herr Goljädkin zu diesem Schluß gekommen, als Herr Goljädkin der Jüngere, beladen mit Papieren, die er in beiden Händen und unter dem Arm trug, ins Zimmer flog. Im Vorbeigehen machte er Andrei Filippowitsch ein paar notwendige Bemerkungen, unterhielt sich mit noch jemandem, sagte sogar einem dritten Liebenswürdigkeiten, und da Herr Goljädkin der Jüngere offenbar keine Zeit zu verschwenden hatte, wollte er aller Wahrscheinlichkeit nach das Zimmer sofort wieder verlassen, als er zum Glück Herrn Goljädkins des Älteren an der Tür mit ein paar jungen Beamten zusammenstieß und im Vorbeigehen auch mit ihnen zu sprechen begann. Herr Goljädkin der Ältere stürzte geradewegs auf ihn zu. Als Herr Goljädkin der Jüngere das Manöver Herrn Goljädkins des Älteren bemerkte, blickte er mit großer Unruhe um sich, suchte wohl, wohin er sich am schnellsten verkriechen könnte. Doch unser Held hatte seinen gestrigen Freund bereits am Ärmel gepackt. Die Beamten drängten sich um die beiden Titularräte und warteten gespannt, was nun kommen werde. Der Ältere begriff sehr wohl, daß die Stimmung jetzt gegen ihn war, begriff, daß sie alle gegen ihn intrigierten. Um so mehr mußte er sich selbst beherrschen ... Der Augenblick war entscheidend.

»Nun?« fragte Herr Goljädkin der Jüngere Herrn Goljädkin den Älteren, ihn dreist anschauend.

Herr Goljädkin der Ältere konnte kaum noch atmen. »Ich weiß nicht, mein Herr«, begann er, »wie ich Ihr sonderbares Benehmen mir gegenüber erklären soll.«

»Nun, fahren Sie nur fort, mein Herr.« Herr Goljädkin der Jüngere sah dabei im Kreise um sich und zwinkerte den anderen Beamten zu, als wolle er ihnen ein Zeichen geben, daß jetzt gleich die Komödie beginnen werde.

»Die Unverschämtheit Ihres Benehmens, mein Herr, spricht im vorliegenden Fall noch mehr gegen Sie ... als es meine Worte tun könnten. Hoffen Sie nicht, Ihr Spiel zu gewinnen: es steht schlecht ...«

»Nun, Jakoff Petrowitsch, jetzt sagen Sie mir mal, wie Sie geschlafen haben?« antwortete Herr Goljädkin der Jüngere und sah dem Älteren gerade in die Augen.

»Sie, mein Herr, Sie vergessen sich«, sagte der Ältere vollkommen fassungslos und fühlte dabei kaum mehr den Boden unter den Füßen. »Ich hoffe, daß Sie Ihren Ton ändern werden...«

»Mein Liebster!« erwiderte Herr Goljädkin der Jüngere, schnitt Herrn Goljädkin dem Älteren eine ziemlich unehrerbietige Grimasse und kniff ihn plötzlich ganz unerwartet mit zwei Fingern in seine ziemlich füllige rechte Backe. Unser Held fuhr auf wie ein Feuerbrand.

Kaum hatte jedoch der Freund des älteren Herrn Goljädkin bemerkt, daß sein Gegner an allen Gliedern zitterte, dabei stumm vor Verwunderung und rot wie ein Krebs war, und so, bis zum Äußersten gebracht, sich wohl zu einem tätlichen Überfall auf ihn entschließen konnte — als er ihm auf die allerunverschämteste Weise zuvorkam. Er klopfte Herrn Goljädkin noch zweimal auf die Backe, kniff sie noch einmal, und spielte so mit ihm sein Spiel, während der andere immer noch unbeweglich und sprachlos vor Erstaunen dastand, zum nicht geringen Ergötzen der um sie herumstehenden Beamtenschaft. Und Herr Goljädkin der Jüngere ging mit seiner schamlosen Seele noch weiter: er klopfte schließlich Herrn Goljädkin den Älteren auf den rundlichen Bauch und sagte dazu mit einem giftigen Lächeln:

»Mach' keine dummen Streiche, mein Lieber, keine dummen Streiche, Jakoff Petrowitsch! Wir wollen doch zusammen Intrigen spinnen, Jakoff Petrowitsch, Intrigen!«

Noch bevor unser Held nach dieser letzten Attacke auch nur im geringsten zu sich kommen konnte, lächelte Herr Goljädkin der Jüngere den Umstehenden verständnisinnig zu, setzte dann eine sehr geschäftige Miene auf, schlug die Augen zu Boden, nahm sich zusammen, murmelte etwas von »einem besonderen Auftrag«, schlug plötzlich mit seinem kurzen Beinchen nach hinten aus und verschwand im Nebenzimmer. Unser Held traute seinen Augen nicht und konnte vor Erstaunen noch immer nicht zu sich kommen...

Endlich besann er sich, und im Nu wurde ihm klar,

daß er beleidigt, in gewissem Sinne vernichtet worden war, daß sein Ruf beschmutzt und befleckt, er selbst in Gegenwart von anderen lächerlich gemacht worden war, beschimpft von demjenigen, von dem er gestern noch gehofft hatte, daß er sein einziger, bester Freund werden würde. Ja, er erkannte, daß er sich vor der ganzen Welt blamiert hatte, und als ihm das so recht zum Bewußtsein kam, da besann er sich nicht lange, sondern — stürzte seinem Feinde nach, ohne auch nur an die Zeugen seiner Erniedrigung zu denken.

‚Sie alle stecken miteinander unter einer Decke‘, dachte er bei sich, ‚einer steht für den anderen und einer hetzt den anderen gegen mich auf.‘ Doch kaum hatte unser Held die ersten zehn Schritte gemacht, als er einsah, daß jede Verfolgung umsonst war. Deshalb kehrte er um.

‚Du wirst mir nicht entkommen‘, dachte er, ‚du kommst mir noch in die Falle und die Strafe für deine Sünden wird nicht ausbleiben!‘ Mit wütender Kaltblütigkeit und mit entschlossener Energie ging Herr Goljädkin zu seinem Stuhl und setzte sich auf ihn nieder.

‚Du wirst mir nicht entkommen!‘ dachte er noch einmal.

Jetzt handelte es sich bei ihm nicht mehr um eine passive Verteidigung, seine Haltung sah nach Entschlossenheit aus; wer Herrn Goljädkin in diesem Augenblick sah, wie er, puterrot und kaum seiner Erregung mächtig, seine Feder ins Tintenfaß stieß, und mit welcher Wut er seine Zeilen aufs Papier warf, der mußte wohl im voraus begreifen, daß diese Sache nicht so einfach verlaufen würde. In der Tiefe seiner Seele faßte er einen Entschluß und in der Tiefe seines Herzens schwor er sich, ihn auch auszuführen. Dabei wußte er aber noch nicht so recht, wie er hier vorgehen sollte, besser gesagt: er wußte überhaupt noch nichts Bestimmtes — aber das wäre ja, meinte er, nebensächlich.

‚Mit Anmaßung und Unverschämtheit, mein Herr, richten Sie in unserer Zeit nichts mehr aus. Anmaßung und Unverschämtheit, mein Herr, führen nicht zum Guten, sondern zum Galgen. Nur Grischka Otrepjeff[5] allein, mein Herr, erdreistete sich, das blinde Volk durch Anmaßung und Unverschämtheit zu betrügen, und auch das gelang ihm nur auf sehr, sehr kurze Zeit.'

Ungeachtet des letzteren Umstandes, beschloß Herr Goljädkin, zu warten, bis die Maske von manchen Gesichtern fallen und alles aufgedeckt sein werde. Dazu mußten aber die Kanzleistunden erst zu Ende gehen. Bis dahin wollte unser Held nichts unternehmen. Dann aber würde er zu Maßregeln greifen. Dann würde er auch wissen, was er zu tun hatte. Dann würde er wissen, welcher Plan zu entwerfen war, um den Hochmut zu fällen und die kriechende Schlange zu zertreten, die sich dann in Verachtung und Ohnmacht im Staube winden mochte. Er konnte es doch nicht erlauben, daß man ihn wie einen Lappen behandelte, mit dem man schmutzige Stiefel abwischt! Das konnte er sich doch unmöglich gefallen lassen, besonders in diesem Fall nicht! Wäre unserem Helden nicht dieser letzte Schimpf angetan worden, vielleicht hätte er sich doch noch entschließen können, sich zu überwinden und zu schweigen, oder wenigstens nicht so erbittert zu handeln. Er hätte sich dann vielleicht nur ein wenig herumgestritten und klar bewiesen, daß er in seinem Recht sei, hätte schließlich, wenn auch zuerst nur ein wenig, nachgegeben, und dann noch ein wenig nachgegeben, und sich am Ende überhaupt mit ihnen ausgesöhnt – besonders wenn ihm seine Gegner feierlich zugestanden hätten, daß er in seinem Recht sei! Daraufhin würde er sich ganz sicher ausgesöhnt haben und vielleicht, wer konnte es wissen, vielleicht wäre daraus eine neue Freundschaft entstanden, eine weit glühendere, eine stärkere und umfassendere Freundschaft als die gestrige, so daß denn schließlich die Unannehmlichkeit einer so peinlichen Ähnlichkeit zweier Menschen völlig überspielt worden wäre und die beiden Titularräte unendlich froh sein und so weiterleben könnten bis zum hundertsten Lebensjahr, und so fort.

Um schließlich die ganze Wahrheit zu sagen: Herr Goljädkin fing bereits an, ein wenig zu bereuen, daß er für sich und sein Recht zu weit gegangen sei und sich dadurch nur Unannehmlichkeiten bereitet hatte. ‚Hätte er nachgegeben‘, dachte Herr Goljädkin, ‚hätte er gesagt, daß alles das nur Scherz sei, — ich hätte ihm verziehen, ganz und gar verziehen, zumal, wenn er es laut bekennen wollte. Aber als einen Wischlappen lasse ich mich nicht behandeln, besonders nicht von solchen Leuten. Oh, und daß gerade ein so verworfener Mensch den Versuch mit mir macht! Ich bin kein Lappen, nein, mein Herr, ich bin kein Lump!‘ Kurz, unser Held war zu allem entschlossen. ‚Sie selbst, mein Herr, sind schuld daran!‘ Er beschloß also, zu protestieren, mit allen Kräften und bis zur letzten Möglichkeit zu protestieren.

Er war nun einmal so ein Mensch! Er hätte nie eingewilligt, sich beleidigen zu lassen, oder gar, sich wie einen Lappen handhaben zu lassen und das noch dazu von einem so verderbten Menschen. Darüber wollen wir übrigens nicht streiten, nein, nicht streiten. Vielleicht aber ... wenn es jemand gewollt hätte, unbedingt gewollt hätte, Herrn Goljädkin in einen Lappen zu verwandeln, so wäre ihm das wohl auch gelungen, sogar ohne Widerstand und ungestraft (Herr Goljädkin fühlte das nämlich selbst manchmal), nur wäre das äußerlich zwar ein Lappen, aber innerlich trotzdem kein einfacher Lappen gewesen, sondern einer voll Ehrgefühl und Begeisterung und voll von Gefühlen, allerdings von ganz stillem Ehrgefühl und ganz stillen Gefühlen, die dazu noch ganz tief in den schmutzigen Falten dieses Lappens verborgen waren, aber trotzdem waren es doch Gefühle...

Die Stunden zogen sich unglaublich lange dahin. Endlich schlug es vier. Bald darauf erhoben sich alle, um nach dem Vorgang des Chefs nach Hause zu gehen. Herr Goljädkin mischte sich unter die Menge; es entging ihm aber nichts, er verlor denjenigen, den er suchte, nicht aus den Augen. Zuletzt sah unser Held, wie sein Freund zu den Kanzleidienern lief, die die Mäntel ausgaben. In der Erwartung des Mantels schwänzelte er nach seiner gemeinen Gewohnheit um sie herum. Der Augenblick war entscheidend. Herr

Goljädkin drängte sich irgendwie durch die Menge, da er nicht zurückbleiben wollte, und bemühte sich auch um seinen Mantel. Doch, natürlich: man gab seinem Freund zuerst den Mantel, weil es ihm auch hier gelungen war, sich einzuschmeicheln.

Herr Goljädkin der Jüngere warf sich den Mantel um und blickte dabei Herrn Goljädkin dem Älteren ironisch ins Gesicht, um ihn auf diese Weise ganz offen und frech zu ärgern. Dann sah er sich, seiner Gewohnheit gemäß, rings um, bändelte mit allen Beamten an, wahrscheinlich, um auf sie einen guten Eindruck zu machen, sagte dem einen ein Wort, flüsterte dem andern etwas ins Ohr, schmeichelte einem dritten, lächelte einem vierten zu, reichte dem fünften die Hand und schlüpfte vergnügt die Treppe hinab. Herr Goljädkin der Ältere stürzte ihm nach, erreichte ihn noch zu seiner unbeschreiblichen Genugtuung auf der letzten Stufe und packte ihn am Kragen seines Mantels.

Herr Goljädkin der Jüngere schien ein wenig bestürzt zu sein und blickte mit ratlosem Gesicht um sich.

»Wie soll ich das verstehen?« flüsterte er endlich mit leiser Stimme Herrn Goljädkin zu.

»Mein Herr, wenn Sie nur ein anständiger Mensch sind, so werden Sie sich, hoffe ich, unserer freundschaftlichen Beziehungen von gestern erinnern«, sagte unser Held.

»Ach, ja. Nun, wie steht's? Haben Sie gut geschlafen?«

Die Wut raubte für einen Augenblick Herrn Goljädkin die Sprache.

»*Ich* habe sehr gut geschlafen, mein Herr ... Doch erlauben Sie mir, Ihnen zu sagen, daß Ihr Spiel sehr schlecht steht...«

»Wer sagt das? Das sagen meine Feinde!« antwortete hastig jener, der sich auch Herr Goljädkin nannte, und befreite sich bei diesen Worten ganz unerwartet aus den schwachen Händen des wirklichen Herrn Goljädkin. Befreit stürzte er die Treppe hinunter, sah sich um und erblickte eine Droschke — er lief auf sie zu, setzte sich hinein und war im

Augenblick den Augen des Herrn Goljädkin des Älteren entschwunden. Unser verzweifelter und von allen verlassener Titularrat blickte sich zwar auch um, aber es gab keine Droschke mehr. Er wollte laufen, doch seine Beine versagten. Mit verstörtem Gesicht und offenem Mund stützte er sich kraftlos und gebrochen an eine Straßenlaterne und blieb so eine Weile auf dem Bürgersteig stehen. Es sah ganz danach aus, als ob für Herrn Goljädkin alles verloren war...

NEUNTES KAPITEL

Alles, offenbar sogar die Natur selbst, hatte sich gegen Herrn Goljädkin verschworen; aber noch stand er auf den Füßen und war unbesiegt! Er fühlte es, noch war er unbesiegt. Und noch war er bereit zu kämpfen. Er rieb sich mit solchem Gefühl und mit solcher Energie die Hände, als er nach der ersten Betäubung zu sich kam, daß man schon beim bloßen Anblick Herrn Goljädkins sofort darauf schließen konnte, daß er nicht nachgeben würde. Übrigens, die Gefahr lag auf der Hand, war offensichtlich; Herr Goljädkin fühlte auch das; aber wie sollte er ihr entgegentreten, wie sie packen? — das war die Frage. Im Augenblick tauchte sogar der Gedanke im Kopfe Herrn Goljädkins auf: ‚Wie, wenn ich einfach alles so ließe, auf alles verzichtete? Was wäre denn dabei? Nun, einfach nichts! Ich werde für mich sein, als ob ich nicht ich wäre', dachte Herr Goljädkin, ‚ich lasse alles so gehen, wie es geht; ich bin einfach nicht ich, und das ist alles. Er ist auch für sich, mag er auch verzichten, er schwänzelt herum und dreht sich, der Spitzbube, mag er doch nachgeben! Ja, das ist es! Ich werde ihn mit Güte fangen. Und wo ist denn die Gefahr? Was für eine Gefahr denn? Ich wünschte, es zeigte mir jemand, worin denn hier eine Gefahr liegt? Eine Bagatelle! Eine ganz einfache Sache!...'
Hier verstummte Herr Goljädkin. Die Worte erstarben

ihm auf der Zunge; er machte sich sogar Vorwürfe über diese Gedanken, er schalt sich feig und niedrig; indessen, die Sache rührte sich nicht von der Stelle.

Er fühlte dabei, daß es für ihn von großer Notwendigkeit sei, sich für etwas zu entscheiden; ja, er hätte viel darum gegeben, wenn ihm jemand gesagt hätte, wozu er sich entschließen sollte. Wie sollte er das wissen!

Übrigens, da war ja auch gar nichts zu wissen! Auf jeden Fall und um keine Zeit zu verlieren, nahm er sich eine Droschke und fuhr so schnell wie möglich nach Haus.

‚Nun, wie fühlst du dich denn jetzt?' dachte er bei sich, ‚wie geruhst du dich jetzt zu fühlen, Jakoff Petrowitsch? Was tust du jetzt? Was tust du jetzt, du Feigling, du Schuft, der du bist! Hast dich selbst bis zum Letzten gebracht, jetzt heulst du und weinst du!'

So verspottete sich Herr Goljädkin selbst, als er in der alten, klapprigen Droschke hin und her geschüttelt wurde. Sich selbst zu verspotten und seine Wunde aufzureißen, bereitete Herrn Goljädkin augenblicklich ein tiefes Vergnügen, fast sogar eine Art Wollust.

‚Nun, wenn jetzt', dachte er, ‚irgendein Zauberer käme, oder wenn man mir offiziell erklärte: gib, Goljädkin, einen Finger deiner rechten Hand — und wir sind quitt; es wird keinen anderen Goljädkin mehr geben und du wirst wieder glücklich sein, nur deinen Finger wirst du nicht mehr haben —, so würde ich den Finger hingeben, würde ihn bestimmt hingeben, ohne auch nur eine Miene zu verziehen ... Der Teufel hole das Ganze!' schrie schließlich der verzweifelte Titularrat innerlich auf, ‚nun, wozu das alles? wozu ist das alles nötig gewesen, warum mußte denn das gerade mir passieren und keinem anderen! Und alles war so gut zu Anfang, alle waren zufrieden und glücklich; wozu war denn gerade das jetzt nötig! Übrigens mit Worten ist hier nichts zu erreichen, hier muß gehandelt werden.'

Und somit wäre Herr Goljädkin beinahe zu einem Entschluß gekommen, als er in seine Wohnung trat. Er griff sofort nach der Pfeife, zog an ihr aus allen Kräften und stieß nach rechts und links dicke Rauchwolken aus, wobei er in außerordentlicher Erregung im Zimmer auf und ab lief. Unterdessen begann Petruschka den Tisch zu decken. Endlich hatte Herr Goljädkin seinen Entschluß gefaßt: er warf plötzlich seine Pfeife hin, nahm den Mantel um, sagte, er werde nicht zu Hause speisen, und lief hinaus. Auf der Treppe holte ihn Petruschka außer Atem ein und übergab ihm den vergessenen Hut. Goljädkin nahm den Hut und wollte sich noch irgendwie, so nebenbei, vor den Augen Petruschkas rechtfertigen, damit Petruschka sich nur nicht wegen dieses sonderbaren Umstandes, daß er den Hut vergessen hatte, seine Gedanken machte. Da Petruschka ihn aber nicht einmal ansah und sofort zurückging, setzte auch Herr Goljädkin ohne weitere Erklärungen seinen Hut auf, lief die Treppe hinunter und redete sich Mut ein: daß sich alles vielleicht noch zum Besten kehren werde und die Sache sich noch beilegen ließe, obschon er einen Schüttelfrost bis in die Fersen spürte. Er trat auf die Straße hinaus, nahm eine Droschke und fuhr zu Andrei Filippowitsch.

‚Übrigens, wäre es morgen nicht besser?' dachte Herr Goljädkin, als er die Klingel zur Wohnung Andrei Filippowitschs zog —, ja, und was hätte ich ihm auch Besonderes zu sagen? Wirklich, nichts Besonderes. Die Sache ist ja so erbärmlich, so miserabel, einfach zum Ausspeien!... Was doch nicht alles die Umstände machen ...' Herr Goljädkin zog plötzlich an der Glocke; die Glocke ertönte, und von innen hörte man Schritte nahen ... Jetzt verwünschte sich Herr Goljädkin selbst wegen seiner Übereiltheit und Unverfrorenheit. Die jüngst erlebten Unannehmlichkeiten, die Herr Goljädkin wohl kaum vergessen hatte, und der Zusammenstoß mit Andrei Filippowitsch, — alles fiel ihm mit einem Mal wieder ein. Doch zum Fortlaufen war es nun bereits zu spät: die Tür wurde geöffnet. Zum Glück Goljädkins antwortete man ihm, Andrei Filippowitsch sei von der Kanzlei nicht zurückgekehrt und werde auch außer dem Hause speisen.

‚Ich weiß, wo er speist: bei der Ismailoffbrücke speist er', dachte bei sich unser Held und fühlte sich geradezu beglückt vor Freude. Auf die Frage des Dieners, wen er melden solle, sagte Herr Goljädkin: »Schon gut, mein Freund, schon gut, ich werde später wiederkommen, mein Freund«, — und eilte darauf mit einer gewissen Behendigkeit die Treppe hinab. Auf der Straße beschloß er, seine Droschke zu entlassen und den Kutscher zu bezahlen. Als der Kutscher ihn noch um ein Trinkgeld anging: »Habe gewartet, Herr, lange gewartet, und meinen Gaul vorhin nicht geschont...«, da gab er ihm, und sogar mit großem Vergnügen, fünf Kopeken Trinkgeld und ging zu Fuß weiter.

‚Die Sache ist nämlich die', dachte Herr Goljädkin, ‚daß man sie doch nicht so lassen kann; wenn man's sich aber überlegt, und vernünftig überlegt — was ist denn eigentlich dabei zu machen? Man muß sich unwillkürlich fragen, wozu sich quälen, wozu sich hier herumschlagen? Die Sache ist nun einmal geschehen und nicht mehr rückgängig zu machen! Überlegen wir uns einmal: es erscheint ein Mensch — ein Mensch erscheint mit genügenden Empfehlungen, also ein fähiger Beamter von guter Aufführung, nur daß er arm ist und allerhand Unglück gehabt hat... Aber Armut ist doch kein Laster; ich bin da ganz neutral. Aber was ist das doch für ein Unsinn, wenn man es richtig bedenkt! Es hat sich so gemacht, die Natur hat es selbst so gewollt, daß ein Mensch einem anderen so ähnlich sieht, wie ein Wassertropfen dem anderen, der eine die vollendete Kopie des anderen ist: sollte man ihn nun deshalb etwa nicht anstellen, wenn doch nur das Schicksal, das Schicksal allein, wenn die blinde Fortuna allein daran schuld ist?! Soll man ihn deshalb wie einen Verworfenen behandeln und ihn nicht zum Dienst zulassen? ... Wo bliebe denn da die Gerechtigkeit? Er ist doch so ein armer, verlorener, verängstigter Mensch; da muß einem ja das Herz wehtun und das Mitleid einen packen! Ja! das wäre wohl eine schöne Obrigkeit, wenn sie so gedacht hätte, wie ich es tue, ich liederlicher Dummkopf! Wie mir nur so viel Dummheit in den Kopf kommen kann! Es reichte mitunter für zehn Köpfe! Nein, nein! Und sie haben gut daran getan, und ich danke ihnen dafür, daß sie den armen Kerl versorgt haben...'

,Nun, schön', fuhr Herr Goljädkin fort, ,nehmen wir an, zum Beispiel, wir seien Zwillinge, von der Natur so geschaffen, wie wir sind, nun ja, und — das wäre einfach alles. Ja, das wäre alles! Nun, und was wäre denn dabei? Einfach nichts! Man könnte es ja allen Beamten mitteilen... und wenn ein Fremder in unsere Abteilung käme, der würde auch sicher nichts Unpassendes oder gar Beleidigendes in diesem Umstand sehen. Es liegt darin sogar etwas Rührendes, der Gedanke, daß die Vorsehung Gottes eben zwei Zwillinge geschaffen und die edle Obrigkeit, die die Vorsehung Gottes achtet, sie beide versorgt hat. Freilich, freilich', und Herr Goljädkin holte Atem und senkte ein wenig seine innere Stimme, ,freilich, freilich wäre es besser, wenn all dies Rührende nicht wäre und es überhaupt keine Zwillinge gäbe... Der Teufel möge das alles holen! Wozu war das nötig? Warum konnte es nicht wenigstens aufgeschoben werden? Ach, du mein Hergott! Da haben nun die Teufel einen schönen Brei angerührt! Und zudem hat er auch noch so einen Charakter mitbekommen, ist von so leichtfertiger Gemütsart, so wendig, so ein Schmeichler, so'n Tellerlecker, mit einem Wort, so'n echter Goljädkin! Am Ende wird er sich noch schlecht aufführen und meinen Namen beschmutzen, der Halunke. Jetzt habe ich das Vergnügen, ihn noch zu beaufsichtigen, den Wärter zu spielen! Soll das etwa keine Strafe sein! Übrigens, wozu habe ich das nötig? Nun, er ist ein Taugenichts, ein Schuft... mag er es doch sein, der andere ist dafür ein Ehrenmann. Er ist also der Schuft, ich aber werde der Anständige sein! Nun, dann werden sie sagen: dieser Goljädkin ist ein Schuft, auf den achtet nicht und verwechselt ihn nicht mit dem anderen; der andere aber ist ehrlich und tugendhaft, bescheiden und nicht boshaft, sehr zuverlässig im Dienst und würdig einer Rangerhöhung;

so ist's! Nun gut ... aber wie, wenn sie ... wenn sie sie nun verwechseln? ... Ach, du mein Gott! Was das doch für ein Unglück ist! ...'

Mit solchen Gedanken beschäftigt und sich alles hin und her überlegend, lief Herr Goljädkin immer weiter, ohne auf den Weg zu achten, und ohne eigentlich zu wissen, wohin? Erst auf dem Newskij Prospekt kam er zu sich, und auch das nur dank dem Zufall, daß er mit einem Vorübergehenden so haargenau und heftig zusammenstieß, daß er vor seinen Augen nur Funken sprühen sah. Herr Goljädkin wagte kaum den Kopf zu erheben und murmelte nur eine Entschuldigung. Erst als der andere, der etwas nicht gerade Schmeichelhaftes geknurrt hatte, schon in einer bedeutenden Entfernung von ihm war, wagte er endlich seine Nase zu erheben und sich umzusehen: wie und wo er sich eigentlich befand? Als er nun bemerkte, daß er gerade vor dem Restaurant stand, in dem er sich damals erfrischt hatte, bevor er sich zur Galatafel bei Olssufij Iwanowitsch aufmachte, fühlte unser Held plötzlich ein mächtiges Kneifen und Rumoren im Magen. Er erinnerte sich, daß er noch nichts zu Mittag gespeist hatte, daß ihm auch kein ähnliches Diner bevorstand wie damals, und so lief er denn eilig die Treppe zum Restaurant hinauf, um so schnell wie möglich und unbemerkt eine Kleinigkeit zu sich zu nehmen. Obgleich das Restaurant ein wenig teuer war, beschäftigte dieser kleine Umstand Herrn Goljädkin nicht im geringsten: sich mit solchen Kleinigkeiten abzugeben, hatte Herr Goljädkin jetzt keine Zeit. Im hell erleuchteten Raum gab es auf dem Büfett eine große Anzahl Delikatessen aller Art, die dem Geschmack eines verwöhnten Großstädters entsprachen. Das Büfett war daher ständig von einer Menge wartender Menschen belagert. Der Kellner konnte kaum mit dem Eingießen, Geldempfangen und -herausgeben fertig werden. Auch Herr Goljädkin mußte seine Zeit abwarten und streckte endlich seine Hand bescheiden nach einem Teller mit kleinen Pasteten aus. Dann ging er damit in eine Ecke, wandte den Anwesenden den Rücken zu und aß mit Appetit. Darauf ging er zum Büfett zurück, legte das Tellerchen auf den Tisch und da er den Preis kannte, legte er dafür 10 Kopeken daneben, machte dem Kellner ein Zeichen, als wollte er sagen: »Hier liegt das Geld für eine Pastete usw.«

»Sie haben einen Rubel und zehn Kopeken zu bezahlen«, sagte der Kellner.

Herr Goljädkin war nicht wenig erstaunt. »Wie meinen Sie das? — Ich ... ich habe, glaube ich, nur eine Pastete genommen ...«

»Sie haben elf genommen«, sagte mit der größten Bestimmtheit der Kellner.

»Wie ... wie mir scheint ... irren Sie sich ... Ich habe, glaube ich, wirklich nur eine Pastete genommen.«

»Ich habe nachgezählt: Sie nahmen elf Stück. Was Sie genommen haben, müssen Sie auch bezahlen; bei uns wird nichts umsonst verabfolgt.«

Herr Goljädkin war einfach starr. ‚Welche Zaubereien gehen mit mir jetzt wieder vor?' dachte er. Der Kellner wartete gespannt auf Herrn Goljädkins Entschluß. Herr Goljädkin lenkte bereits die Aufmerksamkeit der anderen auf sich. Er griff daher so schnell wie möglich in die Tasche, um den Silberrubel sofort zu bezahlen und von der Schuld loszukommen.

‚Nun, wenn elf, dann elf', dachte er und wurde rot wie ein Krebs, ‚was ist denn auch dabei, wenn man elf Pastetchen ißt? Nun, der Mensch war eben hungrig, und darum aß er elf Pastetchen: nun, er aß sie zu seiner Gesundheit; da ist doch nichts zu verwundern, dabei ist doch nichts Lächerliches ...'

Plötzlich gab es Herrn Goljädkin innerlich einen Ruck, er blickte auf und begriff sofort — das ganze Rätsel, die ganze Zauberei! In der Tür zum Nebenzimmer, hinter dem Rücken des Kellners, mit dem Gesicht zu Herrn Goljädkin gewandt, stand in derselben Tür, die unser Held vorhin als Spiegelglas angesehen, stand ein Mensch, da stand er, stand Herr

Goljädkin selbst — nicht der alte Herr Goljädkin, der Held unserer Erzählung, sondern der andere Herr Goljädkin, der neue Herr Goljädkin. Dieser andere Herr Goljädkin befand sich offenbar in der allerbesten Laune. Er lächelte Herrn Goljädkin dem Älteren zu, nickte mit dem Kopf, zwinkerte mit den Augen, trippelte ein wenig hin und her und sah ganz so aus, als ob er, wenn man auf ihn zutreten wollte, sofort ins Nebenzimmer verschwinden und dort durch die Hintertür entwischen würde ... — jede Verfolgung wäre vergebens gewesen! In seinen Händen befand sich noch das letzte Stück Pastete, welches er soeben vor den Augen des Herrn Goljädkin, vor Vergnügen schmatzend, in seinen Mund schob.

‚Man hat mich mit dem Halunken verwechselt!' dachte Herr Goljädkin und fühlte, wie er sich schämte. ‚Er hat es gewagt, mich öffentlich bloßzustellen! Sieht ihn denn niemand? Nein, es scheint ihn wirklich niemand zu bemerken ...'

Herr Goljädkin warf den Rubel auf den Tisch, als hätte er sich an ihm alle Finger verbrannt, und schien das freche Lächeln des Kellners gar nicht zu bemerken — dieses siegesbewußte Lächeln voll ruhiger Überlegenheit und Macht. Er drängte sich durch die Menge und stürzte zur Tür hinaus.

‚Gott sei gelobt, daß ich nicht noch ganz anders bloßgestellt wurde!' dachte Herr Goljädkin der Ältere. ‚Dank ihm, dem Räuber, und Dank dem Schicksal, daß diesmal noch alles so gut abgegangen ist. Nur der Kellner wurde frech, aber er war doch in seinem Recht! Es kostete doch einen Rubel und zehn Kopeken, also war er doch im Recht — ... ohne Geld wird niemandem etwas gegeben! Wenn er doch wenigstens höflicher gewesen wäre, der Nichtstuer! ...'

Alles das sagte sich Herr Goljädkin, als er die Treppe hinabging. Kaum aber war er an der letzten Stufe angelangt, als er plötzlich wie angewurzelt stehen blieb und über und über errötete, daß ihm die Tränen in die Augen traten. So sehr fühlte er sich nun doch in seiner Eitelkeit verletzt. Als er eine Minute in dieser Weise unbeweglich dagestanden hatte, stampfte er plötzlich mit dem Fuß auf, sprang mit einem Satz von der Treppe auf die Straße und ohne sich umzusehen, ohne seine Müdigkeit zu fühlen, begab er sich nach Haus, in die Schestiláwotschnaja-Straße.

Zu Hause angelangt, nahm er sich nicht einmal die Zeit, seinen Mantel auszuziehen. Ganz gegen seine sonstige Gewohnheit, sich häuslich niederzulassen und seine Pfeife zu rauchen, setzte er sich, so wie er war, auf den Diwan, nahm Tinte und Feder und einen Bogen Briefpapier und begann mit vor innerer Erregung zitternden Händen folgenden Brief zu schreiben:

»Geehrter Herr Jakoff Petrowitsch!

Ich würde nicht zur Feder greifen, wenn nicht die Umstände und Sie, geehrter Herr, mich dazu nötigten. Glauben Sie mir, daß nur die Notwendigkeit mich dazu zwingt, in solche Erörterungen mit Ihnen einzutreten. Darum bitte ich Sie im voraus, diese meine Handlung nicht als eine Absicht zu betrachten, Sie, mein verehrter Herr, zu beleidigen, sondern — sondern als eine unumgängliche Folge der Umstände, die uns zueinander in Beziehung gebracht haben.«

‚So scheint es mir gut, anständig und höflich geschrieben zu sein, wenn auch nicht ohne Kraft und Bestimmtheit ... Beleidigt kann er sich dadurch nicht fühlen. Und außerdem bin ich in meinem Recht‘, dachte Herr Goljädkin beim Durchlesen des Geschriebenen.

»Ihr unerwartetes und seltsames Erscheinen, geehrter Herr, in jener stürmischen Nacht, nach einem ausfallenden und rohen Benehmen meiner Feinde gegen mich, deren Namen ich aus Verachtung derselben verschweige, war die Ursache aller dieser Mißverständnisse, die in gegenwärtigem Augenblick zwischen uns bestehen. Ihr hartnäckiges Bestreben, geehrter Herr, mit aller Gewalt in mein Sein und in meinen Lebenskreis einzudringen, übersteigt alle Grenzen der Höflichkeit und des einfachen Anstandes. Ich denke, es genügt, Sie daran zu erinnern, geehrter Herr, daß Sie sich meiner Schriftstücke und meines Namens bedient haben, um sich bei der Regierung einzuschmeicheln — um eine Auszeichnung zu erlangen, die Sie selbst nicht verdient haben. Auch lohnt es sich nicht, Sie an Ihre vorbedachte, beleidigende Absicht zu erinnern, der nötigen Rechtfertigung mir gegenüber aus dem Wege zu gehen. Und zuletzt, um nicht alles zu sagen, möchte ich noch Ihre sonderbare Handlungsweise im Restaurant mir gegenüber erwähnen. Weit davon entfernt, etwa die unnötige Ausgabe eines Rubels zu bedauern, fühle ich doch einen heftigen Unwillen bei der Erinnerung an Ihre deutliche Absicht, geehrter Herr, meiner Ehre zu schaden, und das noch dazu in Gegenwart einiger Personen, die mir zwar unbekannt, aber offenbar aus der guten Gesellschaft waren . . .«

‚Bin ich nicht zu weit gegangen?' dachte Herr Goljädkin. ‚Wird das nicht zu viel sein? Ist das nicht beleidigend — diese Anspielung auf die gute Gesellschaft zum Beispiel? Nun, da ist nichts zu wollen! Man muß ihm Charakter zeigen. Übrigens kann man ihm zur Besänftigung zum Schluß ein wenig schmeicheln, ihm Butter aufs Brot schmieren. Wir wollen sehen.'

»Ich hätte Sie, verehrter Herr, mit meinem Brief nicht belästigt, wenn ich nicht davon überzeugt wäre, daß Ihr edles Herz und Ihr offener und gerader Charakter Ihnen selbst die Mittel zeigen werden, um alles wieder so gut zu machen, wie es vordem gewesen ist.

In dieser Hoffnung wage ich, davon überzeugt zu sein, daß Sie meinen Brief nicht in beleidigendem Sinn auffassen werden, daß Sie aber auch nicht verfehlen werden, mir schriftlich eine Erklärung, durch die Vermittlung meines Dieners zukommen zu lassen.

In dieser Erwartung habe ich die Ehre zu sein, geehrter Herr, Ihr gehorsamer Diener

J. Goljädkin«

‚Nun, das wäre jetzt alles sehr gut. Die Sache wäre also erledigt: die Sache ging nun schon bis zu schriftlichen Erklärungen. Aber wer ist schuld daran? Er selbst ist schuld daran: er bringt einen Menschen so weit, eine schriftliche Erklärung zu verlangen. Und ich bin in meinem Recht ...'

Nachdem Herr Goljädkin noch einmal den Brief durchgelesen hatte, faltete er ihn zusammen, adressierte ihn und rief dann Petruschka. Petruschka erschien wie immer mit verschlafenen Augen und bei sehr schlechter Laune.

»Du, mein Lieber, nimm diesen Brief ... verstehst du?«

Petruschka schwieg.

»Du nimmst ihn und bringst ihn ins Departement, dort suchst du den diensttuenden Beamten auf, den Verwaltungssekretär Wachraméjeff. Wachramejeff hat heute den Tagesdienst. Verstehst du das?«

»Verstehe.«

»‚Verstehe!' kannst du das nicht höflicher sagen? — Du fragst also nach dem Beamten Wachramejeff und sagst ihm: So und so, mein Herr hat befohlen, Sie von ihm zu grüßen, und er bittet Sie gefälligst, im Adressenregister unserer Behörde nachzuschlagen, wo der Titularrat Goljädkin wohnt?«

Petruschka schwieg, und wie es Herrn Goljädkin schien, lächelte er.

»Nun also, Pjotr, du fragst ihn nach seiner Adresse und wo der neueingetretene Beamte Goljädkin wohnt: verstehst du?«

»Ich verstehe.«

»Du fragst nach der Adresse und bringst nach dieser Adresse diesen Brief: verstehst du?«

»Ich verstehe.«

»Wenn du dort bist ... dort, wohin du diesen Brief bringst, so wird dieser Herr, dem du diesen Brief gibst, Herr Goljädkin also ... Was lachst du, Schafskopf?«

»Warum soll ich lachen? Was geht's mich an! Ich habe nichts ... unsereins hat nichts zu lachen ...«

»Nun also ... wenn dann der Herr dich fragen sollte, wie es mit deinem Herrn steht, ... wenn er dich also irgendwie ausfragen möchte — so schweigst du und antwortest nur:

‚Meinem Herrn geht es gut, er bittet um eine schriftliche Antwort auf seinen Brief.' Verstehst du?«

»Verstehe.«

»Also, dann marsch!«

‚Da hat man seine Mühe mit solch einem Schafskopf! Er lacht. Warum lacht er denn? Es wird doch von Tag zu Tag schlimmer mit ihm, wie wird das schließlich ... Ach, vielleicht wird sich doch noch alles zum Guten wenden ... Dieser Schuft wird sich sicher jetzt noch zwei Stunden herumtreiben oder überhaupt nicht mehr zurückkommen ... Man kann ihn ja nirgendwohin schicken. Ist das ein Kreuz ... ist das ein Kreuz! ...'

Unser Held entschloß sich also, im Vollgefühl seines ganzen Unglücks, zu der passiven Rolle einer zweistündigen Erwartung Petruschkas. Eine Stunde lang ging er im Zimmer auf und ab, rauchte, warf dann wieder seine Pfeife weg und griff nach einem Buch. Darauf legte er sich auf den Diwan, griff dann wieder zur Pfeife und lief dann wieder im Zimmer auf und ab ... Er wollte sich's überlegen, konnte aber seine Gedanken nicht zusammenhalten. Endlich ertrug er diesen aufreibenden Zustand nicht länger, und Herr Goljädkin beschloß bei sich, lieber wieder zu handeln.

‚Petruschka wird vor einer Stunde nicht zurückkommen', dachte er, ‚ich kann also den Schlüssel dem Hausmeister geben — und selbst werde ich unterdessen ... der Sache auf die Spur kommen und meinerseits etwas für sie tun.'

Ohne Zeit zu verlieren, griff Herr Goljädkin nach seinem Hut, verließ das Zimmer, schloß seine Wohnung zu, ging zum Hausmeister, händigte diesem den Schlüssel ein, zusammen mit zehn Kopeken Trinkgeld (Herr Goljädkin wurde in letzter Zeit ungeheuer freigebig) und ging — ging, wohin ihn der Weg führte. Er ging zu Fuß in die Richtung der Ismailoffbrücke.

Als er nach einer halben Stunde das Ziel seiner Wanderung erreicht hatte, ging er geradeaus auf den Hof des ihm bekannten Hauses und blickte zu den Fenstern der Wohnung des Staatsrats Berendéjeff hinauf. Mit Ausnahme von drei, mit roten Vorhängen verhangenen, Fenstern waren die übrigen alle dunkel.

‚Bei Olssufij Iwanowitsch gibt es heute keine Gäste‘, dachte Herr Goljädkin, ‚sie werden wohl jetzt allein zu Hause sitzen.‘

Nachdem unser Held einige Zeit auf dem Hof gestanden hatte, wollte er sich augenscheinlich zu etwas entschließen. Aber es sollte anders kommen. Herr Goljädkin winkte mit der Hand ab und kehrte zurück auf die Straße.

‚Nein, nicht hierher hatte ich zu gehen! Was soll ich denn hier? ... Ich werde besser tun ... selbst die Sache zu untersuchen.‘ Mit diesem Entschluß begab sich Herr Goljädkin in sein Departement. Der Weg war nicht kurz, dazu war er furchtbar matschig, und nasser Schnee fiel in dichten Flocken, doch für unseren Helden schien es keine Hindernisse mehr zu geben. Er war nicht wenig ermüdet und ganz und gar durchnäßt und beschmutzt. ‚Wenn schon, denn schon!‘, sagte er sich, ‚wenn man das Ziel erreichen will ...‘ Und Herr Goljädkin näherte sich in der Tat bald seinem Ziel. Die dunkle Masse eines großen öffentlichen Gebäudes stieg in der Ferne vor ihm auf.

‚Halt!‘ dachte er, ‚wohin gehe ich und was will ich denn hier? Nehmen wir an, ich erfahre, wo er wohnt; unterdessen wird Petruschka bereits zurückgekehrt sein und mir die Antwort gebracht haben. Ich verliere nur meine kostbare Zeit umsonst, ganz umsonst. Nun, tut nichts, man kann alles wieder gutmachen ... Ach, es war überhaupt nicht nötig, auszugehen! Aber so bin ich nun einmal. Ob es nötig ist oder nicht, ich muß immer vorauslaufen ... Hm! ... Wieviel Uhr ist es? Sicherlich schon neun Uhr. Petruschka könnte kommen und mich nicht zu Hause antreffen. Ich habe wirklich eine Dummheit begangen, daß ich ausging ... Ach, ist das eine Schererei! ...‘

Nachdem unser Held auf diese Weise zur Überzeugung gekommen war, daß er eine Dummheit begangen, lief er sofort zurück zu seiner Schestiláwotschnaja-Straße. Erschöpft und durchnäßt kam er dort an und erfuhr schon vom Hausmeister, daß Petruschka nicht einmal daran gedacht hatte, wieder auf der Bildfläche zu erscheinen.

‚Nun ja, das habe ich ja geahnt ...', dachte sich unser Held. ‚Und dabei ist es schon neun Uhr! Solch ein Taugenichts! Immer muß er sich betrinken! Herr, du meine Güte! Zum Unglück habe ich ihm schon seinen Lohn bezahlt, damit er Geld in den Händen habe ...'

Mit diesen Gedanken schloß Herr Goljädkin seine Wohnung auf, machte Licht, kleidete sich aus, steckte seine Pfeife an und müde, zerschlagen, hungrig, wie er war, legte er sich in Erwartung Petruschkas auf den Diwan. Trübselig brannte die Kerze, und ihr Licht flackerte an den Wänden ... Herr Goljädkin starrte vor sich hin, dachte und dachte und schlief schließlich ein ... todmüde.

Er erwachte sehr spät. Das Licht war ganz niedergebrannt und flammte nur noch hin und wieder auf, um dann ganz zu erlöschen. Herr Goljädkin sprang auf, ihn schauerte, und plötzlich erinnerte er sich an alles, mit einem Mal an alles! In der Kammer nebenan hörte man Petruschka schnarchen. Herr Goljädkin stürzte ans Fennster — nirgendwo ein Licht zu sehen. Er öffnete das Fenster — alles war totenstill. Die Stadt schlief. Es mußte zwei oder drei Uhr nachts sein ... richtig, die Uhr hinter der Wand schlug zwei. Herr Goljädkin stürzte in Petruschkas Kammer.

Nach langen Anstrengungen gelang es ihm endlich, Petruschka aufzuwecken und ihn im Bett aufzurichten. In diesem Augenblick verlöschte das Licht vollkommen. Es vergingen zehn Minuten, bis Herr Goljädkin eine andere Kerze fand und sie anzündete. In der Zeit aber war Petruschka von neuem eingeschlafen.

»Ach, du Halunke, du Taugenichts!« schimpfte ihn Herr Goljädkin und rüttelte ihn wieder wach. »Wirst du wohl aufwachen, wirst du wohl aufstehen!« Nach halbstündiger Anstrengung gelang es Herrn Goljädkin, seinen Diener vollständig aufzuwecken und ihn aus der Kammer herauszuziehen. Da erst bemerkte unser Held, daß Petruschka vollkommen betrunken war und sich kaum auf den Füßen halten konnte.

»Du Taugenichts!« schrie Herr Goljädkin ihn an, »du Lump! Am liebsten würdest du mir wohl weiß der Himmel was antun! Gütiger Gott! – wo hast du den Brief gelassen? Ach, du meine Güte, was ist nur aus ihm geworden ... Und warum habe ich ihn geschrieben? Da stehe ich nun mit meinem Ehrgeiz. Wozu stecke ich meine Nase da hinein! Das habe ich davon ... Und du, du Räuber, wohin hast du den Brief gesteckt? Wem hast du ihn gegeben? ...«

»Ich habe niemandem einen Brief gegeben, und habe überhaupt keinen Brief gehabt ... so ist's!«

Herr Goljädkin rang die Hände vor Verzweiflung.

»Höre, Pjotr ... höre ... höre mich an ...«

»Ich höre ...«

»Wohin bist du gegangen? Antworte ...«

»Wohin ich gegangen ... zu guten Menschen bin ich gegangen! Was ist denn dabei?«

»Ach, du mein grundgütiger Gott! Wohin gingst du zuerst? Warst du in der Kanzlei? ... Du, höre mich an, Pjotr: du bist vielleicht betrunken?«

»Ich betrunken? Da soll ich doch gleich auf der Stelle ..«

»Nein, nein, das tut ja nichts, daß du betrunken bist ... Ich fragte ja nur so ... gut, gut, daß du betrunken bist ... ich meinte ja nur, Petruschka ... Du hast vielleicht vorhin alles vergessen und erinnerst dich jetzt nicht mehr ... Nun, denke nach, du warst vielleicht bei Wachraméjeff – warst du oder warst du nicht bei ihm?«

»Ich war nicht und solchen Beamten gibt es gar nicht. Und wenn man mich auch sogleich ...«

»Nein, nein, Pjotr! Nein, Petruschka, ich sage ja nichts. Du siehst doch, daß ich nichts ... Nun, was ist denn dabei? Nun, draußen war es kalt, feucht, und der Mensch trinkt ein wenig, nun, und was will denn das besagen? Ich bin doch nicht böse deshalb. Ich selbst habe heute etwas getrunken, mein Lieber. Gestehe es nur ein, denke nur nach, mein Lieber, warst du heute bei Wachramejeff?«

»Nun, wenn es so ist: mein Wort darauf ... ich war da ... und wenn ich auch sogleich ...«

»Nun, gut, gut, Petruschka, wenn du dagewesen bist. Siehst du, ich ärgere mich doch nicht ... Na, na«, fuhr unser Held fort, seinen Diener aufzurütteln, schüttelte ihn an der Schulter, lächelte ihm zu ... »nun, und da hast du ein Schlückchen getrunken, du Taugenichts, nur ein wenig ... für zehn Kopeken ein Schlückchen? Du Saufbold! Nun, tut nichts. Du siehst doch, daß ich nicht böse bin ... Hörst du, ich bin gar nicht so böse darüber, mein Lieber ...«

»Nein, wie Sie wollen, ich bin doch kein Saufbold. Bei guten Menschen bin ich gewesen, denn ich bin kein Säufer, bin niemals ein Säufer gewesen ...«

»Nun, schön, Petruschka! Höre doch, Pjotr: ich will dich ja auch gar nicht schimpfen, wenn ich dich einen Säufer nenne. Ich habe dir das nur zur Beruhigung gesagt, in einem versöhnlichen Sinn habe ich es dir gesagt. Wenn man einen Menschen in diesem Sinne schimpft, so fühlt er sich geschmeichelt, Petruschka. Manch einer liebt es sogar ... Nun, Petruschka, sage mir jetzt aufrichtig, wie einem Freund ... warst du bei Wachramejeff, und gab er dir die Adresse?«

»Und auch die Adresse gab er, auch die Adresse. Ein guter Beamter ist er! ›Und dein Herr‹, sagte er, ›auch dein Herr ist ein guter Mensch. Und also sage ihm ... ich lasse deinen Herrn grüßen‹, sagte er, ›und sage ihm, ich liebe und verehre ihn, weil dein Herr‹, sagt er, ›ein guter Mensch ist, und du, Petruschka, bist auch ein guter Mensch, jawohl‹...«

»Ach, du mein Gott! Und die Adresse, die Adresse! Du Judas!« Die letzten Worte sprach Herr Goljädkin fast flüsternd.

»Und die Adresse ... auch die Adresse hat er gegeben.«

»Nun, wo wohnt er denn, der Beamte Goljädkin, der Titularrat Goljädkin?«

»‚Goljädkin wohnt', sagt er, ‚in der Schestiláwotschnaja-Straße. So wie du in die Schestilawotschnaja eintrittst', sagt er, ‚so wohnt er rechts die Treppe. hinauf, im vierten Stock. Dort', sagt er, ‚wohnt Goljädkin ...'«

»Du Räuber!« schrie ihn unser Held an, der endlich die Geduld verlor: »Du Taugenichts! Das bin doch ich, das bin ja ich, von dem du sprichst. Da ist aber ein anderer Goljädkin, und von diesem anderen spreche ich, du Räuber, du!«

»Nun, wie Sie wollen! Was geht's mich an! Wie Sie wollen! ...«

»Aber der Brief, der Brief? ...«

»Welcher Brief? Es war ja gar kein Brief da, ich habe keinen Brief gesehen.«

»Wohin hast du ihn denn getan, du Halunke!?«

»Ich habe ihn abgegeben, den Brief habe ich abgegeben. ‚Grüße ihn', sagte er, ‚grüße und danke deinem Herrn. Grüße', sagte er, ‚deinen Herrn ...'«

»Wer hat denn das gesagt? Hat Goljädkin das gesagt?«

Petruschka schwieg ein wenig, dann grinste er übers ganze Gesicht und sah seinem Herrn gerade in die Augen.

»Hörst du, du Räuber!« begann Herr Goljädkin, schnaubend vor Wut, »was hast du mit mir gemacht? Sage doch, sage, was hast du mit mir gemacht? Du hast mich vernichtet, du Bösewicht! Hast mir meinen Kopf von den Schultern gerissen! ... So ein Judas!«

»Nun, wie Sie wollen! Was geht das mich an?« sagte in bestimmtem Ton Petruschka und zog sich hinter seine Scheidewand zurück.

»Komm her, hierher, du Räuber! ...«

»Nein, ich komme jetzt nicht mehr zu Ihnen, überhaupt nicht mehr. Was geht's mich an! Ich gehe zu den guten Menschen ... Gute Menschen, die ehrlich und ohne Falsch leben und niemals doppelt sind ...« Herrn Goljädkin erstarrten die Füße und Hände, der Atem ging ihm aus ...

»J–a–a«, fuhr Petruschka fort, »die sind nicht doppelt und beleidigen nicht Gott und die Menschen!«

»Du Taugenichts, du bist ja betrunken! Du geh jetzt lieber schlafen, du Räuber! Aber morgen werde ich dir schon zeigen! . . .«, sagte Herr Goljädkin mit kaum hörbarer Stimme. Petruschka murmelte auch noch etwas; dann hörte man nur noch, wie er sich aufs Bett warf, daß es in allen Fugen krachte, wie er laut gähnte und sich ausstreckte, und dann, wie man sagt, den Schlaf des Gerechten schlief und mächtig schnarchte.

Herr Goljädkin war mehr tot als lebendig. Das Betragen Petruschkas, seine sonderbaren, wenn auch sehr entfernten Anspielungen, über die man sich »folglich nicht zu ärgern braucht«, um so weniger, da er betrunken war, und schließlich die ganze bösartige Wendung, die die Sache nahm – alles das erschütterte Herrn Goljädkin bis auf den Grund.

‚Und was plagte mich, ihn so mitten in der Nacht zu wecken?' fragte sich unser Held, am ganzen Körper vor krankhafter Erregung zitternd, ‚und was plagte mich, mit einem betrunkenen Menschen überhaupt zu sprechen! Und was kann man denn von einem betrunkenen Menschen erwarten? Jedes Wort ist ja gelogen! Worauf spielte er eigentlich an, dieser Räuber? Mein Gott, mein Gott! Und wozu habe ich alle diese Briefe geschrieben, ich Selbstmörder, ich Selbstmörder! Konnte ich denn nicht schweigen?! Mußte es denn geschehen? Wozu denn? Mein Ehrgeiz wird mich noch umbringen. Wenn aber meine Ehre leidet – seine Ehre muß man doch retten! Ach, ich Selbstmörder, ich . . .'

So sprach Herr Goljädkin, auf seinem Diwan sitzend, und wagte sich vor Furcht kaum zu bewegen. Plötzlich fielen seine Augen auf einen Gegenstand, der seine Aufmerksamkeit im höchsten Grad erregte. In der Furcht, es könnte eine Illusion, eine Täuschung seiner Phantasie sein, wagte er kaum, vor Hoffnung, Angst und unbeschreiblicher Neugier, seine Hand danach auszustrecken. Nein, es war keine Täuschung, es war Wirklichkeit. Keine Illusion! Der Brief war ein an ihn adressierter Brief. Herr Goljädkin griff nach dem Brief auf dem Tisch. Sein Herz schlug heftig.

‚Wahrscheinlich hat ihn dieser Schuft gebracht', dachte er, ‚hat ihn dort hingelegt und ihn dann vergessen; so wird es wohl gewesen sein ...

Der Brief war von Wachramejeff, jenem Beamten und ehemaligen Freunde Goljädkins.

‚Das habe ich übrigens alles geahnt', dachte unser Held, ‚und alles, was im Brief hier stehen wird, habe ich ebenfalls geahnt ...' Der Brief lautete folgendermaßen:

»Sehr geehrter Herr Jakoff Petrowitsch!

Ihr Diener ist betrunken, und es läßt sich nichts Gescheites aus ihm herausbringen. Aus diesem Grunde ziehe ich es vor, Ihnen schriftlich zu antworten.

Ich beeile mich, Ihnen mitzuteilen, daß ich bereit bin, Ihren Auftrag, den mir übergebenen Brief an eine gewisse Person zu befördern, mit aller Gewissenhaftigkeit und Treue auszuführen. Diese Person, die Ihnen sehr bekannt ist, und ein mir untreu gewordener Freund, dessen Namen ich verschweigen will (denn ich möchte nicht unnütz dem Ruf eines unschuldigen Menschen schaden!) wohnt mit uns zusammen in der Wohnung Karolina Iwanownas, und zwar in demselben Zimmer, in dem früher, als Sie noch bei uns waren, der Infanterieoffizier aus Tamboff lebte. Diese Person gehört zu den ehrlichen Leuten, zu denen, die ein aufrichtiges Herz haben, was man bekanntlich nicht bei allen findet. Die Bekanntschaft mit Ihnen beabsichtige ich von heute ab vollständig abzubrechen. In dem freundschaftlichen Verhältnis, in dem wir früher miteinander verkehrten, können wir nicht mehr zueinander stehen, und darum bitte ich Sie, sehr geehrter Herr, beim Empfang dieses meines aufrichtigen Briefes, mir unverzüglich die mir zukommenden zwei Rubel für das Rasiermesser ausländischen Fabrikats, das ich Ihnen verschaffte, zu schicken. Wie Sie sich erinnern werden, habe ich es Ihnen bereits vor sieben Monaten auf Abzahlung überlassen, und zwar noch zu der Zeit, als Sie mit uns zusammen bei Karolina Iwanowna lebten, die ich von ganzem Herzen achte und verehre. Ich tue es aus dem Grund, weil Sie, nach der Behauptung kluger Leute, Ihre Selbstbeherrschung und Ihren guten Ruf verloren haben und der Verkehr mit Ihnen für junge, sittsame und unverdorbene Menschen daher sehr gefährlich geworden ist. Denn manche Leute leben nicht in Ehrbarkeit; dazu sind ihre Worte falsch, und ihre wohlanständige Haltung ist verdächtig. Es wird immer Leute geben, die sich der Verteidigung von Karolina Iwanowna annehmen werden, die stets von gutem Betragen und eine ehrbare Dame gewesen ist und die dazu ein Mädchen, wenn auch nicht von jungen Jahren, so doch aus anständiger ausländischer Familie ist. Man hat mich gebeten, Ihnen dieses von mir aus in meinem Brief beiläufig in Erinnerung zu bringen. Auf jeden Fall werden Sie schon alles zu seiner Zeit erfahren, falls Sie es bis jetzt noch nicht erfahren haben sollten, obgleich Sie nach Aussagen verständiger Leute an allen Enden der Residenz in schlechtem Ruf stehen, und wenigstens an vielen Stellen Auskunft über sich selbst, geehrter Herr, erhalten können.

Zum Schluß teile ich Ihnen noch mit, sehr geehrter Herr, daß die Ihnen bekannte Person, deren Namen ich aus wohlbegründeten Ursachen hier nicht erwähnen möchte, von allen wohlgesinnten Menschen sehr geachtet wird. Überdies ist sie von angenehmem, heiterem Charakter, in ihrem Beruf wie unter den Menschen sehr beliebt, treu ihrem Wort und jeder Freundschaft, wie sie denn niemals diejenigen beleidigt und verleumdet, mit denen sie sich in freundschaftlicher Beziehung befindet.

Immerhin verbleibe ich Ihr ergebenster Diener

N. Wachramejeff

P. S. Ihren Diener jagen Sie fort: er ist ein Trinker und wird Ihnen aller Wahrscheinlichkeit nach viel zu schaffen machen. Nehmen Sie doch den Jewstáfij, der früher hier bei mir diente und gegenwärtig stellenlos ist. Ihr Diener ist ja nicht nur ein Trinker, er ist auch ein Dieb; denn noch in der vorigen Woche hat er Karolina Iwanowna ein Pfund Zucker zu billigerem Preis verkauft, das er, meiner Meinung nach, nur in kleinen Portionen zu verschiedener Zeit von Ihnen gestohlen haben kann. Ich schreibe es Ihnen, da ich Ihnen Gutes wünsche, ungeachtet dessen, daß manche Personen nur zu beleidigen und die Menschen zu betrügen verstehen, besonders anständige Leute von gutem und ehrlichem Charakter. Außerdem versuchen sie diese noch hinter dem Rücken schlecht zu machen, und zwar nur aus Neid, weil sie sich selbst zu ihnen nicht rechnen können. W.«

Nachdem unser Held den Brief Wachramejeffs gelesen hatte, blieb er noch lange unbeweglich auf seinem Diwan sitzen. Ein neues Licht schien den dichten, rätselhaften Nebel zu durchdringen, der ihn seit zwei Tagen umgab. Unser Held fing allmählich an, alles, alles zu begreifen ... Er versuchte, sich vom Diwan zu erheben und einige Male durch das Zimmer zu gehen, um sich zu ermuntern und seine zerstreuten Gedanken zu sammeln und sie auf einen bestimmten Gegenstand zu konzentrieren, um dann reiflich seine Lage zu überlegen. Aber, als er nun aufstehen wollte, fiel er kraftlos und ohnmächtig auf seinen Diwan zurück.

‚Das habe ich ja alles vorausgefühlt! Aber was schreibt er denn, und was ist der Sinn seiner Worte? Den Sinn verstehe ich noch, aber wohin führt das alles? Wenn er doch einfach sagte: so ist es und so, verlangt wird das und das, ich würde es sofort tun! Der ganze Gang der Sache ist so unangenehm! Wenn es doch bereits Morgen wäre und ich mich der Sache annehmen könnte! Denn jetzt weiß ich, was ich machen würde. So und so, sage ich, ich bin bereit, zur Vernunft zu kommen, doch meine Ehre gebe ich nicht preis, aber ... aber, die bekannte Person, diese unangenehme Persönlichkeit, wie hat sie sich denn da hineingemischt? Und warum hat sie sich da hineingemischt? Ach, wenn es doch schon Morgen wäre! Bis dahin werden sie über mich lästern, gegen mich intrigieren! Die Hauptsache — nur keine Zeit verlieren! Jetzt, zum Beispiel, sollte ich da nicht einen Brief schreiben: so und so, und das und das, bin damit und damit einverstanden. — Und morgen, wenn nur erst die Sonne aufgeht, oder noch früher ... werde ich von der anderen Seite entgegenarbeiten und den Burschen zuvorkommen ... Sie werden nur lästern über mich, ja, und das ist alles!«

Herr Goljädkin griff nach dem Papier, nahm die Feder und schrieb folgende Antwort auf den Brief des Gouvernement-Sekretärs Wachramejeff:

»Sehr geehrter Herr Nestor Ignatjewitsch!

Mit gekränktem Herzen und voll Verwunderung habe ich Ihren für mich so beleidigenden Brief gelesen, denn ich habe wohl verstanden, daß Sie mit den nicht wohlanständigen, falschen und lügnerischen Personen mich bezeichnen wollen. Mit aufrichtigem Bedauern sehe ich, wie schnell und wie tief die Verleumdung Wurzeln gefaßt hat, zum Schaden meines Wohlergehens, meiner Ehre und meines guten Rufes. Und um so beleidigender ist es, als sogar ehrliche und wirklich wohlmeinende Leute und hauptsächlich die, welche mit einem offenen und geraden Charakter begabt sind, sich von dem Leben anständiger Leute abwenden und an einem anderen und tief verderbten teilnehmen, wie es Menschen führen, welche in jener Sittenlosigkeit versunken sind, die zum Unglück unserer Zeit unter uns so schädliche Früchte zeitigt.

Zum Schluß teile ich Ihnen mit, daß ich es für meine heilige Pflicht halte, Ihnen meine Schuld von zwei Rubeln unverzüglich zurückzuerstatten.

Was Ihre Anspielung, sehr geehrter Herr, anbelangt, in bezug auf eine sehr bekannte Person weiblichen Geschlechts, und in bezug auf die Absichten, Berechnungen und verschiedenen Ränke dieser Person, so kann ich Ihnen nur sagen, sehr geehrter Herr, daß ich alle diese Anspielungen bloß halbwegs verstanden habe. Erlauben Sie mir auch, geehrter Herr, meine anständige Gesinnung und meinen ehrlichen Namen unbefleckt zu erhalten. Auf jeden Fall bin ich bereit, auf persönliche Erklärungen einzugehen, da ich die mündliche Erörterung der schriftlichen vorziehe: Jedenfalls bin ich zu friedlicher gegenseitiger Verständigung bereit. Daher ersuche ich Sie, sehr geehrter Herr, meine Bereitwilligkeit zur persönlichen Aussprache mit dieser Person anzuzeigen und sie zu bitten, die Zeit und den Ort des Zusammentreffens zu bestimmen. Es war mir schmerzlich, mein geehrter Herr, Ihre Anspielungen zu lesen, als hätte ich Sie beleidigt, Ihre frühere Freundschaft zu mir verraten und mich in schlechtem Sinn über Sie ausgesprochen. Ich schreibe alle diese Mißverständnisse schnöder Verleumdung dem Neid mir gegenüber zu, und zwar derjenigen, die ich mit Recht meine erbitterten Feinde nennen kann. Aber wahrscheinlich wissen diese nicht, daß die Unschuld durch sich selbst stark ist, wissen nicht, daß Unverschämtheit und Frechheit früher oder später zu einer allgemeinen Verachtung führen, die sie treffen wird, daß solche Personen durch ihre eigenen schlechten Absichten und die Verworfenheit ihres Herzens zugrunde gehen müssen.

Zum Schluß bitte ich Sie noch, geehrter Herr, jenen Personen zu sagen, daß ihre sonderbare Anmaßung und ihre unedlen phantastischen Wünsche und Bestrebungen, andere aus der Stellung zu verdrängen, die sie durch ihre Verdienste einnehmen, nur Erstaunen und Bedauern erwecken und sie selbst für das Irrenhaus reif machen. Überdies sind solche Bestrebungen durch das Gesetz strengstens verboten, was meiner Meinung nach durchaus gerecht ist, da jeder mit seiner eigenen Stellung zufrieden sein muß. Alles hat seine Grenzen, und wenn das ein Scherz sein soll, so ist es ein unwürdiger Scherz, ich sage mehr: ein vollkommen unmoralischer Scherz, denn ich versichere Ihnen, mein geehrter Herr, daß meine oben dargelegten Ansichten über die Stellung *eines jeden* hier auf Erden rein moralischer Art sind.

In jedem Falle habe ich die Ehre, zu verbleiben

Ihr gehorsamer Diener

J. Goljädkin«

ZEHNTES KAPITEL

Man kann wohl sagen, daß die Erlebnisse des gestrigen Tages Herrn Goljädkin bis auf den Grund seines Seins erschüttert hatten. Unser Held schlief sehr schlecht, das heißt: er konnte nicht einmal auf fünf Minuten richtig einschlafen. Es war ihm, als hätte irgendein mutwilliger Schlingel ihm geschnittene Schweineborsten ins Bett gestreut. Die ganze Nacht verbrachte er im Halbschlaf und drehte sich fortgesetzt stöhnend und ächzend von der einen Seite auf die andere. Schlief er einmal auf einen Augenblick ein, so erwachte er im nächsten sofort wieder, und alles das war begleitet von einem seltsamen Gefühl der Trauer, unklaren Erinnerungen und widerlichen Traumgesichtern, mit einem Wort: von allem, was es an Unangenehmem nur geben kann... So erschien ihm in sonderbarem rätselhaftem Halbdunkel die Gestalt Andrei Filippowitschs, eine trockene Erscheinung, mit bösem Blick und gefühllos höflicher Ausdrucksweise... Als aber Herr Goljädkin die Absicht zeigte, auf Andrei Filippowitsch zuzugehen, um sich auf seine Weise zu rechtfertigen, so oder so, sich jedenfalls zu rechtfertigen und ihm zu beweisen, daß er durchaus nicht so sei, wie seine Feinde ihn schilderten, daß er vielmehr ein ganz Anderer sei, außer seinen gewöhnlichen ihm angeborenen Fähigkeiten noch diese und jene besitze – da erschien plötzlich eine ihm durch ihre übelwollende Gesinnung nur zu bekannte Person, und durch ein empörendes Mittel wurden auf einmal alle Bemühungen des Herrn Goljädkin vereitelt, und Herr Goljädkin sah vor seinen eigenen Augen seine Würde und seine Ansprüche auf Beachtung endgültig in den Schmutz gezogen, während diese Person seine, jawohl, seine Stellung im Dienst wie in der Gesellschaft einnahm. Dann wieder ging Herrn Goljädkin die Empfindung eines Nasenstübers durch den Kopf, den er vor kurzem erhalten und demütig hingenommen hatte: war es nun im gewöhnlichen Leben oder in dienstlicher Angelegenheit gewesen — jedenfalls war es unmöglich, sich gegen diesen Nasenstüber zu wehren oder ihn zu leugnen ... Während aber Herr Goljädkin sich noch den Kopf darüber zerbrach, warum es denn so unmöglich war, gegen diesen Nasenstüber zu protestieren, — ging der Nasenstüber unmerklich in eine andere Form über, in die Form einer alltäglichen, kleinen oder auch bedeutenden Gemeinheit, die er gesehen oder gehört oder selbst unlängst begangen hatte, und zwar nicht etwa aus schlechter Absicht oder aus einem gemeinen Antrieb, sondern so — nun, so, aus Zufall, aus Zartgefühl ... vielleicht auch aus seiner vollkommenen Hilflosigkeit heraus, und schließlich, weil ... weil, nun, Herr Goljädkin wußte sehr gut, *warum!*

Dabei errötete Herr Goljädkin sogar im Traum, und weil er das Erröten unterdrücken wollte, murmelte er vor sich hin, daß man jetzt zum Beispiel Charakterfestigkeit zeigen könnte, ja, in diesem Fall sogar ganz bedeutende Charakterfestigkeit ... worauf sich die Frage erhob, was denn Charakterfestigkeit eigentlich sei? ... und wozu diese Frage sich jetzt hier einstellte! ...

Doch mehr als alles andere reizte es Herrn Goljädkin und versetzte ihn in Wut, daß gerade in diesem Augenblick, gerufen oder ungerufen, die Person auftauchte, die ihm in ihrer Unanständigkeit, bösartigen Witzigkeit nur zu bekannt war, und ihm, obwohl ihm damit gar nichts Neues, sondern nur zu Bekanntes gesagt wurde, mit einem unanständigen Lächeln zuflüsterte: »Wozu denn hierbei Charakterfestigkeit! Und welche Charakterfestigkeit hätten denn wir beide, Jakoff Petrowitsch, wohl aufzuweisen! ...«

Dann träumte Herrn Goljädkin wiederum, daß er sich in einer prächtigen Gesellschaft befände, die sich durch Geist und den vornehmen Ton aller anwesenden Personen auszeichnete: daß er, Goljädkin, sich seinerseits durch Liebenswürdigkeit und Scharfsinn auszeichnete, daß alle ihn liebgewannen, sogar einige seiner Feinde, die zugegen waren, sich ihm zugetan zeigten, was Herr Goljädkin als sehr angenehm empfand, daß ihm alle den Vorzug gaben und er selbst, Goljädkin, mit Vergnügen anhören durfte, wie der Wirt einen seiner Gäste beiseite führte, um ihm Lobenswertes über Herrn Goljädkin zu sagen ... Doch plötzlich, mir nichts dir nichts, erschien wieder dasselbe mißvergnügte und mit wahrhaft tierischen Zügen begabte Gesicht des Herrn Goljädkin *junior* und zerstörte den ganzen Triumph und den Ruhm des Herrn Goljädkin *senior,* verdunkelte seine glänzende gesellschaftliche Erscheinung, trat ihn abermals in den Schmutz und bewies allen klar, daß Herr Goljädkin der Ältere, daß also der wirkliche Goljädkin — gar nicht der wirkliche sei, sondern ein nachgemachter, während er, er selbst, der wirkliche wäre ... Herr Goljädkin der Ältere aber, der sei, sagte er, durchaus nicht derjenige, als der er erscheine, sondern bald dieser, bald jener: und folglich habe er auch gar nicht das Recht, zu der Gesellschaft so trefflicher Leute von gutem Ton zu gehören!

Und alles das geschah so schnell, daß Herr Goljädkin der Ältere vor Erstaunen nicht einmal den Mund zu öffnen vermochte, daß er nur noch zusehen konnte, wie sich schon alle sowohl mit der Seele wie mit dem Leibe dem abscheulichen und falschen Herrn Goljädkin hingegeben hatten und sich mit der tiefsten Verachtung von ihm, dem wahren und so unschuldigen Herrn Goljädkin, abwandten. Es gab keine Person mehr, bis auf die unbedeutendste der ganzen Gesellschaft, bei der sich nicht Herr Goljädkin, der unnütze und falsche, mit seinen süßen Manieren und auf seine geschmeidige Art eingeschmeichelt und vor denen er nicht, seiner Gewohnheit gemäß, Weihrauch ausgestreut hätte, süß und angenehm duftenden Weihrauch, so daß die auf diese Weise angeräucherten Personen bis zu Tränen niesen mußten, zum Zeichen ihres höchsten Wohlbehagens.

Und was die Hauptsache war: alles das geschah in einem Augenblick! Die Geschwindigkeit des Vorgangs war erstaunlich! Kaum gelang es dem falschen Herrn Goljädkin, sich dem einen zu nähern, als es ihm auch schon gelang, das

Wohlwollen des anderen zu gewinnen — und im selben Augenblick stand er auch schon bei dem dritten. Er schmeichelte hin, schmeichelte her, schmeichelte sich im stillen ein, entriß jedem ein Lächeln des Wohlwollens und kratzfußte vor ihm mit seinem kurzen, runden, übrigens recht stämmigen Beinchen — und siehe da, schon machte er einem Neuen den Hof und schloß mit ihm Freundschaft. Noch bevor man dazu kam, den Mund aufzusperren vor Erstaunen, war er schon bei einem vierten, und mit diesem vierten in denselben Beziehungen! Fabelhaft! — einfach Zauberei schien es zu sein! Und alle waren sie entzückt von ihm und alle liebten ihn und bemühten sich um ihn. Alle wiederholten im Chor, daß seine Liebenswürdigkeit und der satirische Witz seiner geistigen Einstellung unvergleichlich höher ständen als die Liebenswürdigkeit und der Geist des andern Herrn Goljädkin und beschämten dadurch diesen wirklichen und unschuldigen Herrn Goljädkin; ja, man wandte sich von dem durch seine Nächstenliebe bekannten echten Herrn Goljädkin einfach ab, und alsbald jagte man ihn schon mit Püffen und Nasenstübern einfach hinaus!...

Außer sich vor Schreck, Kummer und Zorn, lief der bemitleidenswerte Herr Goljädkin auf die Straße und wollte sich eine Droschke nehmen, um geradewegs zu Seiner Exzellenz zu fliehen, und wenn nicht zu ihm, dann doch wenigstens zu Andrei Filippowitsch, aber o Schrecken! Die Droschkenkutscher weigerten sich, Herrn Goljädkin aufzunehmen, denn: »Wie, Herr, kann man einen Menschen fahren, der doppelt dasteht? Wohlgeboren, ein guter Mensch bemüht sich, in Ehrbarkeit zu leben, aber nicht so wie Sie, der erscheint niemals doppelt.«

Sprachlos vor Scham sah der doch so vollkommen ehrenhafte Herr Goljädkin sich um, und konnte sich so selbst und mit seinen eigenen Augen überzeugen, daß die Droschkenkutscher, so wie Petruschka, der offenbar mit ihnen unter einer Decke steckte, im Recht waren. Denn der andere, der nichtsnutzige Herr Goljädkin stand in der Tat in greifbarer

Nähe neben ihm, und seinen schlechten Gewohnheiten gemäß war er auch hier, in diesem kritischen Augenblick, im Begriff, etwas sehr Gemeines zu tun, etwas, das allerdings keinen edlen Charakter bewies, wie er ihn durch Erziehung erhalten haben sollte – keinen Anstand, keine Form, keinen Takt, mit denen der widerliche Herr Goljädkin der Zweite doch bei jeder sich bietenden Gelegenheit zu prahlen pflegte.

Ohne sich zu besinnen, voll Scham und Verzweiflung floh der unglückliche und ehrenwerte Herr Goljädkin von dannen, floh, lief, wohin ihn die Füße trugen, wohin das Schicksal wollte. Doch bei jedem Schritt, den er machte, bei jedem Aufschlag seiner Füße auf das harte Trottoir, sprang wie aus der Erde hervor ein ebensolcher Herr Goljädkin, jener andere Herr Goljädkin, jener verworfene, ruchlose, abscheuliche Zweite. Und alle diese Ebenbilder begannen nun, kaum, daß sie erschienen, eines dem anderen nachzulaufen. In einer langen Kette, wie eine Reihe watschelnder Gänse, zogen sie hinter Herrn Goljädkin dem Älteren her, daß es ganz unmöglich war, ihnen zu entfliehen, daß dem bedauernswerten Herrn Goljädkin der Atem stockte, daß zuletzt eine furchtbare Anzahl solcher Ebenbilder sich ansammelte, daß ganz Petersburg von ihnen überschwemmt war und ein Polizist, der diese Störung des Schicklichen bemerkte, sich veranlaßt sah, alle diese Ebenbilder am Kragen zu packen und in ein zufällig nahestehendes Schilderhaus zu stopfen...

Gebannt und erstarrt vor Schrecken erwachte unser Held, und gebannt und erstarrt vor Schrecken fühlte er sich auch noch im wachen Zustand nicht besser. Schwer und quälend war ihm zumut... Er hatte ein Gefühl, als ob ihm jemand das Herz aus der Brust risse...

Endlich konnte es Herr Goljädkin nicht länger aushalten. »Das darf nicht sein!« rief er mit Entschlossenheit aus, und erhob sich vom Bett, worauf er vollständig wach wurde.

Der Tag hatte augenscheinlich längst begonnen. Im Zimmer war es ganz außergewöhnlich hell. Die Sonnenstrahlen drangen durch die gefrorenen Fensterscheiben und zerstreuten sich verschwenderisch im Zimmer, was Herrn Goljädkin nicht wenig verwunderte. Denn nur um die Mittagszeit konnte die Sonne zu ihm hereinsehen, zu anderer Stunde war so etwas, soweit sich Herr Goljädkin erinnern konnte, noch nie vorgekommen. Während unser Held noch ganz verwundert darüber nachdachte, begann die Wanduhr hinter der Scheidewand zu schnurren — was ankündigte, daß sie gleich darauf schlagen werde.

‚Nun, aufgepaßt!' dachte Herr Goljädkin und horchte auf, in gespannter Erwartung ... Doch zu seiner höchsten Verwunderung holte die Uhr aus und schlug — nur ein einziges Mal. »Was ist denn das für eine Geschichte?« rief unser Held aus und sprang jetzt endgültig aus dem Bett. Wie es schien, traute er seinen eigenen Ohren nicht und lief in die Kammer. Die Uhr zeigte wirklich „eins". Herr Goljädkin blickte auf Petruschkas Bett, doch im Zimmer war von Petruschka keine Spur zu sehen. Sein Bett war augenscheinlich schon lange gemacht, und seine Stiefel waren nirgends zu erblicken, ein unzweifelhaftes Zeichen, daß Petruschka wirklich nicht zu Hause war. Herr Goljädkin stürzte zur Tür: die Tür war verschlossen.

»Wo ist denn Petruschka?« fuhr er flüsternd fort, in schrecklicher Erregung, an allen Gliedern zitternd. Plötzlich kam ihm ein Gedanke ... Herr Goljädkin stürzte an den Tisch, übersah ihn, suchte — richtig: sein gestriger Brief an Wachramejeff war nicht da ... Petruschka war nicht in seiner Kammer ... die Uhr war eins ... und im gestrigen Brief von Wachramejeff waren einige neue Punkte eingefügt, übrigens, auf den ersten Blick sehr unklare Punkte, die sich gleichwohl für ihn jetzt vollkommen aufklärten ... Also auch Petruschka war offenbar bestochen worden! Ja, ja, so war es!

»So, jawohl, so wird alles zu einem Hauptknoten von Ränken und Verrat!« rief Herr Goljädkin aus, schlug sich an die Stirn, immer mehr die Augen öffnend. »Also im

Nest dieser abscheulichen Deutschen verbirgt sich jetzt das ganze Zentrum der unreinen Macht! Sie hat mich nur höchst geschickt ablenken wollen, indem sie mich auf die Ismailoff-Brücke wies, die Augen ablenken, um mich zu verwirren, diese nichtsnutzige Hexe! und hat auf mich in dieser Weise geheime Anschläge gemacht! Ja, so ist es! Wenn man die Sache von dieser Seite betrachtet, dann ist es eben so! Und die Erscheinung dieses Spitzbuben ist auch darauf zurückzuführen: so gehört eines zum anderen. Sie hatten ihn schon lange vorbereitet und für den schwarzen Tag gerüstet. So also ist es, wie sich jetzt alles aufklärt. Wie ist das nur gekommen? Nun, tut nichts! Noch ist keine Zeit verloren ...'

Hierbei erinnerte sich Herr Goljädkin mit Schrecken daran, daß es bereits halb zwei Uhr nachmittags sei. ‚Wie, wenn es ihnen inzwischen gelungen sein sollte ...' Ein Stöhnen entrang sich seiner Brust ... ‚Nein, nein, sie lügen, es gelingt ihnen nicht, – wollen doch sehen ...' Er kleidete sich schnell irgendwie an, ergriff Papier und Feder und schrieb geschwind folgenden Brief:

»Geehrter Herr Jakoff Petrowitsch!

Entweder Sie oder ich, aber wir beide zugleich – das ist unmöglich! Und darum erkläre ich Ihnen, daß Ihr sonderbarer, lächerlicher und unsinniger Wunsch, sich für meinen Zwillingsbruder auszugeben, zu nichts anderem führen wird als zu Ihrem vollständigen Ruin. Ich bitte Sie daher, und um Ihres eigenen Vorteils willen, wahrhaft ehrenwerten Leuten mit wohlgesinnten Absichten den Weg frei zu geben. Anderenfalls bin ich bereit, selbst zu den äußersten Maßregeln zu greifen. Ich lege die Feder hin und warte ... Im übrigen stehe ich zu Ihrer Verfügung – auch mit der Pistole.

J. Goljädkin«

Unser Held rieb sich energisch die Hände, als er dieses Schreiben beendet hatte. Dann zog er sich den Mantel an, setzte den Hut auf, öffnete mit einem zweiten Schlüssel die Tür und begab sich in die Kanzlei. Er ging auch bis zum Departementsgebäude, konnte sich aber nicht entschließen hineinzugehen, denn es war wirklich schon zu spät. Die Uhr des Herrn Goljädkin zeigte halb drei. Plötzlich erregte ein scheinbar sehr nebensächlicher Umstand einiges Bedenken bei Herrn Goljädkin. Aus einer Ecke des Gebäudes tauchte nämlich mit einem Mal eine erhitzte und keuchende Figur auf, schlich sich verstohlen auf die Treppe und von dort in den Vorraum. Es war der Schreiber Ostäffjeff, ein Mensch, den Herr Goljädkin gut kannte, ein Mensch, der zuweilen für einige Zehnkopekenstücke zu allem bereit war. Da Herr Goljädkin um die schwache Seite Ostaffjeffs Bescheid wußte und richtig vermutete, daß er, der offenbar gerade aus einer benachbarten Kneipe kam, wahrscheinlich mehr denn je Verlangen nach Kopeken empfand, so entschloß sich unser Held, diese nicht zu sparen. Er ging sofort auf die Treppe und folgte Ostaffjeff in den Vorraum, rief ihn an und forderte ihn geheimnisvoll auf, mit ihm zur Seite zu treten, in ein verstohlenes Winkelchen hinter einem großen eisernen Ofen. Nachdem er ihn dahin geführt hatte, begann unser Held ihn auszufragen.

»Nun, wie, mein Freund, wie ist's damit ... Du verstehst mich doch? ...«

»Zu Befehl, Euer Wohlgeboren, wünsche Euer Wohlgeboren Gesundheit.«

»Gut, mein Lieber, schon gut; ich danke dir, mein Lieber. Nun, aber wie steht es denn, mein Lieber?«

»Wonach geruhen Sie zu fragen?« Ostaffjeff hielt dabei die Hand ein wenig vor den Mund.

»Nun sieh, mein Lieber, ich spreche davon ... Du brauchst aber nun nicht etwas zu denken ... Sage, ist Andrei Filippowitsch hier? ...«

»Jawohl, er ist hier.«

»Und die Beamten sind auch hier?«

»Und die Beamten auch, wie es sich gehört.«

»Und Seine Exzellenz gleichfalls?«

»Und auch Seine Exzellenz.« Wieder legte der Schreiber seine Hand vor den Mund und blickte neugierig und verwundert Herrn Goljädkin an. Wenigstens schien es unserm Helden so.

»Und es ist nichts Besonderes vorgefallen, mein Lieber?«

»Nein, gar nichts, nicht das geringste.«

»Und von mir, mein Lieber, ist da nicht dort so ... irgendwas von mir zu hören gewesen? ... Wie? Nur so, mein Freund, verstehst du?«

»Nein, es ist bis jetzt nichts zu hören gewesen«, wieder legte der Schreiber seine Hand vor den Mund und sah Herrn Goljädkin sehr sonderbar an. Unser Held versuchte jetzt aus dem Gesicht Ostaffjeffs herauszulesen, ob er etwas vor ihm verheimliche. Und wirklich schien in ihm etwas vor sich zu gehen. Ostaffjeff wurde nämlich immer trockener, fast unhöflich und zeigte für Herrn Goljädkin lange nicht mehr soviel Teilnahme wie zu Anfang des Gespräches. — ‚Er ist auf gewisse Weise in seinem Recht‘, dachte Herr Goljädkin, ‚was gehe ich ihn eigentlich an? Vielleicht hat er auch schon von anderer Seite ein Trinkgeld empfangen? Vielleicht kommt er gerade ... und ich treffe ihn, weil — Aber auch ich werde ihm ...‘ Herr Goljädkin begriff, daß die Zeit für das Trinkgeld gekommen war.

»Hier, mein Lieber ...«

»Danke ergebenst, Euer Wohlgeboren.«

»Ich werde dir noch mehr geben.«

»Zu Befehl, Euer Wohlgeboren.«

»Jetzt, sofort werde ich dir noch mehr geben, und wenn die Sache beendet ist, gebe ich dir noch einmal soviel. Verstehst du?«

Der Schreiber schwieg, er stand kerzengerade vor Herrn Goljädkin und sah ihn unbeweglich an.

»Nun, jetzt sprich: ist etwas über mich zu hören? ...«

»Es scheint, daß bis jetzt noch ... davon ... nichts, bis jetzt wenigstens.« Ostaffjeff antwortete in Pausen und ganz wie Herr Goljädkin selbst nahm auch er eine geheimnisvolle

Miene an, zog die Augenbrauen hoch, sah zur Erde, versuchte den richtigen Ton zu treffen, kurz, tat alles, um auch noch das Versprochene zu verdienen, denn das Erhaltene sah er bereits für etwas endgültig von ihm Erworbenes an.

»Also, es ist noch nichts bekannt? ...«

»Bis jetzt noch nichts.«

»Doch höre, ... es wird vielleicht ... noch bekannt werden? ...«

»Versteht sich, späterhin wird es vielleicht bekannt werden.«

‚Schlimm!' dachte unser Held. »Höre: hier hast du noch, mein Freund.«

»Danke ergebenst, Euer Wohlgeboren.«

»War Wachramejeff gestern hier? ...«

»Jawohl, er war hier.«

»War nicht sonst noch jemand hier? Denke mal nach, mein Lieber!«

Der Schreiber suchte einen Augenblick in seinen Erinnerungen: offenbar fiel ihm nichts ein.

»Nein, es war sonst niemand hier.«

»Hm!« Es folgte ein Schweigen.

»Höre, Lieber, noch eins: sage mir alles, was du weißt.«

»Zu Befehl.«

»Sage mir, Lieber, wie ist er angeschrieben?«

»So ... gut ... —« antwortete der Schreiber und sah mit großen Augen auf Herrn Goljädkin.

»Wie das, ... gut —? «

»Das heißt: so ...« Ostaffjeff zog die Augenbrauen noch bedeutend höher. Er stand dumm da und wußte entschieden nicht, was er antworten sollte.

‚Schlimm!' dachte Herr Goljädkin. »Weiß man sonst etwas über Wachramejeff?«

»Ja, alles ganz wie früher.«

»Denke mal nach.«

»Ja, man sagt ...«

»Nun, was denn? ...«

Ostaffjeff bedeckte mit der Hand seinen Mund.

»Ist nicht ein Brief von ihm da, an mich?«

»Ja, heute ging der Kanzleidiener Micheleff zu Wachramejeff in die Wohnung, ging zu einer Deutschen — wenn es nötig ist, kann ich auch hingehen und fragen?«

»Tu es, sei so gut, mein Lieber, um's Himmels willen! Das heißt: ich meine nur so ... Du, mein Lieber, denke dir nichts dabei ... wie gesagt, ich meine nur so ... Ja, frage nach, mein Lieber, forsche, ob man da etwas vorbereitet — in Bezug auf mich? Und was er tun wird? Das muß ich wissen, versuche es zu erfahren, mein Lieber, ich werde dir dafür danken, mein Lieber ...«

»Zu Befehl, Euer Wohlgeboren. Ihren Platz nahm heute Iwan Ssemjónowitsch ein.«

»Iwan Ssemjonowitsch? Ach! Ja! Wirklich?«

»Andrei Filippowitsch befahlen ihm, sich auf Ihren Platz zu begeben.«

»Wirklich? Aus welcher Veranlassung? Versuche das zu erfahren, mein Lieber; versuche alles zu erfahren — und ich werde dir danken, mein Lieber, das ist es ja, was ich brauche und was ich wissen muß ... Du aber, glaube nur ja nicht, mein Lieber ...«

»Verstehe, verstehe, ich gehe sogleich —. Und Euer Wohlgeboren gehen heute nicht hin?«

»Nein, mein Lieber, ich bin nur so ... ich bin nur so gekommen, um zu sehen, mein Lieber — ich würde dir aber dankbar sein, mein Lieber ...«

»Zu Befehl.« Der Schreiber lief schnell und eilig die Treppe hinauf, und Herr Goljädkin blieb allein.

‚Schlimm!' dachte er. ‚Ach, schlimm, schlimm! Ach, sehr schlimm steht jetzt unsere Sache! Was hatte das alles zu bedeuten? Was bedeuteten einige Anspielungen dieses Kerls, und von wem gehen sie aus? Ah! Jetzt weiß ich's! Sie haben die Sache erfahren und ihn infolgedessen hingesetzt. Übrigens, was ... hingesetzt? Dieser Andrei Filippowitsch hat Iwán Ssemjónowitsch befohlen, sich hinzusetzen, aber warum hat er ihn hingesetzt, zu welchem Zweck hat er ihn hingesetzt? Wahrscheinlich haben sie erfahren ... Dieser Wachramejeff intrigiert, das heißt: nicht Wachramejeff — er ist so dumm, wie ein Stück Holz, dieser Wachramejeff! Sie machen das alles für ihn und haben diesen Halunken nun hingesetzt. Oh, die Deutsche hat sie bestochen, die Einäugige! Ich hatte immer den Verdacht, daß diese Intrige nicht so einfach ist, und daß hinter diesem Altweiberklatsch etwas steckt ... Dasselbe habe ich auch Krestján Iwánowitsch gesagt, daß sie sich geschworen haben, im moralischen Sinne einen Menschen umzubringen — und da bedienen sie sich denn Karolina Iwánownas. Nein, hier sind Meister an der Arbeit, das sieht man! Hier, mein Herr, erkennt man eine Meisterhand und nicht die Wachramejeffs. Wie gesagt, dieser Wachramejeff ist dumm, aber ich weiß, wer für sie alle jetzt arbeitet: dieser Schurke ist es, dieser Usurpator meines Namens ist es! An ihm allein hängt alles, was ja auch zum Teil seine Erfolge in der Gesellschaft bewiesen haben. Es wäre wirklich wünschenswert, zu wissen, auf welchem Fuß er jetzt ... was er dort bei ihnen gilt? ...'

‚... Aber wozu haben sie diesen Iwan Ssemjonowitsch genommen? Zum Teufel, wozu hatten sie denn den nötig? Ganz als ob sich kein anderer finden ließe. Übrigens, wen sie auch dahin gesetzt hätten, es wäre doch immer dasselbe gewesen! Das einzige, was ich weiß, ist, daß mir dieser Iwan Ssemjonowitsch schon längst verdächtig vorkam: so ein alter widerlicher Kerl! Man sagt, er leihe Geld aus und nehme Wucherzinsen. Aber das macht ja alles der Bär, in alle diese Sachen hat sich der Bär eingemischt. Das fing so an, bei der Ismailoffbrücke fing es an: so war es ...'

Hierbei verzog Herr Goljädkin gar schrecklich sein Gesicht, ganz, als hätte er in eine Zitrone gebissen — jedenfalls dachte er an etwas für ihn sehr Unangenehmes.

‚Nun, tut nichts, und übrigens!' dachte er, ‚ich werde schon für mich einstehen ... Warum kommt denn der Ostaffjeff nicht? Wahrscheinlich haben sie ihn dort aufgehalten!

Es ist zum Teil gut, daß ich so intrigiere und auch meinerseits Schlingen lege. Ostaffjeff brauche ich nur ein Trinkgeld zu geben und so habe ich ihn auf meiner Seite. Vielleicht tun sie das auch ihrerseits und intrigieren ihrerseits durch ihn gegen mich? Denn der Schurke sieht aus wie ein Räuber, der reine Räuber! Er verheimlicht alles, der Schuft! ‚Nein, nichts', sagt er, ‚ich danke ergebenst, Euer Wohlgeboren', sagte er. ‚Solch ein Räuber!'

Man hörte ein Geräusch ... Herr Goljädkin duckte sich und sprang hinter den Ofen. Jemand kam die Treppe herunter und ging auf die Straße.

‚Wer kann denn da jetzt weggegangen sein?' dachte Herr Goljädkin bei sich. Nach einer Weile hörte man wieder Schritte ... Jetzt konnte es Herr Goljädkin nicht mehr aushalten, er streckte ein wenig seine Nase aus dem Versteck heraus, zog sie aber schnell wieder zurück, als wäre sie ihm mit einer Nadel gestochen worden. Dieses Mal konnte man sich ja denken, wer da kam, ... der Schuft, der Intrigant und Verderber selbst ... Er ging vorüber, wie gewöhnlich, mit seinen gemeinen kleinen Schrittchen, und warf seine Beinchen aus, ganz als wolle er jemandem ein Bein stellen.

»Schurke!« murmelte unser Held vor sich hin. Übrigens konnte es Herrn Goljädkin nicht entgehen, daß der Schurke unter dem Arm die große grüne Mappe trug, die Seiner Exzellenz gehörte.

‚Also wieder in besonderen Aufträgen', dachte Herr Goljädkin, verbroch sich noch mehr und wurde rot vor Ärger. Kaum war Herr Goljädkin der Jüngere an Herrn Goljädkin dem Älteren vorübergegangen, ohne ihn zu bemerken, als man zum dritten Male Schritte hörte: wie Herr Goljädkin sich gedacht, waren es die Schritte eines Schreibers. Wirklich: es war das glänzende Gesicht eines Schreibers, das zu ihm hinter den Ofen sah; nur war es nicht das Gesicht Ostaffjeffs, sondern das eines anderen Schreibers, Pissarénko genannt. Das setzte Herrn Goljädkin in Erstaunen. ‚Warum hat er andere in das Geheimnis eingeweiht?'

dachte unser Held. ‚Ach, diese Schurken — alle! Es gibt nichts Heiliges für sie!'

»Nun, mein Lieber?« sagte er zu Pissarenko gewandt. »Von wem kommst du, mein Lieber?...«

»In Ihrer Sache gibt es noch nichts Neues, gar keine Nachrichten; wenn was kommen sollte, so werde ich es Ihnen überbringen.«

»Und Ostaffjeff?«

»Der, Euer Wohlgeboren, kann jetzt nicht abkommen. Seine Exzellenz ist schon zweimal durch unsere Abteilung gekommen, und auch ich habe keine Zeit.«

»Danke dir, mein Lieber, danke dir ... Aber du sagst mir doch...«

»Bei Gott, ich habe keine Zeit ... Jeden Augenblick werden wir gerufen ... Aber belieben Sie hier noch stehen zu bleiben, wenn etwas in betreff Ihrer Sache geschieht, so werden wir Sie benachrichtigen.«

»Warte, warte, mein Lieber! Sofort, mein Lieber!... Hier, nimm diesen Brief, mein Lieber; ich werde dir danken, mein Freund.«

»Gut!«

»Gib ihn ab, mein Lieber, gib ihn Herrn Goljädkin.«

»Herrn Goljädkin?«

»Jawohl, mein Lieber, Herrn Goljädkin.«

»Schön! Ich werde ihn abgeben, sobald ich Zeit finde. Sie aber bleiben hier inzwischen stehen. Hier wird Sie niemand sehen...«

»Nein, mein Lieber, du mußt nicht denken ... daß ich hier stehe, damit mich niemand sieht. Ich, mein Freund, ich werde nicht mehr hier ... ich werde dort in der Nebenstraße warten. Dort ist ein Café, dort werde ich warten, und wenn etwas passiert, wirst du mich benachrichtigen, verstehst du?«

»Schön. Gehen Sie nur, ich verstehe...«

»Ich werde mich dir dankbar erweisen, mein Lieber!« rief Herr Goljädkin dem Schreiber nach, der sich endlich von ihm befreit hatte.

,Der Schuft wurde o entlich grob zuletzt', dachte unser Held und schlich hinter dem Ofen hervor ... ,Dort steckt noch ein Haken ... ' as ist klar ... Zuerst war es so, dann so ... Übrigens, vielleicht m te er sich auch wirklich beeilen. Vielleicht haben sie dort viel zu tun. Und Seine Exzellenz ging zweimal durch ihre Abteilung ... Aus welcher Veranlassung geschah das wohl? Ach! nun, einerlei! Übrigens, tut nichts ... vielleicht ... nun, wir werden ja sehen ...'
Herr Goljädkin hatte bereits die Tür geöffnet und wollte soeben auf die Straße hinaustreten, als plötzlich, gerade in diesem Augenblick, der Wagen Seiner Exzellenz rasselnd vorfuhr. Herrn Goljädkin war das kaum erst bewußt geworden, als auch schon die Tür der Equipage von innen geöffnet wurde und der in ihr sitzende Herr auf die Treppe hinaussprang. Der Betreffende aber war niemand anders als jener Herr Goljädkin der Jüngere, welcher, wie er selbst gesehen hatte, vor etwa zehn Minuten weggegangen war. Doch Herr Goljädkin der Ältere erinnerte sich gleichzeitig, daß die Wohnung der Exzellenz sich in der Nähe befand.

,Er war in besonderem Auftrag ...', dachte sich unser Held. Unterdessen hatte Herr Goljädkin der Jüngere aus dem Wagen die dicke grüne Aktenmappe und einige andere Papiere hervorgezogen, gab dem Kutscher noch einen Befehl, öffnete die Tür, stieß mit ihr beinahe gegen Herrn Goljädkin den Älteren und — als wollte er ihn beleidigen und absichtlich nicht bemerken — eilte schnell die Treppe zur Kanzlei hinauf.

,Schlimm!' dachte Herr Goljädkin. ,Was hat die Sache doch jetzt für eine Wendung genommen! Gott, mein Gott!' Einen Augenblick stand unser Held unbeweglich da, dann faßte er sich endlich. Ohne lange nachzudenken, doch unter starkem Herzklopfen, an allen Gliedern zitternd, lief er gleichfalls die Treppe hinauf, seinem Ebenbild nach. ,Mag es sein, wie es ist, was geht's mich an! Ich bin hier Nebensache!' Im Vorraum nahm er seinen Hut ab, zog Mantel und Galoschen aus.

Als Herr Goljädkin in das Büro eintrat, war es bereits halbdunkel. Weder Andrei Filíppowitsch noch Antón Antónowitsch waren anwesend. Beide befanden sich im Kabinett des Direktors, um Meldungen zu machen. Der Direktor wiederum war, wie es hieß, von neuem zur Exzellenz geeilt. Infolge dieser Umstände, und da es bereits, wie gesagt, zu dunkeln begonnen hatte, auch die Bürozeit sich ihrem Ende näherte, hatten die Beamten, vorzugsweise die jüngeren, sich bereits süßer Beschäftigungslosigkeit ergeben. Sie gingen auf und ab, unterhielten sich miteinander, balgten sich und lachten. Und einige der allerjüngsten, die ranglosesten unter den noch ranglosen Beamten, hatten im stillen, begünstigt durch das allgemeine Geräusch, in einer Ecke am Fenster, „Schrift oder Adler" zu spielen begonnen.

Herr Goljädkin, der sich zu benehmen wußte und zudem das lebhafte Bedürfnis fühlte, sich jemandem anzuschließen, ging auf einen Kollegen zu, mit dem er sich sonst gut stand, wünschte ihm einen guten Tag usw. Aber man erwiderte die Höflichkeit des Herrn Goljädkin auf eine seltsame Weise. Er wurde unangenehm überrascht durch die allgemeine Kälte, Trockenheit und man kann wohl sagen: Strenge des Empfangs. Es reichte ihm niemand die Hand. Einige sagten einfach »Guten Tag« und wandten sich ab, andere nickten nur mit dem Kopf, irgend jemand wandte sich einfach um, als hätte er ihn nicht bemerkt, und einige sogar – und was Herrn Goljädkin am meisten beleidigte: einige aus der ranglosesten Jugend, halbe Kinder, die, wie Herr Goljädkin sich ganz richtig ausdrückte, nur erst „Adler oder Schrift" zu spielen verstanden und sich im übrigen umherzutreiben pflegten – umgaben Herrn Goljädkin und gruppierten sich um ihn, so daß sie ihm beinahe den Durchgang versperrten. Alle blickten sie ihn mit einer beleidigenden Neugier an.

Das war entschieden ein schlechtes Zeichen! Herr Goljädkin fühlte es und nahm sich vernünftigerweise vor, seinerseits nichts zu bemerken. Plötzlich trat aber ein ganz unerwarteter Umstand ein, der, wie man sagt, Herrn Goljädkin vollständig vernichtete.

In dem Kreis der jungen, ihn umgebenden Kollegen erschien plötzlich und gerade für Herrn Goljädkin in dem allerpeinlichsten Augenblick — erschien Herr Goljädkin der Jüngere, wie immer fröhlich, wie immer mit einem Lächeln auf den Lippen, wie immer tänzelnd, kurz, wie immer als der geborene Spaßmacher und Gesellschaftsmensch, der er war, mit leichter Zunge und leichten Füßen, so wie er stets erschien, so wie er schon früher, so wie er noch gestern erschienen war, als er so ungelegen und verhängnisvoll wie nur möglich für Herrn Goljädkin auftauchte. Schmunzelnd beweglich, mit einem Lächeln, das allen zu sagen schien: »Guten Abend«, drehte er sich im Kreise der Beamten herum, reichte dem die Hand, klopfte diesem auf die Schulter, umarmte schnell den dritten, erklärte dem vierten, mit welchen Aufträgen er für Seine Exzellenz beschäftigt gewesen sei, wohin er gefahren war, was er getan und was er mit sich gebracht hatte; den fünften, offenbar seinen besten Freund, küßte er sogar mitten auf den Mund — kurz, alles geschah genau so, wie es Herrn Goljädkin dem Älteren geträumt hatte.

Nachdem er genug herumgesprungen war und alle auf seine Art begrüßt und für sich eingenommen hatte, ob es nun nötig oder unnötig war, hatte er nur Herrn Goljädkin den Älteren, wohl aus Versehen, noch gar nicht bemerkt; erst jetzt reichte er ihm die Hand. Und wahrscheinlich — und auch nur aus Versehen —, weil er den betrügerischen Herrn Goljädkin den Jüngeren jetzt erst bemerkte, ergriff unser Held sofort und gierig und ganz unerwartet dessen Hand und drückte sie auf die allerkräftigste, freundschaftlichste Weise, drückte sie mit ganz sonderbarer innerer Bewegung und mit den rührendsten Gefühlen. Es ist schwer zu sagen, ob unser Held dabei einem plötzlichen Antrieb folgte und durch die eine Bewegung seines scheinheiligen Feindes verführt wurde — oder ob er in seiner tiefsten Seele die ganze furchtbare Größe seiner Hilflosigkeit spürte und erkannte. Denn Tatsache war, daß Herr Goljädkin der Ältere bei gesundem Verstand, aus freiem Willen und vor allen Zeugen feierlich die Hand dessen drückte, den er doch seinen Todfeind nannte.

Aber wie groß war seine Verwunderung, das Entsetzen und die Wut, wie groß waren der Schreck und die Schande Herrn Goljädkins des Älteren, als sein Verräter und Todfeind, der hinterlistige Herr Goljädkin der Jüngere, den begangenen Fehler des unschuldigen und treulos verratenen Menschen bemerkte und gefühllos, schamlos, mitleidslos, gewissenlos, mit unerhörter Niedertracht und Grobheit, plötzlich seine Hand aus der Hand Herrn Goljädkins des Älteren riß. Und nicht genug damit, daß er ihm seine Hand entzog und sie abwischte, als hätte er sie durch etwas Unreines beschmutzt — er spie auch noch zur Seite und begleitete das mit einer höchst beleidigenden Gebärde. Und noch nicht genug damit, er zog auch noch sein Taschentuch heraus und wischte sich auf die unerlaubteste Weise die Finger ab, die sich auf einen Augenblick in der Hand des Herrn Goljädkin befunden hatten.

Nach diesem Verfahren sah sich Herr Goljädkin der Jüngere nach seiner niederträchtigen Gewohnheit im Kreise um, tat es, damit alle sein Benehmen bemerken sollten, blickte allen verständnisinnig in die Augen und bemühte sich offenbar, bei allen einen ungünstigen Eindruck von Herrn Goljädkin dem Älteren hervorzurufen.

Das Benehmen des widerwärtigen Herrn Goljädkin junior schien jedoch offenbar eher Unwillen bei den Anwesenden hervorzurufen. Sogar die „Jugend" bezeugte ihre Unzufriedenheit. Ringsum erhob sich Gespräch und Murren. Die allgemeine Bewegung konnte Herrn Goljädkin dem Älteren nicht entgehen. Doch ein rechtzeitiges Wort, ein gelungener Witz Herrn Goljädkins des Jüngeren — und die letzte Hoffnung unseres Helden wurde wieder zerstört, und die Waage neigte sich von neuem zugunsten seines Todfeindes.

»Das ist unser russischer Faublas[6], meine Herren! Erlauben Sie, Ihnen den jungen Faublas vorzustellen«, quiekte Herr Goljädkin der Jüngere mit der ihm eigenen Frechheit — und wies dabei auf den ganz erstarrten echten Herrn Goljädkin.

»Küssen wir uns, mein Herzchen!« fuhr er in unerträglicher Familiarität fort, indem er auf den von ihm verräterisch Betrogenen zutrat. Dieser nichtswürdige Scherz Herrn Goljädkins des Jüngeren war es, der ein williges Echo fand, um so mehr, als in ihm eine Anspielung auf einen Umstand enthalten schien, der augenscheinlich allen bekannt war. Unser Held fühlte die Arme seines Feindes auf seinen Schultern lasten. Doch er hatte sich schon gefaßt. Mit sprühenden Blicken, bleichem Gesicht und einem starren Lächeln riß er sich aus der Menge los und mit unsicheren, wankenden Schritten begab er sich geradewegs zum Kabinett Seiner Exzellenz. Im Vorzimmer stieß er jedoch auf Andrei Filippowitsch, der soeben das Kabinett Seiner Exzellenz verlassen hatte. Und obgleich auch noch eine Menge anderer unbeteiligter Personen anwesend war, schenkte unser Held diesen auch nicht die geringste Aufmerksamkeit. Entschlossen, kühn, innerlich darüber selbst verwundert, doch seiner Kühnheit sich rühmend, redete er vielmehr unumwunden Andrei Filippowitsch an, der über diesen plötzlichen Überfall nicht wenig erstaunt war.

»Wie! ... Was wollen Sie ... was ist Ihnen gefällig?« fragte der Abteilungschef, ohne den auf ihn zustolpernden Herrn Goljädkin weiter anzuhören.

»Andrei Filippowitsch, ich ... kann ich, Andrei Filippowitsch, kann ich jetzt Aug' in Aug' eine Unterredung mit Seiner Ezellenz haben?« sagte klar und deutlich unser Held und sah mit einem sehr entschlossenen Blick auf Andrei Filippowitsch.

»Was? Natürlich nicht!« Andrei Filippowitsch maß Herrn Goljädkin vom Kopf bis zu den Füßen.

»Ich, Andrei Filippowitsch, — ich möchte nämlich meine

Verwunderung ausdrücken, daß hier niemand den Usurpator und Schurken erkennt.«

»W—a—a—s?«

»Den Schurken, Andrei Filippowitsch.«

»Von wem belieben Sie zu sprechen?«

»Von einer bekannten Person, Andrei Filippowitsch. Ja, Andrei Filippowitsch, ich spiele auf eine bekannte Person an. Ich bin in meinem Recht ... Ich denke, Andrei Filippowitsch, daß die Regierung solch eine innere Regung, wie ich sie verspüre, unterstützten müßte«, fügte Herr Goljädkin hinzu, offenbar ganz außer sich. »Andrei Filippowitsch ... Sie sehen doch selbst, Andrei Filippowitsch, daß diese Regung in mir echt ist und meine wohlgesinnten Ansichten und Absichten ausdrückt — den Chef als einen Vater anzusehen, die Regierung als einen Vater anzusehen und sein Schicksal ihr blindlings anzuvertrauen. So, so ist es ... also so ...« Herrn Goljädkins Stimme fing an zu zittern, sein Gesicht wurde dunkelrot und zwei Tränen hingen an seinen Wimpern.

Als Andrei Filippowitsch Herrn Goljädkin in dieser Weise reden hörte, war er so verwundert, daß er unwillkürlich ein paar Schritte zurücktrat. Dann blickte er sich sehr unruhig um ... Es ist schwer zu sagen, wie die Sache geendet hätte ... Plötzlich öffnete sich die Tür zum Kabinett Seiner Exzellenz, und diese selbst trat in Begleitung einiger Beamten heraus. Alle, die im Zimmer waren, schlossen sich ihm an. Seine Exzellenz rief Andrei Filippowitsch zu sich und ging, sich mit ihm unterredend, weiter.

Als sich bereits alle aus dem Zimmer entfernt hatten, besann sich auch Herr Goljädkin. Unterwürfig suchte er Schutz unter den Flügeln Anton Antonowitsch Ssétotschkins, der seinerseits hinter allen her hinkte, mit einem, wie es Herrn Goljädkin schien, sehr strengen und nachdenklichen Gesicht.

‚Auch dort bin ich abgefallen, auch dort habe ich nur Unfug angerichtet', dachte Herr Goljädkin bei sich, ‚nun, tut nichts ...'

»Ich hoffe, wenigstens Sie, Anton Antonowitsch, werden geneigt sein, mich anzuhören und sich für meine Sache zu verwenden«, wandte er sich an diesen mit leiser und noch vor Erregung zitternder Stimme. »Von allen verlassen, wende ich mich an Sie. Ich verstehe nicht, was die Worte Andrei Filippowitschs bedeuten, Anton Antonowitsch. Können Sie sie mir erklären, wenn möglich...«

»Zu seiner Zeit wird sich alles erklären«, antwortete ihm nach einer langen Pause streng Anton Antonowitsch, und, wie es Herrn Goljädkin schien, mit einer Miene, die deutlich ausdrückte, daß Anton Antonowitsch durchaus nicht wünschte, das Gespräch weiter fortzusetzen. »Sie werden in kurzer Zeit alles erfahren, noch heute werden Sie formell von allem unterrichtet werden.«

»Was heißt das: formell, Anton Antonowitsch? Warum denn gerade formell?« fragte kleinlaut unser Held.

»Nicht uns kommt es zu, Jakoff Petrowitsch, darüber zu urteilen, wie die Regierung entscheidet.«

»Warum denn die Regierung, Anton Antonowitsch«, fragte Herr Goljädkin noch kleinlauter, »warum denn die Regierung? Ich sehe keinen Grund, warum man hier die Regierung beunruhigen sollte, Anton Antonowitsch... Sie wollen mir vielleicht etwas in bezug auf das Gestrige sagen, Anton Antonowitsch?«

»Nein, nicht in bezug auf das Gestrige: dort hinkt noch etwas anderes bei Ihnen.«

»Was hinkt denn bei mir, Anton Antonowitsch? Mir scheint, Anton Antonowtisch, daß nichts an mir hinkt...«

»Schlaue Mätzchen wollten Sie machen!« unterbrach Anton Antonowitsch den völlig bestürzten Herrn Goljädkin in scharfem Ton. Herr Goljädkin zuckte zusammen und wurde kreideweiß.

»Freilich, Anton Antonowitsch«, sagte er mit kaum hörbarer Stimme, »wenn man nur die Stimme der Verleumdung und die unserer Feinde hört, ohne die Rechtfertigung von der anderen Seite zuzulassen, dann, freilich... freilich, Anton Antonowitsch, dann muß man unschuldig leiden, Anton Antonowitsch, unschuldig und um nichts leiden.«

»Jajaja, aber Ihr boshafter Angriff auf den Ruf eines wohlgesitteten Mädchens aus einer ehrenwerten, achtenswerten und bekannten Familie, die Ihnen Wohltaten erwiesen hat?...«

»Welch ein Angriff, Anton Antonowitsch?«

»Jajaja. Und dann Ihr Betragen dem anderen Mädchen gegenüber, wenn auch einem armen, doch von ehrlicher ausländischer Herkunft — davon wissen Sie wohl auch nichts?«

»Erlauben Sie, Anton Antonowitsch ... belieben Sie mich, Anton Antonowitsch, anzuhören...«

»Und Ihr treuloses Verfahren gegen eine andere Person — und die verleumderische Beschuldigung dieser anderen Person in Dingen, in denen Sie selbst, gerade Sie, gesündigt haben? Wie nennt man denn das?«

»Ich, Anton Antonowitsch, ich habe ihn nicht hinausgeworfen«, sprach zitternd unser Held — »und Petruschka, das heißt: meinen Diener, habe ich nicht dazu angehalten... Er hat mein Brot gegessen, Anton Antonowitsch, hat meine Gastfreundschaft genossen«, fügte ausdrucksvoll und mit tiefem Gefühl unser Held hinzu, so daß ihm das Kinn zu zittern anfing und er schon wieder Tränen vergießen wollte.

»Das sagen Sie mir so, Jakoff Petrowitsch, daß er Ihr Brot gegessen«, erwiderte Anton Antonowitsch, und in seiner Stimme hörte man ordentlich die Hinterlist, so daß sich das Herz Herrn Goljädkins schmerzhaft zusammenzog.

»Erlauben Sie noch eines, Anton Antonowitsch, untertänigst zu fragen: Ist von alledem etwas Seiner Exzellenz bekannt?«

»Selbstverständlich! Doch entschuldigen Sie mich bitte jetzt, ich habe keine Zeit, mit Ihnen... Heute noch werden Sie alles erfahren, was Sie zu erfahren nötig haben.«

»Erlauben Sie, ums Himmels willen, noch einen Augenblick, Anton Antonowitsch.«

»Später, später, erzählen Sie es später...«

»Nein, Anton Antonowitsch: ich, sehen Sie, hören Sie nur, Anton Antonowitsch ... Ich liebe durchaus nicht die Freigeisterei, Anton Antonowtisch, ich fliehe sie ja, ich bin durchaus bereit, und ich habe sogar die Idee gehabt ...«

»Gut, gut. Ich habe schon gehört ...«

»Nein, das haben Sie nicht gehört, Anton Antonowitsch. Das ist etwas ganz Anderes, Anton Antonowitsch; das ist gut, wirklich gut und angenehm zu hören ... Ich gebe diese Idee zu, wie schon gesagt, Anton Antonowitsch, daß durch die Fügung Gottes zwei ganz ähnliche Wesen geschaffen wurden, und daß die Regierung, die diese Fügung Gottes sah, diese beiden Zwillinge versorgt hat. Das ist gut, Anton Antonowitsch, Sie sehen, daß das sehr gut ist, und daß ich weit entfernt von aller Freidenkerei bin. Ich sehe die wohltätige Behörde als Vater an. Der Staat – das heißt: die wohltätige Regierung, und Sie ... das heißt ... ein junger Mensch muß seinen Dienst tun. Unterstützen Sie mich, Anton Antonowitsch ... stehen Sie mir bei, Anton Antonowitsch ... Ich tue nichts Böses, Anton Antonowitsch ... um Gottes willen, noch ein Wort ... Anton Antonowitsch ...«

Aber Anton Antonowitsch war schon weit entfernt von Herrn Goljädkin ... Unser Held wußte nicht mehr, wo er stand, was er hörte, was er tat und was mit ihm geschah, so sehr erschütterte und verwirrte ihn alles Gehörte und Geschehene.

Mit flehenden Blicken suchte er unter der Menge von Beamten nach Anton Antonowitsch, um sich noch weiter in dessen Augen zu rechtfertigen und ihm irgend etwas Edles und Angenehmes von sich zu sagen ... Doch zugleich begann, nach und nach, ein neues Licht durch die Verwirrung des Herrn Goljädkin zu dringen, ein neues schreckliches Licht, das ihm plötzlich die Aussicht in bis jetzt vollkommen unbekannte, ganz ungeahnte Umstände eröffnete ... In diesem Augenblick stieß jemand unseren Helden in die Seite. Er blickte sich um. Vor ihm stand Pissarénko.

»Den Brief, Euer Wohlgeboren.«

»Ah! ... Du bist schon dort gewesen, mein Lieber?«
»Nein, den hat man schon morgens um zehn Uhr hierher gebracht. Ssergei Michéjeff brachte ihn aus der Wohnung des Gouvernements-Sekretärs Wachraméjeff.«
»Gut, mein Freund, gut, ich werde dir dafür erkenntlich sein, mein Lieber.«
Mit diesen Worten steckte Herr Goljädkin den Brief in die Seitentasche seines Uniformrockes und knöpfte den letzteren von oben bis unten zu. Dann blickte er sich um und bemerkte zu seiner Verwunderung, daß er sich bereits in der Vorhalle des Departements befand, umgeben von Beamten, die dem Ausgang zuströmten, da die Kanzleistunden zu Ende waren. Herr Goljädkin hatte diesen letzteren Umstand nicht nur nicht bemerkt, er konnte auch nicht begreifen, daß er sich plötzlich in Mantel und Galoschen befand und seinen Hut in der Hand hielt. Jetzt standen die Beamten alle unbeweglich in ehrfurchtsvoller Erwartung da. Die Ursache war nämlich die: Exzellenz selbst wartete unten auf seine Equipage, die sich aus irgendwelchen Gründen verspätet hatte, und führte mit zwei Räten und Andrei Filippowitsch ein sehr interessantes Gespräch. Etwas entfernt von ihnen standen Anton Antonowitsch Ssetotschkin und noch einige andere Beamte, die beflissen mitlachten, als sie sahen, daß Seine Exzellenz zu scherzen und zu lachen beliebte. Die Beamten, die sich oben an der Treppe drängten, lachten gleichfalls, wohl in Erwartung, daß Exzellenz wieder lachen würde. Und es lächelte auch der dicke aufgeblasene Portier Fedosséjitsch, der mit Ungeduld den Augenblick seiner täglichen Genugtuung erwartete, die darin bestand, daß er mit einem gewaltigen Ruck den einen Flügel der großen Tür aufriß, um dann, zu einem Bogen sich tief hinabbiegend, Seiner Exzellenz ehrerbietig den Weg freizugeben. Doch mehr als alle freute sich offenbar der unwürdige, unehrenwerte Feind Herrn Goljädkins. In diesem Augenblick vergaß er sogar die um ihn stehenden Beamten, bei denen er sich sonst immer nach seiner unangenehmen Manier beliebt zu machen suchte,

und ließ die gute Gelegenheit, es auch jetzt zu tun, unbenutzt. Er verwandelte sich ganz in Augen und Ohren und beugte sich weit vor, wahrscheinlich um Seine Exzellenz besser sehen und hören zu können, und hin und wieder nur, an der krampfhaften Bewegung der Hände und Füße, bemerkte man die Aufregung seiner Seele.

‚Sieh, wie er sich Mühe gibt!' dachte unser Held. ‚Tut, als wäre er ein Günstling, der Schurke! Ich möchte gern wissen, wie er es nur macht, um sich in der höheren Gesellschaft zu behaupten. Weder Geist noch Charakter, noch Bildung, noch Gefühl; aber es gelingt dem Schurken! Mein Gott, wie schnell doch ein Mensch vorwärts kommen kann — wenn man das bedenkt — und sich überall anfreundet! Ich will darauf schwören, daß dieser Mensch noch weit kommen wird; Glück hat so ein Schuft! Ich möchte nur wissen, was er ihnen da zusteckt? Welche Beziehungen und Geheimnisse zwischen ihnen bestehen? Mein Gott! Wie, wenn auch ich mit ihm ein wenig ... — wenn ich ihn vielleicht fragen würde ... so und so ... ich werde vom Kampf zurücktreten ... nehmen wir einfach an, ich sei der Schuldige ... ich weiß doch, Exzellenz, es muß auch neue Beamte geben ... über alles aber, was mich angeht, über dieses Dunkle, Unerklärliche werde ich mich nicht mehr aufregen ... Auch widersprechen werde ich nicht mehr und alles in Geduld und Ergebung tragen — wie? Sollte ich nicht so handeln? ... Er ist sonst nicht zu fangen, der Halunke, und mit Worten nicht zu schlagen. Vernunft kann man ihm auch nicht beibringen! Also ... wollen wir es versuchen. Sollte es geschehen, daß ich einen günstigen Augenblick erwische, so werde ich es versuchen ...'

In seiner Unruhe, Sorge und Verwirrung fühlte er, daß es so nicht bleiben könne, daß der entscheidende Augenblick gekommen sei, um sich endlich mit jemandem auseinanderzusetzen. Unser Held bewegte sich daher ein wenig auf die Stelle zu, wo sein abscheulicher und rätselhafter Feind stand, doch in demselben Augenblick rollte die langerwartete Equipage Seiner Exzellenz vor die Tür. Fedossejitsch riß die Tür auf und machte drei Bücklinge nacheinander, während Seine Exzellenz an ihm vorüberging. Die Wartenden stürzten alle auf einmal zum Ausgang und drängten Herrn Goljädkin den Älteren von Herrn Goljädkin dem Jüngeren ab.

‚Du entgehst mir nicht!' dachte unser Held und schob sich durch die Menge, ohne den anderen aus dem Auge zu verlieren. Die Menge hatte sich endlich zerstreut; unser Held fühlte sich wieder befreit und stürzte seinem Feind nach.

ELFTES KAPITEL

Atemlos und wie auf Flügeln eilte Herr Goljädkin dem sich seinerseits gleichfalls sehr beeilenden Ebenbild nach. Er fühlte in sich eine außergewöhnliche Energie. Und doch, ungeachtet dieser Energie, schien es Herrn Goljädkin, daß ihn eine gewöhnliche Mücke, wenn eine solche zur Zeit in Petersburg hätte leben können, ohne weiteres mit ihrem Flügel hätte zerbrechen können. Er fühlte auch, daß er vor Schwäche förmlich zusammensank, daß ihn nur eine ganz fremde Kraft weitertrug, daß er selbst nicht mehr gehen konnte und seine Füße den Dienst versagten. Konnte sich alles das überhaupt noch zum Besten wenden? ‚Zum Besten oder nicht zum Besten', dachte Herr Goljädkin, atemlos vom Laufen, ‚daß die Sache ... doch verspielt ist ... darüber besteht jetzt kein Zweifel mehr ... und daß ich vollständig verloren bin, das ist schon beschlossen ... entschieden und unterschrieben!'

Aber ungeachtet dessen war unser Held doch wie von den Toten auferstanden, ja, es war, als hätte er eine Schlacht gewonnen und einen großen Sieg erfochten, als es ihm endlich gelang, seinen Feind, der soeben im Begriff war, seinen Fuß auf den Tritt eines Wagens zu setzen, am Mantel zu packen.

»Mein Herr! Mein Herr!« rief er Herrn Goljädkin dem Jüngeren zu, froh, daß er ihn doch noch erwischte ... »Mein Herr, ich hoffe, daß Sie ...«

Aber: »Nein, hoffen Sie schon bitte lieber gar nichts«, antwortete ablehnend der gefühllose Feind Herrn Goljädkins, während er sich zugleich aus allen Kräften bemühte, auch mit dem zweiten Fuß, mit dem er vergeblich in der Luft herumfuhr, um sein Gleichgewicht zu erhalten, in den Wagen zu gelangen und zugleich seinen Mantel aus den Händen Herrn Goljädkins zu befreien, — denselben Mantel, an den sich Herr Goljädkin seinerseits mit allen ihm von Natur zu Gebote stehenden Kräften klammerte.

»Jakoff Petrowitsch! Nur zehn Minuten ...«
»Entschuldigen Sie, ich habe keine Zeit.«
»Sehen Sie doch ein, Jakoff Petrowitsch ... bitte, Jakoff Petrowitsch ... Um Christi willen, Jakoff Petrowitsch ... Sehen Sie doch ein ... daß ich mich mit Ihnen aussprechen muß ... gleich auf der Stelle ... in einer Sekunde, Jakoff Petrowitsch! ...«

»Mein Bester, ich habe keine Zeit«, erwiderte der pseudoedle Feind Herrn Goljädkins in einem schon unhöflich familiären Ton und mit geheuchelter Gutmütigkeit. »Zu einer anderen Zeit, glauben Sie mir, von ganzer Seele und aus reinem Herzen; aber jetzt — jetzt ist es mir wirklich unmöglich ...«

‚Du Schuft!' dachte unser Held ... Aber: »Jakoff Petrowitsch!« rief er kläglich, »Ihr Feind bin ich niemals gewesen. Böse Menschen haben mich unbilligerweise verleumdet ... Meinerseits bin ich bereit ... Ist es Ihnen gefällig, Jakoff Petrowitsch, so könnten wir beide zusammen ... dort in jenes Café gehen und aus reinem Herzen, wie Sie soeben so schön sagten, und in gerader, edler Offenheit — ... dann wird sich alles von selbst aufklären. — Ja, Jakoff Petrowitsch! Dann wird sich alles von selbst aufklären ...«

»Ins Café? Schön. Ich habe nichts dagegen, nur unter einer Bedingung, mein Herzblatt ... nur unter einer Bedingung: daß sich dort alles von selbst aufklärt. Sozusagen: ‚Du weißt schon, so und so, Bruderherz'«, sagte Herr Goljädkin der Jüngere, indem er ausstieg und unserem Helden unverschämt vertraulich auf die Schulter klopfte. »Du bist mir mal so'n

Freunderl; für dich, Jakoff Petrowitsch, bin ich bereit, auch durch die Nebengassen ... (wie Sie, Jakoff Petrowitsch, zu seiner Zeit sehr richtig zu bemerken beliebten). Bist aber doch ein Schelm, in der Tat, macht mit einem Menschen, was er grad mag«, fuhr der falsche Freund Herrn Goljädkins fort, indem er sich mit leichtem Lächeln trippelnd neben ihm hielt.

Das von den Hauptstraßen etwas abgelegene Café, wohin sich die beiden Herren Goljädkin begaben, war in diesem Augenblick vollkommen leer. Kaum ertönte die Türglocke, da erschien auch schon eine ziemlich dicke Deutsche hinter dem Ladentisch. Herr Goljädkin und sein unwürdiger Feind durchschritten das erste Zimmer und gingen ins zweite, wo ein aufgedunsener Bengel mit glattgekämmtem Haar sich eben bemühte, das erloschene Feuer im Ofen wieder anzufachen. Auf Wunsch des Herrn Goljädkin des Jüngeren wurde Schokolade gebracht.

»Ein reichlich üppiges Weibchen!« bemerkte Herr Goljädkin der Jüngere, indem er Herrn Goljädkin dem Älteren schalkhaft zulächelte.

Unser Held errötete und schwieg.

»Ach ja, entschuldigen Sie, ich vergaß! Ich kenne ja Ihren Geschmack. Wir, mein Herr, haben ja eine Vorliebe für schlanke deutsche Weibchen. Wir, Jakoff Petrowitsch, redliche Seele, wir ziehen Schlanke vor, wenn sie noch nicht aller Vorzüge bar sind. Wir mieten bei ihnen ein Zimmer, verderben ihre Sittlichkeit, schenken ihnen für die Bier- und Milchsuppen, die sie uns kochen, unser Herz und geben ihnen schriftliche Versprechen – das ist es, was wir tun, du Faublas, du Verräter!«

Auf diese Weise machte Herr Goljädkin der Jüngere eine sehr unnütze und teuflische boshafte Anspielung auf eine gewisse Person weiblichen Geschlechts, lächelte unserem Helden dabei unter dem Anschein der Liebenswürdigkeit zu und trug eine erlogene Freude über das Zusammentreffen mit ihm zur Schau. Als er aber bemerkte, daß Herr Goljädkin der Ältere durchaus nicht so dumm und ungebildet und gesellschaftlich unerfahren war, um alles hinzunehmen, beschloß der unfeine Mensch, seine Taktik zu ändern und sich noch rücksichtsloser zu geben.

Und nun zeigte sich die ganze Abscheulichkeit des falschen Herrn Goljädkin, der mit wahrhaft empörender Unverschämtheit und Vertraulichkeit dem biederen und wahren Herrn Goljädkin auf die Schulter klopfte und, nicht genug damit, ihn auf eine unpassende, in anständiger Gesellschaft ganz ungewohnte Weise und nur um seine Abscheulichkeit noch zu übertrumpfen, ohne auf den Widerstand des empörten Herrn Goljädkin zu achten, einfach in die Backe kniff. Angesichts einer solchen Verworfenheit verstummte, innerlich rasend, unser Held ... übrigens nur fürs erste.

»Das ist die Sprache meiner Feinde«, sagte er schließlich, nachdem er sich vernünftigerweise bezähmt hatte, mit zitternder Stimme. Im selben Augenblick sah unser Held aber unruhig nach der Tür. Herr Goljädkin der Jüngere war offenbar so vorzüglicher Laune und bereit zu allerlei weiteren kleinen Scherzen, wie sie an öffentlichen Orten unerlaubt sind und überhaupt in der höheren Gesellschaft nicht zum guten, sondern zum sehr schlechten Ton gehören.

»Nun, in diesem Fall, wie Sie wollen«, erwiderte Herr Goljädkin der Jüngere ernsthaft Herrn Goljädkin dem Älteren und setzte seine mit unanständiger Gier geleerte Tasse auf den Tisch. »Übrigens haben wir beide nicht viel miteinander ... Also, wie geht es Ihnen denn jetzt, Jakoff Petrowitsch?«

»Ich kann Ihnen nur eines sagen, Jakoff Petrowitsch«, antwortete ihm kaltblütig und mit Würde unser Held, »Ihr Feind bin ich niemals gewesen.«

»Hm ... nun, aber Petruschka? Petruschka heißt er doch, nicht wahr? Also wie benimmt er sich denn jetzt? Gut? Ganz wie früher?«

»Ja, auch er ist ganz wie früher, Jakoff Petrowitsch«, antwortete ein wenig erstaunt Herr Goljädkin der Ältere. »Ich verstehe Sie nicht, Jakoff Petrowitsch ... ich, meinerseits

... aufrichtig und anständig wie ich bin, Jakoff Petrowitsch ... geben Sie doch zu, Jakoff Petrowitsch ...«

»Ja, aber Sie wissen doch, Jakoff Petrowitsch«, antwortete mit leiser und eindringlicher Stimme Herr Goljädkin der Jüngere, um auf diese Weise Reue und Bedauern vorzutäuschen, »Sie wissen doch selbst, in unserer Zeit ist es schwer ... Ich verlasse mich auf Sie, Jakoff Petrowitsch, Sie sind ja ein kluger Mensch, urteilen Sie doch selbst gerecht und vernünftig«, sagte Herr Goljädkin der Jüngere, um unserem Helden in seiner gemeinen Art zu schmeicheln. »Das Leben ist kein Spielzeug, das wissen Sie doch, Jakoff Petrowitsch«, schloß wieder vielsagend Herr Goljädkin der Jüngere und stellte sich auf diese Weise als klugen und gelehrten Menschen hin, der über hohe Dinge zu urteilen verstand.

»Meinerseits, Jakoff Petrowitsch«, antwortete unser Held ehrlich bewegt, »meinerseits verachte ich jeden Nebenweg und ich gestehe aufrichtig und geradeaus ... und stelle die ganze Sache damit auf einen anständigen Grund und Boden ... und kann offen und ehrlich behaupten, Jakoff Petrowitsch ... daß mein Gewissen vollkommen rein ist, und wie Sie selbst wissen, Jakoff Petrowitsch, konnte die beiderseitige Verirrung ... vielleicht nur ein Mißverständnis ... alles ist möglich – das Urteil der Welt und die Meinung der blinden Masse ... Ich sage es aufrichtig, Jakoff Petrowitsch, alles ist möglich! Und ich sage noch mehr, Jakoff Petrowitsch ... wenn man so urteilt, wenn man von einem edlen und hohen Standpunkt aus auf diese Sache sieht, und ohne falsche Scham, Jakoff Petrowitsch ... es ist mir sogar angenehm zu bekennen, daß ich auf Irrwege geraten war, ja, es ist mir sogar angenehm, das einzugestehen. Sie können sich das doch selbst sagen, Sie sind doch ein kluger Mann und obendrein edel. Ohne Scham, ohne falsche Scham, bin ich bereit, dies einzugestehen ...« So schloß unser Held würdevoll und mit Noblesse.

»Das ist Schicksal, Verhängnis, Jakoff Petrowitsch ... doch lassen wir das alles«, sagte mit einem Seufzer Herr

Goljädkin der Jüngere. »Benutzen wir lieber die kurzen Minuten unseres Zusammenseins zu einem nützlicheren und angenehmeren Gespräch, — wie es sich zwischen Kollegen geziemt ... Es ist mir in der Tat immer nicht gelungen, in dieser ganzen Zeit zwei Worte mit Ihnen zu reden. Daran bin ich nicht schuld, Jakoff Petrowitsch ...«

»Und ich auch nicht, Jakoff Petrowitsch«, fiel ihm freudig unser Held ins Wort, »ich auch nicht. Mein Herz sagt mir, Jakoff Petrowitsch, daß ich an all diesen Dingen nicht schuld bin. Lassen Sie uns alles dem Schicksal zuschreiben, Jakoff Petrowitsch«, fügte Herr Goljädkin der Ältere in versöhnlichem Ton hinzu. Seine Stimme wurde nach und nach schwächer und zitterte.

»Nun, und wie steht es denn so im allgemeinen mit Ihrer Gesundheit?« fragte der Verworfene mit süßer Stimme.

»Ich huste ein wenig«, antwortete noch freundlicher unser Held.

»Nehmen Sie sich in acht. Jetzt gibt es so böse Winde; man kann sich sehr leicht eine Lungenentzündung holen. Ich gestehe Ihnen, daß ich mich allmählich daran gewöhne, unter allen meinen Kleidungsstücken noch Flanell zu tragen.«

»Es ist wahr, Jakoff Petrowitsch, man sollte sich lieber keine Lungenentzündung holen ... Jakoff Petrowitsch!« stieß nach kurzem Schweigen unser Held hervor, »Jakoff Petrowitsch. Ich sehe, daß ich mich geirrt habe ... Ich denke mit Rührung an die glücklichen Augenblicke, die zusammen zu verbringen uns vergönnt war, unter meinem armen, aber ich kann wohl sagen: unter meinem gastfreundlichen Dach.«

»In Ihrem Brief haben Sie sich nicht so ausgedrückt«, bemerkte halb vorwurfsvoll, aber mit vollem Recht und der Wahrheit entsprechend (wenn auch nur in diesem einen Fall) Herr Goljädkin der Jüngere.

»Jakoff Petrowitsch! Ich habe mich geirrt ... Ich sehe es jetzt ganz deutlich, daß ich mich in dem unglücklichen Brief geirrt habe. Jakoff Petrowitsch, glauben Sie mir, es ist mir peinlich, Sie anzusehen, Jakoff Petrowitsch ... Geben Sie mir den Brief zurück, damit ich ihn vor Ihren Augen zerreißen kann, Jakoff Petrowitsch, oder, wenn das nicht mehr möglich ist, dann lesen sie ihn umgekehrt — ich meine, ganz und gar im umgekehrten Sinn, das heißt: in freundschaftlicher Absicht, indem sie allen Worten in meinem Brief den umgekehrten Sinn beilegen. Ich habe mich geirrt ... Verzeihen Sie mir, Jakoff Petrowitsch, ich habe mich ganz und gar geirrt, Jakoff Petrowitsch.«

»Was sagten Sie?« fragte zerstreut und gleichgültig der treulose Freund Herrn Goljädkins des Älteren.

»Ich sagte, daß ich mich ganz und gar geirrt habe, Jakoff Petrowitsch, und daß ich nun meinerseits ganz ohne falsche Scham ...«

»Ah! Nun gut, das ist sehr gut, daß Sie das eingestehen«, antwortete ihm grob Herr Goljädkin der Jüngere.

»Ich hatte sogar, Jakoff Petrowitsch, die Idee«, fügte unser Held in seiner anständigen Weise offenherzig hinzu, ohne die Falschheit seines falschen Freundes zu bemerken, »ich hatte sogar die Idee, daß hier zwei ganz ähnliche ...«

»Ah, das ist also Ihre Idee! ...«

Hier stand der durch seine Ruchlosigkeit bekannte Herr Goljädkin der Jüngere auf und griff nach seinem Hut. Ohne die schlechte Absicht zu bemerken, erhob sich auch Herr Goljädkin der Ältere, mit gutmütigem Lächeln seinen Pseudofreund ansehend; in seiner Unschuld bemühte er sich noch weiter, ihm zu schmeicheln und ihn für die neue Freundschaft zu gewinnen ...

»Leben Sie wohl, Euer Exzellenz!« rief plötzlich Herr Goljädkin der Jüngere. Unser Freund zuckte zusammen und bemerkte im Gesicht seines Freundes etwas ausgelassen Lustiges; nur um ihn los zu werden, legte er in die ausgestreckte Hand des Verruchten zwei Finger seiner Hand. Nun aber ... nun überstieg die Schamlosigkeit Herrn Goljädkins des Jüngeren alle Grenzen und erschöpfte das Maß menschlicher Geduld. Nachdem er die zwei Finger Herrn Goljädkins des Älteren gedrückt hatte, wiederholte der Unwürdige — wahrhaftig, er tat es — vor den Augen des Herrn Goljädkin seinen schamlosen Scherz von heute morgen ...

Herr Goljädkin der Jüngere steckte bereits sein Taschentuch wieder ein, mit dem er seine Finger abgewischt hatte, als Herr Goljädkin der Ältere erst zu sich kam und dem anderen ins Nebenzimmer nachstürzte, wohin sich sein unversöhnlicher Feind nach seiner schändlichen Gewohnheit verdrückt hatte. Als ob nichts geschehen wäre, stand er vor dem Büfett und aß Kuchen, während er ganz ruhig, wie ein rechter Lebemann, der Dame am Büfett den Hof machte.

‚In Gegenwart von Damen ist es nicht statthaft', dachte unser Held und ging gleichfalls ans Büfett, ganz besinnungslos vor Aufregung.

»Nicht wahr, das Weibchen ist nicht übel! Wie denken Sie darüber?« begann von neuem Herr Goljädkin junior mit seinen unpassenden Bemerkungen, denn er rechnete offenbar mit der unerschöpflichen Geduld Herrn Goljädkins. Die üppige Deutsche ihrerseits sah auf ihre beiden Gäste mit bleiern gedankenlosen Augen, da sie die russische Sprache wohl nicht verstand, und lächelte sie nur freundlich an.

Bei den schamlosen Worten Herrn Goljädkins des Jüngeren sprang unser Held auf, und stürzte sich, unfähig, sich noch länger zu beherrschen, endlich auf ihn, um ihn zu zerreißen und um ein Ende mit ihm — mit allem zu machen. Doch Herr Goljädkin der Jüngere war nach seiner üblen Gewohnheit schon längst auf und davon und befand sich bereits auf der Treppe. Aber auch Herr Goljädkin der Ältere raffte sich auf und folgte, so schnell als möglich, seinem Beleidiger, der sich in eine Droschke setzte, die offenbar auf ihn gewartet hatte, und deren Kutscher wohl mit ihm im Einvernehmen stand. Als die Dame am Büfett die Flucht ihrer beiden Gäste bemerkte, schrie sie auf und klingelte aus aller Kraft mit der Glocke. Unser Held wandte sich rasch um, warf ihr Geld hin, für sich und für den schamlosen Menschen, der natürlich wieder nicht bezahlt hatte, verlangte auch nichts zurück, raste nur hinaus, und ungeachtet dieser

Verzögerung gelang es ihm noch, seinen Feind zu ergreifen. Unser Held klammerte sich mit aller Kraft an die Droschke und lief einige Straßen lang neben ihr mit, bis es ihm schließlich gelang, in die Droschke hineinzuspringen, die Herr Goljädkin der Jüngere freilich aus allen Kräften verteidigte. Der Kutscher bearbeitete unterdessen seinen alten Gaul — der seiner schlechten Gewohnheit nach sofort in einen Galopp verfiel und bei jedem dritten Schritt mit den Hinterbeinen ausschlug — mit der Knute, mit den Zügeln, und selbst mit den Füßen.

Endlich hatte sich unser Held die Droschke erobert. Er stemmte sich mit dem Rücken an den Kutscher, war also mit dem Gesicht und dem Knie seinem Feinde zugewandt. Mit der rechten Hand hielt er den schäbigen Pelzkragen seines Feindes gepackt.

So fuhren die beiden Feinde eine Zeitlang schweigend dahin. Unser Held wagte kaum zu atmen, der Weg war erbärmlich, und bei jedem Schritt wankte er hin und her und war in ständiger Gefahr, sich den Hals zu brechen. Dazu wollte sein erbitterter Feind sich ihm immer noch nicht ergeben, mühte sich vielmehr, seinen Gegner in den Schmutz hinauszuwerfen. Das Wetter war, was zu allen Unannehmlichkeiten noch hinzukam, gerade entsetzlich. Der Schnee fiel in dicken nassen Flocken, die in den offenen Mantel des wirklichen Herrn Goljädkin eindrangen. Ringsum war es dunkel und man konnte kaum die Hand vor den Augen sehen. Es war daher schwer festzustellen, wohin und durch welche Straßen sie fuhren ... Herrn Goljädkin schien es dabei, als erlebte er etwas, das ihm bereits längst bekannt war. Einen Augenblick suchte er sich zu vergewissern, und dachte nach, ob er nicht gestern abend schon etwas ähnliches gesehen hatte? ... im Traum —? Schließlich erreichte sein Zustand die äußerste Grenze. Schreiend wollte er sich auf seinen Gegner stürzen, aber der Schrei erstarb auf seinen Lippen. Es gab einen Augenblick, wo Herr Goljädkin alles zu vergessen schien und überzeugt war, daß das Ganze gar nichts bedeute, sondern nur so, nur so irgendwie, auf unerklärliche Weise geschähe, und daß es in diesem Fall eine ganz verlorene Sache wäre, dagegen anzukämpfen.

Doch plötzlich und fast im selben Augenblick, als unser Held zu diesem Schluß kam, veränderte ein unvorsichtiger Stoß die Lage der Dinge. Herr Goljädkin fiel wie ein Mehlsack aus der Droschke und erkannte während des Fallens ganz vernünftigerweise, daß er sich wirklich zur unrechten Zeit erhitzt hatte. Als er wieder aufgesprungen war, sah er, daß sie irgendwo angelangt waren: die Droschke stand auf einem Hof, und Herr Goljädkin sah auf den ersten Blick, daß es der Hof des Hauses war, in dem — Olssufij Iwanowitsch wohnte. In demselben Augenblick bemerkte er, daß sich sein Freund bereits auf der Treppe zu Olssufij Iwanowitsch befand.

In seiner Not und Verzweiflung wollte er schon seinem Feinde nachjagen, doch zu seinem Glück bedachte er sich noch beizeiten. Er vergaß nicht, den Kutscher zu bezahlen, trat auf die Straße hinaus und lief, so schnell er konnte und wohin ihn seine Füße trugen. Es schneite wie vorhin und es war feucht und dunkel. Unser Held ging nicht, sondern flog, und warf alle und alles auf seinem Wege um — Männer, Weiber und Kinder; er stolperte selbst über die Männer, Weiber und Kinder, die er umgeworfen hatte. Um ihn und hinter ihm her hörte man erschreckte Stimmen ... hörte schreien, rufen ... Doch Herr Goljädkin schien gar nicht bei Besinnung zu sein und schenkte alledem nicht die geringste Aufmerksamkeit ... Er kam erst zu sich, als er sich bei der Ssemjonoffbrücke befand, und das geschah dort auch nur dank dem Umstand, daß es ihm gelungen war, zwei Weiber, die Eßwaren trugen, umzurennen und dabei selbst zu Fall zu kommen.

‚Das tut nichts‘, dachte Herr Goljädkin, ‚alles das kann sich noch zum Besten wenden!‘ Er griff in die Tasche, um die Weiber mit einem Rubel für die rings verstreuten Kringel, Äpfel, Nüsse usw. zu entschädigen. Plötzlich aber wurde Herr Goljädkin von einem neuen Licht erleuchtet: in der

Tasche fand er den Brief, den ihm der Schreiber am Morgen übergeben hatte. Er erinnerte sich unter anderem, daß sich hier, nicht weit, ein bekanntes Gasthaus befand, und so lief er denn, ohne Zeit zu verlieren, sofort dorthin, setzte sich an einen mit einem Talglicht erleuchteten Tisch, schenkte niemandem und nichts seine Aufmerksamkeit, hörte den Kellner nicht, der ihn nach seinen Wünschen fragte, zerbrach das Siegel und begann den folgenden Brief zu lesen, der ihn nun allerdings vollständig fassungslos machte:

»Edler, um meinetwillen leidender und meinem Herzen ewig teurer Mann!

Ich leide, ich gehe zugrunde, — rette mich! Der Verleumder, der Intrigant und durch seine Nichtswürdigkeit bekannte Mensch hat mich mit seinen Netzen umstrickt und mich zugrunde gerichtet. Ich bin gefallen! — Er ist mir jedoch zuwider, aber du! ... Man hat uns voneinander gerissen, meine Briefe an dich gestohlen — und alles das hat der Unwürdige getan, indem er sich seiner besten Eigenschaft bediente — der Ähnlichkeit mit dir. Jedenfalls kann man schlecht sein und dennoch durch Geist, Gefühl und angenehme Manieren entzücken ...

Ich gehe zugrunde! Man will mich mit Gewalt verheiraten, und am meisten intrigiert hierbei mein Vater und Wohltäter, Staatsrat Olssufij Iwanowitsch, der offenbar die Rolle, die ich in der höheren Gesellschaft spiele, für sich in Anspruch nehmen will ...

Aber ich bin entschlossen und widersetze mich mit allen mir von der Natur gegebenen Mitteln. Erwarte mich heute im Wagen um neun Uhr vor den Fenstern unserer Wohnung. Bei uns findet wieder ein Ball statt, und der schöne Leutnant wird auch hier sein. Ich werde herauskommen und wir fliehen dann. Es gibt doch noch andere Beamtenstellen, in denen man seinem Vaterland dienen kann. Jedenfalls denke daran, mein Freund, daß die Unschuld stark ist durch sich selbst!

Lebe wohl, erwarte mich im Wagen vor der Haustür. Ich

flüchte mich in den Schutz deiner Arme, punkt zwei Uhr nach Mitternacht. Dein bis zum Grabe!

Klara Olssufjewna«

Nachdem unser Held den Brief gelesen hatte, war er einige Augenblicke wie betäubt. In schrecklicher Angst, in entsetzlicher Aufregung, bleich wie ein Handtuch, mit dem Brief in der Hand, ging er im Zimmer auf und ab. Zum Übermaß seines Mißgeschicks und seiner Lage bemerkte unser Held nicht, daß er der Gegenstand gespannter Aufmerksamkeit von seiten aller Anwesenden war. Die Unordnung seiner Kleidung, seine heftige Aufregung, sein Auf und Ab, das Gestikulieren mit beiden Händen, vielleicht einige rätselhafte Worte, die er in seiner Selbstvergessenheit laut aussprach — alles das machte wahrscheinlich auf die Anwesenden keinen gerade guten Eindruck, und namentlich dem Kellner erschien er verdächtig.

Endlich bemerkte unser Held, der auf einmal wieder zu sich kam, daß er mitten im Zimmer stand und fast unhöflich einen Greis von ehrwürdigem Aussehen anstarrte, der nach Beendigung seiner Mahlzeit vor dem Gottesbild gebetet hatte und seinen Blick von Herrn Goljädkin nicht abwandte. Verwirrt blickte unser Held um sich und bemerkte nun, daß alle, wirklich alle ihn mit mißtrauischen und bösen Blicken betrachteten.

Plötzlich verlangte ein verabschiedeter Offizier mit rotem Kragen laut die „Polizeinachrichten". Herr Goljädkin fuhr zusammen und errötete: dabei senkte er die Augen zu Boden und bemerkte seine in Unordnung geratene Kleidung. Die Stiefel, die Beinkleider und die ganze linke Seite waren vollständig beschmutzt, die Schuhriemen offen, der Rock an mehreren Stellen zerrissen. Tief bekümmert trat unser Held an einen Tisch und sah, daß ein Angestellter ihn ununterbrochen und frech beobachtete. Ganz verloren und niedergedrückt fing nun unser Held an, den Tisch zu betrachten, vor dem er stand. Auf dem Tisch standen benutzte Teller, von einem beendeten Mittagessen, lagen schmutzige Servietten und soeben gebrauchte Löffel, Gabeln und Messer.

,Wer hat denn hier gegessen?' dachte unser Held. ,Doch nicht etwa ich? Alles ist ja möglich! Ich habe vielleicht gegessen und es nur nicht bemerkt.'

Als Herr Goljädkin aufblickte, bemerkte er wieder den Kellner neben sich, der im Begriff schien, ihm etwas zu sagen.

»Wieviel haben Sie von mir zu bekommen?« fragte unser Held mit zitternder Stimme.

Ein lautes Gelächter erschallte rings um Herrn Goljädkin. Auch der Kellner lachte. Herr Goljädkin begriff, daß er wieder einmal eine schreckliche Dummheit begangen hatte. Als er das einsah, wurde er so verwirrt, daß er genötigt war, in die Tasche nach dem Taschentuch zu greifen, wahrscheinlich nur, um irgend etwas zu tun und nicht so dazustehen. Doch zu seiner und aller Anwesenden Verwunderung zog er mit seinem Taschentuch zugleich ein Medizinfläschchen heraus, das ihm vor vier Tagen Krestjan Iwánowitsch, der Doktor, verschrieben hatte.

,Das ist die Medizin aus jener Apotheke', ging es Herrn Goljädkin durch den Kopf, und plötzlich zuckte er zusammen und schrie auf vor Schreck. Ein neues Licht ging ihm auf ... Die dunkle, widerlich rote Flüssigkeit schimmerte mit ihrem bösen Glanz vor den Augen des Herrn Goljädkin . . Das Fläschchen fiel zu Boden und zerbrach. Unser Held schrie nochmals auf und sprang ein paar Schritte vor der umherspritzenden Flüssigkeit zurück ... er zitterte an allen Gliedern, und der Schweiß brach ihm aus auf der Stirn und an den Schläfen.

»Der Mensch ist ja krank!« rief man. Inzwischen erhob sich im Raum eine Bewegung und ein Gedränge. Alle umringten Herrn Goljädkin. Alle redeten auf ihn ein, einige faßten ihn sogar am Rock. Doch unser Held stand da, unbeweglich, er sah nichts, er hörte nichts, er fühlte nichts ... Endlich riß er sich los und stürzte davon. Er stieß die, die ihn halten wollten, zurück, sprang fast ohne Besinnung in die erste beste Droschke und floh nach Haus.

Im Vorzimmer seiner Wohnung begegnete er Michejeff, dem Kanzleidiener, mit einem Schreiben in der Hand.

»Ich weiß, mein Freund, ich weiß alles!« antwortete mit schwacher armseliger Stimme unser Held. »Das ist ein offizieller ...«

Das Schreiben war an Herrn Goljädkin gerichtet, mit einer Unterschrift von Andrei Filippowitsch versehen, und in ihm wurde er aufgefordert, alle in seinen Händen befindlichen Akten dem Kanzleidiener zu übergeben. Herr Goljädkin nahm das Schreiben und gab dem Diener ein Zehnkopekenstück, trat in seine Wohnung und sah, wie Petruschka seine eigenen Klamotten in einen Haufen zusammenpackte, offenbar in der Absicht, Herrn Goljädkin zu verlassen, und bei Karolina Iwanowna, die ihn seinem Herrn abspenstig gemacht hatte, deren Jefstafij zu ersetzen.

ZWÖLFTES KAPITEL

Petruschka trat ein, in sonderbar nachlässiger Haltung und mit einer pöbelhaft triumphierenden Miene. Man sah ihm an, daß er sich irgend etwas dabei dachte und sich vollkommen in seinem Recht fühlte. Auch sah er ganz so aus, wie jemand, der keinen Dienst mehr ausübte, bereits der Diener eines anderen war, und nicht mehr der seines früheren Herrn.

»Nun, siehst du, mein Lieber«, begann atemschöpfend unser Held. »Wieviel Uhr ist es jetzt?«

Petruschka begab sich schweigend in seine Kammer, kehrte darauf langsam zurück und meldete in ziemlich gleichgültigem Ton, daß es bald halb acht Uhr sei.

»Nun gut, mein Lieber, gut. Siehst du, mein Lieber ... erlaube, daß ich dir sage, mein Lieber, daß zwischen uns jetzt offenbar alles zu Ende ist.«

Petruschka schwieg.

»Nun, und jetzt, da zwischen uns alles zu Ende ist, sage mir aufrichtig, wie ein Freund sage mir, wo du warst, mein Lieber?«

»Wo ich war? Bei guten Menschen war ich.«

»Ich weiß, mein Freund, ich weiß. Ich war mit dir immer zufrieden, mein Lieber, und werde dir ein gutes Zeugnis geben ... Nun, wirst du denn bei ihnen dienen?«

»Herr, Sie belieben ja selbst zu wissen ... Ein guter Mensch kann einen nichts Schlechtes lehren.«

»Ich weiß, mein Lieber, ich weiß. Gute Menschen gibt es jetzt selten. Schätze sie hoch, mein Freund. Nun, wer sind sie denn?«

»Das ist doch bekannt, wer ... Ich kann bei Ihnen, Herr, nicht länger dienen. Sie belieben das selbst zu wissen.«

»Ich weiß, mein Lieber, ich weiß, ich kenne deinen Eifer, ich habe alles gesehen, alles bemerkt. Ich, mein Freund, ich achte dich. Ich achte jeden guten und ehrlichen Menschen, auch wenn er nur ein Diener ist.«

»Nun, das ist bekannt. Unsereiner muß dahin gehen, wo es besser ist. So ist's. Sie belieben zu wissen, Herr, ohne einen guten Menschen kann ich nicht ... —«

»Schon gut, mein Lieber, schon gut. Ich weiß ... Nun, hier hast du dein Geld und ein Zeugnis. Jetzt umarmen wir uns, und verzeihen uns gegenseitig ...«

Petruschka blickte ihn an.

»Nun, mein Lieber, bitte ich dich noch um einen Dienst, um einen letzten Dienst«, sagte Herr Goljädkin in feierlichem Ton. »Siehst du, mein Lieber, alles ist möglich. Kummer, mein Freund, herrscht auch in Palästen, und man kann ihm nirgends entgehen. Du weißt, mein Freund, ich war gegen dich immer freundlich ...«

Petruschka schwieg.

»Ich war, dächte ich, immer freundlich zu dir, mein Lieber ... Aber sag, was haben wir denn jetzt noch an Wäsche, mein Lieber?«

»Alles was da ist! Leinene Hemden sechs, Socken drei Paar, vier Vorhemden, eine Flanelljacke, Unterbeinkleider zwei. Sie wissen ja selbst alles. Ich, Herr, rühre von dem Ihrigen nichts an ... Ich, Herr, hüte Ihr Eigentum ... Ich, Herr, es ist Ihnen doch bekannt, habe mir nie eine Sünde ... Herr, Sie wissen doch selbst, Herr ...«

»Ich glaube dir, mein Freund, ich glaube dir. Nicht das meine ich, mein Freund, nicht das, siehst du, mein Freund ..«

»Es ist bekannt, Herr, und wir wissen es ja! Als ich damals noch beim General Stolbnjäköff diente, da entließen sie mich, als sie selbst nach Sarátoff reisten ... ein Gut haben sie dort ...«

»Nein, mein Freund, ich rede nicht davon, denke nicht etwa ... mein lieber Freund ...«

»Das ist bekannt. Wie sollte wohl unsereiner – Sie belieben das ja selbst zu wissen – Leute verleumden! Aber mit mir war man überall zufrieden. Das waren Minister, Generale, Senatoren, Grafen. Ich diente bei vielen, beim Fürsten Swintschátkin, beim Hauptmann Perebórkin, beim General Njedobároff, sie fuhren alle auf ihre Güter ... Das ist doch bekannt ...«

»Gewiß, mein Freund, gewiß, gut, mein Freund, gut. Siehst du, mein Freund, auch ich werde jetzt verreisen ... Jeder hat seinen Weg, mein Lieber, und keiner weiß, wohin er verschlagen wird! ... Jetzt, mein Freund, muß ich mich umkleiden. Gib mir die Uniform heraus, andere Beinkleider, Tücher, Betten, Kissen ...«

»Soll ich alles in ein Bündel packen?«

»Ja, mein Freund, meinetwegen alles in ein Bündel! Wer weiß, was noch alles mit mir geschehen wird! ... Nun, jetzt, mein Lieber, geh und hole mir einen Wagen ...«

»Einen Wagen? ...«

»Ja, mein Freund, einen Wagen, einen geräumigen – miete einen auf längere Zeit! Aber du, mein Freund, mußt nicht etwa denken ...«

»Wollen Sie denn weit fahren? ...«

»Ich weiß es nicht, mein Freund, das weiß ich selbst nicht. Ich denke, ein Federbett muß man auch mitnehmen. Was meinst du, mein Freund? Ich verlasse mich ganz auf dich, mein Lieber...«

»Wünschen Sie sofort abzureisen?«

»Ja, mein Freund, ja! Die Umstände verlangen es ... so steht es, mein Lieber, so steht es...«

»Ich verstehe, Herr! Damals, bei uns im Regiment, war das mit einem Leutnant ebenso: von einem Gutsbesitzer weg ... entführte er sie...«

»Entführte?... Wie! Mein Lieber, du...«

»Ja, er entführte sie, und im nächsten Ort wurden sie getraut. Alles war schon vorbereitet worden ... Es gab eine Verfolgung. Der jetzt verstorbene Fürst jagte ihnen selbst nach. Nun ... die Sache wurde beigelegt...«

»Sie wurden getraut. Ja?... Du, mein Lieber, wie weißt du denn das, mein Lieber?«

»Nun, das ist doch bekannt! Die Erde trägt das Gerücht weiter, Herr! Wir wissen doch alles, Herr. Natürlich, wer ist denn ohne Sünde? Aber, ich sage Ihnen jetzt nur, Herr, einfach, geradeaus, Herr: wenn das jetzt so ist, so sage ich Ihnen, Herr, daß Sie einen Feind haben, einen Nebenbuhler, Herr, einen starken Nebenbuhler, so ist's!...«

»Ich weiß, mein Freund, ich weiß. Du weißt es also auch, mein Lieber... Nun, darin kann ich mich ganz auf dich verlassen! Was sollen wir also tun, mein Freund, was kannst du mir raten?«

»Aber, Herr, wenn Sie sich auf solche Sachen gelegt haben, Herr, dann müssen Sie noch etwas dazukaufen, wie Laken, Kissen, ein anderes Federpfühl, ein zweischläfriges, eine gute Decke ... hier beim Nachbarn unten ist eine Verkäuferin, Herr, die hat einen Fuchspelz zu verkaufen, den könnte man sich ansehen, sofort hingehen, ansehen und kaufen. Sie werden ihn nötig haben, Herr, ein schöner Fuchspelz, mit Atlas bezogen...«

»Schon gut, mein Freund, schon gut; ich bin ganz mit

dir einverstanden; ich verlasse mich ganz auf dich. Meinetwegen, also den Pelz ... Aber nur schnell, schnell! Um Gottes willen, schnell! Ich werde auch den Pelz kaufen, nur bitte — schnell! Es ist bald acht Uhr, schneller, um Gottes willen, schneller, mein Freund! Beeile dich, mein Freund!...«

Petruschka ließ den ganzen Haufen Wäsche, Kissen, Decken, Laken und all den anderen Kram unverpackt im Stich und stürzte aus dem Zimmer. Herr Goljädkin griff unterdessen noch einmal zum Brief, doch lesen konnte er ihn nicht. Mit beiden Händen griff er nach seinem armen Kopf und lehnte sich vor Verwunderung an die Wand. Denken konnte er an nichts, tun konnte er auch nichts, er wußte selbst nicht, was in ihm vorging. Endlich, als er bemerkte, daß die Zeit verstrich, und weder Petruschka noch der Fuchspelz erschienen, entschloß sich Herr Goljädkin, selbst zu gehen. Als er die Tür zum Flur öffnete, hörte er unten auf der Treppe lärmen, sprechen, streiten und beratschlagen ... Einige Nachbarsleute verhandelten miteinander — und Herr Goljädkin wußte sofort, worüber. Er hörte Petruschkas Stimme und darauf Schritte nahen. »Gütiger Himmel! sie werden noch die ganze Welt zusammenrufen!« stöhnte Herr Goljädkin, rang die Hände vor Verzweiflung und stürzte zurück in sein Zimmer. Dort warf er sich fast bewußtlos auf den Diwan, mit dem Gesicht auf das Kissen. Nachdem er einen Augenblick so gelegen hatte, sprang er wieder auf, und ohne auf Petruschka zu warten, zog er seine Galoschen und seinen Mantel an, setzte seinen Hut auf, griff nach seiner Brieftasche und stürzte auf die Treppe hinaus.

»Es ist nichts nötig, mein Lieber! Ich werde selbst, ich werde alles selbst besorgen. Laß nur vorläufig alles so stehen, unterdessen wird sich vielleicht das Ganze zum Besten wenden«, flüsterte Herr Goljädkin eilig Petruschka zu, dem er auf der Treppe begegnete. Darauf lief er die Treppe hinunter und zum Hause hinaus. Sein Herz versagte — er konnte sich zu nichts entschließen ... Was sollte er tun, wie sollte er in dieser gegenwärtigen kritischen Lage handeln ...

»Also, wie soll ich nun handeln, Herr, du mein Gott? Und wozu mußte das alles so kommen!« rief er endlich verzweifelt aus und strich ziellos die Straße entlang, »wozu mußte das alles so kommen! Wenn das alles nicht wäre, gerade das nicht, dann würde sich noch alles ordnen und beilegen lassen, mit einem einzigen Schlag, mit einem gewandten, energischen und festen Schlag würde es abgetan sein. Ich lasse mir den Finger abschneiden, daß es sich erledigen ließe! Und ich weiß sogar, auf welche Weise es geschehen würde. Es würde so gemacht werden: Ich würde also — ich würde das und das, das heißt: würde so und so sagen... ,Mein Herr, mit Verlaub gesagt, solche Sachen tut man nicht, mein sehr geehrter Herr, solche Sachen tut man nicht und mit Usurpation erreicht man gar nichts. Ein Usurpator, mein Herr, ist ein unnützer Mensch, das heißt: ein Mensch, der seinem Vaterland keinen Nutzen bringt. Verstehen Sie das? Verstehen Sie das wohl, mein sehr geehrter Herr?' So, — ja, so wäre es zu machen...«

,Doch übrigens, — nein: wie ist denn das ... Das wäre doch auch nicht das Richtige, ganz und gar nicht das Richtige ... Was schwatze ich da zusammen, ich Dummkopf, ich Erzdummkopf! Ich Selbstmörder! Jawohl, du Selbstmörder, der du bist! wovon redest du denn überhaupt ... Versteh doch, du verderbter Mensch, worum es geht, sieh, so wird das jetzt gemacht! ... Aber wo soll ich mich jetzt lassen? Nun ja, was soll ich jetzt mit mir anfangen? Wozu tauge ich jetzt noch? Nun ja, wozu würdest du jetzt noch taugen, beispielsweise, du regelrechter Goljädkin, du Unwürdiger, der du bist! Also, was nun? Einen Wagen muß ich doch herbeischaffen; also schaffe sozusagen einen Wagen für sie her, sonst macht sie sich die Füßchen naß, wenn kein Wagen vorfährt ... Und wer hätte das gedacht? Jaja, mein Fräulein, jawohl, meine Gnädigste! Das sittsame Mädchen, das hochgepriesene. Haben sich ausgezeichnet, das kann man wohl sagen, und *wie* ausgezeichnet! ... Aber das kommt doch alles von der Unmoral der Erziehung; ich aber, der ich das alles jetzt durchschaut und den Kern zerbissen habe, sehe jetzt klar, daß das von nichts anderem herkommt als von der Unmoral. Wenn man sie von klein auf anders erzogen ... und mitunter auch die Rute ... sie aber haben sie nur mit Konfekt und anderen Süßigkeiten gepäppelt, und der Alte selbst plärrt ihr nichts anderes vor als ‚Ach, du mein dies und das, ach, du mein Liebchen, ich werde dich an einen Grafen verheiraten! ...' Da ist sie nun so geworden, hat jetzt ihre Karten aufgedeckt, sozusagen: seht jetzt, was gespielt wird! Anstatt sie von klein auf im Hause zu erziehen, haben wir sie in ein Mädchenpensionat gesteckt, zu irgend so einer französischen Emigrantendame, wo sie grad was Gutes lernen soll, — da habt ihr jetzt das Ergebnis! Könnt euch jetzt daran erfreuen! Sagt einfach: ‚Seien Sie dann und dann mit einem Wagen unter meinen Fenstern und singen Sie eine gefühlvolle spanische Romanze; ich werde Sie erwarten und ich weiß, daß Sie mich lieben; also lassen Sie uns fliehen und in einer Hütte leben.'

‚Aber schließlich, so geht es denn doch nicht, meine Dame, das ist nicht erlaubt, das ist gesetzlich verboten: ein ehrbares und unschuldiges Mädchen ohne Einwilligung der Eltern aus dem Elternhause zu entführen! Und schließlich auch: warum? wozu? und was liegt denn da für eine Notwendigkeit vor? Mag sie heiraten, wie es sich gehört, und wen das Geschick ihr bestimmt hat, und damit wär's abgetan. Ich aber bin ein Beamter; ich könnte deshalb meine Stellung verlieren. Ich, meine Dame, kann deshalb vor Gericht kommen! Sehen Sie, so ist es! Wenn Sie das noch nicht gewußt haben! Diese Deutsche hat das alles eingebrockt, dieser ganze Wirrwarr geht von ihr aus, der Hexe. Deshalb haben sie einen Menschen verleumdet. Deshalb haben sie Weibergeschwätz über ihn ausgedacht, auf den Rat Andrei Filippowitschs. Von dort kommt alles her. Denn sonst, warum haben sie Petruschka hineingezogen? Was hat denn der mit der Sache zu schaffen? Was hat der Schelm bei ihr zu tun?'

‚Nein, es geht nicht, meine Dame, es geht wirklich nicht,

ich kann nicht ... Für dieses Mal, meine Dame, müssen Sie mich schon entschuldigen. Das kommt alles von Ihnen, meine Dame, nicht von der Deutschen, der Hexe, sondern einfach von Ihnen selbst. Denn die Hexe ist eine gute Frau, die Hexe ist an nichts schuld, sondern Sie, meine Dame, Sie sind schuld, — so ist es! Sie, meine Dame, bringen mich vors Gericht, — unter falschen Anschuldigungen ... Da muß der Mensch zugrunde gehen, da muß der Mensch an sich selbst zugrunde gehen und kann sich selbst nicht erhalten, — wie kann da noch von einer Trauung die Rede sein! Und wie wird denn das alles enden? Und was soll daraus jetzt werden? Ich würde viel darum geben, wenn ich das erfahren könnte!...'

So dachte in seiner Verzweiflung unser Held. Als er plötzlich zu sich kam, bemerkte er, daß er irgendwo auf dem Liteinÿj Prospekt stand. Das Wetter war schauderhaft, es taute, vom Himmel fielen Regen und Schnee zugleich, genau wie zu jener unvergeßlichen Stunde um Mitternacht, als das Unglück Herrn Goljädkins seinen Anfang nahm.

‚Was wäre das für eine Reise', dachte Herr Goljädkin, nach dem Wetter sehend, ‚das wäre ja einfach Selbstmord ... Herr des Himmels, wo soll ich denn hier einen Wagen finden? Dort an der Ecke scheint etwas Schwarzes zu dämmern! Wir wollen sehen!... Herr, du mein Gott', fuhr unser Held fort und lenkte seine wankenden Schritte nach der Seite hin, wo so etwas ähnliches wie ein Wagen stand. ‚Nein, ich weiß, was ich tue! Ich gehe zu ihm, falle ihm zu Füßen und werde ihn, wenn's nötig ist, anflehen. So und so: in Ihre Hände lege ich mein Schicksal, in die Hände der Obrigkeit, Euer Exzellenz, beschützen Sie und beglücken Sie einen Menschen! Es wäre ein ungesetzliches Verfahren. Richten Sie mich nicht zugrunde, ich flehe Sie an, als meinen Vater flehe ich Sie an, verlassen Sie mich nicht ... Retten Sie meine Ehre, meinen Namen, meine Familie ... Retten Sie mich vor dem Bösewicht, vor dem verworfenen Menschen ... Er ist ein anderer Mensch, Euer Exzellenz, und auch ich bin ein anderer

Mensch! Er ist einer für sich und ich bin einer für mich, Euer Exzellenz, ich bin etwas ganz für mich, Euer Exzellenz, so ist es! Ich meine nur, ich kann doch gar nicht genau so aussehen wie er; ändern Sie das, haben Sie die Güte anzuordnen, daß das geändert werde, und daß dieser gottlose, eigenmächtige Betrug, diese heimliche Unterschiebung zu beseitigen sei ... damit andere es nicht noch nachahmen, Euer Exzellenz. Ich wende mich an Sie wie an einen Vater; die Obrigkeit, die wohltätige und fürsorgende Obrigkeit sollte solche Regungen fördern ... Darin läge sogar etwas Ritterliches. Ich betrachte also Euer Exzellenz, die wohltätige Obrigkeit, als einen Vater und vertraue ihr mein Schicksal an, und werde nicht widersprechen; ich überlasse alles Ihnen und werde mich selbst von aller Tätigkeit zurückziehen ... würde ich zu Seiner Exzellenz sagen, und damit Punktum!'

»He, du mein Lieber, bist du ein Mietkutscher?«

»Jawohl ...«

»Ich brauche einen geschlossenen Wagen heute abend ...«

»Zu einer weiten Fahrt, Herr?«

»Den Abend, den Abend; wie es kommt, mein Lieber, wie es kommt.«

»Wünschen Sie außerhalb der Stadt zu fahren?«

»Ja, mein Freund, vielleicht auch das. Ich weiß es selbst noch nicht genau, mein Lieber; ich kann es deshalb noch nicht ganz bestimmt sagen. Siehst du, mein Lieber, es kann sich noch alles zum Besten wenden. Es ist ja bekannt, mein Freund ...«

»Ja, freilich, Herr, Gott gebe es!«

»Ja, mein Freund, ja, ich danke dir, mein Lieber. Aber was nimmst du dafür, mein Lieber? ...«

»Belieben Sie sofort zu fahren?«

»Ja, sofort, das heißt: nein, an einer Stelle wartest du ein wenig ... so, nur ein wenig, nicht lange, mein Lieber ...«

»Ja, wenn Sie mich schon auf den ganzen Abend nehmen wollen, so kann ich bei diesem Wetter nicht weniger als sechs Rubel ...«

»Nun gut, mein Lieber, schon gut, ich danke dir, mein Lieber. Und jetzt kannst du mich gleich fahren, mein Lieber.«

»Steigen Sie ein; erlauben Sie, ich habe hier noch ein wenig zurechtzumachen ... Steigen Sie nur ein. Wohin befehlen Sie zu fahren?«

»Zur Ismailoffbrücke, mein Freund.«

Der Droschkenkutscher kletterte auf den Bock und setzte seine beiden Gäule, die er nur mit aller Gewalt vom Heusack wegreißen konnte, in der Richtung auf die Ismailoffbrücke in Bewegung. Doch plötzlich zog Herr Goljädkin an der Schnur, ließ den Wagen anhalten und bat mit flehender Stimme den Kutscher, nicht zur Ismailoffbrücke, sondern in eine bestimmte andere Straße zu fahren. Der Kutscher kehrte um, und in zehn Minuten stand die Equipage Herrn Goljädkins vor dem Hause, welches Seine Exzellenz bewohnte. Herr Goljädkin stieg aus dem Wagen, bat seinen Kutscher inständig, zu warten und lief selbst mit zitterndem und zagendem Herzen die Treppe hinauf, in den Zweiten Stock. Er klingelte, die Tür wurde geöffnet, und unser Held befand sich im Vorzimmer der Exzellenz.

»Ist Seine Exzellenz zu Hause?« wandte sich Herr Goljädkin an den Menschen, der ihm die Tür öffnete.

»Was wünschen Sie?« fragte ihn der Lakai, indem er Herrn Goljädkin vom Kopf bis zu den Füßen musterte.

»Ich, mein Freund, heiße Goljädkin, Titularrat Goljädkin. Ich wünsche – Exzellenz zu sprechen ...«

»Warten Sie bis morgen.«

»Mein Freund, ich kann nicht warten: meine Sache ist zu wichtig ... meine Sache duldet keinen Aufschub ...«

»Ja, von wem kommen Sie denn? Sind Sie eingeladen?«

»Nein, mein Freund, ich komme nur so ... Melde mich, mein Freund, sage: so und so, um zu erklären ... Und ich werde mich dir dankbar erweisen, mein Lieber ...«

»Das geht nicht. Mir ist streng befohlen, niemanden vorzulassen. Es sind Gäste da. Kommen Sie morgen um zehn Uhr ...«

»Melden Sie mich an, mein Lieber, ich kann unmöglich warten! Sie, mein Lieber, werden sonst die Verantwortung ...«

»So geh doch, melde ihn. Bist mir auch ein Fauler!« sagte ein anderer Lakai, der sich auf einer Bank räkelte und bis jetzt noch kein Wort gesagt hatte.

»Ach was, faul! Es ist nun einmal befohlen, niemanden vorzulassen, verstehst du? Die Empfangsstunden sind am Morgen.«

»Melde ihn trotzdem! Glaubst wohl, es könnte deiner Zunge schaden!«

»Na, ich kann ihn ja anmelden, meiner Zunge wird's nicht schaden! Es ist aber befohlen ... Treten Sie in dieses Zimmer.«

Herr Goljädkin trat in das nächste Zimmer. Auf dem Tisch stand eine Uhr; er sah, daß es halb neun war. In seinem Innern tobte die Unruhe. Er wollte schon wieder umkehren, doch im selben Augenblick rief der Diener, der an der Schwelle zum nächsten Zimmer stand, laut seinen Namen.

‚Das ist mal eine Stimme!' dachte in unbeschreiblicher Verwirrung unser Held. ‚Was werde ich nur sagen? Ich werde sagen: So und so ... so ist's ... ich bin gekommen, demütig und untertänigst zu bitten ... geruhen Sie, mich anzuhören — ... Doch nun ist die ganze Sache verdorben, alles in den Wind zerstreut. Oder ... was tut's ...' Er hatte übrigens keine Zeit, weiter nachzudenken. Der Lakai kehrte zurück und führte Herrn Goljädkin ins Kabinett Seiner Exzellenz.

Als unser Held eintrat, fühlte er sich wie geblendet, er konnte überhaupt nichts sehen ... Zwei, drei Gestalten, tauchten undeutlich vor seinen Augen auf: ‚Nun, das sind wohl die Gäste', ging es Herrn Goljädkin durch den Kopf. Schließlich konnte unser Held den Stern auf dem schwarzen Frack der Exzellenz deutlich erkennen. Damit kam er denn zur Besinnung und erhielt wenigstens sein Unterscheidungsvermögen wieder ...

»Was gibt's?« fragte eine bekannte Stimme Herrn Goljädkin.
»Titularrat Goljädkin, Euer Exzellenz.«
»Nun?«
»Ich bin gekommen, um zu erklären ...«
»Wie? Was?«
»Ja, so ist es. Das heißt: so und so, ich bin gekommen, um zu erklären, Euer Exzellenz ...«
»Sie ... ja, wer sind Sie denn eigentlich?«
»Ti—ti—tu—lar—rat ... Goljädkin, Euer Exzellenz.«
»Nun, was wünschen Sie?«
»Das heißt: so und so, ich betrachte Sie als meinen Vater: ich selbst halte mich ganz aus der Sache, und bitte Sie nur, mich vor meinem Feinde zu beschützen, — das ist alles!«
»Was soll das heißen?«
»Es ist doch bekannt ...«
»Was ist bekannt?«
Herr Goljädkin verstummte; sein Kinn fing an zu zittern ...
»Nun?«
»Ich dachte, moralisch, — Euer Exzellenz ... ich meinte, in moralischem Sinne: Euer Exzellenz als Vater anerkennen ... das heißt: so und so, beschützen Sie mich, unter Trr ... Trä—ä—nen bi—bitte ich, so etwas zu—zu—unterstützen ...«

Seine Exzellenz wandte sich ab. Unser Held konnte für einen Augenblick wieder nichts mehr wahrnehmen. Seine Brust war wie zusammengepreßt. Der Atem ging ihm aus. Er wußte nicht mehr, wie er sich auf den Beinen halten sollte ... Er schämte sich und es war ihm unsagbar traurig zumut. Gott weiß, was ihn erwartete ...

Als unser Held wieder zu sich kam, bemerkte er, daß Seine Exzellenz mit seinen Gästen sehr lebhaft sprach und sich mit ihnen zu beraten schien. Einen der Gäste erkannte Herr Goljädkin. Es war Andrei Filippowitsch. Den anderen dagegen erkannte er nicht, obgleich ihm das Gesicht sehr bekannt erschien: eine hohe, stämmige Erscheinung, in älteren Jahren, mit buschigen Brauen, mächtigem Backenbart und scharfgeschnittenem, ausdrucksvollem Gesicht. Am Hals des Unbekannten hing ein Orden, und eine Zigarre stak zwischen den Zähnen. Der Unbekannte rauchte, und ohne die Zigarre aus dem Munde zu nehmen, nickte er bedeutsam mit dem Kopf, von Zeit zu Zeit zu Herrn Goljädkin hinüberblickend.

Herr Goljädkin fühlte sich fürchterlich unbehaglich. Er wandte seinen Blick zur Seite, und dabei bemerkte er – einen sehr sonderbaren Gast. In der Tür, die unser Held bis jetzt für einen Spiegel angesehen hatte, wie es ihm schon einmal passiert war – erschien er – wir wissen ja schon, wer: der Bekannte und Freund Goljädkins. Herr Goljädkin der Jüngere hatte sich bis dahin offenbar in einem kleinen Zimmer aufgehalten, um schnell etwas niederzuschreiben. Jetzt hatte man ihn wohl nötig und er war – erschienen. Mit Papieren unter dem Arm, ging er auf Seine Exzellenz zu, und in Erwartung, daß sich die allgemeine Aufmerksamkeit auf ihn lenken werde, gelang es ihm auch, sich alsbald sehr geschickt ins Gespräch und in die Beratung einzumischen. Er nahm seinen Platz hinter dem Rücken Andrei Filippowitschs ein und wurde teilweise verdeckt von dem Unbekannten, der die Zigarre rauchte.

Ohne weiteres nahm Herr Goljädkin der Jüngere Anteil am Gespräch, dem er mit Eifer folgte, zu dem er mit dem Kopf nickte, während er in einem fort lächelte und jeden Augenblick Seine Exzellenz ansah, ganz als flehe er mit seinen Blicken um die Erlaubnis, auch ein Wörtchen einzuflechten.

‚Schurke!' dachte Herr Goljädkin und trat unwillkürlich einen Schritt auf ihn zu. In diesem Augenblick kehrte sich Seine Exzellenz um und näherte sich selbst, etwas unentschieden, Herrn Goljädkin.

»Nun, gut, gut: gehen Sie mit Gott. Ich werde Ihre Sache nachprüfen, und Sie werde ich begleiten lassen...« Seine Exzellenz blickte auf den Unbekannten mit dem Backenbart. Dieser nickte zum Zeichen seiner Einwilligung mit dem Kopf.

Herr Goljädkin empfand es und verstand nur zu gut, daß man ihn für einen anderen hielt und ihn durchaus nicht so behandelte, wie es sich gehörte. ‚So oder so, aber erklären muß ich mich', dachte er, ‚das heißt: so und so, Euer Exzellenz!' Hierbei richtete er in der Verwirrung seine Augen zu Boden, und zu seiner äußersten Verwunderung sah er auf den Stiefeln Seiner Exzellenz einen großen weißen Fleck.

‚Sind Sie wirklich geplatzt?' dachte Herr Goljädkin. Doch bald entdeckte Herr Goljädkin, daß die Stiefel Seiner Exzellenz durchaus nicht geplatzt waren, sondern nur das Licht stark widerspiegelten, ein Phänomen, das sich daraus erklärte, daß die Stiefel von Lackleder waren und stark glänzten. ‚Das nennt man aber blank sein', dachte Herr Goljädkin, und als er seinen Blick wieder erhob, erkannte er, daß es Zeit war, zu reden, weil die Sache sich sonst zu einem schlechten Ende wenden konnte ... Unser Held trat also einen Schritt nach vorn.

»Das heißt ... so und so ... Euer Exzellenz«, sagte er. »Ich meine, einen falschen Namen zu tragen, ist in unserer Zeit doch wohl nicht erlaubt.«

Seine Exzellenz antwortete ihm nichts mehr: sondern zog nur heftig am Glockenzug. Unser Held trat noch einen Schritt vor.

»Er ist ein gemeiner und verdorbener Mensch, Euer Exzellenz«, sagte unser Held, ohne sich zu besinnen, ersterbend vor Furcht, und wies trotz alledem kühn und entschlossen auf seinen unwürdigen Doppelgänger, der sich in diesem Augenblick dicht bei Seiner Exzellenz zu schaffen machte. »So und so ... das heißt ... ich spiele auf eine bestimmte Person an.«

Auf diese Worte Herrn Goljädkins folgte eine allgemeine Bewegung. Andrei Filippowitsch und der Unbekannte nickten sich gegenseitig zu. Seine Exzellenz riß noch einmal ungeduldig aus allen Kräften am Glockenzug, um seine Leute herbeizurufen. In diesem Augenblick trat Herr Goljädkin der Jüngere vor.

»Euer Exzellenz«, sagte er, »untertänigst bitte ich um die Erlaubnis, sprechen zu dürfen.« In der Stimme Herrn Goljädkins des Jüngeren lag äußerste Entschlossenheit. Alles an ihm drückte aus, daß er sich vollkommen in seinem Recht fühlte.

»Erlauben Sie zu fragen«, begann er von neuem, eifrig einer Antwort Seiner Exzellenz zuvorkommend, und wandte sich diesmal an Herrn Goljädkin selbst. »Erlauben Sie zu fragen, in wessen Gegenwart Sie sich so auszudrücken belieben? Wissen Sie, vor wem Sie stehen und in wessen Kabinett Sie sich befinden? ...« Herr Goljädkin der Jüngere war außer sich vor Erregung und ganz rot vor Zorn und Unwillen: Tränen der Empörung traten ihm in die Augen.

»Die Herren Bassawrjukoff!« rief in diesem Augenblick der Lakai mit lauter Stimme, indem er in der Tür des Kabinetts erschien.

‚Ein berühmtes Adelsgechlecht aus Kleinrußland', dachte Herr Goljädkin und fühlte im selben Augenblick, wie eine Hand sich ihm in sehr freundschaftlicher Weise auf den Rücken legte. Zugleich legte sich ihm noch eine Hand auf den Rücken, und das gemeine Ebenbild von Herrn Goljädkin lief voran und zeigte nach der Tür, als wolle er den Weg weisen. Herr Goljädkin fühlte es deutlich, wie er gewaltsam auf die große Ausgangstür des Kabinetts hinbewegt wurde. ‚Genau so wie bei Olssufij Iwanowitsch', dachte er, als er sich schon im Vorzimmer befand, begleitet von zwei Lakaien Seiner Exzellenz und von seinem unvermeidlichen Ebenbild.

»Den Mantel, den Mantel, den Mantel meines Freundes! Den Mantel meines besten Freundes!« schrie der verworfene Mensch, riß den Mantel aus den Händen des Dieners und warf zur allgemeinen Erheiterung den Mantel Herrn Goljädkin über den Kopf. Während Herr Goljädkin unter seinem Mantel wieder hervortauchte, hörte er deutlich das Gelächter der Diener. Er achtete aber nicht darauf und kümmerte sich um nichts. Ruhig trat er aus dem Vorzimmer auf die hellerleuchtete Treppe hinaus. Herr Goljädkin der Jüngere folgte ihm.

»Leben Sie wohl, Euer Exzellenz!« rief dieser Herrn Goljädkin dem Älteren nach.

»Schurke!« sagte unser Held außer sich.

»Nun, meinetwegen ein Schurke...«

»Verworfener Mensch!...«

»Nun, meinetwegen auch ein verworfener Mensch...« antwortete dem würdigen Herrn Goljädkin sein unwürdiger Feind mit der ihm eigenen Gemeinheit und sah frech oben von der Treppe hinunter und ohne die Augen niederzuschlagen Herrn Goljädkin an, als wolle er ihn auffordern, so fortzufahren. Unser Held spie aus vor Empörung und stürzte zum Hause hinaus. Er war so zerschlagen, daß er kaum wußte, wie er in den Wagen gelangte. Als er endlich zu sich kam, sah er, daß er an der Fontanka entlang fuhr. ‚Wahrscheinlich fährt er nach der Ismailoffbrücke‘, dachte Herr Goljädkin. Hier wollte Herr Goljädkin noch etwas denken, es gelang ihm aber nicht: es war etwas so Entsetzliches, das zu erklären unmöglich schien...

‚Nun, tut nichts‘, schloß unser Held und fuhr weiter zur Ismailoffbrücke.

DREIZEHNTES KAPITEL

Das Wetter schien sich bessern zu wollen. Das bisher dichte Schneetreiben ließ allmählich nach und hörte schließlich fast ganz auf. Der Himmel wurde klarer, und hier und da sah man Sterne blinken. Es war jedoch noch immer feucht, schmutzig und drückend, besonders für Herrn Goljädkin, der ohnehin nur mühsam atmen konnte. Sein durchnäßter und schwerer Mantel umhüllte mit einer unangenehmen warmen Feuchtigkeit seine Glieder und lastete schwer auf dem übermüdeten und vor Müdigkeit fast ganz erschöpften Herrn Goljädkin. Ein Schüttelfrost überlief seinen Körper mit spitzem, scharfem Kribbeln. Die Erschöpfung preßte ihm kalten Schweiß auf die Stirn. Herr Goljädkin fühlte sich so elend, daß er sogar vergaß, wie bei sonstigen Gelegenheiten, mit der ihm eigenen Charakterfestigkeit seinen Lieblingssatz zu wiederholen: daß sich das alles ganz bestimmt noch zum Besten wenden werde.

»Übrigens, das hat alles noch nichts zu sagen«, behauptete unser starker und in seiner Tapferkeit unerschütterlicher Held nun, indem er sich vom Gesicht das kalte Wasser wischte, das in Strömen vom Rande seines runden Hutes tropfte, der, aufgeweicht und durchnäßt, das Wasser nicht mehr aufnehmen konnte. Da unser Held, wie gesagt, der Meinung war, daß das alles noch nichts zu sagen hätte, so versuchte er sich wenigstens auf den dicken Holzklotz zu setzen, der sich auf dem Hof von Olssufij Iwanowitsch neben einem großen Holzstoß befand.

Natürlich konnte von spanischen Serenaden und prunkvollen Treppen keine Rede mehr sein: viel eher mußte man an seinen, wenn auch nicht großen, so doch immerhin warmen, gemütlichen und verborgenen Winkel zurückdenken. Nebenbei gesagt, sehnte er sich jetzt geradezu nach jenem Winkel auf dem Hintertreppenflur der Wohnung von Olssufij Iwanowitsch, in dem unser Held früher, zu Anfang unserer Geschichte zwei Stunden lang hinter einem Schrank, zwischen alten Bettschirmen und allerlei Gerümpel, gestanden hatte. Die Sache war nämlich die, daß Herr Goljädkin auch jetzt bereits zwei Stunden auf dem Hof Olssufij Iwanowitschs stand. Doch mit dem verborgenen und gemütlichen Winkel waren diesmal Hindernisse verbunden, die es früher nicht gegeben hatte. Erstens war der Schlupfwinkel wahrscheinlich bemerkt, und infolgedessen waren seit der Geschichte auf dem Ball bei Olssufij Iwanowitsch gewisse Vorkehrungen getroffen worden. Zweitens mußte er auf das verabredete Zeichen von

Klara Olssufjewna warten, denn es war doch sicher von einem solchen verabredeten Zeichen die Rede gewesen! So war es immer, sagte er sich, und »nicht mit uns wird es anfangen, und nicht mit uns wird es aufhören«.

Herr Goljädkin erinnerte sich übrigens eines Romans, den er schon vor langer Zeit gelesen hatte, in dem die Heldin unter denselben Umständen ihrem Alfred ein Zeichen gab: mit einem rosa Band, das sie am Fenster befestigte. Ein rosa Band aber, in der Nacht und beim Sankt Petersburger Klima, das ja wegen seiner Feuchtigkeit bekannt ist, ging denn doch nicht an, nein: das war einfach unmöglich!

‚Hier kann von Serenaden doch nicht die Rede sein‘, dachte unser Held, ‚besser ist es sicherlich, ich verhalte mich still! Und suche mir einen anderen Platz aus. Und richtig, er suchte sich einen Platz aus, gerade den Fenstern gegenüber, bei seinem Holzstoß. Natürlich gingen über den Hof verschiedene Leute, Stalljungen und Kutscher, die Wagen rasselten, die Pferde wieherten usw. Immerhin war der Platz sehr bequem: ob man ihn nun bemerkte oder nicht bemerkte — jedenfalls hatte der Platz den Vorteil, daß die Sache im Schatten vor sich ging und niemand Herrn Goljädkin sehen konnte, er selbst aber alles sah.

Die Fenster der Wohnung waren hell erleuchtet. Es schien wieder eine feierliche Gesellschaft bei Olssufij Iwanowitsch versammelt zu sein. Musik war übrigens noch nicht zu vernehmen.

‚Es wird wohl kein Ball stattfinden, sondern nur so eine Gesellschaft sein‘, dachte Herr Goljädkin. ‚Ja, ist es denn auch heute?‘ ging es ihm durch den Kopf, ‚habe ich mich nicht im Datum geirrt? Es ist wohl möglich ... alles ist möglich! Vielleicht war der Brief gestern geschrieben worden und hat mich nicht erreicht, weil Petruschka ihn vergessen hatte? So ein Schurke! Oder er ist zu morgen bestimmt ... so, daß ich ... erst morgen alles hätte vorbereiten sollen, das heißt: mit dem Wagen hätte warten sollen ...‘

Hier überlief es unseren Helden eiskalt, er griff nach dem

Brief in der Tasche, um sich zu überzeugen. Doch zu seiner Verwunderung fand sich kein Brief in der Tasche.

»Wie kommt denn das?« flüsterte zu Tode erschrocken Herr Goljädkin: »Wo kann er denn sein? Sollte ich ihn verloren haben? Das fehlte noch!« stöhnte er auf. ‚Wenn er jetzt in schlechte Hände kommt? Ja, vielleicht ist es schon geschehen! Herrgott! Was kann sich daraus ergeben! Das wäre ja ... Ach, du mein verfluchtes Schicksal!'

Herr Goljädkin zitterte wie ein Espenblatt bei dem Gedanken, daß vielleicht sein übelwollender Doppelgänger, als er ihm den Mantel über den Kopf warf, damit das Ziel verfolgt hatte, ihm den Brief zu entwenden, von dem er vielleicht bei den Feinden Herrn Goljädkins etwas erfahren hatte. ‚Da hätte er einen Beweis!' dachte Herr Goljädkin, ‚einen Beweis ... und was für einen Beweis! ...'

Nach dem ersten Anfall dieses kalten Entsetzens stieg Herrn Goljädkin das Blut heiß in den Kopf. Stöhnend und zähneknirschend faßte er nach seiner glühenden Stirn, setzte sich wieder auf den Holzklotz und fing an nachzudenken ... Aber seine Gedanken hatten keinen Zusammenhang. Es tauchten verschiedene Gesichter auf, und er erinnerte sich plötzlich bald undeutlich, bald wieder fest umrissen längst vergessener Vorgänge – Motive dummer Lieder, die ihm durch den Kopf gingen ... Es war ein Elend, ein Elend, ein übernatürliches Elend! ‚Gott, mein Gott!' dachte unser Held, sich mühsam fassend, zugleich mit dem Versuch, das dumpfe Schluchzen in der Brust zu unterdrücken, ‚gib mir Festigkeit in der unermeßlichen Tiefe meines Mißgeschicks! Daß ich verloren bin, vollständig verloren – darüber besteht kein Zweifel, das liegt in der Ordnung der Dinge, denn es kann ja doch nicht anders sein! Erstens habe ich meine Stellung verloren, ganz und gar verloren, wie sollte ich auch nicht ... Zweitens – ... Oder sollte es doch noch eine Möglichkeit geben? Mein Geld, nehmen wir an, reicht noch für die erste Zeit: ich nehme mir irgendeine kleine Wohnung, einige Möbel sind nötig. Petruschka wird zwar nicht mehr bei mir sein.

Aber ich kann ja auch ohne den Schuft auskommen ... nun, schön, ich kann ausgehen und zurückkommen, wann es mir paßt, und Petruschka wird nichts mehr zu brummen haben, wenn ich spät nach Hause komme. Darum ist es auch besser ohne ihn ... Nun, nehmen wir also an, daß das alles sehr gut ginge. Nur handelt es sich noch immer nicht darum, noch immer nicht darum! ...'

Dabei tauchte wieder das Bewußtsein der Lage in Herrn Goljädkin auf, in der er sich unmittelbar befand. Er blickte um sich. ‚Ach, du mein großer Gott! Herr, du mein Gott! Was rede ich denn jetzt davon?' dachte er, und griff wieder ganz und gar verloren nach seinem brummenden Kopf.

»Belieben Sie nicht bald zu fahren, Herr?« ertönte plötzlich eine Stimme neben ihm. Herr Goljädkin fuhr zusammen, denn vor ihm stand sein Kutscher, gleichfalls bis auf die Haut durchnäßt. Er war vom Warten ungeduldig geworden und wollte nach seinem Herrn hinter dem Holzstoß sehen.

»Ich, mein Lieber, tut nichts ... Ich, mein Freund, komme bald, sehr bald, sehr bald — warte noch ein wenig ...«

Der Kutscher ging fort und brummte etwas in den Bart. ‚Was mag er da brummen?' dachte Herr Goljädkin unter Tränen, ‚ich habe ihn doch für den ganzen Abend genommen, ich bin durchaus in meinem Recht, so ist es! Für den Abend habe ich ihn genommen, und damit ist die Sache erledigt. Mag er da stehen, einerlei! Das hängt von meinem Willen ab. Willigt er ein oder willigt er nicht ein. Und wenn ich hier hinter dem Holz stehe, so ist das ganz gleich ... — er hat hier nichts zu meinen: will der Herr hinter dem Holz stehen, so mag er es tun ... seiner Ehre wird das nicht schaden! So ist es!'

‚So ist es, meine Dame, wenn Sie es wissen wollen. Und in einer Hütte, meine Dame, das heißt: so und so, kann in unserer Zeit niemand mehr leben. Und ohne gute Sitten geht es in unserer erwerbstätigen Zeit auch nicht mehr, meine Dame, wofür Sie selbst jetzt ein bedauernswertes Beispiel sind ... Das heißt: Titularrat soll man sein, und dabei am

Ufer des Meeres in einer Hütte leben! Erstens, meine Dame, braucht man an den Ufern des Meeres keine Titularräte, und zweitens hätten wir da überhaupt nicht zum Titularrat aufrücken können. Nehmen wir an, ich sollte beispielsweise eine Bittschrift einreichen; das heißt: So und so, möchte Titularrat werden ... begünstigen Sie mich trotz meiner Feinde ... Dann wird man Ihnen sagen, meine Dame, daß es ... viele Titularräte gibt, und daß Sie hier nicht bei der Emigrantin sind, wo Sie gute Sitten lernen sollen, um als gutes Beispiel zu dienen. Sittsamkeit, meine Dame, bedeutet zu Hause bleiben, den Vater ehren und nicht vor der Zeit an Freier denken. Die Freier, meine Dame, finden sich schon mit der Zeit von selbst — so ist es! Freilich muß man verschiedene Talente besitzen wie: Klavierspielen, Französisch sprechen, in der Geschichte, Geographie, Religion und Arithmetik bewandert sein, — so ist es! Mehr ist auch nicht nötig. Und dazu dann die Küche. Jedenfalls sollte jedes sittsame Mädchen kochen können! Aber so? Erstens wird man Sie, meine Schöne, meine verehrte Dame, nicht sich selbst überlassen; man wird Ihnen nachsetzen und wird Sie zwingen, in ein Kloster zu gehen. Und was, meine Dame, was befehlen Sie dann, das ich tun soll? Befehlen Sie mir dann vielleicht, meine Dame, daß ich mich wie in dummen Romanen auf den nächsten Hügel setzen und in Tränen zerfließen soll, indem ich auf die kalten Mauern starre, die Sie umschließen? Oder soll ich etwa der Vorschrift einiger schlechter deutscher Poeten und Romanschriftsteller folgen und freiwillig sterben? Wollen Sie das, meine Dame?

Erlauben Sie mir, Ihnen in aller Freundschaft auszudrücken, daß die Dinge nicht so gehen, und daß man Sie und Ihre Eltern ordentlich strafen müßte, weil sie Ihnen französische Bücher zum Lesen gegeben haben. Denn französische Bücher lehren einen nichts Gutes. Das ist Gift ... reines Gift, meine Dame! Oder denken Sie etwa, erlauben Sie, daß ich Sie frage, denken Sie etwa: wir entfliehen ungestraft und ... leben dann in einer Hütte am Meer! Fangen an, von Gefühlen zu reden, miteinander wie die Tauben zu girren und verbringen so unser Leben in Zufriedenheit und Glück! Und wenn dann ein Kleines kommt, dann werden wir ... — dann sagen wir: So und so, lieber Vater und Staatsrat Olssufij Iwanowitsch, ein Kleines ist da, also nehmen Sie bei der Gelegenheit Ihren Fluch zurück und segnen Sie uns!

Nein, meine Dame, das geht wieder nicht an, und auf das Girren hoffen Sie nicht, denn von alledem wird's nichts geben. Heute ist der Mann der Herr, und eine gute, wohlerzogene Frau muß ihm in allem gehorchen. Zärtlichkeiten liebt man in unserer erwerbstätigen Zeit nicht, die Zeiten Jean Jacques Rousseaus sind vorüber. Heutzutage kommt der Mann zum Beispiel hungrig aus dem Dienst heim. ‚Herzchen‘, fragt er sein Frau, ‚hast du nicht etwas zu essen, einen Hering, ein Gläschen Schnaps?‘ Also müssen Sie, meine Dame, Schnaps und Hering bereit halten. Der Mann ißt mit Appetit, um Sie aber kümmert er sich gar nicht, er sagt nur: ‚Geh in die Küche, mein Kätzchen, und sieh nach dem Mittagessen.‘ Er küßt Sie vielleicht nur einmal in der Woche, und auch das tut er sehr gleichgültig! ...

So ist unsere Art, meine Dame, jawohl, und auch das tun wir nur gleichgültig! ... So ist es, wenn man sich's genau überlegt, wenn es darauf ankommt ... Ja, und was soll ich dabei? Warum, meine Dame, haben Sie denn gerade mich mit Ihren Launen bedacht? „Tugendhafter, für mich leidender und meinem Herzen teurer Mann" und so weiter. Ich passe ja gar nicht zu Ihnen, meine Dame! Sie wissen ja selbst, daß ich im Komplimentemachen kein Meister bin und es nicht liebe, Damen gefühlvollen Unsinn vorzuschwatzen; meine Erscheinung ist auch nicht danach. Lügenhafte Prahlerei und Falschheit werden Sie bei mir nicht finden, das sage ich Ihnen jetzt in aller Aufrichtigkeit. Ich besitze einen offenen Charakter und einen gesunden Verstand: mit Intrigen gebe ich mich nicht ab. Ich bin kein Intrigant, und darauf bin ich stolz — so ist es! ... Guten Menschen gegenüber trage ich keine Maske, und um Ihnen alles zu sagen...'

Plötzlich fuhr Herr Goljädkin zusammen. Das rote Gesicht seines Kutschers mit ganz durchnäßtem Bart blickte wieder nach ihm hinter den Holzstoß ...

»Ich komme sofort, mein Freund! Ich komme sofort, mein Freund, weißt du. Ich komme sofort, sofort ...«, wiederholte Herr Goljädkin wie beschwörend mit zitternder und weinerlicher Stimme.

Der Kutscher kratzte sich hinter dem Ohr, glättete seinen rotblonden Bart, trat einen Schritt zurück, blieb wieder stehen und sah mißtrauisch Herrn Goljädkin an.

»Ich komme sofort, mein Freund! Ich, siehst du ... mein Freund ... ich werde nur ein wenig, nur eine Sekunde noch ... hier ... Siehst du, mein Freund ...«

»Wahrscheinlich werden Sie gar nicht fahren?« sagte endlich der Kutscher und trat entschlossen auf Herrn Goljädkin zu.

»Nein, mein Freund, ich werde sofort fahren. Ich, siehst du, mein Freund, warte nur ...«

»Ja, Herr ...«

»Ich, siehst du, mein Freund ... Aus welchem Dorf bist du denn, mein Lieber?«

»Wir sind Leibeigene ...«

»Ist dein Herr gut? ...«

»Ziemlich.«

»Ja, mein Lieber, ja. Danke der Vorsehung, mein Freund! Suche gute Menschen! Gute Menschen sind jetzt selten geworden, mein Lieber. Er gibt dir Essen und Trinken, mein Lieber, also ist er ein guter Mensch. Denn oft erlebst du, mein Freund, daß auch bei Reichen die Tränen fließen ... Du siehst hier ein beklagenswertes Beispiel. So ist's, mein Lieber ...«

Dem Kutscher schien Herr Goljädkin leid zu tun. »Nun, wie Sie wollen, ich werde warten. Wird es denn noch lange dauern?«

»Nein, mein Freund, nein. Ich werde, weißt du, nicht mehr lange warten, mein Lieber ... Wie denkst du darüber, mein

Freund! Ich werde mich auf dich verlassen. Ich werde hier nicht mehr lange warten ...«

»Dann werden Sie also fahren?«

»Nein, mein Lieber! Nein, ich danke dir ... hier ... wieviel hast du zu bekommen, mein Lieber?"

»Was wir ausgemacht, Herr: bezahlen Sie, bitte. Ich habe lange gewartet, Herr, Sie werden mich armen Menschen nicht schädigen wollen, Herr.«

»Nun, da, nimm, mein Lieber, da hast du's!« Dabei gab ihm Herr Goljädkin sechs Silberrubel und beschloß ernstlich, keine Zeit mehr zu verlieren, das heißt: einfach fortzugehen, um so mehr, als die Sache jetzt doch schon entschieden und der Kutscher entlassen war. Folglich brauchte er hier nicht mehr zu warten, er kam also hinter dem Holz hervor, ging zum Hoftor hinaus, wandte sich nach links und begann, ohne sich umzusehen, keuchend und doch fast freudig davonzulaufen.

‚Vielleicht wird sich noch alles zum Besten wenden', dachte er, ‚und ich bin auf diese Weise dem Unglück entronnen.'

Und wirklich wurde es Herrn Goljädkin plötzlich ganz leicht ums Herz. ‚Ach, wenn doch alles wieder gut würde!' dachte unser Held, glaubte aber selbst kaum daran. ‚Ich werde von dort ...', dachte er. ‚Nein, besser, von der Seite, das heißt: so ...'

Während er sich auf diese Weise mit Zweifeln quälte und den Schlüssel zu ihrer Lösung suchte, war unser Held bis zur Ssemjonoffbrücke gerannt und beschloß hier, nachdem er sich's reiflich überlegt hatte, wieder umzukehren.

‚So wird's besser sein!' dachte er. ‚Ich komme von der anderen Seite, das heißt: so, von hier. Dann bin ich ein unbeteiligter Zuschauer und die Sache hat ihr Ende. Ich bin also nur Zuschauer, eine Nebenperson, weiter nichts, und was da auch vorgehen mag — daran bin ich nicht schuld! So ist es! So wird es jetzt sein!'

Nachdem er einmal beschlossen hatte, umzukehren, kehrte unser Held auch wirklich wieder um — sehr zufrieden damit, daß er, dank seinem glücklichen Einfall, jetzt nur eine ganz unbeteiligte Person vorstellen werde. ‚So ist es viel besser: so hast du nichts zu verantworten, du siehst nur zu — weiter nichts!' Die Rechnung war richtig, und die Sache mochte damit ihr Ende haben!

Durch diesen Gedanken beruhigt, begab er sich wieder in den friedlichen Schatten des ihn beschützenden Holzstoßes und begann von neuem aufmerksam nach den Fenstern zu blicken.

Dieses Mal hatte er nicht lange zu beobachten und zu warten. Es zeigte sich plötzlich an allen Fenstern eine lebhafte Bewegung, Gestalten tauchten auf, die Vorhänge wurden geöffnet, eine ganze Gruppe von Leuten drängte sich an die Fenster Olssufij Iwanowitschs, alle sahen auf den Hof hinaus und schienen etwas zu suchen. Geschützt durch seinen Holzstoß, begann auch unser Held seinerseits neugierig der allgemeinen Bewegung zu folgen. Er wandte voll Teilnahme seinen Kopf nach links und nach rechts, soweit es ihm der Schatten seines Holzstoßes, der ihn verbarg, erlaubte.

Plötzlich fuhr er zusammen und hätte sich beinahe vor Schreck hingesetzt. Ihm schien es mit einem Mal, und er war sofort vollkommen davon überzeugt, daß man, wenn man jemanden suchte, niemand anderen suchen konnte als ihn selbst: als Herrn Goljädkin. Denn alle blickten nach ihm hin. Davonzulaufen war unmöglich: man hätte ihn gesehen ... Der entsetzte Herr Goljädkin preßte sich enger und enger, so nah als es möglich war, an das Holz und bemerkte dabei erst jetzt, daß der Schatten des Stoßes ihn nicht mehr ganz bedeckte. Wie gern wäre unser Held nun in ein Mauseloch gekrochen! und hätte dort ruhig und friedlich gesessen! wenn es nur gegangen wäre! Es ging aber nicht, entschieden ging es nicht! In seiner Angst sprang er endlich auf und sah entschlossen nach allen Fenstern zugleich hin. Das war noch das Beste! ... Und plötzlich errötete er über und über. Alle hatten sie ihn bemerkt, alle winkten sie ihm mit den Händen und nickten mit den Köpfen, alle riefen sie ihm zu. Die

Fenster wurden geöffnet, viele Stimmen hörte man rufen ...
»Ich wundere mich, warum man diese Mädchen nicht von Kindheit an durchgeprügelt hat«, murmelte unser Held vor sich hin, ganz und gar verwirrt.

Plötzlich kam er (es ist bekannt, *wer*) die Treppe heruntergelaufen, im Uniformrock ohne Hut, kam atemlos auf ihn zugestürzt und heuchelte äußerste Freude darüber, daß er endlich Herrn Goljädkin erblickt hatte.

»Jakoff Petrowitsch!« lispelte der verworfene Mensch. »Jakoff Petrowitsch, Sie hier? Sie werden sich erkälten. Hier ist es kalt, Jakoff Petrowitsch. Kommen Sie doch hinein!«

»Nein, Jakoff Petrowitsch, es tut mir nichts, Jakoff Petrowitsch«, murmelte unser Held mit schüchterner Stimme.

»Aber das geht nicht! Das geht nicht! Jakoff Petrowitsch, man bittet Sie, gefälligst einzutreten, man erwartet Sie. Erweisen Sie uns doch die Ehre und kommen Sie, bitte Jakoff Petrowitsch, kommen Sie!«

»Nein, Jakoff Petrowitsch, ich, sehen Sie — es wäre besser ... wenn ich nach Hause ginge. Jakoff Petrowitsch ...«, antwortete unser Held, und verging zugleich vor Scham und vor Schreck.

»Nein, nein, nein!« flüsterte der widerliche Mensch, »nein, nein, nein, um nichts in der Welt! Gehen wir!« sagte er entschlossen und zog Herrn Goljädkin den Älteren mit sich zur Treppe. Herr Goljädkin wollte durchaus nicht gehen, da aber alle nach ihm sahen und ein Widerstreben dumm gewesen wäre, so ging unser Held — übrigens, man kann nicht sagen, daß er ging, denn er wußte selbst nicht, was mit ihm geschah. Es war ja doch alles gleichgültig!

Noch bevor sich unser Held recht besinnen und sein Äußeres etwas in Ordnung bringen konnte, befand er sich schon im Saal. Er sah bleich, verstört und verwirrt aus, seine trüben Augen irrten über die ganze Gesellschaft — Entsetzen! Der Saal, alle Zimmer — alles, alles war überfüllt. Menschen gab es in Unmengen, Damen, ein ganzer Blumengarten! Und sie alle drängten sich um Herrn Goljädkin, sie alle strebten auf ihn zu, sie alle wollten Herrn Goljädkin auf ihre Schultern heben, wobei er das Gefühl hatte, er schwebe in einer bestimmten Richtung. ‚Doch nicht etwa zur Tür', ging es Herrn Goljädkin durch den Kopf. Und wirklich, sie trugen ihn, zwar nicht nach der Tür — wohl aber gerade zum Lehnstuhl von Olssufij Iwanowitsch.

Neben dem Lehnstuhl, an der einen Seite, stand Klara Olssufjewna, blaß, düster und traurig, doch wundersam geschmückt. Besonders fielen Herrn Goljädkin die kleinen weißen Blümchen auf, die sich in ihren schwarzen Haaren prachtvoll ausnahmen. Auf der anderen Seite des Lehnstuhls stand Wladimir Ssemjonowitsch, im schwarzen Frack, mit seinem neuen Orden auf der Brust.

Herrn Goljädkin führte man, wie gesagt, an der Hand gerade auf Olssufij Iwanowitsch zu. Auf der einen Seite führte ihn Herr Goljädkin der Jüngere, der sich sehr anständig und ehrbar hielt, worüber Herr Goljädkin der Ältere vor Freude ganz beglückt war — und auf der anderen Seite wurde er von Andrei Filippowitsch begleitet, der eine höchst feierliche Miene zur Schau trug.

‚Was soll das?' dachte Herr Goljädkin. Als er aber bemerkte, daß man ihn zu Olssufij Iwanowitsch brachte, wurde er plötzlich wie von einem Blitz erleuchtet. Der Gedanke an den entwendeten Brief tauchte in seinem Kopf auf. In schrecklicher Angst stand unser Held vor dem Lehnstuhl Olssufij Iwanowitschs.

‚Was werden sie jetzt mit mir tun?' dachte er bei sich. ‚Natürlich werden sie mit Aufrichtigkeit, unerschütterlicher Ehrbarkeit ... das heißt ... so und so, und so weiter ...'

Doch was unser Held befürchtet hatte, trat nicht ein. Olssufij Iwanowitsch schien Herrn Goljädkin sehr wohlwollend zu empfangen, und wenn er ihm auch nicht die Hand reichte, so wiegte er doch seinen ehrfurchteinflößenden Graukopf, feierlich und zugleich traurig, mit einem gütigen Ausdruck. So schien es wenigstens Herrn Goljädkin. Ihm kam es sogar vor, als ob Tränen im Blick Olssufij Iwano-

witschs glänzten. Er erhob die Augen und bemerkte, daß auch an den Wimpern Klara Olssufjewnas eine Träne blinkte — und mit den Augen Wladimir Ssemjonowitschs schien es ihm nicht anders zu sein —; sogar die unerschütterlich ruhige Würde Andrei Filippowitschs war dem allgemeinen tränenreichen Mitgefühl verfallen, und auch der Jüngling, der einmal einem alten Staatsrat so ähnlich ausgesehen hatte, weinte bereits bitterlich ... Oder schien das vielleicht Herrn Goljädkin alles nur so, da er deutlich fühlte, wie ihm selbst heiße Tränen über die kalten Backen rannen ...
Die Stimme voll Schluchzen, versöhnt mit den Menschen und seinem Schicksal und im Augenblick ganz voll größter Liebe, nicht nur zu Olssufij Iwanowitsch, sondern zu allen Gästen, sogar zu seinem unheilvollen Zwilling, der durchaus nicht mehr unheilvoll, ja, nicht einmal mehr sein Zwilling zu sein schien, sondern ein ganz nebensächlicher und liebenswürdiger Mensch war, — also wandte sich unser Held an Olsufij Iwanowitsch. Aber er vermochte nicht auszudrücken, was seine Seele erfüllte, in der sich soviel angesammelt hatte; er konnte vor Rührung nichts sagen, nicht das geringste, und nur mit einer beredten Handbewegung wies er schweigend auf sein Herz ...
Schließlich führte Andrei Filippowitsch — wohl um das Gefühl des greisen Hausherrn zu schonen — Herrn Goljädkin ein wenig zur Seite. Leise lächelnd und irgend etwas vor sich hinmurmelnd, vielleicht auch ein wenig verwundert, doch jedenfalls ganz versöhnt mit seinem Schicksal und den Menschen, begann unser Held die dichte Masse der Gäste zu durchschreiten. Alle gaben ihm den Weg frei, alle sahen ihn mit so sonderbarer Neugierde und mit einer gewissen unerklärlichen, rätselhaften Teilnahme an. Unser Held ging ins zweite Zimmer: überall die gleiche Aufmerksamkeit; er spürte unklar, wie alle ihm folgten, wie sie jeden seiner Schritte beobachteten, wie sie sich heimlich gegenseitig anstießen und sich über etwas sehr Merkwürdiges unterhielten, urteilten, flüsterten und die Köpfe wiegten. Herr Goljädkin

hätte furchtbar gern erfahren, worüber sie urteilten, tuschelten und flüsterten.

Als er sich umblickte, bemerkte unser Held neben sich Herrn Goljädkin den Jüngeren. Er fühlte die Notwendigkeit, seine Hand zu ergreifen und ihn beiseite zu führen. Herr Goljädkin bat darauf »Jakoff Petrowitsch« inständig, ihm bei allen seinen weiteren Unternehmungen behilflich zu sein und ihn im kritischen Augenblick nicht zu verlassen. Herr Goljädkin der Jüngere nickte eifrig mit dem Kopf und drückte kräftig die Hand Herrn Goljädkins des Älteren. Vor überströmenden Gefühlen erzitterte das Herz in der Brust unseres Helden. Er glaubte zu ersticken, er fühlte, wie ihn irgend etwas mehr und mehr beengte, wie alle die Blicke, die auf ihn gerichtet waren, ihn verfolgten und schier erdrückten ... Herr Goljädkin sah im Vorübergehen auch jenen Rat, der auf seinem Kopf eine Perücke trug. Der Herr Rat sah ihn mit strengem, prüfendem Blick an, der durch die allgemeine Teilnahme keineswegs gemildert wurde ... Unser Held beschloß, gerade auf ihn zuzugehen, er wollte ihm zulächeln, sich ihm erklären, doch irgendwie gelang ihm das nicht. In dem Augenblick, als er es tun wollte, verlor Herr Goljädkin vollständig sein Gedächtnis ... Als er wieder zu sich kam, bemerkte er, daß er sich, in einem weiten Kreise von Gästen, um sich selber drehte. Plötzlich rief man aus dem anderen Zimmer nach Herrn Goljädkin. Der Ruf verbreitete sich über die ganze Menge. Alles regte sich auf, alles geriet in Bewegung, alles stürzte zur Tür des ersten Saales. Unser Held wurde beinahe auf den Armen hinausgetragen, wobei der Herr Rat mit der Perücke Seite an Seite mit ihm zu stehen kam. Endlich ergriff er seine Hand und setzte sich dem Lehnstuhl Olssufij Iwanowitschs gegenüber, übrigens, in einer ziemlich weiten Entfernung von ihm. Alle, die im Zimmer waren, setzten sich in einem großen Kreise um Olssufij Iwanowitsch und Herrn Goljädkin. Alles wurde still und ruhig, alle beobachteten ein feierliches Schweigen, alle richteten ihre Blicke auf Olssufij Iwanowitsch und schienen etwas Besonderes zu erwarten. Herr Goljädkin bemerkte, wie sich neben dem Lehnstuhl von Olssufij Iwanowitsch, gerade gegenüber dem Herrn Rat, der andere Herr Goljädkin und Andrei Filippowitsch aufstellten. Das Schweigen dauerte an: man erwartete also wirklich etwas. ‚Genau so, wie wenn in irgendeiner Familie jemand im Begriff ist, eine lange Reise anzutreten. Man müßte nur noch aufstehen und ein Gebet sprechen', dachte unser Held. Plötzlich entstand eine ungewöhnliche Bewegung und unterbrach Herrn Goljädkins Gedankengang. Endlich schien das Langerwartete einzutreten.

»Er kommt, er kommt!« ging es durch die Menge.

‚Wer kommt?' ging es Herrn Goljädkin durch den Kopf, und er zuckte vor einem sonderbaren Gefühl zusammen.

»Es ist Zeit!« sagte der Rat und sah bedeutungsvoll Andrei Filippowitsch an. Dieser sah darauf Olssufij Iwanowitsch an. Olssufij Iwanowitsch nickte hierauf feierlich mit dem Kopf.

»Erheben wir uns«, wandte sich der Rat an Herrn Goljädkin. Alle erhoben sich. Dann ergriff der Rat die Hand des Herrn Goljädkin des Älteren und Andrei Filippowitsch die Hand Herrn Goljädkins des Jüngeren und führten sie beide feierlich mitten durch die sie umgebende Menge. Unser Held sah verwundert um sich, doch man wies ihn sofort auf Herrn Goljädkin den Jüngeren, der ihm bereits die Hand entgegenstreckte.

‚Man will uns wohl versöhnen', dachte unser Held, streckte ihm gleichfalls freundschaftlich seine Hände entgegen, und hielt ihm sogar seine Backe zum Kusse hin. Dasselbe tat auch der andere Herr Goljädkin ... Da schien es aber Herrn Goljädkin dem Älteren, daß sein treuloser Freund ein wenig lächelte: ganz so, als lächelte er schelmisch die sie umgebende Menge an und als tauchte etwas Böses in dem unedlen Gesicht Herrn Goljädkins des Jüngeren auf – die Grimasse des Judaskusses ...

Im Kopf Herrn Goljädkins dröhnte es, und vor seinen

Augen wurde es dunkel: ihm schien eine endlose Reihe Goljädkinscher Ebenbilder mit großem Geräusch durch die Tür ins Zimmer zu drängen — doch es war schon zu spät! Der laute Schmatz des Judaskusses war zu hören, und ...

Da geschah etwas ganz Unerwartetes ... Die Flügeltür des Saales wurde aufgerissen, und auf der Schwelle erschien ein Mensch, bei dessen Anblick Herr Goljädkin zu Eis erstarrte. Seine Füße klebten am Boden. Ein Schrei erstarb auf seinen Lippen. Übrigens hatte Herr Goljädkin schon früher alles gewußt und ähnliches geahnt ... Der Unbekannte näherte sich selbstbewußt und feierlich Herrn Goljädkin. Herr Goljädkin erkannte seine Gestalt nur zu gut. Er hatte ihn gesehen, nur zu oft gesehen, kürzlich noch gesehen ... Der Unbekannte war ein hochgewachsener Mensch in schwarzem Frack mit einem hohen Orden am Halse und trug einen schwarzen Backenbart. Es fehlte ihm nur noch die Zigarre im Munde, um die Ähnlichkeit vollkommen zu machen. Der Blick des Unbekannten ließ, wie gesagt, Herrn Goljädkin vor Schreck erstarren. Mit wichtiger und feierlicher Miene ging der schreckliche Mensch auf unseren bedauernwerten Helden zu ... Unser Held reichte ihm die Hand. Der Unbekannte ergriff sie und zog ihn mit ... Unser Held blickte sich mit verlorenem und niedergeschlagenem Ausdruck um...

»Das ist ... das ist Krestjan Iwanowitsch Rutenspitz, Doktor der Medizin und Chirurgie, Ihr alter Bekannter, Jakoff Petrowitsch!« lispelte irgendeine widerliche Stimme Herrn Goljädkin ins Ohr. Unser Held schaute auf: da war er wieder, der abscheuliche, der in der Seele verderbte Doppelgänger Herrn Goljädkins! Eine boshafte Freude glänzte auf seinem Gesicht, trumphierend rieb er sich die Hände, triumphierend wandte er seinen Kopf nach allen Seiten, triumphierend trippelte er zu allen und jedem, und es schien beinahe, als wollte er vor Entzücken anfangen zu tanzen. Schließlich sprang er vor, entriß einem Diener den Leuchter, um Herrn Goljädkin und Krestjan Iwanowitsch voranzugehen. Herr Goljädkin hörte deutlich, wie alle, die im Saale waren, ihm folgten, sich ihm nachdrängten, sich gegenseitig stießen und einstimmig Herrn Goljädkin nachriefen: Das hätte nichts zu bedeuten, er, Jakoff Petrowitsch, brauche sich nicht zu fürchten, da Krestjan Iwanowitsch Rutenspitz doch sein alter Bekannter sei!...

Endlich traten sie auf die große hellerleuchtete Treppe hinaus. Auch hier war eine Menge Menschen versammelt. Geräuschvoll wurde das Portal aufgerissen, und Herr Goljädkin befand sich auf der Vortreppe mit Krestjan Iwanowitsch. Vor ihr stand eine Equipage, bespannt mit vier Pferden, die vor Ungeduld schnauften. Der schadenfrohe Herr Goljädkin der Jüngere sprang die drei Stufen hinab und öffnete selbst den Wagenschlag. Krestjan Iwanowitsch forderte mit einer Handbewegung Herrn Goljädkin auf, Platz zu nehmen...

Beklommen blickte Herr Goljädkin zurück: die ganze hellerleuchtete Treppe war von Menschen besetzt; neugierige Augen blickten ihn von allen Seiten an. Selbst Olssufij Iwanowitsch saß auf dem obersten Treppenabsatz, saß ruhig in seinem Sessel und betrachtete voll Anteil und Aufmerksamkeit alles, was vorging. Alle warteten. Ein Gemurmel der Ungeduld lief durch die Menge, als Herr Goljädkin zurückblickte.

»Ich hoffe, daß hier nichts Tadelnswertes, nichts, was Veranlassung zur Strenge geben ... nichts, was sich auf meine dienstlichen Verhältnisse beziehen könnte?« brachte unser Held verwirrt hervor. Gemurmel und Geräusch erhob sich rings, alle schüttelten verneinend den Kopf. Tränen stürzten Herrn Goljädkin aus den Augen.

»In dem Fall bin ich bereit ... ich vertraue mich vollkommen ... ich lege mein Geschick in die Hände Krestjan Iwanowitschs ...«

Kaum hatte Herr Goljädkin das gesagt, daß er sein Geschick in die Hände Krestjan Iwanowitschs lege, als ein fürchterlicher, ein ohrenbetäubender Freudenschrei dem ihn umringenden Kreise entfuhr und unheilverkündend aus der ganzen wartenden Menge widerhallte. Da faßten Krestjan Iwanowitsch und Andrei Filippowitsch, jeder von einer Seite, Herrn Goljädkin unter die Arme und setzten ihn in den Wagen; der Doppelgänger aber half, nach seiner gemeinen Angewohnheit, noch von hinterrücks. Der arme Herr Goljädkin warf zum letzten Mal einen Blick auf alle und alles und stieg, zitternd wie ein Katzenjunges, das man mit kaltem Wasser begossen hat — wenn der Vergleich erlaubt ist —, mit Hilfe der anderen in die Equipage. Sogleich nach ihm stieg auch Krestjan Iwanowitsch ein. Der Wagenschlag wurde zugeklappt. Ein Peitschenknall — und die Pferde zogen an ... alles lief in Scharen zu beiden Seiten mit ... alles geleitete Herrn Goljädkin. Gellende, ganz unbändige Schreie seiner Feinde folgten ihm als Abschiedsgrüße auf den Weg. Eine Zeitlang hielten noch mehrere Gestalten mit dem Gefährt gleichen Schritt und sahen in den Wagen hinein. Allmählich jedoch wurden ihrer immer weniger, bis sie schließlich verschwanden und nur noch der unverschämte Zwilling Herrn Goljädkins übrig blieb. Die Hände in den Taschen seiner dunkelgrünen Uniformbeinkleider, so lief er mit zufriedenem Gesicht bald links, bald rechts neben dem Wagen einher; hin und wieder legte er die Hand auf den Wagenschlag, steckte den Kopf fast durch das Fenster und warf Herrn Goljädkin zum Abschied Kußhändchen zu. Doch auch er wurde schließlich des Laufens müde und tauchte immer seltener auf — bis er endlich verschwand und fortblieb ...

Dumpf fühlte Herr Goljädkin sein ahnungsschweres Herz klopfen. Das Blut pochte heiß in seinem Kopf. Er empfand eine beklemmende Schwüle und glaubte, ersticken zu müssen. Er wollte die Kleider aufreißen und seine Brust entblößen, um sie mit Schnee zu kühlen. Dann kam endlich, wie ein großes Vergessen, Bewußtlosigkeit über ihn ...

Als er wieder zu sich kam, sah er, daß der Wagen auf einem ihm unbekannten Wege fuhr. Links und recht zogen sich dunkle Wälder hin. Ringsum war es öde und leer. Plötzlich erstarrte er vor Schreck: zwei feurige Augen sahen ihn aus dem Dunkel an, und in diesen zwei Augen funkelte teuflische Freude.

‚Das ist ja gar nicht Krestjan Iwanowitsch! Wer ist das? Oder ist er es doch? Ja! Das ist Krestjan Iwanowitsch! Nur ist es nicht der frühere, sondern ein anderer Krestjan Iwanowitsch! Ein entsetzlicher Krestjan Iwanowtisch!...'

»Krestjan Iwanowitsch, ich ... ich bin, glaube ich ... ach, nichts, Krestjan Iwanowitsch ... «, begann unser Held zaghaft und zitternd, wohl, um durch seine Unterwürfigkeit und Demut den entsetzlichen Krestjan Iwanowitsch zum Mitleid zu bewegen.

»Sie bekommen von der Krone freie Wohnung, Beheizung, Beleuchtung, Bedienung, wessen Sie gar nicht wert sind«, ertönte streng und furchtbar, wie ein Todesurteil, die Antwort Krestjan Iwanowitschs.

Unser Held stieß einen Schrei aus und griff sich an den Kopf. Das war es also! Das hatte er ja schon lange vorausgefühlt...

ROMAN IN NEUN BRIEFEN

I

(Von Pjotr Iwánytsch an Iwán Petrówitsch)

Sehr geehrter Herr und teuerster Freund Iwán Petrówitsch! Da bin ich nun schon den dritten Tag regelrecht, das kann man wohl sagen, auf der Jagd nach Ihnen, mein teuerster Freund, dieweil ich Sie in einer äußerst dringenden Angelegenheit sprechen muß, und dabei kann ich Sie nirgendwo finden. Meine Frau hat gestern, als wir bei Ssemjón Alexéjewitsch waren, scherzenderweise sehr treffend bemerkt, daß Sie und Tatjána Petrówna ein Pärchen ohne Sitzfleisch wären. Noch sind Sie keine drei Monate verheiratet, und schon vernachlässigen Sie Ihre häuslichen Penaten. Wir haben alle viel darüber gelacht — natürlich nur aus aufrichtigster Zuneigung zu Ihnen —, doch Scherz beiseite, mein Unschätzbarer, Sie haben mich schön herumgehetzt. Ssemjon Alexejewitsch meinte, ob Sie nicht im Klub der Vereinten Gesellschaft auf dem Ball sein könnten? Ich ließ also meine Frau bei Ssemjon Alexejewitschs Gattin und fuhr selbst hin. Gelächter und Blamage! Stellen Sie sich meine Lage vor: ich erscheine auf einem Ball, aber allein, ohne meine Frau! Iwan Andréjewitsch, der mich im Vestibül erblickte, und zwar allein erblickte, schloß daraus sogleich (der Zyniker!), ich müsse eine außergewöhnliche Leidenschaft fürs Tanzen haben; er hängte sich ein und wollte mich schon mit Gewalt in eine Tanzklasse schleppen, weil es ihm in der Vereinten Gesellschaft, wie er sagte, zu eng sei: hier könne ein gewandter Tänzer überhaupt nicht in Schwung kommen, und von dem Patschuli- und Resedaparfüm habe er schon Kopfweh bekommen. Ich fand dort weder Sie noch Tatjana Petrowna. Iwan Andrejewitsch aber versicherte und schwur auch noch bei Gott, Sie wären bestimmt im Alexander-Theater, wo heute Gribojédoffs „Weh dem, der Geist hat" gegeben werde.

Ich sauste also zum Alexander-Theater: auch dort waren Sie nicht. Heute früh hoffte ich, Sie bei Tschistogánoff anzutreffen, — wieder nichts. Tschistogánoff schickte mich zu Perepálkins; — dieselbe Geschichte! Mit einem Wort: ich bin ganz kaputt; Sie können es sich ja selbst ausrechnen, wie ich mich abgehetzt habe! Jetzt schreibe ich an Sie (was soll ich denn sonst tun!). Die Angelegenheit, um die es sich handelt, eignet sich aber ganz und gar nicht zu schriftlicher Erörterung (Sie verstehen mich doch); es wäre besser, wir könnten uns darüber unter vier Augen aussprechen, und das möglichst bald, weshalb ich Sie und Tatjana Petrowna heute zum Abendtee und einem Plauderstündchen zu uns einlade. Meine Anna Michailowna wird sich über Ihren Besuch ungemein freuen. Sie werden uns wirklich, wie man zu sagen pflegt, damit fürs ganze Leben zu Dank verpflichten. Übrigens, mein teuerster Freund, da ich nun schon zur Feder gegriffen habe, so sei das auch gleich erwähnt: ich sehe mich gezwungen, Sie, meinen verehrten Freund, gleich jetzt schon ein wenig auszuschelten wegen eines anscheinend harmlosen Streiches, den Sie mir boshafterweise gespielt haben, oder gar Ihnen Vorwürfe zu machen ... Sie Ungeheuer, Sie gewissenloser Mensch! Um die Mitte des vorigen Monats führten Sie in mein Haus einen Ihrer Bekannten ein, ich meine Jewgénij Nikolájewitsch, und statteten ihn mit Ihrer freundschaftlichen Empfehlung aus, was für mich natürlich so gut wie heiligste Pflicht zu vollkommenem Vertrauen bedeutete. In der Freude über diese Gelegenheit, mich Ihnen gefällig erweisen zu können, empfange ich den jungen Mann mit offenen Armen und stecke dabei meinen eigenen Kopf in die Schlinge. Diese Schlinge ist zwar nicht gerade wörtlich zu nehmen, aber immerhin ist daraus eine sozusagen verflixte Geschichte geworden. Zu näherer Erklärung habe ich jetzt keine Zeit, und schriftlich ist es auch ein wenig peinlich; also lassen Sie mich nur die ergebenste Bitte an Sie richten, Sie schadenfroher Freund und Compagnon, ob man nicht irgendwie ganz fein und zartfühlend, sozusagen in Klammern und nur ins Ohr, Ihrem jungen Mann heimlich zuflüstern könnte, daß es in der Residenzstadt noch viele andere Häuser gibt außer dem unsrigen. Ich halte es nicht mehr aus, Väterchen! Ich bitte Sie fußfällig, wie unser Freund Ssimonéwitsch zu sagen pflegt ... Wenn wir uns sehen, erzähle ich Ihnen alles. Ich will damit nicht etwa sagen, daß es dem jungen Manne zum Beispiel an Lebensart oder an geistigen Eigenschaften fehle, oder daß er hier sonstwie Anstoß erregt hätte. Ganz im Gegenteil: er ist sogar ein sehr liebenswürdiger und netter Gesellschafter; aber warten Sie nur, bis wir uns wiedersehen; inzwischen aber könnten Sie ihm doch, wenn Sie ihn treffen sollten, so einen kleinen Wink geben, Verehrtester, ich bitte Sie inständig darum. Ich würde es ja selbst tun, aber Sie wissen doch, Sie kennen doch meinen Charakter: ich bringe es nicht fertig, und dagegen ist nichts zu machen. Sie aber haben ihn doch empfohlen. Übrigens können wir heute abend jedenfalls ausführlicher darüber reden. Jetzt aber auf Wiedersehen. Ich verbleibe usw.

P.S. Mein Kleiner kränkelt fast schon seit einer Woche, und mit jedem Tage wird es schlimmer. Die Zähnchen fangen an durchzubrechen. Meine Frau ist ganz von ihm in Anspruch genommen und recht niedergeschlagen, die Ärmste. Kommen Sie nur ja! Sie werden uns eine rechte Freude machen, teuerster Freund!

II

(Von Iwan Petrówitsch an Pjotr Iwánytsch)

Sehr geehrter Pjotr Iwanytsch!

Gestern erhielt ich Ihren Brief, las ihn und verstand ihn nicht. Sie suchen mich, Gott weiß wo und bei wem, dabei war ich einfach zu Hause. Bis zehn Uhr habe ich auf Iwan

Iwanytsch Tolokónoff gewartet. Nach Empfang Ihres Briefes brach ich mit meiner Frau sofort auf, nahm eine Droschke, stürzte mich in Unkosten und erschien bei Ihnen so gegen halb sieben. Sie waren nicht zu Hause; Ihre Gattin empfing uns. Ich wartete auf Sie bis halb elf; länger konnte ich nicht. Ich nahm meine Frau, gab wieder Geld für eine Droschke aus, brachte sie nach Hause und begab mich danach zu Perepálkins, in der Annahme, Sie vielleicht dort anzutreffen; das war aber wieder eine Fehlspekulation. Fahre nach Hause, schlafe die ganze Nacht nicht, bin beunruhigt, fahre am nächsten Morgen dreimal zu Ihnen, um neun, um zehn und um elf Uhr, gebe dreimal Geld aus für Droschken, und wieder mußte ich mit langer Nase abziehen.

Beim Lesen aber Ihres Briefes habe ich mich sehr gewundert. Sie schreiben von Jewgenij Nikolajewitsch, bitten mich, ihm etwas zuzuflüstern, sagen aber nicht was und warum. Ihre Vorsicht ist ja lobenswert, nur vermag ich belanglose Briefe sehr wohl von wichtigen zu unterscheiden; letztere pflege ich meiner Frau nicht zu Papilloten zu geben. Ich kann mir schließlich nicht erklären, aus welchem Anlaß Sie mir das alles zu schreiben beliebt haben. Nebenbei: wenn die Bekanntschaft diese Richtung einschlägt, wozu wollen Sie dann mich noch hineinziehen? Ich stecke meine Nase nicht in jeden Quark. Sie hätten ihm doch selbst das Haus verbieten können. Ich sehe nur, daß ich mich mit Ihnen deutlicher, energischer aussprechen muß, und überdies drängt die Zeit. Ich aber bin gerade knapp bei Kasse, stehe vor großen Ausgaben und weiß nicht, was tun, wenn Sie unseren Abmachungen nicht nachkommen. Wir stehen vor der Abreise; schon die Reise selbst kostet eine Menge Geld, und dazu liegt mir meine Frau noch in den Ohren mit der Bitte, ihr einen neumodischen samtenen Morgenrock schneidern zu lassen. Was jedoch Jewgenij Nikolajewitsch betrifft, so beeile ich mich, Ihnen folgendes mitzuteilen: ich habe gestern während meines Aufenthaltes bei Páwel Ssemjónytsch Perepálkin, ohne die Zeit zu verlieren, gleich definitive Recherchen angestellt.

Er besitzt im Gouvernement Jaroslár jetzt bereits fünfhundert Leibeigene, und von seiner Großmutter hat er mit einem Gut bei Moskau noch dreihundert Seelen zu erwarten. Auf wie hoch sich sein Barvermögen beläuft, das weiß ich nicht; ich meine aber, daß Sie das leichter erfahren können als ich. Nun bitte ich Sie dringend, mir anzugeben, wo wir uns treffen könnten. Sie haben vorgestern Iwán Andréjewitsch getroffen und schreiben, er habe Ihnen gesagt, ich sei mit meiner Frau im Alexander-Theater. Ich aber erkläre Ihnen, daß er wieder mal geschwindelt hat, und daß man ihm in solchen Dingen um so weniger trauen kann, als er erst vorvorgestern seine Großmutter um ganze achthundert Rubel betrogen hat. Hiermit habe ich die Ehre zu verbleiben usw.

P.S. Meine Frau ist jetzt in anderen Umständen; außerdem ist sie ohnehin schreckhaft und leidet ab und zu an Anwandlungen von Melancholie. In Theateraufführungen aber wird manchmal geschossen und mit Maschinen künstlicher Donner erzeugt. Und deshalb führe ich meine Frau auch nicht ins Theater, um ein mögliches Erschrecken zu verhüten. Und ich selbst habe für Theateraufführungen nicht viel übrig.

III

(Von Pjotr Iwánytsch an Iwan Petrowitsch)

Mein teuerster Freund Iwan Petrowitsch!

Entschuldigen Sie, entschuldigen Sie, tausendmal bitte ich Sie um Entschuldigung, beeile mich aber, mich zu rechtfertigen. Gestern zwischen fünf und sechs Uhr, als wir gerade mit aufrichtiger Zuneigung von Ihnen sprachen, kam ein Expreßbote von meinem Onkel Stepán Alexéjewitsch angejagt mit der Nachricht, daß es Tantchen sehr schlecht gehe. Um meine Frau nicht zu erschrecken, sagte ich ihr nichts davon, sondern schützte einen anderen Anlaß vor und fuhr zu ihnen hin. Ich fand Tantchen kaum noch lebend vor. Genau um fünf Uhr hatte sie einen Schlaganfall gehabt, schon den dritten innerhalb von zwei Jahren. Karl Fjódorowitsch, ihr Hausarzt, erklärte, sie werde vielleicht nicht einmal diese Nacht überleben. Versetzen Sie sich in meine Lage, mein teuerster Freund! Die ganze Nacht war ich auf den Beinen, hatte tausend Dinge zu beschaffen, dazu die Sorge! Erst gegen Morgen legte ich mich dort bei ihnen auf ein Sofa, physisch wie geistig vollkommen erschöpft, vergaß aber zu sagen, daß man mich rechtzeitg wecken solle, und wachte erst um halb zwölf auf. Tantchen ging es besser. Ich fuhr zu meiner Frau; die Ärmste hatte sich ganz zermartert vor Sorge wegen meines Ausbleibens. Ich aß schnell ein paar Bissen, umarmte meinen Kleinen, beruhigte meine Frau und begab mich zu Ihnen. Sie waren nicht zu Hause. Ich fand aber bei Ihnen Jewgenij Nikolajewitsch vor. Nach Hause zurückgekehrt, greife ich zur Feder und schreibe jetzt an Sie. Murren Sie nicht und ärgern Sie sich nicht über mich, mein aufrichtigster Freund! Verprügeln Sie mich, schlagen Sie dem Schuldbewußten den Kopf ab, aber entziehen Sie ihm nicht Ihr Wohlwollen! Von Ihrer Frau erfuhr ich, daß Sie heute abend bei Sslawjánoffs sind. Ich werde bestimmt dort sein und erwarte Sie mit der größten Ungeduld.

Jetzt aber verbleibe ich usw.

P.S. Unser Kleiner bringt uns richtig zur Verzweiflung. Karl Fjódorowitsch hat ihm einen Rhabarberabsud verschrieben. Er stöhnt, gestern hat er niemanden erkannt. Heute erkennt er uns wieder und stammelt „Papa, Mama, buh ..."
Meine Frau hat den ganzen Vormittag geweint.

IV

(Von Iwan Petrowitsch an Pjotr Iwanytsch)

Mein sehr geehrter Herr Pjotr Iwanytsch!

Ich schreibe an Sie hier bei Ihnen, in Ihrem Zimmer, an Ihrem Schreibtisch; doch bevor ich zur Feder griff, habe ich gute zweieinhalb Stunden auf Sie gewartet. Jetzt aber erlauben Sie mir, Ihnen, Pjotr Iwanytsch, meine Meinung über dieses schändliche Spiel mit mir offen und ehrlich zu sagen. Aus Ihrem letzten Brief schloß ich, daß Sie bei Sslawjanoffs erwartet werden und mich dorthin bestellen. Ich erschien und saß dort fünf Stunden, aber wer nicht erschien, das waren Sie. Wie, meinen Sie etwa, ich sei dazu da, mich von anderen Menschen auslachen zu lassen? Erlauben Sie, mein Herr ... Ich kam heute früh zu Ihnen, in der Hoffnung, Sie noch zu Hause anzutreffen, denn ich will es nicht gewissen irreführenden Leuten gleichtun, die einen Gott weiß wo suchen, während sie einen zu jeder anständig gewählten Tageszeit zu Hause finden könnten. In Ihrem Hause aber war von Ihnen keine Spur zu finden. Ich weiß nicht, was mich noch abhält, Ihnen jetzt die ganze Wahrheit in krasser Form zu sagen. Ich begnüge mich indes mit der Bemerkung, daß Sie sich hinsichtlich unserer Abmachung anscheinend zurückziehen wollen. Und erst jetzt, wo ich die ganze Sache überschauen und überlegen kann, muß ich eingestehen, daß ich mich entschieden wundere über die Schlauheit Ihrer Denkungsart. Jetzt sehe ich klar, daß Sie Ihre üble Absicht schon seit längerer Zeit gehegt haben. Als Beweis für die Richtigkeit dieser meiner Annahme betrachte ich die Tatsache, daß Sie sich noch in der vorigen Woche auf eine fast unerlaubte Weise in den Besitz dieses Ihres Briefes gebracht haben, der an mich adressiert war und in dem unsere Bedingungen in der Ihnen wohlbekannten Angelegenheit von Ihnen selbst, wenn auch ziemlich unklar und nicht ganz folgerichtig, dargelegt worden sind. Sie fürchten die schriftlichen Beweise, wollen sie aus der Welt schaffen und mich zum Narren halten. Das werde ich aber nicht zulassen, und bisher hat mich noch niemand für einen Narren gehalten; in dieser Angelegenheit haben alle mein Vorgehen durchaus gebilligt. Ich werde jetzt die Augen offen halten. Sie wollen mich verwirren, machen mir deshalb mit Jewgenij Nikolajewitsch blauen Dunst vor. Wenn ich mich mit Ihnen auszusprechen wünsche wegen Ihres mir bisher noch immer unverständlichen Briefes vom Siebenten dieses Monats, so bestellen Sie mich zu angeblichen Zusammenkünften, zu denen Sie selbst nicht erscheinen. Meinen Sie vielleicht, sehr geehrter Herr, ich wäre nicht imstande, das zu durchschauen? Sie versprechen zwar, mich für die Ihnen sehr wohl bekannten Dienste – in betreff der Empfehlung verschiedener Persönlichkeiten – zu belohnen; dabei verstehen Sie es unverständlicherweise so einzurichten, daß Sie selbst von mir noch Geld ohne Quittung erhalten, sogar in beträchtlichen Summen, was ja noch jüngst in der vorigen Woche geschehen ist. Jetzt aber, nachdem Sie das Geld erhalten haben, lassen Sie sich nicht mehr blicken und vergessen ganz, daß ich Ihnen mit der Empfehlung Jewgenij Nikolajewitschs einen Dienst erwiesen habe. Vielleicht spekulieren Sie sogar auf meine baldige Abreise nach Ssimbírsk, in der Annahme, wir würden nicht mehr dazu kommen, miteinander abzurechnen. Aber dann erkläre ich Ihnen feierlich und bezeuge es obendrein noch mit meinem Ehrenwort, daß ich, wenn es darauf ankäme, eigens deshalb noch ganze zwei Monate in Petersburg zu bleiben bereit bin, aber meine Sache durchsetzen, mein Ziel erreichen und Sie zu finden wissen werde. Auch unsereiner versteht es mitunter, etwas aus Trotz zu tun. Zum Schluß erkläre ich Ihnen, daß ich, wenn Sie sich nicht heute noch mir gegenüber in zufriedenstellender Form äußern, – zunächst brieflich, sodann mündlich unter vier Augen, – und in Ihrem Brief nicht von neuem alle Hauptbedingungen, die zwischen uns vereinbart waren, darlegen, zudem Ihre Gedanken über Jewgenij Nikolajewitsch nicht endgültig klar aussprechen, daß ich mich dann genötigt sehen werde, Maßregeln zu ergreifen, die Ihnen überaus unangenehm sein dürften, und die sogar mir selbst zuwider sind.

Gestatten Sie usw.

V

(Von Pjotr Iwanytsch an Iwan Petrowitsch)

11. November

Mein liebster, verehrtester Freund Iwan Petrowitsch!

Ihr Brief hat mich bis in die tiefste Seele betrübt. Und haben Sie sich denn gar nicht geschämt, mein teurer, aber ungerechter Freund, so mit einem Menschen zu verfahren, der Ihnen wie kein anderer wohlwill? sich so zu übereilen, nicht den ganzen Sachverhalt zu erklären, und schließlich mich noch mit so beleidigenden Verdächtigungen zu kränken? Aber ich beeile mich, auf Ihre Anklagen zu antworten.

Sie haben mich gestern nicht zu Hause angetroffen, weil ich plötzlich und ganz unerwartet an ein Sterbelager gerufen worden war. Meine Tante Jewfímia Nikolájewna ist gestern abend um elf Uhr verschieden. Durch einstimmigen Beschluß der Verwandten wurde ich erwählt, die ganzen Anordnungen, die mit dem Begräbnis und den Trauerzeremonien zusammenhängen, zu übernehmen. Es gab so viel zu tun, daß ich heute vormittag nicht dazu kam, Sie zu treffen, noch Sie wenigstens mit einer Zeile zu benachrichtigen. Das zwischen uns eingetretene Mißverständnis schmerzt mich seelisch sehr. Meine Worte über Jewgenij Nikolajewitsch, die ich scherzend und nur so beiläufig hingekritzelt habe, sind von Ihnen vollkommen falsch aufgefaßt worden; Sie haben der ganzen Sache einen mich tief kränkenden Sinn unterstellt. Sie erwähnen das Geld und äußern Ihre Besorgnis deswegen. Ich bin aber ohne alle Ausflüchte bereit, allen Ihren Wünschen und Forderungen nachzukommen, obschon ich hier, nebenbei bemerkt, nicht unterlassen darf, Sie daran zu erinnern, daß ich das Geld, 350 Silberrubel, von Ihnen in der vorigen Woche unter bestimmten Vereinbarungen erhalten habe, und nicht leihweise. In letzterem Fall aber hätten Sie unbedingt eine Quittung erhalten. Zu einem Eingehen auf die übrigen Punkte, die Sie in Ihrem Brief erwähnen, möchte ich mich nicht erniedrigen. Ich sehe doch, daß hier ein Mißverständnis vorliegt, erkenne darin Ihre gewohnte Hast, Heftigkeit und Geradheit. Ich weiß, daß Ihr sonstiger Gerechtigkeitssinn und Ihr offener Charakter nicht zulassen werden, daß ein Zweifel in Ihrem Herzen zurückbleibt, und daß Sie schließlich selbst als erster mir die Hand zur Versöhnung reichen werden. Sie haben sich geirrt, Iwan Petrowitsch, Sie haben sich arg geirrt!

Obschon Ihr Brief mich tief verletzt hat, wäre ich gern bereit, gleich heute noch mit meinem Schuldbekenntnis zu Ihnen zu kommen; aber ich habe seit gestern so viel zu tun gehabt, daß ich jetzt vollständig erschöpft bin und kaum noch stehen kann. Zur Vollendung des Unglücks kommt jetzt noch hinzu, daß meine Frau sich hat zu Bett legen müssen; ich befürchte eine ernsthafte Erkrankung.

Lassen Sie mich, teuerster Freund, verbleiben usw.

VI

(Von Iwan Petrowitsch an Pjotr Iwanytsch)

Den 14. November

Mein sehr geehrter Herr Pjotr Iwanytsch!

Ich habe drei Tage lang gewartet und mich bemüht, sie nutzbringend zu verwenden; inzwischen aber habe ich Sie, da nach meinem Gefühl Höflichkeit und Anstand die wichtigsten Zierden jedes Menchen sind, seit meinem letzten Brief vom 10. dieses Monats mit keinem Wort, mit keinem Schritt an mich erinnert, teils um Ihnen Zeit zu lassen, Ihre

Christenpflicht Ihrer Tante gegenüber zu erfüllen, teils aber auch, weil ich selbst für gewisse Überlegungen und Nachforschungen in der bewußten Angelegenheit Zeit brauchte. Jetzt aber finde ich, daß eine endgültige und entscheidende Auseinandersetzung mit Ihnen unaufschiebbar geworden ist.

Ich muß Ihnen offen gestehen, daß ich beim Lesen Ihrer beiden ersten Briefe im Ernst dachte, Sie verstünden gar nicht, was ich eigentlich wollte. Das war der Grund, weshalb ich eine Zusammenkunft mit Ihnen und eine Aussprache unter vier Augen vor allem wünschte, mich aber scheute, dies schriftlich darzulegen, weswegen ich mir auch schon Unklarheit in meiner brieflichen Ausdrucksweise vorwarf. Es ist Ihnen bekannt, daß ich keine höhere Schulbildung und Erziehung in guten Manieren erhalten habe und hohles Prunken mit Eleganz mich nur abstößt, da ich aus bitterer Erfahrung weiß, wie trügerisch das Äußere mitunter sein kann; daß sich unter Blumen manchmal eine Schlange verbirgt. Sie haben mich aber sehr wohl verstanden; jedoch geantwortet haben Sie mir trotzdem nicht so, wie es sich gehört hätte, weil Sie in der Treulosigkeit Ihrer Seele schon im voraus beschlossen hatten, Ihr gegebenes Ehrenwort und die freundschaftlichen Beziehungen zwischen uns zu verraten. Diese Ihre Absicht haben Sie wohl zur Genüge bewiesen durch Ihr in der letzten Zeit schändliches Benehmen mir gegenüber, ein Benehmen, das für meine Interessen mehr als nachteilig ist, was ich nie erwartet hätte und woran zu glauben ich mich bis zu diesem Augenblick geweigert habe. Denn schon gleich zu Anfang unserer Bekanntschaft hatte ich mich durch Ihr kluges Verhalten, Ihre feinen Umgangsformen, Ihre Sachkenntnis und die Vorteile, die mir aus einer Zusammenarbeit mit Ihnen erwachsen konnten, bestricken lassen; so nahm ich an, in Ihnen einen aufrichtigen Freund und mir wohlgesinnten Teilhaber gefunden zu haben. Jetzt dagegen habe ich klar erkannt, daß es viele Menschen gibt, die unter einem schmeichlerischen und glänzenden Äußeren in ihrem Herzen Gift verbergen, ihren Verstand dazu benutzen, hinterlistige Ränke gegen ihren Nächsten zu schmieden und auf unstatthaften Betrug zu sinnen; die daher Feder und Papier scheuen, dabei aber ihr Geschick in der Handhabung der Phrasen nicht zum Nutzen des Mitmenschen und des Vaterlandes verwenden, sondern nur dazu, den Verstand derjenigen, die sich mit ihnen auf etliche Geschäfte und Vereinbarungen eingelassen haben, einzuschläfern und zu behexen. Wie treulos Sie, sehr geehrter Herr, sich zu mir verhalten haben, geht deutlich aus folgendem hervor.

Erstens, als ich brieflich in klaren und deutlichen Worten Ihnen, sehr geehrter Herr, meine Lage auseinandersetzte und Sie zugleich fragte — in meinem ersten Brief —, was Sie mit gewissen Ausdrücken und angedeuteten Absichten, vornehmlich in Bezug auf Jewgenij Nikolajewitsch, eigentlich sagen wollten, da haben Sie sich bemüht, meine Frage in der Hauptsache mit Stillschweigen zu übergehen und, nachdem Sie mich mit Verdächtigungen und Zweifeln einmal in Unruhe versetzt, sich ruhig aus der Angelegenheit herausgehalten. Darauf, nachdem Sie mit mir in einer Weise verfahren, die man mit einem anständigen Wort nicht einmal bezeichnen kann, schrieben Sie mir, meine Äußerungen hätten Sie betrübt. Wie wünschen Sie, daß man ein solches Verhalten nennen soll, mein Herr? Dann, als jede Minute des Wartens auf die Aufklärung für mich kostbar war, und Sie mich zwangen, Ihnen auf dem ganzen Gebiet der Residenz nachzulaufen, schrieben Sie mir unter der Maske der Freundschaft Briefe, in denen Sie absichtlich von der Hauptsache schwiegen und nur von ganz nebensächlichen Dingen sprachen, und zwar vom Kranksein Ihrer von mir jedenfalls sehr verehrten Gattin und daß man Ihrem Kleinen Rhabarber eingegeben habe und daß er zu zahnen beginne. Über dies alles haben Sie in jedem Ihrer Briefe mit geradezu schändlicher, für mich beleidigender Regelmäßigkeit berichtet. Freilich, ich gebe ja gern zu, daß die Leiden des eigenen Kindchens den Vater seelisch bedrücken, aber wozu denn immer wieder davon berichten, wenn die Mitteilung von etwas ganz Anderem, weit Wichtigerem und Interessanterem nötig gewesen wäre. Ich schwieg und litt; jetzt aber, wo das schon zur Vergangenheit gehört, halte ich es für meine Pflicht, mich darüber auszusprechen. Und schließlich, nachdem Sie mich mehrmals treulos mit falschen Angaben einer Zusammenkunft betrogen haben, muß ich annehmen, daß Sie mich offenbar die Rolle Ihres Narren und Spaßmachers spielen lassen wollen, was ich jedoch niemals zu tun gedenke. Ferner, nachdem Sie mich vorläufig zu sich eingeladen und wie üblich genasführt hatten, teilen Sie mir mit, daß Sie zu Ihrem kranken Tantchen abberufen worden seien, da diese um Punkt fünf Uhr einen Schlaganfall erlitten habe, wie Sie mit widerlicher Genauigkeit erwähnen. Zu meinem Glück, mein sehr geehrter Herr, habe ich in der Zwischenzeit Nachforschungen anstellen können und in Erfahrung gebracht, daß Ihr Tantchen bereits am Vorabend des Achten dieses Monats kurz vor Mitternacht vom Schlag getroffen worden ist. Aus diesem Beispiel ersehe ich, daß Sie nicht davor zurückscheuen, die Heiligkeit der verwandtschaftlichen Beziehungen zur Irreführung völlig Fernstehender zu mißbrauchen. Zu guter Letzt erwähnen Sie in Ihrem letzten Brief auch den Tod Ihrer Verwandten mit der Angabe, er wäre gerade um die Zeit erfolgt, als ich auf Ihre Einladung hin zu Ihnen gekommen war, zur Beratung über die bewußten Dinge. Hier aber übersteigt die Widerlichkeit Ihrer Erfindungen und Berechnungen sogar jede Wahrscheinlichkeit; denn nach den zuverlässigsten Nachforschungen, die ich dank eines für mich glücklichen Zufalls noch rechtzeitig anstellen konnte, ist Ihr Tantchen erst ganze vierundzwanzig Stunden nach dem von Ihnen in Ihrem Brief ohne Ehrfurcht vor Gott angegebenen Zeitpunkt gestorben. Ich würde zu keinem Ende kommen, wollte ich alle die Anzeichen aufzählen, an denen ich Ihre Treulosigkeit in Ihrem Verhalten zu mir erkannt habe. Für einen unparteiischen Beobachter genügte wohl schon das, daß Sie mich in jedem Ihrer Briefe

Ihren teuersten Freund nennen, und mich mit noch anderen liebenswürdigen Bezeichnungen anreden, was Sie, soweit ich es verstehe, zu keinem anderen Zweck getan haben als um mein Gewissen einzuschläfern.

Ich komme jetzt zu Ihrer mir gegenüber schlimmsten Treulosigkeit und Betrügerei, die in folgendem besteht: in dem andauernden Schweigen in letzter Zeit über alles, was unser gemeinsames Interesse betrifft, in der ruchlosen Entwendung jenes Briefes, in dem Sie, wenn auch dunkel und in einer mir nicht ganz verständlichen Weise, unsere beiderseitigen Vereinbarungen und Bedingungen dargelegt hatten, in der barbarisch gewaltsamen Anleihe von dreihundertfünfzig Silberrubeln, die Sie von mir als Ihrem Halbpartkompagnon gemacht haben, ohne eine Quittung auszustellen, und schließlich in der schändlichen Verleumdung unseres gemeinsamen Bekannten Jewgenij Nikolajewitsch. Ich sehe jetzt eindeutig, daß Sie mir damit beweisen wollten, man könne von ihm, mit Verlaub, wie von einem Bocke weder Milch noch Wolle erwarten, und daß er selbst weder dies noch das sei, weder Fisch noch Fleisch, was Sie ihm in Ihrem Brief vom Sechsten dieses Monats denn auch so quasi als Gebrechen anrechnen. Ich aber kenne Jewgenij Nikolajewitsch nur als einen bescheidenen und sittsamen Jüngling, womit er ja gerade für sich einnimmt und wodurch er in der Gesellschaft Anspruch auf allgemeine Achtung erheben kann und gewiß auch erlangen wird. Es ist mir auch bekannt, daß Sie im Verlaufe von ganzen zwei Wochen ihm allabendlich ein paar Zehnrubelscheine, manchmal sogar bis zu hundert Rubel im Hazardspiel abgenommen haben. Jetzt aber scheinen Sie von alledem nichts mehr wissen zu wollen und weigern sich nicht nur, mir für die ausgestandenen Qualen dankbar zu sein, sondern haben sich sogar noch unwiederbringlich mein eigenes Geld angeeignet, nachdem Sie mich vorher als Ihren Halbpartkompagnon verlockt und mit allerhand möglichen Gewinnen, die auf meinen Anteil kämen, verführt haben. Nachdem Sie sich nun auf so ungesetzliche Weise mein und

Jewgenij Nikolajewitschs Geld angeeignet haben, lehnen Sie es ab, sich erkenntlich zu zeigen, und bedienen sich zu dem Zweck der Verleumdung, mit der Sie leichtfertig denjenigen anschwärzen, den ich erst mit Mühe und Nachdruck in Ihr Haus eingeführt habe. Sie selbst aber sollen ja, wie man von Freunden hört, bis auf den heutigen Tag so liebenswürdig mit ihm umgehen, ihn nahezu küssen und umarmen, ja, ihn aller Welt als Ihren besten Freund vorstellen, obgleich doch niemand in der ganzen Gesellschaft so dumm ist, daß er nicht sofort merkte, was Sie mit all Ihren Bemühungen bezwecken und was Ihre freundschaftlichen Beziehungen in Wirklichkeit wert sind. Ich aber erkläre, daß sie nichts weiter als Betrug bedeuten, Treulosigkeit, Vergessen des Anstands und aller Menschenrechte, gottlos und allseitig lasterhaft sind. Dafür stelle ich mich selbst als Beispiel und Beweis hin. Wodurch habe ich Sie beleidigt und wofür werde ich von Ihnen auf eine so gottlose Weise behandelt?

Ich schließe meinen Brief. Ich habe Ihnen meine Meinung gesagt. Jetzt meine Schlußfolgerung: wenn Sie, sehr geehrter Herr, nach Empfang dieses Briefes nicht in allerkürzester Zeit mir *erstens* die Summe von dreihundertfünfzig Silberrubeln, die Sie von mir erhalten haben, vollzählig zurückerstatten und *zweitens* mir nicht alle jene Summen auszahlen, die mir nach Ihren Versprechungen zustehen, so werde ich zu allen eben noch statthaften Mitteln greifen, um Sie zur Herausgabe des Geldes zu zwingen, und sei es selbst mit offener Gewalt; ferner gedenke ich den Schutz der Gesetze zu erbitten; als Letztes teile ich Ihnen mit, daß ich im Besitz gewisser Beweisstücke bin, die, solange sie sich in den Händen Ihres ergebensten Dieners und Verehrers befinden, Ihren Namen in den Augen der ganzen Welt jederzeit entehren und beschmutzen könnten.

Gestatten Sie usw.

VII

(Von Pjotr Iwanytsch an Iwan Petrowitsch)

Den 15. November

Iwan Petrowitsch!

Als ich Ihr pöbelhaftes und zugleich seltsames Schreiben erhielt, wollte ich es im ersten Augenblick schon zerreißen, — aber dann habe ich es der Kuriosität halber doch aufgehoben.

Übrigens bedauere ich von Herzen die Mißverständnisse und Unannehmlichkeiten zwischen uns. Ich hatte nicht vor, Ihnen darauf überhaupt zu antworten. Aber die Notwendigkeit zwingt mich dazu. Und zwar muß ich Ihnen mit diesen Zeilen zu wissen geben, daß es mir äußerst unangenehm wäre, Sie jemals wieder in meinem Hause zu sehen; das gleiche gilt auch von meiner Frau; sie ist von schwacher Gesundheit und der Ihnen anhaftende Teergeruch Ihrer Schaftstiefel könnte ihr schädlich sein. Meine Frau schickt Ihrer Gattin mit vielem Dank das Buch zurück, das noch bei uns geblieben war, den „Don Quijote de la Mancha". Bezüglich Ihrer Galoschen, die Sie bei Ihrem letzten Besuch bei uns angeblich hier vergessen haben, muß ich Ihnen leider mitteilen, daß man sie hier nicht gefunden hat. Es wird aber noch weiter nach ihnen gesucht; sollte man sie jedoch überhaupt nicht finden, so werde ich Ihnen ein neues Paar kaufen.

Im übrigen habe ich die Ehre zu verbleiben usw.

VIII

Am 16. November erhält Pjotr Iwanytsch durch die Stadtpost zwei an ihn adressierte Briefe. Er öffnet das erste Kuvert und entnimmt ihm ein kurios zusammengefaltetes Brieflein auf blaßrosa Papier. Die Handschrift ist die seiner Frau.

Adressiert ist es an Jewgenij Nikolajewitsch, datiert vom 2. November. Außer diesem ist im Kuvert nichts zu finden. Pjotr Iwanytsch liest:

Lieber Eugène! Gestern war es ganz unmöglich. Mein Mann war den ganzen Abend zu Hause. Morgen aber komm unbedingt um Punkt elf. Um halb elf fährt mein Mann nach Zárskoje-Sseló und kehrt von dort erst um Mitternacht zurück. Ich habe mich die ganze Nacht geärgert. Dank für die Nachsicht und die Übersendung der Korrespondenz. Was für ein Haufen Papier! Hat sie das wirklich alles benötigt? Übrigens ist der Stil gut; ich danke Dir; ich sehe, daß Du mich liebst. Sei nicht böse wegen gestern und komme morgen unbedingt! A.

Pjotr Iwanytsch erbricht den zweiten Brief.

Pjotr Iwanytsch!
Ich hätte Ihr Haus ohnehin nie wieder betreten; Sie haben umsonst Papier verschmiert.
In der nächsten Woche reise ich nach Ssimbírsk. Als unschätzbarer und liebenswertester Freund verbleibt Jewgenij Nikolajewitsch bei Ihnen. Ich wünsche Ihnen allen Erfolg. Wegen der Galoschen beunruhigen Sie sich nicht.

IX

Am 17. November erhält Iwan Petrowitsch durch die Stadtpost zwei an ihn adressierte Briefe. Er öffnet das erste Kuvert und zieht ein fahrig und in der Eile geschriebenes Brieflein hervor. Die Handschrift ist die seiner Frau. Adressiert ist es an Jewgenij Nikolajewitsch, datiert vom 4. August. Außer diesem ist im Kuvert nichts zu finden. Iwan Petrowitsch liest:

Leben Sie wohl, leben Sie wohl, Jewgenij Nikolajewitsch!
Möge Gott Sie auch hierfür belohnen! Seien Sie glücklich,
mein Los aber ist bitter, ist schrecklich! Es war Ihr Wille.
Ohne Tantchen hätte ich mich Ihnen nicht so anvertraut.
Aber lachen Sie weder über mich, noch über Tantchen. Morgen werden wir getraut. Tantchen ist froh, daß sich ein guter
Mensch gefunden hat, der mich ohne Mitgift nimmt. Ich habe
ihn erst heute zum erstenmal richtig angesehen. Er scheint
wirklich ein gutmütiger Mensch zu sein. Man treibt mich
zur Eile. Leben Sie wohl, leben Sie wohl ... Mein Liebster!!
Denken Sie manchmal an mich; ich aber werde Sie nie vergessen. Leben Sie wohl! Ich unterschreibe auch diesen letzten
wie meinen ersten Brief ... erinnern Sie sich noch?

Tatjana

Im zweiten Brief stand folgendes:

Iwan Petrowitsch!

Morgen erhalten Sie ein Paar neue Galoschen. Es ist nicht
meine Art, fremdes Eigentum heimlich einzustecken, und
ebensowenig, auf den Straßen allerhand Papierfetzen aufzusammeln.

Jewgenij Nikolajewitsch reist in den nächsten Tagen
nach Ssimbirsk, in Angelegenheiten seines Großvaters, und
hat mich gebeten, mich nach einem Reisegefährten für ihn
umzuschauen. Hätten Sie nicht Lust?

HERR PROCHARTSCHIN

Eine Erzählung

In der Pension der Ustínja Fjódorowna hatte den dunkelsten und bescheidensten Winkel Ssemjón Iwánowitsch Prochártschin inne, ein schon älterer, zuverlässiger Mann und kein Trinker. Da Herr Prochártschin nur ein geringes Amt bekleidete und daher auch nur ein seinen amtlichen Fähigkeiten genau entsprechendes Gehalt bezog, so konnte Ustinja Fjodorowna auf keine Weise mehr als fünf Rubel monatlich für diese Schlafstelle von ihm verlangen. Manche sagten, sie hätte hierbei ihre besondere Berechnung gehabt; aber wie dem auch sein mochte, jedenfalls war Herr Prochartschin, gleichsam zur Widerlegung aller seiner Verleumder, zu ihrem Liebling geworden, welche Auszeichnung jedoch nur in anständigem und ehrbarem Sinne zu verstehen ist. Hierzu sei bemerkt, daß Ustinja Fjodorowna eine sehr ehrenwerte und wohlbeleibte Dame war, die eine besondere Vorliebe für fettes Essen und Kaffeetrinken hatte und nur mit Mühe die Fastentage durchhielt. Sie hatte bei sich etliche solcher Winkelmieter und Pensionäre aufgenommen; darunter waren sogar mehrere, die das Doppelte von dem zahlten, was sie von Ssemjon Iwanowitsch bekam, die aber, da sie alle nicht friedlich und ausnahmslos »boshafte Spötter« waren, sich auch über ihre »Weiberart« und angebliche Schutzlosigkeit ständig lustig machten, in ihrer Achtung sehr niedrig standen. Ja, wenn diese Herren nicht pünktlich ihren Monatsbetrag für Kost und Logis bezahlt hätten, so wäre ihnen nicht nur schon längst gekündigt worden, sondern Ustinja Fjodorowna hätte ihnen auch noch zu verstehen gegeben, daß sie sie nie wieder in ihrer Wohnung zu sehen wünsche. In diesen Rang des Bevorzugten oder »Favoriten«, wie die Spötter boshaft sagten, war Ssemjon Iwanowitsch aber erst aufgerückt, nachdem man seinen Vorgänger auf den Wólkowo-Friedhof hinausgetragen hatte, als ein Opfer seiner Leidenschaft für starke Getränke. Es war ein Beamter außer Diensten gewesen, oder vielleicht wäre es richtiger zu sagen: ein aus dem Dienst entlassener Mensch. Trotzdem hatte es dieser Mensch, ungeachtet seines Entlassenseins und seiner Leidenschaft für den Alkohol, und obgleich er ein Auge und ein Bein eingebüßt, die er nach seinen Worten alle beide infolge seiner Tapferkeit verloren, – hatte es dieser Mensch verstanden, die Geneigtheit Ustinja Fjodorownas zu erringen. Wahrscheinlich hätte er auch noch lange als ihr treuester Gehilfe und Dauergast weitergelebt bei ihr, wenn er sich nicht tiefbedauerlicherweise zu Tode getrunken hätte. Aber das hatte sich schon vor Jahren zugetragen, noch im östlichen Stadtteil Peskí, wo Ustinja Fjodorowna erst nur drei Pensionäre betreut hatte. Von ihnen war ihr nach dem Umzug in eine neue Wohnung, in der sie ihr Unternehmen stark erweiterte und gegen zehn neue Pensionäre aufnahm, nur Herr Prochartschin gefolgt.

Ob nun Herr Prochartschin allein unverbesserliche Mängel besaß, oder ob von seinen Wohngenossen ein jeder gleichfalls welche aufzuweisen hatte, jedenfalls konnte man sich beiderseits von Anfang an offenbar nicht gut verstehen. Hier sei nun gleich bemerkt, daß alle diese neuen Pensionäre Ustinja Fjodorownas unter sich so einmütig lebten wie leibliche Brüder. Einige von ihnen waren bei derselben Behörde angestellt; alle verspielten sie an jedem Ersten des Monats der Reihe nach ihr Gehalt aneinander in Kartenspielen wie Pharo oder Preference oder auf dem Billard. Sie liebten es, in einer vergnügten Stunde alle in einem Haufen »die schäumenden Augenblicke des Daseins zu genießen«, wie sie das nannten; manchmal liebten sie es auch, von erhabenen Dingen zu sprechen. Obschon es dann selten ohne Streit abging, so störte das, da Vorurteile verpönt waren, das allgemeine Einvernehmen bei ihnen doch nicht im geringsten.

Von diesen Winkelmietern waren die bemerkenswertesten: Mark Iwánowitsch, ein kluger und belesener Mensch; ferner Oplewánjeff und Prepolowénko, gleichfalls bescheidene und gute Menschen; dann gab es noch einen Sinówij Prokóffjewitsch, dessen Ideal es war, in die höhere Gesellschaft zu gelangen; zuletzt seien noch erwähnt der Schreiber Okeánoff — der seinerzeit Herrn Prochartschin beinahe die Siegespalme des Bevorzugten oder »Favoriten« streitig gemacht hätte —, Ssúdjbin, gleichfalls ein Schreiber, Kantáreff, der kein Beamter war, und noch andere. Allen diesen Leuten war Herr Prochartschin offenbar kein Kamerad. Böses wünschte ihm zwar keiner von ihnen, um so weniger, als sie ihm alle gleich von Anfang an Gerechtigkeit widerfahren ließen und mit dem Urteil Mark Iwanowitschs vollkommen übereinstimmten, nämlich, daß Herr Prochartschin ein friedfertiger und zuverlässiger Mensch sei, allerdings kein Weltmann, dafür aber auch kein Schmeichler; daß er natürlich auch seine Fehler habe, doch falls es ihm einmal schlecht ergehen sollte, dieses nur wegen gänzlichen Mangels eines persönlichen Vorstellungsvermögens geschehen könnte. Aber das war es nicht allein: abgesehen davon, daß man ihm somit eigene Phantasie absprach, konnte er auch weder mit seiner Erscheinung, noch mit seinen Manieren einen besonders günstigen Eindruck machen (worüber ja Spötter immer gern herfallen); aber auch darüber ging man nachsichtig hinweg. Mark Iwanowitsch, der ja ein verständiger Mensch war, übernahm gewissermaßen offiziell Herrn Prochartschins Verteidigung, indem er recht geschickt und in schönem, blumenreichem Stil erklärte, Herr Prochartschin sei eben ein schon älterer und solider Mensch, der schon längst die Jahre der elegischen Stimmungen hinter sich habe. Also trug denn doch Ssemjón Iwánowitsch, wenn er sich mit den anderen nicht recht einzuleben verstand, ganz allein die Schuld daran.

Das erste, was allen auffiel, war zweifellos Ssemjon Iwanowitschs sparsame Lebensweise und sein in mancher Hinsicht nachgerade schmutziger Geiz. Diese Eigenheiten bemerkte man nur zu bald und setzte sie ihm aufs Kerbholz; denn Ssemjon Iwanowitsch konnte zum Beispiel niemals und niemandem seine Teekanne leihen, sei es auch nur auf kurze Zeit. Das war um so mehr unrecht von ihm, als er selbst so gut wie nie Tee trank, sondern nur ab und zu, im Bedarfsfall, einen ganz angenehm schmeckenden Aufguß von Feldblumen und einigen Heilkräutern, von denen er immer einen bedeutenden Vorrat bei sich aufbewahrte. Übrigens speiste er auch nicht so, wie es alle anderen Kostgänger zu tun pflegen. Zum Beispiel erlaubte er sich niemals, die ganze Portion des Mittagessens zu verzehren, das Ustinja Fjodorowna täglich ihren Kostgängern verabfolgte. Diese ganze Mahlzeit kostete fünfzig Kopeken. Ssemjon Iwanowitsch aber wollte nur fünfundzwanzig Kopeken in Kupfer ausgeben, niemals mehr als das. Er nahm deshalb von der ganzen Portion immer nur die Hälfte, entweder Sauerkraut mit einer Pastete, oder nur das Rindfleisch. Meist aber aß er weder Kraut noch Fleisch, sondern begnügte sich mit Brot aus gebeuteltem Mehl mit Zwiebeln oder mit Quark oder mit einer Salzgurke oder anderen Zugaben, was weit billiger war. Erst wenn er diese Fastenkost gar nicht mehr aushielt, kehrte er wieder zu seiner halben Portion der Mahlzeit, zu fünfundzwanzig Kopeken, zurück ...

Hier muß der Biograph des Herrn Prochartschin gestehen, daß er sich um keinen Preis entschlossen hätte, von so belanglosen, erbärmlichen und heiklen, ja, für manchen Liebhaber eines edlen Stils sogar peinlichen Einzelheiten zu sprechen, wenn nicht gerade in diesen kleinen Einzelheiten die Besonderheit, oder sagen wir: der vorherrschende Charakterzug des Helden dieser Erzählung läge. Denn Herr Prochartschin war keineswegs so arm dran, wie er selbst manchmal versicherte, um sich nicht ständig richtige und nahrhafte Beköstigung leisten zu können. Sondern er tat, was er tat, ohne das Urteil der Menschen und die Schande zu fürchten, einzig zur Befriedigung seiner seltsamen Lüste, tat es aus knickerigster Sparsamkeit und übertriebener Vorsicht, was sich übrigens erst späterhin deutlich herausstellen wird. Aber wir wollen uns doch davor hüten, den Leser mit der Schilderung aller Lüste Ssemjon Iwanowitschs zu langweilen. So übergehen wir zum Beispiel nicht nur die merkwürdige und für den Leser reichlich amüsante Wiedergabe aller seiner Mucken. Wir würden auch, wenn uns nicht Ustinja Fjodorownas ausdrückliche Aussage vorläge, selbst das wohl kaum erwähnen, daß Ssemjon Iwanowitsch sich in seinem ganzen Leben nie richtig dazu entschließen konnte, seine Wäsche zum Waschen zu geben. Wenn er es aber doch einmal tat, so geschah das so selten, daß man in den Zwischenzeiten das Vorhandensein von Wäsche auf seinem Leibe vollkommen vergessen konnte. Nach den Aussagen der Wirtin hatte ihr »liebes Nesthäkchen Ssemjon Iwanowitsch, das schutzsuchende Seelchen« zwei Jahrzehnte in einem Winkel bei ihr gehaust, ohne jedwedes Schamgefühl. Denn er hatte sich die ganze Zeit nicht nur gegen Socken, Taschentücher und ähnliche Sachen ständig und eigensinnig gesträubt, sondern Ustinja Fjodorowna hatte sogar mit eigenen Augen gesehen, dank der Altersrisse in seinem Bettschirm, daß er, ihr Nesthäkchen, mitunter nicht einmal das Notwendigste gehabt habe, um sein weißes Körperchen zu bedecken. Doch solche Gerüchte kamen erst nach dem Tode Ssemjon Iwanowitschs in Umlauf. Denn zu seinen Lebzeiten (und das war einer der Hauptanlässe zu Streitigkeiten mit den anderen) konnte er es absolut nicht vertragen, daß jemand, und wäre es auch einer, mit dem er sich sonst kameradschaftlich gut stand, ungefragt seine neugierige Nase in seinen Winkel steckte, sei es auch nur unter Benutzung der Risse im alten Bettschirm. Er war ein völlig unzugänglicher Mensch, schweigsam und für müßige Unterhaltung nicht zu haben. Ratgeber liebte er in keinerlei Gestalt. Vorwitzige konnte er gleichfalls nicht leiden; immer pflegte er die Spötter oder nasenweisen Ratgeber auf der Stelle abzukanzeln, und damit war dann der Anschlag abgewiesen.

»Du dummer Bengel, du Tagedieb, willst hier den Ratgeber spielen, das fehlte noch! Schau lieber in deine eigene Tasche, was du da drin hast, mein Herr, zähl' lieber nach, aus wieviel Fäden deine Fußlappen bestehen, du Bengel, du unnützer ... das fehlte noch!« Ssemjon Iwanowitsch war ein einfacher Mensch und sagte zu allen ausnahmslos Du. Auch konnte er es nicht leiden, wenn ihn jemand, der seine Mucken kannte, nur zum Scherz oder aus Ungezogenheit fragte, was er denn eigentlich in seinem Koffer aufbewahrte... Ssemjon Iwanowitsch besaß nämlich einen Koffer, der unter seinem Bett stand und den er wie seinen Augapfel behütete. Obgleich alle wußten, daß in ihm außer alten Lappen zwei oder drei Paar zerrissener Stiefel und allem möglichen sonstigen Kram so gut wie gar nichts enthalten war, schätzte Herr Prochartschin dieses sein bewegliches Mobiliar doch sehr hoch. Ja, einmal ließ er sogar etwas von seiner Absicht verlauten, das alte, aber sehr starke Schloß des Koffers durch ein neues Schloß deutscher Arbeit, das verschiedene knifflige Sicherheitsvorkehrungen und heimliche Federn haben sollte, zu ersetzen. Als aber einmal Sinówij Prokóffjewitsch infolge seiner jugendlichen Unachtsamkeit einen sehr taktlosen, ja, groben Verdacht äußerte, nämlich, daß Ssemjon Iwanowitsch wahrscheinlich in diesem Koffer seine Ersparnisse aufbewahre, um sie seinen Nachkommen zu hinterlassen, da waren alle Anwesenden angesichts der außergewöhnlichen Folgen dieser Unbedachtsamkeit Sinowij Prokoffjewitschs sprachlos vor Verwunderung. Erstens konnte Herr Prochartschin auf einen so plumpen Gedanken nicht sofort eine anständige Erwiderung finden. Dann aber stürzten über seine Lippen nur Worte ohne jeglichen Zusammenhang, und erst nach einiger Zeit konnte man endlich erraten, daß Ssemjon Iwanowitsch den Sinowij Prokoffjewitsch wegen einer längst vergangenen schäbigen Angelegenheit beschimpfte. Darauf prophezeite Ssemjon Iwanowitsch, daß Sinowij Prokoffjewitsch nie in die höhere Gesellschaft gelangen und ihn der Schneider, dem er noch einen Anzug schuldete, einfach verprügeln werde, ja, unbedingt gerade verprügeln, da der

»dumme Junge« ihn noch nicht bezahlt habe. »Du dummer Junge«, fügte Ssemjon Iwanowitsch hinzu, »du willst zu den Husaren gehn, aber ich sage dir, das wird dir nie gelingen. Merk dir das, du dummer Junge, und so wie die Obrigkeit von dir alles erfahren wird, wird sie dich zum Schreiber degradieren. Siehst du jetzt, wie's ist, du dummer Junge!« Damit schien sich Ssemjon Iwanowitsch zunächst zu beruhigen. Aber siehe da, nachdem er fast fünf Stunden wie in Nachdenken versunken dagelegen hatte, fing er plötzlich, zum größten Erstaunen aller, zuerst nur vor sich hin, dann aber wieder zu Sinowij Prokoffjewitsch gewandt, zu schelten an. Damit aber war die Sache auch noch nicht abgetan. Denn als am Abend Mark Iwánowitsch und Prepolowénko den Einfall hatten, zusammen Tee zu trinken und den Schreiber Okeánoff zum Mittrinken einzuladen, da kletterte auch Ssemjon Iwanowitsch aus seinem Bett, setzte sich absichtlich zu ihnen, steuerte seine zwanzig oder fünfzehn Kopeken bei und begann unter dem Vorwand, daß er plötzlich auch Tee trinken wolle, sich sehr weitschweifig über dasselbe Thema auszubreiten und auseinanderzusetzen, daß ein armer Mensch eben nur ein armer Mensch sei und sonst nichts weiter, und daß ein armer Mensch keine Ersparnisse machen könne. So gestand denn Herr Prochartschin, und zwar einzig deshalb, weil es jetzt zur Sprache gekommen, daß er ein armer Mensch war. Noch vorgestern hätte er diesen verwegenen Menschen bitten wollen, ihm einen Rubel zu leihen, jetzt aber werde er ihn nicht mehr darum angehen, damit der dumme Junge nicht den Gönner spielen könne. Aber sein Gehalt sei in der Tat so gering, daß er sich nicht einmal die nötige Nahrung kaufen könne; schließlich müsse er, dieser arme Mensch, als den ihn doch jeder kenne, allmonatlich noch fünf Rubel seiner Schwägerin nach Twer schicken, und wenn er sie ihr nicht schicken würde, so würde die Schwägerin sterben. Wenn sie aber sterben würde, dann würde er sich sofort neu einkleiden können ... Und lange noch und ausführlich sprach Ssemjon Iwanowitsch vom armen

Menschen, von den fünf Rubeln und von der Schwägerin; er wiederholte dasselbe des stärkeren Eindrucks auf die Zuhörer halber so oft und so lange, bis er endlich selbst ganz wirr wurde und verstummte. Aber nach drei Tagen, als schon niemand mehr ihn anzugreifen beabsichtigte und alle ihn schon vergessen hatten, fügte er plötzlich noch wie zum Abschluß hinzu: Wenn Sinówij Prokóffjewitsch zu den Husaren gehe, so werde man diesem dreisten Menschen im Kriege ein Bein abschießen, und wenn er dann mit einem Stelzbein betteln gehen werde und ihn bitten werde: »Gib mir, guter Mensch Ssemjon Iwanowitsch, doch ein Stückchen Brot!« dann werde er, Ssemjon Iwanowitsch, ihm *nichts* geben und werde diesen übermütigen Menschen Sinowij Prokoffjewitsch nicht einmal ansehen, und das würde so viel besagen, wie: »Da hast du's jetzt!«

Alles das wirkte, wie nicht anders zu erwarten, überaus merkwürdig und zu gleicher Zeit furchtbar komisch. Ohne sich lange zu bedenken, versammelten sich nun alle übrigen Pensionäre und beschlossen, zur weiteren Untersuchung der Sachlage und eigentlich nur aus Neugier, sich gegen Herrn Prochartschin zusammenzutun und gemeinsam einen entscheidenden Angriff auf ihn zu unternehmen. Herr Prochartschin hatte es sich nämlich in letzter Zeit angewöhnt, das heißt: seitdem er sich am geselligen Leben der anderen beteiligte, sich in jedes Gespräch einzumischen, sie nach allem und jedem auszufragen, sich nach vielem wißbegierig zu erkundigen, was er wahrscheinlich aus besonderen, geheimen Gründen tat. So war der Verkehr zwischen den beiden ursprünglich feindlichen Parteien ohne alle anbahnenden Vorbereitungen und vergeblichen Bemühungen gleichsam zufällig und ganz von selbst in Gang gekommen. Übrigens hatte sich Ssemjon Iwanowitsch eine sehr schlaue Taktik ausgedacht, mittels der er sich auf anständige Weise abends zu den anderen gesellen konnte, ein Manöver, das dem Leser zum Teil bereits bekannt ist: Wenn er sah, daß die anderen sich irgendwo zusammentaten, um einen Tee mit Likör oder sonstigen Zutaten zu trinken, so kletterte er ganz einfach aus seinem Bett, ging als bescheidener, kluger und liebenswürdiger Mensch zu ihnen und legte seine obligatorischen zwanzig Kopeken auf den Tisch, was bedeuten sollte, daß er sich zu beteiligen wünschte. Die jungen Leute tauschten hierauf heimlich Blicke aus und — Ssemjon Iwanowitsch wurde einwandlos zugelassen. Man bemühte sich, zuerst ein anständiges und vernünftiges Gespräch zu führen, darauf aber begann einer der helleren Köpfe, als ob nichts dabei wäre, auf verschiedene Neuigkeiten überzugehen. Nun war die Sache die, daß diese Neuigkeiten von dem Erzähler ganz willkürlich erdacht und wiedergegeben wurden. Zum Beispiel erzählte man, wie Seine Exzellenz zu Demíd Wassíljewitsch gesagt habe, daß seiner Meinung nach die verheirateten Beamten sich als weit solider erwiesen als die unverheirateten und daher bei der Beförderung den anderen stets vorzuziehen seien; denn erstens wären sie ruhiger, und zweitens entwickle die Ehe in ihnen viel mehr Fähigkeiten. Darum, fügte der betreffende Erzähler der Nachricht von sich aus hinzu, werde auch er hinfort, um sich bequemer auszeichnen zu können und vorwärts zu kommen, bemüht sein, sich baldmöglichst mit irgendeiner Fewrónja Prokóffjewna zu verehelichen. Oder ein anderes Beispiel: wie alle bemerkt hätten, entbehrten die Unverheirateten unter ihnen jeglicher angenehmen und guten Manieren eines Weltmannes und könnten deshalb in der Gesellschaft und besonders den Damen nicht gefallen. Um nun diesen Mißstand zu beheben, solle unverzüglich jedem Beamten von seinem Monatsgehalt ein Teil abgezogen werden, und für die so gewonnene Summe solle ein Saal eingerichtet werden, in dem man Unterricht im Tanzen erhalten, alle Anzeichen guter Lebensart — wie tadelloses Benehmen, Höflichkeit, Ehrerbietung vor den Älteren, Charakterfestigkeit, Dankbarkeit und Herzensgüte und überhaupt angenehme Manieren — lernen könnte. Bald wiederum begann man davon zu sprechen, daß jetzt ein Plan ausgearbeitet werde, demzufolge gewisse Beamte, und zwar zuerst die ältesten, ein Examen in allen Fächern würden ablegen müssen, um schneller einen vorgesehenen Bildungsgrad zu erreichen. Auf diese Weise, fügte der Erzähler von sich aus hinzu, werde es für viele auf eine große Blamage hinauslaufen, und gar manche Herren würden dann wohl die Karten aus der Hand legen müssen. Kurz, es wurden unzählige freierfundene Geschichten von dieser und ähnlicher Art erzählt und erörtert. Und natürlich taten alle, als glaubten sie im Ernst an die Möglichkeit solcher Absichten, und ein jeder schien besorgt zu erwägen, inwieweit das auch ihn angehen könnte. Man erkundigte sich, debattierte, manche nahmen eine traurige Miene an, schüttelten den Kopf oder wiegten das Haupt und baten um Rat, was denn für sie wohl das Beste wäre zu tun, wenn es sie beträfe? Selbstverständlich wäre auch manch ein anderer Mensch, selbst von längst nicht so argloser und friedliebender Art wie Herr Prochartschin, angesichts dieser allgemeinen Erörterungen erschrocken und konfus geworden. Überdies konnte man ja aus allen Anzeichen schon unfehlbar schließen, daß unser Ssemjon Iwanowitsch viel zu stumpfsinnig und schwerfällig war, um einen neuen Gedanken, an den sich sein Verstand noch nicht gewöhnt hatte, zu erfassen. So war er denn, wenn er einmal irgendwo eine Neuigkeit hörte, genötigt, sie erst mal zu verdauen, oder richtiger, an ihr herumzukauen, nach ihrem Sinn zu suchen, dabei sinnlos herumzuirren und sich zu verwickeln. Wenn er dann endlich die Aufgabe bewältigt zu haben glaubte, so geschah das auf irgendeine ganz ungewohnte, nur ihm allein eigene Art ... Da offenbarten sich dann in Ssemjon Iwanowitsch plötzlich interessante und bislang ihm gar nicht zugetraute Fähigkeiten. Es gab nun allerhand Gerede und Geschwätz, und alles dies fand, mit Zusätzen versehen, schließlich auch seinen natürlichen Weg in seine Kanzlei. Der Eindruck wurde nicht unwesentlich verstärkt durch den Umstand, daß Herr Prochartschin, der seit undenklichen Zeiten fast immer ein und dasselbe Gesicht gehabt hatte, plötzlich und ohne jeden sichtbaren Grund eine ganz andere Physiognomie annahm: Sein Gesicht wurde unruhig, sein Blick ängstlich, zaghaft und ein wenig mißtrauisch; er fing an, leise zu gehen, zusammenzufahren und hinzuhorchen, wenn andere sprachen. Mit einem Mal bekundete er, gewissermaßen zur Krönung aller seiner neuen Eigenschaften, einen erstaunlichen Eifer für die Erkundung der Wahrheit. Diese Liebe zur Wahrheit trieb ihn schließlich so weit, daß er es wagte, sogar zweimal wagte, sich bei Demíd Wassíljewitsch persönlich nach der Glaubwürdigkeit gewisser Gerüchte zu erkundigen, die ihm nun täglich massenweise zu Ohren kamen. Wenn wir hier die Folgen dieser seiner Kühnheit verschweigen, so geschieht das nur aus aufrichtigem Mitleid mit seiner Reputation. So kam es denn, daß man alsbald fand, er sei ein Misanthrop und mißachte die gesellschaftlichen Anstandsregeln. Danach fand man, daß in ihm doch auch viel Phantastisches stecke, und auch darin irrte man sich keineswegs; denn es war schon mehrfach bemerkt worden, daß Ssemjon Iwanowitsch mitunter in vollkommene Selbstvergessenheit verfiel, mit offenem Mund und in die Luft gehaltenem Gänsekiel dasaß, als wäre er erstarrt oder versteinert, und mehr nur der Silhouette eines vernünftigen Wesens als einem verständigen Wesen selbst glich. Auch kam es nicht selten vor, daß einer der arglos Maulaffen feilbietenden Schreiber, wenn er plötzlich dem trüben, umherirrenden, gleichsam etwas suchenden Blick Herrn Prochartschins begegnete, erschrak, erzitterte und auf das wichtige Aktenstück, das er vor sich hatte, entweder einen Klecks machte oder irgend ein ganz unnötiges Wort hinsetzte. Diese Unzulässigkeit seines Benehmens befremdete und verletzte so manche der wirklich wohlerzogenen Leute ... Als sich aber eines Morgens in der Kanzlei das Gerücht verbreitete, Herr Prochartschin habe sogar seinen Bürochef Demid Wassiljewitsch erschreckt, sich nämlich bei einer Begegnung im Korridor dermaßen eigenartig und sonderbar benommen, daß sein Chef genötigt gewesen war, ihm auszuweichen, da war man allgemein überzeugt, daß die Entwicklung seines Geistes eine gefährliche Richtung eingeschlagen hatte. Dieses Gerücht kam schließlich auch ihm selbst zu Ohren. Nachdem er das gehört hatte, stand er auf, ging vorsichtig an allen Tischen und Stühlen vorbei, erreichte das Vorzimmer, nahm eigenhändig seinen Mantel vom Kleiderständer, zog ihn an, ging hinaus und – verschwand. Warum er verschwand? Wer kann das wissen! Ob er den Mut vollständig verlor oder ihn etwas anderes fortzog, das mag dahingestellt sein. Jedenfalls ließ er sich zunächst weder zu Hause noch in der Kanzlei blicken ...

Wir werden nun nicht das Schicksal Ssemjon Iwanowitschs einfach durch seine Neigung zum Phantastischen zu erklären versuchen. Aber wir können es doch nicht unterlassen, den Leser darauf aufmerksam zu machen, daß unser Held nichts weniger als ein Weltmann, sondern ein sanfter, stiller Mensch war, und früher, bevor er in diese Gesellschaft der zahlreichen Pensionäre geraten war, in vollständiger, dumpfer, undurchdringlicher Einsamkeit gelebt und sich nur durch sein stilles, ja sogar gleichsam geheimnisvolles Wesen ausgezeichnet hatte. Denn die ganze Zeit seines früheren Lebens im Stadtteil Peskí hatte er in seiner Freizeit auf seinem Bett hinter dem Bettschirm gelegen, geschwiegen und mit niemandem verkehrt. Seine beiden alten Wohngenossen hatten das gleiche Leben geführt. In dieser patriarchalischen Windstille waren die glücklichsten, in ruhevollem Dösen verbrachten Tage und Stunden so dahingezogen, eine nach der anderen, und da alles um sie herum in der gleichen Ordnung und Reihenfolge seinen Gang nahm, so konnte sich weder Ssemjon Iwanowitsch, noch Ustinja Fjodorowna kaum richtig erinnern, wann das Schicksal sie eigentlich zusammengeführt hatte. »Ob es nun zehn Jahre her ist oder schon fünfzehn oder gar fünfundzwanzig, daß er, mein Täubchen, bei mir nistet, das weiß ich nicht«, sagte sie mitunter zu ihren neuen Pensionären. Und so war es denn sehr verständlich, daß der Held unserer Erzählung unangenehm überrascht war, als er sich – genau vor einem Jahr – plötzlich inmitten dieser unruhigen, lärmenden Bande von ganzen zehn jungen Leuten fand, die ihn nun als seine neuen Mitpensionäre und Hausgenossen umgaben.

Das Verschwinden Ssemjon Iwanowitschs rief in der Wohnung Ustinja Fjodorownas keine geringe Aufregung hervor. Man bedenke schon das allein, daß er doch ihr Musterknabe war; zweitens erwies es sich, daß sein Paß, den sie als Hausfrau aufbewahrte, sich auf einmal zufällig nicht mehr finden ließ. Ustinja Fjodorowna begann zu schluchzen — wozu sie in kritischen Fällen immer ihre Zuflucht nahm. Zwei Tage lang machte sie ihren Pensionären Vorwürfe, schalt sie und fiel über sie her, weil sie ihren ältesten Mieter vertrieben und wie ein armes Küchlein ins Verderben geschickt hätten, »alle diese bösen Spötter«; am dritten Tag aber jagte sie sie alle hinaus auf die Suche nach dem Flüchtling, mit dem Befehl, ihn um jeden Preis, tot oder lebendig, einzufangen. Gegen Abend kam dann als erster der Schreiber Ssudjbin zurück und berichtete, er sei ihm auf der Spur, habe den Flüchtling auf dem Trödelmarkt und noch an anderen Stellen gesehen, er sei ihm gefolgt, habe in seiner Nähe gestanden, aber nicht gewagt, ihn anzureden; auch bei einer Feuersbrunst in der Krummen Gasse, wo ein Haus in Brand geraten sei, habe er sich unweit von ihm aufgehalten. Eine halbe Stunde darauf erschienen Okeánoff und Kantáreff, der kein Beamter war, und bestätigten Wort für Wort den Bericht Ssudjbins: sie hätten gleichfalls in seiner Nähe gestanden, aber sich auch nicht getraut, ihn anzureden; beide hätten sie bemerkt, daß Ssemjon Iwanowitsch mit einem gewissen Simowéikin, einem Trunkenbold und obdachlosen Schmarotzer, zusammen war. Schließlich fanden sich auch die anderen Pensionäre ein, und nachdem sie aufmerksam alle Berichte angehört hatten, meinten sie, also befinde sich Prochartschin schon irgendwo hier in der Nähe und dann werde er wohl bald wieder heimfinden. Im übrigen hatten sie alle schon früher gewußt, daß Ssemjon Iwanowitsch mit dem Trunkenbold Simowéikin bekannt war. Dieser Simowéikin war ein ganz heruntergekommener Mensch, gewalttätig und geschickt, sich überall einzuschmeicheln; es war wohl anzunehmen, daß er auch unseren Ssemjon Iwanowitsch irgendwie umgarnt hatte. Erst eine Woche vor dem Verschwinden Ssemjon Iwanowitschs war er mit seinem Freunde Remneff hier bei uns aufgetaucht, hatte kurze Zeit sogar hier gehaust und erzählt, daß er um des Rechtes willen »zu leiden gehabt habe«.[1] Er habe in der Provinz eine Stellung als Beamter gehabt, aber dann sei ihnen ein Revisor auf den Hals geschickt worden; danach hätte man ihn und seine Genossen sogleich an die Luft gesetzt, angeblich wegen ihres Einstehens für »Recht und Wahrheit«. Hierauf sei er nach Petersburg gekommen und Porfirij Grigórjewitsch zu Füßen gefallen, und auf dessen Fürsprache hin habe man ihm verziehen und ihn wieder bei einer Behörde angestellt. Jedoch infolge des grausamen Schicksals, das ihn leider verfolge, sei er auch hier entlassen worden, weil nämlich gerade diese Behörde aufgehoben worden sei. Nach ihrer Umgestaltung aber habe man ihn in den neuen Beamtenstab nicht mehr aufgenommen, sowohl wegen mangelnder Eignung zu diesem Kanzleidienst als auch aus Gründen seiner besonderen Eignung zu einem ganz andersartigen Dienst, — alles in allem jedoch und zugleich wegen seiner Liebe zu Recht und Wahrheit, und schließlich wegen des Ränkespiels seiner Feinde. Nach der Erzählung dieser seiner Geschichte, während der Herr Simoweikin seinen finster dreinblickenden und unrasierten Freund Remneff mehrfach geküßt hatte, war er dazu übergegangen, sich von allen der Reihe nach zu verabschieden, von allen Anwesenden, und auch Awdótja, die Magd, war von ihm nicht übersehen worden. Er hatte sie alle seine Wohltäter genannt und erklärt, er selbst sei ein unwürdiger Mensch, aufdringlich, gemein, aufbrausend und dumm; aber die guten Leute möchten doch keine zu hohen Ansprüche an ihn stellen, angesichts seines jämmerlichen Schicksals und seiner Einfalt, worauf er mit der Bitte um gütige Gönnerschaft geschlossen hatte. Danach aber hatte sich Herr Simoweikin als ein sehr lustiger Spaßmacher erwiesen, war guter Dinge gewesen, hatte auch Ustinja Fjodorowna die Hand geküßt, trotz ihrer bescheidenen Versicherungen, ihre Hand wäre doch nur eine ganz gewöhnliche, keine adlige Hand, und zum Abend hatte er der ganzen Gesellschaft sein Talent in einem bemerkenswerten Charaktertanz zu zeigen versprochen. Doch schon am nächsten Tag hatte sein Auftreten bei uns ein bedauernswert schnelles Ende gefunden, sei es deshalb, weil sein Charaktertanz schon gar zu charakteristisch ausgefallen war, oder sei es, weil er sich Ustinja Fjodorowna gegenüber, nach ihren Worten, »ehrlos und beleidigend« benommen hatte; sie aber wäre doch mit Jaroslaff Iljítsch persönlich bekannt und könnte, wenn sie nur wollte, schon längst die Gattin unseres nächsten Polizeioffiziers sein. Jedenfalls war dem Simoweikin nichts anderes übriggeblieben als sich davonzumachen. Er war also weggegangen, war aber zurückgekehrt, war dann wieder mit Schimpf und Schande davongejagt worden, hatte sich darauf in Herrn Prochartschins Aufmerksamkeit und Gunst einzuschleichen verstanden, hatte ihm so nebenbei die neue Hose geklaut und war nun zu guter Letzt als Ssemjon Iwanowitschs Verführer von neuem aufgetaucht.

Als die Hausfrau hörte, daß Ssemjon Iwanowitsch noch lebte und gesund war, und daß sie folglich den Paß nicht mehr zu suchen brauchte, ließ sie das Trauern und beruhigte sich bald. Da fiel es aber einigen von den jungen Leuten ein, dem Entlaufenen einen feierlichen Empfang zu bereiten: Sie murksten an dem Schloß des Bettschirms herum, bis sie es öffnen konnten, rückten dann den Schirm vom Bett des Verschwundenen ab, zerwühlten ein wenig die Kissen, zogen den bekannten Koffer unter dem Bett hervor und stellten ihn am Fußende auf das Bett. Darauf machten sie aus einem alten Umschlagetuch, einer Haube und einem Morgenrock der Ustinja Fjodorowna eine Puppe, die sie als die schlafende Schwägerin auf das Lager legten, »zur Erholung von der Reise«. Diese Puppe war ihnen tatsächlich so gut gelungen, daß man sie ohne weiteres für eine schlafende Frau hätte halten können. Als sie mit ihrer Arbeit fertig waren, warteten sie nur noch auf Herrn Prochartschins Heimkehr, um ihn mit der Nachricht zu empfangen, seine Schwägerin sei aus der Provinz eingetroffen und habe sich in seinem Winkel hinter dem Bettschirm niedergelegt. Aber sie warteten und warteten, warteten wiederum und warteten weiter ... Inzwischen hatte Mark Iwanowitsch schon sein halbes Monatsgehalt an Prepolowénko und Kantáreff verspielt, und Okeánoffs Nase war schon ganz rot geworden und geschwollen vom Verlieren im Noskíspiel[2], nachdem sie vorher Dreiblatt gespielt hatten. Awdotja, die Magd, hatte sich fast schon ganz ausgeschlafen und war bereits zweimal im Begriff gewesen, aufzustehen, um das Holz herbeizutragen und den Ofen zu heizen. Sinówij Prokoffjewitsch war schon bis auf die Haut durchnäßt, da er immer wieder hinausgelaufen war, um nach Herrn Prochartschin Ausschau zu halten. Aber es kam niemand, weder er noch der Trunkenbold und Schmarotzer Simoweikin. Schließlich legten sich doch alle schlafen, aber die Schwägerin ließ man für alle Fälle auf seinem Bett. Erst um vier Uhr morgens ertönte ein Pochen ans Haustor, aber dafür war es ein so gewaltiges Pochen, daß es die Wartenden für alle ihre Mühen vollauf entschädigte. Ja, er war es, er selbst, Ssemjon Iwanowitsch, Herr Prochártschin, aber in einem solchen Zustand, daß alle nur Ach, Gott! ausriefen und niemand mehr an die Schwägerin dachte. Der Verlorengegangene erschien bewußtlos. Man brachte ihn, oder richtiger, es trug ihn auf den Schultern ein vollkommen durchnäßter und durchfrorener, zerlumpter Nachtdroschkenkutscher. Auf die Frage der Wirtin, wo sich denn der Arme so betrunken habe, antwortete der Droschkenkutscher: »Er is' ja gar nich betrunken, is' es auch gar nich gewesen, kannst mir scho glauben, ich kenn' mich da aus; aber ob's bloß 'ne Ohnmacht is oder 'n Starrkrampf oder ob ihn der Schlag gerührt hat, das weiß ich nu nich ...«

Man begann ihn zu untersuchen, lehnte ihn an den Ofen, damit er eine Stütze habe, und überzeugte sich, daß er weder betrunken noch vom Schlag gerührt war. Aber irgend etwas mußte ihm doch zugestoßen sein: er konnte auch die Zunge nicht bewegen, und eine Art von Schüttelfrost überlief seinen Körper. Nur die Augen klappte er auf und zu, er sah verständnislos bald den einen, bald den anderen der ihn umstehenden Zuschauer in ihren Nachtkostümen an. Man fragte den Droschkenkutscher, wo er ihn denn aufgelesen habe?

»Ja, dort in der Vorstadt haben sie ihn mir aufgeladen«, sagte der Droschkenkutscher, »der Henker weiß, was es für Leute waren, Herren oder nich Herren, aber Müßiggänger jedenfalls, die wohl schon was getrunken hatten und lustig waren; die haben ihn mir so übergeben, wie er da is; ob sie sich geprügelt haben oder ob ihn sonst was befallen hat, vielleicht 'n Krampf, das mag Gott wissen; aber lustig waren sie schon und freigebig ... *Gute* Menschen!«

Man hob Ssemjon Iwanowitsch auf, lud ihn auf ein Paar kräftige Schultern und trug ihn auf sein Bett. Als aber Ssemjon Iwanowitsch auf seine „Schwägerin" unter sich und mit den Füßen an seinen hochheiligen Koffer stieß, da schrie er gleich wie am Spieß auf, kauerte sich hockend zusammen und suchte zitternd und bibbernd mit Händen und Beinen, so gut es ging, den ganzen Raum auf seinem Bett zu bedecken, während sein flackernder, aber seltsam entschlossener Blick, mit dem er die Anwesenden in Schach hielt, sagen zu wollen schien, daß er eher zu sterben bereit sei als auch nur ein Hundertstel seiner armseligen Habe irgend jemandem abzutreten.

Ssemjon Iwanowitsch lag zwei oder drei Tage lang auf seinem Bett hinter dem Schirm, war somit dicht isoliert von der ganzen übrigen Gotteswelt und allen ihren nichtigen Aufregungen. Natürlich hatten ihn die anderen alle schon am nächsten Tage vergessen, was ja nur zu verständlich war; die Zeit flog dahin wie sie's gewohnt war, Stunden folgten auf Stunden, Tage auf Tage. Halbschlaf und Fieberphantasien umfingen den schweren und heißen Kopf des Kranken; aber er lag ganz still da, stöhnte nicht und klagte nicht; im Gegenteil, er schwieg und muckste nicht und drückte sich nur flach an sein Bett, wie ein Hase, der sich vor Angst an die Erde drückt, wenn er die Jagd hört. Zu einer gewissen Tageszeit trat in der Wohnung eine langandauernde melancholische Stille ein, — das Anzeichen, daß alle Untermieter sich entfernt hatten, zum Dienst gegangen waren. Ssemjon Iwanowitsch konnte dann, wenn er wach wurde, seine Langeweile nach Belieben damit vertreiben, daß er auf das Geräusch in der nahen Küche achtete, wo die Wirtin herumhantierte, oder auf das gleichmäßige Schlurfen der abgetretenen Schuhe der Magd Awdotja, die in allen Zimmer stöhnend und sich räuspernd aufräumte, den Boden aufwischte und alles wieder in Ordnung brachte. So vergingen ganze Stunden immer in gleicher Weise, schläfrig, faul, langweilig und so eintönig, wie das Wasser in der Küche vom Hahn ins Becken tropfte, immer im gleichen Abstand, mit gleichem Klang. Schließlich kehrten die Untermieter zurück, einzeln oder in Gruppen. Ssemjon Iwanowitsch konnte dann ganz mühelos hören, wie sie über das Wetter schimpften, ihr Essen verlangten, lärmten, rauchten, sich zankten, wieder versöhnten, Karten spielten und mit den Tassen klapperten, wenn sie sich anschickten, ihren Tee zu trinken. Ssemjon Iwanowitsch machte ganz mechanisch eine Anstrengung, um aufzustehen und sich herkömmlicherweise an der Herstellung dieses Getränkes zu beteiligen, versank aber sofort in Schlaf und träumte, er sitze schon lange am Teetisch, trinke mit und beteilige sich an der Unterhaltung, und Sinowij Prokóffjewitsch habe bereits die Gelegenheit benutzt, um in das Gespräch einen Plan über die Schwägerinnen einzuflechten und besonders über die moralischen Verpflichtungen gewisser guter Leute gegen sie. Da schickte sich Ssemjon Iwanowitsch schon an, sich zu rechtfertigen und etwas zu entgegnen. Aber siehe da, plötzlich erscholl aus jedem Munde die allmächtige Phrase aller dienstlichen Vorschriften „wie mehrfach bemerkt worden ist"; damit waren alle seine Entgegnungen abgeschnitten, und Ssemjon Iwanowitsch konnte sich nichts Besseres ausdenken als schnell von etwas anderem zu träumen, und zwar, daß heute der Erste des Monats sei und er in seiner Kanzlei viele Silberrubel erhalte. Auf der Treppe rollte er das Papier, in dem sie sich befanden, auf, blickte sich schnell um und beeilte sich, die Hälfte der erhaltenen Summe abzuteilen und geschwind in seinem Stiefel verschwinden zu lassen. Darauf nahm er sich vor, immer noch hier auf der Treppe stehend und ohne sich darum zu kümmern, daß er sich in seinem Bett befand und träumte, — nahm er sich vor, nach seiner Heimkehr unverzüglich das Nötige für Kost und Logis der Wirtin zu bezahlen, darauf noch einiges Notwendige zu kaufen und dann ein paar Leuten, die sich am besten dazu eigneten, wie zufällig und scheinbar ganz unabsichtlich mitzuteilen, daß er einen Abzug vom Gehalt erlitten habe. So bleibe ihm nun so gut wie nichts übrig, und er könne jetzt auch der Schwägerin nichts mehr schicken. Anschließend hieran aber wollte er noch allerhand Trauriges über diese Schwägerin erzählen, auch morgen und übermorgen sie wortreich bejammern und nach etwa zehn Tagen abermals auf ihre Armut zu sprechen kommen, damit seine Hausgenossen es nur ja nicht vergäßen. Nachdem er sich das so zurechtgelegt und vorgenommen, sah er auf einmal, daß auch Andrei Jefímowitsch, dieses selbe kleine, ewig schweigsame kahlköpfige Männlein, das in der Kanzlei ganze drei Zimmer weit von Ssemjon Iwanowitschs Platz saß und in zwanzig Jahren noch nie ein Wort mit ihm gewechselt hatte, gleichfalls dort auf der Treppe steht, seine Silberrubel zählt, den Kopf schüttelt und zu ihm sagt: »Ja ja, das Geld! Gibt es kein Geld, so gibt's auch keinen Brei für die Kinder«, fügt er ernst hinzu, indem er die Treppe hinabsteigt, und erst an der Haustür schließt er: »Ich aber, mein Herr, habe ihrer ganze sieben!« Hierbei zeigt das glatzköpfige Männlein, wahrscheinlich gleichfalls ohne es zu gewahren, daß er hier nur als Wahnbild vorhanden ist und keineswegs in wacher Wirklichkeit, mit der Hand in absteigender Linie die Größe seiner sieben Kinder an und murmelt dazu, der älteste gehe schon aufs Gymnasium, worauf er Ssemjon Iwanowitsch entrüstet ansieht, ganz als ob dieser daran schuld wäre, daß er ihrer sieben hat, drückt seinen Hut auf die Stirn, rückt sich in seinem Mantel zurecht, wendet sich nach links und ist verschwunden. Ssemjon Iwanowitsch erschrak sehr, und obschon er von seiner Unschuld an der unangenehmen Ansammlung von ganzen sieben unter einem Dach vollkommen überzeugt war, so war ihm doch, als wäre in Wirklichkeit kein anderer als gerade er allein schuld daran. Er erschrak, wie gesagt, und fing an zu laufen, denn es kam ihm so vor, als ob der kahlköpfige Herr zurückkehre, ihn verfolge, ihn durchsuchen und ihm das ganze Monatsgehalt abnehmen wolle, auf Grund der unumstößlichen Zahl von sieben Kindern und unter Bestreitung irgendwelcher Verpflichtungen Ssemjon Iwanowitschs für gleichviel welche Schwägerinnen. Herr Prochartschin lief und lief, geriet außer Atem ... neben ihm liefen noch sehr viele andere Menschen, und bei allen klimperte das Geld des Monatsgehalts in den Taschen der gestutzten Frackschöße ihrer Beamtenuniform. Schließlich liefen alle Menschen, die Feuerwehr raste tutend heran und ganze Menschenwogen trugen ihn nahezu auf den Schultern zu eben jener Brandstätte, wo er vor kurzem mit dem schmarotzenden Trunkenbold gewesen war, um sich die Feuersbrunst anzusehen. Dieser Trunkenbold, sonst Herr Simoweikin genannt, befand sich schon dort, empfing ihn furchtbar geschäftig, nahm ihn an der Hand und führte ihn mitten in das dichteste Gedränge. Ebenso wie damals im Wachen lärmte und rauschte um sie herum eine unübersehbare Menschenmenge, die sich zwischen den beiden Brücken auf dem ganzen Quai der Fontánka und in den umliegenden Straßen und Gassen staute. Ganz wie damals wurden Ssemjon Iwanowitsch und mit ihm der Trunkenbold hinter irgend einen Zaun gedrängt, wo sie auf einem riesigen, von Zuschauern überfüllten Holzhof wie in einer Zange zusammengepreßt wurden. Diese Zuschauer strömten unablässig aus den Straßen, vom Trödelmarkt und aus allen umliegenden Häusern, Wirtschaften und Schenken herbei. Ssemjon Iwanowitsch sah alles und empfand auch alles wie damals in der Wirklichkeit; in diesem Wirbel des Fieberns und Phantasierens begannen vor ihm viele sonderbare Gesichter aufzutauchen. An einige glaubte er sich zu erinnern. Da war ein allen sehr imponierender Herr von unwahrscheinlicher Größe und mit unwahrscheinlich langem Schnurrbart, der während der Feuersbrunst hinter Ssemjon Iwanowitsch gestanden und ihn noch angefeuert hatte, als dieser seinerseits in eine Art von Begeisterung geraten war und mit seinen kurzen Beinchen zu trampeln begann, um auf diese Weise den Feuerwehrleuten seinen Beifall für ihre geschickte Löscharbeit zu spenden. Ein anderes Gesicht gehörte jenem untersetzten Burschen, von dem unser Held einen schmerzhaften Tritt erhalten hatte, als jener über ihn hinwegkletterte, vielleicht um jemanden zu retten. Desgleichen tauchte vor ihm die Gestalt eines Greises auf, mit dem Gesicht eines Hämorrhoidarius und in einem alten wattierten Schlafrock: der war noch vor dem Ausbruch des Brandes in den Laden gegangen, um für seinen Untermieter Zwieback, Tabak und anderes einzukaufen; jetzt versuchte er sich, mit dem Milchtopf in der Hand und den anderen Sachen, verzweifelt durch das Gedränge durchzuzwängen zu seiner Wohnung, wo seine Frau, seine Tochter und seine Ersparnisse — dreißig und ein halber Rubel in einer Ecke unter dem Federbett — in Gefahr schwebten, zu verbrennen. Aber noch deutlicher sah er ein armes irres Weib vor sich, von dem er schon mehrmals während des Krankseins geträumt hatte, in Bastschuhen, mit einem Krückstock in der Hand, einem geflochtenen Quersack auf dem Rücken und in Lumpen gekleidet. Sie überschrie die Feuerwehr und das Volk, fuchtelte mit dem Krückstock und den Armen und schrie, ihre leiblichen Kinder hätten sie von irgendwo hinausgejagt, dabei seien ihr zwei Fünfkopekenstücke abhanden gekommen. Die Kinder und die Fünfkopekenstücke, die Fünfkopekenstücke und die Kinder, das drehte sich in ihrem Geschrei unverständlich und sinnlos durcheinander. Nach vergeblichen Versuchen, sie zu verstehen und ihr zu helfen, wandte man sich von ihr ab; aber das Weib hörte nicht auf zu schreien und zu heulen; es fuchtelte weiter mit den Armen und kümmerte sich offenbar überhaupt nicht um die Feuersbrunst, zu der es wohl nur so vom Gedränge mitgeschoben worden war, kümmerte sich nicht um das Volk ringsum, auch nicht um das Unglück der anderen, auch nicht um die Funken und Feuerbrände, die zugleich mit der Asche die Umstehenden zu überfliegen und zu bestäuben begannen. Schließlich aber befiel Herrn Prochartschin ein gewaltiger Schreck: er erkannte auf einmal ganz klar und deutlich, daß alles das jetzt nicht grundlos geschah und daß es ihn nicht verschonen werde. Und tatsächlich, nicht weit von ihm stieg irgend ein Kerl auf einen Holzstapel, ein Bauer in einem zerrissenen Kittel und ohne Gurt, mit angesengtem Haar und Bart, und begann das ganze Volk ringsum gegen ihn, Ssemjon Iwanowitsch, aufzuhetzen. Die Menge wurde dichter und dichter, der Kerl schrie und schrie; plötzlich erinnerte sich Prochartschin, daß dieser Kerl derselbe Droschkenkutscher war, den er vor genau fünf Jahren auf eine menschlich so schofle Weise betrogen hatte, indem er, vor dem Bezahlen der Fahrt, heimlich abgesprungen und in ein Durchgangstor geschlüpft war, und zwar so geschwind, als ob er barfuß über eine glühende Eisenplatte hätte laufen müssen. In seiner Verzweiflung wollte Herr Prochartschin etwas sagen, wollte schreien, aber seine Stimme versagte ... Er fühlte, wie die ganze ergrimmte Menge ihn wie eine bunte Schlange umschlingt, ihn zusammenpreßt, ihn würgt, zu ersticken droht. Er machte eine gewaltige Anstrengung und erwachte. Da sah er, daß es brennt, daß sein ganzer Winkel in Flammen steht, daß sein Bettschirm brennt, die ganze Wohnung brennt, samt Ustinja Fjodorowna und allen ihren Untermietern, daß sein Bett, sein Kissen, seine

Decke, sein Koffer und zuletzt auch noch seine kostbare Matratze brennen. Ssemjon Iwanowitsch sprang auf, krallte die Hände in seine Matratze und lief, sie hinter sich herzerrend, hinaus. Aber im Zimmer der Wirtin, wohin unser Held, so wie er war, barfuß und nur im Hemd, ohne jedes Anstandsgefühl gelaufen war, wurde er ergriffen, überwältigt und siegreich wieder zurückgebracht hinter seinen Bettschirm — dem es, nebenbei bemerkt, gar nicht einfiel zu brennen, da es ja nur im Kopfe Ssemjon Iwanowitschs brannte — und legte ihn ins Bett. So pflegt auch der umherziehende, zerlumpte, unrasierte Puppenspieler und Drehorgelmann sein Kasperle wieder in seine Schachtel einzupacken, nachdem es gelärmt, getobt, alle verprügelt, seine Seele dem Teufel verkauft hat, wo es zu guter Letzt sein Dasein bis zur nächsten Vorstellung zusammen mit demselben Teufel, mit dem Mohren, mit Petruschka, mit Mamsell Katrin und deren glücklichem Liebhaber, dem Polizeihauptmann, verbringt.

Alsbald umstanden alle, alt und jung, in geschlossenem Kreise Ssemjon Iwanowitschs Bettstatt und sahen den Kranken mit erwartungsvollen Gesichtern an. Dieser war inzwischen zu sich gekommen. Aber auf einmal begann er, sei es nun aus Schamgefühl oder aus sonst einem Grunde, die Bettdecke an sich heraufzuziehen, wahrscheinlich um sich vor der Aufmerksamkeit der Mitfühlenden zu verbergen. Schließlich unterbrach Mark Iwanowitsch als erster das Schweigen, und als vernünftiger Mensch begann er in sehr freundlichem Ton: Ssemjon Iwanowitsch müsse sich beruhigen, krank zu sein sei häßlich und eine Schande, das täten meist nur kleine Kinder; man müsse gesund zu werden trachten und danach auch wieder in den Dienst gehen. Und Mark Iwanowitsch schloß mit einem Scherz, indem er sagte, für Kranke sei noch kein festes Gehalt vorgesehen, und da er bestimmt wisse, daß damit auch nur ein sehr geringer Rang verbunden sei, so bringe, wenigstens nach seinem Dafürhalten, ein solcher Beruf oder Zustand keine großen substantiellen Vorteile ein. Mit einem Wort, man sah, daß alle an Ssemjon Iwanowitschs Schicksal aufrichtig Anteil nahmen und ihn bemitleideten. Er dagegen fuhr mit unbegreiflicher Roheit fort, auf dem Bett zu liegen, zu schweigen und seine Decke höher und höher zu ziehen. Mark Iwanowitsch hielt sich indes noch nicht für besiegt und sagte, seinen Verdruß verbeißend, abermals etwas recht Liebes zu Ssemjon Iwanowitsch, da er wußte, daß man mit einem kranken Menschen gerade so und nicht anders umgehen müsse. Allein, Ssemjon Iwanowitsch wollte nicht einmal das empfinden; im Gegenteil, er brummte nur mißtrauisch etwas durch die Zähne und begann auf einmal durchaus feindselig unter der Stirn hervor nach rechts und nach links zu schauen, als hätte er alle diese ihn Bemitleidenden schon mit seinen Blicken einfach vernichten wollen. Da war nun nichts mehr zu wollen. Mark Iwanowitsch gab es auf, sich zu beherrschen, als er sah, daß der Mensch sich offenbar geschworen hatte, seinen Widerstand nicht aufzugeben, fühlte sich gekränkt und verärgert. Er erklärte nun ohne Umschweife und süße Redensarten, daß es Zeit wäre zum Aufstehen, daß es nicht anginge, dauernd auf beiden Seiten zugleich zu liegen, Tag und Nacht von Feuersbrünsten, Schwägerinnen, Trunkenbolden, Schlössern, Koffern und weiß der Teufel wovon noch zu schreien. Das sei dumm, unanständig und beleidigend für die anderen Menschen, denn wenn Ssemjon Iwanowitsch selbst nicht schlafen wolle, so solle er deshalb doch nicht die anderen daran hindern; schließlich und endlich solle er sich das gefälligst merken. Diese Standrede verfehlte ihre Wirkung nicht: Ssemjon Iwanowitsch wandte sich sofort dem Redner zu und erklärte standhaft, wenn auch mit schwacher und heiserer Stimme:

»Du dummer Junge, halt deinen Mund! Du müßiger Schwätzer, du Schandmaul! Hast du gehört, du Stiefelknecht? Du glaubst wohl, du bist 'n Fürst? Was verstehst du denn überhaupt?«

Als Mark Iwanowitsch eine solche Ansprache vernahm, wollte er zunächst auffahren, besann sich aber noch rechtzeitig, daß er es ja mit einem Kranken zu tun hatte, gab es großmütig auf, sich gekränkt zu fühlen, und versuchte nun, ihn zu beschämen. Aber auch das gelang ihm nicht, denn Ssemjon Iwanowitsch bemerkte sofort, er werde nicht zulassen, daß man ihn zum besten halte; Mark Iwanowitsch brauche seinetwegen keine Gedichte zu verfassen. Hierauf folgte ein längeres allgemeines Stillschweigen. Als Mark Iwanowitsch aus seiner Verblüffung wieder zur Besinnnung kam, sagte er klar, deutlich, rednerisch überlegen und nicht ohne Festigkeit, Ssemjon Iwanowitsch dürfe nicht vergessen, daß er sich unter wohlerzogenen Menschen befinde und »eigentlich begreifen müsse, daß man sich im Umgang mit einer ehrbaren Persönlichkeit gewisser Manieren zu befleißigen habe«. Mark Iwanowitsch verstand es, sich bei Gelegenheit gewählt auszudrücken, und liebte es, damit den Zuhörern zu imponieren. Ssemjon Iwanowitsch dagegen sprach und handelte, wahrscheinlich infolge seiner langjährigen Gewohnheit, nur zu schweigen, in einer etwas abrupten Weise. Außerdem kam noch eine besondere Eigenheit hinzu: wenn er nämlich einmal genötigt war, einen längeren Satz zu sprechen, so war es, als ob jedes Wort schon beim Entstehen noch ein anderes Wort mitgebar, das zweite wieder ein drittes, dieses ein viertes und so weiter, so daß er schließlich, je weiter er in den Satz hineingeriet, den ganzen Mund voll hatte, voll von Worten, die dann unter Atemnot und Hüsteln in der malerischsten Unordnung herauszukollern begannen. Das war der Grund, weshalb Ssemjon Iwanowitsch, der doch sonst ein vernünftiger Mensch war, mitunter einen so zusammenhanglosen Unsinn vorbrachte.

»Du faselst ja«, sagte er jetzt zu Mark Iwanowitsch, »du grüner Bursche, du Herumstreicher! Wirst noch mal mit dem Quersack betteln gehen, du Freigeist, du Herumtreiber, du liederlicher Liederjan; das ist's, was dir blüht, du Verseschmied!«

»Sie phantasieren wohl immer noch, oder was sonst, Ssemjon Iwanowitsch?«

»Da hört doch«, versetzte Ssemjon Iwanowitsch, »ein Dummkopf phantasiert, ein Trunkenbold phantasiert, ein Köter phantasiert, aber ein Weiser dient dem Vernünftigen. Von Geschäften verstehst du nichts, du liederlicher Mensch, du Gelehrter, du geschriebenes Buch, das du bist! Wenn's aber so kommt, daß du in Brand gerätst, dann wirst du gar nicht merken, wie dir der Kopf abbrennt, hast du's nun verstanden?«

»Ja ... das heißt: wie denn ... wie meinen Sie denn das, Ssemjon Iwanowitsch, daß mir der Kopf abbrennen soll?«

Mark Iwanowitsch beendete seinen Satz nicht, gab es auf, denn es war ja allen klar, daß der Kranke noch nicht zu sich gekommen war und noch phanasierte. Da konnte denn auch die Wirtin nicht mehr an sich halten und bemerkte, daß das Haus in der Krummen Gasse neulich durch die Unvorsichtigkeit eines glatzköpfigen Dienstmädchens in Brand geraten sei; dieses habe eine Kerze angezündet und dadurch sei der Brand in ihrer Dachkammer enstanden. Bei ihr aber, hier in ihrer Wohnung werde so etwas niemals geschehen, ihre Mieter könnten ganz unbesorgt sein.

»Aber hören Sie mal, Ssemjon Iwanowitsch«, rief Sinowij Prokófjewitsch, ganz aufgebracht der Wirtin ins Wort fallend, »Sie sind so ein naiver, einfältiger Mensch, daß Sie diesen Scherz mit Ihrer Schwägerin oder mit dem Examen und mit dem Tanzen ernst genommen haben! Das haben Sie doch? Haben Sie das wirklich geglaubt?«

»Nun höre du mal«, versetzte unser Held und richtete sich, seine letzten Kräfte zusammennehmend, im Bett auf, richtig wütend über alle diese mitleidigen Zuschauer ringsum, »wer ist hier der Narr? Du bist selbst der Narr, der Köter ist ein Narr, du närrischer Mensch. Ich aber werde nicht auf deinen Befehl Narrheiten begehen; hast du's gehört, du dummer Junge, ich bin nicht dein Diener!«

Offenbar wollte Ssemjon Iwanowitsch noch etwas sagen, fiel aber kraftlos aufs Bett zurück. Die Teilnehmenden waren ratlos, die Münder blieben offen, denn jetzt begannen ihnen zu dämmern, in welches Fettnäpfchen Ssemjon Iwanowitsch getreten war, und niemand wußte, wie die Sache anzufassen wäre. Da knarrte auf einmal die Küchentür, öffnete sich, und der Trunkenbold und Freund, sonst Herr Simoweikin genannt, steckte zaghaft den Kopf ins Zimmer, um gewohnheitsmäßig die Ortschaft zu beschnuppern. Es war, als hätte man nur auf ihn gewartet: alle winkten ihn sofort herbei, damit er nur schneller nähertrete. Herr Simoweikin aber war hocherfreut bereit, sich unverzüglich, ohne seinen Mantel abzulegen, zum Kranken durchzudrängen.

Man sah es ihm an, daß er die ganze Nacht in wachem Zustand verbracht und sich irgendwie ernsthaft betätigt hatte. Die rechte Seite seines Gesichts war mit Pflastern beklebt, seine geschwollenen Lider glänzten feucht von verschmiertem Augenschleim; der Frack und die ganze übrige Kleidung waren zerrissen, und die ganze linke Seite seines Mantels war mit irgendetwas Unsauberem bespritzt, vielleicht mit dem Schmutz einer Pfütze. Unter dem Arm trug er eine Geige, die Gott weiß wem gehörte und die er angeblich irgendwo verkaufen sollte. Anscheinend hatte man gut getan, ihn hier zu Hilfe zu rufen, denn kaum vernahm er, um was es sich handelte, da wandte er sich schon mit der Miene und dem Ton des Überlegenen an den übergeschnappten Ssemjon Iwanowitsch, als wüßte er genau, was mit diesem los war.

»Was fällt dir denn ein, Ssenjka, steh auf! Du weiser Ssenjka Prochartschin, steh auf und diene der Vernunft! Sieh dich vor, sonst schleppe ich dich weg, wenn du dich hier mausig machst; tu 's lieber nicht!«

Eine so kurze, aber kräftige Ansprache überraschte die Anwesenden; aber sie wunderten sich noch mehr, als sie bemerkten, daß Ssemjon Iwanowitsch bei diesen Worten und beim Anblick dieses Gesichtes so erschrak und so verwirrt, so kleinlaut wurde, daß er nur kaum vernehmbar die notwendige Entgegnung durch die Zähne zu flüstern wagte:

»Du Unseliger, geh weg!« hörten sie. »Du bist 'n Unseliger, bist 'n Dieb! Hörst du, verstehst du mich? Spielst dich auf, als wärst du 'n Fürst, du Hochstapler!«

»Ach nee—e, Bruder«, versetzte Simoweikin gedehnt, vollkommen ungerührt und unter Bewahrung absoluter Geistesgegenwart, »das ist nicht schön von dir, du weiser Bruder Prochartschin, du prochartschinscher Mensch«, parodierte Simoweikin ein wenig die Ausdrucksweise des andern und sah sich mit Vergnügen im Kreise um. »Du, mach dich nicht mausig! Ergib dich, Ssenja, ergib dich, sonst könnte ich Bericht erstatten, mein Brüderlein, könnte alles erzählen, — verstehst du mich wohl?«

Es schien, daß Ssemjon Iwanowitsch alles verstand, denn er zuckte heftig zusammen, als er den Schluß der Rede vernahm, und begann sich auf einmal ganz verstört umzuschauen. Herr Simoweikin war sehr zufrieden mit dem erzielten Eindruck seiner Worte und wollte fortfahren, aber Mark Iwanowitsch kam schnell seiner Absicht zuvor und verbot ihm aufregende Gespräche. Er selbst begann erst, als der Kranke still geworden und sich fast ganz beruhigt hatte, vernünftig und sanft auf ihn einzusprechen, wobei er ihm unter anderem vorhielt, daß solche Gedanken, wie die, die er jetzt in seinem Kopf hegte, erstens unnütz, zweitens nicht nur unnütz, sondern auch schändlich wären; schließlich wären sie nicht einmal so schändlich als vielmehr vollständig unmoralisch; dies wären sie deshalb, weil Ssemjon Iwanowitsch alle in Versuchung führe und ein schlechtes Beispiel gebe. Von einer solchen Rede erwarteten alle nur eine vernünftige Wirkung. Zudem war der Kranke jetzt ganz still und antwortete in gemäßigtem Ton. Aus diesem maßvollen Wortwechsel entspann sich ein kleiner Streit. Man wandte sich brüderlich an ihn und erkundigte sich, warum er denn so ängstlich geworden sei? Ssemjon Iwanowitsch antwortete, aber leider nur gar zu allegorisch. Darauf wurde ihm erwidert, worauf er gleichfalls antwortete. Man entgegnete beiderseits noch einmal, und dann mischten sich bereits alle ein, alt und jung, denn die Rede war plötzlich auf ein so wunderbares und seltsames Thema geraten, daß man wirklich nicht wußte, wie man das alles ausdrücken sollte. Man verlor die Geduld, die Ungeduld führte zu Streit und Geschrei, und das Geschrei führte sogar zu Tränen. Mark Iwanowitsch ging schließlich, mit Schaum vor dem Munde, weg und erklärte, einen so vernagelten Menschen hätte er noch nie erlebt. Oplewánjeff spie aus, Okeánoff wurde ängstlich, Sinówij Prokóffjewitsch weinte Tränen. Ustinja Fjódorowna aber heulte und jammerte, daß sie einen Mieter verliere, weil jener wiederum den Verstand verloren hätte; daß ihr Täubchen ohne Paß sterbe und nicht abzumelden sei, sie aber als einsame Waise hilflos dastehe und die Polizei ihr endlos zu schaffen machen werde. Mit einem Wort, alle sahen zu guter Letzt klar ein, daß ihre Aussaat gut gewesen war, daß das, was ihnen eingefallen war auszusäen, hundertfältige Frucht trug, daß der Boden gesegnet gewesen war und daß es Ssemjon Iwanowitsch gelungen war, in ihrer Gesellschaft seinen Kopf wunderlich und unreparierbar zu entwickeln. Alle verstummten, denn als sie sahen, daß Ssemjon Iwanowitsch sich jetzt vor ihnen allen nur noch fürchtete, wurden diesmal auch sie aus Mitgefühl ängstlich...

»Wie!« schrie Mark Iwanowitsch, »was fürchten Sie denn überhaupt? Weshalb haben Sie denn den Verstand verloren? Wer denkt denn an Sie, mein Herr? Haben Sie überhaupt das Recht, sich zu fürchten? Wer sind Sie? Was sind Sie? Eine Null sind Sie, mein Herr, ein runder Pfannkuchen, und nichts weiter! Wie kommen Sie dazu, Krach zu machen? Weil ein Weib auf der Straße überfahren worden ist, glauben Sie, daß man jetzt auch Sie überfahren werde? Weil man einem Trunkenbold Geld aus der Tasche gestohlen hat, glauben Sie, daß man Ihnen gleich die ganzen Frackschöße abschneiden werde? Ein Haus ist abgebrannt, also wird auch Ihr Kopf gleich abbrennen, wie? Ist es nicht so, mein Herr? Etwa nicht genau so, Väterchen? Etwa nicht?«

»Du-du-du bist dumm!« murmelte Ssemjon Iwanowitsch. »Man wird dir die Nase abbeißen, und du wirst sie selbst mit deinem Butterbrot verzehren, ohne daß du's merkst . . .«

»Gut, mag ich meinethalben dumm sein, dumm wie ein Stiefelabsatz!« schrie Mark Iwanowitsch, der nicht richtig hingehört hatte, »mag es so sein. Aber ich brauche ja kein Examen abzulegen, brauche nicht zu heiraten, nicht tanzen zu lernen; der Boden bricht nicht unter mir ein, mein Herr. Oder was meinen Sie, Väterchen? Sie haben wohl nicht genügend Platz im Leben? Oder sinkt der Boden unter Ihnen ein, wie?«

»Ja, was? Wird man dich etwa zuvor um Erlaubnis bitten? Man wird sie eben schließen und dann sind sie futsch.«

»Was . . . was wird man schließen?! Was rumort da wieder in Ihrem Kopf?«

»Und den Trunkenbold hat man doch entlassen . . .«

»Entlassen! Aber weil er doch ein Trunkenbold war, Sie dagegen und ich, wir sind doch Menschen!«

»Nun ja, Menschen. Aber steht sie denn noch, ja oder nein . . .«

»Wer das? Wen meinen Sie damit?«

»Nun, eben sie, die Kanzlei . . . die Kan-ze-lei!!!«

»Aber, heilige Einfalt! — die braucht man doch, die ist doch notwendig, die Kanzlei.«

»Notwendig! hört doch! Ja, heute ist sie's noch, morgen auch, aber übermorgen kann's dann irgendwie so sein, daß sie nicht mehr nötig ist. Ich habe da schon von so einer Geschichte gehört . . .«

»Aber Sie beziehen doch ein Jahresgehalt! Sie ungläubiger Thomas, Sie mißtrauischer Mensch! Und an manchen Stellen steigt doch das Gehalt mit dem Dienstalter . . .«

»Das Gehalt? Wenn ich aber das Gehalt verzehrt habe, oder Diebe kommen und nehmen es mir weg? Ich aber habe eine Schwägerin, weißt du das nicht? Eine Schwägerin! Du Dummkopf . . .«

»Die Schwägerin! Mensch, Sie . . .«

»Jawohl, ich bin 'n Mensch, du aber, du Belesener, bist dumm; ja, das bist du, ein dummköpfiger Mensch bist du, verstehst du? Ich mache nicht solche Scherze wie du; aber es gibt so eine oberste Behörde, die einfach den Beschluß fassen kann, und dann wird die Kanzlei geschlossen, jawohl, und dann ist sie nicht mehr da, verstehst du. Und auch Demíd, hörst du, selbst Demíd Wassíljewitsch sagt, daß sie aufgehoben werden kann..."

"Ach, Sie mit Ihrem Demid, Demid! So ein Verführer, und nichts weiter..."

"Ja, und dann, bums, ist sie geschlossen, und du sitzt ohne Stellung da; dagegen ist nichts zu machen, jawohl..."

"Aber Sie reden ja lauter irres Zeug, oder haben Sie schon endgültig den Verstand verloren! Also was ist nun los, nun reden Sie schon! Gestehen Sie es uns doch, wenn Ihnen schon eine Sünde unterlaufen ist! Da braucht man sich doch nicht zu schämen! Bist übergeschnappt, Väterchen, was?"

"Ist tatsächlich übergeschnappt!... Ist verrückt geworden!" hörte man aus dem Kreise der ihn Umstehenden, und man rang die Hände vor Ratlosigkeit. Die Wirtin aber umfaßte mit beiden Armen den Mark Iwanowitsch, damit er ihren Ssemjon Iwanowitsch nicht noch weiter "zerfleische".

"Sei kein Heide!" beschwor ihn auch Simoweikin, "was du tust, ist ja ein heidnisches Vorgehen, du Neunmalkluger!" Und zum Kranken gewendet, fuhr er beschwichtigend fort: "Ssenja, du nimmst es ihm doch nicht übel, du Guter, du Liebenswerter! Du bist schlicht, du bist tugendhaft... hörst du mich? Das kommt alles von deiner Tugendhaftigkeit, der Gewalttätige und Dumme aber bin ich, der Bettler bin ich! Du hast als guter Mensch mich nicht verlassen, aber fürchte nichts, dafür wird dir Ehre zuteil werden; allen hier und der Wirtin sage ich meinen Dank! Siehst du, ich verbeuge mich vor dir bis zur Erde, siehst du, ich tue meine Schuldigkeit, meine Schuldigkeit, meine liebe Frau Wirtin!" Und hierbei machte Simoweikin tatsächlich, und sogar mit einer gewissen pedantischen Würde, eine tiefe Verbeugung nach der anderen vor allen Versammelten.

Hierauf wollte der Kranke wieder weiterreden, aber das

wollte man nicht mehr zulassen: alle drangen auf ihn ein, flehten ihn an, sich zu beruhigen, trösteten ihn, und zuletzt erreichten sie auch, daß er sich beschwichtigen ließ und ganz verschüchtert mit schwacher Stimme bat, sich erklären zu dürfen.

»Nun ja; es ist ja richtig«, sagte er, »ich bin freundlich und friedlich, hörst du, und tugendhaft, ergeben und treu; mein Blut, weißt du, auch den letzten Tropfen, hör zu, dummer Junge, du Protz ... Also mag sie bestehen bleiben, die Kanzlei; aber ich bin ja arm; wenn man sie mir nun nimmt, hörst du, Protz – schweige jetzt und höre zu –, sie mir nimmt, und so weiter ... sonst war sie da, dann aber ist sie auf einmal nicht mehr da ... verstehst du? Und ich, Bruder, kann dann mit dem Quersack betteln gehen, verstehst du jetzt?«

»Ssenjka!« brüllte Simoweikin auf, diesmal mit seiner Stimme alle anderen Verlautbarungen übertönend, als gerate er außer sich, »du bist ja ein Freigeist! Ich werde dich sofort anzeigen! Was bist du sonst noch? Wer bist du? Ein Raufbold etwa, du Schafskopf! So einer wird ohne Abschied einfach vor die Tür gesetzt; wer bist du nun?!«

»Aber es ist doch so 'ne Sache...«

»*Was* ist ,so 'ne Sache'?«

»Da fang' einer nur mit ihm an...«

»Was soll das heißen...«

»Er ist ja frei, und ich bin frei; aber wenn man so liegt und liegt und denkt...«

»Was denkt?«

»Ist man doch ein Freigeist...«

»Ein Frei-geist! Ssenjka, du und ein Freigeist!!«

»Halt!« rief Herr Prochártschin und erhob die Hand, um dem sich erhebendem Geschrei Einhalt zu gebieten. »Ich rede nicht davon ... Du begreife doch, begreife doch nur, du Hammel: ich bin friedlich, heute bin ich friedlich, morgen bin ich friedlich, dann aber bin ich nicht mehr friedlich, werde grob; dann heißt es: pack dich, Freigeist!...«

»Aber was reden Sie denn da zusammen!« donnerte schließlich Mark Iwanowitsch, vom Stuhl aufspringend, auf den er niedergesunken war, um sich zu erholen, und erregt, ja, empört vor Ärger lief er ganz aufgebracht zum Bett des Kranken hin. »Wer sind Sie denn überhaupt, Sie Schafskopf! Haben weder Haus noch Hof. Oder glauben Sie, Sie seien ganz allein auf der Welt? Oder ist die Welt nur für Sie geschaffen? Sind Sie etwa ein Napoleon? Oder wer oder was? So sagen Sie es doch, mein Herr, ob Sie ein Napoleon sind oder nicht?...«

Aber Herr Prochartschin antwortete schon nicht mehr auf diese Frage. Nicht, daß er sich geschämt hätte, ein Napoleon zu sein, oder sich gefürchtet hätte, eine solche Verantwortung auf sich zu nehmen; nein, er war bloß nicht mehr imstande zu streiten oder sachlich etwas zu erörtern. Die Krisis der Krankheit trat ein. Dicke Tränen stürzten plötzlich aus seinen fieberglänzenden grauen Augen. Mit seinen knochigen, von der Krankheit abgezehrten Händen bedeckte er seinen heißen Kopf, richtete sich halbwegs auf im Bett und begann, zwischendurch immer wieder aufschluchzend, zu reden: Er sei eben ganz arm, sei ein so unglücklicher, einfacher Mensch, dumm und unwissend; gute Menschen möchten ihm verzeihen, ihn bewahren und beschützen, ihm zu essen und zu trinken geben, ihn in seiner Armut nicht verlassen, und Gott weiß was er noch alles vorjammerte. Dabei blickte er während des Jammerns mit einer so maßlosen Angst um sich, als erwartete er, daß jetzt gleich die Decke einstürzen oder der Fußboden sich unter ihm auftun werde. Alle wurden von Mitleid ergriffen beim Anblick des Armen, und allen wurde das Herz weich. Die Wirtin schluchzte wie ein altes Weib und jammerte über ihre eigene Verlassenheit und mühte sich dabei eigenhändig, den Kranken auf seinem Lager besser zu betten. Mark Iwanowitsch sah ein, daß es zwecklos war, die Erinnerung an Napoleon heraufzubeschwören, gab seiner Gutmütigkeit nach und suchte sich gleichfalls hilfreich zu betätigen. Andere, die auch ihrerseits etwas tun wollten, schlugen vor, eine Himbeerlimonade zu stiften, da eine solche, wie sie sagten, unverzüglich und gegen alles helfe und dem Kranken sehr wohltun werde. Aber Simoweikin widersprach sofort und behauptete, bei seiner Verfassung wäre nichts besser als Kamillentee. Was nun Sinowij Prokóffjewitsch anbetrifft, so weinte er, da er ein gutes Herz hatte, aufrichtige Tränen der Reue, weil er Ssemjon Iwanowitsch mit allerhand erfundenen Geschichten geängstigt hatte, und als er der letzten Worte des Kranken gedachte, daß er ganz arm sei und gute Menschen ihn ernähren möchten, kam er auf die Idee, sofort eine Kollekte zu veranstalten; so setzte er unverzüglich eine Liste auf, die sich fürs erste nur auf die Einwohner der Winkel erstreckte. Alle jammerten und seufzten, alle waren von Mitleid erfüllt und trübselig gestimmt; dabei wunderten sie sich doch zugleich, wie denn das möglich gewesen war, daß ein Mensch sich dermaßen hatte einschüchtern lassen? Und wodurch eigentlich? Ja, wenn er wenigstens ein hohes Amt innegehabt, verheiratet wäre, Kinder in die Welt gesetzt hätte, oder wenn er vor Gericht geladen worden wäre! So aber war er doch ein ganz unwesentliches Kerlchen, Besitzer nur eines hölzernen Koffers mit einem deutschen Schloß davor, lag schon seit mehr als zwanzig Jahren hinter seinem Bettschirm, schwieg, kannte die Welt nicht, noch ihren Kummer, lebte geizig ... Und auf einmal fällt es diesem Menschen ein, sich durch irgendein belangloses müßiges Wort den Kopf vollständig verdrehen zu lassen und vor Angst zu vergehen, weil das Leben auf Erden plötzlich schwer werden könnte ... Und dabei verfällt der Mensch nicht einmal darauf, daß es doch alle schwer haben!

»Hätte er sich doch nur dies eine überlegt, daß es doch alle Menschen schwer haben«, sagte Okeanoff nachher, »dann hätte er ja seinen Kopf vor dem Verrücktwerden bewahrt, hätte keine Dummheiten gemacht und sein Leben irgendwie weitergelebt, entsprechend den Verhältnissen.«

Am ganzen nächsten Tag wurde von nichts anderem gesprochen als von Ssemjon Iwanowitsch. Man ging zu ihm, erkundigte sich nach seinem Befinden, beruhigte ihn; aber gegen Abend ging es ihm so, daß die Beruhigungen nicht mehr halfen. Der Arme fieberte und phantasierte und verlor von Zeit zu Zeit das Bewußtsein, so daß man schon nach dem Arzt schicken wollte. Die Untermieter beschlossen einstimmig, der Reihe nach beim Kranken die Nachtwache zu übernehmen, ihn zu beruhigen, und falls etwas geschehen sollte, alle sogleich aufzuwecken. In dieser Absicht fingen sie an, um nicht einzuschlafen, Karten zu spielen; sie setzten ans Bett des Kranken dessen Freund Simoweikin hin, der schon den ganzen Tag bei ihnen geblieben war und sie gebeten hatte, auch die Nacht über hierbleiben zu dürfen. Da sie aber auf Kredit spielten und das Spiel kein besonderes Interesse erregte, so wurde es ihnen bald langweilig. Da gaben sie es auf. Dann gerieten sie über irgend etwas in Streit, wurden laut und hieben mit der Faust auf den Tisch, und schließlich gingen sie nach ihren Schlafstellen auseinander, wo sie lange noch weiterstritten und Worte wechselten; da sie alle plötzlich wütend geworden waren, hatten sie keine Lust mehr, Wache zu halten, und so schliefen sie ein. Bald wurde es in den Winkeln so still wie in einem leeren Keller, um so mehr, als es furchtbar kalt war. Einer von den letzten, die einschliefen, war Okeanoff, und wie er später erzählte, hatte er »nicht gerade im Schlaf, aber auch nicht gerade in wachem Zustand«, in seiner Nähe kurz vor Morgengrauen zwei Menschen miteinander leise sprechen hören. Okeanoff meinte, er habe die Stimme Simoweikins erkannt; dieser habe neben ihm seinen alten Freund Remneff aufgeweckt, worauf sie lange miteinander geflüstert hätten; danach sei Simoweikin hinausgegangen, und es sei zu hören gewesen, wie er versucht habe, die Küchentür mit einem Schlüssel aufzuschließen. Der Schlüssel aber — so versicherte später die Wirtin — hätte unter ihrem Kopfkissen gelegen und wäre in dieser Nacht abhanden gekommen. Zu guter Letzt, so berichtete Okeanoff, glaubte er gehört zu haben, daß beide zum Kranken hinter dessen Bettschirm gegangen waren und dort eine Kerze angezündet hätten. »Weiter«, sagte er, »weiß ich nichts mehr, die Augen fielen mir zu.« Aufgewacht aber wäre er erst zugleich mit allen anderen, als alle, soviel ihrer nur in der Wohnung waren, aus den Betten sprangen, weil hinter dem Bettschirm ein Schrei ertönte, der selbst einen Toten aufgeschreckt hätte. Und im gleichen Augenblick, so glaubten manche gesehen zu haben, sei auch das Licht hinter dem Schirm erloschen. Es entstand ein tolles Durcheinander, allen fuhr der Schreck in die Glieder, aber sie stürzten so, wie ein jeder war, nach dem Geschrei hin; doch hinter dem Schirm war nur ein Geraufe, Geschimpfe, eine Prügelei zu hören. Es wurde Licht gemacht, und da sah man, daß Simoweikin und Remneff miteinander rauften und sich gegenseitig beschimpften. Als man sie beleuchtete, schrie der eine:

»Nicht ich bin's gewesen, sondern dieser Räuber da!« und der andere, nämlich Simoweikin, schrie:

»Rühr mich nicht an! bin unschuldig! kann 's sofort beschwören!«

Die Gesichter der beiden sahen entstellt aus; aber im ersten Augenblick war es nicht um sie zu tun, denn — der Kranke war verschwunden! Man brachte die Raufbolde auseinander, zog sie weg vom Bett, und da sah man erst, daß Herr Prochártschin unter dem Bett lag, anscheinend völlig bewußtlos. Aber die Bettdecke und das Kopfkissen hatte er mitgerissen, denn auf dem Bett lag jetzt nur noch die nackte, alte, fettige Matratze (Bettücher hatte es auf ihr nie gegeben). Man zog Ssemjon Iwanowitsch unter dem Bett hervor, hob ihn auf die Matratze, bemerkte aber sofort, daß es mit ihm schon hoffnungslos stand; seine Arme wurden bereits steif, und es war kaum noch Leben in ihm. Man stand um ihn herum. Hin und wieder lief noch ein Zittern oder Beben durch den ganzen Körper, er schien noch mit den Händen nach etwas greifen zu wollen, auch die Zunge ließ sich nicht mehr bewegen. Aber er blinzelte mit den Augen wohl nur noch so, wie nach dem Bericht von Zeugen die Lider des Enthaupteten an dem noch warmen, blutüberströmten und noch lebenden Kopf blinzeln sollen, nachdem das Beil des Henkers ihn schon vom Rumpf getrennt hat.

Allmählich wurde er stiller und stiller, der Todeskampf ließ nach, die Zuckungen und das Beben hörten auf. Herr Prochartschin streckte die Beine aus und fuhr dahin auf seinen guten Taten und Sünden. Ob er nun an einem heftigen Schreck starb, oder ob ihm etwas Schreckliches geträumt hat, wie Remneff nachher versicherte, oder ob irgendeine Sünde geschehen war, das ist unbekannt. Die Hauptsache ist nur, daß nunmehr, selbst wenn der Exekutor seiner Behörde persönlich in der Wohnung erschienen wäre und Herrn Prochartschin wegen Freidenkerei, Ruhestörung und Trunksucht seine Entlassung aus dem Dienst mitgeteilt hätte, oder wenn jetzt durch eine andere Tür eine schlampige Bettlerin als angebliche Schwägerin eingetreten wäre, oder selbst wenn er plötzlich eine Gratifikation von zweihundert Rubeln erhalten hätte, oder wenn schließlich das Haus in Brand geraten wäre und Ssemjon Iwanowitschs Kopf Feuer gefangen hätte, — daß er sich selbst dann nicht mehr herabgelassen hätte, auch nur einen Finger zu rühren. Und während nun der erste Schock abzuklingen begann, die Anwesenden die Sprache wiedererlangten und ein Durcheinander von Vorschlägen, Vermutungen und Ausrufen zu hören war, zog Ustinja Fjodorowna den Koffer unter dem Bett hervor und suchte eilig unter dem Kopfkissen, unter der Matratze, ja sogar in den Stiefeln Ssemjon Iwanowitschs nach. Während man aber Remneff und Simoweikin verhörte, bewies der Untermieter Okeanoff, der bisher der beschränkteste, bescheidenste und stillste unter ihnen gewesen war, plötzlich die größte Geistesgegenwart, ja, entdeckte vielleicht zum erstenmal seine Begabung oder sein Talent, nahm seine Mütze und schlüpfte bei dem allgemeinen Lärm ganz unbemerkt aus der Wohnung. Und als in den aufgestörten, bisher so friedlichen Winkeln alle Schrecken der Anarchie ihren Höhepunkt erreichten, öffnete sich plötzlich die Tür und in ihr erschien höchst überraschenderweise zunächst ein Herr von anständigem Äußeren mit strengem, aber unzufriedenem Gesicht, ihm folgte der Polizeioffizier Jarosláff Iljitsch mit seinen Unterbeamten, soweit sie hier erforderlich waren, und hinter allen der verwirrte Herr Okeanoff. Der strenge Herr von anständigem Äußern ging geradewegs zu Ssemjon Iwanowitsch, befühlte ihn, schnitt eine Grimasse, zuckte mit der Schulter und sagte, was alle schon wußten, daß der Tote bereits gestorben sei, worauf er von sich aus noch hinzufügte, daß in diesen Tagen einem sehr hochgestellten und angesehenen Herrn dasselbe im Schlaf passiert sei. Hierauf trat der Herr von anständigem Äußern und unzufriedener Miene vom Bett zurück, sagte, man habe ihn ganz unnötigerweise herbemüht, und ging hinaus. An seine Stelle trat sofort Jaroslaff Iljitsch, und während Remneff und Simoweikin den Gerichtsdienern übergeben wurden, bemächtigte er sich geschickt des Koffers, den die Wirtin schon aufzubrechen versucht hatte, stellte die Stiefel auf ihren Platz zurück, mit der Bemerkung, sie seien ja völlig zerrissen und taugten zu gar nichts mehr, verlangte das Kopfkissen zurück, rief Okeanoff herbei und fragte ihn nach dem Schlüssel zum Koffer, der sich schließlich in Simoweikins Tasche fand, und öffnete feierlich vor den Augen der erforderlichen Zeugen das Eigentum des Entschlafenen. Da lagen denn allen sichtbar: zwei Lappen, ein Paar Socken, ein halbes Halstuch, ein alter Hut, einige Knöpfe, alte Brandsohlen und Stiefelschäfte, eine Ahle, ein Stückchen Seife, eine weiße Salbe, mit einem Wort allerlei Schund, Plunder, Kleinkram, der muffig roch; das einzige gute Stück war nur das deutsche Schloß. Okeanoff wurde aufgerufen und streng vernommen; aber Okeanoff war bereit, unter Eid auszusagen. Man verlangte das Kopfkissen, besah es von allen Seiten; es war nur schmutzig, glich aber sonst in jeder Beziehung einem Kissen. Nun wurde die Matratze vorgenommen; man wollte sie schon aufheben, hielt aber inne, um zu überlegen, was noch zu tun wäre ... als plötzlich ganz unerwartet, etwas Schweres deutlich hörbar auf den Fußboden plumpste. Man bückte sich, suchte und erblickte eine pralle Papierrolle: in der Papierrolle befanden sich zehn silberne Rubelstücke.

»Aha—a! Aha!« sagte Jaroslaff Iljitsch und wies auf eine morsche Stelle in der Matratze, aus der Roßhaar und Werg heraushingen. Die Öffnung wurde besichtigt und man stellte fest, daß sie soeben erst mit einem Messer aufgeschnitten und etwa eine halbe Elle lang war; man steckte die Hand in den Schlitz und zog ein Küchenmesser hervor, das wahrscheinlich in der Hast dort belassen worden war. Es war ein Messer aus der Küche der Wirtin. Kaum hatte Jaroslaff Iljitsch das Messer herausgezogen und abermals »aha!« gesagt, als gleich darauf eine zweite Rolle herausfiel und nach dieser mehrere einzelne Münzen herausrollten, zwei Halbrubel, ein Viertelrubel, dann noch anderes Kleingeld und ein altertümliches, robustes Fünfkopekenstück in Kupfer. Alles wurde sofort aufgefangen. Da sah man, daß es wohl ratsam wäre, die ganze Matratze mit einer Schere aufzuschneiden. Man verlangte eine Schere...

Derweil beleuchtete das schon tief heruntergebrannte Talglicht eine für den Betrachter überaus interessante Szene. Ungefähr zehn der Untermieter hatten sich dort am Bett in den malerischsten Gewändern versammelt, alle ungekämmt, unrasiert, ungewaschen, verschlafen, wie sie aus den Betten gesprungen waren. Einige waren kreidebleich, bei anderen perlte der Schweiß auf der Stirn, einige wurden von Frostschauern geschüttelt, andere glühten vor Hitze. Die Wirtin stand benommen still auf einem Fleck, hatte die Hände gefaltet und verließ sich auf die Gnade Jaroslaff Iljitschs. Von oben, vom Ofen herab blickten erschrocken und neugierig die Köpfe der Magd Awdotja und der Lieblingskatze der Wirtin; ringsum lagen die Teile des zerbrochenen und zerrissenen Bettschirms. Der offene Koffer ließ seinen schäbigen Inhalt sehen. Daneben lagen die Bettdecke und das Kopfkissen, bedeckt von Wergflocken und Roßhaar aus der

Matratze. Aber schließlich glänzte auf einem dreibeinigen Tisch ein stetig wachsender Haufen von silbernen und anderen Münzen. Einzig der tote Ssemjon Iwanowitsch bewahrte seine Kaltblütigkeit, lag reglos auf dem Bett und schien seinen Ruin gar nicht vorausgeahnt zu haben. Als die Schere gebracht war und der Gehilfe Jaroslaff Iljitschs in seinem Diensteifer ein wenig zu hastig die Matratze anhob, um sie unter dem Rücken ihres Besitzers leichter hervorziehen zu können, da trat ihnen Ssemjon Iwanowitsch wohl aus Höflichkeit ein wenig von seinem Platz ab, indem er sich auf die Seite drehte, seinen Rücken den Suchenden zukehrend; dann, nach einem zweiten Ruck, legte er sich auf den Bauch, und als er schließlich noch weiter rücken wollte, geschah es, daß er, da das andere Seitenbrett am Bett fehlte, ganz plötzlich und unverhofft mit dem Kopf voran auf den Boden plumpste, so daß nur seine beiden knochigen, mageren und blauen Beine wie zwei verkohlte Äste eines verbrannten Baumes emporragten. Da Herr Prochartschin sich an diesem Morgen schon zum zweitenmal unter das Bett begab, so erregte das sofort Verdacht, und ein paar der Untermieter krochen sogleich, unter der Anführung von Sinowij Prokoffjewitsch, gleichfalls dorthin, um nachzusehen, ob nicht auch dort noch etwas verborgen war. Aber die Suchenden stießen umsonst nur mit den Köpfen zusammen, und da Jaroslaff Iljitsch sie anschrie und ihnen befahl, den Toten aus seiner häßlichen Lage zu befreien, so packten zwei von den Vernünftigeren mit beiden Händen je ein Bein und zogen den unerwarteten Kapitalisten wieder an die Oberfläche und legten ihn quer über das Bett. Während dessen flogen Roßhaar und Werg ringsum, der Silberhaufen wuchs und, o Gott! was kam da nicht alles zum Vorschein! ... Edle Rubelstücke, solide, feste Anderthalbrubelmünzen, der nette kleine Halbrubel, plebejische Viertelrubel, Zwanzigkopekenstücke, ... sogar wenigversprechendes Altweiberkleingeld wie silberne Zehn- und Fünfkopekenstücke, — alles in besondere Papierchen eingewickelt, in methodischster, solidester Ordnung. Es waren auch Seltenheiten dabei: zwei Spielmarken, ein Napoleondor, eine unbekannte, aber jedenfalls sehr seltene Münze ... Auch einige der Silberrubel waren von hohem Alter; es gab auch abgescheuerte und zerhackte Elisabethanische deutsche Kreuzrubel, Münzen aus der Zeit Peters und Katharinas, auch zum Beispiel heute sehr seltene kleine Münzen, auch alte Fünfzehnkopekenstücke in Kupfer, durchlocht, zum Tragen als Ohrgehänge, alle stark abgescheuert, aber mit dem gesetzlich vorgeschriebenen Feingehalt; sogar Kupfergeld fand sich, nur war es bereits ganz grün und verrostet... Man fand auch einen roten Zehnrubelschein, – aber das war dann auch alles. Als man endlich die ganze Operation beendet und nach mehrfachem Schütteln des Matratzenüberzuges feststellte, daß nichts mehr darin klapperte, setzte man sich an den Tisch, um das Geld zu zählen. Auf den ersten Blick konnte man sich sogar sehr täuschen und den Geldhaufen womöglich auf eine Million schätzen, so groß war er! Aber eine Million war es denn doch nicht, obschon es keine geringe Summe war: genau 2497 Rubel und 50 Kopeken. Wenn die Einnahme der Kollekte, welche Sinowij Prokoffjewitsch tags zuvor zur Unterstützung des armen Kranken entworfen hatte, schon bar vorhanden gewesen wäre, so wäre vielleicht die runde Summe von 2500 Rubeln zusammengekommen. Das Geld wurde beschlagnahmt, der Koffer des Verstorbenen versiegelt, die Klagen der Wirtin wurden angehört. Man sagte ihr, wann und wo sie ihren Anspruch auf das Sümmchen, das der Verstorbene ihr schuldig geblieben war, anzumelden hätte. Das Protokoll wurde von den zuständigen Personen unterschrieben; die Pensionäre erwähnten nun auch die Schwägerin, aber da man sich gegenseitig überzeugte, daß diese Schwägerin in gewissem Sinne nur ein Mythus gewesen war, das heißt: ein Produkt der Unterentwicklung der Vorstellungskraft Ssemjon Iwanowitschs, was man auf Grund von Erkundigungen dem Verstorbenen auch schon mehrfach vorgehalten hatte, so kam man denn gleich hier überein, von einer weiteren Verfolgung dieser Idee Abstand zu nehmen, zumal sie ja doch zwecklos, schädlich und für den guten Namen des Herrn Prochartschin nachteilig wäre; damit war die Sache abgetan. Als aber der erste Schreck abzuklingen begann, als man sich an den Kopf griff und zu begreifen versuchte, was der Verstorbene eigentlich gewesen war, da wurden sie alle schweigsamer, wurden still und begannen einander ab und zu mit einem gewissen Mißtrauen anzusehen. Einige nahmen sich Ssemjon Iwanowitschs Verhalten sehr zu Herzen und schienen sich sogar gewissermaßen beleidigt zu fühlen ... Ein solches Kapital! Soviel hat der Mensch zusammengespart! Mark Iwanowitsch versuchte zwar, ohne seine Geistesgegenwart einzubüßen, den anderen zu erklären, warum Ssemjon Iwanowitsch es plötzlich so mit der Angst bekommen hatte; aber die anderen wollten es schon gar nicht mehr hören. Sinowij Prokoffjewitsch wurde auffallend nachdenklich; Okeanoff betrank sich ein bißchen; die übrigen duckten sich gleichsam, als wollten sie sich kleiner machen und anschmiegen; aber das kleine Männlein Kantareff, das sich sonst nur durch sein schnabelspitzes Spatzennäschen auszeichnete, kündigte und verließ die Wohnung schon gegen Abend, nachdem er alle seine Köfferchen und Bündelchen überaus sorgfältig verschlossen und zugeklebt, verknotet und verschnürt hatte; er antwortete den Neugierigen auf ihre Fragen kühl, die Zeiten wären schwer, hier aber müsse er mehr bezahlen als sein Einkommen ihm gestatte. Die Wirtin weinte ohne Unterlaß und jammerte und verwünschte diesen Ssemjon Iwanowitsch, weil er ihre schutzlose Verwaistheit ausgenutzt hätte.

Man fragte Mark Iwanowitsch, warum denn der Verstorbene seine Gelder nicht auf die Leihbank getragen, die ihm doch Zinsen gezahlt hätte.

»Dazu war er zu beschränkt, Mütterchen, dazu reichte sein Denkvermögen nicht aus«, antwortete Mark Iwanowitsch.

»Na, aber auch Sie, Mütterchen, haben sich als schön naiv erwiesen«, schaltete sich Okeanoff ein, »zwanzig Jahre lang hat sich der Mensch bei Ihnen durchgefuttert, und ein einziger Nasenstüber hat genügt, um ihn umzuwerfen! Aber Sie hatten natürlich keine Zeit, sich um ihn zu kümmern, die Kohlsuppe, die gerade kochte, war wichtiger! ... Ach, Sie ... Wirtschafterin! ...«

»Nun hör' aber auf, du Milchbart!« fuhr die Wirtin ihn an. »Und wozu war da eine Leihbank nötig! Hätte er seine Handvoll Geld zu mir gebracht und gesagt: ‚Da hast du was, Ustínjuschka, tu' ein gutes Werk damit, gib mir Kost und Logis dafür so lange wie mich die feuchte Mutter Erde trägt', und ich schwöre dir vor dem Heiligenbild, ich hätte ihn gepäppelt, getränkt und bedient bis an sein Lebensende! Ach, so ein Verführer zur Sünde, so ein Betrüger! Betrogen, beschummelt hat er mich Waise!«

Schließlich trat man doch wieder ans Bett Ssemjon Iwanowitschs, um ihn sich anzusehen. Jetzt lag er bereits aufgebahrt, wie es sich gehört, in seinem besten, allerdings auch einzigen Anzug, das erstarrte Kinn in der etwas ungeschickt umgebundenen Halsbinde verborgen, gewaschen und gekämmt, bloß nicht rasiert, da ein Rasiermesser in der Wohnung nicht vorhanden war; das einzige, das Sinowij Prokoffjewitsch gehört hatte, war schartig geworden und schon im vorigen Jahr auf dem Trödelmarkt vorteilhaft verkauft worden. Die anderen pflegten alle zum Barbier zu gehen. Das Zimmer aufzuräumen hatte man noch keine Zeit gehabt. Der zerbrochene Bettschirm lag noch am Boden und ließ die Einsamkeit Ssemjon Iwanowitschs unverhüllt sehen, wie ein Sinnbild dessen, daß der Tod den Vorhang vor allen unseren Geheimnissen, Intrigen und Machenschaften wegreißt. Die Füllung der Matratze war auch noch nicht weggeräumt und lag noch in einem großen Haufen da. Ein Dichter hätte diesen ganzen so plötzlich erkalteten Winkel mühelos mit dem zerstörten Nest einer Hausschwalbe vergleichen können: alles zerschlagen und zerrissen vom Sturm, die junge Brut und die Mutter tot und das warme Bettchen aus Flaum und Federn und Flöckchen ringsum verstreut ... Übrigens sah Ssemjon Iwanowitsch doch eher wie ein alter diebisch-egoistischer Spatz aus. Er war jetzt ganz still geworden, schien sich verstellen zu wollen, als ob er an nichts schuld wäre, als ob nicht er den Schwindel erdacht hätte, um schamlos und gewissenlos, in unanständigster Weise alle guten Leute zu betrügen und hinters Licht zu führen. Er hörte jetzt schon nicht mehr das Schluchzen und Weinen seiner verlassenen und gekränkten Wirtin. Im Gegenteil, als erfahrener und durchtriebener Kapitalist, der auch im Grabe keinen Augenblick untätig verlieren möchte, war er anscheinend ganz absorbiert von irgendwelchen spekulativen Berechnungen. In seinem Gesicht erschien der Ausdruck eines tiefen Nachdenkens, und seine Lippen waren mit einem so bedeutenden Zug um den Mund zusammengepreßt, wie man ihn zu Lebzeiten des Toten niemals ihm zugetraut hätte. Man hatte den Eindruck, als sei er klüger geworden. Das rechte Äuglein war fast pfiffig zusammengekniffen; es schien so, als wolle er etwas sagen, etwas Notwendiges mitteilen und erklären, und zwar ohne Zeit zu verlieren, möglichst schnell, da die Geschäfte drängten und er keine Zeit hatte ... Und es war einem, als hörte man ihn sagen: »Was fehlt dir denn? Hör doch auf, du dummes Weib! Heule nicht! Du schlafe dich aus, Alte, hörst du! Ich bin sozusagen gestorben; jetzt brauche ich nichts mehr; wirklich nicht! Es ist schön, so dazuliegen ... Eigentlich wollte ich etwas anderes sagen; du bist ein tüchtiges Weib, das bist du, versteh das doch. Es ist nur, daß man jetzt gestorben ist; das ist nun mal so, nun ja ... aber wenn es nun nicht so wäre – hörst du? – und ich auferstünde, was wäre wohl dann, was meinst du? ...«

EIN JUNGES WEIB
(Die Wirtin)

Eine Novelle

ERSTER TEIL

I

Ordýnoff mußte sich endlich aufraffen und auf die Suche nach einer neuen Wohnung gehen. Die Frau, bei der er als Zimmermieter wohnte, eine arme, bejahrte Beamtenwitwe, hatte sich durch unvorhergesehene Umstände gezwungen gesehen, aus Petersburg irgendwohin in eine öde Provinz zu Verwandten überzusiedeln, ohne den Ersten des nächsten Monats abzuwarten. Der junge Mann, der für den Rest des Monats noch in seinem Zimmer bleiben konnte, dachte mit Bedauern an sein stilles Leben in den gewohnten vier Wänden und empfand ein ausgesprochenes Unbehagen bei dem Gedanken, dieses Zimmer nun verlassen zu müssen; er war arm und die Miete war verhältnismäßig teuer. So nahm er denn schon am nächsten Tage nach der Abreise der Witwe seine Mütze und begab sich auf die Wanderschaft durch die Straßen Petersburgs, vorzugsweise durch die billigeren Quergassen, um Ausschau zu halten nach Mietszetteln, die an den Haustoren dort angeschlagen waren, namentlich nach solchen an älteren, starkbevölkerten Mietskasernen, in denen er am ehesten Aussicht hatte, bei irgendwelchen ärmeren Mietern das gewünschte Stübchen für sich zu finden.

Er suchte schon lange und war mit seinen Gedanken anfangs auch gewissenhaft bei der Sache, doch nach und nach wurde seine Aufmerksamkeit von ganz anderen, ihm bis dahin völlig unbekannten Empfindungen abgelenkt. Er begann um sich zu blicken, zunächst nur flüchtig, wie aus Zerstreutheit, ohne sich etwas Bestimmtes dabei zu denken, bald jedoch aufmerksamer und schließlich mit starkem Interesse. Die Menschenmenge und das Straßenleben, der Lärm, die Bewegung ringsum, die Neuheit der Gegenstände, die Unvertrautheit dieses Daseins — dieses ganze seichte Leben und alltägliche Getue, das dem geschäftigen und stets beschäftigten petersburger Menschen schon längst so langweilig geworden ist, daß er zwar erfolglos, aber doch eifrig sein ganzes Leben lang nach der Möglichkeit sucht, sich abfinden, zufriedengeben, still und ruhig irgendwo in ein warmes Nest zurückziehen zu können, das er sich durch Arbeit, Schweiß und noch verschiedene andere Mittel erworben hat, — diese ganze triviale *Prosa* und Langweiligkeit erweckten in Ordýnoff, ganz im Gegenteil, eine gewissermaßen still-frohe, lichte Empfindung. In seine blassen Wangen stieg eine leichte Röte, seine Augen erglänzten wie von einer neuen Hoffnung, und gierig begann er, die kalte, frische Luft einzuatmen. Es wurde ihm ganz ungewohnt leicht zumut.

Er hatte von jeher ein stilles, vollkommen einsames Leben geführt. Als er vor etwa drei Jahren seinen akademischen Grad erlangt hatte und in gewissem Sinne ein freier Mensch geworden war, da war er zu einem kleinen alten Herrn gegangen, den er bis dahin nur vom Hörensagen gekannt. Er hatte lange gewartet, bis der livrierte Kammerdiener sich bereitfand, ihn zum zweitenmal anzumelden. Danach war Ordynoff in einen hohen, dämmerigen und fast ganz leeren Saal geführt worden, einen jener langweiligen großen Räume, wie sie sich noch in einzelnen Adelshäusern aus früherer Zeit erhalten haben. Dort hatte er einen mit Orden behängten, silberhaarigen Greis erblickt, den ehemaligen Freund und Amtsgenossen seines Vaters, der für ihn, den Sohn, die Vormundschaft übernommen hatte. Der Alte hatte ihm einen kleinen Geldbetrag eingehändigt: den Rest einer einst wegen Schulden unter den Hammer gekommenen Erbschaft. Ordynoff hatte das Päckchen gleichmütig in Empfang genommen, hatte sich für immer von seinem Vormund verabschiedet und war wieder auf die Straße hinausgetreten, an einem kalten, trübseligen Herbstnachmittag. Der junge Mann war dann nachdenklich geworden und eine seltsame, ihm selbst unbewußte Traurigkeit hatte ihm das

Herz schwer gemacht. Seine Augen brannten. Er mußte sich erkältet haben, denn Frostschauer und Fieber lösten einander ab. Im Gehen rechnete er nach, daß er mit seinen Mitteln etwa zwei bis drei Jahre auskommen könne; wenn er teilweise hungerte, vielleicht sogar vier Jahre. Es hatte bereits zu dunkeln begonnen, ein undichter Regen tröpfelte. Da hatte er denn das erste beste Zimmer gemietet und in einer Stunde war er eingezogen. Seitdem hatte er dort bei der Beamtenwitwe wie in einem Kloster gelebt, als hätte er sich von aller Welt losgesagt. In diesen zwei Jahren war er endgültig weltfremd geworden.

Er war es geworden, ohne es selbst zu merken; vorläufig kam es ihm auch gar nicht in den Sinn, daß es noch ein anderes Leben gab, ein lärmendes, lautes, ewig wogendes, ständig wechselndes, ewig lockendes und immer, früher oder später nicht zu umgehendes Leben. Freilich hatte er von diesem Leben schon gehört, wie hätte das auch anders sein können. Aber er kannte es nicht aus eigener Erfahrung und suchte es nie auf. Schon von Kindheit an hatte er abgesondert gelebt; jetzt aber, seitdem er erwachsen war, hatte diese Zurückgezogenheit ein eigenes Gepräge erhalten. Es war die tiefste, die unersättlichste Leidenschaft, die das ganze Leben eines Menschen verschlingt, und die solchen Wesen wie Ordynoff in der Sphäre des anderen, des praktisch tätigen Lebens auch nicht den geringsten Platz reserviert. Diese Leidenschaft war – die Wissenschaft. Zunächst verschlang sie seine Jugend, vergiftete mit ihrem langsam wirkenden, berauschenden Gift seine Nachtruhe, entzog ihm die gesunde Nahrung und die frische Luft, die niemals Gelegenheit hatte, ihn der dumpfen Zimmerluft zu entführen. Ordynoff gewahrte das alles gar nicht im Rausch seiner Leidenschaft und wollte es nicht gewahren. Er war jung und vorläufig verlangte ihn nach nichts anderem. Die Leidenschaft machte ihn dem äußeren Leben gegenüber zum kleinen Kind und für immer unfähig, manche guten Leute zum Platzmachen zu veranlassen, wenn das mal erforderlich sein sollte, um für sich selbst wenigstens ein kleines bißchen Raum zwischen ihnen zu gewinnen. Für manche geschickten Leute ist die Wissenschaft ein Kapital in ihrer Hand; die Leidenschaft Ordynoffs dagegen war wie eine Waffe, die sich gegen ihn selbst richtete.

Es war in ihm mehr ein unbewußter Trieb, zu lernen und zu wissen, als ein logisch klarer Anlaß dazu. So war das auch bei jeder anderen Tätigkeit, die ihn bisher beschäftigt hatte. Schon in seiner Kindheit hatte man ihn für einen Sonderling gehalten; da war er seinen Kameraden unähnlich gewesen. Seine Eltern hatte er nicht gekannt; von seinen Kameraden hatte er wegen seines sonderbaren, unzugänglichen Charakters manche rohe Verletzung und Feindseligkeit zu ertragen gehabt, weshalb er dann erst recht menschenscheu und verschlossen geworden war und sich nach und nach ganz in seine Abgelöstheit zurückgezogen hatte. Aber in seinen einsamen Beschäftigungen hatte es niemals, auch jetzt nicht, Ordnung und ein bestimmtes System gegeben; auch jetzt leitete ihn nur das erste Entzücken, die erste Glut, das erste Fieber des Künstlers. Er schuf sich ein eigenes System; es entstand und entwickelte sich in ihm im Laufe von Jahren. In seiner Seele erstand allmählich, vorläufig noch dunkel und unklar, aber dabei doch schon wunderbar beseligend, die Gestalt einer Idee, die eine neue, vergeistigte Form für sich suchte. Diese Form wollte aus seiner Seele geboren werden, indem sie sie qualvoll peinigte; noch fühlte er erst schüchtern die Originalität, die Richtigkeit und Selbständigkeit dieser Idee: seine Sinne spürten schon die Schöpperkraft in sich; sie ordnete sich in ihm, sie erstarkte. Aber der Zeitpunkt der Verkörperung und schöpferischen Geburt war noch fern, vielleicht sogar noch sehr fern, vielleicht überhaupt unmöglich!

Jetzt ging er durch die Straßen wie ein Entfremdeter, wie ein Einsiedler, der aus seiner stummen Einöde plötzlich in eine lärmende, dröhnende Stadt geraten ist. Alles erschien ihm neu und seltsam. Er war aber dieser rings um ihn wogenden und dröhnenden Welt so fremd, daß er nicht einmal daran dachte, sich über seine sonderbare Empfindung zu wundern. Es war vielmehr, als gewahre er sein Anderssein, seine Naturkindschaft gar nicht; im Gegenteil, es entstand in ihm eine Art von freudigem Gefühl, eine Art Berauschtheit, wie bei einem Hungrigen, dem man nach langem Fasten wieder zu trinken und zu essen gibt, — obschon es natürlich seltsam war, daß eine so geringfügige Neuheit im äußerlichen Lebensablauf, wie ein Wohnungswechsel, einen petersburger Einwohner, und mochte es selbst ein Ordynoff sein, noch derart betäuben und zugleich erregen konnte. Allerdings ist zu berücksichtigen, daß er die letzten Jahre fast nur in seinem Zimmer verbracht hatte und niemals wie jetzt aus einem „geschäftlichen" Grunde, der unbedingte Aufmerksamkeit für die Umgebung erheischte, durch die Straßen der Stadt gegangen war.

Er fand aber mehr und mehr Gefallen daran, in dieser Weise durch die Straßen zu schlendern. Alles, was ihm vor die Augen kam, begann er zu betrachten wie ein *Flaneur*.

Doch auch jetzt las er, seiner Art getreu, in dem Bild, das sich taghell vor ihm auftat, wie in einem Buch zwischen den Zeilen. Alles fiel ihm auf, kein einziger Eindruck entging ihm unbewußt; mit denkendem Blick sah er sich die Gesichter der vorübergehenden Menschen an, schaute er sich hinein in die Physiognomie der ganzen Umgebung, horchte er liebevoll auf das Gerede des Volkes hier und da, als hätte er die Schlüsse, zu denen er in der Stille einsamer Nächte gelangt war, jetzt an allem, worauf er stieß, auf ihre Richtigkeit hin auch prüfen wollen. Oft war es nur irgend eine Kleinigkeit, die ihn überraschte und ihm einen neuen Gedanken eingab; zum erstenmal ärgerte er sich darüber, daß er sich in seiner Zelle gleichsam lebendig begraben hatte; hier ging alles viel schneller vor sich: auch sein Puls schlug voll und schnell, sein Verstand, der bedrückenden Einsamkeit entrückt, in der seine Tätigkeit sonst nur von dem angespannten, exaltierten Willen zum Denken angetrieben worden war, arbeitete jetzt ganz von selbst, schnell, ruhig und kühn. Überdies verlangte es ihn jetzt gewissermaßen unbewußt danach, auch sich selbst hineinzuzwängen in dieses für ihn fremde Leben, das er bisher nur mit dem Instinkt des Künstlers gekannt, oder besser gesagt, nur richtig geahnt hatte. Sein Herz begann unwillkürlich schneller zu schlagen, wie vor Sehnsucht nach Liebe und Teilnahme. Immer achtsamer sah er die Menschen an, die an ihm vorübergingen; aber es waren lauter ihm unbekannte Menschen, die besorgt oder nachdenklich aussahen ... Und Ordynoffs Sorglosigkeit begann nach und nach abzunehmen; die Wirklichkeit begann ihn schon zu bedrücken, flößte ihm so etwas wie unwillkürliche Angst vor Ehrfurcht ein. Er begann schon zu ermüden unter der andrängenden Flut neuer Eindrücke, die ihm bisher ferngeblieben waren: wie ein Kranker, der froh zum erstenmal von seinem Krankenlager aufgestanden ist, dann aber bald erschöpft von der Helligkeit, dem Blenden, dem Wirbel des Lebens, dem Lärm und der Buntheit der an ihm vorüberziehenden Menge halb betäubt und schwindelig wieder niedersinkt. Es wurde ihm bang und traurig zumut. Furcht befiel ihn vor seinem ganzen Leben, vor seinem ganzen Tun und sogar vor der Zukunft. Ein neuer Gedanke begann ihm die Ruhe zu rauben. Es kam ihm plötzlich in den Sinn, daß er sein ganzes Leben lang allein gewesen war. Daß niemand ihn geliebt hatte, und daß es auch ihm niemals gelungen war, jemanden zu lieben. Einige der Fußgänger, mit denen er zu Anfang seiner Wanderung gelegentlich ein Gespräch anzuknüpfen versucht hatte, waren wohl stehengeblieben, hatten ihn aber unhöflich und sonderbar angesehen. Jetzt sah er, daß man ihn für einen Verrückten hielt oder für einen merkwürdigen Sonderling, was er ja übrigens auch war. Er erinnerte sich, daß ihn eigentlich schon von Kindheit an alle gemieden, sich in seiner Gegenwart offenbar unbehaglich gefühlt hatten, wohl seines nachdenklichen und widerspenstigen Charakters wegen. Er wußte, daß sich das Mitgefühl, dessen er wohl fähig war, doch nur schwerfällig, sehr verhalten und daher für die anderen kaum bemerkbar äußerte, daß aber in diesem Mitgefühl niemals ein Gefühl der seelischen Gleichheit zwischen ihm und den anderen zu spüren gewesen war. Das hatte ihn selbst gequält, sogar schon als Kind, als er den anderen Kindern, seinen Altersgenossen, so auffallend wenig glich. Jetzt fiel ihm das wieder ein, und er sagte sich, daß er ja immer schon, zu jeder Zeit, von allen allein gelassen und übergangen worden war.

In Gedanken versunken war er weitergegangen, ohne auf den Weg zu achten, bis er schließlich merkte, daß er sich in einem vom Zentrum weit entfernten Stadtteil befand. In einem abgelegenen und menschenleeren Wirtshaus ließ er sich etwas zu essen geben und machte sich dann wieder auf den Weg. Von neuem streifte er umher, ging durch viele Straßen, über Plätze, an grauen und gelben Zäunen entlang. Bald kamen graue windschiefe Häuschen, dann wieder riesenhafte Gebäude großer Fabriken, rot, rauchgeschwärzt, unförmig mit ragenden Schloten. Dabei war die Umgebung rings doch wie ausgestorben, so verlassen, öde, düster und feindselig; wenigstens machte sie auf Ordynoff diesen Eindruck. Es wurde Abend. Aus einer langen Gasse kam er auf einen kleinen freien Platz, an dem eine Pfarrkirche lag.

In seiner Zerstreutheit ging er hinein. Der Gottesdienst war beendet und die Kirche fast ganz leer; nur zwei alte Frauen knieten noch nahe beim Eingang. Der Kirchendiener, ein altes Männlein mit silbergrauem Haar, löschte die Kerzen. Die Strahlen der Abendsonne ergossen sich von oben durch ein schmales Fenster unterhalb der Kuppel in einem Lichtstrom durch das Innere der Kirche bis zu einem der Nebenaltäre, den sie mit einem Meer von Glanz erhellten. Aber die Sonne sank, ihr Licht wurde schwächer und schwächer; je mehr die tiefe Dämmerung unter den Gewölben dunkelte, um so heller erglänzten an manchen Stellen die Vergoldungen an den Heiligenbildern, vor denen die kleinen gelben Flämmchen der Wachskerzen und Öllämpchen zukkend brannten. Ordynoff lehnte sich in einer Anwandlung tieferregender Schwermut, eines unbestimmten unterdrückten Gefühls an die Wand im dunkelsten Winkel der Kirche und überließ sich für einen Augenblick dem Vergessen. Er kam wieder zu sich, als der gleichmäßige, gedämpfte Schall der Schritte zweier eintretender Kirchenbesucher unter dem Gewölbe des Gotteshauses vernehmbar wurde. Er sah auf, und beim Anblick der beiden Ankömmlinge bemächtigte sich seiner eine eigentümliche Neugier.

Es waren ein alter Mann und ein junges Weib. Der Alte war hochgewachsen, noch aufrecht und rüstig, aber hager und krankhaft bleich. Seinem Äußeren nach konnte man ihn für einen irgendwoher aus fernem Grenzgebiet zugereisten Kaufmann halten. Er trug einen langen, schwarzen, mit Pelz gefütterten Mantel lose über die Schultern geworfen, offenbar ein Stück einer Festtagskleidung; unter dem Mantel einen gleichfalls langen, von oben bis unten zugeknöpften russischen Leibrock, wie er in alten Zeiten mit zur Nationaltracht gehörte. Um den bloßen Hals war nachlässig ein grellrotes Tuch geschlungen; in der Hand hielt er eine Pelzmütze. Ein langer, schmaler, halbergrauter Bart fiel auf seine Brust, und unter den überhängenden finsteren Brauen glomm ein feuriger Blick, gleichsam fieberglänzend, aber hochmütig und beherrscht. Das junge Weib, das etwa zwanzig Jahre alt sein mochte, war bewundernswert schön. Sie trug einen hellblauen, mit kostbarem Fell verbrämten kleinen Pelz und um den Kopf ein weißes Atlastuch, das unter dem Kinn zu einem Knoten geschlungen war. Sie ging mit gesenktem Blick, und eine sinnende Feierlichkeit, die seltsam ergreifend aus ihrer Erscheinung sprach, spiegelte sich auch in den zarten Linien ihrer kindlich reinen und frommen Züge wider. Es war etwas Sonderbares an diesem überraschenden Paar.

Unter der mittleren Kuppel blieb der Alte stehen und verneigte sich nach allen vier Seiten, obschon die Kirche ganz leer war; dasselbe tat auch seine Begleiterin. Dann nahm er sie bei der Hand und führte sie zum großen Heiligenbild der Mutter Gottes, der die Kirche geweiht war, und dessen mit Edelsteinen besetzte goldene Bekleidung und reiche Einfassung durch den Flammenschein der vielen Wachskerzen in blendendem Glanz erstrahlte. Der Kirchendiener, der sich noch hier und da etwas zu schaffen machte, grüßte den Alten mit Ehrerbietung; dieser erwiderte den Gruß mit einem kurzen Kopfnicken. Vor dem Heiligenbilde kniete das junge Weib nieder und berührte mit der Stirn den Fußboden. Der Alte nahm das Ende des Schleiers, der am Fußgestell des Bildes hing, und breitete ihn über ihren Kopf. Halb unterdrücktes Schluchzen war zu vernehmen.

Ordynoff war betroffen durch die Feierlichkeit der ganzen Szene, die sich vor seinen Augen abspielte, und wartete mit Ungeduld auf ihr Ende. Nach einer Weile erhob sie den Kopf, und wieder fiel der helle Lichtschein eines Lämpchens auf ihr schönes Gesicht. Ordynoff zuckte zusammen und trat unwillkürlich einen Schritt vor. Sie hatte ihre Hand bereits dem Alten gereicht und beide gingen still aus der Kirche. Tränen standen in ihren dunkelblauen Augen, die von langen, in dem milchweiß zarten Antlitz auffallend dunklen Wimpern umsäumt waren; als sie die Lider senkte, rollten zwei Tränen über ihre erblaßten Wangen herab. Auf ihren Lippen erschien ein flüchtiges Lächeln, aber es verwischte doch nicht die Spuren einer fast kindlichen Angst und eines geheimen Grauens. Sie schmiegte sich zaghaft an den Alten, man konnte sehen, daß sie am ganzen Leibe vor Aufregung zitterte.

Betroffen und von einem ungeahnt süßen und zwingenden Gefühl getrieben, ging Ordynoff ihnen schnell nach; in der Vorhalle kreuzte er ihren Weg. Der Alte sah ihn feindselig und streng an; auch sie sah nach ihm hin, aber ohne Wißbegier und zerstreut, als wäre sie von einem ganz anderen, weitabliegenden Gedanken in Anspruch genommen.

Ordynoff folgte ihnen, ohne selbst zu wissen, weshalb er es tat. Es war schon ganz dunkel geworden; er blieb aber in einiger Entfernung von ihnen. Der alte Mann und das junge Weib gingen eine große, breite Straße entlang, die noch ungepflastert und voll von verschiedenen, Kleinhandel treibenden Leuten war, vor Mehlspeichern und Einkehrhöfen, und die geradeaus zur Stadtgrenze und einem Schlagbaum führte; dann bogen sie in eine schmale, lange Querstraße ein, die beiderseits von langen Zäunen eingefaßt war und dann auf eine große, geschwärzte vierstöckige Mietskaserne zulief, durch deren Höfe man aber wieder auf eine andere, gleichfalls große und belebte Straße gelangen konnte. Sie näherten sich bereits dem Hause. Plötzlich wandte sich der Alte zurück; sein Blick maß unwillig den jungen Mann, der ihnen so beharrlich folgte. Ordynoff blieb wie gebannt stehen; sein unüberlegtes Tun erschien ihm selbst plötzlich sehr sonderbar. Da sah sich der Alte noch einmal nach ihm um, als wolle er sich überzeugen, ob sein drohender Blick die Wirkung nicht verfehlt habe; dann traten sie beide, er und das junge Weib, durch die schmale Pforte in den Hof des Hauses. Ordynoff ging zurück.

Er befand sich in der unangenehmsten Stimmung und ärgerte sich über sich selbst: ganz umsonst hatte er einen Tag verloren, umsonst hatte er sich ermüdet und überdies noch diesen sowieso schon mißlungenen Tag mit einer großen Torheit gekrönt, indem er einer ganz gewöhnlichen Begegnung die Bedeutung eines wer weiß wie besonderen Abenteuers beigelegt hatte.

Am Vormittag hatte er sich noch darüber geärgert, daß er so weltfremd und menschenscheu geworden war. Es war aber nur sein Instinkt gewesen, der ihn veranlaßt hatte, alles zu fliehen, was ihn in seinem äußeren, nicht in seinem innerlichen, künstlerischen Leben hätte zerstreuen, beeinflussen und erschüttern können. Jetzt wenigstens gedachte er mit Wehmut und einer gewissen Reue seines ungestörten Winkels; dann erfaßte ihn eine seltsame Traurigkeit und Sorge befiel ihn beim Gedanken an seinen künftigen Verbleib: wo er ein neues Unterkommen finden könne und wie lange er wohl noch ein solches werde suchen müssen. Dabei aber verstimmte es ihn wieder am meisten, daß ihn solche Nichtigkeiten überhaupt so beschäftigen konnten. Ermüdet und unfähig, zwei Gedanken aneinanderzureihen, langte er endlich — es war mittlerweile schon ziemlich spät geworden — wieder bei seiner alten Wohnung an. Erst als er ins Haus trat, kam es ihm plötzlich zum Bewußtsein, daß er fast daran vorübergegangen wäre, ohne es zu bemerken, noch zu erkennen. Verwundert schüttelte er den Kopf über seine Zerstreutheit, schrieb sie aber doch nur seiner Müdigkeit zu und trat, im letzten Stockwerk unter dem Dach angelangt, in sein kleines Zimmer. Er zündete ein Licht an, setzte sich und brütete gedankenverloren vor sich hin. Da stand plötzlich wieder das Bild des weinenden jungen Weibes greifbar deutlich vor seiner Seele. Und so glühend heiß, so tief und stark war der Eindruck, so voll Liebe hatte sein Herz diese sanften, stillen Züge in sich aufgenommen und gab seine Phantasie sie ihm jetzt wieder, diese Züge, aus denen mystische Rührung und Grauen, kindliche Demut und hingebender Glaube sprachen, daß seine Augen trüb wurden und gleichsam Feuer seine Glieder durchströmte. Aber die Vision hielt nicht lange stand. Der Ekstase folgte Besinnung, dann Ärger und schließlich eine gewisse ohnmächtige Wut. Ohne sich auszukleiden, wickelte er sich in seine Bettdecke und warf er sich auf sein hartes Lager ...

Ordynoff erwachte am anderen Morgen erst ziemlich spät und in gereizter, banger und bedrückter Stimmung. Er mußte sich, während er sich zurechtmachte, nahezu Gewalt antun, um nur an seine nächstliegenden Sorgen zu denken. Als er hinaustrat, schlug er die entgegengesetzte Richtung ein, um nur ja nicht den Weg zu gehen, den er tags zuvor gegangen war. Endlich fand er bei einem armen Deutschen, Spieß mit Namen, der mit seiner Tochter Tinchen eine Dachwohnung innehatte, ein Stübchen für seine Ansprüche. Spieß entfernte sogleich, nachdem er das Handgeld erhalten, den Mietszettel, fand Ordynoffs Liebe zur Wissenschaft, um derentwillen er ganz ungestört zu leben wünschte, sehr lobenswert und versprach zum Schluß, sich seiner recht annehmen zu wollen. Ordynoff erklärte, daß er gegen Abend einziehen werde. Als das erledigt war, wollte er sich wieder nach Haus begeben, änderte aber unterwegs seine Absicht und schlug einen anderen Weg ein: im Augenblick wurde auch seine Stimmung besser, obschon er innerlich selbst über sich lächeln mußte. Der Weg erschien ihm diesmal in seiner Ungeduld ungeheuer weit, wenigstens bedeutend weiter als er gedacht. Endlich erreichte er die Kirche, in der er am vergangenen Abend gewesen war. Es wurde gerade die Messe gelesen. Er suchte sich einen Platz, von dem aus er fast alle Betenden sehen konnte; doch die, die er suchte, waren nicht darunter. Nach langem vergeblichem Warten verließ er die Kirche und fühlte dabei, wie er errötete. Hartnäckig bemühte er sich, ein gewisses ungewolltes Gefühl in sich zu ersticken, und zwang sich mit aller Gewalt, seine Gedanken nach seinem Willen zu lenken. Er wollte an ganz gewöhnliche Dinge denken; da fiel ihm denn ein, daß es ja Zeit zum Mittagessen sei, und da er Hunger verspürte, ging er in dasselbe Wirtshaus, in dem er tags zuvor eine Kleinigkeit genossen hatte. Dann streifte er wieder umher, ging durch unbekannte, aber belebte Straßen und dann wieder durch menschenleere Gassen, bis er sich schließlich in einer Gegend jenseits der Stadtgrenze fand, wo sich weit das herbstlich fahl gewordene Feld vor ihm ausbreitete. Er wäre unversehens noch weiter gegangen, wenn ihn nicht die Stille ringsum mit einem neuen, lange nicht mehr empfundenen Eindruck aus seiner Gedankenversunkenheit geweckt hätte. Es war ein trockener kalter Tag, wie sie im Petersburger Oktober nicht selten vorkommen. Nicht allzu fern war eine Hütte zu sehen, und neben ihr zwei Heuschober. Ein kleines verhungertes Bauernpferd, dessen Rippen man fast zählen konnte, stand abgeschirrt neben einem zweirädrigen Wagen mit gesenktem Kopf und hängender Unterlefze da, als dächte es über irgend etwas nach. Ein Hofhund, der in der Nähe eines zerbrochenen Wagenrades einen Knochen benagte, begann zu knurren, und ein etwa dreijähriger Bub, der mit nichts weiter als einem Hemdchen bekleidet war, kratzte sich seinen weißblonden Strubbelkopf und starrte verwundert den einsamen Städter an. Hinter der Hütte lagen Gemüsegärten und Äcker. Am Horizont zogen sich Streifen dunkler Wälder hin, und über ihnen war der Himmel klar und blau. Von der anderen Seite aber zogen langsam trübe Schneewolken herauf, die vereinzelte Wölkchen vor sich herschoben, als trieben sie eine Schar schwebender Zugvögel lautlos, ohne einen Schrei, ohne einen Flügelschlag, hoch oben am Himmel vorüber. Es war alles so still und gleichsam feierlich-schwermütig, wie erfüllt von einer ohnmächtigen, verheimlichten Erwartung... Ordynoff wollte eigentlich noch weiter und weiter gehen, aber die Öde bedrückte ihn. Er kehrte wieder um und ging zurück nach der Stadt, von wo jetzt fernes Glockengeläut, das zum Abendgottesdienst rief, zu ihm drang. Er beschleunigte seine Schritte, und nach kurzer Zeit betrat er wieder die Kirche, die ihm seit dem gestrigen Tag so vertraut war.

Seine junge Unbekannte war schon da.

Sie kniete nicht weit vom Eingang unter vielen anderen Betenden. Ordynoff drängte sich durch das eng beieinander stehende Volk, durch die Schar von Bettlern, alten Weibern in Lumpen, Kranken und Krüppeln, die alle bei der Kirchentür auf Almosen warteten, und kniete dicht neben ihr nieder. Seine Kleider berührten die ihrigen, er hörte ihr stoßweises Atmen und das inbrünstige Gebet ihrer Lippen. Wieder war ihr Antlitz von einem Gefühl hingebenden Glaubens durchgeistigt, und wieder rannen Tränen aus ihren Augen und versiegten auf ihren glühenden Wangen, als hätten sie ein furchtbares Verbrechen von ihrer Seele abzuwaschen. An der Stelle, wo sie beide knieten, war es so gut wie ganz dunkel; nur hin und wieder, wenn die Flamme im nächsten Lämpchen im Winde aufflackerte, der durch eine geöffnete Zugklappe des schmalen Fensters strich, huschte zitternder Lichtschein über ihr Gesicht. Jeder Zug desselben schnitt sich in das Gedächtnis des jungen Mannes ein, umflorte seinen Blick und bohrte sich unter unerträglicher Pein in sein Herz. Nur lag in dieser Qual zugleich ein eigener, trunken rasender Sinnenrausch. Doch zuletzt ging dieser Zustand über seine Kraft. Er vermochte ihn nicht länger auszuhalten; seine ganze Brust erbebte vor Schmerz; es war ihm, als verginge etwas in ihm vor unsagbar süßem Drang: ein tiefes Schluchzen erschütterte ihn plötzlich; er beugte seine heiße Stirn auf die kalten Fliesen der Kirche. Er fühlte nichts als den Schmerz in seinem Herzen, das in süßer Qual vergehen zu wollen schien.

Hatte sich nun diese hochgradige Empfindsamkeit, diese Nacktheit und Schutzlosigkeit des Gefühls durch die Einsamkeit seines Lebens so entwickelt? Oder war sie vorbereitet worden durch das qualvolle, bedrückende und trostlose Schweigen langer, schlafloser Nächte, inmitten unbewußter Triebe und ungeduldiger Gemütserschütterungen, dieses Überladensein des Herzens, das schließlich gewaltsam aufzubrechen bereit war, wenn es keine Erlösung fand? Oder war einfach die Zeit für diesen festlichen Ausbruch gekommen, plötzlich, und hatte das so kommen müssen, ganz wie an einem drückend schwülen Sommertag der ganze Himmel sich auf einmal verfinstert und ein Gewitterregen unter Donner und Blitz zur verdurstenden Erde niederrauscht? Ein rauschender Regen, der in glasklaren Tropfenperlen an smaragdenen Zweigen hängen bleibt, das Gras und die Kornfelder niederdrückt, die zarten Blütenkelche zur Erde beugt, auf daß sich dann bei den ersten Sonnenstrahlen alles, wieder auflebend, der Sonne entgegenhebe und triumphierend seinen herrlichen süßen Wohlgeruch bis zum Himmel emporsende, jubelnd in der Freude über sein erfrischtes Leben ... Aber Ordynoff hätte jetzt nicht einmal daran denken können, was mit ihm geschah: er war sich seiner selbst kaum bewußt ...

Er bemerkte es kaum, wie der Gottesdienst zu Ende ging, und kam erst zu sich, als er sich, seiner Unbekannten folgend, abermals durch die Volksmenge drängte, die sich vor dem

Ausgang zusammenballte. Sie wurden immer wieder durch das hinausströmende Volk aufgehalten; dabei geschah es dann, daß sie ihn zum erstenmal bemerkte, und danach begegnete er noch mehr als einmal ihrem verwunderten, offenen Blick, wenn sie sich nach ihm umsah. Ihre Verwunderung nahm sogar sichtlich zu, und auf einmal übergoß dunkle Glut ihr ganzes Gesicht. In diesem Augenblick tauchte plötzlich wieder die hohe Gestalt des alten Mannes vom vorhergegangenen Tage vor ihnen auf; dieser nahm sie wortlos bei der Hand. Ordynoff begegnete wieder dem haßerfüllten und spöttischen Blick des Alten, und eine eigentümliche Wut preßte ihm plötzlich das Herz zusammen. Draußen, in der Dunkelheit verlor er sie bald aus den Augen. Er drängte sich rücksichtslos weiter durch die Menge und trat aus dem Portal hinaus. Aber die kühle Abendluft vermochte ihn nicht zu erfrischen: sein Atem stockte, beengte seine Brust, und sein Herz begann langsam und stark zu schlagen, so stark, als wolle es seine Brust sprengen. Schließlich mußte er sich doch sagen, daß er seine Unbekannten tatsächlich verloren hatte: sie waren nirgendwo mehr zu sehen, weder auf der großen Straße, noch in der Quergasse. Aber in Ordynoffs Kopf tauchte schon ein Gedanke auf, der sich alsbald zu einem jener gewagten tollen Pläne entwickelte, die zwar immer wahnwitzig anmuten, dafür aber fast immer Erfolg haben und in ähnlichen Fällen auch wirklich ausgeführt werden.

Schon am nächsten Morgen um acht begab er sich zu jenem Hause von der Gasse aus und betrat einen schmalen, kleinen Hinterhof, der so etwas wie eine Abfallgrube für die Hausbewohner zu sein schien. Der Hausknecht, der dort mit einer Arbeit beschäftigt war, hielt inne, stützte sich mit dem Kinn auf den Griff seiner Schaufel, musterte Ordynoff vom Kopf bis zu den Füßen und fragte ihn, was er hier wolle.

Der Hauskrecht war ein noch junger Bursche von etwa fünfundzwanzig Jahren mit sehr alt wirkendem, verhutzeltem Gesicht, klein von Wuchs, offenbar ein Tatar.

»Ich suche ein Zimmer«, sagte Ordynoff ungeduldig.

»Was für eins denn?« fragte der Kerl spöttisch und sah ihn an, als wisse er bereits um sein ganzes Vorhaben.

»Ich will hier ein Zimmer mieten.«

»Im Vorderhaus gibt's keins«, versetzte der Tatar etwas rätselhaft.

»Aber hier?«

»Hier auch nicht.« Und damit wandte er sich wieder seiner Arbeit zu.

»Vielleicht gibt es doch einen Mieter, der mir eins abtreten würde?« fragte Ordynoff und drückte dem Hausknecht ein Trinkgeld in die Hand.

Der Tatar sah ihn an, steckte das Geld in die Tasche und machte sich dann wieder etwas mit seiner Schaufel zu schaffen — erst nach einigem Schweigen erklärte er nochmals: »Nein, hier gibt's keins.« Der junge Mann hörte ihn aber nicht mehr: er ging bereits auf den halbverfaulten schwankenden Brettern, die über eine Pfütze führten, zum einzigen Eingang des Hinterhauses, zu einer Treppe, die ebenso schmutzig war wie das ganze Haus verschmutzt aussah, und deren unterste Stufe in einer zweiten Pfütze halbwegs versank. Unten, neben dem Eingang, wohnte ein armer Sargtischler, an dessen Werkstätte Ordynoff ohne zu fragen vorüberging, um auf der halbzerbrochenen gewundenen Treppe hinaufzusteigen. Im oberen Stockwerk angelangt, fand er, mehr tastend als sehend, eine schwere Tür, die einst mit Bastmatten beschlagen gewesen war, von denen jetzt jedoch nur noch wenig mehr als einzelne Stücke an ihr hafteten. Er drückte auf die Klinke und öffnete die Tür. Er hatte sich nicht geirrt. Vor ihm stand der Alte, den er in der Kirche gesehen hatte, und blickte ihn scharf, aber mit äußerster Verwunderung an.

»Was willst du?« stieß er halblaut schroff hervor.

»Haben Sie ein Zimmer zu vermieten?« fragte Ordynoff, ohne eigentlich selbst zu wissen, was er sagte oder sagen wollte. Hinter dem Alten hatte er seine Unbekannte erblickt.

Der Alte suchte schweigend die Tür zu schließen, um Ordynoff auf diese Weise hinauszudrängen.

»Ja! — wir haben ein Zimmer abzugeben!« sagte da plötzlich das junge Weib mit freundlicher Stimme.

Der Alte wandte sich nach ihr um.

»Ich brauche nicht viel mehr als eine Kammer«, sagte Ordynoff, indem er schnell eintrat und sich an das junge Weib wandte.

Doch das Wort erstarb ihm auf den Lippen: etwas Seltsames spielte sich plötzlich vor seinen Augen ab, eine stumme und doch beredte Szene. Der Alte war so leichenblaß geworden, als würde er im Augenblick ohnmächtig zusammenbrechen, und sah mit einem bleischweren, unbeweglichen, durchdringenden Blick das junge Weib an. Auch sie erblaßte zunächst, dann aber stieg ihr mit einem Mal jäh das Blut ins Gesicht, und in ihren Augen blitzte etwas Seltsames auf. Ohne ein weiteres Wort führte sie Ordynoff in das Nebenzimmer.

Die ganze Wohnung bestand aus einem einzigen, allerdings recht großen Raum, der durch zwei Scheidewände in drei Zimmer aufgeteilt war. Aus dem ziemlich dunklen und schmalen Vorzimmer, in das man vom Flur aus trat, führte geradeaus eine Tür offenbar in das Schlafzimmer. Rechts von dieser führte eine andere Tür nach dem Zimmer, das vermietet werden sollte. Es war das ein schmaler enger Raum, der durch die Scheidewand an die zwei niedrigen Fenster wie angedrückt erschien. Überdies war er noch vollgepackt mit den verschiedensten Sachen, die nun einmal zu einem Haushalt gehören. Alles war ärmlich und eng, aber doch nach Möglichkeit sauber. Die Einrichtung bestand aus einem einfachen ungestrichenen Tisch, zwei ebenso einfachen Stühlen und zwei Bettladen, die eine an der Scheidewand, die andere an der der Tür gegenüberliegenden Wand. Ein großes altertümliches Heiligenbild mit einer vergoldeten Strahlenkrone stand in der Ecke auf einem Winkelbrett; vor ihm brannte das Öllämpchen. Ein mächtiger russischer Ofen, an den sich die Scheidewand anschloß, stand zur Hälfte in diesem Zimmer, zur Hälfte im Vorzimmer. Eigentlich bedurfte es keiner

Versicherung, daß diese Wohnung für drei erwachsene Menschen zu eng war.

Sie begannen, das Notwendigste zu besprechen, sprachen aber so verwirrt und zusammenhanglos, daß sie einander kaum verstanden. Ordynoff, der zwei Schritte von ihr entfernt stand, glaubte ihr Herz pochen zu hören: er sah, daß sie vor Erregung und anscheinend auch vor Angst zitterte. Schließlich verständigten sie sich doch irgendwie, und die Sache ward abgeschlossen. Der junge Mann erklärte, daß er sogleich einziehen wolle, und blickte sich unwillkürlich nach dem Alten um. Der war zwar immer noch blaß, aber um seine Lippen spielte gleichsam heimlich ein stilles, sogar nachdenkliches Lächeln. Als er Ordynoffs Blick begegnete, runzelte er sofort wieder finster die Stirn.

»Hast du einen Paß?« fragte er plötzlich laut und kurz, indem er gleichzeitig schon die Tür zum Flur für ihn öffnete.

Ordynoff bejahte die Frage, die ihn etwas stutzig machte.

»Wer und was bist du?«

»Wassilij Ordynoff. Ein Adeliger. Kein Beamter, sondern Privatmann«, antwortete er, ebenso kurz angebunden, wie der Alte.

»Ich gleichfalls«, versetzte der Alte. »Ich bin Ilja Murin, Kleinbürger, genügt dir das? Dann geh!...«

Schon nach einer Stunde war Ordynoff eingezogen, eigentlich selbst nicht weniger darüber verwundert, als es Herr Spieß und seine gehorsame Tochter Tinchen waren, die nach vergeblichem Warten zu der Überzeugung kamen, daß der verschwundene Mieter sie nur habe betrügen wollen. Ordynoff freilich begriff selbst nicht, wie das alles so gekommen war, aber im Grunde wollte er es auch gar nicht begreifen..

II

Sein Herz pochte so stark, daß es ihm vor den Augen grün wurde und der Kopf ihm schwindelte. Mechanisch machte er sich daran, seine geringe Habe in der neuen Wohnung unterzubringen, knotete ein Bündel auf, das allerhand Notwendiges enthielt, schloß die Bücherkiste auf und begann die Bücher auf dem Tisch aufzustapeln; aber bald mußte er auch diese Arbeit einstellen. Immer wieder erschien vor seinen Augen das strahlende Bild des jungen Weibes, das, seit er es erblickt, sein ganzes Dasein so erschüttert und in Aufregung versetzt hatte, und das nun sein Herz mit einem so unwiderstehlichen, krampfhaften Entzücken erfüllte. Es war mit einem Schlag soviel Glück in sein dürftiges Leben eingebrochen, daß sein Denken versagte, verdrängt wurde, und sein Geist in Sehnsucht und Verwirrung zu vergehen glaubte. Er nahm seinen Paß und ging zum Alten, dessen Mieter er nun geworden war, in der Hoffnung, sie dabei zu sehen. Murin öffnete aber die Tür nur ein wenig, nahm ihm den Paß aus der Hand, sagte nur: »Gut, lebe in Frieden«, und schloß sich wieder in sein Zimmer ein. Ein unangenehmes Gefühl bemächtigte sich nun Ordynoffs. Ohne zu wissen weshalb, bedrückte es ihn, diesen Alten anzusehen. In dessen Blick lag immer etwas wie Verachtung und Bosheit. Aber der unangenehme Eindruck verflog bald. Es war nun schon der dritte Tag, den Ordynoff wie in einem Wirbel verlebte, im Vergleich mit der früheren Windstille in seinem Leben; nur nachdenken konnte er jetzt nicht und fürchtete sich sogar davor. Alles in seinem Dasein hatte sich verwirrt und war in Unordnung geraten; er hatte das dumpfe Gefühl, daß sein ganzes Leben gleichsam in zwei Hälften zerbrochen sei; es gab für ihn nur noch den einen Trieb, nur die eine Erwartung, und kein anderer Gedanke vermochte ihn noch zu beunruhigen.

Er kehrte befangen in sein Zimmer zurück, ratlos, wie dieses Verhalten des Alten zu verstehen war. Am Ofen im Vorzimmer, in dem das Essen kochte, hantierte eine kleine, schon ganz gekrümmte Greisin; sie war so schmutzig und zerlumpt gekleidet, daß es ein Jammer war, sie anzusehen. Sie schien eine sehr böse Person zu sein; hin und wieder brummte sie vor sich hin, als kaue sie dabei etwas mit ihren zahnlosen Kiefern. Das war die Dienstmagd. Ordynoff versuchte, ein Gespräch mit ihr anzuknüpfen, aber sie schwieg, offenbar aus Bosheit. Endlich wurde es Zeit zum Mittagessen. Die Alte nahm die Kohlsuppe, die Pasteten und das Rindfleisch aus dem Ofen und brachte sie in das andere Zimmer. Dieselben Gerichte brachte sie auch dem neuen Mieter. Nach dem Essen trat in der Wohnung Totenstille ein.

Ordynoff nahm ein Buch in die Hand und wendete lange Zeit die Blätter um, bemüht, den Sinn dessen zu erfassen, was er schon hundertmal gelesen hatte. Ungeduldig warf er das Buch wieder hin und machte von neuem den Versuch, seine Habseligkeiten ordentlich unterzubringen; schließlich nahm er seine Mütze, zog den Mantel an und ging hinaus auf die Straße. Ohne auf den Weg zu achten, ohne ihn überhaupt zu sehen, ging er weiter und gab sich die größte Mühe, sich geistig zu konzentrieren, seine zerstreuten Gedanken zu sammeln und wenigstens ein bißchen über seine Lage nachzudenken. Aber diese Anstrengung wurde für ihn zur Qual, zur Folter. Frostschauer und Fieber überfielen ihn abwechselnd; zuweilen begann sein Herz so heftig zu schlagen, daß er sich an eine Wand anlehnen mußte. ‚Nein, lieber tot', dachte er, ‚lieber tot sein', murmelte er mit fieberheißen Lippen, ohne daran zu denken, was er sprach. Schließlich fühlte er, daß er ganz durchnäßt war, und da erst bemerkte er, daß es in Strömen regnete. Er kehrte nach Hause zurück. Kurz bevor er das Haus erreichte, erblickte er seinen Hausknecht. Es schien ihm so, als ob der Tatar ihn schon eine Zeitlang aufmerksam und neugierig beobachtet hatte, seinen Weg nach Hause aber sogleich wieder fortsetzte, als er sich bemerkt sah.

»Guten Tag«, sagte Ordynoff, als er ihn eingeholt hatte. »Übrigens, wie heißt du?«

»Hausknecht heiß' ich«, antwortet jener grinsend.
»Bist du schon lange hier Hausknecht?«
»Schon lange.«
»Mein Wirt, der Murin, bei dem ich zur Miete wohne, ist doch Kleinbürger?«
»Das wird er wohl sein, wenn er's gesagt hat.«
»Was treibt er denn eigentlich?«
»Er ist krank; lebt, betet — das ist alles.«
»Ist das seine Frau?«
»Was für eine Frau?«
»Die, die bei ihm wohnt.«
»Dann ... wird sie wohl seine Frau sein, wenn er's gesagt hat. Lebt wohl, Herr.«

Der Tatar faßte an seine Mütze und schlüpfte in sein Kämmerlein am Haupteingang des Hauses.

Ordynoff stieg die Treppe hinauf zu seinem Zimmer. Die alte Magd öffnete ihm die Tür, brummelte wieder gleichsam kauend etwas vor sich hin, schloß die Tür hinter ihm mit der Fallklinke und stieg wieder hinauf auf den Ofen, auf dessen warmem Liegeplatz sie den ganzen Rest ihres Lebens zu verbringen schien. Es begann schon zu dunkeln. Ordynoff wollte sich von seinen Wirtsleuten Streichhölzer holen, fand aber die Tür zu ihrem Zimmer verschlossen. Er rief die Alte an, die ihn von ihrem Ofenplatz aus, auf den Ellbogen gestützt, mit scharfem Blick beobachtete und anscheinend zu überlegen schien, was er an der Tür der Wirtsleute zu suchen habe; sie warf ihm schweigend ein Päckchen Streichhölzer zu. In sein Zimmer zurückgekehrt, machte er sich wieder, zum soundsovielten Mal, an seine Sachen und Bücher. Aber nach und nach wurde ihm, zu seiner verständnislosen Verwunderung, immer sonderbarer zumut; er setzte sich auf die Bettlade, und dann war ihm, als schliefe er ein. Ab und zu kam er wieder zu sich und sagte sich, daß sein Schlaf kein richtiger Schlaf, sondern nur irgend so eine qualvolle, krankhafte Benommenheit war. Einmal hörte er, wie an die Wohnungstür gepocht und wie sie geöffnet wurde; er erriet, daß es seine

Wirtsleute waren, die von der Abendmesse heimkehrten. Da fiel ihm ein, daß er ja zu ihnen gehen mußte, um etwas zu holen. Er erhob sich denn auch und ging, das heißt: er glaubte, zu ihnen zu gehen, aber da stolperte er und fiel auf einen Haufen Holzscheite, den die Alte mitten im Zimmer hatte liegen lassen, wie er meinte. Von da an wußte er nichts mehr, und als er nach langer, langer Zeit die Augen öffnete, bemerkte er verwundert, daß er angekleidet, wie er gewesen war, auf derselben Bettlade oder Schlafbank lag, und daß ein berückend schönes Frauenantlitz, das von stillen mütterlichen Tränen anscheinend ganz feucht war, sich in zärtlicher Sorge über ihn beugte. Er fühlte, wie ihm ein Kissen unter den Kopf geschoben wurde und wie man ihn mit etwas Warmem zudeckte, und wie eine sanfte Hand sich auf seine heiße Stirn legte. Er wollte danken, wollte diese Hand fassen, sie an seine fieberheißen, trockenen Lippen führen, mit Tränen benetzen und küssen, küssen, eine ganze Ewigkeit lang. Er wollte so vieles sagen, aber was eigentlich, das wußte er selbst nicht; er hätte sterben mögen in diesem Augenblick. Aber seine Arme waren so schwer wie aus Blei und ließen sich nicht bewegen; ihm war, als sei er stumm geworden und könne deshalb nicht sprechen. Er spürte nur, wie das Blut ihm durch alle Adern jagte, daß er meinte, emporgehoben zu werden. Jemand gab ihm Wasser zu trinken ... Zuletzt versank er in Bewußtlosigkeit.

Am anderen Morgen erwachte er gegen acht Uhr. Die Sonne schien in goldenen Garben durch das grünliche billige Glas der Fensterscheiben ins Zimmer. Ein wunderbar wohliges Gefühl durchkoste gleichsam alle Glieder des Kranken. Er war ruhig und still, war unendlich glücklich. Es schien ihm, daß soeben noch jemand am Kopfende seines Lagers gewesen sei. Und während er noch vollends zu sich kam, begann er sich schon besorgt nach diesem unsichtbaren Wesen im Zimmer umzuschauen; es verlangte ihn so sehr danach, seinen Freund zu umarmen und zum erstenmal im Leben zu sagen: ‚Guten Morgen, habe Dank, mein Lieber.'

»Wie lange du doch schläfst!« sagte da eine zärtliche Frauenstimme. Ordynoff sah sich um, und das Gesicht seiner schönen jungen Wohnungsinhaberin neigte sich mit einem freundlichen, sonnenhellen Lächeln über ihn.

»Wie lange du krank gewesen bist«, sagte sie, »aber nun laß es genug sein, steh auf; warum läßt du dich gefangenhalten? Die Freiheit ist doch süßer als Brot, schöner als die Sonne. Steh auf, mein Täuberl, steh auf.«

Ordynoff griff nach ihrer Hand und hielt sie fest ... Er glaubte, immer noch zu träumen.

»Warte, ich habe dir Tee gemacht; willst du Tee? Tu's schon! Davon wird dir besser werden. Ich bin selbst krank gewesen, daher weiß ich's.«

»Ja, gib mir zu trinken«, sagte Ordynoff mit noch matter Stimme und versuchte auch aufzustehen. Er war noch sehr schwach. Ein Frostschauer lief ihm über den Rücken, alle Glieder taten ihm weh, er fühlte sich auf einmal wie zerschlagen. In seinem Herzen aber war alles licht; ihm war, als ob die Sonnenstrahlen ihn mit einer eigentümlich feierlichen, hellen Freude innerlich erwärmten. Er fühlte, daß ein neues, starkes, unsichtbares Leben für ihn anbrach. Im Augenblick erfaßte ihn ein leichter Schwindel. Das kam vielleicht vom Stehen.

»Du heißt doch Wassílij?« fragte sie. »Oder hab' ich mich verhört? – aber ich meine doch, mein Herr hat dich gestern so genannt.«

»Ja, ich heiße Wassilij. Und wie heißt du?« fragte Ordynoff, indem er sich ihr näherte, obschon er sich kaum auf den Füßen hielt. Plötzlich wankte er. Sie ergriff seine Hände und lachte.

»Ich? – Katerina!« Und sie sah ihn mit ihren großen, klaren blauen Augen an. Beide hielten sie sich an den Händen.

»Du willst mir etwas sagen?« fragte sie endlich.

»Ich weiß nicht ...« Ihm war, als trübe sich sein Blick.

»Wie wunderlich du bist! Laß gut sein, mein Lieber, gräme

dich nicht, sei nicht traurig — komm, setz dich hierher, hier scheint die Sonne, die wird dich erwärmen. So, nun sitze hier ganz ruhig! ... Komm mir nicht nach«, fügte sie hinzu, als sie sah, daß der junge Mann eine Bewegung machte, als wolle er sie zurückhalten; — »ich werde gleich wieder bei dir sein, da wirst du mich ansehen können, soviel du willst!«

Sie kam denn auch sogleich wieder, brachte ihm den Tee, den sie auf den Tisch stellte, und setzte sich ihm gegenüber.

»Da, nun trinke! — Wie, schmerzt dir der Kopf noch?«

»Nein, jetzt schmerzt er nicht mehr«, sagte Ordynoff, »oder ich weiß nicht, vielleicht schmerzt er noch ... ich will nicht ... schon gut, schon gut! ... Ich weiß nicht, was mit mir ist ...«, stieß er unter Herzklopfen hervor, und er suchte ihre Hand. »Bleibe hier, geh nicht fort von mir; gib ... gib mir wieder deine Hand. Es wird mir dunkel vor den Augen; wenn ich dich ansehe, ist mir, als sähe ich in die Sonne«, sagte er, als müsse er sich jedes Wort aus dem Herzen reißen, und als vergehe er vor Seligkeit, indem er es aussprach. Heiß stieg es in ihm auf und schnürte ihm die Kehle zusammen — bis die Spannung sich plötzlich in erschütterndem Schluchzen entlud.

»Du Armer! Du hast wohl noch nie mit einem guten Menschen gelebt? Bist ganz allein und einsam in der Welt? Hast du gar keine Verwandten?«

»Nein, keinen einzigen ... bin allein ... das macht nichts! Jetzt wird mir besser ... jetzt ist mir wohl!« Es war, als phantasiere er. Das Zimmer schien sich um ihn zu drehen.

»Auch ich habe jahrelang keine Menschen gesehn ... Was siehst du mich so an ...«, sagte sie plötzlich nach minutenlangem Schweigen und stockte ...

»Was ... wie sehe ich dich denn an?«

»So, als wärmten dich meine Augen! Weißt du, wenn man jemanden liebt ... Ich habe dich doch schon bei deinen ersten Worten in mein Herz geschlossen. Wenn du krank werden solltest, werde ich dich pflegen. Aber du sollst nicht wieder krank werden, nein! Wenn du aber wieder ganz gesund bist, dann wollen wir wie Bruder und Schwester leben, ja? Willst du? Es ist doch schwer, eine Schwester zu finden, wenn Gott einem keine Geschwister gegeben hat.«

»Wer bist du? Woher kommst du?« stammelte Ordynoff mit leiser Stimme.

»Ich bin nicht von hier ... aber das kann dir ja gleich sein! Weißt du, die Menschen erzählen, es hätten einmal zwölf Brüder in einem dunklen Walde gehaust, und eines Tages habe sich ein schönes Mädchen in diesem Wald verirrt. Und sie kam zu der Behausung der zwölf Brüder und räumte dort alles auf, und alles, was sie tat, tat sie mit Liebe. Als dann die Brüder zurückkehrten, sahen sie, daß ein Schwesterchen den Tag über bei ihnen zu Gast gewesen war. Da begannen sie, nach ihr zu rufen und zu bitten, daß sie doch wieder zu ihnen komme. Und da kam sie denn auch zu ihnen. Und die Brüder nannten sie alle Schwester, ließen ihr alle Freiheit, und sie war mit allen gleichgestellt. Kennst du das Mädchen?«

»Ich kenne es«, flüsterte Ordynoff.

»Es ist doch schön zu leben; sag, bist du froh, daß du lebst?«

»Ja, ja; ewig leben, lange leben«, antwortete Ordynoff.

»Ich weiß nicht«, meinte Katerina nachdenklich, »ich würde auch den Tod mögen. Ist es schön, zu leben? — zu leben und gute Menschen zu lieben, ja ... Schau, da bist du nun wieder ganz blaß geworden, wie Mehl, so weiß!«

»Ja, mein Kopf ist schwindelig ...«

»Warte, ich bringe dir mein Federbett und ein anderes Kissen ... und werde dir das Bett schön herrichten. Dann wird dir von mir träumen, und das Kranksein wird vergehen ... Unsere Alte ist auch krank ...«

Und noch während sie sprach, machte sie schon das Bett zurecht, wobei sie sich ab und zu lächelnd über die Schulter nach Ordynoff umsah.

»Wie viele Bücher du hast!« sagte sie, als sie nach beendeter Arbeit die Kiste ein wenig abrückte.

Dann brachte sie die Decken und trat zu ihm, stützte ihn mit dem rechten Arm und führte ihn zum Bett, auf dem sie ihm die Kissen zurechtlegte, um ihn danach zuzudecken.

»Man sagt, Bücher verdürben die Menschen«, fuhr sie fort und schüttelte nachdenklich den Kopf. »Liest du gern in Büchern?«

»Ja«, antwortete Ordynoff, selbst im Zweifel darüber, ob er schlief oder wachte. Und wie um sich zu versichern, daß es kein Traum war, suchte er Katerinas Hand und er preßte sie in der seinen.

»Mein Hausherr hat auch viele Bücher; solche« — sie beschrieb mit der Linken ein großes Format — »er sagt, es seien heilige Bücher. Und er liest mir aus ihnen immer vor. Ich werde sie dir später zeigen. Soll ich dir erzählen, was er mir aus ihnen vorliest?«

»Erzähle«, flüsterte Ordynoff, ohne den Blick von ihr losreißen zu können.

»Betest du gern?« fragte sie wieder nach kurzem Schweigen. »Weißt du was? — ich fürchte, ich fürchte immer ...«

Sie sprach es nicht aus, und wie es schien, dachte sie über irgend etwas nach.

Ordynoff führte schließlich ihre Hand an seine Lippen.

»Was küßt du meine Hand?« Ihre Wangen erröteten leicht. Und dann lachte sie: »Ach nun, da! — küsse sie nur!« und sie hielt ihm beide Hände hin. Dann befreite sie die eine Hand und legte sie auf seine heiße Stirn, und plötzlich — streichelte sie ihn und dann glättete sie sein Haar, und dabei errötete sie immer mehr. Endlich kniete sie neben seinem Bett nieder und lehnte ihre Wange an seine Wange: er spürte den feuchtwarmen Hauch ihres Atems ... Plötzlich fühlte Ordynoff, daß heiße Tränen über seine Wange rollten: sie weinte. Er wollte etwas sagen, denken, wurde aber immer schwächer, immer schwächer ... er konnte den Arm nicht mehr bewegen. Da stieß jemand an die Tür, und die Klinke klapperte. Ordynoff hörte nur noch, wie der Alte, sein Wirt, eintrat. Und darauf fühlte er, wie Katerina sich erhob, übrigens ganz langsam, ohne jeden Schreck, fühlte, wie sie beim Weggehen das Zeichen des Kreuzes über ihm machte. Er lag mit geschlossenen Augen. Plötzlich brannte ein heißer, langer Kuß auf seinen Lippen: der fuhr ihm wie ein Messer ins Herz. Er wollte aufschreien, verlor aber das Bewußtsein ...

Damit begann nun für ihn ein sonderbarer Zustand, ein Traumleben, wie es nur Krankheit und Fieber verursachen können. Es kamen Augenblicke, in denen es ihm in einer Art unklaren Bewußtseins schien, daß er verurteilt sei, in einem langen endlosen Traum voll seltsamer Aufregungen, Kämpfe und Leiden zu leben. Empört und entsetzt wollte er sich auflehnen gegen dieses Fatum, das ihn knechten wollte. Doch im Augenblick des heißesten, verzweiflungsvollsten Kampfes fühlte er, wie ihn plötzlich eine andere feindliche Kraft überfiel und niederrang. Dabei aber empfand er mit jeder Fiber, wie er von neuem die Besinnung verlor und wie wieder undurchdringliches, bodenloses Dunkel sich vor ihm auftat, und er glaubte sogar selbst den Schrei der Qual und Verzweiflung zu hören, mit dem er sich in diesen offenen Schlund stürzte. Dann aber kamen wieder andere Augenblicke eines kaum zu ertragenden, überwältigenden Glücks, wie man es nur selten empfindet: Augenblicke, in denen die Lebenskraft im ganzen Menschen sich krampfhaft steigert und der Mensch sich wie in einer höheren Sphäre befindet, wo das Vergangene klar wird, der gegenwärtige lichte, kurze Augenblick ein klingendes, tönendes Triumph- und Freudengefühl auslöst und die unbekannte Zukunft wie ein Traum im Wachen vor einem liegt ... Augenblicke, wo man nicht weiß, woher sich unsagbare Hoffnung wie erquickender Tau auf die Seele legt, und man aufschreien möchte vor lauter Seligkeit, während man doch fühlt, wie schwach und hilflos das Fleisch vor dieser Wucht der Eindrücke ist, wie der Lebensfaden, der ins Vergangene zurückreicht, abreißt und das neue Leben wie ein Leben nach einer Auferstehung vor uns erscheint und man sich zu dieser Erneuerung beglückwünscht ... Dann schwand ihm wieder das Bewußtsein und eine Art Halbschlaf umfing ihn, in dem er alles, was er in den letzten Tagen erlebt hatte, nochmals durchlebte und das Gesehene, verschwommenen Nebelbildern gleich, in wirrer, hastend drängender Folge an seinem geistigen Auge vorüberzog. Es erschien ihm dabei in diesen Visionen alles ganz anders, seltsam und rätselhaft. Dann wieder vergaß er alles jüngst Geschehene und wunderte sich, daß er nicht mehr in seiner früheren Wohnung bei seiner alten Wirtin, der Beamtenwitwe, war. Er konnte es sich nicht erklären, warum die alte gute Frau nicht zu seinem Ofen kam, in dem noch die letzten Kohlen glühten — er glaubte noch den schwachen, zitternden Widerschein der verlöschenden Glut an der Wand zu sehen —, und warum sie nicht, bevor sie die Ofentür schloß, ihre hageren alten Hände am Feuerschein wärmte, wie sie es sonst immer getan, stets nach alter Leute Art vor sich hinmurmelnd, ab und zu mit einem Blick nach ihrem sonderbaren Pensionär, den sie für nicht ganz richtig hielt, infolge von diesem ewigen Hocken über den Büchern. Dann wieder fiel es ihm ein, daß er ja umgezogen war, aus welchem Grunde aber, daran konnte er sich nicht mehr erinnern, obschon sein ganzer Geist ausströmen wollte in einen ewigen, ununterbrochen empfundenen, unbezähmbaren Drang ... Doch wohin, wozu es ihn drängte, was die Ursache dieser Qual war, und wer diesen unerträglichen Feuerbrand, der sein Blut zu verzehren schien, in seine Adern geschleudert — das wußte er wieder nicht und konnte sich auch nicht darauf besinnen. Oft griff er gierig nach einem Schatten, oft glaubte er, leichte Schritte in seinem Zimmer zu vernehmen, Schritte, die sich seinem Lager näherten, und eine liebe, weiche Stimme zärtliche Worte flüstern zu hören, Worte, die so mild klangen wie Musik. Ihm war, als spüre er feuchtwarmen Atem stoßweise wie einen Hauch über sein Gesicht gleiten, und das Gefühl der Liebe erschütterte ihn bis tief ins Innerste ... Und heiße Tränen fielen auf seine glühenden Wangen, und plötzlich drückte sich weich und verlangend ein Kuß auf seine Lippen: Da war es, als verginge sein Leben vor brennender, unauslöschlicher Pein; es schien ihm, als stehe das ganze Sein, die ganze Welt still, als stürbe sie für ganze Jahrhunderte rings um ihn, und lange, tausendjährige Nacht senke sich über alles ... die zarten, ungetrübten Jahre seiner frühesten Kindheit, mit ihrer hellen Freude und ununterbrochenem Glück, mit dem ersten süßen Staunen über das Leben, mit den Schwärmen lichter Geister, die aus jeder Blume, die er abriß, hervorschossen und mit ihm spielten auf der saftigen grünen Wiese vor einem kleinen Hause, das von Akazien umgeben war, und die ihm zulächelten aus dem kristallklaren unübersehbaren See, an dessen Ufer er oft stundenlang saß, lauschend auf das Geplätscher der Wellen aneinander, und die ihn umflatterten und einlullten und liebevoll helle, bunte Träume auf seine kleine Wiege herabschüttelten, wenn seine Mutter sich über sie beugte, ihn bekreuzte, küßte und mit einem leisen Wiegenlied in den Schlaf sang in langen, ruhevollen Nächten. Aber dann begann plötzlich ein Wesen aufzutauchen, das ihn mit einem schon nicht mehr kindlichen Entsetzen erfüllte, ein Wesen, welches das erste, langsam wirkende Gift des Kummers und der Tränen in sein Leben goß; er fühlte undeutlich, daß dieser unbekannte Greis alle seine künftigen Lebensjahre bereits in seiner Gewalt hatte; obgleich er vor ihm zitterte, konnte er seine Augen doch nicht von ihm abwenden. Der böse Greis folgte ihm überallhin. Hinter jedem Strauch im Wäldchen spähte er nach ihm aus und nickte ihm mit dem Kopf trügerisch zu, verspottete und neckte ihn, verwandelte sich in jedes Spielzeug des Kindes und begann in dessen Händen Grimassen zu schneiden und ihn auszulachen, wie ein böser, häßlicher Gnom; er hetzte jeden seiner boshaften Schulkameraden gegen ihn auf, oder wenn er sich mit den Kleinen auf die Schulbank setzte, schaute er unter jedem Buchstaben der Grammatik gesichterschneidend hervor. Und dann in der Nacht, wenn er schlief, setzte sich der böse Greis an das Kopfende seines Bettes ... Er verscheuchte die Scharen lichter Geister, die mit ihren goldenen und saphirenen Flügeln seine Bettstatt umflatterten, führte seine arme Mutter für immer von ihm fort und begann ihm oft nächtelang endlose, wundersame Märchen zu erzählen, die für sein Kinderherz unverständlich waren, aber ihn quälten und mit Schreckbildern wie mit unkindlicher Leidenschaft erregten. Aber der böse Greis achtete nicht auf sein Schluchzen und auf seine Bitten; er erzählte immer weiter, bis das Kind in Betäubung, in Bewußtlosigkeit versank. Danach erwachte das Kind plötzlich als Erwachsener, ganze Jahre waren unsichtbar und unhörbar vergangen ... Er begriff plötzlich seine gegenwärtige Lage, begann einzusehen, daß er einsam war und der ganzen Welt fremd gegenüberstand, ein Einzelner in einer fremden Wohnung, unter geheimnisvollen, verdächtigen Leuten, unter Feinden, welche sich in den Ecken seines dunklen Zimmers versammelten und miteinander flüsterten und der Greisin zunickten, die am Feuer hockte und ihre gebrechlichen alten Hände wärmte und die anderen auf ihn aufmerksam machte, indem sie auf ihn hinwies. Er geriet in Verwirrung, geriet in Unruhe; er wollte unbedingt erfahren, was das für Menschen waren, warum sie sich hier versammelten, warum er sich selbst in diesem Zimmer befand. Er begann zu erraten, daß er in irgend eine dunkle Räuberhöhle geraten war, verlockt von etwas Allmächtigem, aber Ungeahntem, ohne zuvor geprüft zu haben, was für Menschen hier in diesem Hause wohnten und wer namentlich seine Wirtsleute waren. Ein Verdacht begann ihn zu peinigen; plötzlich, mitten in der nächtlichen Dunkelheit, begann wieder das Geflüster von einem langen Märchen, und diesmal war es eine alte Frau, die es leise, kaum hörbar vor sich hin flüsterte, indem sie vor dem erloschenen Feuer im Ofen traurig ihren alten, silberhaarigen Kopf wiegte. Aber — und wieder durchfuhr ihn ein Schreck: das Märchen verkörperte sich vor seinen Augen, wurde zu Gestalten, zu Gebilden. Er sah, wie alles, angefangen von seinen unklaren Kindheitsträumen, alle seine Gedanken und Einbildungen, alles, was er im Lauf seines Lebens erlebt, was er in Büchern gelesen und auch vieles, was er sogar schon längst vergessen hatte, — wie alles wieder lebendig wurde, sich gestaltete, verkörperte, vor seinen Augen auferstand, sich vor ihm in riesigen Formen und Bildern bewegte, herumging, ihn umschwärmte. Er sah, wie sich herrliche Zaubergärten vor ihm ausbreiteten, wie ganze Städte vor seinen Augen erstanden und wieder einstürzten, wie ganze Friedhöfe ihre Gräber auftaten und ihre Toten zu ihm heraussandten, die dann von neuem zu leben begannen, und wie ganze Rassen und Völker vor seinen Augen auf die Welt kamen, sich ausbreiteten und wieder einschrumpften und ausstarben, und wie gerade jetzt, um sein Schmerzenslager herum, jeder seiner Gedanken, jeder seiner unfaßbaren Träume sich schon im Augenblick des Entstehens zu verkörpern begann. Er gewahrte, wie schließlich sein ganzes Denken nicht in ungreifbaren Gedanken geschah, sondern sich in der Erzeugung ganzer Welten, ganzer Schöpfungen vollzog, wie mitten in diesem ganzen endlosen, seltsamen Weltall, aus dem es kein Entrinnen gab, er selbst gleich einem Stäubchen schwebte, und wie dieses ganze Leben mit seiner rebellischen Unabhängigkeit ihn bedrückte, knechtete und mit ewiger, unendlicher Ironie verfolgte. Er spürte, wie er selbst starb, in Staub und Asche zerfiel, ohne Auferstehung, auf ewig starb; er wollte entfliehen, aber es gab im ganzen Weltall keinen Winkel, der ihn hätte verbergen können. Da packte ihn die Wut der Verzweiflung; er riß alle seine Kräfte zusammen, schrie auf und erwachte.

Er erwachte, ganz in kalten, eisigen Schweiß gebadet. Ringsum war es totenstill; es war tiefe Nacht. Und doch war ihm, als werde immer noch irgendwo die Erzählung des wundersamen Märchens fortgesetzt, als erzähle jemandes rauhe Stimme tatsächlich eine lange Geschichte von etwas ihm gleichsam Bekanntem. Er hörte, daß von dunklen Wäldern die Rede war, von bösen Räubern, von einem tollkühnen Burschen, beinahe wie von Stenka Rasin[1] selbst, von lustigen Kumpanen und Barkenknechten am großen Strom, von einer schönen Jungfrau und von der Mátuschka Wolga. War das nicht ein Märchen? Hörte er es nicht im Wachen? Wohl über eine ganze Stunde lang lag er mit offenen Augen da, ohne sich zu rühren, in peinvoller Reglosigkeit. Endlich versuchte er, sich vorsichtig aufzurichten, und mit Freude stellte er fest, daß seine Kraft von der bösen Krankheit doch nicht ganz und gar erschöpft worden war. Das Phantasieren im Fieber war vorüber, jetzt begann die Wirklichkeit. Er bemerkte, daß er noch immer angekleidet war, wie während seines Gesprächs mit Katerina: es konnte folglich noch nicht gar so lange her sein, daß sie ihn verlassen hatte. Eine jähe Entschlossenheit durchströmte warm seine Adern. Mechanisch tappte er mit der Hand nach dem großen Nagel, der, Gott weiß wozu, oben in der Scheidewand eingeschlagen war. Er erfaßte ihn und hob sich an ihm höher, bis zu einer kleinen Spalte in der Bretterwand, durch die ein kaum bemerkbarer Lichtschein in sein Zimmer drang. Er legte das Auge an den Spalt und versuchte hindurchzusehen, vor Aufregung kaum atmend.

In der einen Ecke des anderen Zimmers stand ein Bett, davor ein Tisch, der nach orientalischer Art mit einem Teppich bedeckt und mit Büchern von großem, altertümlichem Format beladen war, in Einbänden, die an Bände alter religiöser Schriften erinnerten. In der Ecke hing ein ebenso altertümliches Heiligenbild wie in seinem Zimmer; vor dem Bild brannte das Lämpchen. Auf dem Bett lag der alte Murin, offensichtlich krank, entkräftet und blaß wie Leinwand, mit einer Pelzdecke zugedeckt. Auf seinen Knien hatte er ein aufgeschlagenes Buch liegen. Auf einer Bank neben dem Bett lag Katerina, die die Brust des Alten mit einem Arm umfing und mit dem Kopf an seiner Schulter lehnte. Sie sah ihn mit kindlich staunenden Augen aufmerksam an und schien mit unersättlicher Aufnahmefähigkeit und fast atemloser Spannung zuzuhören, was Murin ihr erzählte. Hin und wieder hob sich die Stimme des Erzählers, und dann trat Leben in sein blasses Gesicht: seine Augen blitzten auf, er zog die Brauen zusammen, und Katerina schien vor Angst und Aufregung zu erbeben. Dann glitt so etwas wie ein Lächeln über das Gesicht des Alten, und Katerina begann leise zu lachen. Manchmal traten Tränen in ihre Augen; dann streichelte der Alte zärtlich über ihren Kopf, wie man ein kleines Kind streichelt, und sie umschlang ihn fester mit ihrem nackten, schneeweißen Arm und schmiegte sich noch liebevoller an seine Brust.

Manchmal dachte Ordynoff, es sei noch ein Traum, ja, er war sogar überzeugt davon. Dennoch stieg ihm das Blut zu Kopf und in den Schläfen pochte es schmerzhaft, als wolle es die Adern sprengen. Er ließ den Nagel los, stand vom Bett auf und ging leise, wankend und tastend, wie ein Schlafwandler, durch sein Zimmer, ohne selbst zu verstehen, was er tat, was ihn trieb wie ein Feuerbrand in seinem Blut; er kam so bis an die Tür der Wirtsleute und stieß sie mit aller Kraft auf: der verrostete Riegel sprang beim ersten Anhieb ab, die Tür flog auf und unter Gekrach und Gepolter stand er plötzlich im Schlafzimmer seiner Wirtsleute. Er sah, wie Katerina entsetzt emporschnellte und erzitterte, wie die Augen des Alten unter den zornig zusammengezogenen Brauen böse funkelten und wie plötzlicher Jähzorn sein ganzes Gesicht entstellte. Er sah, wie der Alte, ohne ihn aus den Augen zu lassen, mit suchender Hand nach der Flinte griff, die hinter ihm an der Wand hing: dann sah er, wie es in der Mündung des Laufs aufblitzte, die von unsicherer, vor Zorn bebender Hand gerade auf seine Brust gerichtet war ... Ein Schuß krachte ... und gleich darauf folgte ein wilder, fast unmenschlicher Schrei ... Als dann der Rauch sich zu verziehen begann, erschreckte Ordynoff ein furchtbarer Anblick. Am ganzen Leibe zitternd beugte er sich über den Alten. Murin lag in Krämpfen auf dem Fußboden, sein Gesicht war qualvoll entstellt und Schaum stand auf den verzerrten Lippen. Ordynoff begriff, daß der Unglückliche einen schweren epileptischen Anfall erlitt. Zugleich mit Katerina kniete er bei ihm nieder, um ihm beizustehen ...

III

Die ganze Nacht verbrachten sie in Unruhe bei dem Kranken. Am andern Tage ging Ordynoff, trotz der eigenen Schwäche und trotz des Fiebers, das ihn noch nicht verlassen hatte, schon frühmorgens aus. Auf dem Hofe traf er wieder den Hausknecht. Diesmal grüßte der Tatar schon von weitem und blickte ihn neugierig an, schien sich aber plötzlich zu besinnen und machte sich wieder mit seinem Besen etwas zu schaffen — schielte aber doch heimlich nach Ordynoff hinüber, der sich langsam näherte.

»Nun, hast du in der Nacht nichts gehört?« fragte ihn Ordynoff.

»Doch, hab was gehört.«

»Was ist das für ein Mensch? Wer ist er überhaupt?«

»Hast selber gemietet, mußt selber wissen. Nicht meine Sache«, sagte der Tatar in unsicherem Russisch.

»Zum Teufel, Bursche, sprich, wenn ich dich frage«, schrie Ordynoff ihn wütend an, in einer krankhaften Gereiztheit, die ihm an sich selbst ganz neu war.

»Was denn? Ist doch nicht meine Schuld. Deine eigene Schuld — hast Menschen erschreckt. Unten wohnt der Sargmacher, der hört sonstig nichts, aber heut hat er doch was gehört, und seine Alte ist sonstig taub, hat's aber auch gehört, und auf dem anderen Hof, was schon weit weg ist, hat man's auch gehört — da siehst du! Ich werde zum Polizeiinspektor gehen.«

»Ich werde selbst zu ihm gehen«, sagte Ordynoff und wandte sich zur Pforte.

»Meinetwegen — hast selber gemietet ... Herr, Herr, wart!« Ordynoff sah sich um; der Hausknecht berührte höflich die Mütze.

»Nun?«

»Wenn du gehst, geh ich zum Hauswirt.«

»Und?«

»Zieh lieber aus.«

»Du bist ein Dummkopf«, versetzte Ordynoff und wandte sich von neuem zum Gehen.

»Herr, Herr, wart doch!« Der Hausknecht berührte wieder die Mütze und grinste. »Herr, ich möchte was raten. halt dein Herz fest. Wozu armen Mensch verfolgen? Weißt doch — das ist Sünde. Gott sagt auch, das soll man nicht — weißt doch selber!«

»Nun höre mal — hier, nimm dies. Und nun sage mir: wer ist er?«

»Wer er ist?«

»Ja.«

»Ich sag's auch ohne Geld.«

Hier griff er wieder nach dem Besen, fegte ein-, zweimal, sah dann wieder auf und blickte Ordynoff aufmerksam und mit wichtiger Miene an.

»Du bist ein guter Herr. Willst du nicht mit guten Menschen leben, dann nicht, wie du willst. Hast nun gehört, was ich meine.«

Hierauf blickte ihn der Tatar noch ausdrucksvoller an, schien aber, als er Ordynoffs Gleichgültigkeit bemerkte, gekränkt zu sein und machte sich wieder mit seinem Besen zu schaffen. Endlich tat er, als habe er die Arbeit beendet, näherte sich mit geheimnisvoller Miene Ordynoff, machte eine eigentümliche Geste, deren Bedeutung Ordynoff jedoch gleichfalls unverständlich blieb, und flüsterte:

»Er ist — verstehst du!«

»Was?«

»Verstand ist fort.«

»Wieso?«

»Wenn ich doch sage! Ich weiß!« fuhr er in noch geheimnisvollerem Ton fort. »Er ist krank. Er hatte ein Frachtschiff und noch eins und noch eins — drei! Die fuhren alle auf Wolga, bin selber von Wolga, und dann hatte er noch eine Fabrik, die brannte nieder, und seitdem so im Kopf!«

»Er ist also verrückt?«

»Nein, nein! Gar nichts verrückt! Ein kluger Kopf! Alles weiß er, viele Bücher gelesen, gelesen, gelesen! — und dann anderen die Wahrheit gesagt! So — kam jemand: zwei Rubel, drei Rubel, vierzig Rubel, oder willst du nicht, dann nicht: Er schlägt Buch auf und sagt dir alles, Wort für Wort, die ganze Wahrheit! Aber zuerst Geld auf Tisch, ohne Geld — kein Wort!«

Und der Tatar lachte vor lauter Gefallen an dem Verhalten Murins.

»Er hat also geweissagt, die Zukunft prophezeit?«

»Mhm!« Der Hausknecht nickte zur Bestätigung schnell mit dem Kopf. »Immer was wahr ist. Er betet immer, betet viel. Aber das — versteh! — kommt so über ihn«, fügte der Tatar wieder mit seiner rätselhaften Geste hinzu.

In dem Augenblick rief jemand vom anderen Hof nach dem Hausknecht, und gleich darauf erschien ein kleiner gebeugter alter Mann in einem Pelz. Er ging hüstelnd und stolpernd und, wie es schien, irgend etwas in seinen grauen spärlichen Bart murmelnd, vorsichtig und langsam über den Hof. Man konnte glauben, es sei ein vor Altersschwäche kindisch gewordener Greis.

»Hauswirt! Hauswirt!« flüsterte hastig der Tatar, nickte Ordynoff flüchtig zu und lief, die Mütze vom Kopf reißend, diensteifrig zu dem Alten, dessen Gesicht Ordynoff bekannt erschien, wenigstens mußte er ihm unlängst irgendwo schon begegnet sein. Er überlegte noch, daß das schließlich nicht weiter erstaunlich war, und verließ den Hof. Der Hausknecht aber schien ihm jetzt ein geriebener Betrüger und Frechling zu sein.

‚Der Kerl hat wohl einfach mit mir feilschen wollen!' dachte er. ‚Gott weiß, was hier noch dahintersteckt.'

Damit trat er auf die Straße. Doch neue Eindrücke lenkten ihn bald von den unangenehmen Gedanken ab. Übrigens waren diese Eindrücke auch nicht angenehmer Art. Der Tag war grau und kalt, und einzelne kleine Schneeflocken taumelten in der Luft. Er fühlte, wie ihn wieder Kälteschauer durchrieselten. Es war ihm, als beginne die Erde unter ihm zu schaukeln. Da vernahm er plötzlich eine bekannte Stimme, die ihm in übertrieben freundlichem Ton einen guten Morgen wünschte.

»Jarosláff Iljitsch!« sagte Ordynoff.

Vor ihm stand ein munterer rotwangiger Herr von etwa — dem Aussehen nach — dreißig Jahren, nicht groß, mit grauen, schmachtenden Äuglein, das ganze Gesicht ein einziges Lächeln, und gekleidet — nun, wie ein Jaroslaff Iljitsch immer gekleidet ist. Und mit diesem Lächeln streckte er ihm in liebenswürdiger Weise die Hand entgegen. Ordynoff hatte genau vor einem Jahr seine Bekanntschaft gemacht, und zwar ganz zufällig, fast auf der Straße. Was zu dieser sehr leicht zustande gekommenen Bekanntschaft, abgesehen vom Zufall, in erster Linie beigetragen hatte, war Jaroslaff Iljitschs besondere Vorliebe für Bekanntschaft mit guten, vornehmen Menschen, namentlich mit gebildeten und solchen, die mindestens durch ihre Talente und die Gepflegtheit ihrer Umgangsformen zur höchsten Gesellschaft zu gehören verdienten. Obschon dieser Jaroslaff Iljitsch nur eine überaus zarte Tenorstimme besaß, verstand er es doch, selbst in der Unterhaltung mit den aufrichtigsten Freunden, seiner Stimme die Klangfarbe der Stimme eines Machthabers zu verleihen, die hellschmetternd zu befehlen, zu verfügen befugt ist und keinerlei Aufschub duldet, was bei ihm vielleicht die Folge einer Gewohnheit war.

»Wie kommen Sie denn hierher? in diese Gegend?« rief Jaroslaff Iljitsch mit dem lebhaftesten Ausdruck herzlicher Freude über das unverhoffte Wiedersehen.

»Ich wohne hier.«

»Seit wann denn?« Die Stimme Jaroslaff Iljitschs klang sogleich um einen Ton oder ein paar Töne höher, denn er war wirklich überrascht und vergaß daher sozusagen seinen anderen Ton. »Und ich hab's nicht mal gewußt! Dann bin ich ja so gut wie Ihr Nachbar! Ich wohne nämlich auch hier, sogar in nächster Nähe. Schon über einen Monat bin ich aus dem Rjäsanschen Gouvernement zurückgekehrt. Na, es freut mich, daß ich Sie doch mal eingefangen habe, mein alter bester Freund!« Und Jaroslaff lachte sein gutmütigstes Lachen. »Sergéjeff!« rief er, plötzlich sich zurückwendend, in aufgeräumtester Stimmung. »Erwarte mich bei Tarássoff, aber daß sie dort ohne mich keinen Sack anrühren! Und den Olssúfjeffschen Hausmeister mußt du antreiben: sag ihm, daß er sich sofort nach dem Kontor begeben soll. In einer Stunde komme ich hin . . .«

Und nachdem er diesen Befehl eilig einem anderen zugerufen, faßte er gut gelaunt Ordynoff unter den Arm und führte ihn zum nächsten Gasthaus.

»So, das wäre erledigt! Aber jetzt lassen Sie uns nach der langen Trennung gemütlich ein paar Worte miteinander reden. Nun, sagen Sie zunächst, wie steht es mit Ihren Studien?« erkundigte er sich fast ehrfürchtig und mit gesenkter Stimme, wie eben ein teilnehmender eingeweihter Freund es tut. »Immer in den Wissenschaften vergraben?«

»Ja, wie immer«, antwortete Ordynoff etwas zerstreut, da er gerade einem ganz anderen Gedanken nachhing.

»Das ist edel von Ihnen, Wassilij Michailowitsch; sehen Sie, so etwas erkenne ich an! Das nenne ich, sein Leben einer höheren Idee weihen!« Hier drückte Jaroslaff Iljitsch Ordynoff kräftig die Hand. »Gott gebe Ihnen Erfolg auf Ihrem Gebiet . . . Himmel! bin ich froh, daß ich Sie getroffen habe! Doch mal ein andrer Mensch als so der tagtägliche Durchschnitt! Wie oft hab' ich dort an Sie gedacht und mich im stillen gefragt, wo er wohl jetzt sein mag, unser großmütiger, geistreicher Wassilij Michailowitsch!«

Jaroslaff Iljitsch verlangte ein besonderes Zimmer für sich und seinen Gast, den er liebevoll umhegte; bestellte einen Imbiß, Schnäpse, und was so dazu gehört.

»Ich habe inzwischen viel gelesen«, fuhr er mit einschmeichelndem Blick und in bescheidenem Ton fort. »Zunächst einmal den ganzen Puschkin . . .«

Ordynoff sah ihn zerstreut an.

»Ja, in der Tat, das muß man ihm lassen: die Schilderung der menschlichen Leidenschaft ist allerdings ganz bewundernswert bei ihm. Doch zunächst erlauben Sie mir, Ihnen meinen Dank auszudrücken. Sie haben so viel für mich getan, eben durch die edle Klarlegung einer richtigen Denkart, sozusagen...«

»Aber ich bitte Sie!«

»Nein! — erlauben Sie: keine Widerrede! Ich liebe es nun einmal, jedem Gerechtigkeit widerfahren zu lassen. Und ich bin stolz darauf, daß wenigstens dieses Gefühl — eben das für die Gerechtigkeit — in mir nicht eingeschlummert ist.«

»Ich bitte Sie, dann sind Sie gegen sich selbst ungerecht, und ich wüßte wirklich nicht...«

»Nein, im Gegenteil, durchaus gerecht«, widersprach Jaroslaff Iljitsch mit ungewöhnlichem Eifer. »Was bin ich denn im Vergleich mit Ihnen? Nicht wahr?«

»Ach, Gott...«

»Jawohl...« Ein kurzes Schweigen folgte.

»Als ich aber Ihrem Rat nachkam, habe ich zugleich eine Menge schlechter Bekanntschaften aufgegeben, und damit auch, versteht sich, viele schlechte Gewohnheiten«, hub nach einem Weilchen Jaroslaff Iljitsch wieder in demselben Ton an. »In meiner freien Zeit nach dem Dienst sitze ich jetzt größtenteils zu Hause, lese abends irgendein nützliches Buch und... ich habe wirklich nur den einen Wunsch, Wassilij Michailowitsch, meinem Vaterland zu dienen, soviel eben in meinen Kräften steht...«

»Ich habe Sie immer für einen strebsamen Menschen gehalten, der die besten Absichten hat...«

»Meinen Sie?... Weiß Gott, Sie legen einem immer Balsam auf die Wunden, mein edler junger Freund!«

Jaroslaff Iljitsch reichte Ordynoff ungestüm die Hand und dankte mit einem kräftigen Druck.

»Sie trinken nicht?« fragte er dann, nachdem sich seine Erregung etwas gelegt hatte.

»Ich kann nicht, ich bin krank.«

»Krank? Was Sie sagen? Nein, wirklich — in der Tat? Schon lange? — und wie, wo haben Sie sich denn das zugezogen? Wollen Sie, ich werde sofort ... welcher Arzt behandelt Sie? Ich werde sogleich meinen Arzt benachrichtigen, ich eile selbst zu ihm hin! Er ist überaus geschickt, glauben Sie mir!«

Und Jaroslaff Iljitsch wollte bereits nach seinem Hut greifen.

»Nein, danke, nicht nötig! Ich lasse mich überhaupt nicht behandeln, ich liebe Ärzte nicht ...«

»Was Sie sagen? Aber das geht doch nicht so! Wirklich: er ist überaus geschickt!« beteuerte Jaroslaff Iljitsch überzeugt. »Vor kurzem noch — nein, das muß ich Ihnen doch erzählen! — Vor kurzem, ich war gerade bei ihm, kam ein armer Schlosser zu ihm. ‚Ich habe mir hier‘, sagte er, ‚die Hand mit meinem Werkzeug beschädigt. Bitte, Herr Doktor, machen Sie mir meine Hand wieder gesund ...‘ Nun, Ssemjón Pafnútjitsch sah, daß dem Armen der Brand drohte, und traf sofort seine Vorbereitungen zur Amputation. Er amputierte in meiner Gegenwart. Aber das tat er so, sage ich Ihnen, mit solch einer Eleg ... das heißt: in einer so entzückenden Weise, daß es, ich muß gestehen — wenn nicht das Mitleid mit dem leidenden Menschen es verhindert hätte — einfach ein Vergnügen gewesen wäre, zuzusehen! ... Ich meine so der Wissenschaft halber. Aber, wie gesagt, wann und wo haben Sie sich denn Ihre Krankheit geholt?«

»Beim Umzug in meine neue Wohnung ... Ich bin soeben erst aufgestanden.«

»Ja, Sie sehen eigentlich auch noch recht angegriffen aus. Sie hätten eigentlich nicht gleich so hinausgehen sollen. Also dann leben Sie nicht mehr dort, wo Sie früher wohnten? Aber was hat Sie denn zum Umziehen veranlaßt?«

»Meine alte Wirtin mußte Petersburg verlassen.«

»Dómna Ssáwischna? Ist's möglich? ... Solch eine gute alte Frau! Sie wissen doch? — ich empfand für sie wirklich fast so etwas wie — Sohnesgefühle. Es war so etwas ... etwas wie aus Urgroßväterzeiten in ihrem halb schon begrabenen Leben. Und wenn man sie so ansah, schien es einem fast, als habe man die guten alten Zeiten selbst noch leibhaftig vor sich ... Das heißt, ich meine so jene gewisse ... eben so eine gewisse Poesie — Sie verstehen schon, was ich sagen will! ...«, schloß Jaroslaff Iljitsch etwas konfus und errötete vor Verlegenheit allmählich bis über die Ohren.

»Ja, sie war eine gute Frau.«

»Aber erlauben Sie zu fragen, wo haben Sie sich denn jetzt eingemietet?«

»Nicht weit vor hier, im Hause eines gewissen Koschmároff.«

»Ah! den kenne ich. Ein großartiger alter Mann! Wir sind sogar sehr gut miteinander bekannt, kann ich sagen, — wirklich, ein netter alter Mann!«

Jaroslaff Iljitsch war es sichtlich sehr angenehm, von diesem netten alten Mann reden und von sich sagen zu können, daß er mit ihm gut bekannt sei. Er bestellte noch ein Schnäpschen und begann zu rauchen.

»Haben Sie Ihre eigene Wohnung?«

»Nein, ich lebe wieder bei einem Mieter.«

»Bei wem denn? Vielleicht kenne ich ihn gleichfalls.«

»Bei Murin, einem Kleinbürger. Ein alter Mann, groß von Wuchs ...«

»Murin ... Murin? ... warten Sie mal: auf dem hinteren Hof, über dem Sargtischler?«

»Ja.«

»Hm ... und sind Sie dort ungestört?«

»Ich bin erst vor kurzem eingezogen.«

»Hm ... ich meinte nur, hm ... übrigens, ist Ihnen noch nichts Besonderes aufgefallen?«

»In welchem Sinne? Wie meinen Sie das?«

»Ich will ja nichts gesagt haben ... ich bin überzeugt, daß Sie es bei ihm gut haben werden, wenn Sie mit Ihrem Zimmer zufrieden sind ... Ich meinte es durchaus nicht in diesem

Sinn. Das will ich vorausgeschickt haben. Aber — da ich eben Ihren Charakter kenne ... Ja, wie finden Sie denn eigentlich den Alten?«

»Er ist, glaube ich, ein kranker Mensch.«

»Ja, er ist sehr leidend ... Aber haben Sie sonst nichts ...? so was, hm ... Besonderes an ihm bemerkt? Haben Sie mit ihm gesprochen?«

»Nur sehr wenig. Er scheint menschenscheu und wohl auch boshaft zu sein.«

»Hm ...« Jaroslaff Iljitsch sann nach.

»Ein unglücklicher Mensch!« sagte er schließlich nach längerem Schweigen.

»Er?«

»Ja ... Ein unglücklicher und dabei unglaublich seltsamer und ungewöhnlicher Mensch. Übrigens, wenn er Sie sonst nicht belästigt ... Verzeihen Sie, daß ich überhaupt Ihre Aufmerksamkeit auf ihn gelenkt habe, aber es interessiert mich gewissermaßen selbst ...«

»Ja, da haben Sie nun auch mein Interesse erregt ... Ich würde jetzt sehr gern Näheres über ihn erfahren, da ich nun einmal bei ihm wohne ...«

»Tja, sehen Sie mal, ich weiß nur so ... dies und das. Man sagt, der Mensch sei früher sehr reich gewesen. Er war Kaufmann, wie Sie wahrscheinlich bereits gehört haben. Dann aber traf ihn mancherlei Unglück und er verarmte. Bei einem Sturm waren mehrere seiner großen Wolgabarken zerschellt und mit der ganzen Fracht untergegangen. Ferner hat er eine große Fabrik besessen, deren Leitung, wenn ich nicht irre, einem Verwandten anvertraut war; diese Fabrik brannte nieder, wobei·der Verwandte in den Flammen umgekommen sein soll. Das war natürlich ein schrecklicher Verlust, wie Sie sich denken können. So soll denn auch Murin, wie man erzählt, nach der Katastrophe in einer solchen Stimmung gewesen sein, daß man schon für seinen Verstand zu fürchten begann. Und in der Tat hat er sich auch im Streit mit einem anderen Kaufmann, einem gleichfalls reichen Barkenbesitzer, so sonderbar benommen, daß man sich den Vorfall schließlich nicht anders hat erklären können als eben mit einer gewissen Geistesstörung, was ich denn auch gelten lassen will. Ich habe noch manches andere gehört, was für diese Auffassung gleichfalls sprechen könnte. Dann ist da noch etwas vorgefallen, — etwas, wofür es eigentlich keine Erklärung gibt, es sei denn, daß man es einfach als Schicksal auffaßt.«

»Und das war?« forschte Ordynoff.

»Man sagt, daß er, vermutlich in einem Augenblick des Wahnsinns, einen jungen Kaufmann, den er bis dahin sogar liebgehabt, umgebracht habe. Nach begangener Tat aber, als er wieder zur Besinnung gekommen, sei er darüber so verzweifelt gewesen, daß er sich das Leben habe nehmen wollen. Wenigstens erzählt man so. Wie dann die Sache verlaufen ist, das weiß ich nicht genau, eines aber steht fest: daß er nämlich während der ganzen folgenden Jahre Buße getan hat ... Aber was ist mit Ihnen, Wassilij Michailowitsch? — strengt meine Erzählung Sie an?«

»Oh, nein, bitte, fahren Sie nur fort ... Sie sagen, er habe Buße getan, aber vielleicht nicht er allein?«

»Das weiß ich nicht. Wenigstens ist außer ihm niemand in diese Angelegenheit verwickelt gewesen. Übrigens habe ich nichts Näheres darüber gehört. Ich weiß nur ...«

»Nun?«

»Ich weiß nur — das heißt: ich habe eigentlich nichts Besonderes hinzuzufügen ... ich will nur sagen, wenn Ihnen mal etwas Außergewöhnliches auffallen sollte, dann müssen Sie sich eben sagen, daß das einfach die Folgen der verschiedenen Schicksalsschläge sind, die ihn einer nach dem anderen getroffen haben.«

»Er scheint recht gottesfürchtig zu sein. Vielleicht ist er nur scheinheilig?«

»Das glaube ich nicht, Wassilij Michailowitsch. Er hat so viel gelitten. Mir scheint er vielmehr ein Mensch mit reinem Herzen zu sein.«

»Aber jetzt ist er doch nicht mehr wahnsinnig? Den Eindruck macht er wenigstens nicht.«

»O nein, nein! Dessen kann ich Sie versichern. Er ist jetzt zweifellos wieder im vollen Besitz aller seiner Verstandeskräfte. Nur daß er, wie Sie ganz richtig bemerkten, sehr gottesfürchtig und wohl auch ziemlich wortkarg ist. Aber im allgemeinen, wie gesagt, ist er sogar ein sehr kluger Mensch. Spricht gewandt, sicher ... und ist, wissen Sie, überhaupt ein findiger Kopf. Seinem Gesicht sieht man übrigens auch jetzt noch sein stürmisches Leben an. Das pflegt ja gewöhnlich seine Spuren zu hinterlassen. Wie gesagt, ein seltsamer Mensch, und ungeheuer belesen!«

»Er liest aber, wie mir scheint, nur religiöse Bücher?«

»Ja, er ist Mystiker.«

»Was?«

»Ein Mystiker. Aber das ganz unter uns gesagt. Ich will Ihnen auch noch verraten — aber als Geheimnis, das zwischen uns bleiben muß —, daß er eine Zeitlang unter strengster Aufsicht stand. Dieser Mensch hatte nämlich einen großen Einfluß auf alle, die zu ihm kamen.«

»Inwiefern das?«

»Es klingt zwar kaum glaublich, aber ... Sehen Sie, damals lebte er noch nicht in diesem Stadtviertel. Er hatte schon einen gewissen Ruf, und eines Tages fuhr Alexander Ignátjewitsch — erblicher Ehrenbürger, ein angesehener, allgemein geachteter Mann — fuhr also eines Tages mit einem Leutnant zu ihm, natürlich nur aus Neugier. Sie kamen zu ihm, wurden empfangen, und der sonderbare Mensch sah sie an. Er begann wie gewöhnlich damit, daß er sich die Gesichter der Leute genau und prüfend ansah, ehe er einwilligte, sich mit den Betreffenden überhaupt einzulassen. Gefielen sie ihm nicht, so schickte er sie hinaus, und zwar, wie man sagt, oft in einer sehr unhöflichen Weise. Er fragte also auch diese, was sie wünschten? Alexander Ignátjewitsch antwortete ihm darauf, das könne ihm ja seine Gabe und Menschenkenntnis von selbst sagen. ,Dann bitte, ins andere Zimmer', antwortete er, indem er sich an denjenigen wandte, der von beiden allein ein Anliegen an ihn hatte. Alexander Ignatjewitsch erzählt nun zwar nicht, was er dort im anderen Zimmer gehört oder erlebt hat — als er aber wieder herausgekommen ist, da soll er weiß wie Kreide gewesen sein. Dasselbe weiß man auch von einer Dame der Petersburger Gesellschaft zu berichten: auch sie soll ihn kreideweiß und in Tränen aufgelöst verlassen haben.«

»Sonderbar. Aber jetzt beschäftigt er sich doch nicht mehr damit?«

»Es ist ihm strengstens untersagt worden. Übrigens gibt es noch andere Vorfälle. Ein junger Fähnrich zum Beispiel, der Sproß und die Hoffnung einer vornehmen Familie, hat es sich einmal erlaubt, über ihn zu lächeln. ‚Was lachst du?' — Mit diesen Worten soll sich der Alte geärgert zu ihm gewandt haben. ‚In drei Tagen wirst du das sein!' Und dabei kreuzte er seine Arme so über der Brust, wie man sie den Leichen im Sarge über der Brust zu kreuzen pflegt.«

»Nun, und?«

»Tja, ich wage nicht, daran zu glauben, aber man sagt, die Prophezeiung sei tatsächlich eingetroffen. Er hat die Gabe, Wassilij Michailowitsch ... Sie beliebten zu lächeln während meiner treuherzigen Erzählung. Ich weiß, Sie sind mir, was Aufklärung betrifft, weit voraus. Aber ich glaube nun einmal an ihn. Er ist kein Scharlatan. Übrigens erwähnt auch Puschkin etwas ähnliches in seinen Werken.«

»Hm! Ich will Ihnen nicht widersprechen. Aber Sie sagten, glaube ich, daß er nicht allein lebe?«

»Das weiß ich nicht ... Ach so, ja, ich glaube, seine Tochter lebt bei ihm.«

»Seine Tochter?«

»Ja, — oder nein: seine Frau, glaube ich. Ich weiß nur, daß es irgendein Frauenzimmer ist. Hab' sie nur flüchtig vom Rücken gesehen und nicht weiter beachtet.«

»Hm! Sonderbar ...«

Der junge Mann verfiel in Nachdenken, Jaroslaff Iljitsch

dagegen in angenehme Beschaulichkeit. Das Wiedersehen mit Ordynoff hatte ihn erfreut und fast gerührt, überdies war er sehr mit sich selbst zufrieden, da er eine so anregende Geschichte hatte erzählen können. Er saß, betrachtete Ordynoff und rauchte dazu. Plötzlich sprang er erschrocken auf.

»Mein Gott, da ist schon eine ganze Stunde vergangen und ich denke nicht mal daran! Bester, teuerster Wassilij Michailowitsch, ich danke dem Schicksal, daß es uns zusammengeführt hat, aber jetzt — jetzt muß ich eilen! Ist es erlaubt, Sie einmal in Ihrem Gelehrtenheim aufzusuchen?«

»Warum nicht, bitte, es wird mich sehr freuen. Vielleicht spreche ich auch einmal bei Ihnen vor, wenn ich Zeit finde...«

»Was Sie sagen? — Wollen Sie wirklich? Damit würden Sie mich unendlich erfreuen! Sie glauben nicht, wie sehr es mich ehren würde!«

Sie verließen das Gasthaus. Als sie auf die Straße hinaustraten, stürzte ihnen Ssergejeff schon entgegen und meldete geschäftig, daß William Jemeljánowitsch sogleich vorüberfahren werde — und sie erblickten auch tatsächlich ein Paar flink ausgreifender hellbrauner Pferde vor einem leichten Wägelchen am oberen Ende dieser Straße. Jaroslaff Iljitsch drückte die Hand seines besten Freundes, ganz als gelte es, sie zu zerdrücken, griff an den Hut und eilte dem Gefährt des Prinzipals entgegen, wobei er sich unterwegs noch zweimal nach Ordynoff umsah und ihm zum Abschied wiederholt zunickte.

Ordynoff empfand eine solche Müdigkeit in allen Gliedern, daß er kaum die Füße zu bewegen vermochte. Mit Mühe schleppte er sich nach Hause. An der Pforte traf er wieder den Hausknecht, der aus der Ferne aufmerksam seinen Abschied von Jaroslaff Iljitsch beobachtet hatte und nun sehr zuvorkommend tat. Doch Ordynoff ging ohne ein Wort an ihm vorüber. In der Tür stieß er mit einer kleinen grauen Gestalt zusammen, die gesenkten Blickes gerade aus Murins Wohnung trat.

»Herrgott, vergib mir meine Sünden!« flüsterte das Kerlchen, indem es wie ein Pfropfen elastisch zur Seite sprang.
»Verzeihen Sie, habe ich Sie gestoßen?«
»N—nein, danke untertänigst für die Aufmerksamkeit ...
O Herrgott, Herrgott!«
Und das kleine Männlein stieg murmelnd, sich räuspernd und fromme Sprüche flüsternd, mit äußerster Vorsicht die Treppe hinunter. Es war das der Hauswirt, derselbe, dem gegenüber der Tatar sich so überaus dienstfertig gezeigt hatte. Und jetzt erst erinnerte sich Ordynoff, daß er dieses gebrechliche Männlein hier bei Murin bereits an dem Tage gesehen hatte, als er in die Wohnung einzog.

Er fühlte, daß die letzten Erlebnisse seine Nerven erschüttert und überreizt hatten; wußte auch, daß seine Phantasie und Empfindsamkeit aufs äußerste erregt waren, und er nahm sich daher vor, sich vor allem selbst nicht zu trauen. Allmählich verfiel er wieder in eine Art innerer Erstarrung, die ihn wie ein Gefühl bleierner Schwere gefangen hielt und seine Brust wie mit einer Zentnerlast bedrückte. Sein Herz schmerzte ihn so, als wäre es ganz von Wunden bedeckt, und seine Seele war voll von lautlosen, unversiegbaren Tränen.

Er sank wieder auf das Bett, das sie für ihn zurechtgemacht hatte, und begann von neuem zu lauschen. Deutlich unterschied er das Atmen zweier Menschen im Nebenzimmer: das eine schwer, krankhaft, ungleichmäßig, das andere sanft, oft gar nicht vernehmbar, auch unregelmäßig, doch wie von innerer Erregung beherrscht, als schlage dort ein Herz in dem gleichen Verlangen, in der gleichen Leidenschaft. Hin und wieder hörte er ihre leisen, weichen Schritte und das Geräusch ihrer Kleider, und selbst jeder Schritt ihrer Füße erweckte in seinem Herzen einen dumpfen und doch qualvoll süßen Schmerz. Endlich schien es ihm, als höre er ein leises Schluchzen und dann ein inbrünstiges Gebet. Da wußte er, daß sie vor dem Heiligenbild kniete und in Verzweiflung die Hände rang ... Wer war sie? Für wen betete sie? Welch eine verzweiflungsvolle Leidenschaft marterte ihr Herz? Weshalb quälte es sich und grämte es sich, ergoß es sich in so heißen und hoffnungslosen Tränen?

Er begann, alles, was sie zu ihm gesprochen, sich ins Gedächtnis zurückzurufen, jedes Wort, das noch wie Musik in seinen Ohren klang; auf jede Erinnerung, auf jeden Ausdruck, den er in Gedanken andächtig wiederholte, antwortete sein Herz mit einem dumpfen schweren Schlag ... Einen Augenblick schien es ihm, als sehe er das alles nur im Traum. Doch in demselben Augenblick erbebte auch schon sein ganzes Wesen bis ins Mark, daß er zu vergehen glaubte vor Schmerz und Sehnsucht, als er in der Erinnerung nun wieder ihren heißen Atem, ihre weiche Wange und ihren glühenden Kuß zu spüren meinte. Er schloß die Augen und verlor sich in Gefühl. Irgendwo schlug eine Uhr. Es wurde spät. Die Dämmerung sank.

Plötzlich war ihm, als neige sie sich wieder über ihn und sehe ihn an mit ihren wunderbar klaren Augen, die feucht schimmerten von glänzenden Tränen und einem hellen Glück, so still und rein, wie die türkisfarbene unendliche Himmelskuppel an einem heißen Mittag. Und aus ihrem Antlitz sprach eine so feierliche Stille, und ihr warmes Lächeln war eine solche Verheißung von unendlicher Seligkeit, war so voll Mitgefühl; so voll kindlicher, vertrauensseliger Hingebung schmiegte sie sich an seine Schulter, daß ein Stöhnen sich seiner entkräfteten Brust entrang vor lauter Freude. Es war, als wolle sie ihm etwas sagen, etwas anvertrauen. Wieder glaubte er, den Klang einer Musik zu vernehmen, die sein Herz durchdrang. Gierig atmete er die Luft ein, die ihr naher Atem erwärmte und gleichsam mit einer elektrischen Spannung erfüllte. In Sehnsucht streckte er die Arme aus, schöpfte tief Atem und schlug die Augen auf ... Sie stand vor ihm, über ihn gebeugt, bleich wie nach einem großen Schreck, am ganzen Körper vor Aufregung zitternd. Sie sprach etwas zu ihm, sie flehte und rang die Hände. Er umfing sie mit seinen Armen, sie lag zitternd an seiner Brust ...

ZWEITER TEIL

I

Was hast du? Was ist dir geschehen?« fragte Ordynoff, plötzlich erwacht, sie immer noch in starker und heißer Umarmung an sich pressend. »Was ist dir, Katerina? Was ist dir, meine Liebe?«

Sie schluchzte leise und verbarg ihr glühendes Gesicht an seiner Brust. Lange Zeit vermochte sie nicht zu sprechen. Ihr ganzer Körper zitterte, wie nach einem großen Schreck.

»Ich weiß nicht, ich weiß es nicht«, brachte sie endlich kaum vernehmbar hervor, als stehe ihr das Herz still vor Angst, »ich weiß auch nicht, wie ich zu dir gekommen bin ...« Und sie schmiegte sich noch fester an ihn, und in einem unbezwingbaren, krampfhaften Gefühlsausbruch küßte sie seine Schulter, seinen Arm, seine Brust. Schließlich preßte sie wie in Verzweiflung die Hände vor das Gesicht, kniete nieder und legte den Kopf an seine Knie. Als aber Ordynoff sie in einem unsagbaren Gefühl von Beklemmung ungeduldig emporhob und sie neben sich niedersetzte, da errötete sie heiß vor Scham und ihre Augen baten wie um Gnade; das Lächeln, das sie auf ihre Lippen zwang, verriet, daß sie kaum zu versuchen wagte, die unbezwingbare Macht der neuen Empfindung zu brechen, denn der Versuch wäre ja doch fruchtlos gewesen. Plötzlich schien wieder etwas sie zu erschrecken: mißtrauisch schob sie ihn mit der Hand zurück, sah ihn kaum mehr an und antwortete auf seine hastigen Fragen mit gesenktem Kopf nur angstvoll und flüsternd.

»Hat dich vielleicht ein böser Traum geängstigt? Oder ist dir sonst etwas Böses zugestoßen? Sag doch! Oder hat er dich erschreckt? ... Er fiebert und phantasiert ... Vielleicht hat er im Fieber etwas gesprochen, was du nicht hättest hören sollen? ... Du hast etwas gehört? Ja? Oder war es nur ein Traum?«

»Nein ... ich habe ja gar nicht geschlafen«, antwortete Katerina, mit Mühe ihre Aufregung niederringend. »Ich fand keinen Schlaf. Er aber schwieg die ganze Zeit, nur einmal rief er mich. Ich trat an sein Bett, sprach zu ihm, rief ihn — ich ängstigte mich so! — aber er hörte mich nicht und wachte nicht auf. Er ist schwer krank, möge Gott ihm helfen! Da senkte sich wieder der Gram in mein Herz, bitterer Gram, und ich betete, betete! Und da, sieh, da kam das über mich ...«

»Beruhige dich, Katerina, sei ruhig, mein Liebstes, sei ruhig! Wir haben dich gestern erschreckt ...«

»Nein, ich erschrak ja gar nicht! ...«

»Was ist es denn? Ist dir denn das auch früher schon geschehen?«

»Ja, auch früher schon.« Und sie erbebte und schmiegte sich wieder wie ein geängstigtes Kind an ihn. »Sieh, ich bin doch nicht grundlos zu dir gekommen«, sagte sie, ihr Schluchzen unterbrechend, und dankbar drückte sie ihm die Hände, »und nicht grundlos wurde es mir so schwer, allein zu sein! Also weine auch du nicht, wozu solltest du auch um fremdes Leid Tränen vergießen? Spare sie für trübe Tage, wenn es dir in der Einsamkeit schwer wird und du keinen Menschen bei dir hast! ... Höre, hast du eine Geliebte gehabt?«

»Nein, ... vor dir habe ich keine gehabt ...«

»Vor mir? ... Du nennst mich deine Geliebte?«

Sie sah ihn plötzlich verwundert an, wollte etwas sagen, schwieg aber und senkte den Blick. Leise stieg ihr die Röte ins Gesicht, das plötzlich wie in Flammenglut getaucht stand. Leuchtender durch die vergossenen Tränen, die schon vergessen waren, aber noch an ihren Wimpern hingen, glänzten ihre Augen; eine Frage schien auf ihren Lippen zu schweben. Mit verschämter Schelmerei blickte sie ein-, zweimal zu ihm auf, dann senkte sie plötzlich wieder den Kopf.

»Nein, ich kann nicht deine erste Liebe sein«, sagte sie, »nein, nein«, wiederholte sie nachdenklich mit leisem Kopfschütteln, und allmählich erschien wieder ein stilles Lächeln auf ihren Lippen, »nein, mein Lieber«, fuhr sie fort, »ich werde nicht deine Geliebte sein.«

Und sie sah ihn an, aber da sprach plötzlich so viel Weh aus ihrem Gesicht, eine so hoffnungslose Trauer, und so überraschend brach aus ihrem Innersten Verzweiflung hervor, daß ein unbegreifliches, krankhaftes Gefühl des Mitleids mit ihrem ihm unbekannten Leid Ordynoff erfaßte: er sah sie an, wie einer, dessen Mitleid ihm selbst zur noch größeren Qual wird.

»Höre, was ich dir sagen werde«, sagte sie mit einer Stimme, die ihm ins Herz schnitt, und sie nahm seine beiden Hände und hielt sich an ihnen krampfhaft fest, wie um aufsteigendes Schluchzen zu ersticken. »Höre mich an, Lieber, und vergiß es nicht, was ich dir sage: bezähme dein Herz und liebe mich nicht so, wie du mich jetzt liebst. Es wird dir dann leichter sein, dein Herz wird freier und froher sein, und du wirst dich vor einem argen Feinde bewahren und eine liebende Schwester gewinnen. Ich werde zu dir kommen, wenn du willst, werde dich liebkosen und es mir doch nicht zur Schande werden lassen, daß ich dich kennen gelernt habe. War ich doch auch Tag und Nacht bei dir, als du das böse Fieber hattest! Laß mich deine Schwester sein! Wir sind doch nicht umsonst einander gut und nicht umsonst hab ich unter Tränen für dich zur Mutter Gottes gebetet! Eine andere solche wirst du für dich nicht finden! Suche auf dem ganzen Erdenrund, durchsuche alles, was unter dem Himmel ist — nein, glaube mir, du wirst keine zweite finden, die dir eine solche Geliebte sein wird wie ich, wenn es Liebe ist, um was dein Herz bittet. Glühend werde ich dich lieben, werde dich ewig so lieben wie jetzt, und werde dich deshalb lieben, weil deine Seele so rein ist, so hell, so durchsichtig; ich werde dich lieben, weil ich, als ich dich zum ersten Mal sah, sogleich fühlte, daß du meines Hauses Gast bist, ein erwünschter, ein ersehnter Gast, und uns nicht ohne Grund um Aufnahme batest. Ich werde dich lieben, weil deine Augen lieben, wenn du einen ansiehst, und von deinem

Herzen künden. Und wenn sie etwas sagen, dann weiß ich gleich alles, was in dir ist, und dafür möchte man dann das Leben hingeben, um dieser deiner Liebe willen, möchte auch alle Freiheit dafür hingeben, denn es ist süß, desjenigen Sklavin zu sein, dessen Herz man gefunden hat ... Aber mein Leben, das gehört ja nicht mir, das ist schon fremdes Eigentum, und meine Freiheit ist gebunden! Die Schwester aber nimm und sei mir ein Bruder und hilf mir mit deinem Herzen, wenn wieder das Schlimme mich anficht. Nur sorge du selbst, daß ich mich nicht zu schämen brauche, zu dir zu kommen und die lange Nacht wie jetzt bei dir zu bleiben. Hörst du mich? Hat auch dein Herz es gehört? Hast du auch alles verstanden, was ich dir sagte? ...« Sie wollte noch etwas hinzufügen, sah zu ihm auf und legte die Hand auf seine Schulter, doch da war es, als verließe sie alle Kraft; aufschluchzend sank sie an seine Brust, und in einem Weinkrampf tobte ihre Leidenschaft sich aus. Ihre Brust wogte, ihr Gesicht brannte wie das Abendrot.

»Mein Leben!« stammelte Ordynoff, dem die Erregung die Augen umflorte und den Atem benahm. »Meine Freude!« flüsterte er, ohne zu wissen, was er sagte, ohne die Worte, ohne sich selbst zu begreifen, zitternd vor Furcht, mit einem Hauch den ganzen Zauber zu zerstören, den ganzen Sinnenrausch, und damit alles, was mit ihm geschah und um ihn war und was er eher für eine Vision als für Wirklichkeit zu halten bereit war: so verschwamm alles vor ihm wie im Nebel! »Ich weiß nicht, ich verstehe dich nicht, ich habe vergessen, was du mir sagtest, alle Vernunft ist in mir erloschen, nur das Herz schmerzt in der Brust ... meine Königin!«

Seine Stimme versagte vor Aufregung. Sie schmiegte sich immer fester, immer wärmer, glühender an ihn. Da erhob er sich taumelnd und, unfähig, sich noch länger zu bezwingen, wie entkräftet vor Seligkeit, sank er in die Knie vor ihr. Eine Erschütterung wie ein Schluchzen brach endlich schmerzhaft aus ihm hervor und durchfuhr seinen ganzen

Körper — von der Fülle der noch nie empfundenen Verzückung bebte seine Stimme, die tief aus seinem Innersten hervordrang, wie der Ton einer Saite, die man in Schwingung gebracht.

»Wer bist du, wer warst du? Woher kommst du? Aus welchem Himmel bist du zu mir in meinen Himmel herübergeflogen? Es ist ja alles wie ein Traum, ich kann noch nicht glauben, daß du wirklich bist! Schilt mich nicht ... laß mich sprechen, laß mich alles dir sagen, alles! ... Ich habe schon lange einmal sprechen wollen ... wer bist du, meine Freude, sag? Wie hast du mein Herz gefunden? Erzähle mir, bist du schon lange meine liebe Schwester? ... Wo warst du bisher, erzähl mir von dir, — erzähl mir, wo hast du früher gelebt, was hast du dort geliebt, worüber dich gefreut, worüber getrauert? Erzähle mir alles, ich will alles von dir wissen! Wo ist deine Heimat? Ist die Luft dort warm, der Himmel klar? ... Wer war dir dort nahe, wer hat dich vor mir geliebt? Zu wem hat dich zuerst dein Herz gedrängt? ... Hast du deine Mutter gekannt und hat sie dich als Kind geliebkost und gepflegt oder bist du allein, wie ich, unter Fremden aufgewachsen? Sage mir, bist du immer so gewesen? Erzähl mir von deinen Träumen und Wünschen und was von ihnen in Erfüllung gegangen ist und was nicht — erzähle mir alles ... Wer war der erste, den dein Mädchenherz liebgewann und wofür hast du es ihm hingegeben? Sage mir, was soll *ich* dafür geben, was muß *ich* dir geben für — dich? ... Sag mir, meine Liebe, meine Sonne, meine geliebte Schwester, sag mir, womit kann ich mir dein Herz verdienen?«

Seine Stimme versagte und er senkte den Kopf. Als er aber aufblickte, überlief es ihn vor Schreck: Katerina saß totenblaß und regungslos auf dem Bett, ihre Augen starrten mit leerem Blick über ihn hinweg, nur ihre Lippen zitterten in stummem, unsagbarem Schmerz. Langsam erhob sie sich, wankte zwei Schritte vom Bett und fiel mit einem herzzerreißenden Klagelaut vor dem Heiligenbild nieder ...

Sinnlose, unverständliche Worte entrangen sich stoßweise ihrer Brust. Sie schien ohnmächtig zu werden. Ordynoff hob sie auf, trug sie auf sein Bett und stand in atemloser Angst über sie gebeugt. Nach einer Weile schlug sie die Augen auf, bewegte sich, wie um sich auf den Ellbogen zu stützen, sah sich mit irrem Blick im Zimmer um, sah zu ihm auf und tastete nach seiner Hand. Sie zog ihn näher zu sich, ihre Lippen bewegten sich, als wollte sie etwas sagen, aber sie konnte nichts hervorbringen. Endlich brach sie in einen Strom von Tränen aus.

Sie stammelte ein paar Worte, aber das Schluchzen zerriß dieselben und erstickte ihre Stimme. Als sie dann wieder den Kopf hob, sah sie mit solch einer Verzweiflung Ordynoff an, daß er, der sie nicht verstand, sich näher über sie beugte, um keinen Laut aus ihrem Munde zu verlieren. Endlich hörte er sie deutlich flüstern:

»Ich bin versehrt, man hat mich verdorben, ich bin verloren!«

Ordynoff erhob jäh den Kopf und sah sie bestürzt an. Ein abscheulicher Gedanke durchzuckte ihn. Und Katerina sah dieses plötzliche schmerzliche Zucken seines Gesichtes.

»Ja! Verdorben!« stieß sie hervor, »ein böser Mensch hat mich verdorben, – *er, er* ist mein Verderber! ... Ich habe meine Seele verkauft ... Warum, warum hast du von der Mutter gesprochen! Wozu brauchtest du mich daran zu erinnern? Gott möge dir ... möge dir verzeihen! ...«

Und sie weinte leise vor sich hin. Ordynoffs Herz schlug so heftig, daß er vor Schmerz hätte aufschreien mögen.

»Er sagt«, flüsterte sie geheimnisvoll, mit zurückgehaltenem Atem, »er sagt, wenn er stirbt, wird er kommen und meine sündige Seele holen ... Ich gehöre ihm, ich hab mich ihm mit meiner Seele verkauft ... Und jetzt quält er mich und liest mir aus seinen Büchern vor ... Dort, sieh, das ist sein Buch! Dort! Er sagt, ich habe eine Todsünde begangen ... Sieh, da liegt sein Buch, sieh ...«

Und sie wies mit Grauen auf einen großen Band. Ordynoff hatte nicht bemerkt, wie der in sein Zimmer geraten war. Er nahm ihn mechanisch — es war eines von jenen mit der Hand geschriebenen Büchern der Altgläubigen, wie er sie früher einmal gelegentlich gesehen hatte. Er war aber unfähig, seine Aufmerksamkeit auf irgend etwas zu lenken.

Sacht umfing er sie und redete ihr beruhigend zu.

»Denk nicht daran, laß das jetzt ... Man hat dich geängstigt und erschreckt ... ich bin ja bei dir ... Ruhe dich bei mir aus, meine Liebe, mein Licht!«

»Du weißt noch nichts! nichts!« Sie umklammerte wieder seine Hände. »Ich bin immer so! ... Immer fürchte ich mich ... Aber du, nein, du quäle mich nicht, quäle mich nicht! ...«

»Ich gehe dann zu ihm«, fuhr sie nach einer Weile fort. »Manchmal bespricht er mich einfach mit seinen eigenen Worten, ein anderes Mal nimmt er sein Buch, das größte, und liest mir vor — liest so drohende und strenge Worte! Ich weiß nicht, was es ist, und ich verstehe auch nicht jedes Wort, aber mich überkommt dann solch eine Angst; wenn ich auf seine Stimme horche, ist es mir, als spräche das gar nicht er, sondern ein anderer, kein guter, sondern einer, den nichts erweicht und der so unerbittlich ist, daß es mir das Herz zermalmt und die Qual noch größer wird als zu Anfang mein Gram war!«

»Geh nicht mehr zu ihm! Warum gehst du zu ihm?« sagte Ordynoff, ohne sich dessen recht bewußt zu sein, was er sprach.

»Warum bin ich zu dir gekommen? Frag mich — ich weiß es auch nicht ... Er aber sagt mir immer: ‚Bete, bete, bete!‘ Zuweilen stehe ich in dunkler Nacht auf und bete lange, stundenlang. Oft übermannt mich der Schlaf, aber die Angst weckt mich wieder, immer wieder, und dann kommt es mir vor, daß ringsum ein dunkles Gewitter aufsteigt, daß mir Schlimmes droht, da die Bösen mich zu Tode quälen und zerreißen werden, daß ich keines Menschen Hilfe zu erflehen vermag und mich niemand vor dem Furchtbaren retten kann. Meine Seele will sich selbst verzehren, und es ist, als wolle sich mein ganzer Körper in Tränen auflösen ... Dann fange ich wieder an zu beten, und bete und bete, bis die Mutter Gottes liebevoller auf mich herabschaut. Dann erst stehe ich auf und gehe halbtot wieder zu Bett, manchmal aber schlafe ich auch so vor dem Heiligenbild kniend ein. Da kommt es denn vor, daß er erwacht und mich ruft ... und dann liebkost und tröstet und beruhigt er mich ... und dann wird mir viel leichter. Ja, gleichviel was für ein Unglück auch noch käme, bei ihm fürchte ich mich nicht mehr. Er ist mächtig! Groß ist sein Wort!«

»Aber was ist denn, worin besteht denn dein Unglück?...« fragte Ordynoff zitternd, mit Verzweiflung im Herzen.

Katerina erbleichte. Sie sah ihn wie eine zum Tode Verurteilte an, der man die letzte Hoffnung auf Gnade nimmt.

»Ich ... ich bin verflucht, ich bin eine Seelenmörderin, meine Mutter hat mich verflucht! Ich habe meine eigene Mutter umgebracht! ...«

Ordynoff umschlang sie wortlos. Bebend schmiegte sie sich an ihn. Er fühlte, wie ein Zittern ihren Körper durchlief, als wolle es ihre Seele diesem Körper entringen.

»Ich habe sie unter die feuchte Erde gebracht«, sagte sie, ganz beherrscht von der Erinnerung und ihrer Aufregung — und sie schien das unwiderruflich Geschehene, unwiederbringlich Vergangene in diesen Augenblicken noch einmal zu erleben. »Ich wollte es schon lange sagen, aber er verbot es mir immer, bald mit Bitten, bald mit Vorwürfen und zornigen Worten. Zuweilen freilich beginnt er selbst, mich daran zu erinnern, als wäre er mein Feind und Widersacher. Mir aber kommt alles das — so auch heute nacht — wie stets und immer gegenwärtig vor ... Höre, höre mich! Das ist schon sehr lange her, ich weiß nicht einmal mehr, wann es war, und doch steht es vor mir, als wäre es gestern gewesen, wie ein Traum der letzten Nacht, der bis zum Morgen mein Herz bedrückt hat. Der Gram macht die Zeit so lang. Setze dich hierher, ich werde dir mein Leid erzählen; vernichte mich, die ich schon verflucht bin ... Ich übergebe dir mein Leben ...«

Ordynoff wollte sie aufhalten, wollte sie am Sprechen verhindern, aber sie faltete die Hände, wie um ihn bei seiner Liebe anzuflehen, ihr doch Gehör zu schenken; dann fuhr sie in noch größerer Erregung fort. Ihre Erzählung war wirr und sprunghaft, ihre Stimme verriet den Sturm, der in ihrer Seele tobte. Aber trotzdem verstand Ordynoff alles, denn ihr Leben war für ihn zu seinem eigenen Leben geworden, ihr Leid auch sein Leid. Er glaubte, wieder seinen alten Feind vor sich zu sehen. Der Feind wuchs vor ihm auf mit jedem ihrer Worte und er ward immer greifbarer; es war ihm, als presse er mit ungeheurer Kraft sein Herz zusammen und spotte obendrein mit höhnischen Schimpfworten seiner Wut. Sein Blut begann zu sieden, drängte sich heiß in seine Gedanken und brachte ihn in Verwirrung. Da war es ihm denn, als stehe der boshafte Alte aus seinem Traum plötzlich auf (Ordynoff war davon überzeugt) und stände leibhaftig vor ihm.

»Es war eine ebensolche Nacht«, begann Katerina, »nur viel dunkler und grausiger, und der Wind heulte durch unseren Wald, wie ich es noch nie gehört hatte ... oder begann schon in jener Nacht mein Verderben? ... Die Eiche vor unseren Fenstern brach. Ich weiß noch, der alte Bettler, der immer zu uns kam — er war schon ein ganz, ganz alter Mann — erzählte, daß er sich dieser Eiche noch aus seiner Kindheit erinnere: damals sei sie schon ebenso groß gewesen wie dann, als der Sturm sie brach. In derselben Nacht — wie heute entsinne ich mich dessen noch! — wurden Vaters Barken auf dem Fluß von diesem Sturm zertrümmert, und als die Fischer zu uns gelaufen kamen — wir wohnten bei der Fabrik — da fuhr der Vater gleich selbst zum Fluß, obschon er krank war. Wir blieben allein, Mutter und ich. Wir saßen beide im Zimmer; ich schlummerte, Mutter aber war so traurig und weinte bitterlich ... und ich wußte, warum sie weinte. Sie war erst vor kurzem vom Krankenbett aufgestanden, war noch ganz blaß und sagte mir immer, ich solle ihr das Totenhemd nähen ... Plötzlich, um Mitternacht, höre ich: jemand klopft draußen an die Pforte. Ich sprang auf, alles Blut strömte mir zum Herzen — die Mutter schrie auf vor Schreck ... Ich sah nicht nach ihr hin, ich fürchtete mich, aber ich nahm die Laterne und ging selbst hinaus, um zu öffnen ... Das war *er!* Mir wurde bange, denn ich bangte mich immer, wenn er kam, und das schon von Kindheit an, soweit meine Erinnerung zurückreicht, seitdem ich überhaupt denken kann! Damals hatte er noch kein graues Haar: sein Bart war pechschwarz und seine Augen brannten wie Kohlen. Bis dahin hatte er mich noch kein einziges Mal freundlich angesehen. Er fragte: ‚Ist die Mutter zu Hause?' Ich schloß die Pforte und sagte, daß der Vater nicht zu Hause sei. Er sagte darauf nur: ‚Ich weiß', und plötzlich sah er mich an, so an ... zum ersten Mal sah er so auf mich. Ich wandte mich zum Gehen, er aber stand immer noch. ‚Warum kommst du nicht herein?' — ‚Ich überlege', sagte er. Langsam folgte er mir. Als wir aber fast schon eintraten, fragte er plötzlich leise: ‚Warum sagtest du mir, daß der Vater nicht zu Hause ist, als ich nach deiner Mutter fragte?' Ich schwieg ... Die Mutter erstarrte, als sie ihn sah — wollte dann zu ihm stürzen ... Er aber schenkte ihr kaum einen Blick, — ich sah alles. Er war ganz durchnäßt und durchfroren: über zwanzig Werst hatte er im Sturm zurückgelegt, aber woher er kam und wo er sich aufhielt, das haben Mutter und ich nie gewußt. Damals hatten wir ihn schon ganze neun Wochen nicht gesehen ... Die Mütze warf er auf den Tisch, die Fausthandschuhe streifte er ab — verneigte sich aber nicht vor den Heiligenbildern, bot keinen Gruß der Hausfrau, — setzte sich nur ans Feuer ...«

Katerina fuhr sich mit der Hand über das Gesicht, als bedränge und quäle sie etwas, doch schon bald erhob sie wieder den Kopf und fuhr fort:

»Er begann mit der Mutter tatarisch zu sprechen. Die Mutter konnte Tatarisch. Ich verstand kein Wort. Sonst hatte man mich immer fortgeschickt, wenn er kam; damals aber wagte die Mutter nicht, ihrem eigenen Kind ein Wort zu sagen. Der Böse kaufte meine Seele, ich aber sah die Mutter an, als wäre ich stolz darauf. Ich merkte, daß sie von mir sprachen, mich mit dem Blick streiften. Mutter begann zu weinen. Ich sah, wie seine Hand wieder an seinen Dolch fuhr — in der letzten Zeit hatte ich schon mehrmals seine Hand nach dem Dolch, den er vorn im Gürtel trug, greifen sehen, wenn er mit der Mutter sprach. Ich stand auf und griff nach seinem Gürtel, um ihm den sündhaften Dolch aus der Scheide zu reißen. Er aber knirschte vor Wut mit den Zähnen, schrie auf und wollte mich fortstoßen, aber der Stoß traf meine Brust. Ich dachte, jetzt sterbe ich auf der Stelle; es wurde mir dunkel vor den Augen und ich brach lautlos zusammen, aber ich schrie nicht. Und da sah ich, obschon mir fast die Sinne schwanden, wie er seinen Gürtel abnahm und den Ärmel an der Hand aufstreifte, mit der er mich gestoßen hatte, und den kaukasischen Dolch aus der Scheide zog und ihn mir reichte: ‚Da, schneide sie ab, die Hand, räche an ihr die Beleidigung, die ich dir angetan habe; ich aber, du Stolze, werde mich dafür tief bis zur Erde vor dir verneigen.' Ich legte den Dolch beiseite. Mein Blut drohte mich zu ersticken, aber ich sah nicht nach ihm hin. Ich weiß noch, ich lächelte mit zusammengepreßten Lippen, sagte aber kein Wort und sah nur der Mutter in die traurigen Augen, und sah sie zornig an, während zugleich ein schamloses Lächeln auf meinen Lippen blieb. Und die Mutter saß blaß da, totenstill...«

Ordynoff hatte mit gespanntester Aufmerksamkeit auf jedes Wort ihrer Erzählung geachtet. Doch allmählich legte sich ihre Erregung, und ihre Rede wurde ruhiger. Die Erinnerung überwältigte das arme Weib und löste ihren Gram in ein Gefühl auf, das sich über das ganze uferlose Meer ihres Kummers erstreckte.

»Er nahm die Mütze, ohne sich zu verabschieden. Und ich nahm wieder die Laterne, um ihn hinauszugeleiten, indem ich der Mutter zuvorkam, die doch aufstehen und ihm das Geleit geben wollte, obwohl sie noch krank war. Wir kamen zur Pforte, ich öffnete sie ihm, verscheuchte die Hunde, schwieg aber. Er blieb stehen – und plötzlich nimmt er die Mütze ab und grüßt mich mit einer tiefen Verbeugung. Zugleich sehe ich, wie er die Hand in die Brusttasche schiebt und ein kleines, mit rotem Saffianleder überzogenes Kästchen hervorholt und es öffnet. Ich sehe hin: echte Perlen. Sie sollten für mich sein. ‚Ich habe‘, sagte er, ‚im nächsten Städtchen eine Schöne, der wollte ich zum Gruß diese Perlen bringen, doch nun habe ich sie nicht ihr gebracht: nimm du sie, schönes Mädchen, schmücke mit ihnen deine Schönheit oder zertritt sie mit dem Fuß, wie du willst, aber nimm sie.‘ Ich nahm sie, aber zertreten wollte ich sie nicht, das wäre zuviel Ehre gewesen. So nahm ich sie tückisch und sagte kein Wort. Ich kehrte zurück in das Zimmer und legte sie vor der Mutter auf den Tisch – dazu hatte ich sie genommen. Sie schwieg lange Zeit und war wie ein Handtuch so bleich, und es war, als hätte sie Furcht, mit mir zu sprechen. ‚Was bedeutet das, Katja?‘ fragte sie endlich. Ich aber sagte: ‚Für dich, Mutter, hat das der Kaufmann gebracht, mehr weiß ich nicht.‘ Und ich sah, wie ihr die Tränen über die Wangen herabrollten und wie das Atmen ihr schwer wurde. ‚Nicht für mich, böses Töchterchen, nicht für mich!‘ Ich weiß noch, so traurig sprach sie die Worte, so weh, als sei ihre ganze Seele voll Tränen. Und ich sah auf, wollte mich zu ihren Füßen niederwerfen, aber statt dessen sagte ich, was mir der böse Geist plötzlich eingab: ‚Nun, wenn nicht für dich, dann wohl für den Vater. Wenn er zurückkehrt, werde ich sie ihm geben und ihm sagen, daß Kaufleute hier waren und ein Stück ihrer Ware vergessen haben ...‘ Da brach sie in Tränen aus und weinte bitterlich ... ‚Das werde ich selbst tun, werde dem Vater sagen, was für Kaufleute hier waren und nach was für einer Ware sie gefragt haben ... Ich werde es ihm schon sagen, wessen Tochter du bist, du Ruchlose! Du bist nicht mehr meine Tochter, du bist eine arglistige Schlange! Als Mutter verfluche ich dich!‘ Ich schwieg, keine Träne trat mir ins Auge ... Ach! es war alles wie erstorben in mir ... Ich ging hinauf in mein Mädchenzimmer und die ganze Nacht horchte ich auf den Sturm, und wie der Sturm draußen tobte, das fühlte ich, so entstanden in mir meine Gedanken.

Fünf Tage vergingen. Dann kehrte gegen Abend der Vater heim, finster und zornig, denn unterwegs hatte ihn die Krankheit noch mehr mitgenommen. Ich sehe: den einen Arm trägt er in der Binde. Da erriet ich, daß der Feind seinen Weg gekreuzt hatte. Und sein Feind hatte ihn auch krank gemacht. Und ich wußte auch, wer sein Feind war. Ich wußte alles. Mit der Mutter sprach er kein Wort, nach mir fragte er nicht, die Leute ließ er alle zusammenrufen und befahl, die Fabrik stillzulegen und das Haus vor dem bösen Blick zu beschützen. Da ahnte mein Herz, daß in unserem Hause etwas nicht gut war. So wachten wir denn. Die Nacht verging langsam, wieder stürmte es draußen im Dunkeln, und der Sturm drang auch in meine Seele. Ich öffnete das Fenster — mein Gesicht glühte, meine Augen weinten und mein Herz konnte keine Ruhe finden. Wie Feuer brannte es in mir! So — hinaus hätte ich mögen, hinaus aus dem drückenden Zimmer, und weit weg, bis ans Ende der Welt, wo die Blitze und Stürme entstehen. Meine Mädchenbrust bebte und zitterte ... plötzlich, es war schon spät — ich erwachte wie aus leichtem Schlummer ... oder hatte sich ein Nebel auf meine Seele gesenkt und mich verwirrt? — plötzlich höre ich, wie ans Fenster gepocht wird: ‚Mach auf!‘ — und ich sehe, ein Mensch ist an einem Strick heraufgeklettert. Ich ahnte sogleich, wer der späte Gast war, öffnete das Fenster und ließ ihn in mein einsames Zimmer. Das war *er!* Die Mütze nahm er nicht ab, setzte sich auf die Truhe, und sein Atem ging keuchend, als sei eine Meute von Verfolgern hinter ihm her gewesen. Ich stand und wußte, daß ich bleich war. ‚Ist der Vater zu Hause?‘ fragte er. — ‚Ja.‘ — ‚Und die Mutter auch?‘ — ‚Auch die Mutter‘, sagte ich. ‚Dann sei jetzt ein Weilchen still ... Hörst du nichts?‘ — ‚Ich höre.‘ — ‚Was?‘ — ‚Ein Pfeifen unter dem Fenster!‘ — ‚Nun, willst du jetzt, schönes Mädchen, den Feind um seinen Kopf bringen? Willst du den Vater rufen und mich dem Verderben preisgeben?

Deinem Mädchenwillen füge ich mich: was du willst, das soll geschehen! Hier hast du einen Strick, binde mich, wenn dein Herz dir befiehlt, für deine Mädchenehre einzustehen.' — Ich schwieg. — ‚Nun? Sprich doch, meine Schöne!' — ‚Was willst du?' fragte ich. — ‚Was ich will? Ich will einem Feinde entgehen, will von einer alten Liebe Abschied nehmen und einer neuen, jungen Liebe, wie dir, schönes Mädchen, meine Seele verpfänden...' Ich lachte auf. Ich weiß selbst nicht, wie seine freche Rede mein Herz berühren konnte. ‚So laß mich jetzt, schönes Mädchen, nach unten gehen, mein Herz prüfen und dem Vater und der Mutter meinen Gruß entbieten', sagte er und stand auf. Ich zitterte so, daß mir die Zähne aufeinanderschlugen, und ich mein Herz wie glühendes Eisen in der Brust fühlte. Und ich ging, öffnete ihm die Tür. Doch wie er schon über die Schwelle trat, nahm ich alle meine Kraft zusammen und stieß noch hervor: ‚Da hast du deine Perlen, und wage es nie wieder, mir Geschenke zu bringen!' — und ich warf ihm das rote Kästchen mit den Perlen nach.«

Katerina hielt inne, um Atem zu schöpfen. Sie wechselte, wie schon oft während ihrer Erzählung, wieder die Farbe: ihre blauen Augen waren dunkel und glänzten seltsam. Plötzlich aber erblaßte sie von neuem, und ihre Stimme senkte sich und bebte vor Erregung und Trauer.

»Ich blieb allein«, fuhr sie fort, »und es war mir, als habe mich ein Wirbelsturm erfaßt. Plötzlich höre ich rufen, schreien, höre, wie über den Hof die Leute laufen, höre: ‚Die Fabrik brennt!' Ich rührte mich nicht, ich hörte nur, wie alle aus dem Hause liefen; ich selbst blieb allein mit der Mutter. Ich wußte, daß sie mit dem Tode rang, seit drei Tagen lag sie schon im Sterben, ich, ihre verfluchte Tochter, ich wußte es! ... Plötzlich tönte ein Schrei unter meinem Zimmer, nur ein ganz schwacher, leiser Schrei, der so klang, wie ein Kind aufschreit, wenn es im Traum erschrickt, und dann war wieder alles still. Ich blies das Licht aus; es überlief mich kalt in der Dunkelheit, ich bedeckte das Gesicht mit den Händen; ich fürchtete mich, überhaupt zu sehen. Dann drang plötzlich wieder Stimmengewirr zu mir, lauter und lauter — von der Fabrik her kamen Menschen gelaufen. Ich beugte mich weit zum Fenster hinaus, und ich sah: da brachten sie den Vater, tot, und ich hörte noch, wie sie untereinander sagten: ‚Von der Leiter ist er gefallen, von der Leiter ... gerade in den siedenden Kessel! Der Teufel muß ihn hinuntergestoßen haben! ... Er muß fehlgetreten sein!' Ich sank auf mein Bett; rührte mich nicht; aber ich wartete, wußte selbst nicht, auf was oder wen ... Furchtbar war diese Stunde. Ich weiß nicht, wie lange ich so saß. Ich weiß nur, daß ich schließlich ein Gefühl hatte, als drehe sich alles rund um mich. Im Kopf empfand ich einen dumpfen Druck, und der Rauch biß mir in die Augen. Und es freute mich, daß mein Ende nahte! Da berührte plötzlich jemand meine Schultern und richtete mich auf. Ich schlug die Augen auf und sah, so gut ich sehen konnte: *er* war es, und ganz versengt waren seine Kleider und heiß; ich glaube, sie schwelten noch und rochen nach Rauch.

‚Ich bin gekommen, um dich zu holen, schönes Mädchen', sagte er. ‚Führe mich jetzt aus dem Verderben hinaus, wie du mich ins Verderben hineingeführt hast. Hab meine Seele heut für dich umgebracht. Für diese verfluchte Nacht werde ich keine Vergebung durch Gebete erflehen können! Vielleicht wenn wir beide gemeinsam beten!' Und er lachte, der böse Mensch! ‚Nun weise den Weg', sagte er, ‚wie man von hier fortkommt, ohne gesehen zu werden!' Ich nahm ihn bei der Hand und führte ihn. Wir stiegen die Treppe hinunter, gingen leise über den Flur, ich schloß die Tür der Vorratskammer auf — die Schlüssel trug ich bei mir — und wies auf das Fenster. Dort lag der Garten. Da ergriff er mich, hob mich auf seinen starken Arm und schwang sich mit mir aus dem Fenster. Hand in Hand liefen wir weiter, lange liefen wir. Dann stand endlich der dichte dunkle Wald vor uns. Er blieb stehen und horchte. ‚Sie verfolgen uns, Katerina! Die Verfolger sind hinter uns her, schönes Mädchen. Aber nicht in dieser Stunde ist es uns bestimmt, unser Leben zu lassen! Küsse mich, schönes Mädchen, verheiße mir Liebe und ewiges Glück!' — ,Wovon sind deine Hände blutig?' fragte ich. — ,Sind meine Hände blutig, mein Lieb? Ich habe eure Hunde erstochen. Sie bellten zu laut für den späten Gast. Komm!' Und wir liefen weiter. Da sahen wir auf dem Waldweg meines Vaters Pferd, das hatte den Zaum zerrissen und war aus dem Stall gelaufen; es hatte nicht mitverbrennen wollen! ,Setz dich mit mir aufs Pferd! Diese Hilfe hat uns Gott geschickt!' sagte er. Ich schwieg. ,Oder willst du nicht? Ich bin doch kein Unchrist, kein böser Geist, da sieh, ich bekreuze mich, wenn du willst', und er schlug auch wirklich das Kreuz. Dann schwang er sich aufs Pferd, hob mich zu sich hinauf, und ich drückte mich an ihn und vergaß an seiner Brust alles um mich her, und es war ganz so, als hielte mich nur ein Traum umfangen. Als ich aber aus diesem Traum erwachte, da sah ich, daß wir an einem breiten, breiten Fluß waren. Er stieg ab, hob mich vom Pferde und ging in das Schilf: dort hatte er seinen Nachen versteckt. Zum Abschied klopfte er dem Tier noch den Hals: ,Nun leb wohl, braves Roß!' sagte er, ,geh, such dir einen neuen Herrn, die alten haben dich alle verlassen.' Das ging mir so nah! Ich schlang meine Arme um den Hals des Tieres und preßte das Gesicht an sein glattes Fell und küßte es zum Abschied. Dann stiegen wir in den Nachen, er nahm die Ruder, und bald lag das Ufer hinter uns. Und als das Ufer nicht mehr zu sehen war, zog er die Ruder ein und schaute sich auf dem Wasser rings um. Und während er noch so schaute, murmelte er:

,Sei gegrüßt, Mütterchen, du gewaltiger Strom, bist manches Gottesmenschen Ernährerin und meine Beschützerin! Hast du mein Gut auch bewahrt, meine Waren sanft getragen?' Ich schwieg und hatte den Blick gesenkt, denn mein Antlitz brannte vor Scham wie Feuer. ,Hättest du doch lieber alles genommen, du Stürmische, Unersättliche', murmelte er weiter, ,und würdest mir nun dafür versprechen, meine schönste, vielkostbare Perle zu hüten und zu wiegen! Sag doch nur ein Wort, Mädchen, was bist du so stumm? — strahle wie die Sonne, die Sturmwolken durchbricht, und verscheuche mit deinem Licht das Dunkel der Nacht!' Er sagte es, aber er lächelte dabei; sein Herz brannte nach mir, aber sein Lächeln dazu wollte ich aus Schamgefühl doch nicht dulden. Ich wollte etwas sagen, aber ich traute mich nicht, und so schwieg ich denn. — ‚Nun, wie du willst!' antwortete er auf mein schüchternes Sinnen, aber er sagte es wie mit Trauer, als ob ihn selbst Traurigkeit erfasse. ‚Mit Gewalt läßt sich da nichts erzwingen. Gott sei denn mit dir, du Hochmütige, du schönes Mädchen, du weiße Taube! Da sieht man, daß dein Haß gegen mich groß ist, oder bin ich deinen blauen Augen so wenig liebwert erschienen?' Ich hörte das, und Wut kam über mich, Wut aus Liebe; doch ich bezwang mein Herz und sagte: ‚Liebwert oder nicht liebwert, wie soll ich das wissen, wohl aber weiß das eine andere Törichte, Schamlose, die ihr reines Mädchenstübchen in dunkler Nacht entweiht, die ihre Seele für eine Todsünde verkauft und ihr unkluges Herz nicht bezwungen hat. Das wissen vielleicht nur noch meine heißen Tränen, und das sollte auch der noch wissen, der wie ein Räuber auf das Leid, das er anderen verursacht, obendrein stolz ist und über ein Mädchenherz sich lustig macht!' Ich sagte es, vermochte dann aber nicht länger an mich zu halten und brach in Tränen aus ... Er schwieg, sah mich aber an, daß ich wie ein Espenblatt erzitterte. ‚So höre denn, schönes Mädchen', sagte er dann, und seine Augen brannten auf mir, ‚es sind keine leeren Worte, die ich dir sage, sondern es ist ein großes Versprechen, das ich dir jetzt gebe: Solange du mir Glück schenken wirst, so lange werde ich dein Herr sein, wenn du mich aber einmal nicht mehr liebhast, — so mache keine unnützen Worte, sage nichts, bemühe dich nicht: nur ein Zucken deiner Zobelbrauen, ein Blick aus deinem dunklen Auge, eine Bewegung deines kleinen Fingers laß genug sein, und ich gebe deine Liebe frei und gebe dir deine goldene Freiheit zurück. Nur wird das zu derselben Stunde, du meine stolze, grausame Schöne, zugleich auch das Ende meines Lebens sein!' Da griff ich mit allen meinen Sinnen lächelnd seine Worte auf...«

In tiefer Erregung hielt Katerina hier in ihrer Erzählung inne. Sie holte schwer Atem, lächelte über einen neuen Gedanken sinnend vor sich hin und wollte fortfahren. Doch da begegneten ihre glänzenden Augen Ordynoffs fieberglühendem Blick, der wie gebannt an ihrem Antlitz hing. Sie zuckte zusammen, wollte etwas sagen, aber nur das Blut stieg ihr wieder ins Gesicht... Wie fassungslos hob sie die Hände, umklammerte ihren Kopf und warf sich mit dem Gesicht auf das Kissen. – Alles erbebte in Ordynoff! Ein qualvolles Gefühl, eine Erregung, über die er sich keine Rechenschaft zu geben vermochte und die unerträglich war, ergoß sich wie ein Gift durch alle seine Adern, sie wuchs und wuchs: ein wilder und doch gefesselter Trieb, eine gierig verlangende, nicht zu ertragende Leidenschaft verschlang sein ganzes Denken und tobte durch alle seine Gefühle. Gleichzeitig aber begann eine unendliche, uferlose Trauer immer lastender sein Herz zu bedrücken. Mehr als einmal hatte er, während Katerina erzählte, aufschreien und ihr zurufen wollen, daß sie doch schweigen solle! Er wollte sich ihr schon zu Füßen werfen und sie unter Tränen anflehen, ihm seine früheren Liebesqualen, sein erstes, ihm selbst noch unverständliches reines Verlangen wiederzugeben, und er sehnte sich zurück nach den Tränen, die nun schon lange versiegt waren. Sein Herz verging vor Sehnsucht und es war ihm, als sei es blutüberströmt und schließe alle Tränen in sich ein, die seine Seele nicht mehr erlösen wollten. Er begriff kaum, was Katerina zu ihm sagte, und seine Liebe erschrak vor dem Gefühl, von dem das arme Weib so tief erregt wurde. Er verfluchte seine Leidenschaft in diesem Augenblick: sie erstickte ihn, marterte ihn, und er glaubte zu fühlen, wie statt des Blutes geschmolzenes Blei durch seine Adern rann.

»Ach, nicht darin liegt mein Elend«, sagte Katerina, plötzlich den Kopf erhebend, »nicht darin, was ich dir bis jetzt erzählt habe«, fuhr sie mit einer Stimme fort, die von einem neuen, unerwarteten Gefühl wie Erz erklang, während ihre ganze Seele von bisher unterdrückten, erstickten Tränen zerrissen wurde, von Tränen, die noch nie hatten durchbrechen können, »nein, nicht das ist mein Elend, meine Qual, meine Sorge! Was, was liegt mir an meiner Mutter, wenn ich auch auf der ganzen Welt keine andere leibliche Mutter erwerben kann! Was liegt mir daran, daß sie mich in ihrer schweren letzten Stunde verflucht hat! Was geht es mich noch an, mein goldenes früheres Leben, mein warmes sauberes Zimmer, meine frühere Mädchenfreiheit! Was geht es mich an, daß ich mich dem Bösen verkauft und meine Seele dem Verderben hingegeben, für das Glück ewige Sünde auf mich geladen habe! Ach, nein, nicht das ist mein Elend, mag ich auch dafür schwer verdammt sein! Aber bitter ist mir nur dies und es zerreißt mir das Herz, daß ich seine entehrte Sklavin bin, daß Schmach und Schande mir selbst, mir Schamlosen, lieb sind, daß das gierige Herz es sogar genießt, seines Leides zu gedenken, als ob es Freude und Glück wäre, – eben das ist mein Elend, daß in diesem Herzen keine Kraft zur Empörung ist und kein Zorn über die ihm angetane Schmach!...«

Die Brust des armen jungen Weibes rang nach Luft, und ein aus tiefster Seele aufsteigendes krampfhaftes Aufschluchzen erstickte ihre Worte. Ihr stoßweiser Atem strich heiß über ihre brennenden Lippen, ihre Brust hob sich und senkte sich tief beim Ausatmen, und ihre Augen blitzten in unbegreiflicher Entrüstung. Zugleich aber wurde ihr Gesicht in diesem Augenblick von einem solchen Zauber verklärt, erbebte jede Linie, jeder Muskel ihres Antlitzes in einem so leidenschaftlichen Strom von Gefühl, bebte in so unsagbarer, unerhörter Schönheit, daß in Ordynoffs Brust jeder schwarze Gedanke erlosch und die reine Trauer verstummte. Sein Herz drängte wild zu ihr hin, wollte sich nur noch an ihr Herz pressen, um sich leidenschaftlich, in unsinniger

Erregung, in ihm und mit ihm zu vergessen, im gleichen Takt, in gleichem Sturm zu pochen, in gleichem Ausbruch ungeahnter Leidenschaft, und, wenn es sein mußte, zusammen mit ihm zu sterben. Katerina begegnete dem getrübten Blick Ordynoffs und lächelte so, daß ein verdoppelter Feuerstrom sein Herz überglühte. Er war sich seiner selbst kaum bewußt.

»Hab Erbarmen mit mir, hab Nachsicht!« flüsterte er ihr zu, seine zitternde Stimme verhaltend, und beugte sich zu ihr nieder, mit der Hand sich auf ihre Schulter stützend, indem er ihr ganz nah, so nah, daß sein Atem und der ihrige zusammenströmten, in die Augen sah. »Du richtest mich zugrunde! Ich kenne dein Elend nicht, und meine Seele ist verwirrt ... Was geht es mich an, worüber dein Herz weint! Sage, was du verlangst ... ich werde es tun. So komm doch mit mir, komm, töte mich nicht, bring mich nicht um! ...«

Regungslos sah Katerina ihn an; die Tränen waren versiegt, die heißen Wangen trocken. Sie hatte ihn unterbrechen wollen, hatte seine Hand ergreifen wollen ... sie wollte selbst etwas sagen und fand doch keine Worte. Ein seltsames Lächeln erschien langsam auf ihren Lippen, ja, fast war es, als wolle durch dieses Lächeln ein Lachen hervorbrechen.

»So habe ich dir wohl noch nicht alles erzählt«, sagte sie endlich mit stockender Stimme. »Höre weiter ... aber wirst du auch, wirst du mir denn auch zuhören, du heißes Herz? Also höre, was deine Schwester dir erzählt! Du hast noch wenig von ihrem grausamen Leid erfahren! Ich wollte dir erzählen, wie ich mit ihm ein Jahr lang lebte, doch wozu ... Als aber dies Jahr vergangen war, da zog er mit seinen Genossen stromabwärts, und ich blieb bei seiner Pflegemutter im Hafenstädtchen zurück. Ich sollte dort auf seine Rückkehr warten. Ich wartete einen Monat, wartete noch einen; da begegnete mir im Städtchen ein junger Kaufmann, und wie ich ihn erblickte, erinnerte ich mich meiner früheren goldenen

Jahre. ‚Schwesterchen, liebes Schwesterchen!' sagte er, als er mich erkannte, ‚ich bin Aljóscha, dein Verlobter: die Eltern verlobten uns als Kinder — weißt du noch? Hast du mich vergessen? Erinnere dich, ich bin aus demselben Ort wie du ...' — ‚Was sagt man dort von mir?' fragte ich. ‚Man sagt, du seist fortgegangen, habest deine Mädchenehre vergessen und dich einem Räuber, einem Mörder hingegeben', antwortete mir Aljoscha lachend. — ‚Und was sagtest du von mir, Aljoscha?' — ‚Vieles wollte ich dir sagen, als ich hierherfuhr', — und sein Herz verwirrte sich — ‚vieles wollte ich dir sagen, aber jetzt, wo ich dich sehe, habe ich alles vergessen, jetzt ist meine Seele erstorben ... verdorben hast du mich!' sagte er. ‚So sei es denn, nimm auch meine Seele, und solltest du mein Herz auch verspotten und über meine Liebe lachen, du Schöne! ... Ich bin allein, meine Eltern sind gestorben, habe mein Erbe und bin mein eigener Herr, und auch meine Seele ist mein, habe sie keinem verkauft, wie eine andere es getan, die ihr Gedächtnis ausgelöscht hat. Aber ein Herz ist nicht zu kaufen, umsonst gebe ich es dir, denn verdienen läßt es sich ja nicht, wie man sieht!' Ich lachte, und nicht nur einmal oder zweimal hat er mir das gesagt — einen ganzen Monat blieb er dort, ließ alles andere liegen, vergaß die Waren, entließ seine Leute, lebte dort ganz allein. Da tat er mir schließlich leid, seine Tränen erbarmten mich, und ich sagte eines Morgens zu ihm: ‚Erwarte mich, Aljoscha, wenn die Nacht dunkelt, unten am Landungsplatz, laß uns dann zu dir fahren! Ich bin meines unglücklichen Lebens hier überdrüssig!' Die Nacht kam, ich schnürte mein Bündel, und meine Seele begann sich zu sehnen und sie spielte mit meinen Gedanken. Da sehe ich — mein Herr tritt ein, ganz unerwartet, unverhofft! — ‚Sei gegrüßt', sagte er. ‚Komm. Auf dem Fluß wird es heute Sturm geben, die Zeit drängt.' Ich folgte ihm; wir kamen an den Fluß, aber bis zu den Unsrigen war es weit. Da sehen wir: ein Boot hat angelegt und in ihm sitzt ein bekannter Ruderer, der jemand zu erwarten scheint. ‚Guten Abend, Aljoscha, Gott helfe dir!'

sagt mein Herr. ‚Was, — hast dich verspätet oder willst du noch zu deinen Schiffen? Nimm uns mit, sei so gut und bringe uns zu den Unsrigen. Mein Boot habe ich entlassen und schwimmen kann ich nicht.' — ‚Steige ein', sagte Aljoscha, und mein ganzes Herz erbebte, als ich seine Stimme vernahm. ‚Setzt euch, der Wind ist für alle, und in meinem Boot ist auch für euch noch Platz.' Wir stiegen ins Boot. Die Nacht war dunkel, die Sterne hatten sich versteckt, der Wind heulte, die Wellen wuchsen, vom Ufer aber waren wir bald schon über eine Werst weit entfernt. Wir schwiegen alle drei.

‚Welch ein Sturm!' sagte endlich mein Herr. ‚Der bringt diesmal nichts Gutes! Einen solchen wie heut nacht habe ich auf dem Fluß noch niemals erlebt. Wir sind zu schwer für das Boot! Drei Menschen kann es bei diesem Sturm nicht tragen!' — ‚Ja, drei kann es nicht tragen, da ist einer von uns zu viel an Bord', sagte Aljoscha, und in seiner Stimme klang ein verhaltenes Beben. ‚Nun was, Aljoscha?' sagte er, ‚ich kannte dich schon als kleines Kind, hab mit deinem Vater Bruderschaft getrunken, haben Salz und Brot miteinander geteilt. Nun sage mir, Aljoscha, könntest du ohne Boot von hier aus ans Ufer gelangen ... würdest du untergehen und dein Leben verlieren? — oder würdest du zur Not das Ufer erreichen?' — ‚Nein', sagte Aljoscha, ‚ich würde es nicht erreichen.' — ‚Aber wer weiß, vielleicht ist die Stunde dir gnädig und du könntest es doch?' — ‚Nein, bei dem stürmischen Fluß kann ich es nicht wagen, ich fände meinen Tod in den Wellen.' — ‚So höre jetzt, Katerínuschka, meine vielkostbare Perle!' wandte er sich da an mich. ‚Ich erinnere mich einer ähnlichen Nacht, doch wogte da nicht die Welle, die Sterne glänzten und der Mond schien ... Ich will dich nur so, ganz einfach fragen, ob du sie nicht vergessen hast?' — ‚Nein', sagte ich, ‚ich habe sie nicht vergessen.' — ‚Und wenn du sie nicht vergessen hast, dann wirst du dich wohl auch noch erinnern, wie ein Verwegener ein schönes Mädchen lehrte, ihre Freiheit zurückzugewinnen, wenn ihr jemand nicht mehr liebwert erscheint, nicht wahr?' — ‚Auch das habe ich nicht vergessen', sagte ich, aber ich wußte selbst nicht, ob ich noch lebte oder schon tot war. — ‚Ah! hast also nichts vergessen! Nun sieh, für das Boot sind jetzt drei zu schwer. Sollte da nicht jemandes Stunde gekommen sein? Sprich, meine Liebste, sprich es aus, dein Wort, meine Taube, du Süße, girre uns nach Taubenart dein freundliches Wort...'«

»Ich habe dieses Wort damals nicht ausgesprochen!« flüsterte Katerina erblassend ... Sie kam nicht dazu, die Erzählung zu beenden.

»Katerina!« ertönte dicht bei ihnen eine rauhe, heisere Stimme. Ordynoff fuhr zusammen. In der Tür stand Murin. Er war nur halbwegs in die Pelzdecke gehüllt, war bleich wie der Tod und sah sie mit nahezu irrsinnigen Augen an. Katerina wurde blasser und blasser; sie starrte ihn reglos an, wie von einem Zauber gebannt.

»Komm zu mir, Katerina!« flüsterte der Kranke mit kaum hörbarer Stimme und verließ das Zimmer. Katerina starrte immer noch reglos in die Luft, als stände der Alte immer noch vor ihr. Plötzlich aber stieg glühende Röte in ihre blassen Wangen, und sie erhob sich langsam vom Bett. Ordynoff mußte an ihre erste Begegnung denken.

»Also dann auf morgen, meine Tränen!« sagte sie mit einem sonderbaren kleinen Auflachen, »auf morgen! Vergiß aber nicht, wo ich stehen geblieben bin: ‚Wähle einen von beiden: wer dir lieb und wer dir nicht lieb ist, schönes Mädchen!' — Wirst's nicht vergessen, wirst eine Nacht dich gedulden?« wiederholte sie, indem sie die Hände auf seine Schultern legte und ihn zärtlich ansah.

»Katerina, geh nicht zu ihm, tu's nicht! Er ist doch wahnsinnig, siehst du das denn nicht!« flüsterte Ordynoff, der um sie bangte.

»Katerina!« rief die Stimme hinter der Scheidewand.

»Was hast du denn? Du meinst, er wird mich ermorden?« fragte Katerina lachend. »Gute Nacht, mein Herz, mein heißes Täuberl, mein... liebster Bruder, der du doch bist!«

sagte sie, zärtlich seinen Kopf an ihre Brust drückend, während plötzlich wieder Tränen in ihren Augen standen. »Das sind die letzten Tränen. Verschlafe dein Leid, mein Liebster, sollst morgen zur Freude erwachen!« Und sie küßte ihn leidenschaftlich.

»Katerina! Katerina!« flehte Ordynoff, der sie mit Gewalt zurückzuhalten versuchte, »Katerina!«

Sie wandte sich noch einmal nach ihm um, nickte ihm lächelnd zu und verließ das Zimmer. Ordynoff hörte, wie sie bei Murin eintrat, er hielt den Atem an und horchte, aber es war kein Laut mehr zu vernehmen. Der Alte schwieg oder war vielleicht wieder bewußtlos... Er wollte schon zu ihr gehen, dorthin, aber seine Füße versagten... Er wurde ganz schwach und mußte sich auf das Bett setzen...

II

Als er wieder zu sich kam, konnte er lange nicht feststellen, welche Tageszeit es war. Es konnte früheste Morgendämmerung oder auch Abenddämmerung sein: im Zimmer war es noch ganz dunkel. Er hätte auch nicht angeben können, wie lange er geschlafen hatte, aber er fühlte, daß es ein krankhafter Schlaf gewesen war. Er suchte sich zu besinnen und strich sich mit der Hand über das Gesicht, als wolle er damit den Schlaf und die nächtlichen Visionen wegwischen. Als er aber aufstehen wollte, fühlte er, daß sein ganzer Körper gleichsam zerschlagen war und die erschöpften Glieder sich weigerten zu gehorchen. Sein Kopf schmerzte und ihm wurde schwindlig; den ganzen Körper überlief bald ein leichtes Zittern, bald eine Hitzewelle. Zugleich mit dem Bewußtsein war auch das Gedächtnis erwacht; sein Herz zuckte zusammen, als er in einem Augenblick die ganze letzte Nacht in der Erinnerung von neuem durchlebte. Sein Herz begann als Antwort auf sein Denken so stark zu schlagen, seine Empfindungen waren so heiß, so frisch, als wäre seit

Katerinas Weggehen nicht eine ganze Nacht mit langen Stunden, sondern nur eine einzige Minute vergangen. Er fühlte, daß seine Augen noch von den Tränen brannten — oder waren es neue Tränen, die seiner Seele wie ein Quell entströmten? Und dennoch (wie ein Wunder erschien ihm das!): in seinen Qualen lag für ihn sogar eine lustvolle Süße, obschon er gleichzeitig mit jedem Nerv seines Körpers spürte, daß er eine solche Selbstvergewaltigung ein zweitesmal nicht überstehen würde. Es kam ein Augenblick, wo er fast zu sterben meinte und bereit war, den Tod wie einen lichten Gast zu empfangen: bis zu einer solchen Spannung war seine Empfindungsfähigkeit gesteigert, mit solch einer stürmischen und machtvollen Gewalt wogte jetzt, nach dem Erwachen, seine Leidenschaft von neuem auf; ein solches Entzücken überkam seine Seele, daß sein so maßlos beschleunigtes Leben anscheinend nahe daran war, zu zerbrechen, sich selbst zu zerstören, einfach aufzuhören, in einer Sekunde zu verwesen und für immer nicht mehr da zu sein. Fast in demselben Augenblick, als wär's eine Antwort auf seinen Schmerz, auf das Zittern seines Herzens, begann eine Stimme zu singen. Sie schien ihm so bekannt wie jene innere Musik, die der Menschenseele in Stunden der Lebensfreude, in Stunden ungestörten Glücks wohlbekannt ist: es war die weiche, volltönende Stimme Katerinas. Ganz nahe bei ihm, fast wie über dem Kopfende seines Bettes, begann ein Lied, anfangs leise und schwermütig... Bald hob sich die Stimme, bald senkte sie sich, schmerzhaft verhaltend, als vergehe sie und wiege dabei doch noch zärtlich die unruhvolle Qual des unterdrückten Verlangens, das in ihrem sehnsüchtigen Herzen, ohne Hoffnung auf Befreiung, ewig verheimlicht bleiben mußte; bald wieder schwang sie sich von neuem empor, wie wenn eine Nachtigall schlägt, und ergoß sich zitternd und flackernd von einer Leidenschaft, die sich nicht mehr zurückhalten ließ, in ein ganzes Meer von Entzücken, in ein Meer von zaubermächtigen, endlosen Tönen, gleich dem ersten Augenblick der Liebesseligkeit. Ordynoff unterschied auch Worte: sie waren der rührend schlichte, zu Herzen gehende Ausdruck eines einfachen, ruhigen, reinen Gefühls, das für den Dichter, der sie in alter Zeit zusammengefügt, von vollkommener Klarheit war. Aber er vergaß die Worte, er hörte nur auf die Töne hin; durch die einfachen, naiven Strophen des Liedes blitzten für ihn ganz andere Worte auf, Worte, aus denen dasselbe Verlangen drang, das seine eigene Brust erfüllte, die wie ein Echo der eigenen verborgensten, von ihm selbst ungeahnten Heimlichkeiten seiner Leidenschaft klangen, und die ihm erst die ganze Erkenntnis dieser Leidenschaft vermittelten. Bald glaubte er, das letzte Stöhnen eines in seiner Leidenschaft hoffnungslos erstickenden Herzens zu vernehmen, bald die Freude eines Willens und Geistes, die ihre Ketten gesprengt und licht und frei in das unermeßliche Meer einer erlaubten Liebe hinausstrebten; dann wieder war es ihm, als hörte er das erste zitternde Liebesgeständnis, unter Erröten und Tränen in heimlichem zagem Flüstern von Mädchenlippen, noch mit dem ganzen Duft süßer Scham; dann wieder stieg gleichsam das wilde Begehren einer Bacchantin auf, das stolz und voll Freude ob seiner Kraft, hüllenlos, ohne Geheimnis, mit sprühendem Lachen die trunkenen Augen im Kreise umherschweifen läßt...

Ordynoff hielt es nicht aus bis zum Ende des Liedes und erhob sich vom Bett. Das Lied verstummte sofort.

»Guten Morgen und guten Tag kann man nicht mehr sagen, mein Ersehnter!« rief Katerinas Stimme hinter der Scheidewand, »so sage ich dir denn guten Abend! Steh auf, komm zu uns, erwache zu heller Freude: wir erwarten dich, ich und mein Herr, beides gute Leute und dir ergeben. Lösche mit Liebe den Haß, wenn das Herz uns die Kränkung noch nachträgt. Sag ein freundliches Wort!...«

Ordynoff verließ bereits sein Zimmer, wußte aber eigentlich selbst kaum, daß er zu seinen Wirtsleuten ging. Vor ihm öffnete sich die Tür: er sah und schaute und war wie geblendet von dem goldenen Lächeln der Wundersamen, die vor ihm stand. Er hörte und sah nichts und niemanden außer ihr. Im Augenblick war ihre Lichtgestalt der Inbegriff seines ganzen Lebens, seiner ganzen Freude.

»Zwei Sonnenröten sind schon vergangen, seit wir Abschied nahmen«, sagte sie, und sie streckte ihm beide Hände entgegen, »da sieh durch das Fenster, auch die Abendröte ist schon erloschen. Sie waren ähnlich dem Erröten eines schönen Mädchens«, fuhr sie lachend fort, »die erste Morgenröte war wie die Glut, mit der das Mädchen zum erstenmal das Herz in der Brust schlagen fühlt; die zweite wie wenn die Schöne ihre Scheu vergißt und das Blut feurig ins Antlitz steigen spürt ... Tritt ein, tritt ein in unser Haus, braver Junker! Was stehst du noch auf der Schwelle? Ehre werde dir zuteil und Liebe und als erstes ein Gruß vom Hausherrn!«

Und mit hellem Lachen erfaßte sie Ordynoffs Hand und führte ihn ins Zimmer. Befangenheit schlich sich in sein Herz. Das ganze Feuer, das in seinem Inneren flammte, war wie im Augenblick erloschen, aber nur für einen Augenblick. Verwirrt schlug er die Augen nieder und fürchtete sich, sie anzusehen. Er fühlte, sie war von so bezaubernder Schönheit, daß er ihren heißen Blick nicht würde ertragen können. Nein, so hatte er sie noch nie gesehen! Zum erstenmal sah er Freude und den Zauber des Lachens in ihrem Gesicht; ihre dunklen Wimpern glänzten nun nicht mehr von vergossenen Tränen. Seine Hand lag bebend in ihren Händen. Hätte er den Blick erhoben, so würde er gesehen haben, daß Katerinas strahlende Augen mit triumphierendem Lächeln an seinem Mienenspiel hingen, in dem sich deutlich Verwirrung und Leidenschaft widerspiegelten.

»Steh doch auf, Alter!« sagte sie endlich, als käme sie selbst erst und mit einem Mal zur Besinnung, »sag dem Gast ein freundliches Wort zum Gruß. Ein Gast ist doch so gut wie ein lieber Bruder! Steh auf, du unfreundlicher Alter, sei nicht hochmütig, steh auf, entbiete ihm einen Gruß, fasse seine Hand, laß ihn am Tisch Platz nehmen!«

Ordynoff sah auf, und es war ihm, als käme er jetzt erst

zu sich: er hatte Murin ganz vergessen, an seine Anwesenheit gar nicht gedacht. Die Augen des Alten, die wie in Todesahnen erloschen schienen, sahen ihn unbeweglich an, und mit einem stechenden Schmerzgefühl erinnerte sich Ordynoff jenes Blickes, der ihn das letztemal unter den buschigen überhängenden Brauen hervor getroffen hatte; diese Brauen waren auch jetzt wieder wie in Qual und Grimm zusammengezogen. Ein leichtes Schwindelgefühl erfaßte ihn. Er sah sich um: da erst kam ihm klar zum Bewußtsein, wo er sich eigentlich befand. Murin lag noch immer auf dem Bett, war jedoch fast vollständig angekleidet und machte den Eindruck, als sei er bereits am Morgen aufgestanden und tagsüber ausgegangen. Um den Hals trug er wieder ein rotes Tuch, die Füße staken in Hausschuhen. Die Krankheit war offenbar überstanden, nur sein Gesicht war noch auffallend blaß und gelb. Katerina stand neben dem Bett, stützte sich mit der Hand auf den Tisch und sah aufmerksam von dem einen zum anderen: doch das freundliche Lächeln schwand nicht aus ihrem Gesicht. Es schien beinahe, als geschehe alles auf einen Wink von ihr.

»Ja! Das bist du«, sagte Murin, indem er sich langsam erhob und auf das Bett setzte. »Du bist mein Mieter. Ich bin schuldig vor dir, Herr, habe gesündigt und dich, ohne es zu wollen, erschreckt — gestern, mit der Flinte. Wer konnt's denn wissen, daß dich auch mitunter Krankheit heimsucht! Bei mir aber kommt das vor«, fügte er mit rauher, von der Krankheit noch heiserer Stimme hinzu. Seine Stirn runzelte sich, unwillkürlich wandte er den Blick von Ordynoff ab. »Unglück pflegt sich nicht vorher anzumelden; wenn es kommt, schleicht es sich wie ein Dieb heran und ist da! Auch ihr hab' ich vor kurzem beinahe das Messer in die Brust gestoßen ...«, brummte er, mit dem Kopf nach Katerina weisend. »Ich bin ein kranker Mensch, habe zuweilen meine Anfälle — nun, was ist da noch viel zu erklären, das mag dir genügen! Setz dich, sollst mein Gast sein.«

Ordynoff sah ihn immer noch unverwandt an.

»Setz dich, so setz dich doch!« rief der Alte ungeduldig, »wenn's ihr nun mal Freude macht! ... Hm! Da habt ihr nun Bruderschaft geschlossen, wie *einer* Mutter Kinder, seid sozusagen Geschwister, seht doch mal an! Habt euch also liebgewonnen, recht wie ein Liebespaar!«

Ordynoff setzte sich.

»Sieh doch, was du da für eine Schwester hast«, fuhr der Alte lustig fort; er lachte, daß man alle seine ausnahmslos noch weißen, heilen Zähne sehen konnte. »So tut doch zärtlich, meine Lieben! Hast du nicht eine schöne Schwester, Herr? Sprich doch, antworte! Da, sieh sie doch an, sieh, wie ihre Wangen glühen. So sage doch, daß sie eine Schönheit ist, rühme doch vor der ganzen Welt ihre Schönheit! Zeige, wie sehr dein Herz nach ihr verlangt!«

Ordynoff runzelte die Stirn und sah den Alten böse an. Der zuckte zusammen unter seinem Blick. In Ordynoffs Brust stieg eine blinde Wut auf. Mit geradezu tierischem Instinkt fühlte er, daß er seinen Todfeind vor sich hatte. Er begriff selbst nicht, was mit ihm geschah. Er vermochte nicht mehr zu denken —

»Schau nicht so!« erklang da Katerinas Stimme hinter ihm. Ordynoff blickte sich um.

»Schau nicht so, sage ich dir, wenn der Böse dich zu Bösem verleitet — hab Mitleid mit deiner Liebsten«, sagte Katerina lachend, und plötzlich legte sie ihm hinterrücks die Hände auf die Augen, — zog sie aber sogleich wieder zurück und bedeckte mit ihnen ihr eigenes Gesicht. Doch die flammende Röte leuchtete gleichsam durch ihre Finger: sie ließ die Hände sinken und mühte sich, offen und furchtlos den Blikken der beiden Männer standzuhalten. Die aber sahen sie beide nur schweigend an — Ordynoff mit einer gewissen verwunderten Liebe, die sein Herz zum erstenmal zu der Schönheit eines Weibes empfand, der Alte dagegen aufmerksam, forschend und kalt. Sein bleiches Gesicht verriet nicht das geringste, nur seine Lippen wurden bläulich und bebten leise.

Katerina war gleichfalls ernst geworden, trat an den Tisch

und begann, die Bücher, Papiere, das Tintenfaß und alles übrige abzuräumen und stellte es auf das Fensterbrett. Sie atmete schnell und ungleichmäßig. Von Zeit zu Zeit holte sie tief Atem, als fühle sich ihr Herz beengt. Schwer wie die Woge am Ufer, senkte sich und hob sich von neuem ihre volle Brust. Sie sah nicht auf, und die langen Wimpern glänzten schwarz auf ihren zarten Wangen ...

»Weib-Königin!« sagte der Alte.

»Meine Gebieterin!« flüsterte Ordynoff. Er besann sich aber sofort, denn er fühlte den Blick des Alten auf sich ruhen. Wie ein Blitz, in einem Nu war dieser Blick aufgeflammt, gierig, gehässig, mit kalter Verachtung. Ordynoff erhob sich, aber eine unsichtbare Macht schien seine Füße gefesselt zu haben. Er setzte sich wieder. Und er preßte seine eigene Hand zusammen, als traue er nicht der Wirklichkeit, die ja auch nur ein Traum sein konnte. Es war ihm, als ob ein Alp ihn bedrücke und als ob seine Augen in peinvollem und krankhaftem Dämmer geschlossen lagen. Doch sonderbar! Er wollte gar nicht erwachen.

Katerina nahm den alten Teppich vom Tisch, öffnete eine Truhe, aus der sie ein kostbares Tischtuch hervorholte, das reich mit Stickerei in Seide und Goldfäden verziert war, und breitete es über den Tisch; dann holte sie aus dem Schrank eine altertümliche, aus schwerem Silber gearbeitete Kanne, an der noch wie zu Urgroßväter Zeiten die silbernen Becher hingen — stellte sie mitten auf den Tisch und nahm drei Becher von den Häkchen: einen für den Hausherrn, einen für den Gast und einen für sich selbst. Mit ernstem, fast nachdenklichem Blick sah sie auf den Alten, dann auf den Gast.

»Wer ist nun von uns einem anderen lieb oder nicht lieb?« fragte sie. »Wer einem anderen nicht lieb ist, der soll mir lieb sein und wird mit mir aus einem Becher trinken. Mir aber ist jeder von euch lieb, lieb, wie ein Nahestehender: deshalb laßt uns alle auf die Liebe und die Eintracht trinken!«

»Trinken und die schwarzen Gedanken im Wein ertränken!« sagte der Alte mit veränderter Stimme. »Schenk ein, Katerina!«

»Und dir auch?« fragte Katerina, indem sie Ordynoff ansah.

Der schob schweigend seinen Becher hin.

»Wartet!« rief plötzlich der Alte und erhob sein Glas. »So jemand von uns einen geheimen Wunsch im Herzen hegt, so möge er nach seinem Sinn in Erfüllung gehen!«

Sie stießen an und tranken.

»Nun laß uns beide miteinander trinken«, sagte Katerina, sich an den Alten wendend, »trinken wir, wenn dein Herz mir gut ist! Trinken wir auf das erlebte Glück, laß uns die vergangenen Jahre grüßen! Aus dem Herzen dem Glück in Liebe einen Gruß! So laß dir doch einschenken, Alter, wenn dein Herz noch für mich glüht!«

»Dein Wein ist stark, meine Taube, du selbst aber hast nur die Lippen benetzt!« sagte der Alte lachend und hielt ihr von neuem seinen Becher hin.

»Ich werde einen Schluck trinken, du aber trinke den Wein bis zur Neige! . . . Wozu leben, alter Mann, und ewig schwere Gedanken mit sich herumtragen! Das bedrückt nur das Herz. Gedanken kommen vom Kummer und Gedanken schaffen Kummer, im Glück lebt man ohne Gedanken! Trink, alter Mann! Ertränke deine Gedanken!«

»Da muß sich ja in dir viel Kummer angesammelt haben, wenn du dich plötzlich so gegen ihn wappnen willst! Möchtest wohl mit eins allem ein Ende machen, meine weiße Taube? Ich trinke auf dein Wohl, Katja! Aber du, hast du auch einen Kummer, Herr, wenn du erlaubst zu fragen?«

»Was ich habe, das habe ich geheim für mich«, murmelte Ordynoff, ohne seine Augen von Katerina abzuwenden.

»Hast du gehört, alter Mann? Ich habe mich selbst lange nicht gekannt und an nichts zurückgedacht; da kam aber eine Stunde und ich erkannte alles und erinnerte mich an alles: da hab' ich alles Vergangene mit unersättlicher Seele nochmals erlebt.«

»Ja, es ist bitter, wenn man mit dem Vergangenen allein sich begnügen muß«, bemerkte der Alte nachdenklich. »Was vergangen ist, ist wie getrunkener Wein! Was hat man von vergangenem Glück? Hat man einen Rock abgetragen, dann weg mit ihm ...«

»Dann ist ein neuer nötig!« fiel ihm Katerina ins Wort, mit erzwungenem Lachen, während zwei große Tränen wie Diamanten an ihren Wimpern erglänzten. »Da sieht man, ein Menschenalter kann nicht in einem Augenblick vergehen, und ein Mädchenherz hat ein zähes Leben: das ist nicht so leicht erschöpft! Hast du's erfahren, alter Mann? Sieh, da habe ich eine Träne in deinem Becher begraben!«

»War es denn viel Glück, für das du dein Leid gekauft?« fragte Ordynoff und seine Stimme zitterte vor Erregung.

»Du hast wohl, Herr, viel eigenes zu verkaufen«, versetzte der Alte, »daß du dich ungebeten vordrängst.« Und er lachte lautlos und boshaft und sah dabei frech Ordynoff an.

»Wofür ich es gekauft habe, das war auch danach«, antwortete Katerina mit einer Stimme, aus der eine gewisse Unzufriedenheit und Gekränktheit zu klingen schien. »Dem einen scheint es viel, dem anderen wenig. Der eine will alles hingeben, es wird ihm aber nichts dafür geboten; der andere verheißt nichts, und doch folgt ihm das Herz gehorsam. Du aber, mach deshalb niemandem einen Vorwurf.« Sie wandte das Gesicht nach ihm hin und sah ihn traurig an. »Der eine ist so ein Mensch, der andere ein anderer — weiß man's denn selbst, weshalb die Seele gerade zu dem einen drängt! Fülle deinen Becher, Alter! Trinke auf das Glück deiner geliebten Tochter, deiner gehorsamen Sklavin, wie einst, als sie dich erst noch lieben lernte. Nun, erhebe den Becher!«

»Wohlan! So schenke auch dir ein!«

»Warte, alter Mann! Trink noch nicht, laß mich zuvor noch ein Wort sagen! ...«

Katerina stützte die Ellbogen auf den Tisch und sah regungslos mit glänzendem, leidenschaftlichem Blick dem Alten in die Augen. Eine eigentümliche Entschlossenheit sprach plötzlich aus ihrem Blick. Doch alle ihre Bewegungen waren ruhig, ihre Gesten kurz, unerwartet, schnell. Es war, als wäre Feuer in ihr, und wunderbar nahm sich das aus. Ihre Schönheit schien mit ihrer Erregung, mit ihrer Spannung zu wachsen. Sie lächelte, und wie Perlen erglänzten ihre gleichmäßigen Zähne zwischen den Lippen. Ihr Atem war kurz und unterbrochen durch die Erregung, die ihre Nasenflügel leise hob. Ihre Haarflechte, die sie aufgesteckt trug, hatte sich gelöst und gesenkt, sie bedeckte das linke Ohr und einen Teil der heißen Wange. Ihre Schläfen glänzten feucht.

»Sage mir wahr, alter Mann! Sag mir wahr, mein Guter, sag, bevor du deinen Verstand vertrinkst! Hier hast du meine weiße Hand! Nennen dich doch die Leute bei uns nicht umsonst einen Zauberer. Du hast aus Büchern gelernt und kennst jede schwarze Wissenschaft! So sieh dir jetzt die Linien meiner Hand an, lieber Alter, und verkünde mir mein ganzes unseliges Los! Nur sieh zu, daß du die Wahrheit sagst! ... Nun, sage mir, wie du es weißt und meinst — wird dein Töchterchen glücklich sein oder verzeihst du ihr nicht und rufst ihr durch deine Zauberkünste herbes Leid auf den Weg? Sage, wird der Winkel warm sein, in dem ich mich einnisten werde, oder soll ich, wie ein Zugvogel, mein Leben lang gleich einer Waise bei guten Leuten Unterkunft suchen? Sage, wer ist mein Feind und hegt Arges gegen mich im Sinn? — und wer ist mein Freund und hat für mich nur Liebe im Herzen? Sage, wird mein junges heißes Herz sein Lebtag einsam bleiben und vor der Zeit verstummen, oder wird es ein anderes Herz finden, das ihm gleich ist und im gleichen Pulsschlag der Freude mit ihm schlagen wird ... bis zu neuem Leid! Und sage mir, lieber Alter, wenn du schon einmal wahrsagst, wo, unter welchem blauen Himmel, hinter welchen fernen Meeren und Wäldern mein lichter Falke denn lebt; sag mir, wo, und ob er auch mit scharfem Auge nach seinem Falkenweibchen Ausschau hält, und ob er auch in Liebe wartet, ob er es auch heiß lieben oder ob er die Liebe bald verlernen und mich betrügen, oder ob er mich nicht betrügen und mir treu bleiben wird? Und dann sprich auch schon das Letzte und Allerletzte aus, lieber Alter: sag, ist es uns beiden bestimmt, lang noch gemeinsam die Zeit zu verbringen, hier im armseligen Winkel zu sitzen, dunkle Bücher zu lesen? Oder wann werde ich von dir Abschied nehmen, mich tief vor dir verneigen und dir für deine Gastfreundschaft danken, und dafür, daß du mir Speise und Trank gegeben und mir Märchen erzählt hast? ... Aber sieh zu, daß du mir die Wahrheit sagst, lüge nicht! Die Zeit ist gekommen, jetzt steh für dich ein!«

Ihre Erregung war mit jedem weiteren Wunsch gewachsen, bis ihre Stimme bei den letzten Worten die Gewalt über sich verlor und abbrach, als risse ein Wirbelsturm ihr Herz mit sich fort. Ihre Augen blitzten, und ihre Oberlippe zitterte leise. Und doch hatte aus ihrer Stimme zugleich ein boshafter Spott geklungen — wie eine Schlange wand er sich versteckt durch ihre Worte —, es war, als ob ein Schluchzen in ihrem Lachen mitschwinge. Sie streckte sich über den Tisch zu dem Alten hin und sah ihm mit forschender Neugier in seine umflorten Augen. Ordynoff hörte, als sie verstummte, wie ihr Herz plötzlich heftig zu klopfen begann; er sah sie an und wollte aufjauchzen vor Entzücken, und war schon im Begriff, sich von der Bank zu erheben. Da traf ihn ein flüchtiger, kurzer Blick des Alten und wie gebannt, wie gelähmt blieb er auf seinem Platz: es war eine seltsame Mischung von Verachtung, Spott, ungeduldiger, ärgerlicher Unruhe und zugleich boshafter, arglistiger Neugier, die in diesem jähen Blick aufblitzte, in diesem Blick, unter dem Ordynoff jedesmal zusammenfuhr, und der sein Herz stets mit Haß und ohnmächtiger Wut erfüllte.

Nachdenklich und wie mit einer eigentümlichen traurigen Neugier betrachtete der Alte seine Katerina. Sie hatte sein Herz getroffen, durchbohrt, das Wort war jetzt von ihr ausgesprochen — und doch hatte er nicht einmal mit einer Wimper gezuckt. Er lächelte nur, als sie verstummt war.

»Willst viel auf einmal erfahren, mein flügge gewordenes,

mein flugbereites Vögelchen! Fülle mir schnell noch den Becher; dann laß uns trinken: zuerst auf die Entzweiung und dann auf den guten Willen; sonst verderbe ich noch durch irgend jemandes bösen unsauberen Blick meinen Wunsch. Der Teufel ist stark! Wie weit ist's denn bis zur Sünde!«

Er hob seinen Becher und leerte ihn. Je mehr er trank, um so bleicher wurde er. Seine Augen röteten sich und glühten wie Kohlen. Es war vorauszusehen, daß ihr fieberhafter Glanz und die plötzliche Totenblässe seines Gesichts die Vorboten eines baldigen neuen Anfalls waren. Der Wein aber war schwer und feurig. Auch Ordynoff fühlte von dem einen Becher, den er geleert hatte, wie seine Augen sich mehr und mehr trübten. Sein fieberndes Blut konnte nicht lange widerstehen und überströmte bald sein Herz, quälte und verwirrte seinen Verstand. Seine Unruhe wuchs mit jeder Minute. Und er schenkte sich von dem schweren Wein noch einmal ein und trank einen Schluck, ohne selbst zu wissen, was er tat oder wie er gegen seine wachsende Erregung ankämpfen sollte, und das Blut jagte noch stürmischer durch seine Adern. Er war wie von einem Fiebertraum fortgerissen und vermochte kaum, trotz krampfhaftester Anspannung seiner ganzen Aufmerksamkeit, zu verfolgen, was zwischen seinen seltsamen Wirtsleuten vorging.

Der Alte klopfte mit dem silbernen Becher laut auf den Tisch.

»Schenk ein, Katerina!« rief er, »schenk ein, böses Töchterchen, schenk ein, bis ich umfalle! Bette den Alten zur Ruhe und laß es genug für ihn sein! So ist's recht, schenk ein, meine Schöne, ganz voll, – so! Nun laß uns beide trinken! Warum hast du denn so wenig getrunken, Junker? Oder hab ich es nicht gesehn . . .«

Katerina entgegnete ihm etwas, aber Ordynoff verstand nicht recht, was sie sagte; der Alte ließ sie nicht zu Ende sprechen: er ergriff ihre Hand, als habe er nicht mehr die Kraft, all das zurückzuhalten, was seine Brust bedrängte. Sein Gesicht war blaß und sein Blick umflorte sich bald, bald flammte er auf, und dann brannte in ihm ein unheimliches Feuer. Seine farblos gewordenen Lippen zuckten, und mit ungleichmäßiger, unsicherer Stimme, aus welcher mitunter so etwas wie eine seltsame Begeisterung hervorklang, sagte er zu ihr:

»Also gib mir deine Hand, du Schöne! Laß mich dir wahrsagen, sollst die ganze Wahrheit von mir hören. Ich bin doch tatsächlich ein Zauberer; da hast du dich nicht geirrt, Katerina! Dein goldenes Herzchen hat's erraten, daß ich sein einziger Wahrsager bin und ihm die Wahrheit auch nicht verheimlichen werde, diesem einfachen, unschlauen Herzchen! Nur eins hast du nicht erkannt: auch ich, der Zauberer, kann dich nicht vernünftig machen! Vernunft ist keine Richtschnur für ein Mädchen, und wenn man ihm auch die ganze Wahrheit sagt, so ist es doch, als habe es nichts gehört, nichts begriffen! Ihr eigener Kopf ist eine listige Schlange, auch wenn das Herz von Tränen überfließt! Also mag sie sich schon selber ihren Weg suchen, sich zwischen Gefahren kriechend durchschlängeln, ohne ihren schlauen Willen aufzugeben! Manchmal erreicht sie wohl auch mit ihrer Klugheit, was sie will; wo ihr das aber nicht gelingt, da berückt sie mit ihrer Schönheit und macht mit ihren dunklen Augen trunken eines Mannes klaren Sinn. Schönheit ist stärker als Kraft; wenn das Herz auch von Eisen ist, sie zerspellt es mit ihrer Macht! — Ob auch Leid und Sorge deiner harrt?... Schwer ist Menschenleid! Aber es sind nicht die schwachen Herzen, die sich das Unglück aussucht. Das Unglück wählt sich ein starkes Herz zum Wohnsitz aus, das nur im stillen blutige Tränen vergießt und nicht darauf aus ist, anderen Leuten ein billiges Schauspiel zu bieten. Dein Leid aber, Mädchen, ist wie die Spur im Sand, die der Regen verwäscht, die Sonne trocknet und der frische Wind verweht! Laß mich dir noch mehr sagen, dir wahrsagen: wer dich lieben wird, zu dessen Sklavin wirst du werden, wirst selbst deine Freiheit binden und ihm hingeben als Pfand und auch nie mehr zurückverlangen; wirst es nicht verstehen, zur rechten Zeit aufzuhören zu lieben; ein Korn wirst du hineinlegen, und dein Verderber wird es als volle Ähre einernten! Mein zärtliches Kind, mein Goldköpfchen, hast in meinem Wein dein Tränenperlchen begraben und dann doch nicht widerstanden und darüber gleich hundert andere vergossen, hast ein schönes Wort gesagt, dich an ihm berauscht und auf dein Leid gepocht. Doch ob deines Tränchens, des himmlischen Tautropfens, wirst du dich nicht zu grämen, wirst du nicht zu trauern brauchen! Es wird dir mit Wucherzinsen wiedergegeben werden, dein Tränenperlchen; warte nur: in langer Nacht, in trauriger Nacht, wenn böser Kummer an deinem Herzen nagen wird und ein arger Gedanke — dann wird auf dein heißes Herz, für dies selbe Tränchen, eines anderen Träne fallen, eine blutige, nicht warme oder heiße, sondern eine glühende, wie von flüssigem Erz; die wird dir deine weiße Brust blutig brennen, und bis zum Morgen, dem trüben, düsteren, wie er an Regentagen graut, wirst du dich auf deiner Lagerstätte wälzen, aus der frischen Wunde wirst du purpurnes Blut vergießen, und nimmer wird dir diese Wunde bis zum vollen Morgen verheilen! Schenke mir noch ein, Katerina, schenke mir ein, meine Taube, für den weisen Rat; jetzt aber noch mehr Worte zu verlieren ist, denke ich, wohl zwecklos ...«

Seine Stimme senkte sich und erbebte: es war, als wolle ein Schluchzen aus seiner Brust hervorbrechen ... Er schenkte sich selbst den Wein ein und stürzte ihn gierig hinab; dann klopfte er wieder mit dem Becher auf den Tisch. Sein trüber Blick flammte noch einmal auf.

»Ach! Lebe, so gut es sich leben läßt!« rief er, »was vorüber ist, ist vorüber! Schenk mir ein, schenk mir noch einmal ein, noch einmal, und ganz voll, bis zum Rande, damit der Wein den wilden Kopf von den Schultern nimmt und die Seele in ihm ertränkt! Schläfere mich ein für die lange Nacht, der kein Morgen folgt, auf daß das Gedächtnis mir völlig schwinde! Getrunkener Wein ist wie verlebtes Leben! Da muß doch dem Kaufmann die Ware liegen geblieben sein, wenn er sie umsonst aus der Hand gibt! Würde er sie doch sonst nicht aus freiem Willen unter dem Preise hingeben, würde auch der Feinde Blut vergießen, auch unschuldig Blut würde fließen, und auf den Kauf würde jener Käufer obendrein noch seine verlorene Seele hergeben müssen! Schenk ein, schenk mir noch ein, Katerina!«

Doch seine Hand, die den silbernen Becher hielt, schien plötzlich wie im Krampf zu erstarren und rührte sich nicht mehr. Er atmete schwer und mühsam, sein Kopf sank unwillkürlich auf die Brust. Noch einmal richtete er den Blick starr auf Ordynoff, als wolle er ihn zum letztenmal durchbohren, aber auch dieser Blick erlosch endlich und seine Lider senkten sich, als wären sie bleischwer. Tödliche Blässe breitete sich über sein Antlitz ... Ein paarmal zuckten noch seine Lippen und bewegten sich, als wollten sie etwas sagen — und plötzlich glänzte eine große heiße Träne an seinen Wimpern, hing, löste sich und rollte langsam über seine blasse Wange herab ... Ordynoff hatte nicht mehr die Kraft, noch länger dies alles zu ertragen. Er erhob sich, trat schwankend einen Schritt vor, näherte sich Katerina und suchte nach ihrer Hand; sie aber hatte nicht einmal einen Blick für ihn, als bemerke sie ihn überhaupt nicht.

Sie schien gleichfalls das Bewußtsein zu verlieren; es war, als hielte ein besonderer Gedanke sie in seinem Bann oder als sei sie von einem einzigen starren Gedanken erfüllt. Sie sank an die Brust des schlafenden Alten, schlang ihren weißen Arm um seinen Hals und sah ihn reglos an, als könne sie den Blick nicht losreißen von ihm. Sie fühlte es wohl gar nicht, als Ordynoff sie bei der Hand ergriff. Erst nach einer Weile hob sie den Kopf und wandte das Gesicht ihm zu und sah ihn mit einem langen durchdringenden Blick an. Endlich schien sie ihn zu verstehen, und ein schweres, verwundertes Lächeln rang sich gleichsam mühselig, wie mit Schmerz aus ihrem Innersten hervor und erschien auf ihren Lippen ...

»Geh, geh weg«, flüsterte sie, »du bist betrunken und böse! Du bist kein Gast für mich!« Und sie wandte sich wieder dem Alten zu, und wieder hing ihr Blick wie gebannt an ihm.

Sie schien jeden Atemzug des Schlafenden zu bewachen, schien seinen Schlaf mit ihrem Blick liebkosen zu wollen. Ja, sie schien sogar ihren eigenen Atem zurückzuhalten, als wage sie kaum, ihr Herz schlagen zu lassen. In ihrem Gesicht, in ihrem ganzen Wesen lag eine solche Liebesverzückung, daß Ordynoff plötzlich von Verzweiflung, Wut und rasendem Grimm übermannt wurde ...

»Katerina! Katerina!« rief er und drückte ihre Hand wie in einem Schraubstock zusammen.

Der Schmerz verzog ihr Gesicht; sie erhob wieder den Kopf und sah ihn an, doch diesmal mit solch einem Spott und solch schamloser Verachtung, daß er sie anstarrte, ohne fassen zu können, was er sah. Sie wies auf den schlafenden Alten und sah — als wäre der ganze Hohn seines Feindes in ihre Augen übergegangen — sah mit einem Blick zu Ordynoff auf, unter dem in seinem Inneren irgend etwas mit schneidendem Schmerz zerriß und von dem es ihn mit Eiseskälte überlief.

»Wie? Er wird mich ermorden, meinst du?« stieß Ordynoff hervor, außer sich vor Wut.

Und als hätte ihm ein Dämon etwas ins Ohr geflüstert — begriff er sie plötzlich ... und sein ganzes Herz lachte auf über diesen starren Gedanken Katerinas.

»So werde ich dich denn kaufen, du Schöne, von deinem Kaufmann, wenn du meine Seele haben willst! Sei ruhig, *nicht er* wird morden! ...«

Das starre Lachen, das Ordynoffs ganzes Wesen lähmte, wich nicht aus ihrem Gesicht. Ihr grenzenloser Hohn zerriß ihm das Herz. Er wußte nicht mehr, was in ihm vorging, und was er fast mechanisch tat: er stützte sich mit der einen Hand an die Wand und nahm mit der anderen von einem Nagel einen altertümlichen kostbaren Dolch. Ein Ausdruck wie Verwunderung glitt über Katerinas Züge; zugleich jedoch trat der Ausdruck von Haß und Verachtung zum erstenmal mit solcher Stärke in ihre Augen, daß er alles andere darüber vergessen ließ. Ordynoff sah sie an, und ihm wurde übel ... Es war ihm, als zerre jemand an seiner Hand, die sich zu einer unsinnigen Tat erheben wollte, und als sei ein fremder Trieb in ihr. Er zog den Dolch aus der Scheide ... Katerina folgte regungslos, wie in atemloser Spannung, seiner Bewegung ...

Er sah nach dem Alten hin ...

Da kam es ihm auf einmal so vor, als ob ein Auge des Alten sich langsam öffne und ihn lachend ansehe. Ihre Blicke begegneten einander. Minutenlang sah Ordynoff ihn an, ohne zu zucken ... Plötzlich aber schien es ihm, daß das ganze Gesicht des Alten lache und ein teuflisches Gelächter, das ihn eisig überlief und erstarren machte, im Zimmer erschalle. Ein scheußlicher nachtschwarzer Gedanke kroch wie eine Schlange durch sein Gehirn. Er erzitterte; der Dolch entfiel seiner Hand und klirrte auf dem Fußboden. Katerina schrie auf, wie aus einem Traum erwachend, wie nach einem furchtbaren Alpdruck, und doch noch im Bann des Schreckbildes ... Der Alte erhob sich langsam vom Bett, mit bleichem Gesicht, und stieß voll Ingrimm mit dem Fuß den Dolch in eine Ecke des Zimmers. Katerina stand totenblaß neben dem Bett und rührte sich nicht. Ihre Augen schlossen sich; ein dumpfer, unerträglicher Schmerz drückte sich in ihren Zügen aus; sie bedeckte das Gesicht mit den Händen und mit dem erschütternden Aufschrei einer fast Erstickenden warf sie sich dem Alten zu Füßen ...

»Aljóscha! Aljóscha!« entrang es sich ihr wie im Krampf.

Der Alte umfing sie mit seinen mächtigen Armen und erdrückte sie fast an seiner Brust. Als sie aber ihren Kopf an sein Herz schmiegte, da lachte jeder Zug, jede Runzel im Gesicht des Alten ein so schamloses, entblößtes Lachen, daß Ordynoff nur fühlte, wie kaltes Entsetzen ihn ergriff. Betrug, Berechnung, eifersüchtige Tyrannei und Vergewaltigung dieses armen, zerrissenen Herzens – das war es, was er aus diedem schamlos nichts mehr verbergenden Lachen begriff.

»Eine Wahnsinnige!« flüsterte er erschauernd, von Entsetzen geschüttelt, und stürzte hinaus.

III

Als Ordynoff am nächsten Morgen, noch blaß und erregt von dem Erlebnis der letzten Nacht, gegen acht Uhr bei Jaroslaff Iljitsch eintrat (zu dem er übrigens aus einem ihm selbst völlig unklaren Grunde gegangen war), prallte er vor Überraschung zurück und blieb auf der Schwelle stehen: im Zimmer erblickte er — Murin. Der Alte war noch blasser als Ordynoff und schien sich vor Krankheit kaum auf den Füßen halten zu können, weigerte sich jedoch, trotz aller Aufforderungen Jaroslaff Iljitschs, der über den Besuch Murins offenbar sehr erfreut war, auf einem Stuhl Platz zu nehmen. Als Jaroslaff Iljitsch nun Ordynoff erblickte, entfuhr ihm ein Ausruf freudiger Überraschung, doch schon im nächsten Augenblick wich seine Freude einer recht merkbaren Verwirrung, die ihn ganz plötzlich überkam, so daß er mitten auf dem Wege vom Tisch zum nächsten Stuhl, den er wohl Ordynoff hatte anbieten wollen, ratlos stehen blieb. Man sah es ihm an, daß er nicht wußte, was er sagen oder tun sollte und daß er es zugleich als unpassend empfand, in dieser schwierigen Lage sein türkisches Pfeifchen weiter zu rauchen. Trotzdem aber — so groß war seine Verwirrung — zog er in vollen Zügen den Rauch aus seinem Pfeifchen und zwar noch viel häufiger und heftiger, als es sonst seine Art war. Inzwischen trat Ordynoff ins Zimmer. Er warf einen flüchtigen Blick auf Murin und bemerkte in dessen Gesicht etwas ähnliches wie das boshafte Lächeln vom letzten Abend, das Ordynoff auch jetzt wieder erbeben machte vor Wut und Empörung. Danach verschwand alles Feindselige sofort aus Murins Zügen, sein Gesicht nahm den Ausdruck vollständiger Verschlossenheit und Gelassenheit an. Langsam machte er eine sehr tiefe Verbeugung vor seinem Mieter ... Diese kurze Szene hatte indes das Gute, daß sie Ordynoff vollends zur Besinnung brachte. Er sah Jaroslaff Iljitsch mit scharfem Blick aufmerksam an, wie um sich aus dessen Antlitz Aufschluß über den Sachverhalt zu verschaffen. Jaroslaff Iljitsch freilich schien dieser forschende Blick überaus peinlich zu sein.

»Aber ich bitte Sie, treten Sie doch näher, teuerster Wassilij Michailowitsch«, brachte er endlich verwirrt hervor, »ich bitte Sie dringend, beehren Sie mich mit Ihrem Besuch ... Geben Sie diesen meinen einfachen Sachen hier ... die Weihe, indem Sie ihnen, wie gesagt, die Ehre antun ... wie gesagt ...«

Jaroslaff Iljitsch geriet mit seinen Gedanken und Worten in einige Unordnung, verlor den Faden, wurde bis über die Ohren rot vor Verwirrung und auch vor Ärger darüber, daß die schöne Phrase mißlungen war und daß er sie somit umsonst ausgespielt und sie für immer verloren hatte. Geräuschvoll rückte er einen Stuhl bis mitten ins Zimmer.

»Ich möchte Sie nicht lange aufhalten, Jaroslaff Iljitsch, ich wollte nur ... auf einen Augenblick ...«

»Aber ich bitte Sie! Sie und mich aufhalten — Wassilij Michailowitsch! ... Doch — nicht wahr — ein Glas Tee? He! Bedienung! ... Und Sie, versteht sich, werden doch auch nicht noch ein Gläschen ablehnen!«

Murin nickte nur mit dem Kopf, wodurch er zu verstehen gab, daß er das Angebot nicht ablehnte.

Jaroslaff Iljitsch schnauzte zunächst den eingetretenen Diener wegen seiner angeblichen Saumseligkeit an und bestellte dann in strengem Ton noch drei Glas Tee, worauf er sich auf den nächsten Stuhl neben Ordynoff niederließ. Nachdem er sich gesetzt, drehte er den Kopf wie eine Gipskatze bald nach rechts, bald nach links, sah von Murin zu Ordynoff und von Ordynoff zu Murin. Seine Lage war keineswegs angenehm. Offenbar wollte er etwas sagen, etwas vielleicht äußerst Heikles, wenigstens für den einen Teil; doch ungeachtet aller Anstrengungen seiner Gedanken brachte er nichts über die Lippen ... Ordynoff schien auch nicht recht zu wissen, was er sagen, und noch viel weniger, war er denken sollte. Es gab einen Augenblick, wo sie plötzlich beide zugleich anfangen wollten. ... Währenddessen hatte der schweigende

Murin Zeit, sie aufmerksam zu beobachten und seinem Gesicht ein ruhiges Grinsen zu gestatten, das seine sämtlichen Zähne sehen ließ.

»Ich bin gekommen, um Ihnen mitzuteilen«, begann plötzlich Ordynoff, »daß ich mich infolge eines unangenehmen Zwischenfalls gezwungen sehe, meine Wohnung aufzugeben und ...«

»Ja, denken Sie sich!« fiel ihm Jaroslaff Iljitsch ins Wort. »Ich war, offen gestanden, baff, als mir dieser ehrenwerte Mann hier von Ihrem Entschluß Mitteilung machte. Aber ...«

»Wie, *er* hat es Ihnen bereits mitgeteilt?« fragte Ordynoff verwundert, und blickte auf Murin.

Dieser strich sich über den Bart und lachte in seinen Rockärmel hinein.

»Ja, was sagen Sie dazu!« fuhr Jaroslaff Iljitsch fort. »Übrigens — oder habe ich da vielleicht etwas mißverstanden? Jedenfalls muß ich sagen, daß — ich versichere Sie bei meiner Ehre! — daß in seinen Worten auch nicht der Schatten einer Sie kränkenden Äußerung enthalten gewesen ist ...«

Und Jaroslaff Iljitsch errötete hierbei und vermochte nur mit Mühe seine Erregung niederzuhalten. Murin, der sich an der Verwirrung Jaroslaff Iljitschs und seines Gastes inzwischen genugsam ergötzt zu haben schien, hielt es nun wohl für angemessen, auch mit der Sprache herauszurücken, und trat einen Schritt vor.

»Ich habe dieserhalb, Euer Wohlgeboren«, begann er langsam, sich höflich vor Ordynoff verneigend, »Seine Wohlgeboren Euretwegen ein wenig zu belästigen gewagt. Es ist nun mal so, Herr, es kommt schon so heraus, Sie wissen doch selber: wir — wollte sagen, ich und die Hauswirtin, wir wären ja mehr als froh und würden auch kein Wort dawider reden ... Aber was soll man da viel sagen! Was hab' ich denn für eine Wohnung, das wissen und sehen Sie doch selbst, Herr! Und was haben wir denn überhaupt — grad nur so viel, daß man satt wird, wofür wir denn auch genugsam dem Schöpfer danken und zu ihm beten, ihn bitten, er möge uns seine Gnade auch fernerhin in dießem Maße zuteil werden lassen. Aber sonst, Herr, Sie haben doch selbst alles gesehen, was soll ich da noch viel vorjammern?« Und Murin strich sich wieder mit dem Ärmel über den Bart.

Ordynoff fühlte nur, wie ihn Ekel erfaßte.

»Jaja, es ist wahr, ich habe Ihnen doch auch schon von ihm erzählt: er ist krank, tatsächlich, ce malheur ... das heißt: ich hätte mich lieber französisch ausgedrückt, aber entschuldigen Sie schon, ich beherrsche die französische Sprache nicht so gut, das heißt ...«

»Nun ja ...«

»Ja eben, wie gesagt ...«

Ordynoff und Jaroslaff Iljitsch machten hier vor einander so etwas wie eine Halbverbeugung, etwas schräg, vom Stuhl aus, und beide verdeckten dann den mißglückten Versuch mit einem entschuldigenden Lächeln. Der geschäftlich geübte Jaroslaff Iljitsch war aber sogleich wieder bei der Sache.

»Ich habe mich übrigens bei diesem ehrenwerten Mann eingehend erkundigt«, begann er, »und er hat mir gesagt, daß die Krankheit jener ... jungen Person ...«

Hier blickte der vorsichtige Jaroslaff Iljitsch, vermutlich um eine neue kleine Ratlosigkeit, die sein Gesicht verriet, zu verbergen, schnell mit fragendem Ausdruck zu Murin auf.

»Ja, unserer Hauswirtin ...«

Der zartfühlende Jaroslaff Iljitsch begnügte sich sogleich mit der ihm zuteil gewordenen Erklärung und hastete schnell weiter:

»Also: Ihrer Hauswirtin ... das heißt: jetzt ist sie es ja nicht mehr, aber sie war es, — ich weiß nicht, wie ich mich, pardon ... nun ja! Sehen Sie, die Sache ist nämlich die, daß sie eben krank ist, und dem müssen Sie Rechnung tragen. Sie meint, sie störe Sie bei Ihrer wissenschaftlichen Arbeit, und auch er ... Sie haben mir nämlich einen wichtigen Zwischenfall verschwiegen, Wassilij Michailowitsch!«

»Welch einen?«

»Den mit der Flinte«, sagte Jaroslaff Iljitsch fast flüsternd mit der nachsichtigsten Stimme, wobei nur ein verschwindender Bruchteil, höchstens ein Millionstel eines Vorwurfs aus dem zart tremolierenden Tonfall seiner innig freundschaftlichen Tenorstimme herauszuhören war. »Aber«, fuhr er schnell fort, »jetzt, wo ich alles weiß, denn er hat mir den ganzen Vorfall erzählt, kann ich Ihnen nur sagen, daß es von Ihnen sehr edel war, ihm das Vergehen zu verzeihen, dessen er sich ungewollt schuldig gemacht hat. Ich schwöre Ihnen, ich habe hierbei Tränen in seinen Augen gesehn!«

Jaroslaff Iljitsch errötete wieder ein wenig; seine Augen glänzten und er nahm gerührt eine andere Stellung ein auf seinem Stuhl.

»Ich will nur sagen, Euer Wohlgeboren, daß wir, das heißt: ich und meine Wirtin, ohnehin schon, ich weiß nicht wie, zu Gott für Euch beten«, begann Murin, sich an Ordynoff wendend, während Jaroslaff Iljitsch noch wie gewöhnlich seine Erregung niederkämpfte, und er sah ihn dabei unverwandt an, »aber Ihr wißt doch selbst, Herr, sie ist ein krankes, dummes Weib; mich wollen die Füße auch nicht so recht mehr tragen...«

»Aber ich bitte Sie«, unterbrach ihn Ordynoff ungeduldig, »ich bin ja bereit auszuziehen, meinetwegen sofort! ...«

»Nein, Herr, will sagen, wir wären ja, mit Verlaub, mit Euer Wohlgeboren mehr als zufrieden.« (Murin verbeugte sich wieder sehr tief.) »Ich, Herr, ich rede nicht davon; ich wollte nur ein anderes Wort noch sagen: sie ist doch, Herr, fast verwandt mit mir, wenn auch nicht nah, sondern nur so wie man beispielsweise zu sagen pflegt, der siebente Aufguß, will sagen, Euer Wohlgeboren mögen uns unsere einfache Ausdrucksweise zugute halten, wir sind einfache Leute... Aber sie ist doch schon von Kindheit an so! Ihr Kopf ist krank, ist eigenwillig, im Walde aufgewachsen, nur unter den Barkenknechten und Fabrikarbeitern. Und da brannte dann noch das Haus nieder; ihre Mutter, Herr, verbrannte; auch der Vater verbrannte – aber sie selbst, Herr, erzählt das doch Gott weiß wie ... Ich will ihr nur nicht widersprechen, aber in Moskau haben die größten Ärzte sie untersucht, ein ganzes Kon ... Konsilium, wie sie sagen ... doch nichts war zu machen, Herr, sie ist ganz unheilbar, das ist es! Ich allein bin ihr noch geblieben, und so lebt sie denn bei mir ... will sagen: so leben wir denn beide, beten zu Gott und hoffen auf seine Allmacht; sonst aber — mag sie reden, was sie will, ich widerspreche ihr schon gar nicht mehr ...«

Ordynoffs ganzes Gesicht verfärbte sich, sah fast entstellt aus. Jaroslaff Iljitsch sah bald den einen, bald den anderen an.

»Aber ich wollte nicht davon reden, Herr ... nein!« verbesserte sich Murin und schüttelte ernst das Haupt. »Sie ist nun einmal so, will sagen: von so heißblütigem Schlag, das Köpfchen stürmisch, liebevoll und liebebedürftig, ist wie'n Wirbelwind, hat alleweil Verlangen nach einem lieben Freund, will immer — wenn ich mit Verlaub von Euer Gnaden so sagen darf —, daß man ihrem Herzen einen Geliebten gebe; das ist eben ihre Verrücktheit. So erzähle ich ihr denn Märchen, um sie abzulenken und zu zerstreuen. Das ist nun mal so. Aber ich hab' ja doch, Herr, gesehen, wie sie — verzeiht schon, Herr, mein dummes Wort«, entschuldigte Murin sich mit einer Verbeugung und indem er wieder mit dem Ärmel den Bart vom Munde nach links und rechts strich, »wie sie beispielsweise mit Euer Gnaden näher bekannt geworden ist, will sagen, um beispielsweise zu reden, daß Sie, halten zu Gnaden, beispielsweise bezüglich der Liebe sich ihr zu nähern wünschten ...«

Jaroslaff Iljitsch wurde feuerrot und blickte vorwurfsvoll Murin an. Ordynoff bezwang sich so weit, daß er äußerlich ruhig auf seinem Stuhl sitzen blieb.

»Nein ... will sagen, ich, Herr, ich wollte nicht davon reden ... ich bin, halten zu Gnaden, nur ein einfacher Bauer, Herr ... wir sind einfache Leute, sind unwissend und ungebildet, Herr, sind Eure Diener.« Er machte wieder eine tiefe Verbeugung. »Und wie werden wir, ich und mein Weib, für Euer Gnaden beten! ... Worüber hätten wir auch zu klagen? — wenn man nur immer satt wird und gesund bleibt, dann ist man schon zufrieden. Aber was soll ich denn tun, Herr, soll ich selbst den Kopf in die Schlinge stecken, oder was meint Ihr? Ihr wißt doch selbst, gnädiger Herr, das ist nun mal so im Leben eine alltägliche Sache, habt Mitleid mit uns; das würde ja genauso sein wie mit einem Liebhaber, Euer Gnaden! ... Halten zu Gnaden mein grobes Wort ... ich bin halt ein Bauer, Ihr aber seid ein vornehmer Herr ... Euer Gnaden sind eben ein junger, stolzer, heißblütiger Mensch, sie aber ist doch, wie Euer Gnaden selbst wissen, wie ein kleines Kind, jung und unvernünftig — wie weit ist es denn da mit ihr bis zur Sünde! Sie ist doch ein frisches, rosiges, liebreizendes Weibsbild, mich Alten aber plagt immer die Krankheit. Nun, also, was da noch reden! Der Böse hat doch wohl Euer Gnaden, wie 's scheint, schon arg umgarnt! Ich unterhalte sie schon immer mit Märchen und lenke sie auch wirklich ab. Aber wie würden wir, ich und meine Frau, für Euer Gnaden zu Gott beten! Wie noch nie beten! Und was hätten denn Euer Erlaucht auch an ihr, denn wenn sie auch lieblich ist, so bleibt sie doch immerzu eine Bäuerin, ein ungewaschenes Weib, wie man zu sagen pflegt, eine dumme Bäuerin, die zu mir, dem Bauern, paßt! Euch aber, gnädiger Herr, Väterchen-Herr, steht es doch, weiß Gott, ganz und gar nicht an, sich mit Bäuerinnen einzulassen! Und wie wir doch, ich mit ihr, für Euer Gnaden zu Gott beten würden, immerzu beten würden! ...«

Hier verbeugte sich Murin von neuem tief, ganz tief und richtete sich lange nicht wieder auf, während er sich dabei andauernd mit dem Rockärmel über den Bart strich. Jaroslaff Iljitsch wußte kaum noch, wo er stand.

»Ja ... tja, dieser brave Mann«, begann er ganz konfus, »hat mir gegenüber auch etwas von gewissen ... Ungehörigkeiten Ihrerseits verlauten lassen; ich wage es nicht zu glauben, Wassilij Michailowitsch ... Ich hörte, Sie seien immer noch krank«, unterbrach er sich geschwind und sah Ordynoff mit Augen an, in denen vor lauter Verlegenheit Tränen standen.

»Ja, so ... Wieviel bin ich Ihnen schuldig?« fragte Ordynoff schnell, sich an Murin wendend.

»Aber was reden Sie da, Väterchen-Herr! Was denken Sie denn! Wir sind doch keine Judasse. Sie wollen uns doch nicht kränken! Euer Gnaden sollten sich schämen, denn womit sind wir denn, ich und meine Ehehälfte, Euer Gnaden je zu nahe getreten? Ich bitte Euch!«

»Aber erlauben Sie, mein Freund, so geht das doch auch nicht! Er war doch immerhin Ihr Mieter! Fühlen Sie denn nicht, daß Sie ihn mit Ihrer Weigerung Ihrerseits kränken?« legte sich Jaroslaff Iljitsch ins Mittel, da er es für seine Pflicht hielt, Murin die unübliche und peinliche Seite seiner Handlungsweise vor Augen zu halten.

»Aber ich bitte Euch, Väterchen! Wie kommen Euer Wohlgeboren nur darauf? Ich bitte Euch! Wodurch hätten wir denn jemals Eure Ehre außer acht gelassen? Haben uns doch redlich bemüht, und noch mehr als das, alles zu tun, was in unseren Kräften steht! Laßt es gut sein, Euer Gnaden! Christus verzeihe Euch! Sind wir denn Ungläubige oder was? Wir hätten ja nichts dawider, mag er bei uns wohnen, unser einfaches Essen mit uns teilen und es zur Gesundheit verzehren – mag er, mag er –, wir würden ja nichts dawider sagen und ... kein Wort darüber verlieren; aber der Böse hat sich eingemischt, ich bin ein kranker Mensch und auch meine Hausfrau ist krank – was soll man da tun! Es wäre niemand zum Bedienen da, sonst aber wären wir ja froh, von Herzen froh! Und wie wir für Euer Gnaden zu Gott beten werden, will sagen: ich und meine Hausfrau, wie inbrünstig wir beten werden!«

Murin verbeugte sich bis zur Gürtelhöhe. Dem guten Jaroslaff Iljitsch trat vor Entzücken eine Träne ins Auge. Ganz enthusiastisch schaute er Ordynoff an.

»Was sagen Sie dazu, ist das nicht ein edler Zug! Was für

eine heilige Gastlichkeit ruht doch im russischen Volk!«
Ordynoff warf ihm einen wütenden Blick zu: er war nahezu entsetzt ... und maß ihn vom Kopf bis zu den Füßen.

»Ja, so ist es wirklich, Herr, Gastfreundschaft ist uns heilig, und wie!« bestätigte Murin sofort, und wieder strich der Ärmel über den Bart. »Und da kommt mir soeben ein Gedanke: Euer Gnaden waren bei uns zu Gast, bei Gott, nur zu Gast«, fuhr er fort, indem er sich Ordynoff näherte, »und es wäre ja alles gut, gnädiger Herr, sagen wir: einen oder noch einen Tag, dawider würde ich nichts sagen, wirklich nicht! Aber die Sünde verstrickt, und meine Hausfrau ist doch nicht gesund! Ach, wenn sie nicht wäre! — will sagen: wenn ich beispielsweise allein leben würde! — wie würde ich da Euer Gnaden verehren und betreuen, will sagen: hegen und pflegen! Wen sollten wir denn auch verehren, wenn nicht Euer Gnaden? Und ich würde Euch auch kurieren, wirklich kurieren; ich kenne ein Mittel ... Nur zu Gast seid Ihr bei uns gewesen, Euer Gnaden, bei Gott, da habt Ihr mein Wort darauf, wirklich nur zu Gast! ...«

»Tatsächlich? ... Gibt es denn so ein Mittel ...«, fragte Jaroslaff Iljitsch, sprach aber seinen Gedanken nicht ganz aus.

Ordynoff hatte ihm entschieden Unrecht getan, als er ihn mit so wütender Verwunderung maß.

Jaroslaff Iljitsch war natürlich einer der ehrlichsten und anständigsten Menschen; jetzt aber, wo er endlich alles begriffen hatte, muß man schon zugeben, daß er sich in einer äußerst heiklen Lage befand. Er wollte, wie man zu sagen pflegt, bersten vor Lachen! Wäre er mit Ordynoff allein gewesen, so hätte er sich selbstverständlich nicht bezwungen (zwei so gute Freunde unter sich!) und sich rückhaltlos dem Ausbruch seiner Heiterkeit hingegeben. Jedenfalls hätte er sich sehr anständig benommen, hätte nach dem Heiterkeitsausbruch Ordynoff gefühlvoll die Hand gedrückt, hätte ihm aufrichtig und wahrheitsgemäß versichert, daß er ihn nun noch doppelt achte und ihn jedenfalls entschuldigt finde ... und schließlich bliebe Jugend eben Jugend, für die man Verständnis haben müsse. Doch in Murins Gegenwart war das natürlich ausgeschlossen, und so befand er sich denn bei seinem großen Zartgefühl in einer höchst peinlichen Lage und wußte fast nicht, wohin er verschwinden könnte ...

»Es gibt Mittel, will sagen: Heilmittel«, versetzte Murin, dessen ganzes Gesicht nach dem ungeschickten Zwischenruf Jaroslaff Iljitschs ins Zucken geriet. »Ich würde, Euer Gnaden, in meiner bäuerlichen Dummheit nur dies sagen«, fuhr er fort, indem er noch einen Schritt vortrat, »Bücher hat Euer Gnaden furchtbar viele gelesen; ich möchte sagen: Ihr seid auch furchtbar klug geworden; aber nun ist der Verstand, wie man bei uns nach Bauernart zu sagen pflegt, ist der Verstand da angelangt, wo er stille steht ...«

»Genug jetzt!« sagte Jaroslaff Iljitsch in strengem Ton.

»Ich gehe«, sagte Ordynoff. »Ich danke Ihnen, Jaroslaff Iljitsch! ... Gewiß, gewiß werde ich Sie besuchen, unbedingt«, sagte er schnell, auf die verdoppelten Höflichkeiten Jaroslaff Iljitschs, der ihn nicht mehr zurückzuhalten vermochte. »Leben Sie wohl, Adieu ...«

»Leben Sie wohl, Euer Wohlgeboren, leben Sie wohl, Euer Gnaden; vergessen Sie uns nicht, besuchen Sie uns Sünder.«

Ordynoff hörte nichts mehr davon. Er trat wie ein Halbwahnsinniger hinaus.

Er konnte das nicht länger ertragen; er war wie zerschlagen; sein Denken erstarrt. Er hatte die dumpfe Empfindung, daß seine Krankheit ihn ersticke, aber eine kalte Verzweiflung bemächtigte sich seiner Seele, und er fühlte nur, daß irgend ein dumpfer Schmerz in seiner Brust wühlte und quälte und sog. Er wäre jetzt gern gestorben. Seine Beine knickten ein, und er setzte sich an einem Zaun hin, ohne auf die Vorübergehenden zu achten, noch auf die Menge, die sich nach und nach um ihn zu versammeln begann, noch auf die Anrufe und Fragen der Neugierigen, die ihn umstanden. Da vernahm er plötzlich durch das Stimmengewirr Murins Stimme über sich. Er erhob den Kopf. Der Alte stand tatsächlich vor ihm; sein blasses Gesicht war ernst und nachdenklich. Das war aber jetzt ein ganz anderer Mensch als der, der ihn soeben erst bei Jaroslaff Iljitsch so derb verhöhnt hatte. Ordynoff erhob sich, und Murin faßte ihn am Arm und führte ihn hinaus aus der Menge...

»Du mußt noch deine Sachen mitnehmen«, sagte er, indem er Ordynoff von der Seite ansah. »Gräme dich nicht, Junker!« rief Murin ihm zu. »Du bist jung, wozu da trauern!...«

Ordynoff schwieg.

»Bist gekränkt, Herr? Ärgerst dich also ... aber worüber denn? Ein jeder verteidigt sein Eigentum!«

»Ich kenne Sie nicht«, sagte Ordynoff, »und Ihre Geheimnisse gehen mich nichts an. Aber sie, sie!...«, stieß er hervor, und Tränen rollten auf einmal in großen Tropfen über seine Wangen. Der Wind riß sie, eine nach der anderen, von seiner Haut... Ordynoff hob die Hand, um sie abzuwischen. Diese Geste, sein Blick, die unwillkürliche Bewegung seiner bebenden, blaugewordenen Lippen — alles schien darauf hinzudeuten, daß ihm ein geistiger Zusammenbruch bevorstand.

»Ich habe dir doch schon erklärt«, sagte Murin, die Brauen zusammenziehend, »sie ist eine Halbirre! ... Wodurch und wie sie irrsinnig geworden ist ... wozu brauchst du das zu wissen? Mir aber ist sie auch so — ein Teil von mir! Liebgewonnen habe ich sie mehr als mein Leben und werde sie niemandem abtreten. Begreifst du jetzt!«

In Ordynoffs Augen blitzte für einen Augenblick Feuer auf.

»Aber warum habe denn ich ... warum habe denn ich jetzt gleichsam das Leben verloren? Warum schmerzt denn *mein* Herz so? Warum habe ich Katerina kennenlernen müssen?«

»Warum!« wiederholte Murin, mit kurzem Auflachen, und wurde nachdenklich. »Warum, auch ich weiß nicht, warum«, murmelte er schließlich, »Weibersinn ist kein Meeresgrund, erforschen kann man ihn schon, aber schlau ist er, beharrlich, lebenszäh! Was sie haben wollen, das muß man ihnen geben, als ob man's aus der Tasche nehmen und hinlegen könnte!... Dann hat sie also wirklich mit Euch von mir weggehen wollen, Herr«, fuhr er nachdenklich fort. »Hat das Alte verschmäht, nachdem sie mit ihm alles erlebt, soviel man nur erleben kann! Da müßt Ihr doch gleich auf den ersten Blick ihr arg gefallen haben! Oder vielleicht war's auch nur so, ob Ihr, ob ein anderer ... Ich lasse ihr ja in allem ihren Willen; wenn sie Vogelmilch haben will, so verschaffe ich ihr auch Vogelmilch, stelle selbst so 'nen Vogel her, wenn es ihn noch nicht gibt! Eitel ist sie! Ist auf Freiheit aus, weiß aber selber nicht, was ihr launisches Herz begehrt. Aber da hat sich's dann herausgestellt, daß es doch am besten ist, wenn alles beim alten bleibt! Ach, Herr! Jung bist du noch! Arg jung! Dein Herz ist noch so heiß wie bei einem Mädel, das sich mit dem Ärmel die Tränen abwischt, wenn's sich vom Liebsten verlassen sieht! Erkenne dies, Herr: ein schwacher Mensch kann für sich allein nicht bestehen! Gib ihm meinetwegen alles, er wird von selbst kommen und alles zurückgeben; gib ihm die halbe Welt zum Besitz, versuch's nur – und was meinst du? Er wird dir auf der Stelle in den erstbesten Schuh kriechen, um sich zu verstecken; so klein macht er sich. Gib ihm Freiheit, dem schwachen Menschen – und er wird sie selbst binden und zurückbringen. Einem dummen Herzen ist auch die Freiheit zu nichts nütze. Es weiß damit nichts anzufangen! Ich sage dir das alles nur so – bist noch arg jung! Was gehst du mich an? Bist gekommen und bist gegangen – ob du oder ein anderer, ist ja gleich. Ich hab's ja schon im voraus gewußt, daß es so kommen wird. Sich widersetzen hilft da gar nichts. Mit keinem Wort darf man widersprechen, wenn man sein Glück bewahren will. Denn es ist doch, weißt du, Herr«, fuhr Murin fort zu philosophieren, »alles immer nur bloß so gesagt: und was kommt da nicht alles vor? Im Zorn wird auch nach dem Messer gegriffen, oder wenn keine Waffe da ist, so geht er auch mit leeren Händen wie ein Wilder auf dich los und beißt dem Feinde die Gurgel durch. Wird dir aber das Messer in die Hand gegeben und dein Feind entblößt vor dir selber seine breite Brust, dann wirst du doch wohl zurücktreten!«

Sie traten auf den Hof. Der Tatar, der Murin schon von weitem hatte kommen sehen, nahm vor ihm die Mütze ab und blickte Ordynoff listig und unverwandt an.

»Wo ist deine Mutter? Zu Haus?« wandte sich Murin barsch an ihn.

»Ist zu Haus.«

»Sag ihr, daß sie seine Sachen herunterschleppen soll. Und auch du, hilf ihr, marsch! rühr dich!«

Sie stiegen die Treppe hinauf. Die Alte, die bei Murin als Magd diente und sich tatsächlich als die Mutter des Hausknechts erwies, trug seine Habseligkeiten zusammen und band sie brummend in ein großes Bündel.

»Warte; ich bringe dir noch etwas, was dir gehört ...«

Murin ging in sein Zimmer, kam aber sogleich wieder zurück und händigte Ordynoff ein mit Seide und feinstem Kammgarn reich gesticktes Kissen ein, dasselbe, das Katerina ihm unter den Kopf geschoben hatte, als er erkrankt war.

»Das schickt sie dir«, sagte er. »Und jetzt geh mit Gott, aber sieh zu, daß du dich vor leichtsinnigem Leben in acht nimmst«, fügte er halblaut in väterlichem Ton hinzu, »sonst kann es dir noch schlimm ergehen.«

Offenbar wollte er seinen Mieter zum Abschied nicht kränken. Doch als Ordynoff bereits aus der Tür trat und er den letzten Blick auf ihn warf, da war es doch wie ein Aufflammen unermeßlicher Wut, was sein Gesicht unwillkürlich verriet. Fast wie mit Ekel schloß Murin hinter ihm die Tür ...

Zwei Stunden darauf war die Fahrt zurückgelegt, und Ordynoff zog bei dem Deutschen Spieß ein. Tinchen schlug die Hände zusammen, als sie ihn erblickte. Das erste war, daß sie sich nach seiner Gesundheit erkundigte, und als sie erfuhr, daß er krank war, schickte sie sich gleich an, ihn zu kurieren.

Der alte Deutsche erzählte darauf selbstgefällig seinem Mieter, er sei gerade im Begriff gewesen, den Mietzettel wieder unten am Haustor auszuhängen, da dies genau der letzte Tag sei, an dem seine Anzahlung der Miete ablaufe, bei tageweiser Berechnung der Miete. Woraufder Alte es nicht unterließ, in weiser Vorausschau die deutsche Genauigkeit und Ehrlichkeit zu loben. Ordynoff erlitt noch an demselben Tag einen vollkommenen Zusammenbruch und erst nach einem Krankenlager von drei Monaten konnte er das Bett verlassen.

Allmählich begann er zu genesen und auch wieder auszugehen. Das Leben bei dem Deutschen verlief eintönig, gemächlich. Der Alte war ein Mensch ohne besondere Eigenheiten; das nette Tinchen war — innerhalb der Gebote der Sittsamkeit — alles, was man nur wünschen konnte; aber für Ordynoff schien das Leben für immer seinen Reiz verloren zu haben! Er versank in grübelndes Sinnen und wurde reizbar. Seine Sensibilität entwickelte sich beinahe schon zu krankhafter Überempfindlichkeit, und unmerklich verfiel er einer argen, ihn abstumpfenden Hypochondrie. Die Bücher schlug er manchmal ganze Wochen lang nicht auf. Die Zukunft war für ihn verschlossen, sein Geld ging auf die Neige und er ließ schon im voraus die Arme sinken; ja, er dachte nicht einmal an die Zukunft. Manchmal ergriff ihn zwar wieder die frühere heiße Liebe zur Wissenschaft, das frühere Fieber; die früheren, von ihm selbst geschaffenen Pläne und Gestalten stiegen aus der Vergangenheit grell wieder vor ihm auf, aber jetzt bedrückten und lähmten sie nur seine Tatkraft. Seine Gedanken wurden nicht zu Taten. Die Schöpferkraft war wie stehen geblieben. Es war ihm, als erständen alle diese Gestalten absichtlich nur noch zu dem Zweck so gigantisch in seiner Vorstellung, um über seine, ihres Schöpfers, Kraftlosigkeit zu spotten. In einem traurigen Augenblick verglich er sich unwillkürlich mit jenem vorwitzigen Zauberlehrling, der, nachdem er von seinem Meister das Zauberwort aufgeschnappt, dem Besen befahl, Wasser herbeizutragen, und dann in Gefahr kam, in diesem Wasser zu ertrinken, weil er vergessen hatte, wie man Einhalt gebietet. Vielleicht wäre von ihm eine große, selbständige, neue Idee in die Welt gesetzt worden. Vielleicht war es ihm bestimmt gewesen, ein Künstler in der Wissenschaft zu werden. Wenigstens hatte er früher selbst so etwas geglaubt. Ein aufrichtiger Glaube aber ist schon eine Bürgschaft für die Zukunft. Jetzt jedoch lachte er in manchen Augenblicken selbst über diese seine blinde Überzeugung und — kam keinen Schritt vorwärts.

Vor einem halben Jahr war das anders gewesen: da hatte er in klaren Zügen eine Skizze zu einem wohlgeordneten Werk entworfen und zu Papier gebracht, und auf dieses Werk hatte er (jung wie er war) in den unschöpferischen Ruhepausen die größten Zukunftshoffnungen, auch in materieller Hinsicht, aufgebaut. Dieses Werk betraf die Kirchengeschichte, und Worte tiefster, glühendster Überzeugungen waren seiner Feder entströmt. Jetzt nahm er diesen Plan wieder vor, las ihn durch, änderte, dachte von neuem über ihn nach, las und suchte in den verschiedensten Büchern nach diesem und jenem; schließlich verwarf er seine Idee, ohne auf den Ruinen etwas anderes aufzubauen. Dafür begann so etwas wie Mystizismus, wie Prädestination und das Geheimnis des Ursprungs in seine Seele einzudringen. Der Unglückliche litt unter seinen Qualen und wandte sich Gott zu, um bei ihm Erlösung zu finden. Die Aufwärterin des Deutschen, eine alte gottesfürchtige Russin, erzählte mit Wohlgefallen, wie ihr stiller Mieter bete und wie er manchmal ganze Stunden lang wie entseelt auf den Kirchenfliesen verharre...

Er hatte zu keinem Menschen ein Wort von seinem Erlebnis gesagt. Zuweilen aber, namentlich in der Dämmerung, erinnerte das Geläut der Kirchenglocken ihn an jenen Augenblick, wo zum erstenmal seine ganze Brust von einem ihm bis dahin völlig unbekannten Gefühl erbebt war, als er im Gotteshaus neben ihr niederkniete, alles andere vergaß und nur hörte, wie ihr ängstliches Herz pochte ... und wie er dann vor lauter Freude und Entzücken in Tränen ausgebrochen war, vor Freude über die neue lichte Hoffnung, die mit einemmal sein einsames Leben erhellte ... Wenn er das alles jetzt nochmals durchlebte, dann war ihm, als erhöbe sich ein Sturm in seiner für immer verwundeten Seele; dann erzitterte sein Geist und die Qual der Liebe flammte von neuem wie brennendes Feuer in seiner Brust. Dann tat ihm das Herz vor Leid und Leidenschaft weh und ihm war, als wüchse seine Liebe zugleich mit der Traurigkeit. Oft saß er so stundenlang, sich und sein ganzes Alltagsleben und alles übrige auf der Welt vergessend, saß stundenlang auf einem Fleck, einsam, traurig, wiegte hoffnungslos müde den Kopf, während stumme Tränen nach innen rannen und er für sich flüsterte: »Katerina! Meine Taube, an der ich mich nicht sattsehen kann! Meine einzige geliebte Schwester! ...«

Ein garstiger Gedanke begann ihn mehr und mehr zu quälen. Dieser Gedanke verfolgte ihn geradezu; mit jedem Tage wurde er für ihn mehr und mehr zur Wahrscheinlichkeit und Wirklichkeit. Es schien ihm – und zu guter Letzt glaubte er selbst fest daran –, es schien ihm, daß Katerinas Geist und Vernunft keineswegs gelitten hatten, daß aber Murin in seiner Weise recht hatte, wenn er sie ein »schwaches Herz« nannte. Es schien ihm, daß irgendein Geheimnis sie mit dem Alten verband, daß aber Katerina, ohne sich eines Verbrechens bewußt zu sein, rein wie eine Taube, in seine Gewalt geraten sei. Wer waren sie? – er wußte es nicht. Aber ihn verfolgte andauernd die Vorstellung von einer tiefen, rettungslosen Tyrannei, die der Alte über das arme, schutzlose Geschöpf ausübte, und sein Herz erhob sich in seiner Brust und knirschte in ohnmächtiger Empörung. Es schien ihm, daß der Alte, als ihr plötzlich eine Ahnung des Zusammenhangs aufgegangen war, ihr arglistig ihre eigene

Mitschuld und ihren Sündenfall vor die erschrockenen Augen gerückt hatte, um dann tückisch das arme *schwache* Herz zu quälen und den Tatbestand schlau zu verdrehen. Dabei mochte er mit Absicht ihre Blindheit dort, wo es ihm ratsam erschien, noch verstärkt und andererseits die unerfahrenen Neigungen ihres impulsiven, verirrten Herzens mit List begünstigt haben, bis er ihr auf diese Weise allmählich die Flügel gestutzt und die freie unabhängige Seele so weit gebracht hatte, daß sie schließlich unfähig geworden war, sich gegen ihn aufzulehnen, oder sich zu einem freien Entschluß und Durchbruch ins wirkliche Leben aufzuraffen ...

Mit der Zeit wurde Ordynoff immer noch menschenscheuer, woran ihn seine Deutschen — diese Gerechtigkeit muß man ihnen widerfahren lassen — nicht im geringsten hinderten.

Es wurde ihm zu einer geliebten Gewohnheit, lange und ziellos durch die Straßen zu wandern. Er wählte sich dazu vorzugsweise die Dämmerstunde und als Ort für seine Spaziergänge öde, entlegene Stadtteile aus, wo nur wenige Menschen hinkamen. An einem regnerischen, ungesunden Vorfrühligsabend begegnete er in einer dieser Gassen Jaroslaff Iljitsch.

Dieser war inzwischen merklich magerer geworden; seine freundlichen Augen hatten von ihrem Glanz verloren; der ganze Mensch machte den Eindruck des Enttäuschtseins. Er hatte es gerade sehr eilig in einer keinen Aufschub duldenden Angelegenheit, war durchnäßt und angeschmutzt; an seiner sonst sehr anständigen, jetzt aber von der Witterung bläulich angelaufenen Nase hielt sich die ganze Zeit in einer nahezu phantastischen Weise ein Regentropfen. Überdies hatte er sich einen Backenbart wachsen lassen.

Dieser Backenbart und dazu der Umstand, daß Jaroslaff Iljitsch so dreinschaute, als wolle er einer Begegnung mit seinem alten Bekannten lieber ausweichen, überraschten beinahe Ordynoff ... Und merkwürdig! — gewissermaßen verletzte, ja, kränkte das sogar sein Herz, das doch bis dahin noch niemals das Verlangen nach jemandes Teilnahme verspürt hatte. Schließlich war ihm der frühere Jaroslaff Iljitsch lieber gewesen, der einfache, gutmütige, naive und — entschließen wir uns, es endlich offen auszusprechen! — ein wenig dumme Mensch, aber ohne Anspruch auf den Eindruck, blasiert und klüger geworden zu sein. Aber es ist doch unangenehm, wenn ein *dummer* Mensch, den wir früher gern hatten, vielleicht gerade wegen seiner Dummheit gern hatten, *plötzlich klüger* geworden ist, entschieden unangenehm! Übrigens verschwand das Mißtrauen, mit dem er Ordynoff anblickte, sofort wieder aus seinem Gesicht.

Doch trotz aller Blasiertheit hatte er sein früheres, sein ursprüngliches Wesen, mit dem ja der Mensch bekanntlich auch ins Grab sinkt, keineswegs abgelegt; so schlug er ohne weiteres und mit Freuden den alten freundschaftlichen Ton an. Zunächst bemerkte er, daß er viel zu tun habe, danach, daß sie sich lange nicht gesehen; doch plötzlich nahm das Gespräch wieder eine an ihm sonst ungewohnte Wendung. Jaroslaff Iljitsch kam auf die Verlogenheit der Menschen im allgemeinen zu sprechen, auf die Vergänglichkeit der Güter dieser Welt, auf die Nichtigkeit der Eitelkeiten, erwähnte beiläufig auch Puschkin, jedoch in mehr als gleichmütigem Ton, sprach mit einem gewissen Zynismus von guten Bekanntschaften und zum Schluß machte er sogar einige Anspielungen auf die Verlogenheit und Falschheit derjenigen, die sich in der Gesellschaft Freunde nennten, während es aufrichtige Freundschaft in der Welt doch noch niemals gegeben habe. Mit einem Wort: Jaroslaff Iljitsch war klüger geworden.

Ordynoff widersprach ihm in keiner Hinsicht, aber es wurde ihm unsagbar, geradezu qualvoll traurig zumut; als hätte er seinen besten Freund begraben!

»Ach ja! fast hätte ich's vergessen, Ihnen zu erzählen!« unterbrach ihn Jaroslaff Iljitsch plötzlich, als wäre ihm etwas äußerst Interessantes eingefallen, »eine Neuigkeit! Ich will sie Ihnen im Vertrauen mitteilen. Erinnern Sie sich noch an das Haus, in dem Sie einmal wohnten?«

Ordynoff zuckte zusammen und wurde blaß.

»Stellen Sie sich vor: in diesem Hause hat man vor kurzem ein ganzes Diebesnest entdeckt, das heißt, mein Verehrtester, eine ganze Bande, eine wahre Räuberhöhle! Schmuggler, Spitzbuben jeder Art, und wer weiß was noch alles! Mehrere sind schon hinter Schloß und Riegel, anderen ist man erst noch auf der Spur; die strengsten Weisungen sind ergangen! Und können Sie sich das vorstellen: erinnern Sie sich noch an den Hausbesitzer? — so 'n kleines Männchen, gottesfürchtig, dem Anschein so ein ehrenwerter, anständiger Mensch...«

»Nun, und?«

»Urteilen Sie danach über die ganze Menschheit! Eben dieses Männchen war der Anführer der ganzen Bande, ihr Oberhaupt sozusagen! Ist das nicht haarsträubend?«

Jaroslaff Iljitsch sprach mit Gefühl und Temperament; er verurteilte mit dem einen zugleich die ganze Menschheit, denn ein Jaroslaff Iljitsch kann ja gar nicht anders urteilen; das gehört zu seinem Charakter.

»Und jene... meine Wirtsleute? — Murin?« fragte Ordynoff flüsternd.

»Ach, Murin, Murin! Nein, der war ein ehrenwerter alter Mann, anständig... Aber erlauben Sie... Sie werfen da ein neues Licht auf die Sache...«

»Wie denn? Gehörte er auch zu der Bande?«

Ordynoffs Herz schlug vor Ungeduld so heftig, daß er zu vergehen glaubte vor Spannung.

»Übrigens, wieso... wie kommen Sie darauf...« Jaroslaff Iljitsch starrte mit seinen zinnernen Augen unbeweglich Ordynoff an — ein Anzeichen, daß er zu überlegen versuchte. »Nein, Murin kann doch nicht zu ihnen gehört haben. Er hat doch schon ganze drei Wochen vorher Petersburg verlassen, ist mit seiner Frau in seine Heimat zurückgekehrt... Ich erfuhr das vom Hausknecht... jenem kleinen Tataren, erinnern Sie sich noch?«

POLSÚNKOFF

Eine Erzählung

Ich begann diesen Menschen eingehender zu betrachten. Selbst in seinem Äußeren lag etwas Eigentümliches, das einen unwillkürlich zwang, mochte man auch noch so zerstreut sein, den Blick an ihn zu heften und dann — in unbezwingbares Lachen auszubrechen. So erging es auch mir. Die Äuglein dieses kleinen Herrn waren so beweglich, oder vielmehr, er war selbst vom Scheitel bis zur Sohle so empfindlich für den Magnetismus jedes auf ihn gerichteten Blicks, daß er es sofort instinktiv spürte, wenn man ihn betrachtete, sich im Nu dem Betrachter zuwandte und voll Unruhe dessen Blick zu analysieren begann. Infolge dieser ständigen Beweglichkeit und des Hin und Her seines Zusammenzukkens erinnerte er entschieden an eine kleine Wetterfahne. Merkwürdigerweise schien er den Spott zu fürchten, und dabei verdiente er sich doch gerade damit sein Brot, daß er den Allerweltsnarren spielte und ergeben seinen Kopf allen Nasenstübern und Kopfnüssen hinhielt, auch solchen im physischen Sinne des Wortes, je nachdem in welcher Gesellschaft er sich befand. Freiwillige Narren sind ja nicht weiter bemitleidenswert. Aber ich bemerkte sofort, daß dieses sonderbare Geschöpf, dieses komische Menschlein keineswegs Narr von Natur war. Es verblieb in ihm immer noch ein gewisser Anstand. Seine Unruhe, seine ewige krankhafte Angst um sich selbst sprachen schon zu seinen Gunsten. Ich hatte den Eindruck, daß seine ganze Dienstbereitschaft eher einem guten Herzen entsprang als der Berechnung materieller Vorteile. Bereitwillig ließ er es zu, daß man über ihn lachte, aus vollem Halse und taktlos ihm ins Gesicht lachte, aber zu gleicher Zeit — und ich könnte schwören, daß es so war — schmerzte und blutete sein Herz bei dem Gedanken, seine Zuhörer könnten so unfein und herzlos sein, nicht nur über seine Späße und Witze zu lachen, sondern auch über ihn selbst, über sein ganzes Wesen, über sein Herz, seinen Kopf, über sein Äußeres, kurz, über alles, was Fleisch und Blut an ihm war. Ich bin überzeugt, daß er in diesen Augenblicken die ganze Dummheit seiner Lage sehr wohl empfand; aber der Protest dagegen erstarb sofort in seiner Brust, obschon er in ihr unbedingt jedesmal in edelster Weise aufflammte. Ich bin, wie gesagt, überzeugt, daß bei ihm alles nur aus Herzensgüte geschah und bestimmt nicht aus Angst vor dem materiellen Schaden, sagen wir, etwa hinausgeworfen zu werden und damit die Möglichkeit zu verlieren, hier jemanden anzupumpen. Dieser Herr lebte nämlich davon, daß er sich ständig Geld ausborgte, das heißt: er bat in dieser Form um Almosen, wenn er die Gesellschaft mit seinen Possen und Witzchen genügend unterhalten und auf seine Rechnung belustigt hatte, so daß er sich gewissermaßen berechtigt fühlen konnte, mit seiner Bitte herauszurücken. Aber, mein Gott! was war das schon für ein Ausborgen! Und wie sah er selbst dabei aus! Ich hätte nie geglaubt, daß auf einer so kleinen Fläche wie dem zusammengekniffenen, eckigen Gesicht dieses Menschleins gleichzeitig so viele verschiedene Grimassen, soviel unterschiedliche Empfindungen, soviel qualvolle Eindrücke und mörderische Gemütsbewegungen Platz finden könnten. Und was, ja, was war da nicht alles zu lesen: Scham und vorgetäuschte Frechheit, Ärger über sich selbst mit plötzlich aufsteigender Schamröte im Gesicht, Zorn und Bangen vor dem Mißerfolg, die Bitte um Verzeihung, daß er zu belästigen gewagt, das Bewußtsein der eigenen Menschenwürde und gleichzeitig die umfassendste Erkenntnis der eigenen Nichtigkeit, — das alles zuckte wie Blitze über sein Gesicht. Schon seit ganzen sechs Jahren schlug er sich so durch in dieser Gotteswelt, und noch immer verstand er nicht, in der wichtigsten Minute des Anborgens eine gewisse Haltung zu bewahren! Es versteht sich von selbst, daß er niemals hätte unempfindlich oder gar gemein werden können. Dazu war sein Herz viel zu sensibel, viel zu heiß! Ich möchte sogar noch mehr sagen: meiner Meinung nach war er der anständigste und nobelste Mensch der Welt, aber mit einer kleinen Schwäche behaftet: er konnte gutmütig und uneigennützig auf die erste beste Aufforderung hin womöglich auch eine Niedrigkeit begehen, bloß um dem Nächsten einen Gefallen zu erweisen. Mit einem Wort, er war durchaus das, was man als Charakter einen Lappen zu nennen pflegt. Am lächerlichsten aber war doch, daß er fast ebenso gekleidet war wie alle, nicht schlechter, nicht besser, sauber und sogar mit einer gewissen Gewähltheit, einer Neigung zu Solidität und persönlicher Würde. Dieses Streben nach äußerer Gleichheit bei so großer innerer Ungleichheit, seine Unruhe um sich selbst und gleichzeitig diese ununterbrochene Selbstverkleinerung — das bildete den schreiendsten Kontrast und konnte freilich sowohl Gelächter als auch Erbarmen erwecken. Wenn er in seinem Herzen überzeugt gewesen wäre (was er trotz aller Erfahrungen immer wieder war), daß alle seine Zuhörer die gütigsten Menschen der Welt seien, die nur über seine komischen Späße lachten und nicht auch über seine zum Komischsein vorausbestimmte Person, so würde er mit Vergnügen seinen Frack ausgezogen und ihn umgekehrt, mit dem Futter nach außen, wieder angezogen haben; ja, er wäre in diesem Aufzug sogar durch die Straßen spaziert, anderen zur Erheiterung und sich selbst zur Genugtuung, einzig von dem Wunsch getrieben, seine Gönner zu belustigen und allen ein Vergnügen zu bereiten. Aber bis zu einer Gleichheit mit den anderen konnte er es doch niemals und durch nichts bringen. Und noch ein Zug an ihm: der sonderbare Kauz war ehrgeizig und konnte mitunter, wenn damit keine Gefahr verbunden war, sogar mutig sein. Man mußte es gesehen und gehört haben, wie er es verstand, manchmal ohne sich selbst dabei zu schonen, also mit einem Wagnis, ja, fast mit Heldenmut, einen seiner *Gönner,* der ihn schon bis zum Äußersten gebracht hatte, durch die Hechel zu ziehen. Aber das währte nur Minuten ... Mit einem Wort, er war ein Märtyrer im vollen Sinn des Wortes, aber der nutzloseste und daher komischste aller Märtyrer.

Unter den Gästen erhob sich ein allgemeiner Streit. Plötzlich sah ich, wie mein Kauz auf einen Stuhl springt und aus allen Kräften schreit, man möge doch ausschließlich ihm allein das Wort geben.

»Passen Sie auf«, flüsterte mir der Hausherr zu. »Er erzählt mitunter die interessantesten Sachen ... Interessiert er Sie?«

Ich nickte mit dem Kopf und mischte mich unter die Zuhörer. Der Anblick eines anständig gekleideten Herrn, der auf einem Stuhl stand und die ganze Gesellschaft überschrie, erweckte die allgemeine Aufmerksamkeit. Viele, die den Sonderling nicht kannten, sahen sich verständnislos untereinander an, andere wiederum lachten aus vollem Halse.

»Ich kenne Fedosséi Nikolájitsch! Ich muß doch Fedossei Nikolajitsch von allen am besten kennen!« rief er von seinem erhöhten Platz aus. »Meine Herren, ich bitte ums Wort! Ich werde von Fedossei Nikolajitsch erzählen! Eine Geschichte, sag ich Ihnen – einfach exquisit!«

»Erzählen Sie, Ossip Michailytsch, erzählen Sie!«

»Erzähl schon!«

»So hören Sie denn ...«

»Zuhören! .. Zuhören!«

»Ich beginne also ... Aber meine Herrschaften, diese Geschichte ist sehr sonderbar ...«

»Gut, schon gut!«

»Diese Geschichte ist auch sehr komisch.«

»Um so besser! Herrlich! – Zur Sache!«

»Sie ist eine Episode aus dem Leben Ihres alleruntertänigsten ...«

»Na, wozu brauchen Sie dann noch zu versichern, daß sie komisch ist!«

»Und sogar ein bißchen tragisch!«

»Ah???«

»Mit einem Wort, die Geschichte, die Ihnen das Vergnügen bereitet, mich zu hören, meine Herrschaften, — die Geschichte, der zufolge ich in eine für mich so *interessante* Gesellschaft geraten bin ...«

»Ohne Witzchen, bitte!«

»Die Geschichte ...«

»Mit einem Wort, die Geschichte — beenden Sie etwas schneller Ihre Vorrede —, die Geschichte, die wohl wieder etwas kosten wird«, schaltete mit heiserer Stimme ein blonder junger Herr ein, steckte die Hand in die Tasche und zog wie zufällig statt des Taschentuches seine Geldbörse hervor.

»Eine Geschichte, meine Herren, nach der ich viele von Ihnen an meiner Stelle hätte sehen mögen. Und schließlich die Geschichte, der zufolge ich nicht geheiratet habe.«

»Geheiratet! ... Eine Frau! ... Polsúnkoff hat heiraten wollen!«

»Ich gestehe, ich würde gar zu gern Madame Polsúnkowa mal sehen!«

»Gestatten Sie, mich nach dem Namen dieser Dame zu erkundigen, die beinahe Madame Polsunkowa geworden wäre?« fragte mit hoher Stime ein Jüngling, der sich zum Erzähler vordrängte.

»Also meine Herrschaften, das erste Kapitel: Es war genau vor sechs Jahren, im Frühling, am 31. März — beachten Sie das Datum, meine Herrschaften —, am Vorabend ...«

»Des ersten April!« rief ein blondlockiger junger Mann.

»Sie sind wirklich ungemein scharfsinnig. Also: es war Abend. Über der Kreisstadt N. verdichtete sich die Dämmerung, und der Mond schickte sich an, langsam am blauen Himmelszelt aufzutauchen ... kurz: alles war, wie es sich gehört. Und siehe da, in der spätesten Dämmerstunde war's, da tauchte auch ich ganz leise und heimlich aus meiner kleinen Wohnung auf, nachdem ich mich noch vorher von meiner ‚total verbarrikadierten' Großmutter verabschiedet hatte. Entschuldigen Sie, meine Herrschaften, daß auch ich diesen neumodischen Ausdruck gebrauche, den ich erst neulich bei Nikolai Nikolájitsch gehört habe. Aber meine selige Großmutter war in der Tat vollkommen verbarrikadiert: sie war blind, taub, stumm und dumm, — mehr kann man doch nicht verlangen ! ... Ich muß gestehen, ich zitterte am ganzen Leibe, denn was ich vorhatte, war bedeutungsschwer für mich; das Herz zitterte in mir wie das in einem Kätzchen, wenn eine knöcherne Hand es am Schlafittchen packt ...«

»Erlauben Sie, Herr Polsunkoff!«

»Sie wünschen?«

»Erzählen Sie doch einfacher! Geben Sie sich nicht zuviel Mühe!«

»Zu Befehl«, sagte Ossip Michailytsch ein wenig verlegen. »Also ich ging zu Fedossei Nikolájitsch (in sein wohlerworbenes Haus). Fedossei Nikolájitsch war bekanntlich nicht etwa mein Kollege, sondern mein gestrenger Vorgesetzter. Ich wurde angemeldet und man führte mich sofort in sein Arbeitszimmer. Ich sehe es noch jetzt vor mir; ein fast, fast ganz dunkles Zimmer war's, Licht aber wurde nicht gebracht. Ich warte. Da tritt auch schon Fedossei Nikolájitsch ein. Und so blieben wir denn beide im Dunkeln ...«

»Was ging denn zwischen Ihnen vor?« fragte ein Offizier ...

»Ja, was meinen Sie wohl?« fragte Polsunkoff und er wandte sich unverzüglich mit zuckendem Gesicht an den Jüngling mit dem gelockten Haar.

»Nun, meine Herrschaften, es war eine sonderbare Situation. Das heißt: sonderbar war an ihr eigentlich nichts, es war, was man so nennt, eine ganz alltägliche Begebenheit: ich zog einfach aus meiner Tasche ein Päckchen Papiere, das heißt amtliche Papiere ...«

»Papiere?«

»Und er zog gleichfalls aus seiner Brusttasche ein Päckchen Papiere hervor, und wir tauschten die beiden Päckchen gegeneinander aus.«

»Ich könnte wetten, daß es nach Sporteln roch«, warf ein

gut gekleideter junger Herr ein, dessen Haar nach neuester Mode kurz geschnitten war.

»Sportel?« griff sofort Polsunkoff das Wort auf, — »Ach!

„Wär ich doch ein Liberaler,
Wie ich viele schon gesehn!"

Wenn auch Sie einmal in der Provinz als Beamter angestellt sein sollten, so werden Sie sehen, daß Sie Ihre Hände am Herd des Vaterlandes nicht wärmen können, wenn Sie nicht ... Sagt doch nicht umsonst ein Dichter: „Selbst der Rauch des Vaterlandes ist mir süß und angenehm!" Unser Vaterland ist unsere Mutter, unsere Mutter, meine Herren, die leibliche Mutter, wir aber sind ihre Säuglinge, und so saugen wir denn auch an ihr!...«

Allgemeines Gelächter erhob sich.

»Aber werden Sie es mir glauben, meine Herrschaften, ich habe mich doch niemals bestechen lassen«, sagte Polsunkoff, indem er auf einmal mißtrauisch die ganze Gesellschaft musterte. Doch der Ausbruch eines wahrhaft homerischen Gelächters übertönte Polsunkoffs Worte.

»Es ist aber wirklich so, meine Herrschaften ...«

Aber hier stockte er plötzlich, fuhr jedoch fort, die Anwesenden alle mit einem merkwürdigen Gesichtsausdruck zu betrachten. Vielleicht — wer kann's wissen —, vielleicht kam es ihm in diesem Augenblick in den Sinn, daß er doch wohl ehrlicher und anständiger war als viele in dieser ganzen ehrbaren Gesellschaft ... Nur der ernste Ausdruck schwand bis zum Schluß der allgemeinen Heiterkeit nicht aus seinem Gesicht.

»Also«, begann Polsunkoff von neuem, als die Heiterkeit sich gelegt hatte, »obschon ich mich nie bestechen ließ, sündigte ich diesmal doch: ich steckte die Bestechung in die Tasche ... von einem bestechlichen Beamten ... Das heißt: es gab da gewisse Papiere, die sich in meinen Händen befanden, und wenn ich diese Papiere an eine gewisse Stelle gesandt hätte, so wäre es Fedossei Nikolajitsch schlimm ergangen.«

»Er hat sie Ihnen also abgekauft?«
»Jawohl, genau das war es.«
»Hat er viel dafür gegeben?«

»So viel, daß heutzutage manch einer sein ganzes Gewissen dafür verkaufen würde, restlos, mitsamt allen Variationen desselben ... wenn man ihm nur soviel dafür geben würde. Mir aber war, als ich das Geld in die Tasche steckte, als würde ich mit siedendem Wasser übergossen. Ich weiß wahrhaftig nicht, meine Herrschaften, was damals mit mir geschah. Ich war weder tot noch lebendig, bewegte zwar die Lippen, aber die Beine zitterten: schuldig, schuldig, ringsum schuldig fühlte ich mich nur, schämte mich bis zum Vergehen vor Scham, war bereit, Fedossei Nikolajitsch um Vergebung zu bitten ...«

»Nun, und er, vergab er Ihnen?«

»Aber ich bat ihn ja gar nicht ... ich erzähle ja nur, wie mir dabei zumute war; ich habe nun einmal, nun ja, ein heißes Herz. Ich sehe, er schaut mir mitten in die Augen: ,Sie fürchten Gott nicht, Óssip Micháilytsch!' sagt er. Was sollte ich tun? Ich hob nur so die Hände, blickte zur Seite. ,Wieso soll ich denn Gott nicht fürchten, Fedossei Nikolajitsch? ...' frage ich anstandshalber ... Dabei wäre ich am liebsten in die Erde versunken.

,Nachdem Sie so lange ein Freund meiner Familie gewesen sind, nachdem Sie, ich kann wohl sagen, wie ein Sohn unseres Hauses hier aufgenommen worden sind — und wer weiß, was der Himmel sonst noch vorgesehen haben mag, Óssip Micháilytsch! Und plötzlich, was höre ich, fällt es Ihnen ein, eine Anzeige vorzubereiten, wollen Sie mich anzeigen, und das ausgerechnet jetzt !.. Was soll man da von den Menschen noch denken, Ossip Michailytsch?'

Und was hat er mir für eine Moralpredigt gehalten, meine Herrschaften!

,Nein, sagen Sie mir bloß: Was soll man danach von den Menschen noch denken, Ossip Michailytsch?' fragt er mich wieder.

‚Was', denke ich, ‚was soll man denn denken!' Wissen Sie, ich fühlte schon so etwas im Halse aufsteigen, und meine Stimme zittert! — Da wußte ich doch, daß ich nicht würde standhalten können, und griff nach meinem Hut ...

‚Aber wohin wollen Sie denn nun, Ossip Michailytsch? Sie werden doch nicht am Vorabend eines solchen Tages ... Sie werden mir doch nicht jetzt noch übelwollen? Wodurch habe ich mich denn *gegen Sie* versündigt? ...'

‚Fedossei Nikolajitsch', sage ich, ‚Fedossei Nikolajitsch!' Also, meine Herrschaften, ich wurde weich, zerschmolz wie so ein naßgewordener Zuckerl Honigssohn, wie man zu sagen pflegt. Dagegen war nichts mehr zu machen! Und selbst das Päckchen Banknoten in der Tasche schien mir zuzuschreien: ‚Du Undankbarer, du Räuber, du gottverfluchter Dieb!' Es lag so schwer in meiner Tasche, als wöge es fünf Pud ... (Wenn es doch wirklich und wahrhaftig fünf Pud gewogen hätte! ...)[1]

‚Ich sehe', sagt Fedossei Nikolajitsch, ‚ich sehe, daß Sie es bereuen ... Sie wissen doch, morgen ist der Tag ...'

‚Der Maria von Ägypten ...'[2]

‚Nun, weine nicht', sagt Fedossei Nikolajitsch, ‚laß es gut sein: du hast gesündigt und hast es bereut! Gehen wir! Vielleicht wird es mir gelingen', sagt er, ‚dich auf den rechten Weg zurückzuführen ... Vielleicht werden meine bescheidenen Penaten' (jawohl, ich erinnere mich noch genau, der Räuber sagte tatsächlich ‚meine bescheidenen Penaten') ‚dich erwärmen und dein verstock ... nein, ich will nicht sagen: dein verstocktes, sondern dein verirrtes Herz zu uns zurückführen ...' Und damit nahm er meinen Arm und führte mich zu seiner Familie. Mir lief es kalt über den Rücken; ich zitterte! Ich denke nur noch, wie ich ihnen in die Augen sehen soll ... Denn Sie müssen wissen, meine Herrschaften, es handelt sich hierbei außerdem noch — wie soll ich mich ausdrücken? — jedenfalls um eine überaus delikate Geschichte ...«

»Doch nicht etwa um Madame Polsunkowa?«

»Es war Marja Fedosséjewna vom Schicksal nicht bestimmt, diesen Namen zu tragen, den Sie soeben zu nennen beliebten; diese Ehre hat sie nicht abgewartet. Denn sehen Sie mal, Fedossei Nikolajitsch hatte ja recht, wenn er sagte, daß ich in seinem Hause fast wie ein Sohn behandelt worden sei. Jawohl, so war es noch vor einem halben Jahr gewesen, als noch ein gewisser Junker außer Diensten lebte, Micháilo Maxímytsch Dwigáiloff mit Namen. Nun war er aber inzwischen nach Gottes Ratschluß gestorben; ein Testament zu machen hatte er jedoch immer auf die lange Bank geschoben, weshalb man es denn auch nachher auf keiner Bank zu finden vermochte.«

»Au!!!«

»Na ja, entschuldigen Sie schon, meine Herrschaften, das Wortspielchen ist mir so 'rausgerutscht und ist schlecht, aber das ist ja unwichtig; dafür war die Sache selbst um so schlechter und wichtiger, als ich nun zurückblieb – sozusagen bloß mit einer Null in der Perspektive, denn der Junker hatte mich, wenn ich auch sein Haus nicht betreten durfte (er lebte auf großem Fuß, nachdem er zuvor im Staatsdienst lange Finger gehabt!), – hatte mich vielleicht nicht ganz irrtümlicherweise für seinen leiblichen Sohn gehalten.«

»Ach, so!!!«

»Jawohl, so war es nämlich! Nun, bei Fedossei Nikolajitsch aber begann man mir seitdem lange Nasen zu zeigen. Ich bemerkte es zwar alsbald und immer mehr, nahm mich aber zusammen, ließ mir nichts anmerken. Da kam aber plötzlich zu meinem Unglück (oder vielleicht zu meinem Glück!) ganz unverhofft ein Remonteoffizier in unser Städtchen hereingeschneit. Nun ist ja sein Beruf allerdings mehr von der beweglichen Art, hängt mit leichter Kavallerie zusammen und so weiter, aber im Hause von Fedossei Níkolajitsch hatte er sich bald so festgesetzt, und saß nun da wie ... na, ungefähr wie so'n schweres Mörsergeschütz! Ich, bisher so gut wie Kind im Hause, war an die Wand gespielt. So versuchte ich denn, so auf meine dumm-bängliche Art, als vertrauter Mensch Fedossei Nikolajitsch unter vier Augen gewissermaßen zur Rede zu stellen: warum ich denn jetzt so kränkend zurückgesetzt werde, ich sei doch in gewissem Sinne schon so gut wie ein Sohn... ‚Wie lange soll ich denn noch warten auf den väterlichen ... den väterlichen ...‘ Aber da fiel er mir schon ins Wort, meine Herrschaften, und begann mir zu antworten! Das heißt: er begann zu reden; er trug mir eine ganze Dichtung vor, in zwölf Gesängen und in Versen womöglich, man kann nur zuhören und sich die Lippen lecken und die Arme heben vor Wonne, aber Sinn hatte das Ganze auch nicht für einen Groschen, das heißt: was es bedeuten sollte, das war nicht herauszuhören; man steht da wie ein ausgemachter Tölpel, benebelt von Worten; wie ein Aal schlängelt er sich um alles herum und hinaus. Jedenfalls ein Talent, wirklich eine Gabe, eine angeborene Begabung, daß einem vor Befremdung angst und bange werden konnte! Weder ja noch nein, denk dir was du willst. Nun, Sie können sich denken, was ich mir dachte! Ich tat mein möglichstes. Ich schleppte Romanzen für sie herbei, ebenso Konfekt, brütete Wortspiele aus, seufzte und stöhnte vor Herzeleid; mein Herz tue mir weh vor Liebe, und ich vergoß Tränen und machte ihr heimliche Liebeserklärungen! Der Mensch ist doch dumm! Der Alte hatte sich beim Küster nicht erkundigt und wußte nicht, daß ich schon dreißig Jahre alt war... Na ja! Ich wollte schlau vorgehen! Aber nein! Meine Sache ging nicht vorwärts, nur gelacht und gespöttelt wurde um mich herum. Da packte mich die Wut und preßte mir die Kehle zu, daß ich zu ersticken glaubte. Ich ging stillschweigend davon und setzte keinen Fuß mehr in das Haus. Ich überlegte und grübelte ... und dann auf einmal fiel es mir ein: eine Anzeige! Nun ja, zugegeben, es war gemein von mir, den Freund anzeigen zu wollen, gewiß! Es war soviel Material vorhanden, und was für erstklassiges Beweismaterial, eine kapitale Sache! Tausendfünfhundert Silberrubel brachte es ein, als ich es mitsamt der Anzeige gegen seine Banknoten eintauschte!«

»Ah, so! Die Bestechung für's Schweigen!«

»Jawohl, mein Herr, das war eine kleine Bestechung; das zahlte mir der Bestechliche! (Und das wäre doch keine Sünde gewesen, wirklich nicht!) So, und nun fahre ich fort in meiner Erzählung: Er schleppte mich also, wie Sie sich vielleicht noch zu erinnern belieben, mehr tot als lebendig ins Teezimmer. Man begrüßt mich: alle tun so, als wären sie gleichsam beleidigt, das heißt: nein, nicht gerade beleidigt, aber betrübt, so tief betrübt, daß es schon einfach ... Nun ja, mit einem Wort, sie waren eben niedergeschlagen, nichts als niedergeschlagen. Dabei aber sprach aus ihren Gesichtern eine so wohlanständige Würde, aus ihren Blicken eine so biedere Feierlichkeit, so etwas Väterliches gleichsam oder Verwandtschaftliches ... der verlorene Sohn war zu ihnen zurückgekehrt, — darauf lief es hinaus! Man nahm Platz am Teetisch; aber mir war, als koche hier in meiner Brust ein Ssamowar, während meine Füße eiskalt wurden: ganz kleingeworden und feige kam ich mir vor! Marja Fomínischna, seine Gattin, die Hofrätin (jetzt ist sie Kollegienrätin), redete mich sofort mit *Du* an: ,Warum bist du denn so abgemagert, mein Bester?' fragte sie mich. ,Das hat nichts auf sich, fühle mich nicht ganz wohl, Marja Fomínischna« ... antwortete ich, aber mein Stimmchen zittert. Sie aber fängt gleich an, mir nichts, dir nichts, als hätte sie nur darauf gewartet, ihre Strafpredigt abzuspulen, diese Viper: daß mich wohl augenscheinlich mein Gewissen über alles Maß quäle, ,mein lieber Ossip Michailytsch! Unsere liebevoll dargebotene Gastlichkeit hat in dir wohl die mahnende Stimme erhoben! So sind denn die blutigen Tränen, die ich deinetwegen vergossen, nicht umsonst gewesen!' — Bei Gott, so sagte sie es wörtlich, gegen ihr eigenes Gewissen! Aber das macht ihr nichts aus, diesem verwegenen Weibe! Sie saß da am Tisch und goß den Tee ein. ,Schon gut', dachte ich bei mir, ,wenn du aber auf dem Markt säßest, würdest du alle Marktweiber überschreien!' So eine war sie, unsere Rätin! Aber da trat zu meinem Pech Marja Fedosséjewna, das Töchterlein, ins Zimmer, mit allen

Reizen ihrer Unschuld, nur ein wenig blaß sah sie aus und die Äuglein wie von Tränen gerötet, — ich aber war auf der Stelle verloren. Später stellte es sich heraus, daß sie die Tränchen wegen des Remonteoffiziers vergossen hatte: der hatte sich heimlich aus dem Staube gemacht, die Flucht auf seine Weise ergriffen, denn es war für ihn Zeit geworden, den Rückzug anzutreten (das muß hier angedeutet werden, wissen Sie); aber es war kein dienstlicher Befehl von oben, der ihn dazu zwang, sondern eben so ... Erst nachher merkten es die teuren Eltern und erfuhren dann alles, aber was war da noch zu machen! Das Unglück wurde stillschweigend verborgen ... der Familienzuwachs! ... Nun ja, aber als ich sie damals wiedersah, war ich verloren, einfach verloren, sah mich wohl nach meinem Hut um, wollte ihn ergreifen und schleunigst verschwinden; aber das war nicht mehr möglich: mein Hut war bereits versteckt worden ... Ich muß gestehen, daß ich schon ohne Hut auf und davon wollte, — aber nein, die Tür wurde verriegelt, und dann begann ein Kichern und Lachen und freundschaftliches Necken und Kokettieren, daß ich ganz verlegen wurde, nicht wußte, was ich stammelte, etwas vom Amor faselte; sie aber, mein Täubchen, setzte sich ans Klavichord und sang das Lied vom Husaren, der sich auf seinen Säbel stützt, sang es mit so weher Stimme ... Das gab mir den Rest! ‚Nun‘, sagte Fedossei Nikolajitsch, ‚laß uns alles vergessen, komm ... komm, laß dich umarmen!‘ Und ich fiel, wie ich da war und stand, an seine Brust, mit dem Gesicht auf seine Weste. ‚Mein Wohltäter, mein leiblicher Vater!‘ rief ich aus, und heiße Tränen rannen mir über die Backen! Herr, du meine Güte, da ging's erst recht los! Der Alte weinte, seine Alte weinte, Máschenka weinte ... dann war da noch eine kleine Semmelblonde, und auch die weinte ... und überdies — aus allen Winkeln krochen Kinderchen hervor (der Herr hatte sein Haus gesegnet!) und auch sie heulten mit ... wieviel Tränen, das heißt: wieviel Rührung, wieviel Freude; der Verlorene war wiedergefunden, es war, wie wenn ein Soldat in die Heimat zurückkehrt!³ — Sofort wurde festlich bewirtet, wurden Süßigkeiten gereicht, dann folgten Pfänderspiele. ‚Ach, wie es schmerzt!' — ‚Was schmerzt?' — ‚Das Herz'. — ‚Weshalb denn?' Und sie errötete, das Täubchen. Der Alte und ich tranken dann noch ein Pünschlein, kurz: ich wurde umhegt, verwöhnt und vollkommen eingewickelt .. Ich kehrte zurück zu meiner Großmutter. In meinem Kopf drehte sich alles; auf dem Heimweg lachte ich die ganze Zeit vor mich hin, zu Hause ging ich geschlagene zwei Stunden in meinem Stübchen auf und ab, weckte die Großmutter, teilte ihr mein ganzes Glück mit. — ‚Aber hat er dir denn auch Geld gegeben, der Räuber?' — ‚Das hat er, Großmütterchen, das hat er, hat er, meine Liebe, das Glück steht vor der Tür, öffne nur und laß es herein!' — ‚Nun, dann heirate aber schnell, schieb's nicht auf, heirate jetzt', sagt mein Großmütterchen, ‚so sind denn meine Gebete erhört worden.' Ich weckte Ssofrón. ‚Ssofrón', sagte ich, ‚zieh' mir die Stiefel aus! Nun, Ssofróschka! Jetzt kannst du mir gratulieren, gib mir einen Kuß! Ich heirate nämlich, Bruderherz, ich heirate! Kannst dich morgen betrinken, dir einen fröhlichen Tag machen, dein Herr heiratet!' Eitel Sonnenschein war in meinem Herzen und Spielereien im Kopf! ... Beinah wollte ich schon einschlafen, aber nein, es trieb mich wieder auf und so saß ich denn und sann; plötzlich schießt mir ein Gedanke durch den Kopf: ‚Morgen ist ja der erste April! — Der Tag der heiteren Neckereien und Scherze, des Frohsinns! — sollte man da nicht auch mal ...?' — Und ich dachte mir auch wirklich etwas aus! Was glauben Sie, meine lieben Herrschaften, ich stand wieder auf, zündete die Kerze an und setzte mich kurzerhand, wie ich da war, an den Schreibtisch, das heißt: ich ließ die Zügel schießen und gab mich ganz dem Spiel hin! — Wissen Sie auch, meine Herrschaften, wie das ist, wenn der Mensch sich in ein Spiel verrennt? Mit dem Kopf voran stieß ich vor, meine Väter, blindlings drauflos und geradenwegs in die Pfütze, in den Schmutz hinein! Das ist nun mal so eine Veranlagung: man nimmt dir was weg, du aber wirfst ihnen auch noch anderes nach, einfach so aus Überschwang! Man gibt dir einen Bakkenstreich, du aber hältst ihnen vor Freude gleich den ganzen Rücken hin. Danach fangen sie an, dich wie einen Hund mit einem Stückchen Gebäck zu locken, du aber wirfst dich ihnen gleich aus vollem Herzen und mit ganzer Seele an den Hals und betatschest sie mit deinen dummen Pfoten und ... na, drängst dich ihnen mit deinen Küssen auf! Und so ist es ja auch jetzt, meine Herrschaften! Sie lachen und flüstern miteinander, das sehe ich doch! Nachher aber, wenn ich Ihnen auch noch das Letzte von mir erzählt habe, werden Sie anfangen, sich gerade über *mich* lustig zu machen und mich davonzujagen; ich aber erzähle Ihnen trotzdem immer weiter von mir, von mir, von mir! Ja, wer zwingt mich denn dazu! Wer treibt mich dazu an! Wer steht hinter meinen Schultern und flüstert mir zu: Sprich weiter, sprich weiter, erzähle! Und ich spreche ja, erzähle, dränge mich Ihnen in die Seele, ganz als wären Sie alle, vergleichsweise gesagt, meine leiblichen Brüder oder Busenfreunde ... Ach, n-e-i-n! ...«

Das Gelächter, das sich schon hier und da zu erheben begonnen hatte, wurde allgemeiner und übertönte schließlich vollkommen die Stimme des Erzählers, der tatsächlich in eine Art Ekstase geraten war; er hielt inne, seine Augen liefen eine ganze Weile über die Versammlung hin, und dann plötzlich, gleichsam mitgerissen von einem Wirbelwind, gab er 's mit einer Handbewegung auf und fing selbst zu lachen an, ganz als fände er seine Lage in der Tat lächerlich, und fuhr dann von neuem in seiner Erzählung fort:

»In jener Nacht, meine Herrschaften, kam ich kaum richtig zum Schlafen; die ganze Nacht saß ich über meiner Schreiberei, denn sehen Sie, ich hatte mir einen Aprilscherz ausgedacht! Ach ja, meine Herrschaften, wenn ich auch nur von fern daran denke, dann schäme ich mich schon! Ich wollte nichts sagen, wenn es bei der Schreiberei in der Nacht geblieben wäre: nun ja, in der Betrunkenheit kann man schon was Dummes aushecken, Unsinn zusammenfaseln, blöd sein, aber dabei blieb's ja nicht! Am nächsten Morgen erwachte ich schon in aller Frühe, hatte kaum ein bis zwei Stündchen geschlafen, und dann machte ich mich wieder daran! Darauf wusch ich mich, frisierte mich, strich Pomade aufs Haar, zog meinen neuen Frack an und begab mich schnurstracks zu Fedossei Nikolajitsch, um ihm zum Fest zu gratulieren, das Schriftstück aber hatte ich im Hut. Er empfing mich mit offenen Armen und wollte mich wieder an seine väterliche Weste drücken. Ich aber nahm eine steife Haltung an – mein Kopf war noch voll von dem nachts geplanten Schabernack –, trat einen Schritt zurück: ‚Nein, Fedossei Nikolajitsch', sagte ich, ‚aber wenn's Ihnen gefällig ist, lesen Sie zunächst dieses Schriftstück hier durch', und damit überreichte ich ihm das Schreiben; wissen Sie, was darin stand? Daß aus den und den Gründen ein gewisser Ossip Michailytsch Polsunkoff um seine Entlassung aus dem Dienst ersucht! Und unterzeichnet hatte ich noch mit meinem vollen Namen und Titel! Ja, mein Gott, das war es, was ich mir ausgedacht hatte! Etwas Gescheiteres war mir nicht eingefallen! Ich hatte es mir so zurechtgelegt: ‚Heute ist der erste April, da will ich denn zum Scherz so tun, als fühlte ich mich noch immer gekränkt, als hätte ich es mir in der Nacht überlegt und mich anders bedacht: daß ich die beleidigende Zurücksetzung nicht vergessen habe und noch empörter sei als zuvor, und daß ich weder von euch, meine lieben Wohltäter, noch von eurem Töchterlein etwas wissen wolle; das Geld aber habe ich gestern eingesteckt, bin nun vorerst versorgt, und hier reiche ich das Gesuch um meinen Abschied ein. Ich wolle sozusagen nicht mehr unter einem Vorgesetzten wie Fedossei Nikolajitsch Dienst tun. Ich werde mich nach einer anderen Stellung umsehen und dann, nehmt euch in acht, doch noch eine Anzeige erstatten!' – Als solch einen Schuft stellte ich mich hin, bloß um sie zu erschrecken. Das war es, was ich mir ausgedacht hatte! Wie finden Sie den Einfall, meine Herrschaften, etwa nicht gut? Dabei war mein Herz seit dem vergangenen Tag von so viel Liebe zu ihnen erfüllt, daß ich mir den kleinen Familienscherz erlauben wollte, um das Vaterherz Fedossei Nikolaijtschs ein wenig aufzuziehen . .

Kaum hatte er mein Schreiben in Empfang genommen und entfaltet — da sehe ich, wie sich sein ganzer Gesichtsausdruck verändert. ‚Was soll das heißen, Ossip Michailytsch?‘ — Ich aber rufe ausgelassen wie ein Narr: ‚April! Erster April! Ich gratuliere zum Festtage, Fedossei Nikolajitsch!‘ — also ganz wie ein dummer Bengel, der sich heimlich hinter Großmutters Lehnstuhl versteckt hat und dann plötzlich ihr lauthals ins Ohr schreit ‚Bääh!‘ — um sie zu erschrecken! Tja ... man schämt sich einfach, so etwas zu erzählen, meine Herrschaften! Tatsächlich! Ich werde nun auch nicht mehr weitererzählen!«

»Aber nicht doch, was geschah denn danach?«

»Nein, nein, erzählen Sie weiter! Erzählen Sie schon, erzählen Sie!« rief man von allen Seiten.

»Ja, meine Herrschaften, danach gab es viel Gerede, Erklärungen und kritische Betrachtungen, mit Ächzen und Seufzen über mich! Ein Schelm sei ich und ein Spaßvogel sei ich, und ich hätte sie so erschreckt, und dann wurde mir so viel Süßes gesagt, daß ich mich zu schämen begann und bange dastand und mich nur wunderte, wie einen solchen Sünder ein so heiliger Boden überhaupt noch trug!

‚Nun, mein Bester‘, begann die Rätin mit ihrer blechernen Stimme, ‚du hast mich dermaßen erschreckt, daß mir auch jetzt noch die Knie zittern und ich mich kaum auf den Füßen halten kann! Wie halb von Sinnen lief ich zu Máscha. ›Máschenka‹, sagte ich, ›was wird jetzt aus uns werden! Schau doch, als was für einer sich *Dein Erwählter* entpuppt!‹ Und so versündigte ich mich selbst, mein Lieber, verzeih mir schon, mir alten Frau, die ich mich so blamiert habe! Denn ich wußte es mir nur so zu erklären: da ist er nun gestern spät in der Nacht von uns heimgekehrt, hat angefangen nachzudenken, und da hat es ihm vielleicht geschienen, daß wir ihn gestern gar zu sehr hofiert hätten, ihn wohl gar einfangen wollten! Bei diesem Gedanken stand mir das Herz still! — ›Hör auf, Máschenka, brauchst mir nicht Winke zu geben, laß das Zwinkern! Ossip Michailytsch ist uns kein Fremder, und ich bin deine Mutter, werde schon nichts Unrechtes sagen! Gott sei Dank lebe ich nicht erst seit zwanzig Jahren auf der Welt, sondern schon seit ganzen fünfundvierzig!‹ . . .‘

Nun ja, meine Herrschaften! Fast wäre ich ihr hier zu Füßen gefallen! Wieder wurden Tränen geweint, wieder gab's Versöhnungsküsse und Umarmungen! Dann ging man zu Scherzen über. Auch Fedossei Níkolajitsch wollte sich einen Aprilscherz leisten und sagte, der feurige Märchenvogel sei angeflogen gekommen und habe ihm im brillantenglitzernden Schnabel einen Brief gebracht! Er wollte uns gleichfalls verblüffen, — es wurde viel gelacht! Alle waren ganz gerührt! Pfui! Es ist beschämend, das zu erzählen!

Ja, was, meine Gönner, jetzt ist nicht mehr viel zu berichten! Wir verlebten einen Tag, einen zweiten, einen dritten, eine ganze Woche; ich war nun schon richtig Bräutigam! Was fehlte denn noch! Die Ringe waren bestellt, der Tag wurde festgesetzt, nur öffentlich wollte man es nicht vor der Zeit bekanntgeben, wollte noch den Revisor abwarten. Ich aber wartete auf ihn mit aller Ungeduld, da mein Glück doch von ihm aufgehalten wurde. ‚Wenn wir ihn doch nur schneller vom Halse hätten‘, dachte ich. Fedossei Nikolájitsch aber hatte so zwischen den Räuschchen und in der Hochstimmung alle Arbeiten auf mich abgewälzt: Rechnungen und Rapporte zu schreiben, die Bücher zu revidieren, Abschlüsse zu machen. Ich fand die schrecklichste Unordnung vor: alles war rückständig, überall stimmte etwas nicht. Nun, ich sagte mir, indem ich mich abrackerte, ich tue es doch für den lieben Schwiegervater! Er aber begann zu kränkeln, wurde krank, von Tag zu Tage ging es ihm zusehends schlechter. Ich aber war schon so abgemagert wie ein Streichhölzchen, arbeitete die Nächte durch und fürchtete schon, ganz zusammenzubrechen! Aber ich schaffte es doch und beendete die Arbeit wunderbar! Bis zum Termin hatte ich Fedossei Nikolajitsch glücklich aus der Patsche gezogen! Plötzlich schickt man einen Eilboten nach mir. ‚Kommen Sie schnell', sagt er, ‚Fedossei Nikolajitsch geht es schlecht!' Ich laufe Hals über Kopf zu ihm. Was gibt's? Ich sehe, mein Fedossei Nikolajitsch sitzt da mit Essigkompressen auf dem Kopf, der ganz umwickelt ist, verzieht das Gesicht, keucht und stöhnt, oh und ach! ‚Mein Lieber, mein Liebster', sagte er; ‚ich sterbe', sagt er, ‚wem überlasse ich euch, meine Kinder!' Die Frau kam mit den Kindern, Maschenka war in Tränen aufgelöst, – nun, auch ich begann zu weinen. ‚Nein, nein, gewiß nicht, Gott wird barmherzig sein und wird nicht die Sünden des Vaters heimsuchen an den Kindern, an euch, meine Lieben!' Hierauf entließ er sie alle, befahl mir, die Tür hinter ihnen zu schließen, und so blieben wir beide allein zurück, unter vier Augen.

‚Ich habe eine Bitte an dich!' – ‚Was für eine?' – ‚Ja, sieh mal, Bruder, nicht einmal auf dem Sterbebett habe ich Ruhe, ich bin in Not geraten!' – ‚Wie ist das möglich?' Mir stieg das Blut zu Kopf, meine Zunge war wie gelähmt. ‚Ja, das kam so, mein Lieber, ich mußte aus meiner Tasche die Kasse auffüllen; für das allgemeine Wohl bin ich zu jedem Opfer bereit! Da tut es mir nicht leid ums Geld; da schone ich auch nicht mein Leben! Du darfst nicht schlecht von mir denken! Es macht mich traurig, daß Verleumder mich bei dir angeschwärzt haben ... Du hast dich irreführen lassen, der Kummer hat seitdem mein Haar gebleicht. Der Revisor kann jeden Augenblick eintreffen, und bei Matwejeff fehlen siebentausend, ich aber bin dafür verantwortlich ... wer denn sonst! Von mir wird man sie verlangen, Bruder, und warum hast du nicht aufgepaßt, wird 's heißen! Und von Matwejeff ist doch nichts zu holen! Er hat auch so schon genug auf dem Kerbholz; man kann den Habenichts doch nicht ganz ins Verderben stürzen!'

‚Alle Heiligen!' denke ich, ‚ist das ein rechtschaffener Mann! ist das eine Seele!' Er aber fährt fort: ‚Das Geld für die Aussteuer und Mitgift meiner Tochter will ich nicht anrühren: das ist für mich eine heilige Summe! Freilich habe ich auch noch eigenes Geld, das ist ja wahr; aber das ist an andere Leute ausgeliehen, das läßt sich doch jetzt nicht so schnell eintreiben!' Da fiel ich denn ohne weiteres vor ihm auf die Knie. ‚Mein Wohltäter!' rief ich, ‚ich habe dich gekränkt und beleidigt. Verleumder haben die Anzeige gegen dich geschrieben und mir zugestellt, damit ich ... ach, bring mich nicht um vor Reue, nimm es zurück, das Geld, das du mir gegeben hast!' Er sieht mich an, und Tränen rollen aus seinen Augen ... ‚Ich habe es nicht anders von dir erwartet, mein Sohn; stehe auf! Damals habe ich dir um meiner Tochter Tränen willen verziehen, jetzt verzeiht dir auch mein Herz! Du hast', sagte er, ‚hast meine Wunden geheilt!' sagte er. ‚Ich segne dich bis in alle Ewigkeit!' Nun, meine Herrschaften, nachdem er mich so gesegnet hatte, sprang ich auf und rannte, wie man zu sagen pflegt, auf allen vier Pfoten zu mir nach Haus und brachte ihm die Summe zurück: ‚Hier, Väterchen, hier ist das Geld, nur fünfzig Rubel habe ich davon verbraucht!' — ‚Nun, das macht nichts', sagte er, ‚so genau kommt es jetzt nicht darauf an; die Zeit drängt; also setz einen Rapport auf, unter älterem Datum, schreib: du seiest in Geldverlegenheit und bätest um einen Vorschuß von fünfzig Rubeln. Ich werde es dann als dein Vorgesetzter so vorweisen und sagen, der Vorschuß sei dir ausgezahlt worden ...' Nun was, meine Herrschaften! Was meinen Sie! Ich habe doch den Rapport geschrieben! ...«

»Nun, und? — was geschah denn danach? — wie endete denn das alles?«

»Nachdem ich meinen Rapport geschrieben hatte, meine verehrten Herrschaften, geschah folgendes: Gleich am nächsten Tage, frühmorgens, kommt ein Brief mit einem Amtsstempel. Ich sehe nach. Und was halte ich in der Hand? Meine Entlassung! Dazu die Aufforderung, alle Akten zu übergeben, die Rechnungen abzuschließen und selbst meiner Wege zu gehen!«

»Wieso? Wie war denn das möglich?«

»Ja, meine Herrschaften, auch ich habe damals aufgeschrien: Wieso? Wie ist denn das möglich? In meinen Ohren begann es zu klingen, wie ein Glockenläuten! In meiner Einfalt dachte ich zunächst, der Revisor hält seinen Einzug in die Stadt! Dann erschrak mein Herz. Nein, dachte ich, so einfach ist das nicht! Und so wie ich da stand, stürzte ich zu Fedossei Nikolajitsch. — ‚Was soll das bedeuten?‘ sage ich. — ‚Was denn?‘ sagt er. — ‚Das hier: diese Entlassung!‘ — ‚Was für eine Entlassung?‘ — ‚Meine Entlassung?‘ — ‚Nun ja, dann wird sie 's wohl sein.‘ — ‚Aber wieso denn, habe ich denn um meine Entlassung ersucht?‘ — ‚Ja, wie denn nicht, Sie haben Ihr Gesuch doch eingereicht, am 1. April haben Sie es eingereicht. (Ich hatte das Schriftstück nicht wieder an mich genommen!) — ‚Fedossei Nikolajitsch, sehen meine Augen, hören meine Ohren recht, sind Sie das selbst...?‘ — ‚Freilich bin ich's selbst; was soll diese Frage?‘ — ‚Herrgott im Himmel!‘ — ‚Es tut mir leid, mein Herr, leid, sehr leid, daß Sie schon in so jungen Jahren Ihren Dienst quittieren wollen! Ein junger Mann muß im Dienst stehen, bei Ihnen aber, mein Herr, scheint neuerdings der Wind im Kopf zu spielen. Was nun das Zeugnis anbelangt, so können Sie unbesorgt sein: ich werde dafür Sorge tragen. Sie haben sich ja selbst immer so gut attestiert!‘ — ‚Aber das sollte doch damals nur ein kleiner Scherz sein, Fedossei Nikolajitsch; es war ja gar nicht ernst gemeint! Ich habe die Eingabe doch nur zum Spaß überreicht, um Ihre väterliche Einstellung ... jawohl ...‘ — ‚Was — jawohl? Was reden Sie von einem kleinen Scherz, mein Herr! Scherzt man denn mit solchen Schriftstücken? Für solche Scherze wird man Sie noch mal nach Sibirien expedieren! Und nun leben Sie wohl, ich habe keine Zeit; der Revisor wird gleich eintreffen, die Dienstpflichten gehen vor; Sie können sich ja jetzt amüsieren, wir aber haben hier zu arbeiten. Aber ich werde Ihnen schon ein Zeugnis ausstellen, wie es sich gehört ... ja, noch was: ich habe das Haus von Matwéjeff erstanden, sind uns über den Preis einig geworden, und da wir in den nächsten Tagen umziehen werden, hoffe ich, das Vergnügen zu haben, Sie in meinem neuen Heim nicht mehr zu sehen. Und somit: leben Sie wohl!' — Ich lief nach Haus, so schnell ich noch konnte. ‚Wir sind verloren, Großmutter!' Sie begann zu weinen, die liebe Alte. Gleich darauf sehen wir, wie der kleine Kosak von Fedossei Nikolajitsch angelaufen kommt, mit einem Zettel und einem Vogelbauer, in dem ein Star sitzt. Ich hatte ihr im Überschwang der Gefühle diesen Star im Vogelbauer selbst geschenkt. Auf dem Zettel aber stand: ‚1. April.' Und weiter nichts. So also war es, meine Herrschaften; wie denken Sie nun darüber?«

»Aber wie denn, was geschah denn weiter??«

»Was sollte denn noch geschehen! Einmal begegnete ich Fedossei Nikolajitsch, wollte ihm schon ins Gesicht sagen, daß er ein Schuft ist...«

»Nun, und?«

»Aber ich brachte es irgendwie doch nicht über die Lippen, meine Herrschaften!«

Ein schwaches Herz

Eine Novelle

Unter dem gleichen Dach, in ein und derselben Wohnung im vierten Stock hausten vereint zwei junge Kollegen, Arkádij Iwánowitsch Nefédjewitsch und Wássja Schúmkoff ... Der Verfasser ist sich natürlich durchaus der Notwendigkeit bewußt, dem Leser jetzt gleich zu erklären, warum der eine der beiden Helden mit seinem vollen Namen genannt wird, der andere dagegen nur mit der familiären Abkürzung seines Taufnamens und dem Familiennamen, und wäre es zum Beispiel auch nur zu dem Zweck, damit man eine solche Ausdrucksweise nicht einfach für ungehörig und allzu intim fände.[1] Um das zu verhüten, müßte jedoch im voraus alles erklärt und beschrieben werden, der Rang, das Alter, der Stand, die berufliche Tätigkeit und schließlich sogar die Charaktere der handelnden Personen. Da es aber so viele solcher Schriftsteller gibt, die gerade damit zu beginnen pflegen, so entschließt sich der Verfasser der vorzutragenden Novelle einzig zu dem Zweck, um nicht jenen zu gleichen (das heißt: nur infolge seines maßlosen Ehrgeizes, wie vielleicht manche sagen werden), unmittelbar mit der Handlung anzufangen. Nach Abschluß eines solchen Vorworts beginnt er nun also ohne weiteres.

Am Vorabend des Neujahrstages kam Schumkoff gegen sechs Uhr nach Hause. Arkadij Iwanowitsch, der auf seinem Bett lag, erwachte und blickte aus einem halboffenen Auge auf seinen Freund. Er bemerkte, daß dieser seinen besten Zivilanzug anhatte und dazu ein blitzsauberes Vorhemd. ‚Wohin könnte er in diesem Aufzug gegangen sein?' fragte sich Arkadij Iwanowitsch. ‚Und wo mag er gegessen haben?'

Schumkoff hatte inzwischen eine Kerze angezündet, und Arkadij Iwanowitsch erriet alsbald, daß sein Freund die Absicht hatte, ihn zu wecken, aber nur durch ein scheinbar ganz unbeabsichtigtes Geräusch. Und so geschah es denn auch: Wassja hustete zweimal, ging zweimal im Zimmer auf und ab, und ließ schließlich, wie aus Versehen, seine Pfeife aus der Hand fallen, die er in der Ecke am Ofen zu stopfen begonnen hatte. Arkadij Iwanowitsch mußte in sich hineinlachen.

»Wassja, höre auf, dich zu verstellen!« sagte er.

»Arkáscha, du schläfst nicht?«

»Ja, weißt du, mit Bestimmtheit kann ich es dir nicht sagen; aber es scheint mir, daß ich nicht schlafe.«

»Ach, Arkascha! Guten Tag, mein Lieber!... Nun, Bruderherz! nun, Bruderherz!... Du weißt ja gar nicht, was ich dir zu sagen habe!«

»Nee, das weiß ich wirklich nicht; aber komm mal ein bissel her zu mir.«

Wassja kam sofort herbei, als hätte er nur auf dieses Wort gewartet, und ohne auf die geringste Hinterlist von seiten Arkadij Iwanowitschs gefaßt zu sein. Dieser aber packte ihn am Arm, drehte ihn mit einem überaus geschickten Griff herum, brachte ihn unter sich zu liegen und begann nun das Opferlein, wie man zu sagen pflegt, zu knuffen und zu würgen, was dem lustigen Arkadij Iwanowitsch unglaublichen Spaß zu machen schien.

»Hereingefallen!« rief er triumphierend, »bist hereingefallen!«

»Arkáscha, Arkascha, was tust du mit mir? Laß mich los, um Gottes willen, laß mich los, du verknüllst mir meinen ganzen Auzug!«

»Macht nichts; wozu hast du auch deinen guten Anzug an? Sei nächstens nicht so vertrauensselig, daß du dich schnappen läßt! Sag jetzt, wo bist du gewesen, wo hast du zu Mittag gegessen?«

»Arkascha, um Gottes willen, laß mich los!«

»Wo hast du gegessen?«

»Das wollte ich dir doch gerade erzählen...«

»Dann erzähle.«

»Laß mich aber erst los!«

»Nein, nun gerade nicht, bevor du nicht alles erzählt hast!«

»Arkascha, Arkascha! Begreifst du denn nicht, daß es so nicht geht ... ganz unmöglich ist!« schrie der schwächliche Wassja und versuchte vergeblich, sich den starken Pranken seines Gegners zu entwinden. »Es gibt doch gewisse Dinge, die...«

»Was für Dinge?«

»Dinge eben, die so sind, daß man, wenn man in einer solchen Lage von ihnen zu sprechen anfinge, einfach seine Würde verlöre; es geht wirklich nicht; es würde nur komisch wirken — dabei handelt es sich hier um gar nichts Komisches, sondern um etwas sehr Wichtiges.«

»Ach, zum Kuckuck mit dem Wichtigen! Da hast du dir was Schönes ausgedacht! Erzähle es mir so, daß ich darüber lachen kann; etwas, was zum Lachen ist; von Wichtigem mag ich nichts hören. Was bist du denn sonst für ein Freund? Sag doch, was bist du denn sonst für ein Freund, he?«

»Arkascha, bei Gott, es geht nicht!«

»Und ich will von wichtigen Dingen nichts hören...«

»Nun gut, Arkascha!« begann Wassja, der quer auf dem Bett lag und sich nun alle Mühe gab, seinen Worten möglichst viel Würde zu verleihen. »Arkascha! Ich werde es dir also meinetwegen sagen; nur...«

»Nun, was?«

»Nun ja, ich habe mich verlobt!«

Arkadij Iwanowitsch nahm, ohne ein weiteres Wort zu verlieren, seinen Wassja wie ein kleines Kind auf die Arme, ungeachtet dessen, daß Wassja durchaus nicht so klein, sondern ziemlich lang war, wenn auch sehr mager, und trug ihn spielend aus einer Ecke des Zimmers in die andere; er tat, als wiege er ein Kindchen in den Schlaf.

»Und ich werde dich Bräutigam gleich trocken legen«, sagte er dazu beschwichtigend, wie eine Kinderfrau. Als er aber bemerkte, daß Wassja ganz regungslos und ohne noch ein Wort zu sagen in seinen Armen lag, besann er sich sofort und begriff, daß er mit seinen Scherzen offenbar zu weit gegangen war. Er stellte ihn mitten im Zimmer hin und küßte ihn in der aufrichtigsten und freundschaftlichsten Weise auf die Backe.

»Wassja, bist doch nicht etwa böse?«

»Arkascha, höre mich an ...«

»Nun dann: viel Glück zum Neuen Jahr!«

»Ich nehme es dir ja nicht übel; aber warum bist du immer so ein Tollkopf, so ein Ulkbruder? Wie oft habe ich schon zu dir gesagt: Arkascha, bei Gott, das ist nicht witzig, ganz und gar nicht witzig!«

»Na ja, also du bist nicht böse?«

»Nein, das nicht; auf wen bin ich denn schon jemals böse! Aber du hast mich betrübt, verstehst du das denn nicht?«

»Wieso betrübt? Wodurch denn das?«

»Ich kam zu dir wie zu einem Freunde, mit übervollem Herzen, um vor dir meine ganze Seele auszubreiten, dir von meinem Glück zu erzählen ...«

»Von was für einem Glück? Ja, warum sagst du denn nichts? ...«

»Nun ja, ich habe mich doch verlobt, werde heiraten!« antwortete Wassja unwillig, da er wirklich ein wenig ungehalten war.

»Du! Du wirst heiraten! So war das ernst gemeint?« schrie Arkascha vor Überraschung laut auf. »Nein, nein ... wie ist denn das? Er sagt es so, dabei kullern ihm die Tränen aus den Augen! ... Wassja, du mein Wassjúk, mein Söhnchen, laß es gut sein! Also ist es wirklich wahr? Wirklich?« Und Arkadij Iwanowitsch stürzte wieder auf ihn zu, um ihn in die Arme zu schließen.

»Nun, verstehst du jetzt, weshalb ich es so nicht sagen konnte?« fragte Wassja. »Du bist doch ein guter Mensch, bist mein Freund, ich weiß das doch. Ich kam zu dir so voller Freude, voll seelischer Begeisterung geradezu, und diesen ganzen Überschwang sollte ich dir mitteilen, indem ich quer auf dem Bett liege und mit den Beinen strampele, aller Würde bar ... Du begreifst doch, Arkascha«, fuhr Wassja halblachend fort, »das wäre doch geradezu lächerlich gewesen ... nun und in gewissem Sinne war ich doch in diesem Augenblick nicht einmal Herr über meine Person. Da konnte ich diese Sache doch nicht so erniedrigen ... Es fehlte nur noch, daß du mich gefragt hättest, wie sie heißt! Ich schwöre dir, du hättest mich eher umbringen können, als daß ich dir geantwortet hätte.«

»Aber, Wassja, warum hast du denn geschwiegen! Du hättest mir das alles schon vorher sagen sollen; dann hätte ich mit dem Ulk gar nicht angefangen!« rief Arkadij Iwanowitsch in aufrichtiger Verzweiflung.

»Ach, schon gut, schon gut! Ich habe das ja nur so ... Du weißt doch, woher das alles kommt, — doch nur daher, weil ich ein gutmütiges Herz habe. Da ärgert es mich nun, daß ich es dir nicht so habe sagen können, wie ich wollte, dich erfreuen, dir eine frohe Überraschung bereiten, es schön erzählen, dich auf anständige Weise einweihen ... Wirklich, Arkascha, ich liebe dich so, daß ich, wenn du nicht wärest, gar nicht heiraten würde, und dann auch überhaupt nicht auf der Welt sein wollte!«

Arkadij Iwanowitsch, der außergewöhnlich gefühlvoll war, lachte und weinte zugleich, während er Wassja zuhörte. Und Wassja tat dasselbe. Beide umarmten sich immer wieder und vergaßen, was gewesen war.

»Aber wie ist das, wie ist das nun eigentlich? Erzähle mir alles, Wassja! Du siehst, Bruder, ich bin erschüttert, verzeih mir, wirklich ganz erschüttert; wie vom Donner gerührt, bei Gott! Aber nein doch, Bruder, nein, du hast dir das doch wohl nur so ausgedacht, du faselst mir was vor!« rief Arkadij Iwanowitsch plötzlich aus und sah Wassja sogar mit unverfälschtem Mißtrauen ins Gesicht, doch als er in diesem nur die strahlende Bestätigung der Absicht las, unbedingt und so bald wie nur möglich zu heiraten, da warf er sich auf sein Bett und begann auf ihm Purzelbäume zu schlagen, daß die Wände zitterten.

»Wassja, setz dich hierher zu mir!« rief er, endlich sich ruhig aufs Bett setzend.

»Ich weiß wirklich nicht, Bruder, wie ich anfangen soll, womit zuerst?«

Beide sahen in freudiger Erregung einander an.

»Wer ist sie, Wassja?«

»Eine Artémjewa! ...«, brachte Wassja mit vor Glück schwacher Stimme hervor.

»Wirklich?«

»Na ja, ich habe dir doch schon soviel von ihnen die Ohren vollgesummt ... dann habe ich nichts mehr gesagt; du aber hast überhaupt nichts gemerkt. Ach, Arkascha, was es mich gekostet hat, dir gegenüber alles zu verheimlichen! Aber ich hatte Angst, hatte Angst, davon zu sprechen! Ich dachte, es könnte alles auseinandergehen, und ich bin doch verliebt, Arkascha! Mein Gott, mein Gott! Siehst du, die Sache war nämlich so«, begann er, mußte aber vor Aufregung immer wieder innehalten. »Sie hatte einen Bräutigam, noch vor einem Jahr; plötzlich wurde er irgendwohin versetzt; ich habe ihn auch gekannt – es war so ein ... ach, was, Gott mit ihm! Na ja, und da hat er denn nichts mehr von sich hören lassen, war einfach verschollen. Sie warteten, warteten; was das wohl bedeuten mochte? ... Plötzlich kommt er, das war vor vier Monaten, kommt er zurück, schon verheiratet, und läßt sich bei ihnen nicht mehr blicken! Das war roh! war gemein! Es war aber niemand da, der für sie hätte eintreten können. Sie weinte und weinte, die Arme, ich aber verliebte mich in sie ... Aber ich war doch schon lange, schon immer in sie verliebt. Also, ich begann sie zu trösten, besuchte sie, besuchte sie oft ... Nun ja, aber ich weiß wirklich nicht, wie das alles so gekommen ist, nur hat auch sie mich liebgewonnen; vor einer Woche hielt ich es dann nicht mehr aus, ich mußte weinen, ich schluchzte und sagte ihr alles ... nun ja ... daß ich sie liebte, – mit einem Wort, sagte ihr alles! ... ‚Ich würde Sie wohl auch lieben können, Wassílij Petrówitsch', sagte sie, ‚aber ich bin ein armes Mädchen, machen Sie sich nicht lustig über mich; ich wage es schon gar nicht mehr, jemanden zu lieben.' Nun, Bruder, begreife doch! Begreifst du? ... Da haben wir uns denn gleich miteinander verlobt. Ich habe dann nachgedacht und überlegt und habe sie dann gefragt: ‚Wie sagen wir es Mamachen?' Und sie sagte: ‚Das wird schwierig werden. Warten Sie noch ein wenig.' Sie fürchtete sich; sie meinte, jetzt werde die Mutter sie mir noch nicht geben wollen; dabei weinte sie selbst. So habe ich denn heute, ohne sie einzuweihen, der Mutter alles gesagt. Lisa fiel vor ihr auf die Knie, ich auch ... nun, und sie hat uns dann ihren Segen gegeben. Arkascha, Arkascha! Mein Liebster! Laß uns alle zusammen wohnen! Nein! Um nichts in der Welt werde ich mich von dir trennen!«

»Wassja, soviel ich dich auch anschaue, ich kann es einfach nicht glauben, bei Gott, ich kann es nicht glauben, ich schwöre dir. Wahrhaftig, es kommt mir immer so vor ... Hör mal, wie kannst du denn überhaupt heiraten? ... Und wie ist es denn möglich, daß ich nichts davon gewußt habe? Weißt du, Wassja, ich will es dir nur gestehen, Bruder, ich habe ja selbst schon daran gedacht zu heiraten; aber da nun du heiratest, so bleibt sich das ja gleich. Na, also denn: werde glücklich, werde glücklich! ...«

»Bruder, weißt du, jetzt ist es mir so süß im Herzen, so leicht in der Seele ...«, sagte Wassja, indem er aufstand und erregt im Zimmer hin und her ging. »Nicht wahr? nicht wahr, du empfindest das doch auch so? Wir werden bescheiden leben, das versteht sich von selbst, aber wir werden glücklich sein; das ist doch kein Hirngespinst! Unser Glück ist doch keine aus Büchern übernommene Illusion: wir werden doch in der Wirklichkeit glücklich sein! ...«

»Wassja, aber Wassja, höre mal!«

»Was?« fragte Wassja und blieb vor Arkadij Iwanowitsch stehen.

»Mir kam nur soeben der Gedanke ... weißt du, ich fürchte mich irgendwie, ihn vor dir auszusprechen! ... Verzeih mir und ... nimm mir meine Bedenken. Wovon willst du denn leben? Weißt du, ich bin natürlich begeistert, daß du heiratest, natürlich, bin vor Freude ganz aus dem Häuschen und weiß nicht, wie mich beherrschen, — aber wovon wirst du denn leben? Das ist die Frage ...«

»Ach, du lieber Gott! Wie kannst du nur so sein, Arkascha!« sagte Wassja, der mit tiefster Verwunderung seinen Freund Nefedjewitsch ansah. »Was fällt dir eigentlich ein? Selbst die alte Mutter hat keine zwei Minuten überlegt, nachdem ich ihr alles klar auseinandergesetzt hatte. Frage sie doch, womit *sie* auskommen müssen! Sie haben doch nur fünfhundert Rubel im Jahr, zu dritt: das ist die ganze Pension, die ihnen nach dem Tode des Vaters zusteht. Davon haben die Mutter, die Tochter und noch der kleine Bruder gelebt, für den von diesem Geld noch die Schule bezahlt werden muß, — siehst du, so leben sie dort! Dagegen sind doch wir beide richtige Kapitalisten, im Vergleich mit ihnen! Und ich stehe mich doch in manchem Jahr, in einem guten Jahr, sogar auf siebenhundert.«

»Hör mal, Wassja, entschuldige schon; ich denke doch, bei Gott, nur daran, wie das alles zu machen wäre, — aber wie kommst du auf siebenhundert? Du bekommst doch nur dreihundert ...«

»Dreihundert! ... Und Julián Mastákowitsch? Hast du den vergessen?«

»Julian Mastakowitsch! Aber das ist doch nur eine ganz unsichere Sache; das ist doch nicht dasselbe wie dreihundert Rubel sicheren Gehalts, wo jeder Rubel wie ein treuer Freund ist. Julian Mastakowitsch, nun ja, natürlich, er ist sogar ein großer Mann, ich achte ihn, ich verstehe ihn, obschon er so hoch gestiegen ist, und, bei Gott, ich liebe ihn, weil er dich liebt und dir für deine Heimarbeit Geld zahlt, während er das doch auch unterlassen und einfach einen Beamten damit beauftragen könnte. Aber du mußt doch zugeben, Wassja ... Höre also weiter; ich rede doch keinen Unsinn! ich gebe zu, daß man in ganz Petersburg keine solche Handschrift findet wie deine, das will ich gern anerkennen«, schloß Nefedjewitsch nicht ohne Wärme, »aber wenn du ihm nun, Gott behüte! — eines Tages nicht mehr gefällst, es ihm nicht recht machst, oder wenn er plötzlich keine Extraarbeit mehr für dich hat oder einen anderen nimmt — nun ja, schließlich, was kann nicht alles passieren! Dann kann dein Julian Mastakowitsch eines Tages der Vergangenheit angehören, Wassja ...«

»Na, höre mal, Arkascha, wenn du so zu philosophieren anfängst, dann kann ja auch gleich die Zimmerdecke über uns einstürzen ...«

»Nun ja, freilich, freilich ... Ich will ja auch nichts ...«

»Nein, höre mich an, du, hör nur mal zu, sieh mal: warum soll er denn auf mich verzichten ... Nein, wart, laß mich zu Ende sprechen, hör nur zu! Ich erledige doch alles für ihn sorgfältig und pünktlich; er ist doch so gut zu mir, er hat mir doch, Arkascha, hat mir doch heute noch fünfzig Silberrubel gegeben!«

»Ist's möglich, Wassja? Eine Zulage?«

»Was Zulage! Aus *seiner* Tasche! Er sagte: ‚Du hast ja, mein Lieber, schon den fünften Monat kein Geld mehr erhalten, wenn du welches brauchst, hier, nimm es!' und ‚Ich danke dir', sagte er, ‚ich danke dir, ich bin mit dir zufrieden ... bei Gott! Und du sollst doch nicht umsonst für mich arbeiten', sagt er, wirklich! Wörtlich so! Mir rollten die Tränen über die Backen, Arkascha. Herrgott noch einmal!«

»Höre, Wassja, hast du die neue Abschrift schon fertiggestellt? ...«

»Nein ... noch nicht.«

»Aber Wássinka! Mein Engel! Was hast du denn getan?«

»Ach, hör auf, Arkadij, das macht doch nichts, ich habe ja noch zwei Tage Zeit, da schaff' ich's schon ...«

»Warum hast du denn nicht geschrieben?«
»Na ja, na ja! Du schaust mich schon gleich so bedrückt an, daß sich mein ganzes Innere umdreht und das Herz sich zusammenkrampft! Na, was ist denn dabei? Du machst mich immer so mutlos! Gleich schreist du: ach — ach — ach!! Überlege es doch: was ist denn dabei? Ich werde es schon noch schaffen, bei Gott, ich werde es schaffen ...«
»Aber wenn du es nun nicht schaffst!« schrie Arkadij ihn an, »er aber hat dir heute noch eine Gratifikation gegeben! Und obendrein willst du heiraten ... da hört sich doch ...«
»Das macht doch nichts, gar nichts«, schrie nun auch Schumkoff, »ich setze mich gleich hin, im Augenblick, — das macht doch nichts!«
»Wie hast du bloß so versagen können, Wassjútka?«
»Ach, Arkascha! Konnte ich denn überhaupt stillsitzen? Hatte ich denn das im Sinn? Ich konnte ja auch in der Kanzlei kaum sitzen bleiben, es drückte mir ja das Herz ab ... Ach, was! Ich werde jetzt die ganze Nacht durcharbeiten, morgen wieder und übermorgen gleichfalls, und dann — wird's fertig sein! ...«
»Ist noch viel abzuschreiben?«
»Störe mich nicht, um Gottes willen, störe mich nicht! Schweige jetzt!«
Arkadij Iwanowitsch ging leise auf den Fußspitzen zu seinem Bett und setzte sich hin, darauf wollte er plötzlich wieder aufstehen, sagte sich aber sofort, daß er den Freund nicht stören dürfe, und blieb sitzen, obschon ihm das bei seiner Erregung schwerfiel: offenbar hatte ihn die Mitteilung so aufgeregt und war die erste Freude noch nicht abgeklungen in ihm. Er blickte zu Schumkoff hinüber, der sah ihn an, lächelte, drohte ihm mit dem Finger, und dann runzelte er ganz furchtbar die Brauen (als läge gerade darin die ganze Kraft und der ganze Erfolg der Arbeit) und heftete den Blick wieder auf die Schriftstücke.
Wie es schien, hatte auch er seine Erregung noch nicht überwunden, wechselte die Federn, rückte auf dem Stuhl

hin und her, nahm sich zusammen, machte sich von neuem ans Schreiben, aber seine Hand zitterte und versagte offenbar den Dienst.

»Arkascha! Ich habe ihnen auch von dir erzählt!« rief er plötzlich, als wäre es ihm soeben wieder eingefallen.

»Ja?« rief Arkadij, »ich wollte dich vorhin schon danach fragen. Nun, und?«

»Ja... Ach, ich werde dir das später alles erzählen. Da sieh, jetzt bin ich, bei Gott, selbst daran schuld, hatte es aber ganz vergessen, daß ich nicht früher zu sprechen anfangen wollte, als bis ich vier Blätter geschrieben habe, – da fielen sie mir wieder ein und dann du. Weißt du, ich kann gar nicht richtig schreiben, immer wieder muß ich an euch denken...« Wassja lächelte.

Sie schwiegen beide.

»Pfui! Was für eine schlechte Feder!« rief Schumkoff, schlug vor Ärger auf den Tisch und nahm wieder eine andere.

»Wassja! Höre, Nur ein Wort...«

»Nun, aber schnell, zum letztenmal.«

»Hast du noch viel zu schreiben?«

»Ach, mein Lieber!...« Wassja schnitt ein Gesicht, als gäbe es keine schrecklichere und vernichtendere Frage auf der Welt als diese. »Viel, noch furchtbar viel!« antwortete er dann.

»Weißt du, ich habe eine Idee...«

»Was für eine?«

»Nein, nein, schreibe nur.«

»Nun, was für eine? Sag doch schon!«

»Es geht schon auf sieben Uhr, Wassjúk!«

Dabei lächelte Nefedjewitsch schelmisch und blinzelte Wassja zu, wenn auch nur ganz schüchtern, da er nicht wußte, wie dieser es aufnehmen würde.

»Nun, was denn?« sagte Wassja und schien wirklich mit dem Schreiben aufhören zu wollen. Er sah ihm gerade in die Augen und war ganz blaß vor Erwartung.

»Weißt du was?«

»Um Gottes willen, was denn?«

»Weißt du, du bist so aufgeregt und wirst jetzt doch nicht viel arbeiten können ... Warte, warte, warte, ich sehe, ich sehe — so höre doch!« beeilte sich Nefedjewitsch und sprang, von seinem Gedanken begeistert, vom Bett auf, um mit allen Kräften einer Erwiderung Wassjas zuvorkommen. »Es ist vor allem nötig, daß du dich beruhigst und wieder von neuem Kräfte sammelst, ist's nicht so?«

»Arkascha! Arkascha!« rief Wassja und sprang vom Stuhl auf, »ich werde die ganze Nacht aufbleiben und schreiben, bei Gott, das tu' ich!«

»Nun ja, jawohl! aber gegen Morgen wirst du doch einschlafen ...«

»Ich werde nicht einschlafen, um nichts in der Welt...«

»Nein, das geht, das geht nicht! Natürlich wirst du gegen fünf Uhr einschlafen! Und um acht Uhr werde ich dich wieder wecken. Morgen ist ein Feiertag, da kannst du dich hinsetzen und den ganzen Tag über schreiben ... Dann noch eine Nacht und — ist denn noch so viel übriggeblieben?«

Wassja zeigte ihm zitternd vor Erwartung und Erregung die Akte: »Da! sieh!«

»Höre, Bruder, das ist doch nicht viel ...«

»Ja, mein Lieber, aber — es ist noch etwas da«, sagte Wassja und sah dabei schüchtern fragend Nefedjewitsch an, als würde von dessen Entschluß alles abhängen: ob sie gingen oder nicht gingen?

»Wieviel denn noch?«

»Noch zweimal soviel.«

»Nun, ich glaube, damit wirst du noch fertig, bei Gott, du wirst fertig!«

»Arkascha!«

»Höre, Wassja! Heute, am Vorabend des Neuen Jahres, versammelt sich doch jede Familie bei sich zu Hause; nur wir beide sind allein, verwaist, ohne Familie ... Also, Wassinka!«

Nefedjewitsch umschlang Wassja und erdrückte ihn fast mit seinen Löwenpranken.

»Arkadij, abgemacht! Wir gehen!«

»Wassjuk, ich wollte es ja nur andeuten. Sieh mal, Wassjuk, mein Junge! Höre! Höre mich an!«

Arkadij hielt den Mund weit aufgesperrt, als könne er vor Begeisterung nicht weitersprechen. Wassja, der sich noch immer mit den Händen an Arkadijs Schultern hielt, sah ihm gespannt in die Augen und bewegte die Lippen, ganz als wollte er für ihn sprechen...

»Nun!« sagte er endlich.

»Stelle mich ihnen heute vor!«

»Arkadij! Ja: gehen wir hin! Trinken wir Tee bei ihnen! Aber weißt du was? Das neue Jahr wollen wir nicht abwarten, wir wollen früher nach Hause kommen!« rief Wassja, noch immer in aufrichtiger Begeisterung.

»Das heißt also: zwei Stunden, nicht mehr und nicht weniger!...«

»Wassjuk!...«

»Arkadij...«

In drei Minuten war Arkadij im Galaanzug. Wassja brauchte sich nur etwas abzubürsten, da er seinen guten Anzug noch gar nicht abgelegt hatte — vor lauter Eifer, sich an die Arbeit zu machen.

Sie beeilten sich, auf die Straße zu kommen, der eine noch freudiger als der andere. Der Weg führte sie von der Petersburger Seite nach Kolomna.[2] Arkadij Iwanowitsch schritt weit und energisch aus; schon an seinem Gang konnte man seine Freude über das Glück Wassjas erkennen. Wassjas Gang war trippelnder, doch verlor er deshalb nichts von seiner Würde. Im Gegenteil, Arkadij Iwanowitsch hatte noch nie einen so vorteilhaften Eindruck von ihm gehabt. Er empfand, wie sie so gingen, fast eine gewisse Hochachtung vor ihm; ein körperlicher Fehler Wassjas, von dem der Leser bis jetzt noch nichts weiß, (Wassja war ein wenig schief gewachsen) und der in Arkadij Iwanowitschs gutem Herzen

immer ein tiefes Mitgefühl für ihn erweckte, ließ die zärtliche Rührung, die der Freund besonders jetzt für ihn empfand, noch ergreifender werden. Es versteht sich wohl von selbst, daß Wassja dieses Mitleids in jeder Hinsicht würdig war. Arkadij Iwanowitsch hätte vor Freude weinen mögen, aber er beherrschte sich.
»Wohin, wohin, Wassja? Von hier ist es doch näher!« rief er, als er sah, daß Wassja in den Wosnessénskij-Prospekt einbiegen wollte.
»Sei still, Arkascha, sei still...«
»Es ist aber von hier wirklich näher, Wassja.«
»Arkascha, weißt du was?« begann Wassja geheimnisvoll, mit einer vor verhaltener Freude zitternden Stimme. »Weißt du was? Ich möchte Lisánka ein kleines Geschenk mitbringen...«
»Was denn für eins?«
»Hier, mein Lieber, gleich an der Ecke ist das Geschäft von Madame Leroux, ein wunderbarer Laden!«
»Was gibt es denn da?«
»Ein Häubchen, mein Herzchen, ein Häubchen! Heute morgen habe ich hier ein entzückendes Häubchen gesehen. Ich habe mich schon erkundigt: dieses Modell, sagte man mir, heiße Manon Lescaut. Ein Wunderwerk! Die Bänder sind kirschfarben, und wenn es nicht teuer ist ... ach, Arkaschka, und selbst wenn es teuer ist ...«
»Du übertriffst ja, scheint mir, noch alle Dichter, Wassja! Gehen wir!«
Sie liefen ein Stück, nach zwei Minuten betraten sie den Laden. Hier wurden sie von einer schwarzäugigen Französin mit eingelegten Locken empfangen, die sofort, beim ersten Blick auf ihre Käufer, ebenso lustig und glücklich zu werden schien, wie diese selbst waren, sogar noch lustiger und noch glücklicher, wenn das möglich gewesen wäre. Wassja war bereit, Madame Leroux vor lauter Entzücken sofort abzuküssen. »Arkascha!« flüsterte er diesem zu, als er mit seinem Blick all das Schöne und Hohe überflog, das auf Holzstän-

dern auf dem großen Tisch des Geschäftes ausgestellt war.
»Welche Wunder! Wie ist denn das hier? Dies hier, dies zum Beispiel, dieses Bonbon hier, siehst du?« Wassja wies auf ein kleines reizendes Häubchen, aber nicht auf dasjenige, welches er kaufen wollte, denn schon von weitem hatte dieses andere am entgegengesetzten Ende des Tisches seine Aufmerksamkeit auf sich gezogen. Er starrte es so an, als wäre zu befürchten, daß es von jemand gestohlen werden könnte oder als ob das Häubchen selbst, nur damit Wassja es nicht bekomme, in die Luft fliegen könne.

»Dieses hier«, sagte Arkadij Iwanowitsch und wies auf ein anderes, »dieses hier ist meiner Meinung nach noch schöner.«

»Nun, Arkascha! Das legt dir Ehre ein! Ich muß dir sagen, daß ich vor deinem Geschmack Achtung bekomme«, bemerkte Wassja, der scheinbar aus Liebe zu Arkascha auf dessen Vorschlag einging. »Dein Häubchen ist wirklich reizend, aber komm einmal her!«

»Aber welches kann denn noch schöner sein?«

»Sieh mal her!«

»Dieses«, sagte etwas zögernd Arkadij.

Doch als Wassja, der nicht fähig war, länger an sich zu halten, das Häubchen vom Holzgestell herunterholte, von dem es anscheinend schon selbst herunterfliegen wollte, als freute es sich — nach so langer Wartezeit, in der seine Bänderchen, Rüschchen und Spitzen steif hatten dastehen müssen — über den guten Käufer: da entriß sich der mächtigen Brust Arkadij Iwanowitschs ein Ausruf des Entzückens. Sogar Madame Leroux, die die ganze Zeit über ihre Würde gewahrt und während der Auswahl zu allen Fragen des Geschmacks herablassend geschwiegen hatte, belohnte jetzt Wassja mit einem anerkennenden Lächeln. Dieses Lächeln schien zu sagen: ‚Ja! Sie haben es getroffen. Sie sind des Glückes würdig, das Sie erwartet.'

»Es hat doch in seiner Einsamkeit kokettiert mit mir und kokettiert!« rief Wassja aus, der seine ganze Zärtlichkeit auf das reizende Häubchen übertrug, »hat sich mit Absicht versteckt, der Schelm!« Und er küßte es, das heißt: er küßte die Luft, die es umgab, denn er fürchtete sich, seine Kostbarkeit auch nur zu berühren.

»So pflegt sich das wahre Verdienst und die echte Tugend zu verbergen!« fügte Arkadij in seinem Entzücken hinzu, um mit dieser schönen Phrase, die er am Morgen in einer geistreichen Zeitschrift gelesen hatte, Humor in die Sache zu bringen. »Nun, Wassja, wobei bleibt es?«

»Vivat Arkascha! Du bist ja heute so geistreich, du wirst Furore machen bei den Damen, das prophezeie ich dir! — Madame Leroux, Madame Leroux!«

»Sie wünschen?«

»Mein Täubchen, Madame Leroux!...«

Madame Leroux blickte Arkadij Iwanowitsch an und lächelte nachsichtig.

»... Sie glauben nicht, wie sehr ich Sie in diesem Augenblick vergöttere... Erlauben Sie mir, daß ich Sie küsse...«, und Wassja gab der Ladenbesitzerin einen Kuß.

Man mußte tatsächlich alle Würde aufbieten, um sich diesem Mutwillen gegenüber nichts zu vergeben. Aber ich möchte doch betonen, daß dazu vor allem die ganze angeborene, echte Liebenswürdigkeit und Grazie der Mme. Leroux gehörte, mit der sie das Entzücken Wassjas aufnahm. Sie entschuldigte ihn, und wie klug, wie graziös wußte sie sich in die Situation zu schicken! Wie hätte man aber auch einem Wassja ernstlich böse sein können?

»Madame Leroux, und der Preis?«

»Dieses kostet fünf Silberrubel«, sagte sie, wieder gefaßt, mit einem neuen Lächeln.

»Und dieses hier, Madame Leroux«, fragte Arkadij Iwanowitsch und wies auf das von ihm gewählte Häubchen.

»Dieses: acht Silberrubel.«

»Aber erlauben Sie, erlauben Sie! Nun müssen Sie selbst entscheiden, Madame Leroux: welches ist schöner, welches niedlicher, welches von beiden würde *Sie* besser kleiden?«

»Dieses hier ist reicher, aber jenes, das Sie gewählt haben, c'est plus coquet.«
»Also dann nehmen wir das da!«
Madame Leroux nahm einen Bogen feinen dünnen Seidenpapiers und steckte es mit einer Stecknadel zusammen. Das Papier aber mit dem Häubchen schien jetzt beinah noch leichter zu sein als früher, ohne Häubchen. Wassja nahm das Paket und wagte kaum zu atmen. Er verabschiedete sich von Madame Leroux, sagte ihr noch etwas sehr Liebenswürdiges und verließ den Laden.
»Ich bin ein Lebemann, Arkascha, ein geborener Lebemann!« rief Wassja draußen lachend aus. Dies Lachen ging aber gleich über in ein unhörbares nervöses Lachen nach innen, das ein Lächeln begleitete, — und Wassja selbst wich allen Vorübergehenden ängstlich aus, als ob er sie mit einem Male alle in Verdacht hätte, der Versuchung, sein kostbares Häubchen zu zerdrücken, nicht widerstehen zu können.
»Höre, Arkadij, höre!« begann er einen Augenblick später; etwas Feierliches, etwas unendlich Seliges lag in seiner Stimme. »Arkadij, ich bin so glücklich, ich bin so glücklich!«
»Wassinka! Und wie glücklich ich erst bin, mein Lieber!«
»Nein, Arkascha, nein, deine Liebe zu mir ist grenzenlos, das weiß ich. Aber du kannst nicht den hundertsten Teil von dem empfinden, was ich in diesem Augenblick fühle. Mein Herz ist so groß, so übervoll! Arkascha! Ich bin ja meines Glückes gar nicht würdig! Ich spüre es, ich fühle es selbst. Womit habe ich es denn verdient«, rief er mit einer Stimme aus, die voll war von verhaltenem Schluchzen, »was habe ich denn jemals Gutes getan, sage es mir! Sieh doch, wieviel Menschen es gibt, wieviel Tränen, wieviel Kummer, wieviel Alltag ohne Feiertag! Und ich! Mich liebt ein solches Mädchen, mich ... Aber du wirst sie ja selbst gleich sehen, wirst selbst ihr edles Herz erkennen. Ich komme aus niedrigem Stand, jetzt habe ich eine Stellung und ein festes Gehalt. Ich bin mit einem Gebrechen auf die Welt gekommen, bin schief gewachsen. Sie aber liebt mich, so wie ich bin. Julian

Mastakowitsch war heute so liebevoll, so aufmerksam, so höflich zu mir. Er spricht sonst selten mit mir — doch: ‚Nun, Wassja', sagte er heute (bei Gott, Wassja nannte er mich) ‚wirst du in den Feiertagen auch durchgehen, wie?' Dabei lachte er. ‚Nein', sagte ich zuerst, ‚Euer Excellenz, ich habe zu arbeiten.' Doch dann nahm ich mich zusammen und sagte: ‚Vielleicht werde ich mich auch mal amüsieren, Excellenz!' — bei Gott, das sagte ich. Da gab er mir denn das Geld und sprach noch ein paar Worte mit mir. — Ich, Bruder, ich weinte beinah, die Tränen stürzten mir aus den Augen, und er, er schien auch gerührt zu sein, klopfte mir auf die Schulter und sagte: ‚Fühle immer so, Wassja, wie du jetzt fühlst'...«

Wassja verstummte auf einen Augenblick. Arkadij Iwanowitsch wandte sich ab und wischte sich mit der Faust eine Träne weg.

»Und dann noch ... dann noch«, fuhr Wassja fort. »Ich habe es dir gegenüber noch nie ausgesprochen, Arkadij ... Arkadij! Arkadij! Du beglückst mich so mit deiner Freundschaft, ohne dich lebte ich nicht auf der Welt, — nein, nein, widersprich nicht, Arkascha! Laß mich dir nur die Hand drücken ... laß mich ... dir ... danken! ...« Wassja vermochte seinen Satz nicht zu Ende zu sprechen.

Arkadij Iwanowitsch wollte ihn schon an seine Brust drücken, da sie aber gerade die Straße überquerten und fast dicht über ihren Ohren ein scharfes »Achtung! Achtung!« erklang, so liefen sie erschrocken und erregt geschwind bis zum Trottoir. Arkadij Iwanowitsch war sogar froh darüber. Er erklärte sich Wassjas Dankbarkeitsausbruch nur mit der Besonderheit des gegenwärtigen Augenblicks. Ihm selbst war peinlich zumut, denn er fühlte, daß er bisher so wenig für Wassja getan hatte! Er schämte sich sogar vor sich selbst, als Wassja ihm für so Weniges zu danken begann! Aber noch lag ja ein ganzes langes Leben vor ihm; Arkadij Iwanowitsch wurde das Atmen wieder leichter...

Man hatte es schon aufgegeben, sie zu erwarten! Der Beweis dafür: man saß bereits beim Tee. Aber manchmal hat ein älterer Mensch doch mehr Sehergabe als die Jugend! Lisanka hatte schon allen Ernstes versichert, daß er »nicht kommen werde, bestimmt nicht, Mamachen!« Das Mamachen aber hatte versichert, ihr Herz fühle, im Gegenteil, daß er ganz gewiß kommen werde, daß er es nicht aushalten und herlaufen werde, zumal er doch jetzt vor dem Feiertag keinen Dienst mehr habe! Als nun Lisanka die Tür aufmachte, traute sie ihren Augen nicht: sie errötete über und über; ihr Herz schlug so heftig wie bei einem gefangenen Vögelchen. Ja, sie war rot wie eine Kirsche, der sie überhaupt ähnlich sah. Mein Gott, war das eine Überraschung! Ein freudiges »Ach!« kam über ihre Lippen. »Du Schelm, du Betrüger, du mein Lieber, du!« rief sie aus und fiel Wassja um den Hals ... Doch man stelle sich ihre Verwunderung vor, ihre plötzliche Verlegenheit: denn unmittelbar hinter Wassja stand verwirrt, als wolle er sich hinter ihm verstecken, Arkadij Iwanowitsch. Aber Arkadij Iwanowitsch verstand es nicht, mit Frauen umzugehen; er war sogar sehr ungeschickt, ja, einmal soll es ihm passiert sein, daß ... doch davon ein andermal. Indessen, man versetze sich in seine Lage! Es war wirklich nicht zum Lachen: Er stand im Vorzimmer, in Gummischuhen, im Mantel, in einer Mütze mit Ohrenklappen (die er sogleich herunterriß), um den Hals einen schrecklichen gelben gestrickten Schal, der zum Überfluß hinten im Nacken geknotet war. Dieser Knoten mußte nun gelöst und der Schal abgewickelt werden, damit Arkadij selbst einen vorteilhafteren Eindruck machen konnte ... Denn es gibt nun einmal keinen Menschen, der nicht wünschte, einen vorteilhaften Eindruck zu machen! Und dieser Wassja, dieser unerträgliche, unausstehliche, obgleich sonst so liebe, gute Wassja, der war jetzt ein ganz erbarmungsloser Wassja! Sofort mußte er schreien:

»Lisanka, hier stelle ich dir Arkadij vor! Wie gefällt er dir? Er ist mein bester Freund, umarme ihn, küsse ihn, Lisanka! Küsse ihn im voraus, denn wenn du ihn erst einmal kennst, wirst du ihn immer küssen ...« Was blieb da wohl dem armen Arkadij Iwanowitsch übrig? Er stand noch immer da und hatte erst die Hälfte seines Schals abgewickelt! Nein: diese Begeisterung Wassjas war doch manchmal wirklich unangebracht und ganz gewissenlos! Freilich, freilich, sie bewies sein gutes Herz, aber ... immerhin – es war doch peinlich, war scheußlich!

Endlich traten sie beide ins Zimmer ... Das Mamachen war unsagbar glücklich, die Bekanntschaft Arkadij Iwanowitschs zu machen: sie hätte so viel von ihm gehört, sie... Doch sie kam nicht weiter: ein freudiges »Ach!« durchtönte das Zimmer und unterbrach sie. Mein Gott! Lisanka stand vor dem enthüllten Häubchen, hielt naiv beide Hände gefaltet und lächelte, lächelte so ... Himmel, warum gab es bei Madame Leroux nicht noch ein viel, viel schöneres Häubchen!

Ach, mein Gott, wo hätte man denn ein noch schöneres finden können? Das ist doch wohl unvorstellbar! Ich spreche im Ernst! Diese Undankbarkeit der Verliebten verdrießt mich schließlich, ja, sie betrübt mich sogar gewissermaßen. So sehen Sie es sich doch selbst einmal an, meine Herrschaften, was kann es Schöneres geben als dieses süße Häubchen! So sehen Sie es doch nur an ... Aber nein, nein, meine Vorhaltungen sind umsonst; man ist ja schon einig mit mir; es war nur eine vorübergehende Verwirrung, ein Nebel, in der Hitze des Gefühls; ich bin bereit, ihnen zu verzeihen ... Aber dafür schauen Sie es doch einmal an ... Entschuldigen Sie schon, meine Herrschaften, ich rede immer noch vom Häubchen: es ist aus Tüll gefertigt, ganz leicht; ein kirschrotes Band, von einer Spitze bedeckt, verläuft zwischen dem Tüllkopf und der Rüsche und fällt hinten im Nacken in zwei langen, breiten Bändern auf den Hals ... Man muß das ganze Gebilde etwas mehr auf den Hinterkopf setzen; sehen Sie nur, ich bitte Sie, wie finden Sie es? ... Aber Sie schauen ja gar nicht hin, wie ich bemerke! ... Es scheint Ihnen gleichgültig zu sein! Sie sehen ja ganz woanders hin ... Sie beobachten, wie zwei dicke, runde Tränen sich in den pechschwarzen Augen angesammelt haben, ein Weilchen an den langen Wimpern zittern und dann wie zwei durchsichtige Perlen auf dieses eher der Luft als einem Stoff gleichende Tüllgebilde fallen, aus dem das Kunstwerk der Madame Leroux besteht ... Und wieder verdrießt es mich: diese zwei Tränen galten doch fast nicht dem Häubchen! ... Nein! meiner Meinung nach muß so etwas kaltblütig geschenkt werden. Nur dann kann man es richtig einschätzen! Ich gestehe, meine Herrschaften, es ist mir immer nur um das Häubchen zu tun!

Man setzte sich — Wassja neben Lisanka und das Mamachen neben Arkadij Iwanowitsch; die Unterhaltung kam in Gang und Arkadij Iwanowitsch behauptete sich durchaus. Mit Freuden lasse ich ihm Gerechtigkeit widerfahren. Das war kaum von ihm zu erwarten gewesen. Nach ein paar Worten über Wassja verstand er es geschickt, das Gespräch auf Julian Mastakowitsch, Wassjas Wohltäter, zu lenken. Und so klug, so vernünftig wußte er von ihm zu erzählen, daß das Gespräch auch nach einer Stunde noch nicht ins Stocken geriet. Man muß es selbst erlebt haben, mit welchem Verständnis, mit welchem Takt Arkadij Iwanowitsch gewisse Eigenheiten Julian Mastakowitschs erwähnte, die Wassja direkt oder indirekt angingen. Dafür war das Mamachen denn auch entzückt, aufrichtig entzückt von ihm, was sie Wassja selbst gestand: sie rief ihn zu dem Zweck beiseite und sagte ihm dort, sein Freund sei der vortrefflichste, der liebenswürdigste junge Mann, und vor allem so ein ernster, solider junger Mann. Wassja hätte vor Seligkeit laut auflachen mögen. Er mußte daran denken, wie der gesetzte Arkascha ihn eine Viertelstunde lang auf dem Bett herumgekugelt hatte! Darauf gab sie Wassja leise zu verstehen, er solle ihr doch ins andere Zimmer unauffällig folgen. Man muß aber gestehen, daß sie dort nicht recht tat, indem sie ihm das Geschenk zeigte, das Lisanka ihm zum neuen Jahr machen wollte. Es war eine Brieftasche, die mit winzigen Glasperlen und Goldfäden bestickt war, nach einer sehr hübschen Vorlage: auf der einen Seite war ein Hirsch in schnellem Lauf zu sehen, ganz naturgetreu, so echt und hübsch! Auf der anderen Hälfte war das Porträt eines berühmten Generals gestickt, gleichfalls vorzüglich ausgeführt und ganz naturgetreu. Wassjas Entzücken will ich gar nicht zu beschreiben versuchen.

Inzwischen war im Wohnzimmer die Zeit auch nicht ungenutzt verstrichen. Lisanka war zu Arkadij Iwanowitsch getreten, hatte ihm die Hand gereicht und ihm gedankt, und dieser hatte alsbald begriffen, daß es sich um den teuersten Wassja handelte. Lisanka war sichtlich tief gerührt: sie hatte schon gehört, was für ein treuer Freund er sei; daß er ihren Verlobten liebe und sich um ihn kümmere, ihn überhaupt auf Schritt und Tritt beschütze und ihm stets mit gutem Rat beistehe, weshalb sie, Lisanka, nicht anders könne als ihm dafür danken. Sie hoffe, Arkadij Iwanowitsch werde sie wenigstens halb so lieb haben wie er jetzt Wassja liebe. Hierauf begann sie ihn auszufragen, ob Wassja auch auf seine Gesundheit achte, äußerte gewisse Befürchtungen wegen der auffallenden Impulsivität seines Charakters, wegen seiner unzureichenden Kenntnis der Menschen und des praktischen Lebens. Sie sagte, daß sie mit der Zeit gottesfürchtig lernen werde, auf ihn aufzupassen, ihn zu beschützen und sein Schicksal zu betreuen; schließlich, daß sie hoffe, er, Arkadij Iwanowitsch, werde sie beide nicht etwa verlassen, sondern sogar mit ihnen zusammen wohnen.

»Wir werden dann zu dritt wie ein Herz und eine Seele sein!« rief sie in übernaiver Begeisterung aus.

Aber es war Zeit aufzubrechen. Natürlich versuchte man, die Gäste zum Bleiben zu überreden, doch Wassja erklärte kurz und bündig, das sei unmöglich; Arkadij Iwanowitsch bestätigte das. Selbstverständlich wurde nun nach dem Grund ihres Zeitmangels gefragt; so erfuhren sie denn unverzüglich, daß es sich um eine Arbeit handelte, die Julian Mastakowitsch Wassja anvertraut hatte, um eine eilige, wichtige, schreckliche Arbeit, die übermorgen früh abgeliefert werden mußte, und daß diese Arbeit nicht nur noch nicht fertig, sondern sogar noch arg im Rückstand war. Das Mamachen erschrak nicht wenig, als sie das hörte; Lisanka erschrak zwar auch, trieb aber sofort erregt Wassja zur Eile an. Der letzte Kuß verlor aber dadurch nicht: er war kürzer, eiliger, aber um so heißer und kräftiger. Schließlich trennte man sich, und die beiden Freunde machten sich schleunigst auf den Heimweg.

Kaum auf der Straße, begannen sie sofort, wie um die Wette, ihre Eindrücke einander mitzuteilen. Und so gehörte es sich auch: Arkadij Iwanowitsch hatte sich verliebt, hatte sich sterblich verliebt in Lisanka! Wer aber hätte das besser nachempfinden können als das Glückskind Wassja selbst? Und so schämte er sich denn auch nicht und gestand Wassja auf der Stelle alles. Wassja mußte furchtbar lachen und war schrecklich froh; dann bemerkte er sogar, daß das gar nicht überflüssig sei und daß sie jetzt noch innigere Freunde sein würden.

»Du hast mich sofort verstanden, Wassja«, sagte Arkadij Iwanowitsch. »Ja! Ich liebe sie genau so wie dich; sie wird auch mein Engel sein, ganz wie deiner, denn euer Glück wird auch auf mich ausstrahlen und auch mich erwärmen. Sie wird auch meine Hausfrau sein, Wassja; in ihren Händen wird auch mein Glück ruhen; sie soll den Haushalt mit dir wie mit mir führen. Ja, meine Freundschaft mit dir ist auch Freundschaft mit ihr; ihr seid von jetzt ab beide eine untrennbare Einheit für mich; nur daß ihr eben statt ein Wesen, das du früher für mich warst, zwei Wesen sein werdet...«

Arkadij verstummte unter dem Übermaß seiner Gefühle; Wassja aber war von seinen Worten bis in die Tiefe seiner Seele erschüttert. Die Sache war die, daß er von Arkadij Iwanowitsch niemals solche Worte erwartet hätte. Arkadij Iwanowitsch verstand sich nämlich sonst gar nicht auszudrücken, und zu träumen liebte er sonst auch ganz und gar nicht; jetzt aber war er sofort mitten drin im Träumen und erging sich in den heitersten, frischesten, regenbogenrosigsten Schwärmereien!

»Und wie ich euch beide beschützen werde, wie euch verhätscheln«, begann er wieder. »Erstens, Wassja, werde ich der Taufpate aller deiner Kinder sein, aller ohne Ausnahme; zweitens, Wassja, wird man jetzt auch an die Zukunft denken müssen. Möbel müssen gekauft werden, eine Wohnung muß gemietet werden, damit jeder, sie und du und ich, sein eigenes Zimmer hat. Weißt du, Wassja, ich werde gleich morgen ausgehen und die an den Hausportalen ausgehängten Wohnungszettel studieren. Drei ... nein, zwei Zimmer genügen; mehr brauchen wir nicht. Ich glaube jetzt selbst, Wassja, daß ich vorhin Unsinn geredet habe; das Geld wird schon reichen – und ob! Als ich ihr heute in die Äuglein sah, da wußte ich sofort, daß es reichen wird. Alles für sie! Ach, und wie wir arbeiten werden! Jetzt, Wassja, jetzt kann man es riskieren und auch so an die fünfundzwanzig Rubel Miete zahlen für die Wohnung. Die Wohnung ist die Hauptsache, Bruder! Schöne Räume ... und der ganze Mensch ist fröhlich und hat rosige Gedanken! Und zweitens, Lisanka wird unsere gemeinsame Kasse verwalten: keine Kopeke darf unnütz ausgegeben werden! Daß ich noch so ins Restaurant laufen sollte! – für was hältst du mich eigentlich? Um keinen Preis! Und dann gibt es eine Zulage, dann Gratifikationen, weil wir fleißig unseren Dienst versehen. Und sapperment, wie wir arbeiten werden, wie die Büffel vor dem Pflug! ... Stell dir bloß vor, wie das sein wird«, (und Arkadij Iwanowitschs Stimme klang schon ganz weich vor lauter Vorfreude) »wenn plötzlich, ganz unerwartet, so dreißig oder fünfundzwanzig Silberrubel pro Kopf ins Haus kommen! ... Und von jeder Gratifikation kaufen wir ihr etwas Hübsches, mal ein Häubchen, mal einen Schal, oder vielleicht Strümpfchen! Sie muß mir unbedingt einen neuen Schal stricken! Schau nur, wie abscheulich der meine ist: gelb noch dazu, der verwünschte, ich habe mich seinetwegen heute nicht wenig geschämt! Und du warst auch gut, Wassja, mußtest mich gerade in dem Augenblick vorstellen, wo ich wie ein Gaul in diesem Kummet dastehe ... Aber das ist ja egal, nicht darum dreht es sich jetzt! Also hör zu, sieh mal: das ganze Silberzeug, das nehme ich auf meine Kappe! Ich muß euch doch auch ein Hochzeitsgeschenk machen, – also das ist Ehrensache, das verlangt schon mein Ehrgeiz! ... Meine Gratifikation wird mir nicht entgehen ... oder wird man sie etwa Skorochódoff zusprechen? Keine Sorge, dieser Streber wird sich ihrer nicht lange erfreuen. Also, Bruder, ich werde euch silberne Löffel kaufen und Messer-Gabel-Bestecke – die brauchen nicht aus Silber zu sein, aber ausgezeichnete Messer werden es sein. Und dann noch eine Weste; das heißt: die Weste werde ich für mich kaufen: ich werde doch euer Trauzeuge sein! Du aber nimm dich jetzt mal zusammen, hörst du, ich werde schon auf dich aufpassen, Bruder; heute und morgen und die ganze Nacht werde ich mit dem Stock bei dir stehen und dich zur Arbeit antreiben: Schneller, Bruder, schneller! sieh zu, daß du schneller fertig wirst! Und dann gehen wir zum Abend wieder hin und werden beide glücklich sein; werden Lotto spielen! ... Werden die Abende zusammen verbringen – ach, wird das schön sein! Zum Teufel, daß ich dir nicht helfen kann, das ist doch zu dumm. Ich würde am liebsten alles, alles für dich abschreiben ... Warum haben wir nicht die gleiche Handschrift!«

»Ja!« antwortete Wassja. »Ja! Ich muß mich beeilen. Ich glaube, es wird jetzt elf Uhr sein; wir müssen schneller gehen ... An die Arbeit!« Und nachdem Wassja das gesagt hatte, wurde er, der bisher die ganze Zeit bald gelächelt, bald mit einem begeisterten Wort den Erguß der freundschaftlichen Gefühle zu unterdrücken versucht hatte, hochgestimmt mit allen Sinnen dabei gewesen war, wurde er auf einmal stiller, schweigsamer und begann fast im Laufschritt den Heimweg fortzusetzen. Es war, als hätte ein schwerer Gedanke seinen lodernden Kopf plötzlich eiskalt gemacht; es war, als zöge sich sein ganzes Herz zusammen.

Arkadij Iwanowitsch begann sich sogar beunruhigt zu fühlen; auf seine hastigen Fragen erhielt er kaum noch eine Antwort von Wassja, der die Frage mit ein, zwei Worten abtat, manchmal auch nur mit einem Ausruf, der oft gar nicht zur Sache paßte. »Aber was hast du denn, Wassja?« rief er endlich, da er mit ihm kaum noch Schritt halten konnte. »Bist du wirklich so in Sorge? ...«

»Ach, was, laß doch das Geschwätz!« versetzte Wassja sogar ärgerlich.

»Aber du brauchst doch den Mut nicht gleich sinken zu lassen, Wassja, so schlimm ist das doch nicht«, beschwichtigte ihn Akardij: »Ich habe es doch schon miterlebt, daß du viel mehr in noch kürzerer Zeit geschafft hast ... Was willst du denn! Du hast doch das Talent dazu! Im äußersten Fall könntest du doch einfach flüchtiger schreiben; es muß doch nicht jede Zeile wie gestochen sein; deine Abschrift soll doch nicht lithographiert werden! Du wirst es schon schaffen! ... Es ist ja nur dies, daß du jetzt aufgeregt und zerstreut bist; deshalb geht die Arbeit nicht so flott vorwärts ...« Wassja antwortete hierauf nichts mehr oder brummte nur etwas vor sich hin, und beide beendeten in unverkennbarer Aufregung laufend den Weg nach Hause.

Wassja setzte sich sofort an die Arbeit. Arkadij Iwanowitsch verhielt sich ruhig und still, kleidete sich wortlos aus und legte sich ins Bett, ohne Wassja aus den Augen zu lassen ... Eine unbestimmte Angst bemächtigte sich seiner ... ‚Was ist mit ihm los?' dachte er bei sich, indem er das erblaßte Gesicht Wassjas betrachtete, seine brennenden Augen und die Unruhe, die sich an ihm in jeder Bewegung verriet. ‚Auch seine Hand zittert ja ... Verdammt noch mal! ... Sollte man ihm nicht raten, sich auf etwa zwei Stunden hinzulegen? Ein wenig Schlaf würde seine Gereiztheit besänftigen.' Wassja hatte gerade eine Seite beendet, sah auf und sein Blick fiel zufällig auf Arkadij – sofort schlug er die Augen nieder und griff wieder zur Feder.

»Hör mal, Wassja«, begann plötzlich Arkadij Iwanowitsch, »wäre es nicht besser, wenn du dich ein wenig ausschliefest? Du fieberst ja, das sieht man dir doch an ...«

Wassja warf nur wie verärgert, ja sogar wie wütend einen Blick auf Arkadij und gab keine Antwort.

»Höre, Wassja, was tust du dir an? ...«

Wassja kam sofort zur Besinnung.

»Sollte man nicht ein wenig Tee trinken, Arkascha?« fragte er.

»Wieso Tee? Wozu denn das?«

»Tee regt an. Ich will nicht schlafen, und ich werde auch nicht! Ich werde die ganze Zeit schreiben. Aber eine kleine Ruhepause beim Tee wäre jetzt vielleicht ganz angebracht; der kritische Augenblick wäre überwunden.«

»Hoppla! Ja, Bruder Wassja, großartig! Gerade das ist das Richtige! Ich wundere mich nur, daß ich nicht selbst darauf verfallen bin. Aber weißt du? Mawra wird nicht aufstehen; sie wird um nichts in der Welt aufzuwecken sein ...«

»Tja! ...«

»Ach was, das macht doch nichts!« rief Arkadij Iwanowitsch munter und sprang barfuß aus dem Bett. »Ich werde das selbst besorgen! Das wäre doch nicht das erste Mal, daß ich den Ssamowar aufstelle ...«

Arkadij Iwanowitsch lief in die Küche und machte sich sofort am Ssamowar zu schaffen. Wassja schrieb inzwischen weiter. Arkadij Iwanowitsch kleidete sich an und lief auch noch zum Bäcker, damit Wassja sich für die Nachtarbeit richtig stärken könne. In einer Viertelstunde stand der kochende Ssamowar auf dem Tisch. Sie begannen, Tee zu trinken, aber der Unterhaltung fehlte es an Klebestoff. Wassja war immer noch sehr zerstreut.

»Ja, was ich sagen wollte«, begann er endlich, als wäre ihm das soeben erst eingefallen, »morgen muß man ja gratulieren gehen ...«

»Du brauchst das doch nicht.«

»Nein, Bruder, ich muß doch wohl ...«, sagte Wassja.

»Aber ich kann doch für dich deinen Namen eintragen ...

in die Listen für die Gratulanten! ... Was willst du da noch? Du arbeite morgen. Heute könntest du noch etwa bis fünf Uhr schreiben, wie ich dir schon sagte, und dann legst du dich hin und schläfst. Denn sonst, wie wirst du morgen sonst aussehen? Ich werde dich um Punkt acht Uhr wecken ...«

»Ja, geht es denn an, daß du statt meiner mich überall einschreibst?« fragte Wassja, halb und halb schon einverstanden.

»Aber warum denn nicht? So machen es doch alle!«

»Ich fürchte aber ...«

»Was denn, was?«

»Bei den andern, weißt du, tut es nichts, aber bei Julian Mastakowitsch — er ist doch mein Wohltäter, Arkascha, und wenn er bemerkt, daß eine fremde Hand ...«

»Bemerkt! Wie töricht du bist, Wassjúk! Wie kann er denn das bemerken? ... Ich kann doch deine Unterschrift so gut kopieren und denselben Schnörkel dranmachen, bei Gott, du weißt doch! Wer soll denn da was bemerken?«

Wassja antwortete nichts und beeilte sich, sein Glas zu leeren ... Darauf schüttelte er zweifelnd den Kopf.

»Wassja, mein Junge! Ach, wenn es uns doch nur gelänge! Wassja, was fehlt dir denn? Du machst mir Angst! Weißt du, ich werde mich nicht hinlegen, Wassja, ich werde nicht einschlafen. Zeige mir doch, wieviel du noch zu schreiben hast?«

Wassja blickte Arkadij Iwanowitsch so an, daß diesem das Herz weh tat und er kein Wort mehr herausbrachte.

»Wassja! Was ist mit dir? Was hast du? Warum siehst du mich so an?«

»Arkadij, weißt du, ich werde morgen doch lieber selbst gehen und Julian Mastakowitsch ein gutes neues Jahr wünschen.«

»Na, dann geh, von mir aus!« sagte Arkadij, der ihn in bedrückender Spannung aus beiden Augen ansah.

»Höre, Wassja, schreibe doch einfach schneller; damit will ich dir doch zu nichts Bösem raten, weiß Gott nicht! Wie oft hat dir nicht Julian Mastakowitsch schon selbst gesagt, daß ihm an deiner Handschrift vor allem die Lesbarkeit gefällt! Das ist doch nur Skoropljóchin, der von der Handschrift nicht nur Deutlichkeit, sondern auch noch Schönheit verlangt, um dann den einen oder anderen Bogen zu unterschlagen und ihn den Kindern als Schönschreibevorlage nach Hause mitzubringen! Als ob sich der Dummkopf solche Vorlagen nicht kaufen könnte! Aber Julian Mastakowitsch sagt und verlangt doch nur eins: daß die Schrift lesbar sei, lesbar, lesbar! ... Also was willst du eigentlich! Ich versteh dich nicht! Ich weiß schon gar nicht mehr, wie man mit dir reden soll, Wassja. Ich fürchte mich sogar ... Mit deiner ewigen Selbstquälerei bringst du mich noch auf die Wände!«

»Laß nur, laß nur!« murmelte Wassja und sank erschöpft zurück an die Stuhllehne. Arkadij erschrak.

»Willst du Wasser? — Wassja! Wassja!«

»Laß nur, schon gut«, sagte Wassja und drückte ihm die Hand. »Mir fehlt nichts ... mir wurde nur so traurig zumut, Arkadij. Ich kann eigentlich selbst nicht sagen, warum. Weißt du, sprich lieber von etwas anderem, erinnere mich nicht ...«

»Beruhige dich, um Gottes willen, beruhige dich, Wassja. Du wirst schon noch fertig werden! Und wenn du nicht fertig wirst, wäre das doch auch noch kein Unglück! Tust ja, als wäre das ein Verbrechen!«

»Arkadij«, sagte Wassja, seinen Freund so bedeutsam ansehend, daß dieser wieder erschrak, denn noch nie hatte er Wassja so tief innerlich aufgeregt gesehen. »Wenn ich allein wäre, wie früher ... Nein! Nicht das meine ich! Ich möchte es dir immer sagen, dir anvertrauen, wie einem Freund ... Übrigens, wozu dich beunruhigen? ... Siehst du, Arkadij, den einen ist viel gegeben, andere verrichten nur Kleines, wie ich. Nun, wenn man von dir zum Beispiel Dankbarkeit, Erkenntlichkeit erwartete — und dir wäre es nicht möglich, sie zu erweisen ...«

»Wassja! Ich kann dich wahrhaftig nicht verstehen!«

»Ich bin niemals undankbar gewesen«, fuhr Wassja fort,

als spräche er zu sich selbst. »Wenn ich nun aber nicht imstande bin, alles auszudrücken, was ich fühle, so ist es, als ob ... so hat es doch den Anschein, Arkadij, als wäre ich tatsächlich undankbar, und das bringt mich um.«

»Ja, was denn, was sagst du da? Glaubst du denn wirklich, damit deine ganze Dankbarkeit beweisen zu können, daß du genau zum Termin fertig wirst? Denke doch nach, Wassja, was du da sagst! Wäre damit wirklich die ganze Dankbarkeit auszudrücken?«

Wassja wurde plötzlich ganz still und sah seinen Freund aus großen Augen an, als hätte dieses unerwartete Argument alle seine Zweifel zerstreut. Er lächelte sogar, nahm aber sofort wieder den früheren nachdenklichen Ausdruck an. Arkadij, der dieses Lächeln für das Ende aller Ängste hielt, die neue Erregung aber, die wieder zum Vorschein kam, für ein Entschlossensein zu etwas Besserem, freute sich von Herzen.

»Nun, Arkascha«, du legst dich jetzt schlafen, Bruder«, sagte Wassja, »aber wenn du zwischendurch aufwachst, dann schau nach mir: am Ende schlafe ich doch noch ein, das gäbe ein Unglück! So, und jetzt mache ich mich wieder an die Arbeit ... Arkascha!«

»Ja?«

»Nein, nichts, ich wollte nur so ... ich wollte ...«

Wassja machte sich an die Arbeit, schrieb und schwieg, Arkadij legte sich hin. Weder der eine noch der andere hatte die Familie in Kolomna erwähnt. Vielleicht fühlten sich beide ein bißchen schuldig, weil sie zu unrechter Stunde Zeit vergeudet hatten. Arkadij Iwanowitsch schlief bald ein, trotz aller seiner Sorgen um Wassja. Zu seiner Verwunderung wachte er um genau acht Uhr morgens auf. Wassja schlief auf seinem Stuhl, die Feder in der Hand, blaß und erschöpft; die Kerze war niedergebrannt. In der Küche hörte man Mawra die Holzkohlen im Ssamowar anfachen.

»Wassja, Wassja!« rief Arkadij erschrocken aus. »Wann bist du eingeschlafen?«

Wassja erwachte und sprang gleich auf.

»Ach!« sagte er, »da bin ich doch eingeschlafen! ...«

Er sah sofort nach seinen Blättern: es war ihnen nichts geschehen, alles war in Ordnung, kein Tintenfleck, kein Talgfleck von der Kerze war zu sehen.

»Ich glaube, ich bin so gegen sechs Uhr eingeschlafen«, sagte Wassja. »Wie kalt es in der Nacht wird! Laß uns jetzt Tee trinken, und dann werde ich wieder ...«

»Fühlst du dich ein wenig gestärkt?«

»Jaja, es geht, jetzt geht es wieder! ...«

»Also dann: Prost Neujahr, Bruder Wassja!«

»Prost Neujahr, Bruder, Prost Neujahr ... auch dir alles Gute, Lieber.«

Sie umarmten einander. Wassjas Kinn zitterte und seine Augen wurden feucht. Arkadij Iwanowitsch schwieg: ihm wurde bitter zumut; beide tranken eilig ihren Tee ...

»Arkadij! Ich habe mich entschlossen, doch selbst zu Julian Mastakowitsch zu gehen ...«

»Aber er wird es doch gar nicht merken ...«

»Mich aber, Bruder, wird sonst doch das Gewissen quälen.«

»Aber du plagst dich doch für ihn, du rackerst dich doch für ihn hier ab ... Sieh es doch ein! ... Und ich werde derweil, weißt du, zu ihnen gehen ...«

»Wohin?« fragte Wassja.

»Zu Artemjeffs, um auch ihnen in meinem und in deinem Namen ein gutes neues Jahr zu wünschen.«

»Mein Liebster, mein Bester! Also gut! Und ich bleibe hier; ja, ich sehe schon, das hast du dir gut ausgedacht; ich habe doch hier zu arbeiten, verbringe die Zeit ja nicht müßig. Wart noch einen Augenblick, ich schreibe nur noch ein paar Zeilen an sie.«

»Schreib nur, Bruder, schreib, hast noch Zeit; ich muß mich ja erst noch waschen, rasieren, meinen Frack abbürsten. Ach, Bruder Wassja, wir werden zufrieden und glücklich sein! Komm, umarme mich, Wassja!«

»Ach, wenn es doch dazu käme, Bruder! . . .«
»Wohnt hier der Herr Beamte Schumkoff?« ertönte in diesem Augenblick eine Kinderstimme auf der Treppe.
»Jawohl, mein Kleiner, jawohl, hier wohnt er«, anwortete Mawra, indem sie den kleinen Gast eintreten ließ.
»Wer ist da? Wer, wer?« rief Wassja, der schon vom Stuhl aufsprang und ins Vorzimmer stürzte. »Pétinka, du?«
»Guten Tag, und ich habe die Ehre, Ihnen zum neuen Jahr alles Gute zu wünschen, Wassílij Petrówitsch«, sagte ein netter schwarzlockiger Knabe von etwa zehn Jahren. »Meine Schwester läßt Sie grüßen, und Mamachen auch, und meine Schwester hat mich beauftragt, Ihnen von ihr einen Kuß zu geben . . .«
Wassja hob den kleinen Boten schwungvoll hoch in die Luft und drückte auf seinen Kindermund, der auffallend dem Lisankas glich, einen honigsüßen, langen, begeisterten Kuß.
»Da, küsse du ihn auch, Arkadij!« sagte er, indem er ihm Petja übergab, und Petja ging, ohne den Boden zu berühren, sogleich hinüber in die im wahrsten Sinne des Wortes mächtige und unersättliche Umarmung Arkadij Iwanowitschs.
»Mein Liebling, willst du nicht ein Täßchen Tee?«
»Ich danke höflichst. Aber ich habe ihn doch schon getrunken! Zu Haus! Wir sind heute ganz früh aufgestanden. Die anderen sind dann zur Frühmesse gegangen, und Schwesterchen hat mir zwei Stunden lang Locken in die Haare gebrannt, hat mich auch gewaschen, mit Pomade eingesalbt, und hat den Riß in meinem Höschen zugenäht; denn ich habe sie gestern eingerissen, als ich mit Saschka eine Schneeballschlacht auszufechten hatte! . . .«
»Huhuhuhu!«
»Ja—a, und so lange hat sie an mir herumgeputzt für den Besuch bei Ihnen, und . . . und dann hat sie mich abgeküßt und gesagt: ,Geh zu Wassja, wünsche ihm alles Gute zum neuen Jahr und frag ihn, ob er zufrieden ist', und . . . wie

Sie die Nacht verbracht haben und auch noch ... ja, und dann sollte ich noch was fragen ... hab's aber vergessen ... ja! und ob die Arbeit beendet ist, um die Sie gestern ... Wie war's bloß weiter ... Aber sie hat's mir ja aufgeschrieben«, unterbrach sich der Kleine, fingerte aus der Tasche einen Zettel hervor und las dann ab: »ja! um die Sie gestern so in Sorge waren ...«

»Ich werde noch fertig werden! Bestimmt! Sag ihr das genau so, mit diesen Worten, ich werde bestimmt noch fertig werden, mein Ehrenwort!«

»Ja, und dann noch ... Ach! Da hätt' ich's fast noch vergessen! Schwesterchen hat mir auch ein Brieflein und ein Geschenk an Sie mitgegeben, und ich hätt's fast verschwitzt!«

»Mein Gott, wo, was? ... Ach, du mein Liebling! Wo ... wo ist es denn? Ach ... also da ist es! ... Höre, Bruder, höre nur, was sie mir schreibt ... Mein Täubchen, mein Liebes! ... Weißt du, ich habe doch gestern die Brieftasche schon gesehn, die sie mir schenken will, aber sie war noch nicht ganz fertig, also deshalb, schreibt sie, schickt sie mir heute nur eine Locke von ihrem Haar, ,aber das andere wird Ihnen nicht entgehen', schreibt sie. Sieh nur, Bruder, sieh!«

Und der vor Entzücken nur so bebende Wassja zeigte Arkadij Iwanowitsch eine dicke schwarze Locke, hielt sie ihm hin; dann küßte er sie heiß und hüllte sie wieder in das Papier, das er dann in seiner Brusttasche, nahe dem Herzen, aufhob.

»Wassja! Ich werde dir für diese Locke ein Medaillon machen lassen!« sagte schließlich Arkadij entschlossen.

»Und wir werden heute Kalbsbraten zum Mittagessen haben und morgen Hirn. Und Mamachen will noch Bisquit backen ... Aber Hirsegrütze gibt es dafür nicht«, sagte der Knabe, nachdem er kurz überlegt hatte, wie er sein kindliches Geplauder beenden könnte.

»Was das doch für ein reizender Bengel ist!« rief Arkadij Iwanowitsch ganz entzückt. »Wassja, du bist der Glücklichste der Sterblichen!«

Der Knabe trank seinen Tee aus, erhielt ein Briefchen, tausend Küsse und machte sich dann auf den Heimweg, froh und munter, wie er gekommen war.

»Nun, mein Lieber«, meinte der erfreute Arkadij Iwanowitsch, »jetzt siehst du doch selbst, wie gut alles sich fügt! Alles fügt sich besser als gedacht, sei nicht traurig; verzage nicht! Vorwärts! Beende die Arbeit, Wassja, beende sie! Um zwei Uhr bin ich wieder zu Hause. Unterwegs werde ich auch noch bei ihnen vorsprechen, dann geht es zu Julian Mastakowitsch.«

»Also leb wohl, Bruder, leb wohl ... Ach, wenn doch! ... Nun, schon gut, geh nur, schon gut«, sagte Wassja, »ich werde bestimmt nicht zu Julian Mastakowitsch gehen.«

»Leb wohl!«

»Halt, Bruder, halt! Sag ihnen ... Ach nun, alles, was dir zu sagen einfällt. Und ihr gib einen Kuß ... Und nachher erzählst du mir alles, mein Lieber, alles, wie es gewesen ist ...«

»Na, natürlich, ich weiß doch schon Bescheid! Dieses Glück hat dich ganz aus dem Geleise geworfen! Das kommt von der Überraschung; seit gestern bist du ja ein ganz anderer Mensch. Du hast dich von deinen gestrigen Eindrücken noch gar nicht erholen können. Na, das ist doch verständlich. Sieh nur zu, daß du wieder auf die Beine kommst, mein Lieber! Leb wohl, Bruder Wassja, leb wohl!«

Endlich trennten sich die Freunde. Den ganzen Vormittag war Arkadij Iwanowitsch zerstreut, und er dachte nur an Wassja. Er kannte seinen schwachen, so leicht erregbaren Charakter. ‚Ja, das Glück hat ihn ganz durcheinandergebracht; darin täusche ich mich nicht!‘ dachte er bei sich. ‚Mein Gott! Er hat ja auch mich ganz trübselig gemacht! Und aus was allem dieser Mensch eine Tragödie zu machen vermag! Was ist das nur für ein Fieber! Ach, man muß ihn retten! muß ihn retten!‘ sagte sich Arkadij, ohne zu gewahren, daß er ja auch selbst schon kleine häusliche Unannehmlichkeiten, die doch im Grunde belanglos waren, in seinem Herzen bereits zu einem anscheinend großen Unglück aufgebauscht hatte. Erst um elf Uhr langte er bei Julian Mastakowitsch an, um auch seinen bescheidenen Namen der langen Reihe ehrerbietiger Gratulanten anzuhängen, die sich hier in der Portiersloge auf einem vollgeschriebenen und bekleckerten Bogen schon eingetragen hatten. Wie groß aber war sein Erstaunen, als er plötzlich die eigenhändige Unterschrift von Wassja Schumkoff vor sich sah! Ganz bestürzt fragte er sich: ‚Was soll das bedeuten?' Und Arkadij Iwanowitsch, der noch kurz zuvor voller Hoffnung gewesen war, ging völlig verstimmt hinaus. Tatsächlich, es bereitete sich ein Unheil vor, aber wo? woher? Und was für ein Unheil?

Er fuhr nach Kolomna hinaus und erschien dort mit düsteren Gedanken, war anfangs zerstreut, aber nachdem er mit Lisanka gesprochen hatte, verließ er sie mit Tränen in den Augen, da er nun richtig Angst bekam um Wassja. Den Heimweg legte er fast laufend zurück, und an der Newa stieß er fast Nase an Nase mit Schumkoff zusammen. Dieser lief gleichfalls.

»Wohin rennst du?« schrie ihn Arkadij Iwanowitsch an.

Wassja blieb erschrocken stehen, als hätte man ihn bei einem Verbrechen ertappt.

»Ich ... bin nur so, Bruder; ich wollte nur ein wenig an die Luft ...«

»Hast es nicht ausgehalten, wolltest nach Kolomna? Ach, Wassja, Wassja! Und wozu mußtest du zu Julian Mastakowitsch gehen?«

Wassja antwortete nichts, aber dann winkte er mit der Hand ab und sagte:

»Arkadij! Ich weiß selbst nicht, was alles in mir vorgeht! Ich ...«

»Schon gut, Wassja, schon gut! Ich weiß doch, woher das kommt. Beruhige dich! Du bist seit gestern aufgeregt und erschüttert! Es ist ja auch kein Wunder! Denk doch nach, wie soll einen das denn nicht umwerfen! Alle lieben dich, alle stehen dir bei; mit deiner Arbeit geht es vorwärts, du

wirst sie beenden, wirst sie bestimmt noch rechtzeitig beenden, ich weiß es! Du aber bildest dir irgend etwas ein, leidest an Gott weiß was für Ängsten ...«
»Nein, gewiß nicht, gewiß nicht ...«
»Aber kannst du dich nicht erinnern, Wassja, weißt du denn nicht, das war doch schon einmal so mit dir, als du befördert wurdest, da wolltest du vor lauter Glück und Dankbarkeit deinen Arbeitseifer gleich verdoppeln, und was dabei herauskam war nur, daß du eine ganze Woche lang die Arbeit nur verpfuschtest. Und jetzt ist es genau dasselbe ...«
»Ja, ja, Arkadij; aber jetzt ist es doch etwas anderes, diesmal ist es gar nicht dasselbe ...«
»Wieso denn nicht? Ich bitte dich! Und die Arbeit ist vielleicht gar nicht so eilig, du aber schindest dich zu Tode ...«
»Nein, nein, das tue ich ja gar nicht. Nun, gehen wir!«
»Wie, so willst du jetzt nach Haus und nicht zu ihnen?«
»Nein, Bruder, mit was für einem Gesicht soll ich denn jetzt dort auftauchen? ... Ich habe es mir überlegt. Ich habe es nur allein, ohne dich, nicht ausgehalten; aber jetzt, wo du wieder bei mir bist, werde ich mich gleich wieder an die Arbeit setzen. Gehen wir!«

Sie gingen und schwiegen eine Zeitlang. Wassja hatte es eilig.

»Warum erkundigst du dich denn gar nicht nach ihnen?« fragte Arkadij Iwanowitsch.
»Ach ja! Nun, Arkáschenka, wie war es?«
»Wassja, du bist ja gar nicht wiederzuerkennen!«
»Ach, das ist doch nichts! ... Also erzähle mir alles, Arkascha!« sagte Wassja mit flehender Stimme, wie um weitere Erklärungen zu umgehen. Arkadij Iwanowitsch seufzte. Er wußte nun entschieden nicht mehr, woran er war, wenn er Wassja ansah.

Der Bericht über den Besuch in Kolomna belebte Wassja sichtlich. Er wurde sogar gesprächig. Sie aßen zu Mittag. Das Mamachen hatte in Kolomna Arkadij Iwanowitschs Taschen mit Bisquits vollgestopft, und die Freunde wurden, während sie sie aßen, wieder vergnügter. Wassja versprach, nach Tisch ein wenig zu schlafen, um dann die Nacht über arbeiten zu können. Er legte sich auch tatsächlich hin. Am Morgen hatte jemand, dem man nicht absagen konnte, Arkadij Iwanowitsch zum Tee eingeladen. Darum mußten sich die Freunde wieder trennen.

Arkadij nahm sich vor, möglichst früh die Gesellschaft wieder zu verlassen, wenn es anging, schon um acht Uhr. Die drei Stunden der Trennung vergingen für ihn so langsam wie drei Jahre. Endlich konnte er sich verabschieden und zu Wassja zurückkehren. Als er eintrat, sah er, daß das Zimmer dunkel war. Wassja war nicht zu Hause. Er erkundigte sich bei Mawra. Mawra sagte, er, Wassja, habe die ganze Zeit geschrieben und überhaupt nicht geschlafen; darauf sei er im Zimmer auf und ab gegangen und dann, vor einer Stunde, sei er hinausgelaufen und habe nur gesagt, in einer halben Stunde werde er wieder zurück sein; »,wenn aber Arkadij Iwanowitsch früher kommt, dann sag ihm, Alte', habe er gesagt, schloß Mawra ihren Bericht, ,dann sag ihm, Alte, ich sei spazieren gegangen'« und dies habe er ihr drei-, wenn nicht viermal eingeschärft.

,Er ist bei Artemjeffs!' dachte Arkadij Iwanowitsch und schüttelte den Kopf.

Im nächsten Augenblick sprang er auf, von einer neuen Hoffnung belebt: ,Er wird vielleicht fertiggeworden sein', dachte er, ,und das ist alles, und da hat er es nicht ausgehalten und ist hingelaufen. Oder nein! Er hätte meine Rückkehr doch abgewartet ... Ich werde mal nachsehn, wieviel er geschrieben hat!' — Er zündete die Kerze an und eilte zum Schreibtisch: die Arbeit ging offenbar gut voran; das Ende schien nicht gar so weit zu sein. Arkadij Iwanowitsch wollte sich noch näher davon überzeugen, da kam Wassja zurück ...

»Ah! Du bist schon hier?« rief er zusammenschreckend aus. Arkadij Iwanowitsch schwieg. Er fürchtete sich, an

Wassja eine Frage zu stellen. Dieser schlug die Augen nieder und begann schweigend seine Papiere zurechtzurücken. Schließlich begegneten sich ihre Blicke. Wassjas Blick war so bittend, so flehend, so bedrückt, daß Arkadij erschrak. Sein Herz zitterte und war voll von Erbarmen...

»Wassja, mein Bruder, was hast du nur? Was fehlt dir?« rief er unwillkürlich, stürzte zu ihm und schloß ihn in die Arme. »Erkläre mir doch, sprich dich doch aus; ich verstehe dich nicht mehr und begreife nicht, was dich so bedrückt. Was fehlt dir denn, du mein Martyrer? Was? Sage mir doch alles, ohne etwas zu verheimlichen. Es ist doch nicht möglich, daß nur dies allein...«

Wassja preßte sich fest an ihn und konnte nicht sprechen.

»Laß gut sein, Wassja, laß gut sein! Nun, und wenn du nicht fertig wirst, was ist denn dabei? Ich verstehe dich nicht; teile mir doch mit, was dich so quält! Schau, ich bin doch für dich... Ach, mein Gott, mein Gott!« Er schritt im Zimmer umher und griff nach allem, was ihm unter die Hände kam, als suche er nach einer Medizin für Wassja, die sofort helfen könnte. »Ich werde morgen selbst zu Julian Mastakowitsch gehen, statt deiner, werde ihn um einen Tag Aufschub bitten, ihn beschwören. Ich werde ihm alles, alles erklären, wenn es das ist, was dich so quält...«

»Um Gottes willen, tu' bloß das nicht!« rief Wassja entsetzt aus und wurde weiß wie die Wand. Er hielt sich kaum noch auf den Beinen, wankte stark.

»Wassja, Wassja!«

Wassja kam zu sich. Seine Lippen zitterten; er wollte etwas aussprechen, konnte aber nur schweigend und krampfhaft Arkadijs Hand drücken. Seine Hand war kalt. Arkadij stand vor ihm in banger, quälender Erwartung. Wassja blickte wieder zu ihm auf.

»Wassja, mein Gott, was fehlt dir denn? Du zermarterst mir das Herz, mein Freund, mein lieber Freund!«

Tränen stürzten aus Wassjas Augen, und er warf sich an Arkadijs Brust.

»Ich habe dich betrogen, Arkadij!« sagte er, »ich habe dich betrogen; vergib mir, vergib! Ich habe deine Freundschaft betrogen...«

»Was, wieso, Wassja? Wovon redest du?« fragte Arkadij entsetzt.

»Da!....« Und Wassja warf mit einer verzweifelten Geste aus einem Schubfach sechs dicke Akten auf den Tisch, Akten, die genauso aussahen wie jene, die er bereits abschrieb.

»Was ist das?«

»Dies alles muß ich bis übermorgen abgeschrieben haben. Ich habe aber noch nicht einmal den vierten Teil davon!... Frage nicht, frage nicht, wie das so gekommen ist!« fuhr Wassja fort, um nun selbst alles zu erzählen, was ihn so gequält hatte .»Arkadij, mein Freund! Ich weiß selbst nicht, was mit mir los war! Jetzt ist mir, als erwache ich aus einer Art Traum. Ich habe ganze drei Wochen umsonst verloren. Ich wollte immer... ich... ich bin immer zu ihr gegangen... Mein Herz schmerzte und quälte mich... wegen der Ungewißheit... und so konnte ich nicht schreiben. Aber ich habe auch gar nicht daran gedacht. Erst jetzt, wo das Glück für mich anbricht, erst jetzt bin ich zu mir gekommen.«

»Wassja!« begann nun Arkadij Iwanowitsch entschlossen, »Wassja, ich werde dich retten. Ich verstehe das alles. Die Sache ist freilich kein Spaß. Ich werde dir helfen! Höre, höre mich an: ich werde gleich morgen zu Julian Mastakowitsch gehen... Schüttle nicht den Kopf, nein, höre lieber zu! Ich werde ihm alles erzählen, wie es so gekommen ist; erlaube mir schon, das zu tun.. Ich werde es ihm erklären!... Ich werde aufs Ganze gehen! Ich werde ihm auch sagen, wie verzweifelt du bist, wie du dich quälst.«

»Weißt du auch, daß du mich jetzt einfach umbringst?« fragte Wassja, der sich vor Schreck eiskalt werden fühlte.

Arkadij Iwanowitsch wurde schon blaß, besann sich aber sofort und begann zu lachen.

»Bloß? Nichts weiter?« sagte er. »Aber ich bitte dich, Wassja, schämst du dich denn gar nicht? So höre doch! Ich sehe, daß ich dich betrübe. Sieh mal, ich verstehe dich durchaus; ich weiß, was in dir vorgeht. Wir leben doch schon fünf Jahre zusammen, gottlob! Du bist ein so gütiger, zartfühlender Mensch, aber du bist schwach, unverzeihlich schwach. Das hat auch Lisaweta Michailowna schon bemerkt. Und außerdem bist du auch noch ein Träumer, das aber ist doch auch nicht gut; man kann dabei überschnappen, Bruder! Hör mal, ich weiß doch, was du möchtest! Du möchtest zum Beispiel, daß Julian Mastakowitsch vor Freude darüber, daß du heiratest, außer sich gerate und womöglich einen Ball gebe ... Nein, warte, warte mal! Du runzelst die Stirn. Sieh, schon wegen dieses einen Wortes von mir über Julian Mastakowitsch bist du sozusagen für ihn gekränkt! Aber lassen wir ihn aus dem Spiel. Ich achte ihn ja selbst nicht weniger als du. Aber du wirst es nicht bestreiten und wirst mir nicht verbieten können, zu denken, daß du vor allem möchtest: es möge, wenn du heiratest, überhaupt keine Unglücklichen mehr geben auf Erden ... Ja, Bruder, gib's schon zu, daß du so gern möchtest, daß ich zum Beispiel, dein bester Freund, plötzlich ein Vermögen von etwa hunderttausend Rubeln besäße; daß alle Feinde, die es nur gibt auf Erden, sich plötzlich mir nichts, dir nichts versöhnten, daß sie alle sich mitten auf der Straße vor Freude umarmten und danach meinethalben hierher zu dir in deine Wohnung auch noch zu Gast kämen. Mein Freund! Mein lieber Freund! Ich scherze nicht, es ist so; du hast mir schon seit langem fast lauter ähnliches bei verschiedenen Gelegenheiten vorphantasiert. Weil du glücklich bist, möchtest du, daß alle, ausnahmslos alle, mit einemmal auch glücklich seien. Es schmerzt dich, es belastet dich, allein glücklich zu sein! Deshalb möchtest du dich gleich mit aller Gewalt dieses Glückes würdig erweisen und womöglich – zur Erleichterung deines Gewissens – irgendeine Heldentat vollbringen! Nun, ich verstehe ja auch, wie sehr es dich quält, daß du gerade dort, wo es für dich galt, deine Beflissenheit, deinen Eifer, dein Können ... nun, meinethalben, wie du es nennst, deine *Dankbarkeit* zu beweisen, daß du gerade dort plötzlich versagt hast! Es ist furchtbar bitter für dich, daran zu denken, daß Julian Mastakowitsch die Stirn runzeln oder gar sich ärgern könnte, wenn er sieht, daß du die Hoffnungen, die er auf dich gesetzt hat, nicht erfüllst. Es schmerzt dich, daran zu denken, daß du Vorwürfe von demjenigen wirst hören müssen, den du für deinen Wohltäter hältst, — und das gerade noch in einem solchen Augenblick! Wo dein Herz von Freude überfüllt ist und du nicht weißt, an wen du deine Dankbarkeit verströmen lassen kannst... So ist es doch, nicht wahr? So ist es doch?«

Arkadij Iwanowitsch, dessen Stimme zum Schluß hin zu beben begonnen hatte, verstummte und schöpfte Atem.

Wassja blickte voll Liebe auf seinen Freund. Ein Lächeln glitt über seine Lippen. Es war sogar, als belebe die Erwartung einer Hoffnung sein Gesicht.

»Also dann höre weiter«, begann Arkadij von neuem, und die eigene Hoffnung fachte ihn noch mehr an, »es ist ja gar nicht gesagt, daß Julian Mastakowitsch sein Wohlwollen dir gegenüber werde aufgeben müssen. Ist es das, was du befürchtest, mein Lieber? Ist es das? Und wenn es wirklich das ist, dann werde ich«, sagte Arkadij aufspringend, »dann werde ich mich für dich opfern. Ich werde morgen zu Julian Mastakowitsch fahren ... Widersprich mir nicht! Du, Wassja, bauschst ja dein Vergehen zu einem ganzen Verbrechen auf. Er aber, Julian Mastakowitsch, ist großmütig und barmherzig, und überdies ist er anders als du! Er wird uns, Bruder Wassja, wird uns anhören und uns aus der Not heraushelfen. Nun! Bist du jetzt beruhigt?«

Wassja, in dessen Augen Tränen standen, drückte Arkadijs Hand.

»Schon gut, Arkadij, schon gut«, sagte er, »die Sache ist ja bereits entschieden. Nun ja, ich habe es nicht geschafft, und dabei bleibt es; daran ist nichts zu ändern. Und du brauchst gar nicht hinzugehen: ich werde ihm selbst alles sagen, werde selbst zu ihm gehen. Ich habe mich jetzt beruhigt, du siehst ja, ich bin ganz ruhig. Du aber sollst nicht hingehen ...«

»Wassja, Liebster!« rief Arkadij Iwanowitsch vor Freude laut aus, »wie froh bin ich, daß du dich besonnen hast und gefaßt bist! Nur das sollten doch meine Worte bezwecken! Aber was immer mit dir geschehen mag, was dir auch bevorstehen sollte, ich bin bei dir, vergiß das nicht! Ich sehe schon, du willst nicht, daß ich mit Julian Mastakowitsch über dich rede, dich quält der Gedanke, ich könnte etwas sagen, — also gut, ich werde nichts sagen, gar nichts, du wirst das selbst tun. Siehst du: du gehst also morgen zu ihm ... oder nein, es ist besser, du gehst morgen noch nicht, sondern bleibst hier und schreibst, verstehst du? — und ich werde mich dort erst erkundigen, wie es sich mit diesen Akten verhält, ob es eine sehr eilige Sache ist oder nicht, ob die Arbeit unbedingt zum Termin fertig sein muß oder ob man einen Aufschub erhalten könnte, oder was das für Folgen haben würde? Und dann komme ich geschwind zu dir und berichte dir alles ... Siehst du, siehst du! Schon gibt es eine Hoffnung! Stell dir doch vor, daß es damit vielleicht gar nicht eilt — dann haben wir doch gewonnen. Julian Mastakowitsch denkt vielleicht gar nicht daran und fragt nicht darnach, und dann ist ja alles gerettet.«

Wassja wiegte zweifelnd den Kopf. Aber sein dankbarer Blick hing immerzu am Gesicht des Freundes.

»Schon gut, schon gut! Ich fühle mich so schwach, so müde«, sagte er, nach Atem ringend; »ich mag schon gar nicht mehr daran denken. Sprechen wir von etwas anderem! Weißt du, ich werde jetzt auch nicht mehr weiterschreiben, höchstens nur noch diese zwei Seiten beenden, bis zu diesem Abschnitt, um so wenigstens bis zu einem gewissen Abschluß zu gelangen. Hör mal ... Ich wollte dich schon längst fragen: wie kommt es, daß du mich so gut kennst?«

Tränen tropften aus Wassjas Augen auf Arkadijs Hände.

»Wenn du wüßtest, Wassja, wie sehr ich dich liebhabe, dann würdest du nicht danach fragen, — dann nicht!«

»Jaja, Arkadij, ich weiß das nicht, weil ... weil ich nicht weiß, *wofür* du mich denn so liebgewonnen hast! Ja, Arkadij, weißt du auch, daß selbst deine Liebe mich manchmal bedrückt hat? Weißt du auch, daß ich so manches Mal, namentlich wenn ich vor dem Einschlafen an dich dachte (denn ich denke vor dem Einschlafen immer an dich), in Tränen ausgebrochen bin und mein Herz erbebt ist, weil ... weil ... Nun, weil du mich so liebtest und ich auf keine Weise mein Herz erleichtern und mit nichts dir dafür danken konnte ...«

»Da siehst du, Wassja, da siehst du, so bist du! ... Schau nur, wie erregt du jetzt gleich wieder bist«, sagte Arkadij, dem in diesem Augenblick inwendig etwas weh zu tun begann, da ihm die gestrige Szene auf der Straße wieder einfiel.

»Laß gut sein; du willst, daß ich mich beruhige, aber ich bin doch noch nie so ruhig und glücklich gewesen wie jetzt! Weißt du ... Hör mal, ich möchte dir gern alles erzählen, aber ich fürchte immer, dich zu betrüben ... Du bist immer gleich betrübt und schreist mich an; ich aber erschrecke dann ... Sieh nur, wie ich jetzt zittere, ich weiß nicht, weshalb ... Siehst du, das ist es, was ich dir sagen möchte. Ich glaube, ich habe mich früher selbst nicht gekannt, – ja! Aber auch die anderen habe ich erst gestern kennengelernt. Ich habe, Bruder, gar nicht alles zu fühlen, zu schätzen verstanden. Das Herz war ... in mir verhärtet ... Höre, wie ist das nur so gekommen, daß ich niemandem, aber auch niemandem auf der Welt etwas Gutes getan habe, weil ich es gar nicht habe tun können – schon mein Äußeres ist ja unangenehm ... Und doch hat mir ein jeder Gutes erwiesen! Du gleich als erster: als ob ich 's nicht sähe! Ich habe nur geschwiegen, nur geschwiegen! ...«

»Wassja, hör auf!«

»Was denn, Arkascha! Was denn! ... Laß mich doch ...«, unterbrach sich Wassja, der vor Tränen kaum sprechen konnte. »Ich habe dir gestern von Julian Mastakowitsch erzählt. Und du weißt ja selbst, wie streng er sonst ist, wie hart er sein kann; auch du hast ja schon manchen Verweis von ihm einstecken müssen. Mit mir aber hat er gestern zu scherzen angefangen, ist es ihm eingefallen, freundlich zu mir zu sein; er hat sein gutes Herz, das er vor allen vernünftigerweise verbirgt, mich spüren lassen ...«

»Nun ja, Wassja, aber das beweist doch nur, daß du das verdient hast, daß du deines Glückes würdig bist.«

»Ach, Arkascha! Wie gern, wie gern hätte ich diese Arbeit erledigt! ... Nein, ich werde mein Glück selbst verspielen! Ich habe so eine Vorahnung! Aber nein, nicht wegen dieser Arbeit«, unterbrach sich Wassja, als er bemerkte, daß Arkadij heimlich nach dem schweren Papierstapel auf dem Tisch blickte, »das ist nichts, beschriebenes Papier ... Unsinn! Diese Sache ist auch so erledigt ... Arkascha, ich war heute dort, bei ihnen ... Ich bin ja nicht hineingegangen. Es war schwer, war bitter für mich! Ich stand nur eine Weile vor der Tür. Sie spielte Klavier, ich hörte zu. Siehst du, Arkadij«, sagte er, die Stimme senkend, »ich wagte nicht, einzutreten ...«

»Wassja, was hast du? Du siehst mich so an?«

»Was? Nein, es ist nichts. Mir ist nur ein wenig übel; die Beine zittern; das kommt daher, weil ich die ganze Nacht gesessen bin. Ja! Es wird mir ... grün vor den Augen. Ich habe hier, hier ...«

Er wies auf sein Herz. Und zugleich sank er ohnmächtig zusammen ...

Als er wieder zu sich kam, wollte Arkadij strenge Vorkehrungen treffen. Er wollte ihn mit Gewalt zu Bett bringen. Aber Wassja wollte das um keinen Preis geschehen lassen. Er weinte, rang die Hände, wollte unbedingt noch die zwei Seiten zu Ende schreiben. Um ihn nicht noch mehr aufzuregen, ließ Arkadij ihn zu seinen Papieren ...

»Siehst du«, sagte Wassja, indem er wieder seinen Platz am Schreibtisch einnahm, »mir ist etwas eingefallen, wie ich's machen könnte, das wäre eine Hoffnung.«

Und er lächelte Arkadij zu; sein blasses Gesicht war wirklich wie von einem Hoffnungsstrahl belebt.
»Also paß auf: ich bringe ihm übermorgen nicht alles. Von dem Rest werde ich ihm vorlügen, daß er verbrannt sei, daß er naßgeworden sei oder daß ich ihn verloren hätte ... daß ich schließlich, nun ja, eben nicht fertig geworden bin ... Nein, ich kann nicht lügen. Ich werde ihm sagen ... weißt du was? Ich werde ihm lieber alles erklären, werde sagen, wie es gekommen ist, daß ich einfach nicht konnte. Ich werde ihm von meiner Liebe erzählen; er hat ja selbst erst vor kurzem geheiratet, er wird mich verstehen! Ich werde dies alles natürlich ehrerbietig und bescheiden vorbringen; er wird meine Tränen sehen, sie werden ihn rühren ...«
»Ja, selbstverständlich, geh selbst zu ihm, geh selbst, erkläre ihm alles ... Aber Tränen sind da gar nicht nötig! Weshalb denn Tränen? Weiß Gott, Wassja, du hast auch mich ganz ängstlich gemacht.«
»Ja, ich werde selbst hingehen, werde selbst zu ihm gehen. Aber jetzt laß mich weiterschreiben, Arkascha. Ich werde niemanden stören, laß auch du mich ruhig schreiben!«
Arkadij warf sich aufs Bett. Er traute Wassja nicht, er traute ihm entschieden nicht. Wassja war ja zu allem fähig. Aber um Verzeihung bitten, weswegen denn, wieso! Die Sache lag ja gar nicht so. Es handelte sich doch nur darum, daß Wassja sich *vor sich selbst* schuldig fühlte; daß er sich dem Schicksal gegenüber als undankbar empfand, daß er bedrückt, erschüttert war von seinem unverhofften Glück und sich dieses Glücks nicht ... für wert hielt, und schließlich, daß er für sich selbst nur einen Vorwand gefunden hatte, um nach dieser Richtung hin abzuschwenken, daß er aber seit dem gestrigen Tage und seit dieser großen Überraschung noch gar nicht zur Besinnung gekommen war; — ‚nur darum dreht es sich!' dachte Arkadij Iwanowitsch. ‚Man muß ihn retten, muß ihn mit sich selbst aussöhnen. Er gibt sich ja selbst schon auf, hält schon das Totenamt ab ...'
Und Arkadij dachte und sann noch lange nach und be-

schloß dann doch, unverzüglich zu Julian Mastakowitsch zu gehen, schon morgen früh, und ihm alles darzulegen.

Wassja saß und schrieb. Der schon ganz müdgequälte Arkadij Iwanowitsch kleidete sich aus und wollte noch weiter über die Sache nachdenken, schlief aber darüber ein und erwachte vor dem Morgengrauen.

»Ach, zum Teufel! Wieder schon!« stieß er hervor, als er Wassja erblickte; der saß und schrieb.

Arkadij stürzte zu ihm, umfing ihm, hob ihn auf und trug ihn auf sein Bett. Wassja lächelte: die Augen fielen ihm zu vor Schwäche. Er konnte kaum sprechen.

»Ich wollte mich schon selbst hinlegen«, sagte er. »Weißt du, Arkadij, ich habe die Idee, daß ich doch noch fertig werde. Ich werde es schaffen. Ich habe *schneller* geschrieben! Aber noch länger sitzen ... kann ich nicht; weck mich ... um acht ...«

Er vermochte kaum zu Ende zu sprechen und schlief schon fest.

»Mawra!« wandte sich Arkadij Iwanowitsch flüsternd an die Magd, die gerade den Ssamowar hereinbrachte, »er hat gebeten, ihn in einer Stunde zu wecken. Unter keinen Umständen! Und wenn er zehn Stunden schlafen sollte, verstehst du?«

»Versteh schon, Väterchen-Herr.«

»Das Mittagessen brauchst du nicht zu bereiten, rühre auch kein Holzscheit an; daß du mir keinen Lärm machst! Sonst — wehe dir! Wenn er nach mir fragt, dann sag ihm, ich sei ins Amt gegangen, verstehst du?«

»Versteh schon, Väterchen-Herr. Mag er schlafen soviel er will, mich geht's nichts an. 's freut mich, wenn die Herrschaften schlafen und ich ihr Hab und Gut hüte. Aber von wegen der zerbrochenen Tasse neulich, wegen der Sie zu schelten beliebten, das war doch nicht ich, sondern die Katze Maschka war 's; ich kam bloß nicht dazu, sie noch rechtzeitig zu verscheuchen mit ‚Wirst du wohl! Katzenvieh!' ...«

»Pst! sei still, sei still!«

Arkadij Iwanowitsch ging hinter Mawra hinaus in die Küche, verlangte von ihr den Schlüssel und sperrte sie dort ein. Darauf begab er sich in den Dienst. Unterwegs überlegte er hin und her, wie er sich bei Julian Mastakowitsch melden lassen könnte, und ob das überhaupt anginge, ob es nicht anmaßend wäre oder gar unverfroren? Als er im Amt anlangte, war ihm doch bänglich zumut, und er erkundigte sich vorsichtig, ob Seine Exzellenz schon da sei? Man antwortete ihm, Exzellenz sei noch nicht gekommen und werde an diesem Tage auch nicht kommen. Da wollte denn Arkadij Iwanowitsch sofort zu ihm in die Wohnung gehen, überlegte aber noch rechtzeitig, daß Julian Mastakowitsch dann wohl zu Hause beschäftigt sein werde. So blieb er denn im Amt und versah seinen Dienst. Die Stunden erschienen ihm endlos. Unter der Hand erkundigte er sich nach der Arbeit, die Schumkoff zugewiesen worden war. Aber niemand konnte ihm darüber Auskunft geben. Man wußte nur, daß Julian Mastakowitsch ihn mit besonderen Aufträgen zu beschäftigen pflegte; aber was das für Aufträge waren, darüber wußte niemand Näheres. Endlich schlug es drei Uhr, und Arkadij Iwanowitsch hastete nach Haus. Im Vorzimmer sprach ihn ein Schreiber an und sagte ihm, Wassílij Petrówitsch Schumkoff sei so ungefähr um ein Uhr dagewesen und habe gefragt, »ob Sie hier seien und ob auch Julian Mastakowitsch hier gewesen sei«. Als Arkadij das hörte, nahm er sofort eine Droschke und fuhr nach Hause, wo er halb außer sich vor Schreck und Sorge anlangte.

Schumkoff war zu Hause. Er ging sehr erregt im Zimmer auf und ab. Als er Arkadij Iwanowitsch erblickte, nahm er sich sofort zusammen und beeilte sich sichtlich, seine Erregung zu verbergen. Schweigend setzte er sich an seine Arbeit. Offenbar wollte er den Fragen seines Freundes ausweichen, die er wohl als lästig empfand, hatte wohl auch selbst etwas beschlossen, wovon er aber nichts verlauten lassen wollte, da er sich auf die Freundschaft Arkadijs nicht mehr verlassen zu können glaubte. Arkadij spürte das betroffen; sein Herz krampfte sich zusammen vor schwerem, stechendem Schmerz. Er setzte sich aufs Bett und schlug ein Buch auf, das einzige, das er besaß, beobachtete aber heimlich die ganze Zeit den armen Wassja. Dieser schwieg hartnäckig, schrieb und blickte nicht auf. So vergingen mehrere Stunden. Arkadijs Qualen wurden schier unerträglich. Endlich, gegen elf Uhr, hob Wassja den Kopf und sah mit stumpfem, unbeweglichem Blick Arkadij an. Arkadij wartete ab. Es vergingen zwei, drei Minuten; Wassja schwieg immer noch. »Wassja!« rief Arkadij: Wassja gab keine Antwort. — »Wassja!« wiederholte er und sprang auf. »Wassja, was ist mit dir los? Was hast du?« rief er erschrocken und lief zu ihm. Wassja erhob den Kopf und sah ihn an — mit dem gleichen stumpfen unbeweglichen Blick. ‚Er hat wohl einen Starrkrampf!‘ dachte Arkadij, zitternd vor Schreck. Er griff nach der Wasserkaraffe, nahm Wassja in den Arm, goß ihm Wasser über den Kopf, kühlte seine Schläfen, rieb Wassjas Hände zwischen seinen Händen, und richtig — Wassja kam wieder zu sich. »Wassja, Wassja!« Arkadij brach in Tränen aus, er konnte sich nicht mehr beherrschen. »Wassja, richte dich doch nicht zugrunde, besinne dich, besinn dich!...« Er sprach nicht weiter und nahm Wassja nur stumm in seine Arme und drückte ihn innig an sich. Da war es, als glitte ein qualvoller Ausdruck über Wassjas Gesicht; er rieb sich die Stirn und griff sich an den Kopf, als fürchte er, der Kopf könnte ihm zerspringen.

»Ich weiß nicht, was mit mir ist!« sagte er endlich. »Ich glaube, ich habe mich überarbeitet. Nun, schon gut, schon gut. Laß nur, Arkadij, sei nicht traurig; laß nur!« wiederholte er, indem er ihn mit traurigen, erschöpften Augen ansah, »wozu regst du dich auf? Laß gut sein!«

»Und du, du suchst jetzt noch mich zu trösten!« rief Arkadij, dem das Herz zerspringen wollte. »Wassja«, sagte er schließlich behutsam, »leg dich hin, schlaf ein wenig, was meinst du? Quäle dich doch nicht so unnötigerweise! Du kannst dann nachher wieder besser arbeiten!«

»Jaja!« sagte Wassja »also gut! Ich werde mich hinlegen; ja! Siehst du, ich wollte die Arbeit doch noch ... beenden, aber jetzt habe ich es mir ... doch anders überlegt, ja ...«

Und Arkadij schleppte ihn weg zu seinem Bett.

»Höre, Wassja«, sagte er entschlossen, »in dieser Sache muß eine Entscheidung getroffen werden! Sage mir, was du im Sinn hast?«

»Ach!« sagte Wassja, winkte mit müder Hand ab und wandte den Kopf nach der anderen Seite.

»Schön, Wassja, schön! Aber entschließe dich! Ich will nicht zu deinem Mörder werden: ich kann nicht länger schweigend zusehen. Du wirst ja doch nicht eher einschlafen können, als bis du dich zu etwas Bestimmtem entschlossen hast, das weiß ich.«

»Wie du willst, wie du willst«, wiederholte Wassja rätselhaft.

‚Er gibt nach!‘ dachte Arkadij Iwanowitsch.

»Sieh doch ein, Wassja«, sagte er, »erinnere dich an das, was ich dir schon gesagt habe, und ich werde dich morgen retten; morgen werde ich dein Schicksal entscheiden! Ach, was sage ich da, Schicksal! Du hast mich so eingeschüchtert, Wassja, daß ich schon mit deinen Worten denke. Was heißt Schicksal! Das ist doch einfach Unsinn, dummes Zeug! Du möchtest nicht das Wohlwollen, oder, wenn du willst, die Liebe von Julian Mastakowitsch verlieren; das ist es doch! Und du wirst sie auch nicht verlieren, du wirst sehen ... Ich ...«

Arkadij Iwanowitsch hätte noch lange weitergesprochen, aber Wassja unterbrach ihn. Er richtete sich auf, umschlang mit beiden Armen Arkadijs Hals und küßte ihn.

»Genug!« sagte er mit schwacher Stimme, »genug! Genug davon!«

Und wieder wandte er sein Gesicht zur Wand.

‚Mein Gott!‘ dachte Arkadij, ‚mein Gott! Was hat er nur? Er hat ja ganz den Kopf verloren; was mag er vorhaben? Er wird sich noch zugrunde richten.‘

Arkadij betrachtete ihn voller Verzweiflung.

‚Wenn er erkranken würde', dachte Arkadij, ‚vielleicht wäre das besser. Mit der Krankheit würde dann auch seine Sorge vergehen, und dann könnte man die ganze Sache leicht in Ordnung bringen. Aber was bilde ich mir da ein? Ach, du mein Herrgott...'

Inzwischen schien Wassja einzuschlummern. Arkadij Iwanowitsch freute sich schon darüber. ‚Ein gutes Zeichen!' dachte er. Und er beschloß, die ganze Nacht bei ihm zu wachen. Aber Wassja war sehr unruhig. Alle Augenblicke zuckte er zusammen, warf er sich auf dem Bett hin und her und schlug momentweise die Augen auf. Endlich aber nahm die Müdigkeit doch überhand; er schlief ein wie erschlagen. Es war gegen zwei Uhr morgens, als Arkadij Iwanowitsch, mit dem Ellbogen auf den Tisch gestützt, auf seinem Stuhl gleichfalls einschlief.

Er hatte einen aufregenden und seltsamen Traum. Es schien ihm, daß er nicht schlafe und Wassja nach wie vor auf dem Bett liege. Doch merkwürdig! Es kam ihm dann so vor, daß Wassja sich nur schlafend stelle, daß er ihn sogar bewußt betrüge und jetzt, ja, jetzt leise aufstehe, ihn dabei mit halbem Auge beobachte und sich heimlich zum Schreibtisch schleiche. Ein brennender Schmerz ergriff Arkadijs Herz; es ärgerte ihn und machte ihn zugleich traurig und bedrückte ihn, sehen zu müssen, wie Wassja ihm nicht traute, ihn herterging, sich vor ihm versteckte. Er wollte ihn ergreifen, wollte schreien, ihn aufs Bett zurücktragen... Da geschah es aber, daß Wassja auf seinen Armen einen Schrei ausstieß – und er trug nur noch einen leblosen Körper, eine Leiche aufs Bett. Kalter Schweiß trat auf Arkadijs Stirn hervor; sein Herz schlug stürmisch. Er schlug die Augen auf und erwachte... Wassja saß vor ihm am Schreibtisch und schrieb.

Seinen Augen nicht trauend, blickte Arkadij aufs Bett. Wassja war nicht dort. Noch ganz befangen von dem Eindruck seines Traumes sprang Arkadij erschrocken auf. Wassja rührte sich nicht. Er schrieb immerzu. Plötzlich aber bemerkte Arkadij mit Entsetzen, daß Wassja mit trockener Feder übers Papier fuhr, vollkommen unbeschriebene Seiten umblätterte, und so schnell, so schnell ohne Tinte schrieb, als flöge die Arbeit nur so dahin! ‚Nein, das ist kein Starrkrampf!' dachte Arkadij Iwanowitsch und erzitterte am ganzen Körper. »Wassja, Wassja! So antworte mir doch!« rief er ihn an und packte ihn an der Schulter. Aber Wassja schwieg und fuhr fort, mit trockener Feder über das Papier zu hasten.

»Endlich ist es mir gelungen, so *beschleunigt* zu schreiben wie ich will«, sagte er ohne zu Arkadij aufzublicken.

Arkadij packte seine Hand und entriß ihr die Feder.

Ein Stöhnen entrang sich Wassjas Brust. Er ließ die Hand sinken und sah auf zu Arkadij; dann strich er sich mit einem qualvoll traurigen Ausdruck mit der Hand über die Stirn, als wolle er eine schwere, bleierne Last, die sein ganzes Wesen bedrückte, von sich wegschieben, und wie in Nachdenken versunken ließ er still den Kopf auf die Brust sinken.

»Wassja, Wassja!« schrie Arkadij Iwanowitsch verzweifelt auf. »Wassja!«

Nach einer Weile blickte Wassja ihn an. Tränen standen in seinen großen blauen Augen, und das blasse, sanfte Gesicht sprach nur von einer unendlichen Qual ... Seine Lippen flüsterten etwas.

»Was, was sagst du?« rief Arkadij und beugte sich zu ihm herab.

»Warum denn mich, gerade mich?« flüsterte Wassja. »Weshalb denn? Was habe ich denn getan?«

»Wassja! Was meinst du damit? Was fürchtest du, Wassja? Was denn?« fragte Arkadij erregt, die Hände ringend vor Verzweiflung.

»Weshalb will man denn gerade mich unter die Soldaten stecken?« fragte Wassja und sah geradeaus in die Augen seines Freundes, »wofür denn? Was habe ich denn getan?«[3]

Arkadij standen die Haare zu Berge; er wollte es nicht glauben. Erschüttert stand er vor ihm da.

Dann riß er sich zusammen, besann sich: ‚Das ist nur so, das ist vorübergehend!' sagte er sich, bleich im Gesicht, mit zitternden, bläulichen Lippen, raffte sich auf, um sich schnell zum Ausgehen anzukleiden. Er wollte sofort einen Arzt holen. Plötzlich rief Wassja ihn zu sich. Arkadij stürzte zu ihm und umfing ihn wie eine Mutter, der man das leibliche Kind entreißen will...

»Arkadij, Arkadij, sag es niemandem! Hörst du, das ist *mein* Unglück! So laß es mich denn allein tragen...«

»Was sagst du? Was fällt dir ein! Besinne dich, Wassja; komm zur Besinnung!«

Wassja seufzte, und Tränen liefen über seine Wangen.

»Wozu denn auch noch *sie* vernichten? Was hat denn sie verbrochen!...«, murmelte er mit qualvoller, herzzerreißender Stimme. »Es ist meine Sünde, meine Sünde!...«

Er verstummte für einen Augenblick.

»Leb wohl, meine Liebste! Leb wohl, meine Liebste!« flüsterte er und nickte dazu mit seinem armen Kopf. Arkadij fuhr zusammen, kam zu sich und wollte hinausstürzen nach einem Arzt... »Ja, gehen wir! Es ist Zeit!« rief Wassja, den Arkadijs ungestüme Bewegung mitriß. »Gehen wir, Bruder, gehen wir, ich bin bereit! Du begleite mich!« Er verstummte und blickte Arkadij mit verzagtem, dabei mißtrauischem Blick an.

»Wassja, um Gottes willen, komme mir nicht nach, bleibe hier! Erwarte mich hier! Ich werde sofort zu dir zurückkehren«, sagte Arkadij Iwanowitsch, der jetzt selbst den Kopf zu verlieren glaubte, und griff nach seiner Mütze, um einen Arzt herbeizuschaffen. Wassja setzte sich gleich wieder hin; er war still und gehorsam, nur in seinen Augen blitzte es wie von einer verwegenen Entschlossenheit. Arkadij kehrte noch einmal zurück, nahm vom Tisch ein aufgeklapptes Taschenmesserchen, sah den Armen noch einmal besorgt an und lief aus der Wohnung.

Es war bald acht Uhr. Das Tageslicht hatte die Morgendämmerung im Zimmer bereits verdrängt.

Er konnte keinen Arzt auftreiben. Schon eine ganze Stunde lief er vergeblich umher. Alle Ärzte, nach denen er sich bei den Hausmeistern erkundigte, waren bereits ausgefahren, die einen dienstlich, die anderen in privaten Angelegenheiten. Endlich fand er einen, der zu Hause war und Patienten empfing. Dieser erkundigte sich zunächst lange und ausführlich bei seinem Diener, der ihn anmeldete: von wem der frühzeitige Besucher komme, wer er sei, wie er aussehe, aus welchem Grunde er einen Arzt aufsuche und sogar, was für einen Eindruck er mache! — woraufhin er zu dem Schluß kam, daß er ihn nicht empfangen könne; er habe viel zu tun und könne nicht zum Kranken fahren; im übrigen müsse man Kranke dieser Art ins Krankenhaus schaffen.

Der erschöpfte und erschütterte Arkadij, der auf ein solches Ergebnis nicht im geringsten gefaßt gewesen war, gab es auf, verzichtete auf alle Ärzte der Welt und eilte, in größter Angst um Wassja, wieder nach Hause. Er lief in die Wohnung. Mawra kehrte in der Küche den Fußboden, als wäre nichts geschehen; sie machte sich ans Späneschneiden, um den Ofen zu heizen. Arkadij stürzte ins Zimmer, — von Wassja war nicht einmal eine Spur zu sehen; er hatte die Wohnung verlassen.

‚Wohin mag er...? Wo mag er sein? Zu wem kann der Unglückliche gelaufen sein?‘ überlegte Arkadij, äußerlich wie gelähmt vor Schreck. Er begann Mawra auszufragen. Die wußte von nichts, hatte weder gehört noch gesehen, daß er hinausgegangen war, Gott verzeihe ihm! Nefedjewitsch eilte nach Kolomna. Jawohl: dort, nur dort konnte er sein! Davon war er, Gott weiß weshalb, plötzlich überzeugt.

Die Uhr ging schon auf zehn, als sein Schlitten dort anlangte. Man hatte ihn nicht erwartet, wußte von nichts, ahnte nicht einmal etwas. Arkadij stand vor ihnen, erschrocken, verstört, und wollte wissen, wo Wassja war? Dem

Mamachen wurden die Knie schwach, und sie sank oder fiel fast auf den Diwan. Lisanka, die vor Schreck zitterte, begann nach dem Geschehenen zu forschen. Was sollte er da viel sagen? Arkadij Iwanowitsch wollte sich möglichst schnell wieder verabschieden, dachte sich irgend eine Geschichte aus, die ihm natürlich nicht geglaubt wurde, lief davon und ließ sie erschüttert und in Sorge um Wassja zurück. Er eilte in sein Amt, um wenigstens nicht zu spät zu kommen und dort zu informieren, damit man schleunigst Vorkehrungen treffe. Unterwegs kam ihm der Gedanke, daß Wassja zu Julian Mastakowitsch gegangen sein könne. Das war doch das Wahrscheinlichste: Arkadij hatte sogar zu allererst daran gedacht. Und als er jetzt am Hause Seiner Exzellenz vorüberfuhr, ließ er anhalten, besann sich aber sofort und befahl, weiterzufahren. Er wollte lieber erst im Amt nach Wassja fragen, erst wenn er ihn dort nicht vorfand, sich bei Seiner Exzellenz melden, um wenigstens Bericht zu erstatten über Wassjas Verschwinden. Irgend jemand mußte das doch melden.

Schon im Vorzimmer wurde er von einigen jüngeren Kollegen umringt, die größtenteils im gleichen Rang mit ihm standen; wie aus einem Munde fielen sie mit der Frage über ihn her, was mit Wassja geschehen sei? Sie sprachen alle zugleich und sagten, daß Wassja den Verstand verloren habe und sich einbilde, man wolle ihn unter die Soldaten stekken, weil er sich ein Versäumnis im Dienst habe zuschulden kommen lassen. Arkadij Iwanowitsch antwortete nach allen Seiten, oder richtiger gesagt, er beeilte sich, ohne etwas Bestimmtes zu antworten, zu den „inneren Gemächern" zu gelangen. Auf dem Wege dorthin erfuhr er, daß Wassja sich bereits im Arbeitsraum Julian Mastakowitschs befinde, und daß sich die meisten Vorgesetzten gleichfalls dorthin begeben hätten, auch Esper Iwanowitsch. Arkadij wollte schon stehenbleiben. Einer von den älteren Beamten fragte ihn, wohin er gehe und was er dort wolle. Ohne den Fragenden zu erkennen, sagte er etwas von Wassja und ging weiter geradeaus zum Arbeitsraum Seiner Exzellenz. Von dort her hörte er schon die Stimme Julian Mastakowitschs. Unmittelbar vor der Tür fragte ihn jemand »Wohin wollen Sie?« Arkadij Iwanowitsch verlor fast den Mut und wollte beinah schon umkehren, aber da erblickte er durch die halbgeöffnete Tür seinen armen Wassja. Er öffnete die Tür und zwängte sich irgendwie ins Zimmer. Dort herrschte Verwirrung und Ratlosigkeit, zumal Julian Mastakowitsch allem Anschein nach sehr, sehr betrübt war. Um ihn herum standen alle höheren Beamten, sprachen hin und her und wußten nicht, wozu sie sich entschließen sollten. Wassja stand etwas abseits. In Arkadijs Brust blieb das Herz stehen, als er ihn erblickte. Wassja stand da, bleich, mit erhobenem Kopf, in strammer Haltung, wie ein Rekrut vor neuen Vorgesetzten, die Hacken aneinander, die Hände an der Hosennaht. Er sah Julian Mastakowitsch geradeaus in die Augen. Nefedjewitsch wurde natürlich sofort bemerkt, und jemand, der es wußte, daß er und Wassja Freunde waren und zusammen wohnten, meldete dies Seiner Exzellenz. Arkadij wurde vorgeführt. Er wollte auf die an ihn gestellten Fragen etwas antworten, blickte Julian Mastakowitsch an, aber als er auf dessen Gesicht aufrichtiges Mitleid erblickte, erzitterte er und brach wie ein Kind in Tränen aus. Und nicht nur das: er stürzte vor, ergriff die Hand seines Vorgesetzten, drückte sie an seine Augen und benetzte sie mit seinen Tränen, so daß Seine Exzellenz genötigt war, sie hastig zurückzuziehen, sie in der Luft zu schwenken und zu sagen: »Schon gut, mein Lieber, schon gut; ich sehe, du hast ein liebevolles Herz.« Arkadij schluchzte, und in den Blicken, die er den Umstehenden zuwarf, war etwas wie ein Flehen um Hilfe. Es war ihm, als wären sie alle Brüder seines armen Wassja, als wenn sie alle gleichfalls litten und um ihn weinten, wie er.

»Aber wie ist denn das nur mit ihm geschehen; wie hat das geschehen können?« fragte Julian Mastakowitsch. »Wodurch hat er denn den Verstand verloren?«

»Aus Da—Dank—barkeit!« konnte Arkadij Iwanowitsch nur hervorstottern.

Verwundert nahmen alle diese Antwort auf; allen erschien sie seltsam und unwahrscheinlich: Wie ist es denn möglich, daß ein Mensch aus Dankbarkeit seinen Verstand verlieren kann? Arkadij versuchte ihnen das zu erklären, so gut er es konnte.

»Gott, wie traurig!« sagte schließlich Julian Mastakowitsch, »und dabei war die Arbeit, mit der ich ihn beauftragt hatte, gar nicht so wichtig und eilte auch keineswegs. So ist denn der Mensch um nichts und wieder nichts zu Grunde gegangen! ... Was soll man da sagen, er muß fortgebracht werden! ...« Hierauf wandte sich Julian Mastakowitsch von neuem an Arkadij Iwanowitsch, um von ihm noch weiteren Aufschluß zu erhalten. »Er bittet«, sagte er, auf Wassja weisend, »man möge einem gewissen Mädchen nichts davon sagen. Wer ist das? Seine Braut vielleicht?«

Arkadij begann zu erklären. Während dieses Berichtes schien Wassja angestrengt über etwas nachzudenken, als suche er sich einer sehr wichtigen, sehr notwendigen Sache zu erinnern, die ihm, wie er wohl glaubte, gerade in diesem Augenblick sehr zustatten kommen könnte. Hin und wieder ließ er seinen kummervollen Blick über seine Umgebung schweifen, als hoffe er, jemand werde sich vielleicht der Sache erinnern, die er vergessen hatte. Da blieben seine Augen auf Arkadij haften. Und plötzlich blitzte es wie eine Hoffnung in ihnen auf. Er schob den linken Fuß vor, machte dann möglichst stramm drei Schritte vorwärts und schlug sogar die Hacken zusammen, mit dem rechten Stiefel an den linken, wie es die Soldaten tun, wenn sie an einen Offizier herantreten, der sie gerufen hat. Alle warteten, was nun geschehen werde.

»Ich habe ein körperliches Gebrechen, Euer Exzellenz, bin schwächlich und klein von Wuchs, bin darum untauglich zum Dienst«, sagte er wie gehackt.

Da war allen im Zimmer Anwesenden zumut, als presse

ihnen jemand das Herz zusammen; selbst Julian Mastakowitsch, der doch sonst einen starken Charakter hatte, konnte es nicht verhindern, daß ihm eine Träne über die Backe rollte. »Führt ihn fort«, sagte er und winkte mit der Hand ab.

»Tauglich!« sagte Wassja halblaut, drehte sich links um und ging aus dem Zimmer. Alle, die an seinem Schicksal Anteil nahmen, drängten ihm nach, Arkadij mit ihnen. Wassja wurde ins Empfangszimmer geführt, wo er noch auf die Ausführung der Überweisung und die Ankunft des Wagens, der ihn ins Krankenhaus bringen sollte, warten mußte. Er saß still da und war anscheinend sehr besorgt. Wen er erkannte, dem nickte er zu, als wolle er sich von ihm verabschieden. Alle Augenblicke sah er nach der Tür und schien darauf zu warten, daß man sogleich sagen werde: »Es ist soweit.« Um ihn herum hatte sich ein enger Kreis gebildet; alle schüttelten den Kopf, alle betrauerten ihn. Viele wurden nachdenklich, als sie seine Lebensgeschichte erfuhren, die nun schnell bekannt wurde; die einen ergingen sich in Betrachtungen über den Fall, andere bedauerten und lobten Wassja, weil er ein so bescheidener, stiller, vielversprechender junger Mann gewesen sei; man erzählte, wie eifrig er gelernt habe, wie wissensdurstig er gewesen sei und wie bemüht, sich weiterzubilden. »Nur aus eigener Kraft hat er sich aus niederem Stande emporgearbeitet!« bemerkte jemand. Mit Rührung sprach man auch von dem Wohlwollen, das Seine Exzellenz für ihn bekundet hatte. Manche bemühten sich zu ergründen, wieso Wassja eigentlich auf die Idee gekommen und darüber verrückt geworden war, daß man ihn unter die Soldaten stecken werde, weil er seine Arbeit nicht beendet hatte. Man sagte, der Arme habe noch vor kurzem zum untersten Stande gehört, und nur dank der Fürsprache Julian Mastakowitschs, der in ihm Talent und Willigkeit und eine seltene Bescheidenheit zu erkennen verstanden, sei er in die erste Rangstufe eingereiht worden.[4] Mit einem Wort, es wurde sehr viel geredet, zu erklären versucht und geäußert. Unter den Erschütterten fiel besonders ein sehr kleiner Kollege Wassja Schumkoffs auf. Nicht, daß er ein sehr junger Mann gewesen wäre, nein, er war schätzungsweise wohl schon dreißig Jahre alt. Er war bleich wie Leinwand, zitterte am ganzen Leibe, und in seinem Gesicht stand ein merkwürdiges Lächeln, vielleicht deshalb, weil ja jedes irgendwie Aufsehen erregende Geschehnis, sei es ein Skandälchen oder eine grausige Szene, den unbeteiligten Zuschauer zwar erschreckt, aber zugleich auch ein bißchen freut. Jetzt lief er unausgesetzt um den kleinen Kreis herum, der sich um Schumkoff gebildet hatte, und da er sehr klein war, hob er sich immer wieder auf die Fußspitzen, faßte jeden, der ihm in den Weg kam, am Rockknopf, das heißt: jeden, dem gegenüber er sich das erlauben konnte, und versicherte immer wieder, er wisse, woher das alles komme; das sei durchaus kein einfacher, vielmehr ein sehr bedeutsamer Fall, den man nicht so ohne weiteres auf sich beruhen lassen könne; darauf erhob er sich wieder auf die Fußspitzen, flüsterte seinem Zuhörer etwas ins Ohr, nickte wieder zweimal mit dem Kopf und lief wieder weiter um den Kreis. Schließlich nahm alles ein Ende: ein Wärter und ein Feldscher aus dem Krankenhaus erschienen, gingen auf Wassja zu und sagten ihm, es sei Zeit zu fahren. Er sprang auf, tat geschäftig und ging mit ihnen, sah sich aber dauernd um. Seine Augen suchten jemanden! »Wassja, Wassja!« rief Arkadij Iwanowitsch aufschluchzend. Wassja blieb stehen, und Arkadij drängte sich zu ihm durch. Zum letzten Mal fielen sie einander in die Arme, umfingen sich fest und wollten von einander nicht lassen. Es war traurig, das anzusehen. Woher kam dieses sinnlose Schicksal, das ihnen die Tränen in die Augen trieb? Worüber weinten sie? Worin bestand dieses Unglück? Warum konnten sie einander nicht mehr verstehen?

»Hier, hier, nimm das! Verwahre es!« sagte Schumkoff und drückte Arkadij ein zusammengefaltetes Papier in die Hand. »Sonst nehmen sie es mir weg. Du kannst es mir später bringen. Ja, bring es mir später; hebe es auf ...«

Wassja wurde gerufen, er konnte nichts mehr sagen. Er lief eilig die Treppe hinunter, nickte allen zu, zum Abschied. Aus seinem Gesicht sprach nichts als Verzweiflung. Man setzte ihn in einen geschlossenen Wagen. Die Pferde zogen an, und sie fuhren fort. Arkadij entfaltete hastig das Papier: es enthielt die Locke von Lisas schwarzem Haar, die Schumkoff in der Brusttasche bei sich getragen hatte. Heiße Tränen stiegen Arkadij in die Augen: »Ach, arme Lisa!«

Nach Schluß der Amtsstunden ging er nach Kolomna, zu ihnen. Es ist nicht wiederzugeben, was sich dort abspielte. Selbst Pétja, der kleine Petja, der noch gar nicht verstehen konnte, was mit dem guten Wassja geschehen war, bedeckte das Gesicht mit den Händen und schluchzte, als wolle sein Kinderherz brechen ...

Als Arkadij auf dem Heimweg über die Newa ging, blieb er auf der Brücke einen Augenblick stehen und blickte gespannt in die dunstig frostige Ferne, die plötzlich auflohte im letzten blutigen Purpur der Abendsonne, die am Horizont langsam versank. Die Nacht zog herauf, und der ganze Rauhreif der Schneefläche auf der Newa erglänzte, vom letzten Strahl der Sonne beschienen, in Myriaden von diamantenen Funken. Die Kälte war auf zwanzig Grad angestiegen. Die ausgreifenden Pferde vor den Schlitten, die dahineilenden Menschen waren von sich wölkendem Dampf umgeben. Die kalte Luft erzitterte vom geringsten Laut, und zu beiden Seiten des Flusses stiegen über den Häusern Rauchsäulen empor, erhoben sich wie Riesen, reckten und streckten sich, ballten sich zusammen und wichen wieder auseinander; es sah aus, als wollte sich über der alten Stadt eine neue Stadt in der Luft bilden ... Und diese ganze Welt mit all ihren Bewohnern, den starken und den schwachen, mit allen ihren Behausungen, den Unterschlupfen für die Armen und den Palästen der Reichen und Mächtigen der Erde, schien sich in dieser Dämmerstunde in ein phantastisches Trugbild, in einen Traum zu verwandeln, der aus dem irdischen Dunst zum dunkelblauen Himmel aufstieg, um sich in ihm aufzulösen und zu vergehen. Ein sonderbares Gefühl überkam den verwaisten Freund des armen Wassja. Er schrak zusammen, und dann war ihm, als ströme eine heiße Blutwelle über sein Herz, infolge eines ihm bisher ganz unbekannten Gefühls. Erst jetzt glaubte er auf einmal, den Sinn dieses ganzen Geschehnisses zu begreifen, warum der arme Wassja sein Glück nicht ertragen und den Verstand verloren hatte. Seine Lippen zitterten, seine Augen blitzten auf und er erblaßte vor dem Neuen, das in ihm erstand.

Es war schon dunkel, als Arkadij zu Hause anlangte ...

Seit der Zeit wurde er finster und verschlossen; er verlor seine ganze frühere Fröhlichkeit. Die Wohnung wurde ihm unerträglich — er nahm eine andere. Zwei Jahre vergingen. Da traf er einmal ganz zufällig in einer Kirche Lisanka. Sie war verheiratet; eine Amme mit einem Säugling folgte ihr. Sie begrüßten sich, trauten sich aber beide nicht, vom Vergangenen zu sprechen. Lisa sagte, sie sei glücklich, sei auch nicht arm, und ihr Mann sei ein guter Mensch, den sie gern habe ... Plötzlich stockte sie, ihre Augen füllten sich mit Tränen, ihre Stimme versagte, sie wandte sich ab und beugte sich über ein Betpult, um vor den Menschen ihre Trauer zu verbergen.

Die fremde Frau
und der Ehemann unter dem Bett

Eine ungewöhnliche Begebenheit

I

Haben Sie die Güte mein Herr, und gestatten Sie die Frage ...«

Der Vorübergehende zuckte zusammen und blickte ein wenig erschrocken einen Herrn in einem Waschbärpelz an, der ihn so ohne weiteres gegen acht Uhr abends auf der Straße anredete. Bekanntlich pflegt jeder Petersburger zu erschrecken, wenn ihn ein Unbekannter auf der Straße plötzlich anredet, auch wenn dieser es noch so höflich tut.

Also der Vorübergehende zuckte zusammen und erschrak ein wenig.

»Verzeihen Sie, daß ich Sie belästige«, fuhr der Herr im Waschbärpelz fort, »aber ich ... ich, wirklich, ich weiß nicht ... Sie werden mich, hoffe ich, entschuldigen ... wie Sie sehen, bin ich ein wenig aus der Fassung gebracht ...«

Da erst gewahrte der junge Mann in der Pekesche[1], daß der Herr im Waschbärpelz allerdings nichts weniger als gefaßt aussah. Sein runzliges Gesicht war reichlich blaß, seine Stimme unsicher, seine Gedanken offenbar in Verwirrung und die Worte gingen ihm nicht recht von der Zunge, kurz: man sah ihm an, daß es ihn eine schreckliche Überwindung kostete, sich mit einer Bitte an eine dem Rang und der gesellschaftlichen Stellung nach augenscheinlich unter ihm stehende Persönlichkeit zu wenden. Hinzu kam noch, daß diese Bitte an und für sich höchst peinlicher Art war, und von einem Herrn, der einen so soliden Pelz, einen so tadellosen dunkelgrünen Frack und so bedeutsame Abzeichen auf diesem Frack trug, zum mindesten befremdend erscheinen mußte. Alles dessen war sich der Herr im Waschbärpelz auch vollkommen bewußt; das verwirrte ihn denn auch so sehr, daß er seinen eigenen Gefühlen nicht widerstehen konnte, seine Aufregung, so gut es ging, niederrang und kurz entschlossen der peinlichen Szene, die er selbst heraufbeschworen hatte, ein Ende machte.

»Entschuldigen Sie, ich war mir meiner Handlungsweise nicht ganz bewußt. Aber Sie kennen mich ja nicht, ich ... Verzeihen Sie, daß ich Sie belästigt habe; ich habe es mir anders überlegt ...«

Damit lüftete er den Hut und entfernte sich schnell.

»Aber ich bitte Sie, ich stehe gern zu Diensten ...«

Doch der kleine Herr im Waschbärpelz war bereits in der Dunkelheit verschwunden, und dem jungen Mann blieb nichts anderes übrig, als ihm nur noch verdutzt nachzusehen.

‚Was für ein Sonderling!' dachte der Herr in der Pekesche. Dann, nachdem er sich, wie es nur natürlich war, gewundert hatte und die Verwunderung schon zu vergessen begann, fiel ihm wieder seine eigene Sorge ein, worauf er von neuem auf der Straße auf und ab zu gehen anfing, ohne dabei das Portal eines vielstöckigen Miethauses aus dem Auge zu lassen. Es wurde neblig, und das freute den jungen Mann, denn im Nebel mußte sein unermüdliches Hin- und Hergehen weniger auffallen, obgleich es vielleicht nur einem müßigen Droschkenkutscher, der vergeblich auf Fahrgäste wartete, auffallen konnte.

»Verzeihung!«

Der auf und ab Wandelnde fuhr wieder zusammen. Derselbe Herr im Waschbärpelz stand abermals vor ihm.

»Entschuldigen Sie, daß ich nochmals ...«, begann dieser von neuem, »aber Sie ... Sie sind ganz gewiß ein Ehrenmann! Beachten Sie mich weiter nicht ... ich meine: als Person, das heißt: im gesellschaftlichen Sinn ... Übrigens war es nicht das, was ich sagen wollte. Aber ... fassen Sie es menschlich auf ... vor Ihnen, mein Herr, steht ein Mensch, der sich mit einer dringenden Bitte an Sie wenden muß ...«

»Wenn es in meiner Macht steht ... Um was handelt es sich denn?«

»Sie denken vielleicht, daß ich Sie um Geld bitten will!« Der geheimnisvolle Herr verzog den Mund zu einem Lächeln, erblaßte und lachte hysterisch auf.

»Aber ich bitte Sie ...«

»Nein, ich sehe, daß ich Ihnen lästig falle! Verzeihen Sie, aber ich kann mich selbst nicht ertragen! Betrachten Sie mich als einen Unzurechnungsfähigen, einen fast Wahnsinnigen, aber denken Sie nicht —«

»Aber zur Sache, zur Sache!« unterbrach ihn der junge Mann, zwar in aufmunterndem Ton, doch schon mit merklich ungeduldigem Kopfnicken.

»Ah! Also, so sind Sie? Sie — ein so junger Mann — erinnern mich an das Wichtigste, ganz als wäre ich ein dummer Junge! Mein Gott, ich muß wirklich den Verstand verloren haben ... Als was erscheine ich Ihnen jetzt in meiner Erniedrigung? Sagen Sie es mir aufrichtig!«

Der junge Mann blickte ihn ein wenig betreten an, sagte jedoch nichts.

»Erlauben Sie, daß ich Sie ganz offen frage: haben Sie hier eine Dame gesehen? Darin besteht meine ganze Bitte an Sie!« sagte schließlich der Herr im Waschbärpelz kurz entschlossen.

»Eine Dame?«

»Ganz recht, eine Dame.«

»Allerdings ... aber ich muß gestehen, es sind so viele Damen hier vorübergegangen ...«

»Ganz recht«, unterbrach ihn der geheimnisvolle kleine Herr mit einem bitteren Lächeln. »Ich bin etwas zerstreut und verwirrt im Kopf; es war nicht das, was ich sagen wollte. Ich ... ich wollte Sie nur fragen, ob Sie eine Dame in einem Fuchspelz, mit einer Kapuze aus dunklem Samt und einem schwarzen Schleier gesehen haben?«

»Nein, eine solche habe ich nicht gesehen ... Nein, eine solche glaube ich nicht bemerkt zu haben.«

»Ach so! dann — entschuldigen Sie!«

Der junge Mann wollte nun seinerseits etwas fragen, doch

der Herr im Waschbärpelz war bereits wieder verschwunden, und sein geduldiger Zuhörer konnte ihm wieder nur verdutzt nachsehen.

‚Ach, hol' ihn der Teufel!' dachte er schließlich bei sich, zog, offenbar geärgert, seinen Biberkragen fester um den Hals und nahm von neuem den unterbrochenen Spaziergang auf, ohne seine Vorsichtsmaßregeln zu vergessen oder das Portal des vielstöckigen Miethauses aus dem Auge zu lassen. Er ärgerte sich.

‚Weshalb kommt sie denn noch nicht?' dachte er. ‚Bald ist es acht Uhr!'

Da schlug die nächste Turmuhr auch schon acht.

»Ah, zum Teufel, das ist doch! . . .«

»Entschuldigen Sie! . . .«

»Verzeihen Sie, daß ich Sie so angefahren habe . . . Aber Sie kamen mir so plötzlich vor die Füße, daß ich geradezu erschrak«, entschuldigte sich der junge Mann, doch klang es diesmal fast schon unwirsch.

»Ich wende mich wieder an Sie. Natürlich muß ich Ihnen seltsam erscheinen . . .«

»Haben Sie die Güte, sich ohne Umschweife zu erklären. Ich habe bis jetzt noch nicht erfahren können, was Sie eigentlich von mir wünschen . . .«

»Ah, Sie haben wohl wenig Zeit? Sehen Sie mal . . . ich werde Ihnen alles ganz offen erzählen, ohne ein überflüssiges Wort. Was soll ich tun! Die Umstände bringen bisweilen Menschen zusammen, die, was ihre Charaktere betrifft, im Grunde ganz verschieden sind . . . Doch ich sehe, Sie sind ungeduldig, junger Mann . . . Also, wie gesagt . . . übrigens weiß ich nicht einmal, wie ich mich ausdrücken soll! Kurz, ich suche eine Dame — Sie sehen, ich habe mich schon entschlossen, alles zu sagen. Ich muß, wie gesagt, unbedingt erfahren, oder feststellen, wenn Sie wollen, wohin diese Dame gegangen ist. Wer sie ist, — das, denke ich, wird Sie nicht interessieren, junger Mann.«

»Nun — und? Was weiter!«

»Weiter? Aber Ihr Ton ist ja recht ... Das heißt: verzeihen Sie, vielleicht hat es Sie gekränkt, daß ich Sie ‚junger Mann' nannte ... aber ich versichere Ihnen, ich habe nichts ... mit einem Wort, wenn Sie mir einen unermeßlichen Gefallen erweisen wollten, dann also, wie gesagt, diese Dame ... das heißt: ich will nur sagen, daß sie eine anständige Dame ist, aus der besten Familie, mit der auch ich bekannt bin ... und da bin ich nun beauftragt ... sehen Sie, ich habe selbst keine Familie ...«

»Nun, und?«

»Also versetzen Sie sich in meine Lage, junger Mann! (Ach wieder! Verzeihen Sie, bitte! Ich nenne Sie immer ‚junger Mann'!) Dabei ist jeder Augenblick kostbar ... Stellen Sie sich vor: diese Dame ... aber können Sie mir nicht sagen, wer hier in diesem Hause wohnt?«

»Ja ... hier wohnen sehr viele.«

»Allerdings, das heißt: Sie haben vollkommen recht«, versetzte schnell der Herr im Waschbärpelz, und er lachte kurz auf, wie um die Situation zu retten. »Ich sehe, daß ich mich zu ungenau ausgedrückt habe. Doch weshalb schlagen Sie einen solchen Ton an? Wie Sie sehen, gebe ich offenherzig zu, daß ich mich nicht ganz treffend ausgedrückt habe, so daß Sie, wenn Sie ein hochmütiger Mensch wären, mich auch schon zur Genüge erniedrigt gesehen hätten ... Ich sage Ihnen, eine Dame von anständigem Lebenswandel, das heißt: nur ‚leichten Inhalts' ... Verzeihen Sie, ich bin so verwirrt. Ich rede ja, als spräche ich über Literatur! ... Da hat man sich nämlich jetzt eingeredet, daß Paul de Kocks Romane ganz leichten Inhalts seien, während doch bei seinen Romanen das ganze Malheur ... wie gesagt ... nun eben ...«

Der junge Mann blickte mitleidig den Herrn im Waschbärpelz an, der sich schließlich rettungslos verwirrt hatte und ihn mit sinnlosem Lächeln ansah, während seine bebende Hand ohne jeden sichtbaren Grund immer wieder nach dem Aufschlag der Pekesche des anderen griff.

»Sie fragten, wer hier wohnt?« fragte der junge Mann, ein wenig zurückweichend.

»Ja, Sie haben ja schon gesagt, hier wohnen viele.«

»Hier ... hier wohnt, wie ich zufällig weiß, unter anderen Ssofja Osstáfjewna«, sagte der junge Mann flüsternd und sogar mit einem gewissen Mitgefühl.

»Nun sehen Sie, sehen Sie! Sie wissen unbedingt etwas Näheres, junger Mann!«

»Ich versichere Ihnen, nein, ich weiß nichts ... Ich habe nur so kombiniert, so nach Ihrem verstörten Aussehen ...«

»Ich ... ich habe soeben erst von der Köchin erfahren, daß sie in dieses Haus hier geht. Sie sind aber in Ihrer Vermutung fehlgegangen, ich will sagen, sie ist nicht zu Ssofja Osstafjewna gegangen ... sie kennt sie ja gar nicht ...«

»Nicht? Dann entschuldigen Sie ...«

»Man sieht, daß Sie das alles nicht interessiert, junger Mann«, bemerkte der seltsame Herr mit bitterer Ironie.

»Hören Sie mal«, begann der junge Mann und stockte, »ich ... kenne allerdings nicht die Ursache Ihrer gegenwärtigen ... Verfassung, aber sagen Sie doch offen: Sie sind wohl hintergangen worden, nicht?«

Und der junge Mann lächelte ermunternd.

»... Wir werden uns dann wenigstens schneller verstehen«, fügte er lächelnd hinzu, und seine ganze Gestalt verriet die großmütige Bereitwilligkeit, sogleich eine leichte Verbeugung zu machen.

»Sie vernichten mich! Aber wissen Sie ... ich gestehe Ihnen ganz offen: Sie haben vollkommen erraten, um was es sich ... Aber wem kann das nicht passieren! ... Ihre Teilnahme rührt mich tief. Unter jungen Leuten, nicht wahr, das werden Sie doch zugeben ... Übrigens bin ich ja nicht mehr ganz jung, aber, wissen Sie, die Gewohnheit, das Junggesellenleben, wie gesagt, unter uns Junggesellen ist es bekanntlich, wie Sie wissen ...«

»Oh, versteht sich, selbstverständlich! Doch womit kann ich Ihnen nun dienen?«

»Ja, sehen Sie! Sie werden zugeben, daß ein Besuch bei Ssofja Osstafjewna ... Übrigens weiß ich noch nicht einmal genau, zu wem sich jene Dame begeben hat, ich weiß nur, daß sie sich in diesem Hause befindet. Als ich Sie nun hier auf und ab gehen sah — ich selbst spazierte dort auf jener Seite —, dachte ich, wie gesagt ... Sehen Sie, ich erwarte nämlich diese Dame ... ich weiß, daß sie hier ist. Da wollte ich nun mit ihr zusammentreffen und ihr erklären, ihr vernünftig auseinandersetzen, wie wenig anständig, wie schändlich ... mit einem Wort, wie gesagt — Sie verstehen mich ...«

»Hm! Nun, und?«

»Ich tue es ja gar nicht für mich! Denken Sie das nur nicht etwa ... O nein! Das ist eine ganz fremde Frau! Der Mann steht dort auf der Wosnessénskij-Brücke; er möchte sie hier überrumpeln, kann sich aber nicht entschließen ... Er glaubt eben noch nicht, wie jeder Gatte ...« Hier machte der Herr im Waschbärpelz wieder einen Versuch, zu lächeln. »Ich bin nur sein Freund. Und nicht wahr, Sie werden doch zugeben, daß ich als Mensch, der sich sozusagen einer gewissen allgemeinen Achtung erfreut, nicht wohl derjenige sein kann, für den Sie mich zu halten offenbar geneigt sind, — das ist doch klar!«

»Selbstverständlich. Nun, und?«

»Also, wie gesagt, ich bin hier auf der Lauer, ich bin beauftragt — Sie verstehen ... Der arme Mann! Aber ich weiß, daß die listige junge Frau — ewig hat sie einen Paul de Kock unter ihrem Kopfkissen! — ich bin überzeugt, daß sie es doch verstehen wird, irgendwie unbemerkt durchzuschlüpfen ... Mir hat nämlich, offen gestanden, nur die Köchin gesagt, daß sie hierher in dieses Haus zu gehen pflege, und da bin ich denn wie von Sinnen hergestürzt, kaum daß sie es ausgesprochen hatte. Ich will ihrer habhaft werden, ich muß es, koste es, was es wolle! Ich habe ja schon längst Verdacht geschöpft. Deshalb wollte ich Sie fragen — Sie gingen ja hier auf und ab — Sie ... Sie ... ich weiß nicht, wie ich ...«

»Ja, *was* denn? Was wünschen Sie zu wissen?«

»Ja ... ja ... Ich ... ich habe leider nicht das Vergnügen, Sie zu kennen, und, offen gestanden, ich wage auch gar nicht, eine solche Neugierde zu bekunden, zum Beispiel ... ich meine ... wer und was ... und weshalb ... Jedenfalls aber werden Sie erlauben, daß wir uns, wie gesagt ...«

Und der bebende Herr im Waschbärpelz ergriff die Hand des jungen Mannes und schüttelte sie kräftig und mit glühender Aufrichtigkeit.

»Freut mich, freut mich! das hätte ich eigentlich sogleich tun sollen«, fuhr er erregt fort, »aber man ist mitunter so zerfahren, daß man alles vergißt!«

Der Herr konnte vor Unruhe keinen Augenblick still stehen, blickte nach links, nach rechts, trat von einem Fuß auf den anderen, fast zappelnd vor Ungeduld, und griff, wie ein Ertrinkender nach dem Strohhalm, fortwährend nach einem Knopf oder einem Aufschlag der Pekesche des jungen Mannes.

»Sehen Sie mal«, fuhr er fort, »ich wollte mich in aller Freundschaft an Sie wenden (verzeihen Sie die Freiheit!), und wollte Sie bitten: könnten Sie nicht dort in jener Straße, an der anderen Seite des Hauses, wo sich der hintere Ausgang befindet, promenieren, so, wissen Sie, hin und her? Und ich – ich würde dann dasselbe tun, bloß hier, vor dem Haupteingang, damit sie nicht unbemerkt durchschlüpfen kann – verstehen Sie? Ich fürchte nämlich die ganze Zeit, sie könnte vielleicht doch unbemerkt durchschlüpfen. Das aber darf auf keinen Fall geschehen. Und Sie, sobald Sie sie erblicken – Sie rufen mich dann schnell! Schreien Sie und halten Sie sie auf ... Aber was sage ich! ich bin ja verrückt! Jetzt erst begreife ich die ganze Dummheit und Unanständigkeit meines Vorschlags!«

»Nein, wieso! Ich bitte Sie! ...«

»Nein, nein, versuchen Sie nicht, mich zu entschuldigen. Ich bin unzurechnungsfähig, ich ... ich kann meine Gedanken nicht mehr zusammenhalten! Das ist mir so noch nie passiert! Es ist, als hätte ich mein Todesurteil vernommen!

Ich will Ihnen sogar gestehen (ich bin ganz offen und ehrlich mit Ihnen, junger Mann!) ja, ich habe anfangs *Sie* für den Liebhaber gehalten!«

»Sie wollen also, einfach ausgedrückt, wissen, was ich hier tue?«

»Aber mein Bester, Verehrtester, der Gedanke sei mir fern, daß *Sie* der Betreffende sein könnten! Es sei, wie gesagt, fern von mir, Sie auch nur in Gedanken mit einem solchen Verdacht zu ... Aber ... aber können Sie mir Ihr Ehrenwort darauf geben, daß Sie kein Liebhaber sind? ...«

»Nun, gut: mein Ehrenwort, daß ich zwar ein Liebhaber bin, aber nicht derjenige Ihrer Frau; anderenfalls wäre ich jetzt nicht auf der Straße, sondern bei ihr, wie Sie wohl zugeben werden.«

»Meiner Frau? Wer ... wer hat Ihnen das gesagt, junger Mann? Ich bin unverheiratet, bin, wie gesagt, Junggeselle, ich ... das heißt, nun ja ... ich bin selbst ein Liebhaber ...«

»Sie sagten, der Gatte ... warte dort auf der Brücke ...«

»Gewiß, gewiß — wenn ich es doch selbst gesagt habe? Aber sehen Sie, es gibt noch andere ... Verwicklungen! Und Sie werden mir doch zugeben, junger Mann, daß eine gewisse Leichtfertigkeit, namentlich wenn sie beiden Charakteren eigen ist, das heißt, ich meine ...«

»Schon gut, schon gut, aber um was ...«

»Das heißt, ich bin durchaus nicht der Gatte ...«

»Ganz recht, das haben Sie schon gesagt. Aber jetzt bitte ich Sie, nachdem ich Sie beruhigt habe, auch mir Ruhe zu gönnen, und damit Ihnen das leichter wird, verspreche ich Ihnen nochmals, Sie sogleich zu rufen. Jetzt aber werden Sie wohl die Güte haben, sich zurückzuziehen und mir den Weg gefälligst frei zu geben. Ich warte nämlich gleichfalls.«

»Oh, bitte, bitte, sofort, sofort werde ich mich entfernen! Ich kann Ihnen die leidenschaftliche Ungeduld Ihres Herzens nur zu gut nachfühlen. Ich verstehe das, junger Mann. Oh, wie gut ich Sie jetzt verstehe!«

»Ja, was ...«

»Auf Wiedersehen! ... Übrigens, verzeihen Sie, junger Mann, ich komme schon wieder zu Ihnen ... Ich weiß nicht, wie ich mich ausdrücken soll ... Geben Sie mir noch einmal Ihr Ehrenwort, daß Sie nicht der Liebhaber sind!«

»Herr des Himmels! ...«

»Nur noch eine Frage, die letzte: ist Ihnen der Familienname des Mannes Ihrer ... das heißt, ich wollte sagen, derjenigen bekannt, für die Sie sich interessieren?«

»Selbstverständlich ist er mir bekannt; jedenfalls ist es nicht der Ihrige. Jetzt aber basta!«

»Aber woher kennen Sie denn meinen Namen?«

»Hören Sie, ich gebe Ihnen einen Rat: machen Sie, daß Sie davonkommen! So verlieren Sie nur Ihre Zeit, und sie kann inzwischen tausendmal unbemerkt aus dem Hause schlüpfen ... Was wollen Sie denn noch? Die, die Sie suchen, ist in einem Fuchspelz und trägt eine Kapuze aus dunklem Samt, und die, die ich suche, hat einen karierten Umwurf und ein hellblaues Samthütchen., Was wollen Sie mehr?«

»Ein hellblaues Samthütchen! Aber sie hat ja gleichfalls einen karierten Umwurf und ein hellblaues Hütchen!« rief der lästige Herr bestürzt aus, der plötzlich wie angewurzelt vor dem jungen Manne stand.

»Ach, der Teufel! Na ja, das nennt man eben Zufall, mein Herr, so etwas kommt vor. Doch wozu rege ich mich auf! — Die, die ich erwarte, pflegt ja nicht dorthin zu gehen!«

»Aber wo ist sie denn jetzt — diejenige, die *Sie* erwarten?«

»Interessiert Sie das?«

»Offen gestanden, ich habe nichts anderes ...«

»Pfui, Teufel! Sie haben ja, weiß Gott, überhaupt kein Schamgefühl! Na, zum Kuckuck, ich will es Ihnen sagen: die, die *ich* erwarte, hat hier Bekannte in diesem Hause, im dritten Stock des Vorderhauses. So, und was wollen Sie jetzt noch wissen? Jetzt fehlte nur noch, daß Sie auch die Namen zu hören wünschen!«

»Mein Gott! Auch *ich* habe Bekannte im dritten Stock, hier im Vorderhaus ... General ...«

»General? ...«

»Jawohl, ein General. Ich kann Ihnen, wenn Sie wollen, auch sagen, wie die Familie heißt ... es ist die des Generals Polowízyn.«

»Da haben wir's! ... Das heißt, nein, die ist es nicht!« versetzte er schnell gefaßt (innerlich aber fluchte er ganz gotteslästerlich: ‚Ach, zum Teufel! da schlag' doch der Henker drein!').

»Nicht die?«

»Nein!«

Beide schwiegen plötzlich und starrten verständnislos einander an.

»Na, zum ... was starren Sie mich denn so an?« fuhr plötzlich der junge Mann auf, ärgerlich die Starrheit von sich abschüttelnd.

Der Herr im Waschbärpelz wurde unruhig.

»Ich ... ich, offen gestanden ...«

»Nein, erlauben Sie mal, jetzt lassen Sie uns vernünftig reden. Die Sache geht uns beide an. Erklären Sie mir: wen haben Sie denn dort?«

»Das heißt, Sie meinen meine Bekannten?«

»Ja, Ihre Bekannten ...«

»Nun sehen Sie, sehen Sie! Ich sehe es ja Ihren Augen an, daß ich es erraten habe!«

»Teufel! Aber nein doch, nein! Zum Teufel! Sind Sie denn etwa blind? Ich stehe doch leibhaftig vor Ihnen, also kann ich doch nicht bei ihr sein. Aber jetzt reden Sie endlich! Übrigens hol's der Teufel, mir ist es schließlich auch gleichgültig, ob Sie reden oder nicht!«

Und der junge Mann drehte sich wütend auf dem Absatz um, schlug bezeichnenderweise mit der Hand durch die Luft und stampfte sogar mit dem Fuß auf.

»Ja, aber ich sage ja nichts, ich bitte Sie, ich bin ja gern bereit, Ihnen als einem Ehrenmann alles zu erzählen: anfangs ging meine Frau allein zu Polowizyns — sie ist mit ihnen verwandt, müssen Sie wissen — und ich ahnte natürlich nichts, das heißt: jeder Verdacht lag mir vollkommen fern. Gestern aber traf ich auf der Straße Seine Exzellenz: da mußte ich zu meiner Verwunderung vernehmen, daß sie bereits vor drei Wochen die Wohnung gewechselt hatten, meine Frau aber ... das heißt, was sage ich! – nicht *meine* Frau, sie ist die Frau eines anderen – ihr Mann wartet, wie gesagt, dort auf der Wosnessénskij-Brücke. Also: diese Dame hat aber gesagt, daß sie noch vor zwei Tagen bei ihnen gewesen sei, und zwar hier in dieser Wohnung ... Die Köchin wiederum erzählte mir, daß die Wohnung Seiner Exzellenz ein junger Mann, Bobýnizyn mit Namen, gemietet habe ...«

»Ach, der Teufel! Das ist doch ... Teufel noch eins!«

»Mein Herr, ich bin außer mir, ich bin entsetzt!«

»Ach, hol' Sie der Henker! Was geht mich das an, ob Sie außer sich sind oder nur entsetzt! Ach! Da, da schimmerte etwas Helles! Dort! ... Sehen Sie?«

»Wo? wo? Rufen Sie nur ‚Iwan Andrejewitsch' und ich komme sofort ...«

»Gut, gut ... Teufel, so etwas ist mir bisher doch noch nicht vorgekommen! – Iwan Andrejewitsch!«

»Hier!« rief in diesem Augenblick der Gerufene und kehrte wie der Wind zurück, atemlos vor Schreck und Aufregung. »Was? was? Wo?«

»Nein, diesmal rief ich nur so ... ich wollte bloß wissen, wie diese Dame heißt?«

»Glaf ...«

»Glafira?«

»Nein, nicht ganz so, nicht gerade Glafira ... verzeihen Sie, aber ich kann Ihnen ihren Namen nicht nennen.«

Der ehrenwerte Mann ward bei diesen Worten kreideweiß.

»Nun ja, selbstverständlich heißt sie nicht Glafira, das weiß ich selbst, daß sie nicht Glafira heißt, auch jene heißt nicht Glafira ... Doch übrigens, bei wem ist sie denn dort?«

»Wo?«

»Dort! Herr des Himmels! Da schlag' doch der Henker drein!«

Der junge Mann konnte buchstäblich nicht stille stehn vor Wut.

»Aha! Sehen Sie? Woher wußten Sie denn, daß sie Glafira heißt?«

»Ach, zum Teufel damit! Da hab' ich nun auch Sie noch auf dem Halse! Aber Sie sagen doch selbst, daß diejenige, die Sie suchen, nicht Glafira heißt! ...«

»Mein Herr, welch ein Ton!«

»Ach, zum Teufel, jetzt ist es mir wohl gerade um den Ton zu tun! Wer ist sie denn? – Ihre Frau etwa?«

»Nein, das heißt ... ich bin ja unverheiratet, wie gesagt ... Nur finde ich es anstößig, im Gespräch mit einem unglücklichen Menschen, einem Menschen, der – ich will nicht sagen: der aller Achtung wert ist, aber zum mindesten doch ... einem wohlerzogenen Menschen nach jedem Wort ,Teufel' zu sagen. Von Ihnen hört man ja überhaupt nichts anderes als ,Hol's der Teufel' und ,Ach, zum Teufel!'«

»Nun ja, schon gut, hol's der Teufel! – da haben Sie es wieder! ... begreifen Sie doch ...«

»Sie sind vom Zorn geblendet, und deshalb schweige ich. Mein Gott, wer sind das?«

»Wo?«

Sie hörten Geräusch und Lachen: zwei schmierig gekleidete Mädchen traten aus dem Hause. Beide Herren stürzten ihnen entgegen.

»Nein! So sehen Sie doch! ...«

»Was wollen Sie?«

»Das ist sie doch nicht!«

»Was, seid nicht auf die Richtigen gestoßen?« fragte die eine.

»He! Droschke!«

»Wohin will Sie denn, Fräuleinchen?«

»Zu Pokróff! Steige ein, Annuschka, ich werde dich hinbringen.«

»Ich setze mich auf diesen Platz! So, fahr' los! Aber daß du schnell fährst ...«

Die Droschke fuhr davon.

»Woher mögen die gekommen sein?«

»Herr des Himmels! Das ist ja, um ... Oder sollte man nicht hingehen?«

»Wohin?«

»Zu Bobynizyn, wohin denn sonst! ...«

»Nein, das geht nicht ...«

»Weshalb nicht?«

»Ich würde natürlich hingehen, aber dann sagt sie etwas anderes, sie ... würde den Spieß umdrehen; ich kenne sie! Sie würde sagen, daß sie absichtlich hierher gekommen sei, um *mich* bei irgendeiner zu überraschen, und dann würde sie alles noch mir in die Schuhe schieben!«

»Und dabei zu wissen, daß sie vielleicht dort ist! Hören Sie – ich weiß nicht – aber weshalb schließlich nicht den Versuch wagen? Hören Sie, gehen Sie zum General ...«

»Aber der wohnt doch nicht mehr hier!«

»Gleichviel! – begreifen Sie denn nicht? Sie ist doch hingegangen, und Sie gehen ebenfalls hin – verstehen Sie? Tun Sie, als wüßten Sie nichts von seinem Wohnungswechsel, als wollten Sie nur auf einen Augenblick bei ihm vorsprechen, um Ihre Frau abzuholen, nun und so weiter!«

»Und dann?«

»Nun und dann ertappen Sie eben, wen Sie wollen, bei Bobynizin. Pfui Teufel, ist das aber ein Rüp ...«

»Ja, aber was haben *Sie* denn davon, wenn ich dort jemanden ertappe? Sehen Sie, sehen Sie!«

»Was, was? Kommen Sie wieder damit? Ach, du Grundgütiger! Schämen Sie sich denn gar nicht ...«

»Ja, aber weshalb regen *Sie* sich denn deshalb so auf? Offenbar wollen Sie wissen ...«

»Was? was will ich wissen? was? Ach nun, zum Teufel mit Ihnen, jetzt ist's mir nicht um Sie zu tun! Ich kann auch allein gehen, gehen Sie, gehen Sie fort, bewachen Sie dort den Ausgang, laufen Sie, aber schnell!«

»Mein Herr, Sie vergessen sich fast!« rief der Herr im Waschbärpelz, der Verzweiflung nahe.

»Was? Nun, was, was liegt daran, daß ich mich vergesse?« fragte der junge Mann durch die Zähne, in wahrer Wut auf den Herrn im Waschbärpelz eindringend. »Nun, was? Wem gegenüber vergesse ich mich?!« knirschte er zornbebend.

»Aber, mein Herr, erlauben Sie...«

»Nun, wer sind Sie, dem gegenüber ich mich vergesse, wer? wie ist Ihr Name?«

»Ich weiß nicht, ich... wie ich das nennen soll, junger Mann. Wozu denn meinen Namen?... Ich kann ihn nicht nennen... Ich werde lieber mit Ihnen gehen. Also gehen wir, ich werde zurückbleiben, ich bin zu allem bereit... Nur, glauben Sie mir: ich bin wirklich an höflichere Ausdrücke gewöhnt! Man soll sich nie die Geistesgegenwart nehmen lassen. Wenn Sie aber durch irgendeinen Umstand aus der Fassung gebracht sind – und ich glaube die Ursache zu erraten –, so brauchen Sie sich deshalb noch nicht zu vergessen... Sie sind ein noch sehr, sehr junger Mann...«

»Zum... was geht das mich an, daß Sie alt sind? Machen Sie, daß Sie fortkommen, was laufen Sie hier herum?...«

»Wieso, inwiefern bin ich denn alt? Ich bin noch gar nicht so alt! Allerdings, meinem Titel nach habe ich es schon weit gebracht, aber... aber ich laufe durchaus nicht hier herum...«

»Das sieht man, weiß Gott! So packen Sie sich doch zum Teufel...«

»Nein, es bleibt dabei, ich gehe mit Ihnen; das können Sie mir nicht verbieten; ich bin gleichfalls beteiligt; ich gehe mit Ihnen...«

»Aber dann still, ganz leise, und schweigen Sie!...«

Sie traten ins Haus und stiegen die Treppe hinauf zum dritten Stock. Im Treppenflur war es ziemlich dunkel.

»Warten Sie! Haben Sie Streichhölzer?«

»Streichhölzer? Was für Streichhölzer?«

»Zum... rauchen Sie denn keine Zigarren?«

»Ach, ja! Gewiß habe ich, hier, hier sind sie, sogleich...«

Der Herr im Waschbärpelz befühlte hastig seine Taschen.

»Teufel, das ist aber ein ... Ich glaube, diese Tür muß es sein ...«

»Jajaja, diesediesediesediese ...«

»‚Diese-diese-diese' — schreien Sie doch noch lauter! Können Sie denn nicht still sein? Pst!...«

»Mein Herr, ich bin an so etwas nicht gewöhnt, ich muß mir Gewalt antun ... Sie sind ein ungezogener, frecher Mensch!«

Das Streichholz flammte auf.

»Da, sehen Sie? Das Metallschildchen? Da steht's ja: Bobynizyn. Sehen Sie: Bobynizyn?...«

»Ich sehe, ich sehe!«

»Still doch! Lei—se! Was, ausgelöscht?«

»Ja, ausgelöscht.«

»Soll man klopfen?«

»Ja«, entschied der Herr im Waschbärpelz.

»Dann klopfen Sie!«

»Nein, weshalb denn ich? Fangen Sie an, pochen Sie zuerst an die Tür.«

»Feigling!«

»Sie sind selbst ein Feigling!«

»So packen Sie sich doch!«

»Ich muß sagen, ich bereue es fast, Ihnen das Geheimnis anvertraut zu haben. Sie...«

»Ich? Nun, was?«

»Sie haben meine Verstörtheit ausgenutzt, Sie haben gesehen, wie ich...«

»Ach, zum Teufel damit! Ich finde Sie nur lächerlich und damit basta!«

»Weshalb sind Sie denn hier?«

»Und Sie? weshalb sind Sie denn hier?«

»Das ist mir mal eine schöne Moral!« versetzte höchst unwillig der Herr im Waschbärpelz.

»Was reden Sie von Moral! — was sind Sie denn selbst?«

»Sehen Sie, das ist eben unmoralisch von Ihnen!«

»Was?«

»Ja, Ihrer Meinung nach ist jeder beleidigte Gatte ein ... ein Pantoffelheld!«

»Sind Sie denn ein Gatte? Der Gatte wartet doch dort auf der Brücke? Weshalb regen Sie sich denn so auf? Weshalb mischen Sie sich überhaupt in fremde Angelegenheiten ein?«

»Mir aber will es scheinen, daß gerade Sie der Liebhaber sind!...«

»Hören Sie, wenn Sie so fortfahren, muß ich gestehen, daß meiner Überzeugung nach gerade Sie ein Pantoffelheld sind! Oder mit anderen Worten: wissen Sie, wer?«

»Das heißt: Sie wollen sagen, daß ich der Ehemann sei!« versetzte der Herr im Waschbärpelz, wie mit heißem Wasser übergossen und unwillkürlich einen Schritt zurückweichend.

»Ssst! Schweigen Sie! Hören Sie?...«

»Das ist sie!«

»Nein!«

»Wie dunkel es hier ist!«

Auf der Treppe wurde es mäuschenstill. Aus der Wohnung Bobynizyns ließ sich Geräusch vernehmen.

»Weshalb streiten wir uns, mein Herr?« flüsterte der Kleine im Waschbärpelz.

»Ja, zum Teufel, Sie haben sich doch als erster beleidigt gefühlt!«

»Aber wie haben Sie mich auch behandelt!«

»Schweigen Sie!«

»Aber Sie müssen doch zugeben, daß Sie ein noch sehr junger Mann sind...«

»Schweigen Sie! zum ...«

»Gewiß, ich bin mit Ihrer Auffassung vollkommen einverstanden, daß der Gatte in einer solchen Lage ein Pantoffelheld ist...«

»So schweigen Sie doch endlich! verflucht noch mal!«

»Aber weshalb denn diese boshafte Verfolgung des unglücklichen Gatten?...«

»Das ist sie!«

In dem Augenblick verstummte das Geräusch.
»Ist sie es?«
»Ja, sie ist es! Aber weshalb regen Sie sich denn so auf? Was geht das Sie als fremden Menschen an?«
»Mein Herr, mein Herr!« stammelte der Kleine im Waschbärpelz mit versagender, gewürgter Stimme, aus der es fast wie ein Schluchzen klang. »Ich ... versteht sich, in der Verstörtheit ... Sie haben mich zur Genüge erniedrigt gesehen; doch jetzt ist es Nacht, aber morgen ... Übrigens werden wir uns morgen sicherlich nicht wiedersehen, obschon ich mich vor einer Begegnung mit Ihnen nicht zu fürchten brauchte – und übrigens bin ja gar nicht ich es, es ist nur mein Freund, wie gesagt, der auf der Wosnessenskij-Brücke wartet. Wirklich, Sie können mir das glauben! Das ist seine Frau, wie gesagt, nicht meine Frau. Der arme Mensch! Ich ... ich versichere Ihnen! Ich bin sehr gut mit ihm bekannt. Erlauben Sie, ich werde Ihnen alles erzählen. Ich bin sein Freund, wie Sie sehen, denn – würde ich anderenfalls so lebhaften Anteil an seinem Unglück nehmen? Und Sie sehen doch! – Ich habe ihm ja selbst gesagt, unzählige Male gesagt: ,Wozu heiratest du? Bist du nicht ein ehrenwerter Mensch, bist du nicht wohlhabend, bekleidest du nicht einen angesehenen Posten? Weshalb also willst du das alles gegen die Launen einer Koketten eintauschen? oder zum mindesten doch aufs Spiel setzen?' Hab ich nicht recht? Aber nein: ,Ich heirate', sagt er, ,weil mich nach Familienglück verlangt!'... Da hat er jetzt sein Familienglück! Früher hat er selber Ehemänner betrogen, jetzt aber kommt die Reihe an ihn, den Kelch zu leeren. Sie werden mich entschuldigen, diese Erklärungen hat mir nur die Notwendigkeit entrissen! ... Er ist ein unglücklicher Mensch, der jetzt ... selbst den Kelch leeren muß ...«
Hier begann die Stimme des Herrn im Waschbärpelz zu versagen, und der junge Mann hörte so etwas wie ein Schluchzen, als habe sein Gefährte allen Ernstes zu weinen begonnen.

»Ach, daß der Teufel sie alle holte! Es gibt doch wahrlich genug Dummköpfe auf der Welt! Wer sind Sie denn eigentlich?«

Der junge Mann knirschte vor Wut.

»Nein, das müssen Sie zugeben, das geht nicht ... ich handelte edel und offen ... Sie aber schlagen jetzt wieder einen solchen Ton an!«

»Nun, verzeihen Sie, – wie lautet denn Ihr Familienname?«

»Nein, wozu, was hat das hier mit dem Familiennamen zu tun?«

»Ah!!«

»Es ist mir unmöglich, meinen Namen zu nennen ...«

»Kennen Sie Herrn Schabrin?« fragte plötzlich der junge Mann.

»Schabrin!!«

»Ja, Schabrin! Ah!! (Hier erlaubte sich der Herr in der Pekesche, die Stimme des älteren ein wenig nachzuäffen.) »Haben Sie jetzt begriffen?«

»Nein, wieso, was für einen Schabrin?« stotterte mit hervorquellenden Augen der Herr im Waschbärpelz. »Durchaus nicht Schabrin! Der ist ein Ehrenmann, ich kenne ihn zufällig! Und Ihre Unhöflichkeiten kann ich mir nur durch Ihre Eifersucht erklären, die Sie vollkommen unzurechnungsfähig macht.«

»Ein Spitzbube ist er, aber kein Ehrenmann, eine käufliche Seele, ein Prozentschneider, ein Betrüger, der die Kasse bestohlen hat! Bald wird er vors Gericht gezogen werden!«

»Entschuldigen Sie«, sagte der Herr im Waschbärpelz, der bleich geworden war, »Sie kennen ihn nicht; wie ich sehe, muß er Ihnen vollkommen unbekannt sein!«

»Freilich, persönlich kenne ich ihn nicht, dafür kenne ich aber um so besser das Wesen seiner werten Person aus gewissen ihm sehr nahestehenden Quellen.«

»Mein Herr, aus welchen Quellen? Ich bin ... so zerstreut, wie Sie sehen ...«

»Ein Esel ist er! Ein Dummkopf erster Sorte! Ein eifersüchtiger Pantoffelheld, eine Schlafmütze, der seine Frau nicht zu bewachen versteht – das ist er! Finden Sie sich damit ab, daß Sie jetzt erfahren haben, was er ist!«

»Ich bitte um Entschuldigung, aber Sie täuschen sich in Ihrem Eifer, junger Mann...«

»Ach!«

»Ach!«

Aus der Wohnung Bobynizyns ließ sich wieder Geräusch vernehmen. Die Tür wurde aufgeschlossen, Stimmen wurden laut.

»Ach, das ist nicht sie, nein, das ist sie nicht! Ich erkenne ihre Stimme! Jetzt habe ich alles erfahren!... Glauben Sie mir, das ist sie nicht!« versicherte der Herr im Waschbärpelz fast beschwörend, während sein Gesicht so weiß wie die Wand hinter ihm war.

»Schweigen Sie!«

Der junge Mann drückte sich in den Winkel, um nicht gesehen zu werden.

»Mein Herr, ich eile: das ist sie nicht, und das freut mich sehr.«

»Nun, dann machen Sie, daß Sie fortkommen, gehen Sie nur!«

»Aber weshalb bleiben Sie denn hier?«

»Weshalb gehen Sie denn nicht?«

Die Tür wurde aufgemacht, und der Herr im Waschbärpelz eilte wie der Blitz die Treppe hinab.

An dem jungen Mann gingen ein Herr und eine Dame vorüber: sein Herz drohte still zu stehen... Er vernahm nur eine helle, bekannte Frauenstimme und dann eine heisere Männerstimme, die ihm ganz unbekannt war.

»Das hat nichts auf sich, ich werde einen Schlitten nehmen«, sagte die heisere Stimme.

»Ach, nun ja, dann ja; gut, ich willige ein...«

»Er wird vor der Türe halten. Im Augenblick.« Und damit verschwand der Herr. Die Dame blieb allein zurück.

»Glafíra! Sind so deine Schwüre?« rief der junge Mann in der Pekesche, die Dame am Handgelenk fassend.

»Ach! Wer ist das? Sind Sie es? Sie, Tworógoff? Mein Gott! Was tun Sie hier?«

»Wer war jener Herr?«

»Aber das ist ja doch mein Gatte, gehen Sie, gehen Sie, er wird sogleich zurückkehren ... von Polowizyns. So gehen Sie doch fort, um Gottes willen, gehen Sie!«

»Polowizyns sind von hier schon vor drei Wochen ausgezogen! Ich weiß alles!«

»Ach!« Und damit eilte die Dame, so schnell sie konnte, die Treppe hinab. Der junge Mann holte sie aber doch noch ein.

»Wer hat Ihnen das gesagt?« fragte die Dame.

»Ihr Herr Gemahl, meine Gnädigste, Iwán Andréjewitsch, der sich in nächster Nähe befindet, der – vor Ihnen steht, meine Gnädigste...«

Iwan Andrejewitsch (so hieß der Herr im Waschbärpelz) stand in der Tat auf der Treppe dicht vor seiner Gemahlin.

»Ach, das bist du?« rief der Herr Gemahl.

»Ah, c'est vous?« rief Glafíra Petrówna, die mit ungefälschter Freude zu ihm stürzte. »O Gott! Was mir alles zugestoßen ist! Ich war bei Polowizyns; kannst du dir vorstellen ... du weißt doch: sie wohnen jetzt an der Ismailoff-Brücke; ich sagte es dir doch, weißt du noch? Und dort stieg ich in einen Schlitten. Unterwegs scheuten die Pferde, jagten dahin, zerschmetterten den Schlitten und ich wurde, keine hundert Schritt von hier, in den Schnee geschleudert! Der Kutscher wurde aufs Polizeibüro abgeführt; ich war natürlich außer mir! Zum Glück kam da Monsier Tworógoff...«

»Was?!«

Monsieur Tworogoff glich eher der personifizierten Erstarrung als Herrn Tworogoff.

»Monsieur Tworogoff erkannte mich sofort und war so liebenswürdig, mich zu begleiten. Doch jetzt bist du ja hier; da kann ich mit dir zu uns nach Hause fahren. Sie aber,

Monsieur Tworogoff, erlauben wohl, daß ich Sie meiner größten Dankbarkeit versichere.«

Und damit reichte die Dame dem immer noch starr dastehenden Herrn Tworogoff die Hand, die sie aber so stark drückte, daß er fast aufgeschrien hätte.

»Monsieur Iwán Iljítsch Tworógoff!« stellte sie ihn ihrem Gatten vor. »Ein Bekannter von mir. Ich hatte das Vergnügen, ihn auf dem letzten Ball bei Skorlúpoffs kennen zu lernen, – ich habe dir doch von ihm schon erzählt? Entsinnst du dich nicht, Coco?«

»Ach, aber gewiß, gewiß, mein Kind! Sehr gut entsinne ich mich!« versicherte eilfertig der Herr im Waschbärpelz, der »Coco« genannt worden war. »Freut mich, freut mich ungemein!«

Und er drückte in aufrichtiger Freude die Rechte des Herrn Tworogoff.

»Mit wem reden Sie denn da? Was hat denn das zu bedeuten? Ich warte«, ertönte plötzlich die heisere Stimme.

Vor der Gruppe stand plötzlich ein endlos langer Herr, der ein Lorgnon hervorzog und den Herrn im Waschbärpelz aufmerksam zu betrachten begann.

»Ach, voilà Monsieur Bobynizyn!« rief die Dame in den süßesten Tönen. »Woher kommen Sie denn, wenn man danach fragen darf? Das nenne ich eine Begegnung! Denken Sie sich, mich haben die Pferde soeben aus dem Schlitten geworfen ... Doch hier ist mein Mann! Jean, erlaube, daß ich – Monsieur Bobynizyn, den ich auf dem Ball bei Kárpoffs kennen gelernt habe.«

»Ah, sehr, sehr, sehr angenehm! ... Ich werde sogleich ein Gefährt besorgen, mein Kind.«

»Ja, ja, tu' es, Jean, tu' es. Ich zittere noch, ich bebe noch vor Schreck! Mir ist gar nicht wohl ... Heute abend auf dem Maskenball«, flüsterte sie schnell Tworogoff zu ... »Leben Sie wohl, leben Sie wohl, Herr Bobynizyn! Wir werden uns doch wohl morgen auf dem Ball bei Kárpoffs wiedersehen?«

»Nein, pardon, ich werde dort nicht zu finden sein; ich

werde morgen ... wenn es jetzt nicht geht ...«, brummte Herr Bobynizyn undeutlich durch die Zähne, so daß der Nachsatz nicht zu verstehen war, machte eine Art Verbeugung, setzte sich in seinen Schlitten und fuhr davon.

Da fuhr schon ein zweites Gefährt vor: die Dame setzte sich hinein, doch der Herr im Waschbärpelz zögerte mit dem Einsteigen. Wie es schien, war er noch nicht fähig, eine Bewegung zu machen, und mit völlig sinnlosem Blick sah er den jungen Mann in der Pekesche an, worauf dieser nichts als ein Lächeln zur Erwiderung hatte, ein Lächeln, das auch nicht gerade geistreich war.

»Ich weiß nicht ...«

»Es freut mich, Ihre Bekanntschaft gemacht zu haben«, versetzte der junge Mann mit einer leichten Verbeugung, gewissermaßen um vorzubeugen, da er plötzlich so etwas wie eine Befürchtung verspürte ...

»Freut mich, freut mich sehr ...«

»Sie haben, glaube ich, einen Überschuh verloren ...«

»Ich? Ach, richtig! Ich danke Ihnen, ich danke Ihnen! Ich habe mir immer Gummigaloschen anschaffen wollen ...«

»In Gummigaloschen sollen aber die Füße transpirieren, sagt man«, bemerkte der junge Mann, allem Anschein nach mit grenzenloser Anteilnahme.

»Jean! So komm doch endlich!«

»Ganz recht, ganz recht, sie sollen transpirieren, wie man hört. Sogleich, sogleich, Herzchen, im Augenblick; wir haben hier nur ein Gespräch zu beenden! Ja, es ist so, wie Sie zu bemerken beliebten: die Füße transpirieren ... Übrigens, verzeihen Sie, ich ...«

»Oh, ich bitte!«

»Freut mich, freut mich ungemein, Ihre Bekanntschaft gemacht zu haben ...«

Und der Herr im Waschbärpelz setzte sich neben seine Gattin. Das Gefährt setzte sich in Bewegung.

Der junge Mann aber stand noch lange auf demselben Fleck und schaute ihm verwundert nach.

II

Am Abend des nächsten Tages fand in der Italienischen Oper irgendeine Aufführung statt. Der erste Akt sollte gerade beginnen, als plötzlich noch Iwán Andréjewitsch sich wie eine Bombe in den Saal zwängte. Noch nie hatte man an ihm ein solches furore bemerkt, oder ein so großes Verlangen nach Musik wahrgenommen, wie er es jetzt plötzlich zu haben schien. Wenigstens wußte man so ziemlich allgemein, daß Iwan Andrejewitsch einem Schlummerstündchen in der Italienischen Oper keineswegs abhold war; ja, es hieß sogar, er habe des öfteren selbst gesagt, daß ein solches dort ganz besonders sowohl angenehm als süß sei. »Und die Primadonna« — so habe er sich mehrfach unter Freunden geäußert —, »die singt dir dazu noch ein Schlummerlied, so süß, wie ein weißes Kätzchen miaut.« Aber es war schon etwas lange her, daß er sich so zu äußern pflegte, schon über ein gutes halbes Jahr; jetzt aber — ach! — jetzt vermag Iwan Andrejewitsch nicht einmal zu Hause zu schlafen, nicht einmal nachts! Doch lassen wir das. Er flog also tatsächlich wie ein Geschoß in den Saal, der ohnehin schon vollgepfropft war. Der Theaterdiener fuhr ordentlich zusammen vor Schreck und äugte sogleich mit merklichem Mißtrauen nach seiner Brusttasche, wohl in der Annahme, mindestens den Griff eines für alle Fälle mitgenommenen Dolches aus ihr hervorlugen zu sehen. Es gab nämlich — das muß hier erwähnt werden — zu dieser Zeit zwei Parteien, von denen jede für eine Primadonna stand. Die einen hießen „die ... siten", die anderen „die ... nisten". Doch beide Parteien liebten die Musik so sehr, daß den Theaterdienern entschieden bange ward vor einem möglicherweise tätlichen Ausbruch dieser Liebe zu allem Schönen und Hehren, das man in den beiden Primadonnen verkörpert sah. Das also war der Grund, weshalb dem Theaterdiener beim Anblick so jugendlicher Hitze selbst in einem ergrauten Mann — allerdings nicht völlig ergrauten, aber so, immerhin eines Mannes an die Fünfziger, mit einer Glatze und augenscheinlich gesetzten Alters — unwillkürlich die Worte Hamlets, des Dänenprinzen, in den Sinn kamen:

„Denn in Eurem Alter ..." usw.

Ja, wenn schon das Alter sich so gebärdete, was stand dann von der Jugend zu erwarten? Und das war auch der Grund, weshalb er, wie erwähnt, mißtrauisch nach der Brusttasche des Fracks äugte, im voraus darauf gefaßt, aus ihr einen Dolch hervorlugen zu sehen. Doch in dieser Fracktasche befand sich nur eine Brieftasche und sonst nichts.

Inzwischen hatte Iwan Andrejewitsch, kaum daß er glücklich im Saale stand, schon im Nu mit dem Blick alle Logen im Zweiten Rang überflogen, und — oh, Entsetzen! Sein Herzschlag setzte aus: sie war hier! Sie saß in einer Loge mit General Polowizyn, dessen Gattin und Schwägerin. Und in derselben Loge befand sich auch der Adjutant des Generals — ein überaus gewandter und liebenswürdiger Mann — und dann noch ein Herr in Zivil ...

Iwan Andrejewitsch strengte seinen Blick bis zur größtmöglichen Schärfe an, doch — oh, Angst und Pein! Dieser Unbekannte in Zivil machte sich hinter dem Rücken des Adjutanten unsichtbar und blieb völlig unerkennbar.

Sie war hier und hatte doch gesagt, daß sie bestimmt nicht hier sein werde!

Gerade diese, eben diese Doppelzüngigkeit, die Glafira Petrowna auf Schritt und Tritt an den Tag legte, war das, was den guten Iwan Andrejewitsch vernichtete! Und dieser Jüngling in Zivil, der brachte ihn vollends zur Verzweiflung. Wie ein tödlich Verwundeter sank er in seinen Sessel. Weshalb nur, fragt sich wohl ein jeder? Die Sache war sehr einfach ...

Der Sessel, auf den sich Iwan Andrejewitsch in seiner Verzweiflung hatte niedersinken lassen, befand sich dicht an den Parterrelogen und in gerader Linie unter jener Loge, in der seine Frau und General Polowizyn nebst Familie saßen, so daß er zu seinem größten Ungemach nicht einmal sehen konnte, was dort vorging. Wie verständlich ist's daher, daß die Wut in ihm wie das Wasser in einem Ssamowar kochte! Von dem ganzen ersten Akt vernahm er keinen Ton. Man sagt, das Beste an der Musik sei, daß man sie mit jedem beliebigen Gefühl in Einklang bringen könne: wer sich freut, höre Freude aus ihr heraus, der Traurige dagegen Trauer − also, was will man mehr? Doch in den Ohren Iwan Andrejewitschs begann ein ganzer Sturm zu heulen. Zum Überfluß erschallten noch vor und hinter und neben ihm so entsetzliche Stimmen, daß er glaubte, sein Herz müsse zerspringen. Endlich war der erste Akt zu Ende. Doch siehe, gerade in dem Augenblick, als der Vorhang sank, geschah mit unserem Helden etwas so Seltsames, daß keine Feder es richtig zu beschreiben vermöchte.

Es pflegt bisweilen zu geschehen, daß von der Brüstung einer der höchsten Logen ein Theaterzettel langsam herabfällt. Ist das Schauspiel auf der Bühne langweilig und das Publikum unbeteiligt, so ist ihm damit eine willkommene Zerstreuung geboten. Geradezu teilnahmsvoll verfolgen die Blicke den im Zickzack zurückgelegten Flug des weichen, leichten Papiers, wobei sie mit besonderem Interesse die voraussichtliche Endstation ins Auge fassen, jenes ahnungslose Haupt, über dem buchstäblich das Verhängnis schwebt. Es ist allerdings auch sehr unterhaltsam zu beobachten, wie dieser Kopf dann plötzlich erschrickt, wie er verwirrt sich umblickt − denn der Betreffende wird im ersten Augenlick ganz unfehlbar betroffen und sehr verwirrt sein. Auch wegen der Operngläser, die die Damen so unvorsichtig auf den Logenbrüstungen liegen lassen, stehe ich jedesmal große Angst aus: ich kann den Gedanken nicht loswerden, daß sie sogleich und unfehlbar auf irgendjemandes vollständig unvorbereitetes Haupt herabfallen werden.

Doch Iwan Andrejewitsch widerfuhr etwas, das bisher noch keinem Menschen widerfahren oder das wenigstens noch nie beschrieben worden ist. Auf sein ahnungsloses Haupt − das seines Haarschmuckes schon ziemlich beraubt war – fiel kein Theaterzettel. Ich spüre, daß es mir eigentlich recht peinlich ist, das Ereignis wahrheitsgetreu wiederzugeben. Denn es ist doch nichts weniger als höflich, zu sagen, daß auf das ehrenwerte, entblößte Haupt des eifersüchtigen und schwergereizten Iwan Andrejewitsch tatsächlich ein solch unmoralischer Gegenstand fiel, wie es zum Beispiel ein süßduftender Liebesbrief ist. Wenigstens fuhr der arme Iwan Andrejewitsch, dessen Haupt alles andere eher als eine solche Überraschung erwartete, so heftig zusammen, als habe er auf seinem ehrenwerten Haupte plötzlich zum mindesten eine lebende Maus oder ein anderes reißendes Tier verspürt.

Daß der Brief ein Liebesbrief war – das sah man ihm nur zu deutlich an. Erstens war er auf zartfarbenem, verräterisch duftendem Papier geschrieben, und zweitens war das Format so klein, daß eine Dame ihn in ihrem Handschuh hätte verbergen können. Gefallen war er offenbar während der Übergabe, vielleicht beim Überreichen eines Theaterzettels, unter dem der Brief geschickt und schnell verborgen worden war. Vielleicht war auch nur eine unbeabsichtigte Bewegung des Adjutanten die Ursache gewesen, daß der Brief aus dem Theaterzettel herausfiel, bevor der Empfänger ihn bemerken und verbergen konnte. Jedenfalls hatte der Jüngling in Zivil nur den Theaterzettel erhalten, mit dem er dann wohl nicht allzuviel anzufangen wußte. Fürwahr, eine höchst unangenehme Situation, doch muß man zugeben, daß die Lage Iwan Andrejewitschs noch um ein Bedeutendes unangenehmer war.

»Prédestiné!« murmelte er, indes kalter Schweiß ihm aus den Poren trat und er den kleinen Brief krampfhaft in der Hand zusammenpreßte, als wenn ihm jemand das Kleinod hätte entreißen wollen. ‚Prédestiné! Die Kugel wird den Schuldigen finden' zuckte es durch seine Gedanken. ‚Nein, das ist nicht das Richtige! Was habe ich verbrochen, daß ich mein Leben aufs Spiel setzen soll?' überlegte er sofort weiter, und ein Gedanke verdrängte den anderen. Doch wer vermag all die Gedanken aufzuzählen, die ein Gehirn nach einer solchen unvorhergesehenen Erschütterung durchzucken!

Iwan Andrejewitsch saß vorläufig regungslos, als wäre er in der Tat das gewesen, was er zu sein schien: weder tot noch lebendig. Er war überzeugt, daß das ganze Publikum sein lächerliches Unglück bemerkt hatte, obschon gerade in jenem Augenblick der Vorhang unter schallendem Applaus gefallen war und ein wahrer Sturm die Primadonna hervorzurufen begann. Er war aber so verwirrt und verlegen, daß er nicht einmal seinen Blick zu erheben wagte, ganz als wäre mit ihm das Schrecklichste geschehen, das ein Mensch sich überhaupt auszudenken vermag.

»Sehr gut gesungen!« bemerkte er schüchtern zu seinem Nachbarn zur Linken, einem auffallenden Geck.

Der Geck, der sich im höchsten Stadium der Ekstase befand, unermüdlich in die Hände klatschte und sogar mit den Füßen scharrte, warf nur einen flüchtigen, zerstreuten Blick auf Iwan Andrejewitsch, baute dann geschwind aus seinen Händen ein Schallrohr vor seinem Munde und rief dumpf brüllend den Namen der Sängerin. Iwan Andrejewitsch, der noch nie ein ähnliches Gebrüll vernommen hatte, war entzückt. ‚Nein, der hat nichts bemerkt!' sagte er vollbefriedigt zu sich selbst und wandte sich zurück. Der dicke Herr aber, der hinter seinem Rücken saß, war schon aufgestanden und musterte, ihm seinerseits den Rücken zuwendend, durch ein Opernglas die Reihen der Logen. ‚Auch gut!' dachte Iwan Andrejewitsch. In den Reihen vor ihm hatte man natürlich nichts gesehen. Schüchtern, doch voll froher Hoffnung wagte er einen Blick in die Parterreloge zu werfen, neben der er saß, zuckte aber plötzlich mit der unangenehmsten Empfindung zusammen, denn was er dort erblickt hatte, war wenig trostreich: Er sah eine schöne Dame, die, im Sessel zurückgelehnt, krampfhaft ihr Taschentuch an die Lippen preßte und unbändig lachte.

‚Ach, diese Weiber!' knirschte Iwan Andrejewitsch und versuchte, sich schleunigst zur Ausgangstür zu verdrücken, bemüht, dem Publikum nicht gar zu rücksichtslos auf die Füße zu treten.

Nun fragt es sich: Wie kam Iwan Andrejewitsch darauf, anzunehmen, daß dieser Liebesbrief gerade aus jener Loge im Zweiten Rang stammte? Gab es doch über dem Zweiten Rang noch einen und dann noch einen, und dann noch die Galerie — im ganzen gab es fünf Ränge. Weshalb sollte er ausgerechnet aus jener bewußten Loge im Zweiten Rang gefallen sein, warum nicht von hoch oben, von der Galerie, wo doch gleichfalls Damen saßen? Doch Leidenschaft ist zum Beispiel exklusiv, und Eifersucht — die exklusivste Leidenschaft der Welt.

Iwan Andrejewitsch stürzte, kaum daß er die Tür erreicht hatte, ins Foyer, blieb unter einer Lampe stehen, erbrach das Kuvert und las:

»Heute abend gleich nach der Vorstellung in der G—straße, Ecke der —scher Gasse, im Hause K—offs, im dritten Stockwerk, rechts von der Treppe. Eingang von der Straße. Sei dort, sans faute; ich flehe dich an!«

Die Handschrift war Iwan Andrejewitsch unbekannt, doch eins stand für ihn fest: daß es eine Bestellung zu einem Rendezvous war. Sein erster Gedanke war deshalb: ‚Vorbeugen, überrumpeln, das Übel verhüten, so lange es noch nicht zu spät ist!'

Einen Augenblick dachte er sogar daran, ‚die Schuldigen sogleich zu überführen, sofort, hier im Theater!' Doch wie das anstellen? Iwan Andrejewitsch eilte schon die Treppe hinauf zum Zweiten Rang, besann sich aber zum Glück noch rechtzeitig und machte vor der Logentür wieder kehrt. Er wußte entschieden nicht, wohin er sich wenden oder wo er sich überhaupt lassen sollte. In seiner Ratlosigkeit eilte er auf die andere Seite und blickte durch die offene Tür der gegenüberliegenden Loge. Tatsächlich: in jeder der fünf Logen, die sich in lotrechter Linie über seinem Platz befanden, saßen junge Damen und junge Herren. Der Liebesbrief hätte aus allen fünf zugleich fallen können, um so mehr, als Iwan Andrejewitsch die Insassen aller fünf gegen sich verschworen glaubte. Doch ungeachtet aller sichtbaren Möglichkeiten blieb Iwan Andrejewitsch bei seiner Überzeugung. Den ganzen zweiten Akt verbrachte er in den Korridoren, die er nach allen Richtungen durchirrte, ohne Seelenruhe finden zu können. Er eilte sogar an die Theaterkasse, um vom Kassierer die Namen aller fünf Logeninhaber zu erfahren, doch leider war die Kasse schon gesschlossen. Endlich erschallte Applaus, dazu das wilde Schreien heller Stimmen, die Bravo und die Namen der Künstler riefen. Die Vorstellung war zu Ende. Iwan Andrejewitsch hatte etwas ganz Bestimmtes im Sinn: er griff nach seinem Pelz und eilte in die G—straße, um dort ‚an Ort und Stelle zu überführen, abzufangen, und überhaupt energischer vorzugehen als gestern'. Bald hatte er auch das Haus gefunden, und er war gerade im Begriff einzutreten, als plötzlich, fast seinen Ärmel streifend, eine Männergestalt in einem geckenhaften Paletot durch die Tür schoß und die Treppen zum dritten Stockwerk hinaufeilte. Iwan Andrejewitsch schien es, daß es derselbe junge Fant gewesen sei, obschon er sein Gesicht weder jetzt noch in der Loge deutlich gesehen hatte. Sein Herz blieb stehen. Der Geck hatte bereits einen Vorsprung von zwei Treppen – wie ihn einholen, wie ihm zuvorkommen? Da hörte Iwan Andrejewitsch, wie oben eine Tür schon geöffnet wurde, ohne daß geläutet worden war, als sei der Betreffende erwartet worden. Iwan Andrejewitsch erreichte diese Tür, als der junge Mann kaum hinter ihr verschwunden war und noch niemand sie von innen zugeschlossen hatte. Er gedachte zwar, sich noch ein wenig zu sammeln, den bevorstehenden wichtigen Schritt noch zu überlegen, dies und jenes noch zu befürchten und sich dann erst zu etwas Entscheidendem zu entschließen. Da wollte es das Schicksal, daß in diesem Augenblick eine schwere Equipage vor das Haus rollte und plötzlich hielt. Die Paradetür wurde geräuschvoll aufgerissen, und jemandes schwere Schritte begannen, begleitet von Husten und Pusten, langsam die Treppen empor zu steigen. Dieser Situation war Iwan Andrejewitsch nicht gewachsen: er klinkte die Tür auf und betrat mit der ganzen Feierlichkeit des hintergangenen, sich im Recht fühlenden Gatten das Vorzimmer einer fremden Wohnung. Eine Kammerzofe trat ihm sehr erregt entgegen, ihr folgte auf dem Fuß ein Diener, doch nichts vermochte Iwan Andrejewitsch aufzuhalten: wie ein Geschoß unaufhaltsam drang er in das nächste Gemach, durchschritt zwei fast dunkle Zimmer und befand sich plötzlich in einem Schlafgemach vor einer jungen, sehr schönen Dame, die ihn zitternd und entsetzt anstarrte, als verstehe sie überhaupt nicht, was hier geschah. Da erschallten aber, noch bevor Iwan Andrejewitsch zu sich gekommen war, schwere Schritte im Nebenzimmer und näherten sich der Tür: das waren dieselben Schritte, die Iwan Andrejewitsch unter sich auf der Treppe vernommen hatte.

»Gott! Da kommt mein Mann!« rief die Dame entsetzt, bleicher als ihr Nachtgewand, und rang die Hände.

Iwan Andrejewitsch fühlte, daß er in eine Sackgasse geraten war, aus der es kein Entrinnen gab, fühlte, daß er eine bodenlose Dummheit begangen hatte, die sich nun nicht mehr gutmachen ließ. Schon öffnete sich die Tür, schon trat der schwere Mann — nach seinen schweren Schritten zu urteilen — ins Zimmer... Ich weiß nicht, für wen oder was Iwan Andrejewitsch sich in diesem Augenblick hielt. Auch vermag ich nicht zu sagen, was ihn davon abhielt, dem Fremden frank und frei entgegenzutreten, seinen Irrtum zu erklären, für seine Unhöflichkeit um Verzeihung zu bitten und sich dann zurückzuziehen — freilich nicht ruhmbedeckt, nicht heldenhaft —, aber man hätte es doch immerhin eine anständige, eine offene Handlungsweise nennen müssen.

Aber nein: Iwan Andrejewitsch verfuhr wieder wie ein Schulbube, der nicht weiß, was Überlegung ist, oder als hätte er sich für einen Don Juan oder Lovelace gehalten.

Im ersten Augenblick verbarg er sich hinter dem Bettvorhang, doch schon nach zwei Sekunden brach er vor Angst in die Knie und kroch, jedes Gedankens bar, auf allen Vieren unter das Bett des fremden Ehepaares. Der Schreck hatte in ihm jede Regungsfähigkeit der Vernunft gelähmt — nur so läßt es sich erklären, daß Iwan Andrejewitsch, der selbst ein hintergangener Gatte war oder sich wenigstens für einen solchen hielt, nun tat, als tue er das, was ihm widerfuhr, selbst einem andern an. Vielleicht konnte er es bloß nicht übers Herz bringen, in einem anderen Mann diese ihm wohlbekannten Qualen durch seine Gegenwart hervorzurufen? Doch wie dem auch gewesen sein mag, Tatsache ist, daß er schon unter dem Bett lag, ohne selbst zu begreifen, wie er dorthin gelangt war. Das Erstaunlichste war aber für ihn in diesem Augenblick, daß die Dame es widerspruchslos hatte geschehen lassen. Sie hatte nicht einmal aufgeschrieen, als er plötzlich vor ihr aufgetaucht war, dieser fremde, bejahrte kleine Mann, um darauf ungefragt unter ihrer Ruhestätte zu verschwinden. Anzunehmen ist, daß sie vor Schreck einfach die Sprache verloren hatte.

Inzwischen war langsam, oft stöhnend und ächzend ihr schwerer Gatte ins Zimmer getreten, als hätte er soeben eine Last Holz heraufgetragen. Mit greisenhafter Langsamkeit wünschte er seiner Frau einen guten Abend, worauf er sich schwer in den tiefen Sessel fallen ließ. Darauf folgte ein langanhaltender Hustenanfall. Iwan Andrejewitsch, der sich aus einem gereizten Tiger in ein Lämmlein verwandelt hatte und nun zitterte und zagte wie ein Mausejunges vor einem Kater, wagte kaum zu atmen, obschon er eigentlich aus eigener Erfahrung wissen mußte, daß nicht alle hintergangenen Ehemänner beißen. Doch das kam ihm gar nicht in den Sinn — sei es aus Mangel an Überlegungskraft, sei es aus irgend einem anderen Mangel in diesem Augenblick. Vorsichtig, nur leise tastend, wagte er unter dem Bett einen kleinen Orientierungsversuch, um seine Gliedmaßen in eine etwas bequemere Lage bringen zu können. Wie groß aber war sein Erstaunen, sein Schreck und seine Verwunderung, als seine tastende Hand plötzlich an einen Gegenstand stieß, der sich bewegte, ihn seinerseits mit einer Hand anfaßte!

Unter dem Bett war noch ein anderer Mensch!

»Wer ist da?« fragte Iwan Andrejewitsch flüsternd und zitternd.

»Ich soll Ihnen wohl meinen Namen nennen!« kam es flüsternd, doch mit deutlicher Ironie zurück. »Liegen Sie still und halten Sie den Mund, wenn Sie schon in die Falle geraten sind!«

»Mein Herr, Ihr Ton...«

»Still!«

Und der überflüssige Mensch — denn einer hätte unter dem fremden Ehebett doch vollkommen genügt — dieser freche Mensch preßte die Hand Iwan Andrejewitschs so stark in seiner Faust, daß dieser vor Schmerz fast aufgeschrieen hätte.

»Mein Herr, mein Herr...«

»Pst!«

»So zerdrücken Sie mir doch nicht meine Hand! oder ich schreie!«

»Na, los! Schreien Sie doch, wenn Sie's wagen!«

Iwan Andrejewitsch errötete vor Scham. Der Unbekannte schien kein Erbarmen zu kennen. Vielleicht war er schon so manches Mal einer Verfolgung des Schicksals ausgesetzt gewesen und befand sich infolgedessen nicht zum ersten Male in dieser Enge. Iwan Andrejewitsch aber war jedenfalls ein Neuling in dieser Situation und glaubte daher schier vergehen zu müssen. Das Blut stieg ihm beängstigend heiß zu Kopf. Was sollte er tun? Er mußte liegen, wie er lag: platt auf dem Bauch. Da faßte er sich in Demut und schwieg.

»Ich war, mein Herzchen«, begann der alte Gatte, »ich war, mein Herzchen, bei Páwel Iwánytsch. Wir begannen Préférence zu spielen, aber weißt du, köchö-köch-köch!« — er hustete — »so... köch-kch-kch! Mein Rücken... Köch! Ach, Gott... Köch-kch-kch!«

Und der Greis hustete endlos.

»Mein Rücken...«, fuhr er endlich mit schwacher Stimme fort, sich die Tränen aus den Augen wischend, »begann so zu schmerzen ... von diesen verwünschten Hämorrhoiden ... daß ich weder stehen noch sitzen ... noch sitzen konnte! Kököch-köch-köch!«

Es schien, daß dem neuen Hustenanfall ein weit längeres Leben bevorstand als dem Alten, der diesen Husten hatte. Ließ der Husten ein wenig nach, so brummte er mitunter ein paar unverständliche Worte, die aber bald wieder vom Husten erstickt wurden.

»Mein Herr, ich bitte Sie, rücken Sie um Christi willen etwas zur Seite!« flüsterte inzwischen Iwan Andrejewitsch.

»Wohin soll ich denn rücken, ich habe selbst keinen Platz!«

»Aber einstweilen, Sie müssen doch zugeben, daß ich nicht lange so liegen kann! Ich befinde mich zum erstenmal in einer solchen Lage.«

»Und ich zum erstenmal in so unangenehmer Nachbarschaft.«

»Einstweilen aber, junger Mann, ich muß sagen ...«

»Still!«

»Still? Ich möchte Ihnen nur bemerken, junger Mann, daß Ihre Redeweise, gelinde gesagt, sehr unhöflich ist... Wenn ich mich nicht täusche, sind Sie noch sehr jung; ich bin älter als Sie.«

»Schweigen Sie!«

»Mein Herr! Sie vergessen sich, Sie wissen nicht, mit wem Sie reden!«

»Mit einem Herrn, der unter einem fremden Ehebett liegt ...«

»Aber mich hat doch nur ein Zufall, ein Irrtum hergeführt ... Sie aber, wenn ich mich nicht täusche, Ihre Unsittlichkeit.«

»Gerade darin täuschen Sie sich eben.«

»Mein Herr! Ich bin älter als Sie, ich sage Ihnen ...«

»Mein Herr, vergessen Sie gefälligst nicht, daß wir hier auf dem *gleichen* Brett liegen. Und ich bitte Sie, mir nicht mit Ihren Händen ins Gesicht zu fahren!«

»Mein Herr! Glauben Sie mir, ich kann hier nichts sehen Verzeihen Sie, aber ich habe ja doch keinen Platz.«

»Wozu sind Sie denn auch so dick?«

»Herrgott, Vater im Himmel! Noch nie hast du mich in eine so erniedrigende Lage gebracht!«

»Ja, noch niedriger kann man nicht gut liegen.«

»Mein Herr, ich muß Sie bitten, mein Herr! Ich weiß zwar nicht, wer Sie sind, ich weiß auch nicht, wie das alles gekommen ist: ich weiß nur, daß ich irrtümlicherweise hierher geraten bin — ich bin nicht das, was Sie von mir glauben...«

»Ich würde nichts von Ihnen glauben, wenn Sie mich nicht immer stoßen wollten. So schweigen Sie doch endlich!«

»Mein Herr! Wenn Sie nicht weiterrücken, bekomme ich einen Schlaganfall! Sie werden meinen Tod zu verantworten haben. Ich versichere Ihnen ... Ich bin ein ehrenwerter Mensch, ein ... ein Familienvater. Ich kann mich doch nicht in einer solchen Lage befinden!...«

»Sie haben sich doch selbst und freiwillig in eine solche Lage gebracht. Nun, rücken Sie näher, da haben Sie noch etwas Platz. Aber mehr gibt's davon nicht.«

»Oh, ich sehe, Sie sind ein edler junger Mann! Ich sehe, daß ich mich in Ihnen getäuscht habe...«, begann Iwan Andrejewitsch in aufwallender Dankbarkeit, indes er seine abgetaubten Gliedmaßen in eine glücklichere Lage zu bringen suchte. »Ich kann Ihnen Ihre eigene Bedrängnis lebhaft nachfühlen, aber was soll man tun? Ich sehe, daß Sie schlecht von mir denken. Erlauben Sie, daß ich meine Reputation in Ihren Augen wieder herstelle ... Erlauben Sie, daß ich Ihnen auseinandersetze, wer ich bin, wie ich mich gegen meinen Willen hierher verirrt habe — nochmals, ich versichere Ihnen! Ich bin nicht aus dem Grunde hier, den Sie annehmen ... Ich fürchte mich entsetzlich...«

»So schweigen Sie doch endlich, Herrgott noch 'nmal! Begreifen Sie denn nicht, wem Sie sich aussetzen, wenn man Sie hört? Pst! Er wird sogleich aufhören zu husten!«

In der Tat hatte der Husten des Greises nachgelassen, und so schickte er sich wieder an, zu sprechen.

»Also, mein Herzchen«, krächzte der Greis mühsam und mit kläglicher Stimme, »also, mein Herzchen, köch-köch! Ach! diese Plage! Fedosseí Iwánowitsch sagte mir: ,Sie sollten doch versuchen', sagte er – köch! – ,doch versuchen, einmal Schafgarbentee zu trinken.' Hörst du, Herzchen?«

»Ich höre, mein Freund.«

»Nun, also er sagte: ,Sie sollten doch Schafgarbentee trinken.' Ich aber sagte: ,Ich habe mir schon Blutegel anlegen lassen.' Er aber sagte: ,Nein, Alexander Demjánowitsch, Schafgarbentee ist besser, ist vor allem ein gutes Purgativ, sage ich Ihnen...' Köch-köch! Ach, Gott! Was meinst du nun dazu, Herzchen? Köch-köch! Ach, Gott! Köch-köch! ... Also du meinst, Schafgarbentee wäre besser, wie? ... Köch-köch! Ach, Gott! Köch! ...« usw., usw.

»Ich meine, daß es nicht schlecht sein kann, dieses Mittel zu versuchen«, meinte die junge Frau.

»Ja, nicht schlecht! ,Sie haben', sagte er, ,vielleicht sogar die Schwindsucht.' Köch-köch! Ich aber sagte: ,Nein, Podagra, und außerdem einen Magenkatarrh...' Köch-köch! Er aber sagt: ,vielleicht auch Schwindsucht'. Also was, köch-köch! Was meinst du dazu, mein Herzchen: habe ich wirklich die Schwindsucht? Köch!«

»Ach, wie kommen Sie nur darauf, Alexander Demjanowitsch! Welch ein Unsinn das ist!«

»Ja, die Schwindsucht, sagt er. Aber du, mein Herzchen, könntest dich jetzt auskleiden und zu Bett gehen ... Köch-köch! Ich aber habe heute, köch! heute Schnupfen.«

»Uff!« stöhnte Iwan Andrejewitsch in seiner Zwangslage unter dem Bett. »Um Gottes willen, rücken Sie weiter!«

»Ich kann mich wahrhaftig nur über Sie wundern: können Sie denn keinen Augenblick still sein? ...«

»Sie sind gegen mich erbittert, junger Mann. Sie wollen mich verletzen, das sehe ich. Sie sind wahrscheinlich der Liebhaber dieser Dame?«

»Schweigen Sie!«

»Ich werde nicht schweigen! Ich werde Ihnen nicht erlauben, hier zu kommandieren! Ganz gewiß sind Sie der Liebhaber! Wenn man uns entdeckt, bin ich vollkommen unschuldig, ich ... ich weiß von nichts.«

»Wenn Sie nicht endlich den Mund halten«, unterbrach ihn der junge Mann zähneknirschend, »werde ich sagen, daß Sie mich hergelockt haben, daß Sie mein Onkel sind, der sein Vermögen durchgebracht hat. Dann wird man wenigstens nicht annehmen, daß ich der Liebhaber dieser Dame sei.«

»Mein Herr! Sie wollen mich zum Narren machen! Wissen Sie auch, daß meine Geduld reißen kann?«

»Pst! oder ich werde Sie das Schweigen anders lehren! Sie sind mein Unglück! So sagen Sie doch: weshalb sind Sie denn hier? Ohne Sie würde ich hier, wo ich liege, ruhig bis zum Morgen liegen, und dann bei passender Gelegenheit fortgehen ...«

»Aber ich kann hier doch nicht bis zum Morgen so liegen, ich bin doch ein denkender Mensch! Ich habe Verbindungen, habe Protektion ... Was meinen Sie: wird er wirklich hier schlafen?«

»Wer?«

»Nun, dieser Greis?«

»Selbstverständlich wird er! Es sind doch nicht alle Männer so wie Sie. Einige übernachten auch zu Hause.«

»Mein Herr, mein Herr!« rief Iwan Andrejewitsch, erkaltend vor Schreck, »seien Sie überzeugt, daß auch ich zu Hause zu schlafen pflege, es ist das erstemal ... Aber, mein Gott, ich sehe, daß Sie mich kennen! Wer sind Sie, junger Mann? Sagen Sie es mir ohne Umschweife, ich flehe Sie an, aus uneigennütziger Liebe bitte ich Sie darum, — wer sind Sie?«

»Hören Sie mal! Entweder — oder ich gebrauche Gewalt! ...«

»Aber erlauben Sie, erlauben Sie, daß ich Ihnen erzähle,

mein Herr, daß ich Ihnen diese ganze entsetzliche Geschichte erkläre ...«

»Ich will nichts von Ihnen hören, ich will nichts wissen, lassen Sie mich in Ruh! Schweigen Sie oder ...«

»Aber ich kann doch nicht ...«

Unter dem Bett spielte sich ein zwar kurzer, doch dafür um so erbitterterer Kampf ab, bis Iwan Andrejewitsch verstummte.

»Herzchen, knurrt hier nicht der Kater irgendwo?«

»Der Kater? Wie ... wie kommen Sie darauf?«

Offenbar wußte die junge Frau nicht, was sie mit ihrem alten Gatten reden sollte, da sie, nach ihrer erschrockenen Stimme und ihrer Unsicherheit zu urteilen, ihre Geistesgegenwart noch nicht wiedererlangt hatte.

»Was für ein Kater?«

»Unser Wasska, Herzchen. Vor ein paar Wochen ging ich in mein Arbeitszimmer, da saß er und schnurrte so vor sich hin. Ich fragte ihn: ,Was hast du, Wassenka?' Er aber schnurrt und schnurrt. Da dachte ich: Ach, ihr Heiligen! Sollte er mir etwa meinen Tod prophezeien?«

»Pfui, welch einen Unsinn Sie heute reden! Schämen Sie sich!«

»Nu-nu-nun, sei nur nicht böse, Herzchen. Ich sehe: der Gedanke, daß ich sterben könnte, ist dir unangenehm, sei aber nicht böse deshalb. Ich sagte es nur so. Aber du könntest dich wirklich, Herzchen, jetzt auskleiden und zu Bett gehen; ich werde hier noch – Köch-köch! – solange sitzen ... Köch-köch-köch!«

»Oh, um's Himmels willen, hören Sie auf! Später ...«

»Nu-nu, sei nicht böse, sei nicht böse! Nur war es wirklich so, als raschelten hier Mäuse ...«

»Ach, bald glauben Sie den Kater, bald Mäuse zu hören! Ich weiß nicht, was heute mit Ihnen ist!«

»Nu, nu ... Köch-köch! Nichts, nichts, köch-köch-köch-köch! Ach, du Grundgütiger! – Köch!«

»Da haben Sie's! Sie schreien so laut, daß er es glücklich

gehört hat!« flüsterte der junge Mann seinem Nachbar zu, während der Alte hustete.

»Wenn Sie nur wüßten, was in mir vorgeht! Meine Nase blutet ...«

»So lassen Sie sie bluten, nur schweigen Sie! Warten Sie, bis er fortgegangen ist.«

»Aber, junger Mann, so versetzen Sie sich doch in meine Lage: ich weiß doch nicht einmal, mit wem ich hier liege!«

»Ja, würde Ihnen denn davon leichter werden, wenn Sie's wüßten? Ich interessiere mich doch nicht im geringsten für Ihren Namen. Aber wenn schon — nun, wie lautet denn Ihr Name, sagen Sie doch zuerst?«

»Nein, wozu meinen Namen nennen ... Ich will nur erklären, durch welchen sinnlosen Zufall ...«

»Pst ... er hat aufgehört ...«

»Glaube mir, mein Herzchen, jetzt habe ich ganz deutlich flüstern gehört!«

»Ach, nein, das ist doch nicht möglich, es wird sich nur die Watte in Ihren Ohren verschoben haben.«

»Ach, à propos! Weißt du, hier ... Köch-köch ... über uns ... Köch ... in der Wohnung über uns, hier, köch-köch!«

»Über uns!« flüsterte der junge Mann. »Ach, der Teufel! Und ich dachte, dies sei das letzte Stockwerk! Ist denn dies hier erst das zweite?«

»Junger Mann, mein Herr«, fuhr Iwan Andrejewitsch wie von jemandem gekniffen auf, »was sagen Sie da? Um Gottes willen, weshalb interessiert Sie das? Auch ich war der Meinung, daß dies das dritte und letzte Stockwerk sei! Um Gottes willen, ist hier denn noch ein Stockwerk?«

»Nein, wirklich, mein Herzchen, es muß hier jemand sein«, sagte der Greis, dessen Husten sich wieder gelegt hatte.

»Pst! Hören Sie?« flüsterte der junge Mann, dessen Hand wie eine eiserne Zange Iwan Andrejewitschs Hand packte.

»Mein Herr, Sie zermalmen mir alle Finger! Das ist Vergewaltigung! Lassen Sie los!«

»Pst!«

Wieder kam es zu einem kurzen Kampf, dem wieder vollständige Stille folgte.

»Ja, ich traf eine nette Kleine ...«, fuhr der Greis fort.

»Wie, eine nette? ... Du wolltest etwas erzählen ... Bitte, erzähle doch!« sagte seine junge Frau.

»Ja ... habe ich dir noch nicht erzählt, daß ich einer netten Dame auf der Treppe begegnet bin? ... oder habe ich es vergessen, zu erzählen ... Mein Gedächtnis ist schwach. Johanniskraut müßte ich trinken ... Köch!«

»Was?«

»Johanniskraut müßte ich trinken: man sagt, das helfe ... Köch-köch-köch! ... denn das helfe, sagt man.«

»Da haben Sie ihn unterbrochen!« flüsterte der junge Mann knirschend.

»Du sagtest, dir sei heute eine nette Dame begegnet?« fragte die junge Frau.

»Wie?«

»Dir ist heute eine nette Dame begegnet?«

»Wem das?«

»Aber dir doch!«

»Mir? Wann? Ach so, richtig, ja! ...«

»Endlich! Oh, du verfluchte Mumie!« murmelte der junge Mann unterm Bett, der dem vergeßlichen Greise am liebsten einen aufmunternden Rippenstoß versetzt hätte.

»Mein Herr! Ich zittere vor Angst! Mein Gott, mein Gott! was höre ich? Das ist ja wie gestern, ganz wie gestern! ...«

»Pst!«

»Jajaja! Jetzt fällt es mir wieder ein: eine solche Schelmin! So blanke Augen ... unter einem hellblauen Hütchen ...«

»Hellblauen Hütchen!! Teufel noch eins!«

»Das ist sie!! Sie hat ein hellblaues Hütchen! Mein Gott! mein Gott!« stöhnte Iwan Andrejewitsch wie ein Verzweifelter.

»Sie? Welch eine ‚sie'?« fragte der junge Mann flüsternd, doch mit unheimlichem Händedruck.

»Pst!« machte nun seinerseits Iwan Andrejewitsch, »er spricht!«

»Zum Teufel! ... Teufel ...«

»Übrigens kann jede Dame ein hellblaues Hütchen tragen ...«, flüsterte Iwan Andrejewitsch zaghaft.

»Und solch eine Schelmin scheint sie zu sein!« fuhr der Greis jetzt fort, »köch! Sie kommt immer hierher, zu irgendwelchen Bekannten. Und immer liebäugelt sie. Zu diesen Bekannten kommen aber wieder andere Bekannte ...«

»Pfui, wie langweilig das ist«, unterbrach ihn seine junge Frau. »Ich begreife nicht, wie einen so etwas interessieren kann.«

»Nun, schon gut, schon gut! Sei nur nicht böse!« beschwichtigte sie wieder der Greis. »Ich ... ich – Köch! – ich werde nicht mehr davon erzählen, wenn du es nicht willst. Du bist heute nicht bei Laune ...«

»Aber wie sind Sie denn hierher geraten?« forschte plötzlich in gereiztem Flüsterton der junge Mann unterm Bett.

»Ach, sehen Sie, sehen Sie! Jetzt fangen Sie an, sich dafür zu interessieren, vorhin aber wollten Sie mich überhaupt nicht anhören!«

»Ach, nun, dann nicht! Mir ist's schließlich gleich. Aber seien Sie dann wenigstens still! Hol's der Teufel, die Geschichte ist, weiß Gott! um aus der Haut zu fahren ...«

»Junger Mann, hören Sie, ärgern Sie sich nicht! Ich weiß nicht, was ich rede! Ich ... ich wollte nur sagen, daß Sie sich wohl kaum grundlos für den Zwischenfall interessieren werden ... Aber wer sind Sie, junger Mann? Sie sind mir unbekannt, wie ich sehe, aber wer sind Sie nun eigentlich! Mein Gott! Ich weiß selbst nicht mehr, was ich rede!«

»Hören Sie auf«, sagte der junge Mann, aber in einem Tone, als sei er innerlich mit anderem beschäftigt.

»Ich werde Ihnen alles erzählen, alles! Sie denken vielleicht, daß ich nicht erzählen werde, daß ich Ihnen böse bin, nicht? Hier haben Sie meine Hand! Ich bin nur in einer etwas niedergeschlagenen Stimmung, das ist alles. Aber sagen Sie mir um Gottes willen zuerst: wie sind Sie hierher geraten? Aus welchem Grunde, zu welchem Zweck sind Sie in dieses Haus gekommen? Was mich betrifft, so bin ich nicht böse, bei Gott, ich bin Ihnen nicht böse, hier haben Sie meine Hand darauf. Nur wird sie nicht allzu sauber sein, denn hier ist es etwas staubig. Aber was will das besagen!? Auf das Gefühl kommt es an!«

»Eh, gehn Sie zum Teufel mit Ihrer Hand! Kaum, daß man hier Platz hat, platt auf dem Bauch zu liegen – da will er noch Armverrenkungen versuchen!«

»Aber, mein Herr! Sie gehen mit mir um, als wäre ich, mit Erlaubnis zu sagen, eine alte Stiefelsohle!« wendete Iwan Andrejewitsch in einer Aufwallung der keuschesten Verzweiflung mit einer Stimme ein, wie man sie sonst nur zu flehentlichen Bitten gebraucht. »Behandeln Sie mich nur ein wenig höflicher – hören Sie? – nur ein wenig höflicher, und ich werde Ihnen alles erzählen! Wir würden einander liebgewinnen; ich bin sogar bereit, Sie zu mir zu Tisch einzuladen. So aber können wir nicht beisammen liegen bleiben, das sage ich Ihnen ganz offen. Sie sind auf einem Irrwege, junger Mann, Sie wissen nicht ...«

»Wann kann er ihr denn begegnet sein?« murmelte der junge Mann vor sich hin, offenbar in größter Aufregung. »Vielleicht wartet sie dort auf mich ... Nein, ich muß unbedingt fort von hier, koste es, was es wolle!«

»,Sie'! Wer ist diese ,sie'? Mein Gott! von wem reden Sie, junger Mann? Sie glauben, daß hier oben über uns ... Mein Gott, mein Gott, wofür werde ich so gestraft?!«

Und Iwan Andrejewitsch wollte sich, außer sich vor Verzweiflung, auf den Rücken drehen, doch der Versuch mißlang, was ihn noch unglücklicher machte.

»Was geht Sie das an, wer sie ist? Eh, zum Teufel! – ich krieche hinaus! ...«

»Mein Herr! Was fällt Ihnen ein? Und ich? Wo soll ich

dann bleiben?« stotterte Iwan Andrejewitsch entsetzt, und klammerte sich an die Frackschöße des anderen.

»Was geht das mich an? So bleiben Sie doch allein hier. Oder wenn Sie das nicht wollen, kann ich ja sagen, daß Sie mein Onkel seien, der sein Vermögen durchgebracht hat, damit der Klappergreis nicht auf den Gedanken kommt, in mir den Geliebten seiner Frau zu sehen.«

»Aber, junger Mann, das ist doch ganz unmöglich, ganz ausgeschlossen! Wer wird Ihnen denn das glauben, daß ich Ihr Onkel sei? Kein dreijähriges Kind wird es Ihnen glauben!« flüsterte in beschwörendem Ton Iwan Andrejewitsch.

»Dann schwatzen Sie wenigstens nicht und liegen Sie still! Sie können doch hier ruhig übernachten und dann morgen sehen, wie Sie hinauskommen. Kein Mensch wird Sie hier bemerken: wenn einer schon herausgekrochen ist, wird niemand noch einen zweiten unter dem Bett vermuten — da könnte ein ganzes Dutzend sich hier sicher fühlen. Übrigens wiegen Sie allein ein ganzes Dutzend auf. Rücken Sie zur Seite, ich krieche hinaus.«

»Sie drücken mich, junger Mann ... Aber wie, wenn ich zu husten beginne? Man muß doch alles voraussehen ...«

»Pst!«

»Was ist das, mein Herzchen, ich glaube, über uns hat wieder ein Spektakel begonnen«, bemerkte der Greis, der inzwischen wohl eingeschlummert war, mit schläfriger Stimme.

»Über uns?«

»Hören Sie, junger Mann: *ich* werde hinauskriechen.«

»Ich höre, — nun!«

»Mein Gott, junger Mann, ich werde hinauskriechen!«

»Ich nicht. Mir ist alles gleich. Wenn schon einmal ein Strich durch die Rechnung gemacht ist, dann ... Aber wissen Sie, was ich vermute? Daß gerade Sie und kein anderer ein betrogener Ehemann sind! Haben Sie's gehört?«

»Mein Gott, welch ein Zynismus! ... Vermuten Sie das wirklich? Aber weshalb denn gerade ein Ehemann ... ich bin doch nicht verheiratet ...«

»Was, nicht verheiratet? Sie? Wer das glaubt!«

»Ich bin vielleicht selbst ein Liebhaber, Sie können es doch nicht wissen!«

»Famoser Liebhaber das! Haha!«

»Mein Herr, mein Herr! Nun gut, ich werde Ihnen alles erzählen. Vernehmen Sie also meine Beichte, — die Beichte eines Verzweifelten. Nicht ich bin der Betreffende, ich bin nicht verheiratet. Ich bin gleichfalls Junggeselle — ganz wie Sie. Es ist nur mein Freund, mein Jugendfreund, um den es sich handelt ... Ich aber bin ein Liebhaber ... Da sagt er mir eines Tages: ,Ich bin ein unglücklicher Mensch, ich muß den bittersten Kelch leeren, denn ich mißtraue meiner Frau.' — ,Aber, Freund', sage ich, ,wessen verdächtigst du sie denn?' ... Aber Sie hören mir ja gar nicht zu! So hören Sie, hören Sie doch! ... ,Eifersucht ist lächerlich', sage ich zu ihm, ,Eifersucht ist ein Laster!' ... Er aber sagt: ,Nein, ich bin ein unglücklicher Mensch! Ich — wie gesagt ... ich leere den Kelch, den bittersten Kelch ... das heißt: ich habe sie im Verdacht ...' — ,Du bist mein Jugendfreund', sagte ich zu ihm. ,Wir haben gemeinsam Blumen gepflückt, gemeinsam die ersten Freuden genossen ...' Mein Gott, ich weiß nicht mehr, was ich rede! Sie lachen die ganze Zeit, junger Mann. Sie werden mich noch verrückt machen!«

»Das sind Sie ja schon.«

»Da haben wir's! Ich ahnte es ja, daß Sie mir das sagen würden, als ich das Wort noch nicht einmal ausgesprochen hatte — da schon ahnte ich es! Lachen Sie nur, lachen Sie nur, junger Mann! Auch ich bin so gewesen, zu meiner Zeit, auch ich habe so verführt! Ach, ja! — jetzt aber ... jetzt werde ich sicher verrückt!«

»Was ist das, mein Herzchen, hat hier nicht jemand geniest?« fragte wieder der Greis in seiner trägen Langsamkeit. »Warst du es, mein Herzchen?«

»Oh, mon Dieu!« stöhnte die arme junge Frau.

»Pst!« hörte man unter dem Bett.

»Das muß über uns im dritten Stockwerk sein«, bemerkte

die junge Frau in ihrer Herzensangst. Unter dem Bett wurde es schon allzu verräterisch laut und immer lauter.

»Ja, das scheint mir auch so«, meinte der Greis bedächtig. »Über uns! ... Habe ich dir schon erzählt, daß ich einem jungen Mann — Köch-köch! einem jungen Mann mit einem Schnurrbärtchen — Köch-köch! Ach! mein Gott und Vater! — mein Rücken! ... einem jungen Fant soeben begegnet bin, mit einem Schnurrbärtchen ...«

»Mit einem Schnurrbärtchen! Großer Gott, das sind gewiß Sie!« flüsterte Iwan Andrejewitsch entsetzt.

»Herrgott, ist das ein Mensch! Ich bin doch hier, hier unter dem Bett, liege hier dicht neben Ihnen! Wo kann er mir denn begegnet sein! Aber so fahren Sie mir doch nicht ewig mit Ihren Händen ins Gesicht!«

»Gott, ich werde sogleich ohnmächtig werden!«

In diesem Augenblick hörte man in der oberen Wohnung allerdings einen großen Lärm.

»Was mögen sie dort nur treiben?« fragte sich der junge Mann.

»Mein Herr! Ich zittere, mir graut! Helfen Sie mir!«

»Pst!«

»Ja, mein Herzchen, jetzt höre ich es ganz deutlich, es ist ja ein Höllenspektakel dort oben. Und das gerade über deinem Schlafzimmer. Sollte man da nicht hinaufschicken und um Ruhe bitten lassen?«

»Ach, das fehlte noch!«

»Nun, nun, schon gut, dann nicht. Warum bist du heute so böse?«

»Oh, mon Dieu! Werden Sie nicht bald schlafen gehn?«

»Lisa, du liebst mich gar nicht.«

»Ach, gewiß liebe ich Sie! Nur ... um Gottes willen, ich bin so müde.«

»Nun, nun, schon gut, ich gehe ja schon.«

»Ach, nein, nein, gehen Sie nicht fort!« rief die junge Frau plötzlich angstvoll. »Oder nein, gehen Sie, gehen Sie!«

»Was hast du nur, mein Herzchen! Bald sagst du, ich

soll fortgehen, bald wieder, ich soll hierbleiben ... Köchköch! Aber es wäre wirklich Zeit zum ... Köch-köch! Bei Panafidins hatten die kleinen Mädchen ... Köch-köch! ... Mädchen ... Köch! Eine Nürnberger Puppe sah ich bei der Kleinen, Köch-köch! ...«

»Ach, jetzt redet er noch von Puppen!«

»Köch-köch! Eine sehr schöne Puppe war es ... Köchköch!«

»Er verabschiedet sich schon!« flüsterte der junge Mann seinem Leidensgenossen zu, »er geht und dann können wir sogleich hinausschlüpfen. Hören Sie? So freuen Sie sich doch!«

»Oh, Gott gebe es! Gott gebe es!«

»Das war eine Lehre für Sie ...«

»Junger Mann! Was für eine Lehre? Wofür? Ich fühle, daß ... Sie sind noch zu jung, Sie können mir keine Lehre geben.«

»Trotzdem gebe ich sie aber ... Hören Sie?«

»Gott! Ich muß niesen! ...«

»Pst! Wenn Sie es nur wagen!!«

»Aber was soll ich denn tun? Es riecht hier nach Mäusen, ich habe Staub eingeatmet! Ich kann doch nicht! Ziehen Sie mir mein Taschentuch, aus meiner Tasche, um Gottes willen, ich kann mich nicht rühren ... O Gott, O Gott! Wofür werde ich so gestraft?«

»Da haben Sie Ihr Taschentuch! Wofür Sie bestraft werden, das will ich Ihnen sogleich sagen: Sie sind eifersüchtig. Auf Grund Gott weiß welcher Zweifel rennen Sie wie ein Verrückter durch die Straßen der Stadt, brechen in fremde Häuser ein, belästigen die Menschen in ihren Wohnungen, verursachen einen Skandal ...«

»Junger Mann! Ich habe noch nie einen Skandal verursacht!«

»Schweigen Sie!«

»Junger Mann, Sie können und dürfen mir nicht Moral predigen! Ich bin moralischer als Sie!«

»Schweigen Sie!«

»O Gott, o Gott!«

»Sie verursachen einen Skandal, erschrecken eine schöne junge Frau, die nicht weiß, wo sie sich vor Angst lassen soll, und die vielleicht noch krank werden wird von dieser ganzen Aufregung; Sie beunruhigen einen ehrwürdigen Greis, der von seinen verschiedenen Leiden ohnehin schon genug gequält wird, einen Greis, der vor allen Dingen der Ruhe bedarf, – und das alles aus welchem Grund? Nur weil Sie sich da irgendeinen Unsinn in den Kopf gesetzt haben, mit dem Sie nun durch alle Gassen und in alle Häuser laufen! Begreifen Sie auch, begreifen Sie auch, in welches Licht Sie sich selbst gestellt haben, als was Sie dastehen, was man von Ihnen denken muß? Fühlen, begreifen Sie das auch wirklich so, wie es sich gehört?«

»Mein Herr! Gut! Ich fühle es! Aber Sie haben kein Recht...«

»Schweigen Sie! Was reden Sie hier von Recht oder kein Recht! Begreifen Sie denn nicht, wie tragisch das enden kann? Begreifen Sie denn nicht, daß dieser Greis, der seine junge Frau über alles liebt, einfach irrsinnig werden kann, wenn er sieht, wie Sie unter dem Bett seiner Frau hervorkriechen? Doch nein, Sie können nicht die Ursache einer Tragödie sein! Wenn Sie hervorkriechen, muß ein jeder, denke ich, sich vor Lachen krummbiegen. Ich würde viel dafür geben, könnte ich Sie mal bei Licht betrachten! Sie müssen ja zum Platzen komisch sein!«

»Und Sie? In einer solchen Lage, unter dem Bett hervorkriechend, würden Sie gleichfalls lächerlich sein! Auch ich würde Sie gern einmal bei Licht betrachten!«

»Sie!!«

»Ihrem Gesicht wird zweifellos der Stempel der Unsittlichkeit aufgedrückt sein, junger Mann!«

»Ah! Sie kommen mir wieder mit der Sittlichkeit! Woher wissen Sie denn, weshalb ich hier bin? Ich bin irrtümlicherweise hierher geraten, ich wollte eine Treppe höher hinauf.

Und der Teufel mag wissen, weshalb man mich hereingelassen hat! Offenbar muß sie selbst jemanden erwartet haben – doch, versteht sich, jedenfalls nicht Sie. Ich versteckte mich sofort unter dem Bett, als ich Ihre Schritte hörte und als ich sah, daß die Dame so heftig erschrak. Zudem war es hier noch ziemlich dunkel. Übrigens kann meine Anwesenheit Ihre Anwesenheit noch lange nicht rechtfertigen. Sie sind, mein Herr, nichts als ein lächerlicher eifersüchtiger Greis! Weshalb ich nicht hinausgehe? Sie denken vielleicht, ich fürchte mich? Nein, mein Verehrtester, ich wäre schon längst gegangen, ich bin nur aus Mitleid mit Ihnen hiergeblieben. Sie würden ja am Ende gar Ihren Geist aufgeben, wenn ich Sie verließe. Sie würden ja wie ein alter Klotz vor ihnen stehen, wenn man Sie endlich ans Licht beförderte, Sie würden sich doch nie und nimmer zurechtfinden . . .«

»Weshalb denn wie ein alter Klotz? Weshalb gerade wie dieser Gegenstand? Konnten Sie mich nicht mit etwas anderem vergleichen, junger Mann? Weshalb sollte ich mich denn nicht zurechtfinden? Nein, ich würde mich sehr gut . . .«

»Pst! Hören Sie nicht, wie der Schoßhund bellt! Das kommt alles von Ihrem ewigen Geschwätz! Jetzt haben Sie das Hündchen aufgeweckt! Dieses elende Vieh kann noch zu unserem Verräter werden!«

In der Tat: das Schoßhündchen der Dame, das bis dahin ruhig auf seinem Kissen in der Ecke geschlafen hatte, war plötzlich aufgewacht, hatte ein wenig geschnuppert und war dann mit empörtem Gekläff unter das Bett gestürzt.

»O Gott, dieses miserable Biest!« murmelte Iwan Andrejewitsch, halb tot vor Schreck und Angst. »Es wird uns bestimmt verraten! Jetzt wird alles offenbar werden! Wodurch habe ich nur diese Strafe verdient, o du mein Gott!«

»Durch Ihre Feigheit natürlich!«

»Ami, Ami, komm her!« rief plötzlich, erschrocken auffahrend, die junge Frau. »Ici, Ici, viens ici!«

Doch das Hündchen kümmerte sich nicht um sie, sondern griff mutig Iwan Andrejewitsch an.

»Was ist das, mein Herzchen, weshalb bellt denn Amischka so laut?« fragte der Greis. »Sind etwa Mäuse unter dem Bett, oder sitzt dort der Kater? Deshalb also – ich hörte ihn ja schon die ganze Zeit schnurren ... Und du weißt doch, unser Wasska hat sich erkältet ...«

»Liegen Sie ganz still!« flüsterte der junge Mann. »Rühren Sie sich nicht! Dann wird das Vieh sich vielleicht beruhigen.«

»Mein Herr! Mein Herr! Geben Sie meine Hände frei! Weshalb halten Sie sie fest?«

»Pst! still!«

»Aber ich bitte Sie, ich beschwöre Sie, der Hund beißt mich gleich in die Nase! Sie wollen wohl, daß ich meine Nase verliere?«

Es folgte ein Handgemenge, in dem es Iwan Andrejewitsch schließlich gelang, seine Hände zu befreien. Das Hündchen bellte wie rasend; plötzlich aber quiekte es auf und verstummte.

»Ach!« schrie die Dame auf.

»Was tun Sie?« flüsterte der junge Mann wütend. »Sie verraten uns! Weshalb haben Sie den Hund gepackt? Teufel, der Kerl würgt ihn noch obendrein! So hören Sie doch, was ich Ihnen sage! Lassen Sie ihn laufen! Hören Sie! Sie Kamel! Haben Sie denn keine Ahnung von einem Weiberherzen? Sie wird uns beide noch an den Galgen bringen, wenn Sie ihren Hund erwürgen!«

Doch die Angst hatte Iwan Andrejewitsch taub gemacht: er hörte auf nichts. Es war ihm gelungen, den kleinen Köter am Kragen zu fassen: und da hatte er ihm denn in übergroßem Selbsterhaltungstrieb den Hals mit einem Griff so zugeschnürt, daß dem Tierchen kaum Zeit geblieben war, noch einmal zu quieken, bevor es den Geist aufgab.

»Wir sind verloren!« flüsterte der junge Mann.

»Amischka, Amischka!« rief die Dame. »Mon Dieu, was haben sie mit meinem Ami gemacht! Amischka, Amischka! Ici! Oh, diese Schändlichen! Diese Barbaren! Mein Gott, mir wird schlecht!«

»Was ist denn, was ist denn geschehen, mein Herzchen?« sagte der Greis, der wohl gerade im Begriff gewesen war, ein wenig einzuschlummern, »was hast du, mein Herz? Amischka, hierher! hierher! Amischka, Amischka, Amischka!« rief der Alte eifrig, schnalzte mit der Zunge, schnippte mit den Fingern, doch es half alles nichts: Amischka kam nicht wieder zum Vorschein. »Wo ist er denn geblieben? Amischka! Ici. Wirst du wohl! Es kann doch nicht sein, daß der Kater ihn dort aufgefressen hat? Jedenfalls muß Wasska Prügel bekommen, meine Liebe; er ist schon einen ganzen Monat nicht mehr bestraft worden. Was meinst du dazu? Ich werde morgen Praskówja Sachárjewna fragen, was sie dazu meint. Aber um Gottes willen, mein Herz, was ist mit dir? Du bist ganz bleich! Oh, oh! Wasser! Hilfe! Hilfe!«

Und der Alte stürzte kopflos zur Tür.

»Diese Mörder! Diese Räuber!« schrie die Dame und sank auf die Chaiselongue.

»Wer, wer, wer war das?« rief der Alte von der Tür her.

»Dort sind Menschen! Fremde Menschen! Dort ... unter meinem Bett! Oh, mon Dieu! Amischka, Amischka! Was haben sie mit dir getan!!«

»Ach, Gott im Himmel! Was für Menschen? Amischka ... Nein, zuerst Leute her, Leute! Leute! Wer ist dort? Wer?« schrie der Alte ganz heiser vor Aufregung, und er griff nach dem Licht und beugte sich, um unter das Bett zu sehen. »Wer ist dort! Zu Hilfe! Leute! ...«

Iwan Andrejewitsch lag mehr tot als lebendig neben dem Leichnam Amischkas. Der junge Mann aber verfolgte aufmerksam jede Bewegung des Alten. Plötzlich sah er, daß dieser sich niederzubeugen begann, und während der Alte die Einbrecher auf der anderen Seite des Ehebettes suchte, kroch er im Nu unter dem Bett hervor.

»Mon Dieu!« murmelte die Dame ganz entgeistert, als sie plötzlich einen jungen eleganten Mann vor sich stehen sah. »Wer sind Sie? Ich dachte ...«

»Der andere ist noch unterm Bett«, erklärte ihr der junge

Mann leise und schnell. »*Er* ist schuld an Amischkas Tod!«
»Ach!« schrie die Dame entsetzt auf.
Doch schon war der junge Mann aus dem Zimmer.
»Ach! Wer ist hier? Hier sehe ich einen Stiefel! Ein Bein!« keuchte der Alte, der Iwan Andrejewitsch am Fuß hervorzuziehen versuchte.
»Der Mörder! dieser Mörder! oh Ami, oh Ami!« jammerte die Dame.
»Kommen Sie hervor! Kommen Sie hervor!« schrie der Alte, mit den Füßen auf den Teppich trampelnd. »Wer sind Sie? Was suchen Sie hier? Was wollen Sie? Gott im Himmel! Was das für ein Mensch ist!«
»Das sind ja Mörder!«
»Um Gottes und aller Heiligen willen! Um Christi willen!« flehte Iwan Andrejewitsch, der auf allen Vieren hervorkroch, sich auf den Knien erhob, flehend die Hände faltete und dann wieder weiterkroch. »Um Gottes willen, Euer Exzellenz, rufen Sie keine Menschen herbei! Exzellenz, rufen Sie keine Menschen herbei! Das ... das ist überflüssig! Sie ... Sie können mich nicht vor die Tür setzen lassen! ... Ich bin nicht solch einer! ... Ich bin ein freier Mensch ... Das ist ein Irrtum, Exzellenz, ich habe mich nur geirrt! Ich werde Ihnen sogleich alles erklären, Exzellenz, alles, alles, alles!« fuhr Iwan Andrejewitsch schluchzend mit versagender Stimme fort. »An allem ist nur meine Frau schuld, das heißt: nicht meine Frau, sondern eine fremde Frau, — denn ich bin ja gar nicht verheiratet, ich bin nur so ... Das ist mein Schulkamerad und Jugendfreund ...«
»Was für ein Jugendfreund!« schrie der Alte und stampfte zornig mit dem Fuß auf. »Sie sind ein Dieb, ein Einbrecher, ein Mörder! Stehlen wollten *Sie*! ... Aber nicht ein Jugendfreund! ...«
»Nein, ich bin kein Dieb, Exzellenz, ich bin wirklich sein Jugendfreund ... ich ... ich habe mich nur zufällig verirrt, ich habe nur die Haustüren verwechselt! ...«
»Das kennt man! — Haustüren verwechselt!«

»Euer Exzellenz! Ich bin nicht solch ein Mensch! Sie täuschen sich! Ich versichere Ihnen, daß Sie sich in einem grausamen Irrtum befinden, Exzellenz! Sehen Sie mich an, betrachten Sie mich, und Sie werden an allen Anzeichen erkennen, daß ich kein Dieb sein kann. Exzellenz! Euer Exzellenz!« flehte Iwan Andrejewitsch, sich mit beschwörender Gebärde an die junge Frau wendend. »Sie ... Sie werden mich als zartfühlende Dame eher verstehen ... Ich ... ich habe Amischka umgebracht ... Aber ich bin nicht schuld daran ... bei Gott nicht! Daran ist meine ... das heißt: nicht meine, sondern eine fremde Frau schuld! Ich ... ich bin ein unglücklicher Mensch, ich habe den Kelch geleert ...«

»Was geht das mich an, was Sie da geleert haben — es wird wohl nicht nur *ein* Kelch gewesen sein, nach Ihrem Aussehen zu urteilen! Aber wie sind Sie hierher gekommen, mein Herr, wenn Sie mir das erklären wollten?!« schrie der Alte, zitternd vor Aufregung, obschon er sich selbst eingestand, daß dieser Fremde offenbar kein gewöhnlicher Dieb sein konnte. »Ich frage Sie: wie — sind — Sie — hierher gekommen? Zum Donnerwetter! ... Daß Sie kein Räuber sind ...«

»Ich bin kein Räuber, ich bin kein Räuber, Exzellenz! Ich ... ich bin nur in eine andere Tür ... bei Gott, ich bin kein Räuber! Das kommt alles nur daher, daß ich eifersüchtig bin! Ich werde Ihnen alles erzählen, Exzellenz, alles und ganz offenherzig, Exzellenz, wie meinem Vater werde ich es Ihnen erzählen, wie meinem leiblichen Vater, denn den Jahren nach könnten Sie doch mein Vater sein!«

»Was? Ich Ihr Vater?!«

»Exzellenz, Euer Exzellenz! Ich habe Sie vielleicht verletzt! — o, verzeihen Sie mir! In der Tat, eine so junge Frau ... und Ihre Jahre ... sehr-sehr-sehr angenehm, Euer Exzellenz, glauben Sie mir, eine ... eine solche Ehe zu sehen ... in den besten Jahren! ... Rufen Sie nur nicht die Leute herbei, um Gottes willen, rufen Sie nicht Ihre Leute her ... die würden nur lachen ... ich kenne sie ... Das heißt, ich will damit nicht sagen, daß ich mit Ihren Bedienten bekannt bin, — ich habe selbst Bediente, Exzellenz, und ewig lachen sie, die ... Esel! Exzellenz ... Ich glaube, mich nicht getäuscht zu haben ... Durchlaucht ... ich habe doch die Ehre, mit einem Fürsten zu sprechen ...«

»Nein, nicht mit einem Fürsten, mein Herr, ich bin ... ein Privatmann. Und ich bitte Sie, mich mit Ihren Titeln zu verschonen, sich nicht mit ihnen bei mir einschmeicheln zu wollen. Das würde Ihnen auch nicht gelingen! Was ich von Ihnen hören will, ist: wie Sie hierher gekommen sind? Also erklären Sie es mir gefälligst!«

»Durchlaucht! das heißt, nein! Euer Exzellenz ... verzeihen Sie, ich dachte, Sie seien ein Fürst. Ich habe mich versprochen, es war ein Irrtum, verzeihen Sie ... das kommt vor ... Sie ähneln so auffallend dem Fürsten Korotkoúchoff, den ich bei meinem Bekannten, Herrn Pusyrjóff, die Ehre hatte, kennen zu lernen ... Sie sehen: ich bin gleichfalls mit Fürsten bekannt, ich habe einen wirklichen Fürsten bei einem Bekannten getroffen: Sie können mich nicht für das halten, für was Sie mich halten! Ich bin kein Räuber, ich bin kein Dieb! Exzellenz, rufen Sie keine Menschen herbei, um Gottes willen, haben Sie Erbarmen mit mir! Bedenken Sie doch: wenn Sie die Leute herbeirufen — was wird daraus entstehen!«

»Aber wie sind Sie denn hierhergekommen?« rief die Dame. »Wer sind Sie überhaupt?«

»Ja, wer sind Sie überhaupt?« griff der Alte die Frage auf. »Und ich, mein Herzchen, glaubte wirklich, es sei der Kater Wasska, der da irgendwo schnurrt! Und statt dessen ist es dieser! Ach, Sie Bandit! ... Wer sind Sie? So reden Sie doch!«

Und der Alte stampfte wieder mit dem Fuß auf vor Ungeduld.

»Ich kann nicht, Exzellenz! Ich warte, bis Sie aufgehört haben ... Was mich betrifft, so ist es eine lächerliche Geschichte, Exzellenz. Ich werde Ihnen alles erzählen, es wird sich alles auch ohnedies erklären lassen ... das heißt, ich will damit sagen: rufen Sie nicht fremde Leute her, Exzellenz! Seien Sie großmütig, haben Sie Erbarmen mit mir ... Das hat nichts zu sagen, daß ich unter dem Bett gelegen habe ... das hat mich nicht meiner Würde berauben können. Es ist die lächerlichste Geschichte der Welt, meine Gnädigste!« wandte sich der arme Iwan Andrejewitsch flehentlich an die junge Frau. »Namentlich Sie, meine Gnädigste, wollte sagen, Exzellenz, werden über sie lachen! Sie sehen vor sich einen — eifersüchtigen Gatten! Wie Sie sehen, erniedrige ich mich selbst, tue es selbst und freiwillig! Allerdings bin ich es, der Amischka erwürgt hat, aber ... Mein Gott, ich weiß nicht mehr, was ich rede!«

»Aber wie, *wie* sind Sie denn hierhergekommen?«

»Im ... im Schutz der Dunkelheit, Exzellenz, indem ich mich der Dunkelheit bediente ... Verzeihung! Oh, verzeihen Sie, Exzellenz! Ich bitte Sie kniefällig um Verzeihung! Ich bin nur ein gekränkter Gatte, nichts weiter! Denken Sie nicht, Exzellenz, daß ich ein Liebhaber sei! Ich bin kein Liebhaber, ich versichere Ihnen! Ihre Gemahlin ist sehr tugendreich, wenn ich es wagen darf, mich so auszudrücken. Sie ist rein und unschuldig, glauben Sie es mir!«

»Was? Was? Wessen erfrecht sich der Kerl!« schrie der Alte, ganz rot im Gesicht, und wieder trampelte er mit den Füßen. »Sind Sie verrückt geworden? übergeschnappt? Wie unterstehen Sie sich, von meiner Frau zu reden?«

»Dieses Scheusal, dieser Mörder, der meinen Ami erwürgt hat!« rief die junge Frau empört aus. Sie war in Tränen aufgelöst ob des Verlustes ihres Amischka. »Und er wagt noch, mich zu beleidigen!«

»Exzellenz, Gnade, Exzellenz! Ich habe mich nur versprochen!« beteuerte nun halb besinnungslos Iwan Andrejewitsch. »Betrachten Sie mich, wenn Sie wollen, als Wahnsinnigen ... Um Gottes willen! — als Wahnsinnigen, wenn Sie wollen ... Ich schwöre Ihnen bei meiner Ehre, daß

Sie mir damit einen großen Dienst erweisen. Ich würde Ihnen meine Hand reichen, aber ich wage es nicht ... Ich war nicht allein, ich bin der Onkel ... das heißt, ich will nur sagen, daß man nicht mich für den Liebhaber halten darf ... Gott! Ich weiß wieder nicht, was ich rede! Ich habe Sie nicht kränken wollen, Exzellenz!« rief Iwan Andrejewitsch der Frau zu. »Sie sind eine Dame, Sie werden begreifen, was Liebe ist – dieses zarte Gefühl ... Doch was rede ich, was rede ich da wieder! ... Ich will nur sagen, daß ich ein Greis bin, das heißt: kein Greis, sondern ein schon bejahrter Mann ... ein Greis in den besten Jahren ... Ich will damit sagen, daß ich gar nicht Ihr Liebhaber sein kann, meine Gnädigste, daß ein Liebhaber immer à la Mister Richardson oder à la Don Juan zu sein pflegt, ich aber ... O Gott, was rede ich! ... Aber Sie sehen doch jetzt wenigstens, Exzellenz, daß ich ein gebildeter Mensch bin, der die Literatur kennt. Sie lächeln, meine Gnädigste. Es freut mich, es freut mich ungemein, daß ich Sie zum Lächeln habe bringen können! Oh, wie es mich freut, daß Sie lächeln!«

»Mon Dieu! Was das für ein komischer Mensch ist!« bemerkte die Dame, die sich auf die Lippe biß, um jetzt nicht wirklich laut aufzulachen.

»Ja, das ist er«, meinte gleichfalls lächelnd der Alte, sichtlich erfreut darüber, daß seine Frau lachte. »Mein Herzchen, weißt du, ich denke: er kann kein Dieb sein. Aber wie ist er hierher gekommen?«

»Ich weiß, ich begreife – das ist sehr sonderbar, sogar noch mehr als sonderbar! Wirklich, so etwas kommt sonst nur in Romanen vor! Wie? Um Mitternacht in der Großstadt, plötzlich – ein fremder Mensch unter dem Bett im Schlafzimmer! Da hört doch alles auf! Ist das nicht seltsam, entsetzlich! A la Rinaldo Rinaldini, nicht wahr? Doch das hat nichts auf sich, das hat alles nichts zu sagen, Exzellenz. Ich werde Ihnen alles erzählen ... Und Ihnen, meine gnädigste gnädige Frau, werde ich ein anderes Schoßhündchen zur Stelle schaffen ... ein ebenso entzückendes! Mit so langer seidenweicher Wolle und so kleinen Beinchen, daß es keine zwei Schritte zu gehen vermag: es verwickelt sich sonst in seinem eigenen Fell und fällt. Und gefüttert wird es nur mit Zuckerstückchen. Ich werde es Ihnen besorgen, gnädige Frau, ich werde es unfehlbar besorgen!«

»Hahahahaha!« lachte die Dame von ganzem Herzen über den armen Iwan Andrejewitsch. »Mon Dieu, mon Dieu, wie ist er komisch!«

»Ja, das ist er! Hahaha! Köch-köch-köch! Zum Lachen ... köch! und so zerzaust und bestaubt ... köch-köch-köch!«

»Exzellenz, meine Gnädigste, ich bin jetzt vollkommen glücklich! Ich würde jetzt um Ihre Hand bitten, aber ich wage es nicht, meine Gnädigste, ich fühle, daß ich in einem großen Irrtum befangen gewesen bin, in allem. Jetzt öffne ich die Augen! Jetzt glaube ich, daß auch meine Frau rein und unschuldig ist! Ich habe sie grundlos verdächtigt.«

»Seine Frau! Er hat eine Frau!« rief die Dame, die ihr Lachen nicht mehr meistern konnte.

»Was! Er ist verheiratet? Ist's möglich? Das hätte ich nicht gedacht! Hahaha! Köch-köch-köch!«

»Exzellenz, Exzellenz! Aber meine Frau ist an allem schuld ... das heißt: vielmehr ich bin schuld, denn ich verdächtigte sie. Ich wußte, daß hier in diesem Hause ein Rendezvous stattfinden sollte – im dritten Stock, hier über Ihrer Wohnung. Der Brief war in meine Hände geraten. Ich versah mich aber, ich dachte, vor der richtigen Tür bereits angelangt zu sein, und da lag ich denn unter dem Bett, noch eh' ich mich dessen versah ...«

»Hehehehe! Köch-köch-köch!«

»Hahahahaha!«

»Hahahahaha!« begann zu guter Letzt auch Iwan Andrejewitsch zu lachen. »Oh, wie glücklich ich bin! Oh, wie rührend ist es, uns alle friedlich und einträchtig beieinander zu sehen! Und meine Frau ist – oh, das weiß ich jetzt! – vollkommen schuldlos! Davon bin ich fest überzeugt. Nicht wahr, so muß es doch sein, meine Gnädigste?«

»Hahaha! Köch-köch! Weißt du, Herzchen, wer das ist?« wandte sich lachend und hustend der Alte an seine Frau.

»Wer? Hahaha! Wen meinst du?«

»Köch-köch! Hahaha! Das ist dasselbe nette Frauenzimmerchen, das mit allen kokettiert! Das ist sie! Ich könnte wetten, daß das seine Frau ist!«

»Nein, Exzellenz, ich bin überzeugt, daß Sie eine andere meinen, ich bin vollkommen überzeugt davon ...«

»Aber, mein Gott! — weshalb verlieren Sie dann Ihre kostbare Zeit!« unterbrach ihn die Dame, indem sie zu lachen aufhörte. »So eilen Sie doch! Gehen Sie nach oben, vielleicht treffen Sie sie noch an ...«

»Sie haben recht, gnädige Frau, ich werde nach oben eilen. Doch ich weiß, daß ich niemanden antreffen werde, gnädige Frau. Das kann nicht meine Frau sein, davon bin ich fest überzeugt. Sie ist jetzt zu Hause! Ich allein bin der Schuldige! Ich habe es meiner eigenen Eifersucht zuzuschreiben ... Was meinen Sie: oder werde ich sie wirklich dort antreffen, gnädige Frau?«

»Hahahahaha!«

»Hehehe! Köch-köch!«

»Gehen Sie! Gehen Sie! Und wenn Sie wieder vorüberkommen, dann treten Sie ein und erzählen Sie!« rief die Dame lebhaft. »Oder nein: kommen Sie morgen und bringen Sie Ihre Frau mit; ich will sie kennenlernen!«

»Leben Sie wohl, gnädige Frau, besten Dank, ich werde sie unfehlbar mitbringen. Es hat mich sehr gefreut, Ihre Bekanntschaft zu machen. Ich bin glücklich und froh, daß alles so schnell und gut seine Lösung gefunden hat!!«

»Und den Schoßhund! Vergessen Sie den nicht!«

»Nie im Leben, gnädige Frau! Ich werde ihn unfehlbar bringen!« beteuerte Iwan Andrejewitsch, der bereits an der Tür stand. »So weiß wie ein Zuckerstückchen und auch nicht viel größer als ein solches, mit langem seidigem Fell! — Leben Sie wohl, gnädige Frau, es hat mich sehr, sehr, sehr gefreut, Ihre Bekanntschaft zu machen, sehr gefreut!«

Und Iwan Andrejewitsch verbeugte sich und verschwand.
»He! Sie! Mein Herr! Warten Sie, kommen Sie zurück ...
köch-köch!« rief ihm plötzlich die heisere Stimme des Alten nach.

Iwan Andrejewitsch kehrte zurück.

»Ich kann den Kater Wasska nicht finden — sagen Sie, war er nicht unter dem Bett, als Sie dort waren?«

»Nein, da war er nicht, Exzellenz ... Übrigens, es freut mich wirklich, Ihre Bekanntschaft gemacht zu haben. Ich rechne es mir zur großen Ehre an ...«

»Er hat jetzt Schnupfen und da schnurrt er immer und niest! Man muß ihn wieder einmal prügeln.«

»Ja, Exzellenz, gewiß, Erziehungsstrafen sind bei Haustieren sehr angebracht.«

»Was?«

»Ich sagte nur, daß Erziehungsstrafen, Exzellenz, bei Haustieren sehr angebracht sind, um sie an Gehorsam zu gewöhnen.«

»Ah? Wirklich? ... Nun, schon gut, das war alles, was ich wissen wollte, besten Dank! Köch-köch!«

Als Iwan Andrejewitsch auf die Straße trat, blieb er lange Zeit regungslos auf einem Fleck stehen, als erwarte er im Augenblick einen Schlagafall. Dann nahm er langsam den Hut ab, wischte sich den kalten Schweiß von der Stirn, schüttelte sich, dachte nach und begab sich nach Hause.

Wie groß aber war sein Erstaunen, als er, zu Hause angelangt, erfuhr, daß Glafira Petrowna schon längst aus dem Theater zurückgekehrt war, daß ihre Zähne zu schmerzen begonnen hatten, daß sie nach dem Arzt und nach Blutegeln gesandt hatte, und daß sie nun im Bett lag und voll Ungeduld ihren Gatten erwartete.

Iwan Andrejewitsch schlug sich zuerst vor die Stirn, dann verlangte er Wasser und Bürsten, um sich zu waschen und zu reinigen, und erst nachdem dies geschehen war, entschloß er sich, das Schlafgemach seiner Frau zu betreten.

»Jetzt sagen Sie mir, bitte, wo Sie die Nächte zubringen!

So sehen Sie doch, wie Sie aussehen! Wo waren Sie? Das ist doch noch nicht dagewesen: während die Frau zu Hause fast im Sterben liegt, ist der Mann in der ganzen Stadt nicht zu finden! Wo waren Sie? Oder waren Sie wieder auf der Suche nach mir, um mich bei einem Rendezvous zu ertappen, zu dem ich Gott weiß wen bestellt haben soll? Schämen Sie sich denn nicht? Das will ein Mann sein! Bald wird man mit dem Finger auf Sie weisen!«

»Herzchen!« stammelte Iwan Andrejewitsch, doch verspürte er schon im selben Augenblick eine solche Rührung, daß er nach seinem Taschentuch greifen mußte, da es ihm zu einer Rede an Worten, Gedanken und Luft gebrach ... Doch wer beschreibt seinen Schreck, sein grauenvolles Entsetzen, als aus seiner hinteren Fracktasche, aus der er das Taschentuch hervorziehen wollte, plötzlich die Leiche Amischkas herausfiel! Er war sich dessen gar nicht bewußt, daß er im Augenblick der größten Verzweiflung, als er gezwungen war, unter dem Bett hervorzukriechen, die Leiche seines Opfers in die Tasche gesteckt hatte, vielleicht aus einer Art Selbsterhaltungstrieb, um die Spuren seiner Tat zu verbergen und somit der Strafe zu entgehen.

»Was ist das?« rief entsetzt seine Gattin. »Ein totes Hündchen! Gott! Woher kommt das? ... Was fällt Ihnen ein? ... Wo waren Sie? Sagen Sie sofort, wo Sie waren!«

»Herzchen!« stammelte Iwan Andrejewitsch, dessen eigenes Herz beinahe stille stand, »Herzchen! ...«

Doch nun ziehen wir es vor, unseren Helden zu verlassen, denn hier setzt etwas ganz Neues ein, das mit seinen früheren Abenteuern nichts Gemeinsames hat. Es ist möglich, daß ich noch einmal alle diese Unglücksfälle mit ihren Schicksalstücken wiedergebe ... Nur eines müssen Sie, meine verehrten Leser, mir schon heute zugeben: daß Eifersucht eine unverzeihliche Leidenschaft ist, ja, sogar noch mehr als das: sogar ein — Unglück! ...

EIN EHRLICHER DIEB

Aus den Aufzeichnungen eines Unbekannten

Eines Morgens, als ich mich gerade anschickte, in mein Amt zu gehen, trat Agrafena, meine Köchin, Wäscherin und Haushälterin, zu mir ins Zimmer und begann zu meiner Verwunderung ein Gespräch mit mir.

Bis dahin war dieses schlichte Frauenzimmer so wortkarg gewesen, daß sie außer den paar Fragen täglich, was sie zum Mittagessen bereiten solle, seit sechs Jahren fast kein überflüssiges Wort gesprochen hatte. Ich wenigstens hatte bisher noch nie ein solches von ihr vernommen.

»Also, Herr, ich komme jetzt«, begann sie auf einmal, »weil Sie doch die kleine Kammer vermieten könnten.«

»Was für eine Kammer?«

»Die dort neben der Küche. Das weiß man doch, was für eine!«

»Warum denn?«

»Warum! Darum, weil so was doch vermietet wird. Das weiß man doch, warum.«

»Aber wer wird denn die mieten?«

»Wer die mieten wird! Ein Mieter natürlich. Wer denn sonst!«

»Aber dort, meine Beste, kann man ja kaum ein Bett unterbringen; die Kammer ist doch so eng. Wer könnte denn dort wohnen?«

»Wozu denn dort wohnen! Wenn er nur irgendwo schlafen kann; wohnen kann er ja am Fenster.«

»An welchem Fenster?«

»An welchem! Das wissen Sie doch selber! An dem, das im Vorzimmer ist! Er kann dort am Fenster sitzen, nähen oder sonst was arbeiten. Er kann ja dort auch seinen Stuhl hinstellen. Er hat einen Stuhl; auch einen Tisch hat er; alles hat er.«

»Wer ist er denn?«

»Ein braver, solider Mensch. Ich werde ihn auch verköstigen. Und für die Wohnung und Verköstigung werde ich drei Silberrubel von ihm verlangen; monatlich.«

Nach längerer Fragerei erfuhr ich endlich, daß irgend ein älterer Mann Agrafena überredet hatte, ihn als Mieter und Kostgänger aufzunehmen. Was aber Agrafena einmal einfiel, das mußte auch geschehen; andernfalls würde sie mich ja doch nicht, wie ich aus Erfahrung wußte, in Ruhe lassen. Denn sobald ihr etwas nicht paßte, begann sie sogleich nachzudenken und versank dann alsbald in tiefe Melancholie. Dieser Zustand konnte zwei bis drei Wochen andauern. In dieser Zeit wurde das Essen verdorben, haperte es mit der Wäsche, wurden die Fußböden nicht gescheuert, mit einem Wort: es kann dann unfehlbar zu vielen Unannehmlichkeiten kommen. Ich hatte es schon längst bemerkt, daß dieses wortkarge Frauenzimmer unfähig war, von sich aus einen Entschluß zu fassen, geschweige denn von selbst auf einen neuen eigenen Gedanken zu kommen. Wenn sich aber in ihrem schwachen Hirn auf irgendeine zufällige Weise so etwas wie eine Idee oder ein Vorhaben festsetzte, so konnte man sie durch ein Verbot der Ausführung des von ihr Geplanten für einige Zeit moralisch gewissermaßen abtöten. Und da ich nun meinerseits um alles in der Welt nicht in meiner Ruhe gestört sein wollte, so erklärte ich mich sofort damit einverstanden.

»Aber hat er wenigstens irgendeinen Ausweis, einen Paß oder etwas ähnliches?«

»Wie denn nicht! Wie sollt' er das nicht haben! Ist doch ein solider, erfahrener Mensch; drei Rubel hat er mir zu zahlen versprochen.«

Schon gleich am nächsten Tage erschien in meiner bescheidenen Junggesellenwohnung der neue Mieter; ich ärgerte mich aber nicht darüber, im Gegenteil, es freute mich sogar.

Ich führe ja überhaupt ein einsames Leben, fast wie ein richtiger Einsiedler. An Bekanntschaften habe ich so gut wie niemanden, und ausgehen tue ich nur selten. In den zehn Jahren eines solchen Einsiedlerlebens hatte ich mich an Einsamkeit schon gewöhnt; aber weitere zehn Jahre oder fünfzehn Jahre, oder vielleicht noch mehr, solcher Einsamkeit, mit derselben Agrafena und in derselben Junggesellenwohnung waren freilich eine ziemlich farblose Perspektive! Und so erschien mir denn unter diesen Umständen ein weiterer ruhiger Mensch in der Wohnung als ein wahres Gnadengeschenk des Himmels!

Agrafena hatte nicht gelogen: mein Mieter war ein wirklich solider Mensch. Aus seinem Paß ging hervor, daß er ein verabschiedeter Soldat war, was ich freilich auch ohne Paß schon auf den ersten Blick an seinem Gesicht erkannt hatte. Das ist leicht zu erkennen. Astáfij Iwánowitsch, mein Mieter, war einer von den Wohlgeratenen unter seinen Standesgenossen. Wir kamen gut miteinander aus. Das Beste war aber doch, daß Astáfij Iwánowitsch Geschichten zu erzählen verstand, meist eigene Erlebnisse, die sich so im Laufe der Jahre angesammelt hatten. Bei der dauernden Langeweile meines Lebens war ein solcher Erzähler ein wahrer Schatz. Eine seiner Erzählungen machte auf mich einen nachhaltigeren Eindruck, und so will ich sie denn auch hier wiedergeben, und dazu auch, aus welchem Anlaß er sie mir erzählte.

Ich war einmal allein in der Wohnung: sowohl Astafij als auch Agrafena waren in eigenen Angelegenheiten ausgegangen. Plötzlich hörte ich aus meinem Zimmer, daß jemand ins Vorzimmer trat, wie mir schien, ein Fremder; ich ging hinaus, und tatsächlich stand im Vorzimmer ein fremder Mensch, klein von Wuchs, und trotz der kalten Herbstzeit nur im Rock.

»Was suchst du hier?«

»Den Beamten Alexandroff; der wohnt doch hier?«

»Nein, den gibt's hier nicht, Brüderchen; adieu.«

»Wieso hat denn der Hausmeister sagen können, er wohne hier«, brummte der Besucher, sich vorsichtig zur Tür zurückziehend.

»Mach, daß du hinauskommst, mein Lieber; pack dich!«

Am nächsten Nachmittag, als Astafij Iwanowitsch mir gerade meinen Rock anpaßte, den er umarbeitete, trat wieder jemand ins Vorzimmer. Ich öffnete ein wenig die Tür.

In diesem Augenblick nahm der gestrige Besucher vor meinen Augen meinen Pelz vom Kleiderhaken, klemmte ihn unter den Arm und verschwand im Nu aus der Wohnung. Agrafena sah ihm die ganze Zeit mit offenem Munde zu, tat aber vor Verwunderung nichts zur Verteidigung meines Pelzes. Astafij Iwanowitsch stürzte sofort dem Spitzbuben nach, kehrte aber schon nach zehn Minuten ganz außer Atem und mit leeren Händen zurück. Wie von der Erde verschluckt war der Dieb!

»Nun ja, das nennt man eben Pech haben, Astafij Iwanowitsch«, sagte ich. »Ein Glück noch, daß er Ihren Mantel nicht auch mitgenommen hat! Sonst hätte er uns ja völlig aufs Trockene gesetzt, der Spitzbube!«

Astafij Iwanowitsch war aber so bestürzt nach diesem Vorfall, daß ich vor lauter Verwunderung über ihn den Diebstahl fast vergaß. Er konnte es immer noch nicht fassen, wie das alles so hatte geschehen können. Alle Augenblicke hielt er in der Arbeit inne und begann von neuem den Vorgang zu erzählen: wie er dort gestanden, wie man vor seinen Augen, zwei Schritte von ihm entfernt, den Pelz vom Kleiderhaken genommen hatte, und wie es gekommen war, daß er den Dieb nicht hatte erwischen können. Nach einiger Zeit setzte er sich von neuem an die Arbeit, aber es dauerte nicht lange und er ließ sie wieder liegen, um nach unten zum Hausmeister zu laufen, ihm die ganze Geschichte zu erzählen und ihm anschließend Vorwürfe zu machen, wie er denn in dem seiner Aufsicht unterstellten Hause solche Dinge hatte geschehen lassen können. Darauf kam er zurück und begann Agrafena auszuschelten; als er sich dann wieder an die Arbeit machte, murmelte er noch lange vor sich hin, wie das nur möglich gewesen war, daß er hier gestanden habe und ich dort, und wie vor unseren Augen, zwei Schritte von uns entfernt, der Pelz vom Kleiderhaken und so weiter. Mit einem Wort: wenn Astafij Iwanowitsch auch ein solider Arbeiter war, so war er doch gleichzeitig auch ein großer Brummbär und Rechtschaffenheitsprediger.

»Ja, also, da hat man uns eben mal zum besten gehabt, Astafij Iwanowitsch!« sagte ich zu ihm am Abend, als ich ihm ein Glas Tee reichte, um ihn aus Langeweile zu einer abermaligen Erzählung der Geschichte vom gestohlenen Pelz anzuregen, die infolge der häufigen Wiederholung und der tiefen Anteilnahme des Erzählers schließlich sehr komisch zu wirken begann.

»Ja, Herr, das hat man wahrhaftig, uns zum Narren gehabt! Auch für einen Unbeteiligten ist das ärgerlich, und die Wut packt mich, wenn's auch nicht mein Kleidungsstück war, das abhanden gekommen ist. Und meiner Meinung nach gibt es nichts Gemeineres auf der Welt als einen Dieb. Manch einer bekommt manches geschenkt, aber solch ein Dieb stiehlt dir deine Mühe, deinen Arbeitsschweiß, deine dafür hingegebene Lebenszeit weg ... So 'ne Gemeinheit, pfui! Man mag gar nicht darüber reden, so wütend kann's einen machen. Aber tut es denn Ihnen, Herr, gar nicht leid um Ihr Eigentum?«

»Ja, es ist schon wahr, Astafij Iwanowitsch. Es würde mir weniger leid tun, wenn die Sache verbrannt wäre, aber sie so einem Dieb überlassen zu müssen, ist ärgerlich, das will man nicht.«

»Das fehlte noch, daß man's wollte! Freilich, auch zwischen Dieben gibt es Unterschiede ... Aber wissen Sie, Herr, ich habe einmal einen Fall erlebt, wo ich auf einen ehrlichen Dieb gestoßen bin.«

»Wieso auf einen ehrlichen Dieb? Welcher Dieb ist denn ehrlich, Astafij Iwanowitsch?«

»Ja, das ist schon wahr, Herr! Welcher Dieb kann denn ehrlich sein; so einen gibt es doch gar nicht. Ich wollte nur sagen, daß jener, wie mir scheint, doch ein ehrlicher Mensch war, obschon er mal gestohlen hat. Er konnte einem aber doch nur leid tun.«

»Wie war denn das, Astafij Iwanowitsch?«

»Ja, das war, Herr, vor zwei Jahren. Es traf sich damals so, daß ich fast ein Jahr lang, etwas weniger als ein Jahr, stellungslos blieb. Aber schon vorher, als ich noch in Stellung war, hatte ich einen ganz verkommenen Menschen kennen gelernt. Ganz zufällig. In der Garküche. So 'n armseliger Trunkenbold war's, so 'n Streuner, ohne Obdach, ein Müßiggänger und Tagedieb. Früher war er irgendwo angestellt gewesen, aber schon vor langer Zeit des Suffes wegen davongejagt worden. So ein ganz Unwürdiger! Gekleidet war er schon Gott weiß wie! Oft wußte man nicht, ob er noch ein Hemd unter dem Mantel anhatte; alles, was er bekam, versoff er. Dabei war er gar kein Raufbold, bewahre! War von Charakter bescheiden, immer freundlich, gutherzig, und bettelte auch nicht, schämte sich immer davor. Aber man sah doch selber, wie gern der arme Kerl trinken wollte, und da spendierte man ihm eben was. Na ja, und so kamen wir denn beide zusammen, das heißt: er schloß sich mir einfach an ... Mir machte das nicht viel aus. Aber was war das für 'n Mensch! Wie ein Hündchen hinter einem her, wohin du auch gehst, er folgt dir; dabei hatten wir uns erst einmal gesehen. So 'n Jämmerling! zuerst wollte er nur mal übernachten. — Nun, ich erlaubte es ihm. Ich sah, sein Paß war in Ordnung, der Mensch — soweit leidlich. Danach, am nächsten Tage, rechnete er schon wieder damit, übernachten zu dürfen; am dritten kam er schon auf den ganzen Tag, saß bei mir auf dem Fensterbrett und blieb dann wieder über Nacht. Nun ja, dachte ich, den hast du jetzt auf dem Halse: gib ihm zu trinken, gib ihm zu essen und laß ihn auch noch übernachten bei dir. Jetzt hast du, der du selber arm bist, auch noch einen Kostgänger auf dem Buckel. Vordem aber war er, so wie jetzt zu mir, zu einem anderen Angestellten gegangen, hatte sich dem angeschlossen, und zusammen tranken sie denn auch immerzu; bis jener sich zu Tode soff und an irgend einem Kummer verstarb... Nun, mein Kostgänger hieß Jeméléi. Oder richtiger: Jemeljàn Iljitsch. Ich sann nun hin und her: was sollte ich bloß mit ihm anfangen? Ihn einfach fortjagen? — dazu tat er mir zu leid, so 'n armseliger, verlorener Mensch, daß Gott erbarm'! Und so 'n Stiller dazu, sitzt nur da so für sich allein und schaut dir bloß wie 'n Hündchen in die Augen. Ich meine: da sieht man wieder nur, wie der Suff einen Menschen verdirbt! Da überlegte ich so bei mir: wie soll ich ihm das nur so sagen? Etwa so: ‚Höre mal, Jemeljánuschka, geh nun deiner Wege; bei mir hast du ja doch nichts zu tun, bist nicht an den Richtigen geraten; habe bald selbst nichts mehr zu beißen, wie soll ich da noch einen Kostgänger durchfüttern?' Da saß ich nun und dachte, was er wohl tun werde, wenn ich ihm sowas sagte? Und da stellte ich mir das so vor, wie er mich lange ansieht, nachdem er meine Ansprache gehört, wie er lange dasitzt und kein Wort versteht, wie er dann endlich kapiert, vom Fensterbrett aufsteht, nach seinem Bündelchen langt — ich sehe es noch deutlich vor mir, dieses Bündelchen in einem rotkarierten Tüchlein voller Löcher, in dem er Gott weiß was überall mit sich herumschleppte —, wie er dann sein Mäntelchen zurechtzieht, damit es anständiger aussieht und wärmer hält, und auch damit man die Löcher nicht sieht, — so 'n zartfühlender Mensch war er! Und wie er dann zur Tür geht, mit einem Tränlein im Auge, und auf die Treppe hinaustritt. Nun ja ... man konnte doch den Menschen nicht ganz zugrundegehen lassen... er tat mir leid! Aber da mußte ich gleich wieder denken, wie es mir selber wohl ergehen wird! ‚Wart 'mal, Jemeljánuschka', dachte ich so bei mir, ‚du wirst ja doch nicht mehr lange bei mir Feierabend machen können; ich werde ja sowieso bald umziehen, dann findest du mich nicht mehr vor.' Jawohl, Herr, ich mußte meine Behausung verlassen. Damals lebte noch mein Brotherr, Alexander Filimónowitsch (jetzt ist er verstorben, möge seine Seele in Frieden ruhen!), und der sagte zu mir: ‚Ich bin sehr zufrieden mit dir, Astafij, wenn wir alle vom Gut wieder zurückkehren, werden wir dich nicht vergessen, werden dich wieder anstellen.' Ich aber war Hausmeister bei ihnen, — er war ein guter Herr, aber er starb noch im selben Jahr. Nun ja, wie er also weggefahren war, nahm ich meine Habseligkeiten, auch mein bißchen Geld, sagte mir, jetzt ruhst du dich erst mal ein bißchen aus, und zog zu einem alten Frauchen, wo ich einen Winkel mietete. Denn sie hatte nur noch einen Winkel frei. Früher war sie irgendwo Kinderfrau gewesen, jetzt aber lebte sie für sich, erhielt eine Pension ...

Nun und da dachte ich denn bei mir: ‚So, jetzt leb wohl, Jemeljanuschka, lieber Mensch, jetzt wirst du mich nicht mehr vorfinden!' — Aber was glauben Sie, Herr? Ich kam gegen Abend nach Haus (ich hatte nur einen alten Bekannten aufgesucht), und was sehe ich als erstes? Jemelei sitzt bei mir auf meinem Koffer, das karierte Bündelchen neben sich, sitzt in seinem Mäntelchen da und wartet auf mich ... und vor Langeweile hat er von der Alten ein frommes Büchlein genommen, hält es aber verkehrt in den Händen. Er hatte mich also doch gefunden! Mir sanken die Arme herab. Nun ja, dachte ich, jetzt ist schon nichts mehr zu machen, warum habe ich ihn nicht früher fortgejagt? Und so fragte ich denn nur: ‚Hast du deinen Paß mitgebracht, Jemelei?'

Ich setzte mich dann auch hin, Herr, und fing an nachzudenken, ob dieser obdachlose Mensch für mich nun eine große Belastung sein werde? Ich überlegte und kam zu dem Schluß, daß die Last alles in allem nicht sehr groß sein würde. Er muß doch essen, sagte ich mir. Nun, dachte ich, am Morgen ein Stück Brot, und damit es schmackhafter ist, ein paar Zwiebelchen dazu. Um die Mittagszeit wieder Brot mit Zwiebeln. Am Abend Zwiebeln mit Kwaß und auch noch etwas Brot, wenn er Brot haben will. Und wenn es ab und zu noch eine Kohlsuppe gibt, dann werden wir ja beide bis zum Halse satt sein. Ich bin kein großer Esser, und ein Trinker ißt ja, wie Sie wissen, so gut wie überhaupt nichts; wenn er nur seinen Kümmel oder Branntwein kriegt. Aber mit dem Trinken wird er mich ja noch um alles bringen, befürchtete ich schon ... Aber da kam mir, Herr, plötzlich was anderes in den Kopf, und das packte mich so, daß ich, wenn Jemelei mich jetzt verlassen hätte, meines Lebens nicht mehr froh geworden wäre ... Ich hatte beschlossen, für ihn Vater und Wohltäter zugleich zu sein. Ich werde ihn, dachte ich, vor dem Verderben bewahren, werde ihm das Trinken abgewöhnen! Also wart einmal, dachte ich! — ‚Gut, Jemelei, bleibe hier, aber daß du dich fortan brav hältst, aufs Kommandowort parierst!'

Und so malte ich mir denn weiter aus, wie ich ihn jetzt an eine Arbeit gewöhnen würde, aber nicht zu hastig; mag er erst noch ein wenig bummeln, und inzwischen werde ich dich so 'n bißchen beobachten und herauszufinden versuchen, wozu du, Jemelei, nun eigentlich begabt bist. Weil doch, Herr, zu jeder Sache im voraus eine menschliche Begabung da sein muß. Und so fing ich denn heimlich an, ihn zu beobachten. Aber was sah ich: ein ganz hoffnungsloser Mensch war er doch, mein Jemeljánuschka! Ich begann zunächst nur so mit manch gutem Wort, wie beispielsweise: ‚Du solltest doch, Jemeljan Iljitsch, einmal dich selber anschaun, und zusehn, daß du dich wieder zurechtrappelst. Hast jetzt genug gebummelt! Schau doch nur dein Mäntelchen an, das taugt doch nur noch zu einem Sieb, wenn 's erlaubt ist, das offen zu sagen! Das ist doch nicht mehr schön! Man sollte meinen, es ist Zeit, wieder daran zu denken, was Ehre und Anstand ist.'—Aber mein Jemelei sitzt da, läßt den Kopf hängen. Was soll man da noch sagen, Herr! Es war schon so weit, daß er die Sprache versoffen hatte, kein vernünftiges Wort mehr sagen konnte! Spricht man ihm von Gurken, so redet er von Bohnen. Nun, er hörte mir zu, lange, dann seufzte er. ‚Weshalb seufzest du denn', frage ich ihn, ‚Jemeljan Iljitsch?'

,Ja, nur so, wegen nichts, Astafij Iwanytsch; beunruhigen Sie sich nicht. Aber heute habe ich zwei Weiber gesehn, Astafij Iwanytsch, die haben sich auf der Straße geprügelt. Die eine hatte der anderen deren Korb mit Moosbeeren aus Versehen umgestoßen.'

,Was ist denn dabei Besonderes?'

,Und diese hat dann der anderen absichtlich deren Korb umgestoßen und dann noch mit dem Fuß die Beeren zu zertreten angefangen.'

,Und das war alles, Jemeljan Iljitsch?'

,Ja ... Astafij Iwanowitsch, ich hab's nur so erzählt.'

Da dachte ich bei mir nur: Ach, Gott, Jeméléi-Jeméluschka! hast doch wahrhaftig deinen ganzen Grips versoffen und verbummelt! ...

,Und dann hat ein Herr eine Banknote verloren, auf dem Bürgersteig der Goróchowaja-Straße, nein, der Ssadówaja-Straße. Ein Kerl sah es und sagte: Das ist mein Glück! Aber ein anderer hatte es auch bemerkt und sagte: Nein, das ist *mein* Glück! ich hab's vor dir gesehen ...'

,Nun, und, Jemeljan Iljitsch?'

,Und die beiden Kerle wurden handgemein, Astafij Iwanowitsch. Aber da kam ein Schutzmann, hob die Banknote auf und gab sie dem Herrn zurück; den beiden Kerlen jedoch drohte er, sie auf die Wache abzuführen.'

,Nun, und was weiter? Was findest du denn daran so Erbauliches, Jemeljanuschka?'

,Ich? Nichts ... Die Leute lachten darüber, Astafij Iwanytsch.'

,Ach, Jemeljanuschka! Die Leute! Hast deine Seele für einen kupfernen Dreier verkauft! Aber weißt du, Jemeljan Iljitsch, was ich dir sagen werde?'

,Was denn, Astafij Iwanytsch?'

,Such dir doch irgendeine Arbeit, weiß Gott, versuch es doch wenigstens. Zum hundertsten Mal sage ich dir das! Hab doch Mitleid mit dir selber!'

,Was für eine soll ich denn suchen, Astafij Iwanowitsch?

Ich weiß ja schon gar nicht, was für eine das sein könnte; mich wird doch auch niemand mehr einstellen, Astafij Iwanytsch.'

,Deshalb hat man dich ja auch aus dem Dienst gejagt, Jemelei, weil du eben ein Trinker bist!'

,Ja, und dann hat man heute den Wlaß, den Einschenker am Büffet, ins Kontor gerufen, Astafij Iwanytsch.'

,Weshalb hat man ihn denn ins Kontor gerufen, Jemeljanuschka?'

,Ja, das weiß ich schon nicht, weshalb, Astafij Iwanytsch. Es muß wohl nötig gewesen sein, deshalb hat man's auch getan...'

Ach, denke ich, wir sind ja beide hoffnungslos verloren, Jemeljanuschka! Für unsere Sünden werden wir jetzt von Gott gestraft! Nun, sagen Sie doch selbst, Herr, was soll man mit so 'nem Menschen noch anfangen?...

Dabei war er ein so schlauer Bursche, weiß Gott! Er hörte mir wohl zu, wenn ich ihm Vernunft predigte, hörte und hörte zu, aber dann muß es ihm doch zuviel geworden sein, und wenn er dann merkte, daß ich böse wurde, nahm er sein Mäntelchen und – eh' man sich dessen versah, war er weg! Kannst dich bloß erinnern, wie er hieß! Den Tag über bummelte er dann herum und erst am Abend kam er betrunken heim. Wer ihm zu trinken gab, woher er das Geld dazu bekam, das mag Gott wissen, meine Schuld war's nicht!...

,Nein, Jemeljan Iljitsch', sagte ich zu ihm, ,du wirst noch ein schlimmes Ende nehmen! Jetzt hast du genug gesoffen; hörst du, jetzt ist's wirklich genug! Wenn du noch einmal beschwipst heimkommst, kannst du auf der Treppe übernachten. Ich werde dich nicht mehr hereinlassen!...'

Nach dieser Androhung saß mein Jemelei einen Tag und noch einen Tag brav daheim; am dritten aber war er auf einmal wieder verschwunden. Ich warte und warte, er kommt nicht! Da bekam ich es schon, offengestanden, mit der Angst, und er begann mir auch leid zu tun. Was hab' ich bloß mit ihm angestellt, dachte ich. Ich habe ihn eingeschüchtert, erschreckt und verscheucht. Wohin mag der Armselige jetzt gegangen sein? Schließlich kommt er noch irgendwie um, Herrgott im Himmel! Es wurde Nacht — er kam noch immer nicht. Am Morgen gehe ich hinaus auf den Flur, — was sehe ich: er beliebt im Flur zu übernachten. Den Kopf hat er auf die Schwelle gelegt, liegt dort auf dem Boden, schon ganz erstarrt vor Kälte.

,Was fällt dir ein, Jemelei? Gott, erbarme dich! Wo bist du hingeraten?'

,Aber Sie waren doch böse auf mich, Astafij Iwanytsch, und schalten mich doch ... neulich ... und drohten mir an, mich im Flur übernachten zu lassen ... so habe ich denn gar nicht ... einzutreten gewagt, Astafij Iwanytsch, und mich gleich hier hingelegt ...'

Sowohl Zorn als Mitleid packten mich da!

,Wenn du doch, Jemeljan, eine andere Aufgabe dir aussuchtest, als so die Treppe zu bewachen!'

,Aber was denn für eine andere Aufgabe, Astafij Iwanytsch?'

,Ja, wenn du doch, du verkommene Seele', sage ich (so groß war meine Wut im Augenblick!), ,wenn du doch wenigstens das Schneiderhandwerk erlernen würdest. Schau doch nur, wie dein Mantel aussieht! Er ist ja nicht nur voller Löcher, du wischst nun auch noch den Flur mit ihm auf! Wenn du doch wenigstens eine Nadel nehmen und die Löcher stopfen würdest, wie es der Anstand verlangt. Ach, du ... versoffener Mensch!'

Und was soll ich Ihnen sagen, Herr! Er nahm auch wirklich eine Nadel in die Hand; ich hatte das doch nur aus Hohn gesagt, er aber bekam es mit der Angst und nahm eine Nadel. Er zog sein Mäntelchen aus und wollte nun einen Faden einfädeln. Ich sehe ihm zu; nun, man weiß ja: die Augen tränen, sind gerötet, entzündet; die Hände zittern, und wie! Er fädelt und fädelt — der Faden will und will nicht ins Öhr, mag er ihn auch noch so anfeuchten und zusammendrallen und dann zielen — alles vergeblich! Schließlich gibt er es auf. Und sieht mich an...

,Nun, Jemelei, du wolltest mir wohl einen Gefallen tun!' Wenn andere zugegen gewesen wären, ich weiß nicht, was ich getan hätte! ,Ich habe dir das doch nur so gesagt, du einfältiger Mensch, zum Spott, als Vorwurf... Also, Gott mit dir, wenn du nur von deiner Sünde abließest! Sitze hier meinethalben, tu bloß nichts Unrechtes, übernachte nicht im Treppenflur, mach mir keine Schande!...'

,Aber was soll ich denn tun, Astafij Iwanytsch? Ich weiß ja selbst, daß ich immer betrunken bin und zu nichts tauge ... nur Sie, meinen Wo-Wohltäter, umsonst erzürne...'

Und wie da seine bläulichen Lippen zu zittern anfangen und ein Tränlein über seine blasse Wange rinnt bis in die unrasierten Bartstoppeln, und wie dann plötzlich mein Jemeljan in eine solche Flut von Tränen ausbricht... Himmlischer Vater! Da war mir doch, als schnitte ein Messer einmal so über mein Herz.

,Ach, du gefühlvoller Mensch, darauf bin ich ja gar nicht verfallen! Wer hätte das wissen, wer erraten können?...' Nein, denke ich so bei mir, dich, Jemelei, muß ich wohl endgültig aufgeben, bleib wie du bist und verkomme wie 'n Lappen!

Nun ja, Herr, was ist da noch viel zu erzählen! Und die ganze Geschichte ist ja so leer, so erbärmlich, ist ja die Worte nicht wert, das heißt: Sie, Herr, würden doch beispielsweise keine zwei halben Groschen dafür geben; ich aber hätte viel dafür gegeben, wenn ich viel gehabt hätte, nur damit all das nicht geschehen wäre!... Ich hatte nämlich eine Reithose, Herr, eine, hol's der Kuckuck, eine feine, wunderbare Reithose aus blaukariertem Stoff; bestellt hatte sie bei mir ein Gutsbesitzer, der hergereist war, aber nachher nahm er sie mir nicht ab, sagte, ich hätte sie ihm zu eng gemacht; so war sie denn bei mir verblieben... Ich sagte mir: Ein wertvolles Stück! Auf dem Trödelmarkt würde man mir vielleicht fünf Rubel dafür geben, oder wenn nicht, dann kann ich daraus immer noch für Petersburger Herrschaften eine Hose schneidern; dann bliebe mir noch ein Schwänzchen zu einer Weste für mich. Für einen armen Menschen, wie unsereiner, ist alles willkommen! – Für Jemeljanuschka aber war damals eine strenge, eine traurige Zeit angebrochen. Ich sah's doch: den einen Tee trank er nicht, den anderen wieder nicht, den dritten auch nicht. Kein Branntwein kommt über seine Lippen, er ist schon wie vor den Kopf geschlagen, sitzt ganz trübsinnig da, stützt den Kopf in beide Hände, kann einem leid tun. Ich denke noch so bei mir: Entweder hast du, Bursche, kein Geld, oder du bist von selber auf den Weg Gottes zurückgekehrt, hast basta gesagt und endlich Vernunft angenommen, hab' ja auch genug auf dich eingeredet. So war das damals, Herr. Es war gerade am Vorabend eines großen Feiertages. Ich ging zum Abendgottesdienst. Wie ich zurückkomme, sitzt mein Jemelei auf dem Fensterplatz, betrunken, schaukelt nur so hin und her. Aha! denke ich, bist also wieder so, Bursche! Ich mußte etwas aus meinem Koffer holen. Da schau! – die Reithose ist nicht mehr drin! ... Ich suche sie hier, suche sie da: weg war sie! Ich durchwühle alles, sehe aber immer nur, daß sie verschwunden ist. Da kratzte mich was bös am Herzen. Ich stürzte zur Alten, hatte zuerst sie im Verdacht; denn auf Jemelei verfiel ich gar nicht, obschon doch ein Hinweis auf ihn vorlag: er war doch betrunken heimgekehrt!

,Nein', sagt meine Alte, ,Gott verzeihe dir, mein Kavallerist, was mache ich mit deiner Reithose! Soll ich sie vielleicht tragen? Mir ist neulich selber ein Rock abhanden gekommen, dank eurer Gesellschaft ...' Kurz: sie wußte von nichts.

,Wer war denn hier? Ist jemand hergekommen?' frage ich.

,Gar niemand war hier, ich bin die ganze Zeit zu Hause gewesen. Jemeljan Iljitsch war hier, ging später aus und kam dann wieder, da sitzt er ja. Frage ihn doch!'

,Hast du nicht, Jemeljan, aus irgend einem Grunde meine Reithose genommen, du weißt doch: die, die ich für den Gutsbesitzer angefertigt habe?'

,Nein, Astafij Iwanytsch', sagte er, ,nein, ich habe sie nicht genommen.'

Welch ein Unglück! Wieder fing ich an, sie zu suchen, suchte und suchte — nichts! Jemelei aber sitzt da, und sein Oberkörper schwankt. Ich saß, Herr, vor ihm auf meinem Koffer, so vor ihm niedergeduckt, und sah so mit einem Auge auf ihn. He, denke ich, und plötzlich fängt mir das Herz in der Brust zu brennen an, und das Blut steigt mir zu Kopf. Plötzlich sieht auch Jemelei auf mich.

,Nein', sagte er hastig, ,Astafij Iwanytsch, ich habe Ihre Hose nicht ... Sie glauben vielleicht, weil ... daß ... aber ich habe sie nicht genommen.'

,Wo ist sie denn geblieben, Jemeljan Iljitsch?'

,Ich weiß es nicht', sagte er, ,ich habe sie überhaupt nicht gesehen.'

,Wie denn, Jemeljan Iljitsch, dann ist sie also von selbst verloren gegangen?'

,Kann sein, Astafij Iwanytsch. Ich weiß es nicht.'

Ich stand auf, ging zu ihm ans Fenster, zündete die Lampe an und setzte mich, um zu steppen. Ich wendete die Weste des Beamten, der über uns wohnte. In meiner Brust aber nagt und brennt es. Leichter wäre mir gewesen, wenn ich mit meiner ganzen Garderobe den Ofen geheizt hätte. Jemelei aber fühlte wohl, daß Wut mein Herz packte. Wenn ein Mensch was Böses getan hat, Herr, so wittert er das Unheil schon von fern, wie die Vögel unterm Himmel das Unwetter.

,Astafij Iwanytsch', begann Jemeljan Iljitsch, aber seine Stimme war unsicher, ,heute hat Antip Prochorytsch, der Feldscher, die Witwe des Kutschers, der vor kurzem starb, geheiratet.'

Ich aber sah ihn an und sah ihn nur an ... daß er wohl verstand! Was sehe ich: er steht auf, geht ans Bett und fängt dort an, herumzuwühlen. Ich schweige still, er kramt und kramt und spricht dabei: ,Hier nichts und da nichts, wo mag dieses dumme Ding nur hingeraten sein?' Ich warte ab, was nun weiter kommen wird, und was sehe ich? Jemelei kriecht unter das Bett! Da konnte ich nicht mehr an mich halten.

‚Was', sagte ich, ‚Jemeljan Iljitsch, was rutschen *Sie* denn da auf den Knien herum?'

‚Ich sehe nur nach, Astafij Iwanytsch, ob nicht die Hose hier irgendwo liegt.'

‚Was tun Sie, mein Herr' (aus Ärger sagte ich höflichst *Sie* zu ihm und *Herr*), ‚lohnt es sich denn, sich eines armen, einfachen Menschen wegen so abzumühen, auf den Knien herumzurutschen!'

‚Ach, Astafij Iwanytsch, das tut doch nichts ... irgendwo wird man sie doch finden müssen, wenn man sie sucht.'

‚Hm', sagte ich, ‚höre mal, Jemeljan Iljitsch ...'

‚Was, Astafij Iwanytsch?'

‚Hast du sie nicht einfach gestohlen, wie ein Dieb und Spitzbube, aus Dankbarkeit für mein Salz und Brot, das ich dir gegeben habe?' — Sehen Sie, er wollte mich damit rühren, daß er auf den Knien vor mir auf dem Fußboden herumrutschte.

‚Nein ... Astafij Iwanytsch ...'

Und so wie er da lag, so blieb er noch lange unter dem Bett; sehr lange; endlich kam er wieder hervorgekrochen. Ich sehe ihn an: ganz bleich ist der Mensch, wie ein Linnen. Er stand auf und setzte sich wieder auf seinen Fensterplatz; dort saß er wohl so an die zehn Minuten ... Plötzlich steht er auf und tritt auf mich zu, ich seh' ihn noch jetzt wie vor mir, schrecklich wie die Sünde.

‚Nein', sagt er, ‚Astafij Iwanowitsch, ich habe mir nicht erlaubt, Ihre Reithose an mich zu nehmen.'

Dabei zitterte er am ganzen Körper und auch seine Stimme zittert, und er stößt sich mit zitterndem Finger vor die Brust, so daß ich selber Angst bekam und ganz wie angewachsen auf meinem Platz saß und mich nicht rührte.

‚Nun', sagte ich, ‚wie Sie wollen, Jemeljan Iljitsch; verzeihen Sie schon, wenn ich dummer Mensch Sie unnötigerweise verdächtigt habe. Und mit der Reithose lassen wir's gut sein; verloren ist verloren, da ist nichts mehr zu machen; aber wir werden ohne sie auch nicht untergehn. Ich habe ja, Gott sei Dank, noch meine Hände, wir brauchen nicht stehlen zu gehen ... und brauchen auch nicht bei einem fremden armen Menschen Gnadenbrot zu essen; wir werden unser Brot schon noch mit Arbeit verdienen ...'

Jemelei steht und steht und hört, was ich sage; endlich — setzt er sich. So saß er den ganzen Abend, ohne sich zu rühren. Ich ging schon zu Bett — immer noch saß er auf demselben Fleck. Am nächsten Morgen, wie ich aufstehe, sehe ich, er liegt zusammengekrümmt in seinem Mäntelchen auf dem nackten Fußboden; er hat sich wohl selbst so arg erniedrigt gefühlt, daß er sich nicht mehr aufs Bett zu kommen traute. Nun ja, Herr, seit jenem Vorfall mochte ich ihn nicht mehr, das heißt: in den ersten Tagen war er mir sogar verhaßt. Es war so, wie wenn beispielsweise mein leiblicher Sohn mich bestohlen und mir eine blutige Beleidigung zugefügt hätte. Ach, denke ich, Jemelei, Jemelei! Und was glauben Sie, Herr, Jemelei trank doch darauf an die zwei Wochen lang ununterbrochen. Er war wie rasend geworden, er trank sich zuschanden. Morgens ging er fort und kam spät nachts heim; in diesen zwei Wochen hab ich auch nicht ein Wort von ihm gehört. Das heißt wohl, daß ihn selber damals der Kummer zernagt hat, oder daß er irgendwie mit sich hat Schluß machen wollen. Endlich hörte er auf zu trinken, weil er schon alles vertrunken hatte, und saß wieder bei mir tagsüber. Ich erinnere mich noch: er saß und schwieg drei Tage lang; auf einmal sehe ich: der Mensch weint. Also er sitzt da und weint, Herr, und wie er weint! Das kam wie aus einem Brunnen; und dabei schien er es gar nicht zu merken, daß er weinte. Es ist schwer mit anzusehen, Herr, wenn ein erwachsener Mensch weint; dazu noch, wenn ein alter Mensch, wie Jemelei, vor Not und Traurigkeit zu weinen anfängt.

,Was hast du, Jemelei?' fragte ich.

Er fuhr zusammen und erzitterte nur so. Ich hatte ihn

nämlich zum erstenmal seit jenem Tage wieder angesprochen.
,Nichts ... Astafij Iwanowitsch.'
,Gott mit dir, Jemelei, laß das doch, was liegt denn an all dem Kram, mag er doch draufgehn. Aber weshalb sitzt du denn so da wie 'n Uhu?' — Er begann mir leid zu tun.
,Ja, so, Astafij Iwanowitsch, eben nur so. Ich möchte doch irgendeine Arbeit annehmen, Astafij Iwanytsch.'
,Was denn für eine Arbeit, Jemeljan Iljitsch?'
,Ja, so, irgendeine. Vielleicht finde ich wieder so eine Stellung, wie ich sie früher hatte; ich bin auch schon zu Fedosséi Iwánytsch gegangen, um ihn drum zu bitten ... Es ist nicht recht von mir, daß ich Sie belaste, Astafij Iwanytsch. Ich werde Ihnen, Astafij Iwanytsch, wenn ich vielleicht noch so was finde, alles wiedererstatten und für die Beköstigung eine Entschädigung anbieten.'
,Schon gut, Jemelei, laß gut sein! ... Nun ja, es ist wohl mal eine Sünde vorgekommen, nun und — das ist vergangen! Hol' sie der Kuckuck! Und nun laß uns wieder wie zuvor miteinander hausen!'
,Nein, bitte, Astafij Iwanytsch, Sie meinen vielleicht immer noch ... jenes ... aber ich habe mir nicht erlaubt, Ihre Reithose zu nehmen.'
,Nun, wie du willst; Gott mit dir, Jemeljánuschka!'
,Nein, bitte, Astafij Iwanytsch. Ich sehe doch ein, ich kann doch nicht länger bei Ihnen leben. Sie müssen mich schon entschuldigen, Astafij Iwanytsch.'
,Aber — Gott mit dir!' sagte ich, ,wer kränkt dich denn, Jemeljan Iljitsch, wer treibt dich denn hinaus, ich doch nicht?'
,Nein, bitte, es ist nicht recht von mir, so bei Ihnen zu leben, Astafij Iwanytsch ... Da will ich schon lieber von selbst gehen ...'
Das bedeutete, er war gekränkt, der Mensch, und kam darüber nicht hinweg, und konnte immer nur das gleiche sagen. Ich sehe ihn an, und er steht wirklich auf und zieht sein Mäntelchen an.

‚Aber wohin willst du denn gehen, Jemeljan Iljitsch? Nimm doch Vernuft an, höre, was man dir sagt: was willst du? Wohin gehst du?'

‚Nein, bitte, verzeihen Sie schon, Astafij Iwanytsch, halten Sie mich nicht zurück (dabei weinte er schon wieder); ich will schon lieber weggehen von der Sünde, Astafij Iwanytsch. Sie sind jetzt anders geworden zu mir.'

‚Wieso anders? Ich bin ganz derselbe. Du aber bist ja wie ein kleines unvernünftiges Kind; du wirst ja allein einfach zugrundegehen, Jemeljan Iljitsch.'

‚Nein, Astafij Iwanytsch, wenn Sie jetzt weggehen, schließen Sie zuvor immer Ihren Koffer ab; ich aber sehe das doch und muß dann weinen ... Nein, lassen Sie mich schon lieber gehen, Astafij Iwanytsch, und verzeihen Sie mir alles, was ich Ihnen während unseres Zusammenlebens an Kränkendem zugefügt habe.'

Und was glauben Sie, Herr? Der Mensch ging wirklich fort! Ich warte einen Tag, denke bei mir, er kommt am Abend. Nein, er kam nicht. Ich warte einen zweiten Tag. Wieder nicht. Warte auch den dritten Tag. Wieder kommt er nicht. Da erschrak ich denn, die Sorge krempelte mich völlig um; ich konnte weder trinken, noch essen, noch schlafen. Ganz entwaffnet hatte mich der Mensch! Am vierten Tag machte ich mich auf den Weg, schaute in alle Kneipen hinein, fragte überall nach ihm — nichts! Jemeljanuschka war verschwunden! ... Oder hast du vielleicht deinen armen Kopf irgendwo schon für immer niedergelegt? dachte ich. Vielleicht bist du betrunken an einem Zaun verreckt und liegst jetzt dort wie ein verfaulter Balken? ... Halbtot kehrte ich nach Hause zurück. Ich beschloß, am nächsten Tage wieder auf die Suche zu gehen. Und ich verwünschte mich selber, weil ich es zugelassen hatte, daß der dumme Mensch aus eigenem freien Willen von mir weggegangen war. Endlich, am fünften Tage, es tagte kaum (es war ein Feiertag), da knarrte die Tür. Ich sehe: Jemelei kommt herein! Ganz blau im Gesicht, und die Haare voller

Schmutz, als hätte er auf der Straße genächtigt, und mager war er wie ein Kienspan! Zieht sein Mäntelchen aus, setzt sich zu mir auf den Koffer und sieht mich an. Was war ich froh, aber zugleich erhob sich doch ein Schmerz in meinem Herzen, schlimmer als je zuvor. Denn es ist doch so, Herr: wenn nun beispielsweise mir eine solche Menschensünde zugefallen wäre, so hätte ich doch, so wahr ich lebe, lieber wie ein Hund krepieren mögen als daß ich zurückgekommen wäre. Jemelei aber kam zurück. Nun ja, es ist natürlich hart, einen Menschen in einer solchen Lage zu sehen. Da war ich denn recht lieb zu ihm, streichelte und tröstete ihn. Ich sagte: ‚Was bin ich froh, Jemeljanuschka, daß du wieder da bist! Wärest du ein wenig später gekommen, so hätte ich mich auch heute wieder auf den Weg gemacht, um alle Schenken abzuklappern auf der Suche nach dir. Hast du heute schon was gegessen?'

‚Ja, ich habe schon, Astafij Iwanytsch.'

‚Wirklich, so früh schon? Hör mal, Brüderchen, von gestern ist noch Kohlsuppe übriggeblieben, keine leere Suppe, sondern mit Rindfleisch gekochte. Und hier hast du noch Zwiebeln und Brot. Iß nur', sagte ich, ‚das ist für die Gesundheit nicht überflüssig.'

Ich gab ihm zu essen; da sah ich denn, daß der Mensch vielleicht ganze drei Tage nichts mehr gegessen hatte, mit solchem Appetit aß er. Also war es der Hunger gewesen, der ihn zu mir zurückgetrieben hatte. Ganz zärtlich wurde mir zumut, während ich ihm so zusah, dem lieben Menschen... Wart einmal, dachte ich, soll ich nicht selber schnell hinüberspringen zum Ausschank und eine kleine Herzstärkung für ihn holen, damit er die Trübsal vergißt und sieht, daß ich ihm nicht mehr böse bin, Jemeljanuschka! Ich brachte den Branntwein...

‚Hier', sagte ich, ‚Jemeljan Iljitsch, trinken wir auf den Feiertag! Willst du nicht trinken? Das ist doch gesund.'

Er streckte auch schon die Hand aus, streckte sie geradezu gierig aus, ergriff beinah schon das Glas, aber da hielt er sich wieder zurück; wartete ein Weilchen; ich sehe, er führt es schon an den Mund, seine Hand aber zittert so, daß er etwas verschüttet auf den Ärmel. Nein, er führt das Glas wieder zum Munde, stellt es aber sofort zurück auf den Tisch.

,Was hast du denn, Jemeljanuschka?'

,Aber nein: ich habe doch ... Astafij Iwanytsch ...'

,Du willst nicht trinken, wie?'

,Aber ich ... habe doch ... nein, ich werde nicht mehr trinken, Astafij Iwanytsch.'

,Wie denn, hast du dir vorgenommen, das Trinken ganz aufzugeben, Jemeljuschka, oder willst du bloß heute nicht?'

Er schweigt. Ich sehe ihn an. Nach einer Weile legt er den Kopf auf den Arm.

,Was hast du nur, oder bist du am Ende krank, Jemelei?'

,Ja, so, fühle mich schlecht, Astafij Iwanytsch.'

Da brachte ich ihn zu Bett. Es ging ihm wirklich schlecht. Sein Kopf glühte, und Frostschauer schüttelten ihn. Den Tag über saß ich bei ihm, zur Nacht verschlimmerte sich sein Zustand. Ich machte ihm eine Suppe aus Kwaß mit Butter und Zwiebeln und brockte Brot hinein.

,Hier, iß jetzt das Kindersüppchen, davon wird dir vielleicht besser werden!' Er schüttelt den Kopf.

,Nein', sagt er, ,heute werde ich nicht mehr essen, Astafij Iwanytsch.'

Ich machte ihm Tee, meine Alte mußte sich auch anstrengen für ihn. Aber es half alles nichts. Nun wird's schlimm, dachte ich. Am dritten Morgen ging ich darum zum Arzt. Ich kannte in der Nähe einen Arzt, Kostopráwoff. Er hatte mich früher mal kuriert, als ich noch bei meinen Herrschaften Bossomjágin in Stellung war. Also, der kam, sah ihn sich an. ,Es steht schlecht mit ihm. Es war überflüssig, mich noch herzurufen. Man könnte ihm noch ein Pulver verordnen.' ... Nun, das Pulver hab ich ihm nicht gegeben; ich dachte mir: der Arzt will sich nur wichtig machen. Dann brach schon der fünfte Tag an.

Er lag vor mir auf dem Bett, es ging zu Ende mit ihm. Ich saß am Fenster, hatte meine Arbeit in den Händen. Die Alte heizte den Ofen. Wir schwiegen alle. Der Schmerz um den liederlichen Menschen dort auf dem Sterbebett zerriß mir das Herz; es war, als ob es mein leiblicher Sohn gewesen wäre, den ich sterben sah.

Ich wußte, daß Jemelei mich jetzt anblickte, denn schon seit dem Morgen hatte ich bemerkt, daß der Mensch sich zusammennahm, etwas sagen zu wollen schien, aber sich nicht traute, wie man sah. Schließlich schaute ich ihn an und da sah ich: Es lag eine solche Qual in den Augen des Ärmsten, der mit dem Blick an mir hing; als er aber bemerkte, daß ich ihn betrachtete, da schlug er sofort die Augen nieder.

‚Astafij Iwanytsch!'

‚Was denn, Jemeluschka?'

‚Was meinen Sie, wenn man, zum Beispiel, mein Mäntelchen auf den Trödelmarkt brächte, — ob man dort wohl viel dafür bieten würde, Astafij Iwanytsch?'

‚Ja, das weiß ich nicht, wieviel man bieten würde. Vielleicht ein Dreirubelscheinchen, denke ich, Jemeljan Iljitsch.'

Hätte man 's aber versucht und wäre damit hingegangen, dann hätten sie nichts dafür geboten, abgesehen davon, daß sie einem ins Gesicht gelacht hätten, weil man so 'n armseliges Stück noch verkaufen will. Ich sagte es auch nur so, weil ich dieses Kind Gottes und seine Einfalt kannte, um zu trösten, zu beruhigen.

‚Ich aber dachte, Astafij Iwanytsch, daß man drei Silberrubel dafür geben würde, es ist doch ein Tuchmantel, Astafij Iwanytsch. Wieso denn nur drei Bankorubel, wenn's doch Tuchware ist?'

‚Ich weiß nicht, Jemeljan Iljitsch', sagte ich, ‚wenn du ihn hinbringen lassen willst, müßte man natürlich gleich drei Silberrubel verlangen.'

Jemelei schwieg ein wenig; darauf rief er mich von neuem.

‚Astafij Iwanytsch!'

‚Was denn', fragte ich, ‚Jemeljanuschka?'

‚Verkaufen Sie das Mäntelchen, wenn ich gestorben bin; beerdigen Sie mich nicht in ihm. Ich kann auch so liegen; es ist doch immerhin noch ein Wertgegenstand; könnte Ihnen zustatten kommen.'

Da krampfte sich mein Herz so zusammen, Herr, wie ich es Ihnen gar nicht zu sagen vermag. Ich sehe, wie die Beklemmung der Sterbestunde an den Menschen herantritt. Wieder schwiegen wir. So verging wohl die Zeit einer ganzen Stunde. Ich sah von neuem zu ihm hinüber: er schaute mich immer noch an, aber wie sich unsere Blicke begegneten, schlug er wieder die Augen nieder.

‚Wollen Sie nicht vielleicht ein Schlückchen Wasser trinken, Jemeljan Iljitsch?' fragte ich.

‚Ja, bitte ... Vergelt's Gott, Astafij Iwanytsch.'

Ich gab ihm zu trinken. Er trank ein wenig.

‚Ich danke Ihnen', sagte er, ‚Astafij Iwanytsch.'

‚Sonst noch was, Jemeljanuschka?'

‚Nein, danke, brauche nichts, aber von jener ...'

‚Was denn?'

‚Von jener ...'

‚Von was denn, Jeméluschka?'

‚Von der Reithose ... von jener ... daß ich es war, der sie Ihnen damals weggenommen hat, Astafij Iwanytsch ...'

‚Schon gut, Gott wird 's dir verzeihen', sagte ich, ‚Jemeljanuschka, du armer Armseliger! Zieh hin in Frieden ...'

Mir selbst aber, Herr, verschlug es den Atem, die Tränen stürzten mir aus den Augen, wollte mich abwenden.

‚Astafij Iwanytsch ...'

Ich sehe: Jemelei will mir noch etwas sagen, will sich selbst aufrichten, bewegt die Lippen ... Auf einmal wird er ganz rot im Gesicht, schaut mich an ... Da sehe ich: er wird wieder blaß, noch blasser ... in einem Augenblick sank er zusammen, der Kopf fiel nach hinten, er atmete noch einmal und gab damit Gott seine Seele zurück ...«

WEIHNACHT UND HOCHZEIT

Aus den Aufzeichnungen eines Unbekannten

Vor ein paar Tagen sah ich eine Trauung ... oder nein! Es ist besser, ich erzähle Ihnen zunächst von einer Weihnachtsfeier. Eine Trauung ist gewiß ein schönes Thema, es gefiel mir auch sehr, aber das andere Erlebnis ist wichtiger. Ich weiß nicht, wieso ich mich beim Anblick dieser Trauung an jene Weihnachtsfeier erinnerte. Das geschah folgendermaßen.

Vor genau fünf Jahren erhielt ich kurz vor Neujahr die Einladung zu einem Kinderball. Die Persönlichkeit, die mich einlud, war ein bekannter Geschäftsmann — mit Beziehungen, einem großen Bekanntenkreis und Intrigen —, so daß man ohne weiteres annehmen konnte, dieser Kinderball sei nur ein Vorwand für die Eltern, einmal ganz harmlos in größerer Anzahl zusammenzukommen und bei der Gelegenheit sich über gewisse überaus interessante Dinge wie zufällig und ganz unauffällig besprechen zu können. Ich war in dieser Gesellschaft ein völlig Unbeteiligter, zumal ich keinerlei Güter besaß; so verbrachte ich den Abend ziemlich ungestört und blieb mir selbst überlassen. Außer mir war dort noch ein Herr, der, wie mir schien, weder durch Familie noch Sippe dazugehörte, trotzdem aber gleich mir auf dieses Fest des Familienglücks geraten war ... Er fiel mir vor allen anderen auf. Sein Äußeres machte einen guten Eindruck: er war groß von Wuchs, hager, auffallend ernst, sehr gut gekleidet. Man sah ihm aber an, daß es ihm nicht um Fröhlichkeit und Familienglück zu tun war; sobald er sich in einen stilleren Winkel zurückziehen konnte, hörte er sofort auf zu lächeln und zog die dichten schwarzen Brauen stirnrunzelnd zusammen. Bekannt war er offenbar, außer mit dem Hausherrn, mit keinem einzigen der Anwesenden. Man sah es ihm an, daß er sich furchtbar langweilte, trotzdem aber die Rolle eines sich gut unterhaltenden und glücklichen Menschen tapfer bis zum Schluß durchhielt. Nachher erfuhr ich, daß er aus der Provinz nur auf kurze Zeit nach Petersburg gekommen sei, wo er eine entscheidende und verzwickte Sache durchzufechten habe. Zu unserem Hausherrn allerdings habe ihn nur ein Empfehlungsschreiben gebracht; dieser jedoch protegiere ihn keineswegs con amore und habe ihn nur aus Höflichkeit zu seinem Kinderball eingeladen. Und da man nicht Karten spielte, auch keine Zigarren anbot und niemand ein Gespräch mit ihm anknüpfte — wahrscheinlich erkannte man den Vogel schon von weitem an den Federn —, so war der Mann gezwungen, nur um seine Hände irgendwie zu beschäftigen, den ganzen Abend seinen Backenbart zu streicheln. Freilich war dieser Backenbart sehr gepflegt, aber er streichelte ihn doch so unablässig, daß man nach einigem Zusehen entschieden meinen konnte, zuerst sei nur der Backenbart erschaffen worden, und dann erst der Mann dazu, damit er ihn streichle.

Außer diesem Herrn, der in solcher Weise am Familienglück des Hausherrn, des Vaters von fünf wohlgenährten Buben, teilnahm, fiel mir noch ein anderer Herr auf. Dieser war jedoch von ganz anderer Art. Er war nämlich eine Persönlichkeit. Er hieß Julian Mastakowitsch. Schon auf den ersten Blick konnte man erkennen, daß er ein Ehrengast war und zum Hausherrn in ungefähr dem gleichen Verhältnis stand wie der Hausherr zu dem Herrn mit dem Backenbart. Der Hausherr und die Hausfrau sagten ihm unendlich viele Liebenswürdigkeiten, machten ihm geradezu den Hof, kredenzten ihm den Wein, verwöhnten ihn nach Möglichkeit und führten ihm ihre Gäste zu, um sie ihm zu empfehlen; ihn dagegen stellten sie keinem vor. Wie ich bemerkte, erglänzte im Auge des Hausherrn sogar eine Träne der Rührung, als Julian Mastakowitsch zum Lobe des Festes versicherte, er habe selten so angenehm die Zeit verbracht. Mir ward irgendwie unheimlich in der Gegenwart einer solchen Persönlichkeit, und so zog ich mich, nachdem ich mich am Anblick der Kinder genugsam gefreut hatte, in einen kleinen Salon zurück, in dem zufällig kein Mensch war. Hier setzte ich mich am Fenster in eine Blumenlaube, die fast das halbe Zimmer einnahm.

Die Kinder waren alle unglaublich nett und lieb, sie wollten entschieden nicht den *Großen* gleichen, ungeachtet aller Ermahnungen der Gouvernanten und Mütter. Im Nu hatten sie den ganzen Weihnachtsbaum geplündert, bis zum letzten Konfekt in Goldpapier. Schon war es ihnen gelungen, die Hälfte aller Spielsachen zu zerbrechen, noch bevor sie erfahren hatten, was für wen bestimmt war. Besonders gefiel mir ein kleiner Knabe mit dunklen Augen und Locken, der mich mit seinem hölzernen Gewehr immer wieder erschießen wollte. Doch am meisten lenkte seine kleine Schwester die Aufmerksamkeit der Gäste auf sich, ein Mädelchen von etwa elf Jahren, reizend wie ein kleiner Amor; ein stilles, nachdenkliches, blasses Kind mit großen verträumten Augen, die ein wenig hervortraten. Die anderen Kinder hatten sie irgendwie gekränkt, und da kam sie denn in das stille Zimmer, wo ich saß, setzte sich in einen Winkel und beschäftigte sich mit ihrer Puppe. Die Gäste deuteten unter sich respektvoll auf den reichen Vater dieser Kleinen, einen Branntweinpächter[1]; jemand wußte flüsternd mitzuteilen, daß an barem Gelde bereits jetzt dreihunderttausend Rubel für sie als Mitgift beiseite gelegt seien. Ich sah mich unwillkürlich nach der Gruppe um, die sich für diesen Umstand interessierte, und mein Blick fiel auf Julian Mastakowitsch, der, die Hände auf dem Rücken, den Kopf ein klein wenig zur Seite geneigt, auffallend interessiert dem müßigen Geschwätz dieser Herrschaften zuhörte. Gleichzeitig mußte ich über die Weisheit der Gastgeber staunen, die diese bei der Verteilung der Geschenke an die Kinder zu bezeugen gewußt hatten. Das kleine Mädchen zum Beispiel, das bereits dreihunderttausend Rubel besaß, hatte die schönste und teuerste Puppe erhalten. Der Wert der anderen Geschenke dagegen sank von Stufe zu Stufe herab, je nach dem Rang der Eltern dieser Kinder. Das letzte Kind, ein Knabe von etwa zehn Jahren, ein mageres, rötlichblondes Kerlchen mit Sommersprossen, bekam nur ein Buch, das belehrende Geschichten enthielt und von der Größe der Natur, von Tränen der Rührung und ähnlichem handelte, ein nüchternes Buch, ohne Bilder und sogar ohne Vignetten.

Er war der Sohn einer armen Witwe, die die Kinder des Hausherrn unterrichtete und kurzweg die Gouvernante genannt wurde. Er selbst war ein ängstlicher, verschüchterter Knabe. Er trug eine russische Bluse aus billigem Nanking. Nachdem ihm sein Buch eingehändigt worden war, ging er lange Zeit um die Spielsachen der anderen Kinder herum; er hätte wohl furchtbar gern mit diesen gespielt, aber er wagte es nicht; man sah es ihm an, daß er seine gesellschaftliche Stellung bereits vollkommen begriff. Ich beobachte gern Kinder beim Spiel. Diese ihre erste selbständige Äußerung im Leben ist immer sehr aufschlußreich. Es fiel mir auf, daß der rothaarige Knabe sich von den teuren Geschenken der anderen so hinreißen ließ, namentlich von einem Puppentheater, bei dem er wohl nur zu gern mitgespielt hätte, daß er sich einzuschmeicheln versuchte. Er lächelte und suchte sich angenehm zu machen, er gab seinen Apfel einem kleinen pausbackigen Jungen, der bereits einen ganzen Sack voll Naschwerk hatte, und er entschloß sich sogar, einen von ihnen huckepack zu tragen, nur damit man ihn nicht vom Theater fortdränge. Aber schon im nächsten Augenblick wurde er von einem Erwachsenen, der gewissermaßen den Oberaufseher spielte, mit Püffen und Stößen fortgetrieben. Der Junge wagte nicht, zu weinen. Sogleich erschien auch schon die Gouvernante, seine Mutter, und sagte ihm, er solle die anderen beim Spielen nicht stören. Da kam denn der Kleine auch in jenes Zimmer, in dem das Mädchen saß. Sie ließ es zu, daß er sich ihr anschloß, und beide begannen eifrig, die schöne Puppe herauszuputzen.

Ich hatte schon über eine halbe Stunde in der Efeulaube gesessen und war fast eingenickt, unbewußt eingelullt durch das Kindergespräch des kleinen rotblonden Jungen und der zukünftigen Schönheit mit der Mitgift von dreihunderttausend Rubeln, als plötzlich Julian Mastakowitsch ins Zimmer trat. Er benutzte die Gelegenheit, die ihm ein großer Streit unter den Kindern im Saal bot, unbemerkt zu verschwinden. Vor wenigen Minuten hatte ich ihn noch an der Seite des reichen Vaters der Kleinen in lebhaftem Gespräch gesehen, und aus einzelnen Worten, die ich auffing, erriet ich, daß er die Vorzüge der einen Stellung im Vergleich mit denen einer anderen pries. Jetzt stand er nachdenklich an der Efeulaube, ohne mich zu sehen, und schien zu überlegen.

»Dreihundert ... dreihundert ...«, murmelte er. »Elf ... zwölf, dreizehn — sechzehn. Fünf Jahre! Nehmen wir an, zu vier Prozent — zwölf mal fünf ... macht sechzig. Ja, von diesen sechzig ... nun, sagen wir, nach fünf Jahren im ganzen — vierhundert. Ja! ... tja! ... Aber der wird doch nicht bloß vier Prozent nehmen, der Gauner! Mindestens acht, wenn nicht sogar zehn! Na, sagen wir: fünfhunderttausend! Hm! eine halbe Million Rubel, das läßt sich hören! ... Nun, und dann noch die Aussteuer, hm ...«

Sein Entschluß stand fest. Er räusperte sich und wollte das Zimmer bereits verlassen — da sah er plötzlich die Kleine im Winkel mit ihrer Puppe und blieb stehen. Mich hatte er hinter den Blattpflanzen gar nicht bemerkt. Wie mir schien, war er sehr erregt. Ob diese Erregung nun auf die Berechnung, die er soeben angestellt hatte, oder auf etwas anderes zurückzuführen war, das ist schwer zu sagen. Aber er rieb sich lächelnd die Hände und schien kaum ruhig stehen zu können. Seine Erregung wuchs noch bis zu einem nec plus ultra, als er einen zweiten entschlossenen Blick auf die reiche Erbin warf. Er wollte einen Schritt vortreten, blieb aber wieder stehen und blickte sich zuerst nach allen Seiten um. Dann näherte er sich auf den Fußspitzen, als sei er sich einer Schuld bewußt, langsam und ganz leise dem Kinde. Er lächelte. Als er dicht hinter der Kleinen stand, beugte er sich zu ihr nieder und küßte sie auf den Kopf. Die Kleine schrie vor Schreck auf, denn sie hatte ihn bis dahin nicht bemerkt.

»Was tust du denn hier, mein liebes Kind?« fragte er leise, blickte sich um und tätschelte ihr dann die Wange.

»Wir spielen ...«

»Ah? Mit ihm etwa?« Julian Mastakowitsch warf einen Blick auf den Knaben.

»Du könntest doch, mein Lieber, in den Saal gehen«, riet er ihm.

Der Knabe schwieg und blickte ihn groß an. Julian Mastakowitsch sah sich wieder schnell nach allen Seiten um und beugte sich von neuem zu der Kleinen.

»Was hast du denn da, mein liebes Kind? Ein Püppchen?« fragte er.

»Ein Püppchen ...«, antwortete die Kleine etwas zaghaft und runzelte leicht die Stirn.

»Ein Püppchen ... Aber weißt du auch, mein liebes Kind, woraus diese Puppe gemacht ist?«

»N—nein ...«, antwortete die Kleine flüsternd und senkte das Köpfchen noch tiefer.

»Nun, aus alten Lappen, mein Herzchen, die zu gepreßter Pappe verarbeitet werden ... Aber du könntest doch in den Saal gehen, Junge, zu den anderen Kindern!« wandte sich Julian Mastakowitsch mit einem strengen Blick abermals an den Knaben. Das Mädchen aber und der Kleine runzelten die Stirn und faßten sich gegenseitig an. Sie wollten sich offenbar nicht voneinander trennen.

»Aber weißt du auch, wofür man dir dieses Püppchen geschenkt hat? ...«, fragte Julian Mastakowitsch, dessen Stimme immer einschmeichelnder wurde.

»N—nein ...«

»Nun, dafür, daß du ein liebes und artiges Kind bist.«

Hier blickte sich Julian Mastakowitsch wieder nach der Tür um und fragte dann mit kaum hörbarer, vor Erregung und Ungeduld zitternder Stimme:

»Aber wirst du mich auch lieb haben, kleines Mädchen, wenn ich zu deinen Eltern zu Besuch komme?«

Bei diesen Worten wollte Julian Mastakowitsch noch einmal das Mädchen küssen, doch als der kleine Knabe sah, daß sie dem Weinen schon ganz nahe war, umklammerte er sie plötzlich angstvoll und begann vor lauter Teilnahme und Mitleid mit ihr selbst laut zu weinen. Julian Mastakowitsch wurde ernstlich böse.

»Geh, geh fort, geh doch fort von hier!« sagte er ärgerlich. »Geh in den Saal! Geh zu deinen Altersgenossen!«

»Nein, nicht, nicht! Er soll nicht gehn! Gehen *Sie* fort«, sagte das kleine Mädchen, »er aber soll hier bleiben ... lassen Sie ihn hier!« sagte sie fast schon weinend.

Da ertönten laute Stimmen an der Tür, und Julian Mastakowitschs gewichtiger Oberkörper schnellte empor. Er war sichtlich erschrocken. Doch der kleine Knabe erschrak noch mehr als Julian Mastakowitsch, gab das kleine Mädchen frei und schlich geduckt längs der Wand ins Eßzimmer. Auch Julian Mastakowitsch ging ins Eßzimmer, ganz als wäre nichts vorgefallen. Er war rot wie ein Krebs im Gesicht, und als er im Vorübergehen einen Blick in den Spiegel warf, schien sein Aussehen ihn selbst zu verwirren. Vielleicht ärgerte er sich darüber, daß er so erregt war, und daß er so unvorsichtig gesprochen hatte. Vielleicht hatte ihn – zu Anfang – seine Berechnung selbst so bestrickt und begeistert, daß er trotz seiner ganzen Solidität und Würde recht wie ein Bengel handelte und schon jetzt und unbedacht genug auf sein Ziel geradeswegs loszusteuern begann, obgleich dieses Ziel doch erst nach fünf Jahren in Frage kommen konnte. Ich folgte ihm alsbald in das andere Zimmer – und wahrlich, was ich dort erblickte, war ein seltsames Schauspiel! Ich sah nämlich, wie Julian Mastakowitsch, der hochangesehene würdevolle Julian Mastakowitsch, den kleinen Knaben einschüchterte, der immer weiter vor ihm zurückwich und nicht wußte, wo er sich vor Angst lassen sollte.

»Marsch, wirst du wohl! Was tust du hier, Taugenichts?

Geh! Geh! Du willst hier wohl Früchte klauen, wie? Willst hier Früchte klauen? Marsch, mach', daß du fortkommst, wirst du wohl, ich werd' dir zeigen!«

Der verschreckte Knabe entschloß sich zu einem verzweifelten Rettungsversuch: er kroch unter den Tisch. Das rief aber in seinem Verfolger noch größere Wut hervor. Zornig riß er sein langes Batisttaschentuch aus der Tasche und versuchte damit den Kleinen unter dem Tisch zu verscheuchen, damit er von dort hervorkrieche. Der Kleine aber war mäuschenstill vor Angst und rührte sich nicht. Ich muß bemerken, daß Julian Mastakowitsch ein wenig korpulent war. Er war, was man so nennt, ein satter Mensch, mit roten Wänglein, einem Bäuchlein, untersetzt und mit dicken Schenkeln, – kurz, ein stämmiger Bursche, an dem alles so rund war wie an einer Nuß. Schweißtropfen standen ihm schon auf der Stirn, er atmete schwer und fast keuchend. Das Blut drang ihm vom Bücken rot und heiß zu Kopf. Er wurde jähzornig, so groß war sein Unwille oder – wer kann es wissen? – seine Eifersucht. Ich lachte schallend auf. Julian Mastakowitsch wandte sich blitzschnell nach mir um und wurde ungeachtet seines gesellschaftlichen Ansehens, seiner einflußreichen Stellung und seiner Jahre geradezu fassungslos verlegen. In dem Augenblick trat durch die gegenüberliegende Tür der Hausherr ins Zimmer. Der kleine Junge kroch unter dem Tisch hervor und rieb sich die Knie und Ellenbogen. Julian Mastakowitsch kam zu sich, führte schnell das Taschentuch, das er noch an einem Zipfel hielt, an die Nase und schneuzte sich.

Der Hausherr blickte uns drei etwas verwundert an, doch als lebenskluger Mensch, der das Leben ernst auffaßte, wußte er sogleich die Gelegenheit, mit seinem Gast unter vier Augen sprechen zu können, auszunutzen.

»Ach, sehen Sie, das ist ja jener Knabe, für den ich die Ehre hatte, zu bitten ...«, begann er, auf den armen Kleinen weisend.

»Ah!« versetzte Julian Mastakowitsch, noch immer nicht ganz auf der Höhe der Situation.

»Er ist der Sohn der Gouvernante meiner Kinder«, fuhr der Hausherr erklärend und in verbindlichem Ton fort, »einer armen Frau. Sie ist Witwe eines ehrenwerten Beamten. Ginge es nicht irgendwie, Julian Mastakowitsch ...«
»Ach, ich entsinne mich! Nein, nein!« unterbrach dieser ihn eilig. »Nehmen Sie es mir nicht übel, mein bester Filípp Alexéjewitsch, aber es geht ganz und gar nicht. Ich habe mich erkundigt: Vakanzen gibt es nicht, und selbst wenn eine bestünde, so kämen doch zehn Kandidaten eher in Betracht als dieser, da sie eben ein größeres Anrecht darauf hätten ... Es tut mir sehr leid, aber ...«
»Schade«, sagte der Hausherr nachdenklich. »er ist ein stiller, bescheidener Knabe ...«
»Scheint mir eher ein richtiger Bengel zu sein, soweit ich sehe«, bemerkte Julian Mastakowitsch mit saurem Lächeln. »Geh, was stehst du hier, mach' dich fort! Geh zu deinen Spielkameraden«, wandte er sich an den Kleinen.

Dann konnte er offenbar der Versuchung nicht widerstehen, aus einem Augenwinkel auch mir einen Blick zuzuwerfen. Ich aber hielt nicht an mich, sondern lachte ihm offen ins Gesicht. Julian Mastakowitsch wandte sich sogleich ab und fragte sehr vernehmlich den Hausherrn, wer dieser sonderbare junge Mann eigentlich sei. Sie begannen miteinander zu flüstern und verließen das Zimmer. Ich sah nur noch durch die offene Tür, wie Julian Mastakowitsch, der dem Hausherrn aufmerksam zuhörte, verwundert und mißtrauisch den Kopf schüttelte.

Als ich genügend gelacht hatte, begab ich mich gleichfalls in den Saal. Dort stand jetzt der einflußreiche Mann, umringt von Vätern, Müttern und den Festgebern und sprach lebhaft auf eine Dame ein, der man ihn soeben vorgestellt hatte. Die Dame hielt das kleine Mädchen an der Hand, das Julian Mastakowitsch vor zehn Minuten geküßt hatte. Er lobte die Kleine bis in den siebenten Himmel, pries ihre Schönheit, ihre Grazie, ihre Wohlerzogenheit, und die Mutter hörte ihm fast mit Tränen der Rührung in den Augen zu. Die Lippen des Vaters lächelten. Der Hausherr nahm mit sichtlichem Wohlgefallen teil an der allgemeinen Freude. Die übrigen Gäste waren gleichfalls angenehm berührt. Selbst die Spiele der Kinder wurden unterbrochen, damit sie durch ihr Geschrei nicht störten. Die ganze Luft war voll von gehobener Stimmung. Später hörte ich, wie die tiefgerührte Mutter der Kleinen in ausgesucht höflichen Redewendungen Julian Mastakowitsch bat, ihrem Hause die besondere Ehre zu erweisen und sie zu besuchen. Dann hörte ich weiter, wie mit ungefälschtem Entzücken Julian Mastakowitsch der liebenswürdigen Aufforderung unfehlbar nachzukommen versprach, und wie die Gäste, als sie darauf, so wie es der gesellschaftliche Brauch verlangte, nach allen Seiten auseinandergingen, sich in geradezu gerührten Lobpreisungen ergingen, die den Branntweinpächter, dessen Frau und Töchterchen, namentlich aber Julian Mastakowitsch hoch über sie selbst erhoben.

»Ist dieser Herr verheiratet?« fragte ich hörbar laut einen meiner Bekannten, der neben Julian Mastakowitsch stand.

Julian Mastakowitsch warf mir einen zornigen Blick zu, der wohl seinen Gefühlen entsprach.

»Nein!« antwortete mein Bekannter, offenbar äußerst peinlich berührt durch meine ungeschickte Frage, die ich absichtlich so laut an ihn gerichtet hatte ...

Vor ein paar Tagen ging ich an der -schen Kirche vorüber. Die Menschenmenge, die sich vor dem Portal drängte, und die Vielzahl der Equipagen fielen mir auf. Ringsum sprach man von einer Hochzeit. Es war ein trüber Herbsttag und es begann zu frieren. Ich drängte mich mit den anderen in die Kirche und erblickte den Bräutigam. Das war ein kleiner, rundlicher Herr mit einem Bäuchlein und vielen Orden auf der Brust. Er war überaus geschäftig, eilte hin und her, traf Anordnungen und schien sehr aufgeregt zu sein. Endlich verbreitete sich vom Portal her lautes Gemurmel: die

Kutsche mit der Braut war vorgefahren. Ich drängte mich weiter durch die Menge und erblickte eine wunderbare Schönheit, für die kaum der erste Lenz angebrochen war. Sie war aber blaß und traurig. Ihre Augen blickten zerstreut. Es schien mir sogar, daß diese Augen noch gerötet waren von vergossenen Tränen. Die strenge Schönheit ihrer Gesichtszüge verlieh ihrer ganzen jungen Erscheinung eine gewisse hoheitsvolle Würde und Feierlichkeit. Und doch schimmerte durch diese Strenge und Würde und diese Trauer noch das unschuldige unberührte Kindergemüt — und es verriet sich darin etwas unsäglich Naives, Unausgeglichenes, Kindliches, das, wie es schien, wortlos für sich um Schonung flehte.

Man sagte, sie sei kaum erst sechzehn Jahre alt geworden. Ich blickte aufmerksamer auf den Bräutigam und plötzlich erkannte ich in ihm Julian Mastakowitsch, den ich seit fünf Jahren nicht wiedergesehen hatte. Ich blickte nochmals auf die Braut ... Mein Gott! Ich drängte mich durch die Gaffenden zum Ausgang, um schneller aus der Kirche zu kommen. Wie ich hörte, erzählte man sich, daß die Braut reich sei: sie bekomme allein an barem Kapital eine halbe Million Rubel mit und eine Aussteuer im Wert von soundsoviel ...

‚Dann stimmte also die Berechnung!' dachte ich bei mir und trat auf die Straße hinaus ...

HELLE NÄCHTE

Ein empfindsamer Roman
Aus den Erinnerungen eines Träumers

„... Oder ward er nur erschaffen,
Um eine kleine Weile lang
Deinem Herzen nah zu sein? ..."
Iwan Turgenjeff

Die erste Nacht

Es war eine wundervolle Nacht — eine Nacht, wie wir sie vielleicht nur sehen, wenn wir jung sind, mein lieber Leser. Der Himmel war so tief und nachthell, daß man sich bei seinem Anblick unwillkürlich fragen mußte, ob denn wirklich unter einem solchen Himmel auch böse und launische Menschen leben können? Das ist nun freilich eine Frage, auf die man nur in jungen Jahren verfallen kann, nur in sehr jungen sogar, mein lieber Leser! Doch möge der Herr sie öfter in Ihrer Seele erwecken! . . . Während ich noch in dieser Weise an verschiedene launische und böse Menschen dachte, mußte ich mich unwillkürlich auch meiner eigenen löblichen Aufführung während dieses ganzen Tages erinnern. Schon vom Morgen an hatte mich eine wunderliche Stimmung bedrückt. Ich hatte auf einmal die Empfindung, daß ich, der ohnehin Einsame, von allen verlassen wurde, daß alle sich von mir zurückzogen. Natürlich hat jetzt ein jeder das Recht, mich zu fragen: Ja, wer sind denn diese »alle«? Lebe ich doch bereits das achte Jahr in Petersburg und habe trotzdem noch so gut wie keine einzige Bekanntschaft zu machen verstanden. Aber wozu brauchte ich auch Bekannte? Ich bin doch sowieso schon mit ganz Petersburg bekannt. Eben deshalb schien es mir wohl, als ob alle mich verließen, da sich gerade jetzt ganz Petersburg aufmachte, um in die Sommerfrische zu fahren. Mir wurde es fast unheimlich, allein zu bleiben; drei Tage lang strich ich tief bekümmert in der Stadt umher, entchieden unfähig zu begreifen, was in mir vorging. Auf dem Newskij, im Sommergarten, an den Kais war kein einziges von den Gesichtern zu sehen, denen ich tagtäglich zu bestimmter Stunde an derselben Stelle zu begegnen pflegte. Die Betreffenden kennen mich natürlich nicht, ich aber — ich kenne sie. Ich kenne sie sogar ganz genau: ich habe ihre Physiognomien studiert und freue mich, wenn sie froh sind, und fühle mich verstimmt, wenn sie betrübt sind. Ja, ich kann sogar sagen, daß ich mit einem kleinen alten Herrn, dem ich jeden Tag zur gleichen Stunde an der Fontanka begegne, fast so gut wie befreundet bin. Er hat eine so wichtige, nachdenkliche Miene, und sein Unterkiefer bewegt sich immer, als kaue er etwas; der linke Arm schlenkert ein wenig und in der rechten Hand hat er einen langen Knotenstock mit einem goldenen Knauf. Auch er hat mich bemerkt und nimmt seitdem innigen Anteil an mir. So bin ich überzeugt, daß er, wenn er mich einmal nicht zur gewohnten Stunde an der gewohnten Stelle der Fontanka treffen sollte, sich gleichfalls entschieden verstimmt fühlen würde. Deshalb fehlt denn auch nicht viel, daß wir uns grüßen, namentlich wenn wir beide bei guter Laune sind. Vor kurzem noch, als wir uns ganze zwei Tage nicht gesehen hatten und dann einander am dritten Tage begegneten, hätten wir schon beinahe an die Hüte gegriffen, besannen uns aber zum Glück noch rechtzeitig, ließen die Hände sinken und gingen mit sichtlich anteilnehmender Zuvorkommenheit aneinander vorüber.

Ich bin auch mit den Häusern bekannt. Wenn ich so gehe, dann ist es, als laufe jedes, sobald es mich erblickt, ein paar Schritte aus der Front und sehe mich aus allen Fenstern an und sage gewissermaßen: »Guten Tag, hier bin ich! und wie geht es Ihnen? Auch ich bin, Gott sei Dank, ganz frisch und munter, aber im Mai wird man mir noch ein Stockwerk aufsetzen.« Oder »Guten Tag! Wie geht's? Denken Sie sich, ich werde morgen neu angestrichen!« Oder: »Bei mir gab's Feuer und ich wäre um ein Haar niedergebrannt! Ich habe mich dabei so erschreckt!« Und so weiter. Unter ihnen habe ich natürlich meine Lieblinge, sogar nahestehende Freunde. Eines von ihnen will sich in diesem Sommer von einem Architekten kurieren lassen. Werde dann unbedingt täglich hingehen, damit man mir den Freund nicht etwa vollkommen umbringt! Gott behüte ihn davor! ... Und niemals werde ich die Geschichte mit dem kleinen allerliebsten hellrosa Häuschen vergessen! Es war solch ein reizendes Häuschen, so freundlich sah es mich immer an und so stolz war es auf seine Reize unter den plumpen Nachbarn, daß mein Herz jedesmal lachte, wenn ich an ihm vorüberging. Plötzlich, in der vorigen Woche, wie ich in die Straße einbiege und nach meinem kleinen Liebling hinsehe — höre ich ein jammervolles Wehklagen: »Man tüncht mich gelb!« Diese Barbaren! Diese Bösewichte! Nichts hatten sie verschont: weder die Säulen noch die Karniese! Mein kleiner Freund war jetzt in der Tat gelb, gelb wie ein Kanarienvogel. Ich war nahe daran, vor Ärger selbst einen Gallenerguß ins Blut zu erleiden, und bis jetzt bin ich noch nicht stark genug gewesen, ihn wiederzusehen, meinen entstellten armen Kleinen, den man in der Farbe des Reiches der Mitte angestrichen hat.

Und nun, mein Leser, begreifen Sie wohl, auf welche Weise ich mit ganz Petersburg bekannt bin.

Ich sagte bereits, daß mich volle drei Tage eine seltsame Unruhe quälte, bis ich endlich ihre Ursache erriet. Auf der Straße fühlte ich mich nicht wohl (der eine war nicht zu sehen, der andere nicht, der dritte und vierte auch nicht, und wo mag wohl jener geblieben sein?), aber auch zu Hause fühlte ich mich so anders, daß ich mich selbst kaum wiedererkannte. Zwei Abende versuchte ich vergeblich, zu ergründen, was mir nun eigentlich in meinen vier Wänden fehlen mochte. Warum fühlte ich mich mit einem Mal so unbehaglich im Zimmer? Prüfend schaute ich mir meine grünen verräucherten Wände an, musterte die Decke, an der Matrjona mit großem Erfolg das Spinngewebe züchtete, besah mir meine Einrichtung, insbesondere jeden Stuhl, und fragte mich in Gedanken, ob nicht hier der Grund liege (denn wenn bei mir auch nur ein Stuhl nicht so steht, wie er gestern stand, dann bin ich nicht mehr ich selbst). Ich blickte nach dem Fenster, doch alles war umsonst ... mir ward deshalb kein bißchen leichter zumut! Ja, ich kam sogar auf den Gedanken, Matrjona zu rufen und ihr in väterlichem Ton einen gelinden Vorwurf wegen des Spinngewebes und der allgemeinen Vernachlässigung zu machen; aber die sah mich nur verwundert an und ging fort, ohne ein Wort zu erwidern, so daß das Spinngewebe auch jetzt noch wohlbehalten an der Decke hängt. Erst heute morgen erriet ich endlich, um was es sich handelte. Also: sie zogen ja alle in die Sommerfrische und ließen mich im Stich! — das war's: sie kniffen aus! Verzeihen Sie das triviale Wort, aber es war mir in dem Augenblick nicht um einen klassischen Ausdruck zu tun ... Es hatte doch wirklich alles, was in Petersburg lebte, die Stadt bereits verlassen, oder verließ sie noch täglich und stündlich. Wenigstens verwandelte sich in meinen Augen jeder ältere Herr von solidem Äußeren, der sich in eine Droschke setzte, in einen ehrwürdigen Familienvater, der nach den alltäglichen Geschäften in der Stadt hinausfuhr, um den Rest des Tages im Schoße seiner Familie zu verbringen. Jeder Mensch auf der Straße hatte jetzt ein völlig anderes Aussehen, eines, das jedem etwa sagen zu wollen schien: »Wir sind hier ja nur noch so, sind nur noch kurze Zeit hier, in zwei Stunden bereits fahren wir hinaus ins Grüne!« Oder öffnete sich ein Fenster, an dessen Scheiben zuerst schlanke, zuckerweiße Fingerchen getrommelt hatten, und beugte sich das hübsche Köpfchen eines jungen Mädchens heraus, um den Blumenhändler herbeizurufen, — da stellte ich mir vor, daß diese Blumen durchaus nicht deshalb von ihr gekauft wurden, um sich an diesem Blumentopf mit den paar Knospen und Blüten wie an einem Stück Frühling in der dumpfen Stube zu erfreuen, und daß sehr bald alle die Stadt verlassen und auch die Blumen mitnehmen würden. Doch damit noch nicht genug, ich machte vielmehr in meinem neuen Entdeckerberuf solche Fortschritte, daß ich bald schon allein nach dem Äußeren unfehlbar festzustellen vermochte, welchen Villenort ein jeder gewählt hatte. Die Bewohner der gepflegten Deltainseln der Newa oder der Villen an der Landstraße nach Peterhof zeichneten sich durch auserlesene Eleganz sowohl im Gang und in jeder Geste wie in den Sommerkostümen und Hüten aus, sie besaßen prachtvolle Equipagen, in denen sie zur Stadt gefahren kamen. Die Einwohner von Párgolowo und dort weiter hinaus „imponierten" einem auf den ersten Blick durch ihre vernünftige Gediegenheit, und die von der Krestówskij-Insel durch ihre unverwüstlich heitere Gemütsverfassung. Traf es sich, daß ich einer langen Prozession von Frachtfuhrleuten begegnete, die, die Leine in der Hand, gemächlich einhertrotteten neben ihren hochbeladenen Lastwagen, auf denen ganze Berge von Tischen, Betten, Stühlen, türkischen und nichttürkischen Diwans schaukelten und auf deren Gipfel oft noch eine Küchenfee mit etwas verzagten Mienen thronte, oder auch, wenn sie sich sicherer fühlte, das herrschaftliche Gut mit Argusaugen bewachte, damit nur ja nichts unterwegs verloren ginge, — oder sah ich auf der Newa oder der Fontanka ein paar mit Hausgerät beladene Boote nach den Inseln oder stromaufwärts nach der Tschórnaja-rjétschka ziehen, — die Boote wie die Fuhren verzehn-, verhundertfachten sich in meinen Augen —: so schien es mir, als mache alle Welt sich auf und ziehe in Karawanen hinaus, und als verwandle Petersburg sich in eine Wüste, so daß ich mich zu guter Letzt entschieden beschämt und gekränkt fühlte, und natürlich auch betrübt. Denn nur ich allein hatte keine Möglichkeit und wohl auch keinen Grund, in die Sommerfrische hinauszuziehen. Und doch war ich bereit, auf jeden Lastwagen zu springen, mit jedem Herrn, der sich in eine Droschke setzte, mitzufahren; aber nicht einer von ihnen, kein einziger forderte mich dazu auf. Es war, als hätten sie mich plötzlich alle vergessen, als wäre ich ihnen allen im Grunde doch vollkommen fremd!

Ich spazierte oft und lange umher, so daß ich meiner Gewohnheit gemäß immer wieder vergaß, wo ich eigentlich ging, bis ich mich schließlich an der Stadtgrenze fand. Da ward mir im Augenblick fröhlich zumut, und ich trat hinter den Schlagbaum und ging weiter zwischen den wohlbestellten Feldern und Wiesen, ohne Müdigkeit zu verspüren, fühlte aber mit meinem ganzen Körper, daß mir eine Last von der Seele fiel. Alle, die an mir vorüberfuhren, sahen mich so freundlich an, fast als wollten sie mich grüßen; alle schienen sie über irgend etwas froh zu sein. Und auch ich wurde so froh, wie ich noch nie in meinem Leben gewesen war. Ganz als befände ich mich plötzlich in Italien — so mächtig wirkte die Natur auf mich, den halbkranken Städter, der zwischen den Häusermauern fast schon erstickt wäre.

Es liegt etwas unsagbar Rührendes in unserer Petersburger Natur, wenn sie im Frühling erwacht und plötzlich ihre ganze Macht offenbart und alle ihr vom Himmel verliehenen Kräfte entfaltet: wenn sie sich mit weichem Laub umhüllt und mit bunten Blumen schmückt ... Dann erinnert sie mich unwillkürlich an ein siehes Mädchen, auf das man zuweilen mit Bedauern, zuweilen mit einer seltsam mitleidigen Liebe blickt oder das man zuweilen auch überhaupt nicht bemerkt, das dann aber plötzlich, auf einen Augenblick und ganz unverhofft, nahezu märchenhaft schön wird, so schön, daß man bestürzt und berauscht vor ihr steht und sich verwundert fragt: welche Macht hat in ihren traurigen, verträumten Augen dieses Leuchten erweckt? Was hat das Blut in ihre bleichen, abgezehrten Wangen getrieben und läßt nun diese zarten Züge tiefe Leidenschaft widerspiegeln? Weshalb hebt sich ihre Brust? Was hat so plötzlich Kraft, Leben und Schönheit in das Antlitz des armen Mädchens gebracht, daß es in süßem Lächeln erglänzt und zu sprühendem Lachen fähig wird? Und man sieht sich im Kreise um, man sucht jemand, man beginnt zu ahnen, zu erraten ... Doch der Augenblick ist vergänglich; vielleicht morgen schon werden wir wieder dem zerstreuten, verträumten Blick begegnen, wie früher, und werden wieder das blasse Gesicht wahrnehmen und dieselbe Ergebung und Schüchternheit in den Bewegungen und sogar so etwas wie Reue, sogar Sputen eines lähmenden Kummers und Ärgers über dieses kurze Aufleben ... Und es tut einem leid, daß die Schönheit so schnell und unwiderruflich verwelkt ist, daß sie so trügerisch und vergeblich vor einem geleuchtet hat — leid, weil man nicht einmal Zeit gehabt hat, sie liebzugewinnen ...

Und doch war die folgende Nacht noch schöner als dieser Tag! Und das kam so:

Ich kehrte erst spät in die Stadt zurück. Es schlug bereits zehn, als ich mich meiner Wohnung näherte. Mein Weg führte am Kanal entlang, wo zu dieser Stunde gewöhnlich keine lebende Seele zu sehen ist. Freilich lebe ich auch in einem sehr stillen, entlegenen Stadtteil. Ich ging und sang, denn wenn ich glücklich bin, muß ich unbedingt irgend etwas vor mich hinsummen, wie eben jeder glückliche Mensch, der weder Freunde noch gute Bekannte hat, noch einen Menschen, mit dem er seine frohen Augenblicke teilen könnte. Da nun, in dieser Nacht, hatte ich plötzlich ein überraschendes Abenteuer.

Nicht weit vor mir erblickte ich eine Gestalt in Frauenkleidern: sie stand und stützte die Ellbogen auf das Geländer des Kais und sah, wie es schien, aufmerksam in das trübe Wasser des Kanals. Sie trug ein entzückendes gelbes Hütchen und eine kokette kleine schwarze Mantille. ‚Das ist ein junges Mädchen und sicherlich ist sie brünett', dachte ich. Sie schien meine Schritte nicht zu hören, denn sie rührte sich nicht, als ich langsam mit angehaltenem Atem und laut pochendem Herzen an ihr vorüberging. ‚Sonderbar!' dachte ich, ‚jedenfalls muß sie ganz in Gedanken versunken sein' — und plötzlich zuckte ich zusammen und blieb wie gebannt stehen: ich hörte unterdrücktes Schluchzen ... Ja! ich täuschte mich nicht: das junge Mädchen weinte; nach einer Weile klang es wieder wie ein Aufschluchzen, und dann wieder. Mein Gott! Das Herz krampfte sich mir zusammen. Und wie befangen ich auch sonst Frauen gegenüber bin, aber diesmal — es war eben ein solcher Augenblick! ... Kurz, ich kehrte zurück, trat auf sie zu und — würde unbedingt

»Meine Gnädigste!« gesagt haben, wenn ich nicht gewußt hätte, daß diese Anrede in allen russischen Romanen, welche die höheren Gesellschaftskreise schildern, mindestens tausendmal vorkommt. Das allein hielt mich davon ab. Doch während ich noch nach einer passenden Anrede suchte, kam das junge Mädchen wieder zu sich, sah sich um, erblickte mich, schlug die Augen nieder und huschte an mir vorüber. Ich folgte ihr sogleich, was sie jedoch zu fühlen schien, denn sie verließ den Kai, überschritt die Straße und ging auf dem anderen Trottoir weiter. Ich wagte nicht, ihr dorthin zu folgen. Mein Herz pochte wie das Herz eines gefangenen Vogels. Da kam mir ein Zufall zu Hilfe.

Auf jenem Bürgersteig tauchte plötzlich in der Nähe meiner Unbekannten ein Herr auf — ein Herr in zweifellos soliden Jahren, jedoch mit einer Gangart, die sich nicht gerade als solid bezeichnen ließ. Er ging wankend und stützte sich mitunter an die Häuser. Das junge Mädchen schritt indes gesenkten Blicks weiter, ohne sich umzusehen, und so schnell, wie es alle jungen Mädchen tun, die nicht wünschen, daß jemand sich ihnen nähere und sich erbiete, sie in der Nacht nach Hause zu begleiten. Der wankende Herr hätte sie auch niemals eingeholt, wenn er nicht mit einer gewissen Schlauheit auf etwas Nichtvorherzusehendes verfallen wäre: ohne ein Wort oder einen Anruf, raffte er sich nämlich plötzlich auf und lief ihr möglichst leise nach. Sie ging wie der Wind, doch der Herr kam ihr schnell näher und holte sie ein — das Mädchen schrie auf, und ... ich dankte dem Schicksal für den derben Knotenstock, den ich diesmal in meiner Rechten hielt. Im Augenblick war ich auf der anderen Seite, im Augenblick begriff auch der Herr, um was es sich handelte, und die Vernunft siegte in ihm: er schwieg, trat zurück, und erst als wir fast schon außer Hörweite waren, protestierte er in ziemlich energischen Ausdrücken gegen meine Handlungsweise. Doch seine Worte erreichten uns kaum noch.

»Nehmen Sie meinen Arm«, sagte ich zu der Unbekannten, »dann wird er es nicht mehr wagen, Sie zu belästigen.«

Schweigend legte sie ihr Händchen, das von der Aufregung und dem Schreck noch zitterte, auf meinen Arm. Oh, du ungerufener Herr! Wie segnete ich dich in diesem Augenblick! Ich warf einen schnellen Blick auf meine Begleiterin: sie sah reizend aus und war brünett, wie ich es mir gleich gedacht hatte. An ihren dunklen Wimpern glänzten noch Tränen — ob vom Schreck oder von dem Kummer, über den sie am Kai geweint, das lasse ich dahingestellt. Aber ihre Lippen versuchten schon, zu lächeln. Auch sie sah mich heimlich an, errötete, als ich es bemerkte, und senkte den Blick.

»Sehen Sie nun, warum liefen Sie vorhin von mir fort? Wäre ich bei Ihnen gewesen, so wäre nichts geschehen...«

»Aber ich kannte Sie doch nicht! Ich dachte, daß Sie ebenso...«

»Ja, kennen Sie mich denn jetzt?«

»Ein wenig. Aber — weshalb zittern Sie?«

»Oh, da haben Sie gleich alles erraten!« versetzte ich entzückt, denn ich glaubte, ihrer Bemerkung entnehmen zu dürfen, daß sie, die so schön war, auch klug war. »Wie Sie gleich auf den ersten Blick erkennen, mit wem Sie es zu tun haben! Es ist wahr, ich bin Frauen gegenüber befangen, und ich leugne auch nicht, daß ich mich im Augenblick erregt fühle, ebenso wie Sie vor ein paar Minuten, als jener Herr Sie erschreckte... Auch ich fühle jetzt so etwas wie einen Schreck: die ganze Nacht erscheint mir wie ein Traum, mir, der ich es mir niemals habe träumen lassen, daß ich jemals in die Lage kommen könnte, mit einem jungen Mädchen in dieser Weise zu sprechen.«

»Wie? — Was Sie nicht sagen?«

»Mein Wort darauf; wenn mein Arm jetzt bebt, so kommt das nur daher, daß er noch nie von einer so reizenden kleinen Hand, wie der Ihrigen, berührt worden ist. Ich bin jetzt des Umgangs mit Frauen vollständig ungewohnt; das heißt, ich will damit nicht etwa sagen, daß ich früher einmal einen solchen Umgang gewohnt gewesen sei. Nein, ich lebe von jeher allein und für mich... Ich weiß nicht einmal, wie man mit ihnen spricht. Auch jetzt zum Beispiel weiß ich nicht, ob ich Ihnen nicht irgendeine Dummheit gesagt habe. Ist das der Fall, so sagen Sie es mir, bitte, ganz offen. Ich werde es ihnen nicht übelnehmen ...«

»Nein, nein, gar nicht, im Gegenteil. Und wenn Sie schon verlangen, daß ich aufrichtig sein soll, dann will ich Ihnen sagen, daß solche Befangenheit den Frauen sogar gefällt. Und wenn Sie noch mehr wissen wollen, dann will ich gleich gestehen, daß sie auch mir gefällt, und ich werde Sie nicht früher fortschicken, als bis ich bei unserem Hause angelangt bin.«

»Sie sind ja so reizend, daß ich gleich meine ganze Befangenheit verliere«, rief ich entzückt, »und dann lebt wohl, alle meine Chancen!...«

»Chancen? Was für Chancen, und wozu? Nein, das gefällt mir nun wieder gar nicht!«

»Verzeihung, es ist mir auch nur so ... entschlüpft, ganz gegen meinen Willen! Aber wie können Sie auch verlangen, daß in einem solchen Augenblick nicht der Wunsch erwachen soll ...?«

»Zu gefallen etwa?«

»Nun ja, versteht sich. Aber seien Sie — oh, um Gottes willen, seien Sie großmütig! Bedenken Sie, wer ich bin! Ich bin schon sechsundzwanzig Jahre alt — und noch habe ich mit keinem Menschen Verkehr gehabt. Wie sollte ich da plötzlich nach allen Regeln der Kunst eine Unterhaltung anzuknüpfen verstehen? Aber Sie werden mich um so besser begreifen, wenn alles offen vor Ihnen liegt ... Ich verstehe nicht zu schweigen, wenn das Herz in mir spricht. Nun, gleichviel ... Glauben Sie mir, ich kenne keine einzige Frau, keine einzige! Ich habe überhaupt keine Bekanntschaft. Ich träume nur jeden Tag, daß ich endlich einmal irgendwo doch irgend eine treffen und kennen lernen werde. Ach, wenn Sie wüßten, wie oft ich schon auf diese Weise verliebt gewesen bin ...«

»Aber wie denn das, in wen denn?«

»Ja, in niemand, einfach in ein Ideal, das ich im Traum vor mir sehe. Ich ersinne in meinen Träumen gewöhnlich ganze Romane. Oh, Sie kennen mich noch nicht! Doch was sage ich! — natürlich habe ich mit zwei oder drei Frauen gesprochen, aber was waren denn das für Frauen? Das waren ja nur solche Wirtschafterinnen, daß ... Aber ich will Sie lieber fröhlich machen und Ihnen etwas erzählen: Ich habe schon mehrmals die Absicht gehabt, so ganz ohne weiteres irgendeine Aristokratin auf der Straße anzureden. Selbstverständlich, wenn sie allein ist, und ebenso selbstverständlich mit aller Ehrerbietung, aber doch mit Bangen, um ihr dann voll Leidenschaft zu sagen, daß ich so allein umkomme, und um sie zu bitten, daß sie mich nicht fortjage und daß ich sonst keine Möglichkeit habe, auch nur je irgendeine Frau kennen zu lernen. Ich würde ihr sagen, daß es sogar die Pflicht jeder Frau sei, die bescheidene Bitte eines so unglücklichen Menschen, wie ich einer bin, nicht abzuschlagen. Daß schließlich alles, um was ich sie bitte, nichts weiter sei, als daß sie mir schwesterlich zwei Worte sage, daß sie mir nur etwas Teilnahme zeige und mich nicht gleich im ersten Augenblick davonjagen solle, daß sie mir vielmehr aufs Wort glauben und daß sie anhören möge, was ich ihr zu sagen wünsche, und sollte sie mich auch auslachen, gleichviel! — aber daß sie mir wenigstens etwas Hoffnung geben und mir zwei Worte sagen müsse, nur zwei Worte, damit würde ich mich zufrieden geben, und sollten wir uns auch nie wiedersehen! ... Aber Sie lachen ja ... Übrigens rede ich ja auch nur deshalb ...«

»Seien Sie mir nicht böse. Ich lache, weil Sie ja Ihr eigener Feind sind ... Wenn Sie es versuchten, so würde es Ihnen schon gelingen, und wäre es auch auf der Straße: je einfacher, desto besser. Keine einzige gute Frau würde es übers Herz bringen, wenn sie nur nicht schlecht oder dumm ist oder in dem Augenblick gerade sehr verärgert über irgend etwas, Sie fortzuschicken, ohne Ihre zwei Worte anzuhören — wenn Sie so bescheiden darum bitten ... Übrigens, was sage ich da!

Natürlich würde sie Sie für einen Verrückten halten! Im übrigen habe ich da nur nach meinem Empfinden geurteilt. Ich weiß doch selbst so wenig, wie die Menschen wirklich sind.«

»Oh, ich danke Ihnen«, rief ich, »Sie wissen nicht, was Sie mir mit Ihrer Antwort gegeben haben!«

»Gut, gut! Aber sagen Sie mir, woran haben Sie es erkannt, daß ich ein Mädchen bin, mit dem man ... nun, das Sie für würdig halten ... Ihrer Aufmerksamkeit und Freundschaft ... Mit einem Wort, keine Wirtschafterin, wie Sie sagten ... Warum entschlossen Sie sich, sich gerade mir zu nähern?«

»Warum? Warum! Sie waren allein, jener Herr benahm sich so dreist und jetzt ist es Nacht: da werden Sie doch zugeben, daß es meine Pflicht war ...«

»Nein, nein, vorher, dort, auf der anderen Seite, am Kai. Da wollten Sie sich mir doch schon nähern?«

»Dort, auf jener Seite? Ich weiß nicht, was ich Ihnen darauf antworten soll ... Ich fürchte ... Ja, sehen Sie, ich war heute so glücklich: ich ging und sang, ich war draußen vor der Stadt ... ich habe mich noch nie so glücklich gefühlt. Sie dagegen ... aber vielleicht schien es mir nur so ... verzeihen Sie, daß ich Sie daran erinnere – es schien mir, daß Sie weinten, und ich ... ich vermochte das nicht mitanzuhören ... Es preßte mir das Herz zusammen ... Mein Gott, konnte ich Ihnen denn nicht helfen? Durfte ich nicht Ihren Kummer teilen? War es denn Sünde, daß ich brüderliches Mitleid mit Ihnen empfand? ... Verzeihen Sie, ich sagte Mitleid ... Nun gleichviel, mit einem Wort – konnte es Sie denn beleidigen, wenn ich da unwillkürlich das Verlangen empfand, mich Ihnen zu nähern? ...«

»Schon gut, hören Sie auf, sprechen Sie nicht weiter ...«, unterbrach mich das Mädchen. Sie sah verwirrt zu Boden; ich fühlte, wie ihre Hand zuckte. »Es ist meine Schuld, daß ich überhaupt davon anfing. Aber es freut mich, daß ich mich in Ihnen nicht getäuscht habe ... So, jetzt bin ich gleich zu

Hause, ich muß hierher in die Querstraße, nur noch zwei Schritte ... Leben Sie wohl, und ich danke Ihnen ...«

»Ja, sollen wir uns denn wirklich niemals wiedersehen? ... Soll das denn schon das Ende sein?«

»Sehen Sie, wie Sie sind!« sagte sie lachend. »Anfangs wollten Sie nur zwei Worte reden, und jetzt! ... Übrigens will ich nichts verschwören ... Vielleicht werden wir einander noch begegnen ...«

»Ich werde morgen wieder hier sein«, sagte ich schnell. »Verzeihen Sie, ich fordere bereits ...«

»Ja, Sie sind recht ungeduldig ... fast fordern Sie bereits ...«

»Hören Sie, hören Sie!« unterbrach ich sie, »verzeihen Sie, wenn ich Ihnen nun wieder irgend so etwas sage ... Aber sehen Sie: ich kann nicht anders, ich muß morgen hierherkommen. Ich bin ein Träumer, ich kenne so wenig wirkliches Leben, und einen solchen Augenblick wie diesen erlebe ich so selten, daß es mir ganz unmöglich wäre, ihn mir in meinen Träumen nicht immer wieder zu vergegenwärtigen. Von Ihnen werde ich jetzt die ganze Nacht träumen, die ganze Woche, das ganze Jahr! Ich werde unbedingt morgen hierherkommen, gerade hierher, wo wir jetzt stehen, und um dieselbe Zeit, und ich werde glücklich sein in der Erinnerung an die heutige Begegnung. Schon jetzt ist mir diese Stelle hier lieb. So habe ich noch zwei oder drei andere Stellen in Petersburg, die mir lieb sind. Ich habe einmal sogar geweint, ganz wie Sie vorhin, als plötzlich eine Erinnerung in mir erwachte ... Vielleicht haben Sie heute dort am Kai gleichfalls nur deshalb geweint, weil eine Erinnerung über Sie kam ... Verzeihen Sie, ich habe wieder davon gesprochen! Sie waren dort vielleicht einmal ganz besonders glücklich ...«

»Nun gut«, sagte das Mädchen plötzlich, »also hören Sie: ich werde morgen auch hierherkommen, um zehn Uhr. Ich sehe, daß ich es Ihnen doch nicht verbieten kann ... Aber Sie wissen noch nicht, um was es sich handelt — ich muß nämlich sowieso unbedingt hierherkommen. Denken Sie deshalb nicht, daß ich Ihnen ein Stelldichein gebe! Ich muß vielmehr aus einem ganz besonderen Grund und in meinem eigenen Interesse hierherkommen, damit Sie's wissen. Aber ... nun gut, ich will ganz aufrichtig sein: es tut nichts, wenn auch Sie hierher kommen. Erstens könnte es wieder eine Unannehmlichkeit geben, wenn ich allein bin, wie heute, aber das ist nicht so wichtig ... Nein, kurz: ich würde Sie gern wiedersehen, um ... um ein paar Worte mit Ihnen zu sprechen. Nur, sehen Sie, Sie werden mich doch jetzt nicht verurteilen? Denken Sie deshalb nicht, daß ich so leicht ein Stelldichein gebe ... Ich würde es auch nicht tun, wenn nicht ... Nein, das mag noch mein Geheimnis bleiben! Aber zuvor eine Bedingung ...«

»Eine Bedingung?! Sagen Sie, sprechen Sie es aus – ich bin mit allem einverstanden, bin zu allem bereit!« rief ich förmlich begeistert aus. »Ich stehe für mich ein – ich werde gehorsam, werde ehrerbietig sein ... Sie kennen mich doch ...«

»Gerade deswegen, weil ich Sie kenne, fordere ich Sie auch für morgen auf«, sagte das Mädchen lachend. »Ich kenne Sie bereits ganz genau. Aber wie gesagt, kommen Sie nur unter einer Bedingung: seien Sie so gut und erfüllen Sie meine Bitte, ja? Sie sehen, ich rede ganz offen! Also: daß Sie sich nicht in mich verlieben ... Das darf nicht geschehen, auf keinen Fall. Zur Freundschaft bin ich herzlich gern bereit, hier, meine Hand darauf ... Aber verlieben, nein, nur das nicht, ich bitte Sie!«

»Ich schwöre Ihnen«, rief ich und ergriff ihre Hand.

»Schon gut, schwören Sie nicht, ich weiß ja doch, daß Sie fähig sind, sich wie Pulver zu entzünden. Verübeln Sie es mir nicht, wenn ich Ihnen so etwas sage. Aber wenn Sie wüßten ... Ich habe auch keinen Menschen, mit dem ich ein Wort sprechen oder den ich um Rat fragen könnte. Natürlich sucht man im allgemeinen seine Ratgeber nicht auf der Straße, aber Sie sind eine Ausnahme. Ich kenne Sie schon so gut, als wären wir seit zwanzig Jahren Freunde. Nicht wahr, Sie sind doch kein Ungetreuer, Sie werden Ihr Versprechen doch halten?...«

»Sie werden sehen, Sie werden sehen... nur freilich, wie ich die nächsten vierundzwanzig Stunden überleben soll, das weiß ich nicht!«

»Schlafen Sie so fest wie möglich. Und nun, gute Nacht! — und vergessen Sie nicht, daß ich Ihnen schon mein Vertrauen geschenkt habe. Aber es war so hübsch, was Sie vorhin sagten, und Sie haben recht, man kann einander doch wirklich nicht über jedes Gefühl Rechenschaft geben, und wenn es auch nur brüderliches oder schwesterliches Mitgefühl ist! Wissen Sie, das sagten Sie so lieb, daß mir sogleich der Gedanke kam, mich Ihnen anzuvertrauen...«

»Ja... aber worin denn?«

»Morgen sag' ich's Ihnen. Bis dahin mag es noch mein Geheimnis bleiben. Um so besser für Sie: das Ganze wird so wenigstens wirklich wie ein Roman aussehen. Vielleicht werde ich es Ihnen schon morgen sagen, vielleicht aber auch morgen noch nicht... Ich werde mit Ihnen vorher noch von anderem sprechen: wir müssen uns erst näher kennen lernen...«

»Oh, was mich betrifft, so erzähle ich Ihnen morgen meinetwegen alles von mir! Aber was ist das nur? Mir kommt es vor, als geschehe ein Wunder mit mir... Wo bin ich, mein Gott?! So sagen Sie doch, sind Sie nun wirklich nicht ungehalten darüber, daß Sie mich nicht gleich zu Anfang fortgeschickt haben? Es waren nur zwei Minuten: und Sie haben mich für immer glücklich gemacht. Ja, glücklich! Wer weiß, vielleicht haben Sie mich sogar mit mir selbst versöhnt und alle meine Zweifel behoben... Vielleicht habe ich Augenblicke... Ach, nein, morgen erzähle ich Ihnen alles, dann werden Sie alles erfahren, alles...«

»Gut! abgemacht! Und Sie erzählen zuerst.«

»Einverstanden!«

»Dann also auf Wiedersehen!«

»Auf Wiedersehen!«

Wir trennten uns. Ich lief noch die ganze Nacht umher: ich konnte mich nicht entschließen, nach Haus zurückzukehren. Ich war so glücklich ... ich dachte nur an dieses Wiedersehen!

Die zweite Nacht

»Da hättens wir's also glücklich überlebt!« sagte sie zum Gruß und drückte mir lachend beide Hände.

»Ich bin schon seit zwei Stunden hier. Sie wissen nicht, wie ich den Tag verbracht habe.«

»Ich weiß, ich weiß ... Doch zur Sache! Was meinen Sie wohl, weshalb ich hergekommen bin? Doch nicht, um solchen Unsinn zu reden wie gestern! Nein, hören Sie mich an: wir müssen hinfort klüger sein. Ich habe mir das reiflich überlegt.«

»Warum denn, warum denn klüger? Ich meinerseits bin ja gern dazu bereit; nur ist mir sowieso schon in meinem Leben noch nichts Klügeres geschehen als gestern ...«

»Wirklich? Aber hören Sie — erstens bitte ich Sie, meine Hände nicht so zu drücken; und zweitens teile ich Ihnen mit, daß ich heute lange über Sie nachgedacht habe.«

»Nun, und? Was war das Ergebnis?«

»Das Ergebnis? Ich kam zu der Einsicht, daß wir von neuem anfangen müssen, denn zum Schluß sagte ich mir doch, daß ich Sie ja noch gar nicht kenne und daß ich mich gestern recht wie ein Kind, wie ein ganz kleines Mädchen benommen habe. Dabei stellte es sich aber heraus, daß an allem natürlich nur mein gutes Herz schuld war, das heißt: ich habe zum Schluß vor mir selbst ordentlich groß getan, wie das ja zu guter Letzt immer geschieht, wenn wir uns über uns selbst Rechenschaft geben. Und deshalb, um den Fehler wieder gutzumachen, habe ich mir vorgenommen, zunächst alles über Sie ganz genau in Erfahrung zu bringen.

Da ich nun aber niemand kenne, bei dem ich mich nach Ihnen erkundigen könnte, so müssen Sie selbst mir alles erzählen, aber auch wirklich alles und ganz ausführlich. Nun also: was für ein Mensch sind Sie? Schnell! — so fangen Sie doch schon an, erzählen Sie Ihre Geschichte!«

»Geschichte?« rief ich erschrocken, »meine Geschichte? Aber wer hat Ihnen denn gesagt, daß ich eine Geschichte habe? Ich habe keine Geschichte...«

»Ja... Wie haben Sie denn überhaupt gelebt, wenn Sie keine Geschichte haben?« fragte sie lachend.

»Oh, ganz ohne jede Geschichte! Also, ich habe eben gelebt, für mich allein, wie man bei uns zu sagen pflegt, eben ganz allein, immer allein, vollkommen allein — wissen Sie, was das heißt: ‚allein‘?«

»Aber wie denn: allein? So, daß Sie niemals jemand gesehen haben?«

»O nein, gesehen — das schon. Aber trotzdem war ich immer allein.«

»Ja, wie, ich verstehe Sie nicht. Sprechen Sie denn mit keinem Menschen?«

»Strenggenommen — mit keinem einzigen.«

»Aber was sind Sie denn für ein Mensch, erklären Sie mir das doch. Nein! Warten Sie, ich errate es schon von selbst: Sie haben ganz sicher auch eine Großmutter, genau wie ich. Die meinige ist blind, wissen Sie, und nun läßt sie mich ihr Lebtag nicht von sich fort, so daß ich fast schon zu sprechen verlernt habe. Als ich ihr nämlich vor zwei Jahren einen kleinen Streich spielte und sie einsehen mußte, daß sie kein Mittel hatte, solchen Streichen vorzubeugen, da rief sie mich zu sich und steckte mein Kleid mit einer Stecknadel an das ihrige — und so sitzen wir denn seitdem tagaus tagein nebeneinander. Sie strickt ihren Strumpf, obschon sie blind ist, und ich muß neben ihr sitzen, nähen oder ihr aus einem Buch vorlesen — ...oh, oft kommt es mir selber ganz sonderbar vor, daß ich nun schon zwei Jahre lang in dieser Weise angesteckt bin...«

»Mein Gott, das muß allerdings furchtbar sein! Aber ich, ich habe keine solche Großmutter.«

»Dann begreife ich nicht, wie Sie immer zu Hause sitzen können?«

»Hören Sie, Sie wollten ja wissen, wer ich bin?«

»Allerdings!«

»Im Ernst?«

»Natürlich!«

»Gut. Ich bin also: ein — Typ.«

»Was? Ein Typ? Was für ein Typ?« fragte das Mädchen verwundert und lachte dann so herzlich, als habe sie ein ganzes Jahr lang nicht gelacht. »Aber ich sehe schon, es ist riesig lustig, sich mit Ihnen zu unterhalten! Warten Sie: dort ist eine Bank, setzen wir uns! Hier geht kein Mensch vorüber, niemand kann uns hören. So, nun fangen Sie an mit Ihrer Geschichte! Denn, daß Sie keine haben, glaube ich Ihnen nicht. Sie haben eine. Sie wollen sie nur nicht erzählen. Aber zuerst sagen Sie mir, was ist ein Typ?«

»Ein Typ? Ein Typ ist ein — Original. Das ist so ein komischer Kauz«, erklärte ich, und mußte gleichfalls lachen. »Es gibt nun einmal solche — wie soll ich sagen? — solche Charaktere. Sie wissen doch, was ein Träumer ist?«

»Ein Träumer? Natürlich! Ich bin selbst eine Träumerin! Manchmal, wenn man so neben Großmutter sitzt, — was kommt einem da nicht alles in den Sinn! Fängt man erst einmal an, zu träumen, so spinnen sich die Träume bald von selbst weiter, und da kommt es denn vor, daß ich in der Phantasie einfach einen chinesischen Prinzen heirate ... Mitunter ist es auch ganz gut, zu träumen. Nein, übrigens, weiß Gott! Namentlich wenn man auch noch sein anderes hat, woran man denken kann ...«, schloß das Mädchen unvermittelt und diesmal ziemlich ernst.

»Vortrefflich! Wenn Sie einmal einen chinesischen Prinzen geheiratet haben, dann werden Sie mich vollkommen verstehen! Also, hören Sie ... Doch erlauben Sie: ich weiß noch nicht einmal, wie Sie heißen.«

»Endlich! Es fällt Ihnen wirklich früh ein, danach zu fragen!«

»Mein Gott, ja ... Ich dachte gar nicht daran, ich war auch so schon glücklich ...«

»Ich heiße — Násstenka.«

»Nasstenka! Nur Nasstenka?«

»Nur! Ist Ihnen denn das noch zu wenig, Sie Unersättlicher?«

»Zu wenig? Oh, im Gegenteil, es ist viel, sehr viel, Nasstenka, Sie gutes Mädchen, Sie, die Sie für mich gleich am ersten Abend zu Nasstenka geworden sind!«

»Das meine ich auch. Nun?«

»Nun ja, also, Nasstenka, dann hören Sie mal zu, was für eine komische Geschichte das ist.«

Ich setzte mich neben sie, machte eine pedantische ernste Miene und begann, als wäre es eine Vorlesung:

»Es gibt, Nasstenka, wenn Sie das noch nicht wissen, es gibt hier in Petersburg recht merkwürdige Winkel. Es ist, als schiene dorthin niemals *die* Sonne, die für alle Petersburger leuchtet, sondern eine andere, neue, die gleichsam nur für diese Winkel geschaffen ist, und es ist auch ganz so, als schiene sie auf alles andere auf der Welt mit einem ganz anderen, einem besonderen Licht. In diesen Winkeln, liebe Nasstenka, ist es, als rege sich ein ganz anderes Leben, eines, das gar nicht dem gleicht, das uns sonst umgibt, sondern eines, das es nur, wie man meinen sollte, in einem tausend Meilen fernen Reich geben könnte, nicht aber hier bei uns in unserer ernsten, überernsten Zeit. Doch gerade dieses Leben ist nur eine Mischung von etwas rein Phantastischem, glühend Idealem, und zugleich doch — leider, Nasstenka! — trübe Alltäglichem und platt Gewöhnlichem, um nicht zu sagen: bis zur Unwahrscheinlichkeit Gemeinem.«

»Pfui! Großer Gott! Das ist mir mal eine Einleitung! Was werde ich da wohl noch zu hören bekommen?«

»Sie werden zu hören bekommen, Nasstenka — mir scheint, ich werde niemals müde werden, Sie Nasstenka zu nennen —, Sie werden hören, daß in diesen Winkeln seltsame Menschen leben — Wesen, die man Träumer nennt. Ein Träumer ist — wenn man es genauer erklären soll — kein Mensch, sondern, wissen Sie, eher so ein gewisses Geschöpf sächlichen Geschlechts. Gewöhnlich lebt der Betreffende irgendwo in einem von aller Welt abgeschlossenen Winkel, als wolle er sich sogar vor dem Tageslicht verbergen, und wenn er sich einmal in seine Behausung zurückgezogen hat, dann wächst er mit ihr zusammen, ungefähr wie eine Schnecke mit ihrem Haus, oder er gleicht wenigstens in der Beziehung jenem merkwürdigen Tier, das beides zugleich, nämlich sowohl Tier als auch das Haus des Tieres ist und das wir Schildkröte zu nennen pflegen. Was meinen Sie aber, weshalb liebt er so seine vier Wände, die unfehlbar hellgrün angestrichen, öde, trübselig und in einem nahezu unstatthaften Maß verräuchert sind? Weshalb ist dieser komische Mensch, wenn ihn jemand von seinen wenigen Bekannten besucht — übrigens endet es immer damit, daß auch diese wenigen ihn bald vergessen —, weshalb ist er dann immer so betreten und verwirrt? Weshalb hat er ein Gesicht, als habe er in seinem einsamen Winkel geradezu ein Verbrechen begangen, als habe er Papiere gefälscht oder Gedichte fabriziert, um sie an eine Zeitschrift zu senden, natürlich mit einem Begleitbrief, in dem er mitteilt, daß der Verfasser gestorben sei und daß er es als dessen Freund für seine heilige Pflicht halte, des Verstorbenen Werke zu veröffentlichen? Weshalb, sagen Sie mir das, Nasstenka, weshalb will das Gespräch zwischen den beiden nie so recht vorwärts kommen, und weshalb fällt von den Lippen des plötzlich hereingeschneiten Freundes, der doch sonst stets zu Scherz und Lachen und Gesprächen über das schöne Geschlecht oder über andere angenehme Themata aufgelegt ist, kein einziges Scherzwort? Weshalb fühlt sich dieser neue Freund bei seinem ersten Besuch — denn ein zweiter pflegt in diesem Fall nicht zu folgen —, weshalb fühlt auch er sich befangen und weshalb wird er trotz seiner Fähigkeiten, geistreich zu sein —

das heißt, vorausgesetzt, daß er sie wirklich besitzt —, immer einsilbiger beim Anblick der verzweifelten Miene des andern, der sich übermenschlich, doch leider vergeblich anstrengt, das Gespräch zu beleben und zu zeigen, daß auch er eine Unterhaltung zu führen imstande sei und über das schöne Geschlecht zu plaudern? um so wenigstens durch seine Bereitwilligkeit zu allem und jedem die Enttäuschung des Gastes zu mildern, der nun einmal das Pech hat, dorthin geraten zu sein, wohin er nicht gehört! Weshalb greift schließlich der Gast nach seinem Hut und empfiehlt sich schnell mit der Entschuldigung, daß ihm plötzlich etwas überaus Wichtiges eingefallen sei, das nicht den geringsten Aufschub dulde? und weshalb befreit er seine Hand so schnell aus der heißen des anderen, der mit tiefster Reue im Herzen noch gutzumachen sucht, was sich nicht mehr gutmachen läßt? Weshalb lacht dann der fortgehende Freund, sobald die Tür sich hinter ihm geschlossen hat, und weshalb schwört er sich, nie wieder diesen Sonderling aufzusuchen, obschon der im Grunde gar kein so übler Bursche ist? und weshalb kann er seiner Phantasie nicht das kleine Vergnügen versagen: den Gesichtsausdruck des Sonderlings während der Zeit seines Besuches wenigstens entfernt mit demjenigen eines Kätzchens zu vergleichen, das, von unartigen Kindern unter heimtückischen Lockungen eingefangen, tüchtig gepeinigt worden und das endlich unter den Stuhl in einen dunkeln Winkel geflüchtet ist, um sich dort einmal das Fell durchzulecken, sein mißhandeltes Schwänzchen mit beiden Vorderpfoten zu waschen und zu putzen und dann noch lange feindselig auf die Natur der Dinge und das Leben überhaupt und ebenso auch auf den Brocken zu blicken, den ihm eine mitleidige Küchenseele von den Leckerbissen der herrschaftlichen Tafel zuwirft?«

»Hören Sie«, unterbrach mich Nasstenka, die die ganze Zeit verwundert mit großen Augen und halboffenem Mündchen zugehört hatte, »hören Sie: ich begreife ganz und gar nicht, was das alles soll und weshalb Sie gerade mich so sonderbare Dinge fragen? Alles, was ich verstehe, ist nur, daß Sie diese Geschichte zweifellos selbst erlebt haben.«

»Ganz zweifellos«, versetzte ich mit ernster Miene.

»Nun, wenn es wahr ist, dann fahren Sie fort«, sagte Nasstenka, »denn jetzt möchte ich sehr gern wissen, wie das endet.«

»Sie wollen wissen, Nasstenka, was er in seinem Winkel denn eigentlich tat, unser Held, oder richtiger, ich, denn der Held des Ganzen bin doch ich, ich selbst mit meiner eigenen bescheidenen Person. Sie wollen wissen, weshalb ich mich durch den unerwarteten Besuch des Bekannten so aus dem Gleichgewicht gebracht fühlte und wie ein ertappter Sünder errötete, als die Tür sich auftat, und weshalb ich den Gast nicht zu empfangen verstand und eine so unglückliche Rolle als Hausherr spielte?«

»Nun ja, selbstverständlich möchte ich das! Aber hören Sie: Sie erzählen ja sehr schön, doch ließe sich das alles nicht irgendwie weniger ‚schön‘ erzählen? Denn sonst reden Sie ja, als hätten Sie ein Buch vor sich, aus dem Sie ablesen!«

»Nasstenka!« versetzte ich mit wichtiger und strenger Stimme, während ich mir nur mit Mühe das Lachen verbiß, »liebe Nasstenka, ich weiß, daß ich schön erzähle, aber verzeihen Sie, anders verstehe ich nun einmal nicht zu erzählen. Jetzt, liebe Nasstenka, jetzt gleiche ich dem Geist des Königs Salomo, der tausend Jahre in einer Truhe unter sieben Siegeln gefangen war und von allen sieben Siegeln befreit worden ist. Jetzt, liebe Nasstenka, wo wir uns nach so langer Trennung wiedergefunden haben – denn ich kenne Sie ja schon lange, lange, Nasstenka, weil ich nämlich schon lange jemand suche ... worin zugleich der Beweis dafür liegt, daß ich gerade Sie gesucht habe und daß es uns vom Schicksal vorbestimmt gewesen ist, gerade hier zusammenzutreffen – jetzt haben sich tausend Klappen in meinem Kopf geöffnet, und ich muß mein Herz in einen Strom von Worten ausgießen – oder ich ersticke an ihnen. Deshalb bitte ich Sie, mich nicht zu unterbrechen, Nasstenka, und geduldig und ergeben zuzuhören: wenn nicht — dann verstumme ich..."

»Neinneinnein! Das sollen Sie nicht! Erzählen Sie! Ich werde kein Wort mehr sagen!«

»Ich fahre also fort: Es gibt, mein Freund Nasstenka, es gibt für mich an jedem Tage eine Stunde, die ich ungemein liebe. Das ist die Stunde, in der die Geschäfte, Büros und Kanzleien schließen und die Menschen alle nach Hause eilen, um zu speisen,[1] sich hinzulegen und etwas auszuruhen, und in der die Menschen unterwegs Pläne schmieden für den Abend, die Nacht und die ganze übrige freie Zeit, die ihnen noch verblieben ist. In dieser Stunde pflegt auch unser Held — Sie müssen mir schon erlauben, Nasstenka, von mir in der dritten Person zu erzählen, denn in der ersten würde das alles viel zu unbescheiden klingen — also, in dieser Stunde pflegt auch unser Held, der gleichfalls seine regelmäßige Tagesarbeit hat, mit den anderen Menschen den gleichen Weg zu gehen. Ein seltsames Gefühl des Vergnügens spricht aus seinem blassen, gleichsam zerknitterten Gesicht. Nicht teilnahmslos sieht er auf die Abendröte, die am kalten Petersburger Himmel langsam erlischt. Nein, ich lüge, wenn ich sage, daß er sie sieht: er sieht überhaupt nicht, sondern er schaut, und er schaut gleichsam unbewußt, als wäre er müde oder als wären seine Gedanken gleichzeitig mit irgendeinem anderen, interessanteren Gegenstand beschäftigt, so daß er schon sehr bald für seine Umgebung kaum noch einen flüchtigen Blick hat, und auch diesen nur bei irgendeinem Zufall, der ihn ablenkt. Er ist zufrieden, denn er hat bis morgen die für ihn lästige *Arbeit* getan, er ist froh wie ein Schüler, der von der Schulbank kommt und sich nun wieder seinen Lieblingsspielen und Streichen widmen kann. Wenn Sie ihn von der Seite beobachten, Nasstenka, werden Sie sogleich bemerken, daß das frohe Gefühl auf seine angegriffenen Nerven und auf seine krankhaft überreizte Phantasie bereits günstig eingewirkt hat. Seine Gedanken hüllen ihn gleichsam ein. Sie glauben, er denke an sein Essen? An den Abend, der ihm bevorsteht? Was ist es wohl, was er so scharf ins Auge faßt? Ist es etwa jener Herr, der so höflich und doch so pittoresk die Dame grüßt, die in prächtiger Kalesche an ihm vorüberfährt? Nein, Nasstenka, was gehen ihn alle diese kleinlichen Nebensachen an! Er ist jetzt reich in seinem eigenen, seinem ureigensten, besonderen Leben: ganz plötzlich ist er reich geworden. Der letzte Strahl der erlöschenden Sonne hat nicht vergeblich lebenswarm vor ihm geglüht und in seinem erwärmten Herzen eine Fülle von Eindrücken wachgerufen. Jetzt bemerkt er kaum mehr den Weg, auf dem ihm noch kurz vorher jede geringste Kleinigkeit auffallen konnte. Die Göttin Phantasie hat bereits ihr goldenes Netz um ihn gewebt und füllt es nun aus mit den bunten Mustern eines unerhörten und wunderlichen Lebens: und vielleicht — wer kann es wissen? — vielleicht hat sie ihn von dem Bürgersteig aus massivem Granit, auf dem er nach Hause geht, mit launischer Hand bereits in den siebenten weltfernsten Himmel entführt? Wenn Sie jetzt versuchen wollten, ihn plötzlich anzureden und ihn zu fragen, wo er sich im Augenblick befinde, durch welche Straßen er gegangen — dann würde er ganz entschieden weder das eine noch das andere anzugeben vermögen und wahrscheinlich vor Ärger errötend irgend etwas, das ihm gerade einfällt, verlegen antworten. Deshalb fährt er auch plötzlich so zusammen und blickt sich erschrocken um — nur weil eine alte Frau ihn mitten auf dem Bürgersteig anhält und ihn nach einer Straße fragt, die sie nicht zu finden weiß. Mit ärgerlich gerunzelter Stirn schreitet er weiter, ohne es zu bemerken, daß von den Vorübergehenden mehr als einer bei seinem Anblick lächelt und mancher ihm sogar nachschaut, und daß ein kleines Mädchen, das ihm ängstlich ausweicht, plötzlich nach Kinderart laut auflacht, da ihren verwundert aufgerissenen Augen sein breites, kontemplatives Lächeln und die halben Gesten seiner Hände so komisch erscheinen. Doch schon hat dieselbe Phantasie in ihrem spielenden Flug die alte Dame und die neugierig

Vorübergehenden und das lachende kleine Mädchen und die Bauernkerle, die auf ihren Booten Abendrast halten, unten auf der Fontanka (nehmen wir an, daß unser Held sich in dem Augenblick auf dem Kanalkai befindet), schon hat sie alles mutwillig in ihr Netz eingewebt, wie die Spinne die Fliegen, und mit der neuen Beute betritt der Sonderling seine Behausung, setzt sich an den Tisch und ißt und beendet die Mahlzeit und kommt nicht früher zu sich, als bis seine ewig trübselige, wortkarge Matrjona, die ihn bedient, nachdem sie alles vom Tisch abgeräumt, ihm seine Pfeife reicht: da erst, wie gesagt, kommt er zu sich und gewahrt mit Verwunderung, daß er bereits gegessen hat, ohne daß es ihm zu Bewußtsein gekommen ist. Es dunkelt im Zimmer; in seiner Seele ist es leer und traurig. Ein ganzes Reich von Träumen ist rings um ihn eingestürzt – geräuschlos, lautlos, spurlos wie eben nur ein Traum vergehen kann, er wüßte nicht einmal mehr zu sagen, wovon er geträumt hat. Aber ein dunkles Empfinden, das in seiner Brust sich zu regen beginnt, erweckt allmählich einen neuen Wunsch; es kitzelt und umschmeichelt verführerisch seine Einbildungskraft und ruft unmerklich wieder eine ganze Schar neuer Phantome heran. Stille herrscht in seinem kleinen Zimmer: Einsamkeit und Faulheit liebkosen die Phantasie; sie glüht leise auf, eine leise Bewegung hebt in ihr an, wie ein leises Wallen, ähnlich dem Wasser in der Kaffeemaschine der alten Matrjona, die nebenan in der Küche ruhig wirtschaftet und sich ihren Köchinnenkaffee braut: wie lange noch und es beginnt zu brodeln ... Da fällt auch schon das Buch, das unser Träumer zwecklos und unbesehen aus der Reihe herausgegriffen hat, aus seiner Hand, noch bevor er bis zur dritten Seite gelesen. Die Einbildungskraft ist wieder erwacht: plötzlich ist eine neue Welt, ein neues bezauberndes Leben um ihn herum entstanden. Ein neuer Traum – neues Glück! frisches, verfeinertes, süßes Gift! Oh, was liegt ihm an unserem wirklichen Leben! Nach seiner allerdings sehr einseitigen Auffassung leben wir anderen, Nasstenka, ein Leben, das langsam ist, träge und schlaff. In seinen Augen sind wir alle so unzufrieden mit unserem Schicksal und quälen uns so sehr mit unserem Dasein! Und es ist ja auch wahr, sehen Sie nur, wie auf den ersten Blick alles zwischen uns aussieht, wie kalt, düster, unfreundlich, als wäre alles böse, feindselig ... Die Armen! denkt mein Träumer. Und es ist kein Wunder, daß er so denkt! Sie sehen nicht diese Zauberbilder, die so berückend, so verschwenderisch, so uferlos breit aus dem Nichts vor ihm erstehen, Bilder, auf deren Vordergrund die erste Person, versteht sich, er selbst ist, er, unser Träumer mit seinem teuren Ich. Sie sehen nicht, was für Abenteuer, was für eine unabsehbare Reihe von Geschehnissen er erlebt! Sie fragen: Wovon er denn träumt? Wozu diese Fragen? — doch einfach von allem, von allem ... vom Schicksal eines Dichters, der anfangs nicht anerkannt wird, dann aber überall Begeisterung erweckt; von seiner Freundschaft mit E. Th. A. Hoffmann, von der Bartholomäusnacht, von Diana Vernon, einer heroischen Rolle bei der Einnahme der Stadt Kasan durch den Zaren Iwan Wassiljewitsch, von Clara Mowbray, Effie Deans, von Johannes Huß vor dem Konzil der Prälaten, von der Auferstehung der Toten in „Robert der Teufel" (Kennen Sie die Musik? Sie riecht förmlich nach Friedhof) von Minna und Brenda, von der Schlacht an der Beresiná, vom Vortrag eines Poems bei der Gräfin W. D., von Danton, Kleopatra e i suoi amanti, einem Häuschen in Kolomna,[2] vom eigenen Winkel in Petersburg, in dem neben ihm ein liebes Wesen sitzt, das mit offenem Mündchen und großen Augen an einem Winterabend ihm zuhört — genauso, wie Sie mir jetzt zuhören, mein kleines Engelchen ... Nein, Nasstenka, was ist ihm, dem leidenschaftlichen Nichtstuer, was ist ihm jenes irdische Leben, in dem wir beide, Nasstenka, so gern einmal leben möchten? Er hält es für ein armes, ein armseliges Leben, das Mitleid verdient; er ahnt nicht, daß auch für ihn vielleicht einmal die Stunde schlagen wird, wo er für einen Tag dieses wirklichen Lebens gerne alle seine phantastischen Jahre hingeben würde, und nicht für einen frohen

Tag, nicht für einen Tag des Glücks hingeben, nein, er wird nicht einmal wählen dürfen in dieser Stunde der Trauer und Reue und des unabwendbaren Wehs. Doch vorläufig ist diese furchtbare Zeit noch nicht angebrochen — er wünscht nichts, weil er über allen Wünschen steht, weil er ja alles hat, weil er schon übersättigt und selbst der Künstler seines Lebens ist, das er sich zu jeder Zeit nach eigenem Wunsch gestalten kann. Und so leicht, so natürlich ersteht diese phantastische Märchenwelt! als wären das alles gar nicht bloße Hirngespinste! Wirklich, man ist oft zu glauben versucht, daß dieses ganze Leben nicht eine Schöpfung des Gefühls, nicht eine wesenlose Luftspiegelung und trügerische Einbildung, sondern wahrhaftig Wirklichkeit, etwas wirklich Seiendes, ein greifbar Vorhandenes sei! Weshalb, sagen Sie mir das, Nasstenka, weshalb hält man in solchen Augenblicken des unwirklichen Erlebens oft den Atem an? Weshalb, oder woher kommt es, daß, wie durch eine unerforschliche Zaubermacht, der Puls schneller schlägt, daß Tränen den Augen entströmen, daß die bleichen Wangen des Träumers zu glühen anfangen und sein ganzes Sein von überwältigender Lust erfüllt wird? Weshalb vergehen ganze Nächte, die er in unerschöpflicher Freude und beseligendem Glück schlaflos verbringt, wie ein einziger kurzer Augenblick? Und wenn die Morgenröte rosig durch die Fensterscheiben schimmert und die erste Dämmerung mit ihrem ungewissen phantastischen Licht in das trübselige Zimmer schleicht, unser Träumer sich ermüdet und erschöpft auf das Bett wirft, und einschlummert — weshalb hat er dann ein Gefühl, als vergehe er vor Entzücken mit seinem ganzen krankhaft erschütterten Geist, und das mit einem so peinvoll süßen Schmerz im Herzen? Ja, Nasstenka, so täuscht man sich und glaubt als Fremder unwillkürlich, daß eine wirkliche, eine körperliche Leidenschaft unsere Seele errege! Unwillkürlich glaubt man, daß in unseren körperlosen Träumen etwas Lebendiges, Greifbares sei! Und was ist das doch für ein Betrug! Da ist zum Beispiel die Liebe mit ihrer

ganzen unerschöpflichen Freude und ihrer nimmermüden
Pein in des Träumers Brust erwacht ... Ein Blick auf ihn
genügt, um einen jeden von der Echtheit seines Gefühls zu
überzeugen. Werden Sie es da glauben, liebe Nasstenka,
wenn Sie ihn so sehen, daß er diejenige, die er in seinen
verzückten Träumen so rasend liebt, in Wirklichkeit niemals
gekannt hat? Aber hat er sie denn nun auch *wirklich* nur,
nur in berückenden Phantasiebildern gesehen? Und hat er
diese Leidenschaft wirklich *nur* — geträumt? Sind sie denn
wirklich nicht durch Jahre ihres Lebens Hand in Hand
gegangen — zu zweit, ohne sich um die Welt zu kümmern,
das eigene Leben mit dem des anderen vereint? War sie
denn wirklich nicht zu später Stunde, als er Abschied von ihr
nahm, weinend an seine Brust gesunken, ohne auf den Sturm
zu achten, der unter dem rauhen Himmel tobte, ohne den
Wind zu spüren, der die Tränen an ihren schwarzen Wimpern
trocknete? War das denn wirklich alles nur ein Traum
im Wachen gewesen — auch der verwilderte einsame Garten
mit den moosig vergrasten Wegen, auf denen sie so oft zu
zweit wandelten und Hoffnungen aufbauten und sich sehnten
und einander liebten, einander so liebten, „so bang und
süß", wie es im alten Lied heißt? Und dieses alte, verwitterte
Herrenhaus, in dem sie so lange einsam und traurig leben
mußte, mit dem alten finsteren Mann, der, ewig schweigsam
und verdrossen, die Liebenden wie ein Schreckgespenst
ängstete, sie, die ohnehin schon wie scheue Kinder ihre Liebe
voreinander verbargen? Wie quälten sie sich, wie fürchteten
sie sich, wie schuldlos und rein war ihre Liebe und wie —
das versteht sich von selbst, Nasstenka — wie böse waren die
Menschen! Und, mein Gott, hat er sie denn später wirklich
nicht, fern von der Heimat, unter einem fremden südlichen
Himmel, in einem Palazzo (unbedingt in einem Palazzo!) in
einer wundervollen ewigen Stadt bei rauschender Musik im
Ballsaal wiedergesehen? Sind sie dann nicht auf den Balkon
hinausgetreten, auf den von Myrthen und Rosen umrankten,
und hat sie dort nicht ihre Maske abgenommen und ihm

zugeflüstert: ‚Ich bin frei!' — und hat er sie da nicht in seine Arme geschlossen, wie toll vor Entzücken, und haben sie sich nicht wirklich aneinander geschmiegt und im Augenblick alles Leid vergessen und die Trennung und alle Qualen und das düstere Haus und den alten Grafen, den verwilderten Garten in der fernen Heimat und die Bank, auf der sie ihm den letzten leidenschaftlichen Kuß gegeben, um sich dann aus seinen Armen zu reißen ... Oh, Sie werden doch zugeben, Nasstenka, daß es da nur natürlich ist, wenn man zusammenfährt und wie ein ertappter Schüler verwirrt errötet, als hätte man soeben einen aus dem Nachbargarten gestohlenen Apfel in die Tasche gesteckt, wenn plötzlich die Zimmertür aufgestoßen wird und irgendein langer, gesunder Bursche, so ein guter, immer fröhlicher Junge, über die Schwelle tritt und mit lachendem Gruß ausruft, als wäre nichts geschehen: ‚Freund, ich komme soeben aus Pawlowsk!' Mein Gott! Der alte Graf war gestorben, und sie war frei! Unfaßbares Glück brach für uns an, — und da kommt zu uns so einer aus Páwlowsk!«

Ich hielt inne, da meine leidenschaftliche Rede zu Ende war. Ich weiß noch, daß ich schreckliche Lust hatte, laut, schallend aufzulachen, gleichsam irgend etwas aus mir herauszulachen, denn ich fühlte, daß in der Tat so ein feindliches Teufelchen sich bereits in mir zu regen begann und mir schon im Halse saß, und daß es mir im Kinn und in den Augenlidern zuckte...

Natürlich erwartete ich nichts anderes als daß Nasstenka, die mich mit ihren klugen Augen groß ansah, nun in unbändig lustiges Kinderlachen ausbrechen würde, und ich bereute schon, daß ich so weit gegangen war und etwas erzählt hatte, das ich lange mit mir herumgetragen und deshalb wie aus einem Buch ablesend erzählen konnte. Ich hatte mich seit Jahr und Tag still darauf vorbereitet, einmal vor mich selbst wie vor einen Richter zu treten und über mich ein Urteil zu fällen: da hatte ich mich nun wirklich einmal nicht zu bezwingen vermocht und dieses Urteil gesprochen, jedoch, offen gestanden, ohne zu erwarten, daß ich Verständnis finden würde. Aber zu meiner Verwunderung schwieg sie eine Weile, dann drückte sie mir leise die Hand und fragte mit einer seltsam zartfühlenden Teilnahme:

»Haben Sie wirklich ihr ganzes Leben so verbracht?«

»Mein ganzes Leben, Nasstenka«, antwortete ich, »solange ich auf der Welt bin, und ich glaube, so werde ich es auch beenden.«

»Nein, das geht nicht, das darf nicht geschehen!« protestierte sie, sichtlich beunruhigt, »und das geschieht auch nicht! Dann wäre es ja ebensogut möglich, daß auch ich mein ganzes Leben bei meiner Großmutter verbringen muß! Hören Sie, wissen Sie auch, daß es gar nicht gut ist, so zu leben?«

»Ich weiß es, Nasstenka, gewiß weiß ich es!« rief ich, ohne meine Gefühle noch länger zu unterdrücken. »Und jetzt weiß ich auch besser als je zuvor, daß ich alle meine besten Jahre verloren habe! Ich weiß es, und diese Erkenntnis schmerzt mich mehr als je, denn Gott selbst hat Sie, mein guter Engel, mir geschickt, um mir das zu sagen und zu beweisen. Jetzt, wo ich neben Ihnen sitze und mit Ihnen rede, mutet es mich schon wunderbar an, an meine Zukunft zu denken. Denn in dem Leben, das noch vor mir liegt, sehe ich wieder nur Einsamkeit, wieder nur dieses muffige, modernde, nutzlose Dasein. Und was werde ich dann noch träumen können, das schöner ist als das Leben, nachdem ich doch in der Wirklichkeit hier neben Ihnen so glücklich gewesen bin! Oh, seien Sie dafür gesegnet, Sie liebes Mädchen, daß Sie mich nicht gleich nach dem ersten Wort zurückgestoßen haben und ich jetzt doch schon sagen kann, daß ich wenigstens zwei Abende in meinem Leben gelebt habe!«

»Ach, nein, nein!« rief Nasstenka, und Tränen glänzten in ihren Augen. »Nein, so soll es nicht kommen! Wir werden nicht so auseinandergehen! Was sind zwei Abende!«

»Ach, Nasstenka! Wissen Sie denn überhaupt, daß Sie

mich für lange Zeit mit mir selbst versöhnt haben? Wissen Sie, daß ich jetzt nicht mehr so Schlechtes denken werde wie in manchen früheren Stunden? Wissen Sie, daß ich mich vielleicht nicht mehr darüber grämen werde, Verbrechen und Sünde in meinem Leben begangen zu haben, denn ein solches Leben ist Verbrechen und Sünde! Und denken Sie nicht, daß ich irgendwie übertrieben habe, um Gottes willen glauben Sie das nicht, Nasstenka! Es kommen Augenblicke, in denen ich solch eine Seelenangst empfinde, solch einen Gram ... In diesen Augenblicken will es mir scheinen — und ich fange schon an, daran zu glauben —, daß ich niemals mehr fähig sein werde, ein wirkliches Leben zu beginnen. Denn ich habe schon oft die Empfindung gehabt, als hätte ich jedes Gefühl verloren und jede Aufnahmefähigkeit der Sinne in allem, was Wirklichkeit, was wirkliches Leben ist! weil ich mich schließlich selbst verflucht habe! weil meinen phantastischen Nächten auch schon Augenblicke der Ernüchterung folgen, die so furchtbar sind! Und währenddessen hört man, wie rings um einen die Menschenmassen lärmend im Lebensstrudel sich drehen, man hört und sieht, wie Menschen leben — wirklich leben, in der Wirklichkeit und im Wachen leben; man sieht, daß ihr Leben nicht nach ihrer Willkür entsteht, daß ihr Leben nicht wie ein Traum zerflattert, daß ihr Leben sich ewig erneut und ewig jung ist und keine Stunde der anderen gleicht, während die schreckhafte Phantasie, diese unsere Einbildungskraft, so trostlos und verzagt und bis zur Gemeinheit einförmig ist, eine Sklavin des Schattens, der bloßen Idee, eine Sklavin der ersten besten Wolke, die plötzlich die Sonne verdeckt und in wehem Leid das Herz zusammenpreßt, das echte Petersburger Herz, dem seine Sonne so teuer ist! Und erst im Leiden, was für eine Einbildung! Man fühlt, daß sie endlich doch müde wird und sich in der ewigen Anpassung erschöpft, diese scheinbar *unerschöpfliche* Phantasie, denn man wird reifer und männlicher und wächst über seine früheren Ideale hinaus: sie stürzen ein und es bleibt nur Staub und Schutt von ihnen übrig. Und wenn es dann kein anderes Leben gibt, muß man aus demselben Schutt die Bruchstücke zusammenlesen und aus ihnen sich das neue Leben aufbauen. Und dabei verlangt und sehnt sich die Seele doch nach etwas ganz Anderem! Und vergeblich wühlt der Träumer wie in einem Aschenhaufen in seinen alten Träumen und sucht in der Asche nach einem, wenn auch noch so kleinen Fünkchen, um es anzublasen und mit dem von neuem angefachten Feuer das kaltgewordene Herz zu erwärmen und alles in ihm wieder zu erwecken, was ihm einst so lieb war, was die Seele rührte und das Blut in Wallung brachte, was den Augen Tränen entströmen ließ und eine so herrliche Täuschung war! Wissen Sie auch, Nasstenka, wie weit ich damit schon gekommen bin? Wissen Sie, daß ich bereits das Jubiläum meiner Empfindungen zu feiern gezwungen bin, Gedenktage dessen, was früher so schön war und dabei in Wirklichkeit doch nie gewesen ist — denn diese Jahres- und Gedenktage gelten alle denselben wesenlosen törichten Träumereien — und daß ich das tun muß, weil selbst diesen törichten Träumen nicht mehr neue folgen, die sie verdrängen würden: denn auch Träume müssen verdrängt werden! Von selbst hören sie nicht auf und so überleben sie sich nur. Wissen Sie, ich suche jetzt mit Vorliebe zu bestimmten Stunden jene Stellen auf, an denen ich einmal glücklich gewesen bin, in meiner Art glücklich, und dort versuche ich dann, das Gegenwärtige in der Phantasie nach dem unwiederbringlich Vergangenen zu gestalten oder das Vergangene mir zu vergegenwärtigen: und so irre ich oft wie ein Schatten ziellos und zwecklos in den Petersburger Winkelgassen umher. Und was für Erinnerungen das dann sind! Da erinnere ich mich zum Beispiel, daß ich hier genau vor einem Jahr gerade in derselben Stunde auf demselben Trottoir gegangen bin, ebenso einsam und mutlos traurig umherirrend, wie jetzt! Und man erinnert sich, daß auch die Gedanken damals ebenso traurig waren, und wenn es früher auch nicht besser war, so ist es einem doch, als sei es irgendwie besser gewesen, als habe man ruhiger gelebt, und man meint, daß es nicht dieses dunkle Grübeln gegeben habe, das einen jetzt verfolgt ... daß ich nicht die Gewissensbisse gekannt, die so peinvoll und unermüdlich quälen und mir weder am Tag noch in der Nacht Ruhe und Frieden gönnen! Und man fragt sich: Wo sind denn deine Träume geblieben? Und schüttelt den Kopf und murmelt: Wie schnell die Jahre vergehen! Und wieder fragt man sich: Was hast du mit deinen Jahren angefangen? Wo hast du deine beste Zeit begraben? Hast du überhaupt gelebt? oder nicht? Sieh, sagt man zu sich selbst, sieh, wie kalt es in der Welt wird. Es werden noch einige Jahre vergehen und dann kommt die grämliche Einsamkeit, kommt mit der Krücke das zittrige Alter und bringt dir Kummer und Leid. Verbleichen wird deine phantastische Welt, verwelken und sterben werden deine Träume und wie das gelbe Laub von den Bäumen, so werden sie von dir abfallen ... O Nasstenka! Wie wird es dann so öde sein, allein zu bleiben, ganz allein, und nicht einmal etwas zu haben, worum man trauern könnte — nichts, gar nichts ... Denn alles, was man verloren hat, alles das war doch nichts, war eine Null, eine reine Null, war ja nichts als ein Träumen!«

»Nun aber hören Sie auf, rühren Sie mich nicht noch mehr!« rief Nasstenka und wischte das dumme Tränchen fort, das ihr über die Wange rollte. »Jetzt hat das ein Ende! Wir werden nun nicht mehr allein sein, denn was mit mir auch geschehen sollte, wir werden doch immer Freunde bleiben. Hören Sie: Ich bin ein einfaches Mädchen, ich habe wenig gelernt, obschon die Großmutter mir von einem Lehrer Unterricht erteilen ließ; aber glauben Sie mir, ich verstehe Sie sehr gut, denn alles, was Sie mir da erzählt haben, habe ich selbst erlebt, wenn ich neben Großmutter angesteckt saß. Natürlich hätte ich das nicht so gut zu erzählen verstanden wie Sie. Ich habe das nicht gelernt«, fügte sie etwas kleinlaut hinzu, da meine pathetische Rede ihr offenbar einen gewissen Respekt eingeflößt hatte, »aber ich bin sehr froh, daß Sie mir alles mitgeteilt haben. Jetzt kenne ich Sie durch und durch. Und wissen Sie was? Ich will Ihnen nun auch meine Geschichte erzählen, alles, bis aufs Letzte. Sie aber müssen mir dann einen Rat geben. Sie sind ein sehr kluger Mann, ich weiß es, aber werden Sie mir nun versprechen, daß Sie mir nachher auch wirklich Ihren Rat geben?«

»Ach, Nassenka«, anwortete ich, »ich bin zwar noch nie ein Ratgeber gewesen, und nun gar ein kluger, wie Sie es von mir verlangen, aber ich sehe jetzt, daß es, wenn wir immer so leben würden, sogar sehr klug wäre und daß der eine dem anderen unzählige kluge Ratschläge erteilen könnte. Nun also, meine reizende Nasstenka, was für einen Rat brauchen Sie? Sagen Sie es mir ohne Umschweife. Ich bin jetzt so heiter, so glücklich, so mutvoll, daß ich wahrscheinlich nicht auf den Mund gefallen sein werde, wie man zu sagen pflegt.«

»Nein, nein!« fiel mir Nasstenka schnell ins Wort. »Ich brauche keinen klugen Rat, sondern einen von Herzen kommenden, einen aufrichtig brüderlichen, einen, der so ist, wissen Sie, als hätten Sie mich schon ein Leben lang lieb!«

»Gut, Nasstenka, abgemacht!« rief ich. »Aber wenn ich Sie auch schon ganze zwanzig Jahre geliebt hätte, ich könnte Sie deshalb doch nicht inniger lieben, als ich es jetzt tue!«

»Geben Sie mir Ihre Hand!« sagte Nasstenka.

»Hier haben Sie sie!«

»Also schön, dann lassen Sie uns jetzt mit meiner Geschichte beginnen.«

Nasstenkas Geschichte

»Die eine Hälfte meiner Geschichte kennen Sie bereits, das heißt: Sie wissen, daß ich eine alte Großmutter habe ...«

»Wenn die zweite Hälfte nicht länger ist als diese ...« wandte ich lachend ein.

»Schweigen Sie und hören Sie mir zu. Aber zuerst eine Bedingung: Sie dürfen mich nicht unterbrechen, sonst machen Sie mich schließlich noch verwirrt. Also, hören Sie jetzt artig zu!

Ich habe eine alte Großmutter. Zu der kam ich schon als ganz kleines Mädchen, denn meine Eltern starben früh.

Ich nehme an, daß Großmutter einmal reicher war, denn sie spricht immer von den früheren besseren Tagen. Sie selbst hat mich denn auch Französisch gelehrt. Später nahm sie einen Lehrer. Als ich fünfzehn Jahre alt war — jetzt bin ich siebzehn — hörte der Unterricht auf. Damals war es also, daß ich ihr meinen Streich spielte. Was ich nun eigentlich verbrach, das werde ich Ihnen nicht sagen; genug, daß es durchaus kein schlimmer Streich war. Immerhin hatte er zur Folge, daß Großmutter mich eines Morgens zu sich rief und sagte, sie könne mich, da sie blind sei, nicht beaufsichtigen; damit nahm sie dann eine Stecknadel und steckte mein Kleid an das ihrige und erklärte mir, daß wir so unser Leben verbringen würden, wenn ich mich nicht besserte. In der ersten Zeit war mir jede Möglichkeit genommen, mich freizumachen: was ich auch tat, arbeiten und lesen und lernen — alles mußte ich an Großmutters Seite tun. Einmal versuchte ich es mit einer List und beredete Fjokla, sich auf meinen Platz zu setzen. Fjokla ist unsere Magd, und die ist taub. Sie setzte sich also auf meinen Platz, als Großmutter in ihrem Stuhl eingeschlummert war, und ich lief schnell in die Nachbarschaft zu einer Freundin. Das ging aber schlecht aus. Großmutter wachte auf, bevor ich zurück war, und fragte irgend etwas, natürlich im Glauben, daß ich neben ihr säße, denn sie ist ja blind. Fjokla aber, die Großmutter wohl sprechen sah, verstand sie nicht, da sie doch nichts hört; also denkt und denkt sie, was sie wohl tun soll, steckt dann schnell die Stecknadel ab und kommt mir nachgelaufen . . .«

Nasstenka begann zu lachen. Natürlich lachte ich auch. Doch wurde sie gleich wieder ernst.

»Hören Sie, nein, lachen Sie nicht über Großmutter. Ich lache nur deshalb, weil es so komisch war . . . Was soll man denn machen, wenn Großmutter doch wirklich so ist! Trotz allem aber habe ich sie lieb. Nun ja, mich erwartete eine schöne Strafpredigt: ich mußte mich sofort wieder hinsetzen und wurde von neuem angesteckt und dann — o Gott! — nicht rühren durfte ich mich!

Nun also — ja, da habe ich noch zu sagen vergessen, daß wir, oder vielmehr, daß Großmutter ein kleines Haus besitzt. Es ist ein Holzhäuschen mit nur drei Fenstern in der Front, ein ganz kleines und ebenso alt wie Großmama. Oben aber ist noch ein Zimmer; und in dieses Zimmer zog ein neuer Mieter ein ...«

»Dann hatten Sie also auch früher schon einen Mieter?« fragte ich beiläufig.

»Nun, natürlich doch«, versetzte Nasstenka, »und der verstand besser zu schweigen als Sie. Allerdings konnte er kaum noch die Zunge bewegen. Das war nämlich ein altes Männlein, schwerhörig, hager, stumm, blind, lahm, so daß er selbst es schließlich nicht länger aushielt in der Welt und starb. Da ward das Zimmer frei, und wir mußten uns nach einem neuen Mieter umsehen, denn die Miete für das Zimmer und Großmutters Pension sind fast unser ganzes Einkommen. Der neue Mieter war aber ein junger Mensch und kein Petersburger. Da er von der Miete nichts abzuhandeln versuchte, nahm ihn Großmutter. Als er aber gegangen war, fragte sie mich: ,Nasstenka, ist der Mieter jung oder alt?' Lügen wollte ich nicht und so sagte ich: ,Ganz jung ist er gerade nicht, Großmama, aber er ist auch kein alter Mann.'

,Und wie sieht er aus? Hat er ein angenehmes Äußeres?' fragte sie weiter.

Ich wollte wieder nicht lügen. ,Ja, Großmutter', sagte ich, ,er hat ein angenehmes Äußeres.' Großmutter aber seufzte: ,Ach, du meine Güte! Das wird dann wohl eine von Gott gesandte Prüfung sein! Ich sage dir das deshalb, mein Enkelkind, damit du ihn dir nicht zu oft ansiehst. Das ist mir jetzt mal eine Zeit! Solch ein armer Zimmermieter und dabei ein angenehmes Äußeres! Das war in der alten Zeit ganz anders!'

Großmutter spricht nämlich immer von der alten Zeit. Jünger war sie in der alten Zeit, und die Sonne schien wärmer in der alten Zeit, und die Sahne wurde nicht so schnell sauer in der alten Zeit — alles war in der alten Zeit besser!

Da saß ich denn und schwieg, dachte aber bei mir: Weshalb bringt mich denn Großmutter selbst darauf, indem sie fragt, ob er gut aussieht und jung ist? Aber das war nur so ein flüchtiger Gedanke, ich begann wieder die Maschen zu zählen und strickte weiter, und darüber vergaß ich dann alles.

Eines Morgens aber — tritt plötzlich der Mieter bei uns ein: er wolle sich erkundigen, wo die neue Tapete bliebe, die man ihm für das Zimmer versprochen habe. Ein Wort gab das andere. Großmutter ist doch geschwätzig, und da sagt sie denn zu mir: ‚Geh, Nasstenka, in mein Schlafzimmer und hole das Rechenbrett.' Ich sprang sogleich auf, das Blut schoß mir ins Gesicht, ich weiß nicht, weshalb — dabei aber vergaß ich ganz, daß ich angesteckt war; statt nun die Nadel heimlich abzustecken, damit der Mieter sie nicht sähe, riß ich so, daß Großmutters ganzer Sessel mitrutschte. Als ich aber sah, daß der Mieter jetzt alles begriff, wurde ich noch viel röter und blieb wie gelähmt stehen; und plötzlich brach ich in Tränen aus — so schämte ich mich und so bitter war es, daß ich in die Erde hätte versinken mögen! Großmutter aber ruft mir zu: ‚Was stehst du denn, geh doch!' Ich aber weinte nur noch mehr ... Da erriet der Mieter, daß ich mich vor ihm schämte, und verabschiedete sich und ging schnell fort!

Seit jenem Vormittag stand mir, sobald ich nur ein Geräusch im Flur hörte, gleich das Herz still. ‚Vielleicht ist es der Mieter, der zu uns kommt', dachte ich und steckte schnell auf alle Fälle die Nadel ab, heimlich, damit Großmutter es nicht merkte. Nur war es niemals er, — er kam nicht. So vergingen zwei Wochen. Da ließ er uns eines Tages durch Fjokla sagen, daß er viele Bücher habe, gute Bücher, und ob da nicht Großmutter sich von mir vorlesen lassen wolle, um eine kleine Zerstreuung zu haben? Großmutter nahm das Anerbieten mit Dank an, nur fragte sie mich immer wieder, ob es auch wirklich anständige Bücher wären. ‚Denn wenn sie unmoralisch sind', sagte sie, ‚dann darfst du sie unter keinen Umständen lesen, Nasstenka, du würdest nur Schlechtes aus ihnen lernen.'

‚Was würde ich denn lernen, Großmama?' fragte ich, ‚was steht denn in schlechten Büchern geschrieben?'

‚Ja, mein Kind, da wird erzählt, wie junge Männer sittsame Mädchen verführen, wie sie sie unter dem Vorwand, sie heiraten zu wollen, aus dem Elternhause entführen und dann ihrem Schicksal überlassen, und wie die unglücklichen Mädchen zuletzt elend umkommen und zugrunde gehen. Ich', sagte Großmutter, ‚ich habe viele solcher Bücher gelesen und alles', sagte sie, ‚ist so herrlich geschildert, daß man die ganze Nacht heimlich in ihnen liest. Und deshalb, Nasstenka', sagte sie, ‚sieh zu, daß du solche Bücher nicht liest. Was für Bücher sind es denn, die er uns geschickt hat?'

‚Es sind Romane von Walter Scott, Großmutter', sagte ich.

‚Ah, Romane von Walter Scott! Aber sieh vorsichtshalber nach, ob nicht irgendwelche Spitzbübereien darin stecken. Vielleicht hat er einen Liebesbrief oder ein Zettelchen hineingelegt.'

‚Nein', sagte ich, ‚es ist kein Zettelchen drin, Großmutter.'

‚Sieh mal ordentlich nach unter dem Einbandrücken; zuweilen stecken sie es dorthin, die Spitzbuben!'

‚Nein, Großmutter', sagte ich, ‚auch unter dem Einbandrücken ist nichts.'

‚Nun, Vorsicht kann nie schaden!' war ihre Antwort.

Und so fingen wir denn an, Walter Scott zu lesen, und in etwa einem Monat waren wir fast schon mit der Hälfte der Bücher fertig. Dann schickte er uns wieder neue Bücher, auch Puschkin war dabei, so daß ich ohne Bücher bald gar nicht mehr leben konnte und darüber ganz vergaß, wie früher zu sinnen, wie ich wohl einen chinesischen Prinzen heiraten könnte.

So standen die Dinge, als der Zufall es einmal fügte, daß ich unserem Mieter auf der Treppe begegnete. Ich mußte für Großmutter etwas holen. Er blieb stehen, ich errötete – und er errötete gleichfalls; aber da lachte er auch schon und begrüßte mich und erkundigte sich nach Großmutters Befinden.

Darauf fragte er, ob ich die Bücher schon gelesen hätte. Ich sagte: ‚Ja, ich habe sie gelesen.' — ‚Was hat Ihnen denn am besten gefallen?' fragte er weiter. Ich sagte: ‚Ivanhoe und Puschkin haben mir am besten gefallen.' Und damit war unser Gespräch für diesmal beendet.

Nach einer Woche begegnete ich ihm wieder auf der Treppe. Nur hatte mich an diesem Tage nicht Großmutter geschickt; ich hatte vielmehr selbst etwas nötig. Es war nach zwei Uhr; um diese Zeit kam unser Mieter nach Hause; das wußte ich. ‚Guten Tag!' sagte er. ‚Guten Tag!' erwiderte ich.

‚Ist es Ihnen nicht langweilig, den ganzen Tag bei der Großmutter zu sitzen?' fragte er.

Wie er das fragte, da — ich weiß nicht, weshalb — errötete ich wieder und ich schämte mich, und seine Worte kränkten mich — wohl deshalb, weil nun schon andere mich nach meiner Lebensweise bei Großmutter zu fragen begannen. Ich wollte fortgehen, ohne ihm zu antworten, aber ich hatte keine Kraft zum Gehen.

‚Sie sind ein gutes Mädchen', sagte er darauf. ‚Entschuldigen Sie, bitte, daß ich so zu Ihnen spreche, aber, ich versichere Ihnen, ich wünsche Ihnen vielleicht mehr Gutes als Ihre Großmutter es zu tun scheint. Haben Sie keine Freundinnen, die Sie besuchen könnten?'

Ich sagte, ich hätte jetzt keine, denn Máschenka, meine einzige Freundin, wäre nach Pskow gereist.

‚Wollen Sie nicht einmal mit mir ins Theater fahren?' fragte er mich darauf.

‚Ins Theater?' fragte ich, ‚aber was soll denn Großmutter —?'

‚Nun', meinte er, ‚Sie brauchen es ihr ja nicht zu sagen, — kommen Sie heimlich ...'

‚Nein', sagte ich, ‚ich will Großmutter nicht betrügen. Guten Tag!'

Er grüßte nur, sagte aber nichts. Am Nachmittag, wir hatten gerade erst gespeist, kam er plötzlich zu uns. Er setzte sich, unterhielt sich mit Großmutter, erkundigte sich, ob sie nicht zuweilen auch ausfahre, ob sie Bekannte habe — plötzlich aber sagte er: ‚Ich habe für heute eine Loge genommen, im Opernhaus; der „Barbier von Sevilla" wird gegeben, aber meine Bekannten, mit denen ich die Vorstellung besuchen wollte, sind plötzlich verhindert, und da sitze ich nun mit meinem Billett.'

‚„Der Barbier von Sevilla!"' rief Großmutter, ‚ist das etwa derselbe Barbier, den man in der alten Zeit gab?'

‚Ja', sagte er, ‚es ist derselbe Barbier', und dabei sah er mich an. Ich aber hatte schon alles begriffen und errötete, und mein Herz hüpfte in Erwartung!

‚Aber den kenne ich ja!' rief Großmutter, ‚wie sollte ich den nicht kennen! Ich habe doch in meiner Jugend auf der Hausbühne die Rosine gespielt!'

‚Würden Sie dann nicht heute abend die Oper einmal wieder hören wollen?' fragte er. ‚So fände auch mein Billett noch eine Verwendung, sonst hätte ich es unnütz gekauft.'

‚Nun, meinetwegen, fahren wir', sagte Großmutter, ‚weshalb sollten wir nicht?! Meine Nasstenka ist ja auch noch niemals im Theater gewesen.'

Mein Gott, war das eine Freude! Wir kleideten uns an und dann fuhren wir. Großmutter ist zwar blind, aber sie wollte doch wenigstens die Musik hören; und dann, wissen Sie, sie ist eine gute alte Frau: sie wollte hauptsächlich mir das Vergnügen gönnen, denn ohne seine Aufforderung wären wir wohl niemals in die Oper gekommen. Wie der Eindruck war, den der „Barbier von Sevilla" auf mich machte — nun, das brauche ich Ihnen wohl nicht zu sagen, das können Sie sich schon ohnehin denken. Den ganzen Abend sah er mich mit so guten Augen an und sprach so freundlich zu mir: ich erriet gleich, daß er mich auf der Treppe nur hatte prüfen wollen, als er mich aufforderte, allein mit ihm ins Theater zu fahren. Da freute ich mich denn, daß ich ihm so geantwortet hatte! Und als ich zu Bett ging, war ich so stolz, so froh und mein Herz schlug so stark, daß ich sogar ein wenig fieberte, und die ganze Nacht träumte mir vom Barbier von Sevilla.

Ich dachte natürlich, unser Mieter werde jetzt öfter zu uns kommen — aber da täuschte ich mich. Er kam fast gar nicht mehr. Nur so, etwa einmal im Monat sprach er vor, und auch das nur, um uns aufzufordern, mit ihm ins Theater zu fahren. Zweimal fuhren wir auch noch — nur wollte mir diese Art gar nicht gefallen. Ich sah ein, daß ich ihm einfach nur leid tat, weil ich bei Großmutter tagaus tagein angesteckt sitzen mußte: weiter war es nichts. Und je länger sich das so fortsetzte, um so mehr kam es über mich: ich saß und versuchte zu lesen und zu arbeiten, aber ich konnte weder sitzen noch lesen, noch arbeiten. Zuweilen lachte ich und stellte irgend etwas an, worüber Großmutter sich ärgern mußte. Dann wieder war ich den Tränen nahe oder weinte auch wohl wirklich. Zu guter Letzt wurde ich fast krank. Die Opernsaison war zu Ende; unser Mieter hörte nun ganz auf, zu uns zu kommen. Wenn wir einander aber begegneten — immer auf der Treppe natürlich —, da grüßte er nur so ernst und schweigend und ging an mir vorüber, als wolle er überhaupt nicht mit mir sprechen. Und wenn er schon längst oben war, stand ich immer noch auf der Treppe, rot wie eine Kirsche, denn das Blut stieg mir sofort ins Gesicht, sobald ich ihn nur erblickte.

Meine Geschichte ist gleich zu Ende. Gerade vor einem Jahr, im Mai, kam unser Mieter nach langer Zeit wieder einmal zu uns und sagte der Großmutter, daß er seine Geschäfte hier erledigt habe und wieder auf ein Jahr nach Moskau fahren müsse. Wie ich das hörte, erbleichte ich und sank auf einen Stuhl — ich glaubte, vergehen zu müssen. Großmutter merkte nichts davon, er aber verabschiedete sich kurz und ging.

Was sollte ich tun? Ich dachte und dachte und marterte mein Gehirn und grämte mich, bis ich endlich doch einen Entschluß faßte. Morgen fährt er, dachte ich, und so beschloß ich, noch an demselben Abend, sobald Großmutter eingeschlafen wäre, meinen Vorsatz auszuführen. So geschah es auch. Ich band, was ich an Kleidern und Wäsche nötig katte, in ein Bündel, und mit dem Bündel in der Hand, mehr tot als lebendig, ging ich nach oben zu unserem Mieter. Ich glaube, ich brauchte eine volle Stunde, um die Treppe hinaufzusteigen. Als ich aber die Tür zu seinem Zimmer öffnete, da sprang er auf und sah mich an, als hielte er mich für ein Gespenst. Doch das dauerte nur einen Augenblick. Dann griff er nach dem Wasserglas und stand auch schon neben mir und gab mir zu trinken, denn ich hielt mich kaum auf den Füßen. Mein Herz schlug so, daß es mir im Kopf weh tat und meine Sinne sich verwirrten. Als ich aber wieder zu mir kam, tat ich nichts weiter, als daß ich mein Bündel auf sein Bett legte, mich daneben setzte, das Gesicht mit den Händen bedeckte und in eine Flut von Tränen ausbrach. Ich glaube, da begriff er im Augenblick alles, denn er stand vor mir und war bleich und sah mich so traurig an, daß es mir das Herz zerriß.

‚Hören Sie‘, begann er, ‚hören Sie, Nasstenka: Ich kann nicht! Ich bin ganz arm, ich habe vorläufig noch nichts, nicht einmal eine Stellung: wie sollten wir denn leben, wenn ich Sie heirate?‘

Wir sprachen lange. Schließlich war ich ganz fassungslos und sagte, ich könne nicht länger bei Großmutter bleiben, ich würde von ihr fortlaufen und ich wollte nicht, daß man mich mit einer Stecknadel anstecke: sobald er nur einwillige, wollte ich mit ihm nach Moskau gehen, da ich ohne ihn nicht mehr leben könne. Scham und Liebe und Stolz — alles brach da zugleich aus mir hervor: und fast wie in einem Weinkrampf sank ich aufs Bett. Ich fürchtete mich so vor einer Zurückweisung!

Er schwieg eine Weile, dann stand er auf, trat zu mir und ergriff meine Hand.

‚Hören Sie, meine gute, meine liebe Nasstenka!‘ begann er, und seine Stimme bebte vor Tränen, ‚hören Sie mich an. Ich schwöre Ihnen, wenn ich jemals in der Lage sein werde, zu heiraten, so sollen Sie mein Glück ausmachen. Ich versichere Ihnen, nur Sie allein könnten es. Doch hören Sie weiter: ich fahre jetzt nach Moskau und werde dort ein Jahr bleiben. Ich hoffe, mir in dieser Zeit ein Auskommen zu schaffen. Wenn ich dann, nach einem Jahr, zurückkehre und Sie mich noch liebhaben, so werden wir glücklich sein, das schwöre ich Ihnen. Jetzt aber ist es unmöglich, ich besitze nichts und ich habe kein Recht, auch nur irgend etwas zu versprechen. Sollte ich aber in einem Jahr noch nicht so weit sein, so werden wir noch etwas länger warten müssen, einmal aber werden wir unser Ziel erreichen — natürlich nur dann, wenn Sie nicht einem anderen den Vorzug geben, denn binden will ich Sie mit keinem Wort, das kann ich nicht und darf ich nicht.'

So sprach er damals zu mir und am nächsten Tag fuhr er fort. Vorher aber sprachen wir uns noch aus und beschlossen, der Großmutter nichts zu sagen. Er wollte es so. Nun, und ... meine Geschichte ist fast zu Ende. Es ist jetzt genau ein Jahr vergangen. Er ist zurückgekehrt, er ist schon ganze drei Tage hier und ... und ...«

»Und — was?« fragte ich gespannt.

»Und ist bis jetzt noch nicht gekommen!« schloß Nasstenka, indem sie sich mit aller Gewalt zusammennahm, »kein Wort von ihm, kein Brief ...«

Sie stockte, schwieg ein wenig, senkte den Kopf und plötzlich brach sie, die Hände vor das Gesicht schlagend, in Tränen aus und weinte so verzweifelt, daß es mir das Herz zerriß.

Eine solche Lösung hatte ich nicht erwartet.

»Nasstenka!« sagte ich mit aller Güte und Teilnahme in der Stimme. »Nasstenka, um Gottes willen, so weinen Sie doch nicht so! Woher wissen Sie es denn? Vielleicht ist er noch gar nicht hier ...«

»Doch, doch, er ist hier!« bestätigte sie eifrig, »ich weiß es. Wir trafen damals noch eine Verabredung, an jenem Abend vor seiner Abreise — Als wir uns ausgesprochen und uns alles gesagt hatten, was ich Ihnen soeben erzählt habe, da kamen wir hierher und spazierten hier auf und ab. Es war zehn Uhr und wir saßen auf dieser Bank. Ich weinte nicht mehr, es war mir so süß, zu hören, was er zu mir sprach ... Er sagte, er werde sogleich nach seiner Ankunft zu uns kommen, und wenn ich mich dann nicht von ihm lossagte, würden wir alles der Großmutter mitteilen. Jetzt aber ist er zurückgekehrt, ich weiß es, und zu uns ist er nicht gekommen, *nicht* gekommen!«

Und wieder brach sie in Tränen aus.

»Mein Gott! Kann man Ihnen denn irgendwie helfen?« rief ich und sprang in meiner Ratlosigkeit von der Bank auf. »Sagen Sie, Nasstenka, könnte ich nicht zu ihm gehen und mit ihm sprechen?«

»Ginge denn das?« fragte sie, plötzlich aufschauend.

»Nein, eigentlich nicht, natürlich nicht! ... Aber hören Sie: schreiben Sie ihm einen Brief.«

»Nein, das ist unmöglich, das geht erst recht nicht!« versetzte sie schnell, senkte jedoch das Köpfchen und sah mich nicht an.

»Weshalb denn nicht? Weshalb sollte es unmöglich sein?« fuhr ich fort, denn mein Plan begann mir zu gefallen. »Die Frage ist nur: was für einen Brief? Zwischen Brief und Brief ist ein Unterschied und ... Ach, Nasstenka, vertrauen Sie mir doch! Ich will Ihnen keinen schlechten Rat geben. Es läßt sich das wirklich machen, glauben Sie mir! Sie haben doch den ersten Schritt getan — weshalb wollen Sie denn jetzt nicht ...«

»Nein, nein, es geht nicht, es geht wirklich nicht! Damals habe ich mich schon fast — aufgedrängt ...«

»Ach, Sie Kind!« unterbrach ich sie, ohne mein Lächeln zu verbergen, »nein, da irren Sie sich. Und schließlich haben Sie dazu das volle Recht, da er Ihnen sein Wort gegeben hat. Übrigens scheint er auch, wie ich aus allem ersehe, ein durch und durch anständiger Mensch zu sein«, fuhr ich fort und ließ mich nun von der Logik meiner Folgerungen und

Schlüsse mehr und mehr gefangennehmen. »Wie hat er denn an Ihnen gehandelt? Er hat sich durch sein Versprechen gebunden. Er hat gesagt, daß er nur Sie heiraten wolle, sobald er erst einmal so weit sein werde; Ihnen dagegen hat er volle Freiheit gelassen, so daß Sie, wenn Sie wollen, jeden Augenblick sich von ihm lossagen können ... Folglich dürfen Sie jetzt ruhig den ersten Schritt tun, denn er hat Ihnen in allem das Vorrecht überlassen — ganz gleich, ob es sich nun um die Rückgabe des bindenden Wortes handelt, oder um etwas anderes ...«

»Sagen Sie — wie würden Sie an meiner Stelle schreiben?«

»Was?«

»Nun, diesen Brief an ihn.«

»Ich? — Oh, ganz einfach: ,Sehr geehrter Herr ...'«

»Muß man unbedingt so anfangen?«

»Unbedingt. Übrigens, haben Sie etwas dagegen einzuwenden? Ich denke ...«

»Nein, nein, schon gut! Weiter!«

»Also: ,Sehr geehrter Herr! Entschuldigen Sie, daß ich ...' Übrigens nein, Entschuldigungen sind überflüssig. Hier erklärt ja schon die Tatsache alles. Also einfach: ,Ich schreibe Ihnen. Verzeihen Sie meine Ungeduld, aber ich war ein ganzes Jahr lang so glücklich, da ich immer in meiner Hoffnung lebte — Woher sollte ich jetzt wohl die Geduld nehmen, auch nur einen Tag der Ungewißheit zu ertragen? Jetzt, wo Sie schon zurückgekehrt sind und mich doch noch nicht aufgesucht haben, muß ich annehmen, daß Sie Ihre Absicht inzwischen aufgegeben haben. In diesem Fall soll dieser Brief Ihnen nur sagen, daß ich nicht klage und Ihnen keinen Vorwurf mache. Wie sollte ich auch, denn es ist doch nicht Ihre Schuld, wenn ich Ihr Herz nur für eine kurze Zeit zu fesseln vermocht habe. Dann ist es eben mein Schicksal ... Sie sind ein vornehm denkender Mensch und werden über meine ungeschickten Zeilen weder lächeln noch sich ärgern. Aber trotzdem — vergessen Sie nicht, daß ein armes Mädchen an Sie schreibt, daß sie ganz allein ist und keinen Menschen hat, dem sie sich anvertrauen und der ihr Rat erteilen könnte, und daß sie auch nie verstanden hat, ihr Herz zu bezwingen. Doch seien Sie mir nicht böse, wenn es unrecht von mir gewesen sein sollte, auch nur für einen Augenblick in meiner Seele Zweifel gehegt zu haben. Ich weiß, daß Sie nicht einmal in Gedanken diejenige zu kränken vermögen, die Sie so geliebt hat und noch liebt.'«

»Ja, ja! So habe ich es mir auch schon gedacht!« rief Nasstenka und ihre Augen glänzten vor Freude. »Oh, Sie haben mich von allen meinen Ungewißheiten erlöst! Gott selbst hat Sie mir gesandt! Ich danke Ihnen, ich danke Ihnen!«

»Wofür? Dafür, daß Gott mich zu Ihnen gesandt hat?« fragte ich und betrachtete entzückt ihr freudestrahlendes Gesichtchen.

»Ja, meinetwegen dafür!«

»Ach, Nasstenka! Wir sind doch wirklich manchen Menschen nur dafür dankbar, daß sie mit uns leben oder überhaupt nur leben. Ich, zum Beispiel, bin Ihnen ganz unendlich dankbar dafür, daß Sie mir begegnet sind und daß ich nun mein Leben lang an Sie werde denken können.«

»Nun, schon gut, genug! Aber jetzt — Sie wissen ja noch gar nicht alles — also hören Sie: Damals verabredeten wir, daß er sogleich nach seiner Rückkehr mir eine Nachricht zukommen lassen solle, und zwar durch meine Bekannten: gute, einfache Leute, die von all dem nichts wissen; falls er aber nicht schreiben könne, da sich in einem Brief doch oft nicht alles sagen läßt, so sollte er gleich am ersten Tag um Punkt zehn Uhr abends hierher kommen, wo wir uns dann treffen wollten. Daß er in Petersburg bereits eingetroffen ist, das weiß ich; aber jetzt ist er bereits seit drei Tagen hier, und bis jetzt habe ich weder einen Brief von ihm erhalten noch ist er selbst gekommen. Am Tag ist es mir nicht möglich, unbemerkt von Großmutter fortzugehen. Deshalb — oh, seien Sie so gut und geben Sie jenen Leuten, von denen ich sprach, meinen Brief — die werden ihn weiterbefördern.

Wenn aber eine Antwort von ihm eintrifft, so bringen Sie sie mir um zehn Uhr abends hierher — ja?«

»Aber der Brief, der Brief! Zuerst muß doch der Brief noch geschrieben werden! Sonst kann ich das allenfalls erst übermorgen besorgen.«

»Der Brief...«, Nasstenka sah etwas verwirrt zu Boden, »der Brief ... ja, aber ...«

Sie stockte und sprach nicht zu Ende, wandte das Gesichtchen, das wie eine Rose erglühte, von mir fort, und plötzlich fühlte ich in meiner Hand einen Brief — einen geschlossenen und natürlich nicht erst ganz vor kurzem geschriebenen Brief. Und zugleich — der Schalk rief eine Erinnerung in mir wach — klang mir plötzlich eine reizende graziöse Melodie im Ohr und —

»„Ro—osi—ina!"« sang ich.

»Oh! „Ro—o—osi—i—ina!"« sangen wir beide, und ich war nahe daran, sie vor lauter Wonne in meine Arme zu schließen, während sie noch heftiger errötete und durch Tränen lachte, die wie Tautropfen silbern an ihren Wimpern glänzten.

»Nun, genug, genug! Jetzt leben Sie wohl!« sagte sie schnell. »Den Brief haben Sie, und auf dem Umschlag steht die Adresse, dort geben Sie ihn ab. Leben Sie wohl! Auf Wiedersehen: morgen!«

Sie drückte mir fest beide Hände, nickte mir noch einmal zu und huschte wie ein Schatten in ihre kleine Querstraße. Ich stand noch lange auf demselben Fleck und sah ihr nach.

‚Auf Wiedersehen: morgen! Morgen!' fuhr es mir durch den Sinn, als sie meinen Blicken entschwunden war.

Die dritte Nacht

Heute war ein trauriger regnerischer Tag, so grau und trüb und lichtlos — ganz wie das Alter, das mir bevorstand. Und mich bedrücken so seltsame Gedanken, so dunkle Empfindungen; Probleme, die mir selbst noch völlig unklar sind, drängen sich in meine Gedanken — und dabei habe ich doch weder die Kraft noch den Wunsch, sie zu lösen. Nun, das ist auch eigentlich nicht meine Sache!

Heute werden wir uns nicht wiedersehen. Als wir gestern Abschied nahmen, zogen schon dunkle Wolken auf und Nebel erhob sich. Ich sagte noch: »Morgen werden wir einen trüben Tag haben.« Sie antwortete darauf nichts — was hätte sie auch antworten sollen? Für sie war dieser Tag hell und klar; kein Wölkchen würde auf ihr Glück einen Schatten werfen.

»Wenn es regnet, werden wir uns nicht sehen«, sagte sie endlich, »dann komme ich nicht.«

Ich dachte, sie werde den Regen heute gar nicht bemerkt haben, aber sie kam doch nicht.

Gestern sahen wir uns zum drittenmal — es war unsere dritte helle Nacht ...

Indessen — wie doch Freude und Glück einen Menschen schön machen! Wie atmet im Herzen die Liebe! Es ist, als wolle man sein ganzes Herz in ein anderes Herz überströmen lassen; man will, daß alles froh sei! daß alles lache! Und wie ansteckend ist diese Freude! Gestern war in ihren Worten soviel Zärtlichkeit und in ihrem Herzen soviel Güte zu mir ... Wie aufmerksam sie war, wie nett, wie freundlich und lieb! wie sie mich ermunterte und mein Herz erquickte! Oh, wieviel süße Schelmerei vor lauter Glück! Und ich ... Ich nahm alles für bare Münze und dachte, daß sie ...

Mein Gott, wie konnte ich nur so etwas denken? Wie konnte ich so blind sein, wo ich doch wußte, daß alles schon einem anderen gehörte, und wo ich mir doch hätte sagen müssen, daß all ihre Zärtlichkeit und Liebe ... ja, ihre Liebe zu mir — nichts anderes war als ein Ausdruck ihrer Freude über das bevorstehende Wiedersehen mit ihm und ihr Wunsch, an diesem Glück auch mich teilnehmen zu lassen oder es einfach auch auf mich zu übertragen? ... Als er aber nicht kam und wir vergeblich warteten, da ward sie doch traurig und bekümmert und verzagt. Ihre Bewegungen und ihre Worte waren nicht mehr so leicht und gleichsam beflügelt, nicht mehr so ausgelassen lustig. Doch sonderbarerweise verdoppelte sie dann ihre Aufmerksamkeit und Freundlichkeit gegen mich, und es war mir, als wolle sie alles, was sie für sich wünschte und worum sie bangte, weil es vielleicht für sie nie in Erfüllung gehen würde, unwillkürlich wenigstens mir schenken. Und zitternd für ihr eigenes Glück, voll Angst und Sehnsucht begriff sie endlich, daß auch ich liebte, daß ich *sie* liebte, und etwas wie Mitleid mit meiner armen Liebe ergriff sie. Denn wenn wir selbst unglücklich sind, dann können wir das Unglück anderer besser nachfühlen, und das Gefühl zerstreut sich nicht so, sondern sammelt sich ...

Ich kam zu ihr mit vollem Herzen, nachdem ich die Stunde des Wiedersehens kaum hatte erwarten können. Ich ahnte aber noch nicht, was ich in dieser Stunde empfinden würde; ebensowenig sah ich voraus, wie anders alles enden sollte. Sie strahlte vor Freude, denn sie erwartete die Antwort. Und die Antwort, die sollte er selbst bringen ... Daß er auf ihren Ruf unverzüglich zu ihr eilen würde — davon war sie fest überzeugt. Sie war schon eine ganze Stunde vor mir zur Stelle. Anfangs lachte sie über alles, fast über jedes Wort, das ich sprach. Ich wollte weitersprechen, doch plötzlich — schwieg ich.

»Wissen Sie, weshalb ich so froh bin?« fragte sie, »— und mich so freue, Sie zu sehen? — weshalb ich Sie heute so liebe?«

»Nun?« fragte ich, und mein Herz bebte.

»Ich liebe Sie, weil Sie sich nicht in mich verliebt haben. Ein anderer zum Beispiel hätte doch an Ihrer Stelle angefangen, mich zu beunruhigen und zu belästigen und hätte geseufzt und den Kranken gespielt. Sie aber sind so nett und lieb!«

Und sie drückte meine Hand so fest, daß ich fast aufgeschrien hätte. Und dann lachte sie wieder.

»Mein Gott! Was sind Sie doch für ein Freund!« fuhr

sie nach einer Weile sehr ernst fort. »Ich glaube wirklich, daß Gott selbst Sie mir gesandt hat. Was würde wohl aus mir werden, wenn Sie jetzt nicht bei mir wären? Wie uneigennützig Sie sind! und mit wieviel Güte Sie mich lieben! Wenn ich verheiratet bin, werden wir gute Freunde sein — wie Geschwister. Ich werde Sie fast ebenso lieben wie ihn ...«

Das tat mir weh, und im Augenblick empfand ich schmerzvolle Trauer, doch zugleich regte sich auch so etwas wie ein Lachen in meiner Seele.

»Sie sind unruhig«, sagte ich, »die Angst sitzt Ihnen im Herzen, denn Sie fürchten innerlich doch, daß er nicht kommen wird.«

»Gott mit Ihnen! — wäre ich weniger glücklich, so würden Ihr Unglaube und Ihre Vorwürfe mich wahrscheinlich zum Weinen bringen. Übrigens haben Sie mich auf einen Gedanken gebracht, über den ich noch lange grübeln kann. Aber das werde ich nachher tun; jetzt aber will ich Ihnen gestehen, daß Sie die Wahrheit erraten haben. Ja! Ich bin irgendwie nicht — ich selbst. Ich bin in der Tat eigentlich nichts als Erwartung und nehme alles irgendwie gar zu leicht ... Doch genug davon, reden wir nicht mehr von Gefühlen ...«

Da plötzlich hörten wir Schritte, und aus der Dunkelheit kam uns ein Fußgänger entgegen. Wir zuckten beide zusammen, sie hätte fast aufgeschrien. Ich zog meinen Arm zurück, auf dem die Hand lag, und machte eine Wendung, um unauffällig fortzugehen. Doch wir täuschten uns: es war ein Fremder, der ruhig vorüberging.

»Was fürchten Sie? Weshalb zogen Sie Ihren Arm zurück?« fragte sie, indem sie wieder meinen Arm nahm. »Was ist denn dabei? Wir werden ihm Arm in Arm entgegengehen. Ich will, daß er sieht, wie wir einander lieben.«

»Wie wir einander lieben!« rief ich.

— ‚Oh, Nasstenka, Nasstenka!' dachte ich im stillen, ‚wie viel du mit diesem Wort gesagt hast! Bei solcher Liebe, Nasstenka, kann das Herz wohl erfrieren ... und die Seele ist dann todtraurig ... Deine Hand ist kühl, Nasstenka, meine aber ist heiß wie Feuer. Wie blind du bist, Nasstenka! Oh! wie unerträglich kann doch ein glücklicher Mensch zuweilen sein! Aber dir böse sein: das könnte ich doch nicht!'

Schließlich war mein Herz so voll von alledem, daß ich sprechen mußte, ob ich wollte oder nicht.

»Hören Sie, Nasstenka!« rief ich, »wissen Sie, was heute den ganzen Tag mit mir gewesen ist?«

»Nun, was, was denn? Erzählen Sie schnell! Warum haben Sie denn bis jetzt geschwiegen!«

»Erstens, Nasstenka, als ich alle Ihre Aufträge erfüllt, den Brief bei Ihren guten Leuten abgegeben hatte, da ... da ging ich nach Hause und legte mich schlafen ...«

»Und das war alles?« unterbrach sie mich lachend.

»Ja, fast alles«, versetzte ich, mich schnell zusammennehmend, denn die dummen Tränen wollten mir mit Gewalt in die Augen treten. »Ich erwachte erst eine Stunde vor dem von uns verabredeten Wiedersehen, aber es war mir, als hätte ich gar nicht geschlafen. Ich weiß nicht, was mit mir war. Und als ich herkam, da war es, als käme ich nur, um Ihnen das alles zu erzählen. Es war, als sei die Zeit für mich stehengeblieben, als müßte eine Empfindung, ein einziges Gefühl von nun an ewig mich beherrschen, als müßte ein Augenblick eine ganze Ewigkeit währen und als sei das ganze Leben in mir stehen geblieben ... Als ich erwachte, da war mir, als erinnerte ich mich eines musikalischen Motivs, das ich einmal vor langer Zeit gehört und inzwischen vergessen haben mochte. Und es schien mir, als habe es sich schon mein Leben lang aus meiner Seele hervordrängen wollen, und jetzt erst ...«

»Ach, mein Gott!« unterbrach mich Nasstenka, »wie kommt denn das? Ich begreife kein Wort.«

»Ach, Nasstenka! Ich wollte Ihnen diesen seltsamen Eindruck irgendwie wiedergeben ...«, begann ich mit trauriger Stimme, in der sich aber doch noch Hoffnung verbarg, wenn auch nur eine ganz entfernte.

»Schon gut, hören Sie auf, schon gut, schon gut!« sagte sie schnell — in einem Augenblick hatte sie alles erraten, die Schelmin!

Sie ward sehr gesprächig und lustig und sogar unartig. Sie nahm meinen Arm, lachte, erzählte, wollte unbedingt, daß auch ich zu lachen anfinge; jedes verwirrte Wort von mir rief bei ihr ein helles und übermütiges Lachen hervor ... Ich fing an, mich zu ärgern; plötzlich begann sie zu kokettieren.

»Hören Sie mal«, hub sie an, »ein wenig ärgert es mich doch, daß Sie sich gar nicht in mich verliebt haben. Da werde einer jetzt klug aus den Menschen! Immerhin, mein unbezwingbarer Herr, müssen Sie doch wenigstens das anerkennen, daß ich so harmlos und offenherzig bin. Ich sage Ihnen alles, alles, gleichviel was für ein Dummheit mir gerade durch den Kopf fährt.«

»Da! Hören Sie? Es schlägt elf«, sagte ich, als fernher der erste gemessene Schlag der Turmuhr erklang.

Sie blieb stehen, ihr Lachen war verstummt, sie zählte jeden Schlag.

»Ja, elf«, sagte sie endlich etwas zaghaft und unschlüssig.

Ich bereute sogleich, daß ich sie unterbrochen und die Schläge hatte zählen lassen. Und ich verwünschte mich ob der Bosheit, die mich angewandelt. Es tat mir leid um sie, und ich wußte nicht, wie ich mein Vergehen gutmachen sollte. Ich versuchte, sie zu trösten und Gründe für sein Fernbleiben zu suchen. Ich führte verschiedene Beispiele an, bewies und folgerte; wirklich ließ sich niemand leichter überzeugen als sie in diesem Augenblick, wie ja wohl ein jeder unter solchen Umständen mit Freuden jeden Trost anhören und selbst noch für den Schatten einer Rechtfertigung dem anderen dankbar sein würde.

»Ja, und überhaupt«, fuhr ich fort, indem ich mich immer mehr für ihn einsetzte, und dabei selbst sehr eingenommen von der Klarheit meiner Beweise war, »er konnte ja heute noch gar nicht kommen. Sie haben Ihre Erwartung und Unruhe auch auf mich übertragen, Nasstenka, so daß auch ich die Zeitschätzung ganz vergaß ... Bedenken Sie doch nur: er hat ja kaum erst den Brief erhalten können! Nehmen wir jetzt an, daß er verhindert ist, persönlich zu erscheinen, und daß er schreiben wird — dann können Sie den Brief doch gar nicht früher bekommen als morgen. Ich werde in aller Frühe hingehen und Sie dann sogleich benachrichtigen. Und überdies können wir ja noch tausend andere Wahrscheinlichkeiten annehmen — sagen wir zum Beispiel: er ist nicht zu Hause gewesen, als der Brief kam, und er hat ihn vielleicht bis jetzt noch nicht gelesen. Es ist doch alles möglich.«

»Ja, ja!« pflichtete mir Nasstenka schnell bei, »ich habe daran gar nicht gedacht; natürlich ist alles möglich«, bestätigte sie mit bereitwillig nachgiebiger Stimme, aus der aber doch, wie eine ärgerliche kleine Dissonanz, ein anderer ferner Gedanke herauszuhören war.

»Dann bleibt es dabei und wir machen es so: Sie gehen morgen möglichst früh zu jenen guten Leuten, und wenn Sie dort etwas erhalten, so benachrichtigen Sie mich unverzüglich. Sie wissen doch, wo ich wohne?« Und sie nannte mir ihre Adresse.

Dann wurde sie mit einem Mal so zärtlich zu mir, und dabei schien sie doch eine gewisse Schüchternheit anzuwandeln ... Scheinbar hörte sie mir auch aufmerksam zu ... Als ich mich aber mit einer Frage an sie wandte, da schwieg sie und kehrte verwirrt das Köpfchen von mir fort. Ich beugte mich ein wenig vor, um ihr ins Gesicht zu sehen — und wahrhaftig, so war's: sie weinte.

»Nun, nun! ... Ist's möglich? Ach, was für ein Kind Sie sind! Was für ein kleines unvernünftiges Kind! ... Hören Sie doch auf! ... Worüber weinen Sie denn?«

Sie versuchte zu lächeln und sich zu beherrschen, aber ihr Gesicht zuckte und ihre Brust wogte immer noch.

»Ich habe nur über Sie nachgedacht«, sagte sie nach längerem Schweigen. »Sie sind so gut, daß ich von Stein sein müßte, wenn ich das nicht herausfühlte. Wissen Sie, was mir soeben in den Sinn kam? Ich verglich Sie beide. Warum ist er — nicht Sie? Warum ist er nicht so wie Sie? Er ist schlechter als Sie, und doch liebe ich ihn mehr als ich Sie liebe.«

Ich antwortete nichts. Sie aber wartete, wie es schien, auf eine Bemerkung von mir.

»Selbstverständlich ist es möglich, daß ich ihn vielleicht nicht ganz verstehe, und ich kenne ihn ja auch noch gar nicht so gut. Aber wissen Sie, es ist mir, als hätte ich ihn immer ein wenig gefürchtet. Er war immer so ernst und so ... wie stolz. Natürlich, ich weiß ja, das war nur der äußere Schein. In seinem Herzen ist sogar noch mehr Zärtlichkeit als in meinem ... Ich weiß noch, wie er mich damals ansah — wissen Sie, als ich mit meinem Bündel zu ihm kam ... Aber doch ist es so, als stellte ich ihn irgendwie gar zu hoch, und das ist dann doch wieder so, als wären wir einander nicht gleich, nicht ebenbürtig?«

»Nein, Nasstenka«, sagte ich, »das bedeutet nur, daß Sie ihn mehr als alles andere in der Welt lieben, und sogar viel mehr als sich selbst.«

»Ja, nun gut, mag das so sein«, entgegnete Nasstenka naiv, »aber wissen Sie, was mir jetzt wieder in den Sinn gekommen ist? Nur werde ich jetzt nicht mehr von ihm sprechen, sondern im allgemeinen — ich habe darüber eigentlich schon lange nachgedacht. Hören Sie also und sagen Sie mir: warum sind wir nicht alle wie Brüder zueinander? Warum kommt es einem selbst beim besten Menschen immer vor, als verberge er etwas vor dem anderen und verschweige es ihm? Warum sagt nicht ein jeder ganz offen, was er gerade auf dem Herzen hat, wenn man weiß, daß man seine Worte nicht in den Wind spricht? Jetzt schaut ein jeder drein, als sei er viel kälter und schroffer, als er es in Wirklichkeit ist, und es ist fast, als fürchteten die Menschen, sich etwas zu vergeben, wenn sie ihre Gefühle ohne weiteres voreinander äußerten ...«

»Ach, Nasstenka! Sie haben gewiß recht, aber das geschieht doch aus sehr verschiedenen Gründen«, versetzte ich, während ich mich gerade in diesem Augenblick mehr denn je zusammennahm und meine innersten Gefühle verbarg.

»Nein, nein!« widersprach sie mit tiefer Überzeugung. »Sie zum Beispiel sind nicht so wie die anderen! Ich ... verzeihen Sie, ich weiß nicht, wie ich Ihnen das erklären soll, was ich empfinde, aber es scheint mir, daß Sie ... zum Beispiel jetzt, gerade jetzt ... ja, es scheint mir, daß Sie mir ein Opfer bringen«, sagte sie fast zaghaft; ihr Blick streifte mich dabei flüchtig. »Verzeihen Sie mir, daß ich so zu Ihnen spreche. Ich bin ein einfaches Mädchen und habe noch wenig gesehen im Leben. Wirklich: ich verstehe mich oft gar nicht richtig auszudrücken«, fügte sie mit einer Stimme hinzu, die von einem verborgenen Gefühl zitterte, während sie sich zu einem Lächeln zwang. »Aber ich wollte Ihnen doch sagen, daß ich Ihnen dankbar bin und daß ich dies selbst weiß und empfinde ... Oh, möge Gott Sie dafür glücklich machen! Das aber, was Sie mir damals von Ihrem Träumer erzählten, das ist ja gar nicht wahr! – ich meine: das hat doch nichts mit Ihnen zu tun! Sie werden gesund werden, und überhaupt – Sie sind doch ein ganz anderer Mensch als wie Sie sich selbst geschildert haben. Sollten Sie aber einmal lieben, dann gebe Gott Ihnen alles Glück! Derjenigen aber, die Sie lieben, brauche ich nichts mehr zu wünschen, denn mit Ihnen wird sie ohnehin glücklich sein! Ich weiß es, ich bin selbst ein Weib, und darum können Sie mir glauben, wenn ich es Ihnen sage ...«

Sie verstummte und wir tauschten einen herzlichen Händedruck. Auch ich war zu erregt, um noch sprechen zu können. Wir schwiegen beide.

»Ja, heute wird er nicht mehr kommen«, sagte sie endlich und hob den Kopf. »Es ist schon zu spät ...«

»Er wird morgen kommen«, sagte ich in festem, überzeugtem Ton.

»Ja«, sagte sie munter, »ich sehe es jetzt selbst ein, daß

es heute noch zu früh war, und daß er erst morgen kommen wird. Nun, dann also auf Wiedersehen: morgen! Wenn es regnet, werde ich vielleicht nicht kommen. Aber übermorgen — übermorgen werde ich bestimmt kommen, und Sie — kommen Sie gleichfalls unbedingt! Ich will Sie sehen, ich werde Ihnen dann alles erzählen.«

Und als wir uns verabschiedeten, reichte sie mir die Hand und sagte, indem sie mir mit klarem Blick in die Augen sah:

»Von nun an werden wir doch immer beisammen bleiben, nicht wahr?«

Oh! Nasstenka, Nasstenka! Wenn du wüßtest, wie einsam ich jetzt bin!

Als es aber am anderen Abend neun schlug, da hielt ich es in meinem Zimmer nicht mehr aus: ich kleidete mich an und ging trotz des Regenwetters. Ich war dort und saß auf der Bank. Nach einer Weile stand ich auf und ging in ihre Gasse, dann aber schämte ich mich; zwei Schritte vor ihrem Hause kehrte ich wieder um, ohne nach ihren Fenstern hinaufgesehen zu haben. Ich kam in einer Stimmung nach Hause wie ich sie bisher noch nie erlebt hatte. Wie feucht, wie öde, wie langweilig! Wäre das Wetter schön, sagte ich mir, dann würde ich die ganze Nacht lang dort umhergehen ...

Doch bis morgen, bis morgen! Morgen wird sie mir alles erzählen.

Immerhin mußte ich mir sagen, daß er auf ihren Brief nicht geantwortet hatte: wenigstens heute nicht. Doch übrigens, so ist es ja auch ganz in der Ordnung. Was sollte er auch schreiben? — Er wird ja selbst kommen ...

Die vierte Nacht

Mein Gott, daß es so enden würde, so!
Ich kam um neun Uhr. Sie war bereits da. Ich erblickte sie schon von weitem: sie stand wie damals, als ich sie zum ersten Mal sah, damals, am Kai, und stützte sich auf das Geländer und hörte nicht, wie ich mich ihr näherte.
»Nasstenka!« rief ich sie an, kaum fähig, meine Erregung zu bezwingen.
Sie fuhr zusammen und wandte sich schnell nach mir um.
»Nun«, sagte sie, »nun? schneller!«
Ich sah sie verständnislos an.
»Geben Sie mir den Brief! Sie haben doch den Brief gebracht?!« Ihre Hand griff nach dem Geländer.
»Nein, ich habe keinen Brief«, sagte ich langsam. »Ist er denn noch nicht hier gewesen?«
Sie ward unheimlich blaß und sah mich lange starr an. Ich hatte ihre letzte Hoffnung vernichtet.
»Gott mit ihm!« sagte sie endlich mit stockender Stimme und zuckenden Lippen. »Gott mit ihm, wenn er mich so verläßt...«
Sie schlug die Augen nieder — wollte dann zu mir aufsehen, vermochte es aber nicht. Eine Weile stand sie noch und meisterte ihre Erregung, dann wandte sie sich plötzlich fort, stützte die Ellenbogen auf das Geländer und brach in Tränen aus.
»Beruhigen Sie sich! Beruhigen Sie sich!« suchte ich sie zu trösten, doch hatte ich beim Anblick ihres Kummers nicht mehr die Kraft, fortzufahren — und was sollte ich ihr denn auch sagen?
»Suchen Sie nicht, mich zu trösten«, sagte sie weinend, »reden Sie nicht von ihm, sagen Sie nicht, daß er noch kommen werde, und es nicht wahr sei, daß er mich so grausam verlassen habe, so unmenschlich, wie er es getan! Und warum, warum? Sollte denn wirklich etwas Schlechtes in meinem Brief gewesen sein, in diesem unseligen Brief?...«

Erneutes Schluchzen erstickte ihre Stimme. Ich glaubte, mein Herz müsse brechen vor Mitleid.

»Oh, wie unmenschlich grausam das ist!« begann sie wieder.

»Und keine Zeile, kein Wort! Wenn er doch wenigstens geantwortet hätte, geschrieben, daß er mich nicht brauche, daß er mich nicht wolle! Aber so — nicht eine Zeile, nicht ein Wort in den ganzen drei Tagen! Wie leicht es ihm fällt, mich zu kränken, ein armes schutzloses Mädchen zu verletzen, dessen einzige Schuld nur darin besteht, ihn zu lieben! Oh, was ich in diesen drei Tagen durchgemacht habe! Mein Gott! Mein Gott! Wenn ich denke, daß ich das erstemal ungerufen, ungebeten zu ihm gegangen bin, daß ich mich vor ihm erniedrigt habe, geweint, daß ich ihn um ein wenig, nur ein wenig Liebe gebeten ... Und jetzt das! ... Nein, wissen Sie«, — sie wandte sich mir wieder zu und ihre dunklen Augen sprühten — »es ist ja nicht möglich! Es *kann* doch nicht so sein! Das ist doch unmenschlich! Entweder habe ich mich getäuscht — oder Sie! Vielleicht hat er den Brief gar nicht erhalten? Vielleicht weiß er bis jetzt noch nichts von ihm? Anders ist es doch nicht möglich, urteilen Sie doch selbst. Sagen Sie mir, um Gottes willen, erklären Sie mir — ich kann es nicht begreifen — wie kann man einen Menschen so barbarisch roh behandeln, wie er mich behandelt hat! Kein einziges Wort auf meinen Brief! Selbst mit dem unwürdigsten Menschen geht man doch mitleidiger um! Oder — oder sollte ihm jemand etwas über mich erzählt haben?« wandte sie sich plötzlich an mich. »Wie? was meinen Sie?«

»Wissen Sie was, Nasstenka: ich werde morgen zu ihm gehen, in Ihrem Namen.«

»Und?«

»Ich werde ihn einfach fragen und ihm alles erzählen.«

»Und dann?«

»Sie schreiben ihm einen Brief. Sagen Sie nicht nein, Nasstenka, sagen Sie nicht nein! Ich werde ihn zwingen,

Ihre Handlungsweise zu achten, er soll alles erfahren, und wenn er ...«

»Nein, mein Freund, nein!« fiel sie mir ins Wort. »Lassen Sie es gut sein. Von mir wird er weiter kein Wort hören, kein Wort. Ich kenne ihn nicht mehr, ich liebe ihn nicht mehr, ich werde ihn ... ver ... ges ... sen ...«

Sie sprach nicht weiter.

»Beruhigen Sie sich, beruhigen Sie sich! Setzen Sie sich hier auf die Bank, Nasstenka«, redete ich ihr zu und führte sie ein paar Schritte weiter, auf die Bank zu ...

»Ich bin ja ruhig. Schon gut. Das ist nun einmal so. Diese Tränen — die werden schon versiegen! Was glauben Sie denn — daß ich mich umbringen werde, mich etwa ertränken werde? ...«

Mein Herz war zum Zerspringen voll. Ich wollte sprechen, aber ich konnte nicht.

»Hören Sie!« fuhr sie fort, und sie ergriff meine Hand. »Sagen Sie: Sie würden doch nicht so gehandelt haben? Sie würden doch nicht dem Mädchen, das selbst zu Ihnen gekommen ist, weil es sein schwaches dummes Herz nicht zu meistern verstand — mit einem Hohnlachen antworten? Sie würden sie doch sicherlich geschont haben? Sie würden sich doch sagen, daß sie allein stand? daß sie vom Leben noch nichts wußte und daß sie sich nicht in acht zu nehmen und vor der Liebe zu Ihnen zu bewahren verstand, und daß das Ganze nicht ihre Schuld ist ... daß sie nichts getan hat ... O mein Gott! mein Gott!«

»Nasstenka!« rief ich, unfähig, meine Erregung noch länger zurückzuhalten, »Nasstenka, Sie martern mich! Sie zerreißen mein Herz, Sie töten mich, Nasstenka! Ich kann nicht länger schweigen! Ich muß endlich sprechen, muß es aussprechen, was hier aus meinem Herzen heraus muß.«

Während ich das sagte, erhob ich mich von der Bank. Sie nahm meine Hand und sah mich verwundert an.

»Was ist mit Ihnen?« fragte sie schließlich.

»Lassen Sie mich alles sagen, Nasstenka!« bat ich entschlossen. »Erschrecken Sie nicht, Nasstenka, was ich Ihnen jetzt sagen werde, ist alles Unsinn, ist unmöglich und dumm! Ich weiß, daß es sich niemals verwirklichen wird, aber ich kann nicht länger schweigen — bei allem, was Sie jetzt leiden, beschwöre ich Sie und bitte ich Sie, mir im voraus zu verzeihen! ...«

»Aber was, was ist es denn?« Sie hatte schon aufgehört, zu weinen, und sah mich unverwandt an. In ihren erstaunten Augen lag eine seltsame Neugier. »Was haben Sie nur?!«

»Es ist ja unmöglich, Nasstenka, ich weiß es, aber ich — ich liebe Sie, Nasstenka! Das ist es! So, jetzt ist alles gesagt! ... Jetzt wissen Sie, ob Sie so zu mir sprechen dürfen, wie Sie es soeben taten, und auch, ob Sie das anhören dürfen, was ich Ihnen noch sagen will...«

»Ja, was ... was denn? ... Was ist denn dabei? Ich weiß es doch schon lange, daß Sie mich lieben, es schien mir nur immer, daß Sie mich bloß — so ... einfach irgendwie — liebhätten ... Ach, Gott!«

»Anfangs war es auch einfach so, Nasstenka, jetzt aber, jetzt! ... Mit mir ist es ebenso wie mit Ihnen, als Sie damals mit Ihrem Bündelchen zu ihm gingen. Nein, ich bin noch schlimmer daran als Sie, Nasstenka, denn er liebte damals keine andere. Sie aber lieben...«

»Was sagen Sie mir da! Ich ... ich verstehe Sie nicht. Aber, hören Sie, warum denn das ... oder, nein, wozu denn das alles, und so plötzlich ... Gott! Was für Dummheiten ich rede! Aber Sie...«

Nasstenka geriet vollends in Verwirrung, ihre Wangen färbten sich purpurn, und sie sah zu Boden.

»Was soll ich denn tun, Nasstenka, was soll ich denn? Ich bin schuld, ich habe da irgend etwas mißbraucht ... Oder nein! nein, Nasstenka, ich habe keine Schuld, Nasstenka. Ich fühle das, ich spüre es, denn mein Herz sagt mir, daß ich kein Unrecht tue; ich kann Sie doch damit nicht kränken oder gar beleidigen! Ich war Ihr Freund; nun, und auch jetzt bin ich Ihr Freund — ich habe nichts verraten und habe keine Treulosigkeit begangen. Da sehen Sie, da rollen mir die Tränen über die Wangen, Nasstenka. Mögen sie rollen, mögen sie — sie stören niemanden. Von selbst werden sie wieder versiegen, Nasstenka...«

»Aber so setzen Sie sich doch, setzen Sie sich!« Und sie wollte mich förmlich zwingen, mich hinzusetzen. »Ach, mein Gott!«

»Nein, Nasstenka, ich will nicht sitzen. Ich kann jetzt nicht mehr lange bleiben, und Sie werden mich auch nicht wiedersehen: ich werde Ihnen alles sagen — und dann gehe ich. Sie hätten es nie erfahren, daß ich Sie liebe. Ich hätte mein Geheimnis zu bewahren gewußt und hätte nicht angefangen, Sie jetzt in dieser Stunde mit mir und meinem Eigennutz zu quälen. Nein! Aber ich — ich habe es doch nicht ausgehalten! Sie fingen an, davon zu sprechen, Sie sind schuld. Sie sind an allem schuld, ich aber bin unschuldig. Sie können mich nicht so von sich stoßen...«

»Aber nein, nein, ich schicke Sie ja gar nicht fort, nein!« beteuerte Nasstenka, gab sich die größte Mühe, ihre Verwirrung zu verbergen.

»Nicht? wirklich nicht? Und ich wollte schon von Ihnen fortlaufen. Ich werde auch fortgehen, nur muß ich vorher alles sagen, denn als Sie hier sprachen, als Sie hier weinten und vor mir standen mit Ihrer Qual, und das, weil... nun, weil — ich werde es aussprechen, Nasstenka —, weil man Sie verschmäht, da fühlte ich, daß in meinem Herzen soviel Liebe für Sie ist, Nasstenka, soviel Liebe!... Und es tat mir so bitter weh, daß ich Ihnen mit dieser Liebe nicht helfen konnte, daß mir das Herz darüber schier brechen wollte, und ich, ich... konnte nicht mehr schweigen, ich mußte sprechen, Nasstenka, ich *mußte* sprechen!...«

»Ja, ja! schon gut! Sprechen Sie nur, sprechen Sie ruhig so zu mir!« sagte Nasstenka plötzlich mit einer unerklärbaren Bewegung. »Es wird Sie vielleicht in Erstaunen setzen, daß ich Ihnen das sage, aber... sprechen Sie nur! Ich werde es Ihnen nachher erklären. Alles erklären...«

»Ich tue Ihnen leid, Nasstenka, Sie haben einfach nur Mitleid mit mir, Kind! Nun! Was verloren ist, ist verloren. Was man gesagt hat, läßt sich nicht zurücknehmen. Nicht wahr? Nun also, Sie wissen jetzt alles. Dies wäre unser Ausgangspunkt. Nun gut: so weit wäre alles erledigt, jetzt hören Sie weiter. Als Sie hier saßen und weinten, da dachte ich bei mir ... (ach, bitte, Nasstenka, lassen Sie mich sagen, was ich dachte!) — ich dachte, daß Sie (aber das ist ja natürlich gar nicht möglich, Nasstenka) — daß Sie da irgendwie ... nun, mit einem Wort: daß Sie auf irgendeine Weise aufgehört hätten, ihn zu lieben. Dann — das habe ich auch gestern schon gedacht, Nasstenka, und auch vorgestern schon — dann würde ich es unbedingt so gemacht haben, daß Sie mich liebgewonnen hätten. Sie sagten doch, Sie selbst haben es doch gesagt, daß Sie mich fast schon liebhätten. Nun, und — was nun weiter? Ja, das ist nun fast alles, was ich sagen wollte. Zu sagen bliebe nur noch, was dann wäre, wenn Sie mich nun wirklich liebgewännen: nur das! Also hören Sie, mein Freund — denn mein Freund sind Sie deshalb doch nach wie vor —: ich bin natürlich nur ein einfacher Mensch, bin arm und gering, doch handelt es sich ja nicht darum — ich weiß nicht, ich rede immer von ganz anderen Dingen, aber das kommt nur von der Verwirrung, Nasstenka —, nur würde ich Sie so lieben, Nasstenka, so lieben, daß Sie, auch wenn Sie ihn, den ich nicht kenne, immer noch weiter lieben sollten, doch nie merken würden, daß meine Liebe Ihnen irgendwie lästig wäre. Sie würden bloß spüren, würden bloß in jeder Minute fühlen, daß neben Ihnen ein dankbares, oh, so dankbares Herz schlägt, ein heißes Herz, das für Sie ... Ach, Nasstenka, Nasstenka! Was haben Sie aus mir gemacht! ...«

»Aber so weinen Sie doch nicht, ich will nicht, daß Sie weinen!« sagte Nasstenka und stand schnell von der Bank auf. »Gehen wir, kommen Sie, weinen Sie nicht, so weinen Sie doch nicht!« Und sie wischte mit ihrem Tüchlein über meine Wangen. »So, gehen wir jetzt. Ich werde Ihnen vielleicht etwas sagen ... Wenn er mich schon verlassen und vergessen hat, so ... obschon ich ihn noch liebe — ich kann Ihnen das nicht verheimlichen und will Sie nicht täuschen — aber hören Sie, und dann antworten Sie mir. Wenn ich zum Beispiel Sie liebgewinne, das heißt: wenn ich nur ... Oh, mein Freund, mein guter Freund! wenn ich bedenke, wie ich Sie gekränkt und wie weh ich Ihnen getan haben muß, als ich Sie dafür lobte, daß Sie sich nicht in mich verliebt hätten! O Gott! Ja, wie konnte ich nur das nicht voraussehen, wie konnte ich nur so dumm sein, wie ... aber ... Nun ... nun gut, ich habe mich entschlossen, und ich werde Ihnen alles sagen ...«

»Hören Sie, Nasstenka, wissen Sie was? Ich werde jetzt fortgehen von Ihnen, das wird das Beste sein. Ich sehe doch, ich quäle Sie nur. Da machen Sie sich jetzt Gewissensbisse, weil Sie sich über mich lustig gemacht haben; ich will aber nicht, daß Sie außer Ihrem Leid ... Ich bin natürlich schuld daran, Nasstenka, also — leben Sie wohl!«

»Nein, bleiben Sie, hören Sie mich zuerst an: können Sie warten?«

»Warten? Worauf warten?«

»Ich liebe ihn; aber das wird vergehen, das muß vergehen, das kann gar nicht — nicht vergehen; es vergeht schon, ich fühle es schon jetzt ... Wer weiß, vielleicht wird es noch heute ganz vergehen, denn ich hasse ihn, weil er sich über mich lustig gemacht hat, während Sie hier mit mir geweint haben ... und Sie, Sie hätten mich auch nicht so verstoßen, wie er es getan, denn Sie liebten wirklich, er aber hat mich überhaupt nicht geliebt, — und dann weil ich Sie ... schließlich selbst liebe ... Ja, liebe! so liebe wie Sie mich lieben. Ich habe es Ihnen doch schon einmal gesagt, Sie haben es schon gehört, — ich liebe Sie, weil Sie besser sind als er, weil Sie anständiger sind als er, weil ... weil er ...«

Ihre Stimme versagte vor Erregung, sie legte ihren Kopf an meine Schulter, beugte ihn aber immer mehr, bis er an meiner Brust lag, dann begann sie bitterlich zu weinen. Ich tröstete, ich streichelte sie, ich redete ihr zu, aber sie vermochte sich nicht zu beherrschen; sie drückte meine Hand und stammelte unter Schluchzen: »Warten Sie, warten Sie noch ein wenig. Es wird gleich vergehen ... ich höre ja schon auf ... Ich will Ihnen nur sagen ... denken Sie nicht, daß diese Tränen ... das ist nur so — von der Schwäche, warten Sie, bis es vergeht ...«

Endlich versiegten die Tränen, sie richtete sich auf, wischte noch die letzten Tränenspuren von den Wangen, und wir gingen. Ich wollte sprechen, aber sie bat mich immer wieder, ihr noch ein wenig Zeit zum Nachdenken zu lassen. So schwiegen wir denn ... Endlich nahm sie sich zusammen und begann:

»Also hören Sie«, sagte sie mit schwacher und unsicherer Stimme, aus der aber plötzlich ein eigenes Gefühl klang und mein Herz so traf, daß es wie in einem süßen Schmerz erzitterte. »Denken Sie nicht, daß ich unbeständig und leichtsinnig sei, oder daß ich so schnell und leicht vergessen könne und untreu werde ... Ich habe ihn ein ganzes Jahr geliebt und ich schwöre bei Gott, daß ich niemals, niemals auch nur mit einem Gedanken ihm untreu gewesen bin. Er aber hat das mißachtet: er hat sich mit mir nur einen Scherz erlaubt — Gott mit ihm! Aber es hat mich doch verletzt und mein Herz gekränkt. Ich ... ich liebe ihn nicht mehr, denn ich kann nur das lieben, was gütig ist, großmütig, was mich versteht und was anständig ist; denn ich selbst bin so, er aber ist meiner unwürdig, — nun, noch einmal: Gott mit ihm! Es ist besser so, als wenn ich später erfahren hätte, wie er eigentlich ist ... Also — jetzt hat das ein Ende! Und wer weiß, mein guter Freund«, fuhr sie fort, indem sie mir die Hand drückte, »wer weiß, vielleicht war meine ganze Liebe nur eine Gefühlstäuschung oder nur Einbildung; vielleicht begann das alles mit ihm nur aus Unart, weil ich dieses eintönige Leben führte und ewig an Großmutters Kleid angesteckt war? Vielleicht ist es mir bestimmt, einen ganz anderen zu lieben, einen, der mehr Mitleid mit mir hat und

... Nun, lassen wir das, reden wir nicht mehr davon«, unterbrach Nasstenka sich stockend und atemlos vor Erregung, »ich wollte Ihnen nur sagen ... ich wollte Ihnen sagen, wenn Sie, obwohl ich ihn liebe (nein, geliebt habe), wenn Sie mir trotzdem sagen ... Ich meine, wenn Sie fühlen und glauben ... Ihre Liebe sei so groß, daß sie die frühere aus meinem Herzen verdrängen könnte ... Wenn Sie soviel Mitleid mit mir haben und mich jetzt nicht allein meinem Schicksal überlassen wollen, ohne Trost und Hoffnung, wenn Sie mich vielmehr immer so lieben wollen wie Sie mich jetzt lieben, so — schwöre ich Ihnen, daß meine Dankbarkeit ... daß meine Liebe Ihrer Liebe wert sein wird ... Wollen Sie daraufhin meine Hand nehmen?«
»Nasstenka!!« Ich glaube, Jauchzen und Tränen erstickten meine Stimme. »Nasstenka! ... Oh, Nasstenka!...«
»Schon gut, schon gut! Nun lassen Sie es genug sein!« sagte sie schnell, in augenscheinlicher Hast, sich nur mit Mühe beherrschend. »Jetzt ist alles gesagt, nicht wahr? Ja? Nun, und Sie sind jetzt glücklich und ich bin glücklich, also wollen wir weiter kein Wort mehr davon sprechen! Warten Sie ... schnell, erbarmen Sie sich — sprechen Sie schnell von irgend etwas anderem, um Gottes willen!...«
»Ja, Nasstenka, ja! Genug davon, ich bin jetzt glücklich, ich ... Gut, Nasstenka, gut, sprechen wir von etwas anderem, schnell, schnell! ja! Ich bin bereit!«
Und wir wußten beide nicht, wovon wir sprechen sollten, wir lachten und weinten und sprachen tausend Worte ohne Gedanken und Zusammenhang. Bald gingen wir auf dem Trottoir auf und ab, bald über die Straße hinüber und blieben stehen, bald kehrten wir wieder um und gingen zum Kai: wir waren wie die Kinder ...
»Ich lebe allein, Nasstenka«, sagte ich einmal, »aber ... Nun, ich bin, versteht sich, Sie wissen es ja, Nasstenka, ich bin arm, ich bekomme jährlich nur tausendzweihundert Rubel, aber das macht ja nichts...«
»Natürlich nicht, und Großmutter hat ihre Pension, so

braucht sie von uns nichts. Wir müssen doch Großmutter zu uns nehmen.«

»Natürlich, die Großmutter müssen wir zu uns nehmen ... Aber meine Matrjona ...«

»Ach ja, und wir haben ja auch noch Fjokla!«

»Matrjóna ist eine gute Seele, nur einen Fehler hat sie: sie hat nämlich gar kein Vorstellungsvermögen, Nasstenka, gar keines, Nasstenka, sie begreift nur, was sie aus Erfahrung kennt. Aber auch das schadet nichts...«

»Natürlich nicht, die können beide zusammen leben. Nur müssen Sie schon morgen zu uns kommen.«

»Wie das? Zu Ihnen? Gut, ich bin bereit...«

»Sie mieten einfach bei uns. Wir haben doch oben noch ein Zimmer: das steht jetzt leer. Wir hatten eine Mieterin, eine alte Frau, eine Adelige, aber sie ist ausgezogen und abgereist, und Großmama will nun, das weiß ich, einen jungen Mann zum Mieter haben. Ich fragte sie: ‚Warum denn gerade einen jungen Mann?' Darauf sagte sie: ‚Es ist doch immer besser, man ist auch sicherer, und ich bin schon alt. Du brauchst deshalb nicht zu glauben, Nasstenka, daß ich dich mit ihm verheiraten will.' Da wußte ich denn, daß sie es gerade deshalb will...«

»Ach, Nasstenka!...«

Und wir lachten beide.

»Nun, genug, hören Sie auf. Aber wo wohnen Sie denn? Ich habe ganz vergessen, zu fragen.«

»Dort, in der Nähe der ... Brücke, im Hause eines gewissen Baránnikoff.«

»Das ist so ein großes Haus, nicht?«

»Ja, ein großes Haus.«

»Ach, das kenne ich, das ist ein schönes Haus. Nur, wissen Sie, ziehen Sie aus und kommen Sie recht bald zu uns...«

»Morgen, Nasstenka, gleich morgen! Ich schulde dort wohl noch ein wenig für die Wohnung, aber das schadet nichts ... Ich bekomme bald mein Gehalt...«

»Wissen Sie, ich werde Stunden geben, um auch zu verdienen; ich werde noch dazulernen, was mir fehlt, und dann kann ich Unterricht geben ..."

"Natürlich, das wird vortrefflich gehen ... und ich werde bald Zulage erhalten, Nasstenka ..."

"Dann werden Sie also schon morgen unser Mieter sein!"

"Ja, und dann fahren wir in die Oper und hören den „Barbier von Sevilla", denn er wird bald wieder gegeben werden."

"Ja, fahren wir!" sagte Nasstenka lachend, "oder nein, lieber nicht zum „Barbier von Sevilla", sondern wenn etwas anderes gegeben wird ..."

"Gut, also zu einer anderen Aufführung. Natürlich, das wird auch viel besser sein, ich dachte im Augenblick nicht daran ..."

Und wir sprachen und gingen: alles war wie ein Rausch — als hielte uns ein Nebel umfangen und als wüßten wir selbst nicht, was mit uns geschah. Bald blieben wir stehen und sprachen lange Zeit stehend auf einem Fleck, bald gingen wir wieder und gingen Gott weiß wie weit, ohne es zu bemerken, immer unter Lachen und Weinen ... Bald wollte Nasstenka plötzlich unbedingt nach Haus, und ich wagte nicht, sie zurückzuhalten, und wir machten uns schon auf den Weg; nach einer Viertelstunde aber bemerkten wir plötzlich, daß wir wieder auf unserer Bank am Kai angelangt waren. Bald seufzte sie tief auf, und ein Tränchen rollte über ihre Wange — ich sah sie erschrocken und verzagt an ... Da drückte sie mir schon von neuem die Hand, und wir gingen abermals und sprachen weiter ...

"Aber jetzt ist es Zeit, jetzt ist es wirklich Zeit, daß ich nach Hause gehe! Ich glaube, es ist schon sehr spät", sagte Nasstenka endlich entschlossen, "wir dürfen nicht gar zu kindisch sein!"

"Ja, Nasstenka, aber schlafen werde ich heute doch nicht mehr. Ich gehe überhaupt nicht nach Hause."

"Ich werde, glaube ich, auch nicht einschlafen. Aber Sie müssen mich noch begleiten ..."

»Selbstverständlich!«
»Aber diesmal drehen wir nicht mehr um, hören Sie?«
»Nein, diesmal nicht ...«
»Ehrenwort? ... Denn einmal muß man doch wirklich nach Hause gehen!«
»Also: mein Ehrenwort, diesmal wird es ernst«, sagte ich lachend ...
»Nun, gehen wir!«
»Gehen wir.«
»Sehen Sie den Himmel, Nasstenka, schauen Sie hinauf! Morgen werden wir einen wundervollen Tag haben ... Wie blau der Himmel ist, und sehen Sie nur den Mond! Diese kleine gelbe Wolke wird ihn gleich verdecken ... sehen Sie, sehen Sie! ... Nein, sie gleitet am Rand vorüber ... Sehen Sie doch, sehen Sie! ...«
Doch Nasstenka sah weder die Wolke noch den Himmel — sie stand wie erstarrt neben mir und dann schmiegte sie sich plötzlich mit einer seltsamen Verzagtheit an mich, immer fester, als suche sie Schutz, und ihre Hand erzitterte in meiner Hand. Ich sah sie an ... noch schwerer stützte sie sich auf mich.

In diesem Augenblick ging ein junger Mann an uns vorüber — er sah uns scharf an, zögerte, blieb stehen und ging ein paar Schritte weiter. Mein Herz erbebte ...
»Nasstenka, wer ist das?« fragte ich leise.
»Das ist *er*!« flüsterte sie und klammerte sich zitternd an meinen Arm. Ich hielt mich kaum auf den Füßen.
»Nasstenka! Nasstenka! Bist du es?« erscholl es da plötzlich hinter uns. Zugleich trat der junge Mann wieder ein paar Schritte näher ...
Mein Gott, was klang aus diesem Ruf! Wie sie zusammenfuhr! Wie sie sich von mir losriß und ihm entgegeneilte! ... Ich stand und sah zu ihm hinüber, stand und sah ... Doch kaum hatte sie ihm die Hand gereicht, kaum hatte er sie in seine Arme geschlossen, da befreite sie sich schon von ihm und ehe ich mich dessen versah, stand sie wieder vor mir,

umschlang mit beiden Armen fest meinen Hals und drückte mir einen heißen Kuß auf die Lippen. Dann, ohne mir ein Wort zu sagen, lief sie zu ihm zurück, erfaßte seine Hände und zog ihn fort.

Lange stand ich und sah ihnen nach ... bald waren sie meinen Blicken entschwunden.

Der Morgen

Meine Nächte endeten mit einem Morgen. Der Tag war unfreundlich: es regnete und die Tropfen schlugen in eintöniger Wehmut an meine Fensterscheiben; im Zimmer war es düster, wie gewöhnlich an Regentagen, und draußen trübe. Mein Kopf schmerzte, mich schwindelte, und das Fieber einer Erkältung schlich durch meine Glieder.

»Ein Brief, Herr, durch die Stadtpost, der Postbote hat ihn gebracht«, sagte Matrjona.

»Ein Brief! Von wem?«

»Ja, das kann ich Ihnen nicht sagen, Herr; sehen Sie nach, vielleicht steht es drin, von wem er ist.«

Ich erbrach das Siegel. Der Brief war von ihr.

»Oh, verzeihen Sie, verzeihen Sie mir!« schrieb mir Nasstenka. »Auf den Knien bitte ich Sie, mir nicht böse zu sein! Ich habe Sie wie mich selbst getäuscht. Es war ein Traum, eine Täuschung... Der Gedanke an Sie macht mich jetzt krank vor Qual. Verzeihen Sie, oh, verzeihen Sie mir! ...

Beschuldigen Sie mich nicht, denn was ich für Sie empfand, empfinde ich auch jetzt noch: ich sagte Ihnen, ich würde Sie lieben, und ich liebe Sie auch jetzt, ja: ich empfinde für Sie jetzt noch viel mehr als Liebe. Gott, wenn ich Sie doch beide lieben könnte! Oh, wenn Sie und er doch *ein* Mensch wären!

Gott sieht und weiß, was ich alles für Sie tun würde! Ich weiß, daß Sie nun schwer zu tragen haben und daß Sie traurig sind. Ich habe Sie gekränkt und habe Ihnen weh getan, aber Sie wissen doch — wenn man liebt, gedenkt man der Kränkung nicht lange. Sie aber lieben mich doch!

Ich danke Ihnen! Ja! Ich danke Ihnen für diese Liebe. Denn in meiner Erinnerung wird sie mich durchs ganze Leben begleiten wie ein süßer Traum, den man auch nach dem Erwachen nimmer vergessen kann. Nein, nie werde ich vergessen, wie Sie mir so brüderlich Ihr Herz offenbarten und in Ihrer Güte für Ihr ganzes Herz mein krankes, verwundetes annahmen, um es mit Zartheit und Liebe zu pflegen und wieder gesund zu machen ... Wenn Sie mir verzeihen, wird die Erinnerung an Sie sich verklären durch das Gefühl ewiger Dankbarkeit, die in meiner Seele niemals erlöschen kann. Und diese Erinnerung werde ich heilig halten und nie vergessen, denn mein Herz ist treu. Es ist auch gestern nur zu dem zurückgekehrt, dem es von jeher gehörte.

Wir werden uns wiedersehen. Sie werden zu uns kommen, Sie werden uns nicht verlassen, werden ewig unser Freund sein und mein Bruder ... Und wenn wir uns wiedersehen, dann geben Sie mir Ihre Hand — ja? Sie werden sie mir entgegenstrecken, wenn Sie mir verziehen haben, nicht wahr? Sie lieben mich doch unverändert?

Ja, lieben Sie mich, verlassen Sie mich nicht, denn jetzt liebe ich Sie so tief, weil ich Ihrer Liebe würdig sein will, weil ich sie verdienen will ... mein lieber Freund! In der nächsten Woche wird unsere Hochzeit sein. Er ist voll Liebe zu mir zurückgekehrt; er hat mich niemals vergessen ... Seien Sie nicht böse, daß ich von ihm geschrieben habe. Aber ich will mit ihm zu Ihnen kommen, und Sie werden ihn auch liebgewinnen, nicht wahr?

So verzeihen Sie mir denn und vergessen Sie mich nicht und behalten Sie lieb Ihre

Nasstenka.«

Lange las ich diesen Brief, las ihn immer wieder, und Tränen traten mir in die Augen; schließlich entfiel er meiner Hand, und ich vergrub mein Gesicht in den Händen.

»Nun, Herr, sehen Sie denn gar nichts«, hörte ich nach einer Weile Matrjonas Stimme.
»Was, Alte?«
»Nu, ich hab' doch das Spinngewebe von überall runtergeholt, können jetzt heiraten, wenn Sie wollen, können Gäste einladen, wenn's Ihnen einfällt, mir soll's recht sein...«
Ich sah sie an. Sie ist eine rüstige, noch junge Alte, aber ich weiß nicht, weshalb ich sie plötzlich mit erloschenem Blick, mit tiefen Runzeln im Gesicht, alt und gebrechlich vor mir zu sehen glaubte... Ich weiß nicht, weshalb es mir plötzlich schien, daß auch mein Zimmer um ebensoviel Jahre älter geworden sei wie sie. Die Farbe der Wände sah ich verblichen, an der Zimmerdecke sah ich noch mehr Spinngewebe als sich bisher dort angesammelt hatte. Ich weiß nicht, weshalb es mir, als ich durch das Fenster hinausblickte, schien, als ob das Haus gegenüber gleichfalls gealtert sei, trübseliger und baufälliger geworden; die Stuckatur von den Säulen abgebröckelt, die Karniese rissig und geschwärzt und die hellblauen Wände fleckig und schmutzig.

Vielleicht war der Sonnenstrahl daran schuld, der plötzlich durch die Wolken brach, um sich gleich wieder hinter einer noch dunkleren Regenwolke zu verstecken, so daß alles noch trüber, düsterer wurde... Oder hatten meine Augen in meine Zukunft geschaut und etwas Ödes, Trauriges in ihr erblickt, etwa mich selbst, wie ich jetzt bin, nur um fünfzehn Jahre älter, in demselben Zimmer, ebenso einsam, mit derselben Matrjona, die in all den Jahren doch um nichts klüger geworden ist...?

Aber die Kränkung nicht verzeihen, Nasstenka, dein helles seliges Glück mit dunklen Wolken trüben, dir Vorwürfe machen, damit dein Herz sich quäle und gräme und kummervoll poche, während es doch nichts soll als jauchzen vor Seligkeit, oder auch nur ein Blatt der zarten Blüten, die du zur Trauung mit ihm in deine braunen Locken flichst, mit rauher Hand berühren... o nein, Nasstenka, das werde ich nie, nie! Möge dein Leben Glück sein, so hell und lieb wie dein Lächeln, und sei gesegnet für den Augenblick der Seligkeit und des Glücks, den du einem anderen einsamen, dankbaren Herzen gegeben hast!

Mein Gott! Einen ganzen Augenblick der Seligkeit! Ja, ist denn das nicht genug für ein ganzes Menschenleben? ...

EIN KLEINER HELD

Eine Erzählung

Damals war ich noch nicht volle elf Jahre alt. Im Juli wurde ich zu einem Verwandten auf ein Gut in der Nähe von Moskau geschickt, zu T-off, bei dem sich um die Zeit wohl an die fünfzig Gäste eingefunden hatten, oder vielleicht noch mehr ... ich kann das nicht genau sagen, gezählt habe ich sie nicht. Es ging laut und lustig zu. Anscheinend war dieses Fest nur begonnen worden, damit es nie mehr aufhöre. Und unser Gastgeber schien sich geschworen zu haben, seinen ganzen Riesenbesitz so schnell wie möglich zu vergeuden, – eine Vermutung, deren Richtigkeit er denn auch kürzlich bestätigt hat, das heißt: er hat nun tatsächlich alles, aber auch wirklich alles vertan.

Jeden Augenblick trafen neue Gäste ein, denn Moskau lag ja so nahe, daß man die Stadt vom Gut aus sehen konnte, die Aufbrechenden traten nur ihren Platz den Eintreffenden ab, und das Fest ging weiter. Die Vergnügungen reihten sich aneinander, und das Ende der Reihenfolge war nicht abzusehen. Bald machte man hoch zu Roß Ausflüge in die Umgegend, in ganzen Kavalkaden, bald Spaziergänge in den Wald oder Bootspartien auf dem Fluß; Picknicks und Diners im Freien gehörten zur Tagesordnung, und zu Abend wurde meist auf der großen halboffenen Veranda an der Gartenfront des Herrenhauses gespeist, die von seltenen Blumen in dreifacher Reihe eingefaßt war. Der Duft dieser Blütenfülle in der frischen Nachtluft ließ bei der glänzenden Beleuchtung der Tafel unsere ohnehin fast ausnahmslos jungen Damen noch schöner erscheinen, wenn sie nach ihren Ausflügen am Tage, angeregt von den Eindrücken in der freien Natur, den Schalk in den glänzenden Augen, ein entzückend keckes

Wortgeplänkel mutwillig hin und her zu führen wußten, das nur von ihrem hellen Lachen unterbrochen wurde. Es wurde getanzt, musiziert, gesungen; bei unfreundlichem Wetter stellte man lebende Bilder, Scharaden, Sprichwörter, die auch erraten werden mußten, und selbstverständlich wurde auch Theater gespielt. Gute Erzähler taten sich hervor, allerhand Erlebnisse wurden berichtet, Bonmots zum besten gegeben.

Unter den Gästen gab es mehrere, denen sozusagen von selbst die Hauptrollen zufielen. Natürlich fehlte es auch hier nicht an Neid, Klatsch, an übler Nachrede, ohne die die Welt ja offenbar nicht bestehen könnte, da sonst wohl Millionen von Menschen vor Langeweile wie die Fliegen stürben. Doch als Elfjähriger begriff ich damals noch nicht viel von dieser Menschenart, zumal ich noch von etwas ganz Anderem abgelenkt wurde, oder wenn mir auch mancherlei auffiel, so verstand ich doch längst nicht den Zusammenhang. Erst später kam es vor, daß mir dies und jenes aus der Erinnerung wieder einfiel und ich dann darüber nachdachte. Damals aber konnte freilich nur das glänzende Äußere des Bildes meinen Kinderaugen auffallen, und dieser allgemeine Lebensschwung, diese Pracht und Heiterkeit; all dies bis dahin von mir noch nie Gesehene, nie Gehörte beeindruckte mich dermaßen, daß ich mich in den ersten Tagen förmlich verlor und mein junger Kopf schwindlig wurde.

Ich muß immer wieder betonen, daß ich erst elf Jahre alt, also noch ein Kind war, nicht mehr als ein Kind. Viele dieser schönen Damen, die mich liebkosten, machten sich auch weiter keine Gedanken über mein Alter. Allein — und das war merkwürdig! — schon begann sich meiner eine gewisse, mir selbst unbegreifliche Empfindung zu bemächtigen: leise schauerte schon irgend etwas gleichsam über mein Herz hin, etwas bisher Ungekanntes und Ungeahntes, wovon aber mein Herz mitunter wie erschrocken zu glühen und zu pochen begann, daß mir oft ganz plötzlich das Blut heiß ins Gesicht schoß. Es gab Augenblicke, wo ich mich der verschiedenen kindlichen Vorrechte, die ich noch genoß, bereits schämte, oder sie womöglich als persönliche Beleidigung empfand. Dann wieder bemächtigte sich meiner so etwas wie Verwunderung, und ich schlich mich fort, irgendwohin, wo mich niemand sehen konnte, gleichsam um einmal Atem zu schöpfen und mich an etwas zu erinnern, an etwas, das ich, wie mir schien, bisher sehr gut gewußt hatte und woran ich mich jetzt plötzlich nicht mehr zu erinnern vermochte, indes ich mich doch ohne dieses Eine nirgendwo blicken lassen durfte und überhaupt nicht sein konnte.

Bald schien es mir schließlich, daß ich vor allen Menschen etwas verheimlichte, aber um keinen Preis hätte ich auch nur ein Wort davon zu jemandem gesagt, da ich kleiner Kerl mich dessen bis zu Tränen schämte. Bald aber begann ich mich mitten in dem Trubel, der mich hier umgab, eigentümlich einsam zu fühlen. Es waren wohl noch andere Kinder da, aber die waren alle entweder viel jünger oder viel älter als ich; im übrigen gingen sie mich gar nichts an. Freilich wäre mit mir auch nichts geschehen, wenn ich mich nicht in einer so verzwickten Lage befunden hätte. In den Augen aller dieser schönen Damen war ich ja immer noch das harmlose junge Lebewesen, das sie zwischendurch zu hätscheln beliebten oder mit dem sie wie mit einer Puppe spielen zu dürfen glaubten. Besonders eine von ihnen, eine bezaubernde junge Blondine mit dem schönsten und reichsten Blondhaar, das ich je gesehen habe und je sehen werde, schien sich geschworen zu haben, mich nicht in Ruhe zu lassen. Mich verwirrte das Gelächter ringsum, das ihre drolligen Scherze mit mir fortwährend hervorriefen, ihr aber machte es offenbar riesigen Spaß und steigerte nur ihre Ausgelassenheit. In Mädchenpensionaten hätte man ihre Einfälle bestimmt „Schuljungenstreiche" genannt. Sie war wirklich wunderschön, und ihre Schönheit hatte etwas an sich, was sofort in die Augen stach, schon auf den ersten Blick. Und natürlich war sie keineswegs mit jenen schüchternen Blondinen zu vergleichen, die so weich wie Flaum und so zahm wie weiße Mäuschen oder Pastorentöchterlein sind. Sie war nicht groß von Wuchs und mollig, aber die Züge ihres Gesichts waren von einer bezaubernd zarten, feinen Zeichnung. In diesem Antlitz konnte es wie ein Blitz aufleuchten, und überhaupt war sie wie eine Flamme: lebendig, flink, leicht. Aus ihren großen, offenen Augen sprühten gleichsam Strahlen, wie aus Edelsteinen, und nie würde ich diese blauen, strahlenden Augen gegen gleichviel welche schwarzen des Südens eintauschen, sollten die auch noch dunkler sein als „der dunkelste andalusische Blick". Denn meine Blondine war jener berühmten Brünetten wahrlich ebenbürtig, die ein bekannter Dichter besingt und für die er in so herrlichen Versen dem ganzen Kastilien schwört, mit Wonne bereit zu sein, sich alle Knochen zu brechen für die Gunst, nur einmal mit der Fingerspitze die Mantille seiner Schönen berühren zu dürfen. Man füge noch hinzu, daß *meine* Schöne die lustigste aller Schönen der Welt war und dabei das ausgelassenste, mutwilligste, lachlustigste Kind, obschon sie bereits seit etwa fünf Jahren verheiratet war. Das Lachen wich fast nicht von ihren Lippen, die so frisch waren wie eine kaum erblühte Rose in der frühen Morgensonne, noch bevor deren Strahlen die kühlglitzernden Tautropfen von den duftenden Blättern getrunken haben.

Ich weiß noch, am zweiten Tage nach meiner Ankunft wurde Theater gespielt. Eine Liebhaberaufführung. Der Saal war, wie man zu sagen pflegt, gepfropft voll; es gab keinen einzigen freien Platz, und da ich mich zufällig etwas verspätet hatte, mußte ich nun stehend der Aufführung zusehen. Aber das lustige Spiel zog mich an, ich drängte mich unauffällig vor. Bald hatte ich mich fast unbemerkt bis zu den ersten Reihen durchgearbeitet, wo ich dann endlich stehen blieb und mich auf die Lehne eines Stuhles stützte, auf dem eine Dame saß. Diese Dame war meine schöne Blondine. Aber wir waren noch nicht miteinander bekannt. Und da nun – ich weiß wirklich nicht, wie es kam – begann ich zufällig ihre schönen Schultern zu betrachten, die so wunderhübsch rund geformt waren und so zart und weiß aussahen wie Milchschaum, obwohl es mir völlig gleich war, ob ich auf die schönsten Frauenschultern blickte oder auf die Spitzenhaube mit feuerfarbenen Schleifen, die das graue Haar einer ehrwürdigen Dame vorn in der ersten Reihe bedeckte. Neben der schönen Blondine saß aber ein älteres Fräulein, eines von jenen, die ewig, wie ich später beobachtet habe, irgendwo Anschluß suchen, mit Vorliebe an junge und hübsche Damen, und in der Regel suchen sie sich gerade solche aus, die die männliche Jugend nicht zu verscheuchen pflegen. Doch dies nur nebenbei; ich erwähne es bloß deshalb, weil dieses ältere Fräulein meine Betrachtung der vor mir Sitzenden bemerkte, sich sogleich mit maliziösem Lächeln zu ihrer schönen Nachbarin beugte und ihr etwas ins Ohr tuschelte. Im Nu sah sich diese nach mir um, und ich weiß noch, ihr Blick im Halbdunkel flammte mich so an, daß ich, der ich darauf gar nicht vorbereitet war, erschrocken zusammenfuhr. Da lächelte sie.

»Gefällt dir das Stück?« fragte sie mich, indem sie mir halb spöttisch, halb spitzbübisch in die Augen sah.

»Ja — a«, antwortete ich verdutzt und schaute sie immer noch in einer Art Verwunderung an, die wiederum ihr zu gefallen schien.

»Aber warum stehst du denn? So wirst du doch bald müde werden. Oder sind alle Stühle besetzt?«

»Ja ... alle«, sagte ich, jetzt aber schon abgelenkt und mehr mit dem Gedanken an eine Sitzgelegenheit beschäftigt als mit den sprühenden Augen der schönen Dame, und zugleich ehrlich froh darum, daß sich endlich ein gutes Herz fand, dem ich meinen Kummer mitteilen konnte. »Ich habe schon gesucht, aber auf jedem Stuhl sitzt schon jemand«, fuhr ich fort, als wollte ich mich bei ihr darüber beklagen, daß alle Plätze besetzt waren.

»Komm her!« sagte sie flink, so schnell entschlossen, wie sie sich zu allem immer blitzschnell entschloß, gleichviel was für eine tolle Idee ihr gerade in den Sinn kam. »Komm hierher zu mir, schnell, und setz' dich auf meinen Schoß!«

»Auf den Schoß?« wiederholte ich bestürzt, und ich wußte nicht recht, was ich tun sollte.

Wie ich schon sagte, fingen diese Kindern eingeräumten Vorrechte nachgerade an, mich zu kränken und zu beschämen. Diese Dame aber trieb es, wie zum Trotz, weit ärger als alle anderen. Überdies begann ich, der ich schon von jeher ein etwas schüchterner und verschämter Knabe war, mich gerade zu jener Zeit vor Damen ganz besonders zu fürchten, und deshalb machte mich ihre Aufforderung vollends unsicher.

»Nun ja, auf den Schoß! Warum willst du denn nicht auf meinem Schoß sitzen?« beharrte sie und begann zu lachen, lachte immer übermütiger, lachte Gott weiß worüber — vielleicht über ihren eigenen Einfall oder vielleicht auch vor Freude darüber, daß sie mich so verlegen gemacht hatte. Darauf hatte sie es ja abgesehen.

Ich errötete und sah mich in meiner Verwirrung verstohlen um — wie um eine Möglichkeit zu erspähen, irgendwohin zu entschlüpfen. Aber sie kam mir zuvor, erwischte meine Hand, zog mich geschwind näher, und plötzlich — ganz unverhofft und zu meiner größten Verwunderung — preßte sie meine Hand mit ihren heißen Fingern wie in einem Schraubstock zusammen. Es tat schrecklich weh und ich mußte mich krampfhaft beherrschen, um nicht aufzuschreien. Da war es denn wohl kein Wunder, daß ich die seltsamsten Gesichter schnitt. Hinzu kam noch, daß ich nicht nur verwundert und erschrocken war, sondern einfach entsetzt, und zwar über die Tatsache, die ich nun plötzlich am eigenen Körper erfahren mußte: daß so schöne Damen zugleich so böse sein und sich so schlimm an kleinen Jungen vergreifen konnten, die ihnen doch nichts getan hatten, und das noch dazu vor so vielen fremden Menschen! Wahrscheinlich spiegelte aber mein unglückliches Gesicht alle meine Seelenregungen wider, denn die unartige Dame lachte unbezwingbar in sich hinein und preßte dabei meine armen Finger, als wollte sie sie zerquetschen. Es schien ihr ein rasendes Vergnügen zu bereiten, etwas recht Tolles anzustellen und einen armen Jungen recht bis zur Verzweiflung zu peinigen, und ihn dabei doch nur zum besten zu haben. Ich war in der Tat der Verzweiflung nahe. Erstens verging ich fast vor Scham, da alle, die in der Nähe saßen, sich schon nach uns umsahen, die einen erstaunt und verständnislos, die anderen lachend, da sie sogleich begriffen, daß die schöne Blondine wieder jemandem einen Streich spielte. Und zweitens wollte ich schreien vor Schmerz, denn die Schöne schien ihren ganzen Ehrgeiz darein zu setzen, meine Finger mit wahrem Ingrimm, gerade weil ich nicht schrie, zusammenzupressen. Ich aber beschloß, standzuhalten wie ein Spartaner, und schrie nicht. Ich fürchtete, mit meinem Schrei das Publikum zu erschrecken und die allgemeine Aufmerksamkeit auf mich zu lenken; was aber dann mit mir geschehen wäre, das vermochte ich nicht einmal auszudenken! In meiner Verzweiflung begann ich einen erbitterten Kampf mit ihr, um meine Hand aus ihren Fingern zu reißen, aber die Grausame war ja viel stärker als ich. Endlich hielt ich den Schmerz nicht mehr aus und schrie auf — aber nur darauf hatte sie ja gewartet! Im Nu ließ sie meine Hand fahren und saß da, als wäre gar nichts geschehen, als wäre sie das unschuldigste Geschöpf der Welt, das nichts damit zu schaffen hat, wenn ein anderer unartig ist; kurz: haargenau so, wie ein echter Schulbube es macht, der, kaum daß der Lehrer ihm den Rücken kehrt, im Handumdrehen etwas anrichtet — und wäre es auch nur, daß er einem kleinen Schwächling einen Rippenstoß versetzt, ihn kneift oder ähnliches mit dem Erfolg verbricht, daß der andere aufschreit —, in der nächsten Sekunde aber wieder stramm und artig auf seinem Platz sitzt und sittsam die Augen niederschlägt oder mit ungeteilter Aufmerksamkeit ins Buch schaut, als ob er büffele, und somit den Herrn Lehrer, der auf den Lärm hin wie ein Habicht auf ihn losschießt, mit einer langen Nase wieder abziehen läßt.

Zu meinem Glück jedoch wurde gerade in diesem Augenblick die Aufmerksamkeit der übrigen durch das meisterhafte Spiel unseres Hausherrn in Anspruch genommen — er spielte in der aufgeführten Scribe'schen Komödie die Hauptrolle. Stürmischer Beifall erscholl, und ich benutzte schnell die Gelegenheit zur Flucht, drängte mich durch ein paar Reihen und lief in die entgegengesetzte Ecke, von wo aus ich, halb versteckt hinter einer Säule, mit Grauen dorthin spähte, wo die heimtückische Schöne saß. Sie lachte so, daß sie das Taschentuch an die Lippen pressen mußte. Und lange noch sah sie sich immer wieder suchend nach mir um, jedoch ohne mich zu entdecken. Allem Anschein nach tat es ihr leid, daß unsere verrückte Balgerei so schnell ein Ende gefunden hatte. Ja, vielleicht heckte sie schon einen neuen Streich aus.

Damit begann also unsere Bekanntschaft, und seit jenem Abend war ich meines Lebens nicht mehr sicher vor ihr. Sie verfolgte mich ununterbrochen. Sie wurde einfach zu meinem Schreckgespenst. Das Groteske ihrer Scherze mit mir bestand hauptsächlich darin, daß sie beteuerte, bis über die Ohren in mich verliebt zu sein, und das sagte sie ganz ungeniert in Gegenwart aller Gäste! Natürlich war das für mich, den ohnehin scheuen und verschämten Knaben, ungefähr das Fürchterlichste, was ich mir denken konnte, und es verdroß mich fast bis zu Tränen. Und schon mehrmals hatte sie mich in eine so ernsthaft peinliche Lage gebracht, daß ich bereits nahe daran war, mit den Fäusten auf diese meine heimtückische Anbeterin loszugehen. Aber meine hilflose Verwirrung, meine ratlose, wütende Verzweiflung reizten sie offenbar erst recht, mich weiter aufzuziehen. Sie kannte kein Erbarmen, ich aber wußte nicht, wo ich mich lassen sollte, um ihr zu entgehen. Zum Unglück wirkte auch das Gelächter der anderen, das sie mit ihren Streichen hervorzurufen verstand, noch anfeuernd auf sie. Aber zu guter Letzt fand man doch, daß sie mit ihren Scherzen schon etwas zu weit gehe. Und auch ich muß gestehen, wenn ich jetzt zurückdenke, daß sie sich schon ein wenig viel erlaubte mit einem solchen Kinde, wie ich es damals war.

Aber so war nun einmal ihr Wesen; im Grunde war sie

nur ein verspieltes und verwöhntes Kind. Wie ich nachher erfuhr, soll gerade ihr Mann sie am meisten verwöhnt haben, ein dicker kleiner Herr mit einem frischen Gesicht, sehr reich und sehr beschäftigt, letzteres wenigstens nach seiner Lebensweise zu urteilen: ewig hatte er etwas vor, keine zwei Stunden hielt er es an einem Ort aus, jeden Tag fuhr er vom Gut nach Moskau, oft sogar zweimal am Tage, und zwar immer, wie er behauptete, wegen geschäftlicher Angelegenheiten. Etwas Lustigeres und Gutmütigeres als es seine humorige, aber dabei doch immer gesetzte Miene und Haltung war, hätte man schwerlich irgendwo finden können. Seine Frau liebte er nicht nur bis zur Schwäche, bis zur Unsagbarkeit — nein, er betete sie buchstäblich an wie einen Abgott.

Da versteht es sich wohl von selbst, daß er ihr nichts verbot, und daß sie tun und lassen konnte, was ihr nur einfiel. Freunde und Freundinnen hatte sie eine Menge. Denn erstens gab es überhaupt wenige, die sie nicht liebten, und zweitens war sie gar nicht wählerisch in der Wahl ihrer guten Bekannten, obgleich ihrem Charakter viel mehr Ernst zugrunde lag, als man nach dem, was ich soeben erzählt habe, annehmen könnte. Aber von allen ihren Freundinnen liebte und schätzte sie ganz besonders eine junge Frau, eine entfernte Verwandte, die jetzt gleichfalls als Gast hier eingetroffen war. Zwischen ihnen bestand ein ganz eigenes Freundschaftsverhältnis, eines von jenen seltsam zarten, geistig vornehmen, wie sich so etwas zuweilen aus der Begegnung zweier sonst recht verschiedener Charaktere ergibt, die vielleicht sogar einander ganz entgegengesetzt sind, von denen aber der eine strenger, tiefer und reiner ist als der andere, während dieser mit feinem Taktgefühl, ehrlicher Selbsteinschätzung und neidloser Liebe sich dem anderen unterordnet, dessen Überlegenheit er anerkennt und dessen Freundschaft er als ein Geschenk des Glücks empfindet. Unter solchen Umständen entwickelt sich dann manchmal ein sehr zartes, innerlich vornehmes Verhältnis zueinander, das Güte und Nachsicht auf der einen Seite, auf der anderen

Liebe und Verehrung des Höherstehenden kennzeichnen — eine Verehrung, der freilich eine gewisse Furcht nicht fehlt: die Furcht nämlich, sich in den Augen des anderen, der einem vorbildhaft ist, etwas zu vergeben, was zugleich den glühenden Wunsch hervorruft, mit jedem Schritt und jeder Tat dem Herzen des Freundes näher zu treten. Sie waren beide im gleichen Alter, aber es war doch in allem ein schier unermeßlicher Unterschied zwischen ihnen, vor allem auch in ihrer äußeren Erscheinung. Mme. M. war gleichfalls sehr schön, aber ihre Schönheit hatte etwas Eigenartiges, was sie auf den ersten Blick von der Schar der anderen hübschen Damen unterschied. Dieses nur schwer erklärbare Etwas wirkte mit einer unwiderstehlichen Anziehungskraft auf die Menschen, oder richtiger, es erweckte in jedem, der ihr begegnete, ein gutes, reines Gefühl, das einen alsbald wie eine geheime, aber mächtige Sympathie zu ihr hinzog. Es gibt solche beglückenden Gesichter. In ihrer Nähe fühlt sich ein jeder irgendwie besser, irgendwie freier und wärmer. Und doch war der Blick ihrer traurigen großen Augen, aus denen Geist und Kraft sprachen, zugleich schüchtern und unruhig, wie in immerwährender Furcht vor etwas Feindlichem und Drohendem, und diese seltsame Scheu breitete zuweilen solch eine Wehmut über ihre stillen Züge, die an das lichte Antlitz italienischer Madonnen gemahnten, daß man bei ihrem Anblick bald ebenso traurig wurde, als hätte man selbst den gleichen Kummer wie sie. Aus ihrem blassen, schmalen Gesicht sah, trotz der vollendeten Schönheit seiner regelmäßigen Züge und der wehmütigen Strenge einer dumpfen, verborgenen Qual, doch noch oft genug das ursprüngliche klare Kinderantlitz hervor, das Gesicht der noch nicht vergessenen, vertrauensseligen Jahre — der Jahre eines vielleicht naiven Glücks. Und hinzu kam dieses stille, etwas zaghafte, unsichere Lächeln, und all das erweckte eine so unerklärliche Teilnahme für diese Frau, daß im Herzen eines jeden unwillkürlich eine süße, innige Sorge um sie erwachte, eine Sorge, die für sie noch aus der Ferne sprach und einen über Zeit und Raum hinweg mit ihr verband. Sie war vielleicht ein wenig schweigsam, vielleicht auch verschlossen, obwohl es zugleich schwerlich ein aufmerksameres und liebevolleres Wesen gab als sie, wenn jemand der Teilnahme bedurfte. Es gibt Frauen, die im Leben geradezu wie barmherzige Schwestern sind. Vor ihnen braucht man nichts zu verbergen, nichts zu verschweigen, wenigstens nichts, was in unserer Seele krank und verwundet ist. Wer leidet, der gehe getrost zu ihnen und fürchte nicht, ihnen zur Last zu fallen, denn nur selten weiß jemand von uns, wieviel unendlich geduldige Liebe, wieviel Mitgefühl und welch ein Allverzeihen in manchen Frauenherzen sein kann. Ganze Schätze an Mitempfinden, Trost und Hoffnung ruhen in diesen reinen Herzen, die so oft selbst verwundet sind — Herzen, die viel trauern, mehr als andere lieben, aber die eigenen Wunden behutsam vor jedem neugierigen Blick verbergen, denn tiefes Leid schweigt und verbirgt sich. Diese Frauen schreckt weder die Tiefe der fremden Wunde noch ihre Fäulnis ab: wer an sie mit seinem Vertrauen herantritt, ist ihrer schon wert; aber sie sind ja auch, nebenbei bemerkt, wie eigens zum Helfen geboren. Mme. M. war von hohem Wuchs, biegsam und schlank, aber verhältnismäßig mager. Ihre Bewegungen waren seltsam unausgeglichen, bald langsam, sanft und nicht ohne eine gewisse Würde, bald aber wieder von einer kindlichen Hastigkeit, und doch sprach zugleich aus mancher Geste eine eigenartige spröde Demut, etwas wie ein Bangen, wie eine Schutzlosigkeit, die aber doch niemanden um Schutz anging oder auch nur Schutz erwartete.

Ich sagte bereits, daß die ungehörigen Neckereien der tückischen Blondine mich beschämten, kränkten, ja, bis aufs Blut verletzten! Aber das hatte noch einen geheimen Grund, einen seltsamen und dummen Grund, den ich wie ein Heiligtum krampfhaft verbarg, um das ich zitterte, wie ein Geizhals um seinen Schatz, und schon beim bloßen Gedanken daran, selbst wenn ich ganz allein mit meinem verwirrten Kopf irgendwo in einer dunklen Ecke saß, wo mich kein durchschauender Blick einer spottlustigen blauäugigen Spitzbübin erreichen konnte, — ja, schon beim bloßen Gedanken daran stockte mir der Atem vor Verwirrung, Scham und Furcht, drohte mir das Herz stillzustehen. Mit einem Wort, ich war verliebt ... das heißt, sagen wir, oder vielmehr, ich gebe zu, daß ich Unsinn rede: das war doch ganz unmöglich. Aber warum fing denn von allen Gesichtern, die mich umgaben, nur dieses eine meine Aufmerksamkeit ein? Weshalb folgte mein Blick nur ihr allein, wo sie ging und stand, weshalb *liebte* ich es, sie zu betrachten, obschon doch damals mein Sinn entschieden noch nicht danach stand, Frauen zu erspähen und sie kennen zu lernen? Das geschah aber namentlich abends, wenn sich bei trübem oder kühlem Wetter die ganze Gesellschaft in den Sälen versammelte und ich dann aus irgendeiner Saalecke, wo ich einsam und verlassen saß, ziellos nach allen Seiten ausguckte — wohin die Augen selbst gerade wollten, da ich keine andere Beschäftigung für sie zu finden wußte. Außer meiner Verfolgerin sprach selten jemand ein Wort zu mir, so daß ich mich an solchen Abenden gewöhnlich sträflich langweilte. Dann betrachtete ich die Menschen und spitzte die Ohren, wenn ich Gesprächen zuhörte, von denen ich oft kein Wort begriff. Da kam es denn ganz von selbst, daß die traurigen Augen und das stille Lächeln der schönen Mme. M. (denn um sie handelt es sich) Gott weiß weshalb meine Aufmerksamkeit fesselten, und dann konnte nichts mehr den seltsamen, unbestimmten und unfaßbar süßen Eindruck verwischen, den sie auf mich machte. Oft saß ich stundenlang und sah sie wie verzaubert an und konnte meinen Blick nicht von ihr losreißen. Jede Geste, jede Bewegung, jeder Ausdruck ihres Gesichts prägte sich meinem Gedächtnis ein, und ich lauschte auf jede Schwingung ihrer Stimme, die nicht laut war, sondern von einem tieferen, leicht gedämpften Klang, und — merkwürdig! — aus diesen Beobachtungen und ihren seltsam süßen Eindrücken erwuchs in mir eine ganz unerklärliche Neugier. Es war fast, als ahnte ich ein Geheimnis in ihr ...

Am qualvollsten war mir daher jeder Spott in ihrer Gegenwart. Denn alle diese Scherze und komischen Neckereien erniedrigten mich in meinen Augen und waren für mein Gefühl die schrecklichsten Beleidigungen. Und wenn nun gar bei dem allgemeinen Gelächter über mich auch Mme. M. zuweilen unwillkürlich mitlachte, dann war ich außer mir vor Schmerz und Scham. Ich riß mich mit der Wut eines Verzweifelten aus den Händen meiner Verfolgerinnen und rannte nach oben, in den Zweiten Stock, wo ich dann den ganzen übrigen Tag einsam verbrachte, da ich mich nicht mehr im Saal zu zeigen wagte. Übrigens war ich mir damals weder über mein Schamgefühl noch über meine Erregung im klaren: der ganze Prozeß spielte sich vollkommen unbewußt in mir ab. Mit Mme. M. hatte ich noch keine zwei Worte gesprochen, und ich hätte natürlich nie den Mut gehabt, sie anzureden. Eines Abends aber, nach einem für mich elend verlaufenen Tag, blieb ich während des Spaziergangs hinter den anderen zurück, und da ich schrecklich müde geworden war, ging ich durch den Garten wieder nach Hause. Ich wählte den kürzesten Weg — eine entlegene Allee — und da erblickte ich auf einer Bank plötzlich Mme. M. Sie saß dort ganz allein, als habe sie diese Einsamkeit gesucht, saß zurückgelehnt, mit gesenktem Kopf, und ihre Finger spielten mechanisch mit dem Taschentuch, das sie in der Hand hielt. Sie war so in Gedanken versunken, daß sie gar nicht hörte, wie ich mich ihr näherte.

Als sie mich erblickte, erhob sie sich schnell von der Bank, wandte das Gesicht ab und ich sah, wie sie das Taschentuch an die Augen führte, um die Tränenspuren fortzuwischen. Sie hatte geweint. Dann tat sie, als wäre nichts geschehen, lächelte mir zu und ging mit mir zurück zum Herrenhause. Ich habe vergessen, wovon wir sprachen; nur schickte sie mich unterwegs immer wieder unter verschiedenen Vorwänden von sich fort: bald bat sie mich, eine Blume zu pflücken, bald sollte ich ihr sagen, wer dort in der nächsten Allee ritt. Sobald ich mich aber von ihr fortwandte, fuhr sie wieder schnell mit dem Tuch über die Wangen, da die ungehorsamen Tränen nicht versiegen wollten, vielmehr aus dem wehen, kämpfenden Herzen immer wieder in ihre armen Augen traten. Ich begriff sehr wohl, daß ich ihr lästig war, da sie mich so oft fortschickte. Sie aber sah doch, daß ich schon alles bemerkt hatte, und trotzdem konnte sie sich nicht beherrschen — das quälte mich für sie noch viel mehr! Ich ärgerte mich fast bis zur Verzweiflung über mich selbst, ich verwünschte mein Unglück und meine Dummheit, die mich keinen Vorwand finden ließ, unter dem ich mich hätte entfernen können, ohne sie noch obendrein merken zu lassen, daß ich um ihr Leid wußte. So ging ich denn betrübt und unglücklich, mit meinem Zwiespalt im Herzen, neben ihr her und fand trotz aller Anstrengung kein einziges Wort, mit dem ich unsere einsilbige Unterhaltung hätte beleben können.

Diese Begegnung machte einen so tiefen Eindruck auf mich, daß ich Mme. M. nun den ganzen Abend mit unsagbarer Wißbegier verstohlen beobachtete. Aber ungeachtet meiner Vorsicht trafen sich unsere Blicke doch ein paarmal, und als sie das zweite Mal meinen Blick bemerkte, da lächelte sie. Das war an diesem Abend das einzige Mal, daß ich sie lächeln sah. Die Trauer war jedoch nicht aus ihrem Gesicht gewichen, und sie war sehr blaß. Die ganze Zeit unterhielt sie sich mit einer alten Dame, die eigentlich von keinem gemocht wurde, weil sie immer spionierte und Klatschgeschichten verbreitete, die aber von allen gefürchtet wurde, weshalb man sich denn gewissermaßen gezwungen sah, im Verkehr mit ihr liebenswürdig und aufmerksam zu sein, ob man wollte oder nicht ...

Gegen zehn Uhr traf plötzlich der Mann von Mme. M. ein. Ich sah, wie sie bei dem unerwarteten Erscheinen ihres Gatten zusammenzuckte und wie ihr ohnehin schon blasses Gesicht fast schneeweiß wurde. Das war so auffallend, daß auch andere es bemerkten. Wenigstens fing ich von einem leisen Gespräch in meiner Nähe ein paar Bemerkungen auf, aus denen ungefähr hervorging, daß die arme Mme. M. kein gerade beneidenswertes Leben habe. Ihr Mann sei, wie man wisse, eifersüchtig wie ein Mohr, jedoch nicht aus Liebe zu ihr, sondern nur aus Liebe zu sich selbst. Dieser Mensch war nämlich in erster Linie „Europäer", und zwar einer der neuzeitlichen, von modernen Ideen beeinflußten, mit denen er gerne großtat. Was sein Äußeres anbetraf, so war er ein brünetter, großer und sehr stämmiger Herr mit europäisch geschnittenem Backenbart und einem selbstzufriedenen, frischen Gesicht, mit zuckerweißen Zähnen und dem Auftreten eines vollendeten Gentleman. Man nannte ihn einen »klugen Menschen«. So pflegt man nämlich in gewissen Kreisen einen besonderen, auf Kosten anderer fett gewordenen Menschenschlag zu nennen, der so gut wie nichts tut und auch so gut wie nichts tun will, der vielmehr vor lauter Faulheit und ewigem Nichtstun anstatt des Herzens sozusagen ein Stück Speck im Leibe hat. Gerade von diesen Leuten aber hört man jeden Augenblick, daß sie nur infolge gewisser höchst verwickelter und ihnen feindlicher Umstände, die ihr »Genie ermüdeten«, nichts zu tun hätten, und daß es deshalb »traurig sei«, sie »unbeauftragt zu sehen«. Das ist nun einmal so ihre schönklingende Phrase, ihr mot d'ordre, ihre pompöse Parole, die diese satten Fettwänste überall anbringen, weshalb sie einen denn auch schon längst langweilen, um nicht mehr zu sagen; wie eben jede ausgesprochene Tartüfferie oder jedes leere, alberne Wort. Übrigens scheinen einige dieser spaßigen Käuze, die auf keinerlei Weise eine Arbeit für sich finden können — zumal sie eine solche auch nie ernstlich suchen —, gerade danach zu trachten, alle davon zu überzeugen, daß sie an Stelle des Herzens nicht ein Stück Speck, sondern im Gegenteil etwas *sehr Tiefes* besäßen, aber was das nun eigentlich sein sollte, darüber würde wohl selbst der beste Chirurg keine Auskunft zu geben vermögen, aus Höflichkeit, wohlverstanden. Diese Herrschaften schlagen sich ihr Leben lang damit durch, daß sie alle ihre Instinkte nur auf billigen Spott, kurzsichtige Kritik und maßlosen

Dünkel ausrichten. Da sie sonst nichts zu tun wissen, als die Fehler und Schwächen anderer zu erspähen und ewig breitzutreten, und da sie von guten Gefühlen genau nur soviel besitzen, wie sie etwa einer Auster zugeteilt worden sind, so fällt es ihnen auch nicht schwer, bei so viel vorbeugenden Mitteln, ihr Leben ziemlich umsichtig und mit viel Vorsicht unter den Menschen zu verbringen. Dessen rühmen sie sich denn auch über alle Maßen. So sind sie zum Beispiel nahezu überzeugt, daß ihnen womöglich die ganze Welt zinspflichtig sei; daß diese ganze Welt nur ihre Auster oder Vorratskammer darstelle, für sie zum Verspeisen geschaffen; daß alle außer ihnen Dummköpfe seien; daß jedermann gleich einer Apfelsine oder einem Schwamm nur den Daseinszweck habe, sich von ihnen bis zum letzten Tropfen auspressen zu lassen; sie halten sich für die Herren der Welt und meinen, diese ganze löbliche Ordnung der Dinge rühre nur davon her, daß sie so kluge und charaktervolle Leute seien. In ihrem maßlosen Stolz werden sie niemals eigene Mängel zugeben. Sie gleichen jener Gattung weltgewandter Schwindler, geborener Tartüffs und Falstaffs, die sich so ans Heucheln und Schwindeln gewöhnt haben, daß sie schließlich selber glauben, was sie sagen; sie haben so oft anderen versichert, sie seien ehrliche Leute, daß sie zu guter Letzt auch sich persönlich überzeugt haben, sie seien es wirklich, und ihr Schwindel sei die Ehrlichkeit selbst. Zu einer gewissenhaften inneren Selbsterkenntnis, zu einer aus innerem Anstand gerechten Selbsteinschätzung und Einordnung langt es bei ihnen nie; denn für gewisse Dinge haben sie ein viel zu dickes Fell. Im Vordergrund steht für sie doch immer und überall ihre eigene goldene Person, ihr Moloch oder Baal, ihr herrliches „Ich" ganz allein. Die gesamte Natur, ja, die ganze Welt ist für sie nichts weiter als ein einziger prächtiger Spiegel, der nur dazu geschaffen sein soll, damit mein kleiner Gott sich ununterbrochen in ihm bewundern könne und außer seiner eigenen Person niemand und nichts zu bemerken brauche. Da ist es denn kein Wunder, wenn er alles auf der Welt in so abscheulicher Entstellung zu sehen pflegt. Für alles haben sie eine fertige Phrase, und zwar — was übrigens ihrerseits der Gipfel ihrer Geschicklichkeit ist — immer die allermodernste Phrase. Ja, man kann sogar sagen, daß gerade sie es sind, die die neue Mode verbreiten, indem sie redselig den Gedanken anpreisen, dessen Erfolg sie schon wittern. Eben dies ist es, was sie auszeichnet: die Witterung, mit der sie so eine heraufkommende Modephrase schon von fern riechen und die sie sich dann schleunigst, schon vor den anderen aneignen, so daß es den Anschein hat, sie sei von ihnen ausgegangen. Vor allem aber versehen sie sich mit einem Vorrat an solchen Phrasen, die ihrer tiefsten Sympathie mit der Menschheit Ausdruck geben, die genau definieren, wie die einzig richtige und von der Vernunft anerkannte Philanthropie beschaffen zu sein habe, um schließlich überzugehen auf unentwegte Angriffe und Vorwürfe gegen die Romantik im Leben, das heißt aber nur allzu oft gegen alles Schöne und Wahre, von dem jedes Atom kostbarer ist als ihre gesamte Weichtiergattung. Aber in ihrer Roheit sind sie völlig unfähig, das Wahre in einer noch suchenden, noch unfertigen Übergangsform zu erkennen, und so verwerfen sie denn alles, was noch nicht ausgereift ist, was sich noch nicht geklärt hat und noch umhertastet. Dieser satte Mensch hat sein ganzes Leben in Heiterkeit an fertiggedeckten Tischen verbracht, hat selbst nie etwas geschaffen und weiß gar nicht, wie schwer jedes Ding zu schaffen ist; daher wehe dem, der seine verfetteten Gefühle mit etwas Rauhem streift: das wird er nie verzeihen, nie vergessen und sich bei Gelegenheit mit Wonne dafür rächen. In der Summe ergibt sich, daß ein derartiger Held nichts mehr und nichts weniger ist als ein riesengroßer, bis zur letzten Möglichkeit aufgeblasener Sack, voll Sentenzen, Modephrasen und Schlagwörtern aller Art.

Übrigens war Monsieur M. doch ein etwas bemerkenswerterer Herr, da er eine Gabe besaß, die ihn immerhin durch einen gewissen Eigenwert auszeichnete: er war nämlich ein guter Erzähler, war witzig und redselig, was zur Folge hatte, daß in der Gesellschaft sich immer ein Kreis um ihn versammelte. An jenem Abend war er besonders gut aufgelegt; er riß die Unterhaltung an sich, war schlagfertig, beinahe geistvoll, gut gelaunt und brachte es soweit, daß alle nur ihm zuhörten, nur ihn anschauten. Dagegen war Mme. M. die ganze Zeit schweigsam und litt sichtlich: sie sah so traurig aus, daß ich fürchtete, gleich wieder Tränen in ihren Augen zu sehen. Alles das machte, wie gesagt, einen tiefen Eindruck auf mich. Ich war bestürzt und verwundert, und eine seltsame Neugier erfaßte mich. Die ganze Nacht träumte mir von M. M., während ich bis dahin noch kaum von peinigenden Träumen heimgesucht worden war.

Am anderen Morgen wurde ich schon früh nach unten in den Saal gerufen, wo die Proben zu den lebenden Bildern, zu denen auch ich herhalten mußte, stattfanden. Diese lebenden Bilder, ferner eine Theateraufführung und ein großer Ball, alles an einem Abend, sollten zur Feier des Geburtstages der jüngsten Tochter unseres Gastgebers stattfinden. Wir hatten im ganzen nur noch etwa fünf Tage Zeit. Zu diesem neuen Fest waren aus Moskau und von den benachbarten Landgütern nicht viel weniger als hundert Personen eingeladen, so daß große Vorbereitungen getroffen werden mußten, die natürlich den Trubel noch erhöhten. Die Proben oder richtiger die Durchsicht der vorhandenen Kostüme fand zu einer so ungelegenen Zeit statt, weil der bekannte Künstler R., der ein Freund und Gast unseres Hausherrn war und sich aus Gefälligkeit bereit erklärt hatte, die Bilder zu stellen, noch nach Moskau fahren wollte, um die fehlenden Requisiten einzukaufen. So hieß es denn, sich beeilen. Mich hatte man für ein lebendes Bild mit Mme. M. ausersehen. Das Bild stellte eine Szene aus dem mittelalterlichen Leben dar und hieß: „Die Schloßherrin und ihr Page".

Ich war entsetzlich verwirrt, als ich mit Mme. M. auf der Probe zusammentraf. Natürlich war ich überzeugt, daß sie sogleich alle meine Gedanken, Zweifel und Vermutungen, die mir seit dem letzten Abend durch den Kopf gefahren waren, aus meinen Augen erraten werde. Und überdies bedrückte mich noch so etwas wie ein Schuldgefühl ihr gegenüber, weil ich sie in ihrem Leid überrascht und ihre Tränen bemerkt hatte. Wußte ich denn, ob sie nicht vielleicht sogar sehr ärgerlich über mich war? Aber Gott sei Dank, es verlief alles ohne irgendwelche Unannehmlichkeiten: ich wurde von ihr ganz einfach — gar nicht bemerkt. Ihre Gedanken waren offenbar mit etwas ganz Anderem beschäftigt, und sie schien weder mich noch sonst etwas von der Probe zu sehen. Sie machte den Eindruck, als laste eine große quälende Sorge auf ihr. Sie war zerstreut und sichtlich bedrückt. Nach beendeter Probe lief ich schnell fort und kleidete mich um. Etwa zehn Minuten später trat ich auf die Veranda, um in den Garten zu gehen. Im selben Augenblick trat aus einer anderen Tür auch Mme. M. auf die Veranda, und zugleich erblickten wir beide vor uns ihren selbstzufriedenen Herrn Gemahl, der aus dem Garten heraufkam, wohin er gerade eine Schar junger Damen begleitet und einem anderen, zufällig müßigen Kavalier anvertraut hatte. Die Begegnung mit seiner Frau kam auch für ihn ganz unerwartet. Mme. M. errötete plötzlich, und in ihrer hastigen Bewegung drückte sich ein gewisser Unmut aus. Der Herr Gemahl, der sorglos eine Arie vor sich hinpfiff und unausgesetzt mit tiefsinniger Miene seinen schönen Backenbart strich, runzelte ein wenig die Stirn, als er seine Frau erblickte, und betrachtete sie, wie ich mich jetzt entsinne, mit entschieden inquisitorischem Blick.

»Sie gehen in den Garten?« fragte er, da er in ihrer Hand einen Sonnenschirm und ein Buch bemerkte.

»Nein, in den Wald«, sagte sie und errötete leicht.

»Allein?«

»Mit ihm...« Sie wies auf mich. »Ich gehe morgens immer allein spazieren«, fügte sie wie zur Erklärung hinzu, aber mit einer etwas unsicheren Stimme, die wohl gleichgültig klingen sollte, statt dessen aber genauso klang, wie wenn man zum erstenmal im Leben lügt.

»Hm ... Ich habe soeben eine ganze Gesellschaft fortbegleitet. Sie versammeln sich dort alle bei der Rosenlaube, um N. das Geleit zu geben. Er verläßt uns, wie Sie wissen ... Es ist ihm da irgendwo in Odessa ein Malheur passiert ... Ihre Kusine« (mein blonder Plagegeist) »lacht und weint, beides zugleich, so daß man nicht aus ihr klug werden kann. Übrigens sagte sie mir, daß Sie aus irgendeinem Grunde auf N. böse seien und ihn deshalb nicht begleiten wollten. Natürlich ein Unsinn?«

»Sie scherzt doch nur«, sagte Mme. M. und stieg die Stufen hinab in den Garten.

»Also das ist jetzt Ihr täglicher Cavalier servant?« fragte er noch beiläufig mit spöttisch zuckenden Mundwinkeln und musterte mich durch sein Monokel.

»Page!« rief ich, wütend über seinen Blick, über seinen Spott, und dann lachte ich ihm gerade ins Gesicht und sprang mit einem Satz über die drei Stufen.

»Nun, viel Vergnügen«, brummte M. M. und ging weiter.

Ich war natürlich gleich zu Mme. M. getreten, als sie auf mich wies, und hatte mir den Anschein gegeben, als hätten wir uns schon vor einer Stunde verabredet, und ich tat auch so, als sei ich schon einen ganzen Monat jeden Morgen mit ihr spazierengegangen. Nur konnte ich nicht begreifen, weshalb diese Begegnung sie so verwirrte, und was sie eigentlich im Sinn hatte, als sie sich zu der kleinen Lüge entschloß. Warum hatte sie nicht ganz einfach gesagt, daß sie allein gehe? So aber wußte ich nicht, was ich davon denken sollte. Dennoch begann ich allmählich, trotz meiner Unsicherheit und aller Befürchtungen, mit naiver Neugier verstohlen zu ihr aufzusehen; doch ganz wie vor kurzem bei der Probe bemerkte sie auch jetzt weder meine Blicke, noch meine stumme Frage. Nur dieselbe quälende Sorge spiegelte sich noch deutlicher, noch tiefer in ihren erregten Zügen wider und sprach aus jeder Bewegung, sprach vor allem aus ihrem schnellen Gang. Sie mußte Eile haben, denn sie beschleunigte ihre Schritte, und unruhig blickte sie in jede Allee, in jede

Schneise im Walde, und zwar immer nach der Seite des Gartens hin. Auch ich begann etwas zu erwarten. Da vernahmen wir Pferdegetrappel hinter uns. Es war eine ganze Kavalkade, Damen und Herren, hoch zu Roß, die alle jenen N., der uns so plötzlich verließ, begleiteten.

Unter den Reiterinnen erblickte ich auch meine Blondine, von der M. M. uns erzählt hatte, daß sie gelacht und geweint habe, beides zugleich. Ihrer Gewohnheit gemäß lachte sie nun wieder wie ein Kind und war so mutwillig und lustig wie nur je. Sie ritt einen prächtigen Schimmel. Als die Gesellschaft uns erreichte, zog N. den Hut, hielt aber weder sein Pferd an, noch sagte er ein Wort zu Mme. M. Bald waren sie alle hinter einer Wegbiegung verschwunden. Ich blickte zu Mme. M. auf und — beinahe hätte ich aufgeschrien vor Überraschung: sie war totenbleich und rührte sich nicht, nur große Tränen standen in ihren Augen. Unsere Blicke trafen sich: Mme. M. errötete jäh, wandte sich für einen Augenblick ab, und ich las Unruhe und Ärger in ihrem Gesicht, obschon sie sich schnell und mit aller Gewalt zusammennahm. Ich war überflüssig, war lästiger noch als tags zuvor, das war mir klar. Aber wie sollte ich mich entfernen, unter welchem Vorwand?

Da schlug Mme. M. plötzlich, als habe sie meine Gedanken erraten, das Buch auf, das sie mitgenommen hatte, und, indem ihr wieder das Blut in die Wangen stieg, sagte sie — sichtlich bemüht, mich dabei nicht anzusehen — als habe sie es soeben erst bemerkt:

»Ach! Das ist ja der Zweite Band, ich habe mich versehen! Bitte, bring mir den Ersten!«

Es war nicht mißzuverstehen! Ich hatte meine Rolle ausgespielt und auf einem geraderen Wege hätte sie mich schwerlich fortschicken können.

Ich lief mit dem Buch fort und kehrte nicht zurück. Der Erste Band blieb an diesem Morgen unberührt auf dem Tisch liegen.

Aber seitdem war ich so verändert, daß ich mir selbst ganz

fremd vorkam: mein Herz pochte wie in fortwährender Angst. Ich wandte die größte Vorsicht an, um nicht irgendwie Mme. M. zu begegnen. Dafür aber betrachtete ich von nun an mit einer nahezu wilden Neugier ihren selbstzufriedenen Herrn Gemahl, als müsse an ihm etwas ganz Besonderes zu entdecken sein. Ich begreife jetzt selbst nicht, wie ich damals zu dieser lächerlichen Neugier kam, doch entsinne ich mich, daß alles, was ich an jenem Morgen erlebt hatte, mich in ein ganz eigenartiges Staunen versetzte. Und doch war das erst nur ein Anfang an diesem Tag, an dem mir noch ganz andere und noch viel größere Erlebnisse bevorstanden.

Es wurde ausnahmsweise früher als sonst zu Mittag gespeist. Am Nachmittag sollten wir eine Ausfahrt nach einem Nachbardorf machen, um einmal ein richtiges Dorffest, das dort gefeiert wurde, kennenzulernen, deshalb speisten wir früher. Ich hatte mich schon seit drei Tagen auf dieses Fest gefreut, von dem ich Gott weiß wie viel erwartete. Den Kaffee tranken alle auf der Veranda. Vorsichtig folgte ich den anderen aus dem Speisesaal und verbarg mich hinter mehreren Sesseln. Mich zog wieder meine Neugier dorthin, und die war so groß, daß ich ihr sogar auf die Gefahr hin folgte, von Mme. M. bemerkt zu werden. Der Zufall fügte es jedoch anders: ich geriet in die Nähe meiner blonden Verfolgerin. An diesem Tag war mit ihr ein Wunder geschehen, etwas schier Unglaubliches: sie sah plötzlich noch einmal so schön aus wie sonst. Wie und woher das kam, das weiß ich nicht, aber mit Frauen geschieht dieses Wunder ja recht oft. Unter uns befand sich ein neuer Gast, ein langer blonder junger Mann, der gerade aus Moskau eingetroffen war, fast wie um N. zu ersetzen, der uns am Morgen verlassen hatte und von dem das Gerücht ging, daß er in unsere blonde Schönheit sterblich verliebt gewesen sei. Der neue Gast aber stand schon seit langer Zeit in einem Verhältnis zu ihr, wie Benedikt zu Beatrice in Shakespeares „Viel Lärm um nichts". Kurz, unsere blonde Schöne fand an diesem Tage ungeheuren Beifall. Ihre Scherze und ihr Geplauder waren so entzückend, so zutraulich naiv, so verzeihlich unvorsichtig, und dabei war sie selbst mit einer so graziösen Sicherheit im voraus vom allgemeinen Beifall überzeugt, daß sie die ganze Zeit von allen Anwesenden tatsächlich nur bewundert wurde. Um sie herum bildete sich ein dreifacher Kreis von überraschten, verwunderten und entzückten Zuhörern, denn so bezaubernd hatte man sie noch nie gesehen. Jedes Wort von ihr ward wie ein verführerisch Wunderding erhascht und weitergegeben, jeder Scherz, jede schlagfertige Antwort erregten Begeisterung. Wie es schien, hatte niemand soviel Geschmack, Geist und Verstand in ihr vermutet, denn ihre besten Eigenschaften wurden durch ihre täglichen kindischen Tollheiten, die oft fast zu Narreteien ausarteten, in den Schatten gestellt und selten von jemand bemerkt; oder wer sie zwischen jenen Kindereien bemerkte, der hielt sie für Zufall, so daß ihr plötzlicher Erfolg mit einem eifrigen Getuschel allgemeiner Verwunderung aufgenommen wurde.

Übrigens trug zu diesem Erfolg noch ein besonderer, etwas kitzliger Umstand bei, kitzlig wenigstens im Hinblick auf die Rolle, die der Herr Gemahl der Mme. M. dabei spielte. Der Wildfang hatte sich nämlich vorgenommen — und wie ich bemerken muß: fast zu allseitigem Gaudium oder zum mindesten doch zu dem der ganzen Jugend — wahrhaft unbarmherzig M. M., immer nur M. M. anzugreifen, und dies wohl aus verschiedenen Gründen, die in ihren Augen wahrscheinlich alle sehr gewichtig waren. Sie eröffnete im Kampf mit ihm ein richtiges Geplänkel mit spitzen Bemerkungen, Seitenhieben und Sarkasmen von der boshaftesten Art, die aber ihrerseits so geschlossen, glatt und rund waren, daß man sie nirgends fassen konnte, um sie der gütigen Spenderin zurückzuwerfen; Sarkasmen, denen der Gegner wehrlos ausgeliefert war, die nie ihr Ziel verfehlten und ihr Opfer, das sich in vergeblichen Anstrengungen erschöpfte, schließlich in die wildeste Wut versetzten und zur komischsten Verzweiflung brachten.

Ich weiß es zwar nicht genau, aber ich glaube doch sagen

zu dürfen, daß dieser Zweikampf nicht zufällig entbrannte, sondern von ihr mit Absicht herbeigeführt wurde. Eigentlich hatte dieses erbitterte Duell schon bei Tisch begonnen. Ich nenne es erbittert, denn M. streckte die Waffen nicht so bald. Er mußte mit Aufbietung seiner ganzen Geistesgegenwart all seinen Scharfsinn und seine nicht geringe Wortgewandtheit zusammennehmen, um nicht eine Schlappe sondergleichen davonzutragen und mit Schmach und Schande das Feld räumen zu müssen. Der Kampf verlief unter fast unaufhörlichem Gelächter aller Zeugen und Teilnehmer. Jedenfalls hatte sich das Blatt für ihn an diesem zweiten Tage völlig gewendet; mit dem Beifall, den er am ersten Abend geerntet hatte, war es zu Ende. Wie ich und auch andere bemerkten, war Mme. M. mehrmals im Begriff, ihrer unvorsichtigen Freundin ins Wort zu fallen. Diese aber schien dem eifersüchtigen Gatten unbedingt eine Narrenkappe aufsetzen oder ihn wenigstens eine lächerliche Rolle spielen lassen zu wollen — etwa diejenige eines Blaubart, wenigstens nach dem zu urteilen, was ich noch behalten habe, und nach der Rolle, die ich selbst durch einen Zufall in dieser Komödie spielen sollte.

Das geschah ganz plötzlich und so unvorhergesehen, daß ich kaum zur Besinnung kam. Ich stand und hörte zu, ohne etwas Böses zu ahnen, und hatte sogar meine Vorsicht vergessen, als ich mich mit einem Mal mitten in den Streit hineingezogen sah: sie stellte mich plötzlich als den Todfeind und natürlichen Gegner des M. M. vor, als den sterblich, bis zur Verzweiflung verliebten Anbeter seiner Frau. Mit ihrem Ehrenwort verbürgte sich die Schreckliche für die Wahrheit ihrer Behauptungen, und sie beteuerte hoch und heilig, daß sie die sichersten Beweise besitze, z. B. habe sie noch an diesem Morgen im Walde gesehen ... —

Doch sie konnte den Satz nicht beenden: ich unterbrach sie in dem für mich entscheidenden Augenblick. Aber dieser Augenblick war von ihr so geschickt abgepaßt, der Knoten war so genial geschürzt und die scherzhafte Lösung so wohl vorbereitet, und dabei alles so unnachahmlich wiedergegeben, daß eine schallende Lachsalve diesen letzten Trumpf begrüßte. Und obschon ich damals gleich erriet, daß die lächerlichste Rolle gar nicht mir zufiel, war ich doch so verwirrt, aufgebracht und erschrocken, daß ich mit Tränen in den Augen, mit dem Schmerz und der Erschütterung der Verzweiflung und Scham mich zwischen den Stühlen im Nu durchgedrängt hatte, mitten im Kreise stand und mit vor Tränen stockender Stimme empört meine Feindin anschrie:

»Und Sie schämen sich nicht! ... ganz laut ... und vor allen Damen ... eine so häßliche Unwahrheit zu sagen?! Sie sind wie eine ... eine dumme Göre ... und das noch dazu vor Männern! Was werden die sich denken? Dabei sind Sie doch schon groß und ... sogar verheiratet!!...«

Ohrenbetäubender Beifall unterbrach mich. Meine Standrede machte Furore! Es war aber nicht nur mein naiver Ausfall, es waren auch nicht die Tränen in meinen Augen, die so erheiternd wirkten, sondern es war vor allem das, daß ich gleichsam als Verteidiger des M. M. auftrat, was ein so schallendes Gelächter hervorrief. Aber ich gestehe: in der Erinnerung muß ich jetzt selber lachen, dermaßen komisch war doch der ganze Auftritt ... Damals aber erstarrte ich und verlor völlig den Kopf vor Entsetzen ... Und dann flammte ich auf wie Pulver im Feuer, bedeckte das Gesicht mit den Händen und stürzte fort, prallte in der Tür mit einem Diener zusammen, dem das Tablett aus den Händen flog, und stob wie der Wind nach oben in mein Zimmer. Ich riß den Schlüssel heraus, der von außen in der Tür stak, und schloß mich ein. Das war aber auch mein Glück, denn schon folgte mir eine wilde Jagd: eine halbe Minute später lief eine ganze Bande Sturm gegen meine Tür. Es waren alle unsere jungen Damen: ich hörte ihr Lachen, ihr flinkes Geschwätz, alle Stimmen zugleich — wie ein Schwalbenvolk zwitscherten sie durcheinander. Alle, alle ausnahmslos baten sie, flehten sie mich an, die Tür wenigstens auf einen Augenblick zu öffnen; sie schworen, daß mir nichts Böses widerfahren werde, sie wollten mich nur totküssen, wie sie versicherten. Aber welche Drohung hätte fürchterlicher sein können? Ich brannte, ich verging vor Scham und preßte das Gesicht in die Kissen und hätte um keinen Preis die Tür geöffnet oder auch nur mit einer Silbe geantwortet. Sie lärmten und bettelten noch lange vor der Tür, ich aber blieb gefühllos und taub, wie es nur ein Elfjähriger fertigbringt.

Was sollte ich jetzt tun? Alles war aufgedeckt, alles verraten, was ich so eifersüchtig geheimgehalten und vor allen Blicken verborgen hatte! ... Ich war auf ewig mit Schmach und Schande bedeckt! Um ganz aufrichtig zu sein: ich hätte freilich nicht zu sagen gewußt, *was* ich so ängstlich geheimhalten wollte; aber schließlich hatte ich doch vor der Entdeckung dieses geheimgehaltenen Etwas wie ein Espenblättchen gezittert. Auch war ich mir bis dahin durchaus nicht klar darüber gewesen, ob es etwas Gutes oder Schlechtes, etwas Rühmliches oder Schmähliches sei. Nun aber kam mir plötzlich unter Qualen, zu meinem großen Kummer, die Erkenntnis, daß dies alles *lächerlich* und *beschämend* war! Mein Instinkt sagte mir zwar gleichzeitig, daß eine solche Auffassung falsch, unmenschlich und roh sei; aber ich war geschlagen, war vernichtet; das Denkvermögen, oder vielmehr die Erkenntnisfähigkeit war gleichsam gelähmt und schien sich in mir irgendwie verwickelt und verwirrt zu haben. Es war mir unmöglich, mich gegen dieses Urteil aufzulehnen oder es auch nur gründlich zu untersuchen: ich war wie betäubt; ich fühlte nur, daß mein Herz unmenschlich und schamlos verwundet worden war, und ich brach in ohnmächtige Tränen aus. Ich war überreizt. Machtlose Wut kochte in mir und alsbald stieg sogar Haß in mir auf, den ich bisher nie gekannt, denn zum erstenmal in meinem Leben hatte ich jetzt ernstes Leid und eine wirkliche Kränkung erfahren. In mir, dem unwissenden Kinde, war das erste noch unerfahrene, noch unentwickelte Gefühl mit roher Hand berührt, das erste keusche, hauchzarte Schamgefühl entblößt und entheiligt, der erste und vielleicht sehr ernste ästhetische Eindruck ins Lächerliche gezogen worden. Allerdings konnten die Lachenden vieles nicht wissen und meine Qualen nicht voraussehen. Zur Hälfte aber war hierbei noch ein *verborgener* Umstand im Spiel, über den ich mir selbst noch nicht ganz klar geworden war, oder richtiger: den zu untersuchen ich mich bis dahin nicht recht getraut hatte. In Kummer und Verzweiflung blieb ich auf meinem Bett liegen und verbarg das Gesicht in den Kissen. Fieber- und Frostschauer überliefen abwechselnd meinen Körper. Zwei Fragen quälten mich: Was hatte diese nichtsnutzige Blondine am Morgen im Walde zwischen mir und Mme. M. gesehen, was hatte sie sehen können? Und die zweite Frage: Wie, auf welche Weise, mit welchen Augen konnte ich jetzt noch Mme. M. ins Gesicht sehen, ohne auf der Stelle, im selben Augenblick, vor Scham und Verzweiflung zu vergehen?

Ein ungewohnter Lärm auf dem Hof weckte mich aus der halben Bewußtlosigkeit, in der ich mich befand. Ich stand auf und trat ans Fenster. Der Hof war voll von Equipagen, Reitpferden, geschäftigen Stallknechten und Kutschen; es sah aus, als wollten alle Gäste uns verlassen. Ein paar Reiter saßen schon zu Pferde, die übrigen Gäste nahmen in den verschiedenen Wagen Platz ... Da fiel mir ein, daß wir ja nach dem Nachbardorf fahren sollten, und eine gewisse Unruhe erfaßte mich: ich begann, mit den Augen meinen kleinen Klepper zu suchen, aber der war nicht zu sehen — also hatte man mich vergessen! Da hielt ich es nicht aus und lief Hals über Kopf nach unten, ohne an alle unangenehmen Folgen und den ganzen Vorfall noch weiter zu denken ...

Unten erwartete mich eine vernichtende Nachricht: es gab für mich diesmal weder ein Pferd noch den kleinsten Platz in einem Wagen — alle waren bereits überbesetzt, und ich mußte das Vergnügen anderen abtreten.

Von neuem Leid betroffen, blieb ich an der Freitreppe stehen und blickte traurig auf die lange Wagenreihe und die Reiter und Reiterinnen, deren Tiere bereits unruhig tänzelten.

Man wartete nur noch auf einen der Herren, der sich wohl etwas verspätet hatte. Unten vor der Freitreppe stand sein Reitpferd, schäumte ins Gebiß, scharrte mit dem Huf und zuckte bei jeder Kleinigkeit zusammen, wobei es große Lust verriet, sich zu bäumen. Zwei Stallknechte hielten das Tier am Zaum und zugleich sich selbst vorsichtshalber nach Möglichkeit außerhalb des Bereichs seiner Hufe, wie denn überhaupt alle in achtungsvoller Entfernung von ihm standen.

Es hatte in der Tat seinen Grund, und einen sehr unangenehmen dazu, weshalb ich nicht mitkonnte. Abgesehen davon, daß noch neue Gäste angekommen waren, die die freien Plätze in den Wagen einnahmen, wollte es das Unglück, daß zwei Reitpferde erkrankt waren, das eine davon war mein Klepper. Durch dieses Pech aber war nicht ich allein betroffen; auch für unseren neuen Gast, den blonden jungen Mann, den ich bereits erwähnte, stand nun kein Reitpferd mehr zur Verfügung. Infolgedessen hatte sich unser Hausherr gezwungen gesehen, seinen wilden, noch nicht zugerittenen jungen Hengst dem Gast anzubieten, allerdings mit der Bemerkung — zur Beruhigung seines Gewissens —, daß es ein Ding der Unmöglichkeit sei, dieses Tier zu reiten, und daß man schon längst beschlossen habe, den Hengst wegen seiner Wildheit zu verkaufen, sobald sich nur ein Käufer fände. Doch der junge Mann hatte trotz der Warnung lachend erklärt, er fühle sich in jedem Sattel sicher und im übrigen sei er bereit, sich auf gleichviel welchen Pferderücken zu setzen, um nur mitreiten zu können. Da hatte denn der Hausherr geschwiegen, doch jetzt spielte, wie mir schien, ein etwas zweideutiges Schmunzeln um seine Lippen. Er stand in Erwartung des Reiters, der seiner Reitkunst so sicher war, auf der Freitreppe, ließ auch sein Pferd noch warten, rieb sich die Hände und schaute immer wieder nach der Tür. Ähnliche Gedanken wie ihr Herr schienen auch die beiden Stallburschen zu haben, die den Hengst hielten und sehr stolz darauf waren, sich vor soviel Zuschauern als die

Bändiger eines so wilden Tieres zeigen zu können, das um nichts und wieder nichts einen Menschen totzutrampeln vermochte. In ihren Augen aber schien das zweideutige Schmunzeln ihres Herrn sich widerzuspiegeln, und sie guckten gleichfalls immer wieder nach der Tür, in der der kühne Reiter doch bald erscheinen mußte. Übrigens verhielt sich auch das Tier schließlich nicht anders, als habe es sich mit seinem Besitzer samt den Stallburschen verabredet: es stand nun stolz und bis auf weiteres ruhig mit hocherhobenem Kopf da, als fühle es, daß einige Dutzend neugieriger Blicke auf ihm ruhten, und als wäre es gerade auf seinen schlechten Ruf stolz, ganz wie mancher unverbesserliche Galgenstrick, der mit seinen Galgenstreichen noch prahlt. Und es war, als wollte das Tier den Kühnen herausfordern, der es wagen würde, ihm seine Freiheit nehmen zu wollen.

Dieser Kühne erschien endlich. Es war ihm peinlich, daß er die Gesellschaft hatte warten lassen, und indem er sich eilig die Handschuhe anzog, stieg er die Stufen hinab und sah erst auf, als er schon die Hand nach dem Pferdehals ausstreckte und ein wildes Bäumen des Tieres, begleitet von einem warnenden Schrei der Zuschauer, ihn verblüfften. Der junge Mann trat einen Schritt zurück und betrachtete verwundert den Hengst, der jetzt am ganzen Körper zitterte, wütend schnaufte und wild die blutunterlaufenen Augen rollte, wobei er sich immer wieder auf die Hinterbeine setzte und die Vorderbeine hob, als wäre er im Begriff, sich im nächsten Augenblick loszureißen und in wilden Sätzen davonzujagen — die Stallburschen womöglich hinter sich herschleifend. Der junge Mann betrachtete ihn immer noch mit einem gewissen Befremden: dann errötete er leicht, wie in einer kleinen Verwirrung — sah auf, sah sich im Kreise um und sah die erschreckten Damen...

»Es ist ein sehr schönes Tier«, sagte er, wie zu sich selbst, »und meiner Meinung nach muß es herrlich sein, es zu reiten, — aber... aber wissen Sie was? Ich werde es lieber doch nicht versuchen«, schloß er, sich mit seinem offenen, freundlichen

Lächeln, das seinem guten und klugen Gesicht so vortrefflich stand, an unseren Hausherrn wendend.

»Und dennoch halte ich Sie für einen vorzüglichen Reiter, mein Wort darauf!«, versetzte dieser sichtlich erfreut und drückte lebhaft und gleichsam dankbar seinem Gast die Hand, »eben weil Sie auf den ersten Blick erkannt haben, was für ein Tier Sie vor sich haben!« fügte er stolz hinzu. »Werden Sie es mir glauben, daß ich, der ich dreiundzwanzig Jahre lang Husar gewesen bin, schon dreimal das Vergnügen hatte, dank seiner Gnaden auf der Erde zu liegen, nämlich genau so oft, wie ich mich auf diesen ... Nichtsnutz gesetzt habe. – Tankred, he! mein Freund, hier ist man dir nicht gewachsen! Dein Reiter wird vielleicht einmal ein zweiter Iljá von Múrom[1] sein, der vorläufig noch in seinem Karatschárowo sitzt und wartet, bis dir die Zähne ausfallen. Na, führt ihn fort! Wir haben genug von ihm! Habt ihn umsonst herausgeführt!« rief er den Stallburschen zu und rieb sich zufrieden die Hände.

Ich muß hier bemerken, daß Tankred ihm nicht den geringsten Nutzen brachte und ganz umsonst seinen Hafer fraß. Überdies hatte er, der alte Husar, mit dem Ankauf dieses Pferdes seinen Ruf als Pferdekenner verdorben, da er für dieses Tier einzig um seiner Schönheit willen eine märchenhafte Summe bezahlt hatte ... Nichtsdestoweniger war er jetzt sehr zufrieden mit dem Tier, das seinen schlimmen Ruf bewährte und sich somit immerhin einen gewissen Ruhm erwarb, gleichviel welcher Art dieser auch war.

»Wie, Sie wollen nicht mit uns reiten?« rief die Blondine, der es sehr darum zu tun war, daß ihr Cavalier servant gerade diesmal sie begleite, »haben Sie denn gar keinen Mut?«

»Bei Gott, diesmal hab' ich ihn nicht!« antwortete der junge Mann lachend.

»Und Sie sagen das im Ernst?«

»So wollen Sie denn wirklich, daß ich mir den Hals breche?«

»Dann nehmen Sie schnell mein Pferd! Fürchten Sie sich nicht, es ist lammfromm! Es wird uns nicht aufhalten — im Nu ist umgesattelt! Ich werde es auf Ihrem Pferde versuchen. Tankred kann doch nicht immer so unhöflich sein!«

Gesagt — getan. Sie sprang aus dem Sattel und stand schon vor uns, noch bevor sie zu Ende gesprochen hatte.

»Oh, da kennen Sie meinen Tankred schlecht, wenn Sie glauben, er werde sich Ihren Damensattel auflegen lassen! Und übrigens kann ich auf keinen Fall gestatten, daß Sie sich das Genick brechen — das wäre doch zu jammerschade!« versetzte unser Hausherr gut gelaunt und seiner Gewohnheit gemäß mit altmodisch zierlicher Galanterie, die, mitunter gepaart mit einer gewissen Derbheit, wenn nicht gar verfänglichen Ungeniertheit, seiner Ansicht nach den alten Soldaten und „guten Kerl" markierte, der, wie er sich einbildete, besonders den Damen gefallen müsse. Das war nun einmal seine fixe Idee, die wir alle kannten.

»Na, du Schreihals — willst du's nicht versuchen? Du wolltest doch so gern mitkommen«, wandte sich die unerschrockene Reiterin plötzlich an mich, auf Tankred deutend. Sie meinte es mit ihrem Vorschlag wohl selber nicht sonderlich ernst, sondern sprach ihn nur aus, um nicht so ganz ohne weiteres das eigene Reitpferd wieder besteigen zu müssen, nachdem sie nun doch schon unnütz abgesprungen war, und ferner, um auch mich nicht »ungerupft« zu lassen, der ich so vorwitzig gewesen war, mich wieder vor ihr blicken zu lassen. »Du bist doch gewiß nicht so wie ... na, wozu Namen nennen — wie ein gewisser Held, und wirst dich schämen, den Mut zu verlieren ... noch dazu, wenn ‚man' dir zuschaut, schöner Page«, fügte sie hinzu, mit einem flüchtigen Blick auf Mme. M., deren Wagen der Freitreppe am nächsten hielt.

Haß und Rachedurst hatten mein Herz erfüllt, als sie, in der Absicht, Tankred gegen ihr Reitpferd einzutauschen, zu uns getreten war ... Wie aber soll ich das wiedergeben, was ich bei dieser plötzlichen Herausforderung empfand?

Mir wurde dunkel vor den Augen, als ich den Blick bemerkte, den sie Mme. M. zuwarf. Wie ein Blitz durchzuckte mich eine Idee ... und in einer Sekunde, im Bruchteil einer Sekunde war die Idee schon Wille geworden ... Ihr Blick wirkte auf mich wie ein Funke auf ein Pulverfaß — oder war das Maß schon so zum Überlaufen voll, daß ich bei diesem letzten Tropfen plötzlich wie mit einem Schlag wieder ich selbst war und alles sich in mir aufbäumte — daß ich mit einer einzigen Tat alle meine Feinde schlagen und mich vor allen Zeugen an ihnen rächen wollte, indem ich zeigte, was für ein Held ich sei? Oder war es vielleicht das, daß jemand mir in diesem Augenblick ein Stück Mittelalter, von dem ich noch nichts wußte, durch irgendein Wunder oder eine Zauberei offenbarte und ich in meinem erhitzten Kopf Turniere, Paladine, Knappen, schöne Edelfrauen, splitternde Lanzen sah und Schwertergeklirr, Geschrei und Beifallruf der Menge hörte, und zwischen all dem den schüchternen Aufschrei eines erschrockenen Herzens, der dem Stolzen auf dem Kampfplatz süßer klingt als alle Siegesfanfaren? ... Nein, ich weiß wirklich nicht, ob dieser Unsinn mir schon damals den Kopf verwirrte, oder ob ich, wie mir scheint, nichts anderes dachte und fühlte als daß meine Stunde geschlagen hatte? Mein Herz stand still, und dann gab ich mir einen Ruck, und mit einem Sprung stand ich schon neben Tankred.

»Ach, Sie glauben, ich fürchte mich?« rief ich frech und stolz zugleich, in einer Erregung, die mir die Sinne benahm und das Blut ins Gesicht trieb. »Dann sollen Sie sehen!« ... Und noch bevor jemand mich zurückhalten konnte, hatte ich schon eine Hand in Tankreds Mähne und einen Fuß im Steigbügel: Tankred bäumte sich auf, warf wild den Kopf in die Luft, riß sich mit einem Ruck und Satz von den Stallknechten los und raste vom Hof — ein Schrei des Entsetzens entrang sich allen Zuschauern.

Gott weiß, wie es mir gelang, im Fluge noch das andere Bein über den Sattel zu bringen; ebensowenig begreife ich, wie ich nicht das Gleichgewicht verlor. Tankred raste mit mir durch das offene Gittertor, bog scharf nach rechts zur Seite und jagte mit hochgestrecktem Kopf blindlings längs dem Gitterzaun weiter. Erst in diesem Augenblick hörte ich hinter mir das Geschrei der fünfzig Stimmen, und dieser Schrei erweckte in meiner Brust soviel Freude und Stolz, daß ich diesen verrücktesten Augenblick meiner Kindheit nie vergessen werde. Das Blut stieg mir zu Kopf und betäubte, erstickte meine Angst. Ich war mir meiner selbst nicht bewußt. Übrigens hatte das alles, soweit ich mich erinnere, wirklich etwas Ritterliches.

Indessen begann und endete mein Rittertum in kaum einer Minute — anderenfalls wäre es dem Ritter auch sehr schlecht bekommen. Und so verdanke ich meine Rettung nur einem Wunder. Zu reiten verstand ich zwar, aber mein gewohnter Klepper erinnerte doch weit eher an ein Lamm als an ein Reitpferd. Selbstverständlich wäre ich von Tankred aus dem Sattel geworfen worden, wenn er dazu nur Zeit gehabt hätte. Am Ende des Gitterzaunes scheute er aber vor einem großen Stein am Wege, bäumte sich und warf sich so wild herum, daß es mir noch jetzt ein Rätsel ist, wie ich im Sattel blieb und nicht wie ein Ball drei Klafter weit zu Boden flog, um zerschmettert liegen zu bleiben, und wie Tankred selbst sich bei dieser plötzlichen Wendung nicht einfach überschlug. So aber jagte er zurück zum Gittertor, schüttelte wild den Kopf, warf die Beine scheinbar wie sie wollten in die Luft und schien mit jedem Satz und Seitensprung nur eines zu wollen: mich abzuschütteln, als wäre ich ein Tiger, der ihm auf den Rücken gesprungen und sich mit allen Zähnen und Pranken in sein Fleisch einkrallte. Noch ein Augenblick — und ich wäre geflogen! Doch schon sprengten mehrere Reiter zu meiner Rettung herbei. Zwei von ihnen versperrten den Weg, zwei andere drängten ihre Tiere so dicht heran, daß sie mir fast die Beine zerquetschten, und schon hielten sie Tankred fest am Zaum. In wenigen Augenblicken waren wir wieder vor der Freitreppe.

Ich wurde aus dem Sattel gehoben, bleich und außer Atem. Tankred stand unbeweglich mit sich hebenden und senkenden Flanken, mit bebenden roten Nüstern wild schnaufend; dabei zitterten alle seine Nerven wie vor Wut und Empörung über die ungestrafte Frechheit eines Kindes, das ihn so beleidigt hatte! Ringsum ertönten immer noch Ausrufe der Angst und des Schrecks und der Verwunderung.

Da begegnete mein irrender Blick dem der Mme. M., die mich erregt und bleich ansah, und — nie werde ich diesen Augenblick vergessen! — ich wurde feuerrot. Ich weiß nicht, was in mir vorging, aber verwirrt und erschreckt durch eine neue Empfindung, senkte ich schüchtern den Blick zu Boden. Doch mein Blick war bemerkt, war aufgefangen, war mir wieder gestohlen worden! Aller Augen wandten sich Mme. M. zu. Als diese plötzlich die allgemeine Aufmerksamkeit auf sich gerichtet sah, erschrak sie und errötete plötzlich selbst wie ein Kind, gleichsam infolge einer Empfindung, die gegen ihren Willen über sie kam, obgleich sie sich ganz unschuldig fühlte. Und in ihrer Verlegenheit zwang sie sich zu einem Lachen ... Doch half ihr auch das nicht, ihr Erröten zu verbergen ...

Alles dies hätte einem unbeteiligten Beobachter natürlich sehr komisch erscheinen müssen; aber da bewahrte mich ein höchst naiver und unerwarteter neuer Ausfall der Ungezogenen vor dem allgemeinen Gelächter, indem er den ganzen Zwischenfall in ein besonderes Licht rückte. Sie, die mich zu meiner Tollkühnheit herausgefordert hatte und die ganze Zeit über mein unversöhnlichster Feind gewesen war, stürzte plötzlich zu mir, umschlang mich mit beiden Armen und bedeckte mich mit Küssen. Sie hatte ihren Augen nicht getraut, als ich ihre Herausforderung annahm und den Handschuh aufhob, den sie mir mit einem Blick auf Mme. M. zuwarf. Und als ich auf Tankred dahinjagte, da war sie vor Angst und Gewissensbissen schier ohnmächtig geworden. Jetzt aber, nachdem alles überstanden war und sie wie alle anderen meinen Blick auf Mme. M. bemerkte, dazu meine

Verwirrung und mein plötzliches Erröten wahrnahm — jetzt, da sie dem Vorfall mit einer romantischen Deutung einen ganz anderen Sinn beilegen konnte — jetzt geriet sie in solches Entzücken ob meiner »Rittertat«, daß sie zu mir eilte und mich in ihre Arme schloß, gerührt, stolz, begeistert! Einen Augenblick später richtete sie sich schnell auf und wandte den übrigen, die sich um uns drängten, ihr Gesicht mit der ernsthaftesten Miene zu, in der unendlich viel kindlich naiver Stolz lag, und sagte, indes kristallklare Tränen in ihren Augen standen, mit einer so ernsten, eindringlichen Stimme, wie ich sie von ihr noch nie gehört hatte:

»Mais c'est très sérieux, messieurs, ne riez pas!« Und sie deutete auf mich, ohne zu gewahren, daß alle wie bezaubert vor ihr standen und nur sie ansahen. Diese ihre unerwartete schnelle Bewegung, ihr ernstes liebes Gesicht, ihre offenherzige Naivität und diese aufrichtigen Tränen in ihren sonst ewig lachenden Augen — alles das erschien ihnen als ein so unerwartetes Wunder, daß alle sie ansahen, wie gebannt durch diesen Zauber ihrer Leidenschaftlichkeit, ihres Blickes und ihrer Stimme. Niemand konnte die Augen von ihr abwenden, so schön war sie in ihrer Rührung und ihrem plötzlichen Ernst. Sogar unser alter Hausherr wurde rot wie eine Tulpe. Und wie man später behauptete, soll er gesagt haben: Zu seiner Schande müsse er gestehen, daß er mindestens eine ganze Minute lang in seinen schönen Gast verliebt gewesen sei. Ich aber, ich war jetzt natürlich ein Ritter, ein Held!

»Delorges!« ... »Toggenburg!« ertönte es aus dem Kreis.

Viele applaudierten.

»Ja, ja, die junge Generation!« bemerkte unser Hausherr.

»Aber jetzt kommt er mit, jetzt muß er unbedingt mitkommen!« rief die Blondine schnell, »wir müssen ihm einen Platz verschaffen! Oder er setzt sich zu mir aufs Pferd, auf meinen Schoß ... ach, nein, nein! Das geht ja nicht!« ... unterbrach sie sich, auflachend bei der Erinnerung an unsere erste Bekanntschaft. Doch während sie lachte, streichelte sie zärtlich meine Hand, sichtlich von Herzen bemüht, meine

Freundschaft zu gewinnen und die Kränkung vergessen zu machen.

»Unbedingt! Unbedingt!« riefen gleich mehrere Stimmen, »den Platz hat er sich erobert!«

Und im Augenblick ward alles besorgt: jenes selbe ältere Fräulein, das mich mit ihrer schönen Freundin bekannt gemacht hatte, wurde sogleich von der Jugend mit Bitten bestürmt, ihren Platz mir abzutreten und statt meiner zu Haus zu bleiben. Zu ihrem größten Ärger blieb ihr denn auch nichts anderes übrig als den Bitten Gehör zu geben und mit sauersüßem Lächeln auszusteigen — innerlich wohl dem Bersten nahe vor Wut über mich. Ihre Beschützerin, meine gewesene Feindin und nun größte Freundin, rief ihr jedoch, als sie an ihr vorüberritt, lachend zu, daß sie sie beneide und gern mit ihr tauschen wolle, denn es werde gleich regnen und dann würden wir alle naß werden.

Ihre Prophezeiung trat wirklich ein. Etwa eine Stunde später überraschte uns ein Platzregen, und unser Ausflug war zu Ende. Wir mußten mehrere Stunden in Bauernhäusern warten. Erst gegen zehn Uhr kehrten wir zurück, in feuchter, frisch-kühler Regenluft. Kurz bevor wir aufbrachen, trat Mme. M. zu mir und fragte mich verwundert, warum ich nichts weiter anhätte als meinen leichten Matrosenanzug. Ich sagte, ich hätte keine Zeit gehabt, meinen Mantel mitzunehmen. Da nahm sie eine Nadel und steckte meinen Kragen höher zusammen und nahm von ihrem Halse ein kleines, seidenes Tuch, das sie mir um den Hals band. Sie beeilte sich aber so sehr, daß ich ihr nicht einmal danken konnte.

Zu Hause angekommen, suchte ich sie und fand sie schließlich im kleinen Salon, im Gespräch mit der Blondine und dem freundlichen jungen Mann, der den Ruf eines guten Reiters beinahe eingebüßt hatte. Ich trat an sie heran, bedankte mich und gab ihr das Halstuch zurück. Ich schämte mich jetzt des Vorgefallenen und wollte schnell fortgehen, nach oben auf mein Zimmer, um dort in aller Ruhe und

Muße über irgend etwas, was ich im Augenblick selbst nicht zu nennen vermocht hätte, nachzudenken und mir darüber Klarheit zu verschaffen. Ich war so voll von neuen Eindrücken. Indem ich das Tuch zurückgab, errötete ich natürlich wieder bis über die Ohren.

»Ich wette, der Junge hätte das Ding gern behalten«, bemerkte der junge Mann lachend, »man sieht es ja seinen Augen an, wie leid es ihm tut, sich von Ihrem Tuch trennen zu müssen...«

»Natürlich! Selbstverständlich!« fiel ihm die Blondine ins Wort. »So ein Schlingel! Ach, du!«... sagte sie scheinbar sehr ungehalten und schüttelte mißbilligend den blonden Kopf, verstummte aber sogleich unter dem ernsten Blick der Mme. M., der sie bat, ihre Scherze mit mir nicht wieder aufzunehmen.

Ich ging schnell fort.

»Wohin läufst du denn! So lauf doch nicht weg!« — damit holte sie mich im Nebenzimmer ein und faßte mich freundschaftlich an beiden Schultern. »Hättest du es doch einfach nicht zurückgegeben, wenn du's so gern behalten wolltest! Hättest doch sagen können, daß du es verloren hast oder irgendwohin gelegt, und damit basta! Und darauf bist du nicht verfallen? Bist du aber drollig!«

Und sie gab mir mit dem Finger einen leichten Backenstreich und lachte, weil ich wieder feuerrot wurde.

»Jetzt sind wir doch gute Freunde, nicht wahr? Hat unsere Feindschaft jetzt ein Ende, sag'!? Ja oder nein?«

Ich lachte und drückte ihr ohne ein Wort die Hand.

»Nun, das ist gut!... Aber warum bist du so bleich geworden und warum zitterst du? Hast du dich erkältet?«

»Ja, ich fühle mich nicht ganz wohl...«

»Ach, du Armer! Das kommt von der Aufregung! Weißt du was? Geh jetzt lieber gleich ins Bett, warte nicht erst auf das Abendessen, und wenn du dich gut ausschläfst, wird es vergehen! Komm!«

Sie führte mich nach oben, und wie es schien, konnte sie

mir nicht genug Liebes erweisen. Während sie mich zum Auskleiden allein ließ, lief sie nach unten in die Küche und brachte mir heißen Tee, den ich, als ich schon im Bett lag, trinken mußte. Dann brachte sie mir noch eine warme Decke und deckte mich sorgfältig zu. Ihre liebevolle Fürsorge wunderte und rührte mich nicht wenig, — oder vielleicht waren auch meine Nerven nach allen Erlebnissen dieses Tages und obendrein noch durch das Fieber besonders empfänglich dafür. Ich schlang plötzlich meine Arme um ihren Hals, als wäre sie mein liebster und bester Freund; mit einem Male kamen alle Eindrücke des Tages wieder und stürmten auf mein ermattetes Herz ein: ich war den Tränen nahe und schmiegte mich fest an ihre Brust. Sie erriet meine überwallende Empfindung, und ich glaube, meine Schöne war selbst beinahe gerührt.

»Ja, du bist ein guter Junge«, flüsterte sie mir zu und sah mich mit stillen Augen an, »so sei mir nun nicht mehr böse, ja? Wirst mir nicht mehr böse sein?«

Mit einem Wort: uns verband von nun an die echteste, zärtlichste Freundschaft.

Es war ziemlich früh am Morgen, als ich erwachte, aber die Sonne erfüllte das Zimmer schon mit goldigem Licht. Ich sprang gesund und munter aus dem Bett, von der Erkältung spürte ich nichts mehr, statt dessen aber empfand ich eine unendliche, unerklärliche Freude. Ich dachte an den ereignisreichen letzten Tag und Abend, und ich hätte ein ganzes Glück dafür hingegeben, wenn ich in diesem Augenblick wieder meinen neuen Freund, unsere blondlockige Schönheit hätte umarmen können. Aber es war noch zu früh, und sie schliefen wohl noch alle. Ich kleidete mich schnell an, ging in den Garten und von dort in den Wald. Ich schlug die Richtung ein, in der der Wald noch am dichtesten war, der Duft der Bäume harziger, und wo die Sonnenstrahlen neckisch und nur wie verstohlen hier und da durch das dichte Blattgewirr lugten. Es war ein wundervoller Morgen.

Ich ging weiter und weiter, bis ich schließlich am anderen

Waldrand anlangte, auf einem Bergabhang nicht weit vom Fluß. Die Moskwa ist dort keine zweihundert Schritte vom Waldrand entfernt, wenn man den Abhang hinabgeht. Auf dem anderen Ufer wurde eine Wiese gemäht. Ich blieb stehen und schaute hinüber: ich sah, wie ganze Reihen scharfer Sensen bei jedem Ausholen der Schnitter in der Sonne aufblitzten und dann wieder verschwanden, gleich kleinen glänzenden Schlangen, die schnell immer von neuem ins Gras huschten, als wollten sie sich verstecken, und wie das gemähte Gras in dicken bauschigen Büscheln zur Seite flog und in langen geraden Streifen liegen blieb. Ich erinnere mich nicht, wie lange ich so hinübergeschaut haben mochte, als ich plötzlich aus meinen Träumen zur Besinnung kam: aus dem Walde, ungefähr aus der Richtung des Durchhaus, der sich zwischen dem Fahrweg und dem Herrenhause hinzog, vernahm ich Pferdegeschnauf und ungeduldiges Scharren mit dem Huf. Ich konnte jedoch nicht sagen, ob der Reiter sein Tier gerade erst anhielt, oder ob schon längere Zeit das Stampfen und Schnaufen zu hören gewesen war, das ich — in mich selbst versunken, während ich den Mähern zusah — nur nicht beachtet hatte. Neugierig kehrte ich zurück in den Wald, und schon nach wenigen Schritten vernahm ich Stimmen, die schnell, aber leise sprachen. Ich ging noch näher und bog die Äste der letzten Büsche zur Seite und — erschrocken wich ich zurück: durch die Zweige schimmerte ein weißes Kleid. Eine warme Frauenstimme schlug an mein Ohr und ließ mein Herz erzittern. Es war Mme. M. Sie stand neben einem Reiter, der vom Pferde herab schnell auf sie einsprach, und zu meiner Verwunderung erkannte ich in ihm N., jenen jungen Mann, der uns tags zuvor verlassen hatte, begleitet von allen jungen Damen und auch von M. M. Hatte man nicht gesagt, er müsse irgendwohin, weit nach dem Süden Rußlands reisen? Wahrlich, es war nur zu erklärlich, daß ich mich sehr wunderte, als ich ihn wieder bei uns und noch dazu so früh am Morgen und allein mit Mme. M. im Wald erblickte!

Sie schien geweint zu haben und sah erregt aus, aber so schön hatte ich sie noch nie gesehen. Der junge Mann hielt ihre Hand in der seinen und führte sie, im Sattel sich herabneigend, an die Lippen. Ich hatte sie beim Abschied überrascht. Ich glaube, sie beeilten sich. Da zog er aus der Brusttasche einen Brief, reichte ihn Mme. M., umfing sie mit dem einen Arm, sich wie vorher im Sattel herabbeugend, und küßte sie — fest und lange. Einen Augenblick später wippte die Peitsche, und er sprengte schnell an mir vorüber, auf und davon. Sie aber stand noch eine Weile und blickte ihm nach, dann wandte sie sich um und kehrte langsam, nachdenklich und traurig zum Hause zurück. Nach wenigen Schritten schien sie plötzlich zu sich zu kommen, wie aus einem Traum zu erwachen — und sie bog schnell die Zweige der Büsche am Durchhau zur Seite und ging durch den Wald.

Ich folgte ihr, erstaunt und verwirrt durch das, was ich gesehen hatte. Mein Herz pochte laut wie nach einem großen Schreck. Und dennoch war ich wie erstarrt und betäubt: meine Gedanken waren zerstreut, und ich konnte sie nicht sammeln; aber ich erinnere mich, daß ich furchtbar traurig war. Hin und wieder sah ich ihr weißes Kleid durch das Grün schimmern. Ich folgte ihr ganz willenlos, fast mechanisch, und hatte dabei nur den einen Gedanken, sie nicht aus dem Auge zu verlieren und doch selbst nicht von ihr gesehen zu werden. Endlich trat sie auf den Weg, der aus dem Wald in den Garten führte. Ich wartete eine Weile, dann trat ich gleichfalls aus dem Walde. In demselben Augenblick bemerkte ich auf dem gelben Kies des Weges ein geschlossenes Kuvert, das ich auf den ersten Blick erkannte — es war dasselbe, das vor etwa zehn Minuten N. der Mme. M. übergeben hatte.

Ich hob es auf, betrachtete es von allen Seiten: ein weißes Kuvert ohne Aufschrift, ohne ein Zeichen, dem Format nach nicht sehr groß, aber recht dick und schwer, wie wenn mindestens drei Bogen Postpapier in ihm wären.

Was enthielt dieser Brief? Vielleicht das ganze Geheimnis! Vielleicht war in ihm alles das ausgesprochen, was N. in den wenigen Minuten des kurzen Wiedersehens nicht zu sagen gewagt hatte. Er war ja dem Anschein nach nicht einmal abgestiegen ... Sollte er so wenig Zeit gehabt haben oder fürchtete er vielleicht, bei einem längeren Abschied seinem gegebenen Wort nicht treu bleiben zu können? — Gott mag es wissen ...

Ich blieb stehen, legte den Brief mitten auf den Weg, gerade auf die sichtbarste Stelle und versteckte mich hinter einem Baum, so daß ich den Brief im Auge behalten konnte, denn ich dachte, Mme. M. werde bald bemerken, daß sie ihn verloren hatte, und dann, um ihn zu suchen, auf demselben Weg in den Wald zurückkehren. Ich hielt aber das Warten nicht lange aus, hob den Brief wieder auf, steckte ihn in die Tasche und lief ihr nach. Sie war aber schon im Garten und ging in der großen Allee geradeswegs zum Hause, ging schnell, doch mit gesenktem Kopf. Da wußte ich nicht, was ich tun sollte. Sie einholen und ihr den Brief geben? Dann hätte sie erraten, daß ich sie und ihn gesehen hatte, daß ich alles wußte. Wie sollte ich ihr dann noch in die Augen blicken? Und was würde sie von mir denken? Ich hoffte immer noch, daß sie zu sich kommen, sich des Briefes erinnern und dann bemerken werde, daß sie ihn verloren hatte. In dem Fall hätte ich ihn unbemerkt fallen gelassen, und sie würde ihn sogleich gefunden haben. Aber nein, sie dachte offenbar nicht an den Brief! Sie näherte sich schon dem Hause, und auf der Veranda hatte man sie bereits erblickt.

An diesem Morgen waren alle viel früher aufgestanden, denn am Abend nach der mißlungenen Ausfahrt hatte man sogleich einen neuen Ausflug verabredet, wovon ich noch nichts wußte. Alle hatten sich schon zum Ausflug bereitgemacht und saßen gerade beim Frühstück auf der Veranda. Ich wartete gute zehn Minuten, damit man mich nicht zusammen mit Mme. M. aus dem Garten kommen sähe, machte einen Umweg und näherte mich von einer anderen Seite dem Hause. Sie ging auf der Veranda unruhig hin und her, sah bleich und erregt aus, und aus allem war zu ersehen, daß sie sich Gewalt antat, um ihre Erregung und Angst nicht zu verraten. Dennoch sprach aus ihren Augen, ihrem unruhigen Gang, aus jeder Bewegung soviel Qual und Pein, daß es wohl jedem, der sie beobachtet hätte, aufgefallen wäre. Sie stieg die Stufen hinab und ging ein paar Schritte auf dem Wege in den Garten. Ihre Augen suchten angstvoll und sogar unvorsichtig und auffällig auf dem Kies und dem Fußboden der Veranda. Da wußte ich: jetzt endlich vermißte sie den Brief und fürchtete wohl, ihn in der Nähe des Hauses verloren zu haben — ja, sie schien davon überzeugt zu sein.

Jemand machte die Bemerkung, und nach ihm sagten es auch andere, daß sie blaß und nervös aussähe. Es folgten Fragen nach ihrer Gesundheit, lästige Ratschläge. Sie mußte beruhigen, scherzen, lachen, mußte eine heiter gelassene Miene zur Schau tragen. Zuweilen flog ihr Blick zu ihrem Mann hinüber, der sich am anderen Ende der Veranda mit zwei Damen unterhielt, und dann überlief wieder jenes Zittern ihren Körper und jene große Befangenheit kam über sie, wie an dem Abend, als er unerwartet hier eingetroffen war. Ich stand, die Hand in der Tasche, in der ich den Brief krampfhaft festhielt, etwas abseits auf der Veranda und flehte das Schicksal an, daß sie mich endlich bemerken möge. Ich wollte sie beruhigen, trösten, und wär's auch nur mit einem Blick, oder ihr, wenn es anging, heimlich ein paar Worte zuflüstern. Doch als sie mich dann zufällig ansah, erschrak ich nur und schlug die Augen nieder.

Ich sah ihre Qual und täuschte mich nicht in meiner Annahme. Auch jetzt weiß ich von ihrem Geheimnis nicht mehr als damals, nichts weiter als das, was ich hier wiedergegeben habe. Aber ihr Verhältnis zu N. war vielleicht doch nicht von der Art, wie man es auf den ersten Blick vermuten könnte. Vielleicht war dieser Kuß ein letzter Abschiedskuß, ein dürftiger Lohn für ein Opfer, das er ihrer Ruhe und Ehre brachte? Er verließ sie. Er reiste irgendwohin, weit fort, vielleicht fürs ganze Leben, um sie nie wiederzusehen. Und schließlich, dieser Brief, den ich krampfhaft umklammerte — wer weiß, was er enthielt? Wer konnte da urteilen? Zweifellos wäre die plötzliche Aufdeckung ihres Geheimnisses ein entsetzlicher, ein vernichtender Schlag für sie gewesen. Ich sehe noch heute ihr Gesicht vor mir, wie sie dort ging und stand: nein, mehr konnte man nicht leiden! Fühlen, wissen, überzeugt sein, und wie auf seine Hinrichtung darauf warten, daß in einer Viertelstunde oder schon in der nächsten Minute alles der Öffentlichkeit preisgegeben sein werde — der Brief konnte doch jeden Augenblick von jemandem gefunden werden! Er war ohne Aufschrift, man würde ihn erbrechen und dann ... was dann? Welche Hinrichtung könnte furchtbarer sein als die, die sie dann erwartete? Sie stand und ging hier mitten unter ihren zukünftigen Richtern. Nach wenigen Minuten würden alle diese lächelnden, schmeichelnden Gesichter streng und unerbittlich aussehen. Spott, Bosheit und eisige Verachtung würde sie in ihnen lesen und dann würde ewige, hoffnungslos dunkle Nacht ihr Leben abschließen ... Damals freilich begriff ich das alles noch nicht so wie jetzt. Ich konnte es nur ahnen und Mitleid mit ihr empfinden, tiefes, unsagbares Mitleid mit ihrer Angst, die ich nicht einmal ganz verstand. Was auch immer ihr Geheimnis gewesen sein mag, durch jene qualvolle Stunde, deren Zeuge ich war und die ich niemals vergessen werde, hat sie viel gesühnt, wenn hier überhaupt etwas zu sühnen war.

Plötzlich erscholl der fröhliche Ruf zur Abfahrt. Ein lautes Stimmengewirr war die Antwort, und unter Scherzen und Lachen brach man auf. In wenigen Minuten hatten alle die Veranda verlassen. Mme. M. weigerte sich mitzufahren und gestand schließlich, daß sie sich nicht wohl fühle. Doch Gott sei Dank, alle beeilten sich und niemand belästigte sie weiter mit Fragen oder Ratschlägen, dazu hatten sie jetzt keine Zeit. Nur wenige blieben zu Haus. Ihr Mann war zu ihr getreten und sagte ihr irgend etwas: sie erwiderte, daß ihr Unwohlsein schnell vergehen werde, er solle sich deshalb nicht beunruhigen; hinlegen wolle sie sich nicht, sie werde in den Garten gehen, allein ... oder mit mir ... Dabei sah sie sich nach mir um. Ich errötete vor Freude: das war ja die beste Gelegenheit, die sie mir damit bot! Einen Augenblick später machten wir uns auf den Weg.

Sie ging denselben Weg, den sie gekommen war, sie schien sich unwillkürlich jeder Allee, jedes Umweges im Garten, jedes Fußsteiges zu erinnern, und sie ging, ohne den Blick vom Boden zu erheben, ohne mich zu beachten. Vielleicht hatte sie es schon vergessen, daß ich mit ihr ging.

Als wir an den Waldrand kamen, wo ich den Brief gefunden hatte und wo der Kiesweg aufhörte, blieb sie plötzlich müde stehen und sagte mit einer Stimme, die mir ins Herz schnitt, so verzweifelt und hoffnungslos traurig klang sie, daß sie sich schlecht fühle und zurückkehren wolle. Doch kaum waren wir wieder beim Gartenzaun angelangt, da blieb sie von neuem stehen und starrte vor sich hin. Ein wehes, qualvolles Lächeln zuckte um ihre Lippen, und wie erschöpft und wie aus Erschöpfung sich allem ergebend, sich in alles fügend, was auch über sie hereinbrechen möge, kehrte sie stumm zum Walde zurück, diesmal ohne mir ein Wort zu sagen, ohne mich zu beachten ...

Ich hätte mich selbst zerreißen mögen, und doch verfiel ich nicht auf einen Ausweg.

Wir gingen, oder richtiger, ich führte sie zu jener Stelle am Waldrand, wo ich vor etwa einer Stunde gestanden und plötzlich den Hufschlag und das Schnauben des Pferdes gehört hatte. Nicht weit von dort war am Fuß einer alten Ulme ein bankartig behauener großer Feldstein, von Hagebutten, wildem Jasmin und Efeu umgeben. (Der ganze Wald hatte eine Menge solcher „Überraschungen" wie Bänke, Grotten, kleine Brücken und ähnliches). Sie setzte sich auf die Bank und sah geistesabwesend auf das entzückende Landschaftsbild, das sich uns bot. Nach einer Weile schlug sie das Buch auf und tat, als läse sie, aber sie saß reglos, wandte weder ein Blatt um noch las sie; sie wußte wohl selbst nicht, was sie tat. Es war gegen halb zehn Uhr. Die Sonne stand schon hoch am klaren, endlos blauen Sommerhimmel und schien in ihrem eigenen Feuer zu verbrennen. Die Mäher waren bereits weit, man konnte sie von unserem Ufer kaum noch sehen. Unablässig folgten ihnen die langen Streifen des gemähten Grases, und wenn die Luft sich ab und zu wie in einem leisen Wehen regte, trug sie frischen Heuduft herüber. Ringsum aber ertönte unermüdlich das Zwitschern jener, die „weder säen, noch ernten" und frei sind wie die Luft, in der sie fliegen. Es lag solch ein seliges Wohlsein in der ganzen Natur, wie ein Dank allen Daseins an den Schöpfer.

Ich blickte scheu auf die arme Frau, die allein wie eine Tote inmitten dieses frohen Lebens war: an ihren Wimpern glänzten Tränen, die ihr das Leid aus den Augen gepreßt. In meiner Macht war es, diese arme, traurige Seele aufzurichten und zu beglücken, und doch wußte ich nicht, wie ich es anstellen sollte, und ich quälte mich entsetzlich. Hundertmal war ich schon im Begriff, zu ihr zu treten, um ihr den Brief zu übergeben, und jedesmal stieg mir dann die Röte wie Feuer ins Gesicht.

Plötzlich erleuchtete mich ein guter Gedanke: ich war auf ein Mittel verfallen und wie erlöst!

»Ich werde für Sie Blumen pflücken! Wollen Sie?« fragte ich sie froh, daß sie aufsah und mich anblickte.

»Gut«, sagte sie endlich mit müder Stimme, kaum merkbar lächelnd, und wieder sah sie ins Buch.

»Sonst wird hier auch das Gras gemäht und dann mähen sie alle Blumen nieder!« rief ich fröhlich und sprang davon.

Bald hatte ich schon eine ganze Menge gepflückt, wenn es auch nur ein Strauß einfacher, unscheinbarer Feldblumen war, die man wohl kaum in einer Vase ins Zimmer stellen würde. Und doch, wie froh schlug mein Herz, als ich die Blumen suchte und zum Strauß zusammenband! Heckenrosen und wilden Jasmin brach ich. Dann lief ich zu einem nahen Kornfeld. Dort, das wußte ich, blühten Kornblumen. Die pflückte ich, und dazu lange goldgelbe Ähren, die schönsten suchte ich aus. Am Wegrand fand ich auch ein ganzes Büschel Vergißmeinnicht, und mein Strauß konnte sich eigentlich schon sehen lassen. Weiter im Felde fand ich hellblaue Glockenblumen und wilde Nelken und unten am Flußufer gelbe Wasserrosen. Schließlich, schon auf dem Rückwege, als ich noch auf einen Augenblick in den Wald trat, um einige Silberahornzweige zu brechen und sie unten kranzartig um die Blumen zu legen, fand ich wilde Stiefmütterchen, und in der Nähe, durch ihren Geruch aufmerksam gemacht, im Grase ganz versteckt, süß duftende Veilchen, die vom Tau noch feucht waren. Mein Strauß war fertig. Mit dünnen langen Gräsern umwand ich die Stiele, und zwischen die Blumen, ganz vorsichtig, steckte ich den Brief, so daß man ihn deutlich sehen konnte, wenn man dem Strauß nur einige Beachtung schenkte. – So brachte ich ihn Mme M.

Unterwegs schien es mir, daß der Brief doch gar zu auffallend hervorragte: deshalb verdeckte ich ihn etwas mehr mit den Blüten. Als ich mich ihr schon näherte, schob ich ihn noch etwas tiefer hinein, und als ich schon ganz nahe bei ihr war, stieß ich ihn so tief in den Strauß, daß man von ihm nichts mehr sehen konnte. Das Blut schoß mir wieder ins Gesicht, ich wollte es mit den Händen bedecken und sogleich fortlaufen, aber sie sah nur zerstreut auf meine Blumen, als habe sie ganz vergessen, daß ich sie für sie gepflückt hatte. Mechanisch hob sie die Hand, nahm, fast ohne aufzuschauen, mein Geschenk in Empfang und legte es achtlos neben sich auf die Bank, und wieder sah sie ins Buch, wie in Gedanken verloren. Ich hätte weinen mögen vor Ärger über den Mißerfolg meines Planes. ‚Wenn der Strauß nur bei ihr bleibt', dachte ich, ‚wenn sie ihn nur nicht vergißt!' Ich legte mich in der Nähe der Bank ins Gras, schob die rechte Hand unter den Kopf und schloß die Augen, als wollte ich schlafen. Dabei beobachtete ich sie heimlich unausgesetzt.

Es verging eine geraume Zeit, vielleicht zehn Minuten; wie mir schien, wurde ihr Gesicht immer blasser ... Plötzlich kam ein glücklicher Zufall mir zu Hilfe.

Es war eine große goldbraune Hummel, die ein freundliches Lüftchen zu uns führte. Sie summte zuerst über meinem Kopf, dann flog sie zu Mme. M. Diese schlug mit der Hand nach ihr, schlug noch einmal, aber die Hummel wurde wie zum Trotz nur noch zudringlicher. Da griff Mme. M. nach meinem Strauß, um mit ihm das Tier zu verscheuchen. In dem Augenblick löste sich aus den Blumen der Brief und fiel gerade auf das aufgeschlagene Buch. Ich zuckte zusammen. Sie blickte, stumm vor Verwunderung, bald auf den Brief, bald auf die Blumen und schien ihren Augen nicht zu trauen. Plötzlich wurde sie feuerrot, erhob schnell den Blick und sah sich nach mir um. Doch schon hatte ich die Augen geschlossen und tat, als schliefe ich fest: um keinen Preis hätte ich ihr jetzt offen in die Augen geschaut. Mein Herz schien stillstehen zu wollen und bebte nur wie das Herz eines kleinen Vogels in der Hand eines wuschelköpfigen Dorfjungen. Ich weiß nicht, wie lange ich so lag: zwei bis drei Minuten vielleicht. Endlich wagte ich es, ganz, ganz vorsichtig die Augen zu öffnen. Sie saß und las den Brief, und an ihren glühenden Wangen und glänzenden Augen, die tränenfeucht waren, ihrem verklärten Gesicht, in dem jeder Zug vor freudiger Erregung zu beben schien, erriet ich, daß der Brief ihr Glück gab und ihren Kummer wie eine trübe Wolke verscheuchte. Ein schmerzlich süßes Gefühl schlich sich in mein Herz und es fiel mir schwer, mich noch weiter schlafend zu stellen ...

Niemals werde ich diese Stunde vergessen!

Plötzlich hörte ich rufen, nicht weit von uns erklangen Stimmen:

»Mme. M.! Natalie! Natalie!«

Sie antwortete nicht, stand aber schnell auf, trat zu mir und beugte sich über mich. Ich fühlte, daß sie mir gerade ins Gesicht sah. Meine Lider wollten schon zucken, aber ich nahm mich krampfhaft zusammen und rührte mich nicht. Ich versuchte, möglichst gleichmäßig und ruhig zu atmen, aber das Herz wollte mich ersticken mit seinen ungestümen Schlägen. Da brannten plötzlich Tränen und ein Kuß auf meiner Hand, die auf meiner Brust lag. Und noch einmal, zweimal küßte sie mir die Hand.

»Natalie! Natalie! Wo bist du?« klang es wieder.

»Gleich!« sagte Mme. M. mit ihrer weichen, dunklen, von Tränen durchzitterten Stimme, aber so leise, daß nur ich es hören konnte.

Da stockte mein Herz und verriet mich: heiß trieb es mir all mein Blut ins Gesicht. Im nächsten Augenblick glühte ein schneller heißer Kuß auf meinen Lippen. Ich schlug vor Schreck mit einem schwachen Schrei die Augen auf, doch da fiel auf sie etwas seidig Weiches — es war jenes kleine Tuch —, als sollte es meine Augen vor der Sonne schützen. Einen Augenblick später war sie schon fort. Ich vernahm nur noch das Geräusch sich eilig entfernender Schritte. Dann war ich allein ...

Ich riß das Tuch vom Gesicht und küßte es außer mir vor Entzücken. Ich war wie fassungslos! ... Lange lag ich im Gras, hatte die Ellbogen aufgestützt und schaute sinnverloren und ohne mich zu rühren geradeaus auf die Hügel, die Felder und Wiesen, den Fluß, der sich zwischen ihnen in großen Windungen weit, soweit das Auge nur folgen konnte, hinschlängelte, zwischen neuen Hügeln und Gütern und Dörfern, deren Häuser sich in der sonnenhellen Ferne wie kleine Punkte vom Grün abhoben. Ich schaute auf die blauen kaum sichtbaren Wälder, die sich gleichsam dunstverschleiert am Horizont hinzogen; eine seltsam süße Stille, die aus der feierlichen Ruhe der Landschaft hervorzugehen schien, beruhigte allmählich mit einer unendlichen Sanftheit mein erregtes Herz. Wie eine Erleichterung war es, ich atmete freier ... Aber meine ganze Seele begann, sich seltsam dumpf und süß zu sehnen, als sähe sie etwas, was sie noch nie gesehen, als wäre plötzlich ein Ahnen in ihr erwacht. Furchtsam und doch voll Freude begann mein Herz etwas Geheimnisvolles zu ahnen, leicht bebend vor Erwartung ... Und plötzlich weitete sich meine Brust, in ihr wogte und schmerzte es, als wäre sie durchbohrt — und Tränen, selige Tränen entströmten meinen Augen. Ich bedeckte das Gesicht mit den Händen, und wie ein Grashalm bebend gab ich mich wehrlos der ersten Erkenntnis und Offenbarung des Herzens hin, dem ersten noch unklaren Einblick in meine Menschennatur. Mit diesem Augenblick endete meine Kindheit.

Als ich zwei Stunden später ins Haus zurückkehrte, befand sich Mme. M. nicht mehr unter den Gästen. Sie war mit ihrem Mann nach Moskau zurückgekehrt, wie es hieß, auf irgendeine plötzlich eingetroffene Nachricht hin. Ich habe sie nie wiedergesehen.

Anhang

ANMERKUNGEN

Arme Leute

1 *S. 9:* Fürst Wladimir F. Odojewskij (1803 – 1869) war Präsident der Moskauer »Gesellschaft für Philosophie«, eines Diskussionskreises, der sich um die Formulierung einer zeitgemäßen Literaturtheorie bemühte. Stilistisch der deutschen Romantik, im besonderen E.T.A. Hoffmann, gedanklich vor allem Schelling verpflichtet, ist er in seiner Novellistik ein engagierter Verteidiger des Irrationalen, Mystischen, Überwirklichen. Höhepunkte in seinem Werk sind die »musikalische« Erzählung »Beethovens letztes Streichquartett« und die romantische Biographie Johann Sebastians Bachs, in denen die Einheit der Kunst Abbild einer geheimnisvollen innerweltlichen Einheit ist.

2 *S. 11:* Die Form »Mütterchen« entspricht nicht dem russischen Matuschka oder der Zärtlichkeitsform Matotschka, der nichts Verkleinerndes oder Verniedlichendes anhaftet, die vielmehr, wie in der Verehrung der Schutzmantelmadonna, das Gefühl der Liebe zu etwas Großem, Gütigem, Kraftvollem einschließt.

Der Name Djewuschkin bedeutet etwa Jungfermann.

3 *S. 14:* »Baron Brambäus«, von dem es hieß, daß er »alles, namentlich jeden ernsten Gedanken, ironisierte«, war nur einer der verschiedenen Decknamen (u. a. Morosoff, Tjutjundschu Oglu, A. Belkin), unter denen der Pole Ossip I. Ssenkowskij (1800 – 1858), Professor für orientalische Sprachen in Petersburg, seine Beiträge als Kritiker, Erzähler, Satiriker und Gelehrter in der von ihm gegründeten Kulturzeitschrift »Lesebibliothek« (1834 – 1885) veröffentlichte, die sich am Geschmack der wachsenden Mittelschicht der Städte, des Beamtentums und der Provinz-Intelligenz orientierte und sich mehr oder weniger der offiziellen Politik anpaßte. Ssenkowski war ein erfolgreicher Vertreter des flachen Feuilletonismus und bestimmte zusammen mit F. W. Bulgarin und N. I. Gretsch, den Herausgebern der Petersburger Zeitschrift »Die nordische Biene« (1825 – 1864) – von Gegnern wie Gogel »dreiköpfige Hydra« genannt –, das Bild der russischen Massenpublizistik und der literarischen Kritik vor Belinskij.

Der Doppelgänger

1 *S. 236:* Graf Joseph Villèle (1773–1854) war unter Ludwig XVIII. und Karl X. französischer Ministerpräsident 1821–28, später Führer der ultraroyalistischen Partei.

2 *S. 238:* Goljädka bedeutet etwa: armer Schlucker, Hungerleider, Habenichts.

3 *S. 252:* Ein Kanonenschuß von der Peter-Pauls-Festung auf der Fe-

stungsinsel gegenüber dem Winterpalais war das Warnungszeichen, daß das Wasser der Newa steigt und die niedriger gelegenen Stadtteile zu überschwemmen droht.
4 *S. 280:* Vgl. Anm. 3 zu »Arme Leute«.
5 *S. 297:* Der Mönch Grigorij Otrepjeff gab sich für den 1591 auf Befehl Boris Godunoffs ermordeten jüngsten Sohn Iwans IV., den Thronfolger Dmitrij Iwanowitsch (Demetrius), aus. Es gelang ihm mit polnischer Unterstützung, den Sohn Godunoffs zu stürzen und im Juni 1605 den Thron zu besteigen. Doch schon im Mai 1606 wurde er während eines Aufstands erschlagen.
6 *S. 342:* Faublas ist der Held in Jean-Baptiste Louvet de Couvrays (1706–1797) Roman »Les Amours du Chevalier de Faublas« (1787–1790), der rousseausche Empfindsamkeit mit der exaltierten Erotik der freigeistigen Literatur der Zeit verbindet. Bei den amourösen Abenteuern des Faublas spielen Verkleidungen eine gewisse Rolle.

ROMAN IN NEUN BRIEFEN

Hier bedient sich Dostojewski durchgehend der gekürzten Form des Patronymikums, indem er nicht nur in der Wiedergabe eines Gesprächs, sondern auch in der brieflichen Anrede statt des langen »Iwanowitsch« das abgeschliffene »Iwanytsch« schreibt. Diese Form der Kennzeichnung einer Person stammt aus der Zeit, als es noch keine Familiennamen gab und der persönliche Rufname des Vaters (mit der Endung »witsch« bzw. »owna«) dem Vornamen hinzugefügt wurde, zur Unterscheidung innerhalb der Sippe.

HERR PROCHARTSCHIN

1 *S. 432:* »Er hat zu leiden gehabt« war unter der autokratischen Regierung Nikolaus I. (1796–1855, Zar seit 1825) die Umschreibung dafür, daß der Betreffende von der geheimen Staatspolizei (= Dritte Abteilung) verfolgt worden war. Es war nicht ratsam, nächtliche Besuche der Gendarmerie, Hausdurchsuchungen, Verhöre und Verhaftungen auch nur zu erwähnen.
2 *S. 434:* Noski (etwa: Nasenstüber) ist ein Kartenspiel, bei dem der Verlierer einen Schlag mit den Karten auf die Nase erhält.
4 *S. 35:* Der damals spärlich bebaute westliche Teil der Vorstadtgegend von Petersburg nördlich der Newa wurde die »Petersburger Seite«, der östliche die »Wyborger Seite« genannt.
5 *S. 41:* Auf der Wassiljeff-Insel, der größten der zehn Deltainseln der Newa, auf der sich die Börse, die Universität, die Kunstakademie und das Studentenviertel befinden, sind die Häuserreihen (= Linien) auf beiden Seiten der von Süden nach Norden führenden schnurgeraden Straßen

numeriert, und zwar so, daß die östliche Häuserfront einer Straße die Erste Linie, die westliche derselben Straße die Zweite Linie ist u. s. f. Die »Sechste Linie« ist demnach die westliche Häuserfront der dritten Straße.
6 *S. 48:* Petinka ist die Koseform von Peter.
7 *S. 96:* Alexander S. Puschkins (1799–1837) berühmte Novelle »Der Postmeister« erschien 1831 im Novellenzyklus »Die Erzählungen des verstorbenen Iwan Petrowitsch Belkin«, die den Beginn der realistischen Kunstprosa in der russischen Literaturgeschichte markieren und im Gegensatz zur sentimentalen Tradition Karasins und der üppigen Metaphorik der bisherigen romantischen Prosa stehen. Mit der Gestalt des Postmeisters Ssamsson Wyrin hat Puschkin die Gestalt des einfachen Menschen, des »kleinen Mannes«, in die Literatur eingeführt, den Typ des «armen Beamten«, »eines wahren Märtyrers der vierzehnten Klasse« (d. h. des niedrigsten Ranges der sozialen Hierarchie), der nun in der russischen Literatur eine Rolle spielen wird – von Gogols »Der Mantel«, über Dostojewskis »Arme Leute« bis zu Tschechow.
8 *S. 103:* Die Lektüre von Nikolai W. Gogols Erzählung »Der Mantel« (1842), s. S. 99, Zeile 9, hat den schüchternen Makar Djewuschkin so erschüttert, daß er sich persönlich geradezu bloßgestellt fühlt, weil er sich darin in seiner Armut geschildert glaubt.
Mit Fjodor Fjodorowitsch ist der Vorgesetzte des Helden Akakij Akakijewitsch Baschmatschkin (deutsch etwa: Schuhmännlein) in Gogols »Der Mantel« gemeint.
9 *S. 121:* Wyborger Seite: vgl. Anm. 4.
10 *S. 136:* Robert Lovelace ist in Samuel Richardsons (1689–1761) zweitem berühmten Briefroman »Clarissa, or the history of a young lady« (7 Bde, 1748) der ebenso charmante und intelligente wie gewissenlose Aristokrat, der die tugendhafte und schöne, aus bürgerlichem Hause stammende Clarissa Harlowe umwirbt. Sie wird schließlich das Opfer seiner Leidenschaft, weist aber, obwohl sie ihn insgeheim liebt, seinen Heiratsantrag zurück und siecht langsam dahin. Lovelace wird im Duell getötet. Der Einfluß dieses Romans der »Empfindsamkeit« war für den russischen Sentimentalismus, wie für die europäische Literatur, von außerordentlicher Bedeutung.

Ein junges Weib
(Die Wirtin)

1 *S. 495:* Stepan (Stenka) T. Rasin (um 1630–1671) war der Anführer eines Kosakenheeres, mit dem er 1667–1670 an der mittleren und unteren Wolga ausgedehnte Raubzüge unternahm. Im Oktober 1670 wurde er vor Simbirsk geschlagen und am 16.6.1671 in Moskau öffentlich hingerichtet. In Sage und Volkslied lebt er als Freiheitsheld fort.

Polsunkoff

1 S. 583: Altes russisches Handelsgewicht: 1 Pud = 40 russische Pfund oder 16,3805 kg.

2 S. 583: Maria von Ägypten, eine Einsiedlerin, deren Grab im 6. Jahrhundert verehrt wurde; nach der Legende eine Dirne, die, durch ein Wunder in Jerusalem bekehrt, siebenundvierzig Jahre in der Wüste östlich des Jordan lebte. Die Gedächtnistage dieser Heiligen sind der 1. April (Ostkirche) und der 2. April (Lat. Kirche).

3 S. 588: Die allgemeine Wehrpflicht (mit sechsjähriger Dienstzeit) wurde in Rußland 1874 eingeführt; bis dahin waren die ausgehobenen Soldaten zu einem fünfundzwanzigjährigen Militärdienst verpflichtet, was für die Bauernsöhne soviel wie den bürgerlichen Tod bedeutete, der von ihren Angehörigen entsprechend beweint wurde, während die kaum noch erhoffte Rückkehr Anlaß zu einem Freudenfest war.

Ein schwaches Herz

1 S. 599: Wassja ist die familiäre Abkürzung, Wassjuk eine liebevoll burschikose von Wassilij. Zur höflichen Anrede gehört der Taufname mit dem Partronymikum: Wassikij Petrowitsch.

2 S. 611: Kolomna war eine Vorstadt im Süden des Petersburger Stadtgebiets, während die »Petersburger Seite« im Norden liegt.

3 S. 649: Vgl. Anm. 3 zu »Polsunkoff«.

4 S. 655: Peter der Große (1672–1725, Zar seit 1689) führte 1722 eine neue Rangordnung ein, die »für Verdienste am Staat« vierzehn Rangstufen vorsah. An Adelsprädikaten – das alte Rußland kannte nur den Titel »Fürst« – übernahm er aus Westeuropa nur den Grafentitel. Da es in der russischen Nobilität zwar Unterschiede zwischen Uradel, Hofadel, Briefadel gibt, jedoch keine weiteren Adelsprädikate, ist der Rang für Fremde nicht ohne weiteres zu erkennen.

Die fremde Frau

1 S. 661: Pekesche: ein pelzbesetzter kurzer Überrock für Männer.

Weihnacht und Hochzeit

1 S. 751: Die Regierung konnte das Recht, Branntwein zu verkaufen, auf Jahre hinaus verpachten. Die »Branntweinpächter« waren meist skrupellose Emporkömmlinge aus dem Kaufmannsstand, die durch Vermehrung der Schenken und Herstellung billigsten Fusels schnell zu großem Reichtum gelangten. Ihre Töchter waren als gute Partie sehr begehrt.

Helle Nächte

1 S. 785: Der Petersburger nimmt seine Hauptmahlzeit zwischen 5 und 6 Uhr nachmittags ein.

2 S. 788: Diana Vernon (»Rob Roy«, 1818), Effie Deans (Das Herz von Midlothian«, 1818), Clara Mowbray, Minna und Brenda sind Gestalten aus Romanen von Walter Scott (1771–1832).
Im literarischen Salon der Gräfin W. D. (= Woronzowa-Daschkowa; gest. 1856) verkehrten Dichter und Künstler.
Nach dem Thema »Kleopatra e i suoi amanti« gibt in Alexander S. Puschkins Erzählung »Ägyptische Nächte« (1837) ein italienischer Improvisator vor einer Gesellschaft eine Probe seiner Kunst.
»Das Häuschen in Kolomna« (1833) ist eine burleske Verserzählung Puschkins, in der eine Köchin als verkleideter Liebhaber der Tochter des Hauses entlarvt wird.
»Robert der Teufel«: Giacomo Meyerbeers pompöse Schaueroper »Robert le Diable« (nach dem Text von Eugène Scribe) machte 1831 in Paris und danach überall in Europa Furore. Heinrich Heine schreibt dazu in »Französische Zustände«: »Dieses Sensationsstück war eben so ganz nach dem damaligen Geschmack der durch die Revolution im innersten zerrissenen Menschheit.«

Ein kleiner Held

1 S. 866: Ilja von Murom ist der Lieblingsheld der alten russischen epischen Lieder, der Bylinen, die legendäre und historische Stoffe gestalten und deren Tradition noch in die Zeit des Kiewer Reiches (11.–13. Jahrhundert) zurückreicht. Auch eine Reihe von russischen Volksmärchen ranken sich um diese Gestalt.

E. K. Rahsin

Zu den Anführungszeichen

Damit der Leser in diesem großenteils in Gesprächsform gestalteten Werk eindeutig unterscheiden und sich klar zurechtfinden kann, wurden die Anführungszeichen durchgehend auf folgende Weise gesetzt:
Alle Gespräche und Aussprüche aus Gesprächen außerhalb dieser wurden mit » und « angeführt und ausgeführt.
Die Wiedergabe von Äußerungen anderer innerhalb von Gesprächen wurde mit ‚ und ' gekennzeichnet.
Zitate und Verse (soweit diese Zitate sind), Titel von Büchern, Schauspielern, Dichtungen sowie Namen von Gasthäusern und Stadtteilen, weiterhin Redensarten und ähnliches sind innerhalb und außerhalb von Gesprächen mit „ und " angeführt und ausgeführt worden.

NACHWORT

Dostojewski inszenierte sein literarisches Debut mit dem Briefroman *Arme Leute* selbst wie einen Roman – als sentimentalempfindsame Geschichte eines Unbekannten, der buchstäblich über Nacht zu nationaler Berühmtheit gelangt.[1] Diese – wenn auch nur kurze – Erfolgsstory des jugendlichen Autors ist oft erzählt und nicht selten (auch vom Autor selbst) parodiert worden. Unmittelbar nach der Übersetzung der *Eugénie Grandet* von Balzac machte sich Dostojewski im Januar 1844 an sein erstes eigenes Prosawerk, an dem er verbissen Tag und Nacht fast ein Jahr lang arbeitete. Gleich nach Abschluß des Manuskripts stürmte der noch völlig unbekannte Autor zu dem damals einflußreichen Schriftsteller Dmitri Grigorowitsch, dem er den Text in einem Zuge vorlas. Unmittelbar darauf wurden die *Armen Leute* dem Dichter und Herausgeber Nikolai Nekrassoff[2] zum Lesen gegeben, der den Roman noch in derselben Nacht verschlang und um vier Uhr früh den völlig verdutzten Autor aufsuchte, um ihn enthusiastisch in der Welt der Literaten zu begrüßen. Am nächsten Tag überreichte Nekrassoff das Manuskript dem damaligen »Großkritiker« Rußlands Vissarion Belinski[3], der – was ansonsten nicht seine Art war – seiner Begeisterung freien Lauf ließ und Dostojewski als »neuen Gogol« feierte. Der Roman enthülle – so Belinski – »solche Geheimnisse des Lebens und der Charaktere in Rußland« wie noch keiner zuvor; das sei »der erste Versuch eines sozialen Romans bei uns«.

In den Augen Belinskis mußten Dostojewskis *Arme Leute* als ideale Verwirklichung seiner eigenen humanen und weltanschaulichen Forderungen erscheinen – oder umgekehrt: Er glaubte in Dostojewskis Erstling genau jene Sozialkritik und psychologisierende Erzähltechnik zu erkennen, die er selbst in seinen eigenen literaturkritischen Schriften, die das ganze gebildete Rußland zu jener Zeit kannte, formulierte bzw. anwandte. In diesem enthusiastischen Urteil des Kritikerpapstes lag aber schon der Keim zum jähen Fall des so unerwartet und überwältigend hochgelobten Debütanten. Seinen Aufstieg und Niedergang in diesen frühen Jahren beschrieb der reifere Autor nach seiner Rückkehr aus Gefängnis und Verbannung in seinem Roman *Die Erniedrigten und Beleidigten* (Kapitel V und VI des 1. Teils). »Über die *Armen Leute* spricht halb Petersburg«, schrieb Dostojewski damals stolz seinem Bruder. Der Erfolg war so durchschlagend, daß in einer feinen Bäckerei am Newski-Prospekt sogar ein großes Schild aufgestellt war, welches die beiden Romanhelden Djewuschkin und Warwara in der Pose der Briefschreiber zeigte.

Neben der Begeisterung der Anhänger der sogenannten »naturalen Schule«[4], einer die Romantik überwindenden frührealistischen Richtung in der russischen Prosa der vierziger Jahre, verharrte die konservative Kritik in scharfer Ablehnung; besonders mokierte sie sich über die Formlosigkeit, Detailverliebtheit und Chaotik der Handlungsführung. Gogol selbst – als dessen Nachfolger zu Lebzeiten Dostojewski designiert war – las den Text auf seiner Italienreise 1846 und beklagte die Geschwätzigkeit und Langatmigkeit des Romans. Belinski selbst, der sich bald von dem so hochgelobten Debütanten distanzierte, schloß sich 1847, ein Jahr nach dem wegen der Zensur verzögerten Erscheinen der *Armen Leute*[5], diesem Urteil an: Der Roman sei eintönig, es gebe endlose Wiederholungen ein und derselben Formeln und überhaupt überwiegen die erzähltechnischen Mängel.

Während die damaligen Zeitgenossen Dostojewskis sich an der Thematik, Psychologie und Weltanschauung seines Erstlingswerkes begeisterten, erscheint aus heutiger Sicht weniger der soziale und ethische Appell des Werkes relevant als vielmehr seine revolutionäre Erzähltechnik. Jene Merkmale des Romans, die von den Zeitgenossen als Stilschwächen verurteilt wurden sind es gerade, die die literarische Moderne als Vorzeichen ihrer eigenen Entstehung betrachtet. So konnte erst nach der Jahrhundertwende jene neue, revolutionäre Erzähltechnik gewürdigt werden, die der damals völlig unerfahrene Autor mit seinen *Armen Leuten* und den darauffolgenden Prosawerken der 40er Jahre geprägt hatte: die Parodie der monologischen, oftmals monophonen, sentimental-romantischen Erzählweise der Puschkin- und Gogol-Ära, ja des gesamten Sentimentalismus in der Prosa, der auf den englischen Schriftsteller Laurence Sterne und seine Werke *Tristam Shandy* und *Sentimental Journey* zurückgeht. Sie lösten eine gewaltige Welle von Nachahmungen aus, die schon Gogol, besonders aber den jungen Dostojewski zur literarischen Persiflage reizte.

Dostojewskis Neuerung bestand in der (durch Autoren wie Gogol schon vorbereiteten) Entwicklung einer Erzählweise, in der sich mehrere unterschiedliche Stilformen wie Weltsichten zu einem polyphonen Werk verbinden, ohne daß der Autor in diesem mehrstimmigen Geflecht von Stilen eindeutig Partei ergreift für die Position des Erzählers oder die seiner Helden. Eben diese Offenheit des Verhältnisses von Autor und Erzähler, Erzähler und literarischer Figur war die Hauptursache für die zum Teil völlig irrige Beurteilung des Romans durch den zeitgenössischen Leser. »Man ist gewohnt«, schrieb in diesem Zusammenhang Dostojewski an seinen Bruder, »in allem die Fratze des Autors zu sehen; ich aber habe die meine nicht vorgezeigt. Es gefällt ihnen nicht, daß Djewuschkin spricht und nicht ich, und daß Djewuschkin anders gar nicht sprechen kann.«[6] Alle Merkmale des »schlechten Stils«, die von den Zeitgenossen an der frühen Prosa Dostojewskis kritisiert wurden – die ewigen Wiederholungen, die geradezu pathologischen Sprachstörungen der Romanfiguren, ihr unzusammenhängendes Gestammel, eine elendige Langatmigkeit und schließlich die scheinbare Schwäche im Handlungsbau –, all sie gehören (nach der Meinung des Autors selbst) in die Welt der dargestellten Figuren und nicht in die Kompetenz eines sich den Lesern präsentierenden Autors. Die absichtlich »schlecht« geschriebenen Passagen sollten es dem Leser ermöglichen, Rückschlüsse auf die Weltsicht der Romanhelden zu ziehen, ohne dabei auf einen direkten Kommentar durch den Autor angewiesen zu sein. Die Gattung des Briefromans gestattete es darüber hinaus, gleich mehrere Weltsichten und Ausdrucksweisen in einen offenen Dialog miteinander treten zu lassen, ohne daß ein autorisierter Erzähler die „Diskussionsleitung" übernahm. Auf diese Weise gelang es in der russischen Literatur zum erstenmal, eine Vielzahl von Wertungen ein und desselben Geschehens sowie die Wandlung innerhalb der Position komplexer Romanfiguren auch stilistisch und kompositorisch zum Ausdruck zu bringen. Gerade darin aber besteht, so Michail Bachtin in seiner bahnbrechenden Dostojewski-Studie aus dem Jahre 1929[7], die von Dostojewski bewirkte »kopernikanische Wende« in der Erzählkunst.

Die äußere Wechselrede zwischen den Figuren des Briefromans, zwischen Djewuschkin und Warwara, wird ergänzt durch innere Dialoge zwischen jenen Stimmen, die in der Psyche der einzelnen Romanfiguren aufeinandertreffen. Djewuschkin etwa spricht in seiner eigenen Stimme mit seinem alter ego, er unterhält sich mit verschiedenen autoritären Stimmen, die gewissermaßen aus dem Über-Ich kommen; man denke an den immer gegenwärtigen »vorwurfsvollen Blick« seines fiktiven Gegenübers, jenes »fremden Menschen«, an den Djewuschkin seine endlosen Rechtfertigungsreden richtet. Gleichwohl werden die Adressaten solcher Verteidigungsreden als Personifizierungen des (schlechten) Gewissens (oder gar eines »falschen Bewußtseins«) des Helden erkennbar. Diese Selbstanklagen sind ein bedeutsamer Vorgriff auf den für den späteren Dostojewski so typischen Stil der Lebensbeichte, Selbstbeschuldigung und Selbsterniedrigung.

Warinkas fiktives Gegenüber ist ihr Liebhaber und späterer Gatte Bykoff – auch eine Abspaltung des eigenen »Gewissens«, dem sich die Heldin seelisch und sprachlich unterwirft. Die eigene Rede wird damit von der »fremden Rede« (eben jener des Gegenübers) geprägt und letztlich deformiert. Der innere Monolog des Bewußtseins wird durch die Dialogisierung radikal aufgespalten; der Autor verzichtet auf jeden Eingriff als erzählender Kommentator, er verzichtet darauf, seine Figuren aus jenem (auch sprachlichen) Labyrinth herauszuführen, in das sie sich selbst begeben haben.

Eben diese Haltung des Autors aber war es, die den Lesern der 40er Jahre noch ganz und gar unvertraut sein mußte. Dostojewskis bewußt deformierter Stil hatte ebenso Methode wie jener Wahnsinn, von dem all seine Figuren befallen waren, ein Wahn, der freilich jener grotesken Welt entstammte, die Gogol in seinen Erzählungen vorgezeichnet hatte. Nicht zu unrecht erkannte man später, daß nicht nur der junge Dostojewski, sondern nahezu die gesamte russische Prosa aus dem *Mantel* Gogols hervorgekrochen sei.[8] Für den kundigen Leser der damaligen Zeit mußten die Parallelen zwischen Dostojewskis Frühwerk und den Werken Gogols – ja der gesamten damals kanonisierten Literatur – allzu offensichtlich erscheinen, ohne daß begriffen worden wäre, daß es eben jene Überfülle der literarischen Rückbezüge war, die den vollen Reiz des genialen Maskenspiels in Dostojewskis Erzählkunst ausmacht. Allzugerne erlag man der Versuchung, die eigene Belesenheit (und wer kannte Puschkins und Gogols Werke zu jener Zeit nicht in Rußland) dadurch zu demonstrieren, daß man Dostojewskis Frühwerk mit dem fein gesponnenen Netz aus Anspielungen und Zitaten zu einem bloßen Plagiat erklärte. Waren die Parallelen zwischen Makar Djewuschkin und Gogols unglücklichem Irren aus den *Aufzeichnungen eines Wahnsinnigen* oder mit Akaki Akakijewitsch aus seiner Erzählung *Der Mantel* nicht Beweis genug für einen solchen Plagiatsvorwurf? Wer konnte an den Raubstücken aus Goethes *Werther*, Rousseaus *Nouvelle Héloise*, oder Puschkins *Erzählungen Bjelkins* vorbeisehen?[9]

Dostojewskis inszenierte Vielstimmigkeit basiert im wesentlichen auf mehreren Tricks, die er erstmals in seinen *Armen Leuten* unbarmherzig gegenüber der Seelenqual seiner erbarmungswürdigen, stammelnden Helden testete und dann in seinen weiteren Werken immer mehr vervollkommnete. Ein aus der kanonisierten Literatur bewährtes Sujet wird mit allseits bekannten Figuren ausgestattet, die einmal die Rolle des Romanhelden, des Erzählers (als Briefschreiber) oder des Publikums (als Briefempfänger) zu spielen haben. Djewuschkin, aber auch Warwara sind in mehrfach gebrochener Weise Figuren des Gesamttextes *Arme Leute* (also eines von einem Autor verfaßten Stückes Literatur); gleichzeitig sind sie Figuren ihrer eigenen Erzählungen (in den

Briefen und ihren Lebenserinnerungen). Neben dieser Rolle als erzählte und erzählende Gestalten sind sie aber auch Leser anderer literarischer Werke: Djewuschkin wird als Leser von Puschkins *Der Postmeister* und Gogols *Der Mantel* vorgeführt – wobei er sich in seiner Wertung gegen den letzten und für den ersten entscheidet –; er trifft aber auch auf die durchaus epigonalen (und zudem vom Autor erfundenen) literarischen Ergüsse eines gewissen Schriftstellers Ratasajeff, den er anfangs maßlos bewundert, was seinen eigenen literarischen Geschmack diskreditiert, und dem er als Romanfigur zum Opfer fällt, indem er zum Objekt einer »pikanten Satire« Ratasajeffs wird. Djewuschkin als Leser eines erfundenen Autors (eben Ratasajeffs) wird zum Helden eben dieses Epigonen, während er gleichzeitig selbst Autor jener Briefe ist, in denen dieser zweifelhafte Literat als Held figuriert.

Die Romanfigur als Leser steht der Romanfigur als Autor gegenüber und tauscht mit dieser mehrfach die Plätze. Kompliziert wird dieser Rollentausch durch die Vielfalt der Vernetzung aller Motive und Stilformen innerhalb des Romans selbst: Die Werke des Stümpers Ratasajeff etwa, die Djewuschkin so prächtig findet, daß er sie wortwörtlich in seinen Briefen an Warwara zitiert, entpuppen sich als plumpe Parodien der zu jener Zeit in Rußland populären pseudohistorischen Romane F. Bulgarins und anderer Epigonen der Romantik.[10] Die Waffe der Literatur, und das gilt für alle Romane Dostojewskis, wird im Seelenduell zwischen Djewuschkin und Warwara besonders wirkungsvoll eingesetzt. Die lesenden Romanfiguren übersenden einander nicht nur unentwegt Bücher, sondern sie begegnen einander auch nach dem Muster jener Verhaltensweisen, die aus diesen Texten herausgelesen wurden. Damit wird aber ihre eigene Biographie zu einer lebendigen Abbildung jener Literatur, die sie immer wieder – als ihr eigentliches Schicksal – einholt. Djewuschkins lächerliche Figur ist tatsächlich durchaus am Platze in der (fiktionalen) Parodie seines ungetreuen Idols Ratasajeff; er ist aber auch ein enger Verwandter des unglücklichen Vaters aus Puschkins Erzählung *Der Postmeister*. Wie dieser der entführten Tochter, so jagt Djewuschkin seiner Geliebten nach; in beiden Fällen siegt die erbarmungslose Vitalität der Rivalen.

Diese Vermischung von Literatur und Leben, von künstlerischen und psychologischen Gesetzmäßigkeiten wird dadurch kompliziert, daß Dostojewski die verschiedenen herbeizitierten Texte Puschkins, Gogols, Goethes, Rousseaus etc. gegeneinander ausspielt. »Ich habe auch mit Ratasajeff«, berichtet Djewuschkin, »über den *Postmeister* gesprochen. Der sagte, das sei alles altes Zeug, und jetzt erscheinen nur Bücher mit Bildern und solche mit Beschreibungen...« (*Arme Leute*, S. 98). Gemeint ist damit die in den 40er Jahren des vorigen Jahrhunderts so erfolgreiche Gattung der »Physiologischen Skizzen«, eine Art dokumentarischer Faktographie, welche die handlungsreiche, auf Spannung orientierte Prosa der 30er Jahre abgelöst hatte.

Ähnliches gilt für das literarische »Duell« zwischen Puschkin und Gogol, das Dostojewski in den Briefen Djewuschkins sowohl stilistisch als auch thematisch inszeniert. Auf der thematischen und ideologischen Ebene verliert Gogol (vor allem als Autor des *Mantel* und der *Nase*) dieses Duell eindeutig gegen Puschkin, wogegen er auf der Ebene des Stils, der Erzähltechnik haushoch gewinnt, ohne daß freilich Dostojewski oder sein Djewuschkin darüber ein Sterbenswörtchen verlieren würden. Auch Warwara agiert literarisch und mit Literatur: Sie macht die Werke Puschkins ihrem ersten Geliebten, dem unglücklichen Prokowski, zum Geschenk (S. 59), ebenso wie sie später ihrem Brief-Bruder Djewuschkin Puschkins *Erzählungen Bjelkins* zusendet (S. 167).[11] Für diesen werden die Gegenüberstellungen des Puschkinschen Ethos und der Mitleidlosigkeit der grotesken Welt Gogols zum Sinnbild seiner eigenen gescheiterten Existenz und ihrer Ausweglosigkeit:

»Man versteckt sich ja schon sowieso, versteckt sich und verkriecht sich, man fürchtet sich, auch nur seine Nase zu zeigen...« (S. 104); oder: »Wird denn jemand von den Lesern auch nur einen Mantel dafür kaufen können...« (ebenda). Djewuschkin kritisiert den üblen Ausgang von Gogols *Mantel*-Erzählung, er fordert ein Happy-End, weil er sich selbst allzusehr als »Mantel-Figur« fühlt:

»Ja, ich zum Beispiel hätte es so gemacht; denn so wie er es geschrieben hat – was ist denn dabei Besonderes, was ist dabei Schönes! Das ist ja doch einfach nur irgend so ein Beispiel aus dem alltäglichen, niedrigen Leben! Und wie haben Sie sich entschließen können, mir ein solches Buch zu senden, meine Gute? Das ist doch ein böswilliges, ein vorsätzlich schädliches Buch, Warinka. Das ist ja einfach gar nicht wahrheitsgetreu, denn es ist doch ganz ausgeschlossen, daß es einen solchen Beamten irgendwo geben könnte!« (S. 105).

Beide Bücher, Gogols *Mantel* und Puschkins *Postmeister*, erhält Djewuschkin von seiner Brieffreundin geschickt, damit er sich von den Kitschromanen Ratasajeffs abwende und seinen eigenen Stil verbessere (S. 93, 99). Indirekt hat Warwara aber damit Djewuschkin literarisch auf jenes Schicksal festgelegt, das der Postmeister an seiner Tochter Dunja erlebt und das sich mit dem Raub Warwaras durch den roten Bykoff wiederholen sollte: »...Ich könnte das ja gleichfalls schreiben...«, sagt sich Djewuschkin, »Fühle ich doch ganz dasselbe und genau so, wie es in diesem Büchlein steht!... Und wie viele solcher Ssamsson Wyrins gibt es nicht unter uns... Nein, das ist naturgetreu!... das ist so wahr wie das Leben selbst...« (S. 97).

Mit den Romanfiguren (auf der Ebene der Biographie) holen Djewuschkin aber auch die Literaten ein: Er selbst will in die Literatur »eingehen«, schafft es aber bloß, in Ratasajeffs Satire als komische Figur aufzutreten – und in Dostojewskis Briefroman als »Schreiber«, der er ja auch beruflich ist: »Meine Handschrift ist gefällig, nicht allzu groß, aber auch nicht allzu klein, läßt sich am besten mit Kursivschrift bezeichnen, jedenfalls aber befriedigt sie.« (S. 102) Für den Schreiber reicht es, der eigene Stil jedoch ist mangelhaft, unzusammenhängend, schlecht: Der »schlechte Stil«, in dem Djewuschkin seine Briefe Warwara schreibt, ist aber gleichzeitig der »gute Stil«, der »Kunsttext« des Meisters Dostojewski! Aus dieser Perspektive gelesen, zeigt sich die von Djewuschkin selbst immer wieder thematisierte und beklagte Ausdrucksschwäche als ein Defizit auf der fiktionalen Ebene der »Geschichte« (also der »Fabel«, der »Handlung«), jedoch als eine hohe Kunstfertigkeit auf der Ebene jenes Romanwerkes, dessen Autor Dostojewski ist. Damit wird es für den Autor möglich, literarische und existentielle, psychologische, ideologische Wertungen einmal als künstlerisch gestaltete Äußerung, einmal als Bestandteil eines nichtliterarischen Privatbriefes zu präsentieren oder aber es dem Leser zu überlassen, was er für das eine, was für das andere halten möchte. Fest steht, daß jener kunstlose, »schlechte Stil« des Versagers Djewuschkin (und anderer »Stammler« aus dem Frühwerk Dostojewskis) zum Kunststil der nachfolgenden Epoche des »großen russischen Romans« wurde – gewissermaßen ein postumer Sieg der Literatur über jene Kraftmeierei, wie sie der im Roman siegreiche Bykoff zur Schau stellt.

Freilich, Djewuschkin macht es dem Leser (insbesondere seiner Brieffreundin) nicht leicht, strotzen doch seine Sendschreiben vor ungeheuren Plattheiten und monströsen Dummheiten. So schreibt er über den aufgeblasenen Nichtskönner Ratasajeff: »Es ist eine schöne Sache um die Literatur... Die Literatur – das ist ein Bild, das heißt in gewissem Sinne, versteht sich; ein Bild und ein Spiegel; ein Spiegel der Leidenschaften und aller inneren Dinge; sie ist Belehrung und Erbauung zugleich, ist Kritik und ein großes menschliches Dokument.« (S. 81) Die hier zu geballter Dummheit komprimierten Urteile entstammen zu einem guten Teil jener Literaturbetrachtung, wie sie der oben zitierte Vissarion Belinski – beispielgebend für spätere Generationen bis zum sozialistischen Realismus – in die Welt gesetzt hatte.

Dostojewskis Trick mit dem »schlechten Erzähler«, der sich selbst unentwegt der Unfähigkeit zu »schreiben« bezichtigt (und dafür auch immer wieder überzeugende Belege liefert), dieses Verfahren der Maskierung wurde für alle späteren Werke Dostojewskis und seiner Nachfahren maßgebend. Noch ehe Djewuschkins zusammenhanglose Rede einsetzt, macht Dostojewski seine Leser im Motto des Romans darauf aufmerksam: »... Tatsächlich, schlankweg verbieten sollte man ihnen das Schreiben, und am besten gleich ein für allemal!« – mit diesen Zeilen des russischen Romantikers Odojewski beginnt Dostojewski seine Schriftstellerlaufbahn.[12] Und Djewuschkin schreibt gleich in einem seiner ersten Briefe: »Beim Durchlesen sehe ich jetzt, daß alles ganz zusammenhanglos ist. Ich bin ein alter, ungelernter Mensch...« (S. 23), »Ich muß schon gestehen, Mütterchen, ich bin kein Meister der Feder...« (S. 24), »...ich habe keinen Stil, Warinka... Wenn ich doch nur irgendeinen hätte! Ich schreibe, was mir gerade einfällt...« (S. 30); »Mir fehlen die Redewendungen!... Auch an Sie... schreibe ich jetzt ohne alle Kunst und Feinheit... aber schließlich: wenn alle nur Selbstverfaßtes schreiben wollten, wer würde dann abschreiben?« (S. 75).

Eine jener Passagen, die am ehesten den Anforderungen der Humanitär- und Mitleidsprosa zu gehorchen scheint – die Szene mit dem bettelnden Knaben und seinem herzzerreißenden Unglück (S. 151) – wird von ihrem Erzähler, Djewuschkin, unvermittelt auf eine geradezu schamlose Weise ihres ethischen Ernstes beraubt, als er bekennt, das Ganze nur als Stilübung verfaßt zu haben, um sich vor Warinka zu produzieren: »Ich will Ihnen gestehen, meine Liebe, ich habe all dies zum Teil deshalb zu schreiben angefangen, um mein Herz zu erleichtern, zum Teil aber auch deshalb, und zwar zum größeren Teil, um ihnen eine Probe meines Stils zu geben. Denn Sie werden doch sicherlich schon bemerkt haben, Mütterchen, daß sich mein Stil in letzter Zeit sehr gebessert hat?« (S. 153 f.) Nein, Warinka, hatte es nicht gemerkt, im Gegenteil: In dem Maße, wie sie in den Sog des Machtmenschen Bykoff gerät, verliert sie Gefallen an den Briefen Djewuschkins und beginnt, ihren Stil zu kritisieren (S. 118); ungehört verhallt Djewuschkins Beschwörung: »Fängt doch gerade jetzt mein Stil an, besser zu werden...« (S. 193). Er wirkt doch gerade in jenen Passagen am wahrhaftigsten, die er absichts- und stillos verfaßt hat: »Ich werde Ihnen alles erzählen, diesmal ohne auf den Stil zu achten, also ganz einfach, wie Gott es mir eingibt.« (S. 160).

Ebenso wie die Romanhelden aller anderen Prosatexte der

40er Jahre sind auch die Figuren der *Armen Leute* relativ statische Typen, die dem Repertoire der »schwachen Helden« aus der Spätromantik bzw. dem Frührealismus entstammen. Dostojewskis Interesse an pathologischen oder neurotischen Charakteren ist aus der Zeit seines Zusammenlebens mit dem Arzt A. E. Risenkampf in Petersburg 1844 belegt, wo er große Neugierde an dessen Patienten zeigte. Hier hatte er reichlich Gelegenheit zur Feldforschung und Typensammlung für seine *Armen Leute*. Besonderes Interesse entwickelte Dostojewski für den Charakter des antriebsgehemmten, masochistischen, paranoiden bzw. neurotischen Helden. Sein psychologischer (und auch soziologischer) Habitus ist in seinen Erzählungen so messerscharf kalkuliert und vorprogrammiert, daß sein persönliches Schicksal zur bloßen »Konsequenz« einer ein für allemal festgelegten Ausgangsstruktur schrumpft. Das Mitleid mit dem konkreten Menschen löst sich auf in revolutionäre Wut gegen das System selbst, gegen das Sosein der Welt: »Nun schön, meinetwegen bin ich eine Ratte...«, sagt Djewuschkin von sich selbst, »Aber diese Ratte ist nützlich, ohne diese Ratte käme man nicht aus...« (S. 75); »...weil ich mich an alles gewöhne, weil ich ein kleiner Mensch bin. Aber, fragt man sich schließlich, womit habe ich denn das alles verdient?« (S. 74); »Arme Menschen sind eigensinnig... Das weiß doch ein jeder, Warinka, daß ein armer Mensch geringer als ein Lappen ist... weil bei einem armen Menschen... alles sozusagen mit der linken Seite nach außen sein muß, er darf da nichts tiefinnerlich Verborgenes besitzen...« (S. 114); »Darauf beruht doch die Welt, ...daß immer einer den anderen beherrscht und im Zaum hält, – ohne diese Vorsichtsmaßregel könnte ja die Welt gar nicht bestehen, wo bliebe denn sonst die Ordnung?« (S. 104) Der »arme Mensch« wird in der Typologie Djewuschkins dem »fremden Menschen« gegenübergestellt; dieser ist Repräsentant der »anderen« Welt, die insgesamt feindlich, machtvoll, vital, sexuell, positiv ist und an die Djewuschkin seine Geliebte nach und nach verliert:

»...ich kenne den fremden Menschen und kann Ihnen sagen, wie er ist. Ich kenne ihn, Kind, kenne ihn nur zu gut. Ich habe sein Brot gegessen. Böse ist er. Warinka, sehr böse, so boshaft, daß das kleine Herz, das man hat, nicht mehr standhalten kann, so versteht er es, einem mit Vorwürfen und Zurechtweisungen und unzufriedenen Blicken zu martern. – Bei uns haben sie es wenigstens warm und gut, wie in einem Nestchen haben Sie sich hier eingelebt.« (S. 95).

Dostojewskis Figuren verkörpern pathologische oder, im Sinne der Fourierschen Weltsicht, soziologische oder ideologische[13] Typen, keineswegs aber eignen sie sich als Identifikationsfiguren oder Bezugspersonen einer humanitären Botschaft. Natürlich provoziert die berühmte Knopf-Szene (Symbol für die Erniedrigung Djewuschkins) altruistische Gefühle des Lesers. Und doch hängt dieses Mitleidspathos nur an einem Faden – ganz wie Djewuschkins Uniformknopf (S. 163). Dieser bildet als »corpus delicti« des humanen Kunstauftrags nur mehr den kläglichen Rest jenes ganzen Mantels, um den es Gogols Akakij Akakjewitsch gegangen ist: »...was werden meine Feinde sagen«, fragt sich Djewuschkin, »und alle diese boshaften Zungen, wenn man ohne Mantel kommt? Man trägt ihn ja doch nur um der Leute willen...« (S. 130). Und Warwara: »Mein Leben lang werde ich unter Tränen die Menschen anklagen, die mich zugrunde gerichtet haben. Diese schrecklichen Menschen!« (S. 19).

Das für den neurotischen Typus charakteristische (Selbst-)Mitleid tritt hier nicht als ein humanitärer Appell auf, sondern als Symptom einer Krankheit, dessen Merkmale Dostojewski – ein halbes Jahrhundert vor Sigmund Freud – mit geradezu bestürzender Genauigkeit diagnostiziert hat. Die für Dostojewski immer wieder reklamierte psychologische (oder ideologische, soziologische, politische) Weltsicht führt solange an seiner eigenen Erzählwelt vorbei, als sich der Leser mit dem Aufsammeln von Botschaften und Welterklärungen begnügt, wobei er die nur im Kontext gültige Meinungsäußerung einer Romanfigur zur Ideologie ihres Autors erklärt. So ist es auch mit Djewuschkin. Das Mitleid, welches er bei sich selbst und den anderen (bei Warwara, aber auch beim Leser) provoziert, ist gerade der

Grund seines schicksalhaften Scheiterns am »lebendigen Leben«, an der erotischen und vitalen Kraft jener Weiblichkeit, die unter der sanften Oberfläche seiner Brieffreundin nur schlummerte.

So wären Dostojewskis *Arme Leute* weniger als Objekte des Mitgefühls anzusehen dann als Modellfiguren eines Szenarios, das – ganz im Sinne der Anti-Mitleids-Ethik Nietzsches – die Gretchenfrage des 19. Jahrhunderts stellt –, die nach dem Verhältnis von »Ethik« und »Ästhetik« (später bei Dostojewski ergänzt um jenes zwischen ethischem und religiösem Verhalten), von »Gutsein« und »(körperlicher) Liebe«, Mitleid und Sexualität, »Brüderchen-Schwesterchen-Spiel« und Geschlechtlichkeit, Reinheit und Durchsetzungsvermögen, Kindlichkeit und Erwachsensein. Djewuschkin (sein Name selbst leitet sich aus dem russischen Wort für »Mädchen« ab) verkörpert jene reine, jungfräuliche, im Grunde geschlechtslose, impotente Figur, welche die Geliebte notwendigerweise an den bösen, aber vitalen Bykoff verlieren muß, dessen Name – »byk« heißt soviel wie »Stier« – das Tiersymbol für maskuline Vitalität enthält. Djewuschkin bleibt auf einer infantilen Entwicklungsstufe stehen, wenn er nach seinem »Täubchen«, »Liebling«, »Mütterchen« oder »Kindchen« verlangt (S. 78, 193); er hat nie das Mutter-Kind-Schema oder den für Dostojewski so typischen Bruder-Schwester-Komplex überwunden. Damit erhalten die schon von den Zeitgenossen belächelten Kosenamen, die den gesamten Roman überschwemmen, eine über den sentimentalistischen Stil weit hinausreichende Bedeutung: Sie sind Symptome jenes regressiven, masochistischen Charakters, den Djewuschkin, vorweisend auf so viele spätere Nachfahren im Romanwerk Dostojewskis, verkörpert. Auf dieser infantilen Stufe verschwimmen die Grenzen zwischen »Mütterchen« und »Kindchen« (S. 16, S. 25): »Ach, mein Täubchen, Sie sind doch wirklich noch ganz wie ein kleines Kindchen! Sie sind so zart, wie so ein Strohhälmchen...« (S. 25). Seltsamerweise neigt sich dieses Hälmchen dann doch der animalischen Natur des »Stieres« zu, das zarte »Vögelchen« wird doch vom »Raubvogel« gejagt und gefangen.

Auch in dieser Konfiguration der Triebe sind die Motivationen auf kunstvolle Weise verflochten: Während die junge Warwara ihrem ersten Geliebten, dem abweisenden Pokrowski, eine Beziehung »als aufrichtiger Freund und als ein liebevoller Bruder« auferlegt, spielt die ältere Warwara selbst die Rolle der Abweisenden und verhöhnt die »Geschwisterliebe«: Ihre Grausamkeit, mit der sie den völlig hilflosen Djewuschkin zu Botengängen anläßlich ihrer Hochzeitsvorbereitungen mit Bykoff braucht (S. 184), relativiert rückwirkend ihr gesamtes Verhältnis zu ihrem Briefpartner.

Damit ist die erste Runde mit einem schrillen Ton zu Ende gegangen: Liebe ist nicht Liebe, sondern »Triebkraft«, Mitleid ist Schwäche, Phantasie ein Vorwand, Humanität eine literarische Technik, und Literatur ist nicht Literatur, sondern etwas ganz anderes...

»Fängt doch gerade jetzt mein Stil an, besser zu werden... Ich schreibe nur, um zu schreiben, immer noch mehr zu schreiben... Mein Täubchen, mein Liebling, mein Mütterchen Sie!« (S. 193).

*

Der Anfangserfolg von Dostojewskis *Doppelgänger*-Roman[14] war noch größer als jener der *Armen Leute*. Der Autor selbst hielt den Roman für ein Meisterwerk, die literarische Welt erwartete – angeführt von Belinski – eine neue Sensation, man riß ihm den Text regelrecht aus der Hand: »Die unsrigen sagen«, berichtet der junge Autor, »daß es seit den *Toten Seelen* bei uns nichts Vergleichbares gegeben hätte.« Doch dann legte sich auf unerklärliche Weise die Anfangsbegeisterung; besonders enttäuscht zeigte sich der Belinski-Kreis nach Erscheinen des Textes in Nekrassoffs *Vaterländischen Annalen* (1846). Der Sturz aus den höchsten Höhen des literarischen Ruhmes konnte nicht schmerzlicher sein. »Was aber das Komischste ist«, wundert sich Dostojewski, »alle sind böse auf mich wegen der Ausgedehntheit des Romans, und doch lesen ihn alle wie gebannt zu Ende.« Diese gespaltene Reaktion des Publikums hat Dostojewski klar erkannt, sie sich selbst teilweise zueigen gemacht, indem er jahrelang versuchte, das scheinbar mißglückte Werk umzuarbeiten. So entstand anfang der 60er Jahre aus dem ursprünglichen *Doppelgänger*-Roman des Jahres 1846 ein »Roman-Doppelgänger«, dessen endgültige Fassung erst 1866 als 3. Band der neuen Werkausgabe erschien und bis heute die Grundlage der meisten Übersetzungen und Kommentare bildet (so auch in dieser Ausgabe). Die weitreichenden Umarbeitungspläne, die den *Doppelgänger* aus einer Figur der 40er Jahre zu einer der 60er Jahre machen sollten, kamen doch nicht zur Durchführung; es blieb bei Kürzungen und Retuschen, die der Kritik des Publikums Rechnung tragen sollten. Doch sind es gerade jene als lähmend bezeichneten Wiederholungen, Tick-Wörter, Idiosynkrasien, Ungereimtheiten und das permanente Gestammel der Romanfigur, was – wie schon in den *Armen Leuten* – für den heutigen Leser den Hauptreiz des Romans ausmacht.

Der zeitgenössische Leser beklagte die Langeweile und Trostlosigkeit der Darstellung; das Werk hätte »keinen Sinn, keinen Inhalt und keinen Gedanken«, und der Leser würde sich hoffnungslos im Dickicht der Goljadkinschen Geschwätzigkeit verirren: »...So ist zum Beispiel jeder Leser völlig im Recht«, schrieb Belinski in einer vernichtenden Kritik, »der nicht versteht und nicht errät, daß die Briefe Wachramejews und des Herrn Goljadkin junior Goljadkin senior selbst an sich schreibt... Und überhaupt wird nicht jeder Leser sogleich den Wahnsinn Goljadkins erraten.«[15]

Ausgehend von Dostojewskis kritischer Einschätzung, daß »dieser Roman zweifellos mißlungen sei«[16], wird teilweise bis heute die Auffassung vertreten, *Der Doppelgänger* sei von der Idee her zwar genial, in seiner »äußeren Form« jedoch mißlungen und »unendlich in die Länge gezogen« (N. Reber, S. 22; V. Terras, S. 224). Dem steht aber die Ansicht gegenüber, daß – wie schon in den *Armen Leuten* – gerade diese verworrene und chaotische Ausdrucksweise des Helden und die »Brechung« durch die Sehweise des Erzählers auf die Emanzipationsbestrebungen des modernen Erzählens verweisen.[17] Während im Briefroman der Erzählstil des gesamten Werkes auf zwei Positionen verteilt ist, verlagert Dostojewski diese Spaltung nunmehr ins Innere seines Helden selbst, der somit einer gewissen Schizophrenie ausgesetzt, die Grenze zwischen Wahn und Wirklichkeit nicht mehr wahren kann. Diese von Dostojewski meisterhaft entwickelte Technik der »inneren Rede«, das spannungsreiche Nebeneinander verschiedener Stile und Wertungen in ein und derselben Aussage, wurde richtungsweisend für die Zukunft.

Wie schon in den *Armen Leuten* wird ein und dieselbe Situation (etwa der wachsende Wirklichkeitsverlust oder die Persönlichkeitsspaltung des Helden) gleichzeitig aus mehreren, miteinander konkurrierenden Standpunkten dargestellt, die es dem Leser weitgehend überlassen, die so widersprüchlichen Merkmale und Symptome zu einem eigenen Bild, einer eigenen Deutung zusammenzufassen. So wird der Leser wie ein Detektiv oder Diagnostiker aktiv in den Prozeß der Sinngebung einbezogen, ohne daß ein autoritärer Erzähler eine authentische Lesart vorschreiben würde. Die Grenze zwischen Wahn und Wirklichkeit, Phantastik und Wahrscheinlichkeit muß in jeder Passage vom Leser neu gezogen werden; jede neuerliche Lektüre des Romans provoziert neue Interpretationsmöglichkeiten, neue Diagnosen. Die Rezeptionsgeschichte des *Doppelgängers* belegt dies mit geradezu monströsen Deutungsversuchen, von denen einige sich bis zu der Idee verstiegen, hinter dem Wahnbild des Doppelgängers würde sich eine im Roman selbst auffindbare andere Gestalt verbergen, etwa in der Person jenes neuen Beamten, der Goljadkin an seiner Dienststelle ersetzen sollte.[18]

Dieser Interpretationspluralismus ist nicht Ausdruck für eine mangelhafte Komposition des Romans, sondern ist vielmehr bewußt beabsichtigt. Leider wurden zumeist außerliterarische Erklärungsversuche unternommen, zum Beispiel psychologische oder sozialhistorische Interpretationen, die zwar im Werk angelegt sind, jedoch wie immer bei Dostojewski nicht für sich, ohne die nötigen perspektivischen Brechungen und Relativierungen stehen können. In Dostojewskis Kunstwelt sind die Meinungen nicht fertig, die Urteile nicht endgültig gefällt, die Eindrücke nicht unverrückbar – ganz im Gegenteil: Alles ist im Fluß. Das Leben und die Innenwelt der Figuren bilden einen Bewußtseinsprozeß, dessen sprachliche und literarische Bewältigung Dostojewski (neben Leo Tolstoi) zum wichtigsten Vorläufer der Technik des »Bewußtseinsstromes« machte, die dann in der Moderne zum Hauptmerkmal avantgardistischen Erzählens wurde.[19]

Ganz selten kommt in Dostojewskis Roman der Ich-Erzähler aus der Deckung heraus, das heißt tritt hinter dem Rücken seines Helden hervor, wenn er sich etwa in der ihm eigenen, ironisch-skeptischen Ausdrucksweise an den Leser wendet. Dabei begegnet man den für Dostojewski so charakteristischen Pervertierungen der traditionellen Geneigtheits-Floskeln, mit denen sich üblicherweise ein Erzähler an seine »wohlmeinende Leserschaft« zu wenden pflegte. Das verhüllte Selbstlob wird hier ersetzt durch den (fast lustvollen) Akt der Selbstentblößung, eine Art literarischen Exhibitionismus, der dem bei Dostojewski so geschätzten voyeuristischen Blick des Erzählers entspricht. Was der Erzähler hier entblößt, ist jene scheinbare Nacktheit, die sich – ganz anders als in Andersens Märchen *Des Kaisers neue Kleider* – selbst wieder als eine Art Kostümierung entpuppt:

»Oh, wäre ich doch ein Dichter! – aber, versteht sich, mindestens einer wie Homer oder Puschkin, denn mit einer geringeren Begabung dürfte man sich an diese Aufgabe gar nicht heranwagen – also: wäre ich ein Dichter, dann, meine verehrten Leser! dann würde ich ihnen in leuchtenden Farben mit kühnem Pinsel diesen ganzen hochfeierlichen Tag zu schildern versuchen.« (S. 231) – oder aber: »Mit fehlen all die großen, feierlichen Worte, deren man in erster Linie bedarf, um jene wundervollen, erhebenden Augenblicke wiederzugeben...« (S. 233).

Der solchermaßen um die richtigen Worte und einen gefälligen Stil ringende Erzähler übertrifft jedoch seinen Helden keineswegs in der Kunst der Kunstlosigkeit, Goljadkin ist da nicht zu schlagen (wie vor ihm schon Djewuschkin und so viele andere sprachlose Helden Dostojewskis nach ihm). Er ist ein wahrer Meister, wenn es darum geht, durch den ständigen Wechsel der

Sprach- und Stilmasken sich und den Leser aus dem Konzept zu bringen. Einmal spricht er selbst davon, »daß es jetzt selten Leute ohne Maske gibt, und daß es schwer ist, unter der Maske einen Menschen zu erkennen« (S. 290). Goljadkin jedoch, so seine unentwegt wiederholte Entschuldigungsformel, würde sich niemals an einem solchen Falschspiel beteiligen. Denn, so wörtlich, eine Maske trage er doch nur »zum Karneval oder sonst in heiterer Gesellschaft«, nicht aber »im täglichen Leben« (S. 290–291). Der Wahrheitsgehalt solcher Ehrlichkeitsausbrüche ist gering; denn gerade Goljadkins Jonglieren mit Sprachmasken ist demaskierend, da er immer wieder die Diskurse durcheinanderbringt und damit größere Verwirrung stiftet.[20]

Goljadkin spricht in einem wahren Kauderwelsch aus Umgangssprache, Beamtenjargon, Argot, Schimpfwörtern, abstrakten Ausdrücken der Gelehrtensprache oder archaischen Formeln. All das ist durchsetzt von unentwegten Entschuldigungen: »...Entschuldigen Sie, ich bin kein Meister in der Redekunst... ich verstehe nicht, logisch zu reden... ebensowenig wie der Rede Schönheit zu verleihen... das habe ich nicht gelernt. Dafür aber... handle ich...« (S. 209–210). Oder »Ich bin kein Intrigant... Bin sauber, offenherzig, angenehm, ordentlich, gutmütig...« (S. 272).

Solche und ähnliche Phrasen durchsetzen die stammelnde Rede Goljadkins, die sich bisweilen in einem Strudel unartikulierter, nicht zu Ende gesprochener Satzfetzen aufzulösen droht: »›Was werden sie jetzt mit mir tun?‹ dachte er bei sich. ›Natürlich werden sie mit Aufrichtigkeit, unerschütterlicher Ehrbarkeit... das heißt... so und so, und so weiter...‹« (S. 388). Oder an einer anderen Stelle: »Ich komme sofort, mein Freund! Ich, siehst du... mein Freund... ich werde nur ein wenig, nur eine Sekunde noch... hier... Siehst du, mein Freund...‹« (S. 384).[21]

In Goljadkins Reden wimmelt es nur so von inhaltslosen Phrasen; besonders auffällig und penetrant ist seine Vorliebe für sprichwörtliche Redewendungen, die zwar dem Mutterwitz des Volkes entstammen, im Munde Goljadkins jedoch eine groteske Metamorphose durchmachen. Auf der Grundlage dieser gewissermaßen folkloristischen Motivebene des Romans verwachsen die Redewendungen und Sprichwörter zu einem wunderlichen Geflecht von Bildern, die der irrealen Petersburger Traum- und Spiegelwelt des Doppelgängers eine naturmythische Basis verleihen. Dies gilt ganz besonders für die in den notorischen Sprichwörtern Goljadkins immer wieder auftretenden Tiermetaphern, die – gut getarnt – der wahnhaften Menschenwelt eine archaische Tierwelt entgegenstellen:

»Also vernehmen Sie meine Grundsätze, meine Herren: mißlingt es, so werde ich mich trotzdem zusammennehmen – gelingt es aber, werde ich den Sieg zu behaupten wissen, aber in keinem Fall werde ich die Stellung eines anderen untergraben. Ich bin kein Ränkeschmied... Man sagt, meine Herren, daß der Vogel von selbst auf den Jäger fliege. Das ist wahr, ich gebe es zu; doch wer ist hier der Jäger, und wer der Vogel? Das ist die Frage, meine Herren!« (S. 225).

Alle Menschen in Dostojewskis Romanwelt haben – neben ihren humanen Masken – jeweils auch spezifisch tierische Züge, die – im Gegensatz zur humanen Maskerade – ihre wahre Natur verraten. So sieht auch Goljadkin der Ältere das »mit wahrhaft tierischen Zügen begabte Gesicht des Herrn Goljadkin junior...« (S. 326). Manche Figuren krächzen da wie »Krähen«, bekommen Angst »wie ein Hase«, machen ein Gesicht wie ein »Wolf«, sind schlau wie ein »Fuchs«, bisweilen entspringen die Tiergestalten direkt den Fabeln des russischen Äsop, Kryloff.[22] Der schon ganz in seinem Verdopplungswahn gefangene Goljadkin erlebt die endlose Reihe seiner Spiegel- und Ebenbilder als eine »Reihe watschelnder Gänse«, die hinter ihm herzogen, »daß es ganz unmöglich war, ihnen zu entfliehen, ... daß zuletzt eine furchtbare Anzahl solcher Ebenbilder sich ansammelte, daß ganz Petersburg von ihnen überschwemmt war und daß ein Polizist, der diese Störung des Schicklichen bemerkte, sich veranlaßt sah, alle diese Ebenbilder am Kragen zu packen und in ein zufällig nahestehendes Schilderhaus zu stopfen...« (S. 328).

Sich selbst entdeckt Goljadkin in dieser ganzen Tierschar als »Ein verirrtes Hündchen, das vor Nässe und Kälte nur so zitterte« und eilig neben ihm herläuft: »Ein ferner, längst schon vergessen gewesener Gedanke oder vielmehr die Erinnerung an etwas vor langer Zeit einmal Geschehenes kam ihm jetzt in den Sinn... Ach, dieses abscheuliche Hündchen... (S. 256). Diese Erinnerung an das eigene Kindsein weist vor auf die finale Katastrophe Goljadkins, die ihn in der Gestalt eines Kätzchens zeigt: »Der arme Herr Goljadkin warf zum letzten Mal einen Blick auf alle und alles und stieg, zitternd wie ein Katzenjunges, das man mit kaltem Wasser begossen hat... in die Equipage.« (S. 394). So kommt Goljadkin unverhofft auf die Katze und schließlich – auf den Hund.

»Unser Held stieß einen Schrei aus und griff sich an den Kopf. Das war es also! Das hatte er ja schon lange vorausgefühlt...« (S. 395). Damit endet in der 2. Fassung der Roman. Welche Krankheit ist es aber, an der »unser Held« leidet? Ist er bloß ein – wenn auch ungewöhnlicher – Nachfahre der langen Ahnenreihe literarischer Doppelgänger, der Schlemihls und Gestalten aus Hoffmanns Erzählungen und E. A. Poes diabolischen Geschichten, einer von vielen Doubles in russischer Verkleidung? Dostojewski wird nicht müde, alle nur denkbaren literarischen Prototypen seines Doppelgängers zu evozieren, um damit den Leser ins Spiegelkabinett literarischer Anspielungen und Vorspiegelungen zu schicken: An einer markanten Stelle ist sich Goljadkin selbst nicht sicher, ob sein Doppel real existiert oder sein eigenes Spiegelbild darstellt: »In der Tür zum Nebenzimmer... mit dem Gesicht zu Herrn Goljadkin gewandt, stand in derselben Tür, die unser Held vorhin als Spiegelglas angesehen, stand ein Mensch, da stand er, stand Herr Goljadkin selbst – nicht der alte Herr Goljadkin, der Held unserer Erzählung, sondern der andere Herr Goljadkin, der neue Herr Goljadkin.« (S. 307–308).[23]

Das alter ego, dem der »eigentliche« Herr Goljadkin begegnet, verkörpert jeweils unterschiedliche Grade der Fremdheit oder Nähe gegenüber jenem Teil der Psyche, von dem es sich abgespalten und selbständig gemacht hat. So trägt der »junge Goljadkin« all jene Merkmale und Züge, die der »alte« aus seinem Wesen verstoßen hatte. Das ursprünglich Eigene erscheint solchermaßen als das ganz Andere und dem im Narzißmus Gefangenen starrt sein eigenes Medusenhaupt entgegen. Das fiktive Schattenwesen rächt sich an seinem eigenen Herrn, dieses Wahngebilde usurpiert die Stellung des Protagonisten, und die Figur des Helden zerfällt in tausend Gestalten des eigenen Spiegel- und Schattenwesens. Mehrfach verweist Dostojewski auf den Mythos des »Usurpators«, der sich – wie einst in der russischen Geschichte des *Falschen Demetrius* – an die Stelle des echten Herrn setzt: »Nein, hier sind Meister an der Arbeit, das sieht man... dieser Schurke ist es, dieser Usurpator[24] meines Namens ist es!« (S. 335).

Die mystische Gewalt des Namens über seinen Träger[25], die gerade in der russischen Literatur eine so bedeutsame Rolle spielt, wird für die Helden Dostojewskis (ebenso wie für jene Gogols) zum Schicksalsproblem: Von der platten Lustigkeit des Namen-Kalauers bis zur Tragik des Helden, der die Bedeutung seines Namens zu durchleben hat, ist es nur ein kleiner Schritt. Dies trifft vor allem auf Goljadkin zu, den sein eigener Name zum Statistendasein verdammt: »Ach, du Figurant, du vermaledeiter!... du Narr, der du bist, du elender Goljadka, da hat dich das Schicksal grad' richtig benannt, indem es dir einen solchen Namen gab!« (S. 238). Im Namen »Goljadkin« stecken gleich mehrere Wurzeln: »goljadka« bedeutet einerseits »armer Schlukker«, andererseits liegt aber auch die Assoziation mit dem Wort »golyj«, »nackt« nahe – oder gar mit dem größten Namendichter der Russen: Go-gol.

Auf dieser symbolischen, magischen Ebene der Namen bedeutet der Verlust des eigenen Namens namenloses Unheil des Selbstverlustes, der völligen Selbstaufgabe (S. 255). Der Mensch als Mangelwesen (»gol« bedeutet auch soviel wie »Armut«) verliert mit dem Eigennamen auch die Sprache und jegliche Daseinsberechtigung: »Er hatte ein Gefühl, als ob ihm jemand das Herz aus der Brust risse...« (S. 328).

Goljadkins anfänglicher Versuch, mit seinem Double »Bruderschaft« zu schließen (»Wir werden miteinander... wie zwei leibliche Brüder leben, wie zwei Fische im Wasser!« S. 281), wirft auf das oben erwähnte Ideal der Fraternität, das der junge Dostojewski dem utopischen Sozialismus Fouriers entlehnt, ein diabolisches Licht. Der als »Bruder Jakob«, als »Jascha« titulierte jüngere Goljadkin (S. 281) entpuppt sich als ein wahrer Judas: »...als tauchte etwas Böses in dem unedlen Gesicht Herrn Goljadkins des Jüngeren auf – die Grimasse des Judaskusses...« (S. 391), während Goljadkin der Ältere als Christus, als betrogener Sohn Gottes auftritt.

Die ersten Anzeichen der Goljadkinschen Selbstspaltung machen sich in seinen Versuchen bemerkbar, die Flucht vor sich selbst anzutreten; die Spaltung beginnt mit einer Art Schamreflex, mit dem Gefühl der Unerträglichkeit des eigenen Ich angesichts der unendlichen Schande und Schmach des Daseins: »...soll ich tun, als wäre ich gar nicht ich, sondern irgendein anderer, der mir nur zum Verwechseln ähnlich sieht? ...Ich... ich bin eben einfach gar nicht ich... ganz einfach, bin ein ganz Anderer – und nichts weiter!« (S. 204). »Selbst wenn ihn ein ganz Ahnungsloser in diesem Augenblick von der Seite hätte beobachten können, wie er so, gleichsam blind und taub, durch das Unwetter dahintrabte, – er hätte... wohl gesagt, Herr Goljadkin sehe aus, als wolle er am liebsten vor sich selbst davonlaufen. ...Ja wir können sogar sagen, daß Herr Goljadkin sich am liebsten auf der Stelle vernichtet, in Staub und Nichts verwandelt hätte.« (S. 250). Dieser Wunsch jedenfalls wurde ihm erfüllt: »Er begann schließlich sogar an seiner eigenen Existenz zu zweifeln« und wußte nicht mehr, wer »das Original sei und wer die Kopie« (S. 264).

Der oben erwähnte »Ahnungslose«, der Herrn Goljadkin »von der Seite beobachtet« haben würde, ist gleichfalls eine der vielen Abspaltungen des Originals: Goljadkin ist der Prototyp einer langen Reihe von Romanfiguren Dostojewskis, die allesamt die Rolle des Voyeurs verkörpern – und zwar nicht nur gegenüber der Außenwelt, sondern auch gegenüber dem eigenen Innenleben. Diese Gleichzeitigkeit der Außen- und Innenposition führt unweigerlich zu einer Bewußtseinsspaltung: »Dann bin ich ein unbeteiligter Zuschauer, und die Sache hat ihr Ende.

Ich bin also nur Zuschauer, eine Nebenperson, weiter nichts, und was da vorgehen mag – daran bin ich nicht schuld!« (S. 385). Diese Helden machen sich dadurch schuldig, daß sie sich der Gesamtschuld entziehen und auf die Rolle des unbeteiligten Zuschaues zurückziehen, der noch dazu, wie Iwan Karamasoff, das Eintrittsgeld zurückgeben möchte. Sühne und Erlösung sind aber nur möglich, wenn zuvor die Schuld akzeptiert wird. In diesem Sinn ist die Unschuld dem Mitleid verwandt, ja mit diesem untrennbar verbunden.

Dostojewskis Doppelgängerroman besitzt zahlreiche Zwillingstexte in der vorhergehenden russischen Literatur. An allen Ecken und Enden blickt da die Spitze von Gogols *Nase* oder ein Zipfel seines *Mantel* hervor, ganz zu schweigen von dem grotesken Auftritt des Helden aus Gogols *Aufzeichnungen eines Wahnsinnigen*. Schon in der ganz gogolesk gestimmten Einleitungsszene sucht Goljadkin in einer morgendlichen Spiegelbetrachtung sein Gesicht nach einem Pickel ab, während der Leser unwillkürlich an den unglücklichen Major Kowaljoff denken muß, der bei derselben Gelegenheit den Verlust seiner Nase entdeckt: »Jetzt konnte es Herr Goljadkin nicht mehr aushalten, er steckte ein wenig seine Nase aus dem Versteck heraus, zog sie aber schnell wieder zurück, als wäre sie ihm mit einer Nadel gestochen worden.« (S. 336) – und: »Herr Goljadkin der Jüngere schien jedoch Herrn Goljadkin den Älteren gar nicht zu bemerken, obgleich sie fast mit den Nasen aufeinander rannten.« (S. 287).

Daß man auch Goljadkin immer wieder als geschmacklosen Leser von Trivialliteratur ertappt, nimmt nach den Peinlichkeiten des oben beschriebenen Djewuschkin nicht weiter Wunder: Auch er ist Leser der *Nördlichen Bienen* und der Werke des sagenhaften Baron Barmbäus (S. 279).[26] Trotz eigener gegenteiliger Behauptungen ist Goljadkin aus eben jenem Holz (Papier) geschnitzt (geschnitten), aus dem alle die Literaturhelden seit den »Zeiten Jean Jacques Rousseaus« (S. 383) gemacht sind – »Das ist Gift!« (S. 382).[27]

Der einzige, der bei all dem Durcheinander noch einen halbwegs klaren, wenn auch bisweilen alkoholisierten Kopf bewahrt, ist bezeichnenderweise der mürrische Hausdiener Goljadkins, Petruschka. An seinem spöttischen Lächeln (und nicht an den süffisanten Kommentaren des mit verstellter Stimme sprechenden Erzählers) vermag das aufmerksame Publikum abzulesen, wieviel es geschlagen hat. Denn Petruschka hat nicht wie sein Herr das alles «ja schon lange vorausgefühlt« (S. 395), er hat es (auf seine Weise) gewußt... und für sich behalten. Aber seinesgleichen wird ja nicht gefragt.

*

Unter allen frühen Prosawerken Dostojewskis nimmt *Die Wirtin*[28] eine komplizierte Sonderstellung ein. Der anhaltende Mißerfolg der letzten Veröffentlichungen brachte den jungen Autor dazu, Sujet und Darstellungstechnik zu modifizieren. Als 1847 der 1. Teil der Novelle herauskam, war Belinskis Reaktion sofort scharf ablehnend. Er bezeichnet die Erzählung als abscheulich und völlig wirr: »Was ist das, Mißbrauch oder Armut der Begabung, die sich über ihre Kräfte erheben möchte und es deshalb fürchtet, den üblichen Weg zu gehen... Was ist das? Ein seltsames Stück! Ein unverständliches Stück!«[29] Für Belinski hatte sich der ehrgeizige Autor des Rückfalls in eine durchaus romantische Thematik schuldig gemacht. Für ihn und viele spätere Interpreten galten die zahlreichen Folklorismen und Archaismen der Novelle als direkter Ausdruck einer neuen Volkstümlichkeit, ja Ländlichkeit, die so gar nicht ins Bild der frührealistischen Großstadtdichtung passen wollte.

Gewiß hat sich Dostojewski in dieser Novelle der verschiedensten romantischen Stilmasken bedient, ohne dabei jedoch einer einzigen den Vorzug zu geben: Ordynoff trägt auf der einen Seite die Züge des der »Wissenschaft« geweihten, geradezu faustischen Typs der 40er Jahre, auf der anderen Seite wird dieser unbewußte Trieb zu lernen und zu wissen (S. 468) von dem noch viel tiefer dem Unbewußten entspringenden Trieb nach dem Urtümlichen, Fremden kompensiert: Somit war er in der Stadtwelt seiner Gegenwart, die er aus der Position des Voyeurs oder eher des Flaneurs erlebt, ebenso ein Fremder wie in jener mythischen Welt, in die er unvermittelt gerät: »Er ging durch die Straßen wie ein Entfremdeter, wie ein Einsiedler... Alles schien ihm neu und seltsam... Es war... als gewahre er sein Anderssein, seine Naturkindschaft gar nicht...« (S. 468–469); »Alles, was ihm vor die Augen kam, begann er zu betrachten wie ein Flaneur.« So »schaute er sich hinein in die Physiognomie der ganzen Umgebung, horchte er liebevoll auf das Gerede des Volkes hier und da...« (S. 469).

Auf dem Weg durch die moderne Stadtwelt, die Ordynoff aus der Perspektive des mehrfachen Outsiders sieht, gerät er in eine vollends abseitige Unterwelt, in die archarisch-mythische Sphäre eines himmlisch-diabolischen Weibes, das auf geheimnisvolle Weise dem Sektierer und Zauberer Murin verfallen ist. Seit dem Kuß Katerinas beginnt für Ordynoff ein wahnwitziges Traumleben, »wie es nur Krankheit und Fieber verursachen können« (S. 491). So bleibt es auch in dieser Novelle offen (wie schon im *Doppelgänger*), welche Ereignisse der Phantasie des Helden entspringen (man denke an die irrsinnige Lebensbeichte Katerinas oder an Ordynoffs erotische Halluzinationen) und was den »normalen« Koordinaten der Erzählwelt entspricht.

Da der »folkloristische Stil« der Ausdrucksweise Katerinas oder Murins der Darstellungsperspektive Ordynoffs entstammt, muß er als eine durchaus künstliche Stilisierung erscheinen, die eine bloße Vorstellung von volkstümlicher Sprache und Denkweise vermittelt. Dieser Märchenstil »à la russe« – mit zahlreichen Rückgriffen auf die Folklorismen Gogols (etwa in seiner Erzählung *Schreckliche Rache*) – die altertümliche Ornamentik des in der altrussischen Literatur so üppigen Legenden-Stils oder der so reich fließenden Tradition des Schrifttums von Sekten und Häresien, all das sollte für den ornamentalen Stil der russischen Symbolisten und darüber hinaus der Prosaavantgarde des 20. Jahrhunderts richtungsweisend werden.

Vielfach wurde die Dreiecksbeziehung zwischen Murin, Ordynoff und Katerina als triadische Verkörperung des vorpetrinischen (altgläubigen) und des modernen Kulturtypus (der »Intelligencija« zu Dostojewskis Zeit) sowie ihres Kampfes um die »Volksseele« der russischen Erde (= Katerinas) gedeutet. Wie in keinem anderen Frühwerk Dostojewskis tritt in dieser Novelle dieser archaische Urboden der russischen Kultur so massiv an die Oberfläche; kein anderer Text macht Dostojewskis Vorläufertum für die spätromantische und dann symbolistische Mythopoetik der Jahrhundertwende deutlicher.

Die schillernde Doppelgestalt der Katerina, die zwischen »femme fatale« und »Heiliger«, ja Mutter-Gottes, zwischen Prostituierter und Verkörperung des Matriarchats schwankt, weist voraus auf die Zentralfigur der symbolistischen Mythopoetik – auf das »Ewig Weibliche«, die Sophia als weibliche Inkarnation des Göttlichen, auf die »wunderbare Dame« einer erotisch-mystischen Minne, der sich eine ganze Dichtergeneration um die Jahrhundertwende verschrieben hatte.

Mehrfach assoziiert Dostojewski Katerina (wie die gleichnamige Gestalt in seinem Roman *Der Jüngling*) mit dem mythischen Sonnenweib, ja mit der Sonne selbst, dem Symbol des »lebendigen Lebens«, in dem Sinnlichkeit und Geist eins geworden sind. Ordynoff glaubt, in Katerina der Anima-Gestalt der himmlischen Geliebten begegnet zu sein, als er sie erstmals in der Kirche – sie vor einer Muttergottes-Ikone betend – sieht. »Die Strahlen der Abendsonne ergossen sich von oben durch ein schmales Fenster unterhalb der Kuppel... Aber die Sonne sank...« (S. 471). Mit gleichen Worten schildert Dostojewski immer wieder (auch in anderen Werken[30]) die Begegnung mit der überirdischen Mutter-Geliebten, die sich zugleich als Jungfrau und als Prostituierte entpuppt. Diese mystisch-erotische Dualität von Sexus und Religion war in der russischen Sektenkultur bis an die Schwelle unseres Jahrhunderts vielfach noch lebendig. Die russische Moderne – man denke nur an Andrei Belys Roman *Die silberne Taube* (1909)[31] – konnte sich gewissermaßen vor der Haustür der städtischen Zivilisation dieser reichen Subkultur bedienen und jene, auch verballhornten Formen der Unreinheit von erotischer und religiöser Urkraft, zum Kunstideal verheben.

Katerina ist mit allen Attributen des häretischen Frauenkults begabt: Sie ist das »strahlende junge Weib«, dessen »blaue Augen« mit dem Gold ihrer Sonnennatur verschmelzen, sie ist die «Königin« des Herzes (S. 516), die »weiße Taube« (S. 529, 535, 543), zugleich aber verkörpert sie das diabolische »Schlangenwesen« des sündigen Weibes: Ihre eigene Mutter verfluchte sie mit den Worten: »Du bist nicht mehr meine Tochter, du bist eine arglistige Schlange!« (S. 524) und als »arglistige Schlange« (S. 548) erscheint sie auch Ordynoff während jenes seltsamen Liebesmahls, bei dem er mit Murin um seine Geliebte kämpft: »Ein scheußlicher nachtschwarzer Gedanke kroch wie eine Schlange durch sein Gehirn.« (S. 552) oder »Sie erhob wieder den Kopf und sah ihn an, doch diesmal mit solch einem Spott und solch schamloser Verachtung…« (S. 551).

Katerina ist und bleibt ihrem sadistischen Vaterbild sklavisch verfallen.[32] Die große Himmel- und Erdmutter, das urige »Weibs-Bild« verflacht in den Händen (und Armen) des sektiererischen Murin zum Krankheitsbild einer Hysterikerin (S. 92)[33], deren sexuelle Hörigkeit gegenüber einem epileptischen Greis pathologische Züge trägt. Auf der ethischen Ebene verkörpert Murin erstmals im Denken Dostojewskis eine Vorform des Großinquisitors, als des diabolischen Versuchers, der die Menschen in die Doppelfalle von Freiheit und Versklavung führt. Murin überläßt Katerina zwar jede Wahlfreiheit, sich für oder gegen ihn zu entscheiden, während er sie gleichzeitig jedoch an der Wurzel ihrer Triebe und unbewußten Kräfte gefangen hält. Wie viele andere Frauengestalten bei Dostojewski hat auch sie sich letztlich (oder eigentlich schon von Anfang an) für den starken aber bösen, potenten aber lieblosen Mann entschieden – und damit gegen den schwachen aber guten, impotenten aber liebevollen, moralischen aber langweiligen Träumer. Man denke etwa an die Wahl Warwaras in den *Armen Leuten* oder an jene der Helden aus den *Hellen Nächten*. Indem Murin die »freie Entscheidung« Katerinas, wann immer sie wolle wegzugehen, mit seinem Tode verbindet (S. 530), macht er sie nicht nur zur Sklavin seiner Triebnatur, sondern er zwingt sie auch zur Mitschuld an all seinen Verbrechen, ja am Mord an ihren eigenen Eltern.

Katerinas Versuch, mit Ordynoff ein reines Bruder-Schwester-Verhältnis aufzubauen, scheitert hier ebenso wie alle anderen vergleichbaren Ansätze zu einer Welt der »Bruder-Schwesterlichkeit« à la Fourier: Die Schwester ist keine Schwester, sondern die Geliebte, der Bruder hält sich nicht an seine Rolle, sondern wird zum erotischen (Un-)Wesen, die unschuldsvolle Idee der allgemeinen Fraternität versinkt im Inzest – auch diese ein Vorgriff auf eine Lieblingsidee der Pathopoetik des Jugendstils und der Moderne: Das *Märchen von den zwölf Brüdern und dem schönen Mädchen,* von dem Katerina phantasiert (S. 489), ja die gesamte Konzeption des christlich-utopischen Sozialismus scheitert an den »unbewußten Trieben« (S. 478), ertrinkt in einem Gemisch aus Mord- und Sexuallust, Eros und Thanatos: »Weib-Königin!« sagt der Alte. ›Meine Gebieterin!‹ flüsterte Ordynoff.« (S. 542).

*

Dostojewski bezeichnet sein drittes größeres Prosawerk – *Helle Nächte* – als einen *Empfindsamen Roman. Aus den Erinnerungen eines Träumers.*[34] Die Versatzstücke des Romans sind dem Leser aus der sentimental-romantischen Tradition wohlvertraut. Hinzu kommen jene Motive und Techniken, die Dostojewskis Frühwerk auf geradezu stereotype Weise durchziehen, diesmal jedoch – wir befinden uns am Ende der 40er Jahre, kurz vor der Verhaftung und Verbannung des Autors – diesmal werden die altbekannten »Karten« auf besonders hinterhältige Weise gemischt und verteilt.[35] Alle Gestalten sind endgültig zu literarischen Typen erstarrt, der tragische Held des Geschehens ergeht sich in weitläufigen Erörterungen darüber, was das Wesen eines solchen Typs (jenes des Sonderlings und Träumers) ausmacht: »Gut. Ich bin also: ein – Typ ... Ein Typ ist ein – Original. Das ist so ein komischer Kauz ... ein Träumer ...« (S. 780). Er wäre also zugleich der Allgemeine und der unwiederholbare Einzelne, der sich gegen jede Verallgemeinerung zur Wehr setzt und damit die Grenzen des eigenen Ich, seines Narzißmus nicht zu überschreiten vermag.

So gehört es zum Wesen des Träumers, daß er an die Stelle des »wahren Lebens« das heißt der vollzogenen Liebe, den selbsterdachten und zusammengelesenen Lebensroman setzt, dessen Autor und Held er gleichermaßen sein möchte. Gleichzeitig muß dieser Romanheld eingestehen, daß er selbst »keine Geschichte« (S. 779) hat, daß er vielmehr das fiktionale Dasein einer Romanfigur führt, die sich von einem Text in den anderen verliert. Daher läßt der Ich-Erzähler (der fiktionale Stellvertreter des Autors der *Hellen Nächte*) die eigenen Romanfiguren mehrfach als Selbsterzähler auftreten[36]: »Unser Held, oder richtiger, ich, denn der Held des Ganzen bin doch ich, ich selbst mit meiner eigenen bescheidenen Person« (S. 784). Dieser Held spricht – wie sein Autor – wie gedruckt, denn »das Ganze wird so wenigstens wirklich wie ein Roman aussehen...« (S. 777), so daß die angesprochene Adressatin solcher Reden einigermaßen irritiert erwidert: »Sie erzählen ja sehr schön, doch ließe sich das alles nicht irgendwie weniger ›schön‹ erzählen? Denn sonst reden sie ja, als hätten sie ein Buch vor sich, aus dem sie ablesen!« (S. 784).

In gewisser Weise manifestiert sich das Scheitern des »Brüderlein-Schwesterlein«-Spiels in den *Hellen Nächten* gerade in der Unfähigkeit des Helden, seine Verstrickung in Literatur und damit Fiktionalität abzuschütteln. Nicht zufällig fühlt sich denn auch »unser Held« (so die übliche ironische Anrede durch den Autor) wie eine Fliege im Spinnennetz der Göttin Phantasie: »...schon hat sie alles mutwillig in ihr Netz eingewebt, wie die Spinne die Fliegen, und mit der neuen Beute betritt der Sonderling seine Behausung...« (S. 787). Indem der Held von sich selbst »in der dritten Person« zu sprechen pflegt (S. 785), verliert er für seine Geliebte Nasstenka die Rolle der »ersten Person« (wie sein maskulines Geschlecht). Auch das gehört zur Grammatik der Liebe. Mit einiger Nachhilfe durch den Autor gelangt der Träumer zu der radikalen Einsicht: »Ein Träumer... ist kein Mensch, sondern... eher so ein gewisses Geschöpf sächlichen Geschlechts... und wenn er sich einmal in seine Behausung zurückgezogen hat, dann wächst er mit ihr zusammen«, dann verwandelt er sich in eine Schnecke oder eine Schildkröte (S. 782).

Die durchaus nicht so naive Nasstenka beginnt mit unserem Helden ein Falschspiel, dessen Hauptregel darin besteht, daß er sich nicht in sie verlieben durfte, sondern sich auf »brüderliches Mitleid« zu beschränken hätte (S. 774).[37] Damit hoffte sie für jene Zeit einen Tröster bei der Hand zu haben, da sie sich der endgültigen Rückkehr ihres eigentlichen Geliebten noch nicht sicher sein konnte; sollte dieser nun wider Erwarten nicht auftauchen, könnte aus dem Tröster jederzeit ein passabler Liebhaber werden.

Auf der anderen Seite wird in diesem Spiel der Träumer von Anfang an in die Rolle des Masochisten gepreßt, der seine eigenen Geschlechts- und Liebesbedürfnisse zugunsten eines Anderen, Stärkeren, Potenteren zu kastrieren hat. Die Grausamkeit dieses von der »Geliebten-Schwester« inszenierten Spiels erinnert an die Erniedrigungen des verzweifelten Djewuschkin in den *Armen Leuten*, der für seine Geliebte die Hochzeitsaussteuer für die Ehe mit einem anderen zu besorgen hat...

Höhepunkt dieses grausamen Treibens, in das aus dem Hintergrund die süßen Klänge des *Barbiers von Sevilla* klingen, ist die Verwechslungskomödie, die sich in Nasstenkas Gefühlsleben abspielt: »Ich liebe Sie«, sagt sie dem verzweifelten Träumer, eben »weil sie sich nicht in mich verlieben haben...« (S. 811). »Wenn ich verheiratet bin, werden wir gute Freunde sein – wie Geschwister. Ich werde sie fast ebenso lieben wie ihn...« (S. 812).

Was bleibt, ist die zwecklose Frage nach dem Sinn der Rollenverteilung: »Warum ist er – nicht Sie? Warum ist er nicht so wie Sie? Er ist schlechter als Sie, und doch liebe ich ihn mehr als ich Sie liebe... warum sind wir nicht alle wie Brüder zueinander?« (S. 816) »Gott, wenn ich Sie doch beide lieben könnte! Oh, wenn Sie und er doch ein Mensch wären!« (S. 831).

Das Ganze endet mit einer kalten Dusche, deren Wirkung scharf kalkuliert ist: Matrjona, die nicht eben attraktive Haushälterin unseres Helden, schlurft in sein Zimmer und verkündet mürrisch: »Nu, ich hab doch das Spinngewebe überall runtergeholt, können jetzt heiraten, wenn Sie wollen, können Gäste einladen...« (S. 833). Abgesehen vom unfreiwilligen Hohn dieser Aufforderung an den eben abgewiesenen »Liebhaber-Bruder« verbirgt sich in diesen hingeworfenen Worten noch ein Stachel: Denn wurde nicht kurz vorher das Hirngespinst der Phantasie unseres Träumers mit der mythischen Gestalt der Spinne und ihres Gewebes verglichen (S. 787). Jetzt sind sogar diese Hirngespinste aus dem Kopf des Träumers verschwunden, und was bleibt, ist die Kehrseite der Phantasie: die trübe Alltäglichkeit, das platt Gewöhnliche, das bis zur Unwahrscheinlichkeit Gemeine (S. 781). Zwischen der körperlosen Idealität und vitaler Alltäglichkeit ließ sich kein Platz finden »in der Wirklichkeit und im Wachen« (S. 793), »während die schreckhafte Phantasie, diese unsere Einbildungskraft, so trostlos und verzagt und bis zur Gemeinheit einförmig ist, eine Sklavin des Schattens, der bloßen Idee, eine Sklavin der ersten besten Wolke, die plötzlich die Sonne verdeckt und in wehem Leid das Herz zusammenpreßt, das echte Petersburger Herz, dem seine Sonne so teuer ist!« (S. 793).

Mit diesem verzweifelten anti-platonischen Ausfall geht, so könnte man etwas theatralisch sagen, die romantisch-empfindsame Epoche der russischen Kultur zu Ende. Die großen Ideale sind »ausgesponnen«, die banale Alltagswelt tritt als Subkultur an die Stelle des romantischen Natur- und Seelenmythos: Der Mythos der Stadt Petersburg, den Dostojewski von Puschkin und Gogol zu den Symbolisten der Jahrhundertwende trägt, ist der Mythos der unterirdischen Seelenlandschaften und menschlichen Niederungen, ist das Gemurmel der Stimmen des Unbewußten, das zum eigentlichen Helden der neuen Realliteratur wird.

*

Nun zu den kleineren Erzählungen dieses Bandes, die den Keim vieler Motive der späteren Werke des Autors in sich tragen und gleichzeitig fehlende Zwischenglieder der oben beschriebenen Konfigurationen der frühen Romane darstellen. Dies gilt besonders für die Novelle *Ein schwaches Herz*, in welcher der Typenkatalog der *Armen Leute* nicht erweitert, sondern eher kanonisiert wird: Der reine, schlichte Tugendmensch Wassja Schumkoff verbindet die Eigenschaften Djewuschkins (vor allem was sein nicht eben vitales Verhältnis zu seiner Verlobten anbelangt) mit jenen Goljadkins, dessen Sturz in Paranoia und Umnachtung gleichsam im Zeitlupentempo vorgeführt wird. Hier ist, wie auch in anderen Fällen, die Gutheit des Helden so dick aufgetragen, daß der Leser alsbald die Orientierung verliert zwischen ethischen Werthaltungen und psychopathischen Symptomen. Das allmähliche Anwachsen dieser psychopathischen Symptome im schwachen Herzen des Helden gipfelt in einem perfekten Krankheitsbild, das sich in grotesker Weise vom Krankheitsfall eines Einzelnen zum Wahn einer ganzen Gesellschaft auswächst.

Die Kanonisierung eines eigenen Themen- und Motivationskanons im Frühwerk Dostojewskis nimmt gegen Ende der 40er Jahre den Charakter eines Wiederholungszwanges an: Auch diese Novelle präsentiert – wenn auch in reduzierter Form – ein Dreiecksverhältnis zwischen einerseits brüderlich-schwesterlich befreundeten und anderseits erotisch verstrickten Figuren. Das Fouriersche Ideal einer sozial-erotischen Kommune nimmt zunehmend komische, ja absurde Züge an (S. 620), und es kommt gar nicht erst zur Realisierung einer »ménage à trois«. Diesmal jedoch scheitert der Held nicht an seinem Schreibstil (wie Djewuschkin) oder an seiner Impotenz (wie Djewuschkin oder der Held der *Hellen Nächte*), sondern er scheitert an seiner »Handschrift«, genauer gesagt an einer lächerlichen Abschrift, deren zeitgerechte Fertigstellung nicht gelingen mag. Darüber hinaus übersteigt das unverhoffte Glück (die Verlobung) die Kräfte des »schwachen Herzens« des Helden, der die Gewißheit des Wahnsinns der Ungewißheit des Ehe- und Sozialglücks vorzieht. Der Erzähler liefert das Protokoll einer Krankheit zum Tode, eines unvermittelten, immer stärker anschwellenden Todestriebes, der den Helden zum Wahnsinn treibt. Wenn die Schuld aber weder in der Natur des herzensguten Helden noch in seinen Handlungen zu suchen ist, nimmt sie die Dimensionen eines universellen, jedenfalls aber urbanen Alptraumes an: »...Und diese ganze

Welt... schien sich in dieser Dämmerstunde in ein phantastisches Trugbild, in einen Traum zu verwandeln, der aus dem irdischen Dunst zum dunkelblauen Himmel aufstieg, um sich in ihm aufzulösen...« (S. 657f.).

Wie im Traum dieselben Personen an verschiedenen Handlungsorten gleichzeitig auftreten können, verfügt auch die frühe Erzählwelt Dostojewskis über »Wanderhelden«, die – ohne Änderung ihrer Namen – in verschiedenen Erzählungen jeweils in neuer Maskerade auftreten. Während im *Schwachen Herzen* Wassjas Vorgesetzter Julian Mastakowitsch ganz unfreiwillig zum Anlaß des Unheils wird, begegnet uns derselbe Mastakowitsch in der Erzählung *Weihnacht und Hochzeit* als ungeschminkter Bösewicht: Wie Bykoff in den *Armen Leuten* verkörpert er den nackten Machtmenschen, der sich, wie für die Figuren des späteren Dostojewski typisch, gleichermaßen auf das Geld und auf unschuldige und mitleidsbedürftige Menschen stürzt. In *Weihnacht und Hochzeit* macht er sich in seiner Geldgier an die Mitgift eines kleinen Mädchens heran. Der zwischen dem alten Lüstling und dem Mädchen stehende kleine Knabe hat den Kampf um die Geliebte schon verloren, bevor er noch damit begonnen hat. Ein Djewuschkin im Kindesalter.

Einem anderen irritierenden »Wanderhelden« begegnen wir in der fast gleichzeitig erschienenen Novelle *Der ehrliche Dieb*[38], die zusammen mit *Weihnacht und Hochzeit* für den geplanten Zyklus der *Aufzeichnungen eines Unbekannten* vorgesehen war. Die Figur des Jemeljan tritt erstmals in den *Armen Leuten* auf; dort freilich in Gestalt eines nicht eben vertrauenswürdigen Beraters Djewuschkins. Hier stellt sie eine herzzerreißende, mitleidsbedürftige Figur dar, deren Existenz gleichsam an einer banalen Pointe, einem absurden Kalauer scheitert. Wie in vielen anderen Fällen gelingt es Dostojewski auch hier, das Prinzip des Widerspruchs aus der banalen Sphäre von Anekdoten, Fabeln, Witzen oder bloßer Unterhaltungsnovellistik auf die Ebene eines universell wirksamen Paradoxons zu heben. Eigentlich sind alle Zentralfiguren Dostojewskis Doppelgestalten, an denen sich die fundamentale Ungerechtigkeit der Existenz bewahrheitet: Geben als Nehmen, Stehlen als Schenken, Lieben als Hassen, Betrügen als Betrogenwerden, Siegen als Verlieren, Besitzen bzw. Sparen als höchste Form der Armut usw.

Die letzte Variante entfaltet Dostojewski in seiner düsteren Erzählung *Herr Prochartschin* (1846).[39] Das Motiv des »geizigen Armen«, der nach seinem Tod ein Vermögen hinterläßt, bezog Dostojewski sowohl aus der Presse als auch aus Puschkins bekannter Verserzählung *Der geizige Ritter*, welcher für den gesamten Komplex der perversen Gelderotik im späteren Werk Dostojewskis (man denke etwa an seinen *Jüngling*) Pate stand. Der Name »Prochartschin« selbst ist ironisch gemeint und bezeichnet eine Person, die alles Geld auffrißt, oder einfach einen Menschen, der sich durchschlägt. Die Ähnlichkeit mit dem wahnsinnigen Poprischtschin in Gogols *Aufzeichnungen eines Wahnsinnigen* fällt gleichfalls ins Auge (vgl. PSS, 504).

Der Mißerfolg dieser Erzählung war wohl noch größer als der des *Doppelgängers*: »Vielleicht irren wir uns«, schrieb damals Belinski, »aber warum ist die Erzählung so verschnörkelt, gekünstelt, unverständlich? In der Kunst darf es nichts Dunkles und Unverständliches geben...« Und doch, in Prochartschins Gestammel feiert Dostojewskis Stilkunst Triumphe. Was aus der Sicht einer kanonisierten Stilistik als Defekt erscheinen mochte – die unvollständigen Sätze, die verschluckten Wörter, das Durcheinander in der Wortwahl – weist voraus, wie wir wissen, auf die Montageprosa unseres Jahrhunderts. Doch erscheint Goljadkin aus dem *Doppelgänger* neben Prochartschin geradezu als gewandter Rhetor. Prochartschin hat wahrlich den allerschlechtesten Stil aller frühen Helden Dostojewskis, seine Ausdrucksweise ist ebenso geizig wie sein Charakter. Freud hätte ihn als »analen Typ« bezeichnet, für den das Sammeln im Mittelpunkt steht. Die Vorliebe für das Detail, das herrenlose, gewissermaßen klassenlose Einzelne macht die Redeweise Prochartschins für den Erzähler so reizvoll: »Hier muß der Biograph des Herrn Prochartschin gestehen, daß er sich um keinen Preis entschlossen hätte, von so belanglosen, erbärmlichen und heiklen, ja, für manchen Liebhaber eines edlen Stils sogar peinlichen Einzelheiten zu sprechen, wenn nicht gerade in diesen kleinen Einzelheiten die Besonderheit, ...der vorherrschende Charakterzug des Helden dieser Erzählung läge.« (S. 422).[40]

Prochartschins Existenz ist nicht weniger reduziert als seine Sprache, hat sie doch Platz hinter einem wackeligen Paravent oder gar in jenem schicksalhaften Koffer, der all seinen Reichtum birgt. »...wenn er nämlich einmal genötigt war, einen längeren Satz zu sprechen, so war es, als ob jedes Wort schon beim Entstehen noch ein anderes Wort mitgebar, das zweite wieder ein drittes, diese ein viertes und so weiter, so daß er schließlich, je weiter er in den Satz hineingeriet, den ganzen Mund voll hatte, voll von Worten, die dann unter Atemnot und Hüsteln in der malerischsten Unordnung herauszukollern begannen.« (S. 443) So seltsam es klingt, als einzige Orientierungspunkte in diesem wahnwitzigen Kauderwelsch einer im wörtlichen Sinne aus dem Koffer lebenden und in ihm sterbenden Existenz, erweisen sich die literarischen Anspielungen, von denen eine, für den jungen Dostojewski typische hier erwähnt sei. Sie gehört in die damals so reiche Tradition der Nasen-Motive – man denke etwa an Gogols *Nase*: »Man wird dir die Nase abbeißen, und du wirst sie selbst mit deinem Butterbrot verzehren, ohne daß du's merkst...« (S. 447f.). Diese Drohung gemahnt an das Schicksal des Gogolschen Helden Kowaljoff, der nicht nur seine eigene Nase im Frühstücksbrot entdeckt, sondern ihr auch noch als Doppelgänger und Gegenspieler begegnen muß. So findet sich im Requisitenkoffer der literarischen Masken doch allemal eine kräftige, rote Nase zum Anstecken, wenn es darum geht, nicht vollends dem Wahnsinn zu verfallen – denn: »...was fürchten Sie denn überhaupt? Weshalb haben Sie denn den Verstand verloren?«, wird Prochartschin vor seinem kläglichen Ende gefragt. »Haben Sie überhaupt das Recht, sich zu fürchten? Wer sind Sie? Was sind Sie? Eine Null sind Sie, mein Herr, ein runder Pfannkuchen, und nichts weiter!« (S. 447) Hier ist das Nasen-Motiv wieder: der Pfannkuchen, mit dem Gogol jene Leerstelle bezeichnet, die als totales Nichts in Kowaljoffs Gesicht gähnt.

Die komische Seite dieses Pfannkuchens präsentiert Dostojewski in drei Kurztexten, die auf den ersten Blick den Anschein von humoristischen Fingerübungen erwecken. Nicht ohne Stolz berichtet Dostojewski, daß er seinen *Roman in neun Briefen* für Nekrassoffs satirischen Almanach *Zuboskal* (deutsch: *Der Spötter*)[41] in einer einzigen Nacht (im November 1845) geschrieben hätte: »Morgens brachte ich ihn zu Nekrassoff und erhielt dafür 125 Assignatenrubel«, was die professionelle Seite der Unterhaltungskunst Dostojewskis verdeutlicht. Dostojewski stand damals auch und gerade zu dieser Qualität des Literarischen, die aus der Sicht eines Belinski wie eine Profanisierung des frühreifen Talents des von ihm vielgelobten und gescholtenen Autors wirken mußte. Allein schon die Kürze des Textes (etwa ein Dutzend Seiten) verweist auf die parodistischen Absichten dieses »Romans«, der das Verfahren des empfindsamen Briefwechsels (und damit auch der *Armen Leute*) lächerlich macht – oder anders: mit neuen Funktionen versieht. Der Briefwechsel, dem ja eine hörbare Intervention eines allumfassenden Erzählers abgeht, macht es möglich, ein dem Leser unbekanntes Sujet auf sehr indirekte Weise, verrätselt und ironisch zu präsentieren. Im Mittelpunkt steht auch hier die paradoxe Entfaltung eines paradoxen Schemas, jenes des »bestohlenen Diebes«, des »betrogenen Betrügers«.

Dies gilt auch für die kurze Erzählung *Polsunkoff*, deren Held seinem Namen (er bezeichnet einen »Kriecher«) alle Ehre macht. Dostojewski zeigt sich hier als Meister einer Rhetorik, die mindestens zwei Redeziele gleichzeitig erfolgt: eine witzige, reichlich verwickelte Anekdote zu erzählen und im selben Atemzug die wahre Natur des Erzählers zu entblößen, die einen traurigen Witzbold vom Schlage des Diderotschen *Neffen Rameaus* oder gar eines Bajazzo darstellt: »Mit einem Wort, er war ein Märtyrer im vollen Sinn des Wortes, aber der nutzloseste und daher komischste aller Märtyrer.« (S. 578); denn – so Polsunkoffs Aufschrei – »Nachher aber, wenn ich Ihnen auch das Letzte von mir erzählt habe, werden sie anfangen, sich gerade über mich lustig zu machen und mich davonzujagen; ich aber erzähle Ihnen trotzdem immer weiter von mir, von mir, von mir!« (S. 589).

Höhepunkt der Verschmelzung von verbaler und situativer Komik ist Dostojewskis vielbelachte und allgemein nicht hochgeschätzte Erzählung *Die fremde Frau und der Ehemann unter dem Bett*[42] – eine, wie es im Untertitel heißt, *ungewöhnliche Begebenheit*. Alle hier auftretenden Figuren, so banal ihre Herkunft aus dem französischen Vaudeville auch sein mag, verkörpern das oben erwähnte Prinzip der paradoxen Wechselseitigkeit des »betrogenen Betrügers«, des Liebhabers, der gleichzeitig ein Gehörnter ist. Das gesamte Beziehungsgeflecht zwischen Menschen entpuppt sich als ein mehr oder weniger gut erzählter Witz, jede Figur ist ein personifizierter Kalauer auf zwei Beinen, zu ebener Erde oder im ersten Stock, in und/oder unter dem Bett.[43] In der Gestalt des gehörnten Ehemanns erreicht der von Dostojewski eingeführte Typ des Voyeurs einen seltsamen Auswuchs; wir werden dieser Verkörperung einer verfremdeten Außenseiterposition in den späteren Romanen Dostojewskis immer wieder begegnen.

Im System der Eifersucht (es könnte nach dem Fourierschen Modell der Triebe ebensogut eine andere Leidenschaft sein) ist ein jeder zugleich Subjekt und Objekt der wechselseitigen und durchaus ambivalenten Intentionen aller Beteiligten, sogar – wie man sieht – auch völlig unbeteiligter Parteien. Höhepunkt dieses ganzen, sorgfältig inszenierten Durcheinanders und zugleich Tiefpunkt des Befindens unserer Protagonisten ist die Bettszene, die genaugenommen eine »Unter-dem Bett-Szene« ist: Die beiden Helden finden, sich, heftig miteinander streitend, unter dem Bett wieder, wobei der gehörnte Ehemann sich in seinem Gegenüber (er ist ja der eigentliche Rivale) ebenso irrt wie in der Wohnung. Am meisten wundert bei alldem die mangelnde Verwunderung, die Routine, mit der die »fremde Frau« die skandalträchtige Situation meistert. Vielleicht hat sie das ganze aber vor nicht allzu langer Zeit als Verwechslungskomödie auf der Bühne gesehen oder in einem der Trivialromane des damaligen Erfolgsautors Paul de Kock gelesen:

»Verzeihen Sie, ich bin so verwirrt. Ich rede ja, als spräche ich über Literatur!... Da hat man sich nämlich jetzt eingeredet, daß

Paul de Kocks Romane ganz leichten Inhalts seien, während doch bei seinen Romanen das ganze Malheur... wie gesagt... nun eben...« (S. 665). Auch dieser Held ist ein großer Stammler, locker zusammengesetzt aus Phrasen und leeren Wendungen, beim leichtesten Anstoß zerfällt er in die Bestandteile seiner Zitat-Natur: »...der Hund beißt mir gleich in die Nase!« ertönt es unter dem Ehebett erbost, »Sie wollen wohl, daß ich meine Nase verliere!« (S. 709) Was bleibt ist der Stoßseufzer: »Wirklich, so etwas kommt sonst nur in Romanen vor!« (S. 715).

Zuletzt einige Sätze zur Erzählung *Ein kleiner Held:* Mit dieser für das Werk Dostojewskis ungewohnt duftigen, geradezu rokokohaften Geschichte einer erwachenden Kinderliebe endet der Zyklus der frühen Prosatexte, endet auch der Lebensabschnitt des jungen Debütanten, des literarischen Wunderkindes, das jäh an den Abgrund des Todes, der Verbannung gerückt wird – und ihn zu überwinden hat.

Worum es geht, ist das Erwachen einer erotischen Beziehung zwischen einem unschuldigen Jungen und einer erwachsenen Frau – eine Geschichte, die zwar nicht im Erringen der Geliebten gipfelt, aber immerhin – im Glück. Unter dem leichten Schleier einer Watteauschen Szenerie, in der lebende Bilder aus mehr oder weniger literarischen Gestalten in Szene gesetzt werden, in der geheimnisvolle Blicke und Briefe ausgetauscht werden, gerät ein ahnungsloser Knabe ins Räderwerk der Leidenschaften und Triebe und entrinnt doch heil ihrem Mahlwerk. »Mit diesem Augenblick endete meine Kindheit«, heißt es zuletzt. Mit dieser Erzählung endete Dostojewskis literarische Jugend. »Ich habe sie nie wiedergesehen.«

Aage A. Hansen-Löve

---

1 Vgl. dazu Janko Lavrin, *Fjodor M. Dostojevskij in Selbstzeugnissen und Bilddokumenten*, (rororo Monographien), Reinbek bei Hamburg 1963, S. 14 ff. und die anderen in der Bibliographie angegebenen Biographien.

2 Nikolai Nekrassoff (1821–1878) war nicht nur der berühmteste Lyri-

ker des Realismus, er war auch ein geschäftstüchtiger Verleger, der in den 40er Jahren eng mit Belinski zusammenarbeitete. Dmitri V. Grigorowitsch war etwa gleichalt mit Dostojewski und ein typischer Vertreter der »naturalen Schule« und der sozialkritischen Prosa. Später wurde er einer der einflußreichsten Verleger, der allerdings mit zunehmendem Alter immer konservativer wurde.

3 Vissarion G. Belinski (1811–1848) wurde in den späten 30er und dann in den 40er Jahren zur Zentralfigur der Literatur- und Gesellschaftskritik in Rußland. Ursprünglich dem Idealismus Schellings und Fichtes zugetan, wurde Belinski Anfang der 40er Jahre unter dem Einfluß der Linkshegelianer und des utopischen Sozialismus zum progressiven »Westler« und postulierte eine sozial engagierte Literatur. Seit 1839 schrieb Belinski in den *Vaterländischen Annalen* regelmäßig über die zeitgenössische russische Literatur, ab 1846 war er »Großkritiker« in der von Puschkin gegründeten Zeitschrift *Der Zeitgenosse*. Seine kritischen Artikel zum Frühwerk Dostojewskis befinden sich in Band 9 seiner *Gesammelten Werke*, Moskau 1953–1959.

4 Die »natürliche Schule« (»natural'naja škola«) entstand in der russischen Literatur Mitte der 40er Jahre als Reaktion auf die spätromantische Fiktionsprosa und orientierte sich an den Gattungen der dokumentarischen (Großstadt-)Skizze, die in Frankreich schon in den 20er Jahren des 19. Jahrhunderts aufkam – Balzacs *Psychologie der Ehe* (1828), *Physiologie des Beamten* (1841), Thackerays *Buch der Snobs* (1842), Dickens' *Skizzen des Boz* (1836) – in Rußland N. Nekrassoffs *Physiologie Petersburgs* (1845) und *Petersburger Sammelband* (1846). Vgl. dazu R. Neuhäuser, *Das Frühwerk Dostojevskijs. Literarische Tradition und gesellschaftlicher Anspruch*, Heidelberg 1979, S. 22 ff. (Neuhäuser spricht von einer Periode des »Realidealismus«).

5 Erstmals gedruckt wurde der Roman im *Petersburger Sammelband* 1846, dessen Herausgeber der bedeutende russische Lyriker Nikolai Nekrassoff war (1821–1878). Zu Entstehungsgeschichte und Textgestalt vgl. den Kommentar zur russischen Gesamtausgabe *Polnoe sobranie sočinenij v tridcati tomach*, Band 1, Leningrad, S. 462 ff.

6 Von Anfang an hatte Dostojewski damit zu kämpfen, daß »man den personal gehaltenen Stil der *Armen Leute* (aber auch seiner anderen Erzählungen) ihm selbst zur Last legte«. (F. M. Dostojevskij, *Pis'ma* [Briefe], Hg. von A. S. Dolinin, 4 Bde., Moskau–Leningrad 1928–1959, Bd. 1, S. 86; zit. nach W. Schmid, *Der Textaufbau in den Erzählungen Dostojevskijs*, München 1973, S. 99).

7 Michail Bachtin hat in seiner Studie *Probleme der Poetik Dostojevskijs* (erstmals Leningrad 1929, deutsche Übersetzung München 1971) Dostojewskis Technik der »Vielstimmigkeit« und der Polyphonie« unterschiedlicher narrativer Instanzen in ein und demselben Text analysiert.

Nach ihm ist das Romanwort bei Dostojewski immer an einem »fremden Wort« orientiert, wodurch jede Aussage einer »inneren Dialogisierung« unterliegt. Djewuschkin ist zugleich Subjekt seiner eigenen dargestellten Welt als auch Objekt der Erzählwelt des auktorialen Erzählers (ausführlich zum Frühwerk Dostojewskis vgl. Wolf Schmid, *Der Textaufbau in den Erzählungen Dostoevskijs*). Zur Erzähltechnik der *Armen Leute* vgl. auch V. Terras, *The Young Dostoevsky. 1846–1849. A Critical Study*, The Hague 1969.

8 Dostojewskis kompliziertes Verhältnis zu Puschkin und Gogol analysieren die Arbeiten von: V. Vinogradov, *Ėvoljucija russkogo naturalizma. Gogol' i Dostoevskij* [Die Evolution des russischen Naturalismus. Gogol und Dostojewski], Leningrad 1929; ders., das Problem des ›skaz‹ in der Stilistik, russisch-deutsch in: *Texte der russischen Formalisten*, Hg. von J. Striedter, Bd. 1, München 1969, S. 168–207; R. Lachmann, Die Zerstörung der ›schönen Rede‹. Ein Aspekt der Realismus-Evolution der russischen Prosa des 19. Jahrhunderts, in: *Poetika*, Bd. 4/1971, S. 462–477.

9 Zum Bezug des Romans auf Rousseaus *Nouvelle Héloise*, Goethes *Werther*, G. Sands *Jacques*, Richardsons *Clarissa Harlowe* vgl. R. Neuhäuser, op. cit., S. 51 ff.

10 In der Gestalt Ratasajeff parodiert Dostojewski die Trivialliteratur seiner Zeit, besonders die Romane des Erfolgsautors T. Bulgarin, der seit den 30er Jahren pseudoromantische Bestseller schrieb. Ein typischer Vertreter der romantischen Romanliteratur war Alexander A. Bestužev (mit dem Pseudonym Marlinski), der zu seiner Zeit ungeheuren Erfolg hatte. Nicht ohne Wirkung auf Dostojewskis Helden war auch der unter dem Pseudonym Baron Brambäus schreibende Orientalist, Journalist und Feuilletonist Osip Senkovski (1800–1859), dessen auf Effekt orientierte Literaturkritik nicht nur Gutes stiftete.

11 Puschkins *Erzählungen Bjelkins* wurden 1830 verfaßt und umfassen fünf Novellen (*Der Schuß, Der Sargmacher, der Schneesturm, Der Postmeister, Das Edelfräulein als Bäuerin*). Zur Motiv-Struktur von Puschkins *Postmeister* vgl. W. Schmid, Sinnpotentiale der diegetischen Allusion. A. Puškins Posthalternovelle und ihre Prätexte, in: *Dialog der Texte* (Wiener Slawistischer Almanach, Sonderband 11), Wien 1983, S. 141–188.

12 Vladimir Odojewski (1803–1869) hatte mit seinem spätromantischen Werk *Russische Nächte* (1844) einen prägenden Einfluß auf die Literatur seiner Zeit; Dostojewski entlehnte diesem philosophisch-novellistischen Mischwerk die Gliederung seiner *Hellen Nächte* (präzise übersetzt heißt es »Weiße Nächte«) in »Nachtstücke« (jedes Kapitel wird als »Nacht« bezeichnet).

13 Die große Bedeutung des utopischen Sozialismus von Charles Fou-

rier für den jungen Dostojewski behandelt R. Neuhäuser, op. cit., S. 29 ff. Im Zentrum von Fouriers System der Triebe steht die Triebkraft der Leidenschaft. Roland Barthes behandelt dieses System Fouriers in seinem Buche *Sade, Fourier, Loyola* (1971), deutsche Übers., Frankfurt am M. 1974, S. 89 ff. Interessant sind Barthes' Hinweise auf die Rolle des Geldes bei Fourier, die in der poetischen Welt Dostojewskis eine durchaus vergleichbare Bedeutung erhält. Besonders auffällig sind die Parallelen zwischen Fourier und Dostojewski in der negativen Einschätzung der bürgerlichen Ehe- und Liebesmoral sowie das Ideal einer erotisch-sexuellen »Kommune« freier Menschen.

14 *Der Doppelgänger* wurde erstmals in den *Vaterländischen Annalen* (1846) mit dem Untertitel »Erlebnisse des Herrn Goljadkin« (diese Fassung ist zugänglich in der russischen Gesamtausgabe, Bd. 1, S. 334–436 – mit allen Varianten) abgedruckt; die 2. Fassung trägt den Untertitel: »Petersburger Poem«. Ausführlich zur Werkgeschichte vgl. R. I, Avanesov »Dostoevskij v rabote nad *Dvojnikom*, in: *Tvorčeskaja istorija. Issledovanija po russkoj literature* [Dostojewski bei seiner Arbeit am *Doppelgänger*, in: Schaffensgeschichte. Studien zur russischen Literatur], Moskau 1927, S. 124–191. Dostojewskis Pläne, in der zweiten Fassung des Romans aus Goljadkin einen Fourieristen und Sozialutopisten zu machen und damit die Handlung mit Elementen der politischen Diskussion der 60er Jahre anzureichern, wurde nicht realisiert. Zur Selbsteinschätzung des Autors lesen wir 1877 im *Tagebuch eines Schriftstellers*: »Dieser Roman ist mir zweifellos mißlungen, aber seine Idee war doch sehr hell, und etwas wesentlicheres als diese Idee habe ich niemals in der Literatur hervorgebracht. Doch die Form dieses Romans ist mir gänzlich mißlungen.«

15 V. Belinski, Ansichten über die russische Literatur des Jahres 1846, zitiert nach W. Schmid, Der Textaufbau in den Erzählungen Dostoevskijs, S. 96 (russisch in: *Polnoe sobranie*, Bd. 10, 1847, S. 7–50)

16 F. M. Dostoevskij, *Polnoe sobranie sočinenij*, Bd. 1, S. 489 (Kommentar).

17 Eingehend zur Poetik des *Doppelgängers* vgl. W. Schmid, *Der Textaufbau in den Erzählungen Dostoevskijs*, S. 85–147. Schmid stützt seine Analyse auf das Phänomen der »Interferenz« zwischen dem Diskurs des Erzählers und jenem der Romanfiguren, wodurch der Roman mindestens zwei Versionen ein und desselben Geschehens entfaltet. Zur »inneren Dialogizität« der Reden Goljadkins vgl. auch Michail Bachtin, op. cit.

18 Vgl. dazu Erik Krag, *The Riddle of the Other Goljadkin*: Some Observations on Dostoevskij's *Double*, in: *For Roman Jakobson*, The Hague 1956, S. 256–272; V. Terras, op. cit., S. 176; W. Schmid, Der Textaufbau in den Erzählungen Dostoevskijs, S. 89 f.

19 Vielfach wird Edouard Dujardins Roman *Les Lauriers sont coupés*

(1888) als erstes Werk bezeichnet, in dem der innere Monolog und die Bewußtseinsstromtechnik eingesetzt wurden. Nach W. Schmid (Der Textaufbau in den Erzählungen Dostoevskijs S. 101) hat jedoch Dostojewski in seinem *Doppelgänger* erstmals eine »Form der unmittelbaren Gedankendarstellung verwandt, die ganz der Dujardinschen Definition entspricht«.
20 Zum gestörten Stil der Rede Goljadkins vgl. V. Vinogradov, K morfologii natural'nogo stilja. Opyt lingvističeskogo analiza Petersburgskoj poèmy ›Dvojnik‹ [Zur Morphologie des naturalen Stils. Versuch einer linguistischen Analyse des Petersburger Poems ›Der Doppelgänger‹] (Erstdruck 1922), in: *Die Evolution des russischen Naturalismus*, Leningrad 1929, Nachdruck Cleveland 1967. Vgl. auch Wolf Schmid, Der Textaufbau in den Erzählungen Dostoevskijs, S. 108 ff.
21 Zitiert bei W. Schmid, Der Textaufbau in den Erzählungen Dostoevskijs, S. 112.
22 An dieser Stelle hat der Verweis auf den Fabeldichter Kryloff noch eine zusätzliche Bedeutung, geht es doch in dieser hier angesprochenen Fabel »Das Kästchen war nur einfach aufzuklappen« darum, daß jemand versucht, den Verschluß eines (Schmuck-)Kästchens zu entdecken und schließlich feststellt, daß es gar keinen komplizierten Schließmechanismus gibt. Diese Pointe spielt auch in der grotesken Prosa Gogols eine zentrale Rolle.
23 Natalie Reber, *Studien zum Motiv des Doppelgängers bei Dostojevskij und E. T. A. Hoffmann*, Gießen 1964, präsentiert eine ausführliche Darstellung der Sekundärliteratur zum Doppelgängerthema (op. cit., S. 18 ff.).
In ihrem Aufsatz über die »Doppelgängerei« interpretiert Renate Lachmann das Verhältnis von Goljadkin zu seinem Diener Petruschka auch als ein »zwieträchtiges Doppelgängerpaar«; Petruschka ist eine karnevalesk-clowneske Pulcinella-Figur und bildet einen parodistisch-profanierten zweiten Doppelgänger zu seinem Herren: »Das ungleiche Paar, auch als Brüder oder Zwillinge bezeichnet, verhüllt die Doppelgängerei von Vater und Sohn (Goljadkin der Ältere – Goljadkin der Jüngere), die nach Jurij M. Lotman im Urmythos enthalten sind.« (R. Lachmann, Doppelgängerei, in: *Poetik und Hermeneutik*, Bd. XIII, Hg. M. Frank, A. Haverkamp, München 1988, S. 421–439). Vgl. auch Jurij M. Lotman, Die Entstehung des Sujets typologisch gesehen, in: Ju. M. Lotman, *Aufsätze zur Theorie und Methodologie der Literatur und Kultur*, Kronburg-Taunus 1974, S. 30 ff., S. 41. Wie bei S. Freud steht auch in der analytischen Psychologie Jacques Lacans der Doppelgänger im Zentrum des Interesses, vgl. J. Lacan, Das Spiegelstadium als Bildner der Ichfunktion, in: J. Lacan, *Schriften 1*, Frankfurt am M. 1975, S. 65 ff. und dazu: F. Kittler, Das Phantom unseres Ichs und die Literaturpsychologie:

E. A. T. Hoffmann-Lacan, in: *Urszenen. Literaturwissenschaft als Diskursanalyse und Diskurskritik*, Hg. von F. Kittler/H. Turk, Frankfurt am M. 1977, S. 139–166.

24 Ausführlicher zum Phänomen des »Usurpators« (»somozvanec«) bei Dostojewski vgl. N. Reber, op. cit., S. 24 f., 55 ff. und besonders D. Tschiževskij (Čyževskyj), Zum Doppelgängerproblem bei Dostojevskij. Versuch einer philosophischen Interpretation, in: *Dostojevskij-Studien*, Reichenberg 1931; ders., *Dostojewskij und Nietzsche. Die Lehre von der ewigen Wiederkunft*, Bonn 1947; ders., »Goljadkin-Stavrogin bei Dostojevskij«, in: *Zeitschrift für Slavische Philologie*, 7 (1930), S. 358–362. Nach Reber, op. cit., S. 55 wird »alles Geheimgehaltene und Verborgene, das von der ethischen Persönlichkeit als unzulässig Empfundene, aus dem Bewußtsein verdrängt und auf einen Doppelgänger projiziert, der die Verantwortung für gewisse Handlungen des Ich zu übernehmen hat«, er ist quasi ein »verkörpertes schlechtes Gewissen«, Auswuchs eines hypertrophen Schuld- und Schambewußtseins. Nach Renate Lachmann (op. cit.) entblößt der Doppelgänger »den Subtext, aus dem der Mensch sich letztlich herleitet: den anthropogenen Grundmythos vom Menschen als Doppelwesen«. Lachmann verweist auf den archaisch-gnostischen Mythos von der Doppelvaterschaft und allgemein auf die »manichäomorphe Struktur« des Doppelgängertums in der europäischen Kulturgeschichte. Besonders produktiv wurde der Urmythos von der androgynen Doppelnatur des Menschen. – Zur Deutung der Doppelgängerei in der Tiefenpsychologie C. G. Jungs vgl. N. Reber, op. cit., S. 22 f. und C. G. Jung, *Die Beziehungen zwischen dem Ich und dem Unbewußten*, Darmstadt 1928. Erste Versuche einer seriösen psychoanalytischen Deutung Dostojewskis stammen von A. L. Bem (Böhm), *Dostoevskij. Psichoanalitičeskie ètjudy*, Berlin 1938; ders., Das Schuldproblem im künstlerischen Schaffen von Dostojewskij, in: *Zeitschrift für Slavische Philologie*, 12, 1935, S. 251 ff. Auch für den russischen Dichterphilosophen D. Mereškovskij spielt das Doppelgängermotiv bei Dostojewski eine zentrale Rolle; vgl. seine berühmte Gegenüberstellung *Tolstoj und Dostojewski. Leben, Schaffen, Religion*, Berlin 1919.

25 Zur Namenssymbolik bei Dostojewski vgl. Reber, op. cit., S. 65 ff., S. 175 f. und am ausführlichsten M. S. Al'tman. *Dostoevskij po vecham imen* [Dostojewski nach den Wegzeichen der Eigennamen], Saratov 1975, S. 11 ff.

26 Der russische Prosaist und Journalist T. Bulgarin (1789–1859) hatte jahrelang mit seiner Tageszeitung *Biene des Nordens* eine Art Informationsmonopol (so Dmitrij Mirskij, *Geschichte der russischen Literatur*, München 1964, S. 118 f.).

27 Ebenso wie Konfekt, Süßigkeiten, Bänder und andere Gegenstände als Ersatzobjekte im Werben um die Frauen dienen (so besonders die

Geschenke des armen Djewuschkin an Warwara oder jene des Helden aus dem *Schwachen Herzen*), gilt die Lektüre (im Gegenbild zur »Süßigkeit« des erotisch-sexuellen Vorgeschmacks) als »Gift« für die Frauenherzen, dies trifft besonders für die empfindsame und triviale Literatur zu (zu diesem Komplex siehe R. Neuhäuser, op. cit., S. 56 ff., S. 87 f.).

28 *Die Wirtin* erschien 1847 in den *Vaterländischen Annalen*. Ausführlich dazu R. Neuhäuser, op. cit., S. 65 ff., und ders., The Landlady, in: *Canadian Slavonic Papers*, X, 1, 1968, S. 42 ff.; W. Schmid, Der Textaufbau in den Erzählungen Dostoevskijs, S. 186 ff., A. Bem (Alfred Böhm), Dramatizacija breda. *Chozjajka Dostoevskogo* [Die Dramatisierung eines Fiebertraums. Dostojewskis *Wirtin*], in: *O Dostoevskom* [Über Dostojewski], Bd. I, Prag 1929, S. 77–124. Ausführlich zur Funktion der Folklorismen in diesem Werk bei V. Terras, op. cit., S. 217–219.

29 Die Kritik an der *Wirtin* in seiner Gesamtausgabe, Bd. 10, S. 351.

30 Vgl. mein Nachwort zu F. M. Dostojewski, *Der Jüngling*, München 1986, S. 889 f.

31 Andrei Belys Roman *Die silberne Taube* (1909, deutsche Übers. 1961) bezieht sich direkt und indirekt auf Dostojewskis *Wirtin*, besonders aber auf die mystisch-erotische Tauben-Symbolik: Dostojewski wie Bely haben jene Sekten im Auge, die noch im 19. Jahrhundert in Rußland aktiv waren. Im Mittelpunkt ihres sexuellen Rituals stand die Wiedergeburt der dritten göttlichen Hypostase (also des »Geistes« – daher die »Tauben«-Symbolik) aus dem Schoß eines auserwählten Weibes und der damit verbundene Anbruch des »Reiches des Geistes« (vgl. dazu auch K. K. Grass, *Die russischen Sekten*, 2 Bde., Leipzig 1907 und 1914).

32 Den masochistischen Charakter der Leidenserotik Ordynoffs belegt folgende Stelle: »…in seinen Qualen lag für ihn sogar eine lustvolle Süße, obschon er gleichzeitig mit jedem Nerv seines Körpers spürte, daß er eine solche Selbstvergewaltigung ein zweitesmal nicht überstehen würde…« (S. 537). Auch das Verhältnis Katerinas zu Murin trägt eindeutig masochistische Züge, »…denn es ist süß, desjenigen Sklave zu sein, dessen Herz man gefunden hat… Aber mein Leben, daß gehört ja nicht mir, das ist schon fremdes Eigentum… Die Schwester aber nimm und sei mir ein Bruder…« (so Katerina zu Ordynoff, S. 497).

33 Zu Murin als Angehöriger der »Altgläubigen« vgl. die Darstellung bei R. Neuhäuser, op. cit., S. 65 ff., S. 176 ff., S. 184 f. (Er erinnert an Ilja von Murom und an »Murin« vom Distrikt Murom im Gouvernement Vladimir, wo Danilo Filippowitsch als inkarnierter Christus der Sekte der Chlysten seine Tätigkeit begann.) Vgl. zu diesem Komplex die klassische Darstellung in: Karl Konrad Grass, *Die russischen Sekten*, Erster Band: Die Gottesleute oder Chlüsten, Leipzig 1907, S. 484 ff.

34 Wie die meisten anderen Frühwerke Dostojewskis wurden die *Hellen Nächte* in den *Vaterländischen Annalen* abgedruckt (1848 und 1860 in

einer etwas veränderten Zweitfassung). Reflexionen über den Typ des Petersburger Träumers finden sich in Dostojewskis fast gleichzeitig verfaßten Feuilletons *Petersburger Chronik* (v. a. im 4. Feuilleton). Ausführlich zu diesen Feuilletons vgl. R. Neuhäuser, op. cit., S. 121 ff. (zum erwähnten 4. Feuilleton, op. cit., S. 131 f.).

35 Der Held der *Hellen Nächte* enthüllt jene literarischen Quellen, aus denen seine eigene Gestalt (bzw. jene des von ihm geschilderten »Träumers«) genährt wird: »...er träumt von seiner Freundschaft mit E. T. A. Hoffmann, von der Bartholomäusnacht, von Diana Vernon... Von Johannes Huß vor dem Konzil der Prälaten, von der Auferstehung der Toten in ›Robert der Teufel‹... von Danton, Kleopatra e i suoi amanti, einem Häuschen in Kolomna [einem ironischen Versepos von Puschkin]...« (S. 788). Einen direkten Hinweis auf diesen Text Puschkins gibt es auch in Dostojewskis Novelle *Ein schwaches Herz*, S. 611. Zu dieser Erzählung vgl. zuletzt die Analyse von R. Lachmann: Zu Dostoevskijs *Slaboe serdce*: Steckt der Schlüssel zum Text im Text?, in: *Wiener Slawistischer Almanach*, Band 11, 1988, S. 239–265.

36 Erstmals in den *Hellen Nächten* begegnet die »Lebensbeichte« als Hauptmotivation des Erzählens, wenn der Held bekennt: »Ich hatte mich seit Jahr und Tag still darauf vorbereitet, einmal vor mich selbst wie vor einen Richter zu treten und über mich ein Urteil zu fällen...« (S. 791). Zum Diskurs der Beichte siehe mein Nachwort zu Dostojewskis Roman *Der Jüngling*, op. cit., S. 874 ff.

37 Ein später Reflex dieses Liebes-Verbots findet sich in Viktor Schklowskis Briefromanparodie *Zoo oder Briefe nicht über die Liebe* (russische Erstfassung Berlin 1923), wo gleichfalls – im Rückbezug auf Rousseaus *Héloise* – die Briefpartnerin ihrem Gegenüber ein ironisch gemeintes Liebesverbot auferlegt. Schklowskis Briefroman ist die literarische Realisierung der formalistischen Erforschung der sentimental-empfindsamen Literatur (man denke auch an Schklowskis frühe Prosa, so etwas das an *Tristam Shandy* orientierte Werk Werk *Sentimentale Reise*, Berlin 1922, deutsche Übersetzung Frankfurt am M. 1964).

38 Die Erzählung *Der ehrliche Dieb* (1848) sollte ursprünglich Teil eines Zyklus mit dem Titel »Aufzeichnungen eines Unbekannten« sein und einen Erzählertyp enthalten, der eng verwandt ist mit dem räsonierenden Flaneur aus Dostojewskis *Petersburger Chronik* (vgl. dazu den Kommentar in der Gesamtausgabe Dostojewskis, Bd. 2, S. 481 f.). Die paradoxe Figur des »bestohlenen Diebs« findet sich in der russischen Novellistik der frühen 20er Jahre unseres Jahrhunderts wieder, besonders deutlich in der Erzählung des Serapionbruders Lev Lunc, *Nenormal'noe javlenie* [Eine ungewöhnliche Erscheinung], in: *Wiener Slawistischer Almanach* 1, 1978, S. 135–155.

39 Zum Rückbezug der Erzählung *Herr Prochartschin* auf Puschkins

Geiziger Ritter (1830) vgl. W. Schmid, Der Textaufbau in den Erzählungen Dostoevskijs, S. 148 und zur Erzählung allgemein, S. 148 ff. Eine eingehende Analyse lieferte zuletzt der große russische Literatur- und Mythenformer V. N. Toporov, *Gospodin Procharčin, K analizu peterburgskoj povesti Dostoevskogo* [Herr Prochartschin, Zur Analyse der Petersburger Erzählung Dostojewskis], Bibliotheca Slavica Hierosolymitana, Jerusalem 1982.

40 Die von den Zeitgenossen Puschkins kaum beachtete Erzählung *Herr Prochartschin* fand nicht zufällig im russischen Symbolismus einige Beachtung, besonders in Inokenntij Annenskijs Essay »Gospodin Procharčin« aus seinen *Knigi otraženij* [Bücher der Reflexionen] (1905), Moskau 1979, S. 24–35. Annenskij macht vor allem auf den eigentümlichen Stammel-Stil Prochartschins aufmerksam und hebt die Bedeutung dieses gestörten Diskurses für das Gesamtwerk Dostojewskis hervor (op. cit. S. 132). Hauptmotiv der Novelle sei »der für eine naive Seele unerträgliche Kampf mit der Lebensangst« (S. 28) bzw. mit der »Angst vor dem Tode« – ein Thema, das für die Dichtung der »Dekadenten« (auch im russischen »fin de siècle«) im Mittelpunkt stand. Die Seele Prochartschins ist auf eine seltsame Weise archaisch-naiv, »tabula rasa« im direkten Wortsinne (ibid., S. 31); sie ist jedoch nicht jene des unschuldigen Wilden, sondern die des chaotischen Großstadtmenschen, der vom totalitären Bürokratismus deformiert und zerschlagen ist.

41 Die Publikation des *Romans in neun Briefen* war von Nekrassoff 1845 für seinen satirischen Almanach *Zuboskal* geplant; schließlich erschien der Text 1847 in der Zeitschrift *Sovremennik* (der Zeitgenosse).

42 Die Erzählung *Die fremde Frau und der Mann unter dem Bett* besteht ursprünglich aus zwei eigenständigen Werken: *Die fremde Frau* erschienen in den *Vaterländischen Annalen*, No. 1, 1848 und *Der eifersüchtige Ehemann*, ibid., No. 11, 1848 (vgl. dazu den Kommentar zu Dostojewskis Gesamtausgabe, Bd. 2, S. 480 f.). Beide Erzählungen sollten – zusammen mit *Weihnacht und Hochzeit* – zum Zyklus *Aus den Aufzeichnungen eines Unbekannten* zusammengefaßt werden. Erst 1859 erhielt die Novelle ihre hier gedruckte Fassung, wobei alle Verbindungen zur Erzählung *Weihnacht und Hochezit* herausgestrichen wurden. Das Thema des betrogenen Ehemanns hat Dostojewski dann – psychologisch vertieft – in seiner Erzählung *Der ewige Gatte* (1870) nochmals aufgenommen. Eine Analyse der Erzähltechnik der Novelle *Die fremde Frau und der Mann unter dem Bett* liefert W. Schmid, Der Textaufbau in den Erzählungen Dostoevskijs, S. 193–196.

43 Eine analoge Voyeur-Position nimmt auch der Held in Dostojewskis Roman *Der Jüngling* gegenüber sich selbst und den anderen Figuren ein (vgl. mein Nachwort zu diesem Roman, op. cit., S. 900 f.).

AUSWAHLBIBLIOGRAPHIE

M. S. Al'tman, *Dostoevskij po vecham imen* [Dostojewski nach den Wegzeichen der Eigennamen], Saratov 1975.

J. Annenskij, *Knigi otraženij* [Bücher der Reflexionen] (1905), Moskau 1979.

R. I. Avanesov, Dostoevskij v rabote nad *Dvojnikom* [Dostojewski bei seiner Arbeit am ›Doppelgänger‹] in: *Tvorčeskaja istorija. Issledovanija po russkoj literature* [Schaffensgeschichte. Forschungen zur russischen Literatur], Moskau 1927, S. 124–191.

M. Bachtin, *Probleme der Poetik Dostojevskijs* (1929), München 1971.

R. Barthes, *Sade, Fourier, Loyola*, Frankfurt a. M. 1974.

V. G. Belinskij, *Polnoe sobranie sočinenij*, 13 Bde., Moskau 1953–1959.

A. Belyj, Gogol' i Dostoevskij, in: *Masterstvo Gogolja*, [Gogols Meisterschaft], L. 1934, S. 285–291.

A. L. Bem, *Dostoevskij. Psichoanalitičeskie ètjudy* [Dostojewski. Psychoanalytische Etuden], Berlin 1936.

A. L. Bem, Das Schuldproblem im künstlerischen Schaffen von Dostojewski, in: *Zs. f. Slavische. Philologie*, 12, 1935, S. 251–277.

A. L. Bem, Dramatizacija breda. ›Chozjajka Dostoevskogo‹ [Die Dramatisierung eines Fiebertraums. Dostojewskis ›Wirtin‹], in: *O Dostoevskom* [Über Dostojewski], Bd. I, Prag 1929, S. 77–124.

V. A. Bogdanov, Metod i stil' F. M. Dostoevskogo v kritike simvolistov [Methode und Stil F. M. Dostojewskis in der Kritik der Symbolisten], in: *Dostoevskij i russkie pisateli*, Moskau 1971, S. 371–413.

J. Catteau, *La création littéraire chez Dostoievski*, Prag 1978.

D. Čyževskyj, Zum Doppelgängerproblem bei Dostojevskij. Versuch einer philosophischen Interpretation, in: *Dostojevskij-Studien*, Reichenberg 1931, S. 19–50.

Ders.: *Dostojewski und Nietzsche. Die Lehre von der ewigen Wiederkunft*, Bonn 1947.

Ders.: Goljadkin-Stavrogin bei Dostojevskij, in: *Zeitschrift für Slavische Philologie*, 7, 1930, S. 358–362.

R. M. Davison, Dostoevskij's Devils and Sects, in: *Welt der Slaven*, Jg. XXVI, 2, 1981, S. 274–284.

M. Doerne, *Gott und Mensch in Dostojewskijs Werk*, Göttingen 1962.

F. M. Dostoevskij, *Polnoe sobranie sočinenij v tridcati tomach* [Vollständige Sammlung der Werke in dreißig Bänden], Bände 1 und 2, Moskau 1972.

F. M. Dostojewski, *Der Jüngling*, München 1986.

Dostoevsky and Gogol. Text und Criticism, Ann Arbor 1979.

S. Fasting, ›Bednye ljudi‹ als Briefroman, in: Scandoslavica, 18, 1972, S. 37–44.

D. Gerhard, *Gogol' und Dostoevskij in ihrem künstlerischen Verhältnis. Versuch einer zusammenfassenden Darstellung*, Leipzig 1941, Nachdruck München 1970.

R. Girard, *Dostoievski du double à l'unité*, Paris 1963.

K. K. Grass, *Die russischen Sekten*, 2 Bde., Leipzig 1907/14.

H. Günther, Die Bewußtseinsentwicklung des ›kleinen Beamten‹ in Dostoevskijs ›Armen Leuten‹, in: *Aus der Geisteswelt der Slaven. Festschrift Koschmieder*, München 1967, S. 176–188.

R. L. Jackson, *The Art of Dostoevsky. Deliriums and nocturnes*, Princeton N. J. 1981.

J. Jones, *Dostoevsky*, Oxford 1983.

M. V. Jones/G. M. Terry (ed.), *New Essays on Dostoyewsky*, Cambridge 1983.

C. G. Jung, *Die Beziehungen zwischen dem Ich und dem Unbewußten*, Darmstadt 1928.

L. J. Kent, *The subconscious in Gogol and Dostoevskij, and its antecedents*, The Hague-Paris 1969.

S. Ketchian, The Theme of Suggestion in Dostojevskij's *Slaboe serdec*, in: *Mnemozina. Studia litteraria in honorem Vsevolod Setchkarev*, München 1975, S. 232–242.

Dies., The Psychological Undertow in Dostoevsky's *Xozjajka*, in: *Die Welt der Slaven*, 2 (1980), S. 280–292.

D. Kiraly, Struktura romana Dostoevskogo *Dvojnik*, [Die Struktur von Dostojewskis Roman *Der Doppelgänger*] in: *Studia Slavica*, Bd. 16, Budapest 1970, S. 259–300.

F. Kittler, Das Phantom unseres Ichs und die Literaturpsychologie: E. T. A. Hoffmann-Freud-Lacan, in: *Urszenen*. Literaturwissenschaft als Diskursanalyse und Diskurskritik, hg. von F. Kittler/H. Turk, Frankfurt a. M. 1977, S. 139–166.

A. Kovacs, *Roman Dostoevskogo*, Budapest 1985.

E. Krag, The Riddle of the Other Goljadkin: Some Observations on Dostoevskij's *Double*, in: *For Roman Jakobson*. Essays on the Occasion of His Sixtieth Birthday, The Hague 1956, S. 256–272.

M. Kravchenko, *Dostoevsky and the psychologists*, Amsterdam 1978.

J. Lacan, Das Spiegelstadium als Bildner der Ichfunktion, in: J. Lacan, *Schriften 1*, Frankfurt a. M. 1975.

R. Lachmann, Die Zerstörung der ›schönen Rede‹. Ein Aspekt der Realismus-Evolution der russischen Prosa des 19. Jahrhunderts, in: *Poetica*, Bd. 4, 1971, S. 464–477.

Dies., Zu Dostoevskijs *Slaboe serdce*: Steckt der Schlüssel zum Text im Text?, in: *Kryptogramm. Zur Ästhetik des Verborgenen*, hg. von R. Lachmann und I. P. Smirnow, *Wiener Slawistischer Almanach*, 21, 1988, S. 239–265.

Dies., Doppelgängerei, in: *Poetik und Hermeneutik*, Band XIII, Hg. M. Frank, A. Haverkamp, München 1988, S. 421–439.

J. Lavrin, Fjodor M. *Dostojevskij in Selbstzeugnissen und Bilddokumenten* (rororo Monographien), Reinbek bei Hamburg 1963.

Ju. M. Lotman, Die Entstehung des Sujets typologisch gesehen, in: ders., *Aufsätze zur Theorie und Methodologie der Literatur und Kultur*, Kronberg-Taunus 1974.

L. Lunc, Nenormal'noe javlenie [Eine ungewöhnliche Erscheinung], in: *Wiener Slawistischer Almanach*, 1, 1978, S. 135–155.

D. Mirskij, *Geschichte der russischen Literatur*, München 1964.

K. Močulskij, *Dosotevsky. His life and work*, Princeton 1967.

R. Neuhäuser, The Landlady: A New Interpretation, in: *Canadian Slavonic Papers*, X, 1, 1968, S. 42–67.

Ders., *Das Frühwerk Dostoevskijs. Literarische Tradition und gesellschaftlicher Anspruch*, Heidelberg 1979.

Ch. E. Passage, *The Russian Hoffmannists* (Slavistic Printings and Reprintings, 35), The Hague 1963, S. 197–201.

Ders., *Character Names in Dostoevsky's fiction*, Ann Arbor 1982.

Th. Proctor, *Dostoevskij and the Belinskij School of Literary Criticism*, The Hague 1969.

N. Reber, *Studien zum Motiv des Doppelgängers bei Dostojevskij und E. T. A. Hoffmann*, Gießen 1964.

B. G. Reizov, Chozjajka F. M. Dostoevskogo (k probleme ženra) [*Die Wirtin* F. M. Dostojewskis. Zum Problem des Genres], in: *Dostoevsky Studies*, 3, 1982, S. 79–86.

W. Rowe, *Dostoevsky. Child and man in his work*, New York 1968.

W. Schmid, *Der Textaufbau in den Erzählungen Dostoevskijs*, München 1973 (Neuauflage ²1986).

Ders., Sinnpotentiale der diegetischen Allusion. A. Puškins Posthalternovelle und ihre Prätexte, in: *Dialog der Texte* (Wiener Slawistischer Almanach, Sonderband 11), Wien 1983, S. 141–188.

Selective Bibliography. The Young Dostoevsky (1846–1849), in: *Bulleten. Internat. Dostoevsky Society*, 3 (1973), S. 34–63.

E. Semenka-Pankratov, M. Bulgakov and F. Dostoevskij in Relation to Mythopoetic Thought, in: *Semiosis*, Michigan 1984, S. 181–208.

V. Terras, *The Young Dostoevsky*, 1846–1849. A Critical Study (Slavistic Printings and Reprintings. 69), The Hague 1969.

Ders., The young Dostoevsky: an assessment in the light of recent scholarship, in: *New Essays on Dostoyevsky*, Cambridge 1983, S. 21–40.

V. N. Toporov, Gospodin Procharčin. K analizu petersburgskoj povesti Dostoevskogo [Herr Prochartschin. Zur Analyse der

Petersburger Erzählung Dostojewskis], Bibliotheca Slavica Hierosolymitana, Jerusalem 1982.

N. S. Trubetzkoy, The Style of *Poor Folk and The double*, in: *American Slavic and East European Review*, VII/2, 1948, S. 150–170.

Ju. M. Tynjanov, Dostoevskij and Gogol. (Zur Theorie der Parodie), russ. und deutsch in: *Text der russischen Formalisten*, Band I, hg. von J. Striedter, München 1969, 300–371.

V. V. Vinogradov, *Ėvoljucija russkogo naturalizma. Gogl' i Dostoevskij*, [Die Evolution des russischen Naturalismus], Leningrad 1929, Nachdruck: Cleveland 1967.

Ders., K morfologii natural'nogo stilja. Opyt lingvističeskogo analiza Peterburgskoj poėmy *Dvojnik* [Zur Morphologie des naturalen Stils. Versuch einer linguistischen Analyse des Petersburger Poems *Der Doppelgänger*] (Erstdruck 1922), in: *Die Evolution des russischen Naturalismus*, Leningrad 1929, Nachdruck Cleveland 1967.

H. Walsh, The permutations of a complex metaphor: Dostoevskij's sunsets, in: *Slavic East European Journal*, 3/1983, S. 291–301.

BIOGRAPHISCHE DATEN

1821 Fjodor Michailowitsch Dostojewski als Sohn des Militärarztes und Sozialmediziners Michail Andrejewitsch Dostojewski (*1789) in Moskau geboren (30. Oktober alten Stils, 11. November neuen Stils); Mutter: Maria Fjodorowna, geb. Netschajewa (*1800); älterer Bruder: Michail Michailowitsch Dostojewski (*1820).

1837 Tod der Mutter, F. M. und M. M. Dostojewski übersiedeln nach St. Petersburg, um sich auf das Bauingenieurstudium vorzubereiten; Jugendfreundschaft mit den Literaten Dmitri Grigorowitsch und Iwan Schidlowski.

1838 Neben seinen technischen Studien an der Ingenieurschule der Militärakademie in St. Petersburg widmet sich Dostojewski während mehrerer Jahre ausgedehnten Lektüren (Homer, Shakespeare, Racine, Corneille, Pascal, Schiller, Hoffmann, Hugo, Balzac, George Sand u. a.).

1839 Ermordung des Vaters durch leibeigene Bauern auf seinem Landgut.

1843 Studienabschluß und Brevetierung als Offizier; Übersetzung von Honoré de Balzacs *Eugénie Grandet*.

1844 Dostojewski nimmt seinen Abschied, um freier Schriftsteller zu werden; Beginn der Arbeit am Roman *Arme Leute*; Übersetzungen und Übersetzungsprojekte (Sand, Sue).

1845 Bekanntschaft mit Iwan Turgenjew, Nikolai Nekrassow und dem Literurkritiker Wissarion Belinski.

1846 *Arme Leute*, *Der Doppelgänger*. Bekanntschaft mit Michail Petraschewski und Alexander Herzen, Beginn der Freundschaft mit Apollon Maikow.

1847 *Roman in neun Briefen*. Dostojewski wird Mitglied des revolutionären Petraschewski-Kreises, liest Fourier, Cabet, Halvétius, Saint-Simon, schreibt und veröffentlicht *Die Wirtin*.

1848 Mehrere Erzählungen sowie der Kurzroman *Helle*

Nächte im Druck. Enger Kontakt mit Petraschewski und Nikolai Speschnjow.

1849 Dostojewski wegen angeblich staatsfeindlicher Aktivitäten im Petraschewski-Kreis (Vorlesung eines »kriminellen Schreibens« von Belinski) aufgrund einer Denunziation verhaftet, zum Tode verurteilt, schließlich durch den Zar Nikolaus I. begnadigt zu vier Jahren Verbannung (mit Zwangsarbeit) und anschließender Militärdienstpflicht als »gemeiner Soldat«. Deportation nach Tobolsk (24. Dezember).

1850 Ab 23. Januar (bis Mitte Februar 1854) Festungshaft in Omsk; private Aufzeichnungen im *Sibirischen Heft*; Dostojewskis epileptische Erkrankung erstmals ärztlich diagnostiziert und offiziell registriert.

1856 Dostojewski arbeitet in Semipalatinsk, wohin er Anfang 1854 als Soldat des 7. Grenzbataillons abkommandiert wurde, an den *Aufzeichnungen aus einem Totenhaus*; dank obrigkeitlicher und privater Protektion sowie aufgrund einiger von ihm verfaßter patriotischer Verse wird Dostojewski zum Offizier befördert (1856).

1857 Heirat mit Maria Dmitrijewna Issajewa (6. Februar); schwere epileptische Krisen. Aus gesundheitlichen Gründen beantragt Dostojewski seine Entlassung aus der Armee und eine Aufenthaltsbewilligung für Moskau.

1859 Dostojewski wird als Unteroffizier aus der Armee entlassen; er kehrt über Twer nach St. Petersburg zurück und steht von nun an bis zu seinem Lebensende fast permanent unter geheimpolizeilicher Aufsicht; *Onkelchens Traum*, *Das Gut Stepantschikowo und seine Bewohner* erscheinen im Druck.

1860 Werksausgabe in zwei Bänden; die *Aufzeichnungen aus einem Totenhaus* beginnen zu erscheinen (1860–62).

1861 Erste Lieferung der von F. M. und M. M. Dostojewski gemeinsam redigierten Zeitschrift »Die Zeit«; hier beginnt der Roman *Die Erniedrigten und Beleidigten* im Druck zu erscheinen; Bekanntschaft mit Alexander Ostrowski,

Iwan Gontscharow, Michail Saltykow-Schtschedrin und Apollon Grigorjew. Bekanntschaft mit Apollinaria (Polina) Suslowa, einer Mitarbeiterin der »Zeit« und typischen Vertreterin der Frauenemanzipation der sechziger Jahre.

1862 Erste Auslandsreise: Berlin, Dresden, Köln, Paris, von dort aus Besuch der Weltausstellung in London, Zusammentreffen mit Herzen, zurück nach Paris, dann nach Genf (Treffen mit Nikolai Strachow), von dort nach Italien (Florenz) und über Wien zurück nach Rußland (Juni–September).

1863 In der »Zeit« erscheinen die *Winteraufzeichnungen über Sommereindrücke*, ein sarkastischer Reisebericht, der allerdings nicht Westeuropa, sondern den westeuropäischen Spießer – den »Kapitalisten« ebenso wie den »Sozialisten« – zum Gegenstand hat. »Die Zeit« wird wegen eines »antipatriotischen« Beitrags von Strachow verboten. Ab August (bis Ende Oktober) zweite Auslandsreise, teilweise in Begleitung Apollinaria Suslowas: Frankreich, Deutschland, Italien; Beginn von Dostojewskis Spielleidenschaft (Baden-Baden, Bad Homburg).

1864 Erstes Heft der von F.M. und M.M. Dostojewski neu gegründeten Zeitschrift »Die Epoche« ausgeliefert (enthält u. a. den 1. Teil der *Aufzeichnungen aus dem Untergrund*, deren 2. Teil in Heft IV erscheint). In Moskau stirbt Dostojewskis erste Frau (14. April); in kurzer Folge verliert Dostojewski auch seinen Bruder Michail (10. Juli) sowie seinen Mitarbeiter und Freund Apollon Grigorjew (22. Juli).

1865 Aus finanziellen Gründen muß Dostojewski auf die weitere Herausgabe der »Epoche« verzichten; dreibändige Werkausgabe bei Stellowski (1866 abgeschlossen); erste Entwürfe zu *Schuld und Sühne*. Zwei Heiratsanträge Dostojewskis (an Apollinaria Suslowa und die Nihilistin Anna Korwin-Krukowskaja) werden abgewiesen. Dritte Auslandsreise (Juli–Oktober): Wiesbaden (wo sich

Dostojewski beim Roulettespiel ruiniert), Rückkehr über Kopenhagen.

1866 *Schuld und Sühne*. Dostojewski diktiert einer jungen Stenographin, Anna Grigorjewna Snitkina, in sechsundzwanzig Tagen den Kurzroman *Der Spieler* (Oktober).

1867 Heirat mit Anna Snitkina (Dostojewskaja) am 15. Februar; wegen hoher Verschuldung fluchtartige Abreise ins Ausland (14. April). Dresden, Bad Homburg, Baden-Baden. Besuch bei Turgenjew (endet mit Zerwürfnis). Basel (Ende August), wo Hans Holbeins Gemälde »Der tote Christus« im Kunstmuseum einen großen Eindruck bei ihm hinterläßt. Am 25. August Ankunft in Genf. Entwürfe zum Roman *Der Idiot* und Niederschrift der Kapitel I–VII.

1868 Beginn der Drucklegung des Romans *Der Idiot* in Michail Katkows konservativer Zeitschrift »Der Russische Bote«. Reger Briefwechsel mit Maikow; Invektiven gegen die westlichen Sozialisten und gegen die ganze »neue, progressive, liberale« Richtung innerhalb der russischen Intelligenz (Saltykow-Schtschedrin, Turgenjew, Nikolai Tschernyschewski). Geburt und Tod der Tochter Sofija (Sonja) in Genf (22. Februar–12. Mai). Anfang April dritter und letzter Ausflug nach Saxon-les-Bains, wo Dostojewski im Spielkasino alles verspielt. Anfang Juni Übersiedlung von Genf nach Vevey. Weiterarbeit am Roman *Der Idiot*. Im September Ausreise nach Italien (Mailand, dann Florenz).

1869 *Der Idiot* abgeschlossen und erschienen. Abreise der Dostojewskis aus Italien (über Prag nach Dresden); in Dresden Geburt der Tochter Ljubow (14. September). Entwurf eines fünfteiligen Romanzyklus (»Das Leben eines großen Sünders«).

1870 *Der ewige Gatte*; Entwürfe zu dem Roman *Die Dämonen* und »Das Leben eines großen Sünders«.

1871 Vor seiner Rückkehr nach Rußland verbrennt Dostojewski aus Furcht vor Zollkalamitäten mehrere seiner Manuskripte, darunter jenes zum Roman *Der Idiot*. Ankunft der Dostojewskis in St. Petersburg (8. Juli) und Geburt des Sohnes Fjodor (16. Juli). *Die Dämonen* (Teile I–II) als Vorabdruck im »Russischen Boten«.

1872 Kontaktaufnahme mit konservativen Regierungskreisen. Arbeit an Teil III der *Dämonen* in Staraja Russa. Bekanntschaft mit Nikolai Leskow.

1873 *Die Dämonen* als Einzelausgabe in drei Bänden; Dostojewski nimmt seine Tätigkeit als Redakteur des konservativen »Staatsbürgers« auf; erste Lieferungen des *Tagebuchs eines Schriftstellers* (als Beiträge zum »Staatsbürger«).

1874 Dostojewski gibt seine Stellung als Redakteur beim »Staatsbürger« auf, um sich wieder vermehrt seinen eigenen literarischen Projekten widmen zu können. Aufenthalt in Staraja Russa (Mai), Reise nach Bad Ems (Juni). Kurzbesuch in Genf (August), um das Grab Sonjas zu sehen.

1875 *Der Jüngling* (Publikationsbeginn). Kuraufenthalt in Bad Ems (Mai–Juli). Staraja Russa. *Der Jüngling* abgeschlossen. Geburt des zweiten Sohnes, Aljoscha (10. August).

1876 Das *Tagebuch eines Schriftstellers* erscheint fortan im Selbstverlag; in der Juni-Ausgabe Nekrolog auf George Sand. Kur in Bad Ems (Juli). *Die Sanfte* (November, als Reaktion auf den Selbstmord von Herzens Tochter Lisa).

1877 Fortsetzung des *Tagebuchs eines Schriftstellers*; zunehmendes politisches Engagement (Panslawismus, Orientfrage, Imperialismusgedanke).

1878 Arbeit am *Tagebuch eines Schriftstellers* vorübergehend eingestellt. Arbeit am Roman *Die Brüder Karamasow* (bis 1880). Bekanntschaft mit dem Philosophen Wladimir Solowjow, mit dem Dostojewski nach dem Tod seines Sohnes Aljoscha (16. Mai) in das Kloster Optina Pustyn fährt.

1879 Fortsetzung der Arbeit an den *Brüdern Karamasow*. Vortragstätigkeit, Lesungen. Kur in Bad Ems (Juli–September). Drucklegung der *Brüder Karamasow* (bis 1880).

1880 *Die Brüder Karamasow* (Einzelausgabe). Lesungen. Rede zur Puschkin-Feier (8. Juni); Sonderheft des *Tagebuchs eines Schriftstellers* (Puschkin-Rede, mit Einleitung, Ergänzungen und gegenkritischen Erwiderungen).
1881 Vorbereitung des *Tagebuchs eines Schriftstellers* für das laufende Jahr. Erkrankung Dostojewskis (25./26. Januar, Blutsturz infolge eines Lungenemphysems); Tod (28. Januar/9. Februar); öffentliche Trauerfeier unter Teilnahme von 50 000 bis 60 000 Trauergästen (31. Januar); Grabreden von Alexander Palm, Maikow, Solowjow (1. Februar).

Ilma Rakusa

Im Nachwort und in den biographischen Daten wurde bei den russischen Namen die heute übliche Schreibweise verwendet.

INHALT

Arme Leute 7
Ein Roman (1845)

Der Doppelgänger 195
Eine Petersburger Dichtung (1845/46)

Roman in neun Briefen (1845) 397

Herr Prochartschin 417
Eine Erzählung (1846)

Ein junges Weib (Die Wirtin) 463
Eine Novelle (1847)

Polsunkoff 573
Eine Erzählung (1847)

Ein schwaches Herz 597
Eine Novelle (1848)

Die fremde Frau
und der Ehemann unter dem Bett 659
Eine ungewöhnliche Begebenheit (1848)

Ein ehrlicher Dieb 721
Aus dem Aufzeichnungen eines Unbekannten (1848)

Weihnacht und Hochzeit 747
Aus den Aufzeichnungen eines Unbekannten (1848)

Helle Nächte 761
Ein empfindsamer Roman (1848)
Aus den Erinnerungen eines Träumers

EIN KLEINER HELD 835
Eine Erzählung (1849)

ANHANG

Anmerkungen 889
Nachwort von Aage A. Hansen-Löve 894
Auswahlbibliographie 940
Biographische Daten 945

PIPER

Alexander Solschenizyn
Heldenleben

Zwei Erzählungen. Aus dem Russischen von
Heddy Pross-Weerth. 159 Seiten. Geb.

Auch in diesen neuen Geschichten bleibt Alexander
Solschenizyn, wie in all seinen Werken zuvor, seiner
Berufung als Chronist der Sowjetherrschaft treu.
Seine Meisterschaft fiktionaler Geschichtsschreibung
beweist Solschenizyn in beiden Werken: Es gelingt ihm,
individuelles Leben und historische Wahrheit künstlerisch
einzigartig zu verschmelzen und wie in seinen großen
Romanen den Leser mit eindrucksvollen Bildern zu fesseln.
Alexander Solschenizyn knüpft mit diesen beiden Erzählungen wieder an seine literarischen Anfänge an, als er mit
»Ein Tag im Leben des Iwan Denissowitsch« sein aufsehenerregendes Debüt gab.

PIPER

Alexander Solschenizyn

Das Rote Rad/Erster Knoten
August vierzehn
Roman. Aus dem Russischen von Swetlana Geier.
1049 Seiten. Leinen

Das Rote Rad/Zweiter Knoten
November sechzehn
Roman. Aus dem Russischen von Heddy Pross-Weerth.
1199 Seiten. Leinen

Das Rote Rad/Dritter Knoten
März siebzehn
Erster Teil (23. Februar - 18. März)
Roman. Aus dem Russischen von Heddy Pross-Weerth.
746 Seiten. Leinen

Das Rote Rad/Dritter Knoten
März siebzehn
Zweiter Teil (23. Februar - 18. März)
Roman. Aus dem Russischen von Heddy Pross-Weerth.
888 Seiten. Leinen

PIPER

Wladimir Woinowitsch
Zwischenfall im Metropol

Meine erstaunliche KGB-Akte. Aus dem Russischen
von Sylvia List. 224 Seiten. Leinen

Im Jahr 1975 versucht das KGB, den unbequemen
Schriftsteller und Regimekritiker Wladimir Woinowitsch
mit einer vergifteten Zigarette während eines Verhörs
im Moskauer Nobelhotel »Metropol« umzubringen.
Es mißlingt. Nach dem Ende der Sowjetherrschaft, 1989,
will der Autor die mysteriösen Vorfälle von damals durch
Akteneinsicht aufklären. Er muß erfahren, daß auch unter
Boris Jelzin die Macht des gefürchteten Geheimdienstes
immer noch ungebrochen ist ...
Das Opfer des Anschlages ist Satiriker genug, daraus eine
spannende, bei allem Ernst oft auch ironisch-sarkastische
Geschichte zu machen, die ein brisantes und immer noch
hochaktuelles Bild der Machtverhältnisse in Rußland gibt,
wie sie eben noch geherrscht haben.

PIPER

Wladimir Woinowitsch
Moskau 2042

Roman. Aus dem Russischen von Swetlana Geier.
442 Seiten. Serie Piper 1043

Witalij N. Karzew, russischer Exilschriftsteller, unternimmt auf Kosten einer amerikanischen Zeitschrift eine Reise in das Moskau der Zukunft. Bevor er eintaucht in den zur Pflicht deklarierten Lebensgenuß der Kommunaner, besucht er seinen Kollegen Sim Simytsch Karnavalow in Kanada, der ihm sein »Brocken« betiteltes Mammutwerk anvertraut, damit er es in Moskau dem Karnavalow-Museum übergibt. Dort angekommen allerdings, gerät Karzew in den bedrohlichen Strudel abenteuerlicher und aberwitziger Ereignisse …

»Wladimir Woinowitsch ist eine überpurzelnde Groteske gelungen, voll von Einfällen und kühnen Perspektiven.«
Otto F. Beer